Mayer/Pohl (Hrsg.)
Länderbericht Japan

Schriftenreihe Band 324

Studien zur Geschichte und Politik

Hans Jürgen Mayer / Manfred Pohl (Hrsg.)

Länderbericht Japan

Geographie · Geschichte
Politik · Wirtschaft
Gesellschaft · Kultur

Bundeszentrale
für politische Bildung

Bonn 1994

Redaktionsschluß: Mai 1994
Redaktion: Claudia Cohnen, Holger Ehmke, Ulrike Schilling

Kartographie: Martin Gref

Diese Veröffentlichung stellt keine Meinungsäußerung der Bundeszentrale fiir politische Bildung dar.
Für die inhaltlichen Aussagen tragen die Autoren die Verantwortung.

Satzherstellung: Froitzheim, Bonn
Druck: Graphischer Großbetrieb Pößneck (Thüringen)

ISBN 3-89331-200-5 · ISSN 0435-7604

Inhalt

Vorwort der Herausgeber
HANS JÜRGEN MAYER/MANFRED POHL XI

Einleitung: Japan im Umbruch
THEO SOMMER 1

Kapitel A: Grundlagen

I. Geographische Fragestellungen, Strukturen, Problcmc
WINFRIED FLÜCHTER 17

II. Geschichte: Von der Altsteinzeit bis zum Ende des Zweiten Weltkriegs
RENATE RUTTKOWSKI 54

Bibliographie 66

Kapitel B: Politik

– Innenpolitik – 69

I. Japans Kaiserhaus: Eine moderne Monarchie, stark durch Tradition
MANFRED POHL 69

II. Das Regierungssystem
MANFRED POHL 72

III. Die politischen Parteien
MANFRED POHL 80

IV. Wirtschaftsverbände und Interessengruppen
MANFRED POHL 103

V. Gewerkschaften heute: Existenzbedrohung durch Kooperation
WOLFGANG SEIFERT 107

VI. Außerparlamentarische Opposition – weicher Stachel in harter Haut
HANS JÜRGEN MAYER 114

VII. Minderheiten: Probleme und Perspektiven
HANS JÜRGEN MAYER 119

VIII. Entwicklungslinien und Merkmale der Umweltpolitik
HELMUT WEIDNER 125

Bibliographie 134

– Außenpolitik – 137

I. Japans Außenpolitik von 1854 bis 1945
HOLMER STAHNCKE 137

II. Grundzüge der Außenpolitik: Akteure und Instrumente
PAUL KEVENHÖRSTER 146

III. Sicherheitspolitik und Streitkräfte
HEINZ EBERHARD MAUL 157

IV. Entwicklungshilfepolitik
BERNHARD MAY 166

V. Umweltpolitik auf internationaler Ebene:
Anpassungsdruck als »Motor des Fortschritts«
HANS JÜRGEN MAYER 179

VI. Japan und die USA: Eine Partnerschaft mit Haken und Ösen
HANS JÜRGEN MAYER 183

VII. Japan und China: Zwischen Mißtrauen und Kooperation
JOACHIM GLAUBITZ 192

VIII. Die Beziehungen Japans zu Taiwan
GUNTER SCHUBERT 205

IX. Japan und die Koreaner
MYUNGHOON CHO 208

X. Japan und die Staaten des indischen Subkontinents und Südwest-Asien
MANFRED POHL 215

XI. Japans südpazifische Nachbarn: Australien und Neuseeland
MANFRED POHL 219

XII. Japan, Rußland und die Transformation der Ost-West-Beziehungen
WOLFRAM WALLRAF 224

XIII. Der Durst nach Öl: Japan und der Nahe Osten
MANFRED POHL 234

XIV. Deutsch-Japanische Beziehungen
HEINRICH KREFT 237

XV. Japan und Südamerika
MANFRED POHL 248

Bibliographie 250

Kapitel C: Wirtschaft

– Binnenwirtschaft – 257

I. Industrie- und Wirtschaftsstruktur: Charakteristika und Problemfelder
BEATE RESZAT 257

II. Die Bedeutung wirtschaftlicher Verbundgruppen:
Netzwerkstruktur und *Keiretsu*-Effekt
MAX ELI 265

III. Die Klein- und Mittelbetriebe
HELMUT LAUMER 278

IV. Forschung und Entwicklung
ULRICH WATTENBERG 284

V. Börse, Banken, Immobilien:
Das spekulative Element der Wirtschafts- und Finanzpolitik
HELMUT BECKER 292

VI. Reisanbau – Probleme der Landwirtschaft in einer Industrienation
FRIEDERIKE BOSSE 305

Bibliographie 309

– Außenwirtschaft – 313

I. Wirtschaftsentwicklung in den achtziger Jahren:
Strukturwandel und Strukturanpassung im Hightech-Zeitalter
MANFRED POHL 313

II. Japans Wirtschaft zu Beginn der neunziger Jahre:
Von der Krise zum neuen Boom?
RAINER KÖHLER 321

III. Handelsbilanz – Die Struktur des Außenhandels
RAINER KÖHLER 327

IV. Die japanisch-amerikanischen Wirtschaftsbeziehungen: Von der pazifischen Partnerschaft zur Rivalität
HANS JÜRGEN MAYER 330

V. Die wirtschaftlichen Beziehungen zur Europäischen Union
KARL-RUDOLF KORTE 337

VI. Wirtschaftsbeziehungen Japan–China: Entwicklung, Stand, Prognosen
MARGOT SCHÜLLER 351

VII. Japan und Südostasien
WOLFRAM WALLRAF 370

VIII. Die deutsch-japanischen Wirtschaftsbeziehungen
HEINRICH KREFT 384

Bibliographie 395

Kapitel D: Gesellschaft

I. Erziehung und Ausbildung
ULRICH TEICHLER 401

II. Frauen in Japan: Zwischen Tradition und Aufbruch
CLAUDIA WEBER 408

III. Jugend und Familie
REGINE MATHIAS 417

IV. Soziale Sicherung in Japan
ANNA MARIA THRÄNHARDT 426

V. Massenmedien
WIELAND WAGNER 442

VI. Rechtsverständnis, Gerichtsorganisation und Strafvollzug
KARL-FRIEDRICH LENZ 448

Bibliographie 457

Kapitel E: Kultur

I. Sprache und Schrift
ROLAND SCHNEIDER 463

II. Die moderne Literatur: Themen und Tendenzen
MATTHEW KÖNIGSBERG 467

III. Die darstellenden Künste
PETER PÖRTNER 476

IV. Kino: Nur Kurosawa und Godzilla?
FRIEDERIKE BOSSE 485

V. Die bildende Kunst
EVA STRÖBER 490

VI. Religionen heute
JOSEF KREINER 505

Bibliographie 510

Anhang

Personenregister 517

Sachregister 521

Zeittafel 549

Ministerpräsidenten 1945–1994 551

Glossar zentraler japanischer Begriffe 552

Die Autoren 555

Vorwort der Herausgeber

Die »japanische Herausforderung«, Japans Rolle in einem angeblichen ökonomischen Welt-Dreieck, der »Triade« zusammen mit USA und Europa, die schier unschlagbare Konkurrenzfähigkeit japanischer Unternehmen – das alles sind vielzitierte Schlagworte in den deutschen Medien. Zu Beginn der neunziger Jahre scheint zwar auch Japan von der weltwirtschaftlichen Krise eingeholt worden zu sein, selbst die sieggewohnten japanischen Unternehmen bleiben nicht von der Rezession verschont. Aber frühere Wirtschaftskrisen, wie die Ölpreiskrisen 1973 und 1979 oder die rasante Aufwertung des Yen gegenüber dem US-Dollar seit 1985, haben gezeigt, daß die japanische Wirtschaft über Rahmenbedingungen und Instrumente verfügt, die es offenbar erleichtern, solche Krisen zu meistern.

Es sind nicht die sprichwörtlichen Wirtschaftskreise des Landes, auch nicht die japanische Politik in der berühmten »Japan, Inc.«, schon gar nicht irgendwelche kulturspezifischen oder psychologischen Besonderheiten, auch nicht der immer wieder beschworene Fleiß der japanischen Arbeitnehmer allein, die Japans Erfolge begründen – es ist wohl eher eine einzigartige Mischung unterschiedlichster Faktoren, die in ihrem Zusammenwirken Japans wirtschaftliche Erfolge begründen. Diese Erfolge sind dabei durchaus teuer erkauft mit sozialen Opfern, die jeder Japaner heute in seiner unmittelbaren Lebensumwelt erlebt: Unzureichendes Sozialkapital, eine Lebensqualität breiter Schichten der Arbeitnehmer, die dem wirtschaftlichen Erfolg des Landes noch nicht adäquat ist, daneben ausgeprägter Streß für viele sind der Preis, den Japans Gesellschaft zahlt. Aber schon arbeiten japanische Politiker, Unternehmer und Intellektuelle Hand in Hand mit den großen Wirtschaftsverbänden an der Beseitigung solcher Defizite; die Krise der neunziger Jahre wird vielleicht zur Ausgangsphase einer tiefgreifenden Umgestaltung der japanischen Wirtschaft – und auch der Gesellschaft.

Die Berichterstattung in den deutschen Medien über Japan ist im Laufe der letzten Jahre dichter und qualitativ erheblich besser geworden, verglichen mit den siebziger Jahren ist manch überflüssiger Exotismus verschwunden; dennoch schleichen sich noch immer in die vielfach verkürzten Darstellungen und kritischen Kommentare über Japan Vorurteile und Klischees ein, die häufig aus einer oberflächlich zusammenfassenden Betrachtungsweise oder der isolierenden Berichterstattung über Einzelphänomene in Japan entstehen. Die Herausgeber haben in dem vorliegenden Sammelband versucht, in zahlreichen Einzelbeiträgen von Fachwissenschaftlern und erfahrenen Journalisten, deren wichtigste Gemeinsamkeit die spezialisierte Japan-Beobachtung ist, das »Japan-Spektrum« so weit wie möglich darzustellen. Bewußt wurde dabei inhaltliche und stilistische Heterogenität in Kauf genommen, die sich nicht zuletzt aus den unterschiedlichen Beobachtungspositionen der Autoren ergibt. Es mag auffallen, daß in diesem Band fast ausschließlich deutsche Autoren vertreten sind; die Herausgeber haben sich für diese Auswahl entschieden, um langwierige Übersetzungsarbeiten zu vermeiden, die unvermeidlich das Erscheinen des Bandes verzögert hätten. Ohnehin haben tiefgreifende politische Reformen, die berücksichtigt werden mußten, und die notwendige Einbeziehung wirtschaftlicher Veränderungsprozesse in Japan sowie technische Schwierigkeiten und Zeitprobleme mancher Autoren die Entstehungszeit des Sammelbandes über den geplanten Zeitpunkt hinaus verlängert.

Es bleibt eine ständige Herausforderung, sich mit dem »Phänomen« Japan auseinanderzusetzen, Japan muß immer wieder »neu gedacht« werden. So lag es nahe, daß Theo Sommer in seinem einleitenden Essay einen Text ausbaut, der Mitte der achtziger Jahre veröffentlicht wurde. Die übrigen Beiträge gliedern sich überwiegend nach weitgefaßten Sachbereichen der vier Grundrichtungen Politik, Wirtschaft, Gesellschaft und Kultur. Das Handbuch wendet sich an alle Japan-Interessierten, die sich über die Meldungen in den Medien hinaus näher mit diesem Land befassen wollen.

Einige wenige technische Hinweise sollen die Benutzung dieses Sammelbandes mit Handbuch-Charakter erleichtern: Die Lautschrift japanischer Namen und Begriffe folgt der heute üblichen Schreibweise, die auf der amerikanischen Umschrift von Hepburn aufbaut. Dabei werden bei den Konsonanten im Deutschen »ch« wie »tsch«, »j« wie »dsch«, »y« wie »j«, »z« wie ein weiches »s« gesprochen, bei den Vokalen ist »ai« wie deutsch »ei«, »ei« wie deutsch »ee«. Japanische Eigennamen erscheinen in der Reihenfolge Vorname–Nachname, während in Japan stets der Familienname voransteht; diese Reihenfolge wurde aber in den Beiträgen zu Geschichte und Kultur beibehalten, da z. B. die Namen historischer Persönlichkeiten oder von Künstlern in dieser Form auch in Deutschland bekannt sind. Die Anmerkungsapparate der einzelnen Beiträge wurden bewußt so kurz wie möglich gehalten, um dem Text mehr Raum zu geben; für weiterführende Arbeit verweisen wir auf die Literaturangaben zu den Einzelthemen im Anhang an jedes Kapitel; hier wurde das Hauptgewicht auf leicht zugängliche deutsche Titel gelegt.

Die Herausgeber möchten an dieser Stelle ausdrücklich der Bundeszentrale für politische Bildung für die Möglichkeit danken, diesen Sammelband zusammenstellen zu können. Dieser Dank richtet sich vor allem an Frau Claudia Cohnen (Bundeszentrale), die unbeirrt, in beharrlichem Bemühen und mit großer Geduld die Entstehung des Sammelbandes begleitet hat. Sie war eine faire Partnerin bei der nicht immer unkomplizierten Arbeit des »Jagens und Sammelns« in Kooperation mit den Herausgebern und den Autoren.

Köln, im März 1994 — Hamburg, im März 1994

Dr. Hans Jürgen Mayer — Dr. Manfred Pohl

EINLEITUNG

Japan im Umbruch

THEO SOMMER

1. Das verschlossene Japan

Vierhundertfünfzig Jahre ist es her, daß die ersten Europäer in Japan landeten, zunächst portugiesische Abenteurer und Händler, dann Missionare. Den Portugiesen folgten die Holländer, die 1609 eine Faktorei errichteten, die Engländer und die Spanier. Sie trieben einträglichen Handel, verbreiteten den christlichen Glauben und legten einzelne Stadtverwaltungen an die Kette ihrer Kredite. Daraus entwickelten sich bald Reibereien und Unzuträglichkeiten. Das *Tokugawa-Shōgunat* wußte sich nicht anders zu helfen, als allen westlichen Einflüssen energisch einen Riegel vorzuschieben. Im Jahre 1612 wurde der christliche Glaube verboten; 700 000 Anhänger mußten ihm abschwören. Japanern blieb es verwehrt, das Land zu verlassen. Bis 1639 waren alle *Nanban* – »Barbaren aus dem Süden« – vertrieben; allein die Holländer durften auf der Insel Deshima bei Nagasaki noch eine Faktorei betreiben – das einzige, winzige Fenster zur Welt, das sich die *Shōgune* in den nächsten zweihundert Jahren der totalen Selbstabschließung gestatteten.

In jener Zeit wurde Japan für die Europäer zum Inbegriff des Fernen Ostens: fremdartig, exotisch, »undurchdringlich«, wie die gängige Vokabel lautete. Heute ist, wenn wir »der Westen« sagen, das Kaiserreich Japan wie selbstverständlich einbegriffen. Aus einem Land, das sich über Jahrhunderte hinweg gegenüber dem Ausland abgeschlossen hatte, ist eine Macht geworden, die voll in das Weltgeschehen verflochten ist, aus einem Geschlechterstaat eine Demokratie, aus einer rückständigen Volkswirtschaft die zweitgrößte Wirtschaftsnation der Erde, aus einer auf die eigene Tradition eingekrümmten Kultur eine kosmopolitische Lebenswelt. Japan war das erste Entwicklungsland der Erde – und es ist bislang das einzige geblieben, das sich eines so totalen Erfolges rühmen dürfte. Es hat sich verwestlicht, ohne doch sein nationales Erbe zu verleugnen; und es hat sich modernisiert, ohne die alten Wurzeln, die alten Werte absterben zu lassen.

Freilich, die schockartige Transformation in der Lebensspanne von drei, vier Generationen hat auch Narben hinterlassen. Kein anderes Volk hat im Lauf seiner Geschichte so viel Fremdes aufgenommen: Schrift und Religion, Denken und Fühlen,

Ethik und Technik. Wohl wurde die Aneignung all dessen nach einer Phase blinder Anbetung jedesmal zu absorbierender Anverwandlung, doch liegt in der Verarbeitung von so viel Fremdem auch ein Quell der Verunsicherung. Kaum eine andere Nation sucht so angestrengt immer wieder nach ihrer Seele wie die japanische. Japan inszeniert mit Hingabe seine wiederkehrenden Bewußtseins- und Identitätskrisen. Es schwankt zwischen der Rückbesinnung auf sich selber und noch weiterer Traditionsentäußerung, zwischen den Tugendvorstellungen der Altvorderen und neuen Wertbegriffen. Und es sucht – Japaner denken hierarchisch – nicht nur einen Standort in der Welt, nicht nur eine Rolle, sondern vor allem einen Rang. Fünfzig Jahre nach dem Zweiten Weltkrieg sind sich die Untertanen des *Tennō* ihrer Bestimmung unsicher. Ihre Selbsteinschätzung oszilliert zwischen so extrem gegensätzlichen Urteilen, wie sie sich in den Buchtiteln zweier amerikanischer Autoren ausdrücken. »Bald werden sie die Ersten sein« (Herman Kahn) und »Zerbrechliche Blüte Nippon« (Zbigniew Brzezinski). Und sie spüren: Abermals befinden sie sich an einem Kreuzweg. In der Außenpolitik, der Wirtschaftspolitik und der Gesellschaftspolitik stehen sie vor schwierigen Entscheidungen.

2. Japan öffnet sich

Japans Neuzeit begann, als die vier »Schwarzen Schiffe« des Commodore Matthew Perry 1853 in der Edobucht vor Anker gingen. Perry übergab einen Brief seines Präsidenten, der drei Forderungen enthielt: Schutz für amerikanische Schiffbrüchige, Öffnung mehrerer Häfen, Aufnahme von Handelsbeziehungen. Der regierende *Shōgun* mußte 1854 dem ersten Vertrag mit einem westlichen Land zustimmen. Ähnliche Verträge mit anderen Ländern folgten: Rußland, Holland, England und Frankreich. Westliche Kaufleute und Missionare strömten in das Inselreich. Die Epoche der Selbstisolierung Japans war vorüber, die Epoche der Modernisierung hob an.

Es dauerte über ein Vierteljahrhundert, bis sich die Japaner darein schickten. Unruhen erschütterten das Land. »Verehrt den Kaiser, vertreibt die Barbaren«, setzten die Gegner der Öffnung auf ihre Fahnen. Am Ende unterlagen die fremdenfeindlichen Rebellen. Der *Meiji*-Kaiser und die Clanführer, die ihn auf den Schild hoben, verschrieben sich der Reform. Sie schafften das Feudalsystem ab, nahmen den *Samurai* – fast zwei Millionen bei einer Bevölkerung von 34 Millionen – das Recht, Waffen zu tragen (was die meisten veranlaßte, in der Wirtschaft ihren Weg zu machen), führten eine Wehrpflichtarmee ein, schufen eine neue Finanzverfassung, ein modernes Rechts- und Bildungssystem und setzten 1889 die *Meiji*-Verfassung in Kraft. Zugleich wurde das Fundament einer neuzeitlichen Industrieproduktion gelegt. Banken, Eisenbahnen, Telegraphenämter, Druckereien entstanden, Zigarren und Zigaretten wurden populär, Bratenröcke wurden zum Kennzeichen der Bürokraten, die den Fortschritt verwalteten. »Japan war in den ersten zwei Jahrzehnten der *Meiji*-Zeit trunken von dem starken Wein westlichen Denkens, westlicher Technik und westlicher Sitten«, beschrieb ein Historiker jene Zeit. Es gab ein populäres Kinderlied, »Der Ball der Zivilisation«, das die begehrenswertesten Hervorbringungen der *Gaījin* besang: Dampfmaschinen und Dampfschiffe, Pferdewagen, Kameras, Telegraphen,

Blitzableiter, Zeitungen, Schulen, Briefpost und Gaslaternen (die erste leuchtete 1874 auf der Ginza, Tōkyōs berühmter Einkaufsstraße).

Anders als die Chinesen, die sich in verstiegenem Stolz an den Mythos ihrer eigenen Überlegenheit über die weißen Barbaren klammerten, entschlossen sich die japanischen Reformer von Anfang an, vom Westen unbekümmert zu lernen. Sie schickten junge Leute nach draußen und holten europäische wie amerikanische Fachleute ins Land, die zu unentbehrlichen Ratgebern wurden. Eklektisch kopierten die Neuerer, was immer sie nützlich dünkte. Aber ihr Ziel war nicht die Modernisierung des Inselreiches um der bloßen Modernisierung willen. Die Erneuerung Japans diente ihnen als Mittel zum Zweck; der Zweck jedoch war, mit den weißen Mächten gleichzuziehen und es ihnen auf der Weltbühne gleichzutun. Die Versuchung war unwiderstehlich, wie bei dem anderen Spätkömmling der Geschichte, dem Deutschen Reich.

Jener Westen, dem Japan nacheiferte, war ein Kranz imperialer, kolonialer Staaten, die in militärischen Kräfteverhältnissen, in Großmachtrivalitäten, in Expansionsplänen dachten. Es wurde Japan am Ende zum Verhängnis, daß es neben den Annehmlichkeiten der Modernität auch die imperialistische Denkungsart importierte. Gewiß war es historisch nicht unausweichlich, daß keine hundert Jahre nach der Landung von Perrys »Schwarzen Schiffen« in der Bucht von Tōkyō an fast der gleichen Stelle ein japanischer Außenminister auf dem amerikanischen Schlachtschiff »Missouri« die Kapitulation des Kaiserreiches vollziehen mußte. Doch lag vielleicht eine gewisse Zwangsläufigkeit darin: Japan wollte selber imponieren mit dem, was ihm an den anderen Mächten imponiert hatte. Am Anfang stand der Nachahmungstrieb, am Ende standen die Atompilze von Hiroshima und Nagasaki.

3. Das imperialistische Japan

Das erste Ziel war unschuldig genug: Japan wollte das Joch der »Ungleichen Verträge« abwerfen und deren diskriminierenden Bestimmungen entkommen, vor allem der Extraterritorialität und Konsulargerichtsbarkeit für Ausländer und der Einschränkung der japanischen Zollhoheit. Die Verhandlungen zogen sich über zwei Jahrzehnte hin und führten erst in den neunziger Jahren zum Abschluß. Da hatte das Kaiserreich freilich schon begonnen, die Anerkennung seiner Gleichheit mit den Mächten des Westens nicht nur in den Revisionsverhandlungen durchzusetzen. Es meldete seinen Anspruch auf Parität auch in der Außenpolitik an und bekräftigte ihn ziemlich bald auf den Schlachtfeldern Koreas und Chinas. Es reichte Tōkyō nicht aus, seine volle Unabhängigkeit und Souveränität zu erlangen; vielmehr suchte es, sowie die ersten Erfolge seiner Wehrreform sichtbar waren, davon denselben Gebrauch zu machen wie die imperialistischen Westmächte. Japan führte sich nicht anders auf als die anderen, nicht schlimmer und brutaler. Nach den ersten Siegen wuchs dann allerdings der Ehrgeiz ins Unermeßliche.

Korea war die erste Interessensphäre der Japaner – das Land der Morgenstille, das Hideyoshi 1592 vergebens zu erobern versucht hatte und in dem seit jeher Chinas Wort galt. Schon 1875, nach der Beschießung eines japanischen Schiffes in koreanischen Gewässern, wurde eine bewaffnete Intervention diskutiert, doch Tōkyō begnügte sich fürs erste damit, die Öffnung des »Eremiten-Königreichs« zu erzwingen und dies in einem Vertrag niederzulegen, der Koreas Unabhängigkeit von China anerkannte. Zum Kriege mit China kam es dann allerdings 1894/95, als Unruhen in Korea die Chinesen veranlaßten, Truppen zur Wiederherstellung der Ordnung zu entsenden. Mehrere Motive wirkten in dem Entschluß zum Kriege zusammen. Tōkyō wollte vordergründig dem chinesischen Souveränitätsanspruch über Korea entgegentreten und zugleich den Russen, die – 1860 in Wladiwostok angelangt – sich ebenfalls in Seoul einzumischen begannen, eine Schranke setzen. Im Hintergrund standen jedoch handfeste Ausdehnungsgelüste: ein Programm der kontinentalen Expansion. Es galt zunächst der Eroberung Koreas, die auch aus wirtschaftlichen Gründen verlokkend schien: Die mittlerweile vierzig Millionen Japaner brauchten Reis. Die Etablierung von eigenen Einflußzonen in China neben denen der europäischen Mächte war jedoch das eigentliche Ziel.

Dies wurde deutlich, als nach einem erfolgreichen Feldzug, in dem die Armee des *Tennō* die chinesischen Truppen durch Korea vor sich hertrieb, Peking um Frieden bitten mußte und die Japaner im Vertrag von Shimonoseki ihren Sieg voll auskosten wollten. China mußte die vollständige Unabhängigkeit Koreas anerkennen, Formosa und die Pescadoren an Japan abtreten, vier neue Häfen öffnen, Reparationen zahlen und bis zur Begleichung der Indemnitätsrechnung Weiheiwai als Pfand den Japanern überlassen. Vor allem aber bestand Tōkyō darauf, daß China die mandschurische Halbinsel Liaotung »für ewige Zeiten« an Japan abtrat. Diese letzte Forderung rief Rußland, Frankreich und auch das Deutsche Reich auf den Plan. Sie sahen das Gleichgewicht im Fernen Osten gefährdet, wenn es Japan gestattet würde, sich in unmittelbarer Nähe Pekings festzusetzen. In einer diplomatischen »Tripel-Intervention« zwangen sie Tōkyō, von seinem Plan abzulassen – ein Eingreifen, das die Japaner gerade den Deutschen lange nicht vergaßen, wie sich 1914 zeigte.

Die Hauptantriebsrichtung der japanischen Expansionspolitik, wie sie das nächste halbe Jahrhundert prägen sollte, ist im Krieg mit China zum ersten Mal sichtbar geworden. Was folgte, entsprach derselben Machtlogik. Sie geriet freilich bald in Konflikt mit den Bestrebungen der anderen Mächte, die sich anschickten, die chinesische Melone unter sich aufzuteilen – insofern jedenfalls, als sie sich alle eine Einflußsphäre zu sichern trachteten; und sie geriet vor allem mit Rußland in Konflikt. Japans Sieg über China hatte die Russen veranlaßt, ihren Einfluß nicht nur in Korea, sondern auch in der Mandschurei zu verstärken; 1898 setzte sich das Zarenreich in Port Arthur fest. Aber Tōkyō brachte in Korea immer stärker seine Interessen zur Geltung; ebenso wollte es in der Mandschurei Fuß fassen. Zwei imperiale Entwürfe trafen da aufeinander. Im Februar 1904 kam es zum Krieg, der sich, zum Erstaunen der westlichen Welt, als eine einzige Kette von japanischen Siegen über die Russen entfaltete. Der Friede von Portsmouth brachte Japan 1905 die Vorherrschaft über Korea ein (das es fünf Jahre später kalt annektierte), Südsachalin, dazu den südlichen Teil der Mandschurischen Eisenbahn. Zum zweiten Mal hatte Japan seine Stellung auf dem asiatischen Festland kräftig ausgebaut.

Die dritte Gelegenheit, den japanischen Einflußbereich auszudehnen, bot sich während des Ersten Weltkrieges, Chinas Präsident Yüan Schi-kai hatte vorausgesagt: »Japan wird sich diesen Krieg zunutze machen, um die Kontrolle über China zu erringen.« Wenige Tage nach Beginn der Feindseligkeiten in Europa erklärte Japan den Deutschen den Krieg. Die Japaner nahmen Tsingtao in Besitz und nisteten sich auf der Shantung-Halbinsel ein. Anfang Januar 1915 übergaben sie Präsident Yüan 21 Forderungen, die – hätte Peking sie alle angenommen – China zu einem japanischen Protektorat erniedrigt hätten. Der Gesandte Hioki in Peking machte kein Hehl aus den Motiven: »Wenn im Juwelenladen Feuer ausbricht, darf es niemanden wundernehmen, wenn die Nachbarn zugreifen.« Das Papier, auf dem die Zumutungen Tōkyōs aufgeführt waren, trug beziehungsreiche Wasserzeichen: Maschinengewehre und Dreadnought-Schlachtschiffe. Die 21 Forderungen riefen zwar den Widerstand Washingtons hervor, das anderthalb Jahrzehnte zuvor seine Open Door Policy für China verkündet hatte; aber Japan setzte doch wesentliche Teile durch, die seine Position in der Mandschurei, in Shantung und Kwantung betrafen. Im Lansing-Ishii-Abkommen von 1915 mußten die Amerikaner einräumen: »Geographische Nähe begründet besondere Beziehungen zwischen Staaten ... und Japan hat daher besondere Interessen in China.« Die 21 Forderungen waren übrigens von der ersten wirklichen Parteienregierung formuliert worden; dahinter standen gewichtige ökonomische Interessen.

Nach der Oktoberrevolution beteiligte sich Japan an der westlichen Intervention gegen die Bolschewiki – mit 30000, nach anderen Schätzungen 90000 Mann, die jahrelang in Nikolajewsk, Chabarowsk und Blagoweschtschensk herrschten und entlang der Transsibirischen Eisenbahn weit nach Westen vorstießen. Sie zogen sich 1922 zurück, doch schon sieben Jahre später prallten die Japaner in der Mandschurei aufs neue mit den Sowjets zusammen, und 1938/39 kam es zu bewaffneten Zusammenstößen im Amurbogen, die weit über Grenzscharmützel hinausgingen (im August 1945, nach dem Abwurf der amerikanischen Atombomben auf Hiroshima und Nagasaki, als Japan schon am Boden lag, nahm Stalin mit seiner Kriegserklärung späte Rache).

Zugleich jedoch ging das Kaiserreich Japan auch in China immer unverhüllter zur Offensive über. Im Jahre 1931 unterwarfen die Japaner die Mandschurei und vertrieben dort die chinesischen Behörden; 1932 riefen sie in den vier Ostprovinzen Chinas ihren Marionettenstaat Mandschukuo aus. Von 1933–35 verstärkten sie den Druck auf Nordchina. Nach dem »Zwischenfall« an der Marco-Polo-Brücke nahe Peking am 7. Juli 1937 begannen sie ihren unbegrenzten, wiewohl unerklärten Krieg gegen China, der sie binnen kurzer Zeit nach Shanghai, Nanking, Kanton und Hankow führte; bis 1945 hielten sie – mehr oder weniger wirksam – halb China besetzt; 1940 errichteten sie unter Wang Ching-wei, Chinas Quisling, eine Konkurrenz-Regierung zu Chiang Kai-shek.

Es trug Japan wenig ein, daß es sich in den dreißiger Jahren mit Hitler und Mussolini verbündete – erst gegen die Sowjets im Antikominternpakt von 1936, im Dreimächtepakt von 1940 dann gegen die angelsächsischen Großmächte. Beide Vertragswerke blieben voller Schlupflöcher, eingeschränkt durch Zusatzprotokolle, ausgehöhlt durch innere Vorbehalte. Hitler griff im Juni 1941 Rußland an, ohne es Tōkyō zuvor auch nur andeutungsweise mitzuteilen. Die Japaner, die sich in Chinas Weiten verbluteten und gleichzeitig von Amerika wirtschaftlich unter Druck gesetzt wurden, wollten sich durch ein Ausgreifen in den pazifischen Raum Luft und Rohstoffquellen schaffen, aber ihr Vorstoß nach Süden brachte die Vereinigten Staaten noch mehr gegen sie auf als ihre chinesischen Eroberungen. Am Ende entschloß sich Tōkyō zum Angriff auf Amerika – ohne dies den deutschen Verbündeten vorher zu sagen; die Attacke auf Pearl Harbor überraschte auch Berlin. Wie Hitler brüsteten sie sich: »Viel Feind, viel Ehr«, doch wie Hitler übernahmen sie sich. Eine gemeinsame Kriegführung hat es übrigens zwischen Japan und dem Dritten Reich nie gegeben. Getrennt schlugen die beiden Mächte los; getrennt marschierten sie am Ende in die Katastrophe.

4. Japan AG

Es folgten, in Japan wie in Deutschland, die Umerziehung, der Wiederaufbau und die Anlehnung an Amerika. Es entstanden demokratische Strukturen – auf der Grundlage, die der Sieger gelegt hatte: der MacArthur-Verfassung. Der Kaiser blieb, doch sein Mythos wurde zerstört, der *Tennō* der Göttlichkeit entkleidet. Es wurde dem Lande verboten, eine Armee zu unterhalten; als die Zeitläufe sich änderten, durch den Koreakrieg, wurden – nicht ohne große Widerstände – »Selbstverteidigungskräfte« aufgebaut. Während der Besatzungszeit wurden tiefgreifende politische, gesellschaftliche und administrative Reformen ins Werk gesetzt: wahrhaftig eine Kulturrevolution. Sie gab Japan, so sehr auch Tradition und Kontinuität immer wieder durchbrachen, ein ganz neues Gepräge. Der Staat, dessen Vertreter 1951 in San Francisco den Friedensvertrag und einen Sicherheitsvertrag mit den Vereinigten Staaten unterschrieben, war weltenweit entfernt von jenem, der ein Jahrzehnt zuvor seine Flotte gegen Hawaii, Hongkong, Malaysia, Singapur und die Philippinen hatte auslaufen lassen.

Die Bevölkerung zählte inzwischen 110 Millionen Menschen. Sie war nun wieder ganz auf sich selbst zurückgeworfen. Sechs Millionen Soldaten oder Siedler kehrten aus Übersee zurück und mußten erst einmal wieder integriert werden. Hunger und Not bestimmten die ersten Aufbaujahre. Doch 1952, als die Besatzungszeit förmlich zu Ende ging, hatte die Industrieproduktion fast schon wieder Vorkriegsniveau erreicht. Das Bruttosozialprodukt allerdings betrug kaum ein Drittel des englischen und knapp ein Zwanzigstel des amerikanischen. Vierzig Jahre später produzierten die Japaner dreimal mehr als die Briten, ihr Bruttosozialprodukt erreichte zwei Drittel des amerikanischen.

Ihre imperialen Träume waren den Japanern vergangen. Sie schworen dem Militarismus ab. Aber sie mußten leben – und leben hieß produzieren, vor allem exportieren, um die Einfuhren zu bezahlen, die das rohstoffarme Land brauchte. Wie Saburō Okita, der spätere Außenminister, im Frühjahr 1945 seinem Tagebuch anvertraute: »Eine Armee in Uniform ist nicht die einzige Streitmacht. Wissenschaftliche Technik und Kampfesmut unter dem dunklen Anzug des Geschäftsmanns werden in Zukunft unser Heer bilden.« So richteten die Japaner, kaum daß sie der militärischen Aggression entsagt hatten, ihre nächste Herausforderung an die Welt: die wirtschaftliche. Wie sie zuvor die Weiten Asiens mit Waffengewalt erobert hatten, so schickten sie sich nun an, mit der schieren Wucht ihrer Produktion und ihres Handels den Weltmarkt zu erobern. Ihre kommerzielle Expansion trieben sie mit derselben Methode voran wie in der vorangegangenen Phase ihre militärische Expansion: im engen Verbund von Staat und Wirtschaft.

Schon in der *Meiji*-Ära hatten Staat und Unternehmer Hand in Hand gearbeitet. Viele der modernen Industriebetriebe, auf denen Japans späterer Wohlstand beruhte, waren von der Regierung gegründet und dann an private Unternehmer veräußert worden. Die Behörden lenkten die Wirtschaftsentwicklung: Staat, Unternehmen und Banken bildeten ein einheitliches Ganzes. Ähnlich vollzog sich nach 1945 auch der zweite große Sprung nach vorn. Das MITI – das Ministerium für Außenhandel und Industrie – legte die großen Entwicklungslinien fest, der Staat stellte die Kredite zur Verfügung, die Firmen fügten sich in den nationalen Plan. Das japanische Wirtschaftswunder war das Ergebnis einer kombinierten und koordinierten Anstrengung der Privatwirtschaft und der öffentlichen Gewalten. Insofern trifft das Etikett »Japan, Incorporated«, also: Japan AG, den Nagel auf den Kopf.

Erst Ende der sechziger Jahre erreichte das japanische Bruttosozialprodukt den Umfang des bundesrepublikanischen – wobei die Bevölkerung doppelt so groß war wie die westdeutsche. Aber dann rückte Japan in einem mächtigen Satz nach vorn. Es beschränkte sich bewußt auf fünf Produktionsbereiche: Stahl, Schiffbau, Kameras, Unterhaltungselektronik und Automobile. Mit ihrer geballten Exportoffensive überschwemmten die Japaner die überseeischen Märkte. Bald boxten sie sich an die Spitze der Welthandelsliga. Zu Beginn waren ihre Radios, ihre Bandgeräte, ihre Lautsprecher keine Konkurrenz für die Amerikaner, doch nach wenigen Jahren hatten sie diese abgehängt. Japanische Uhren machten den traditionsreichen Schweizer Uhrmachern das Leben schwer; japanische Kameras und Objektive verdrängten die deutschen; Steinway-Flügel wurden von Yamahas in den Schatten gestellt; Honda überholte 1978 Volkswagen auf dem amerikanischen Automobilmarkt und setzte sich dort an die Spitze der ausländischen Importeure; der japanische Schiffbau, 20 bis 30% billiger in der Produktion als die Werften der übrigen Welt, stürzte die europäischen und amerikanischen Schiffbauer in die Krise; bei Computern und Mikrochips wurde Japan zu einer gefährlichen Konkurrenz.

In der Lebensspanne einer Generation stieg Japan zur wirtschaftlichen Supermacht auf. Heute ist es die zweitgrößte Industrienation der Erde; seine mittlerweile 124 Millionen Einwohner haben die Sowjetunion mit ihrer Bevölkerung von 270 Millionen auf den dritten Rang verwiesen. Seit 1980 ist Japan der größte Automobilhersteller der Welt (Produktion 1985: 12 Millionen Fahrzeuge). Das japanische Bruttosozialprodukt betrug 1960 noch 45 Milliarden Dollar, 1970 erst 196 Milliarden Dollar, 1980 schon 1054 Milliarden Dollar, 1989 schließlich 2890 Milliarden Dollar. Japans Pro-Kopf-Einkommen stieg im gleichen Zeitraum von 1405 Dollar (1960) über 8890 Dollar (1980) auf 23472 Dollar (1989). Sein Anteil am Welthandel erhöhte sich stetig: 1,5% 1950; 4% 1962; 6,2% 1970; 7,2% 1980 und 9,4% im Jahre 1990 (Bundesrepublik: 12%).

Die Ursachen des Aufstiegs sind leicht auszumachen: die Staatslenkung aus dem Hintergrund, der geringe Eigenfinanzierungsanteil, karge Löhne, die niedrigen Sozialausgaben – das soziale Netz ist immer noch sehr weitmaschig, wenngleich es stimmt, daß Familie und Betrieb vieles leisten, was anderwärts die Solidargemeinschaft der Bürger zu leisten hat. All das half der Konzentration auf den Export. Ausschlaggebend war aber wohl, wie sich »Japan, Inc.« zu einem riesigen Kartell organisierte.

Die Disziplin, die Sparsamkeit, die Genügsamkeit der japanischen Arbeiter sind längst sprichwörtlich geworden. Die Welt hat sich angewöhnt, die Japaner als *economic animals* oder als *workaholics* (»Wirtschaftstiere« oder »Arbeitssüchtige«) zu betrachten, die emsig arbeiten und sich mit einem Leben in *rabbit hutches* (»Kaninchenställe« – so die Kennzeichnung der japanischen Häuser in einem amtlichen EG-Dokument) zufriedengeben. Das Ausland hat freilich auch gelernt, die Faktoren Harmonie und Konsens in der japanischen Gesellschaft als Bedingungen des wirtschaftlichen Erfolgs zu begreifen. Zähneknirschend hat die Konkurrenz des Inselreiches auch erkennen müssen, daß die Japaner nicht länger als bloße Nachahmer verschrien werden können, wie das noch in den dreißiger Jahren gerechtfertigt war, als sie Fahrräder, Kinderspielzeug und Kameras hemmungslos kopierten. Die Patentbilanz belegt, daß die Japaner längst mit einem ungeheuren Einfallsreichtum brillieren. Mitte der sechziger Jahre kam erst 1% der beim Bundespatentamt angemeldeten Patente aus Japan, Anfang der achtziger Jahre stammte jedes zehnte Patent von dort.

Eine andere mögliche Ursache des japanischen Aufstiegs lohnt ebenfalls einen Gedanken: Das Land ist bis in die Mitte der Achtziger mit seinen Aufgaben für Verteidigung und Rüstung unter der Marke von 1% vom Bruttosozialprodukt geblieben, die es sich vor Jahren selber als Norm verordnet hat, und übersteigt diese Marke auch jetzt nur geringfügig, obwohl sein Verteidigungsetat der dritt- oder viertgrößte der Erde ist. Im Verhältnis zu den Vereinigten Staaten warf diese militärische Enthaltsamkeit des neuen Japan immer wieder Probleme auf, aber ihre Wirkung auf die Ökonomie war eindeutig positiv. Amerika ist der Musterfall eines Landes, dessen Technologieschübe zum großen Teil aus der Rüstungsforschung stammen, Japan verkörpert den entgegengesetzten Ansatz.

Der Erfolg der japanischen Exportoffensive hatte freilich auch negative Folgen. In den sechziger und siebziger Jahren betrug das Wirtschaftswachstum des Landes in jedem Jahr durchschnittlich 15%; in manchen Phasen jedoch erhöhte sich der Export um jährlich 30%. Das bewirkte Verwerfungen auf dem Weltmarkt. Die betroffenen Länder, deren eigene Firmen von den japanischen Konkurrenten in Marktnischen gedrängt oder ganz von der Bildfläche gefegt wurden, begannen sich zu wehren: und sie wehrten sich um so stärker, je mehr Japans Handelsüberschüsse stiegen. »Il faut stopper les Japonais« war der Titel eines viel gelesenen französischen Buches, den zahlreiche westliche Staaten als Handlungsanweisung betrachteten: »Man muß die Japaner stoppen.« Überall wurden sie Importquotenregelungen unterworfen, Sonderzölle wurden erhoben, besonders hinderliche Verfahren bei der Einfuhrabwicklung verhängt. Zugleich drängten die Amerikaner wie auch die Mitglieder der Europäischen Gemeinschaft immer stärker auf Liberalisierung und Öffnung des japanischen Marktes – und nicht nur auf die Schleifung der Zollmauern, sondern auch auf die Beseitigung der nicht-tarifären Handelshemmnisse. Japan bekam das Handikap der Macht zu spüren. Die Kehrseite seines Handelserfolgs lag in den ständig deutlicher werdenden Bestrebungen seiner Partner, das japanische Vordrängen abzublokken. In einer Phase, in der es zugleich zum größten Gläubigerland der Erde aufrückte, erkannte das Land schon unter Ministerpräsident Yasuhiro Nakasone, daß aggressiver Export auf die Dauer nicht die Grundlage seines Wohlstands bleiben könne, daß vielmehr erhöhter Binnenkonsum an die Stelle der alten Konjunktur-Lokomotive, der Ausfuhr, treten müsse.

Doch diese neue Umorientierung der japanischen Wirtschaftspolitik ließ sich nicht leicht bewerkstelligen. Es fehlte nicht an Programmen, die Einfuhren zu erhöhen und die Japaner dazu anzuhalten, mehr ausländische Produkte zu kaufen, auch nicht an allerlei Anreizen, um Investitionen und Verbrauch auf dem japanischen Binnenmarkt anzustacheln. Die Schwierigkeit ist allerdings, daß diese neue Haltung des Enrichissez-Vous, des »Bereichert euch!«, gegen die eingefleischten Werthaltungen und Traditionsmuster des Japaners verstößt: schwer arbeiten, sparen, nichts verjubeln. Jetzt wird er plötzlich zum Konsumieren angehalten, ja Konsum wird ihm geradezu als patriotische Tat empfohlen. Aber eingefahrene Verhaltensmuster lassen sich so schnell wohl nicht ändern. Am Ende wird es darauf ankommen, daß die Regierung selber Milliarden investiert: in den Wohnungsbau, in die Infrastruktur des Landes – Eisenbahnen, Straßen, vor allen Dingen jedoch die Kanalisation, die 60% aller japanischen Haushalte noch immer entbehren müssen. Auf diese Weise könnte durch Geldabschöpfung im Inland die wirtschaftliche Energie Japans zum Teil wenigstens vom Weltmarkt abgelenkt werden.

Solches Umdenken fiel auch der Obrigkeit schwer. Sie zögerte, Japan wirklich den Waren, Gütern, Dienstleistungen des Auslands zu öffnen. Sie trieb die unwürdigsten Spielchen, um die Importpforte schmal zu halten. Als die Hersteller europäischer Ski-Bindungen ihre Produkte einführen wollten, argumentierten sie, der Schnee in Japan sei von einer anderen Beschaffenheit als der europäische, die Skibindungen seien daher untauglich – eine EG-Kommission von Kristallologen enthüllte dies als blühenden Unsinn. Ähnlich hanebüchen war das Argument, das gegen den Reisimport aus dem Ausland vorgebracht wurde: Die Verdauungstrakte der Japaner seien länger, und fremder Reis – obwohl erheblich billiger als der einheimische – mache sie krank. Und von den Schikanen, mit denen die Behörden die Einfuhr etwa von Maschinen durch monatelang hingezogene minutiöse technische Überprüfung zu hintertreiben suchen, wissen viele Japanhändler ein garstiges Lied zu singen.

Hinzu kam die Schwerfälligkeit der Politik, ihre Abhängigkeit von den Großlobbies der Bauern und Baufirmen, dazu eine Engstirnigkeit der Bürokratie, die schwer mit der Offenheit der weltweit agierenden Unternehmen der Japan AG zu vereinbaren war. So blieb bis Mitte 1993 alles beim alten. Ein Ministerpräsident gab dem anderen die Klinke in die Hand, die Korruptionsskandale jagten sich: Tanaka, Recruit Cosmos, Sagawa Kyūbin, Kanemaru. Alles ging weiter seinen herkömmlichen Gang. Bis zweierlei geschah: Der Kalte Krieg ging zu Ende, und ganz plötzlich platzte die Seifenblase der japanischen Hausse-Wirtschaft.

Kein Wunder, daß die Importdurchdringungsrate des Landes seit 30 Jahren ziemlich unverändert blieb, während sie sich in anderen Industriestaaten verdoppelt oder verdreifacht hat. Der Anteil der Nicht-Erdöl-Importe am Bruttosozialprodukt liegt sogar niedriger als vor drei Jahrzehnten (1961: 7,9%; 1991: 5,9%). Japans hoher Handelsüberschuß – 60 Milliarden Dollar 1993 gegenüber den USA, 20 Milliarden gegenüber der EG – weckt allenthalben protektionistische Gegenwehr; 1993 belief er sich insgesamt auf 140 Milliarden Dollar.

5. Die Entzauberung Japans

Als die Berliner Mauer fiel, Osteuropa den Kommunismus abschüttelte und sich der Vorherrschaft Moskaus entzog, schließlich die Sowjetunion selber zerbarst, veränderte sich mit einem Schlage das japanische Koordinatensystem. Dies galt außenpolitisch wie innenpolitisch. Außenpolitisch: Vierzig Jahre lang hatten die Vereinigten

Staaten Japan mit Samthandschuhen angefaßt, um die Front gegen die Sowjets zusammenzuhalten, selbst als Japans wirtschaftlicher Konkurrenzdruck wuchs und wuchs. Jetzt entfiel der Zwang zu solcher Rücksichtnahme. Es blieb nicht aus, daß von Japan auf der Weltbühne nun auch ein größerer Beitrag erwartet wurde. Innenpolitisch: Die fast vier Jahrzehnte lang ununterbrochen und so gut wie unangefochten regierenden Liberaldemokraten waren als verläßliches Bollwerk gegen den Kommunismus auf einmal nicht mehr vonnöten: Vieles an ihrer schwächlichen Regierungspraxis konnte nun unverhohlen kritisiert werden. Unversehens sahen die herrschenden Eliten die Grundannahme ihrer bisherigen Politik in Zweifel gestellt. Es begann für sie ein Zeitalter voller Unübersichtlichkeit und Ungewißheit.

Zugleich jedoch krachte es im Gebälk der japanischen Wirtschaft. Sie hatte die Ölpreiskrise nach 1973 überwunden und die dramatische Yen-Aufwertung nach dem Plaza-Abkommen von 1985 verkraftet. Danach setzte sie zu einem spekulativen Höhenflug sondergleichen an. Der Wert der japanischen Anlagen erreichte 511 Milliarden Yen – 3600 Milliarden Dollar. Das war 30% mehr als die Bewertung sämtlicher an der US-Börse zugelassenen Unternehmen. Die Grundstückspreise stiegen so hoch, daß das Gelände des umwallten Kaiserpalastes im Zentrum Tōkyōs mehr wert war als ganz Kalifornien. Ende 1989 platzte die Seifenblase. Große Banken gerieten ins Trudeln, selbst gigantische Broker wie Nōmura und Daiwa gerieten in Schwierigkeiten. Mit einem Male blieben bei Sotheby die japanischen Bieter weg. Es ist nicht ohne Symbolkraft, daß die Papierfabrik, deren Ehrenvorsitzender das Jahr zuvor 161 Millionen Dollar für einen van Gogh und einen Renoir bezahlt hatte, in rote Zahlen rutschte.

Zu allem Übel kam dann auch noch die Rezession. Das Wachstum der Volkswirtschaft tendierte gegen Null. Der Nikkei-Index sackte bis Sommer 1993 von 40000 auf 14000 durch: Die Gewinne sanken drastisch; die Firmenbankrotte nahmen zu: Viele Unternehmen verlagerten Teile ihrer Produktion in Billiglohnländer; manche Firmen kündigten Entlassungen an. Das Prinzip der lebenslangen Anstellung, nach dem die Unternehmen rund 1,2 Millionen Arbeiter als »betriebsinterne Arbeitslose« auf ihrer *payroll* behalten, stand mit einem Schlage zwar nicht zur Disposition, so doch zur Diskussion. Der Yen – 1993 um mehr als 20% aufgewertet – stand beinahe gleich mit dem Dollar. Trotzdem schoß der Leistungsbilanzüberschuß in die Höhe: von 114 Milliarden Dollar 1992 in Richtung 130–150 Milliarden. Der für 1995 vorgesehene Ausgleich der Handelsbilanz rückte damit in weite Ferne. Bei den Handelspartnern rief dies Empörung und Abwehr hervor; allenthalben wuchsen die Kräfte des Protektionismus.

Als wären diese Veränderungen noch nicht genug, machte sich in Japan obendrein ein fundamentaler Bewußtseinswandel geltend. Die traditionellen Werthaltungen, die uneingeschränkte Arbeitsamkeit, die Bereitschaft zur Unterordnung – all dies begann, sich zu lockern oder gar zu lösen. Das Volk empfand den kargen Zuschnitt seiner Wohnungen zunehmend als beengend. Die junge Generation will mehr Freiheit, mehr Freizeit und mehr Urlaub. Zugleich sucht sie mehr soziale Sicherheit. In einer Bevölkerung, die bei fast gleichbleibender Einwohnerzahl immer älter wird, erhält die Altersversorgung einen veränderten Stellenwert. Auch über die Verkürzung der Arbeitszeit gibt es in Japan bereits eine lebhafte Debatte; tatsächlich sinkt die Zahl der Arbeitsstunden schon. Der Trend zum leichteren Leben geht an Japan nicht vorbei, auch das Schlagwort der Selbstverwirklichung nicht. Der Familienzusammenhalt lockert sich in Japans großstädtischem Milieu ebenso wie anderswo. Die Modernität fordert ihren Zoll. Die Ansprüche an die Daseinsvorsorge wachsen, zumal bei der Jugend, die nicht so sehr auf das Bruttosozialprodukt Wert legt als vielmehr auf die Nettowohlfahrt. Sie will weniger arbeiten und besser versorgt sein, schöner wohnen und leichter reisen. Da lauert ein ungeheurer Nachholbedarf. Wird er erfüllt, so werden die Unterschiede zwischen den Kulturen noch weiter eingeebnet werden. Systemveränderung steht in Japan auf dem Programm.

Für Japans Partner in Europa und Amerika liegt darin ein gewisser Trost. Auch Japans Bäume wachsen nicht in den Himmel. Im Wechsel der Generationen werden nicht alle, aber doch einige der Tugenden geschwächt, gar auf der Strecke bleiben, auf denen die Prosperität des Inselreichs beruht. Dies wird sein ökonomisches Expansionsstreben bremsen und der Ansammlung von immer mehr Produktionskapazität Einhalt gebieten. Es wird auch das Überlegenheitsgefühl und den Dünkel brechen, die zum guten Teil den Antrieb für Japans wirtschaftliche Offensive geliefert haben. Wie die Militärmacht Japan am Ende sich in die Regeln der übrigen Völkerfamilie fügen mußte, so wird auch die Wirtschaftsmacht Japan sich einbinden lassen müssen in jene weltwirtschaftliche Interdependenz, in der kein Staat nur seinem eigenen Vorteil leben kann.

Die weltpolitischen Veränderungen, die Wirtschaftskrise, schließlich der wachsende innere Druck, eine lebenswerte Gesellschaft und ein ihr angemessenes politisches System zu schaffen – diese drei Entwicklungsstränge verflochten sich im Sommer 1993. Nach turbulenten Wochen, vorgezogenen Wahlen und schwierigen Koalitionsverhandlungen kam zustande, was Japan noch nie erlebt hatte: ein Machtwechsel. Seit 1955 hatte das Land ununterbrochen unter der Alleinherrschaft der Konservativen gestanden; nicht einmal einen Koalitionspartner hatte sich die LDP je suchen müssen. Zum Teil lag dies daran, daß Japans Sozialdemokraten nie ihr Godesberg erlebt hatten; zum Teil sorgten in der Sukzession der Ministerpräsidenten die konkurrierenden LDP-Fraktionen für Wechsel.

Indessen stand die eigentliche Stabilitätsprobe der japanischen Demokratie noch immer aus, als am 18. Juni 1993 zwei prominente LDP-Abgeordnete in einem Mißtrauensvotum mit der Opposition gegen den Ministerpräsidenten Kiichi Miyazawa stimmten. Drei Tage später verließen 44 Abgeordnete die LDP. Wahlen wurden anberaumt, dabei siegte die Opposition. Aus sieben Parteien konnte Morihiro Hosokawa eine Koalitionsregierung zimmern, die sich der politischen, wirtschaftlichen und sozialen Reform verschrieb und zugleich den Versuch einleitete, Japans Platz und Rang in der Welt neu zu bestimmen. Hosokawa scheiterte allerdings schon nach acht Monaten. Seinem Nachfolger Hata hinterließ er im April 1994 ein schweres Stück Arbeit ohne Erfolgsgarantie.

6. Partner oder Widerpart?

Japan trägt seit jeher schwer an seiner Isolierung. Es muß sich seiner Daseinskoordinaten ständig neu vergewissern. Die Deutschen haben die Europäische Union und die NATO, wo sie aufgehoben sind und sich aufgehoben fühlen. Die Japaner plagt immer wieder die Sorge, allein zu bleiben. Daher ihr Stolz und ihre Genugtuung, seit Mitte der siebziger Jahre bei den Siebener-Gipfeln vertreten zu sein. Eine nationale Frage im deutschen Sinne hat sie nie bedrückt. Jedenfalls wirkt die Aufwallung um die vier bei Kriegsende von den Sowjets besetzten Inseln Kunashiri, Etorofu, Habomai und Shikotan recht künstlich: eher als Rationalisierung einer geschichtlich gewachsenen Abneigung gegen die Russen denn als nationales Herzensanliegen.

Umstellt von wirtschaftlichen Schwierigkeiten, sieht Japan allenthalben am Horizont auch politische Gefahren dräuen. Die Amerikaner sind Schutzmacht, aber zugleich Konkurrent – und unter Bill Clinton ein ernst zu nehmender handelspolitischer Widersacher. Die Europäer verschließen sich dem Handelsansturm der Japaner um so stärker, je größer die Arbeitslosigkeit wird. Moskau hat sie früher mit unschöner Regelmäßigkeit unter den Druck auftrumpfender Machtdemonstrationen gesetzt – jetzt ängstigt es sie mehr wegen der Unberechenbarkeit seiner künftigen Entwicklung. Die Aussöhnung mit China, im August 1978 erst Wirklichkeit geworden, bleibt prekär trotz Wirtschaftsverflechtung und Kaiserbesuch. Wieder einmal verschwimmen die Orientierungsmarken.

Wie soll Japan angesichts all dieser Widrigkeiten mit der Welt und mit sich selber fertig werden? Mancherlei Versuchungen, mancherlei Illusionen locken: die sino-japanische, die asiatische, die pazifische. Viel Realitätsgehalt haben sie alle nicht.

Eine japanisch-chinesische Allianz im Jahr 2000 – der Alptraum des Abendlandes? Der Schwede Gunnar Myrdal hat diese Ausprägung der »gelben Gefahr« schon vor dreißig Jahren beschworen. Henry Kissinger sinniert zuweilen, ob nicht um die Jahrtausendwende Amerika, Westeuropa und Rußland auf einer Seite stehen werden, China und Japan auf der anderen. Ernsthaft will in Tōkyō davon niemand etwas wissen. Wie es ein Planer im Auswärtigen Amt ausdrückte: »Das ist Phantasie, reine Einbildung«. Der ehemalige Ministerpräsident Yasuhiro Nakasone wies den Gedanken ebenfalls weit von sich: »Nicht im Traum würden wir daran denken. Wir sind in unserem Wesen, unseren Anschauungen, unserer Blickrichtung grundverschieden. Wir Japaner sind ein Seevolk. Wir blicken übers offene Meer nach Amerika und Europa.«.

Die asiatische Option denn? Sie gestattet eine Rückbesinnung aufs eigene Wesen, die eigenen Werte. Ein Publizist erklärte einmal: »Wir haben öfters zwischen Asien und dem Westen geschwankt. Der Zweite Weltkrieg war der Sieg der ›Asien-über-alles‹-Richtung. Nun gehören wir zwar längst zur trilateralen Welt, zur Familie der demokratischen Industrienationen. Aber ganz ist die Erinnerung nicht verloschen. Der Westen sollte uns jedenfalls nicht mutwillig in diese Richtung drängen.« Ein japanischer Akademiker gab sich weniger zimperlich: »Wundern Sie sich nicht, wenn wir uns wieder auf die eigene Vergangenheit und auf Asien besinnen. Wir haben versucht, gute Schüler Europas zu sein, aber was war die Reaktion der Europäer? Wir hatten Lob und Belohnung erwartet. Statt dessen setzte es Püffe und Beleidigungen. Doch Europa – das ist bloß ein Block dekadenter Völker. Die Zukunft liegt in unserem Teil der Welt. Im dritten Jahrtausend wird die Zivilisation am Stillen Ozean blühen.«

Unausgesprochen mögen solche Gedanken auch durch den noch immer nur grob schraffierten Entwurf für eine auf das Pazifische Becken konzentrierte japanische Außenpolitik geistern. Ministerpräsident Ōhira brachte diese Idee eher beiläufig unters Volk, als er 1971 seinen Vorgänger Fukuda ablöste. Bisher hat der Begriff freilich keine Substanz gewonnen. Die Schwierigkeiten liegen auf der Hand. Die Randstaaten des Pazifischen Beckens gehören in ganz verschiedene Kategorien: hochentwickelte Staaten (Kanada, Vereinigte Staaten, Australien, Neuseeland, Japan); halbentwickelte Staaten (Südkorea, Hongkong, Singapur, Taiwan, neuerdings Malaysia, Thailand, bald Indonesien und Vietnam); unterentwickelte Länder (die meisten ASEAN-Länder, Lateinamerika); schließlich Rußland und das kommunistische China. Woher soll da das verbindende Element kommen? Ohnehin weckt Japans ökonomisches Übergewicht in seinen asiatischen Nachbarländern ungute Erinnerungen an die »Großasiatische Wohlstandssphäre«. In Wahrheit steckt auch hinter dem Pazifik-Konzept wohl vor allem Japans Sehnsucht, nicht völlig allein zu sein.

Langsam faßt Japan weltpolitisch Tritt. Es hat den Vereinten Nationen Freiwillige zur Verfügung gestellt, um dem verwüsteten, verwundeten Kambodscha Frieden zu bringen. Es ist in der Welt der größte Zahler von Entwicklungshilfe (1989: 8,9 Milliarden Dollar, doppelt soviel wie die Bundesrepublik). Sein Beitrag zu den Vereinten Nationen ist mit 11,38% des UN-Haushalts der zweithöchste (Bundesrepublik 9,36%). Sein Anteil an der Finanzierung des Golfkrieges belief sich auf 13 Milliarden Dollar (Bundesrepublik: 9 Milliarden Dollar). Und Japan strebt, seinem Gewicht und Rang entsprechend, einem ständigen Sitz im UN-Sicherheitsrat an. Zuweilen freilich lehnt sich das Kaiserreich gegen die Zwänge der Partnerschaft und die Fesseln der Interdependenz auf; dann läßt die Vorstellung »Das Japan, das Nein sagen kann« manches Auge glänzen.

Dennoch denkt Japans Führungsschicht nicht daran, aus dem Verband der westlichen Industriemächte auszuscheren. Sie denkt auch nicht daran, der Demokratie den Rücken zuzukehren. Japan gehört heute fest zur westlichen Welt. Es mag sich auf die eigenen Werte besinnen, *Kabuki* und *Kimono* neu zu Ehren kommen zu lassen – der Moderne entflieht es nicht wieder. Japan wird seine Rüstung modernisieren – je entschlossener, desto mehr Wirklichkeit die nordkoreanische Atombombe gewinnt; doch wird es weder wild aufrüsten, noch die sicherheitspolitischen Bande zu Amerika kappen. Und natürlich wird sich Japan für seine wirtschaftlichen Interessen schlagen – aber als fortdauerndes Mitglied des westlichen Clubs, nicht als Partner auf dem Absprung. Hundert Jahre Geschichte lassen sich nicht zurückdrehen.

Kapitel A:
Grundlagen

I. Geographische Fragestellungen, Strukturen, Probleme

WINFRIED FLÜCHTER

1. Geopolitische Voraussetzungen

Japan als Ur-Erlebnis und Modell deutscher Geopolitik: Diese lange wenig beachtete Tatsache geht auf das Wirken des deutschen Geopolitikers Karl Haushofer zurück.[1] Ausgehend von seinen vor dem Ersten Weltkrieg in Japan gewonnenen Erfahrungen entwickelte er am Beispiel des ostasiatischen Inselreiches seine geopolitischen Doktrinen von Lebensraumenge, Übervölkerung und Expansion. Im Vordergrund seiner Argumentationen stand das Problem der »Übervölkerung« Japans, das er nach traditionellem Muster mit der begrenzten agraren Tragfähigkeit begründete. Stau- und Druckquotienten sowie suggestive Raumvergleiche unterschiedlicher Bevölkerungsdichten waren für ihn »erstes Arbeitsziel« einer Geopolitik, die mit der Argumentation vom »Naturrecht zur Überschreitung von Raumgrenzen aus zu enger Atemweite« staatlichen Expansionskräften des Nationalsozialismus Vorschub leistete.[2]

In den Japaninterpretationen Haushofers blieben die schon damals deutlichen Unausgewogenheiten der inneren Landeserschließung Japans und die Möglichkeiten einer intensiven Binnenkolonisation weitgehend ausgeklammert. Das Unvermögen Haushofers, die Bedeutung der Industrialisierung zu erkennen, nicht zuletzt seine Aversion gegen Großstädte, Bevölkerungsballung und Verstädterung, die er ausschließlich negativ wertete (Bodenentwurzelung, Landflucht, Abhängigkeit, Krisenhaftigkeit), haben mit zur Verzerrung seines Japan-, Welt- und Deutschlandbildes beigetragen.[3] In verschiedener Hinsicht sind die geopolitischen Vorstellungen Haushofers am Beispiel Japans entscheidend widerlegt worden:

---

1 Hans-Adolf Jacobsen/Karl Haushofer, Leben und Werk. Band I: Lebensweg 1869 bis 1946 und ausgewählte Texte zur Geopolitik; Band II: Ausgewählter Schriftwechsel 1917 bis 1946, Boppard 1979; Ders., Kampf um Lebensraum. Karl Haushofers »Geopolitik« und der Nationalsozialismus, in: Aus Politik und Zeitgeschichte, Beilage »Das Parlament«, 25. 8. 1979, S. 17–29.

2 Peter Schöller, Japan, in: P. Schöller/H. Dürr/E. Dege (Hrsg.), Fischer Länderkunde Ostasien, Frankfurt 1978, S. 325–344. Sehr aufschlußreich und anregend zu diesem Thema sind zwei Aufsätze von Peter Schöller: Die Rolle Karl Haushofers für die Entwicklung und Ideologie nationalsozialistischer Geopolitik, in: Erdkunde 36 (1982), S. 160–167. Außerdem: Geopolitische Versuchungen bei der Interpretation der Beziehungen zwischen Raum und Geschichte. Eine kritische Bilanz der Konzeptionen und Theorien seit Friedrich Ratzel, in: D. Denecke/K. Fehn: Geographie in der Geschichte, Stuttgart 1989, S. 73–88. (Ursprünglich als Vortrag auf dem Trierer Historikerkongreß 1986 gehalten).

3 P. Schöller, in: Erdkunde 36 (1982), Anm. 2, S. 163.

a. Übervölkerung

Nach der katastrophalen Niederlage im Zweiten Weltkrieg geriet Japan weder durch den völligen Verlust seiner Außenterritorien (Korea, Süd-Sachalin, Taiwan, Mandschurei, pazifische Inselgebiete) noch durch die Repatriierung von ca. fünf Millionen Auslandsjapanern in eine Übervölkerungskrise. Im Gegenteil: Trotz seiner im Vergleich zu Haushofers Zeiten doppelt so hohen Einwohnerzahl (1993: 124 Millionen auf den japanischen Inseln) und trotz des Zusammenschrumpfens seiner ehemaligen Territorien auf das Stammland (= 55% der Fläche des Vorkriegsbesitzes von 1937) erfreut sich das Land eines nie dagewesenen, international hohen Lebensstandards. Hinzu kommt, daß es insbesondere INNERHALB der japanischen Stammlande während der Nachkriegszeit zu einer Bevölkerungsballung von bisher nie gekanntem Ausmaß gekommen ist. Dieser Agglomerationsprozeß hat nicht nur NICHT zu einer Übervölkerung im Sinne Haushofers geführt, er hat auch zum Wirtschaftserfolg und hohen Lebensstandard in Japan entscheidend mit beigetragen.

b. Naturräumliche Grundlagen

Die These, daß die Naturausstattung Japans vorwiegend ungünstig sei und der Industrialisierung des Landes im Wege stehe, ist durch die eindrucksvolle Industrialisierung und Modernisierung des Landes auf den Kopf gestellt worden. Prototypisch dafür steht die Entwicklung der Schwerindustrie, auf die später ausführlich eingegangen wird. Im Hinblick auf den Fahrzeugbau berichtete Peter Schöller (Kolloquiumsvortrag an der Ruhr-Universität Bochum, 2. 7. 1987), daß zahlreiche japanische Kollegen und Wirtschaftsfachleute um 1960 die (damalige) Unterentwicklung der einheimischen Kraftfahrzeugindustrie auch geographisch begründeten: Das gebirgige Inselland mit beschränkten Ebenen habe ein völlig unterentwickeltes Straßennetz, und auch die berühmten Reichsstraßen der *Tokugawa*-Zeit seien ja weniger Straßen als vielmehr Wege für den Fuß- und Trägerverkehr gewesen. Die Chance des japanischen Fahrzeugbaus liege in der Entwicklung von Klein- und Miniwagen sowie bei Motorrädern.

c. Mangel an schöpferischer Phantasie?

Das Vorurteil Haushofers, daß die Japaner im Weltwirtschaftskampf unterlegen, weil sie für die Massenindustrialisierung ungeeignet seien, treibt die hanebüchenen Verallgemeinerungen und Fehlschlüsse deutscher Geopolitik auf die Spitze. Bis heute hält sich die Vorstellung, schöpferische Industrieimpulse seien in Japan die Ausnahme, Patente würden nur im Ausland gekauft und in Japan optimal vermarktet. Wie die Entwicklung in der Nachkriegszeit zeigt, hat Japan es nicht nur verstanden, seit den sechziger Jahren von billigen Massenerzeugnissen auf Qualitätsprodukte umzusteigen und in bestimmten Sektoren und Segmenten (u.a. Präzisionsgeräteindustrie, Fahrzeugbau) führenden westlichen Industrienationen den Rang abzulaufen. Inzwischen ist es auch in Bereichen der Hochtechnologie zu einem dermaßen starken Konkurrenten geworden, daß die führenden westlichen Industrieländer Mühe haben, mit der japanischen Entwicklung Schritt zu halten.

Die Thesen gegen Haushofer und seine Geo-Determinismen lauten:

1. Japan hat die Modernität seiner derzeitigen Produktion und die Entwicklung seiner Wirtschaft gerade WEGEN seiner UNGUNSTpotentiale für ›schwere‹ Industrien erreicht.
2. Landesentwicklung und Lebensstandard der Bevölkerung Japans fußen weniger auf natürlichen Gegebenheiten als auf dem HUMANfaktor.

Der Behandlung dieser Themen seien zunächst einige Vorbemerkungen, Fragestellungen und Grundinformationen vorangestellt.

Territorial nimmt das japanische Inselreich nicht einmal 0,28% der Erdoberfläche ein, sein Anteil an der Weltbevölkerungs beträgt 2,4%. Ungleich größer ist der Anteil am Welthandel (Exporte 9,3%, Importe 6,0%), insbesondere am Welt-Bruttosozialprodukt (16%; Daten 1990). Die Entwicklung Japans ist aus westlicher Sicht erstaunlich, wurde sie doch vom mittelalterlich-weltabgeschlossenen Feudalstaat (bis Mitte des 19. Jahrhunderts) über eine international respektierte Militärgroßmacht (bis zum Zweiten Weltkrieg) zu einer führenden Weltwirtschaftsmacht in außerordentlich kurzer Zeit zurückgelegt, dazu noch von einem Land mit nicht-abendländischer Kulturtradition. Es wirkt nicht überraschend, daß während der fünfziger und sechziger Jahre manche Vertreter westlicher Entwicklungsländerforschung Japan als ein Modell für weniger entwickelte asiatische Gesellschaften ansahen. Der Slogan »Von Japan lernen« gilt in bestimmten Bereichen längst auch für die hochentwickelten Industrieländer des Westens, wird dort allerdings recht kontrovers diskutiert.

Wie ist es möglich, daß ein räumlich so kleines Land mit einem so geringen Anteil an nutzbarer Kulturfläche und einem durch Naturrisiken extrem hohen Gefährdungspotential ein Bruttosozialprodukt erwirtschaften kann, das absolut und pro Kopf weltweit mit am höchsten liegt? Ist die Entwicklung Japans vorbildhaft fur fortgeschrittene Industrieländer oder solche, die es werden wollen? Was macht die Besonderheit des japanischen Entwicklungsweges auch unter räumlichen Aspekten aus? Welche Möglichkeiten bietet der Naturraum für die Regional- und Landesentwicklung? Welche Akteure steuern raumwirksame Tätigkeit nicht nur im nationalen Maßstab, sondern auch auf sub-staatlicher Ebene (Präfekturen, Gemeinden)? Welche Probleme schaffen sie im sozio-ökonomisch-ökologischen Kontext landesweit, aber auch im regionalen und lokalen Raum, also auf der Ebene des real existierenden Menschen? Wie wirkt sich die Globalisierung der japanischen Wirtschaft auf die Regional- und Landesentwicklung und auf Hierarchisierungsprozesse aus? Schließlich: Lassen sich im Sinne eines handlungsorientierten Ansatzes Entscheidungshilfen (bestimmte Handlungsempfehlungen?) für eine angemessene Landesentwicklung (welches Leitbild?) formulieren?

Fragestellungen dieser Art sind Anliegen der Geographie, die als Lehre vom Raum und den in ihm wirkenden Kräften sowohl die naturbedingten (physisch-geographischen) als auch die vom Menschen beeinflußten (anthropo-/kulturgeographischen) Strukturen und Prozesse analysiert. Aus der Fülle der geographisch interessanten Themen sollen im folgenden nur einige Aspekte beispielhaft behandelt werden.

2. Der Naturraum und sein Potential für die Kulturlandschaft und Landesentwicklung

Der japanische Archipel bildet die Mitte mehrerer Inselgirlanden, die dem ostasiatischen Festland seewärts vorgelagert sind. Das 6852 Inseln umfassende Staatsgebiet (372706 km^2, einschließlich der von Rußland besetzten Süd-Kurilen 377727 km^2) besteht im wesentlichen aus den vier Hauptinseln Hokkaidō (83408 km^2), Honshū (231014 km^2), Kyūshū (42144 km^2) und Shikoku (18781 km^2). Die Außenflanken bilden die Inselgirlanden der Süd-Kurilen im Nordosten und der Nansei-Inseln im Südwesten. Das Territorium erreicht zwischen 45,5° und 24° (im Extrem sogar bis 20,5°) n. Br. in der Nordost-Südwest-Dimension eine Längserstreckung von über 3000 km.

a. Geotektonik, Reliefgestaltung, Landnutzung

Als Teil der zirkumpazifischen Gebirgsbögen ist die japanische Inselkette an der Nahtstelle zwischen der »Eurasiatischen« und der »Pazifischen Platte« tektonisch sehr labil und ständig durch zerstörerische Kräfte bedroht. Unter den zahlreichen Erdbebenkatastrophen hatte das große Beben von Kantō (1. September 1923) die bisher schlimmsten Auswirkungen. Im Raum Tōkyō kamen über 100000 Menschen in den Flammen um, 400000 Häuser brannten völlig aus. Für die bis heute überwiegend noch in Holzhäusern äußerst dicht wohnende Großstadtbevölkerung liegt die Gefährlichkeit der Erdbeben weniger in deren unmittelbar destruktiven Wirkungen (z. B. Häusereinstürzen) als in den vom Beben ausgelösten Feuersbrünsten. Zerstörerisch wirken auch riesige Meereswellen, sogenannte *Tsunami* (eigentlich »Hafen-Wellen«), die von Erschütterungen im Ozeanboden ausgelöst werden und auch bei weit entfernt liegenden Bebenherden katastrophale Folgen haben können, insbesondere für enge, schlauchförmige Buchten des Rias-Küsten-Typs. Die Lebendigkeit des Vulkanismus in Japan ergibt sich aus der Zahl von 60 »aktiven« (historisch belegten) Vulkanen, von denen der Fuji-san (3776 m) der größte, schönste und eindrucksvollste ist.

Die Geotektonik bestimmt die Oberflächenformen: Reliefzerstückelung, Kleinkammerung, Meeresdurchdringung. Die enge Verzahnung von Land und Meer findet ihren landschaftlichen Ausdruck vor allem in der japanischen Inlandsee. Das kleinräumige Landschaftsmosaik Japans durchzieht das Binnenland in Form zahlreicher Becken und löst sich selbst an den Küsten in nur mäßig großen Schwemmlandebenen auf. Deren oft enger geomorphologischer Zuschnitt (»Westentaschenformat«) bietet der Anbindung eines Hafenhinterlandes kaum Chancen, dies um so weniger, als auch die Flüsse als Verkehrsträger so gut wie bedeutungslos sind. Bezeichnend für die schwierige Erschließung weiter Landesteile ist weniger ihre absolute Höhe über dem Meeresspiegel als ihre starke Reliefierung und Zerstückelung.

Infolge der dominierenden Kleinkammerung des Landes sind die wenigen großen Tieflandsgebiete die entscheidenden Räume für die wirtschaftliche Nutzung und Besiedlung. Im eigentlichen Sinne besteht das Tiefland aus den alluvialen Schwemmlandebenen (14% der Landesfläche). Weil sie leicht bewässerbar sind, sind diese seit alters her der bevorzugte Lebensraum des japanischen Volkes und dem Naßreisbau vorbehalten, der wichtigsten Agrarkultur des Landes. In den küstennahen Stadtregionen sind die Alluvialflächen identisch mit der »Unterstadt«, die wegen ihres weichen Bodensubstrats, ihres Fast-Null-Meter-Niveaus sowie ihrer dichten Überbauung besonders gefährdet ist (Erdbeben, Brände, Überflutungen). Zum »Tiefland« zählen im weiteren Sinne die landwärts bis zu etwa 200 m ansteigenden Diluvialplatten (11 % der Landesfläche). Als trockenbödige, weniger fruchtbare »Geest«, deren Erschließung erst im 17./18. Jahrhundert begann, eignen sie sich insbesondere für den Trokkenfeldbau (Körner-, Hülsen-, Knollenfrüchte, Obst und Gemüse). In den Stadtregionen sind sie gleichzusetzen mit der als Wohngebiet bevorzugten »Oberstadt«.

Im alluvialen und diluvialen Tieflandsbereich insgesamt (25 % der Landesfläche) stehen Landwirtschaft und Verstädterung in starker Flächennutzungskonkurrenz. Aufgrund der hier enormen Bodenpreise greift die Suburbanisierung inzwischen auch auf die landeinwärts anschließenden tertiären Hügelländer über (12 % der Landesfläche). Wegen ihrer Zerstückelung sind diese für die Landwirtschaft wenig geeignet und überwiegend von Buschwald überzogen. Ihre Inwertsetzung als neues Wohnsiedlungsland ist gewöhnlich mit hohen Investitionen für Planierungsarbeiten verbunden. Die Hügelländer stellen die Verbindung zu den Bergländern und Gebirgen her (61 % der Landesfläche). Diese nehmen zwar landesweit den größten Raum ein, sind jedoch wirtschaftlich nur sehr extensiv genutzt (Wald, degenerierter Buschwald, Ödland), sehr dünn besiedelt und traditionelle Abwanderungsgebiete. Der Rest der Landesfläche (2 %) entfällt auf Binnengewässer.

Die starke Reliefierung und Kleinkammerung prägen die Kulturlandschaft. Typisch für Japan (und die Naßreisgebiete Ostasiens i. e. S.) erscheint die isohypsenbetonte, scharfe Grenzlinie zwischen den traditionell hochintensiv bewirtschafteten Ebenen einerseits und den nur sehr extensiv (wenn überhaupt) genutzten Berghängen und Gebirgen andererseits. Dieser markante Kontrast erklärt sich naturgeographisch durch die hohe Erosionsgefährdung der Berghänge, bedingt durch die Steilheit des Reliefs und dessen Anfälligkeit für Erdrutsche bei Starkregen (Taifunen!).

Kulturgeographische Ursachen liegen in der seit alters auf die Ebene konzentrierten Landnutzung. Diese Tradition schloß eine flächenaufwendige Viehwirtschaft selbst auf den Berghängen schon aus religiösen Gründen aus (Abneigung gegen den Verzehr von Fleisch als Folge des Buddhismus). Siedlungsmäßig wird die Hangnutzung erschwert durch die fehlende Unterkellerung der Holzhäuser, die eine aufwendige Bodenpodestierung erfordert.

b. Klima und naturräumliche Unterschiede: Vorder- und Rückseiten-Japan

Im Jahresdurchschnitt weisen alle Landesteile sehr hohe bis ausreichende Niederschläge auf, die von Süden nach Norden abnehmen (Süd-Kyūshū über 2 500 mm, Hokkaidō 1 000 mm und weniger). Temperaturmäßig zeigen sich im Sommer zwischen Okinawa/Süd-Kyūshū (Juli-Mittel 26°–28°) und Hokkaidō (16°–20°) nur geringe Wärmedifferenzen. Landesweit ist es dann mit Ausnahme von Hokkaidō schwülwarm, bedingt durch das Vordringen maritimer Tropikluft weit nach Norden. Im Winter dagegen, wenn Gesamt-Japan im Herrschaftsbereich kontinental-kalter Polarluft liegt, schwanken die Temperaturen zwischen Okinawa/Süd-Kyūshū (Januar-Mittel 7°–18°) und Mittel-/Nord-Hokkaidō (−8° bis −10°) erheblich. Die Längserstreckung über 21 Breitengrade verschafft dem Archipel unter Mitwirkung kalter *(Oyashio)* und warmer Meeresströmungen *(Kuroshio)* großräumig sehr unterschiedliche Klima- und Vegetationszonen. Die Spanne reicht vom winterkalten Nadelwaldklima Hokkaidōs im Norden bis zu den frostfreien, vollsubtropischen Randgebieten Okinawas im Süden.

Die Grenzlage zwischen größter Kontinentalmasse (Eurasien) und größtem Weltmeer (Pazifischer Ozean) bringt den japanischen Archipel in den Herrschaftsbereich des ostasiatischen Monsuns. Einer regelmäßig starken, winterlich kalten Nordwest-Strömung aus dem ostsibirischen Festlandshoch stehen im Sommer nur relativ schwache und weniger konstante, süd- bis südöstliche Winde gegenüber.

Die Hauptregenperiode liegt aber nicht im Hochsommer (schwülwarme, niederschlagsarme »Hundstage«), sondern im Frühsommer (»Pflaumenregen«) und im Frühherbst (v. a. Taifun-Regen). Ursache für die Dreiteilung des japanischen Sommers ist das vom sommerlichen Sonnenstand abhängige Wandern der Frontalzone, an der die maritime Tropikluft der pazifisch-tropischen Breiten auf die Polarluft des Nordens aufgleitet. Da die Frontalzone bis zum Hochsommer nach Norden (bis Hokkaidō), danach wieder zurück nach Süden wandert, erhalten große Teile Japans zweimal ergiebige sommerliche Niederschläge. Trotz seiner Dreiteilung bezüglich der Niederschlagsverteilung hat der Sommer auch einheitliche Züge durch die sehr hohe, tropenhafte Schwüle, die mit Ausnahme von Hokkaidō landesweit zu spüren ist.

Im Winter dagegen herrschen starke Unterschiede zwischen der niederschlagsreichen Japansee-Seite und der sonnenreichen pazifischen Zone. Der vom Festland her wehende kalte Nordwest-Monsun nimmt beim Überqueren des Japanmeeres Feuchtigkeit auf, die beim Aufgleiten auf der dem Kontinent zugewandten Luv (= Japanmeer)-Seite zu heftigen Schneefällen führt. Gleichzeitig herrscht auf der pazifischen Seite zwar windig-kaltes, doch wolkenloses, trockenes, sehr angenehmes Winterwetter. Dermaßen gravierende Klimadifferenzen auf so kleinem Raum, insbesondere die hohen Schneeniederschläge an der Japanmeer-Seite auf einer geographischen Breite, die der Nordafrikas entspricht, sind ein weltweit sehr eindrucksvolles Phänomen. Für die unterschiedliche Bewertung beider Küstenzonen hat die japanische Sprache aufschlußreiche Bezeichnungen. Die durch ihre Lage gegenüber dem Festland scheinbar attraktive, doch klimatisch und auch großräumlich benachteiligte Japanmeer-Seite heißt »Rückseiten-Japan« (*Ura-Nihon:* eine *Meiji*-zeitliche Wortschöpfung, die heute als diskriminierend empfunden wird), die pazifische Seite dagegen »Vorder-« oder »Fensterseiten-Japan« *(Omote-Nihon)*. Letztere ist nicht nur klimatisch, sondern auch geomorphologisch durch größere Küstenebenen und Buchten begünstigt. Seit Japan nach seiner Öffnung in der zweiten Hälfte des 19. Jahrhunderts in den Weltschiffsverkehr einbezogen wurde, erhielten seine geschützten Großhafenräume an der pazifischen Küste auch aus überstaatlicher Perspektive entscheidende Standortvorteile.

Vor dem Eisenbahnzeitalter war die Japanmeer-Seite als »Schneeland« (*Yukiguni:* so auch der Titel einer Novelle des japanischen Nobelpreisträgers Yasunari Kawabata) eine im Winter verkehrsmäßig äußerst abgeschlossene Region. Selbst heute kann der Bahn- und Straßenverkehr durch winterliche Schneemassen immer noch stark behindert werden. Die Schneebeseitigung zur Aufrechterhaltung der Bevölkerungsmobilität und des Wirtschaftslebens verursacht Jahr für Jahr erhebliche

Kosten und Probleme. Neue, kostensparende Schneeräumtechniken und Tauanlagen, darüber hinaus ein inzwischen beachtlicher Massenskitourismus haben die saisonale Ungunst der Japanmeer-Seite ein wenig gemildert, aber nicht aufgehoben.

c. Bedeutung des Naturpotentials für den Menschen und die Landesentwicklung

Positive Aspekte

Alles in allem wird die Naturausstattung Japans von seiten der Bevölkerung als günstig und positiv empfunden – der Mythos von der Erschaffung der japanischen Inseln durch die Gottheiten Izanagi und Izanami bestätigt diese Vorstellung. Sehr warme, schwüle Sommer und reichliche Niederschläge schaffen klimatische Vorteile, die vor allem der Landwirtschaft zugute kommen und in Süd- und Mitteljapan mehr als eine Haupternte im Jahr ermöglichen. Das Überfluten der Reisfelder und die Wachstumsphase des noch jungen Reises fallen zeitlich sehr glücklich mit dem frühsommerlichen »Pflaumenregen« zusammen. Die positive Wasserbilanz ist außerdem eine wichtige physische Voraussetzung für das Zusammenleben so vieler Menschen auf engem Raum. Sie ermöglichte die erfolgreiche, rasante Entwicklung der Schwerindustrie, die zwar ihre Rohstoffe fast gänzlich importieren muß, aber im Betriebsstoff Wasser eine nicht zu unterschätzende einheimische Ressource hat. Von Vorteil ist auch das Aufeinandertreffen kalter und warmer Meeresströmungen im Bereich der japanischen Gewässer. Die subtropische Artenfülle der südlichen Meeresfauna und der Individuenreichtum der Meere nördlicher, kühlgemäßigter Breiten vereinen sich gerade dort, wo der insgesamt schmale Schelfsockel Japans sich ein wenig verbreitert, und erklären u.a. die traditionelle Deckung des japanischen Proteinbedarfs vorwiegend aus dem Meer. Die Kombination von Steilrelief und Wasserbilanzüberschuß schafft Möglichkeiten für die Teildeckung des Strombedarfs durch »weiße Energie« (12% der Energieerzeugung, 1990). »Magma-Nester« bieten sich als geothermisches Energiepotential an (bisher allerdings nur 0,1% der Stromerzeugung). Der Vulkanismus ließ fast überall im Lande »heiße Quellen« *(Onsen)* mit Badeorten entstehen und verleiht der Landschaft mit eindrucksvollen Vulkanen und Calderen (riesigen Kraterkesseln) einen besonderen Reiz, der in zahlreichen Nationalparks zum Ausdruck kommt.

Negative Aspekte

Nachteilig sind die Kleinkammerung, Reliefzerstückelung und Landknappheit sowie die Archipelsituation. Sie erschweren die Landesentwicklung erheblich und machen den Ausbau der Verkehrsinfrastruktur außerordentlich kostspielig. Die enorm hohen Gebühren für Fahrten auf der Autobahn und längst auch mit dem Superschnellzug *Shinkansen* erklären sich durch die außergewöhnlich hohen Investitionen für Verkehrstrassen, Tunnel- und Brückenbauten. Als Negativposten wird immer wieder auch auf die dürftige Ausstattung des Landes mit wichtigen Rohstoffen verwiesen. Die entscheidenden Nachteile liegen jedoch in den permanent drohenden Naturkatastrophen. In Begleitung von Erdbeben, *Tsunami*, Vulkanausbrüchen und Taifunen treten Feuersbrünste, Überschwemmungen und Bergstürze auf, Katastrophen, an deren Ausmaß menschlicher Einfluß erheblich mitbeteiligt ist. Die ständigen Schockwirkungen der Naturgewalten haben den Japanern ihre Ohnmacht gegenüber den Kräften der Natur zwar immer wieder vor Augen geführt, sie dennoch nie verzweifeln lassen, sondern eher herausgefordert. Als Schutzmaßnahmen haben Vorwarnsysteme, Küsten- und Hangbefestigungen, Aufforstungen, Staudammbau und Flußregulierungen beachtliche Fortschritte gemacht. Erdbebenvorhersagen sind jedoch nach wie vor unsicher. Im Alltag verdrängt man die Erdbebengefahr; in der Stadtplanung stellt man sich den Herausforderungen nicht energisch genug. Alles in allem ist die Bedrohung durch die Natur nicht geringer, sondern eher größer geworden durch die enorme Ballung von Wirtschaft und Bevölkerung in der für Naturkatastrophen besonders anfälligen pazifischen Küstenregion.

d. Bedeutung der großräumigen Lage und der Archipelsituation für die nationalstaatliche Entwicklung und die Souveränität des Landes

Die großräumige Lage und die Archipelsituation sind Faktoren, die im Kontext der japanischen Kultur, Geschichte und Landesentwicklung dynamisch gesehen und bewertet werden müssen.

Bis Mitte des 19. Jahrhunderts galt das Inselreich als ein extrem abgelegener Teil der bewohnten Welt. Im Gegensatz zu Großbritannien, mit dem es früher irreführenderweise verglichen wurde (»Großbritannien des Ostens«), ist Japan vom Festland aus nicht sichtbar, sondern mindestens 200 km entfernt – nur die Insel Tsushima nähert sich der koreanischen Festlandsbrücke bis auf 60 km. Naturgeographisch öffnet sich England der Nordsee und dem europäischen Kontinent. Dagegen wendet sich Japan mit seiner Japanmeer-»Rückseite« vom ostasiatischen Festland ab, das seinerseits mit seinen zur Küste steil abfallenden Gebirgsmauern (koreanische Küstengebirge, Sichote Alin) und dünnen Besiedlung für Kulturkontakte und Handelsbeziehungen wenig einladend wirkt. England wurde wiederholt von Kontinentaleuropäern erobert und kulturell durchdrungen (Römer, Angeln und Sachsen, Dänen, Normannen). Japan wurde zwar vom Festland ebenfalls kulturell außerordentlich stark befruchtet, doch kamen diese Einflüsse nicht von der Gegenseite des Japanmeers, sondern von China über die Kulturbrücke Korea bzw. über das Ostchinesische Meer nach Kyūshū und West-Honshū. Das Inselreich wurde allerdings niemals erobert – zwei historische Versuche der Flotte Kublai Khans 1274 und 1281 scheiterten am japanischen Widerstand und an Taifunen (»Götterwinde« *Kamikaze*).

Die Europäer entdeckten Japan erst viel später und zufällig durch Schiffbruch des Portugiesen Pinto 1542. Die bewußte und erfolgreiche Abkapselung Japans von der Außenwelt in der fremdenfeindlichen *Tokugawa*-Zeit (1600–1868, insbesondere seit 1637) wurde nicht unerheblich begünstigt durch die damals extrem abseitige Lage des Landes sowie durch seinen Mangel an lukrativen, begehrenswerten Ressourcen. Die gewollte Isolierung nach außen ermöglichte Japan eine Konzentration und Konsolidierung nach innen. Als eines der ganz wenigen Länder blieb das Inselreich von der weltumgreifenden Eroberung der imperialistischen Mächte politisch, kulturell und wirtschaftlich weiterhin unberührt, sein Strukturgefüge intakt und aktionsfähig.

Der Stellenwert der geographischen Lage Japans änderte sich seit Mitte des 19. Jahrhunderts dramatisch durch die fortschreitende Technisierung, Motorisierung, Sicherheit und Bedeutung des Weltschiffsverkehrs und durch die Ausweitung der Welthandelsströme. In einem Großkreis zwischen dem wachsenden südostasiatischen Raum um Singapur und den expandierenden Regionen der pazifischen Küste der USA erlangten die auf halbem Wege gelegenen japanischen Inseln große Bedeutung als zentrale Anlaufstationen für kürzeste und sicherste Seewege. Die von außen erzwungene Öffnung durch die USA (Perry 1853) beendete die bis dahin dominant »binnenländische« Ausrichtung Japans und leitete eine »Meeresorientierung« ein, die der naturgegebenen Maritimität des Inselreiches entsprach und im Zuge der industriellen Revolution Japans zu einer entscheidenden Voraussetzung für die Landesentwicklung wurde.

Die Gunst der großräumigen Lage Japans ergibt sich auch aus der geographischen Einbettung in die Bevölkerungsballung Kern-Ostasiens, das in seiner Gesamtheit mit etwa 1,3 Milliarden Menschen ein phantastisches Marktpotential darstellt. In einer Zeit immer größer werdender Bedeutung der internationalen Finanzmärkte und ihrer weltweiten Tagesgeschäfte stellt sich auch die Frage nach der Zeitzonenlage, also der Lage eines Finanzzentrums im geographischen Längennetz. International engagierte Banken müssen rund um die Uhr handlungsfähig sein, um Arbitragevorteile auszunutzen und Risiken zu begrenzen. Offene Positionen können so nach Geschäftsschluß an den zeitzonenmäßig nachfolgenden Finanzplatz weitergereicht werden.[4] So dürfte die global günstige Lage im Tageszeitengeschäft mit dazu beigetragen haben, daß sich Tōkyō neben den traditionellen Spitzenfinanzplätzen London und New York zu einem führenden Weltfinanzzentrum entwickelt hat: 10/15 Stunden Zeitvorsprung vor London/New York bzw. 9/14 Stunden Zeitrückstand zu New York/London bedeuten, daß die Schalter aller drei Finanzplätze als Gesamtheit Tagesgeschäfte rund um die Uhr ermoglichen.

Japan, ein Inselreich, das mit dem Festland keine terrestrischen Grenzprobleme hat, ein Land, für dessen Bevölkerung jede Auslandsreise eine »Überseereise« ist (auch wenn diese von der modernen Jet-Set-Gesellschaft als solche kaum noch wahrgenommen wird) hat sich aufgrund seiner Wirtschaftskraft zu einem Magneten für internationale Arbeitsmigranten entwickelt und entdeckt in diesem Zusammenhang die alten Vorzüge seiner abseitigen Lage und Archipelsituation neu.

Dies gilt vor allem für die Souveränität und Durchsetzung wichtiger Entscheidungen auf nationaler Ebene, z.B. für Einwanderungsbeschränkungen und wirksame Umweltschutzbestimmungen. Die abseitige Lage des japanischen Inselreiches ermöglicht zügige Beschlußfassungen zum Umweltschutz ohne Abstimmung mit unmittelbar angrenzenden Nachbarstaaten. Diese Situation ist, ähnlich wie in sehr großen Flächenstaaten (USA), von beneidenswertem Vorteil im Vergleich zu Mitteleuropa, wo ein Umweltschutzkonsens (z.B. bezüglich gemeinsamer Autoabgasstandards oder grenzüberschreitender Emissionen) über viele Staatsgrenzen hinweg erheblich erschwert wird. Die Insellage Japans bietet nicht zuletzt gute Aussichten, einem derzei-

4 C. Brützel, Offshore – Banking deutscher Banken unter besonderer Berücksichtigung des Euro-DM-Marktes und der Möglichkeit einer Repatriierung, Frankfurt a.M. 1985, S. 249.

tigen und vor allem zukünftigen Hauptproblem führender Industrieländer relativ wirksam zu begegnen: der unkontrollierten Masseneimmigration von Ausländern. Hier schließt sich der Kreis zur *Tokugawa*-Zeit: Die Archipellage Japans hat nicht nur die Abgrenzungsmentalität gefördert, sie hat auch die Wirksamkeit des Verbots, japanischen Boden illegal zu betreten, beträchtlich erhöht. Dies gilt auch heute im Jet-Zeitalter, in dem eine potentielle Masseneinwanderung über wenige internationale Großflughäfen auf der Basis rigider Einwanderungsbestimmungen und -mechanismen relativ effizient kanalisiert und kontrolliert werden kann.

3. Geographische Determinismen als Muster zur Erklärung japanischer Wirtschaftserfolge?

Japanische wie westliche Autoren betonen die enge Verbindung zwischen den »Herausforderungen« der Natur und den »Antworten«, mit denen der japanische Mensch bzw. Staat darauf reagierte und die er ins moderne Wirtschaftsleben übertrug. Diese die Kulturphilosophie Toynbees beherrschende Kausallogik von *»challenge«* und *»response«* klingt z. T. sehr plausibel und anregend. Bedenklich jedoch ist ihre Interpretation im Sinne einer geo- oder natur-deterministischen »Zwangshaftigkeit«, wie dies bisweilen immer noch geschieht.

a. Beispiele

Wirtschaftstugenden als »Antworten« auf die »Herausforderungen« durch Naturkatastrophen?

Wie kein anderer Industriestaat der Erde ist der japanische Archipel ständig drohenden Naturkatastrophen ausgesetzt. Diesen begegnete man in Japan traditionell mit Tugenden, die auch im modernen Wirtschaftsleben von großer Bedeutung sind: Zähigkeit, Disziplin, Fleiß, Gemeinschaftssinn, Genügsamkeit, Opferbereitschaft. Tugenden dieser Art lassen sich jedoch nicht mit einem simplen Geo-Determinismus begründen. Anderswo reagieren die Menschen bei Naturkatastrophen nicht unähnlich, nämlich mit Verdrängung, deren Resultat jedoch nicht nur fatalistische Aktivität wie in Japan, sondern sogar das Gegenteil, nämlich fatalistische Passivität sein kann.

»Zwang« zur Miniaturisierung durch Raumenge? Erdbeben als Synonym für Dynamik und Flexibilität?

Der verhängnisvolle Slogan vom »Volk ohne Raum« (in Wirklichkeit: Volk auf engem Raum!) wird mit einer »Diktatur der Miniaturisierung«[5] in Zusammenhang

---

5 Hans Wilhelm Vahlefeld, Japan: Herausforderung ohne Ende. Stuttgart 1992, S. 13, 216. Merkwürdige Diktionen und Zuspitzungen dieser Art sind eher die Ausnahme in dem anson-

gebracht, unter der sich Japan zur wirtschaftlichen Weltmacht entwickelt habe. Daß die Kleinkammerung des Landes, die kleinstflächige Landwirtschaft und die Knappheit des Wohnraumes dazu animieren, sich in engen Verhältnissen einzurichten, in kleinen Maßstäben zu messen, winzigen Details und Industrieprodukten besondere Aufmerksamkeit zu widmen, ist gut nachvollziehbar, aber nicht unbedingt »zwingend«. Unter zusätzlicher Berücksichtigung der Archipelsituation und der tektonischen Labilität des Landes erklärt sich die folgende geodeterministische Blütenlese: »Die Enge der Insel zwang die Japaner zur Miniaturisierung, die Angst vor Isolation (Inselsyndrom? Anm. des Verf.) trieb sie in eine Blüte der Kommunikationsindustrie, die Gefahr von Erdbeben führte zum Griff nach tragbaren Gegenständen.«[6]

Die Dürftigkeit der physischen Ausstattung des Landes als »Zwang« zu Wirtschaftstugenden und Exportoffensiven?

Die Knappheit an Grund und Boden, Rohstoffen und Nahrungsmitteln »zwang« die Bevölkerung zu Fleiß und Genügsamkeit, zur Harmonie und Gruppenorientierung.[7] Hinter dieser Argumentation steht das vor allem in Japan starke Bewußtsein von der naturgegebenen Armut und dem Mangel an materiellen Ressourcen als »Herausforderung« für Eigenanstrengung, Ausdauer, Nicht-Aufgeben: *»Gambare!«* (»Persevere!« »Endure!« »Don't give up!«).[8] In diesem Imperativ steckt eine Motivation, die die Japaner nicht unbedingt seit alters her geprägt hat. Sie wird im Gegenteil erst seit der frühen *Meiji*-Zeit mit Emphase und nachhaltigem Erfolg in japanischen Schulen mit dem Ziel vermittelt, das Land voran zu bringen. Natur-Determinismen müssen gelegentlich auch als Alibi für die vermeintlich unvermeidlichen Exportoffensiven Japans und für die Abschirmung seines Agrarmarktes herhalten.

»Zwang« zu Wirtschaftstugenden durch Naßreisbau?

Zur Erklärung von Wirtschaftstugenden wird sehr häufig auch der Anbau von Naßreis angeführt und sehr zu Recht darauf hingewiesen, daß die bäuerliche Kultur in Japan einen großen Einfluß auf die Verhaltensmuster der Menschen in der Stadt hatte und hat. Der Anbau von Naßreis und als dessen Voraussetzung die konfliktfreie, effiziente Nutzung gemeinsamer Bewässerungssysteme erscheinen als durchaus plausible Ansätze zur Erklärung moderner Wirtschaftstugenden wie Gruppenharmo-

---

sten seriösen und sehr lesenswerten, v.a. für den Einstieg empfehlenswerten Buch des langjährigen deutschen Ostasien-Korrespondenten.

6 Sic (!) Jacques Attali (Ex-Berater des französischen Ministerpräsidenten Mitterrand und Ex-Chef der Europäischen Bank für Wiederaufbau und Entwicklung), Lignes d'horizon, Paris 1990; zitiert nach Joachim Fritz-Vannahme, in: Die Zeit, 16. 3. 1990.

7 U.a. Sumiko Iwao, Sozialpsychologische Faktoren als Hintergrund der japanischen Wirtschaftsentwicklung, in: Deutsch-Japanische Gesellschaft Berlin (Hrsg.), Japan–Deutschland. Wechselbeziehungen (II), 1991, S. 208ff., 217f. In diesem Sinne auch Ulrich Pauly, Die kulturhistorischen Hintergründe der wirtschaftlichen Erfolge Japans, S. 91, in: N. Adami/U. Pauly, Ideal und Wirklichkeit: Essays zur japanischen Gegenwart, München 1991, S. 89–111.

8 Duke Benjamin, The Japanese School. Lessons for Industrial America, New York 1986, S. 122ff.

nie, Kooperation, Zusammengehörigkeitsgefühl, Sinn für Planung, Organisation, Sparen. Aber muß man aus diesem Kausalzusammenhang gleich auf »zwanghafte« Mechanismen schließen? Determinismen dieser Art erscheinen überzogen; denn der Anbau von Naßreis ist ja auch außerhalb des ostasiatisch-konfuzianischen Kulturkreises weit verbreitet. In Mitteleuropa könnte man den »Flurzwang« im Rahmen der vorindustriellen Dreifelderwirtschaft als kaum weniger gewichtiges Potential für die Ausprägung der oben genannten Tugenden ansehen. Dies ist jedoch eine Kausallogik, die viel zu gewaltsam erscheint.

Der Naßreisbau unter japanischen Bedingungen erhält allerdings seine besondere Note dadurch, daß er in Japan an seine äußerste Nordgrenze vorgedrungen ist (zu Beginn des 20. Jahrhunderts bis nach Hokkaidō) und sich das Schwergewicht des Naßreisbaus vom warmen Südwesten in den weniger naturbegünstigten Nordosten verlagert hat. Die dadurch notwendige Beachtung kürzerer Vegetationsperioden (Vermeidung von kältebedingten Mißernten!) bringt die Bauern in einen enormen Zeitdruck und erfordert eine sehr sorgfältige Organisations- und Zeitplanung. Herausforderungen dieser Art erscheinen unter deterministischen Aspekten einleuchtender: Herausforderungen freilich, die so konkret nur für den Nordosten Japans gelten, einem relativ dünn besiedelten Raum, der nur ein Sechstel der japanischen Bevölkerung ausmacht; Herausforderungen, deren Zeitspanne zu kurz erscheint, als daß man daraus eine Mentalitätsprägung der japanischen Gesellschaft schlechthin (im Sinne »hydraulischer Kulturen« à la Wittfogel) ableiten könnte. Sorgfältige Organisations- und Zeitplanung ist auch erforderlich, wenn es darum geht, die Vegetationsperiode des Sommers (für Naußreisbau) UND des Winters (für Trockenfeldkulturen) so intensiv wie möglich zu nutzen. Diese, allerdings nur im Südwesten Japans mögliche und traditionelle (inzwischen aber kaum noch praktizierte) WECHSELERNTE *(Nimōsaku)* wäre bei der Interpretation der Ursprünge von Wirtschaftstugenden ebenfalls verständlicher als die allzu simplen Klischees, die mit dem Schlagwort vom Bewässerungszwang in Verbindung gebracht werden.

b. Absurdität und Probleme geographischer Determinismen

In geodeterministischer Vereinfachung könnte man aus der Kleinkammerung Japans und der Archipelsituation ein starkes Regionalbewußtsein und föderalistisch geprägte Territorialmuster ableiten. Genau dies ist jedoch nicht der Fall, im Gegenteil: Japan, eines der aufgrund seiner Landesnatur regional am stärksten gegliederten Industrieländer, hat sich im Laufe seiner Geschichte durch den konzentrierten Einsatz staatlicher Macht und staatlichen Ehrgeizes zu einem der am stärksten zentralisierten Staaten entwickelt. In der Nachkriegszeit wurde dieser Prozeß durch gewaltige Anstrengungen im Ausbau der Verkehrsinfrastruktur verstärkt, insbesondere seit der Anbindung aller vier Hauptinseln durch aufsehenerregende Megaprojekte: Autobahn-/Eisenbahnbrücken (u.a. Inlandsee: drei Hochbrücken als Verbindung zwischen Honshū und Shikoku) und Eisenbahntunnels (v.a. der 53,9 km lange *Seikan*-Tunnel zwischen Honshū und Hokkaidō).

Japan wie auch die Bundesrepublik Deutschland sind gute Beispiele dafür, daß die bis Ende des Zweiten Weltkriegs propagierte These vom »Volk ohne Raum« längst ad absurdum geführt wurde, trotz enormer Schrumpfung der ehemaligen Staatsgebiete und trotz zusätzlichen Bevölkerungsdrucks durch Repatriierungen. Als Alternative zu territorialen Expansionen ermöglichte die Konzentration aller Kräfte auf das Stammland (Japan) oder selbst auf nur einen Teil des ehemaligen Staates (Bundesrepublik Deutschland) eine in dieser Intensität nicht erwartete Wirtschaftsentwicklung.

Daß geo-/natur-deterministische Erklärungsmuster im Kern manche Wahrheiten enthalten, plausibel klingen, Anregungen vermitteln, sei gar nicht bestritten. Höchst fragwürdig dagegen sind diese Ansätze durch eine bisweilen unterstellte Zwangsläufigkeit, mag diese auf Ideologie, Effekthascherei oder Naivität beruhen. Fragwürdig erscheinen geographische Determinismen gerade in bezug auf Japan, weil sie im Rahmen der unheilvollen *Nihonjinron**-Debatte zusätzliche Argumente für die vermeintliche Einzigartigkeit Japans und der Japaner liefern.

Um keine Verwirrung aufkommen zu lassen: Es geht hier mitnichten um das Ausklammern naturgeographischer Faktoren. Dies wäre für eine differenzierte Länderkunde und zum besseren Verständnis sozioökonomischer und politischer Entwicklungen eines Landes ein großer Fehlschluß, der zur UNTERschätzung räumlicher Potentiale führen würde (die je nach Land sehr unterschiedlich zu gewichten sind) und im Interesse einer tiefgründigen und umfassenden Landesanalyse nicht hinnehmbar wäre. Umgekehrt kommt es bisweilen immer noch zu einer fatalen ÜBERschätzung von Geofaktoren, merkwürdigerweise gerade von Nicht-Geographen, die Raumbedingungen differenziert zu bewerten nicht in der Lage sind und, wenn keine anderen Erklärungsmuster taugen, Kausalitäten im Bereich der natürlichen Grundlagen suchen. Dies betrifft insbesondere fremde, »exotische« Länder, Landschaften, Kulturen.

4. Rohstoffmangel und Raumenge: Wirkliche Handikaps für Wirtschaftserfolge? Die japanische Antwort auf naturbedingte Nachteile

Die auf den ersten Blick überraschende These lautet: Der steile Wirtschaftsaufstieg Japans erfolgte nicht trotz, sondern wegen des Mangels an Rohstoffen gerade in solchen Wirtschaftssektoren, die extrem rohstoffabhängig sind.

Mitte der fünfziger Jahre leiteten zwei Standorttypen moderner Industrien die »*take off*-Phase« der japanischen Nachkriegsentwicklung ein:

- der großstadtbezogene Typ der Konsum- und Ausstattungsgüterindustrie mit den Schwerpunkten Fahrzeugbau, Elektro-, Maschinen- und Präzisionsgeräteindustrie und
- der für unsere These entscheidende küstenbezogene Typ damaliger Schlüsselindustrien: der Schwer- und petrochemischen Industrie mit Erdölraffinerien, Thermalkraftwerken, Petrochemiekomplexen, integrierten Hüttenwerken, Aluminiumhütten, Großwerften und andere hafenorientierten Großbetrieben.

* Debatte um die kulturell, sozial, politisch, anthropologisch und teilweise physisch bedingte angebliche Einzigartigkeit der Japaner. Argumentationen in diesem Zusammenhang dienen heute mit als wichtiges nicht-tarifäres Handelshemmnis.

Daß die japanischen Industrieplaner noch bis Anfang der siebziger Jahre bei der Länderentwicklung die Priorität ausgerechnet auf die rohstoffabhängige Schwer- und petrochemische Industrie legten, ist zuächst einmal verwunderlich. Denn in Japan mangelt es ausgerechnet an solchen Rohstoffen, ohne die die Entwicklung dieser ressourcenabhängigen Industrien traditionell undenkbar schien. Die Rohstoffe müssen von weit her importiert werden: Eisenerze zu 100%, Bauxit 100%, Rohöl 99,7%, Steinkohle 91,4% (1992). Diese extrem starke Weltmarktabhängigkeit birgt hohe Risiken.

Hinzu kommt, daß es sich bei der Schwer- und petrochemischen Industrie um Branchen handelt, die sehr flächenaufwendig und umweltbelastend sind, also auch unter ökologischen Aspekten überhaupt nicht in das kleinräumige, landknappe Japan passen. Die Hafen- und Küstenorientierung dieses Industrietyps steht außerdem in starker Flächennutzungskonkurrenz mit den dicht besiedelten Küstenlandschaften.

Daß dennoch gerade die ökonomisch erfolgreiche Ansiedlung von Branchen der Schwer- und petrochemischen Industrie zum Wirtschaftsaufstieg Japans erheblich beigetragen hat, unterstreicht die These, daß Rohstoffmangel und Raumenge nicht notwendigerweise Handikaps sein müssen. Sie können im Gegenteil sogar in Gunstfaktoren umgewandelt werden, wenn folgende Voraussetzungen da sind:

- eine Industriepolitik, die klare Prioritäten setzt und verläßliche Rahmenbedingungen schafft;
- öffentliche Gebietskörperschaften bzw. Unternehmen, die als Akteure diese Vorgaben souverän umsetzen bzw. zu ihren Gunsten nutzen;
- die Verfügbarkeit moderner Techniken bzw. finanziellen Potentials, diese Techniken voll auszuschöpfen.

Zur Überwindung naturbedingter Nachteile erwiesen sich beim Aufbau der Schwer- und petrochemischen Industrie in Japan vor allem drei Maßnahmen als ökonomisch außerordentlich erfolgreich, wenn auch problembelastet.

a. Zielstrebige Ausschöpfung ubiquitärer Rohstoffe auf dem Weltmarkt (statt Weiterentwicklung einheimischer Ressourcen) als Basis für Flexibilität und Rentabilität

Die japanische Wirtschaftspolitik geht davon aus, daß die Beschaffung von Rohstoffen auf dem Weltmarkt ungleich vorteilhafter ist als die Förderung der einheimischen, ohnehin nur geringen Ressourcen. Der gezielte Abbau von Subventionen im Montanbereich (Steinkohlebergbau!) sowie der Import billiger Grundstoffe auf der Basis eines weltweit quasi ubiquitären Angebots erwiesen sich als außerordentlich kostensparend. Im Gegensatz zur Bundesrepublik Deutschland, wo der Steinkohlebergbau zur Sicherung der nationalen Energiereserve jährlich mit Milliarden DM subventioniert wird (obwohl gerade dieser Energieträger langfristig weltweit verfügbar und als Importkohle wesentlich preisgünstiger ist), hat Japan die Mittel zur Erhaltung seiner Steinkohle dermaßen drastisch reduziert, daß das Ende der einheimischen Förderung von Kohle für den Verhüttungsprozeß bevorsteht. Bedingung für das Gelingen einer solchen Wirtschaftspolitik sind:

- Rationalisierungsmaßnahmen von einer Rigorosität, wie sie in unserer sozialen

Marktwirtschaft und unter dem Einfluß starker Gewerkschaften nicht vorstellbar wären, sowie vor allem
- der ungehinderte, selbstverständliche Zugang zu den Rohstoffquellen.

Voraussetzung für die kontinuierliche Versorgung mit Rohstoffen und für ungehinderte Ferntransporte über tausende Kilometer Seeweg ist also eine weltwirtschaftspolitische Stabilität, an deren Funktionieren Japan als wichtigstes Rohstoff-Importland ein besonders großes Interesse haben muß. Rohstoffabhängigkeit und globale Vernetzung sind Phänomene, die Japan mit wichtigen Industrieländern gemeinsam hat. Das Besondere an Japan ist jedoch die Dimension der Abgängigkeit, der Grad der Verwundbarkeit. Dies erklärt u.a. den bisweilen peinlichen, Ärgernis erregenden Opportunismus der japanischen Außenpolitik, deutlich vor allem während der beiden Ölkrisen. Sie erklärt außerdem das japanische Interesse an infrastrukturellen Megaprojekten weltweit, deren Realisierung im Rahmen japanischer Entwicklungshilfe nicht nur den japanischen Unternehmen, sondern auch der Sicherung des Zugangs zu national wichtigen Rohstoffquellen dienen soll (Beispiel: der schon lange in den Schubladen liegende Plan eines Seekanals durch den Isthmus von Kra (Thailand) zwecks Sicherung der Rohstoffimporte und Verkürzung der Seerouten vom und zum Nahen Osten).

b. Gezielter Ausbau einer leistungsstarken Hafen- und Hafenland-Infrastruktur auf Neuland als Basis für Küstenindustriekomplexe und effiziente Transport- und Produktionsprozesse[9]

Die Landknappheit sowie der Flächen- und Tiefwasserbedarf von Hafengewerbe und -industrie führten vor allem seit Mitte der fünfziger Jahre zum seeseitigen Ausbau von Neuland. Die moderne Neulandgewinnung vor den Küsten erfolgte einerseits durch Aufschüttung von Boden aus dem Umland, kombiniert mit dem Abtragen und Einebnen von Berg- und Hügelland für Siedlungszwecke. Andererseits – und als solche viel bedeutender – war sie ein Resultat der Aufspülung von Baggergut aus dem unmittelbar vorgelagerten Meeresboden, kombiniert mit dem Bau von Tiefwasserhäfen. Mit Hilfe moderner Ingenieurtechniken und ausländischer Kredite (bis Ende der sechziger Jahre) wurden gerade auch naturbenachteiligte Küstenabschnitte, die für Tiefwasserhäfen zuvor unbrauchbar waren, ins positive Gegenteil verkehrt. Insbesondere an seichten Buchten gelang es, nicht nur Tiefwasserhäfen mit adäquaten Fahrrinnen, sondern auch – mindestens ebenso wichtig in diesem Kontext – große, möglichst erweiterungsfähige Hafenlandflächen zu schaffen. Ohne dieses »Aufschüttungsland« *(Umetatechi)*, das inzwischen auf fast 1000 km^2 angewachsen ist – kaum mehr als die Fläche Groß-Berlins (884 km^2), doch in dieser Größendimension weltweit einmalig –, wäre die moderne Landes-, Küsten-, Hafen- und Stadtentwicklung Japans undenkbar.

9 Ausführlich zu diesem Thema: Winfried Flüchter, Neulandgewinnung und Industrieansiedlung vor den japanischen Küsten. Funktionen, Strukturen und Auswirkungen der Aufschüttungsgebiete (umetatechi), Paderborn 1975; Ders., Moderner Hafen-, Industrie- und Infrastrukturausbau durch Neulandgewinnung an der Küste. Eine geographisch-politische Analyse des Struktur- und Landschaftswandels, der Umwelt- und Raumordnungsprobleme und der Prozeßregler, in: Erdkunde 38 (1984), S. 125–136.

Die Priorität dieser Art Neulandgewinnung in Japan ergibt sich einerseits aus der Übervölkerung und Raumknappheit, die einen starken Druck vom Land aufs Meer auslösten. Dieser ›endogene‹ Faktor erklärt sich vor allem in den Ballungsgebieten durch die hier großräumlich hohen Bevölkerungsdichten, die komplizierten Grundstücksverhältnisse und die extrem hohen Bodenpreise, bedingt durch die erheblichen Flächenansprüche von Wohnen, Gewerbe, Industrie, Dienstleistungen, Verkehr und städtischer Infrastruktur. Für die Neulandstandorte grundstofforientierter Großindustrien wirkte der Anstoß von außen, vom Meer aufs Land, als zusätzlicher Faktor, bedingt durch die Herausforderungen des modernen Seeverkehrs. Dieser ›exogene‹ Auslöser ist aber wiederum auch ›endogen‹, insofern, als Japan sich durch seine außergewöhnliche Rohstoffabhängigkeit wie kaum ein anderes Land zur optimalen Ausnutzung preisgünstiger Überseetransporte genötigt sieht. Die Antwort auf dieses Handikap liegt im Einsatz möglichst großer Schiffseinheiten und im Bau von Tiefwasserhäfen mit angeschlossenen großflächigen Gewerbe- und Industriezonen.

Verschiedene Gründe lassen grundstofforientierte Industrien in Japan einen günstigen Standort an der Küste, genauer: vor der Küste suchen:

- erstens eine optimale Verkehrsausrichtung zur See nicht nur beim Import, sondern auch beim Export und Binnenversand;
- zweitens die Nutzung des Meeres für Kühlwasserzwecke und als Abwasserreservoir;
- drittens die »Energieorientierung«, d.h. die Standortgemeinschaft mit großen Thermalkraftwerken;
- viertens die Absatzorientierung, d.h. die Nähe zu den Agglomerationen an der Küste als den traditionell größten Märkten und/oder der Verbund innerhalb eines großen Küstenindustriekomplexes vom Typ des japanischen ›Kombinats‹.

Küstenindustriekomplexe dieses Typs erfordern einen enormen Landbedarf von z.T. mehreren 1000 ha integrierter Fläche, die am kostengünstigsten und schnellsten durch Neulandgewinnung bereitgestellt werden kann. Bei Bedarf ist eine vergleichsweise leichte Erweiterung des Betriebsgeländes möglich. Das Neuland bietet als ›tabula rasa‹ vor allem eine optimale Planung kostengünstiger Transport-, Energie- und Produktionsprozesse, von denen die europäische Konkurrenz nur träumen kann.

Ein Musterbeispiel sind die integrierten Hüttenwerke der Eisen- und Stahlindustrie. Erz- und Kohlefrachter bis zu 250000 tdw machen an Tiefwasserpiers fest, von wo die Rohstoffe über Förderbänder und Aufbereitungsanlagen in die Hochöfen kommen. Werkseisenbahnen transportieren das flüssige Roheisen in die unmittelbar benachbarten Stahlwerke. Diesen sind Stranggußanlagen und Walzstraßen angeschlossen, die sich bis zu den Produktenpiers erstrecken. Zwischen dem Bezug von Rohstoffen auf der einen und dem Abtransport der Produkte auf der anderen Seite zeigt sich ein hervorragend rationalisiertes Layout mit auffallender Physiognomie, das die riesigen Durchsatzkapazitäten der einzelnen Anlagen unterstreicht.

Ein Problem ist die kontinuierliche Versorgung mit Mineralöl. Die Lagerreserven reichten zur Zeit der ersten Ölkrise 1973 nur 45 Tage und wurden seitdem auf etwa 130 Tage erhöht. Dies wurde ermöglicht durch den gezielten Aus- und Aufbau von drei riesigen Rohöltanklagern an der extremen Peripherie Südwest- und Nordost-Japans. Die Vorteile dieser »Central Terminal Stations« liegen aufgrund des Einsatzes von Supertankern (bis über 500000 tdw) in der Transportkostendegression, darüber hinaus auch in der Rohölverteilung; denn der Weitertransport zu den Raffineriestandorten innerhalb Japans erfolgt mit »kleineren« Tankern, die beim Anlaufen von Küstengewässern in Ballungsräumen das Ausmaß potentieller Havarieschäden relativ verringern.

c. Wahrnehmung von Agglomerationsvorteilen

Standortvorteile durch räumliche Konzentration: Zur Erklärung des japanischen Wirtschaftserfolgs ist dies aus geographischer Sicht ein entscheidender Punkt. Hohes Wirtschaftswachstum korreliert mit Konzentrationsprozessen auf lokaler, regionaler und nationaler Ebene.

Agglomerationsvorteile durch Küsten-Großindustriekomplexe

Der schnelle Ausbau leistungsfähiger Tiefwasserhäfen und großdimensionaler Hafenindustrieflächen auf Neulandbasis ermöglichte der Schwer- und petrochemischen Industrie nicht nur eine optimale Verkehrsorientierung als Kompensation des Standortfaktors heimischer Rohstoff- und Energiequellen, sondern auch eindrucksvolle Agglomerationsvorteile:

1. interne Ersparnisse *(economies of scale)*, d.h. Senkung der Produktionskosten durch Wahrnehmung von Größeneffekten als Wettbewerbsvorteil;
2. externe Ersparnisse *(localization/urbanization economies)*[10], die sich durch die räumliche Konzentration diverser Unternehmen in Großindustriekomplexen (»Kombinaten«) ergeben, d. h.:
   - gemeinsame Hafeninfrastruktureinrichtungen (Tiefwasser-Fahrrinnen, Offshore-Löschbrücken),
   - produktionelle Verflechtungen (»Kopplungseffekte«) durch Lieferung, Austausch und Nutzung von Vor-, Neben- und Endprodukten innerhalb eines Großindustriekomplexes,
   - diverse »Verstädterungsvorteile«, die über rein ökonomische Aspekte weit hinausgehen (siehe unten).

Die meisten der industriellen Großvorhaben an der Küste wurden nicht in den dafür ausgewiesenen landesweiten Förderungsschwerpunkten, sondern in den Ballungsräumen realisiert. Dies gilt für die Hafengebiete der nördlichen Inlandsee, die Buchten von Ōsaka und Nagoya, aber ganz besonders für die Bucht von Tōkyō. Hier entstand seit 1955 ein 200 km^2 großer Neulandgürtel, dessen Nutzung zwar auch umweltfreundliche Züge aufweist (unmittelbar im Ballungskern), größtenteils jedoch (schwer-)industriell geprägt ist *(siehe Abbildung 1)*. Beispielhaft konzentriert finden sich hier u.a. 13 Erdölraffinerien (= 35 %), sechs Petrochemiekombinate (= 34 %), drei integrierte Hüttenkomplexe der Eisen- und Stahlindustrie (= 20 %), 18 Thermalkraftwerke (= 17 % der gesamtjapanischen Kapazitäten).[11]

10 Ulrich Brösse, Raumordnungspolitik, Berlin–New York 1982, S. 71.

11 Ausführlich dazu: Winfried Flüchter, Die Bucht von Tōkyō: Neulandausbau, Strukturwandel, Raumordnungsprobleme, Wiesbaden 1985 (insbesondere S. 243–255).

Abb. 1: Bucht von Tōkyō: Großstandorte hafenorientierter Industrien

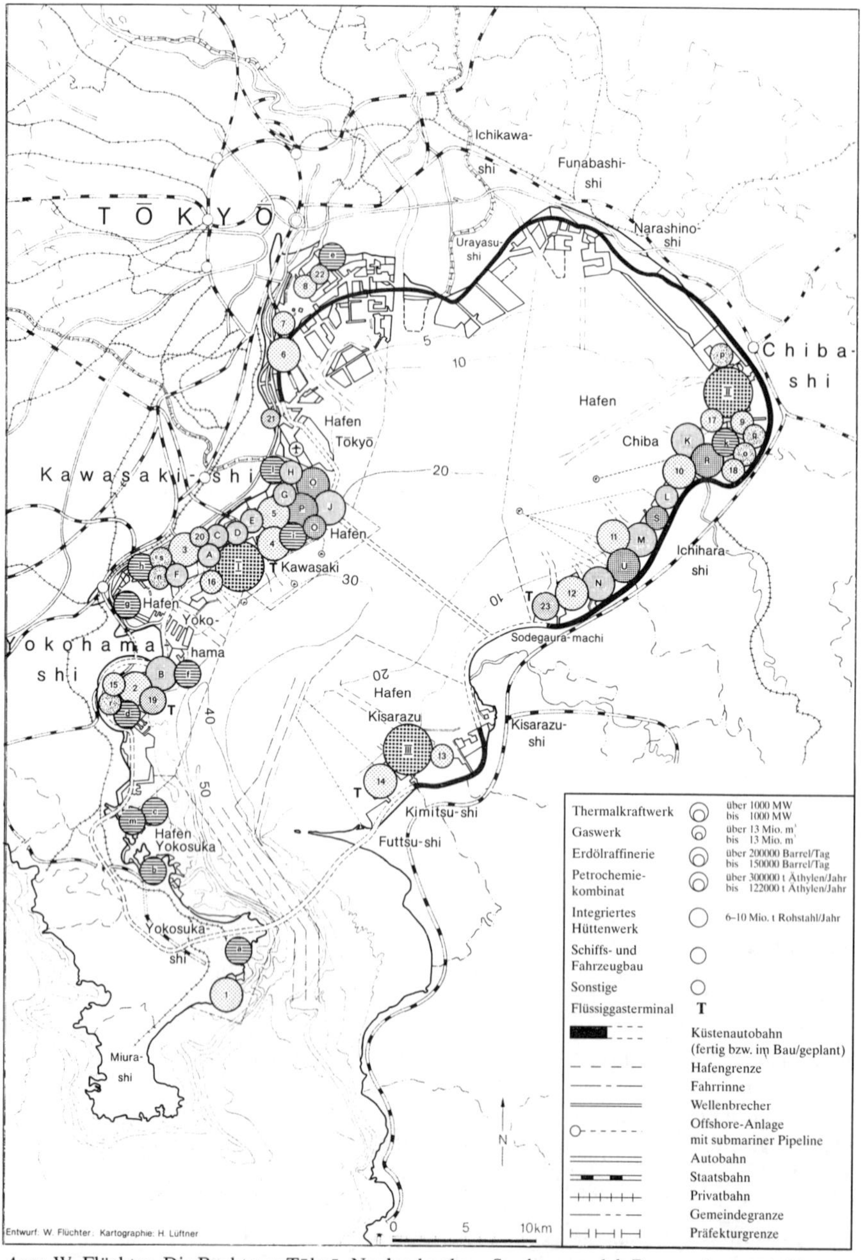

Aus: W. Flüchter, Die Bucht von Tōkyō. Neulandausbau, Strukturwandel, Raumordnungsprobleme, Wiesbaden 1985, S. 245.

Agglomerationsvorteile im Zuliefererbereich

Zulieferer produzieren in Japan traditionell in Nähe der Abnehmerwerke, d.h. gewöhnlich in den Ballungsgebieten. Die räumliche Konzentration des Zuliefererwesens, bis weit in die Nachkriegszeit notwendig aufgrund der früher äußerst dürftigen Verkehrsinfrastruktur, ermöglicht Lieferungen auf Abruf *(just in time)* mit folgenden Vorteilen:

- Pünktlichkeit (bei den vielen Staus in Japan sonst kaum garantiert),
- keine Lagerhaltung (angesichts der hohen Mieten in Japan besonders wichtig),
- Kosten- und Zeitersparnisse,
- ökologisch geringere Belastungen durch weniger Fernverkehr.

Neuerdings erscheint die Konzentration der Zulieferer in den japanischen Ballungsräumen nicht mehr ganz so aufsehenerregend; denn erstens wurden neue Montagewerke zunehmend auch in ländlichen Regionen angesiedelt, zweitens Straßen und Autobahnen fast landesweit ausgebaut, drittens auch die Vorteile internationaler Arbeitsteilung durch *worldwide sourcing* mitberücksichtigt. Dadurch zeichnen sich neue Tendenzen einer räumlichen Diffusion im Zuliefererbereich ab. Sie dürfen jedoch nicht darüber hinwegtäuschen, daß grundsätzlich die Ballung des Zuliefererwesens in Japan nach wie vor typisch ist.

Dies steht im Gegensatz zur Bundesrepublik Deutschland, wo die Zuliefererstandorte allgemein recht dispers lokalisiert sind, wo allerdings neue Montagewerke der Automobilindustrie sich im Zuliefererbereich auch räumlich an japanischen Vorbildern orientieren (Opel und VW in Ostdeutschland).

Agglomerationsvorteile durch Verstädterung (urbanization economies) im allgemeinen

Das Kernproblem der japanischen Regionalentwicklung, nämlich die starke Wirtschafts- und Bevölkerungskonzentration in den großen Ballungsräumen auf der einen und die Ausdünnung der ländlichen Gebiete auf der anderen Seite, bietet gesamtwirtschaftlich gesehen Vorteile[12]:

- ganz allgemein durch die räumliche Nähe bzw. durch geringe ökonomische und soziale Entfernungen (sog. »Fühlungsvorteile«),
- durch die rasche Diffusion neuer Ideen und Produkte,
- durch das Vorhandensein großer, differenzierter Arbeitsmärkte,
- durch die Breite und Tiefe des privaten Dienstleistungsangebots,
- durch die Möglichkeit zur Nutzung öffentlicher Infrastrukturen und -leistungen,
- durch Vorteile, die sich aus der Mentalität der Einwohner einer Stadt bzw. dem in der Stadt herrschenden »Wirtschaftsgeist« ergeben, sowie nicht zuletzt
- durch die Attraktionskraft, die von Bevölkerungsagglomerationen und entsprechenden Einkommenspotentialen ausgeht.

---

12 In Anlehnung an Elisabeth Lauschmann, Grundlagen einer Theorie der Regionalpolitik, Hannover [3]1976, S. 47.

Die Hauptstadtregion Tōkyō als Prototyp extremer Wahrnehmung von »Verstädterungsvorteilen«

Tōkyō als mit Abstand größte japanische Metropolregion (bestehend aus vier Präfekturen) nimmt zwar nur 3,6% der gesamten Landesfläche ein, konzentriert jedoch 23% der Gesamtbevölkerung, 41% aller Studierenden, 59% aller Hauptverwaltungen der japanischen Großunternehmen, 85% der Gesamtsumme der Verrechnungswechsel, 89% der Gesamtzahl ausländischer Firmensitze in Japan auf sich. Die Hauptursache für die Magnetwirkung Tōkyos liegt in der straff zentralisierten Staatsstruktur zunehmend auch in der Globalisierung der japanischen Wirtschaft. Die fortschreitende »unipolare« Konzentration Tōkyōs ist aus ökologisch-regionalpolitischer Sicht bedenklich, bietet jedoch aus rein ökonomischer Perspektive Vorteile in extenso und erklärt sich durch folgende »Verstädterungsvorteile«:

- das für Japan typische enge Zusammenspiel von Politik, Administration und Wirtschaft,
- die daraus folgende Konzentration der Hauptverwaltungen fast aller großen Unternehmen am Ort wichtiger Entscheidungen,
- die Bedeutung persönlicher Kommunikation (*»face-to-face*-Kontakte«)
- das Standortprestige Tōkyōs,
- verstärkte internationale Wettbewerbsfähigkeit der japanischen Wirtschaft im Hinblick auf immer höhere Niveaus durch Konzentration höchstrangiger Funktionen,
- die Verfügung über höchste Informationsdichte mit raschester Diffusion,
- die Lagevorteile inmitten des größten und differenziertesten Arbeits- und Verbrauchermarktes,
- Verkehrsdrehscheibe mit hervorragender Infrastruktur,
- das faszinierende Bildungs- und Kulturangebot,
- die Chancen des wirtschaftlichen und sozialen Aufstiegs,
- die Weltstadt mit ihren Möglichkeiten für Begegnungen, Lebensgenuß und Zerstreuung.

5. Humanressourcen als Rohstoff Nr. 1: Neue Potentiale der Regional- und Landesentwicklung auf der Basis von Hochtechnologie-Industrien

Die entscheidende Bedeutung für die wirtschaftliche Entwicklung eines Landes wie Japan kommt weniger seinem Naturpotential als seinem Humankapital zu. Bei der Bewertung von Wirtschaftserfolgen sollte im Falle Japans die »Ressource Mensch« Priorität haben. Das Beispiel Japan zeigt, daß der Humanfaktor wichtiger als Bodenschätze und Landressourcen ist. Diese These darf jedoch umgekehrt nicht dazu verführen, Natur-Potentiale per se zu ignorieren. Dies wäre im Falle Japans sehr verhängnisvoll, da gerade hier der Stellenwert des Faktors Raum schon aufgrund der horrenden Bodenpreise immer im Auge behalten werden muß.

Drei Phasen kennzeichnen die japanische Regional- und Landesentwicklung der Nachkriegszeit: die Dominanz des Agrarsektors bis Ende der fünfziger Jahre, die

Priorität des produzierenden Sektors in den sechziger Jahren bis zur Ölkrise 1973, schließlich der Trend zum Hochtechnologie-, Post-Industrie- und Dienstleistungssektor seit Mitte der siebziger Jahre. Dem entsprach in der Regional- und Landesentwicklung ein grundlegender Wandel in der Bewertung sogenannter »Schlüsselindustrien«: weg von grundstofforientierten, umweltbelastenden Küstenindustriekomplexen der Schwer- und petrochemischen Industrie mit Großstandorten vor allem in den Ballungsräumen, hin zu eher binnenlandorientierten, hochtechnologischen, forschungsintensiven, ökologisch unbedenklichen oder weniger belastenden Branchen mit möglichst hoher Wertschöpfung und Zukunftsorientierung.

Staat und Wirtschaft haben in Japan die entscheidende Bedeutung vor allem der Informationstechnik früh erkannt und die Mikroelektronik als Triebfeder des Informationszeitalters gezielt gefördert. Inzwischen wird der Chip als ein »gewichtiger« Rohstoff gehandelt, von dem die Funktionsfähigkeit innovativer Branchen abhängt. Zur Entwicklung immer kleinerer, kompakterer, leistungsfähigerer Halbleiter-Bauelemente bedurfte und bedarf es jedoch eines enormen Aufwandes für Forschung und Entwicklung: Anstrengungen, die sehr kostenintensiv sind und höchste Anforderungen an die »Ressource Mensch« stellen.

a. Das Konzept der Technopolis

Vier nationale Raumordnungspläne (»Zur umfassenden Entwicklung des ganzen Landes« 1962, 1969, 1977, 1986) haben es nicht vermocht, der Regionalentwicklung die nötigen Impulse zum Abbau der Ballungsprozesse zu vermitteln. Eine differenzierte Bewertung eines in gleicher Absicht vom MITI *(Ministry for International Trade and Industry)* 1980 initiierten Konzepts mit dem anspruchsvollen, imageträchtigen Namen »Technopolis«, das national und international großes Aufsehen erregte, steht noch aus.

Durch die Förderung von Spitzentechnologie werden zwei Hauptziele anvisiert: erstens eine Steigerung der volkswirtschaftlichen Wettbewerbsfähigkeit durch Anhebung des industriell-technologischen Standards insgesamt, zweitens aber auch eine Förderung regionalpolitischer Interessen durch Verringerung sozioökonomischer Ungleichheiten. Die Strategie der Kombination beider Ziele, die theoretisch faszinierend und weltweit die wohl ehrgeizigste ist, soll durch den dezentralen Aufbau neuer Technologiezentren und die Ansiedlung von Betrieben mit hochwertigen Produkten ermöglicht werden, deren Transportkosten unbedeutend sind und die auch Standorte in der Provinz attraktiv erscheinen lassen.

Neue Forschungs- und Produktionsstandorte erstrangiger Zukunftstechnologie (v.a. Elektronik, Mechatronik, Biotechnologie, neue Werkstoffe, Software) sind als »Technopolis« seit 1984 geplant bzw. im Aufbau. Initiator des Konzepts ist zwar das MITI, zuständig für seine Ausführung sind jedoch die betreffenden Präfekturen. Die ursprünglich nur wenigen, inzwischen 25 anerkannten Technopolis-Standorte, die allesamt außerhalb der Metropolen liegen *(Abbildung 2)*, müssen folgende Voraussetzungen erfüllen:

1. Angebot ausreichender Flächen für
   - Industrie- und Gewerbeparks,

Abb. 2: Technopolis-Standorte und neue Forschungs- und Wissenschaftsstädte

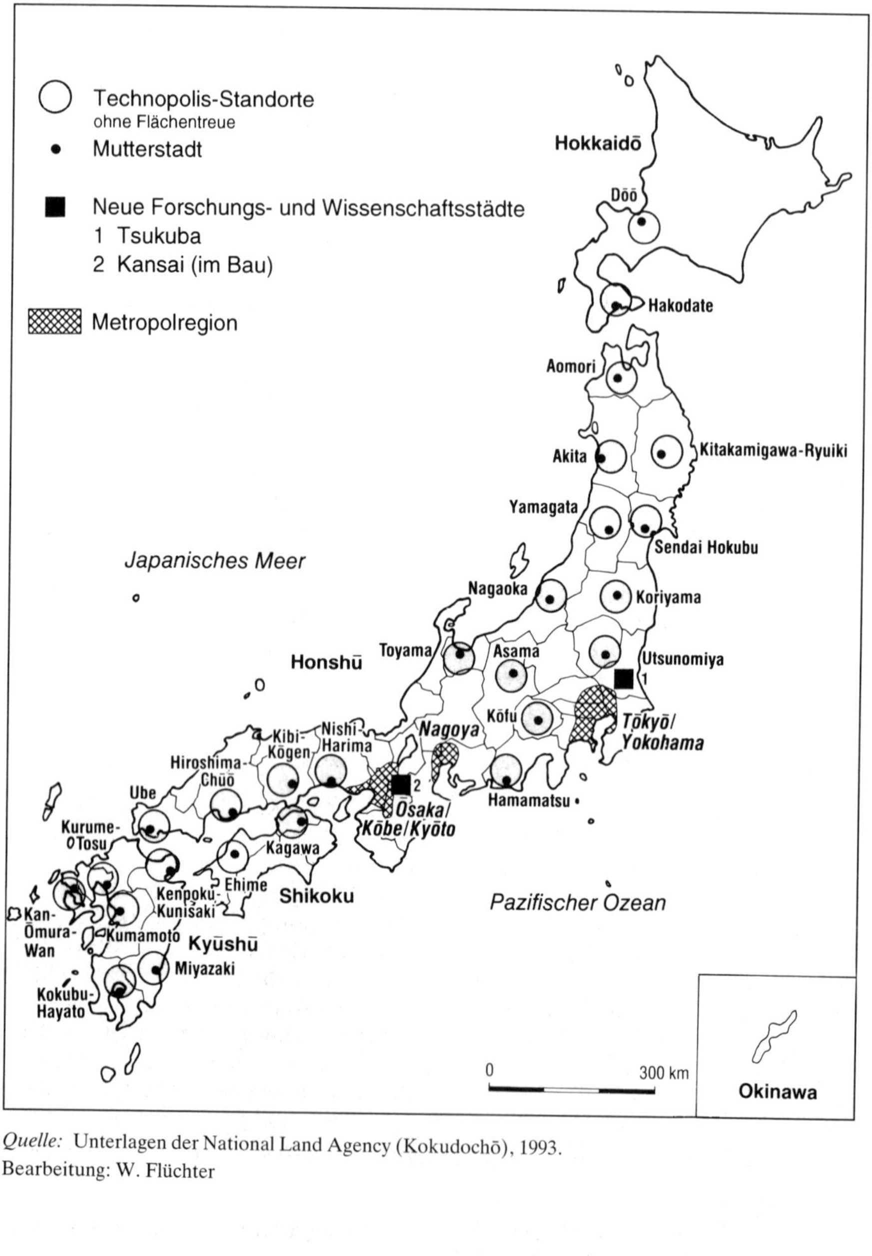

Quelle: Unterlagen der National Land Agency (Kokudochō), 1993.
Bearbeitung: W. Flüchter

- Forschungsinstitutionen und Universitäten mit technisch-naturwissenschaftlichen Fachrichtungen,
- attraktive Wohnbereiche;

2. Lage in oder in der Nähe einer »Mutterstadt« (Mindestbevölkerung 150000 E.) mit qualifizierten Arbeitskräften und kulturellen Attraktionen,
3. gute Verkehrsausstattung möglichst mit Anbindung an einen leistungsfähigen Flughafen oder an sonstige Fernverkehrseinrichtungen.

b. Anmerkungen und Fragen zur Technopolis-Konzeption

Die Technopolis stellt nicht »das«, sondern nur »ein« Zukunftskonzept japanischer Technologie-, Stadt- und Regionalplanung dar.

Weitere Beispiele sind das ebenfalls vom MITI erstellte Regionalprogramm der »Standorte mit Intelligenz« (*Zunō Ritchi*, 1988), quasi eine Fortführung des Technopolis-Konzepts auf der Basis von Forschung und Entwicklung, oder das ebenfalls vom MITI getragene Konzept der *»New Media Community«* (1984) als Reaktion auf das mit dem MITI konkurrierende »Teletopia-Projekt« (1982/83) des Ministeriums für Post und Telekommunikation, außerdem das Projekt der *»Intelligent Cities«* des Bauministeriums, schließlich Großprojekte auf kommunaler Basis wie der *»Kanagawa Science Park«* in Kawasaki, der *»Techno Park«* in Sapporo oder der geplante *»Teleport«* in Tōkyō. Nicht zuletzt erscheint es sinnvoll, Stellenwert und Funktion der Technopolis auch vor dem Hintergrund der bisher einzigen wirklichen Forschungs- und Wissenschaftsstadt Tsukuba bei Tōkyō zu bewerten (s. u.).

»Technopolis«: ein neuer innovativer Stadttyp Japans?

Nach den Leitbildern des MITI geht es beim Technopolis-Konzept u. a. um die Schaffung attraktiver Städte, in denen die Funktionen Industrie *(San)*, Wissenschaft *(Gaku)* und Wohnen *(Ju)* räumlich eng miteinander vernetzt sind. »Wohnen« wird assoziiert mit »angenehmen Städten, attraktiv für Manager, Ingenieure und Forscher mit Familien«. Dies sowie die japanische Wortschöpfung »Technopolis«, die aus westlicher Sicht in Anspielung auf die griechische Etymologie eine »Polis« mit »Techno«-Charakter erwarten läßt, haben viele ausländische Beobachter zu der Meinung veranlaßt, die Technopolis sei identisch mit dem Aufbau echter neuer Städte.[13]

Dabei geht es in keiner Weise um einen neuen innovativen Stadttyp, sondern lediglich um räumlich disperse, moderne Siedlungscluster innerhalb, am Rande und außerhalb bestehender Städte. Es handelt sich also nicht um neue »Städte«, sondern um neue »Stätten« innerhalb eines als »Technopolis« ausgewiesenen Gebietes, das sich aus mehreren Gemeinden zusammensetzt und flächenmäßig je nach Standort erheblich differiert.

---

13 Sheridan Tatsuno, The Technopolis Strategy – Japan, High Technology, and the Control of the 21st Century, New York 1986, S. 140.

Ausreichende Anreize und Mittel für die Entwicklung so vieler Technopolis-Standorte?

Die Idee der kombinierten Förderung von Spitzentechnologie und Regionalentwicklung ist faszinierend, die Zahl von 25 anerkannten Gebieten allerdings viel zu groß (»Gießkannensystem«), als daß an allen Standorten in absehbarer Zeit eine wirksame Regionalentwicklung auf der Grundlage von Supertechnologien erfolgen könnte. Die Präfekturen als die ausführenden Organe der Technopolis-Konzeption erscheinen schon aufgrund ihrer beschränkten Steuerhoheit zur Finanzierung materieller Anreize überfordert. Staatliche Zuschüsse zur Bildung regionaler Technopolis-Stiftungen und -Fonds sowie zum Aufbau von Technopolis-Zentren sind eine landesweite Strategie des MITI, die einerseits den Staat wenig Geld kostet, andererseits die Privatwirtschaft in Aktivitäten des sogenannten »Drittsektors« einbezieht, eine gemischtwirtschaftliche Organisation, die aus öffentlichen und privaten Quellen finanziert und die in Japan häufig zur Realisierung größerer Entwicklungsvorhaben gegründet wird. Man kann von einer das MITI kaum belastenden Regionalentwicklung sprechen, da die Kosten zur Bildung eines Technopolis-Fonds im Vergleich zur Finanzierung materieller Infrastruktureinrichtungen (neue Wohnkomplexe, Regionalflughäfen, Schnellstraßen und -bahnen) unerheblich sind.

Endogene Potentiale ausreichend für wirksame Regionalentwicklung?

Universitäten und Forschungsinstitute erhalten im Rahmen der Technopolis-Planung ein starkes Gewicht, spielen jedoch als regionale Impulsgeber technologischer Innovationen nur eine sehr untergeordnete Rolle. In Japan herrscht zwischen den etwa 500 Universitäten eine ausgeprägte Hierarchie, deren Spanne von metropolitanen Spitzenuniversitäten bis hin zu provinziellen Schmalspurinstitutionen reicht. So wird verständlich, daß von den Technopolis-Standorten, also nicht-metropolitanen Regionen, keine technologischen Spitzenleistungen zu erwarten sind. Wenn überhaupt von Forschung und Entwicklung in Technopolis-Gebieten die Rede sein kann, so in keiner Weise im Sinne eines »Frontier-Typs«, sondern eines »Transfer-Typs«, d.h. einer anwendungsorientierten Forschung. Der Mangel an regionalen Humanressourcen speziell in qualitativer Hinsicht ist ein Problem, das auch die Industriestruktur prägt. Die wirtschaftlich-technologische Rückständigkeit traditioneller Klein- und Mittelbetriebe in der Provinz zu überwinden, das Niveau dieser *local industries* durch Aus- und Weiterbildungsangebote anzuheben, kurz: die Qualifizierung von *man power* in der Region ist eine große und äußerst schwierige Aufgabe der Technopolis.

Ergebnisse der Neuansiedlung von Betrieben

1. Quantitativ verlief die Entwicklung in den 25 Technopolis-Gebieten im einzelnen sehr unterschiedlich. Stark entwickelte Standorte kontrastieren mit wenig(er) erfolgreichen. In der Gesamtbilanz schneiden die Technopolis-Gebiete im Vergleich zum Landesdurchschnitt positiv ab (Kriterien der offiziellen Statistik: Zahl der neu angesiedelten Betriebe, Wert der ausgelieferten Güter, Mehrwert der produzierten Güter,

Zahl der Industriebeschäftigten, Zahl der Bevölkerung). Dies verwundert nicht, da die meisten ihrer Standorte innerhalb der nicht-metropolitanen Räume über regionale Wachstumspotentiale verfügen. Der Ausbau des Verkehrswesens in der Provinz (s. u.) resultierte in beachtlichen Ansiedlungen von Betrieben moderner Massenfertigung vor allem in Kyūshū, einem Zentrum der Halbleiterindustrie (Bedeutung der Regionalflughäfen als Transportbasen!) und in Tōhoku (Autobahnanschluß bis in den Kern der Metropolen!).

2. Qualitativ gesehen müssen die in den Technopolis-Gebieten neu angesiedelten Betriebe hinsichtlich ihrer Größe und Bedeutung für eine auf Hochtechnologie ausgerichtete Regionalentwicklung hinterfragt werden. In diesem Zusammenhang gilt für fast alle Standorte, daß der Bereich »Forschung und Entwicklung« im Vergleich zum Sektor »Produktion« extrem unterrepräsentiert, außerdem qualitativ nicht besonders hoch sowie gewöhnlich von den Zentralen abhängig, also außengesteuert ist. Forschungsinstitute von Rang sind die Ausnahme und finden sich fast ausnahmslos in den Metropolen, allen voran in der Hauptstadtregion Tōkyō. Vor diesem Hintergrund müssen vermeintliche *High Tech-Images* der Technopolis-Gebiete bezüglich ihres Realitätsgehalts hinterfragt werden. Bisweilen als *Science Parks* deklarierte Standorte könnte man auch schlicht »Gewerbegebiete« nennen. Zur Massenherstellung von High Tech-Produkten wie z. B. Halbleitern werden nur wenige hochqualifizierte, vor allem jedoch viele zuverlässige Arbeitskräfte benötigt. Wie immer man die Neuansiedlung von Betrieben in einer Technopolis nach qualitativen Kriterien bewerten mag, gemessen an ihrem anspruchsvollen Namen erfüllt bisher kaum eine Technopolis die hohen Erwartungen, die man ursprünglich in sie gesetzt hat bzw. aus westlicher Sicht an sie stellen würde. Es wäre allerdings voreilig und ungerechtfertigt, das Technopolis-Konzept als gescheitert anzusehen; denn der Aufbau technologischer Zentren ist landesweit nur in sehr langfristigen Zeitabläufen vorstellbar.

Technopolis und Infrastrukturausbau

Ein qualitativ entscheidendes Kriterium für die langfristige Technopolis-Entwicklung ist der Ausbau der Infrastruktur. Dies betrifft vor allem Flughäfen, Schnellverkehrtrassen und Städtebau. 21 überwiegend periphere Technopolis-Standorte verfügen bereits oder bald über einen modernen Regionalflughafen mit Rollbahnen von mindestens 2000 m Länge, die in der Regel auch internationale Flüge ermöglichen. Die übrigen vier im Einzugsbereich der Metropolen gelegenen Technopolis-Standorte nutzen die Nähe zu internationalen Großflughäfen. Großregional umgekehrt verlief die Entwicklung beim Streckenausbau des Superschnellzugs *Shinkansen* und der Autobahnen. Es waren die Ballungsräume, die diesbezüglich schon während der sechziger und siebziger Jahre starke Priorität erhielten. In den siebziger und achtziger Jahren wurden nicht nur die Zentren der Metropolregionen hervorragend vernetzt, sondern auch große Teile der Provinz angebunden. Für die Zukunft steht die Verlängerung wichtiger Strecken in die eigentliche Peripherie (Nord-Tōhoku, Hokkaidō, Shikoku, Kyūshū) aber noch aus.

Der äußerst eindrucksvolle Ausbau der regionalen Infrastruktur des Luft-, Schienen- und Straßenfernverkehrs ist jedoch NICHT das ERGEBNIS der Technopolis-Konzeption, sondern war eher die VORAUSSETZUNG für die Anerkennung eines Standorts als Technopolis. Die meisten Verkehrsgroßprojekte waren nämlich, ähnlich wie der Technopolis-orientierte Städtebau, schon VOR Ankündigung des Technopolis-Programms langfristig geplant. Dies schließt ein, daß die Anerkennung eines Gebietes als Technopolis diesem zusätzliche Impulse vermittelt hat, sei es durch den »Ankündigungseffekt« des MITI und seine »nicht-tarifäre« Unterstützung in Form der für die japanische Ministerialbürokratie bekannten und wirksamen »administrativen Lenkung«, sei es durch die Public-Relations-Kampagnen der Präfekturen, die mit einer positiven Grundstimmung und architektonisch modernen Vorzeigebauten auf den Imagefaktor »Technopolis« setzen.

c. Die neue Forschungs- und Wissenschaftsstadt Tsukuba als Prototyp einer »Science City«

»Techno-Polis« (mit Bindestrich [!] zur Hervorhebung einer »Stadt« mit »Techno«-Charakter): Wenn das Wort in dieser Bedeutung in Japan sinnvoll Verwendung finden soll, dann im Hinblick auf die neue »Forschungs- und Wissenschaftsstadt Tsukuba« bei Tōkyō (Tsukuba *Kenkyū Gakuen Toshi*). Mit der Regionalkonzeption der »Technopolis« hat Tsukuba jedoch weder nominell noch strategisch etwas zu tun. Es ist daher irreführend, wenn der regionalpolitisch besetzte Begriff »Technopolis« in westlichen Publikationen immer wieder mit der Forschungs- und Wissenschaftsstadt Tsukuba in Verbindung gebracht wird.

60 km nordöstlich von Tōkyō gelegen dient diese »Science City« nicht der Dezentralisierung des Landes, sondern der Entlastung des Ballungskerns der Hauptstadt Tōkyō. Die Forschungs- und Wissenschaftsstadt Tsukuba ist das Ergebnis einer bis 1963 zurückgehenden Planung des japanischen Staates, die zwei Ziele verfolgte: erstens die Entlastung Zentral-Tōkyōs durch Aussiedlung staatlicher Forschungsinstitute und Universitäten aus dem Kern in die Peripherie der Hauptstadtregion, zweitens die Schaffung eines nationalen Zentrums für Wissenschaft und Forschung. In die *Science City* Tsukuba (Ziel-Bevölkerung 220 000 Einwohner, derzeit 162 000) wurden 42 staatliche Forschungs- und Wissenschaftsinstitute, darunter zwei Universitäten, umgesiedelt bzw. neu gegründet. Die in Tsukuba konzentrierten staatlichen Einrichtungen vereinen 35 % aller staatlichen Forschungs- und Wissenschaftsinstitutionen Japans und 40 % aller Beschäftigten dieser Institutionen auf sich. Als Folge der enormen Bündelung zentralstaatlicher Einrichtungen, zu denen 15 weitere Forschungsinstitutionen des »Drittsektors« (halb staatlich, halb öffentlich) kommen, haben sich inzwischen 210 privatwirtschaftliche Unternehmen, darunter zahlreiche F&E-Spitzenorganisationen, für den neuen Standort vertraglich entschieden, 170 sich dort bereits angesiedelt (Stand 1990).

Ausschlaggebend für viele private Unternehmen (gerade auch solche, die zuvor nicht im Raum Tōkyō ansässig waren), sich im Rahmen ihrer Forschungsaktivitäten für den Standort Tsukuba zu entscheiden, war die vorausgehende Ansiedlung zahlreicher bedeutender staatlicher Forschungsinstitute. Die Vorteile der Standortgemeinschaft in Tsukuba liegen im Potential der Synergieeffekte. Die neue Forschungs- und Wissenschaftsstadt, die seit 1985 als Austragungsstätte der EXPO ihr internationales Image betont,

- erlebt Weltkongresse und renommierte Tagungen,
- weist eine beachtliche Konzentration von Forschung und Wissenschaft und der damit befaßten Personen auf (ca. 12000, davon 7000 im Forschungsbereich),
- präsentiert sich als Drehscheibe eines starken Informations- und Know-How-Potentials,
- bietet einen westlich-modernen, für japanische Verhältnisse ausnahmehaften Städtebau (auto-, fahrrad-, fußgängerfreundlich) mit viel Grün- und Freiflächen, Lebensqualität, die allerdings, vor allem aus japanischer Sicht, auch ihre Schattenseiten hat (Stadt der Zumutungen: der Leere und Sterilität, der weiten Wege, der immer noch fehlenden Bahnverbindung mit Tōkyō).

Durch ihre Größe, administrative Unabhängigkeit, Mindestdistanz und wirtschaftsstrukturelle Eigenständigkeit gegenüber Tōkyō ist die neue Stadt Tsukuba ein gelungenes, in Japan bisher einmaliges Beispiel für Dezentralisierung innerhalb der Hauptstadtregion. Sie hat andererseits jedoch in keiner Weise das eigentliche Problem anhaltender Ballungstendenzen zugunsten der Ballungsräume entschärft, im Gegenteil dieses Problem durch ihre – wenn auch periphere – Lage innerhalb der Hauptstadtregion sogar noch forciert.

Die Tatsache, daß der japanische Staat gewaltige Summen für den Bau dieser *Science City* investierte, war möglich durch die damals außerordentlich florierende japanische Wirtschaft. Sie erklärt sich durch das Renommee und die Agglomerationsvorteile, die man sich von dieser neuen Stadt in nicht zu großer Nähe zu, aber auch nicht zu großer Entfernung von Tōkyō erhoffte, hatte jedoch alles in allem eine Beschleunigung der gesamt-agglomerativen Tendenzen auf Kosten der Provinz zur Folge, dies vor allem in qualitativer Sicht.

Zusammenfassend bleibt festzuhalten: Mit der gezielten Ballung von F&E-Kapazitäten in der »Forschungs- und Wissenschaftsstadt Tsukuba« unterstreicht Japan technologisch seine führende Rolle als innovative Wirtschaftsmacht, die sich in Zukunft neben der angewandten Forschung verstärkt auch der Grundlagenforschung widmen will. Regionalpolitisch verbindet sich mit der *Science City* Tsukuba allerdings eine Vertiefung der räumlichen Unausgewogenheiten zugunsten der Metropole auf Kosten der Provinz, als genau das Gegenteil dessen, was die Regionalstrategien im Rahmen der Technopolis-Konzeption anvisieren.

6. Wirtschaftsgroßmacht auf engem Raum: Bevölkerungsentwicklung, Binnenwanderung, Verstädterung,

a. Bevölkerungsentwicklung

Mit 124 Millionen Menschen (1993) ist Japan einwohnermäßig das siebtgrößte Land der Welt. Die Bevölkerungszahl, die in der *Tokugawa*-Zeit (1600–1868) konstant unter 30 Millionen lag, stieg mit der Industrialisierung bis zum Zweiten Weltkrieg auf über 70 Millionen an. Eine bevölkerungspolitisch schwierige Phase folgte in der frühen Nachkriegszeit, als das territorial zusammengeschrumpfte, wirtschaftlich am Boden liegende Land nicht nur Millionen von Repatriierungen vornehmen mußte, sondern auch mit durchschnittlich 20,9 Promille/Jahr ein sehr hohes natürliches Bevölkerungswachstum zu bewältigen hatte (»Babyboom« 1947–49: Geburtenrate 33,6/Jahr, Sterbeziffer 12,7/Jahr). Doch gelang es, durch ein gezieltes Familienplanungsprogramm und gesetzliche Regelungen zur Geburtenkontrolle (Freigabe von Verhütungsmitteln mit Ausnahme der Pille, Erlaubnis zur Sterilisation und Schwangerschaftsunterbrechung) die Geburtenrate in nur wenigen Jahren drastisch zu verringern (1950: 28,1, 1955: 19,4). Langfristig sank die Geburtenrate auf immer niedrigere Werte (1975: 17,1, 1991: 9,9). Damit ging, parallel mit einer leichten Zunahme der Sterbeziffer (1975: 6,3, 1991: 6,7) ein fortlaufender Rückgang des natürlichen Bevölkerungswachstums einher (1975: 10,8, 1990: 3,2) *(siehe Abbildung 3)*.

Demographisch mitentscheidend für den enormen Wirtschaftsaufstieg Japans war neben der erfolgreichen Eindämmung der hohen Geburtenraten der überdurchschnittlich große Anteil der Erwerbsfähigen an der Gesamtbevölkerung (Gruppe der 15- bis 64jährigen 1950-1970-1991: 59,7%/-69,0%/-69,8%). Allerdings zeichnet sich eine deutliche Schwächung dieser noch günstigen Proportionen ab, dergestalt, daß in Zukunft westeuropäische Altersquoten zu erwarten sind, ja langfristig sogar übertroffen werden. Der Anteil älterer Menschen über 64 Jahre, in der Nachkriegszeit noch recht niedrig (1950: 4,9%, 1960: 5,7%), stieg bis 1991 auf 12,6% an (vgl. BR Deutschland 15%) und wird sich – japanischen Prognosen zufolge – in den Jahren nach 2020 auf Werte zwischen 23–24% einpendeln, d.h. die Altersspitzenwerte selbst von Ländern wie Schweden noch überbieten.

Abb. 3: Japan: Bevölkerungsentwicklung 1920–2000 in Differenzierung nach Altersklassen
(1990–2000 geschätzt)

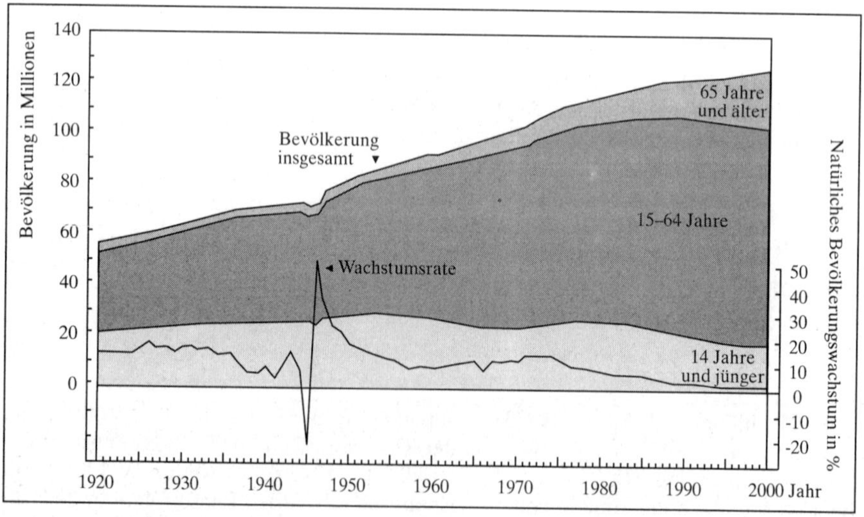

Quelle: Statistics Bureau, Management and Coordination Agency: Japan Statistical Yearbook 1992, S. 16.
Bearbeitung: W. Flüchter

Die ständig verbesserte medizinische Versorgung, eine gesündere Ernährung und ein ausgeprägtes Gesundheitsbewußtsein der Bevölkerung haben zu einer immer längeren Lebenserwartung geführt. In keinem Staat der Welt verläuft der Alterungsprozeß so rapide, erreichen die Menschen ein so hohes Durchschnittsalter wie in Japan (Männer 76, Frauen 82 Jahre; Stand 1990). Die sozio-ökonomischen Folgen (sinkender Anteil der Erwerbsbevölkerung, Probleme der Altersversorgung, wachsende Belastungen durch Sozialausgaben) lassen die Japaner um die Aufrechterhaltung ihrer wirtschaftlichen Dynamik fürchten, Appelle zur Anhebung der Geburtenzahlen blieben jedoch wirkungslos.

Die Durchschnittszahl der Kinder pro gebärfähiger Frau (*total fertility rate*) ist 1990 auf 1,54 gesunken (zum Vergleich: 1955: 2,37; 1970: 2,14). Parallel dazu ist die durchschnittliche Haushaltsgröße 1990 auf 3,0 Personen zurückgegangen (1955: 5,0; 1970: 3,7). In diesen Zahlen spiegelt sich der von japanischen Kulturkritikern beklagte Wandel von der traditionellen Groß- zur modernen Kleinfamilie wider. Der Anteil älterer Personen über 65 Jahre, die zusammen mit ihren Kindern in einem Haushalt leben (gewöhnlich mit der Familie des ältesten Sohnes), lag in der Nachkriegszeit lange sehr hoch (1960: 87%), machte selbst in den achtziger Jahren erstaunlicherweise noch Zweidrittel aus und ging erst Anfang der neunziger Jahre auf etwa die Hälfte zurück.[14] Dieser sehr langsame Prozeß ist für eine mobile Industriegesellschaft und ihre beruflichen Zwänge außergewöhnlich. Er erklärt sich nicht nur durch konfuzianische Wert- und Familienvorstellungen, sondern auch durch die hohen Miet- und Immobilienpreise, die das Zusammenleben mehrerer Generationen auch aus wirtschaftlichen Gründen nahelegen. Durch das Eingebundensein vieler älterer Menschen in den Haushalt ihrer Kinder sind dem Staat Sozialausgaben großen Ausmaßes lange Zeit erspart geblieben. Vor dem Hintergrund einer zunehmenden Altersbevölkerung und dem Problem der Altersversorgung bahnt sich auch hier ein einschneidender Wandel an.

b. Bevölkerungsverdichtung und Binnenwanderung

Die Verteilung der Bevölkerung ist zunächst einmal ein Spiegelbild der naturräumlichen Gegebenheiten. Küstenebenen, Täler und intramontane Becken sind die traditionell bevorzugten Siedlungsgebiete. Angesichts der recht beschränkten Kulturfläche – die Werte schwanken etwa zwischen 15% und 27% – besagt die durchschnittliche Bevölkerungsdichte von 333 E./km^2 (bezogen auf das gesamte Land) wenig. Unter Berücksichtigung nur der Tieflandsgebiete ergibt sich für etwa ein Viertel der Gesamtfläche eine durchschnittliche Bevölkerungsdichte von über 1200 E./km^2. Von daher gilt Japan zu Recht als eines der dichtest besiedelten Länder der Erde. Generell fällt die hohe Bevölkerungsdichte der Küstensäume gegenüber den schwach besiedelten Bergländern des Binnenlandes auf. Ungleich stärker jedoch als die durch die Kleinkammerung vorgegebene Bevölkerungsverteilung wiegen die Verdichtungsprozesse INNERHALB der Tieflandsbereiche. Eine Hervorhebung der höchstverdichteten

14 Institute of Population Problems, Ministry of Health and Welfare: Latest Demographic Statistics 1992, Tōkyō 1992 (Japanisch).

Abb. 4: Gemeinden mit einer Bevölkerungsdichte von über 2000 E./km² bzw. über 1000 E./km²

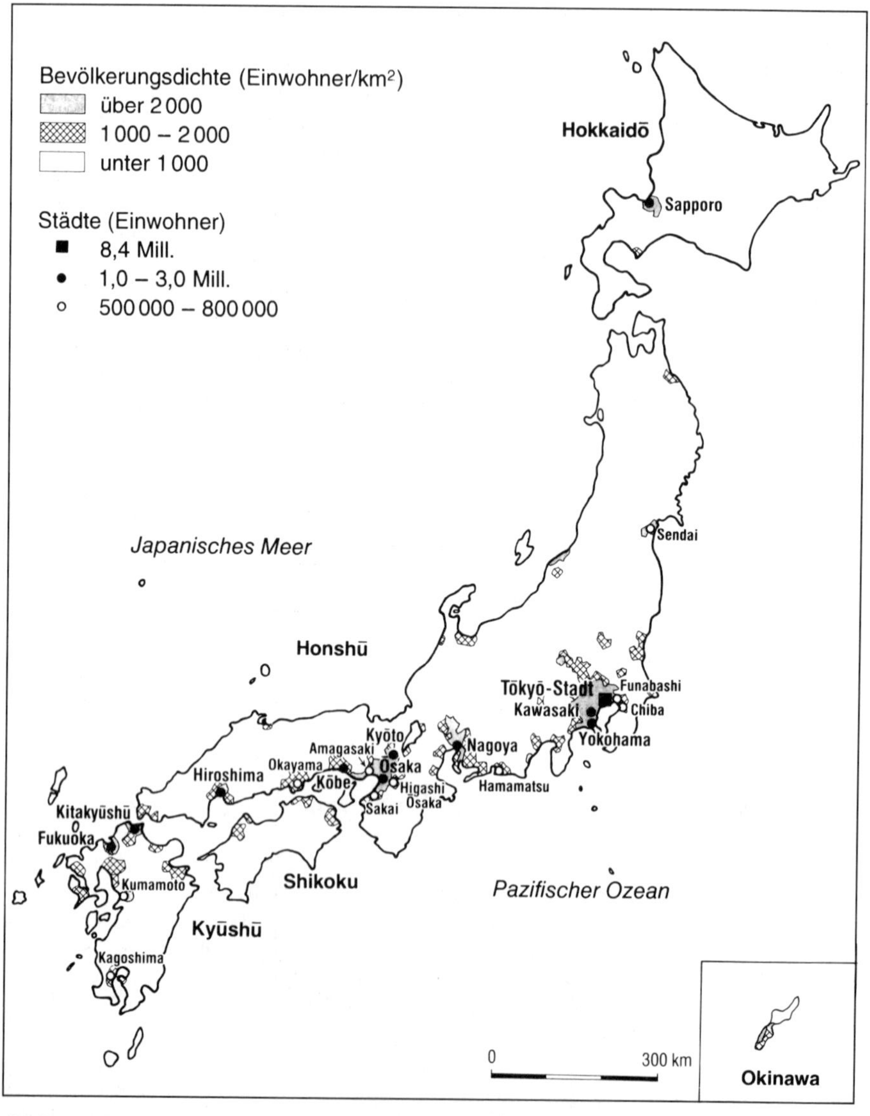

Quelle: 1985 Population Census Population Maps of Japan, Part 2, Nr. 2; Population Density by Shi, Machi and Mura.

Bearbeitung: W. Flüchter

Gemeinden mit über 2000 E./km^2 *(siehe Abbildung 4)* gibt einen ersten Eindruck vom Ausmaß der Bevölkerungskonzentration.

Die Bevölkerungskonzentration ist eine Folge der Industrialisierung. Die um die Jahrhundertwende einsetzende Landflucht war begründet in der personell stark überbesetzten kleinbäuerlichen Landwirtschaft und hatte zunächst durchaus positive Folgen. Die personelle Entlastung der traditionellen Familienbetriebe bot der Landwirtschaft Ansätze für Rationalisierung sowie höhere Arbeitsproduktivität und schuf zugleich ein willkommenes Arbeitskräftepotential für die Industrie. Mit fortschreitender Industrialisierung änderten sich in der Nachkriegszeit Motivation und Folgen der Binnenwanderung. Je stärker der Wirtschaftsaufschwung Verstädterungsprozesse und städtische Attraktivität beeinflußte, um so deutlicher vollzog sich der Wandel von der »Stoß-« oder »Druckwirkung« des Landes (*push effect*) in eine »Sogwirkung« der Stadt (*pull effect*). Parallel mit der Bevölkerungskonzentration und der Überentwicklung der Ballungsräume ging eine Ausdünnung und Unterentwicklung ländlich-peripherer Gebiete einher. Dieser in der Phase höchsten Wirtschaftswachstums 1955–73 besonders intensive Trend hat sich seit Mitte der siebziger Jahre zwar deutlich abgeschwächt, doch hat sich die Unausgewogenheit der Bevölkerungsverteilung regional weiter verschärft *(siehe Abbildung 5)*.

Abb. 5: Lorenzkurven der Bevölkerungsverteilung 1960, 1975 und 1990 nach Präfekturen

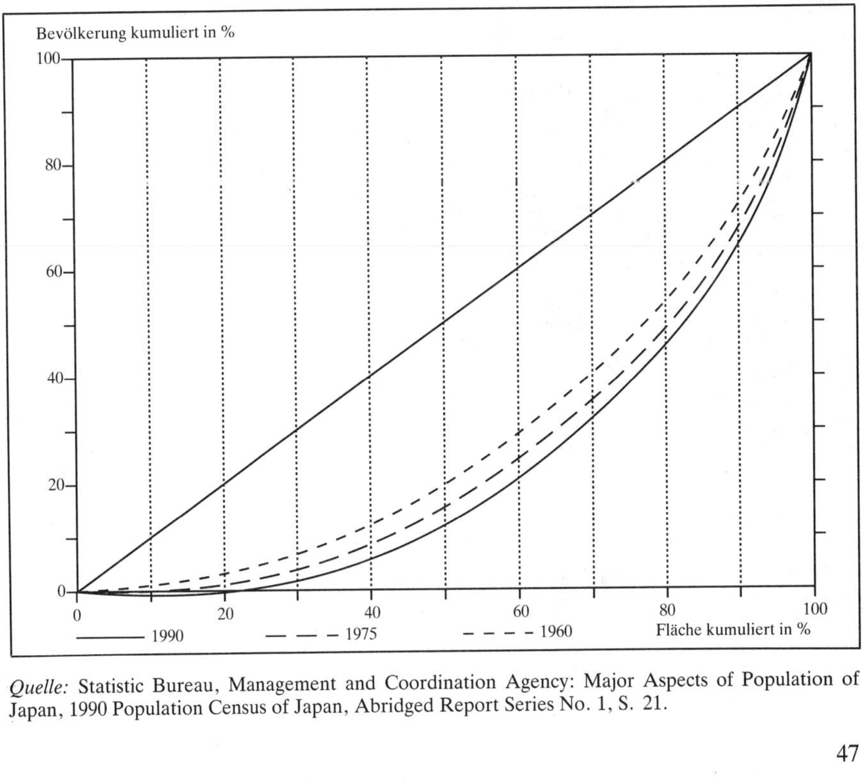

Quelle: Statistic Bureau, Management and Coordination Agency: Major Aspects of Population of Japan, 1990 Population Census of Japan, Abridged Report Series No. 1, S. 21.

Abb. 6: Bevölkerungsbilanz nach Präfekturen, im Vergleich der Perioden 1960–65 und 1985–90

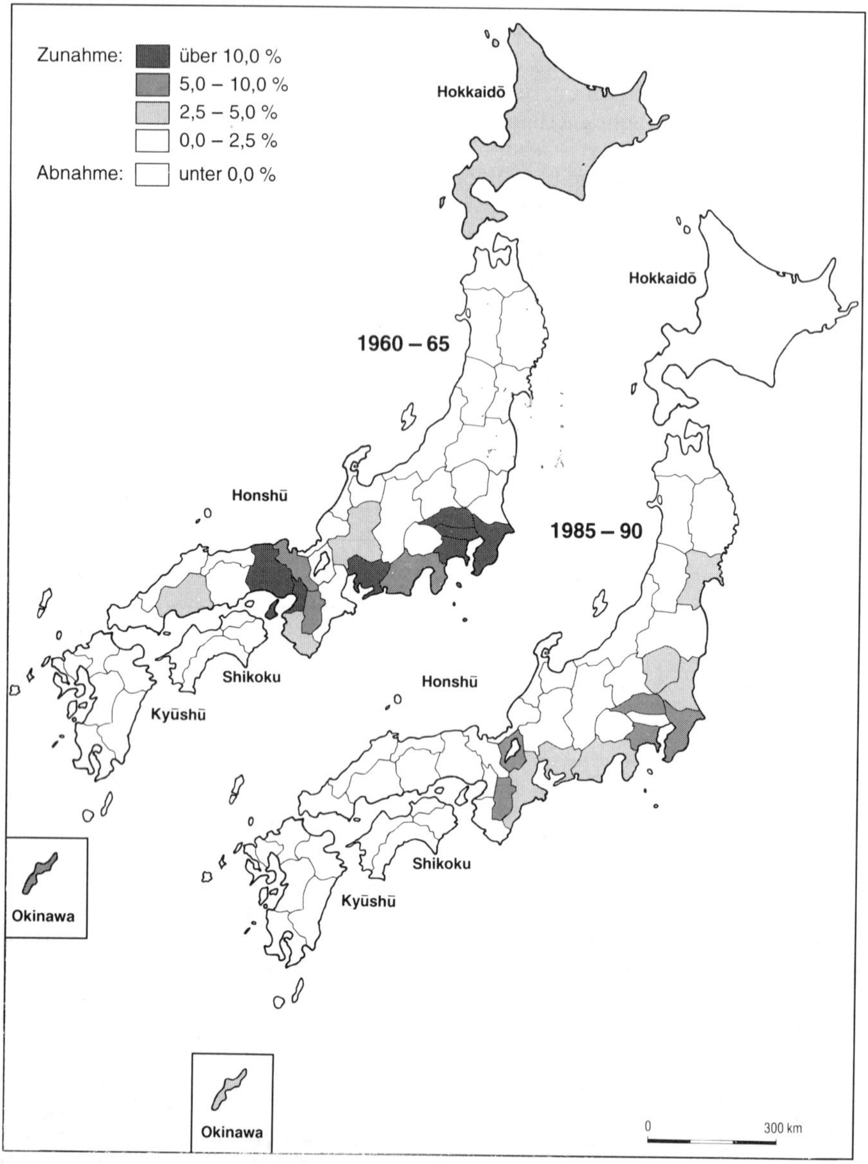

Quelle: Statisties Bureau, Management and Coordination Agency: 1990 Population Census of Japan, Preliminary Counts of the Population on the Basis of Summary Sheets (Japanisch), Tōkyō 1990, S. 14 ff.

Bearbeitung: W. Flüchter

Der Wandel der Bevölkerungsbilanz nach Präfekturen *(Abbildung 6)* macht deutlich, daß die Ausprägung räumlicher Benachteiligungen in der Phase 1955–1970, insbesondere 1960–1965, am stärksten war und sich seitdem relativ verringert hat. Zwar wies 1975–1980 mit Ausnahme von Tōkyō keine, 1980–1985 nur eine einzige Präfektur in der Provinz eine Negativbilanz auf, doch lagen die Wachstumsraten fast aller peripheren Regionen deutlich unterhalb der durchschnittlichen Bevölkerungszunahme Gesamtjapans. Die Unausgewogenheit der Bevölkerungsverteilung zwischen den Präfekturen hat sich 1985–1990 wieder deutlich verschärft, bedingt durch die Negativbilanz von siebzehn (!) ausschließlich nicht-metropolitanen Präfekturen. Eine Differenzierung der Präfekturen nach natürlicher und sozialer (Wanderungen) Bevölkerungsbilanz bringt im Vergleich der Jahre 1960–65 und 1985–90 folgende Aufschlüsse:

1. In beiden Perioden sind es die Wanderungen, die für die Bevölkerungsentwicklung ausschlaggebend waren.
2. 1960–65 verzeichneten die Metropolregionen, insbesondere der Großraum Tōkyō, enorme Zuwanderungen, die vor allem auf Kosten der südwestlichen Landesteile gingen.
3. Negative wie positive Bilanzen der Bevölkerungsentwicklung haben sich 1985–90 im Vergleich zu den Extremwerten 1960–65 wesentlich abgeschwächt. Dennoch hält der jüngste Trend der Bevölkerungsentwicklung zugunsten der Metropolregionen an. Deren Bevölkerungsbilanz ist insgesamt unangefochten positiv, auch wenn die Ballungskerne (Tōkyō, Ōsaka) 1985–90 negative Wanderungsbilanzen aufweisen.

Die hier aufgezeigten inter-regionalen Konzentrationsprozesse der Bevölkerung finden sich auch auf intra-regionaler Ebene: Innerhalb einer Präfektur verläuft der Ballungsprozeß zugunsten der jeweiligen Präfekturhauptstadt auf Kosten der regionalen Peripherie. Dies gilt insbesondere für die insularen Großräume Kyūshū und Hokkaidō, wo die Großregionszentren Fukuoka und Sapporo ähnlich »unipolare« Magnetwirkungen zeigen wie Tōkyō für das gesamte Land.

c. Verstädterung, Metropolisierung, Megalopolisierung

Die heutige japanische Gesellschaft präsentiert sich in ihren Werten und Verhaltensweisen als eine moderne Stadtgesellschaft. Von ihrer überwiegend bäuerlichen Herkunft, in der sie japanische Soziologen mental noch stark verwurzelt sehen, hat sie sich auch statistisch erst in der Nachkriegszeit gelöst. Der Anteil der Beschäftigten in der Landwirtschaft sank von 48,5% (1950) über 19,3% (1970) auf 7,1% (1990, darunter nur 15% im Vollerwerb). Gleichzeitig stieg der Anteil der Beschäftigten im tertiären Sektor, einem Gradmesser des »Städtischen«, von 29,6% über 46,6% auf 59,1% an.

Die Urbanisierung ist damit aber nur sehr oberflächlich beschrieben. Rein quantitativ bietet sich als Merkmal der Verstädterung die Verteilung der Bevölkerung nach Gemeindegrößengruppen an, wobei der japanischen Statistik zufolge Gemeinden über 30000 Einwohner als »Stadt« *(Shi)* gelten. Nach dieser Definition ist die Verstädterung in Japan von 18,0% (1920) über 56,1% (1955) auf 77,4% (1990) gestiegen *(siehe Abbildung 7)*. Das »Städtische« ist damit aber nur unvollkommen erfaßt. Vor allem nach der großen kommunalen Neugliederung von 1953 sind zahlrei-

Abb. 7: Verstädterung 1920–1990: Anteile der Bevölkerung in Städten (Shi) über 30 000 Einwohner

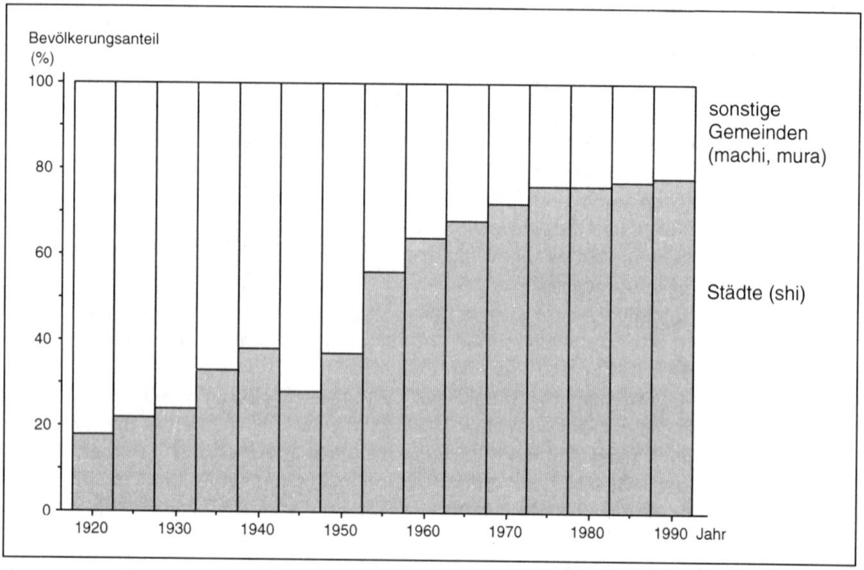

Quelle: Statistic Bureau, Management and Coordination Agency: Major Aspects of Population of Japan, 1990 Population Census of Japan, Abridged Report Series Nr. 1 (Japanisch), S. 22.
Bearbeitung: W. Flüchter

che ehemalige Kleingemeinden allein durch administrative Veränderungen (Eingemeindung, Zusammenschluß) statistisch in den Rang einer »Stadt« aufgestiegen, ohne daß damit immer eine echte Verstädterung einhergegangen wäre. Deutlicher wird der Grad der Verstädterung in Differenzierung nach Stadtgrößen: 1990 wohnten 59 % aller Japaner in Städten mit mehr als 100 000 Einwohnern, 21 % sogar in Millionenstädten.

Am schärfsten kommen die Ballungskonturen der Verstädterung in den *»Densely Inhabited Districts« (DID)* zum Ausdruck. Unter DID versteht man Zählbezirke (größenmäßig vergleichbar den Vororten deutscher Großstädte) mit einer Mindestbevölkerungsdichte von 4000 E./km^2 bei einer Mindestbevölkerung von 5 000 Einwohnern. Wohnten in den DID 1960 immerhin schon 43,7 % der Gesamtbevölkerung Japans auf nur 1,03 % der Landesfläche, so stiegen die Anteile 1990 auf 63,2 % der Gesamtbevölkerung und auf 3,11 % der Gesamtfläche – bei zurückgehender Bevölkerungsdichte innerhalb der DID von durchschnittlich 10 563 E./km^2 (1960) auf 6 661 E./km^2 (1990, *siehe Tabelle 1*). Die DID sind flächenmäßig am weitesten verbreitet in den Ballungsräumen an der pazifischen Küste, allen voran in den drei Metropolregionen Tōkyō, Ōsaka/Kyōto/Kōbe sowie Nagoya.

Die Verstädterung konzentriert sich auf die pazifische »Vorderseite« Japans: im engeren Sinne als »Metropolisierung« auf die drei großen Ballungsräumen Tōkyō, Ōsaka und Nagoya, des weiteren als »Megalopolisierung« zu einem großregionalen

Tab. 1: Japan: »Densely Inhabited Districts« (DID):
Wandel der absoluten und relativen Bevölkerungs- und Flächenzahl sowie der Bevölkerungsdichte

Jahr	Einwohner (DID) (Mio.)	DID-Einwohner in % der Gesamtbevölkerung (%)	Fläche der DID (km^2)	DID-Fläche in % der Gesamtfläche (%)	Bevölkerungs-Dichte (DID) (E./km^2)
1960	40,8	43,7	3882	1,05	10563
1965	47,3	48,1	4623	1,24	10263
1970	55,5	53,4	6292	1,73	8688
1975	63,8	57,0	8275	2,22	7710
1980	69,9	59,7	10016	2,69	6983
1985	73,3	60,6	10571	2,84	6938
1990	78,2	63,2	11732	3,11	6661

* DID = Zählbezirke mit einer Bevölkerungsdichte von mindestens 4000 E./km^2 bei einer Bevölkerung am Ort von absolut mindestens 5000 E.

Quelle: Population Census 1990, aus: Institute of Population Problems, Ministry of Health and Welfare: Latest Demographic Statistics 1992, Tōkyō 1992, S. 112.

Städteband zwischen den Räumen Tōkyō und Ōsaka, das sich unter Einschluß des Inlandsee-Küstenbandes weiter nach Westen bis nach Nord-Kyūshū (Kitakyūshū, Fukuoka) erstreckt. Der Ballungsprozeß ist besonders stark ausgeprägt in den o.g. drei Metropolregionen. Hier hat die Bevölkerung innerhalb eines 50 km-Radius um den jeweiligen Metropolkern von 33,4% (1960) auf 43,6% (1990) des gesamtjapanischen Anteils zugenommen. Dies gilt vor allem für die Hauptstadtregion Tōkyō, wo im gleichen Zeitraum die Anteile von 16,7% auf 23,6% gestiegen sind *(siehe Tabelle 2)*.

Das heutige Ungleichgewicht der Verteilung von Wirtschaft und Bevölkerung mit Schwerpunkt auf der pazifischen Küstenseite Mittel-Honshūs, insbesondere der Hauptstadtregion Tōkyō, ist erst das Ergebnis der neueren wirtschaftlichen Entwicklung Japans. Noch nach Ende der Abschließungszeit 1868 war das Städtesystem in seiner räumlichen Verteilung recht ausgeglichen, gleichsam ein Spiegelbild der Kleinkammerung des Landes. Die meisten Städte lagen an der Küste – an der heute wirtschaftlich unterentwickelten Japanmeer-Seite ebenso wie an der pazifischen Küste, die allerdings schon damals die größten Städte stellte.

Erst seit der Industrialisierung, vor allem aber parallel mit den großen Wirtschaftserfolgen Japans in der Nachkriegszeit, verstärkten sich die räumlichen Unausgewogenheiten zugunsten der Ballungsgebiete auf Kosten der Peripherie außerordentlich. Dies gilt in quantitativer, vor allem aber in qualitativer Hinsicht, so daß man von einer Pyramidisierung des Landes zugunsten Tōkyōs sprechen kann.[15] Innerhalb der japanischen Städtehierarchie ist es insbesondere seit den achtziger Jahren zu einer bedenklich einseitigen Entwicklung zugunsten der Hauptstadtregion gekommen.

15 Z.B. Universitäten: Winfried Flüchter, Hochschulstandorte und Bildungsverhalten unter Aspekten der Raumordnung in Japan, Paderborn 1990.

Tab. 2: Bevölkerungsentwicklung der drei Metropolregionen Tōkyō, Ōsaka, Nagoya (Gebiet innerhalb eines 50 km-Radius) und des übrigen Japan, im Vergleich der Perioden 1960, 1970, 1980, 1990

Region	Bevölkerung (in 1 000)				Bevölkerungsanteil nach Regionen (in %)			Fläche (km^2)	Flächenanteil der Regionen (in %)	Bevölkerungsdichte pro km^2
	1960	1970	1980	1990	1970	1980	1990	1990	1990	1990
Japan insgesamt	94 302	104 665	117 060	123 611	100,0	100,0	100,0	377 737	100,0	332
50 km-Raumradius der drei Metropolregionen insgesamt	31 503	42 368	49 593	53 842	33,4	42,4	43,6	22 379	5,9	2 406
50 km-Radius Tōkyō	15 788	21 954	26 343	29 200	16,7	22,5	23,6	7 622	2,0	3 831
50 km-Radius Ōsaka	10 323	13 640	15 422	16 210	10,9	13,2	13,1	7 426	2,0	2 183
50 km-Radius Nagoya	5 392	6 774	7 828	8 432	5,7	6,7	6,8	7 331	1,9	1 150
Übriges Japan	62 799	62 297	67 468	69 769	66,6	57,6	56,4	355 358	94,1	199

Quelle: Institute of Population Problems, Ministry of Health and Welfare: Latest Demographic Statistics 1992 (Japanisch), Tōkyō 1992, S. 113.
Bearbeitung: W. Flüchter

Diese »unipolare Konzentration Tōkyōs« *(Tōkyō Ikkyoku Shūchū)*, eine Folge auch der Globalisierung der japanischen Wirtschaft, wird bis heute in Japan anhaltend stark diskutiert.

Der Konzentrationsprozeß von Wirtschaft und Bevölkerung vor allem in der Hauptstadtregion mag unter ökologischen und regionalpolitischen Aspekten, insbesondere im Hinblick auf ein jederzeit mögliches großes Erdbeben, unverantwortlich erscheinen. Er hat sich jedoch in ökonomischer Hinsicht als außerordentlich erfolgreich erwiesen und erscheint symptomatisch für das Primat der Wirtschaft. Dies gilt insbesondere im Zeitalter der Globalisierung der Ökonomie, die zu einer vehementen Konkurrenz unter den Weltmetropolen führt und landesintern eine zunehmende Zentralisierung und Komplexität von höheren, produktionsorientierten Dienstleistungen zur Folge hat. Der Wettbewerb der führenden Weltmetropolen untereinander ist Ausdruck der Konkurrenz auch auf staatlicher Ebene zwischen den führenden Industrieländern. Will Tōkyō bzw. Japan in diesem Wettstreit erfolgreich sein, liegt der Ausbau der Hauptstadt als Zentrum weltwirtschaftlich gewichtiger Funktionen nahe. Die starke, bedenklich einseitig auf Tōkyō ausgerichtete Zentralisierung Japans mag offiziell (*»Tatemae«*-Prinzip) nicht gewollt sein – viele gute und gutgemeinte (Papier-)Pläne zur Dezentralisierung des Landes geben Zeugnis davon. Sie wird in Wirklichkeit im Rahmen der Priorität des wirtschaftlichen Wachstums und des »Japan als Nr. 1-Syndroms« in Laissez-faire-Manier hingenommen und nicht energisch genug verhindert.

Es leben – vorerst noch – die Agglomerationsvorteile! Bis zu welchem Ausmaß? Unter welchen Bedingungen? Zu wessen Lasten?

II. Geschichte: Von der Altsteinzeit bis zum Ende des Zweiten Weltkriegs

Renate Ruttkowski

1. Die Anfänge

Im Paläolithikum (Altsteinzeit, begann vor zwei Millionen Jahren in Afrika und dauerte bis zum Ende des Eiszeitalters ungefähr 8000 v. Chr.) war Japan durch eine Landbrücke mit dem asiatischen Festland verbunden und von den gleichen Tierarten wie der Kontinent bewohnt. Es wäre somit durchaus denkbar, daß Beziehungen zwischen den paläolithischen Siedlungen in Japan und den Hauptzentren der Besiedlung auf dem Kontinent bestanden. Doch ist eine große Zahl menschlicher Spuren für immer verwischt. Schließlich waren zu jener Zeit die großen Erdumbildungen, aus denen die heutige Form Japans hervorgegangen ist, noch nicht beendet. So ist immer noch nicht bekannt, welcher Art die Menschen waren, die im Paläolithikum das Gebiet Japans besiedelten, wann sie sich ansiedelten und in welcher Beziehung sie zu den Besiedlungszentren auf dem Festland standen.

Ungefähr vom 10.–12. Jahrtausend vor unserer Zeit bis zum 4.–2. Jahrhundert vor unserer Zeit ist die nach der eigentümlichen Verzierung ihrer Keramik benannte neolithische *Jōmon*-Kultur nachgewiesen. Ungefähr seit Mitte der sich daran anschließenden *Yayoi*-Kultur in den ersten drei Jahrhunderten unserer Zeit begann mit Übernahme des Reisanbaus und der Technik der Metallbearbeitung vom asiatischen Festland eine Differenzierung der Besitzverhältnisse innerhalb der Großfamilien, innerhalb der Stämme sowie zwischen den Stämmen. Die stärksten Stämme versuchten, sich die schwächeren zu unterwerfen. So entstanden um die Wende vom 2. zum 3. Jahrhundert in Nordkyūshū, *Izumo* und *Yamato* Stammesverbände, an deren Spitze mächtige Stammesführer standen, die zu lokalen Herrschern wurden. Diese Lokalherrscher führten einen unerbittlichen Kampf um die Vorherrschaft, aus dem schließlich der sogenannte *Yamato*-Staat als führende Macht hervorging. Der Zusammenschluß der Stämme, die den Kern dieses Staatsgebietes (mittleres, südliches Japan) ausmachten, dürfte bis zur ersten Hälfte des 4. Jahrhunderts abgeschlossen gewesen sein. Mit der Entstehung der Clans (relativ große Familienverbände, die ihren Ursprung auf göttliche Ahnen zurückführten) wurde der *Yamato*-Staat zu einer Föderation gleichberechtigter Großfamilien, die einen Repräsentanten des späteren *Tennō* – oder Kaiser-Clans zum Herrscher wählten. Dieser Clan, zunächst nur eines unter vielen mächtigen Geschlechtern, unternahm im 5./6. Jahrhundert erste, allerdings wenig erfolgreiche Schritte zur Schaffung einer wirksamen Zentralgewalt.

2. Vom Kaiserhaus zum Kriegeradel

Die Austauschbeziehungen mit dem Festland (Korea, China), die sich seit dem 6. Jahrhundert wesentlich intensivierten, spielten eine bedeutsame Rolle beim Vorantreiben der Entwicklung Japans. Vor allem im 7. Jahrhundert machte sich ein sehr starker chinesischer Einfluß auf das geistig-kulturelle Leben bemerkbar. Man interessierte sich für den Staatsaufbau, die Staatsideologie und die Religion des Tang-Reiches sowie für deren Fundamente, den Konfuzianismus und den Buddhismus.

Im Jahre 645 wurde mit der *Taika*-Reform ein grundlegender Wandel der ökonomischen und sozialen Verhältnisse in Angriff genommen. Sie war der Auftakt und zugleich das Kernstück einer Vielzahl von Reformen in den Jahren von 645 bis 701, die durchweg an chinesischen Vorbildern orientiert waren. Das Kaiserhaus, unterstützt von einer Anzahl einflußreicher Familien, versuchte damit erneut, einen straff zentralisierten Staat mit dem *Tennō* als uneingeschränktem Herrscher an der Spitze zu schaffen. Doch mußten die Interessen der mit dem Kaiserhaus verbundenen aristokratischen Familien von vornherein in hohem Maße berücksichtigt werden.

Ein weiterer bedeutsamer Machtfaktor war die buddhistische Geistlichkeit. Seit dem 10. Jahrhundert war die während der Reformperiode als Stütze des Kaiserhauses erstarkte Hofadelsfamilie der *Fujiwara* die eigentlich herrschende Kraft in Heian (Kyōto), das seit dem ausgehenden 8. Jahrhundert an Stelle von Nara Hauptstadt geworden war. In den folgenden Jahrhunderten wurde der politische und kulturelle Einfluß des Hofadels dominierend. Bereits im 8. Jahrhundert entwickelte sich eine frühe Form privaten Grundeigentums, die sogenannten *Shōen*.

Während des 11. Jahrhunderts traten in den Provinzen, die vor allem in den Randgebieten des Staates lagen – gestützt auf umfangreichen privaten Landbesitz –, einflußreiche Kriegeradelsgeschlechter hervor. Der feudale Kriegeradel einschließlich der Vasallen wurde als *Bushi* (Krieger, Ritter) bezeichnet, später teilweise auch als *Samurai* (ebenfalls »Krieger«, abgeleitet von dem Verb »schützen«, »bewachen«).

a. Der Aufstieg des Kriegeradels

Als die Autorität der *Fujiwara* in der zweiten Hälfte des 11. Jahrhunderts verfiel, wurden die großen Kriegeradelsgeschlechter, die über zahlreiche *Shōen* und ein großes militärisches Gefolge verfügten, zur entscheidenden Kraft im Staat. 1159 verdrängte das Geschlecht der *Taira* alle Rivalen am Hof. Gegenüber ihren adligen Konkurrenten und auch gegenüber den Angehörigen des Kaiserhauses griffen sie scharf durch, so daß deren Unzufriedenheit schnell wuchs. Als gefährlichster Gegner erwies sich das Kriegeradelsgeschlecht der *Minamoto*, das 1185 die *Taira* besiegte und ausschaltete. Der langwierige Übergang der Macht vom Kaiserhaus und Hofadel an den Kriegeradel fand damit seinen Abschluß.

Während die *Taira* noch versucht hatten, ihre Herrschaft auf der Basis des vom Hofadel geschaffenen Staatsapparates zu realisieren, wurde nach dem Sieg der *Minamoto* ein neues System politischer Machtausübung begründet.

Das Oberhaupt des *Minamoto*-Geschlechts, Minamoto no Yoritomo (1147–1199), erhielt 1192 den Titel *Shōgun*, den seit längerem Militärbefehlshaber trugen, und begründete die Regierungsform des *Bakufu* (»Zeltregierung«, so genannt nach dem Feldquartier des *Shōgun*), das in seinen Grundzügen bis 1867 bestand. Der *Shōgun* regierte an Stelle des Kaisers, der keinerlei Einfluß mehr besaß. Mit dem *Bakufu* wurde wiederum ein zentralisierter Staat angestrebt, aber in der Realität ging die Macht zunehmend in die Hände von lokalen feudalen Gewalten über.

Schon seit dem 11. Jahrhundert hatten sich in der aufkommenden Schicht des Kriegeradels lehnsartige Verhältnisse entwickelt, begleitet von einem langandauernden Zerfallsprozeß des frühen privaten Grundbesitzes. Im *Ōnin*-Krieg (1467–1477 in und um Kyōto) verloren die bisherigen Verwaltungsstrukturen jede Wirksamkeit. Es zählte nur noch die reale militärische Macht. Darauf folgte eine ca. 100 Jahre währende Periode innerer Wirren und blutiger Kämpfe (*Sengoku*-Zeit). Es entstanden die sogenannten *Sengoku-Daimyō* (als *Daimyō* wurde ursprünglich ein Mann mit umfangreichem Landbesitz, später ein Feudalfürst bezeichnet), die ihr Eigentum mit Waffengewalt erkämpft hatten und ständige Fehden um weitere Ländereien führten. Das *Shōen*-System machte gänzlich einem Belehnungssystem Platz. Einige hundert *Sengoku-Daimyō* übten unbeschränkte Herrschaft in ihren Besitzungen aus und kümmerten sich nicht um die Gesetze des *Bakufu*. Sie schufen ihre eigenen »Hausgesetze«, die den Anspruch auf ihre Ländereien und die von ihnen abhängigen Menschen rechtlich absichern sollten.

Trotz der ständigen Wirren schritt die wirtschaftliche Entwicklung in der Zeit vom 14. bis 16. Jahrhundert wesentlich voran. In der Landwirtschaft erfolgten Verbesserungen in der Bewässerungs- und Anbautechnik. Die Anzahl der angebauten Produkte erhöhte sich, insbesondere stieg die Erzeugung von Rohstoffen für die gewerbliche Produktion bei gleichzeitig fortschreitender Spezialisierung an. Die wichtigsten Gewerbezweige waren Weberei, Metallerzeugung und -bearbeitung, Waffenherstellung, keramische Produktion und Bauwesen. Die Qualität der Metallerzeugnisse stieg durch die Anwendung chinesischer und koreanischer Technologie bei der Bearbeitung beträchtlich. Fortschritte in der Textilproduktion erzielte man unter anderem dadurch, daß erstmals Baumwolle angebaut und verarbeitet wurde. Papier aus Mino, Keramik aus Seto und *Sake* (Reiswein) aus Nara kamen auf einen sich entwickelnden großen Markt.

Es existierten Großhändler bzw. Kaufmannshäuser, die mit Salz, Baustoffen, Fisch, Reis und Papier handelten. Großen Reichtum häuften vor allem die Reishändler an, die als einträgliche Nebenbeschäftigung Abgaben für die Feudalherren eintrieben und aus zurückgehaltenen oder unterschlagenen Reisbeständen *Sake* brauten. Außerdem wurde der Fernhandel, insbesondere der Handel mit China, zunehmend eine wichtige Quelle der Bereicherung für die Kaufmannshäuser. Während die Kaufleute in den Städten vor allem als Geldgeber für Angehörige des Feudaladels auftraten, verliehen Händler oder *Sake*-Brauer in Dörfern Geld an die bäuerliche Bevölkerung.

Kennzeichnend für das 15./16. Jahrhundert ist die Entstehung zahlreicher neuer Städte. Viele der heutigen japanischen Städte haben ihren Ursprung in dieser Zeit. Gleichzeitig wuchsen die älteren Städte stark an. Kyōto hatte um 1500 bereits 100 000 Einwohner. Es folgten die Hafenstädte Hakata (bei Fukuoka) mit 35 000 Einwohnern im Jahre 1499 und Sakai (heute ein Teil Ōsakas) mit 30 000 Einwohnern im Jahre 1532.

Die wachsende wirtschaftliche Stärke der städtischen Bevölkerung und die staatliche Zersplitterung begünstigten die Ausbildung von Selbstverwaltungseinrichtungen in den Städten.

b. Die Tokugawa-Zeit

Die feudalen Strukturen Japans, insbesondere in der Zeit vom ausgehenden 12. bis zum ausgehenden 16. Jahrhundert, wiesen beträchtliche Parallelen zur Feudalordnung in Europa etwa der Zeit vom 9. bis 13. Jahrhundert auf.

Seit dem frühen 16. Jahrhundert bereitete sich der Kampf der einflußreichsten *Daimyō* um die Zentralisierung der Macht in den Händen des Stärksten vor. Als der *Daimyō* Toyotomi Hideyoshi (1536–1598) in den achtziger Jahren des 16. Jahrhunderts Japan wieder unter seiner Herrschaft vereinigte und eine starke Zentralgewalt durchsetzte, suchte er durch scharfe Kontrolle der Bauern und Städter, durch Beseitigung der städtischen Selbstverwaltungsrechte, straffere Überwachung des Feudaladels sowie der großen buddhistischen Klöster die feudalen Strukturen zu stabilisieren. Nach dem Tode Hideyoshis riß der *Daimyō* Tokugawa Ieyasu (1542–1616) die Macht an sich und ließ sich 1603 zum *Shōgun* ernennen. Von nun an lag dieses Amt bis 1867, d.h. 265 Jahre lang, in den Händen der *Tokugawa*-Familie, die ihren Regierungssitz in Edo (heutiges Tōkyō) nahm. Ieyasu entwickelte die sozialen und ökonomischen Maßnahmen des Hideyoshi weiter und wandte sie auf das ganze Land an.

Nicht einmal 100 Jahre nach der Ankunft der ersten Europäer in Japan, dem Beginn eines regen Handels und intensiver christlicher Missionierungstätigkeit, begann 1614 eine Zeit grausamer Christenverfolgungen. 1639 wurde schließlich die nahezu völlige Abschließung Japans vom Ausland verordnet. Lediglich den Chinesen und Holländern war es erlaubt, den von der Regierung kontrollierten Hafen Nagasaki anzulaufen. Grundlagen des Verwaltungssystems des *Tokugawa*-Staates waren die genaue Klassifizierung der *Tokugawa*-Vasallen, die Nutzung schon bestehender örtlicher Selbstverwaltungseinrichtungen für administrative Aufgaben sowie der Aufbau eines Systems der Kontrolle und Überwachung aller Klassen und Schichten der Bevölkerung. Die Bevölkerung wurde eingeteilt in Kriegeradel, Bauern, Handwerker und Kaufleute, wobei die gewählte Reihenfolge der sozialen Stellung dieser Klassen im konfuzianischen Wertesystem entsprach. Auf Einordnung des zahlenmäßig sehr kleinen und politisch wie ökonomisch völlig bedeutungslosen Hofadels wurde verzichtet, aber das Leben von Kaiserhaus und Hofadel wurde ebenso wie auch das Leben aller anderen Bevölkerungsgruppen auf der Grundlage von Gesetzen streng reglementiert. Darunter litten besonders die Bauern und das aufkommende Bürgertum. Auch bot die konfuzianische Lehre – die geistige Basis des *Tokugawa*-Staates – einen guten Vorwand für eine willkürliche Behandlung der Kaufleute als unterster sozialer Schicht und eine Disqualifizierung ihrer Tätigkeit als verächtlich und schmutzig.

Nirgendwo wird die Diskrepanz zwischen dem Ideal der *Tokugawa*-Politik und der tatsächlichen Situation so deutlich wie im wirtschaftlichen Bereich. Die Idealvorstellung der *Tokugawa*-Herrscher von der Wirtschaft – einer im wesentlichen agrarischen Wirtschaft, in der der Handel auf ein Minimum beschränkt war – entsprach einem längst vergangenen historischen Abschnitt und war durch Zwangsmaßnahmen nicht mehr zu realisieren. Die politischen und ökonomischen Aktivitäten der *Tokugawa*-Regierung wirkten im Gegenteil in eine Richtung, die durchaus nicht eingeplant war. So bewirkten die fast zweihundertjährige Landesabschließung, der Ausbau der Städte als Verwaltungszentren, die Erschließung des Landes durch den Bau von Straßen, die Förderung des Bergbaus und Eröffnung neuer Gold- und Silberminen nicht in erster Linie eine Vermehrung von Einfluß und Reichtum des *Tokugawa*-Geschlechts, sondern ließen Handwerk und Handel erstarken.

Nach dem Wegfall des Außenmarktes fanden Handwerk und Handel auch im Inland äußerst günstigen Boden. Es bildete sich ein nationaler, über die Grenzen der einzelnen Landesteile hinausreichender Markt heraus.

Seit Beginn des 18. Jahrhunderts setzte ein schneller Verfall der Feudalverhältnisse ein. Gleichzeitig gestalteten sich die Bedingungen für die Entstehung einer neuen Gesellschaftsform in den Städten zunehmend günstiger. Das erstaunliche Wachstum der Städte hielt, ungeachtet aller Bemühungen des *Bakufu*, ihre Entwicklung einzudämmen, an (im Jahre 1724 war die Hauptstadt Edo mit ca. 1 Million Einwohnern – davon 500 000 Angehörige des Kriegeradels und 460 000 Städter – die größte Stadt der Welt; Kyōto besaß 1715 400 000 Einwohner, Ōsaka 1703 350 000 Einwohner).

Die Tendenz der Urbanisierung auf Kosten der Landwirtschaft nahm ihren Anfang. Das Transport- und Nachrichtenwesen wurde immer weiter ausgebaut, wobei die Erschließung von Seewegen eine bedeutende Rolle spielte. Seit dem Ende des 17. Jahrhunderts trat Reis als Zahlungsmittel immer mehr in den Hintergrund. Da Edelmetalle knapp waren, griff man zu verschiedenen Arten von Handelspapieren und örtlichem Papiergeld, was wiederum zur Entwicklung von Banken und Wechselstuben führte. Mit der inflationären Politik des *Bakufu* schon seit Ende des 17. Jahrhunderts erhöhten sich Arten und Bedeutung von Handelspapieren und örtlichem Papiergeld außerordentlich, und die Bedeutung von Banken und Wechselstuben nahm stetig zu. Durch solcherart Geschäfte wurden die Häuser Mitsui und Kōnoike zu führenden Vertretern des Kaufmannskapitals der *Tokugawa*-Zeit.

Der Feudaladel und sogar die *Tokugawa*-Regierung wurden in wachsendem Maße von der Tätigkeit des verachteten Kaufmannsstandes abhängig, der in ihren Diensten zu Reichtum gelangte. Die zunehmende Misere der *Tokugawa*-Wirtschaftspolitik, der schon im 18. Jahrhundert einsetzende Ruin der Finanzen von Staat und Fürstentümern und die Verelendung der Bevölkerung, besonders der Bauern, förderten diese Tendenz weiter. Im 19. Jahrhundert hatten sich mit Handelshäusern, die sich hauptsächlich des Gewerbes und der Heimindustrie annahmen, Frühformen einer neuen Gesellschaft herausgebildet. Bis Mitte des 19. Jahrhunderts entstand neben einer großen Zahl von feudalen Manufakturen auch eine Reihe von Manufakturen, die in den Händen städtischer und dörflicher Unternehmer lagen.

Zu Beginn der dreißiger Jahre des 19. Jahrhunderts stürzte das Land in eine tiefe Krise. Niemals zuvor gab es so viele und große Bauernaufstände; auch in verarmten Städten kam es zu Unruhen, die manchmal sogar durch Angehörige des niederen Kriegeradels geführt wurden. Diese Aufstände erschütterten ein System, das daneben auch immer stärker von westlichen Mächten mit ihren Bemühungen um die Öffnung japanischer Häfen bedrängt wurde.

3. Die Zeit der Reformen: die Meiji-Restauration

In einem Kopf-an-Kopf-Rennen mit Rußland gelang es dem amerikanischen Kommodore Perry im Jahre 1854 mit einem amerikanischen Geschwader in der Edo-Bucht, das *Bakufu* zur Öffnung japanischer Häfen für die USA zu bewegen. Es folgten die Öffnung einiger japanischer Häfen für europäische Nationen und der Abschluß von Verträgen, die den Großmächten erhebliche Vorrechte in Japan einräumten. Der morsche *Tokugawa*-Staat schien der Kolonialisierungsdrohung nicht gewachsen zu sein. Gleichlaufend mit zahlreichen konservativen Versuchen, die Staatsfinanzen und den Staat zu stabilisieren, hatte es eine ganze Reihe von Reformen auf der Ebene der Fürstentümer gegeben, die ebenfalls ohne Wirkung blieben. Seit Ende der dreißiger Jahre begannen jedoch die Fürstentümer Satsuma und Chōshū (Kyūshū) auf die Zusammenarbeit mit den bürgerlichen Kräften und vor allem auf bürgerliche Methoden in der Wirtschaft umzuschwenken. In diesen Fürstentümern setzten sich die liberalen Kräfte innerhalb des mittleren und niederen Kriegeradels durch, die es für notwendig hielten, mit dem Bürgertum zusammenzugehen, was aber eine starke Bevormundung und Kontrolle der Kaufleute und Unternehmer nicht ausschloß.

Die Wirksamkeit dieser Politik zeigte sich bald in einem Aufblühen der Wirtschaft und nicht zuletzt in der Gesundung der Finanzen der beiden Fürstentümer. Das Modell für den einzig möglichen Weg, Japans Probleme zu bewältigen, war geschaffen. Das *Bakufu* saß zwischen zwei Stühlen: den unnachgiebigen europäischen Mächten auf der einen Seite und einer als Reaktion auf den Druck der ausländischen Mächte entstandenen nationalistischen, auf die Mission des Kaiserhauses hoffenden Restaurationsbewegung (Restauration der Herrschaft des Kaiserhauses) andererseits. In den sechziger Jahren des 19. Jahrhunderts kam es – vorwiegend in den südwestlichen Provinzen Satsuma, Chōshū sowie Tosa – zu militärischen Auseinandersetzungen zwischen Angehörigen feudaler Militärclans, die eine solche forderten, und Truppen der *Tokugawa*. Diese Konflikte endeten mit dem Sturz des letzten *Tokugawa-Shōgun* im Jahre 1867 und der Machtübernahme durch den Kaiser Mutsuhito im Januar 1868. Dieser gab seiner Regierungszeit den Namen »*Meiji*« (erleuchtete Regierung), und so werden die Jahre 1867/68 als »*Meiji*-Restauration« bezeichnet.

In dieser Zeit wurden zuerst alle für die Entstehung eines modernen Japan notwendigen politischen Machtverhältnisse geschaffen; erst danach setzten die politischen, ökonomischen und sozialen Umwälzungsprozesse ein, die den Grundstein für eine moderne Wirtschafts- und Gesellschaftsentwicklung in Japan legten und erst mit der Proklamierung einer weitgehend am preußischen Vorbild orientierten Verfassung im Jahre 1889 als beendet angesehen werden können.

Die Umwälzung wurde von jenen revoltierenden feudalen Kräften eingeleitet, die die *Tokugawa*-Regierung gestürzt hatten und noch bis in unser Jahrhundert die führenden Politiker Japans stellten. Jedoch verband sich die alte feudale Militärkaste recht schnell mit den traditionellen, teilweise schon seit dem 16./17. Jahrhundert bestehenden Kaufmannsgeschlechtern. Auf dieser Grundlage entstand die neue Welt der Banken, der Industrie und des Handels, an deren Spitze die japanischen Familienkonzerne *(Zaibatsu)* standen. Die Umwälzung ist mit dem Beginn gewaltiger Anstrengungen Japans zur Aufholung des wirtschaftlichen Rückstandes verbunden; so wurden als Ergebnis gezielten politischen Handelns zwischen 1868 und 1890 die Grundlagen für eine eigene Großindustrie gelegt.

Die *Meiji*-Regierung übernahm die wichtigsten der durch die *Tokugawa*-Herrscher kontrollierten Manufakturen; diese wurden unter staatliche Verwaltung gestellt und mit staatlicher Unterstützung reorganisiert. Der Staat schuf ein modernes Verkehrs- und Kommunikationssystem und gründete moderne Fabriken. Dabei handelte es sich um Modellunternehmen, die in späteren Jahren an die Familienkonzerne verkauft wurden. Mitte der achtziger Jahre des 19. Jahrhunderts wurde ein modernes Finanzwesen eingeführt, und auf dieser Basis setzte eine moderne Wirtschaftsentwicklung ein.

Die ökonomischen Aktivitäten sind Bestandteil der vom *Meiji*-Staat verfolgten Politik der sogenannten Modernisierung. Dazu sind zahlreiche weitere Maßnahmen im ökonomischen, politischen und kulturellen Bereich zu rechnen, bei deren Konzipierung und Realisierung die Erfahrungen der fortgeschrittenen westlichen Staaten eine außerordentliche Rolle spielten. Die wichtigsten sind die Bodenreform von 1872/73, die Reformen im Verwaltungssystem in den siebziger und achtziger Jahren sowie der Aufbau eines staatlichen Bildungswesens.

Die Öffnung des Landes bewirkte die umfangreiche Übernahme westlicher Wissenschaft und Technik und Hand in Hand damit eine außerordentlich starke Rezeption westlichen Gedankengutes. Selbst vor 1868 noch konservative bzw. nationalistische Kräfte wurden enthusiastische Anhänger der westlichen Zivilisation. Die extreme Auslandsorientierung hielt jedoch nur rund zehn Jahre an, die neunziger Jahre des Jahrhunderts waren wiederum durch eine Rückbesinnung auf nationale Traditionen und zunehmende nationalistische Tendenzen gekennzeichnet.

Unzufriedene vor allem aus den Kreisen der *Samurai* schlossen sich in den siebziger Jahren in der »Bewegung für Freiheit und Volksrechte« zusammen. Sie forderten die Schaffung eines Parlaments und die Einführung einer Verfassung. Ihre Aktivitäten mündeten in die Gründung erster politischer Parteien. Nicht zuletzt als Reaktion auf diese Bewegung beschleunigte die Regierung den Aufbau eines »modernen« politischen Systems: 1885 wurde ein Kabinettsystem geschaffen und bis 1888 unter Federführung von Fürst Itō Hirobumi (1841–1909) eine Verfassung erarbeitet, die sich am preußischen Vorbild orientierte. Die 1889 feierlich verkündete Verfassung – eine Mischung aus westlichem und traditionell japanischem Gedankengut – blieb bis 1945 in ihren Grundzügen unverändert bestehen. Sie basierte auf umfassenden, nahezu absoluten Befugnissen des Kaisers *(Tennō)*, der gemäß traditionell japanischer Religion (Shintoismus) als Nachfahre der Götter gilt. Dem Kaiser waren als Ratgeber der Geheime Staatsrat und die Staatsältesten *(Genrō)* zur Seite gestellt. Vor allem die Staatsältesten, die außerhalb der Verfassung standen und ihre Herkunft auf die Träger der *Meiji*-Restauration zurückführten, besaßen bis zum Erstarken der bürgerlichen Kräfte in der Politik außerordentlichen Einfluß auf die Geschicke des Staates. Das Parlament bestand aus dem Oberhaus, dem mehrheitlich Vertreter des aus dem Feudaladel hervorgegangenen neuen Adels angehörten, und dem Repräsentantenhaus. Letzteres setzte sich aus von einem Teil des Volkes gewählten Vertretern zusammen; das Wahlrecht war stark eingeschränkt, da es eine Mindestzahlung von direkten Steuern voraussetzte und nur den Männern vorbehalten blieb; die Entscheidungsgewalt des Parlaments war jedoch zunächst äußerst begrenzt.

Japan war wie Deutschland oder auch Rußland, als es im 19. Jahrhundert den Weg zu einem modernen Staat beschritt, weit im Rückstand gegenüber den Weltmächten. Die ungleichen Verträge, die ihm durch jene Mächte in den fünfziger und sechziger Jahren aufgezwungen worden waren, bedrohten das Land mit dem Verlust seiner Autonomie. Diese Bedrohung sowie die Politik der Modernisierung, die den Rückstand zu den fortgeschrittenen Staaten möglichst schnell aufholen sollte, verunsicherte weite Teile der Bevölkerung, vor allem des niederen Kriegeradels. Die *Meiji*-Regierung sah sich unter Druck gesetzt, rasch Japans Stellung in der Welt zu bestimmen und die ungleichen Verträge zu revidieren.

Nachdem Japan 1875 die Kurilen von Rußland erworben hatte und mit Duldung Chinas Okinawa 1879 an Japan angegliedert worden war, richtete sich das japanische Interesse auf Korea. Spannungen zwischen Japan und China um das unter chinesischer Oberhoheit stehende Korea führten 1894/95 zum japanisch-chinesischen Krieg; er endete mit einer Niederlage Chinas. Der zwischen Japan und China im Frühjahr 1895 geschlossene Vertrag von Shimonoseki entsprach zunächst den japanischen Forderungen und legte erhebliche Kriegskontributionen und Landübertragungen fest. Aber aufgrund einer massiven Intervention Rußlands, Deutschlands und Frankreichs (sogenannte *Triple Intervention*) mußte Japan schließlich auf die strategisch wichtige Halbinsel Liaotung verzichten, wo Rußland wenige Jahre nach dem Krieg festen Fuß faßte. Außenpolitisch aber brachte der Ausgang des Krieges Japan letztlich doch seine gleichberechtigte Anerkennung unter den Weltmächten: In den letzten Jahren des 19. Jahrhunderts wurden die ungleichen Verträge, die das japanische Selbstbewußtsein empfindlich verletzt hatten, revidiert.

In den Folgejahren nahm die japanische Wirtschaft, dominiert von der Textilindustrie, einen gewaltigen Aufschwung. Der Staat setzte sich aktiv für die Entwicklung einer Eisen- und Stahlindustrie mit deutlicher Schwerpunktsetzung auf die Rüstung ein. Schiffbau und Eisenbahnwesen entfalteten sich, und stimuliert von diesen Industrien wurden andere Industriezweige wie Maschinenbau und Elektrotechnik aufgebaut.

Um die Jahrhundertwende entstanden neue politische Parteien, die sich zum ersten Mal als relativ stabil erwiesen. Doch besaßen die bürgerlichen Kräfte noch keine eigene politische Interessenvertretung, und der Einfluß von Militär, Adel und diesen verbundener Bürokratie in der Regierung, in den Beratungsgremien des Kaisers sowie im Adelshaus blieb dominierend. Die russischen und japanischen Interessen trafen in Korea und vor allem in der Mandschurei aufeinander, wo sich Rußland in den Jahren nach dem chinesisch-japanischen Krieg beachtliche Positionen schaffen konnte. Zum Zusammenstoß kam es, nachdem Japan sich besondere Auszeichnung bei der Niederschlagung des Boxeraufstandes in China an der Seite der Weltmächte erworben hatte und im Jahre 1902 ein Bündnis mit England geschlossen worden war, das die Anerkennung der beiderseitigen Interessensphären in Asien beinhaltete und von Japan als Gegengewicht gegen das russische Vordringen in Ostasien angesehen wurde.

Der russisch-japanische Krieg 1904/05, der erste mit modernen Waffen geführte Krieg (u.a. erste moderne Seeschlacht in der Kriegsgeschichte), endete mit einer Niederlage Rußlands. Allerdings konnte das ökonomisch außerordentlich erschöpfte Japan im Friedensvertrag von Portsmouth vom September 1905 wiederum nicht alle seine Forderungen durchsetzen. Doch bot der Friedensvertrag Japan die besten Ausgangspunkte für den Ausbau seiner Positionen auf dem asiatischen Festland und einen neuen ökonomischen Aufschwung. Er gab Japan zudem freie Hand in Korea, das 1910 japanische Kolonie wurde. Japan holte die Liaotung-Halbinsel zurück und übernahm Süd-Sachalin sowie die russischen Rechte und Privilegien in der Mandschurei.

4. Der Erste Weltkrieg

Am Vorabend des Ersten Weltkrieges stellten konservative Politiker, die eng mit den Militärs verbunden waren, die Regierung. Kurze Zeit nach Kriegsausbruch in Europa trat Japan auf seiten der Entente in den Krieg gegen Deutschland ein. Obwohl eine sehr starke pro-deutsche Strömung insbesondere unter den Militärs existierte, hatte die Tatsache, daß die militärischen Positionen der Deutschen im Fernen Osten sehr schwach waren und Japan somit auf einen weiteren Machtzuwachs vor allem in China hoffen konnte, größeres Gewicht. Anfang 1915 wurden der chinesischen Regierung »21 Forderungen« Japans übergeben, die faktisch China zu einem japanischen Protektorat gemacht hätten. Die Forderung nach japanischen Ratgebern in der chinesischen Regierung rief auch heftige Proteste der anderen Großmächte hervor.

Der Erste Weltkrieg zog einen gewaltigen ökonomischen Aufschwung in Japan nach sich. Japan erlangte die in seiner Einflußsphäre liegenden deutschen Kolonien, konnte seinen Einfluß auf China ausdehnen und profitierte von der Materiallieferung an die kriegführenden Parteien in Asien. Auch fiel die europäische Handelskonkurrenz in den asiatischen Ländern in diesen Jahren weg. Die Gewinne der japanischen Familienkonzerne stiegen während des Krieges um 200–300%, in einzelnen Bereichen der Schwerindustrie sogar noch mehr. Aber auch die Preise für Konsumgüter und vor allem Lebensmittel stiegen in den Kriegsjahren auf etwa das Doppelte, während sich die im Vergleich zu anderen Industriestaaten niedrigen Löhne lediglich um ca. 50% erhöhten. Das führte in den Jahren 1918 und 1919 zu zahlreichen spontanen Protestaktionen der Bevölkerung.

Auf der Pariser Friedenskonferenz 1919 erhielt Japan das Mandat über alle ehemaligen deutschen »Schutzgebiete« in der Südsee (Marianen, Karolinen und Marshall-Inseln) sowie – nach einem Interessenkonflikt mit den USA – die ehemaligen ökonomischen Privilegien Deutschlands in China.

Die Militärs und Adligen verloren nach dem Ersten Weltkrieg für einige Jahre ihre dominierende Stellung in den politischen Parteien. Damit nahm auch ihr Einfluß im Unterhaus, wo er schon immer eingeschränkt war, weiter ab. Es begannen die Jahre der sogenannten *Taishō*-Demokratie, die dadurch gekennzeichnet war, daß die Regierungen im wesentlichen von den großen politischen Parteien, der 1900 gegründeten und dem Mitsui-Konzern verbundenen *Seiyūkai* und der 1916 aus dem Zusammenschluß mehrerer Parteien entstandenen und mit dem Mitsubishi-Konzern liierten *Kenseikai* (1927 in *Minseitō* umbenannt), gebildet wurden. Schwerpunkte der Innenpolitik in den zwanziger Jahren waren die Erweiterung des Wahlrechts und der Ausbau der parlamentarischen Regierung.

Mit dem Ende des Ersten Weltkrieges endete die Hochkonjunktur der japanischen Wirtschaft. Das Jahr 1920 brachte eine schwere Krise, als die anderen Industriestaaten ihre Märkte vom qualitätsmäßig noch nicht konkurrenzfähigen Japan zurückeroberten. Ein vom Staat mit Krediten und anderen finanzpolitischen Maßnahmen gestützter Wiederaufbauboom bewirkte Mitte der zwanziger Jahre zunächst eine Belebung von Handel und Industrie, doch schon im Jahre 1927 zeigte sich, daß von einer wirklichen Stabilisierung nicht die Rede sein konnte. Eine neue, besonders im Kredit- und Finanzbereich auftretende Krise begann, als im Frühjahr 1927 die einflußreiche Watanabe-Bank zahlungsunfähig wurde. Der darauf einsetzende Bankrott weiterer Banken führte letztlich zu einer Zunahme der Kapitalkonzentration.

Nur langsam wuchs die Industrieproduktion in den Jahren 1928/29 an, bis dann im Jahre 1929 auch die japanische Wirtschaft von der Weltwirtschaftskrise ergriffen wurde. Die Industriestruktur der zwanziger Jahre unterschied sich nicht wesentlich von derjenigen vor dem Ersten Weltkrieg, doch bewirkte der Produktivitätszuwachs der einzelnen Zweige, daß der Anteil der Industrie am Bruttosozialprodukt im Jahre 1930 schon ca. 50% betrug.

Die wirtschaftlichen Probleme der zwanziger Jahre gingen Hand in Hand mit einer Reihe außenpolitischer Rückschläge. Zwar hatten die anderen Großmächte im wesentlichen mit denselben ökonomischen Krisenerscheinungen zu kämpfen, verfügten aber über eine weitaus gefestigtere ökonomische Basis als Japan.

So begannen die zwanziger Jahre gleich mit einer japanischen Niederlage bei der internationalen Flottenabrüstungskonferenz 1921/22 in Washington. Bei der Festlegung der Gesamttonnage und der Bewaffnung der Schlachtschiffe blieb Japan deutlich hinter den USA und Großbritannien zurück. Auch mußte es vor allem unter dem Druck der USA auf wesentliche Rechte in China verzichten.

Bis auf eine kurze Unterbrechung in der zweiten Hälfte der zwanziger Jahre wurde in der *Taishō*-Demokratie eine außenpolitische Linie des Ausgleichs und des Abbaus von Konfrontationen im Interesse der Wirtschaft verfolgt. Die japanische Innenpolitik besaß jedoch mit der Gruppe der Grundbesitzer ein unveränderlich konservatives Element. Die Militärs formierten sich in den Jahren der Herrschaft der bürgerlichen Parteien ebenfalls als eigene Fraktion.

Seit dem Ende des Ersten Weltkrieges hatten nationalistisches Gedankengut und nationalistische Organisationen zunehmend an Boden gewonnen. Sie erhielten weiteren Auftrieb, als im Gefolge der Weltwirtschaftskrise die ökonomischen und sozialen Probleme zunahmen und Japan beim Londoner Flottenvertrag erneut größere Rüstungsbegrenzungen hinnehmen mußte als die USA und Großbritannien. Die Militärs spalteten sich 1930 in die Gruppe der jüngeren und die der etablierten Offiziere, die beide mit unterschiedlichen Mitteln und Methoden auf eine Militärdiktatur in Japan hinarbeiteten. Ein Schlüsselereignis, sowohl für die innenpolitische Stimmung in Japan als auch für die weiteren außenpolitischen Aktivitäten, war die Auslösung des Kriegs in der Mandschurei durch die japanische *Kwantung*-Armee (selbständige Heeresgruppe für die Mandschurei) im September 1931, die ohne Wissen und Billigung der Regierung in Tōkyō stattfand. Die Ausweitung des Krieges in China führte zu einer Krise der Parteienkabinette und stärkte die nationalistischen Kräfte.

5. Der Vorabend des Zweiten Weltkriegs

Mit der Ermordung des amtierenden Ministerpräsidenten während eines Putsches jüngerer Offiziere im Mai 1932 war die Ära der Parteienkabinette zu Ende. Es entstanden sogenannte über den Parteien stehende Regierungen, die offiziell keine Verbindungen zu politischen Parteien unterhielten und durch Militärs verschiedener Interessengruppen geführt wurden. Im März 1932 wurde der Scheinstaat Mandschukuo (früher: Mandschurei) gegründet, faktisch eine japanische Kolonie. Auf diese Verletzung der internationalen Abkommen durch Japan reagierten die Großmächte mit der Einsetzung der Lytton-Untersuchungskommission, die Japan als Aggressor verurteilte und einen Ausgleich mit China empfahl. Der Bericht der Kommission führte im März 1933 zum Austritt Japans aus dem Völkerbund. Innerhalb Japans breiteten sich extremistische Gedanken und Haß gegen die übrige Welt weiter aus. Japan näherte sich an die ebenfalls international isolierten faschistischen Staaten Deutschland und Italien an und unterzeichnete mit ihnen 1936/37 den Antikominternpakt. Mitte der dreißiger Jahre spitzten sich die Auseinandersetzungen zwischen den beiden Strömungen der Militärs zu und erreichten mit einem weiteren Putsch der jüngeren Offiziere im Februar 1936 ihren Höhepunkt und ihren Abschluß.

Nach der Niederschlagung des Putsches wurden die großen Parteien für kurze Zeit wieder aktiv, und eine Niederlage der militant-nationalistischen Parteien bei den Wahlen 1937 spiegelte das allgemeine Unbehagen gegenüber der Dominanz der Militärs in der Politik wider. An die Ernennung von Prinz Konoe Fumimaro zum Premierminister im Juni 1937 knüpften sich die Hoffnungen sowohl der Parteien als auch der Militärs. Im Juli 1937 begann der lang andauernde Krieg gegen China. Zunehmend wurde das Leben in Japan einer totalen Kriegführung unterworfen und ultranationalistische Militärs bestimmten die Geschicke des Landes.

Seit Beginn der dreißiger Jahre war die wirtschaftliche Entwicklung Japans zunehmend von den Kriegsvorbereitungen beeinflußt und wurde in der zweiten Hälfte des Jahrzehnts ebenfalls völlig von der totalen Kriegführung beherrscht. Seit 1937 verstärkte sich die Konzentration des wirtschaftlichen Aufbaus auf die strategischen Zweige. Die Textilindustrie büßte einen erheblichen Teil ihrer Vorrangstellung ein, blieb jedoch als wichtigster Devisenbringer bis zum Beginn des Pazifischen Kriegs 1941 weiterhin von Bedeutung. Die Kontrolle der Regierung über die Finanzen, die Produktion, die Verteilung der Produkte etc. wurde vorangetrieben. 1940 wurden die politischen Parteien und Bewegungen, die nur noch ein Schattendasein geführt hatten, zur Selbstauflösung gezwungen. An ihre Stelle trat der »Bund zur Förderung der Kaiserherrschaft« *(Taisei Yokusankai)*, der allgemeine politische Propaganda und Überwachung garantierte.

Im September 1940 unterzeichnete Japan den Dreimächtepakt mit Deutschland und Italien in der Absicht, außenpolitisch und vor allem militärisch Rückendeckung zu erlangen. Um die Situation im Norden zu entspannen und sich damit stärker auf die übrigen Kriegsschauplätze konzentrieren zu können, schloß Japan im April 1941 gegen den Rat Hitlerdeutschlands einen Neutralitätspakt mit der Sowjetunion. In dem Maße, in dem Japan sein Augenmerk auf die Eroberung der europäischen Kolonien in Asien richtete, verschärfte sich der Interessengegensatz mit den USA, der schließlich am Morgen des 7. Dezember 1941 in dem japanischen Angriff auf den

US-Flottenstützpunkt Pearl Harbor und damit der Auslösung des asiatisch-pazifischen Kriegs gipfelte. Die japanische Kriegserklärung erfolgte erst Stunden danach.

Nach einem Jahr raschen Vordringens der japanischen Streitkräfte erstreckte sich das japanische Territorium vom Golf von Bengalen im Westen über Burma, Thailand, Malaysia, Indochina, Philippinen, Indonesien bis Neuginea, Salomon-, Gilbert- und Marshallinseln im Osten bis zu den Alëuten im Norden. Mit der Niederlage der japanischen Marine bei den Midway-Inseln im Juni 1942 setzte die Wende im Pazifischen Krieg ein. Im Sommer 1945 waren die großen Städte Japans durch Luftangriffe zerstört, die Industrie weitgehend vernichtet und Hunderttausende Japaner getötet (während des Krieges starben insgesamt rund 2,5 Millionen japanische Zivilisten und Militärangehörige). Aber Japan war noch nicht zur bedingungslosen Kapitulation, wie in der Potsdamer Deklaration der USA, Großbritanniens und Chinas vom Juli gefordert, bereit. Daraufhin warfen die USA am 6. August 1945 ihre erste Atombombe auf Hiroshima ab. Am 8. August 1945 erklärte die Sowjetunion Japan den Krieg und vernichtete die Kwantung-Armee in der Mandschurei; am 9. August wurde auf Nagasaki die zweite amerikanische Atombombe abgeworfen.

Japans bedingungslose Kapitulation erfolgte am 15. August 1945. Der Krieg in Asien und im Pazifik hatte ca. 20 Millionen Opfer gefordert.

Bibliographie

Geographie

AYMANS, GERHARD, Japan, in: G. Fochler-Hauke (Hrsg.), Lexikothek, Länder, Völker, Kontinente, Band 3, Gütersloh [1]1974 ([2]1983), S. 11–32.

BOESCH, HANS, Japan, Braunschweig 1978.

FLÜCHTER, WINFRIED, Japan. Länderkundlicher Abriß, in: E. Grötzbach/W. Röll (Hrsg.), Harms Handbuch der Geographie, Asien 2, München 1982, S. 206–236.

SCHÖLLER, PETER, Japan, in: P. Schöller/H. Dürr/E. Dege (Hrsg), Fischer Länderkunde Ostasien, Frankfurt 1978, S. 325–440.

SCHWIND, MARTIN, Das Japanische Inselreich, Band 1: Die Naturlandschaft, Berlin 1967. Band 2: Die Kulturlandschaft. Wirtschaftsgroßmacht auf engem Raum, Berlin 1981.

JAPAN, Zwei Themenhefte der Geographischen Rundschau: 36 (1984) 3 und 42 (1990) 4.

Geschichte

BEASLEY, W. G., Japan. Geschichte des modernen Japan, Köln – Berlin 1964.

BERSIHAND, ROGER, Geschichte Japans von den Anfängen bis zur Gegenwart, Stuttgart 1963.

DETTMER, HANS A., Grundzüge der Geschichte Japans, Darmstadt 1965.

HALL, JOHN W., Das japanische Kaiserreich, Frankfurt a. M. 1968.

HAMMITZSCH, HORST (Hrsg.), Japan-Handbuch, Wiesbaden 1981.

KINDERMANN, GOTTFRIED-KARL, Der Ferne Osten, München 1970.

POHL, MANFRED, Japan, München 1991.

SAMSON, GEORGE, Kulturgeschichte Japans, München 1967.

SCHWEBELL, GERTRUDE C., Die Geburt des modernen Japan in Augenzeugenberichten, München 1981.

Kapitel B:

Politik

- Innenpolitik
- Außenpolitik

Innenpolitik

I. Japans Kaiserhaus: Eine moderne Monarchie, stark durch Tradition

Manfred Pohl

»Kaiserreich« Japan: die älteste Monarchie der Welt. Diese Feststellung ist zutreffend, wenn damit allein die Tatsache bezeichnet wird, daß seit über tausend Jahren an der (protokollarischen) Spitze des japanischen Staatswesens ein »himmlischer Herrscher« *(Tennō)* steht, in dessen Familie der Thron über die männliche Linie weitervererbt wird. Unzutreffend ist die Feststellung, wenn die wörtliche Bedeutung von »Monarch«, also »Alleinherrscher«, betont wird: Die japanischen *Tennō* haben nur äußerst selten wirkliche politische Macht ausgeübt.

Im öffentlichen Bewußtsein Japans pendelt heute die Wahrnehmung des *Tennō*, seiner Familie und des Hofes zwischen den Extremen: Gleichgültigkeit und begeisterte Zustimmung. Letzteres immer dann, wenn in kaiserlichen Festlichkeiten ebenso prächtige wie auch rätselhafte Zeremonien ablaufen: Es zeigt sich dann, daß jahrhundertealte Überlieferungen in einem supermodernen Industrieland lebendig sein können; modernste Technologie und beharrliches Festhalten an Traditionen sind in Japan kein Widerspruch. Die Trauerfeierlichkeiten für den verstorbenen *Shōwa-Tennō* (zu Lebzeiten: Hirohito) und das Thronbesteigungsfest (1989), im Jahre 1993 auch die Hochzeit des Kronprinzen lenkten die Aufmerksamkeit der Japaner (und der »Weltöffentlichkeit«) auf eine Institution, die angeblich Verkörperung Japans und seiner »Seele« schlechthin sein soll: Der *Tennō*, also der japanische »Kaiser«. Diese Interpretation ist bereits zu einem guten Teil reine Ideologie, denn so wollten die Architekten des modernen Japan im 19. Jahrhunderts die Institution erscheinen lassen, als sie darangingen, das Land in die Industrialisierung zu zwingen, und dazu eine Staatsideologie brauchten. Junge reformfreudige Lehnsfürsten aus dem Südwesten Japans, die sich dem westlichen Imperialismus entgegenstemmen wollten, fanden in der jahrhundertealten Institution des *Tennō* ein Symbol, das sie zum Aufbau eines »modernen« Nationalbewußtseins nutzen konnten. Unter dem Schlagwort »Verehrt den *Tennō*, vertreibt die Barbaren!« wurde der Kaiser Meiji

1868 aus der ästhetischen Scheinwelt des Kaiserhofes von Kyōto geholt und in jene Stadt gebracht, die unter dem Namen Edo seit dem frühen 17. Jahrhundert das wahre Machtzentrum des Landes war; umbenannt in »Tōkyō« (östliche Hauptstadt) wurde sie jetzt zum politischen Kern eines zentralistischen Staatswesens.

Die Verfassung von 1889, die bis 1945 in Kraft war, bezeichnete den *Tennō* als »göttlich-heilig« und beschrieb ihn als höchste Gewalt im Staate. Tatsächlich aber taten alle *Tennō* seit 1868 nur das, was die japanischen Kaiser schon in früheren Jahrhunderten stets getan hatten: Sie legitimierten das politische Handeln anderer. Der Kaiser war nie als Persönlichkeit wichtig, vielmehr ging es allein um die Institution, in deren Namen jede Art von Gesetzgebung und von außenpolitischen Entscheidungen bis hin zu Kriegserklärungen verkündet wurden. Die Modernisierer Japans im 19. Jahrhundert nutzten damit die traditionelle Funktion des *Tennō*, der auch in früheren Epochen meist nur ein Faustpfand im Machtpoker einflußreicher Adelsfamilien gewesen war; die Machtkämpfe des japanischen Mittelalters tobten sozusagen nicht gegen oder für den *Tennō*, sondern UM ihn. Seit die Kaiserwürde vom 7. Jahrhundert an erblich geworden war, »regierte« der *Tennō* ein Gottkaiser-Reich, das im Staatsbewußtsein ganz konkret sein Eigentum war. Aber nur wenige Kaiser-Persönlichkeiten konnten sich von den Einflüssen mächtiger Familien des Kriegsadels freimachen – und wirklich herrschen. Es gab *Tennō*, die zugunsten ihrer unmündigen Söhne abdankten und dann aus dem politischen Halbdunkel buddhistischer Klöster durch indirekte Herrschaft Politik machten; es gab Kaiserinnen, deren politischer Weitblick und starke Persönlichkeit schwächlichen *Tennō* zu historischer Größe verhalfen. In der Regel jedoch übten mächtige Adelsgeschlechter die Macht aus.

Die Institution *»Tennō«* war stets gekennzeichnet von Symbolen und Ritualen: Der rechtmäßige Kaiser mußte die Reichskleinodien Schwert, Juwelen und Spiegel vorweisen können; als Priesterherrscher hatte er im Jahreszyklus rituelle Handlungen der japanischen Ur-Religion, des *Shintō*, vorzunehmen, galt er doch in der Überlieferung der alten Reichsannalen aus dem 8. Jahrhundert als Nachfahre der Sonnengöttin Amaterasu O-mikami. Im 14. Jahrhundert kam es sogar zu einer Spaltung der Thronansprüche, es gab zwei Kaiserhöfe, und zwei *Tennō* konnten jeweils einen Teil der Reichskleinodien vorweisen; erst nach einem Bürgerkrieg erzwang eine Kriegerfamilie die Einheit des Thrones.

Im 19. Jahrhundert wurde die Priesterfunktion des *Tennō* durch kaiserliche Hausgesetze formalisiert, und unter dem Einfluß des Konfuzianismus wurde aus dem überlieferten *Shintō*-Glauben eine Staatsreligion, die den Kaiser zum Oberhaupt eines »Familienstaates« machte; dem *Tennō* war absoluter Gehorsam zu leisten. In der ideologischen Erziehung, die das gesamte Schulsystem durchzog, wurde den kaiserlichen Untertanen diese Pflicht unaufhörlich eingehämmert.

Die *Tennō* »regierten« das Land aus der vollständigen Abgeschlossenheit ihrer Paläste in Kyōto, später in Tōkyō; das gemeine Volk nahmen sie in der höfischen Umgebung vollendeter Raffinesse nicht wahr, so daß ihnen häufig auch beginnende Machtverschiebungen zwischen den Adelsfamilien entgingen. Diese hermetische Abgeschlossenheit des *Tennō* wurde seit dem 19. Jahrhundert von den politisch Mächtigen systematisch verfestigt; so konnte der Vater des jetzigen *Tennō* Akihito erst bei einem England-Besuch zu Beginn der zwanziger Jahre eine vollständige Zeitung in die Hand nehmen, vorher wurden ihm nur Presseausschnitte vorgelegt. Die

»Beaufsichtigung« des *Tennō* und seiner Familie wurde einer Institution übertragen, die es auch heute noch gibt: das Kaiserliche Haushof-Amt; die erzkonservativen Bürokraten dieser Behörde wachen praktisch über das gesamte Leben der kaiserlichen Familie, und es hat die Mutter des jetzigen Kronprinzen zusammen mit seinem Vater Kaiser Akihito große Mühe gekostet, sich kleine persönliche Freiräume im Palast zu erkämpfen. Heiraten im Kaiserhaus lassen den Einfluß des Haushof-Amtes immer besonders deutlich werden: Die Kaiserin Nagako, Großmutter des Kronprinzen Naruhito, galt als nicht »ehewürdig«, weil in ihrer Familie angeblich Farbenblindheit erblich war; *Tennō* Hirohito setzte sich durch. Nur unter Mißbilligung des Haushof-Amtes konnte der jetzige *Tennō* eine Bürgerliche heiraten, sein Sohn folgte diesem Beispiel.

Japans Kaiserhaus löst sich also behutsam aus der Bevormundung, und diese neue Form der Monarchie erhöht ihre Popularität. Heute ist der *Tennō* nach der Verfassung von 1947 »Symbol Japans und der Einheit des japanischen Volkes«, auf die Göttlichkeit verzichtete Kaiser Hirohito (d.i. *Shōwa-Tennō*) schon kurz nach der Kapitulation 1945. Die Reisen des *Tennō*, die bei Auswahl der Reiseziele und im Verlauf vom Kronrat unter Vorsitz des Ministerpräsidenten festgelegt werden, sind heute die einzige Möglichkeit des *Tennō*, mit Zustimmung der Regierung politische Akzente zu setzen. Seine Reise nach Okinawa, wo 1945 blutige Bodenkämpfe mit US-Invasionstruppen stattfanden, brachte die innere Aussöhnung voran; die Reisen nach Südostasien und China (1991, 1992) wurden in den Nachbarländern Japans als Zeichen der Versöhnung nach außen gewertet – obwohl der *Tennō* nirgendwo die erwartete förmliche Entschuldigung für japanische Kriegsgreuel aussprach.

Unverändert bleibt auch heute noch die traditionelle japanische Zeitrechnung nach den Ära-Devisen der *Tennō*: Jede Regierungszeit erhält eine Devise, die des jetzigen *Tennō* heißt »Heisei« (etwa: Den Frieden schaffen), und weil der heutige *Tennō* 1989 in sein Amt eingesetzt wurde, lebt die Welt nach japanischer Zeitrechnung 1994 im Jahre Heisei 6 (Rechnung: 1989 plus sechs, aber minus eins, d. h. ein »Schwangerschaftsjahr« wird traditionell abgezogen). Generationen sind seit dem letzten Jahrhundert bis heute mit dem scheinbar unverrückbaren Symbol Japans, dem *Tennō*, aufgewachsen. Die US-Besatzungsmacht tat gut daran, den damaligen Kaiser Hirohito nicht als Kriegsverbrecher vor Gericht zu stellen – sie gewann einen treuen Verbündeten im Kalten Krieg. Aber es mußte ein hoher Preis gezahlt werden: Mit dieser Entscheidung wurden Tausende von japanischen Kriegsverbrechern entlastet, die ihre Taten im Namen des *Tennō* verübt hatten; Japans Vergangenheit ist noch nicht aufgearbeitet.

Tennō Akihito und seine Familie sind populär, ein ganzes Volk nimmt Anteil an den Geschehnissen im Kaiserhaus, Probleme anderer Monarchien der Welt gibt es offiziell in Japan nicht oder genauer: Die Medien berichten nicht darüber. Es kann heute als gesichert gelten, daß auch Kronprinz Naruhito mit seiner Gattin Sadako eines Tages den Thron besteigen wird, die Zukunft der japanischen »Monarchie« ist gesichert.

II. Das Regierungssystem

Manfred Pohl

1. Soziale Rahmenbedingungen

Zu Beginn der wirtschaftlichen Modernisierung des Landes, in der zweiten Hälfte des 19. Jahrhunderts, umfaßte die Bevölkerung Japans 34 Millionen Menschen; hundert Jahre später hat sich die Einwohnerzahl mehr als vervierfacht auf 123,61 Millionen, mit einer durchschnittlichen Bevölkerungsdichte von 332/qkm (1990); für das Jahr 2035 rechnet die japanische Regierung mit einer Einwohnerzahl von 133,2 Millionen. Nur ca. 15% der gesamten Landfläche kann als Ackerland, für Industrieansiedlung und die Ausbreitung städtischer Wohngebiete genutzt werden; 42% der japanischen Bevölkerung lebt in hochverdichteten Gebieten. So erreicht die Zusammenballung der Bevölkerung in den höchstverdichteten Gebieten z.B. in Tōkyō 11544 Einwohner/qkm und 9861 Einwohner/qkm in Ōsaka.

In wenigen Jahrzehnten nach dem Pazifischen Krieg, seit 1945, hat sich die japanische Wirtschaftsstruktur radikal verändert: Noch 1950 waren 48% aller Arbeitnehmer in der Landwirtschaft beschäftigt; heute hat sich in Japan eine Wirtschaftsstruktur mit Zügen einer »postindustriellen« Dienstleistungsgesellschaft entwickelt: 1991 waren nur noch 6,7% der Arbeitsbevölkerung in der Landwirtschaft tätig (meist in Neben- oder Zuerwerbsbetrieben von durchschnittlich 1 ha Größe), dagegen 34,1% in der verarbeitenden Industrie und 59,2% im Dienstleistungsbereich.

Die Japanische Verfassung (JV) wurde 1947 unter maßgeblicher Beteiligung der US-Besatzungsbehörden erarbeitet und ist in vielen formaldemokratischen Grundsätzen durch amerikanisches Rechtsempfinden geprägt, das sich nicht mit traditionellen japanischen Rechtsvorstellungen deckt (Beispiel: Verpflichtungsdenken und persönliche Beziehungen/Gruppenloyalität überwiegen noch immer formale demokratische Rechtsnormen). Wichtigste Veränderungen der neuen JV gegenüber der Vorkriegsverfassung waren: Wahlrecht für die Frauen und politische Entmachtung des Kaisers. Die Vorkriegsverfassung hatte dem Kaiser *(Tennō)* eine gottgleiche Position zugewiesen, die neue JV bezeichnet ihn nur noch als »Symbol Japans und der Einheit des japanischen Volkes«. Er ist nach der JV auf formale Aufgaben beschränkt; so eröffnet er die Parlamentssitzungen und ernennt nach Wahl durch das Parlament den Regierungschef und die Minister.

2. Das Regierungssystem bis 1993 – Änderungen kündigen sich an

a. Das Parlament

Die höchste japanische Volksvertretung besteht aus zwei Kammern, dem politisch entscheidenden Unterhaus (jap.: *Shugiin*; UH) und dem Oberhaus, der »Kammer der Berater« *(Sangiin)*. Die Legislaturperiode des Unterhauses läuft theoretisch über vier Jahre, aber der Regierungschef (Ministerpräsident) hat nach englischem Vorbild das Recht, das Unterhaus vorzeitig aufzulösen und Neuwahlen anzusetzen; er allein bestimmt den Zeitpunkt der Neuwahlen und verfügt damit über eine scharfe Waffe gegen die Opposition – und die eigenen »Parteifreunde«.

Die 252 Oberhaus-Mitglieder werden in festen Wahlperioden bestimmt, je eine Hälfte alle drei Jahre. Diese zweite Kammer hatte ursprünglich keine scharf definierte parlamentarische Funktion, weder war sie »Adelshaus« wie die Verfassung von 1889 es vorsah (gültig bis 1945) noch »Länderkammer« (vgl. Bundesrat), und vielfach wurde bereits die Abschaffung des Oberhauses diskutiert.

Das Oberhaus ist zustimmungspflichtig bei allen Gesetzen, außer bei dem Haushaltsgesetz und internationalen Verträgen. Ein Widerspruch des Oberhauses gegen ein Gesetz kann jedoch durch das Unterhaus überstimmt werden. Nach Möglichkeit aber sucht die Regierungspartei den Kompromiß im Schlichtungsausschuß zwischen beiden Kammern. Dieser Ausgleichsprozeß wurde seit Juli 1989 zunehmend schwieriger: Volkszorn über Steuergesetze und tiefsitzende Korruption in der Regierungspartei Liberal-Demokratische Partei (LDP) (siehe Beitrag *Die politischen Parteien)* verschafften der vereinigten Opposition erstmals eine Mehrheit im Oberhaus. Damit erhielt diese Kammer ein deutlich größeres politisches Gewicht, denn sie konnte jetzt »normale« Gesetzgebungsverfahren blockieren. Mehr noch: Der Sieg der damaligen Opposition ebnete den Weg für die Koalitionsregierung 1993 und damit den Machtwechsel.

3. Das Wahlsystem

a. Unterhauswahlen – das System bis 1993/94

Die neunziger Jahre waren nach dem Machtwechsel von der LDP zu einer Koalitionsregierung unter Führung einer »neu-konservativen Partei« (siehe Beitrag *Die politischen Parteien*) von Diskussionen über ein neues Wahlsystem für die Unterhaus-Mandate geprägt; der Sieg der Opposition von 1993 und die Zielvorgabe des neuen Koalitionskabinetts basierte auf den Reformversprechen. Der Ministerpräsident Hosokawa (1993/94) hatte sein politisches Schicksal mit erfolgreichen Reformen verknüpft.

Aber die Koalitionsregierung des Jahres 1993 wurde noch nach dem Wahlsystem von 1947 bestimmt, und so stellte die frühere Regierungspartei LDP als Opposition (und stärkste Fraktion im Unterhaus) noch immer einen ernstzunehmenden Machtfaktor im parlamentarischen Entscheidungsprozeß dar; gegen ihren Widerstand waren politische Reformen nur schwer möglich; andererseits aber konnte sie sich letztlich von den 1993 vorgelegten Reform-Modellen die meisten Vorteile erhoffen.

Die 511 Sitze des Unterhauses wurden bis 1993 in 129 sog. »mittelgroßen Wahlkreisen« (mWK; auch: Mehrerwahlkreise) vergeben, denen je Wahlkreis 2 bis 6 Mandate zugeordnet waren; einzige Ausnahme bildete die Inselgruppe Amami, wo nur ein Mandat vergeben wurde. Von den 47 großen Gebietskörperschaften (Präfekturen) bildeten zehn jeweils einen Wahlkreis (WK), die übrigen 37 Präfekturen waren wie folgt zu Wahlkreisen aufgeteilt: vier Zweier-WK, 42 Dreier-WK, 39 Vierer-WK, 43 Fünfer-WK und ein WK mit sechs Mandaten. Das aktive Wahlrecht beginnt mit 20 Jahren, das passive mit 25 Jahren. Die WK-Einteilung und die Stimmengewichtung ist bis 1993 in mehreren höchstrichterlichen Urteilen auf Beschwerden von Wählergruppen als verfassungswidrig gewertet worden; es wurden einige geringfügige Änderungen vorgenommen (z.B. vorübergehend 511 auf 512 Sitze bei Neuverteilung der Sitze in einigen WK), aber grundsätzlich blieb die Verzerrung bestehen, daß in ländlich strukturierten WK deutlich weniger Stimmen für ein Unterhaus-Mandat erforderlich waren als in den Ballungsgebieten.

Die Stimmabgabe erfolgte als »unübertragbare Einzelstimme« für jeweils nur einen Kandidaten pro Wähler/Wahlkreis. Dieses System wurde im Prinzip vor der ersten Reichstagswahl nach dem allgemeinen (Männer-)Wahlrecht von 1928 eingeführt. Nach 1945, jedoch vor Inkrafttreten der neuen Verfassung von 1947, wurde in zwei Wahlen noch das System von Groß-Wahlkreisen angewandt, mit den 23. Unterhauswahlen (Ende 1947) aber galt unverändert das System der mWK.

Das mWK-System brachte eine Reihe von Nachteilen mit sich, die in der Summe durch das bis 1993/94 geltende Wahlrecht die Wählerentscheidung ohne Zweifel undemokratisch verzerrten. Die wesentlichen Nachteile: Zu viele »tote Stimmen« für unterlegene Kandidaten und Wahlkämpfe, die (bis 1993) nicht programm-orientiert waren, sondern auf politischen Zusagen von Sondervergünstigungen für bestimmte Gruppen (Meinungsführer) in den Wahlkreisen basierten; damit waren die »Platzhirsche«, meist LDP-Politiker, eindeutig im Vorteil.

In den Wahlkämpfen bzw. den Wahlkreis-Strategien bis 1993 versuchten alle Parteien eine gleichmäßige Verteilung ihres vermuteten Stimmenpotentials auf möglichst viele Bewerber zu erreichen, dabei galt es zweierlei zu vermeiden: Stimmenzersplitterung durch zu viele Bewerber einerseits sowie Stimmenhäufung für populäre Einzelkandidaten andererseits, sonst bestand die Gefahr, daß Oppositionelle (oder »Parteifreunde«) als Gegenkandidaten vorbeizogen.

Der Wahlerfolg einzelner Kandidaten stützte sich auf die sog. *Sanban*, die drei *Ban*: eine eigene Hochburg *(Chiban)*, ein bekanntes Gesicht *(Kanban)* und eine wohlgefüllte Börse für substantielle Wohltaten im eigenen WK *(Kaban)*; Unterstützung durch die Partei war weniger wichtig. Bisher haben Japans Regierungschefs (mit einer Ausnahme 1972–76) stets vorzeitig das Unterhaus aufgelöst, zuletzt im Juni 1993 nach einem erfolgreichen Mißtrauensvotum gegen den damaligen Regierungschef Miyazawa, dem Versagen bei politischen Reformen vorgeworfen wurde.

Die Reformentwürfe 1993/94

Vier Gesetzesnovellen lagen dem Parlament in der Parlamentssession 1993 vor, die in ihrer ganzen Tragweite die politische Landschaft Japans nachhaltig verändern dürften, nachdem sie Gesetz geworden sind.

Nach dem neuen Wahlverfahren werden die nunmehr 500 Mandate (vorher: 511) in einem gemischten System vergeben: Jeder Wähler hat zwei Stimmen (vorher: unübertragbare Einzelstimme), die erste für einen Direktkandidaten in seinem Wahlkreis (Einer-Wahlkreis); auf diese Weise werden 300 Sitze vergeben. Die zweite Stimme geht an Kandidaten auf landesweiten Parteilisten, hier werden die 200 Mandate nach dem Verhältniswahlrecht auf die Parteien verteilt.

Nach den Reformen wird sich der Wahlkampf auf 12 Tage verkürzen (früher: 14), und der Hausbesuch von Kandidaten ist zwischen 8.00 h und 20.00 h jetzt zulässig, während vorher dieses sog. *»canvassing«* verboten war. Als Sperrklausel gegen Parteienzersplitterung wurden eine 3-%-Hürde bzw. 5 Direktmandate als Voraussetzung für den Einzug ins Parlament festgelegt; diese Mindestmarke muß auch erreicht werden, um in den Genuß der neuen Wahlkampfkostenerstattung von 250 Yen/Wähler zu kommen. Die Parteien- und Politikerfinanzierung erhält eine neue Grundlage: Verboten sind jetzt Spenden an einzelne Politiker. Grundsätzlich zulässig dagegen sind Leistungen an Parteien oder Spendenorganisationen; nach fünf Jahren wird die Regelung überprüft. Hinsichtlich Offenlegung politischer Spenden gilt folgende Regelung: Offenzulegen sind Spenden an Parteien oder an politische Gruppen, die 50 000 Yen übersteigen. Bei Karten für Partys, auf denen Spenden gesammelt werden (*fund-raising dinners*), müssen die Namen von Spendern, die Karten für mehr als 200 000 Yen abnehmen, offengelegt werden. Die Verwendung von staatlichen Zuschüssen (Parteienfinanzierung) ist ebenfalls nachzuweisen.

Die Strafbestimmungen für Vergehen gegen das Spendengesetz und andere politische Vergehen wurden erheblich verschärft: Eine Wahl ist ungültig, wenn gegen einen Politiker oder ein Mitglied seiner engeren Familie eine Haftstrafe wegen politischer Korruption verhängt wird. Im Straftatbestand der politischen Korruption werden Politiker auch für Straftaten ihrer Sekretäre mit haftbar gemacht. Sie verlieren also ihr Mandat, wenn diese zu Haftstrafen verurteilt werden; das gilt auch für Bewährungsstrafen gegen Sekretäre. Kommt das obige Prinzip der Mithaftung zur Anwendung, darf ein Politiker, gegen den diese Regelung angewendet wurde, in seinem Wahlkreis fünf Jahre lang nicht kandidieren.

Kritik an den Reformen

Die Reaktionen in den japanischen Medien auf das Reformpaket waren nicht durchgängig positiv; Hauptkritikpunkte waren:

- Die Bevölkerung wollte ein Ende der Korruption in der Politik, aber die Diskussion in der Regierungskoalition um Reformen hat sich viel zu sehr auf das Wahlsystem konzentriert.
- Das Zahlenverhältnis von Direktmandaten zu Listenmandaten (i.e. proportional gewählten Sitzen) begünstigt bei 300 (Dir. M.) zu 200 (Listen M.) einseitig die Direktmandate; konservative Zeitungen begrüßten ausdrücklich dieses Verhältnis, da es »korrekt den Volkswillen widerspiegelt«. Interessant ist in diesem Zu-

sammenhang der Hinweis auf die Erfahrungen aus dem einzigen bisherigen Einer-Wahlkreis Amami Ōshima, wo um die Aufstellung der Kandidaten stets ein heftiges Gerangel stattfand.

- Die 3-%-Sperrklausel und die Wahlkampfkostenerstattung nur bei mindestens fünf Mandaten wird kleine Parteien verschwinden lassen.
- Alle befragten Zeitungen befürchten »Schlammschlachten« bei dem Kampf um aussichtsreiche Listenplätze; daran anschließend wird häufig die Sorge geäußert, daß niemand so recht das Verhältniswahlrecht durchschaut, man wünscht sich das gute alte *Kanban*-System (also das bekannte Gesicht eines Politikers). Die Parteiorganisationen sind noch nicht auf demokratisch einwandfreie Nominierungsverfahren für Listenplätze vorbereitet. Auch erhebt sich die klassische Frage der Absicherung von prominenten Direktkandidaten auf guten Listenplätzen.
- Kritik richtet sich auch gegen das Finanzierungssystem: 30,9 Milliarden Yen für die Parteienfinanzierung sei zu viel; die Offenlegungspflicht von Wahlkampfausgaben bei 50000 Yen ist zu hoch angesetzt, 10000 Yen wäre besser gewesen. Ebenfalls liegt die Offenlegungspflicht für *»Fund Raising Tickets«* bei 200000 Yen viel zu hoch, nötig wären 50000 Yen.

b. Oberhauswahlen

Das Oberhaus *(Sangiin)* hat 252 Sitze, von denen je eine Hälfte alle drei Jahre neu gewählt wird, so daß sich die Mandatszeit der Oberhaus-Abgeordneten auf sechs Jahre summiert; im Gegensatz zum Unterhaus kann das Oberhaus nicht vorzeitig aufgelöst werden und gibt damit dem parlamentarischen System Japans ein Element der Stabilität gegenüber den relativ häufigen Neuwahlen für das Unterhaus.

Bei Oberhauswahlen hat jeder Wahlberechtigte (aktives Wahlrecht: 20 Jahre, passives Wahlrecht: 30 Jahre) zwei Stimmen: Seit 1983 werden 100 Mandate im Oberhaus über Parteilisten im sog. »Nationalen Wahlkreis« vergeben (1. Stimme), 152 Sitze über die 47 Präfekturen als einzelne Wahlkreise (2. Stimme). Im Oberhaus werden politische Fragen häufig weniger kontrovers diskutiert als im Unterhaus, es macht seinem Namen (»Kammer der Berater« in wörtlicher Übersetzung) alle Ehre. Allerdings verfügte die Opposition in dieser zweiten Kammer seit 1989 über die Mehrheit und hatte die politische Auseinandersetzung dort verschärft.

c. Nachteile des Wahlsystems bis 1993/94

Fast vierzig Jahre stellte die konservative »Liberal-Demokratische Partei« (LDP) ununterbrochen die Regierung, während die Opposition (SPJ/Sozialisten, *Komeitō*/org. Buddhisten, DSP/»Sozialdemokraten« und KPJ/Kommunisten) vergeblich versuchte, das Machtmonopol der LDP zu brechen. Zwei Hindernisse erwiesen sich bis 1993 für die Oppositionsparteien als fast unüberwindlich: die Wahlkreiseinteilung und die eigenen politischen Programme. In der hochentwickelten Industriegesellschaft Japans bevorzugte die Wahlkreiseinteilung für Unterhauswahlen stets einseitig die vorwiegend ländlich strukturierten Gebiete. Rasche Industrialisierung, hoher

Arbeitskräftebedarf und Landflucht hatten aber seit den sechziger Jahren riesige städtische Ballungszentren entstehen lassen, dennoch entsandten die dicht bevölkerten Großstadt-Wahlkreise nicht mehr Abgeordnete als dünner besiedelte ländliche Stimmbezirke: Noch 1990 brachten im vorwiegend agrarischen Hyōgo 80 000 Stimmen einen Unterhaussitz, dagegen waren in Tōkyō 280 000 Stimmen nötig. Trotz höchstrichterlicher Urteile und wachsenden Unmuts in der städtischen Wahlbevölkerung war bis 1993 keine grundlegende Wahlkreis-Reform verwirklicht worden; der Grund lag auf der Hand: In den ländlichen Gebieten hatte die LDP ihre Hochburgen.

Die Oppositionsparteien stützten sich dagegen traditionell meist auf städtische Wähler, die bis zu den Unterhauswahlen 1993 tendenziell eher für die Sozialisten und gegen die LDP stimmten. Entscheidende Einbrüche in neue Wählerschichten konnte die Opposition nur selten erzielen, weil ihre Programme entweder wirklichkeitsfremd waren (SPJ, später SDPJ) oder zu sehr auf bestimmte Wählergruppen zielten (Buddhisten). Seit die Sozialisten (stärkste Opp.-Partei) von ihrem marxistisch-leninistischen Grundsatzprogramm (u.a. auch Neutralisierung Japans, Verstaatlichungen usw.) abgerückt waren, gelangen ihnen erste Erfolge auch »auf dem Lande«; schließlich konnte die SPJ unter Führung einer Frau viele Wählerinnen ansprechen. Die so erreichten, eindrucksvollen Zugewinne bei den Oberhauswahlen 1989 wurden in den folgenden Unterhauswahlen 1990 zwar nicht ganz gehalten, aber die SPDJ konnte ihre Fraktionsstärke im Unterhaus kräftig erhöhen.

Dabei mußte die japanische Opposition traditionell gegen mächtige, fest etablierte Interessen antreten: Die Regierungspartei LDP unterhielt einerseits engste Beziehungen zu den Wirtschaftskreisen (zu den Bauern ohnehin), deren Spendenaufkommen die LDP und ihre konservativen Bosse finanzierten (es gab kein Parteienfinanzierungsgesetz, nur ein »Spendengesetz«); andererseits bestanden enge Kontakte zwischen den Elite-Bürokraten der zentralen Ministerien (z.B. Wirtschaft/MITI, Finanzen) und konservativen Parteipolitikern; viele hochrangige Bürokraten fanden nach ihrer Pensionierung (meist mit 55 J.) den Weg in die Politik: Mit einer Ausnahme waren z.B. alle Regierungschefs von 1970–93 ehemalige Spitzenbürokraten verschiedener Ministerien. Andere Spitzenbürokraten »steigen vom Himmel herab« (*Amakudari*) und erhalten hochdotierte Positionen in der Wirtschaft – der Beziehungskreis schließt sich.

4. Politik und Bürokratie

Postkonfuzianische Gesellschaften müssen wohl noch immer mit einem Erbe leben, das anfangs positive Entwicklungsschübe erzeugen konnte, in einer hochentwickelten Industriegesellschaft aber tendenziell blockierend wirkt: Mächtige Bürokratieapparate akkumulieren Information (Herrschaftswissen), initiieren Gesetzesentwürfe und steuern deren Umsetzung. Auch in anderen Industrienationen kommen solche Gesetzesinitiativen natürlich mehrheitlich aus den Fachbürokratien, die ihr gebündeltes Wissen einsetzen können, es ließe sich jedoch die Fiktion konstruieren, daß die Politik hier die Ministerialbürokratie kontrolliert. Mit Blick auf Japan wird darüber gestritten, ob die einstmals gegebene Übermacht der Bürokratie im politischen Entscheidungsprozeß fortdauert. Auch wenn einige Autoren dies bestreiten, ist eine letzte Antwort gegenwärtig wohl unmöglich, aber es sei – ohne Schlußfolgerungen zu ziehen – darauf verwiesen, daß immer wieder Schlüsselressorts in japanischen Kabinetten an ehemalige Spitzenbürokraten gingen, die zu (LDP-)Politikern wurden. Ihr Weg in die Politik verlief meist über den Kontakt zu *Zoku*-Politikern der LDP. Schließlich muß auch erwähnt werden, daß auffallend viele Bürokraten eine Ausbildung an der Elite-Universität Tōkyō (*Tōdai*) erhalten haben, ein weiteres Kennzeichen, das enge Verbindungen mit Spitzenpolitikern schafft. Rund 70% der Bürokraten im Finanzministerium, MITI sowie in den Ministerien für Bauwesen, Verkehr, Inneres, Landwirtschaft, Wirtschaftsplanungsamt und sogar in der Nationalen Polizeibehörde stammen von der *Tōdai*.

a. Politik und Geld

Seit 1990 gewann aber auch die »Provinz« zunehmend Einfluß:

Zwar haben noch heute die Gebietskörperschaften (47 Präfekturen) weit weniger politische Gestaltungsmöglichkeiten als z.B. die deutschen Bundesländer, aber die Provinzparlamente sind für viele Politiker zur Plattform für den ersten Karrieresprung geworden. Hier besonders entschieden traditionell die drei Grundelemente erfolgreicher Politik in Japan: Ein bekanntes Gesicht, eine lokale Hochburg und finanzielle Großzügigkeit. Über den schier grenzenlosen Geldbedarf konservativer Politiker liefen die Verbindungen zur Wirtschaft: Sie spendete. Natürlich waren diese Spenden nicht »selbstlos«, sondern die Großunternehmen und Wirtschaftsverbände erwarteten Gegenleistungen: ein diskreter Hinweis über Bauvorhaben, Umgehen bestimmter Auflagen, Beschleunigungen bei Genehmigungsverfahren usw. – nicht zuletzt war es die Bauwirtschaft, die an der Spitze der großzügigen Spender stand...

Die Zahlungen gingen weniger an die Parteizentrale der LDP, sondern an die Faktionen, also jene innerparteilichen Gefolgschaften mächtiger Parteibarone, deren Bündnis die LDP bildete. Die Faktionsbosse schoben untereinander den Posten des Parteichefs – und damit das höchste Regierungsamt des Ministerpräsidenten – hin und her; das brachte häufige Ablösungen an der Partei- und Regierungsspitze mit sich. Ministerpräsidenten blieben selten länger als drei Jahre im Amt, die »Verweildauer« von Ministern betrug durchschnittlich 18 Monate. Der Zugriff auf die innerparteiliche Macht entschied sich nach Faktionsstärke (d.h. Unterhaus- und Oberhausabgeordnete), und die war wiederum an finanzielle Leistungsfähigkeit eines Faktionsbosses gebunden. Die Oppositionsparteien konnten bei dem Spendensegen aus der Wirtschaft nicht mithalten: Sie waren auf Mitgliedsbeiträge (KPJ), Spenden von Gewerkschaften (SDPJ) und Beiträge religiöser Massenorganisationen *(Kōmeitō)* angewiesen.

Es wird gern bestritten, daß westliche Demokratien längst von Berufspolitikern geprägt sind; irgendwie ist diese »politische Klasse« anrüchig. In den meisten parlamentarischen Systemen Europas wird die Fiktion aufrecht erhalten, daß Parlamentarier nach Verlust ihres Mandats reibungslos in ihre früheren Berufe zurückwechseln können – das ist jedoch fast nur bei Beschäftigungsgarantie in bestimmten Berufsgruppen möglich, vor allem also z.B. bei Berufsbeamten im deutschen parlamentarischen System. In Japan dagegen hat die Öffentlichkeit grundsätzlich akzeptiert, daß die Politik von Berufspolitikern umgesetzt wird, die ihre Mandate in vielen Fällen

»erben« und dann bis zum Ruhestand Politiker bleiben. Diese Tatsache ist zu berücksichtigen, wenn wir die Verknüpfung von Geld und Politik unter dem Aspekt der spezifischen japanischen Politiktraditionen darstellen wollen.

Die bisher unzulänglichen Finanzierungssysteme für Politiker und Parteien haben vor dem Hintergrund des (noch) bestehenden politischen Systems die Geldgier japanischer Politiker zu einem sprichwörtlichen Element politischen Handelns werden lassen; letztlich hat die Summe von Bestechungsskandalen der letzten Jahre bis 1993 zum Ende des Herrschaftsmonopols einer Partei geführt. Diese Partei, die *Jimintō* (Liberal-Demokratische Partei, LDP), hat seit 38 Jahren unangefochten Japan regiert, aus ihren Reihen kamen eben jene Berufspolitiker, die dem Land die vielbeneidete innere Stabilität gaben. Das Herrschaftsmonopol der LDP stützte sich auf traditionelle japanische Elemente, die es zwar in Ansätzen auch in anderen Ländern gibt, aber dort niemals dieselbe scharfe Ausprägung erfuhren. Ohne den oft mißbrauchten Begriff der »post-konfuzianischen« Gesellschaft erneut zu strapazieren, muß darauf hingewiesen werden, daß die meisten der Traditionen in dieser philosophisch abgestützten Gesellschaftslehre wurzeln, ohne daß dieses von den Handelnden bewußt empfunden würde.

Für den hohen Geldbedarf in der japanischen Politik waren stets die beiden Grund»werte« Gefolgschaftstreue und Verpflichtungsdenken zugleich Auslöser und Zweck; gegenseitige Verpflichtungen zwischen Politikern, aber auch zwischen Politikern und ihren Wählern ließen sich stets auch in finanzielle Abhängigkeiten übersetzen. Die Parteibarone in der LDP stützten ihre Machtansprüche auf die Zahl ihrer Gefolgsleute in beiden Kammern des Parlaments; diese wiederum wurden durch finanzielle Großzügigkeit zur Gefolgschaftstreue bewogen. Es war keineswegs so, daß die Loyalität zwischen den Parteibossen in der LDP und ihren Gefolgschaften auf einem in die moderne Politik übersetzten Lehensherr-Lehensmann-Verhältnis aufbaute, also »feudalistisch« war, sondern die innerparteilichen Machtgruppen (*Habatsu*, Faktionen) verbanden primär der gruppeninterne Informationsfluß – und das Finanzaufkommen. Jahrzehntelang konnte die Parteizentrale der LDP ihren offiziell nominierten Kandidaten keine ausreichenden Mittel für den Wahlkampf und die »Wahlkreispflege« zur Verfügung stellen, diese Mittel mußten von den Faktionsbossen kommen. Auch eine staatliche Parteienfinanzierung gab es zu Beginn der neunziger Jahre nicht, so daß auch von dieser Seite die Gefolgschaften einzelner, einflußreicher Politiker aus finanziellem Interesse zusammengezwungen wurden. Das Einsammeln politischer Spenden aus der Wirtschaft, die Hauptfinanzierungsquelle für politische Arbeit, war die wichtigste Aufgabe eines LDP-Parteibarons, deshalb waren für jeden Spitzenpolitiker der LDP engste Kontakte zu Unternehmen und Wirtschaftsverbänden lebenswichtig. Denn die angeblich auf Loyalität aufgebauten Faktionen zerfielen stets in dem Moment, in dem der Faktionschef z.B. durch Korruptionsvorwürfe »insolvent« wurde; Japans Unternehmen zogen sich sofort von jenen Politikern zurück, die negativ in die Schlagzeilen geraten waren, sie erhielten keine Spenden mehr. Auch der einzelne Politiker stand persönlich unter dem Druck der Erwartungshaltung seiner Klientel im eigenen Wahlkreis: Die *Kaban*, also die weit geöffnete Tasche mit den substantiellen Wohltaten, war immer sprichwörtliche Voraussetzung für den Wahlerfolg. Funktionierte diese Freigiebigkeit, konnten auch Skandale in Tōkyō die Wiederwahl prominenter Politiker in ihrer Heimat nicht verhindern: Viele korruptionsbelastete Politiker wurden unbeirrt wiedergewählt.

III. Die politischen Parteien

Manfred Pohl

1. Zwischen Herrschaftsmonopol und Einparteien-Demokratie: Die LDP

Über drei Jahrzehnte lang stellte die konservative »Liberal-Demokratische Partei« (*Jiyū Minshūtō* oder kurz *Jimintō*; LDP) ununterbrochen die japanischen Regierungen. Mit dem Zusammenschluß zweier konservativer Parteien, der *Jiyūtō* (Liberale Partei) und der *Minshūtō* (Demokratische Partei), war am 15. November 1955 eine politische Organisation entstanden, die bei ihrer Gründung ideologisch wie organisatorisch an die Traditionen bürgerlicher Politik der Vorkriegszeit anknüpfte und so – trotz aller Skandale und Skandälchen – zur politischen Transmission des modernen japanischen Wirtschaftswunders werden konnte. Beide Gründungsparteien wurden von mächtigen Altpolitikern dominiert, ihre ersten Parlamentarier waren sämtlich noch in den dreißiger Jahren oder in der »Kriegswahl« 1942 gewählt worden; deshalb galten sie den amerikanischen Besatzungsbehörden als »belastet«, solche Politiker mußten wohl mit den ultranationalistischen Kräften gemeinsame Sache gemacht haben. Folglich suchten die USA nach 1945 durch »Säuberungen« den Einfluß mächtiger Vorkriegspolitiker in der entstehenden japanischen Demokratie zu brechen, aber zwischen 1950 und 1952 erhielten unter dem Einfluß des Kalten Krieges die »gesäuberten« 210 282 Politiker (und Unternehmer) ihre politischen Rechte zurück und besetzten schnell wieder politische Spitzenpositionen. Anders als bei der Besatzungspolitik in Deutschland wurden in Japan erzkonservative, bürgerliche Politiker schnell wieder mit politischer Verantwortung betraut; es galt jetzt, Japan zu einem »Bollwerk gegen den Kommunismus in Asien« auszubauen. Anders aber auch als viele konservative »Vorkriegspolitiker« in Deutschland waren Japans Altpolitiker patriotisch und »kaisertreu«, aber sicher in ihrer Mehrheit keine Ultranationalisten (»Faschisten«); den radikalen Militärs standen sie zusammen mit liberalen Unternehmern ohnehin feindselig gegenüber: In den Putschen junger ultranationalistischer Offiziere von 1932 und 1936 zählten Persönlichkeiten beider Gruppen zu den ersten Opfern von Attentaten der Putschisten.

Die zwei konservativen Gründungsparteien der LDP wiesen vor ihrem Zusammenschluß 1955 bereits eine Reihe von Gemeinsamkeiten auf, die sich bis in die heutige LDP hinein erhalten haben:

- enge Kontakte zu Unternehmen und Wirtschaftsverbänden, die vor dem Krieg z. B. die Partei *Seiyūkai*, heute die LDP durch Spenden weitgehend finanzieren.

Die LDP begann ihre Arbeit mit dem schweren Handikap unzureichender Partei-

finanzen; dieses Problem führte die Partei fast zwangsläufig in die Nähe der Korruption, und erst in den neunziger Jahren zeichnet sich im Zuge einer Reform der Parteienfinanzierung eine Verbesserung ab;
- ausgeprägter Faktionalismus, getragen von den »Gefolgschaften« prominenter Politiker. Die entstehenden Parteien vererbten der späteren LDP ihre Struktur: Sie ist keine Programmpartei, sondern eine Koalition einflußreicher Parteibarone, deren Konkurrenzkämpfe um die innerparteiliche Macht – und damit (bis 1993) um den Zugriff auf höchste Staatsämter – fast ausschließlich in Tōkyō stattfinden; die »Provinz« gewinnt erst langsam an Bedeutung, da die Gebietskörperschaften in Japan politisch noch keine ausgeprägt eigenständige Rolle spielen können;
- überdurchschnittlicher Anteil hochrangiger Staatsdiener (Ministerialbürokratie) unter Abgeordneten und Kabinettsmitgliedern. Seit ihrer Entstehung hatte deshalb die LDP mit der (kaum bewußt erlebten oder gar nicht wahrgenommenen) Gefahr einer Bürokratisierung politischer Entscheidungen zu leben. Die meisten LDP-Regierungschefs entstammten der Ministerialbürokratie.

Die Gruppenstruktur der Partei begründet auch das vage formulierte Grundsatzprogramm der LDP: Die Partei fühlt sich dem wirtschaftlichen Liberalismus verpflichtet, sie strebt eine »Wohlfahrtsgesellschaft japanischer Prägung« an und bekennt sich vorbehaltlos zur parlamentarischen Demokratie. Die große Mehrheit der LDP-Politiker steht hinter dem Kriegsverzichtsartikel 9 der Japanischen Verfassung und lehnt jede Verwicklung Japans in internationale Konflikte ab. Andererseits hat die LDP seit 1985 erkannt, daß Japan analog zu seinem wirtschaftlichen Gewicht international mehr Verantwortung übernehmen muß. Garantie für die japanischen Sicherheitsinteressen war und ist nach Überzeugung der LDP der bilaterale Sicherheitsvertrag mit den USA. Es gibt aber auch Stimmen eines neuen Nationalismus in der Partei, die unüberhörbar nach Aufhebung des Artikels 9 (Kriegsverzicht) und mehr japanischem Einfluß in der Weltpolitik rufen. Ungeduld mit der Parteiführung gerade in diesem Punkt hat 1993 zum Wegbrechen einer »revisionistischen« (i.e. Verfassungsrevision) Gruppe um einen ehemaligen Generalsekretär der Partei geführt.

a. Die »formale« Parteiorganisation

An der Spitze der LDP steht ein Präsident, der für zwei Jahre gewählt wird; einmalige Wiederwahl ist möglich. Nach den Statuten sollten seit 1978 in einem Vorwahlverfahren zwei Spitzenkandidaten von den Parteimitgliedern und den »Parteifreunden« der Spendensammelorganisation bestimmt werden, von denen einer dann durch die LDP-Abgeordneten beider Häuser des Parlaments (Unter-, Oberhaus) zum Parteichef gewählt werden sollte. Bisher wurde dieses Verfahren jedoch nur einmal angewendet (1978), de facto bestimmen noch immer die Faktionsbosse untereinander den Nachfolger des amtierenden Parteichefs. Die erbitterten Faktionsrivalitäten, die dabei stets sichtbar werden, hatten sich bei den Vorwahlen nur auf die unteren Parteiorganisationen ausgeweitet und damit den eigentlichen Zweck des Verfahrens aufgehoben. Aufgrund der Mehrheitsverhältnisse im Parlament (absolute Mehrheit der LDP im Unterhaus, hier unwirksame Mehrheit der Opposition im Oberhaus) war bis 1993 der LDP-Präsident fast automatisch auch Regierungschef; die Folge: Gebunden an die Amtszeit des Parteichefs mußte auch der Ministerpräsident häufig wechseln. Japan hatte von 1955 bis 1993 nicht weniger als 15 Regierungschefs, davon allein drei im Jahre 1989. Gleiches galt auch für die Amtsperioden der Minister: Der Ministerpräsident wollte als Parteipräsident möglichst vielen seiner Getreuen zu einem Kabinettsposten verhelfen bzw. seine Gegner in der Partei »ruhigstellen«. Deshalb waren Kabinettsumbildungen häufig, die »Verweildauer« eines Ministers im Kabinett lag bei ca. 18 Monaten.

Neben dem Präsidenten führt der Generalsekretär (GS) der LDP die Partei. Für ambitionierte Parteipolitiker ist dieser Posten unverzichtbare Stufe auf der Karriereleiter: Der GS gewinnt Einblick in die Feinheiten der innerparteilichen Machtstrukturen, er hat Zugriff auf die Finanzen – und er kann im Machtgerangel die Faktionen gegeneinander ausspielen; bei einem neuen Verhältniswahlrecht wird er entscheidenden Einfluß auf die Verteilung der Listenplätze nehmen können. Er leitet auch den Geschäftsführenden Ausschuß, das organisatorische Zentrum der LDP. Neben diesem Gremium übt der Ausschuß für Politische Grundsatzfragen den entscheidenden politischen Einfluß aus. Der GS und die beiden Ausschußvorsitzenden bilden zusammen mit dem Präsidenten die Spitze der formalen Parteiorganisation. Gegen diese Machtballung nimmt sich der Einflußbereich der Parteimitglieder auf den Partei»tagen« kläglich aus: Diese Tagungen dauern selten länger als einige Stunden, heftige »Aussprachen« sind selten, meist wird den Aktionsprogrammen und Personalentscheidungen ohne lange Erörterung zugestimmt.

b. Die »informelle« Parteistruktur: Faktionen und »Stämme«

»Japans Parteien gleichen japanischen Gespenstern – sie haben keine Füße«, klagte einmal ein einflußreicher Politiker und meinte damit die fehlenden Basisorganisationen seiner Partei. Zumindest für die LDP stimmte das teilweise, die Parteiorganisation »lebte« vor allem durch die Abgeordneten in Tōkyō. Aber jeder einzelne LDP-Politiker stützt sich auf die Zugehörigkeit zu informellen Organisationen, die in den Statuten nicht festgelegt sind: die »Faktionen« *(Habatsu)* und persönliche Unterstützergruppen in seinem Wahlkreis, die sogenannten *Kōenkai*. Über die innerparteilichen Machtgruppen der *Habatsu* verschafft ein LDP-Politiker sich selbst durch seinen Faktionsboss Geldmittel für Wahlkämpfe und sorgsame finanzielle »Wahlkreispflege«, dazu auch innerparteilichen Einfluß. Der Faktionsboss dagegen kann sich auf die Gefolgschaft »seiner« Abgeordneten beim Anspruch auf Teilhabe an der Macht stützen; über die Mitgliederzahlen seiner Faktion gewinnt er beim Poker um das Präsidentenamt (und damit den Posten des Regierungschefs) Verhandlungsgewicht. Jeder neue Partei- und Regierungschef hat die Beseitigung der Faktionen gelobt – und keiner hat es geschafft. Aber will die LDP wirklich ihre Abschaffung? Die Faktionen sammelten bis vor kurzem das meiste Spendengeld, sie verfügen über beste Informationen, und sie regeln die innerparteiliche Machtverteilung nach dem bewährten Konsensusprinzip. Eine bessere Unterstützung kann ein parlamentarischer Neuling in Tōkyō gar nicht finden, als sich einer großen Faktion anzuschließen. Also wird es wohl auf absehbare Zeit keine Auflösung der Faktionen in der LDP geben, auch wenn die Partei dieses Ziel immer wieder angeführt hat. Es bleibt abzuwarten, ob die politischen Reformen von 1993/94 auch in der LDP zu Strukturveränderungen führen.

LDP-Politiker sammeln über ihre *Kōenkai* Wahlkreisinformationen, die sie in Tōkyō für ihre Wähler einsetzen. Wenn es dabei um Sonderinteressen geht, reichten die Möglichkeiten auch der größten einzelnen Faktion nicht aus; die Interessenvertretung muß gebündelt werden. Japans Politiker sind in ihrer großen Mehrheit regional verwurzelt und stammen zu einem bemerkenswert hohen Prozentsatz aus Politiker-»dynastien«. Hier wirkten sich die beiden anderen Voraussetzungen für einen erfolgreichen Politiker in Japan aus: das bekannte Gesicht, also z.B. die Zugehörigkeit zu einer örtlich angesehenen Familie *(Kanban)* und die regionale Machtbasis *(Chiban)*. Der Familismus ist der Grund dafür, daß Wahlkreise regelrecht vererbt wurden. Dieser ausgeprägte Regionalismus stärkte im Regierungszentrum Tōkyō zugleich ein parlamentarisches Phänomen, das im politischen Entscheidungsprozeß stets eine entscheidende Rolle spielte und auch nach den Wahlen von 1993 von Bedeutung bleiben dürfte, die sogenannte *Zoku Giin*, d.h. Mitglieder parlamentarischer »Stämme«. Diese *Zoku Giin* bildeten die »innere Lobby« für Partikularinteressen und waren faktionsübergreifend organisiert. Parlamentarier verschiedener LDP-Machtgruppen vertraten dabei in der Partei und im Parlament gemeinsam z.B. die Interessen von Bauern oder einzelnen Industriesektoren (Bauwirtschaft, Kommunikationsindustrie o.ä.). Die *Zoku* waren deshalb die wirkungsvollsten Vermittler für die äußere Lobby – aber auch für die Ministerialbürokratie, die auf diesem Wege die Interessen »ihrer Häuser« gegenüber der Politik und gegen konkurrierende Ressorts wahrnehmen konnte; so war z.B. ohne Zusammenarbeit mit den *Zoku Giin* die alljährliche Aufstellung des Staatshaushalts undenkbar; während der Beratungen des Entwurfs gab es einen ständigen Austausch zwischen Parlamentariern und den Bürokraten des Finanzministeriums bzw. anderer Ministerien. Als verbindendes Element zwischen Bürokratie und Politik ist dabei noch heute das gemeinsam erlebte Studium der wichtigsten Repräsentanten zu sehen: Die sogenannten *Gakubatsu* (etwa »Studien- oder Universitätscliquen«) finden sich in den Jahrgängen der Spitzenuniversitäten zusammen und halten ein Leben lang, auch nachdem ganz unterschiedliche Lebenswege beschritten wurden. Besonders auffällig gilt dies noch heute bei der Rolle der Universität von Tōkyō *(Tōdai)* und den Bürokratieapparaten.

c. Die Parteifinanzen

Die US-Besatzungsbehörden hatten nach 1945 versucht, die wirtschaftlich und politisch übermächtigen *»Zaibatsu«*-Konglomerate zu entflechten – ein Erfolg dieser Maßnahmen hätte die neue konservative Partei ihrer finanziellen Basis beraubt. Aber die *Zaibatsu* entstanden schnell in neuer Form, als Verbundgruppen *(Kigyō Keiretsu)* wieder. Wie bereits vor dem Krieg finanzieren Verbände und Einzelunternehmen auch heute die Regierungspartei, vor allem aber auch die einzelnen Faktionen. Dadurch können Unternehmen, Unternehmensgruppen und vor allem Wirtschaftsverbände auch erneut über ihre Finanzkraft direkten Einfluß auf die innerparteiliche Willensbildung in der LDP nehmen. Die LDP war bis 1978 eine mitgliederschwache Partei, die Einnahmen aus Mitgliedsbeiträgen bildeten also zwangsläufig nur einen geringen Anteil der Parteifinanzen. Die notwendige »Massenbasis« zur Mittelbeschaffung wurde deshalb organisatorisch neben der Partei aufgebaut. Sie bildete sich 1961 als Vereinigung mit privatrechtlichem Charakter unter der Bezeichnung *Kokumin Kyōkai*, »Volksvereinigung«. Hinter der Gründung dieser Spenden-Sammelorganisation standen einflußreiche Wirtschaftskreise, die versuchten, auf diese Weise alle LDP-Spender organisatorisch zusammenzufassen, ohne daß sie selbst Parteimitglieder werden mußten. Die *Kokumin Kyōkai* sammelt im wesentlichen Wirtschaftsspenden für die zentrale Kasse der LDP ein, Geldgeber waren traditionell die Wirtschaftsverbände; daneben aber gaben Mitgliedsunternehmen der großen japanischen Verbände auch Spenden in beträchtlicher Höhe an die verschiedenen »Faktionen« (s. u.) in der LDP.

Neben der *Kokumin Kyōkai* gibt es eine weitere Spenden-Organisation, die für die LDP Mittel aufbringt, die »Volksvereinigung zur Verteidigung der freien Gesellschaft« *(Jiyū Shakai wo Mamoru Kai)*, die über Einzelmitgliedschaften weitere erhebliche Spendensummen aufbringt. Angesichts dieser Entwicklung schwächt sich die traditionell zentrale Rolle der Elitebürokratien im innerparteilichen Entscheidungsprozeß allmählich ab, dagegen wächst die Bedeutung der großen Wirtschaftsverbände: *Keidanren* (Zentralverband der japanischen Industrie), *Nikkeiren* (Jap. Unternehmensverband), *Nisshō* (Jap. Industrie- und Handelskammer) und *Keizai Dōyūkai* (Spitzenverband jap. Unternehmer und Topmanager) auf der Seite der verarbeitenden Industrie, die Spitzenverbände japanischer Bauern und Fischer im Primärsektor der Wirtschaft. Hand in Hand mit dieser Entwicklung wird aber auch die finanzielle Kraft der Parteizentrale gegenüber den Faktionen gestärkt. Der schier unstillbare Geldhunger japanischer Parlamentarier hat bis in die jüngste Zeit auch immer wieder zu Korruptionsskandalen geführt: 1976 z. B. stürzte Ministerpräsident Tanaka über den sogenannten »Lockheed-Skandal«, 1989 mußte eine Reihe von Spitzenpolitikern der LDP in Zusammenhang mit dem »Recruit-Skandal« den Hut nehmen – alle erschienen schnell wieder auf der politischen Bühne, nachdem sie durch Wiederwahl in Unterhauswahlen durch ihre Wähler »reingewaschen« worden waren.

Das jahrzehntelange Regierungsmonopol der LDP gründet sich auf drei Hauptfaktoren: Zum einen begünstigt die Wahlkreiseinteilung einseitig die ländlich strukturierten Regionen, unter den konservativen Bauern findet die Partei ihre treuesten Wähler; so sind etwa in Tōkyō dreimal so viele Stimmen für einen Unterhaussitz nötig wie in der ländlichen Präfektur Hyōgo. Ein weiterer Faktor ist das Wahlverhalten: Japans Wähler haben sich bisher stets für die »Profis des Regierens« entschieden, die für den wirtschaftlichen Erfolg stehen. Erst in jüngster Zeit beginnt sich das Wahlverhalten, besonders das der Frauen, zu verändern: Zuerst verschafften sie der SDPJ in den Oberhauswahlen von 1989 einen beachtlichen Erfolg, als die Sozialisten von einer populären Politikerin geführt wurden. Schließlich gaben die Wähler der LDP in den Unterhauswahlen von 1993 einen schlimmen Denkzettel, der sie die Regierungsmacht kostete. Aber auch in der Opposition ist die LDP keineswegs am Ende. Es dürfte sich zeigen, daß auch bei einem geänderten Wahlrecht die Partei der »Politprofis« noch sehr gute Chancen hat.

d. Abspaltungen von der LDP 1993 – und weitere Auflösungserscheinungen?

Die Unfähigkeit der Parteiführung, nach zahlreichen Korruptionsskandalen zu Beginn der neunziger Jahre grundlegende Reformen des Wahlsystems und der Parteienfinanzierung durchzusetzen, löste eine Rebellion jüngerer LDP-Parlamentarier aus: Der damalige Ministerpräsident Miyazawa wurde 1993 durch ein Mißtrauensvotum gestürzt, das die Sozialisten eingebracht hatten, das aber von einer Reihe LDP-Abgeordneter unterstützt wurde. Miyazawa hatte sich nicht gegen die alten Parteibarone in der LDP durchsetzen können, die radikale politische Reformen ablehnten, weil sie eine Gefährdung ihrer traditionellen Machtbasen fürchteten; die Reformentwürfe blieben liegen. Inzwischen forderten aber nicht nur die Opposition, sondern auch Parteirebellen in der LDP solche Reformen, um dem Niedergang der politischen Kultur in Japan entgegenzuwirken – oder aber auch, um nicht mehr länger auf eine »Zuteilung der Macht« durch die Parteibarone warten zu müssen. Nach dem erfolgreichen Mißtrauensvotum verließen LDP-Politiker ihre Partei und gründeten drei neue Gruppierungen (Neue Japan Partei, *Shinseitō, Shintō Sakigake*), sie waren seit Juli 1993 Mitglieder in einer Koalitionsregierung aus acht Parteien, die nach den Unterhauswahlen 1993 die LDP nach 45 Jahren an der Macht abgelöst hatte.

In der »Rumpf«-LDP blieben die Faktionen bestehen; an der Spitze der Partei stand 1993 ein Politiker, Yōhei Kōno (seit Juni 1994 neuer Außenminister), der 1976 vorübergehend die LDP verlassen hatte und mit einer neuen Partei, dem »Neuliberalen Club« *(Shin Jiyū Kurabu)*, von außen die LDP reformieren wollte. Nach seinem Scheitern kehrte er Mitte der achtziger Jahre wieder in die LDP zurück. Die meisten alten Faktionsbosse sind in den Skandalen 1987–1993 so belastet worden, daß sie nicht mehr im Vordergrund der politischen Bühne agieren können, aber ihr Einfluß war auch in der »neuen Oppositionspartei« LDP ungebrochen.

2. Von der »ewigen Opposition« in die Regierungsverantwortung: die »Sozialdemokratische Partei Japans«

Nur schwer kann man sich seit 1991 an den neuen Parteinamen der Sozialisten gewöhnen: Zu sehr ist der alte Traditionsname »Sozialistische Partei Japans« (*Nihon Shakaitō*, SPJ, jetzt: SDPJ) geläufig – alten Genossen mag es ähnlich ergehen. Ihnen war die Namensänderung zuwider, die auf dem 56. Parteitag (Januar 1991) beschlossen wurde. Um diese »Identitätskrise« zu überwinden, blieb die SDPJ in der japanischen Namensbezeichnung bei dem überkommenen Begriff, englisch nennt sie sich jetzt stolz »Social Democratic Party of Japan«. Aber der Verdacht liegt nahe: Hinter modernistischem Englisch verbirgt sich eine Partei, die noch immer von ihrer Vergangenheit gelähmt wird – ein »Godesberg« der SDPJ ist kaum in Sicht.

Japans Sozialisten aller Couleur können auf lange gemeinsame Traditionen zurückblicken, in positiver wie in negativer Hinsicht: Von der ersten »Sozialistischen Partei«, 1906 gegründet von Anarcho-Syndikalisten und späteren Kommunisten, reicht die Geschichte über eine Reihe proletarischer Parteien in der sogenannten

»*Taishō*-Demokratie« (ca. 1912–1937, also über den Beginn der *Shōwa*-Ära hinaus) bis in das Jahr 1945, als nach dem verlorenen Krieg die »Sozialistische Partei Japans« – die erste Partei der Nachkriegszeit überhaupt – gegründet wurde. Prominente Gründungsmitglieder der Partei waren Sozialisten, die ihre politischen Erfahrungen in den zwanziger und dreißiger Jahren gesammelt hatten – und aus dieser Zeit alle internen ideologischen Streitigkeiten und persönlichen Rivalitäten in die neue SPJ einbrachten; die Partei begann ihre Arbeit mit einer Vielzahl von Altlasten.

Vier ideologische Hauptrichtungen bildeten die späteren Flügel der SPJ: 1. der Bauernflügel mit agrozentristischen Sozialismusideen, die »Partei-Rechte«, 2. ein gemäßigter Gewerkschaftsflügel, der sozialdemokratische Traditionen vertrat, 3. der »kleinbürgerlich-intellektuelle« Flügel, der einer politischen Mitte zuneigte und marxistische Lehren ablehnte und 4. ein radikal marxistischer Flügel aus der sogenannten *Ronōha* (Arbeiter- und Bauerngruppe) von 1920–30. Auch in dieser letzten Gruppe hatten sich Intellektuelle und militante Gewerkschaften unter Klassenkampfideen zusammengefunden. Die Gruppe stellte die meisten späteren Parteiführer und prägte mit ihren politischen Vorstellungen die Partei so stark, daß die heutige SDPJ noch mit orthodox marxistischen Gruppen in der Partei aus der »Erblast« fertigwerden muß.

Ein einziges Mal konnten Sozialisten (vor 1993) in die Regierung einziehen: Nach einem Wahlsieg von 1947 stellte die SPJ mit Tetsu Katayama in einem Koalitionskabinett einen japanischen Regierungschef. Die ohnehin brüchige Koalition zerbrach 1948 vollends über der Haushaltsfrage. Linker und rechter Parteiflügel hatten gegeneinander gestimmt, zuvor waren andere Flügel von der SPJ weggebrochen. Es folgte ein weiteres Koalitionskabinett unter SPJ-Beteiligung, dieses stürzte u.a. über einen Korruptionsskandal (Oktober 1948). Die US-Besatzungsbehörden hatten im Juli das Streikrecht für den öffentlichen Dienst aufgehoben und damit die gewerkschaftsnahen Flügel der SPJ herausgefordert. Dagegen war die Rechte für diese Entscheidung – es kam zu neuen Spaltungen.

An den Flügeln der Partei gab es ideologische Nachbarschaft zu anderen Parteien, die die SPJ bis 1960 belastete: Die Parteilinke zog es zur Kommunistischen Partei, der rechte Flügel warf gern einmal bündnisheischende Seitenblicke auf die (konservativen) Liberalen, die sich später in der LDP zusammenfanden. Klassenkampfpartei oder Partei des reformerischen Sozialismus (»Strukturreform« vs. »Revolution«), Massenbasis oder Kaderpartei – das waren ewige Streitigkeiten, die bis heute andauern und die Partei lähmen.

Der anstehende Friedensvertrag mit den Siegern, allen voran den USA, spaltete die SPJ tiefer als je zuvor: Ein Flügel wollte die Neutralisierung Japans – eine »Schweiz des Fernen Ostens«, wie US-General Mac Arthur gesagt hatte; die andere Gruppe wollte die Einbindung Japans in ein amerikanisch geführtes Bündnissystem gegen die Sowjetunion. Eine neue Zerreißprobe: Sicherheitsvertrag mit den USA oder Neutralität? 1955 suchten die Sozialisten endlich die lange währende faktische Spaltung zu überwinden: Die rechten und linken SPJ-Fraktionen fusionierten wieder mit Gruppen außerhalb der Parteigruppierungen zur SPJ. Es entstand das sogenannte »1955er System«, also zwei große Parteien, die gegeneinander antraten. Spötter haben das angestrebte Zwei-Parteien-System als »Eineinhalb-Parteien-System« bezeichnet; angesichts der fortwährenden politischen Selbstverstümmelung der SPJ eine naheliegende Bezeichnung.

In der Phase der Spaltung hatten beide Flügel sich organisatorisch, finanziell und personell eng an Gewerkschaftsorganisationen angelehnt: Der rechte Flügel an Verbände der späteren *Dōmei*, die Linke an die streikfreudigen Gewerkschaften im Verband *Sōhyō*. Diese »Lagerbildung« leistete später der Spaltung von 1959 Vorschub. Die ideologische Tektonik der SPJ wurde in den Auseinandersetzungen um die Verlängerung des Amerikanisch-Japanischen Sicherheitsvertrages von 1951 deutlich: 1959/60 zerbrach die SPJ endgültig, nachdem der Vertrag verlängert worden war. Gemäßigte Gruppen in der SPJ hatten sich für die Vertragsverlängerung ausgesprochen. Sie waren überdies besorgt über eine »prokommunistische Tendenz« in der SPJ. Die Linke hatte den Vertrag erbittert bekämpft und den »US-Imperialismus« als Hauptgegner ausgemacht. Die »Sozialistische Vereinigung« in der SPJ verfocht einen »reinen Sozialismus«, dessen Ziele durch Streiks und Demonstrationen, nicht durch parlamentarische Arbeit erreicht werden sollten. Gemäßigte Sozialisten aus der konservativen Gewerkschaftsbewegung widersetzten sich dem Radikalismus energisch. Auf dem 6. Parteitag (Oktober 1959) kam es zu einer neuen, endgültigen Spaltung: Nishio gründete mit seiner Gruppe die »Demokratisch-Sozialistische Partei« *(Minshato)*, die noch heute mit der SDPJ die alten Querelen pflegt.

a. Der Kampf gegen die Realität: Von der Schwierigkeit, ein Programm zu finden

Seit den späten achtziger Jahren versucht die Partei, ihr Image als Partei des Klassenkampfes mit marxistischer Programmatik abzuschütteln. Die verheerende Niederlage von 1986 gab diesen Bestrebungen entscheidenden Auftrieb: Aus der »revolutionären« Partei von Kathedersozialisten sollte eine moderne, sozialkritische Alternative zur Regierungspartei mit begründetem Anspruch auf Übernahme der Regierungsverantwortung werden; an der Parteispitze wurde der glücklose Masashi Ishibashi von der populären Takako Doi abgelöst.

Einige der überkommenen programmatischen Kernpunkte waren schon zuvor aufgehoben oder in der innerparteilichen Diskussion entkrampft worden; so z. B. die Haltung zu den sogenannten »Selbstverteidigungsstreitkräften« (SDF) und zum Amerikanisch-Japanischen Sicherheitsvertrag von 1960. Bis 1986 hatte die SPJ gefordert: Sofortige Kündigung des Sicherheitsvertrages (unbewaffnete Neutralisierung Japans unter UN-Garantie), unverzügliche Auflösung der SDF sowie als wirtschaftspolitische Grundforderung Verstaatlichung von Banken und Schlüsselindustrien; hinzu kam der völlige Verzicht auf die friedliche Nutzung von Kernenergie im sozialistischen Programm. Dieses Erbe aus der frühen Parteigeschichte war nur schwer zu überwinden, aber es gelang mindestens teilweise: Im November 1987 legte eine Programmkommission in vier Kernpunkten neue Grundsätze fest:

1. Die Auflösung des Sicherheitsvertrages wird »grundsätzlich« angestrebt, an seine Stelle tritt ein Freundschaftsvertrag. Voraussetzung dazu ist ein Abbau des Ost-West-Gegensatzes in Asien, begleitet von umfassenden Abrüstungsanstrengungen in den USA und in der Sowjetunion. Zu einem späteren Zeitpunkt soll durch einen normalen völkerrechtlichen Schritt der Sicherheitsvertrag gekündigt werden (Art. 10, Sicherheitsvertrag).

2. In einer rechtswissenschaftlichen Verrenkung hatte die SPJ schon die Existenz der SDF als »verfassungswidrig, aber legal« anerkannt, d.h. sie sei durch die japanische Verfassung verboten, aber durch Parlamentsbeschluß legal gegründet; jetzt wird nur eine längerfristige Auflösung der SDF in Schritten angestrebt. Am Ende soll eine ausschließliche Sicherheitsgarantie durch die UNO stehen.
3. Die SDPJ stellt sich gegen die weitere Nutzung bzw. den Ausbau der Kernenergie; aber ein sofortiger Ausstieg ist wirtschaftspolitisch unmöglich, deshalb sollen vorerst auf die Neuerrichtung von Atomkraftwerken verzichtet und die Sicherheitskontrollen der bestehenden Anlagen verschärft werden. Auf lange Sicht ist ein »Umstieg« auf *soft energies* angestrebt, flankiert von Maßnahmen zur Energieeinsparung und zur Entwicklung neuer, energiesparender Werkstoffe.
4. In der »Außenpolitik« hatte die Partei zwei Hauptprobleme: das Verhältnis zu den USA und zu Korea. Seit der Gründung zweier Staaten auf der koreanischen Halbinsel hat sich die SPJ/SDPJ bedingungslos auf die Seite der »Demokratischen Volksrepublik Korea«, also Nordkoreas gestellt und dem Süden die Eigenstaatlichkeit rundweg abgesprochen. Seit zwei Jahren sucht die SDPJ Kontakte zu Südkorea zu verbessern; sie spielt eine Schlüsselrolle bei der erwarteten Aufnahme diplomatischer Beziehungen zu Nordkorea.

Im großen und ganzen aber bleibt die SPJ/SDPJ aus taktischem Kalkül kurzlebigen Tagesproblemen verhaftet: Heute der Kampf gegen die Mehrwertsteuer oder die Auswirkungen des Recruit-Skandals, morgen gegen die Liberalisierung der Reisimporte. Daneben schadet die (durchaus ehrenwerte und wohlbegründete) Kritik am »*Tennō*-System« der Partei im öffentlichen Ansehen.

Ein eindrucksvoller Erfolg bei den Oberhauswahlen von 1989 stoppte die Bemühungen um eine ideologische »Rundum-Erneuerung« der Partei, die Stimmengewinne schienen der zögernden Führung recht zu geben. Es gab keine grundlegende Neuformulierung programmatischer Grundsätze, die eine Rückwende zur Realität Japans gebracht hätten, sondern nur einen halbherzigen kosmetischen Eingriff bei dem Parteinamen.

Im Jahre 1986 wählten die Parteitagsdelegierten – wie es heute scheint aus schierer Ratlosigkeit – eine Frau zur Parteichefin. Ohne sicheren Rückhalt in einer der ideologisch einbetonierten Machtgruppen der Partei war Takako Doi Kompromißkandidatin. Die angesehene Verfassungsrechtlerin, die für sich und die Partei den Schutz der Verfassung, d.h. des »Kriegsverzichtsartikels« 9, zum obersten politischen Ziel gemacht hat, blockierte Ende 1990 ein Oppositionsbündnis, als sie jede gesetzliche Regelung für ein größeres japanisches Engagement im Rahmen der UNO ablehnte; die kleineren Oppositionsparteien – ohnehin gegenüber der SDPJ mißtrauisch – arrangierten sich mit der LDP für ein späteres neues Gesetzgebungsvorhaben. Aber Frau Doi hat dennoch in der Partei und damit zwangsläufig auch innerhalb der gesamten politischen Kultur Japans versucht, neue Wege zu beschreiten: Sie warb gegen die verknöcherten Gewerkschaftsfunktionäre, den »klassischen« Parteigenossen, jüngere Parteimitglieder eines neuen Typs, besonders aus den Universitäten und aus Bürgerbewegungen. Vor allem aber gelang es ihr, die Frauen Japans für die SDPJ zu mobilisieren – dennoch: Die neuen Parteimitglieder hatten es schwer, sich in den festgefügten Machtstrukturen der Partei zu behaupten und den innerparteilichen Entscheidungsprozeß zu beeinflussen. Noch immer gaben und geben Gewerkschaftsfunktionäre »alten Typs« und gealterte Kathedersozialisten in der Partei den Ton an.

Das »Klima« Tōkyōs eröffnete dort vielen SDPJ-Politikern realistische Perspektiven, sie wurden zu »konservativen« Sozialdemokraten. Kehrten sie aber in ihre Wahlkreise zurück, so mußten sie im Interesse einer Wiederwahl erneut »linke Politik« vertreten. Dennoch neigen die sozialistischen Parlamentarier, die mehrheitlich den ideologisch gemäßigten Parteiflügeln angehören, zu politischem Pragmatismus. Dieser aber wird noch immer blockiert durch die Mehrzahl der hauptamtlichen Parteifunktionäre und der Regionalorganisationen, die radikale Positionen vertreten.

Innerhalb von nur vier Jahren war die SDPJ von triumphalen Erfolgen (Oberhauswahlen 1989, Unterhauswahlen 1990) zu demütigenden Niederlagen abgestürzt, um schließlich – trotz weiterer schwerer Stimmenverluste 1993 – in eine Koalitionsregierung eintreten zu können. Die sozialistische Ministerriege fühlte sich dort nicht recht wohl, denn plötzlich mußte eine Politik vertreten werden, die aus der Opposition leicht zu kritisieren war: Öffnung des Reismarktes, Wahlrechtsreform (zu Lasten der SDPJ) u. ä.

b. Organisation und Parteifinanzen

Bis zur Gründung des neuen Gewerkschaftsdachverbands *Rengō* 1989 konnte sich die SDPJ bei Wahlkämpfen auf »geborgte« Basisorganisationen der Gewerkschaftsverbände und Einzelgewerkschaften stützen; das galt auch für die Finanzierung, die traditionell von Arbeitnehmerorganisationen aufgebracht wurde. In dem Maße, in dem die Gewerkschaften Mitglieder verlieren und das öffentliche Interesse für sie schwindet – ein erkennbarer Trend –, werden auch die finanziellen Spielräume der Gewerkschaften enger. Im Jahre 1990 setzten sich die Parteifinanzen aus folgenden Einnahmen zusammen: Der größte Teil mit 43,2 % waren Einkünfte aus kommerziellen Unternehmen, z. B. sozialistische Presseorgane; auf dem zweiten Platz mit 30,9 % lagen Mitgliedsbeiträge (zum Vergleich LDP: 18,3 %). Kreditfinanzierung mit 13,6 % der Einnahmen lag besorgniserregend hoch, während »andere Quellen« (z. B. Beratungshonorare bei Firmen) bei 9,0 % Anteil lagen. Spenden hatten mit 3,3 % eine geringe Bedeutung (LDP dagegen: 54,1 % der Parteifinanzen).

Immer wieder hat es Spekulationen darüber gegeben, die alte Spaltung zu heilen und wieder mit der *»Shaminren«* (Sozialdemokratische Liga, SDL) zu »fusionieren«. Der Gründer dieser Kleinpartei, Satsuki Eda, ist Sohn des gemäßigten Sozialdemokraten und Gründungsmitglieds der alten SPJ, Saburō Eda; eine Wiedervereinigung könnte an alte sozialistische Traditionen anknüpfen, als die SPJ in der Regional- und Kommunalpolitik über beträchtlichen Einfluß verfügte. Eda selbst schloß eine Vereinigung noch im Sommer 1991 nicht aus; 1994 wurde sie vollzogen. Der neue Gewerkschaftsverband *Rengō*, im Oberhaus mit einer eigenen Abgeordnetenfraktion vertreten, forderte zusammen mit dem alten *Sōhyō* Center ein breites Oppositionsbündnis unter Dominanz der SDPJ, ohne Berührungsängste oder arrogantem Führungsanspruch. Dazu sollte die »Flagge des Anti-Amerikanismus und der Gegnerschaft zum Sicherheitsvertrag« niedriger gehängt werden, hieß es auf dem 56. Parteitag; »konkrete Alternativen zur LDP« forderten die Delegierten (1991).

Seit 1993 war die SDPJ also Partner in der Koalitionsregierung des ehemaligen LDP-Politikers Morihiro Hosokawa; sie arbeitete mit an den Wahlrechtsreformen, die ein Verhältniswahlrecht vorsahen. Seit die Reformvorhaben 1994 zu Gesetzen wurden, könnte das Schicksal der SDPJ besiegelt sein: Ohne schlagkräftige Basisorganisation wird vermutlich der Mobilisierungseffekt bei den Wählern ausbleiben, d.h. sozialistische Listenkandidaten könnten »unbekannte Gesichter« bleiben; Direktmandate aber wird die SDPJ gegen konservative »Platzhirsche« nur wenige gewinnen können: düstere Aussichten.

3. Die »Neue Japan Partei«: Chancen für einen politischen Neubeginn

Ein junger Zwerg irritierte, nein beunruhigte die politische Szene seit 1991, besonders aber die damalige Regierungspartei LDP. Die *Nihon Shintō* (Neue Japan Partei, NJP) forderte da heraus – und verzeichnete beachtliche Anfangserfolge. Auf den ersten Blick erinnerten die Aktivitäten der NJP an Reformversuche konservativer Politik in den siebziger Jahren, als Yōhei Kōno, der heutige LDP-Chef, mit seinem Neu-Liberalen Club (NLC) die verkrusteten Machtstrukturen der LDP von außen aufbrechen wollte.

Aber das Phänomen NJP weist bei näherem Betrachten einige wesentliche Unterschiede zu dem »Experiment NLC« auf: Ein »Provinzpolitiker« aus altem Adel schickte sich an, die Bastion Tōkyō zu erobern. Üblicherweise verlief der mühsame Weg nach Tōkyō über die »Ochsentour« politischer Arbeit in den Präfekturparlamenten, bis der Sprung in das Parlament von Tōkyō gelang; dieser Angriff auf das Establishment setzte direkt in der Hauptstadt an: Im Mai 1992 startete der ehemalige Gouverneur der Präfektur Kumamoto und frühere LDP-Oberhausabgeordnete (1971–83), Morihiro Hosokawa, eine konservative Sammlungsbewegung als Kristallisationskern einer »Partei«. Diese »Liberal-Soziale Allianz« *(Jiyū Shakai Rengō)* fand anfangs nur in den Medien Resonanz, und dort wohl zuerst nur, weil angesichts der abgewirtschafteten Regierungspartei jeder neue Ansatz zu konservativer Politik erfrischend wirken mußte. Als englischen Namen der Partei, heute fast schon ein Muß für jede politische Organisation, wählte der Gründer *»Japan New Party«*.

Hosokawa hatte als Gouverneur von Kumamoto einen geradezu »föderalistischen« Gegenkurs zur zentralistischen Regierungsgewalt in Tōkyō gesteuert und damit auf sich aufmerksam gemacht. In den Oberhauswahlen vom Juli 1992 sollte die »Allianz« mit zehn eigenen Kandidaten antreten und rechnete mit dem unausgeschöpften Potential an Protestwählern, das die kraftlose und wenig überzeugende Opposition nicht annähernd auszuschöpfen vermochte, wie sich zeigte, zu Recht: Die Oberhauswahlen wurden tatsächlich zu einem beachtlichen Anfangserfolg für die Mini-Partei. Sie gewann 3,61 Millionen Stimmen und errang mit 8,05 % über die Listenwahl vier Sitze der 50 Mandate, die im Oberhaus über Verhältniswahl vergeben werden. Nach einer Umfrage der *Yomiuri Shimbun* vom November 1992 wollten 7,1 % der Wähler in Unterhauswahlen für Kandidaten der NJP stimmen. Damit lag die NJP in der Wählergunst knapp hinter LDP und SDPJ, aber vor der *Kōmeitō*, auch das eine korrekte Prognose, wie sich in den Unterhauswahlen von 1993 zeigte.

Aktionsfelder der »Partei neuen Typs« umfassen den Umweltschutz, Bekämpfung bürokratisierter Politik mit übertriebenem Zentralismus, Schutz von Verbraucherinteressen und Stärkung der politischen Rechte der Gebietskörperschaften (Präfekturen). Konkrete Programmpunkte: 2% des BSP für den Umweltschutz, teilweise Öffnung des Reismarktes, völlige Abschaffung von Grenzabgaben auf industrielle Fertigwaren, nukleare Abrüstung, Rüstungskontrolle, eine Außenpolitik des Friedens, endgültige Festsetzung der Sitzzahlen im Unterhaus und Einführung mittelgroßer Wahlkreise (also gegen das K. O.-System und gegen das bestehende System unterschiedlich großer Wahlkreise) sowie schließlich Verbot von Unternehmensspenden an Politiker und Parteien; lediglich individuelle Förderung von Politikern durch Einzelpersonen sollten zulässig sein.

1993 wurde Hosokawa Chef einer Koalitionsregierung aus acht Parteien, darunter allen früheren Oppositionsparteien – aber ohne die machtverwöhnte LDP. Hosokawa konnte mit wenigen Abstrichen seine Reformpolitik in Gesetzesvorhaben umwandeln, die Anfang 1994 Gesetzeskraft erlangten. Hätte damit die NJP ihre Daseinsberechtigung verloren? Es bleibt die Erinnerung an das Schicksal des NLC (Neu-Liberalen Club): Nach dem strahlenden Erfolg der Mini Partei in den Unterhauswahlen 1976 (17 Sitze), den sogenannten »Lockheed-Wahlen«, ging es mit dem Club schnell bergab; Japans Wähler sahen in dem NLC keine überzeugende Alternative zur LDP. Kōno ist längst reuig in die Reihen der LDP zurückgekehrt und versucht die Partei in der Opposition zu regenerieren; die Chancen auf eine Rückkehr in die Regierung stehen nicht schlecht, auch das neue Wahlrecht dürfte daran nicht viel ändern. So könnte der NJP ein Schicksal wie dem NLC drohen, wenn ihr Neuigkeitswert erst einmal verblaßt ist. Die Partei muß eine eigene Organisation aufbauen und stärker unter der ländlichen Bevölkerung an Profil gewinnen – sonst könnte sie eine politische »Reformepisode« bleiben.

4. »Buddhistische Politik«? Eine Religionsgemeinschaft schafft sich ihre Partei: *Sōka Gakkai* und *Komeitō*

Die kommunalpolitische Initiative einer riesigen buddhistischen Sekte, der *Sōka Gakkai* (etwa: »Studiengesellschaft zur Schaffung von Werten«), stand am Beginn der Entstehungsgeschichte der *Kōmeitō* (»Partei für saubere Regierung/Politik«). Im Jahre 1937 war die Sekte gegründet worden und gehört damit zu den sogenannten »neuen Religionen« Japans (siehe Beitrag *Religionen*). Die Lehre der *Sōka Gakkai* gründet auf dem »Lotus-Sutra« in der Interpretation des Mönches Nichiren (13. Jahrhundert); danach befindet sich die Welt in der Endzeit (buddh.: *Mappō*), das Heil der Menschheit muß gerettet werden. Das ist möglich, aber nur durch strengste Disziplin in den drei Praktiken: Verehrung der heiligen Mandala *(Gohonzon)*, Rezitation von Gebeten *(Daimoku)* sowie Errichtung eines hohen Heiligtums *(Kaidan)*. Der Bau des riesigen Heiligtums im Zentraltempel der Sekte *(Taisekiji)* ist vollendet. Heil und Rettung der Menschheit liegen in der Durchbrechung der Kette von Tod und Wiedergeburt, den Drehungen des *Karma-Rades* (*Karma*, etwa:

Schuld), durch die Schaffung von »Werten« im täglichen Leben. »Glück« als erstrebenswertes Ziel im Diesseits wird von der *Sōka Gakkai* ausdrücklich propagiert, so daß die Sekte in vielen Problemfällen echte Lebenshilfe leisten konnte (Geldschwierigkeiten, Alkoholprobleme, Familienstreit). Die *Sōka Gakkai* hatte im »geistigen Vakuum« der Nachkriegszeit großen Zulauf, besonders unter jenen in der japanischen Gesellschaft, die »im Schatten« des Nachkriegswohlstands lebten, etwa in den städtischen Unterschichten. Aber Mitte der fünfziger Jahre konnte die *Sōka Gakkai* auch unter den Bergarbeitern von Hokkaido enorme Bekehrungserfolge erzielen. 1958 zählte die Sekte dort mehr als 200 000 Mitglieder, die Hälfte waren Kumpel aus den Zechen der Insel.

Die Missionstätigkeit der *Sōka Gakkai* entwickelte außerordentlich militante Formen; unter der Bezeichnung *Shakubuku* (etwa: brechen und unterwerfen) mußten Mitglieder neue Gläubige werben, dabei war monatlich eine Mindestzahl von Bekehrungen vorzuweisen. Der Führungsstil innerhalb der Sektenorganisation läßt sich nur als autoritär bezeichnen, manche Beobachter sprechen sogar von »faschistoid«. Unter den meisten Japanern ist die Sekte daher verdächtig und unbeliebt.

a. Die Entstehung der *Kōmeitō*

Die riesige Zahl von *Sōka-Gakkai*-Mitgliedern in einer so straff geführten Organisation machte die Sekte auch ohne eine eigene politische Partei bereits zu einem Faktor in der japanischen Politik. 1956 zog die Sekte daraus die Konsequenzen und stellte eigene Kandidaten für Unterhauswahlen auf, drei wurden als »Unabhängige« gewählt. 1959 kandidierten *Sōka-Gakkai*-Mitglieder in Oberhauswahlen, und neun Kandidaten waren erfolgreich. Diese *Sōka-Gakkai*-Politiker schlossen sich im Oberhaus zum *Mushozoku* Club (Club der Unabhängigen) zusammen, der nach den Oberhauswahlen von 1962 15 Mitglieder zählte. Die Gruppe hatte damit im Oberhaus Fraktionsstatus und war antragsberechtigt, z. B. bei Gesetzesvorhaben; sie änderte ihren Namen in *Kōmeikai* (Vereinigung für saubere Politik), später in *Kōmei Seiji Renmei* (Liga für saubere Politik). Im selben Jahr gab die *Sōka Gakkai* ihrem politischen Gewicht auch feste organisatorische Formen: Aus der Vorläufergruppierung der späteren *Kōmeitō*, der *Kōmei Seiji Renmei*, wurde im November 1964 eine wirkliche Partei der *Sōka Gakkai*, also die *Kōmeitō*.

b. Programm und Wählerschaft der *Kōmeitō*

Die *Kōmeitō* strebt eine Einheit von Staat und (buddhistischer) Religion (*Ōbutsu Myōgō*) an, eine Art »buddhistischer Demokratie«. Diese Forderung wie auch das Ziel eines »humanistischen Sozialismus« oder Frieden für eine weltweite Völkergemeinschaft begründeten den späteren Anspruch der *Kōmeitō*, eine »Partei der politischen Mitte« zwischen Sozialismus und Kapitalismus zu sein.

Die Wählerschaft der *Kōmeitō* fand und findet sich vor allem unter den Beschäftigten der Klein- und Mittelindustrie; deshalb zielen die politischen Forderungen der

Partei auf Hilfsmaßnahmen für diese Gruppe: Mindestlohn-System, steuerliche Vergünstigungen für die Klein- und Mittelindustrie, Aufbau eines japanischen Wohlfahrtsstaates, aber auch die Verstaatlichung einiger Schlüsselindustrien. Die *Kōmeitō* widersetzte sich 1989 vehement der neuen Verbrauchssteuer. Sauberkeit in der Politik, der Kampf gegen Korruption drücken sich als Forderung schon im Parteinamen aus; aber hier hat die *Kōmeitō* schwer gesündigt: In den letzten drei Jahren mußte eine Serie von Korruptionsskandalen verkraftet werden. Als »Partei der Städte« tritt die *Kōmeitō* für eine teilweise Liberalisierung der Reisimporte ein, um das künstlich hohe Preisniveau zu drücken.

Außenpolitisch hatte die *Kōmeitō* sich früh für eine aktive China-Politik entschieden, die »politischen Buddhisten« spielten eine Schlüsselrolle bei der Aufnahme diplomatischer Beziehungen zwischen Tōkyō und Peking 1972. Mit den sogenannten »Selbstverteidigungsstreitkräften« *(Jieitai)* hat die *Kōmeitō* längst ihren Frieden gemacht, aber sie zielt langfristig auf eine Auflösung des Sicherheitsvertrages mit den USA. Über die »*Sōka Gakkai International*« konnte sich die Mutterorganisation der *Kōmeitō* ein beträchtliches internationales Prestige erwerben. Schließlich ist »Schutz der Friedensverfassung«, d.h. des Kriegsverzicht-Artikels 9, fester Teil des politischen Grundsatzprogramms.

Bis Anfang der siebziger Jahre konnte die *Kōmeitō* ihre Stimmenpotentiale recht genau vorausberechnen, denn die *Sōka-Gakkai*-Mitglieder wählten fast geschlossen »ihre« Kandidaten in allen Wahlgängen, während Nicht-Mitglieder sich so gut wie nie für *Kōmeitō*-Politiker entschieden. An dieser letzten Tatsache hat sich auch heute nichts geändert, aber stagnierende Mitgliederzahlen der *Sōka Gakkai* und wachsende Distanz selbst ihrer Mitglieder gegenüber der *Kōmeitō* nach den Skandalen der vergangenen Jahre haben die Stimmzahlen für die Partei sinken lassen und machen genaue Vorausberechnungen fast unmöglich; die Partei kann ihren Kandidaten nicht wie früher Wahlerfolge garantieren. Auch heute noch sind die meisten Mandatsträger der *Kōmeitō* zugleich auch *Sōka-Gakkai*-Funktionäre, mindestens aber aktive Mitglieder, obwohl beide Organisationen nach außen Wert auf Distanz legen. Zwischen 1986 und Februar 1990 stieg der Anteil von *Sōka-Gakkai*-Funktionären unter den *Kōmeitō*-Unterhausabgeordneten wieder deutlich an, von 9,8% auf 20,7%, während der Anteil von *Kōmeitō*-Funktionären von 36,1% auf 32,8% sank. Auch der Anteil von *Kōmeitō*-Abgeordneten im Unterhaus, die ihre Karriere in den Provinzparlamenten und Gemeindetagen begonnen hatten, ging von 32,8% auf 20,7% zurück. Seit 1990 hat sich immer wieder gezeigt, daß die *Kōmeitō* eine »städtische« Partei ist, 73% ihrer Wahlerfolge erzielte sie in Großstädten. 1993 hatte die Partei 216000 Mitglieder, ein leichter Anstieg 1991/92 kann nicht darüber hinwegtäuschen, daß die *Kōmeitō* Mitgliederprobleme hat.

Gezielte Fördermaßnahmen der japanischen Regierung für die Klein- und Mittelindustrie sowie die Verlagerung von Zuliefererbetrieben in das benachbarte Ausland haben überdies in letzter Zeit die Zahl der *Kōmeitō*-Wähler in diesen Schichten drastisch verringert; neue Wählergruppen konnte die Partei bisher nicht erschließen. Die tatsächliche Wählerbasis der *Kōmeitō* wird in den japanischen Medien tendenziell zu niedrig eingeschätzt, aber ein Abwärtstrend bei Unterhauswahlen ist in jüngster Zeit unverkennbar: 1983 errang die *Kōmeitō* noch 10,1% der Stimmen, 1986 noch 9,4% und 1990 nur 8%, d.h. die Partei büßte von ihren 54 Sitzen neun ein und stellt jetzt nur noch 46 Mandate, ein Unabhängiger schloß sich der Fraktion an. Eine Untersuchung aus dem Jahre 1982 zeigt folgende Zusammensetzung der *Kōmeitō*-Wähler, die auch heute noch gilt: Industriearbeiter 25,4%, Beschäftigte von Klein- und Mittelbetrieben 21,4%, Büroangestellte 17,4%, Selbständige 15,8%.

c. Die innenpolitische Taktik der *Kōmeitō*: Vom Oppositionsbündnis zur »großen Koalition«

Trotz weitreichender Übereinstimmung in der politischen Programmatik mit den übrigen Oppositionsparteien war die *Kōmeitō* bis 1993 nicht in der Lage, ein tragfähiges Bündnis zu schaffen. Meist scheiterten die Versuche an dem absoluten Führungsanspruch der Sozialisten oder aber an deren früher kompromißloser Haltung in Grundsatzfragen wie dem Sicherheitsvertrag, dem Bündnis mit den USA oder bei der Kernenergie. Der große Durchbruch für die *Kōmeitō* kam mit dem »Aktionsprogramm 1991«, das den Weg für die im Jahre 1993 dann endlich geglückte »große Koalition« mit Teilen der LDP (Partei»flüchtlinge«) und den übrigen Oppositionsparteien (außer KPJ) ebnete. Die Architekten des Entwurfs gingen von einem zukünftigen »triadischen« System aus, in dem die *Kōmeitō* eine entscheidende Kraft sein könnte.

Die Partei wollte die Alleinherrschaft der LDP durch ein Bündniskonzept Mitte/Rechts ersetzen. Das Konzept betonte eine »richtungweisende Stimme« für die *Kōmeitō*. In den neunziger Jahren sollte ein Humanismus entwickelt werden, der Leben, Wohlfahrt und Existenzrechten erste Priorität gibt und einen »Beitrag Japans für die Welt« befürwortet. Dieser letzte Punkt ließ natürlich sofort an die hitzigen Debatten über eine Entsendung von SDF-Personal in die Golf-Region denken, der 1990 auch die Opposition tief gespalten hatte. Eines möglichen Oppositionsbündnisses wegen war dieses Aktionsprogramm eine klare Absage an das frühere *»Sha-Kō-Min«*-Konzept (*Kōmeitō*, SDPJ, DSP); statt dessen sollte ein *»Hoshu-chūdo«*-Konzept gefördert werden, also ein konservativ-gemäßigtes Bündnis (nach japanischem Sprachgebrauch). Kurz: Die *Kōmeitō* rechnete damals mit einer offenen oder eher: verdeckten »Koalition« mit der LDP unter möglicher Einbeziehung der DSP. Wieder bekräftigte die *Kōmeitō* auch ihren eigenständigen Weg als Partei der Mitte; in entscheidenden Fragen nationaler Politik wollte sie stärker auf die LDP zugehen, statt mit der SDPJ bedingungslos Opposition zu machen. Das sollte besonders für politische Reformen, z.B. des Wahlrechts, und den friedlichen Einsatz von japanischen Soldaten bei UNO-Missionen gelten. Als dringliche Fragen der Politik sah die *Kōmeitō* insgesamt diese Punkte an:

- die friedliche Zusammenarbeit mit der UNO,
- Teilliberalisierung der Reisimporte,
- Aufbau eines neuen Steuersystems,
- Senkung der Grundstückspreise,
- politische Reformen mit dem Ziel, Korruption abzuschaffen,
- Einführung eines Verhältniswahlrechts bei Unterhauswahlen.

Damit war die *Kōmeitō* den Vorstellungen von Teilen der LDP sehr nahegekommen, die spätere Einigung mit Gruppen aus der LDP war auf diese Weise vorprogrammiert. Andererseits zeigten die programmatischen Grundforderungen erneut, daß die *Kōmeitō* im Grunde eine »städtische« Partei ist; bei der Forderung nach einer teilweisen Liberalisierung der Reisimporte war eine Konfrontation mit einflußreichen Teilen der LDP fast unvermeidlich; diese Problematik wurde aber durch das Bündnis mit ehemaligen LDP-Politikern, die ebenfalls für eine Teilöffnung des Reismarktes waren, von selbst aufgehoben. Immerhin aber war die *Kōmeitō* in dieser Frage vorausgeeilt.

Erst 1993 gelang der Durchbruch: Partei-Dissidenten aus der LDP spalteten die frühere Regierungspartei und machten den Weg frei für ein Bündnis auch mit der *Kōmeitō*. Die Unterhauswahlen vom Juli 1993 brachten nach vielen Fehlschlägen eine leichte Erholung, die *Kōmeitō* verbesserte sich von 45 Sitzen (seit 1990) auf 51 Mandate; in der anschließend gebildeten Koalitionsregierung stellte die *Kōmeitō* die zweitstärkste Fraktion hinter den Sozialisten. Das neue Wahlrecht (seit 1994) könnte sich günstig für die *Kōmeitō* auswirken, da sie sowohl lokal (Direktmandate), als auch landesweit (Listenmandate) große Wählerblöcke mobilisieren kann; es wird entscheidend sein, ob die *Sōka Gakkai* weiterhin geschlossen zu »ihrer« Partei steht.

Wenn man aber die Strukturen mit Aufmerksamkeit betrachtet, zeigt sich doch an der Herkunft der Finanzen unter anderem auch die Nähe der Partei zur buddhistischen Laienorganisation *Sōka Gakkai*. Trotz einiger Reibereien mit den organisierten Buddhisten stiegen z.B. die Einnahmen 1992 um 41,4% auf 14,97 Milliarden Yen. Drei Viertel der Einnahmen kamen aus dem Vertrieb von Druckschriften anläßlich anstehender Wahlen; diese Einnahmen lagen um ca. 3 Milliarden Yen über denen von 1991 und beliefen sich auf insgesamt 12,7 Milliarden Yen. Hier hatte die *Kōmeitō* offenbar auf einen häufig von ihr angewendeten Kniff zurückgegriffen: Die *Sōka-Gakkai*-Mitglieder sind faktisch gehalten, solche Partei-Druckschriften abzunehmen und damit indirekt die Partei zu finanzieren. Die Mitgliederentwicklung kommt nicht recht vom Fleck, aber die Einnahmen aus Mitgliedsbeiträgen stiegen dennoch 1992 auf 950 Millionen Yen. Die Stagnation der Mitgliedschaft bei rund 216000 bereitet der *Kōmeitō* aber doch große Probleme.

5. Japans »traditionelle Sozialdemokraten«: Die »*Minshato*« zwischen Bündniszwang und Profilproblemen

Die *Minshū Shakaitō* (Demokratisch-Sozialistische Partei) wurde offiziell am 24. Januar 1960 gegründet; seit 1970 ist die Partei als *Minshatō* (DSP) bekannt. Im japanischen Parteienspektrum bildet die DSP innerhalb der parlamentarischen Opposition die »gemäßigte Kraft der Mitte«, politisch sieht sie sich rechts von der SDPJ und links von der Regierungspartei LDP angesiedelt. Die Partei verdankt ihre Entstehung der traditionellen Zersplitterung in der sozialistischen Bewegung Japans: Gemäßigte Sozialisten verließen 1959 die SDPJ und gründeten den »*Minsha* Club« (Demokratisch-Sozialistischer Club); nach japanischer politischer Tradition deutete bereits die Bezeichnung »Club« an, daß hier eine neue Partei im Entstehen begriffen war. Der erbitterte Streit um die Verlängerung des Sicherheitsvertrages mit den USA, aber auch die wachsende Sorge des sozialdemokratischen Flügels in der SDPJ vor einem zunehmenden Einfluß prokommunistischer Kräfte in der SDPJ-Führung führten zu dieser Abspaltung.

Erster Präsident der DSP wurde ein führender Gewerkschaftsfunktionär, der in die neue Partei seine persönlichen Erfahrungen aus der frühen Partei- und Gewerkschaftsarbeit der zwanziger und dreißiger Jahre einbrachte. Er war als Dreher 1915 in die *Yūaikai* (Gesellschaft der Freunde, den englischen »Fabiern« nachempfundene Gewerkschaftsorganisation) eingetreten und hatte die Organisation später als Sekretär geleitet. 1925 wurde er Generalsekretär der Gewerkschaft *Sōdōmei*; in den ersten allgemeinen Wahlen von 1928 zog er als Abgeordneter der *Shakai Minshūtō* (Sozialdemokratische Partei) in den Reichstag. Die Gleichschaltung von 1940 beendete jede Partei- und Gewerkschaftsarbeit, aber 1945/46 war Nishio wieder Mitbegründer einer neuen sozialistischen Partei sowie des neuen Gewerkschaftsverbandes *Sōdōmei.* Mit seinem ausgeprägten Antikommunismus zählte er zu den »Rechten« der politischen japanischen Arbeiterbewegung, und der Konflikt mit linker SDPJ sowie mit der KPJ setzte die DSP echten Zerreißproben aus, da es starke Kräfte in der DSP gab, die zurück in die »Mutterpartei« strebten.

1977 übernahm wiederum ein Gewerkschaftsfunktionär die Parteiführung, nachdem zwischen 1967 und 1976 zwei Unternehmer aus dem Mittelstand 1971–77 die DSP geleitet hatten. In den achtziger Jahren ging die Parteiführung wieder an Gewerkschafter. Heute bestimmen eher »hauptberufliche« Parteipolitiker die Richtung der Partei.

a. Das Parteiprogramm: Ein »Konzept des demokratischen Sozialismus«

In ihrer »Gründungscharta«, die in weiten Teilen dem »Godesberger Programm« der SPD (1959) nachgebildet war, propagiert die DSP eine Gesellschaft, in der ein demokratischer Sozialismus herrscht und der Kapitalismus radikal nach humanistischen Grundsätzen umgestaltet wurde; das Ziel ist eine »Mittelschichtsgesellschaft« ohne Wohlstandsgefälle. Kommunistischen Zielsetzungen wird eine scharfe Absage erteilt, jedem Totalitarismus von rechts oder links sagt die Partei den Kampf an. Menschen aller Schichten, nicht Vertreter einer bestimmten »Klasse«, sollen konstruktiv beim Aufbau der neuen Gesellschaft zusammenarbeiten. Die Partei lehnt jede Form starrer »Weltanschauung« (im Programm so bezeichnet) ab und bekennt sich zur internationalen Solidarität der Sozialdemokratie; sie ist Mitglied der Sozialistischen Internationalen, der auch die SDPJ angehört. Trotzdem wurde in der ersten Plattform vom Januar 1960 scharfe Kritik an den Sozialisten geübt, die »fortgesetzt unter dem Einfluß von Kräften einiger Gewerkschaften stehen, die den Marxismus-Leninismus zum Leitprinzip ihrer Bewegung gemacht haben. Sie haben in vielen Fällen die Erwartungen der Menschen enttäuscht, die die Partei unterstützt haben. Fundamentaler Grund (für die Spaltung von 1959) waren die ideologischen Differenzen zwischen demokratischem Sozialismus und marxistischem Sozialismus. Nach heftigen Debatten trat die DSP in ihrem Programm für eigene japanische Streitkräfte ein, wenn auch in Minimalstärke und nur bis zu internationaler Abrüstung. Die linke DSP verfocht hier den Standpunkt der Sozialisten, nämlich »unbewaffnete Neutralität«, aber der rechte Flügel setzte sich durch. Schon früh strebte die DSP eine »exekutive« Rolle für die UNO an. Sie will eine Weltgesellschaft aufbauen, in der eine Art internationale Polizeitruppe der UN militärische Konflikte unterbinden soll. Die Auflösung des Amerikanisch-Japanischen Sicherheitsvertrages, wie es bis Mitte der achtziger Jahre die SDPJ forderte, wurde von der DSP abgelehnt. Auch erkannte sie früher als die Sozialisten die Existenz der sogenannten »Selbstverteidigungsstreitkräfte« (SDF) an. Die Entscheidung der Sozialisten, die SDF und den Sicherheitsvertrag mit den USA zu »tolerieren«, war ein harter Schlag für die DSP, wurden doch so die Grenzen zur SDPJ verwischt.

Die Frage einer japanischen Armee war bis Mitte der achtziger Jahre immer wieder unüberwindliches Hindernis bei allen Annäherungsversuchen zwischen DSP und SDPJ im Rahmen von »Koalitionskonzepten« der Opposition. Planwirtschaftliche Elemente gab es auch bei der DSP. Hier lag man näher an den sozialistischen Vorstellungen, aber die »Sozialdemokraten« fechten für einen leistungsfähigen Mittelstand, während ihrer Ansicht nach sowohl die Sozialisten als auch die Regierungspartei LDP zu stark auf die Großindustrie setzen. Dennoch ist die DSP von der Großindustrie abhängig: Ohne Spenden großer Unternehmen kann die Partei nach Auflösung der *Dōmei* ihre finanzielle Basis nicht sichern. Nach dem Oppositionssieg in den Oberhauswahlen von 1989, als die DSP auf Konfrontation zur LDP ging, blieben prompt die Spenden aus; die abgesackte Fraktionsstärke in beiden Häusern des Parlaments beraubt die DSP eines Teiles öffentlicher Subventionen, die nach Mandatszahlen vergeben werden. Gegnerschaft zur SDPJ und Nähe zur LDP kennzeichnet die DSP in der Frage der Kernkraft: Die »Sozialdemokraten« setzen auf diese Energie, wenn sie auch strengste Sicherheitsmaßstäbe verlangen.

b. Wählerbasis und Bündniskonzept

Zum Zeitpunkt ihrer Gründung konnte die DSP auf 40 Abgeordnete im Unterhaus und 14 Sympathisanten im Oberhaus zählen. Die Unterhauswahlen vom November 1960 aber brachten eine herbe Enttäuschung. Die Zahl der DSP-Abgeordneten sank auf 17. In den folgenden Jahren gewann die Partei in Unterhauswahlen wieder Mandate hinzu, 1983 z.B. kam sie auf 39 Sitze. Aber die DSP konnte ihre Wählerbasis nie entscheidend ausbauen; immer blieb sie bei einem Stimmanteil zwischen 6–8%, noch unter dem der Kommunisten mit ca. 10%. Gewählt wurde die Partei mehrheitlich von Gewerkschaftsmitgliedern des früheren Verbandes *Dōmei*, der auch die Parteifinanzen absicherte und die Wahlkampfmaschinerie stellte. Die typischen DSP-Wähler setzten sich vor allem aus Arbeitnehmern der Klein- und Mittelindustrie zusammen (meist Gewerkschaftsfunktionäre von kleinen Betriebsgewerkschaften); mittelständische Unternehmer stellen traditionell einen hohen Anteil der DSP-Parlamentarier, hinzu kommen hauptamtliche Parteifunktionäre. Aber auch unter Großbauern und Intellektuellen gab und gibt es Sympathisanten der DSP. »Hochburgen« der DSP liegen in den Provinzen Aichi, Kanagawa und Ōsaka, also in industriellen Ballungszentren mit einem vergleichsweise hohen Anteil von Klein- und Mittelunternehmen.

Die enge Bindung an den Industriesektor läßt eigentlich eine Annäherung an die LDP logisch erscheinen, denn die Regierungspartei sucht die Nähe der Großindustrie, und viele Mittelständler sind als Zulieferbetriebe mit diesen »Großen« verflochten.

Heute, dreißig Jahre nach ihrer Gründung, ist die DSP auf einem neuen Tiefpunkt angelangt: Sie verfügt nur noch über 15 Sitze im Unterhaus und 10 Mandate im Oberhaus (1993). In den Wahlen vom Februar 1990 erlitt sie schwere Verluste; 1993 gab eine leichte Erholung. Die meiste Kritik zog die Parteiführung seit 1990 wegen ihrer Bündnispolitik mit den Sozialisten auf sich. Vor die Wahl zwischen drei jetzt programmatisch fast parallelen Parteien gestellt, entschieden sich die meisten Wähler verständlicherweise direkt für die größte Oppositionspartei, die Sozialisten – die DSP hatte dabei endgültig ihr programmatisches Profil verloren, wenn sie denn je eines besaß. In der Vergangenheit wechselten die Bündnisvorstellungen der DSP-Führung immer wieder, aber das sogenannte *»Sha-Kō-Min«*-Konzept (SDPJ, *Kōmeitō*, DSP-Bündnis) dominierte. 1979 etwa mußte die Parteiführung sogar dementieren, daß eine »Fusion« mit der *Kōmeitō* geplant sei, so eng arbeiteten beide Parteien im Parlament zusammen. Es war vor allem der damalige Parteichef Ryōsaku Sasaki, der diese Bündnispolitik förderte und dafür viel Kritik aus den eigenen Reihen erhielt.

Nach der Niederlage in den letzten Unterhauswahlen rechnet sich die Partei wohl endlich die größeren Chancen in einem Zusammengehen mit der LDP aus; der jetzige Parteichef Keigo Ōuchi (früher Herausgeber des Theorieorgans *Kakushin* und Generalsekretär) macht daraus keinen Hehl. Mit einem Konfrontationskurs gegen die LDP hatte sein Vorgänger Eiichi Nagasue die DSP in die Niederlage geführt, jetzt griff Ōuchi die Linie des früheren Parteichefs Tsukamoto wieder auf, der die Partei in das »Lager« der Regierungspartei gelenkt hatte – um den Preis eines politischen Identitätsverlustes. Aber die Konservativen bevorzugen offenbar eher eine »stille Partnerschaft« mit der *Kōmeitō*, wie die Abstimmung über den Nachtragshaushalt zur Finanzierung des japanischen Golfkrieg-Beitrags zeigte. Auch hier beging die DSP-Führung einen taktischen Fehler: Sie stellte sich in den Gouverneurswahlen 1991 mit nationaler LDP und *Kōmeitō* gegen Gouverneur Suzuki von Tōkyō und hinter den Herausforderer Isomura, mußte aber erfahren, daß die Regionalorganisation der DSP von Tōkyō zu Suzuki hielt, und so zählte auch die nationale DSP zu den Verlierern von Tōkyō. Dennoch hält Ōuchi an einem Bündnis mit der LDP als Fernziel fest; dabei sieht er Profilierungsmöglichkeiten für die DSP gegenüber der LDP vor allem in der Außenpolitik: Die Sozialdemokraten/DSP wünschen eine allmähliche Lösung von dem großen Bündnispartner USA und eine Annäherung an die EU-Staaten.

Seit Auflösung der *Dōmei* und mit Gründung des Gewerkschaftsdachverbandes *Rengō* kann die Partei auch nicht mehr auf einen fest kalkulierbaren Stimmenblock aus dem Gewerkschaftslager zählen. Andererseits hat sie Profilprobleme, eine gute Chance wurde gerade verpaßt: In der Frage der Mehrwertsteuer hatte es die DSP versäumt, sich vor der Masse der Verbraucher zu profilieren; statt zusammen mit SDPJ und *Kōmeitō* kompromißlos Widerstand gegen das Gesetz zu leisten, hätten DSP-Parlamentarier in zähen Verhandlungen mit der LDP jene Verbesserungen im Steuersystem erreichen können, die im April 1991 verwirklicht wurden – ohne Zutun der DSP.

Die DSP steht heute vor der Frage, wie sie sich den Wählern »verkaufen« kann, ihr Profil ist nach »links« und »rechts« gleichermaßen unscharf, wie besonders die

Ergebnisse der Regionalwahlen 1991 gezeigt haben: Die DSP verzeichnete das schlechteste Ergebnis ihrer Geschichte mit nur 82 Sitzen in 44 Provinzparlamenten (1987: 104). Seit zwanzig Jahren rutscht die Partei hier unaufhaltsam weiter ab. Nur 1,32 Millionen Wähler, d.h. 3,53%, gaben der DSP ihre Stimmen; in den Stadtverordnetenwahlen der Großstädte sah es ein wenig besser aus, hier erreichte die DSP 8,67% der Stimmen. Auch in diesen Regionalwahlen bestätigte sich die Befürchtung der DSP-Führung: Das Stimmenpotential ist nach Auflösung der *Dōmei* nicht mehr zu kalkulieren, die DSP brachte nur 74% ihrer Kandidaten durch (1987: 81,9%). Auch bei sogenannten unabhängigen Kandidaten, die z.B. gemeinsam von DSP und SDPJ gestützt werden, wurden Einbrüche verzeichnet. Der Grund: Zum einen hatte die *Rengō* eigene Kandidaten aufgestellt, zum anderen wirkten sich bereits die taktische Wende der DSP bzw. das neue Selbstbewußtsein der SDPJ aus. Ōuchi weigerte sich, angesichts dieser Rückschläge zurückzutreten, er wolle vielmehr auf eine Wiederbelebung der Partei hinarbeiten. Aber wie ist die DSP zu erneuern? Eine Annäherung an die LDP birgt die Gefahr des »Anschlusses«, aber in diese Richtung verläuft wohl der einzig gangbare Weg. Die Herausforderung für die DSP heißt: Profilfindung ohne Selbstaufgabe. Angesichts der innenpolitischen Situation Japans ein fast unlösbares Problem.

6. Die KPJ: Intellektuelle auf der Suche nach dem Proletariat

Wer kennt noch den Begriff »Eurokommunismus«? Wer erinnert sich an den spanischen KP-Chef Santiago Carillo? Überall in Europa haben sich die Kommunistischen Parteien verändert oder sind zu Splittergruppen degeneriert, manche haben sich konsequent umbenannt. Der Eurokommunist Carillo war es, der als erster in den siebziger Jahren der japanischen KP bescheinigte, sie sei »eurokommunistisch«. Damals hieß das: reformfreudig, unabhängig von den Weltzentren des internationalen Kommunismus, eine moderne, gut geführte Partei. Von diesen Attributen gilt heute keines mehr für die KPJ: Die Partei ist erstarrt im Dogmatismus einer vergangenen Epoche, die von Altkommunist Kenji Miyamoto verkörpert wird. Trotz des eindrucksvollen intellektuellen Potentials in der Führung ist die KPJ unfähig, auf die Umbrüche in der Sowjetunion, in Osteuropa und im Weltkommunismus zu reagieren, sie klammert sich an vertraute Programme. Diese Reformfeindlichkeit rückt sie fast in die Nähe der KP Chinas, wenn zwischen beiden Parteien nicht seit der Kulturrevolution eine tiefe Feindschaft bestünde.

a. »Untergrundmentalität« bis heute? Die Geschichte der Partei

Seit ihrer Gründung im Jahre 1922 hat die KPJ zahlreiche innere Richtungskämpfe und Spaltungen erlebt; sie machte getreulich alle Fraktionskämpfe in der internationalen kommunistischen Bewegung mit. Aber die Führung achtete stets auf Einheit, in

Ideologiekämpfen unterlegene Gruppierungen wurden konsequent aus der Partei ausgeschlossen. Das gab der Partei Geschlossenheit und straffe Organisation nach den Prinzipien des »demokratischen Zentralismus« Lenins (etwa: Von unten nach oben wählen, von oben nach unten befehlen). Für die Mehrheit der japanischen Bevölkerung aber demonstrierte diese Geschlossenheit zusammen mit den festen Programmen der Partei politische »Härte«, die bis heute auf die meisten abstoßend wirkt, die Partei erscheint »unjapanisch«.

Die *Nihon Kyōsantō* ist die älteste politische Partei Japans. Gegründet im Untergrund von einer Handvoll Intellektueller unter aktiver Anleitung von Vertretern der »Weltpartei« des Kommunismus, der Komintern, konnte die KPJ bis 1945 kaum wirklich aktiv werden. Ihre Programme, die sogenannten »Thesen«, wurden in Moskau u.a. von dem einzigen Japaner in der Komintern-Führung, Sen Katayama, entworfen und entsprachen nicht der gesellschaftlichen und wirtschaftlichen Realität Japans. Das japanische Proletariat waren nicht ausgebeutete Industriearbeiter, sondern die verelendeten Pächter, die von Grundbesitzern gnadenlos ausgepreßt wurden.

Die KPJ arbeitete konspirativ, denn die Regierung unterdrückte mit allen Mitteln die kommunistische Bewegung; schon 1923 kam es zu einer großen Verhaftungswelle, und nach dem großen Erdbeben im selben Jahr fielen nicht wenige wirkliche oder vermeintliche Kommunisten der Lynchjustiz von Bürgerwehren zum Opfer. Andererseits ließ die Regierung einige gemäßigte sozialistische Parteien zu, so daß die KPJ auch von links bedroht war. In den ersten Wahlen 1928 kandidierten Kommunisten als Vertreter solcher Parteien. Die Chancen schienen jetzt nicht schlecht, denn inzwischen hatten kommunistische Kräfte eine ganze Reihe »junger« Einzelgewerkschaften unter Kontrolle. Die Ergebnisse für die Kommunisten blieben weit hinter den Hoffnungen zurück; andererseits konnten die Behörden jetzt fast alle Untergrund-Kommunisten identifizieren und verhaften. In zwei großen Prozessen 1931/32 wurden KPJ-Führer zu langen Haftstrafen verurteilt. 1933 sagten sich zwei prominente Parteiführer von der KPJ und der Komintern los und versetzten dadurch der »Bewegung« einen Schlag, der sie härter traf als die staatlichen Unterdrückungsmaßnahmen. Bis zum Kriegsende existierte die KPJ nur in geheimen Zirkeln, aber nicht mehr als Partei.

Unter der amerikanischen Besetzung wurden die KP-Führer aus der Haft entlassen, und die KPJ konnte erstmals legal arbeiten. Die Partei begrüßte anfangs die Demokratisierungsbemühungen der Amerikaner und attackierte »bürgerliche Kräfte«, die mit den Kriegsverbrechern gemeinsame Sache gemacht hätten. Die Abschaffung des *Tennō*-Systems, Demokratisierung der Verwaltung, Landreform usw. waren Hauptforderungen. Nach Rückkehr des prominenten Sanzo Nosaka aus dem chinesischen Exil wurde die Partei als »liebenswerte KPJ« flexibler und trat für eine demokratische Front ein. Der Koreakrieg löste neue Unterdrückungsmaßnahmen gegen die KPJ aus, wenn auch die Partei nie formell verboten wurde. Im sogenannten *»Red Purge«* verloren zahlreiche Kommunisten ihre Stellungen, und die Partei ging erneut praktisch in den Untergrund. Bis zur vollständigen Unabhängigkeit Japans versuchte die KP in ihrer »Molotow-Cocktail-Ära« des sogenannten »linken Abenteurertums«, wie es heute heißt, einen Guerilla-Krieg nach chinesischem Vorbild, der natürlich sinnlos war.

In den sechziger Jahren erholte sich die Partei und nahm unter Miyamoto mit seinem neuen »Nationalkommunismus« zwischen Peking und Moskau rasch an Mitgliedern zu, von 80 000 (1961) auf 450 000 (1993). 1968 kritisierte die KPJ den sowjetischen Einmarsch in die ČSSR, 1972 den chinesischen Kernwaffen-Versuch. Eine Spaltung Mitte der sechziger Jahre, der den pro-chinesischen und den pro-sowjetischen Flügel wegbrechen ließ, brachte die endgültige Unabhängigkeit: Bis heute liegt die KPJ sowohl mit Peking als auch mit Moskau in Fehde.

b. Programm und Organisation: Die Suche nach dem Proletariat

Seit 1972 konnte die KPJ stets auf etwa zehn Prozent der Wählerstimmen in Unterhauswahlen rechnen, die meisten Sympathisanten fand und findet die Partei im akademischen Bereich; lange Zeit war auch die Lehrergewerkschaft *Nikkyōsō* entschieden prokommunistisch. Seit Beginn der achtziger Jahre sinkt die Unterstützungsrate für die KPJ, in den Unterhauswahlen von 1990 sackte die KPJ von 26 auf 16 Mandate; 1993 auf nur noch 15. Noch immer hat die Partei fast 450 000 Mitglieder, aber die Attraktivität läßt mit den Auflösungserscheinungen im Weltkommunismus nach.

Kernpunkte des KP-Programms sind seit 1985 der Widerstand gegen jeden Hegemonismus in Asien, die vollständige Rückgabe der Kurilen-Inseln, umfassende Abrüstung, beginnend mit Beseitigung aller Atomwaffen. Noch immer tritt die Partei auch für die Kündigung des Sicherheitsvertrages mit den USA und (bewaffnete) Neutralität ein. Verstaatlichung von Banken und Schlüsselindustrien sind selbstverständlich auch Forderungen, aber der Weg dorthin führt nicht mehr über die »Diktatur des Proletariats«, im Leninschen Sinne also der Parteidiktatur, sondern über die »Herrschaft der Arbeiterklasse«. In einer Gesellschaft, die sich selbst als »Mittelstandsgesellschaft« klassifiziert, ist aber diese Arbeiterklasse schwer zu finden – sicher nicht unter den Stammarbeitern großer Industrieunternehmen. Also muß die KPJ andere Wählerschichten erschließen, vorwiegend unter den Beschäftigten der Klein- und Mittelindustrie. Hier aber kollidiert sie mit der *Kōmeitō*: In vielen Vierteln großer Städte, besonders Tōkyōs, wo zahlreiche Kleinbetriebe angesiedelt sind, kleben *Kōmeitō*-Plakate neben KPJ-Postern. Von allen Oppositionsparteien wird die KPJ abgelehnt, sie findet keine Bündnispartner; diese Isolation und die zunehmende Überalterung der Führung macht die Partei unbeweglich: Auch nach den Ereignissen in Osteuropa beharrte Parteichef Miyamoto unbeirrt auf der Gültigkeit des »wissenschaftlichen Sozialismus«, allein die KPJ sei die »Partei der demokratischen Vorhut«. Gorbatschow z. B. ließe die »weltweiten Klassenwidersprüche« außer acht und biederte sich bei den kapitalistischen Staaten an. Da die KPJ sich schon früh von der sowjetischen »Bruderpartei« gelöst habe, brauchte sie auch nicht den Umformungsprozeß der KPdSU nachzuvollziehen, ihre Linie sei unverändert richtig.

Das Jahr 1993 brachte den steilen Absturz eines Idols der KPJ-Geschichte und verdeutlichte vielleicht symbolisch den Niedergang der Partei: Sanzo Nosaka , mit 100 Lebensjahren Japans ältester Politiker, wurde wegen Parteiverrat aus der KPJ ausgestoßen – aus der Partei, die er 1922 selbst mit gegründet hatte. Russische Parteiarchive enthüllten, daß er in den dreißiger Jahren einen Genossen in Moskau verraten hatte, der anschließend vom sowjetischen Geheimdienst ermordet wurde; die stalinistische Vergangenheit hatte die KPJ wieder eingeholt.

Karriere-Hintergrund von Parlamentariern (1990, 1993)

1. Unterhaus 1990, 1993 (%)

	1990	1993
Regionalpolitik	29,3	27,7
»vererbte« Mandate	18,0	20,7
Bürokratie	12,3	12,7
Gewerkschaftsfunktionäre	10,6	5,9
Parteifunktionäre	7,6	11,6
ehem. Sekretäre von Abgeordneten	5,7	6,5
sonstige	16,5	6,9

*2. Bildungshintergrund**

		Unterhaus (1990)			Oberhaus (1992)
Universität Tokyo	(st)	94	Universität Tokyo		39
Waseda-Universität	(pr)	64	Chuo-Universität		19
Keio-Universität	(pr)	39	Waseda-Universität		18
Chuo-Universität	(pr)	32	Keio-Universität		14
Nihon-Universität	(pr)	18	Kyoto-Universität	(st)	13
Kyoto-Universität	(st)	15	Nihon-Universität		10

* Die sechs Universitäten, von denen die meisten Abgeordneten kommen; »st« = staatliche Universität, »pr« = Privatuniversität

3. Beruflicher Hintergrund der Unterhaus-Abgeordneten nach Parteien (%; 1990)

	LDP	SDPJ	Komeito	KPJ	DSP
Regionalpolitik	25,8	27,9	22,2	25,0	21,4
Ministerialbürokratie	25,1	–	–	–	–
ehem. Sekretäre von Abgeordneten	18,9	–	–	–	7,1
Wirtschaft/Unternehmer	6,9	–	–	–	–
Gewerkschaftsfunktionäre	–	36,8	–	18,8	42,9
Freie Berufe	–	14,0	22,2	31,8	–
Parteifunktionäre	–	7,4	28,9	25,0	28,6
Funktionäre von Organisationen	–	–	15,6	–	–

Anm.: Die zu 100% fehlenden Angaben sind in »sonstige« enthalten und lassen sich nicht genau zuordnen.

Quellen: Asahi Shimbun, 21. 2. 1990; Nihon Keizai Shimbun, 20. 7. 1993.

IV. Wirtschaftsverbände und Interessengruppen

MANFRED POHL

In den sechziger und siebziger Jahren entstand in den USA die Bezeichnung »Japan, Inc.« (etwa »Japan AG«) als Beschreibungsmodell der engen Verflechtung zwischen Wirtschaft und Politik auf der einen Seite und den Ministerialbürokratien auf der anderen Seite. Es galt als ausgemacht, daß die organisierten Interessen der japanischen Wirtschaft direkten Einfluß auf die politischen Entscheidungsträger ausüben konnten. Zweifellos waren die japanischen Regierungen zwischen 1960 und 1980 starkem politischen Druck organisierter Interessen – nicht nur aus der Industrie, sondern auch aus der Landwirtschaft – ausgesetzt; Ministerpräsidenten und Regierungspartei (LDP) waren »beeinflußbar«, weil die großen Wirtschaftsverbände das Geld stellten, mit denen »Wahlkreispflege« betrieben wurde und die Bauernverbände der LDP jahrzehntelang die Wählerbasis garantierten. Fünf große Interessenverbände waren (und sind in geringerem Maße bis heute) Dialogpartner der japanischen Regierung, wenn es um die Angleichung von Positionen, die Abwägung von gegensätzlichen Interessen nach innen oder die Formulierung gemeinsamer politischer Strategien nach außen zwischen japanischer Politik und Wirtschaft geht. Dabei wurde besonders in den USA die tatsächliche Bedeutung der Interessenverbände gelegentlich überschätzt, aber zweifellos konnte noch bis 1993 finanzieller Druck aus der Wirtschaft oder die Androhung von Protestwahlen »auf dem Lande« die Regierungspartei LDP auf bestimmte Politiken (z. B. gegen Marktöffnung bei Reis) festlegen. Die Transmission organisierter Interessen lief bis 1993 über drei große Antriebsräder; Vertreter von Interessengruppen sprachen LDP-Parlamentarier an, die Sonderinteressen im Unterhaus vertraten (sogenannte *Zoku Giin*, siehe Beitrag *Regierungssystem*), diese wendeten sich an Fachbürokraten in den jeweils befaßten Ministerien, und gemeinsam übte man Druck auf Parlament und Kabinett aus.

Seit der Wahlniederlage der LDP im Jahre 1993 und der Bildung einer Koalitionsregierung ohne Beteiligung der LDP ist dieses eingefahrene System in Unordnung geraten: Besonders die Wirtschaftsverbände scheinen entschlossen, nicht mehr wie bisher politische Gelder bereitzustellen. Ohnehin hatte schon in den achtziger Jahren die politische Bedeutung der Verbände gegenüber großen Einzelunternehmen oder Unternehmensgruppen erkennbar an Bedeutung eingebüßt. Reformen der Parteien- und Politikerfinanzierung dürften die Rolle politischer Spenden aus der Wirtschaft zurückdrängen; die Wahlrechtsreformen werden unvermeidlich auch die Bedeutung der bäuerlichen Wählerschichten schwächen – und damit zwangsläufig den übermächtigen politischen Einfluß agrarischer Interessenorganisationen. Diese Entwicklung darf jedoch nicht zu dem voreiligen Schluß führen, daß in Zukunft die Verbände keine Schlüsselrollen mehr spielen werden, vielmehr werden die *pressure groups* auch in einem veränderten Wahlsystem durch einzelne Politiker weiterhin massiv ihre Partikularinteressen gegenüber der Regierung durchzusetzen suchen – und sie werden dabei auch weiterhin erfolgreich sein.

a. *Keidanren* – Wirtschaftsverband

Dieser wohl bekannteste Wirtschaftsverband, dessen vollständiger Name *»Keizai Dantai Rengōkai«* (Vereinigung der Wirtschaftsverbände, kurz: *Keidanren*) lautet, wurde 1946 durch den Zusammenschluß von vier verschiedenen Verbänden aus der Vorkriegszeit gegründet. 1952 wurde der Dachverband in Fachverbände nach Wirtschafts- bzw. Industriesektoren reorganisiert, heute ist der *Keidanren* Koordinationsorgan und gemeinsames Sprachrohr aller Wirtschaftsverbände gegenüber der Regierung – und nicht zuletzt auch gegenüber dem Ausland. Bis 1993 stützte der *Keidanren* seinen enormen Einfluß auf eine weitere Funktion: als zentrale Verteilerorganisation für politische Spenden, vor allem natürlich früher an die Regierungspartei LDP. Im Oktober 1993 hatte der Dachverband 1205 Mitglieder; dazu zählen sowohl die nationalen Dachverbände einzelner Wirtschaftsbereiche (z.B. KFZ-Industrie, Mineralöl-Wirtschaft, Bankenverband) als auch große Einzelunternehmen (z.B. Nippon Steel, Toyota usw.). Der *Keidanren*-Präsident wurde scherzhaft »Ministerpräsident der Wirtschaft« genannt. Geführt wird der Verband unter dem Präsidenten von einem Zentralen Führungsausschuß (Präsidium), dem Fachausschüsse einzelner Wirtschaftssektoren sowie Sonderausschüsse zu industrieübergreifenden Themen (Entwicklung der Raumfahrtindustrie, Rüstungsindustrie) zuarbeiten; daneben erarbeiten Forschungsinstitute des *Keidanren* Gutachten zu Spezialthemen, die nur mittelbar wirtschaftspolitische Bedeutung haben; gerade hier aber kann der *Keidanren* noch heute beträchtlichen Einfluß geltend machen. Es handelt sich um Stellungnahmen zu Fragen der Außenpolitik, der Umwelt- oder der Bildungspolitik. In den letzten Jahren hat der *Keidanren* seine regelmäßigen Kontakte zu ausländischen Wirtschaftsverbänden intensiviert, um durch die Darstellung japanischer Positionen etwa in den USA oder in der EU Verständnis zu wecken. Der *Keidanren* spielt dabei z.B. eine Schlüsselrolle, wenn es um Ausfuhrbeschränkungen gegenüber den USA oder um europäische Forderungen geht. Diese Rolle liegt für den *Keidanren* nahe, da der Dachverband auch heute noch als Sprachrohr der Großindustrie gilt. Seit seiner Gründung war in der *Keidanren*-Führung stets die jeweilige Schlüsselindustrie dominierend, also jener Wirtschaftssektor, der gerade in der japanischen Industriepolitik die zentrale Rolle spielte; dabei ging die Entwicklung von der Schwerindustrie (Eisen und Stahl) zur Energiewirtschaft und von dort zum Dienstleistungsbereich.

b. *Nikkeiren* – Arbeitgeberverband

Fungiert der *Keidanren* als Sprachrohr der gesamtwirtschaftlichen Interessen Japans, so ist der *Nikkeiren* in engerem Sinne die »tarifrechtliche« Organisation der japanischen Unternehmen, was bereits aus der Langform des Verbandsnamens deutlich wird: *Nihon Keieisha Dantai Renmei* (Vereinigung der Arbeitgeberverbände Japans, engl. Japan Federation of Employers Ass.). Der 1948 gegründete Verband umfaßt zum einen 55 nationale Dachverbände einzelner Industriebranchen, zum anderen die Regionalverbände in den 47 großen Präfekturen. Haupttätigkeitsfelder der *Nikkeiren* sind das große Gebiet der Tarifpolitik (soweit man in Japan davon sprechen kann), Arbeitsfragen, Arbeitsmarktpolitik; der Verband wurde als Organisation zum Schutz der Unternehmerinteressen gegen die erstarkende Gewerkschaftsbewegung nach dem Krieg gegründet. Er koordiniert mit Rahmenvorgaben die alljährlichen kollektiven Lohnverhandlungen (sogenanntes *Shuntō*) und fungiert als Interessenvertretung der Unternehmen bei arbeitsrechtlichen Gesetzesvorhaben. Der Niedergang japanischer Gewerkschaften in den vergangenen Jahren hat die Rolle des *Nikkeiren* als »kämpfenden Gegner« gegen die Arbeitnehmervertretungen schwinden lassen; heute vertritt der *Nikkeiren* die japanischen Interessen in internationalen Organisationen (ILO) und behandelt grundsätzliche Fragen von Arbeitgeber- und Arbeitnehmerbeziehungen.

c. *Nisshō* – Industrie- und Handelskammer

Die »Japanische Industrie- und Handelskammer« (*Nihon Shōko Kaigishō*, kurz: *Nisshō*) ist der älteste japanische Wirtschaftsverband: Die erste Industrie- und Handelskammer wurde schon 1892 gegründet, in ihrer jetzigen Form besteht sie seit 1922. Nach dem Zweiten Weltkrieg war die IHK anfangs in den *Keidanren* inkorporiert, aber 1953 wurde sie mit dem »Gesetz über die Errichtung von Industrie- und Handelskammern« als selbständige Organisation herausgelöst. Heute ist der *Nisshō* Dachverband der IHK von 509 Städten, in denen zusammen rund 1,5 Millionen Unternehmen organisiert sind. Der *Nisshō* vertritt vor allem die Interessen von Klein- und Mittelunternehmen gegenüber der Regierung und dem Parlament.

d. *Dōyūkai* – Jungunternehmer

Während in den anderen Wirtschaftsverbänden grundsätzlich nur andere Verbände bzw. Unternehmen Mitglieder sind, nimmt die *Keizai Dōyūkai* (meist nicht wörtl. mit »Komitee für wirtschaftliche Entwicklung« übersetzt) nur individuelle Mitglieder auf. Bei Gründung 1946 lag das Aufnahmealter zwischen 30 und 40 Jahren; die Gründer wollten junge Unternehmer ansprechen, die es sich zur Aufgabe gemacht hatten, an der wirtschaftlichen Entwicklung Japans nach dem Kriege aktiv mitzuarbeiten. Anders als bei den anderen Verbänden nimmt die *Dōyūkai* auch Ausländer und Frauen auf; im Oktober 1993 hatte der Verband 1 536 Mitglieder. Ein zweites Charakteristikum der Organisation ist der grundsätzliche Ansatz in der Verbandsarbeit. Nicht die Interessen einzelner Wirtschaftssektoren oder von Unternehmen stehen im Mittelpunkt, sondern die gesamtwirtschaftliche Perspektive Japans; aus diesem Grund greift die *Dōyūkai* auch unkonventionelle, sehr weit in die Zukunft reichende Fragestellungen auf und agiert so vielleicht stärker als andere Wirtschaftsverbände als politischer *Think Tank* der japanischen Wirtschaft.

e. *Nōkyō* – Bauernverband

Die *Nōgyō Kyōdō Kumiai* (Verband der Landwirtschaftlichen Kooperativen, kurz: *Nōkyō*) ist die Interessenvertretung der japanischen Bauern. Seit den frühen sechziger Jahren, als das japanische Wirtschaftswunder mit der raschen Modernisierung der Industrie begann – nicht zuletzt auf Kosten der Landwirtschaft –, versuchte die *Nōkyō* durch Druck auf die Regierungspartei LDP die Interessen der Bauern zu schützen. Das Wahlsystem begünstigte die Aktionen der *Nōkyō*, da die ländlichen Stimmen gegenüber dem Stimmenpotential in Großstädten das größere Gewicht hatten. Heute sind immer noch ca. 7,5 Millionen Haushalte in der *Nōkyō* organisiert, wenn es auch kaum noch wirkliche Vollerwerbsbetriebe in der japanischen Landwirtschaft gibt. Schon kurz nach Gründung der Kooperativen-Organisation bildeten sich die Fronten zu den anderen Wirtschaftsverbänden heraus: Die Interessen der japanischen Industrie standen fast immer im Widerspruch zu den Zielen der Bauernverbände; so mußte sich die japanische Industrie stets neben der internationalen Kritik an ihren Strategien auch mit dem japanischen Agrarprotektionismus auseinandersetzen, der an sich überhaupt nicht in ihrem Interesse lag. Die innerjapanische Kritik an der *Nōkyō* entzündete sich auch an der Tatsache, daß diese Dachorganisation der Agrarkooperativen sich zu einem wahren unternehmerischen Handels- und Dienstleistungsgiganten entwickelte. Die *Nōkyō* ist inzwischen eines der größten Versicherungsunternehmen (Kapital: 123 000 Milliarden Yen), sie ist mit 16 314 Niederlassungen landesweit eine der größten Banken für kleine Leute, d.h. mit Einlagen von 53 000 Milliarden Yen die siebtgrößte Finanzinstitution der Welt. Über ihre Unterorganisation *Zennō* kontrolliert es den Markt für Düngemittel und Landmaschinen, daneben ist sie die größte japanische Handelsorganisation für Agrargüter. Verglichen mit den Generalhandelshäusern würde das *Zennō* nach Jahresumsatz auf Rang sieben stehen. Schließlich ist *Nōkyō* eines der größten Immobilienunternehmen Japans.

Ihre wirtschaftlichen Aktivitäten haben die *Nōkyō* längst weit über die eigentliche Klientel der bäuerlichen Bevölkerung hinausgehoben: Durch die rechtlichen Privilegien als Organisation der Kooperativen ist sie zu einem Riesenunternehmen geworden, dessen wirtschaftliche Bedeutung umgekehrt proportional zur Rolle der Landwirtschaft in der japanischen Wirtschaft ist.

V. Gewerkschaften heute: Existenzbedrohung durch Kooperation

WOLFGANG SEIFERT

Es ist die in sich differenzierte Welt der Arbeit, in der die Produkte und Dienstleistungen der japanischen Wirtschaft mit den Methoden des »japanischen Managements« geschaffen werden. Sie ist die gesellschaftliche Basis der wirtschaftlichen Position Japans, aus der sich auch die stärker gewordene politische Stellung in der Welt ableitet. Es besteht kein Zweifel, daß in Japan eine konsequente Rationalisierung der Produktion mit dem Ziel der Kosteneinsparung und Qualitätssteigerung, insbesondere mittels einer genau durchdachten Arbeitsorganisation, erreicht wurde. Der Mechanismus dieser Arbeitsorganisation wurde von vielen einfachen Beschäftigten verinnerlicht. Der Preis für diesen Erfolg sind gnadenlose Selektion, lange Arbeitszeiten und mitunter eine Einschränkung der Grundrechte der Arbeiter, um nur das Wichtigste zu nennen. Welche Rolle spielen heute die japanischen Gewerkschaften bei der Beeinflussung der Arbeitsbedingungen, und wie wirkt sich die Struktur des Gewerkschaftswesens aus?

1. Gewerkschaftssystem und Organisationsentwicklung

a. Struktur

Die Organisationsstruktur des Gewerkschaftssystems ist in der Nachkriegszeit vor allem durch vier Besonderheiten gekennzeichnet:

- organisatorische Zersplitterung aufgrund des in fast allen Bereichen wirksamen Prinzips der Unternehmensgewerkschaft anstelle des Industrieverbandsprinzips;
- Aufhebung des Statusunterschiedes zwischen Angestellten und Arbeitern in der Unternehmensgewerkschaft;
- politische Fragmentierung der Gewerkschaftsbewegung: richtungsgewerkschaftliche statt einheitsgewerkschaftliche Ausrichtung auch nach der Auflösung der beiden großen Dachverbände Sōhyō und Dōmei und der Gründung von Rengō 1989, und
- geringe Kompetenzen der Branchenföderationen und Dachverbände, mit Auswirkungen auch auf die mögliche Konfliktbewältigung in Auseinandersetzung mit Unternehmerverbänden und Staat.

Die dominierende Form der Gewerkschaft in Japan ist die Unternehmensgewerkschaft (*Kigyōbetsu Kumiai*/enterprise-based union), in der deutschsprachigen Literatur häufig mit »Betriebsgewerkschaft« gleichgesetzt. Zahlreiche größere private und öffentliche Unternehmen bestehen aus mehreren Betrieben – Werken, Fabriken oder Dienststellen –, deren partiell autonome Gewerkschaftsorganisationen als Betriebsgewerkschaften zu bezeichnen sind. Sie haben sich in der Unternehmensgewerkschaft zusammengeschlossen. Bei kleineren Unternehmen mit einem einzigen Betrieb oder einer einzigen Dienststelle decken sich dagegen Unternehmens- und Betriebsgewerkschaft. Die allgemeinen Gewerkschaftsaufgaben bestehen in der Erhaltung und Verbesserung der Arbeitsbedingungen der Mitglieder, d.h. im Regelfall der Stammarbeitnehmer in einem bestimmten Unternehmen.

»Unternehmensgewerkschaft« ist zunächst lediglich die Bezeichnung für eine bestimmte Organisationsform und ist deshalb nicht mit »Firmengewerkschaft« *(company-union, house-union)* oder »gelber Gewerkschaft« *(Goyō-Kumiai)* gleichbedeutend. Welche Funktionen sie tatsächlich ausübt, kann nur die konkrete Einzelfallanalyse beantworten.

Der Aufbau des Gewerkschaftssystems ist in seiner Grundstruktur dreistufig: Auf der unteren Ebene agiert die Unternehmensgewerkschaft, auf der mittleren die aus mehreren Unternehmensgewerkschaften desselben Industriezweigs bzw. derselben Branche gebildete Branchenföderation, und auf der oberen Ebene der aus mehreren Branchenföderationen gebildete Dachverband. Der einzelne Arbeitnehmer ist formell und substantiell nur Mitglied »seiner« Unternehmensgewerkschaft. Deshalb sollte auch korrekterweise bei Branchenföderationen und Dachverbänden statt von »Mitgliederzahl« von »Organisationsstärke« gesprochen werden.

b. Entwicklung

Von den nichtlandwirtschaftlich tätigen Lohnabhängigen waren am Stichtag 30. Juni 1993 12,67 Millionen (24,2%) gewerkschaftlich organisiert. Knapp 60% aller Gewerkschaftsmitglieder sind in Großbetrieben mit 1000 und mehr Beschäftigten organisiert.

Abbildung 1 zeigt die Veränderungen der Anzahl der Beschäftigten, der Gewerkschaftsmitglieder und des geschätzten gewerkschaftlichen Organisationsgrades zwischen 1947 und 1993. Es ergibt sich, daß bei ständig steigender Beschäftigtenzahl der gewerkschaftliche Organisationsgrad kontinuierlich abnimmt. Lag er 1970 noch bei 35,4%, so sank er mit Ausnahme der Jahre 1974/75 – dem Zeitpunkt der »ersten Ölkrise« – auf 30,8% (1980), auf 25,2% (1990) und auf 24,2% im Jahre 1993.

1993 war *Rengō* mit 7,819 Millionen organisierten Arbeitnehmern (61,7% aller gewerkschaftlich organisierten Arbeitnehmer) der stärkste Dachverband, gefolgt von dem KPJ-orientierten *Zenrōren* mit rund 856000 und dem linksunabhängigen *Zenrōkyō* mit 300000 Organisierten. Immerhin 1,1 Millionen Arbeitnehmer sind Mitglieder jedoch von Unternehmensgewerkschaften, die keiner Branchenföderation bzw. keinem Dachverband angeschlossen sind. Die *Rengō*-affiliierten Branchenföderationen haben eine starke Position im Bergbau (69,9% aller gewerkschaftlich Organisierten), im Verarbeitenden Gewerbe (75%), im Transport- und Kommunikationssektor (72,9%), im Groß- und Einzelhandel (64,1%). Von einer Monopolstellung kann man in der Energieversorgung (94,7%) und in der Forstwirtschaft (94,9%) sprechen. Die

Abb. 1: Veränderungen der Zahl der Beschäftigten, der Gewerkschaftsmitglieder und des geschätzten Organisationsgrades, 1947–1990

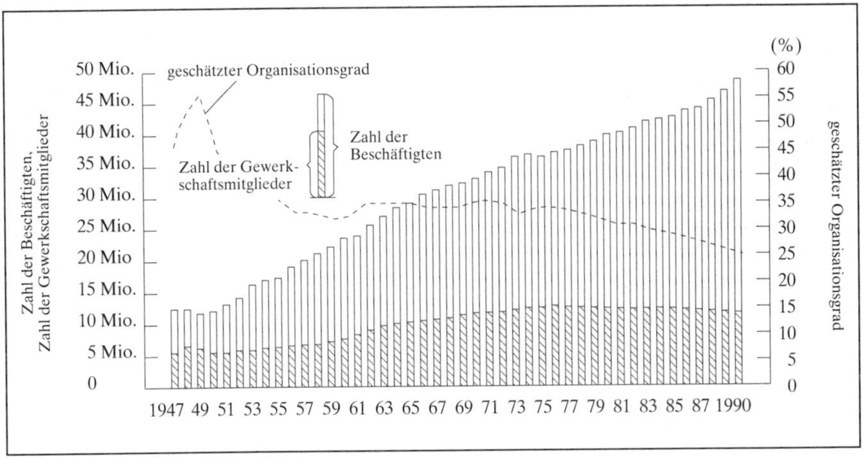

Quelle: Rōdōshō , Rōdō kumiai chōsa hōkoku (1990), 1992, S. 14.

Zenrōren-affiliierten Branchenföderationen verfügen über relativen Einfluß insbesondere im Dienstleistungsgewerbe (21,5%) sowie im öffentlichen Dienst (22,6%). Hier liegen auch die kleinen Stützpunkte von *Zenrōkyō* mit 5 bzw. 10%. Die nichtaffiliierten Unternehmensgewerkschaften finden sich vor allem im Baugewerbe (85,0%), im Fischfang (81%), im Immobilienbereich (79,3%) und in der Finanz- und Versicherungswirtschaft (53,3%).

2. Vertretung der Arbeitnehmerinteressen

Wenn Gewerkschaften entsprechend ihrer herkömmlichen Aufgabenbestimmung die Interessen der Arbeitnehmer vertreten sollen, indem sie das erreichte Niveau der Arbeits- und damit indirekt auch der Lebensbedingungen halten oder verbessern, dann wirft die heutige Situation der meisten japanischen Unternehmensgewerkschaften ebenso wie die der übergeordneten gewerkschaftlichen Zusammenschlüsse vor allem zwei Fragen auf.

Die erste Frage gilt dem Umfang des Organisationsbereichs der Unternehmensgewerkschaft. Selbst wenn man den Standpunkt vertritt, gerade durch die Ausschließung quasi nicht »vollwertiger« Gruppen von Arbeitnehmern könnten die Gewerkschaften die Stellung ihrer Mitglieder wahren bzw. verbessern, ist nach den Konsequenzen zu fragen, wenn diese Gruppen irregulärer Beschäftigter einen beträchtlichen Anteil oder sogar die Mehrheit einer Belegschaft bilden. Gerade dieser Trend

Abb. 2: Zusammensetzung der Belegschaft in japanischen Unternehmen

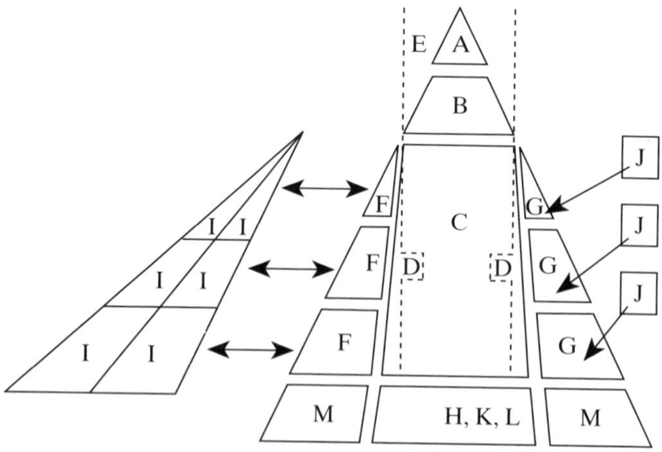

A: Manager

B: mittleres Management (z.T. Mitglieder der Unternehmensgewerkschaft)

C: männliche Stammarbeitnehmer

D: weibliche Stammarbeitnehmer (C und D sind Mitglieder der Unternehmensgewerkschaft)

E: Pensionäre, Frühpensionäre, befristet ausgeliehene Mitarbeiter

F: Subkontraktarbeiter

G: Leiharbeitnehmer

H: Hausfrauen in Teilzeit (*part-timer*)

I: Arbeitnehmer in Kleinunternehmen

J: Inhaber gewerblicher Arbeitnehmerüberlassungsfirmen

K: Saisonarbeiter

L: Studenten in einem Job

M: Arbeitskräfte in japanischen Niederlassungen im Ausland

Quelle: M. Kumazawa, Nihonteki heiei no meian (Licht und Schatten des japanischen Managements), Tōkyō 1989, S. 229.

zeichnet sich aber zunehmend in japanischen Unternehmen ab. *Abbildung 2* zeigt, daß nur die Gruppen A, B, C zur eigentlichen Stammbelegschaft zählen, wobei Gruppe C und ein Teil von B die Gewerkschaftsmitglieder stellt.

Bei den Beschäftigten insgesamt stieg der Anteil der irregulären Arbeitnehmer nach 1975 von 9,9% auf 15,2% im Jahr 1990 um über 5% an.

Die größte Gruppe der Irregulären sind die Teilzeitkräfte. Hierbei ist zu berücksichtigen, daß diese häufig fast so viele Stunden wie Vollzeitkräfte arbeiten. Weitere statistische Erhebungen ergeben, daß heute im Durchschnitt von einem Fünftel irregulär Beschäftigter am Gesamt der Arbeitnehmer ausgegangen werden kann, wobei Frauen deren große Mehrheit stellen. Untersuchungen für einzelne Unternehmen zeigen teilweise einen noch weitaus höheren Anteil – ein Trend, der mit der Zunahme der Beschäftigungsformen *(siehe Abbildung 2)* Hand in Hand geht. Bei dieser Dimensionsordnung verbietet es sich, von einer zu vernachlässigenden Größe zu sprechen.

Die Interessen der Arbeitnehmer in neuen (und alten) irregulären Beschäftigungsformen werden jedoch von den Unternehmensgewerkschaften ignoriert, so daß es in einigen Fällen zur Selbstorganisation in neuen Gewerkschaften kam, z.B. in sogenannten *community unions*, die auf Ebene eines Distrikts alle Arbeitnehmer unabhängig von der Beschäftigungsform zu organisieren suchen. Es sind außerdem Gewerkschaften, die nur Frauen aufnehmen, und Berufsgewerkschaften entstanden. Wenn das Management je nach konjunktureller Lage die Anzahl irregulärer Arbeitskräfte flexibel ändern kann, so stützt dies natürlich die Institution der Dauerbeschäftigung bei den regulär Beschäftigten. Damit hängt die zweite Frage zusammen: Welche Rolle spielen die Unternehmensgewerkschaften in einer wirtschaftlichen Rezession oder Krise, wie wir sie von neuem seit dem Zusammenbruch der *bubble economy* beobachten?

Auf die Selbstdefinition der Unternehmensgewerkschaft geht zurück, daß diese keine Maßnahmen ergreift, um die stets zuerst von Entlassung betroffenen irregulär Beschäftigten zu schützen. Ähnlich verhalten sich auch die meisten Industriegewerkschaften im Westen. Wenn jedoch darüber hinaus, von wenigen Ausnahmen abgesehen, auch gewerkschaftliche Aktivitäten zum Schutz der regulär Beschäftigten nicht zu beobachten sind, ist die raison d'être von Gewerkschaften selbst in Frage gestellt. Beispiele aus jüngster Zeit sind:

- Pionier Electronics legte 35 Angehörigen des mittleren Managements die Eigenkündigung nahe und drohte, sie bei Nichtbefolgen zu entlassen;
- Clarion kündigte nach einer Entlassungwelle bei den Teilzeitkräften eine Personalreduzierung um 300 Mitarbeiter aus dem mittleren Management und den einfachen Beschäftigten an, d.h. 10% der Gesamtbelegschaft. Betroffen sind Beschäftigte im Alter von 40 und darüber;
- Nissan legte das erst vor kurzem eröffnete supermoderne Werk in Zama still, forderte von 2500 Beschäftigten einen Arbeitsplatzwechsel (ein Großteil von ihnen sollte in das neue Werk auf Kyūshū wechseln) und kündigte einen Stellenabbau von 8000 Mitarbeitern an;
- Kawasaki Steel kündigte einen Stellenabbau von 3500 Beschäftigten an;
- das nach der Beschäftigtenzahl größte Unternehmen Japans, die früher staatliche Telefon- und Telegrafengesellschaft NTT, kündigte einen Abbau der Belegschaft um 30000 Stellen an.

Alle diese Maßnahmen treffen Stammarbeitnehmer, und zwar auch Angehörige des mittleren Managements. Über Widerstand ist seitens der Unternehmensgewerkschaften indessen nichts bekannt.

In der Lohnrunde vom Frühjahr 1993 betrug für die gesamte Industrie die durchschnittliche Lohnerhöhung 3,8% – das zweitniedrigste Ergebnis in der 38jährigen Geschichte der »Frühjahrslohnoffensive« *(Shuntō)* überhaupt. Das zweite große Ziel der Gewerkschaftsbewegung – die Arbeitszeitverkürzung – wurde faktisch auf Eis gelegt. Angesichts der Rezession vom Unternehmerlager vor die Alternative gestellt, zwischen Lohnerhöhungen oder Beschäftigungssicherheit zu wählen, mußten sich die Gewerkschaften für letzteres entscheiden, ohne daß die Unternehmen ihr Entgegenkommen belohnt hätten. Die für Japan bislang untypischen, weil rabiaten Maßnahmen der Reduzierung von Stammpersonal zeitigten die gewünschte Einschüchterung. Eine nachweislich zunehmend skeptische Haltung der Belegschaften gegenüber den Funktionären der Unternehmensgewerkschaft ist die Folge dieser Ohnmacht. Völlig offen ist jedoch, ob sich aus dieser Haltung heraus neue Impulse für eine Interessenvertretung der Arbeitnehmer entwickeln, die diesen Namen verdient.

3. Auffassung der Gewerkschaftsführer von den Arbeitnehmer-Arbeitgeber-Beziehungen

Für die Hilflosigkeit dürfte neben der rein ökonomischen Argumentation auch die grundsätzliche Auffassung der übergroßen Mehrheit der Unternehmensgewerkschaften von den Arbeitnehmer-Arbeitgeber-Beziehungen verantwortlich sein. Der heute bestimmende Kurs wird von Gewerkschaftsvertretern selber mit den Leitsätzen des sogenannten »japanischen Trade-Unionismus« begründet.

Während der noch in den achtziger Jahren wirksamen politischen Konfrontation zwischen den Dachverbänden *Sōhyō* (SPJ-orientiert) und *Dōmei* (DSP-orientiert) wurde häufig übersehen, daß sich längst eine dritte Strömung in der japanischen Gewerkschaftsbewegung herausgebildet hatte. Ausgehend von der Stahlindustrie formulierte Ende der sechziger Jahre eine Gruppe in der Branchenföderation *Tekkōrōren* (Föderation der Gewerkschaften in der Eisen- und Stahlindustrie) im »Memorandum zum Trade-Unionismus« Grundsätze der Gewerkschaftsarbeit. Die Hauptpunkte, von dem dachverbandsübergreifenden Gewerkschaftsrat in der Metallindustrie IMF-JC übernommen, lauten:

1. Ohne Stabilität des Unternehmens – des Käufers der Arbeitskraft –, ohne gesunde Entwicklung und Wachstum keine Stabilität und Verbesserung der Lebensbedingungen der Belegschaftsangehörigen. Dementsprechend fördern wir vorrangig Stabilität und Wachstum des Unternehmens und mehren auf dieser Grundlage Schritt für Schritt den Gewinn für die Belegschaft.
2. Wir gehen davon aus, daß das Management kein Gegenüber ist, mit dem man sich streitet, sondern ein Partner, mit dem man durch Entwicklung des Unternehmens gemeinsam Vorteile hat – ein Partner, mit dem wir in allen Fragen kooperieren.
3. »Unternehmensführung durch die Gemeinschaft der Beschäftigten« – charakteristisch für das japanische Management – bedeutet, daß die Führung des Unternehmens weder Sache der Aktienbesitzer noch der Kapitalisten ist, sondern des Kollektivs der Belegschaft.
4. Wir kooperieren in allen Fragen mit der Unternehmensführung und mehren den Gewinn, indem wir uns bei der Arbeit voll einsetzen. Bei der Verteilung der Früchte (der gemeinsamen Anstrengungen) streben wir konsequent nach einem gerechten und billigen Anteil für die Beschäftigten.

Insoweit diese Ideen zur Grundlage von Gewerkschaftspolitik im Unternehmen geworden sind, wird deutlich, daß die japanischen Unternehmensgewerkschaften in ihrer großen Mehrheit weder die Auffassung von antagonistischen Interessen von Belegschaft/Arbeit und Management/Kapital vertreten – und sei dieser Gegensatz auch nur auf bestimmte Bereiche der sozialen Beziehungen im Unternehmen beschränkt –, noch die Position, man müsse sich in der Produktion wie in der Verteilung der Erträge ausschließlich am »Unternehmensinteresse« orientieren. Allerdings ist hier ein ökonomischer Rationalismus, der für die Interessenlage der Beschäftigten in Anspruch genommen wird, nur ansatzweise formuliert.

4. Gewerkschaftsbewegung und politisches System

Die Strömung, die Ende 1989 mit der Gründung von *Rengō* ihr Ziel der Schaffung eines neuen, einheitlichen Dachverbandes weitgehend verwirklichte, setzt stark auf die Beeinflussung der politischen Rahmenbedingungen. Die Beeinflussung der Politik soll dabei vor allem auf zweierlei Weise erfolgen: zum einen durch Beeinflussung der politischen Parteien, allerdings nicht mehr im traditionellen Sinn der Bindung an eine »Arbeiterpartei«; und zum anderen über direkte Partizipation am Politikformulicrungsprozeß in den Beratungsgremien der Regierung.

Die Lösung der früher von *Sōhyō* und *Dōmei* eingegangenen Bindungen an die SPJ bzw. die DSP hat dazu geführt, daß *Rengō* in den Oberhauswahlen 1989 zunächst mit eigenen Kandidaten antrat. Während damals der »politische Arm«, die *Rengō no kai,* elf von zwölf Kandidaten durchbrachte, konnte dieser Erfolg bei den Wahlen 1991 nicht wiederholt werden. Ziel von *Rengō* war die Schaffung einer politischen Partei, die die Ablösung der LDP-Herrschaft bewerkstelligen sollte. Man strebte den Zusammenschluß von SPJ/SDPJ und DSP an, um eine Koalition mit den Parteien der Mitte eingehen zu können. Als politische Linie wurde festgelegt: »Ohne die LDP und gegen die KPJ«.

Die *Rengō* angeschlossenen Branchenföderationen unterstützten teils die SPJ, teils die DSP, und so ließ der erbitterte Streit zwischen diesen beiden Parteien um das PKO-Gesetz dieses Konzept zusammenbrechen. Seitdem stehen sich zwei Standpunkte gegenüber: Einmal soll eine neue Partei gebildet werden, ohne dazu noch eine Verschmelzung von SPJ und DSP anzustreben. Fürsprecher dieser Konzeption sind die Föderation der Gewerkschaften in der Eisen- und Stahlindustrie und die Gewerkschaft der Beschäftigten in der Telekommunikation, der auch der *Rengō*-Vorsitzende Yamagishi entstammt. Zum anderen wird gefordert, die Idee einer neuen Partei vorerst oder für immer ad acta zu legen, um sich den eigentlichen Aufgaben, das sind die Themen Lohnerhöhungen und Arbeitszeitverkürzung, zu widmen.

Yamagishi erklärte bereits auf dem zweiten ordentlichen Gewerkschaftstag von *Rengō* im November 1991, daß seine Organisation ein Zweiparteien-System europäischen Typs anstrebe: Konservative einerseits, Sozialdemokraten und Parteien der Mitte andererseits. Dabei wird verkannt, daß es in Japan, wenn überhaupt, nur eine schwach entwickelte historische Basis für eine Sozialdemokratie gibt. Insofern täuscht die Präsenz des *Rengō*-Vorsitzenden in den Medien vor, daß die japanischen Gewerkschaften im Prozeß der Ablösung der LDP-Herrschaft eine wichtige Rolle spielten. Es wäre eine Übertreibung, angesichts der faktischen Schwäche der *Rengō*-Basisorganisationen hier von einem politischen Druckpotential der Gewerkschaftsbewegung zu sprechen.

VI. Außerparlamentarische Opposition – weicher Stachel in harter Haut

Hans Jürgen Mayer

Japan, traditionell autoritär geprägt und seit Jahrzehnten straff konservativ regiert, ist ein hartes Pflaster für eine außerparlamentarische Opposition – ob es sich nun um Organisationen oder Einzelpersonen handelt. Andererseits hat die nach 1945 erfolgte Demokratisierung *»grass roots«*-Bewegungen mit dem Ergebnis ermutigt, daß der Widerstand gegen Bevormundungen unterschiedlichster Art ungebrochen ist. Die Intensität dieses Widerstandes schwankt einerseits zwischen spektakulären Massenaktionen – wie Ende der fünfziger Jahre gegen die Verlängerung des japanisch-amerikanischen Sicherheitsvertrages und Mitte der sechziger Jahre gegen das autoritäre Universitätssystem – sowie Opposition gegen den Vietnamkrieg. Andererseits gibt es zähen, basisorientierten Widerstand gegen restaurative Tendenzen im Schulwesen, gegen Umweltverschmutzung sowie gegen die Beschneidung von Grundrechten.

Am Anfang der außerparlamentarischen Aktivitäten standen der Kampf um das Streikrecht für den öffentlichen Dienst und die Bewahrung der Nachkriegsverfassung mit Artikel 9 (Verbot der Wiederaufrüstung) im Mittelpunkt. Hauptträger von Streiks und Demonstrationen waren Bündnisse von Gewerkschaften und Sozialistischer und/oder Kommunistischer Partei, bei denen der Beitrag des gesamtjapanischen studentischen Dachverbandes *Zengakuren* willkommen, aber nicht entscheidend war.

Das erste Beispiel außerparlamentarischer Aktivitäten nach 1945 war das von Bürgerinitiativen und einzelnen getragene Engagement zugunsten der Angeklagten im Matsukawa-Fall. Es handelte sich dabei um einen Sabotageakt im Zuge des Personalabbaus der Staatsbahnen (JNR) in der Präfektur Fukushima, dem drei Personen zum Opfer fielen. Angeklagt und verurteilt wurden neun Mitglieder der Eisenbahnergewerkschaft und elf Mitarbeiter einer Zweigfirma von Tōshiba; fünfzehn der Angeklagten waren Mitglieder der KPJ. Die Kritik an den Ermittlungen und dem Gerichtsverfahren führte 1958 zur Bildung eines überparteilichen Komitees mit Untergruppen in 32 Präfekturen, von denen viele in Betrieben arbeiteten. Das Komitee befaßte sich ausschließlich mit dem Matsukawa-Fall und lenkte durch Langstreckenprotestmärsche unter Beteiligung von Gewerkschaften die Medienöffentlichkeit auf sich. Erst 1962, ein Jahr vor der endgültigen Aufhebung der Verurteilung durch den Obersten Gerichtshof, stieß die wichtigste Oppositionspartei, die SPJ, zu der Protestbewegung.[1]

---

1 Beverley Smith, Democracy Derailed: Citizens' Movements in Historical Perspective, in: Gavan McCormack and Yoshio Sugimoto (Hrsg.), Democracy in Contemporary Japan, New

In den fünfziger Jahren gab es zahlreiche Beispiele für zivilen Widerstand gegen die Ausweitung der Befugnisse der Polizei, gegen die unmittelbar nach dem Abschluß des Friedensvertrages von San Francisco (1951) erfolgende »Säuberung« der Schulgeschichtsbücher von unangenehmen Wahrheiten über den japanischen Expansionismus zwischen 1931 und 1945 sowie gegen die Bekämpfung des Einflusses der Branchengewerkschaften – und damit echter Gewerkschaften überhaupt – in den Unternehmen.[2]

Höhepunkt und sicherlich auch nicht typisch für den Bürgerwiderstand der ausgehenden fünfziger Jahre war 1959/60 der Kampf gegen die Verlängerung des Sicherheitsvertrages mit den USA. Zwar war der in dem revidierten Vertrag ausgesprochene Verzicht der Vereinigten Staaten auf Intervention in Japan im Falle interner Krisen ein auch für die Opposition akzeptabler Fortschritt; andererseits blieb Japan eine Nachschub- und Operationsbasis für die USA (»Der unversenkbare Flugzeugträger der USA« – eine Formulierung des späteren Ministerpräsidenten Nakasone), und die US-Streitkräfte konnten auf dem besetzten Ryūkyū-Archipel weiterhin ohne japanische Zustimmung Manöver abhalten und von dort Kampfeinsätze der Air Force bis nach Südostasien (wie im Vietnamkrieg geschehen) starten. Da trat ein Bündnis an, das einmalig war: Bürgergruppen, der Studentenverband *Zengakuren*, linke Gewerkschaften sowie die sozialistische und kommunistische Opposition bildeten den »Volksrat gegen die Revision des Sicherheitsvertrages« *(Ampō Jōyaku Kaitei Sōshi Kokumin Kaigi)*. Neben der »etablierten« Opposition gehörten dem Zweckbündnis z.B. Anarchisten, Chorgruppen, *Burakumin* (outcast-Gruppen) und christliche Friedensgruppen an. Gemeinsamer Fixpunkt dieses bunten Spektrums war die Furcht vor a) der weiteren Einbindung Japans in die antichinesische und antisowjetische Strategie Washingtons und b) dem Wiedererstehen des autoritär-militaristischen Staates der Vorkriegszeit, verkörpert durch Ministerpräsident Kishi Nobusuke, einschlägig belastet als Mitglied des Kriegskabinetts Tōjō. Die LDP peitschte die Fortschreibung des Sicherheitsvertrages mit ihrer Parlamentsmehrheit gegen den Straßenprotest Hunderttausender durch, wobei auch vor der Mobilisierung von *Yakuza*-Gangstern gegen die Demonstranten nicht zurückgeschreckt wurde. Kishi mußte jedoch US-Präsident Eisenhower, der sich bereits zur geplanten Tōkyō-Visite in Okinawa aufhielt, aufgrund von Sicherheitsbedenken ausladen. Bald danach, Kishi hatte gegenüber Washington das Gesicht verloren, trat der Ministerpräsident zurück. Bei diesem Ereignis handelte es sich um den einsamen Höhepunkt koordinierter außerparlamentarischer Aktionen seit 1945.[3]

Der »klassische« gemeinsame Widerstand von Bürger- und Studentengruppen zusammen mit Oppositonsparteien und Gewerkschaften ebbte, bedingt durch den Niedergang der SPJ, die Schwächung der Branchengewerkschaften und die schleichende Entpolitisierung der Gesellschaft, danach ab.

Die studentische APO kulminierte wie in den USA und Europa in den Jahren 1967/68 und entstand zu einem Zeitpunkt, als der Dachverband *Zengakuren* mehrheitlich

---

York–London 1986, S. 158f.; Janet E. Hunter (Hrsg.), Concise Dictionary of Modern Japanese History, Tōkyō 1984, S. 200.

2 Beverley Smith (Anm. 1), S. 160.

3 Ebd, S. 159f.; George R. Packard III, The Second Rise of Kishi, sowie ders., Protest in Tōkyō. The Security Treaty Crisis of 1960, in: Jon Livingston/Joe Moore/Felicia Oldfather (Hrsg.), Postwar Japan. 1945 to Present, New York 1973 (= Pantheon's Asia Library. New Approaches to New Asia. The Japan Reader 2.) S. 367ff.

von KP-Treuen kontrolliert wurde. Zuvor hatte sich der *Zengakuren* im Bündnis mit KPJ und SPJ auf Proteste gegen restaurative Tendenzen und die Kernwaffentests im Pazifik konzentriert. 1967 brach jedoch eine spontane Rebellion an den Eliteuniversitäten aus, die sich an Betrügereien entzündete und in Widerstand gegen die starre Hierarchie mündete. Es kam zu Universitätsbesetzungen und Märschen auf US-Militärstützpunkte, um gegen den Vietnamkrieg zu protestieren; beides wurde von der überhart durchgreifenden Bereitschaftspolizei *(Kidōtai)* unterbunden. Zeitweilig gelang es den spektakulär handelnden Studenten, Sympathien bei der Bevölkerung zu gewinnen, so beim Marsch auf die US-Marinebasis Sasebo, der von der Polizei niedergeknüppelt wurde. Der Einsatz von Studenten an der Seite der Bauern, die sich dem Bau des Flughafens Narita bei Tōkyō widersetzten, dauerte weit über das baldige Ende der Studentenbewegung hinaus an.

Insgesamt blieb die organisatorisch zersplitterte APO mehr als in den USA oder Europa eine Episode. Viele ihrer Exponenten wurden etablierte Hochschullehrer, die heute mit dem status quo bestens koexistieren. Die in den Extremismus abgeglittenen Splittergruppen (*Kakumaru-Ha* und *Chūkaku-Ha*) machen heutzutage zwar ab und zu durch militante Aktionen (auch gegeneinander) Schlagzeilen, haben den Staat jedoch nie so herausgefordert wie die deutsche RAF. Heute ist der *Zengakuren* zu einem »Restposten« degeneriert.[4] Anders als in Deutschland gab es weder den Ansatz eines »Marsches durch die Institutionen« noch einen Strom von »Rest«-APO, der zusammen mit anderen Gruppierungen in eine vergleichbare grün-alternative Bewegung mündete. Zu den Ausnahmen zählen die verbliebenen Akteure der *Beiheiren* (Bürgerbewegung für Frieden in Vietnam), die für Grundrechte und Umweltschutz im Rahmen der unabhängig vom *Zengakuren* entstandenen *»grass roots«*-Gruppen eintreten.

Bürgerinitiativen unterschiedlichster Couleur sind seit Mitte/Ende der sechziger Jahre die Träger von Aktivitäten gegen restaurative Tendenzen und Grundrechtsverletzungen sowie diejenigen, die Defizite im Umweltschutz und die Rücknahme bereits durchgesetzter Umweltauflagen anprangern.

Im schulischen Bereich stellt der Kampf von Eltern und Lehrern gegen den staatlich geförderten Nationalismus – Symbole sind das zwangsweise Hissen der Nationalfahne, das Absingen der Nationalhymne und der Gebrauch von Schulbüchern, in denen Geschichtsklitterung für die Periode 1931–1945 überwiegt – ein Beispiel für Zivilcourage dar. Bemerkenswert ist dabei das Engagement der Lehrergewerkschaft *Nikkyōsō*, die unter stärkstem Druck des Erziehungsministeriums in Tōkyō steht.[5] Unterstützt werden ihre Aktivitäten durch einzelne Persönlichkeiten wie den Historiker Saburo Ienaga der – letztlich erfolglos – seine Klage gegen die Schulbuchzensur bis zum Obersten Gerichtshof durchfocht. Widerstand dieser Qualität ist es zu verdanken, daß es mittlerweile einige wenige Geschichtsschulbücher gibt, in denen Japans Verantwortung für den pazifischen Krieg und die Kriegsverbrechen in

4 Gavan McCormack, The Student Left in Japan, in: Postwar Japan ... (Anm. 3), S. 552ff; Johannes Ernst Seiffert, Zengakuren. Universität und Widerstand in Japan, Berlin 1969, S. 63ff.

5 Karel van Wolferen, Vom Mythos der Unbesiegbaren. Anmerkungen zur Weltmacht Japan/ The Enigma of Japanese Power (aus d. Engl. übers. v. Mara Huber), München 1989, S. 121ff.

China (Nanking-Massaker), Korea und Südostasien nicht beschönigt oder geleugnet werden.[6]

Demonstrationen und Klagen gegen Grundrechtsverletzungen sind nichts Ungewöhnliches. Der Erfolg ist begrenzt, wobei Bürgerinitiativen für zu Unrecht zum Tode Verurteilte in letzter Zeit einige Freisprüche erwirkten.

Erfolgreicher waren Bürgerinitiativen im Bereich des Umweltschutzes. Viele der dem Ausland gegenüber propagierten ökologischen Pionierleistungen wären ohne die ultimativen Forderungen japanischer Umweltschützer nach Verstopfen der extremsten Giftquellen nie zustandegekommen. Die Tendenz seitens des Staates, bei Nachlassen der Aufmerksamkeit finanzielle Entschädigungen, z.B. an Dauerlärmgeschädigte, zu streichen, hält diese Gruppen am Leben. Beobachtungen der letzten Jahre, daß die Umweltprobleme in Japan wieder zunehmen (Grundwasserverschmutzung, *High-Tech-Pollution*) sind ein weiterer Überlebensfaktor. Das seit Jahrzehnten andauernde Ringen der Opfer von Quecksilbervergiftungen von Minata um Entschädigung für ihre Leiden liefert den Umweltgruppen fernsehwirksam immer wieder den Nachweis ihrer Existenzberechtigung.

Die Reaktorkatastrophe von Tschernobyl mit Ausstrahlung bis hin nach Japan sorgte dafür, daß der »harte Kern« der Umweltschützer von einer bis dahin angesichts des staatlichen Widerstandes tendenziell in Lethargie verfallenen Öffentlichkeit Zulauf erhielt. Die latente Diskussion über das rasante Ausbauprogramm der Kernenergie in dem extrem erdbebengefährdeten Archipel flammte in diesem Zusammenhang wieder auf. Angesichts einer nach 1986 deutlichen Mehrheit bei Umfragen gegen die zivile Nutzung der Kernkraft zog sich die Regierung von ihrer vorgeschobenen Position (»Kernenergie ist absolut ungefährlich«) auf den Standpunkt der Alternativlosigkeit (»Ein Restrisiko ist unvermeidlich, aber als rohstoffarmes Land geht es leider nicht ohne Kernenergie«) zurück. Der Zuspruch der Bürger ist für die Kernkraftgegner allerdings nur ein schwacher Trost, denn die Regierung setzt ihr Programm eines geschlossenen nuklearen Kreislaufes kompromißlos durch. Der Widerstand gegen den Bau des schnellen Brüters *»Monju«* und des Endlagers im nordjapanischen Rokkasho ist zu schwach, um die Rücknahme der Projekte zu erzwingen. Andererseits ist es dem alle Aktivitäten koordinierenden Tōkyōter »Bürgerzentrum für Informationen über die Kernenergie« gelungen, das Interesse für Sicherheitsdefizite im Kernenergiebereich wiederzuerwecken. Die weltweite Publizität für die umstrittenen japanischen Plutoniumverschiffungen ist eine Folge der Kooperation zwischen dem »Bürgerzentrum« und internationalen Umweltgruppen.[7]

Die Ablehnung praktisch aller politischen Parteien wegen Korruption und Perspektivlosigkeit ist der gemeinsame Nenner der außerparlamentarischen Gruppen. Vor allem Frauen, weniger durch Arbeit in »das System« eingebunden, bilden das Rückgrat zahlloser Initiativen. Sie haben zahlreiche Nachbarschaftsinitiativen organi-

6 Vgl. Ienaga, Saburo, The Pacific War 1931–1945. A Critical Perspective on Japan's Role in World War II, New York 1978 (Japanische Originalausgabe: Taiheiyo senso. Tokyo 1968); Horio, Teruhisa, Educational Thought and Ideology in Modern Japan. State Authority and Intellectual Freedom. Ed. and Transl. by Steven Platzer. University of Tokyo Press 1988, S. 171ff.

7 Vgl. Hans Jürgen Mayer, Japans Antikernkraftbewegung im Aufwind, in: Manfred Pohl (Hrsg.), Japan 1988/89. Politik und Wirtschaft, Hamburg 1989, S. 83ff.

siert, die beispielsweise in Kooperation mit Bauern Bioprodukte beschaffen. Kleine Zellen dieser Art sind wenig spektakulär, dafür aber um so zahlreicher.

Die »neuen« Bürgergruppen sind nicht so hart im Widerstand gegen staatliche Interessen wie die letzten Gegner des seit Jahrzehnten umkämpften Flughafens Narita. Dafür verfügen sie über eine Anhängerschaft, die auch die etablierte Politik nicht so ohne weiteres ignorieren kann. Ein bemerkenswertes Beispiel dafür ist die Tatsache, daß Bürgerwiderstand gegen die »bewährte« Kooperation von *Yakuza*-Gangstern und Polizei die LDP zwang, gesetzlich gegen das organisierte Verbrechen vorzugehen. Die Leichtigkeit, mit der Greenpeace eine Zweigstelle in Tōkyō mit japanischen Mitarbeitern besetzen konnte, ist ein weiterer Beweis dafür, daß Handeln gegen die erklärten Interessen der »Japan AG« nicht auf Einzelgänger beschränkt ist – auch wenn »das System« letztlich dort, wo es direkt herausgefordert wird, fast immer die Oberhand behält.

VII. Minderheiten: Probleme und Perspektiven

Hans Jürgen Mayer

Die offizielle Minderheitenpolitik wird von einer Doppelstrategie bestimmt: Die Regierung vertritt gegenüber der UNO und der Außenwelt die Position, der Inselstaat habe keine ethnischen oder sozialen Minderheiten und dementsprechend könne es auch keine Benachteiligung geben; aber eine Minderheitenproblematik ist unübersehbar.[8] Theoretisch verbietet Art. 14 der Verfassung von 1946 die unterschiedliche Behandlung japanischer Staatsangehöriger in »politischer, wirtschaftlicher oder sozialer Beziehung aus Gründen der Rasse, des Geschlechts, des Glaubens, der sozialen Stellung oder der Herkunft«. Faktisch ist die Diskriminierung von Minoritäten unterschiedlichster Art gängige Praxis und erstreckt sich auch auf »reinrassische« Staatsangehörige. Als mehr oder weniger benachteiligte Minoritäten gelten:

1. die *Ainu* (Japans Ureinwohner);
2. die *Burakumin* (Japans Paria);
3. die Bewohner des Ryūkyū-Archipels (japanische Staatsangehörige auf Okinawa u. a.);
4. die mittlerweile in dritter Generation in Japan lebenden Koreaner;
5. Atombombenopfer und ihre Nachkommen;
6. *Boat people* und andere Flüchtlinge;
7. illegale ausländische Arbeiter.

Die Diskriminierung hat vor allem eine Ursache: die »Theorie« eines ethnisch homogenen Japan, das angeblich einzigartig und nur aus sich selbst heraus verstehbar sei. Diese aus der Vorkriegszeit stammende, aber sehr lebendige Theorie mit der Bezeichnung *»Nihonjinron«* wird sowohl von namhaften Akademikern »wissenschaftlich« untermauert als auch von einigen konservativen Politikern vertreten. Zusammen mit der gleichzeitigen Förderung eines angeblich geläuterten Patriotismus *(Aikokushin)*[9] hat sich daraus eine nationalistische Mixtur ergeben, die es weiten Kreisen Japans erschwert, sich mit der Existenz von Minoritäten, die aus den unterschiedlichsten Gründen nicht in das vorgegebene Raster passen, abzufinden.

Gerade die angebliche Homogenität und Einmaligkeit der Japaner werden als Grundlage der Überlegenheit der »Japan AG« im internationalen Wettbewerb angeführt. Die nicht in dieses Bild passenden Minderheiten haben seit jeher zu spüren

---

8 Mainichi Daily News v. 1. 11. 1986.

9 Klaus Kracht, Nationalismus, in: Japan-Handbuch. Hrsg. v. Horst Hammitzsch in Zusammenarbeit mit Lydia Bruell, Wiesbaden 1981, S. 457f.; Ross Mouer/Yoshio Sugimoto, Images of Japanese Society. A Study in Social Construction of Reality, London–New York 1986, S. 169ff.; Karel van Wolferen, Vom Mythos der Unbesiegbaren. Anmerkungen zur Weltmacht Japan, München 1989, S. 394ff.

bekommen, daß sie nicht Teil des großen Ganzen sind. Offene und verdeckte Diskriminierung herrschen vor, obwohl hier und da Verbesserungen ihres Status vorgenommen wurden.

Die organisierten Minderheiten fordern seit langem von der japanischen Regierung die Anerkennung der UN-Menschenrechtsdeklarationen und der von der Internationalen Arbeitsorganisation (ILO) verabschiedeten Konvention über die Beseitigung der Diskriminierung in Beschäftigung und Beruf.[10] Forderungen dieser Art werden noch lange aktuell bleiben, denn gesetzliche Gleichstellungsregelungen gibt es seit 1871, ohne daß sie wesentliche Verbesserungen für die betroffenen Minderheiten *(Ainu/Burakumin)* bewirkt hätten. In der gesellschaftlichen Realität (Arbeit, Heirat, Schulbesuch, Wohnung) spüren die Minoritäten wenig von Gleichberechtigung. Die Ursache dafür sind die von Entscheidungsträgern der jahrzehntelangen Regierungspartei (rühmliche Ausnahme: Ex-Premier Toshiki Kaifu) vorgebrachten Vorurteile, die in Teilen der Bevölkerung fest verankert sind. Gerade der frühere Ministerpräsident Yasuhiro Nakasone, Erfinder der »Internationalisierung Japans«, zeichnete sich durch einen geradezu manischen Hang aus, Japans Überlegenheit gegenüber beispielsweise den rassisch »durchmischten« USA mit der These der Homogenität Japans zu begründen.[11] Der Widerstand von Bürgerrechtsgruppen gegen die Diskriminierungs- und – als Kehrseite davon – die Assimilierungspolitik hat bisher wenig bewirkt. Druck aus dem Ausland – insbesondere aus den beiden koreanischen Staaten – hat eine weitgehende Verbesserung bei der peinlichen Verpflichtung bewirkt, daß Ausländer und im Lande geborene Koreaner sich bei den Behörden wie Kriminelle zwecks Registrierung einen Fingerabdruck abnehmen lassen müssen. Generell jedoch ist die latente wie manifeste Unterdrückung der Minderheiten unübersehbar.

1. Die einzelnen Minderheiten

Die *Ainu* sind die Ureinwohner des Nordteils von Honshū sowie von Hokkaidō, außerdem der Kurilenkette, die sich von Kamtschatka bis zur Nordspitze Hokkaidōs erstreckt. Als Fischer und Jäger waren sie den von Süden vordringenden Japanern und den aus dem Norden vorrückenden Russen hoffnungslos unterlegen. 1873 stellten die *Ainu* noch 95% der Bevölkerung Hokkaidōs.[12] Mittlerweile gehen offizielle Angaben von ca. 30000 insgesamt in Japan lebenden *Ainu* aus, während andere Schätzungen sich auf 60000 belaufen. Der Unterschied scheint darin zu bestehen, daß die nicht offiziellen Schätzungen auch die *Ainu* einbeziehen, die Mischehen eingegangen sind.

Seit 1937 gibt es keine spezifischen Schutzrechte für *Ainu* mehr, die bis dahin immerhin Landrechte und eine auf ihre Bedürfnisse abgestimmte Grundschulerzie-

10 Martin Kaneko, Probleme der Minderheiten, in: Manfred Pohl, Japan, Stuttgart–Wien 1986, S. 277.
11 Wolferen, (Anm. 9), S. 399f.
12 Concise Dictionary of Modern Japanese History. Compiled by Janet E. Hunter. o.O. University of California 1984, S. 4.

hung hatten. Bis heute ist ihnen dagegen die im Gesetz verankerte Bezeichnung »ehemalige Eingeborene von Hokkaidō« verblieben; ebenso konstant ist die ihnen aufgezwungene Assimilierungspolitik.[13]

Die *Ainu* stellen im Vergleich dreimal mehr Sozialhilfeempfänger und eindeutig weniger Abiturienten und Hochschulabsolventen. Sie fordern seit 1984 ein Gesetz, das ihren Lebensstandard auf Landesniveau anhebt, in den Schulen eine *Ainu*-spezifische Erziehung garantiert und für Seminare und Vorlesungen über Geschichte und Kultur der *Ainu* an den Universitäten sorgt. Die Abschaffung der Diskriminierung generell ist die Basis dieser Forderungen.[14] Aber selbst im Erfolgsfalle dürfte sich für die *Ainu* wenig ändern. Wer nicht den Weg der Assimilierung geht, bleibt in den wenigen Dörfern – und die sind seit langem nur noch Ziel touristischer Exkursionen.

Die *Burakumin* sind rassisch gesehen Japaner und werden dennoch von ihren Landsleuten diskriminiert. Offizielle Zahlen sprechen von 1,157 Millionen im Jahre 1982; faktisch dürfte es jedoch zwei bis drei Millionen *Burakumin* geben, die in offiziellen Publikationen ebenso wie in Verlagsschriften irreführend als *village people* bezeichnet werden, wenn ihre Existenz nicht – was häufiger der Fall ist – totgeschwiegen wird.

Die *Burakumin* bestehen historisch aus zwei Gruppen, die aus der Vier-Gesellschaft der *Edo*-Zeit als Parias ausgeschlossen wurden: a) den *Eta* (Schlächtern, Gerbern, Lederverarbeitern) und den b) *Hinin* (Nicht-Menschen), d.h. Färbern, Grabwächtern und Leichenverbrennern. Ursprung der Diskriminierung beider Gruppen, zu denen später Henker, Wahrsager, Geomanten u.a. gezählt wurden, war die Betätigung dieser Berufsgruppen in vom Buddhismus tabuisierten Bereichen, wie Tötung und Weiterverarbeitung von Lebewesen. Der Sammelbegriff *Burakumin* (Dorfmenschen) rührt aus der zwangsweisen Isolierung in abgesonderten Siedlungen.[15]

Trotz theoretischer Gleichstellung durch die Gesetzgebung des Jahres 1871 änderte sich wenig am Status der *Burakumin* als »outcasts«. 1922 wurde auf nationaler Ebene die *Suiheisha* (Gesellschaft für die Gleichberechtigung) gegründet, deren Mitgliederbestand allerdings nie mehr als rund 4% der *Burakumin* betrug. Die Ziele der *Suiheisha* waren die politische, wirtschaftliche und soziale Gleichberechtigung mit dem Schwerpunkt auf Selbsthilfe. Ab 1925 wandte sich die Organisation zunehmend dem Bolschewismus in der Annahme zu, nur die proletarische Revolution könne das Kastenwesen beseitigen. Das Aufkommen des Ultranationalismus und Expansionismus besiegelte das Ende der *Suiheisha*.[16] 1946 wurden die Emanzipationsbestrebungen wiederaufgenommen, die 1955 in die Gründung der *»Buraku* Befreiungsliga« *(Buraku Kaihō Dōmei)* mündeten. Die Unterstützung der Liga durch sozialistische Gruppierungen führte zur Etablierung einer gemäßigten Konkurrenzorganisation, der *»Dōwakai«* (Anti-Diskriminierungsgesellschaft).

Mehr als partielle Erfolge können beide Organisationen nicht verzeichnen. Sie beschränken sich auf die Verbesserung der Wohnsituation und die Anhebung des Bildungsniveaus. An der generellen Diskrimierung hat dies nichts geändert. 1988 war

13 Kaneko, (Anm. 10), S. 278.

14 Asahi Evening News v. 6. 11. 1986.

15 Nelly Naumann, Stichworte »Eta« und »Hinin«, in: Kleines Wörterbuch der Japanologie. Hrsg. v. Bruno Lewien. Wiesbaden 1968, S. 75f. u. S. 143.

16 Concise Dictionary of Modern Japanese History, (Anm. 12), S. 19.

die »Buraku Befreiungsliga« maßgeblich an der Gründung der IMADR *(International Movement Against All Forms of Discrimination and Racism)* in Tōkyō beteiligt, an der auch Vertreter der *Ainu*, der Koreaner und japanischer Behinderter teilnahmen. An der Stigmatisierung der *Burakumin*, auch durch die Justiz, hat sich wenig geändert. Immer noch forschen Detekteien illegal in den Familienregistern *(Koseki)* nach der Herkunft von Arbeitsplatzbewerbern und Heiratskandidaten. Die »Enttarnung« von *Burakumin* oder Koreanern löst immer wieder berufliche und private Tragödien aus.[17]

Von spezieller Brisanz ist die Lage der koreanischen Minderheit, die etwa 680 000 Menschen umfaßt, die hauptsächlich in den Großräumen von Ōsaka, Tōkyō, Yokohama, Kōbe, Nagoya, Kyōto und Fukuoka leben.[18] Sie sind die Nachkommen der etwa zwei Millionen Zwangsarbeiter, die nach der Annexion Koreas durch Japan im Jahre 1910 in das Kaiserreich verschleppt wurden. Ihr Dilemma besteht darin, in einem Land zu leben, das China als Wiege der Kultur Japans verehrt, aber Korea als Brücke, über die Schrift, Religion, Philosophie und Kunst nach Japan gelangten, überhaupt nicht akzeptiert. Es ist kein Zufall, daß Kaiser Akihito das von Japan überfallene China besuchte, Korea jedoch auf der Liste der Staatsbesuche nicht vorrangig erschien.

Waren die in Japan lebenden Koreaner formell nach Auffassung der Regierung in Tōkyō bis 1952 (Friedensvertrag von San Francisco) Angehörige des Kaiserreiches, so wurden sie durch den formellen Verzicht auf das annektierte Korea Ausländer. Gleichberechtigung, und auch diese wiederum nur formal, gibt es einzig durch die Annahme der japanischen Staatsbürgerschaft. Diese ist jedoch erstens vom Wohlwollen der Behörden abhängig, und zweitens wird die totale Assimilierung bis hin zur Übernahme japanischer Namen verlangt. Der Wunsch nach Bewahrung der ethnischen Identität, seien es die Sprache oder das Tragen koreanischer Trachten in Schulen, hat mehr als 80% der Koreaner veranlaßt, den Ausländerstatus vorzuziehen – obwohl in 75% der Haushalte Japanisch Umgangssprache ist. Die Konsequenzen daraus reichen von der Verweigerung von Sozialleistungen bis hin zur Vorenthaltung des Wahlrechts.[19] Ein besonders drastisches Beispiel für die Diskriminierung ist die Weigerung der Behörden, die Aufstellung eines Denkmals für die koreanischen Atombombenopfer innerhalb des Friedensparks von Hiroshima zuzulassen.

Die koreanische Minderheit schwankt zwischen Bindung an ihr Herkunftsland und Integration. Aufgrund der Teilung Koreas gibt es den auf Nordkorea ausgerichteten Dachverband *Ch'ongnyon (General Federation of Korean Residents in Japan)* und die von Südkorea initiierte *Mindan (Association for Korean Residents in Japan). Ch'ongnyon*, organisatorisch und zahlenmäßig weitaus stärker als *Mindan*, ist viel intensiver auf die Bewahrung der (nord-)koreanischen Identität ausgerichtet als *Mindan* und unterhält weitaus mehr Schulen. Die Ausrichtung der älteren Generation auf die beiden Koreas fördert das Mißtrauen der konservativen Kreise, die auch

---

17 Antony Rowley, Unmentioned Underclass, in: Far Eastern Economic Review v. 6. 12. 1990, S. 36f.

18 Changsoo Lee/George de Vos, Koreans in Japan. Ethnic Conflict and Accomodation, Berkeley–Los Angeles–London 1981, S. 225.

19 Ebd. S. 133; Peter McKillop/Hideko Takayama, Outcasts Within, in: Newsweek v. 3. 5. 1993, S. 38ff.

von der als rassisch minderwertig betrachteten Minorität Loyalität zu Japan erwarten. Überfälle der zahlreichen rechtsradikalen Gruppierungen auf Koreaner sind nichts Ungewöhnliches.[20]

Eine Reihe von Koreanern hat es in Randzonen als Besitzer von *Pachinko*-Hallen, Restaurants, Nachtklubs und Taxiunternehmen zu Wohlstand gebracht. Davon abgesehen sind die Fortschritte marginal. Mit der Abschaffung des Fingerabdruckzwanges ist die Diskriminierung auf die inoffizielle Ebene übergegangen. Die Japano-Koreaner werden nunmehr in das bei den Behörden geführte Familienregister eingetragen; doch eben hier betätigen sich die Detektivagenturen für die auf reinrassige Heiratskandidaten und Berufsaspiranten erpichten Familien und Firmen.[21] Stärker geworden ist der Wille zum Widerstand. So gibt es einen Trend unter jungen Koreanern, den japanischen Geburtsnamen zugunsten eines koreanischen Namens aufzugeben. In Ōsaka wurde 1993 ein halblegaler zweisprachiger Sender in Betrieb genommen, der sich mit Minderheitenfragen befaßt. Mittlerweile ehelichen mehr als 75% der Koreaner einen japanischen Partner. Ein Ende der Diskriminierung ist allerdings noch lange nicht in Sicht.

Die rund eine Million Einwohner des 1879 annektierten Ryūkyū-Archipels mit der Hauptinsel Okinawa sind zwar japanische Staatsangehörige, fühlen sich jedoch als Bürger zweiter Klasse. Nach dem Kolonialregime hat das gnadenlose Verheizen Okinawas als letztes »Bollwerk« vor der Invasion Japans im Jahre 1945 tiefe Narben hinterlassen. Dabei starben zirka 160000 Zivilisten (Soldaten: 110000); viele von ihnen wurden zum »Heldentod durch Selbstmord« gezwungen. Nach 1945 wurde ein Drittel der Fläche Okinawas von der amerikanischen Besatzungsmacht für Manöver- und Nachschubbasen mit Beschlag belegt.

1972 kehrte Okinawa nach jahrelangen Protesten der Bevölkerung gegen die Besatzungsmacht in den japanischen Staatsverband zurück. Ausgezahlt hat sich dies aus der Sicht der damaligen Demonstranten nicht. Okinawa ist mit Abstand die ärmste der 47 japanischen Präfekturen. Die extreme Belastung durch US-Truppenstützpunkte hat nur wenig abgenommen; hinzugekommen sind dafür Basen der japanischen Selbstverteidigungsstreitkräfte. Nationalistische Riten werden den Schulen vom Erziehungsministerium in Tōkyō aufgezwungen, obwohl die staatlich verordnete Schönfärberei der Geschichtsschreibung gerade in Okinawa auf Widerstand stößt. Zu einer von zahlreichen Vertretern Okinawas geforderten persönlichen Entschuldigung des früheren Kaisers Hirohito für die in seinem Namen in Okinawa verursachten Leiden kam es nie; der *Tennō* stattete dem Archipel keinen Besuch ab.[22] Erst sein Sohn, Kaiser Akihito, besuchte im April 1993 vier Tage lang Okinawa. Mit seiner nach Maßstäben des Hofprotokolls recht deutlichen Entschuldigung hat er einen ersten Schritt zur Heilung des Kriegstraumas unternommen.

In deutlichem Kontrast zur Betonung der Tatsache, daß Japan das erste Land ist, auf das Atombomben abgeworfen wurde, steht die Behandlung der Strahlenopfer und ihrer Nachkommen *(Hibakusha)*. Nicht verwunderlich ist die Tatsache, daß sich die japanische Regierung erst 1989 bereit fand, größere Summen für die medizinische

20 Japan Times v. 6. 8. 1987.

21 Peter Tasker, Inside Japan. Wealth, Work and Power in the New Japanese Empire, London 1987, S. 25.

22 Charles Smith, Emperor Go Home, in: Far Eastern Economic Review v. 19. 11. 1987, S. 46.

Behandlung der nach Korea zurückgekehrten Atombombenopfer (1945 betrug ihre Zahl schätzungsweise 23000) zur Verfügung zu stellen. In Japan selbst haben die *Hibakusha* mit der Furcht ihrer Landsleute vor genetischen Schäden zu kämpfen. Wer aus Hiroshima oder Nagasaki stammt, scheidet als Heiratskandidat für ›normale‹ Japaner häufig aus.[23]

Bei der Behandlung der *Boat People* aus Vietnam galt das Prinzip »Zahlen für die Weiterreise«. Das auf seine Zugehörigkeit zur freien Welt so stolze Japan überließ anderen die Bürde des Flüchtlingsproblems. Mittlerweile werden *Boat People* rigoros abgeschoben, allerdings mit dem Unterschied, daß es sich neuerdings fast ausschließlich um chinesische Wirtschaftsflüchtlinge handelt.

Seit etwa 1990 hat Japan trotz Einreiserestriktionen ein »Gastarbeiterproblem«. Der Arbeitskräftemangel im Bausektor und bei unattraktiven Hilfsarbeiten verbunden mit dem hohen Außenwert des Yen lockt Hunderttausende an. Eine Schätzung des Arbeitsministeriums ging für November 1991 von etwa 210000 illegalen Arbeitskräften aus, die zumeist mit Touristenvisa einreisten. Angesichts einer nicht greifenden Abschiebungspolitik und der Ausbeutung der Illegalen formulierte die Liberal-Demokratische Partei zusammen mit dem Arbeitsministerium 1992 den Plan, 100000 Hilfsarbeiter ins Land zu lassen, die eine zweijährige Berufsbildung erhalten sollten. Angesichts des enormen Wohlstandsgefälles in Asien dürfte das Problem der Arbeitsmigranten erst begonnen haben.[24]

Diskriminierung betrifft im übrigen in einer von Exklusivität geprägten Gesellschaft mehr oder minder alle Ausländer *(Gaijin)*. Während Japan in Südafrika die Einstufung seiner Geschäftsleute als »Ehrenweiße« erreichte, setzte Tōkyō den Fingerabdruckzwang für Ausländer unerbittlich durch. Daß ausländische Manager in der Konzernzentrale japanischer Unternehmen Spitzenpositionen bekleiden, ist ausgeschlossen. Der Anpassungsdruck geht so weit, daß selbst Japaner, die als Studenten oder im Auftrag ihrer Firma einen längeren Auslandsaufenthalt absolviert haben, nach ihrer Rückkehr mit dem Ruch, ›unjapanisch‹ geworden zu sein, leben müssen. Schikanen von Lehrern und Schülern gegen Kinder, die längere Zeit im Ausland waren, sind nichts Ungewöhnliches.[25]

Nachtrag: Inwieweit der Regierungswechsel des Jahres 1993 den in Ansätzen erkennbaren Wandel der Minderheitenpolitik entscheidend beschleunigt, ist offen. Sicher ist, daß der bisherige Kurs nicht auf einem Konsens der Mehrheit der Parteien beruhte.

23 C.G. Weeramantry, Human Rights in Japan, Melbourne s.d. (um 1980), S. 33f.
24 Robert Delfs, Train the Foreigner, in: Far Eastern Economic Review v. 16.7.1992, S. 20f.
25 David Willis/Eriko Onoda, Facing the Shock of Coming Home, in: The Japan Times v. 4.1.1990.

VIII. Entwicklungslinien und Merkmale der Umweltpolitik

HELMUT WEIDNER

Bis Ende der sechziger Jahre dieses Jahrhunderts galt Japan als Musterfall einer Nation, die wirtschaftliches Wachstum über alles stellte und dafür auch die Zerstörung der natürlichen Lebensgrundlagen in Kauf nahm. Schauerliche Bilder der Opfer von Umweltvergiftungen gingen in den sechziger Jahren um die Welt. Das Land, so die Weltmeinung, war auf dem Weg in ein »ökologisches *Harakiri*«. Wenige Jahre später hatte sich Japans Umweltimage grundlegend geändert. Wissenschaftler und Politiker aus aller Welt reisten dorthin, um erfolgreiche Umweltschutzmaßnahmen vor Ort zu studieren. Ihnen diente die industrielle Supermacht nunmehr als Beleg dafür, daß auch in hochentwickelten Industriestaaten ein vernünftiger Ausgleich zwischen Ökologie und Ökonomie möglich ist.

Doch seit Ende der siebziger Jahre ist der umweltpolitische Bremsweg in Japan erheblich länger geworden: Trotz unbestrittener großer Erfolge im Kampf gegen die Umweltverschmutzung ist Japan längst noch kein umweltpolitisches Musterland geworden. In der globalen Umweltpolitik hat das Land zudem verdientermaßen einen schlechten Ruf (siehe Beitrag *Internationale Umweltpolitik*), und in einigen ehemaligen Erfolgsbereichen steigen die Umweltprobleme im Lande wieder an. Japans Regierung schickt inzwischen ihre Experten nach Europa, um die hier komplexeren Umweltschutzkonzepte zu studieren. Seit der Rio-Konferenz im Juni 1992 zeichnet sich jedoch ein zunehmendes Engagement in globalen Umweltfragen ab.

1. Entwicklungslinien der Umweltpolitik

Von der ökologischen Ignoranz in Regierung, Verwaltung und Industrie hin zu der technokratisch-aktiven Umweltpolitik, die Japan zeitweilig zu einem umweltpolitischen Schrittmacher erhob, war es ein weiter Weg: Nirgendwo sonst waren schon Anfang der sechziger Jahre dermaßen viele Krankheits- und Todesfälle so eindeutig auf Umweltverschmutzung zurückzuführen, nirgendwo sonst waren die Krankheiten dermaßen qualvoll. Weltweites Aufsehen erregten dabei die *Minamata-* (Minamata heißt eine Meeresbucht in Westkyūshū, in der sich die Krankheit durch verseuchten Fisch ausbreitete) und die *Itai-Itai*-Krankheit, beide verursacht durch Schwermetalleinleitungen (Methylquecksilber, Cadmium) von Industriebetrieben in Gewässer.

Aber auch das Atmen fiel den Japanern immer schwerer: Kraftwerks-, Industrie- und Kraftfahrzeugabgase hüllten die Städte in giftige Smogwolken, so daß sich Atemwegerkrankungen häuften.

Die japanische Industriepolitik wurde nach dem Zweiten Weltkrieg im internationalen Vergleich mit anderen demokratischen Industrienationen mit einer wohl einzigartigen Nichtachtung gesundheitlicher und ökologischer Erfordernisse betrieben. Das führte in der Folgezeit zur Zerstörung weiter Naturflächen und zur Verseuchung vieler Gewässer. In den industriellen Ballungszentren stiegen die Umweltbelastungen geradezu dramatisch an. Ausgangspunkt für eine systematische staatliche Umweltpolitik waren mithin schwerste Umweltbelastungen und Gesundheitsschäden von teilweise epidemischem Ausmaß. Hierauf reagierte die konservative Regierung des Landes in unterschiedlicher Weise, wobei sich vier Entwicklungsphasen relativ klar voneinander abgrenzen lassen:

Phase der ökologischen Ignoranz

In der Phase der ökologischen Ignoranz, die etwa bis Mitte der sechziger Jahre dauerte, blieben Regierung und zuständige Behörden trotz nachweislicher Schädigung von Gesundheit und Eigentum durch gewerbliche Schadstoffemissionen weitgehend untätig. Die Unternehmen widersetzten sich erfolgreich dem Verlangen der Geschädigten nach Kompensation und Umweltschutzmaßnahmen; bisweilen boten sie äußerst niedrige Schadensersatzzahlungen – »Tränengeld« genannt – an. Die Regierung verließ diesen Pfad erst, als die Umweltkonflikte eine landesweite Dimension annahmen und es einigen Bürgerinitiativen gelungen war, die Realisierung wirtschaftsstrategisch zentraler industrieller Großprojekte und öffentlicher Infrastrukturmaßnahmen zu verhindern. Ein Schock für Regierung, Ministerialbürokratie und Unternehmensverbände war insbesondere der erfolgreiche Widerstand gegen den Bau eines gigantischen Industriekombinats im Gebiet der Städte Mishima, Numazu und Shimazu im Jahr 1964.

Phase der symbolischen Umweltpolitik

In der etwa Ende der sechziger Jahre einsetzenden Phase einer lediglich symbolischen Umweltpolitik wurden zwar im Wortlaut strenge, in der Praxis aber dann nicht vollzogene Gesetze erlassen. Dazu gehört das Umweltbasisgesetz von 1967, weltweit eines der ersten allgemeinen Umweltgesetze. Die Umweltbelastungen wurden dementsprechend dennoch größer. In der Bevölkerung, zunehmend auch unter Kommunalpolitikern, nahm der Widerstand gegen umwelt- und gesundheitsschädigende Vorhaben und Aktivitäten zu. Selbst Bewohner ländlicher Gebiete, die noch wenig früher industrielle Neuansiedlungen aller Art begrüßt hatten, sperrten sich nun dagegen mit dem Slogan »Lieber Reis essen unter blauem Himmel als Beefsteaks im Smog«. Im Unternehmensbereich mehrten sich die Stimmen zugunsten eines Konfliktabbaus durch effektive Umweltschutzmaßnahmen. Die Zahl der Bürgerinitiativen stieg rapide an, und in den Medien wurde fast täglich über Umweltprobleme und -skandale berichtet. Selbst in ihren ländlichen Wählerhochburgen verlor die Regierungspartei stetig Stimmen an Konkurrenzparteien, die den Umweltschutz ins Zentrum ihrer Wahlversprechen gerückt hatten. Im Ausland wurde Japans Regierung gezieltes »Umwelt-Dumping« als Kernbestandteil ihrer Weltwirtschaftspolitik vorgeworfen.

Phase der technokratischen Umweltpolitik

Auf diese bedrohliche Entwicklung (Wählerverluste, Blockierung der Industriepolitik, Kritik aus dem Ausland) reagierte die Regierung mit einem nachgerade radikalen umweltpolitischen Kurswechsel, der die Phase einer technokratisch-aktiven Umweltpolitik einleitete. In dieser Phase, die mit einem parlamentarischen Kraftakt einsetzte – auf einer Sondersitzung des Parlaments 1970 wurden 14 Umweltschutzgesetze und -verordnungen erlassen –, erhielten rasch spürbare Maßnahmen zur Senkung gesundheitsschädlicher Schadstoffemissionen den Vorrang. Im Jahr 1971 wurde das staatliche Umweltamt gegründet. Die Kommunen erhielten größere Spielräume zur Entwicklung und Durchführung von umweltschützenden Maßnahmen. In Kraftfahrzeugen, Industrieanlagen und Kraftwerken wurden neueste Umwelttechniken installiert. Das alles trug dazu bei, daß relativ schnell Erfolge in den Hauptproblembereichen erzielt wurden. Das Umweltthema verlor dadurch seine gesellschaftspolitische Brisanz, und es wuchs das Vertrauen in Problemlösungskapazität und -willen von Politik, Verwaltung und Wirtschaft. Gleichzeitig wuchs das Interesse im Ausland an den technischen, rechtlichen und organisatorischen Maßnahmen der japanischen Umweltpolitik – und manches davon wurde kopiert. In der Bundesrepublik Deutschland etwa war der Einfluß auf die Luftreinhaltepolitik besonders stark.

Phase der umweltpolitischen Stagnation

Durch den nachlassenden politischen Handlungsdruck und aufgrund wirtschaftlicher Problementwicklungen, insbesondere nach der zweiten Erdölpreiskrise, verlor das Umweltthema an Priorität unter den Staatszielen. Ab Ende der siebziger Jahre fanden keine im internationalen Vergleich herausragenden umweltpolitischen Aktivitäten mehr statt. Es wurde auch kein umfassendes ökologisch orientiertes Gesamtkonzept entwickelt, der kurativ-selektive und technokratische Ansatz dominiert bis heute. Zum Ende der achtziger Jahre, als Japan zunehmend von der internationalen Gemeinschaft wegen seiner umweltbeeinträchtigenden Außenaktivitäten kritisiert wurde, nahm die Debatte globaler Umweltprobleme an Intensität zu – in Politik-, Verwaltungs- und Wirtschaftskreisen offensichtlich stärker als in der Bevölkerung, in der, wie auch Meinungserhebungen zeigen, ein »globales Umweltbewußtsein« derzeit nur schwach ausgeprägt ist. Seitdem wird, primär wegen des Drucks »von außen«, staatlicherseits wieder verstärkt an umweltpolitischen Programmen gearbeitet. Die bislang verabschiedeten Programme und Gesetze (etwa Umweltschutzrahmengesetz 1993) sind jedoch recht vage gehalten, und ihre (konkreten) Zielsetzungen liegen oftmals unter denen anderer Industriestaaten, so beispielsweise bei der Bekämpfung des Treibhauseffektes. Gleichwohl, in international vergleichender Perspektive ist die gegenwärtige Situation in Japan immer noch als eine Stagnation auf relativ hohem Umweltpolitikniveau zu charakterisieren.

2. Gerichtsurteile verstärkten die »umweltpolitische Wende«

Die fundamentale Wende, die um 1970 in Japans Umweltpolitik einsetzte, war nicht das Ergebnis einer vorausschauenden Planung von Politik, Verwaltung und Wirtschaft, sondern der Endpunkt einer konfliktreichen Entwicklung, in deren Verlauf es zu militanten Demonstrationen gegen Umweltverschmutzer und zu langwierigen gerichtlichen Auseinandersetzungen zwischen Geschädigten und umweltbelastenden Betrieben kam.

Einen entscheidenden Anstoß zur Wende gaben vier zivilrechtliche Gerichtsverfahren, in denen Opfer von Umweltverschmutzungen hohe Schadensersatzzahlungen von den beklagten Unternehmen erstritten; in Japan wird in diesem Zusammenhang von den »Vier großen Umweltschutzprozessen« gesprochen. Hierbei handelt es sich um zwei Verfahren wegen der *Minamata*-Krankheit (Methylquecksilbervergiftungen), den *Itai-Itai*-Prozeß (Cadmiumvergiftungen) und um das Verfahren wegen Atemwegerkrankungen durch Schwefeldioxidemissionen mehrerer Betriebe in der Industriestadt Yokkaichi. Im Zentrum standen Schadensersatzforderungen für Gesundheitsschäden, auch in Verbindung mit Todesfällen. Sämtliche Prozesse gingen für die Kläger, die Opfer der Umweltverschmutzungen, erfolgreich aus. Es mußten teilweise sehr hohe Entschädigungssummen gezahlt werden. Das für die *Minamata*-Krankheit verantwortliche Großunternehmen Chisso beispielsweise konnte nur durch öffentliche Finanzhilfen vor dem Bankrott bewahrt werden.

Die rechtliche Ausgangslage für die Geschädigten war zunächst ungünstig. Die mit den genannten Fällen befaßten Gerichte haben jedoch auf dem Wege der Rechtsfortbildung Lösungen entwickelt, wodurch die sehr hohen rechtlichen Barrieren weitgehend abgebaut wurden. Zu den neuen, fortan die japanische Umweltpolitik stark stimulierenden Rechtsprinzipien gehören insbesondere die Anwendung eines statistischen (epidemiologischen) Kausalitätsnachweises für die Ursache-Wirkung-Beziehung zwischen Schadstoffen und geltend gemachten Schäden, das Absehen von Verschulden oder Fahrlässigkeit bei dem Entscheid, ob eine Haftungspflicht eintritt (Prinzip der Gefährdungshaftung) und eine weitgehende Erleichterung der Beweislast zugunsten der Geschädigten hinsichtlich der rechtlichen und tatsächlichen Voraussetzungen ihres Schadensersatzanspruchs (Prinzip der Beweislastumkehr).

Die vier großen Umweltverschmutzungsprozesse hatten weitreichende politische Wirkungen, und zwar nicht erst die Entscheidungen selbst, sondern bereits die laufenden Verfahren und die hierdurch bewirkte Publizität des Ausmaßes umweltbedingter Gesundheitsschäden. All das gab den Forderungen der Umweltschutzbewegung, der oppositionellen Parteien und zahlreicher Kommunen nach einer Wende der japanischen Umweltpolitik großes Gewicht. In Regierungskreisen und Unternehmertum wurde befürchtet, daß es aufgrund der verschärften Haftungsprinzipien zu einer landesweiten Welle von Schadensersatzprozessen kommen könnte, die wirtschaftspolitische Planungen schwer behindern und unternehmerische Entscheidungen nahezu unkalkulierbar machen würden. Vor allem aber befürchteten sie hierdurch den Beginn einer »Verrechtlichung« der bislang weitgehend informalen und damit prinzipiell hochflexiblen Industriepolitik sowie des bisherigen »Aushandelns« von gesellschaftlichen Konflikten.

3. Effektive umweltpolitische Regelungen

Das politisch-administrative System Japans reagierte auf die Herausforderungen mit einer fundamentalen Änderung der Umweltpolitik, vor allem in den Bereichen, in denen der Problemdruck groß war. Strengere Umweltgesetze wurden nicht nur erlassen, sondern auch umgesetzt. In enger Kooperation zwischen Regierungspartei, Ministerialbürokratie und Unternehmensverbänden wurden kurzfristige Ziele für Umweltqualitätsverbesserungen abgesteckt und die erforderlichen Umsetzungsstrategien festgelegt. Einige im internationalen Vergleich herausragende Regelungsinstrumente wurden geschaffen: so etwa das Gesamtemissionsmengen-Kontrollsystem, ein modernes Umweltchemikaliengesetz, eine Kostenbeteiligungsregelung für Unternehmen bei öffentlichen Sanierungsmaßnahmen, sehr strenge Umweltqualitäts- und Emissionsstandards sowie ein Entschädigungssystem für umweltverschmutzungsbedingte Gesundheitsschäden in Verbindung mit einer Abgabe auf Schwefeldioxidemissionen.

In drei Bereichen war Japan aus international vergleichender Sicht besondes innovativ. Da sie auch innerhalb der japanischen Umweltpolitik eine Schlüsselrolle spielen, werden sie kurz beschrieben.

Entschädigungszahlungen für Umweltopfer

Kein anderes Land hat bislang ein so umfassendes, spezialgesetzlich geregeltes Entschädigungssystem für umweltbedingte Gesundheitsschäden entwickelt. Das japanische Gesetz von 1974 bestimmte, daß für spezifische Gesundheitsbeeinträchtigungen je nach der Schwere der Beeinträchtigung gestaffelte Entschädigungen gezahlt werden. Auf dieser Grundlage erhalten derzeit noch über 100000 Personen Entschädigungszahlungen und andere Formen der Beihilfe. Einen großen Teil der hierdurch entstehenden Kosten haben Industriebetriebe zu tragen: Sie müssen eine Abgabe bezahlen, die sich nach der Höhe ihres Schwefeldioxidausstoßes richtet. Diese Abgaben wirkten als »ökonomische Hebel« und beschleunigten den umwelttechnischen Innovationsprozeß. Im Jahr 1988 wurde das Entschädigungsgesetz – gegen heftige Proteste von sogenannten Umweltopferorganisationen – grundlegend geändert. Seitdem wird niemand mehr wegen Atemwegerkrankungen als Umweltopfer neu anerkannt. Statt dessen hat sich die emittierende Industrie (einschließlich Autohersteller) freiwillig verpflichtet, Beiträge in einen Fonds zur Förderung präventiver Umweltschutzmaßnahmen zu zahlen. Für die Entschädigung der Umweltopfer, deren Krankheitsursachen relativ eindeutig auf die Schadstoffemissionen einzelner Betriebe zurückführbar sind – wie etwa bei der *Minamata*- und der *Itai-Itai*-Krankheit –, bleibt das ursprüngliche System weitgehend unverändert bestehen.

Umweltschutzvereinbarungen auf der kommunalen Ebene

Die japanischen Unternehmen werden faktisch durch staatlich verordnete Auflagen nur in sehr begrenztem Maße in die ökologische Pflicht genommen. Viel wichtiger für das tatsächliche Umweltverhalten ist die Nutzung des weiten Spielraums, den Kommunalbehörden und Bürgergruppen haben. Er wird intensiv zu direkten Verhandlungen mit den Betrieben genutzt, um auf informalem Verhandlungswege Vereinbarungen über Umweltschutzmaßnahmen zu erzielen. Diese gehen immer, oft sogar weit über die gesetzlichen Anforderungen hinaus.

Derzeit gibt es insgesamt rund 40000 solcher Vereinbarungen. Verhandlungspartner sind in der Mehrzahl der Fälle Unternehmen und Kommunalbehörden; Bürgergruppen sind an den Verhandlungen häufig (beratend oder mitentscheidend) beteiligt. Es gibt auch Umweltschutzvereinbarungen, die ausschließlich zwischen Bürgergruppen und Unternehmen abgeschlossen wurden; gegenwärtig liegt ihre Zahl bei über 4000.

Die Umweltschutzvereinbarungen *(Kōgai Bōshi Kyōtei)* gelten bei japanischen Kommunalbehörden und Bürgergruppen, aber auch bei vielen Unternehmen, als das am meisten geeignete Mittel, die Regelungen des nationalen Umweltrechts orts- und bürgernah zu vervollständigen. Sie bieten den nötigen Spielraum, den örtlichen Besonderheiten (Umweltsituation, besondere politische und soziale Präferenzen der Gemeinde) sowie den ökonomischen und technischen Möglichkeiten des jeweiligen Unternehmens Rechnung zu tragen. In dieser Hinsicht sind sie Ausdruck einer dezentralen »Umweltpolitik vor Ort«. Das erklärt teilweise auch, weshalb nur wenige Streitfälle vor Gericht gebracht werden; Fälle, in denen Unternehmen die Gerichte gegen Verwaltungsentscheidungen anrufen, sind in Japan eine absolute Rarität. Klagen von Bürgergruppen gibt es dagegen häufiger, im internationalen Vergleich liegen die Zahlen jedoch niedrig. Überhaupt spielen Gerichte in der Umweltpolitik ab den achtziger Jahren keine tragende Rolle.

Umweltinformationen

Die Erfolge der japanischen Umweltpolitik sind nicht ohne das umfassende, hochmoderne Umweltinformationssystem zu erklären. Gegenwärtig ist es bezüglich der Erhebung, Verarbeitung und Veröffentlichung umweltbezogener Daten (insbesondere für die Bereiche Luft und Gewässer) in Art und Umfang wohl einmalig. So sind zur Zeit annähernd 1700 Luftgüte-Meßstationen kontinuierlich in Betrieb; in 34 Kommunen wird bei insgesamt mehr als 700 Betrieben der Schadstoffausstoß sogar direkt erfaßt. Elektronische Schautafeln in den Umweltbehörden und auf öffentlichen Plätzen zeigen für ausgewählte Bereiche (Luftbelastung, Lärmpegel) die aktuelle Situation vor Ort an.

Wichtigster Anlaß für den raschen Aufbau eines umfassenden Informationssystems war die umweltpolitische Wende, in der sich Regierung und Industrie entschieden hatten, Umweltkonflikte durch schnell wirksame Maßnahmen abzubauen. Hierzu mußte die Daten- und Informationslage wesentlich verbessert werden: zum einen, um Gegenmaßnahmen auf rationaler Grundlage planen und ihre Effekte kontrollieren zu können, zum anderen, um die Forderungen der Bevölkerung nach realistischen Informationen über Stand und Entwicklung der Umweltbelastung zu erfüllen. Schließlich ging es auch den Unternehmen darum, ihre nunmehr erheblichen Anstrengungen zur Verminderung der Umweltbelastung anhand glaubwürdiger Daten nachweisen zu können.

Nachteilig wirkt sich diese umweltpolitische Strategie der Datenöffentlichkeit allein für Unternehmen mit geringen Umweltschutzleistungen aus. Unternehmen mit positiver Umweltbilanz werden dagegen begünstigt, denn ihre hierdurch erkennbaren Leistungen im Umweltschutz tragen erheblich zur Bildung eines positiven »Umweltschutzimages« bei, dessen (auch wirtschaftliche) Bedeutung japanische Unternehmen längst in ihre Unternehmensstrategie einbeziehen. Weiterhin schafft das System den zuständigen Verwaltungen eine gute informationelle Basis zur Planung und Kontrolle von Umweltschutzmaßnahmen.

4. Erfolge und verbleibende Probleme

Empirische Untersuchungen zur Wirkung des japanischen umweltpolitischen Instrumentariums legen folgendes Fazit nahe: Die – auch im internationalen Vergleich – herausragendsten Umweltschutzleistungen wurden primär in Bereichen erzielt, in denen extreme Gesundheitsbelastungen aufgetreten waren und die Rechtsposition der Geschädigten durch die Urteile in den vier großen Umweltschutzprozessen verbessert worden war. Die positiven Effekte wurden insbesondere durch den Aufbau eines umfassenden Umweltinformationssystems und die rasche Zunahme von Umweltschutzvereinbarungen unterstützt. Maßnahmen in anderen Politikbereichen (Energie- und Industriepolitik) trugen ebenfalls erheblich zur Umweltentlastung bei.

Darüber hinaus führten die gezielt auf Großkonflikte gerichteten Maßnahmen zusätzlich zu einer umweltpolitischen Befriedung im Lande. Der gesellschaftliche Grundkonflikt wandelte sich rasch zu einem breiten gesellschaftlichen Grundkonsens über Umweltschutzmaßnahmen, der von den verschiedenen Gesellschaftsgruppen aus unterschiedlichen Gründen mitgetragen wurde: von der Wirtschaft, weil ihr trotz strenger Umweltvorschriften (und hoher Umweltkosten) große Flexibilität bei der Umsetzung verblieb; von der Ministerialverwaltung, weil industriepolitische Planungssicherheit wiederhergestellt wurde; von der Politik, weil politische Kosten (Wählerstimmenverluste) gesenkt und das Vertrauen in die Problemlösungskompetenz staatlicher Institutionen wiederhergestellt wurde; von der Bevölkerung und den Umweltgruppen, weil in kurzer Frist spürbare Umweltverbesserungen erzielt und Umweltopfer entschädigt wurden. Politk, Wirtschaft und Ministerialbürokratie ging es überdies darum, das sich abzeichnende Eindringen des »Gerichtssystems« in die Umweltpolitikarena abzuwenden.

In der Folgezeit flaute die Umweltschutzbewegung rasch ab; sie führt, verglichen etwa mit Umfang und Durchsetzungsvermögen der Umweltschutzbewegungen in den USA, der Bundesrepublik und einigen anderen europäischen Ländern, auch heute nur ein Schattendasein. Wirtschaftswachstum und Technikoptimismus sind spätestens seit Ende der siebziger Jahre wieder en vogue in Japans Gesellschaft. Die Sicherung eines gewissen Maßes an Umweltschutz wird hierzu nicht mehr im Widerspruch gesehen; als eine gesellschaftlich prioritäre Aufgabe, der sich andere Ziele unterzuordnen haben, gilt der Umweltschutz jedenfalls schon lange nicht mehr.

Die im Vergleich zu anderen Industrienationen ehemals strengen Umweltschutzregelungen und hohen Umweltschutzinvestitionen Japans hatten im allgemeinen günstige volkswirtschaftliche Effekte. Negative Auswirkungen auf das Wirtschaftswachstum, die Beschäftigungssituation, die Geldwertstabilität, die Entwicklung des technischen Fortschritts und den Export sind nicht bekannt oder aber gering. Insgesamt überwog der volkswirtschaftliche Nutzen: Die strengen Regelungen zur Emissionsbegrenzung gaben Industrie und Energieversorgungsunternehmen einen kräftigen Anstoß zu Energieeinsparungen; dies wirkte sich nach den Ölpreiskrisen von 1973 und 1979 besonders günstig aus. Gerichtsentscheidungen und die Opposition von Bürgern gegen verschmutzungsintensive Industriezweige trugen zu einem generellen Schwenk in der Industriepolitik bei: Die Strategie des Ausbaus der Schwerindustrie wurde zugunsten von modernen, ressourcen- und energieschonenden Branchen aufgegeben. Personenkraftwagen wurden schon sehr frühzeitig (ab Mitte der siebziger Jahre) mit Katalysatoren ausgestattet, Rauchgasentschwefelungs- und Entstickungsanlagen gingen schon zu Beginn der siebziger Jahre in Betrieb. Die strengen umweltpolitischen Maßnahmen haben insgesamt entscheidende Impulse zu einem industriellen Strukturwandel gegeben, der zur Sicherung von Japans Weltmarktposition beitrug. Der »öko-industrielle Sektor« floriert, Japan gehört (mit den USA und Deutschland) zu den führenden Anbietern von Umwelttechniken.

Gleichwohl gibt es noch etliche ungelöste Probleme. So weisen etwa die Gewässer immer noch einen sehr hohen Gehalt an organischen Substanzen auf, und Lärmbelastungen treten fast allerorts auf. Die Abfallmengen aus dem Haushalts- und Gewerbebereich nehmen kräftig zu, und Deponieplätze sind im dichtbesiedelten Japan rar. Etliche der zahlreichen kleineren Müllverbrennungsanlagen sind umwelttechnisch längst nicht mehr auf der Höhe der Zeit. Der Bau von großdimensionierten Müllverbrennungsanlagen und neuen »Müllinseln« in Küstennähe soll die Müllprobleme lösen, auf Abfallvermeidung wird kaum Wert gelegt. Im Natur- und Landschaftsschutz liegt ebenfalls vieles im argen. Daneben mehren sich die Anzeichen, daß in einigen Bereichen die umweltpolitische Erfolgskurve abflacht oder gar neue Herausforderungen entstehen. Die frühzeitige Einführung von PKW-Abgaskatalysatoren konnte nicht verhindern, daß in einigen Ballungsräumen die Luftbelastung wieder ansteigt, da die Zahl der Fahrzeuge unvermindert zunimmt. Trotz der »nuklearen Allergie« der japanischen Bevölkerung setzen Regierung und Energieversorgungsunternehmen – auch nach Tschernobyl – weiterhin auf die Kernenergie, hauptsächlich mit dem Argument, die große Abhängigkeit von ausländischen Energieträgern zu verringern; seit neuerem wird hierfür auch die CO_2-Problematik angeführt.

Ob Abfallbeseitigung, Luft- und Gewässerreinhaltung, Naturschutz, Stadtplanung oder Energiepolitik – in allen Bereichen zeichnen sich die Defizite und Grenzen der technokratischen (kurativ-selektiven) Umweltpolitik innerhalb des Landes ab. Die negativen Folgen der japanischen Strategie reichen aber weit über die Landesgrenzen hinaus. Japan gilt inzwischen im globalen Kontext als Musterfall eines reichen Industrielandes, das seine internen Umweltprobleme teilweise zu Lasten anderer Länder vermindert – etwa durch die Verlagerung von umweltbelastenden Industrien in Entwicklungsländer, vornehmlich des pazifischen Raumes, – und aus wirtschaftlichem Eigennutz erheblich zur Zerstörung der globalen Umwelt beiträgt – etwa durch seine

Tropenholzimporte, Walfangpraktiken, extensive Treibnetzfischerei und lückenhaften Regelungen zum Schutz seltener Tier- und Pflanzenarten. Man könnte Japan deshalb durchaus des ökologischen Freibeutertums bezichtigen. Zum schlechten Ruf trägt schließlich auch die restriktive Rolle bei, die Japans Regierung häufig bei internationalen Umweltschutzabkommen spielt.

Der zunehmende Druck der Weltöffentlichkeit und gezielte Aktionen international operierender Umweltorganisationen gegen Japans ökologisches Sündenregister in der »UmWELTpolitik« haben in einigen Bereichen zu einem vorsichtigen Einlenken der japanischen Regierung und zu verstärkten Umweltmaßnahmen der großen, international operierenden Unternehmen geführt. Auch im Lande selbst ist eine gewisse Dynamisierung der umweltpolitischen Diskussion zu beobachten, nicht zuletzt aus weltwirtschaftspolitischen Gründen, die eine stärkere Konzentration der wirtschaftspolitischen Aktivitäten auf den Binnenmarkt erzwingen. Es mag aber auch sein, daß das (immer noch) durchsetzungsstarke Wirtschaftsministerium (MITI), das auffällig stark und »pro-aktiv« in den Bereich »Globale Umweltpolitik« eingestiegen ist, hierdurch nicht nur den Einfluß des staatlichen Umweltamtes begrenzt, sondern vor allem seinen (gesunkenen) Steuerungseinfluß auf die großen japanischen Unternehmen verstärken will. Auf jeden Fall gibt es deutliche Anzeichen dafür, daß die Phase der umweltpolitischen Stagnation zu Ende geht und in eine Phase der Internationalisierung der Umweltpolitik überleitet.

Bibliographie

Tennō

ANTONI, KLAUS, Der himmlische Herrscher und sein Staat. Essays zur Stellung des Tennō im modernen Japan, München 1991.

Regierungssystem

HAYAO, KENJI, The Japanese Prime Minister and Public Policy, Pittsburgh–London 1993.

ISHIDA, TAKESHI, Japanese Political Culture. Change and Continuity, New Brunswick–London 1983.

DERS./ELLIS KRAUS (Hrsg.), Democracy in Japan, Pittsburgh 1990.

KEVENHÖRSTER, PAUL, Politik und Gesellschaft in Japan, Mannheim u. a. 1993.

KISHIMOTO, KOICHI, Politics in Modern Japan. Development and Organization, Tōkyō 1988.

MENZEL, ULRICH (Hrsg.), Im Schatten des Siegers: Japan, 4 Bde., Frankfurt a. M. 1989.

PEMPEL, T. J. (Hrsg.), Uncommon Democracies. The One-Party-Dominant Regimes, Ithaka–London 1990.

POHL, MANFRED (Hrsg.), Japan – Politik und Wirtschaft, Hamburg 1994 (Jahrbuch, ersch. seit 1976).

DERS., Presse und Politik in Japan. Die politische Rolle japanischer Tageszeitungen, Hamburg 1981.

REED, STEVEN, Japanese Prefectures and Policymaking, Pittsburgh 1986.

Politische Parteien

MENZEL, ULRICH (Hrsg.), Im Schatten des Siegers, Bd. 3: Ökonomie und Politik, Frankfurt a. M. 1988.

POHL, MANFRED, Die Finanzierung japanischer Parteien; in: Geld in Japan, hrsg. von A. Ernst, Berlin 1981, S. 241–268.

DERS. (Hrsg.), Japan 1975/76 – Politik und Wirtschaft (Jahrbuch), Hamburg 1976ff, Neueste Ausgabe: 1993/94.

DERS., Presse und Politik in Japan, Hamburg 1981 (= MIA, Bd. 177).

DERS., Die Kommunistische Partei Japans 1974–77, Köln 1978 (= Berichte des Bundesinstituts für Ostwissenschaftliche und Internationale Studien, Nr. 27).

DERS., Die Kommunistische Partei Japans – ein Weg ohne Peking und Moskau, Hamburg 1976 (= MIA, Bd. 79).

ZEITSCHRIFT (zweimonatlich) Japan, Institut für Asienkunde Hamburg, seit 1993.

Wirtschaftsverbände und Interessengruppen

KEVENHÖRSTER, PAUL, Wirtschaft und Politik in Japan. Interessengruppen, politische Meinungsbildung und wirtschaftspolitische Entscheidungen, Wiesbaden 1973.

POHL, MANFRED, Interessenverbände und politische Entscheidungsprozesse – Beispiel der Bauernverbände (Nokyo), in: Zeitschrift f. Kulturaustausch, 32. Jg. (1982), 2. Vj., S. 98–103.

DERS., Politik und Wirtschaft in Japan – Traditionelle Kooperationssysteme vor neuen Herausforderungen, in: Aus Politik und Zeitgeschichte, Beilage zur Wochenzeitung ›Das Parlament‹, B 19/88, 6. 5. 1988, S. 3–12.

Gewerkschaften

BERGMANN, JOACHIM, Rationalisierungsdynamik und Betriebsgemeinschaft, München 1990.

DEMES, HELMUT/POST-KOBAYASHI, BETTINA, Arbeitsstatistik in Japan. Statistische Erhebungen zentralstaatlicher Stellen: Arbeitsbeziehungen (A), Berufliche Bildung (B), München 1992.

KAWANISHI, HIROSUKE (Hrsg.), Japan im Umbruch. Gewerkschafter berichten über Arbeitskämpfe der Nachkriegsära, Köln 1989.

DERS., Enterprise Unionism in Japan, London – New York 1992.

KUMAZAWA, MAKOTO, Nihonteki keiei no meian (Licht und Schatten des japanischen Managements), Tōkyō 1989.

National Defense Council for Victims of Karoshi, Karoshi. When the »Corporate Warrior« Dies, Tōkyō 1990.

SEIFERT, WOLFGANG, Der dritte Partner? Gewerkschaften und politisches System in Japan seit der Ölkrise 1973/74, Wiesbaden (im Erscheinen).

TOKUNAGA, SHIGEYOSHI/ALTMANN, NORBERT/DEMES, HELMUT (Hrsg.), New Impacts on Industrial Relations. Internationalization and Changing Production Strategies, München 1992.

Außerparlamentarische Opposition

BEER, LAWRENCE WARD, Freedom of Expression in Japan. A Study in Comparative Law, Politics, and Society, Tōkyō–New York–San Francisco 1984.

Democracy in Contemporary Japan. Ed. by Gavan McCormack & Yoshio Sugimoto, Armonk–New York–London.

FOLJANTY-JOST, GESINE, Schulbuchgestaltung als Systemstabilisierung in Japan, Bochum 1979.

MIYAZAKI, NOBORU, Eine japanische »Vergangenheitsbewältigung«. Zu dem Buch »Sättigung des Teufels« von Morimura Seiichi. In: Japan. Ein Lesebuch. Hrsg. v. Peter Pörtner, Tübingen 1986, S. 147–152.

WOLFEREN, KAREL VAN, Vom Mythos der Unbesiegbaren (The Enigma of Japanese Power), München 1989.

Minderheiten

KANEKO, MARTIN, Probleme der Minderheiten, in: Japan. Geographie – Geschichte – Kultur – Religion – Staat – Gesellschaft – Bildungswesen – Politik – Wirtschaft. Hrsg. v. Manfred Pohl, Stuttgart–Wien 1986.

LEE, CHANGSONG/VOS, GEORG DE, Koreans in Japan. Ethnic Conflict and Accomodation, Berkeley–Los Angeles–London 1981.

MILLER, ROY ANDREW, Japan's Modern Myth. The Language and Beyond, New York–Tōkyō 1982.

VOS, GEORGE DE/HIROSHI WAGATSUMA, Japan's Invisible Race. Caste in Culture and Personality, Berkeley–Los Angeles 1966.

WEERAMANTRY, C. G., Human Rights in Japan, Melbourne (um 1979).

Umweltpolitik

Environment Agency (Government of Japan), Quality of the Environment in Japan 1990, Tōkyō: Government Printing Office 1991.

FOLJANTY-JOST, GESINE, Kommunale Umweltpolitik in Japan, Hamburg 1988.

GRESSER, JULIAN/FUJIKURA, KOICHIRO/MORISHIMA, AKIO, Environmental Law in Japan, Cambridge (Massachusetts)–London 1981.

GUNNARSSON, BO, Japans ökologisches Harakiri oder Das tödliche Ende des Wachstums. Eine Warnung an die überindustrialisierten Staaten, Reinbek bei Hamburg 1974.

HUDDLE, NORIE/REICH, MICHAEL/STISKIN, NAHUM, Island of Dreams. Environmental Crisis in Japan, New York–Tōkyō 1975.

MCKEAN, MARGARET A., Environmental Protest and Citizen Politics in Japan, Berkeley 1981.

OECD, Environmental Policies in Japan, Paris 1977.

SMITH, W. EUGENE/SMITH, AILEEN M., Minamata. Words and Photographs, New York 1975.

TŌKYŌ METROPOLITAN GOVERNMENT (Hrsg.), Protecting Tōkyō's Environment, Tōkyō: Tōkyō Metropolitan Government 1985.

TSURU, SHIGETO/WEIDNER, HELMUT (Hrsg.), Ein Modell für uns: Die Erfolge der japanischen Umweltpolitik, Köln 1985.

DIES. (Hrsg.), Environmental Policy in Japan, Berlin 1989.

WEIDNER, HELMUT, Bausteine einer präventiven Umweltpolitik. Anregungen aus Japan, in: Udo Ernst Simonis (Hrsg.), Präventive Umweltpolitik, Berlin 1988, S. 145–165.

DERS., Ökologische Ignoranz als ökonomisches Prinzip. Umweltzerstörung und Umweltpolitik in Japan, in: Aus Politik und Zeitgeschichte. B 23/77 (Beilage zur Wochenzeitung Das Parlament vom 11. Juni 1977), S. 11–29.

DERS., Umweltberichterstattung in Japan. Erhebung, Verarbeitung und Veröffentlichung von Umweltdaten, Berlin 1987.

Außenpolitik

I. Japans Außenpolitik von 1854 bis 1945

Holmer Stahncke

1. Die Öffnung Japans

In der *Edo*-Zeit (1603–1868) war die japanische Außenpolitik fast ausschließlich nur in ihrer Negierung betrieben worden. Japan hatte sich selbst von der Außenwelt isoliert und auf eine aktive Außenpolitik verzichtet, um so den innenpolitischen Status quo zu konservieren. Diese Aufgabe erfüllte die Politik der Landesabschließung annähernd 250 Jahre erfolgreich, bis die erzwungene Landesöffnung im Jahre 1854 und der Abschluß von Ungleichen Verträgen (1854 u. 1858ff.) das innenpolitische Gleichgewicht zwischen den konkurrierenden Machteliten dann derart aus dem Lot brachten, daß die alte Ordnung keine 15 Jahre mehr überlebte.

Die Japaner mußten in dieser politischen Umbruchphase vor der *Meiji*-Restauration (1868) ein neues, konstruktives Verhältnis zur Außenpolitik gewinnen, wollten sie nicht ähnlich wie ihre asiatischen Nachbarn zum Spielball westlicher Interessen werden. Die scheinbare Bedrohung der Unabhängigkeit des Landes einte Politiker aller Schattierungen in dem Bestreben, das Staatswesen zu modernisieren, damit es dieser Herausforderung standhalten konnte. Innenpolitische Maßnahmen und außenpolitische Zielsetzungen waren auf diese Weise eng miteinander verzahnt.

Außenpolitische Fragen wurden gerne kontrovers in der innenpolitischen Auseinandersetzung diskutiert. Schon in den ersten Jahren nach der *Meiji*-Restauration trat ein offener Dissens zwischen den zivil geführten Kabinetten und der militärischen Führung zutage, der die außenpolitische Entwicklung der nächsten Jahrzehnte prägen sollte. Erstere waren in ihren außenpolitischen Zielsetzungen eher moderat, während sich das Militär von Anfang an für eine forschere Gangart einsetzte.

Die starke, vereinende Klammer, die diese Gemengelage divergierender Interessen zusammenhielt, war der Nationalismus, der in der gemeinsamen Verehrung des *Tennō* seinen Focus fand. Dieser Nationalismus steigerte sich im 20. Jahrhundert zu einem Ultranationalismus, der sich im Verein mit einer chauvinistischen *Tennō*-Ideologie, die die Japaner als eine allen Völkern überlegene Nation feierte, anschickte, eine Hegemonie über ganz Ostasien zu errichten. Dabei wurden auch Ideale des Pan-Asianismus und sozialdarwinistisches Gedankengut integriert.

Dieser Chauvinismus bestimmte als feste Konstante Japans Asienpolitik und verlieh ihr gewissermaßen eine Kontinuität. In seinem Verhältnis zum Westen erlebte das Inselreich dagegen radikale Brüche und letztlich einen vollkommenen Umschwung. Aus der durch die Ungleichen Verträge gedemütigten Nation wurde ein gelehriger Schüler und schließlich Partner des Westens, bis man sich in den dreißiger Jahren unseres Jahrhunderts zusehends entfremdete und sich schließlich in erbitterter Feindschaft gegenüberstand.

1894 hatte Japan nach mehreren vergeblichen Vorstößen endlich sein Ziel der Revision der Ungleichen Verträge erreicht und damit als einziger asiatischer Staat die Anerkennung des Westens als gleichberechtigte Nation gefunden. Diesen Triumph verdankte es nicht nur seiner erfolgreichen Modernisierungspolitik, sondern auch seiner zielstrebigen Asienpolitik. Gestützt auf sein modernes Militär war Japan zu einem politischen Faktor in dieser Region geworden, den nicht nur China, sondern auch die westlichen Großmächte in ihr Kalkül mit einbeziehen mußten.

Bei Betrachtung der Asienpolitik Japans muß man sich vergegenwärtigen, daß sich viele Staaten Asiens noch im ausgehenden 19. Jahrhundert als Bestandteil des im Grunde schon obsoleten chinesischen Weltsystems fühlten. In diesem gab es keine Beziehung gleichberechtigter, unabhängiger Staaten untereinander, vielmehr war jedem Staat sein Platz in der hierarchischen chinesischen Ordnung zugewiesen. Alle waren sie dem chinesischen Kaiser tributpflichtig. Als Japan 1874 eine »Strafexpedition« gegen das zu China gehörende Formosa (Taiwan) unternahm, um die Ermordung von Fischern von den Ryūkyū-Inseln (Okinawa) zu rächen und im Gefolge dieser Unternehmung seine Ansprüche auf die Ryūkyū-Inseln durchsetzte, stellte es als einziger asiatischer Staat das chinesische Weltsystem offen in Frage. Diese »Inselunternehmungen« waren allerdings erst der Auftakt. Wäre es nach den Militärs gegangen, hätte Japan Korea überfallen. Von diesem gefährlichen, unkalkulierbaren Unternehmen hatten die Politiker sie nur dadurch abbringen können, daß sie widerwillig der Formosa-Expedition zustimmten. Aber die Korea-Debatte ließ sich nicht unterdrücken und sollte die japanische Außenpolitik bis 1910 beherrschen.

2. Japans Korea-Politik

Korea war der wichtigste Tributstaat des chinesischen Kaisers. Wenn Japan sich in der *Meiji*-Zeit bemühte, dieses Königreich aus dem chinesischen Tributsystem herauszubrechen und es sich gewissermaßen selbst untertan zu machen, ist dafür ein Bündel von Faktoren verantwortlich zu machen. Zunächst einmal war eine aggressive Koreapolitik populär. Sie ließ sich propagandistisch sowohl den in der Tradition verhafteten Nationalisten vermitteln als auch den Anhängern westlicher Machtpolitik, die sich an der expansiven Weltpolitik Europas orientierten. Beide Lager waren von der Überlegenheit der Japaner gegenüber den Koreanern überzeugt und betrachteten Korea deshalb als natürliches Objekt der japanischen Interessen. Diese Politik hatte historische Wurzeln, die bis in das 16. Jahrhundert reichten und in der zeitgenössischen Publizistik eine nicht zu unterschätzende Rolle spielten. Von größerem Gewicht aber waren aktuelle innen- und sicherheitspolitische Erwägungen. Das unzufriedene Militär suchte ein Betätigungsfeld, und Korea lag in Japans Vorhof. Gerne wurden in der politischen Rhetorik deshalb strategische Erwägungen zitiert, in denen Korea als ein Dolch bezeichnet wurde, der Japan bedrohe. Konkret fürchtete man das expandierende Zarenreich. Wenn die Russen sich in Korea festsetzten, wäre Japan ihnen ausgeliefert. Letzlich galt es also, den Russen in Korea zuvorzukommen.

Eine 1890 geprägte außenpolitische Formel unterschied zwischen einer INTERESSENSLINIE Japans auf dem Kontinent und der japanischen LEBENSLINIE. Beide bedingten sich gegenseitig. Japan mußte sich mit allen Mitteln für eine Ausdehnung seiner Interessenslinie einsetzen, um seine Lebenslinie zu verteidigen. Im Falle Koreas bedeutete das, daß Japan sich erst dann sicher fühlen konnte, wenn es eine international anerkannte und militärisch abgesicherte Hegemonie über Korea ausübte und es damit seiner Lebenslinie zuordnete. Gleichzeitig würde sich dann die Interessenslinie weiter nach Asien hinein verschieben.

1876 zwang man den Koreanern einen Ungleichen Vertrag auf, dessen politische Bedeutung darin lag, daß Korea erstmals als unabhängiger, eigenständig handelnder, wenn auch nicht als gleichberechtigter Staat behandelt wurde. Damit leugnete Japan offen die Rechte der Tributmacht China. Peking erkannte die Unabhängigkeit Koreas allerdings nicht an. Tōkyō konnte in der Folgezeit geschickt den Umstand nutzen, daß koreanische Oppositionelle in ihm einen Verbündeten gegen China sahen, und beteiligte sich an deren Aktionen und Attentaten, womit es China provozierte.

Verschiedene Zwischenfälle, die sich leicht zu einem Krieg gegen China hätten entwickeln können, führten 1885 zu einem gegenseitigen Stillhalteabkommen: Im Vertrag von Tientsin verpflichteten sich beide Seiten u.a., ihre Truppen aus Korea abzuziehen und zukünftige Truppenentsendungen zuvor anzukündigen. Als die koreanische Regierung China 1894 um bewaffnete Hilfe gegen Rebellen bat, sah Japan sich berechtigt, ebenfalls Truppen zu entsenden. Es zog diese Truppen aber auch nach der Niederwerfung des Aufstands nicht nach Japan zurück, und so kam es zu erneuten Auseinandersetzungen zwischen chinesischen und japanischen Einheiten. Sie eskalierten schnell zu einem Krieg, den Japan zur Überraschung aller Westmächte sowohl zu Land als auch zur See schnell und überzeugend gewann.

Im Vertrag von Shimonoseki mußte China u. a. nicht nur die Unabhängigkeit Koreas und damit die Anerkennung der japanischen Interessensphäre in Korea zugestehen, sondern auch erhebliche territoriale Zugeständnisse machen. Formosa, die Pescadores und die Halbinseln Liaotung in der Südmandschurei sollten an Japan fallen. Damit wäre dem Inselreich das Tor zur Mandschurei geöffnet und dem russischen Expansionsdrang erstmals Grenzen aufgezeigt worden. In St. Petersburg fühlte man sich brüskiert und war keineswegs geneigt, sich von Japan bei seiner Expansion in Richtung Pazifik aufhalten zu lassen. Die Mandschurei wollte man Japan auf keinen Fall überlassen. Gemeinsam mit Frankreich und Deutschland intervenierte Rußland deshalb gegen diesen Vertrag und zwang Japan, auf die Halbinsel Liaotung zu verzichten. Diese Drei-Mächte-Intervention verursachte in Japan Bitterkeit und ein Gefühl der Erniedrigung, zumal sich ausgerechnet diese drei Staaten in den folgenden Jahren selbst Pacht- und Schutzgebiete von China abtreten ließen. Rußland selbst pachtete pikanterweise die Halbinsel Liaotung, die es Japan zuvor nicht gegönnt hatte.

3. Krieg gegen Rußland

Japan hatte erkennen müssen, daß erfolgreiche Diplomatie sich auf militärische Stärke stützen mußte. Wollte man seine Festlandsambitionen nicht aufgeben, mußte man bereit und in der Lage sein, für sie zu kämpfen. Japan wollte auf keinen Fall nachgeben und seine gerade durch die Revision der Ungleichen Verträge erlangte Souveränität in Frage stellen lassen. So nahm es ein groß angelegtes, kostspieliges Rüstungsprogramm in Angriff.

Japans Gegner hieß jetzt Rußland. Aber Rußland hatte Verbündete und war damit letztlich unangreifbar, so daß die japanische Aufrüstung ins Leere zu zielen drohte. Allerdings hatte das Zarenreich sich mit seiner Asienpolitik auch Gegner erworben. Großbritannien beobachtete diesen Rivalen mit Mißtrauen. Nur fiel es den Engländern in der sich ständig komplexer gestaltenden weltpolitischen Situation immer schwerer, an jedem Ort der Erde energisch für seine Interessen einzutreten. Der Burenkrieg, die deutsche Flottenrüstung u.a.m. machten eine Neuorientierung der britischen Außenpolitik unumgänglich. Großbritannien brauchte einen Verbündeten. Und da die USA sich sträubten, blieb nur Japan als geeigneter Schild britischer Interessen in Asien. Aus dieser Erwägung heraus hatte London sich auch für die Revision der Ungleichen Verträge eingesetzt. Das Verhalten des japanischen Heeres bei der Niederwerfung des Boxeraufstands 1900 überzeugte die britischen Militärs von dessen Qualität. 1902 gab London seine Politik der *Splendid Isolation* auf und schloß ein Bündnis mit Japan. Die auf fünf Jahre angelegte britisch-japanische Allianz war die triumphale Krönung japanischer Diplomatie und schuf die politischen Voraussetzungen für einen Krieg mit Rußland. Großbritannien hatte Japans Interessen in Korea anerkannt und würde in einen russisch-japanischen Krieg eingreifen, wenn ein europäischer Staat Rußland zu Hilfe eilte.

1904 eröffneten die Japaner diesen Krieg mit einem Überfall der japanischen Flotte auf die russische Marinebasis Port Arthur auf der Halbinsel Liaotung. In zwei Seeschlachten im Gelben Meer und bei Tsushima vernichteten sie die russische Flotte und eroberten schließlich unter ungeheuren Verlusten auch Port Arthur.

Die USA, seit 1898 selbst Kolonialmacht auf den Philippinen, hatten den japanischen Expansionsdrang schon seit längerem mit Argwohn verfolgt. Er schien ihnen unberechenbar und den Prinzipien ihrer 1899 proklamierten Politik der Offenen Tür zuwiderzulaufen, nach der den Angehörigen aller Nationen unabhängig von den jeweiligen Interessensphären einzelner Staaten ein ungehinderter Handel in China ermöglicht werden sollte. Um den Dingen nicht einfach ihren Lauf zu lassen, vermittelte Washington den Frieden von Portsmouth. Korea wurde den Japanern als Protektorat zuerkannt und das besondere Interesse Tōkyōs in dieser Region sowohl von Großbritannien, das 1905 seine Allianz mit Japan um weitere zehn Jahre verlängerte, als auch von den USA bestätigt. Beide Mächte kümmerten sich nicht um den Protest der Koreaner und erhoben auch keinen Widerspruch, als Japan 1910 das widerstrebende Königreich formell annektierte. Rußland mußte die Halbinsel Liaotung endgültig an Japan abtreten und auch auf seine Rechte an der Südmandschurischen Eisenbahn, deren Bau es 1898 begonnen hatte, zugunsten Japans verzichten. Diese Eisenbahnlinie schuf in der Folgezeit die Voraussetzungen für Japan, seinen wirtschaftlichen Einfluß in der Mandschurei auszubauen. 1907 stationierte Japan zum Schutz der Eisenbahnlinie Truppen in der mandschurischen Provinz Kwantung auf der Halbinsel Liaotung. Diese Kwantung-Armee sollte in den dreißiger Jahren einen unheilvollen Einfluß auf die Entwicklung der japanischen Außenpolitik nehmen.

4. Der Erste Weltkrieg

Der Ausbruch des Ersten Weltkriegs 1914 eröffnete den japanischen Expansionisten ein neues Feld. Unter Berufung auf die Beistandsvereinbarungen der britisch-japanischen Allianz besetzte Japan die deutschen Besitzungen in China und im Nordpazifik. Ein Einspruch der sich in Europa bekriegenden Großmächte war nicht zu erwarten, als Tōkyō daranging, sich die Provinz Shantung auch formell einzuverleiben. In einer 21 Punkte umfassenden Forderung an China verlangte es den Transfer sämtlicher deutschen Rechte in China und bestand darauf, weitere Privilegien in der Südmandschurei und der Inneren Mongolei zugewiesen zu bekommen.

Abb. 1: Japan nach dem Ersten Weltkrieg

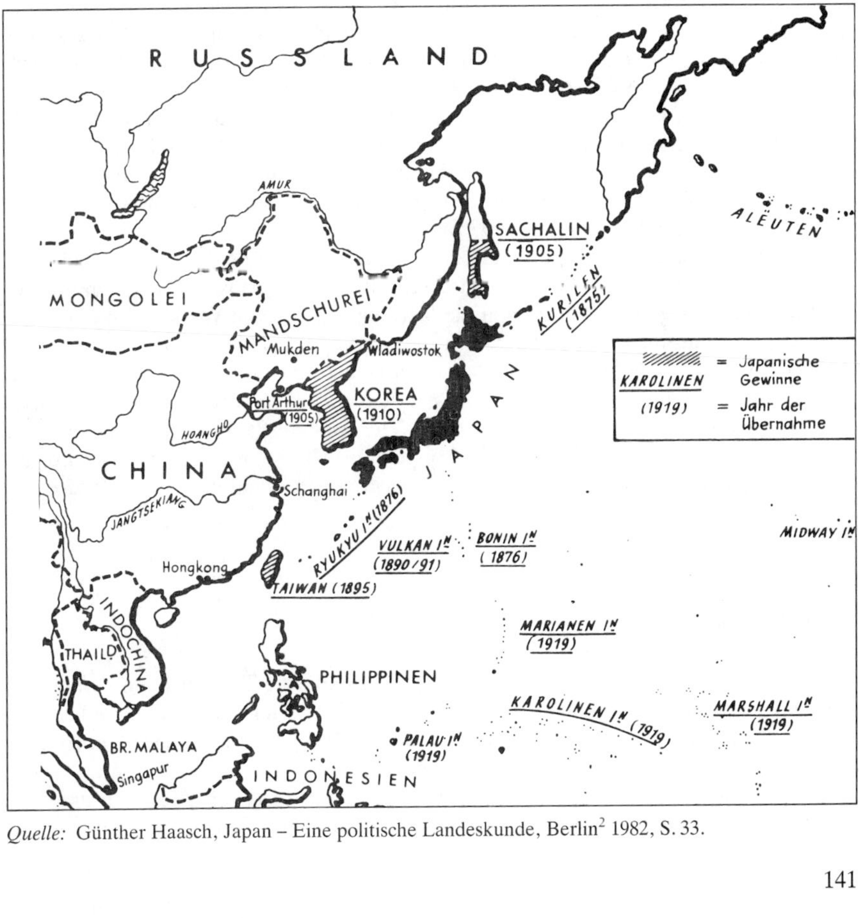

Quelle: Günther Haasch, Japan – Eine politische Landeskunde, Berlin² 1982, S. 33.

Auf der Friedenskonferenz von Versailles bestand Japan auf der Sanktionierung seiner Chinapolitik. Nur widerwillig gestanden die Siegermächte ihrem Verbündeten dessen Forderungen zu, um einen offenen Bruch mit Japan zu verhindern. Das von den japanischen Ansprüchen unmittelbar betroffene China fand kein Gehör, weigerte sich allerdings, den Vertrag zu unterzeichnen.

Die japanische Forderung, die Gleichstellung aller Rassen zu proklamieren, scheiterte am Widerstand der Großmächte, die ihren kolonialen Besitzstand gefährdet sahen. Diese Zurückweisung verletzte das Ego der Japaner, und der Umstand, daß sie als einzige nichteuropäische Nation einen ständigen Sitz im neu gegründeten Völkerbund erhielten, war nur ein dürftiges Notpflaster. Aber immerhin konnten sie sich in ihrer Asienpolitik doch fortan mit dem Nimbus umgeben, als Vorkämpfer für die Rechte der von den Weißen unterdrückten asiatischen Völker aufgetreten zu sein.

In Ostasien hatten letztlich allein die USA und Japan vom Weltkrieg profitieren können. Damit waren sie zu Rivalen und potentiellen Gegnern geworden. Um den japanischen Expansionisten die Flügel zu stutzen, suchten die USA den Schulterschluß mit Großbritannien. Sie verzichteten eigens auf ein geplantes maritimes Rüstungsprogramm, bei dem das vom Weltkrieg erschöpfte England nicht hätte mithalten können. Dieser Verzicht hatte allerdings nur dann Sinn, wenn auch Japan einer Reduzierung seiner Flotte zustimmte. 1922 luden die USA deshalb die verbliebenen Großmächte und einige europäische Kolonialmächte zu einer Flottenabrüstungskonferenz nach Washington ein. Angesichts der wirtschaftlichen Probleme der Nachkriegszeit konnte sich die japanische Regierung mit dem Gedanken abfinden, zunächst auf weitere kostspielige Rüstungsprogramme zu verzichten. Anders die Marine: Sie fühlte sich von den Politikern ungerecht behandelt, weil der amerikanischen und britischen Marine mehr große Kampfschiffe zugestanden worden waren als ihr. Dieser Dissens in bezug auf die politische Führung wiederholte sich 1930 auf der Flottenabrüstungskonferenz von London. Beide Konferenzen wurden von vielen Japanern als Beleidigung aufgefaßt, beschnitten sie doch den politisch-strategischen Spielraum Japans in Ost-Asien und im Pazifik. Im Dezember 1936 erloschen die Vereinbarungen von Washington und London, und ein neues maritimes Wettrüsten setzte ein.

Das Bemühen der Politiker, einen modus vivendi zu finden, der eine friedliche Realisierung aller Interessen zuließ, kam u.a. darin zum Ausdruck, daß Großbritannien und Japan ihre Allianz zugunsten eines Vier-Mächte-Pakts auflösten, dem auch die USA und Frankreich angehörten. Gekoppelt mit Abrüstungsbestimmungen befriedigte dieser Pakt die Sicherheitsinteressen der beteiligten Staaten im Nord-Pazifik.

5. Krieg gegen China

Auch die Entwicklung in China kam in Washington auf die Tagesordnung. Aber alle Zusagen, daß man die Souveränität Chinas wieder herstellen wollte, blieben letztlich sehr vage und waren keineswegs geeignet, Japans Drang in die Mandschurei Einhalt zu gebieten.

Mit dem Untergang des Zarenreichs war die Mandschurei-Frage wieder akut geworden. Japan unterstrich seinen Anspruch, indem es der Kwantung-Armee einen unabhängigen Status zuerkannte. Diese besonders in ihrem jüngeren Offizierskorps stark politisierte, nationalistische Truppe verselbständigte sich immer mehr und entzog sich zusehends der Kontrolle Tōkyōs. Sie verfolgte einen eigenen expansionistischen Kurs, den sie auch zur Überwindung der wirtschaftlichen Probleme Japans für notwendig hielt. Um einen Anlaß für die Okkupierung der Mandschurei zu erhalten, provozierte sie eine Reihe von sogenannten »Zwischenfällen« und stellte damit die Regierung in Tōkyō ständig vor vollendete Tatsachen.

Im September 1931 zerstörten Soldaten der Kwantung-Armee einen Streckenabschnitt der Südmandschurischen Eisenbahnlinie. Die Schuld wurde der chinesischen Armee zugeschoben. Diesen »Zwischenfall« von Mukden (auch: »Mandschurischer Zwischenfall«) nahm die Kwantung(Guandong)-Armee zum Anlaß, in »Selbstverteidigung zu handeln« und Mukden zu besetzen. Unter dem Vorwand taktischer und strategischer Erfordernisse rückte sie immer weiter in die Mandschurei vor.

Drei Provinzen der östlichen Mandschurei wurden besetzt. Um wieder die politische Kontrolle in der Region zurückzugewinnen, stimmte Tōkyō ihrer Umwandlung in den japanischen Marionettenstaat Mandschukuo mit dem letzten chinesichen Kaiser P'u Yi als Staatsoberhaupt zu. Als der Völkerbund dieses Vorgehen auf Ersuchen Chinas verurteilte, erklärte Japan demonstrativ seinen Austritt. Kaum ein Staat erkannte Mandschukuo an. Seine auf vollständige wirtschaftliche Durchdringung ausgerichtete Mandschurei-Politik führte Japan jetzt immer tiefer in eine außenpolitische Isolation.

Nur im nationalsozialistischen Deutschland und im faschistischen Italien – ebenfalls Außenseiter in der internationalen Staatengemeinschaft – fand Japan Partner. 1936 schlossen Deutschland und Japan den gegen die Sowjetunion gerichteten Anti-Komintern-Pakt, für den sich insbesondere das Militär stark gemacht hatte. Im November 1937 trat Italien diesem Pakt bei.

Im Juli 1937 hatte die Kwantung-Armee einen erneuten »Zwischenfall« an der Marco-Polo-Brücke inszeniert. Die Kampfhandlungen waren eskaliert, und es war in Nanking zu grausamen Metzeleien unter der chinesischen Zivilbevölkerung gekommen. China nahm den Kampf an, und Japan war ohne formelle Kriegserklärungen in einen regulären Krieg mit China hineingeglitten, in den es sich immer tiefer verstrickte, ohne einen Ausweg zu finden. Sowohl die nationalistische Kuomintang-Regierung als auch die chinesischen Kommunisten setzten der Kwantung-Armee hart zu. Schon bald mußte sie sich auf die Kontrolle der wichtigsten Städte und Kommunikationsverbindungen beschränken. Der Versuch, weitere hörige Marionettenregierungen (Nanking 1940) zu etablieren, scheiterte.

Ermutigt durch die deutschen Siege in Europa schloß Japan im September 1940 den militärisch letztlich wertlosen Dreimächte-Pakt mit Deutschland und Italien und drang im gleichen Monat nach Französisch-Indochina ein, um die auswärtige Hilfe an China abzuschneiden. Die USA froren daraufhin japanische Konten ein und verhängten ein Ölembargo. Da Japan nicht über ausreichende Lagerhaltungen verfügte, stand man vor der Alternative, den amerikanischen Forderungen nachzugeben und sich aus Indochina, möglicherweise auch aus China zurückzuziehen oder aber zu versuchen, die Ölfelder in Niederländisch-Ostindien zu erobern. Die japanische Regierung war zu Verhandlungen bereit, stellte aber Vorbedingungen, auf die Washington nicht eingehen wollte. Das Kabinett trat daraufhin zurück, und das Militär übernahm die Regierungsgewalt.

6. Der Zweite Weltkrieg

Nun wurde alles auf eine Karte gesetzt. In dieser Risikobereitschaft wurde man durch den Nichtangriffspakt mit der Sowjetunion bestärkt, den man im April 1941 hatte abschließen können und der Japan den Rücken in China freihielt. Mit der sowjetischen Armee hatte es immer wieder Grenzgefechte gegeben. Die Frage, ob weiche Demokratien wie die in den USA in letzter Konsequenz auch für ihre Interessen kämpfen würden, glaubten viele japanische Militärs verneinen zu können.

Am 7. Dezember 1941 griffen japanische Flugzeuge Pearl Harbor an, um die amerikanische Pazifikflotte auszuschalten. Japan glaubte: Bevor die Amerikaner sich von diesem Schock erholt haben würden, hätte Japan Südostasien bereits überrannt. Diese Rechnung ging jedoch nicht auf. Die USA waren zum Kampf bereit und verfügten auch über das nötige Potential, zumal es den Japanern in Pearl Harbor nicht gelungen war, auch nur einen der amerikanischen Flugzeugträger zu zerstören. Zu-

Abb. 2: Japan nach dem Zweiten Weltkrieg

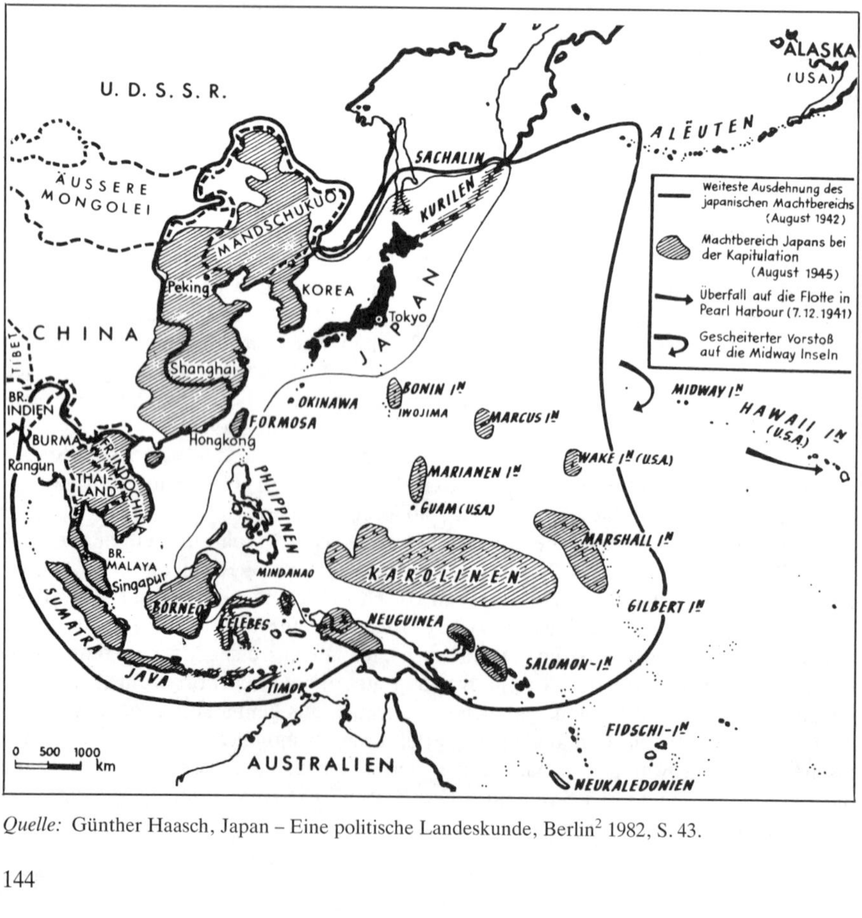

Quelle: Günther Haasch, Japan – Eine politische Landeskunde, Berlin[2] 1982, S. 43.

nächst verlief alles planmäßig, und die Japaner errangen eine Reihe von Siegen. Die einzige amerikanische Kolonie, die Philippinen, fiel. Borneo, die Celebes, die malaiische Halbinsel, Singapur, Indonesien und Rangoon wurden erobert. Bis nach Guadalcanal und Neu-Guinea dehnte sich das japanische Einflußgebiet aus, so daß schließlich selbst Australien bedroht war.

Die eroberten Gebiete sollten den Nachschub der japanischen Armee mit Rohstoffen sicherstellen. In Antizipation einer von Japan dominierten Nachkriegsordnung sollte das Verhältnis zu den besetzten Regionen auf der Basis der Doktrin der Groß-Ostasiatischen Wohlstandssphäre entwickelt werden. Das Konzept einer wirtschaftlichen Zusammenarbeit war bereits 1938 entwickelt worden und sollte damals Japan, Mandschukuo und China aneinander binden. Jetzt wurde es um die Staaten Südostasiens erweitert, und im August 1940 sprach man erstmals von Japans Ziel, eine Groß-Ostasiatische Wohlstandssphäre zu schaffen. Japan wollte sich einen Nimbus als Befreier Asiens von weißer Kolonialherrschaft verschaffen. Doch der Slogan »Asien den Asiaten« kaschierte nur notdürftig seinen wahren Gehalt: »Asien den Japanern«.

Mit Groß-Ostasiatischer Wohlstandssphäre war eine wirtschaftlich autarke Zone unter der Führung Japans gemeint, in der das Zusammenleben und der gemeinsame Wohlstand aller Länder Ost- und Südostasiens angestrebt werden sollte. Im November 1942 wurde in Tōkyō eigens ein Groß-Ostasien-Ministerium gegründet. Aber dieses Projekt war angesichts der brutalen japanischen Besetzungspolitik zum Scheitern verurteilt, auch wenn ein gewisses Maß an wirtschaftlicher Integration erreicht wurde.

Im Juni 1942 wendete sich der Kriegsverlauf. In der Schlacht von Midway verlor die japanische Flotte vier Flugzeugträger und damit die Hoffnung, den Krieg im Pazifik für sich entscheiden zu können. Der Verlust der Lufthoheit führte dazu, daß die japanischen Truppen auf den pazifischen Inseln nicht mehr versorgt werden konnten. Das Inselspringen setzte ein, und die amerikanischen Truppen stießen beharrlich nach Westen vor, bis die japanischen Inseln selbst in die Reichweite amerikanischer Bomber kamen. Ab Mitte 1944 wurden gegen japanische Städte pausenlos Bombenangriffe geflogen.

Im Januar 1945 eroberten die Amerikaner die Philippinen zurück. Im April 1945 wurde Okinawa angegriffen und unter so schweren Verlusten im Juni erobert, daß die Amerikaner einen Vorgeschmack auf die bevorstehende Eroberung der japanischen Hauptinseln bekamen. Diese schien unausweichlich, da sich das Militär weigerte, nach den Forderungen der Potsdamer Konferenz bedingungslos zu kapitulieren. Die Zivilbevölkerung wurde wie schon in Okinawa auf einen totalen Krieg vorbereitet. Um bei den letzten Kampfhandlungen nicht unnötig das Leben amerikanischer Soldaten aufs Spiel zu setzen, entschieden sich die Amerikaner jetzt zum Abwurf der Atombomben am 6. und 9. August 1945 auf Hiroshima und Nagasaki. Als die Armeeführung trotzdem nichts von einer Kapitulation wissen wollte, fällte der *Tennō* diese Entscheidung, die er am 15. August in einer öffentlichen Erklärung verkündete. Am 2. September wurde die offizielle Kapitulation unterzeichnet. Die japanische Expansionspolitik, die so vielen Menschen das Leben gekostet hatte, war zu einem unrühmlichen Ende gekommen.

II. Grundzüge der Außenpolitik: Akteure und Instrumente

Paul Kevenhörster

Das wachsende außenpolitische Gewicht der wirtschaftlichen Weltmacht Japan lenkt das Interesse auf das Entscheidungsnetzwerk der japanischen Außenpolitik. Die wichtigsten Akteure, ihre Perspektiven und Instrumente werden im folgenden aufgezeigt. Im Vordergrund stehen dabei die Fragen nach den Funktionsvoraussetzungen der Außenpolitik, ihrer Machtstruktur, der Rolle der politischen Parteien und der Bedeutung unterschiedlicher außenpolitischer Denkschulen.

1. Außenpolitische Machtringe

Von Politikwissenschaftlern und Journalisten werden gelegentlich drei »Machtringe« des japanischen Regierungssystems diagnostiziert, die den Machtkern des politisch-administrativen Systems umschließen: die Führung der Regierungsparteien, das Parlament und die Bürokratie.[1] Andere bezeichnen die Geschäftswelt, die Bürokratie und die konservativen Parteien als die entscheidenden Machtträger im politischen System Japans. Japanische Experten ordnen unter diesen Machtringen häufig der Ministerialbürokratie den größten Einfluß zu, weil Parlamentsmehrheit und Geschäftswelt im allgemeinen dem von den Ministerien abgesteckten Kurs folgen. Zudem bestehen Regierungsparteien, Verbände und Unternehmensführungen selbst teilweise aus früheren Ministerialbeamten. Die Frage bleibt jedoch, inwieweit diese von der Bürokratie geführte Tripelallianz aus Beamten, Politikern und Unternehmern auch die Außenpolitik bestimmt und inwieweit ihre Bedeutung für die politische Richtungsbestimmung in Japan auch nach dem Regierungswechsel 1993 fortbesteht, der komplizierte Koalitionsabsprachen einschließt. Gerade dieser Zwang aber könnte die Stellung der Ministerialbürokratie als eines Garanten politischer Kontinuität noch weiter festigen.

Das bürokratische Modell politischer Entscheidungsprozesse, entwickelt zur Erklärung des Prozesses der Politikformulierung in modernen Regierungssystemen, ist auch zur Erklärung der japanischen Außenwirtschafts- und Entwicklungspolitik durchaus geeignet: Institutionelle Loyalitäten und Eigeninteressen überwiegen, und sozioökonomische Interessen werden durch den stark fragmentierten Regierungs-

---

1 Vgl. Charles F. Bingman, Japanese Government Leadership and Management, New York 1989. Dieses Erklärungsmuster ist zuerst Anfang der siebziger Jahre von Yung Park und Kōji Kakizawa entwickelt worden.

apparat in politische Optionen der einzelnen Ressorts und schließlich in politische Entscheidungen transformiert.[2] Demgegenüber ist die politische Reichweite des Parlaments weitgehend auf Mittel indirekter Einflußnahme begrenzt (Debatten, Anfragen etc.). Der Bereich der Entwicklungspolitik ist dabei der bislang am weitestgehend erforschte Teilbereich der Außenpolitik und bestätigt dieses Bild: Politikformulierung findet nahezu ausschließlich im Regierungsapparat statt; dies begünstigt Routineentscheidungen und erschwert Innovationen. Auch wenn nicht eines der Ministerien allein entscheidet, finden die politischen Vorentscheidungen in den Ministerien und in Verhandlungen zwischen den beteiligten Ressorts statt.

Die politische Zurechnung von Entscheidungen wird in Japan dadurch erschwert, daß vier Ressorts für Außen-, Außenwirtschafts- und Entwicklungspolitik zuständig sind *(Yon Shōchōkyōgi Taisei)*: Außenministerium, MITI, Finanzministerium und die Economic Planning Agency. Die Federführung liegt beim Außenministerium, das außenpolitische Kriterien vorgibt, während das MITI außenwirtschaftliche und das Finanzministerium (MoF) budgetäre Interessen vertritt. In den letzten Jahren haben auch die Regierungsparteien stärkeres Interesse an der Entwicklungspolitik gezeigt. Die drei Ministerien bleiben so in der Politikformulierung nicht autonom und müssen auf die mit den Ressorts verbundene politische Klientel Rücksicht nehmen. Die Faktoren, die ihre Planung beeinflussen, sind weltweite Trends, außenpolitische Isolationsängste, Statusansprüche und regierungsinterne Durchsetzungstaktiken.

Wichtigste Institution außenpolitischer Planung und Entscheidung im japanischen Regierungsapparat ist das Außenministerium *(Gaimushō)*, dessen Führungs- und Koordinationsfunktion allerdings nicht mehr so unumstritten ist wie in den ersten beiden Nachkriegsjahrzehnten.[3] Seine Mitarbeiterzahl ist im Vergleich zu den Außenministerien anderer Industriestaaten klein. Zudem wird es im Unterschied zu anderen Ressorts durch keine nennenswerten innenpolitischen Interessensallianzen gestützt. Seine Fachkompetenz und seine traditionelle Rolle als Moderator widerstreitender Interessen verleihen ihm gleichwohl eine außenpolitische Steuerungsfunktion, die freilich zumindest im Bereich der Außenwirtschaftspolitik durch das MITI begrenzt wird.

In der jüngsten Zeit ist das *Gaimushō* dazu übergegangen, in der Bevölkerung für seine Auffassung offensiv zu werben und »Japans Internationalisierung« *(Uchi Naru Kokusaika)* innenpolitisch zu begründen. Durch diese landesweite Öffentlichkeitsarbeit seiner Diplomaten versucht das Ministerium, das Verständnis für aktuelle Fragen zu wecken und den außenpolitischen Konsens zu festigen. Aufgrund seiner Analyse des Normalisierungsprozesses der Beziehungen zwischen Japan und China ist Ochi zu dem Ergebnis gekommen, daß die LDP die Außenpolitik der Regierung nicht in entscheidendem Maße beeinflusse.[4] Das außenpolitische Entscheidungszentrum liege in der Regierung, die sich als Garant außenpolitischer Stabilität erweise. Die Implementierung außenpolitischer Entscheidungen hänge aber von der Kooperation zwischen Politikern und Bürokraten ab.

2 Vgl. Robert M. Orr, The Emergence of Japan's Foreign Aid Power, New York 1990, S. 7ff., 20, 146.

3 Vgl. Reinhard Drifte, Japan's Foreign Policy, London 1990, S. 21ff.

4 Vgl. Hisashi Ochi, Der außenpolitische Entscheidungsprozeß Japans. Der zur Normalisierung der Beziehungen zwischen Japan und der Volksrepublik China führende politische Entscheidungsprozeß, München 1982, S. 224f.

Seit langem ist die Diskrepanz zwischen dem Wirtschaftspotential und dem außenpolitischen Handlungsspielraum Japans kritisch beleuchtet worden.[5] Diese Diskrepanz schlägt sich auch in der Organisationsstruktur der Außenpolitik nieder. Die starke Stellung des MITI innerhalb der Regierung – und damit auch gegenüber dem *Gaimushō* – ist nicht nur auf die hinter diesem Ressort stehenden Verbände und Unternehmen zurückzuführen, sondern auch auf einen leistungsfähigen, durchsetzungsstarken Apparat und eine entsprechende Schulung seiner Beamten.[6] Viele der leitenden Beamten haben Aufgaben im Ausland, vor allem bei internationalen Organisationen (IMF, GATT, OECD) und in japanischen Botschaften wahrgenommen und stehen daher den neuen Herausforderungen der japanischen Außenwirtschafts-, Industrie- und Technologiepolitik aufgeschlossen gegenüber. Sie kennen den Handlungsrahmen der Außenpolitik und werden gelegentlich auch als »kosmopolitische Nationalisten« bezeichnet. Diese fachliche Kompetenz stärkt ihr internationales Durchsetzungsvermögen beträchtlich. Die Geschichte der Außenhandelsbeziehungen zu den Vereinigten Staaten dokumentiert Beharrungsvermögen UND Durchsetzungsstärke einer auf die Wahrung des Schutzes japanischer Wirtschaftsinteressen bedachten Bürokratie.

Die vom Verfasser befragten 90 außenpolitischen Experten und Praktiker in Parlament, Ministerien, Medien, Beratungsinstituten und Hochschulen in Japan sprechen das stärkste Gewicht in der außenpolitischen Zielformulierung dem Außenministerium zu, gefolgt von der Liberal-Demokratischen Partei und anderen Ministerien.[7] Hier wiederum nehmen MITI und Finanzministerium vordere Rangplätze ein. Die außenpolitischen Ziele selbst erscheinen den Experten teilweise vage und lassen sich noch am ehesten folgendermaßen umreißen: Wahrung der eigenen Interessen, gute Beziehungen zu den Vereinigten Staaten und den asiatischen Nachbarländern und die Bereitschaft zur Übernahme internationaler Verantwortung. Die stärkere Beteiligung an Friedenssicherungsmaßnahmen der UN, die engere Kooperation mit den USA, China und Rußland und der Aufbau eines umfassenden Netzes trilateraler Beziehungen zu den Vereinigten Staaten und zu Europa sind für Praktiker und Experten in gleicher Weise vorrangige Ziele der japanischen Außenpolitik. Werden vor allem die Beziehungen zu China und Rußland als verbesserungsbedürftig angesehen, so bleiben die Beziehungen zu den Vereinigten Staaten der tragende Pfeiler der japanischen Außenpolitik.

In den Handlungsfeldern der Außenpolitik werden folgende Aufgaben betont: in der Außenwirtschaftspolitik die Stärkung des Freihandelssystems, der Abbau von Handelsungleichgewichten und die Öffnung des eigenen Marktes; in der Entwicklungspolitik die Qualitätssteigerung und stärkere Bedürfnisorientierung der Programme und Projekte; in der Verteidigungspolitik die Ablehnung eines Ausbaus der Streitkräfte sowie die Befürwortung ihrer Beteiligung an UN-Missionen. Insgesamt soll Japan nach Auffassung seiner Praktiker und Experten sein multilaterales Engagement – möglichst in enger Abstimmung mit seinen Nachbarn in Asien – ausbauen. Dies gilt institutionell vor allem für die weitere Mitarbeit in den Vereinten Nationen

---

5 Vgl. Hisahiko Okazaki, A Japanese View of Detente, Toronto – London 1974, S. 80.

6 Vgl. Chalmers Johnson, MITI and the Japanese Miracle. The Growth of Industrial Policy, 1925–1975, Stanford (Cal.) 1982, S. 281, 284ff.

7 Vgl. Paul Kevenhörster, Japan. Außenpolitik im Aufbruch, Opladen 1993.

und sektoral vornehmlich für Technologie- und Entwicklungshilfepolitik. Hierzu müsse ein breiter innenpolitischer Konsens geschaffen werden.

2. Regierung und Parlament: die »doppelte Machtstruktur«

Die außenpolitische Zielformulierung bleibt trotz des stärkeren Drängens der Parteien auf eine frühzeitige Beteiligung an der Entscheidungsfindung über weite Strekken eine Domäne der Ministerialbürokratie.[8] Die Entscheidungsfähigkeit des Regierungsapparats wird aber in außenpolitischen Fragen dadurch geschwächt, daß die verschiedenen Regionalabteilungen des Außenministeriums offen miteinander konkurrieren und sich mehr als Anwalt der japanischen Beziehungen zu ihrer Region denn als Motor einer geschlossenen Außenpolitik verstehen.[9] Die informelle Vorrangstellung der Amerika-Abteilung ändert hieran nichts. Außenpolitik wird so eine Abfolge aufeinander nicht abgestimmter Erklärungen.

Außenpolitische Vorstöße – wie etwa die Neuanbahnung der Beziehungen zu Nordkorea[10] – sind häufig nur einem Teil der Führung des Außenministeriums bekannt. Die außenpolitische Verantwortung liegt zudem nicht so eindeutig beim Ministerpräsidenten, wie gelegentlich behauptet wird. Wirkliche politische Machtinhaber sind auch in diesem Politikfeld die Vorsitzenden der mächtigsten Faktionen der LDP und die Bürokratie. Die politische Verantwortung liegt mehr bei den Generalsekretären der Regierungsparteien als beim Regierungschef. Die Arena der Außenpolitik bietet somit das Bild einer »doppelten Machtstruktur« *(Kenryoku no Nijū Kōzō)*.[11] Mit anderen Worten: Das außenpolitische Machtvakuum im Regierungsapparat wird zunehmend von den Parteien ausgefüllt. Für die Meinungsbildung und Entscheidungsfindung der LDP in außenpolitischen Fragen war das *»Policy Research Council« (Seimuchōsakai)* das wichtigste Gremium. Dieser Ausschuß arbeitet eng mit der Ministerialbürokratie zusammen, prüft Gesetzesvorhaben vor der parlamentarischen Beratung und nimmt dazu abschließend gegenüber dem »International Bureau« « *(Kokusaikyoku)* der Partei Stellung.[12] Hier werden auch die außenpolitischen

8 Vgl. hierzu Manfred Pohl, Spitzenbeamte: Japans »heimliche Herrscher«? in: Japaninfo, 26. 2. 1990, Nr. 2, S. 15–17. Trotz des Primats der Politik sind die Karrierebeamten »Japans unbestrittene Elite« (S. 15) und setzen die Tradition der Samurai-Beamten fort. »Bureaucrats are the policy and decision makers in this country . . .«, stellt Motofumi Asai fest. Vgl. Motofumi Asai, Democracy, an Unintended Victim, in: Japan Quarterly, 37 (1990) 1, S. 7.

9 Vgl. Jon Woronoff, Politics. The Japanese Way, Tōkyō 1986, S. 370.

10 Vgl. Keiji Kobayashi, Kanemaru hōchō e no michi wa pari de hajimatta (Der Besuch Kanemarus in Nordkorea begann in Paris), in: Aera, 51 (1990) 12, S. 25–26; vgl. auch: Reinhard Drifte, Japan und Nordkorea probieren die Annäherung, in: Japan aktuell, 15. 2. 1991, S. 6–8.

11 Vgl. Shigezo Hayasaka, Posto Kaifu wa kono futari (Nach Kaifu diese beiden), in: Asahi Gekkan, 3 (1991) 2, S. 48–54.

12 Vgl. Hans Baerwald, The Diet and Foreign Policy, in: Robert A. Scalapino (Hrsg.), The Foreign Policy of Modern Japan, Berkeley 1977, S. 39f.; Hitoki Den, The Politics of Power: Top-Down Government, in: Tōkyō Journal, 5 (1986) 12, S. 11–12.

Grundsatzfragen mit Vertretern des *Gaimushō*, der Interessenverbände und der Faktionen beraten.

Inzwischen ist die außenpolitische Richtungsbestimmung durch das Außenministerium nicht mehr unumstritten. Regierungsinterne Studien weisen mit Nachdruck auf das veränderte Gewicht der Ressorts hin. So hat der »Außerordentliche Ausschuß für Verwaltungsreformen« *(Rinji Gyōsei Kaikaku Suishin Shingikai)* in einem neueren Bericht dem Außenministerium das Monopol der japanischen Außenpolitik *(Gaikō no Ichigenka)* abgesprochen und statt dessen eine Aufteilung der außenpolitischen Führungskompetenz auf mehrere Ressorts vorgeschlagen *(Gaikō no Tagenka)*. In dieser Forderung schlägt sich nicht nur die Kritik an erheblichen Mängeln der Politik des Außenministeriums während der Golfkrise nieder, sondern auch der außenpolitische Bedeutungszuwachs des MITI, das zumindest im gesamten Bereich der Außenwirtschaftspolitik über vom *Gaimushō* unabhängige Kanäle der Informationssammlung (JETRO) verfügt.[13] Eigenständige Reformbemühungen des Außenministeriums zur besseren Auswahl und Prüfung des Diplomatennachwuchses, zur Verstärkung der Kompetenzen des Kabinettssekretariats und zur besseren Koordination mit anderen Ressorts erscheinen daher vordringlich.

Demgegenüber sind die außenpolitischen Standortbestimmungen des Parlaments trotz aller Bekenntnisse zur Notwendigkeit einer aktiveren Außenpolitik Japans nur zaghaft. Der außen- und sicherheitspolitische Untersuchungsausschuß des Oberhauses hat sich nach Reisen in die frühere Sowjetunion, nach Schweden und Deutschland sowie nach Expertenanhörungen nur in sehr allgemeiner Form über außenpolitische Prioritäten und Schwerpunkte geäußert.[14] Als solche werden Maßnahmen des globalen Umweltschutzes, die Einführung von Umweltverträglichkeitsprüfungen durch die Gesetzgebung, der Ausbau der öffentlichen Entwicklungshilfe (ODA), eine Überprüfung der japanischen Verteidigungspolitik im Lichte der Ost-West-Entspannung, der Abschluß eines Friedensvertrages mit der Sowjetunion und der Abbau von Handelshemmnissen mit den USA bezeichnet.

3. Die politischen Parteien

Zwar fallen die außenpolitischen Überlegungen der Parteien gegenüber dem Durchsetzungsvermögen der Ministerien nicht stark ins Gewicht, erhalten aber bei unklaren Mehrheitsverhältnissen im Oberhaus sowie im Unterhaus eine neue Bedeutung. Daher seien die traditionellen außenpolitischen Vorstellungen der Parteien kurz vorgestellt:[15]

13 Vgl. Saburō Yamauchi, Gaimushō gaikō ni gyōkaku atsuryoku (Der Ausschuß für Verwaltungsreformen übt Druck auf das Außenministerium aus), in: Asahi Gekkan, September 1991, S. 96.

14 Vgl. Investigation Committee on Foreign Affairs and Comprehensive National Security, House of Councillors, Interim Report of Research on Foreign Affairs and Comprehensive National Security, Tōkyō, June 1990, passim.

15 Vgl. Mineo Miyawaki, Gaikō Bōei (Außenpolitik, Verteidigungspolitik), in: Jurisuto sōgōtokushū. Nihon no seitō, (1984) 35, S. 190–195 (Sonderheft der Zeitschrift Jurisuto: »Die Parteien Japans«).

- Die Liberal-Demokratische Partei (LDP, *Jimintō*) vertritt eine wirtschaftsorientierte Außenpolitik, eine enge Kooperation mit den westlichen Industrienationen, eine umfassende Sicherheitspolitik, die Verstärkung der Beziehungen zu den asiatischen Ländern und denen des pazifischen Raumes sowie Beiträge zu Sicherheit und Wohlstand in den Entwicklungsländern. Grundlage der Verteidigungspolitik ist der amerikanisch-japanische Sicherheitsvertrag. Die Militärausgaben sollen ein Prozent des Bruttosozialprodukts nicht überschreiten. Die LDP befürwortet die drei Prinzipien der Antinuklearisierung Japans (keine Herstellung, kein Besitz und keine Einführung atomarer Waffen).
- Die Sozialistische Partei Japans (Social Democratic Party of Japan, SDPJ, *Nihon Shakaitō*) hält einerseits am Ziel der Neutralität Japans, der Bündnisfreiheit des Landes und an ihrer Kritik der Verfassungswidrigkeit der Selbstverteidigungsstreitkräfte fest, hat aber andererseits in neuester Zeit die Existenz amerikanischer Streitkräfte in Japan anerkannt. Besonders bemängelt die *Shakaitō* die weitgehende Ausrichtung der japanischen Außenpolitik an den Vereinigten Staaten. Langfristig seien Umweltfragen und die Aufgaben der Entwicklungspolitik wichtiger als die Teilnahme an von ihr abgelehnten Friedensmissionen der UNO (PKO) und als das allein an internationalen Wettbewerbs- und Reputationsmaßstäben ausgerichtete Streben der japanischen Regierung nach einem ständigen Sitz im Sicherheitsrat.[16] Eine stärkere Zusammenarbeit mit der Europäischen Union wird indessen auch befürwortet.
- Die *Kōmeitō* (Partei für eine saubere Regierung) fordert eine eigenständige Außenpolitik, die Unterstützung der Vereinten Nationen, das Verbot von Kernwaffen, die Einrichtung von kernwaffenfreien Zonen sowie eine selbständige Friedenspolitik Japans. Der Sicherheitsvertrag mit den Vereinigten Staaten und die Existenz der Selbstverteidigungskräfte werden von ihr nach anfänglichem Widerstand inzwischen grundsätzlich bejaht.
- Ebenso tritt die Demokratisch-Sozialistische Partei (DSP, *Minshatō*) für den Sicherheitsvertrag und die Notwendigkeit der Selbstverteidigungsstreitkräfte ein. Die wirtschaftliche Zusammenarbeit mit den USA und Europa soll gefördert, der Beitrag zur Gewährleistung der Sicherheit in Asien verstärkt und die Abrüstung durch ausgewogene Schritte vorangetrieben werden. Die außenpolitische Übereinstimmung zwischen der LDP und der DSP ist weit vorangeschritten. Die DSP tritt für einen eigenständigen japanischen PKO-Beitrag ein.[17]
- Die außenpolitischen Vorstellungen der neuen konservativen Parteien (Erneuerungspartei, Neue Partei Japans) sind noch relativ vage und dürften am ehesten dem mittleren, reformorientierten Spektrum der LDP zuzuordnen sein.
- Die Kommunistische Partei Japans (KPJ, *Kyōsantō*) setzt sich für eine außenpolitische Neutralität Japans ein und lehnt den Sicherheitsvertrag sowie die Selbstverteidigungsstreitkräfte ab.
- Die *Shakai Minshu Rengō* (Sozialdemokratische Liga, *Shaminren*) lehnt den Sicherheitsvertrag ab, befürwortet die Neutralität Japans und setzt sich für eine

16 Interview des Verfassers mit dem Unterhausabgeordneten Akiba Tadatoshii am 25. März 1992.

17 Interview des Verf. mit Seki Yoshihiko, früherem Oberhausabgeordneten der DSP, am 30. März 1992.

kernwaffenfreie Zone in Japan und Korea ein. An die Stelle des Sicherheitsvertrages soll ein pazifischer Freundschaftsvertrag mit den USA treten; die Selbstverteidigungsstreitkräfte sollen zu einer reinen »Bewährungsarmee« umgewandelt werden.

- *Rengō-Sangiin* (die Gruppe der Abgeordneten des Gewerkschaftsverbandes *Rengō* im Oberhaus) bemüht sich einerseits um eine Abstimmung mit den Vorstellungen von *Shakaitō* und DSP, scheint sich aber andererseits um einen pragmatischeren Oppositionskurs zu bemühen und die Existenz der Selbstverteidigungsstreitkräfte anzuerkennen.[18]

Der außenpolitische Aktionsspielraum der Parteien wird maßgeblich durch ihre Verflechtung mit den Interessenverbänden bestimmt. Die Intensität dieses Einflusses ist allerdings eine offene Frage. Insgesamt scheint der Einfluß der Verbände auf die Parteien in den letzten Jahren etwas nachgelassen zu haben.[19] Das gilt aufgrund des rückläufigen Anteils der landwirtschaftlichen Bevölkerung etwa für den nationalen Bauernverband *(Zenkoku Nōgyō Chūeikai)*, aber auch für kleinere Verbände wie für den Tabakverband *(Hatabako Seisan Kumiai)*. Entscheidender als kollektiver Druck sind individuelle Beziehungen zu Politikern, insbesondere zu den Faktionsführern und den Koordinierungsausschüssen der Parteien *(Tōseichōkai)*. Am wirkungsvollsten ist immer noch die Einflußnahme über einzelne Ministerialbeamte mit der Aussicht auf berufliche Chancen nach deren Pensionierung *(Amakudari)*.

Das strategische Risiko der Parteien, als Folge des wirtschaftlichen und gesellschaftlichen Wandels einen Teil ihrer bisherigen, landwirtschaftlichen Wähler zu verlieren, ist dabei gering: Der Übergang zu einer Wirtschaftsgesellschaft mit großem Tertiärsektor und starker Außenhandelsverflechtung ist unaufhaltsam – auch im Agrar- und Industriesektor.[20] Die Öffentlichkeit ist auf diesen Wandel durch die Diskussion über Themen wie »Informationsgesellschaft« und »Softnomics« *(soft economics)* gut vorbereitet. Insofern ist der durch innenpolitische Interessenkonstellationen begrenzte außenpolitische Handlungsspielraum der Regierung größer als vielfach angenommen.

Aufgrund instabiler Mehrheitsverhältnisse im Oberhaus kommt dem außenpolitischen Konsens oder Dissens der Parteien wachsende Bedeutung für die parlamentarische Durchsetzbarkeit und damit Richtung wie Gehalt außenpolitischer Entscheidungen zu.[21] Unter der Führung von Doi Takako hat die Sozialistische Partei Japans als stärkste Oppositionspartei Ende der achtziger Jahre ihren außenpolitischen Standort mehr zur politischen Mitte hin verlagert und die Notwendigkeit der Kontinuität

---

18 Vgl. Shu Watanabe, Rengō set for showdown with LDP, in: The Japan Times, 28. März 1992, S. 3.

19 Vgl. Michisada Hirose, Seitō to atsuryokudantai (Parteien und Interessenverbände), in: Jurisuto sōgotokushū. Nihon no seitō, (1984) 35, S. 52–56.

20 Vgl. Rüdiger Machetzki, Japan: Der »Marsch zum Gipfel«, in: Manfred Pohl (Hrsg.), Japan 1990/91. Politik und Wirtschaft, Hamburg 1991, S. 279.

21 In der Oberhauswahl 1992 erzielte die LDP zwar die Mehrheit der neu zu vergebenden Mandate, konnte damit aber die Mehrheitsverhältnisse in der zweiten Kammer insgesamt nicht umkehren. Der Wahlsieg der Liberaldemokraten hatte sich bereits vor Beginn des Wahlkampfes abgezeichnet, als das Kabinett Miyazawa bei Repräsentativumfragen eine wachsende Zustimmung verzeichnen konnte. Vgl. Miyazawa naikaku. Shiji 33% ni jōshō (Regierung Miyazawa. Anstieg der Unterstützung auf 33 Prozent), in: Asahi Shimbun, 29. April 1992, S. 1.

außenpolitischer Beziehungen betont. Der Sicherheitsvertrag mit den USA wird nicht mehr durch die Androhung einer einseitigen Kündigung zur Disposition gestellt.[22] Bei weiterer Befürwortung der traditionellen Antinuklearpolitik der *Shakaitō* (Verbot der Herstellung, des Besitzes und der Einfuhr nuklearer Waffen) wird ein Ausbau der nichtmilitärischen Zusammenarbeit mit den USA befürwortet.[23] Diese »Doi-Vision« einer neuen sozialistischen Außenpolitik hält gleichwohl an der Vorstellung außenpolitischer Neutralität fest und soll eine gemeinsame Plattform der Oppositionsparteien ermöglichen – auch wenn erhebliche Meinungsunterschiede hinsichtlich der Selbstverteidigungsstreitkräfte, des Sicherheitsvertrages mit den USA und der Nuklearpolitik zwischen den Oppositionsparteien fortbestehen.[24]

Das Schwergewicht der Außenpolitik hat sich mit dem Übergang vom Militär- zum Handelsstaat auf außenwirtschaftliche Fragen verlagert. Da in vielen außenwirtschaftpolitischen Fragen die Kompetenzen mehrerer Ressorts tangiert werden, kommt der Koordinationsfunktion des *Gaimushō* erhöhte Bedeutung zu. Der Apparat des Außenministeriums ist jedoch zu dieser Koordination immer weniger imstande. Diese auch konzeptionelle Steuerungslücke wird inzwischen in vielfach unterschätztem Umfang vom Ausschuß für politische Angelegenheiten der LDP ausgefüllt. Das in 17 Unterausschüsse gegliederte Gremium hat sich zu einer wichtigen außenpolitischen Vorentscheidungsinstanz der Regierung entwickelt.

4. Erklärungsmuster zur politischen Machtstruktur

Die Bedeutung des politisch-administrativen Systems für die außenpolitische Entscheidungsfindung legt die Frage nach dem Muster der innenpolitischen Machtstrukturen nahe. Die wichtigsten Erklärungsmuster lassen sich dabei zu folgenden Ansätzen zusammenfassen:[25]

a. Das Modell der »Herrschaft der staatlichen Bürokratie« betont das politische Gewicht des Verwaltungsapparats, das noch gestärkt wird durch die Schwäche von Parlament und Parteien sowie das Vertrauen der Bevölkerung in die politische Neutralität der Verwaltung.[26] In diesen Rahmen lassen sich auch die Untersuchungen zur führenden Rolle der Industrie- und Forschungsbürokratie einfügen.
b. Das Modell der »dreigliedrigen Machtelite« betrachtet die drei eng miteinander verflochtenen Führungsgruppen von Politik, Bürokratie und Wirtschaft als die wesentlichen Akteure im politischen Entscheidungsprozeß. Dieser Ansatz führt poli-

22 Vgl. Doi Assures Armacost JSP Won't Scrap Security Pact, in: Asahi Evening News, 7.9. 1989, S. 1.

23 Vgl. Doi Seeks Nonmilitary US Ties, in: Mainichi Daily News, 11.9. 1989, S. 1.

24 Vgl. Asahi News Service, Opposition's Precarious Coalition, in: Asahi Evening News, 14.9. 1989, S. 7. Zu einer kritischen Bewertung der politischen Strategie Dois Takako vgl. Masumi Fukatsu, Doi Takako Tackles the Obstacles to Power, in: Japan Quarterly, 37 (1990) 1, S. 24–30.

25 Vgl. Wolfgang Seifert, Wirtschaftsorganisationen und politische Macht: Formen, Institutionen, Gewichte, in: Ulrich Menzel (Hrsg.), Im Schatten des Siegers: Japan, Bd. 3: Ökonomie und Politik, Frankfurt a.M. 1988, S. 135–139.

26 Vgl. Kiyoaki Tsuji, Nihon kanryōsei no kenkyū (Forschung zur japanischen Bürokratie), Tōkyō 1952.

tische Entscheidungen im wesentlichen auf wirtschaftliche Macht zurück. Die Homogenität dieser Machtelite wird jedoch im allgemeinen überschätzt; die Interdependenzen zwischen den durchaus heterogenen Teilgruppen werden kaum untersucht.

c. Das pluralistische Modell sieht den politischen Entscheidungsprozeß durch eine Pluralität von Akteuren geprägt. Die verschiedenen Organisationen seien durch unterschiedliche Auffassungen und Interessen gekennzeichnet. Innerhalb der Bereiche Politik, Wirtschaft und Gesellschaft gebe es autonome Machtstrukturen. Parteien und Parlament seien durchaus gewichtige Institutionen.

d. Das Neokorporatismus-Modell sieht die politischen und wirtschaftlichen Steuerungserfordernisse des Staates durch die direkte Einbindung der Wirtschafts- und Sozialorganisationen in den politischen Entscheidungsprozeß im vorparlamentarischen Bereich gewährleistet. Aufgrund der politisch schwachen Gewerkschaftsbewegung und der strukturellen Schwäche und politischen Heterogenität der sozialistischen Parteien handelt es sich hierbei allerdings um einen »corporatism without labor«.[27] Die Beratungsausschüsse bei der Regierung sind Instrumente der institutionellen Interessenvermittlung und damit dieses asymmetrischen Neokorporatismus.

Für eine Einordnung der japanischen Außenpolitik erscheint eine Synthese des pluralistischen Ansatzes und des Neokorporatismus-Modells sinnvoll. Dagegen sind die ersten beiden Modelle zu grob und durch die tatsächliche Entwicklung des politisch-administrativen Systems überholt. Das gilt insbesondere für die »Herrschaft der staatlichen Bürokratie«. Das strenge Auswahlverfahren, dem sich die künftigen Ministerialbeamten unterwerfen, das Selbstverständnis der Ministerialbürokratie als einer »meritokratischen Elite«, der hohe Anteil der Juristen und das Übergewicht der Generalisten *(Jimukan)* gegenüber den Spezialisten *(Ǵikan)* haben zwar oft den Eindruck vermittelt, die japanische Ministerialbürokratie zähle zu den mächtigsten Regierungsapparaten unter den demokratischen Industriestaaten.[28] Seit Mitte der siebziger Jahre hat jedoch insbesondere der Parteiapparat der Liberal-Demokratischen Partei Japans Beratungskapazität und Fachwissen erheblich erweitert und neben der Ministerialbürokratie eine Führungsposition in der Politikformulierung übernommen. Die Politikimplementation ist demgegenüber ausschließlich Sache der Verwaltung. Die außenpolitische Entscheidungsfindung und ihre Umsetzung finden somit zunehmend im Rahmen pluraler Strukturen statt.

5. Außenpolitische Denkschulen

Aufgrund der wachsenden Bedeutung der Parteigremien und des Parteiapparates der konservativen Parteien für den außenpolitischen Entscheidungsprozeß scheint sich auch in diesem Politikfeld ein Trend durchzusetzen, der mit dem Kürzel *»Tōkō Kan-*

27 Vgl. T.J. Pempel/Keichi Tsumekawa, Corporatism without Labor? The Japanese Anomaly in: Philipp C. Schmitter/Gerhard Lehmbruch (Hrsg.), Trends toward Corporatist Intermediation, London 1979, S. 231–270.

28 Vgl. B.C. Koh, Japan's Administrative Elite, Berkeley 1989, S. 252–266.

tei« (Vorrang der Partei-Unterordnung der Bürokratie) umschrieben wird.[29] Auch hier sind seit längerem immer tiefere und immer häufigere Interventionen der Parteien und ihrer führenden außenpolitischen Experten zu beobachten. Dadurch wird auch das außenpolitische Handlungsfeld unter dem Einfluß der Experten der Parteien und innerparlamentarischer Interessengruppen *(Zoku)* stärker als früher politisiert. Zugleich aber werden politische Führung und Koordination unterschiedlicher Politikfelder im Lichte übergreifender außenpolitischer Ziele erheblich erschwert.

Die japanischen Interpretationen dieser Ziele lassen sich zu vier Denkschulen zusammenfassen[30]: der realistischen, merkantilistischen, progressiven und neonationalistischen Schule. Die realistische Schule will die japanische Außenpolitik in der politischen, wirtschaftlichen und strategischen Partnerschaft mit den Vereinigten Staaten verankert sehen und hält einen Ausbau der japanischen Wirtschaftshilfe und Verteidigungsleistungen in Abstimmung mit den USA für geboten. Demgegenüber hält die merkantilistische Schule die militärische Sicherheitsgarantie der USA für gegeben und fordert eine »allseitige« Außenpolitik, die sich allein an den japanischen Interessen orientiert und globale, humanitäre Maßstäbe nur so weit berücksichtigt, wie dies unbedingt erforderlich ist, um internationale Kritik an Japan zu unterbinden. Die den Oppositionsparteien verbundene progressive Denkschule befürwortet aus einer idealistischen Perspektive eine vollständige Demilitarisierung Japans, eine weitgehende wirtschaftliche Integration des Landes in die Weltwirtschaft und den Abbau des Nationalstaats. Dagegen wendet sich die neonationalistische Schule, die Japans nationale Interessen zum ausschließlichen Gradmesser seiner Außenpolitik macht und eine starke konventionelle und atomare japanische Streitmacht anstrebt. Es ist damit zu rechnen, daß Realisten und Merkantilisten auch in der zweiten Hälfte der neunziger Jahre den außenpolitischen Ton angeben werden. Mit zunehmender Einbindung Japans in internationale Netzwerke wird die realistische Denkschule in der außenpolitischen Elite – bei Praktikern wie Wissenschaftlern – künftig noch mehr an Bedeutung zunehmen.

Die Formel der »Internationalisierung Japans« ist nicht mehr nur ein Diskussionsthema für Experten, sondern wird zunehmend auch zu einem Gradmesser für die Bewertung von Politikern und Parteien durch die Wählerschaft.[31] Präsenz und Bewertung der japanischen Außenpolitik im Ausland werden von den Medien kritisch verfolgt. Das außenpolitische Aktionsvermögen spielt aber auch aus der Sicht der Wähler gegenwärtig eine größere Rolle für die Beurteilung der Parteien als zuvor. War die »Internationalisierung Japans« zunächst ein Thema der Medien gewesen, so setzt seit einiger Zeit auch eine Internationalisierung Japans »von unten« ein. Außenpolitische Streitfragen werden dadurch in Zukunft einen höheren Stellenwert im Meinungsbild der Wählerschaft einnehmen. Die Anforderungen an das außenpolitische Handlungsvermögen der politischen Führung wachsen. Mehr als zuvor muß die Regierung ihre Außenpolitik auch in Wahlkämpfen rechtfertigen.[32]

---

29 Vgl. Leonard J. Schoppa, Zoku Power and LDP Power: A Case Study of the Zoku Role in Education Policy, in: Journal of Japanese Studies, 17 (1991) 1, S. 79ff.

30 Vgl. Kenneth B. Pyle, The Future of Japanese Nationality. An Essay in Contemporary History, in: Journal of Japanese Studies, 8 (1982) 2, S. 242–261.

31 Vgl. Markus Tidten, Japan nach den Unterhauswahlen – Rückkehr zur »Nagatacho-Logik«, in: KAS-Auslandsinformationen, April 1990, S. 6.

32 Vgl. Kumiko Makihara, A Popular Guide to Diplomacy. Foreign Minister Nakayama takes his show on the road, in: Time, 15. 1. 1990, S. 7.

Dem anspruchsvollen Ziel einer ehrgeizigen und aktiveren Außenpolitik wird jedoch der Auswärtige Dienst in seiner gegenwärtigen Verfassung nicht gerecht. Die japanische Regierung sieht die internationale Situation und damit auch die Herausforderungen an den Auswärtigen Dienst zu Recht an einem Wendepunkt.[33] Um den gewachsenen globalen Anforderungen an die Außenpolitik entsprechen zu können, hat das Außenministerium daher im August 1992 eine Organisationsreform verabschiedet. Diese sieht die Einrichtung einer neuen Politischen Planungsabteilung *(Overall Policy Bureau)* vor, ferner eine Abteilung für außenpolitische Grundsatzfragen *(General Affairs Division)*, ein Büro für Maßnahmen der internationalen Friedenssicherung *(International Peace Cooperation Office)*, das für die PKO-Maßnahmen der Vereinten Nationen zuständig sein soll, und eine Abteilung für globale Fragen (wie z.B. internationaler Umweltschutz). Die politische Planungsabteilung soll sich aus vier Unterabteilungen für Grundsatzfragen, Planung, Sicherheitspolitik und UN-Politik zusammensetzen.[34] Damit strebt das *Gaimushō* eine Stärkung seiner Planungs- und Koordinationskompetenz an, die sich in der Vergangenheit in zentralen Fragen wie Japans Reaktion auf den Golfkonflikt als unzulänglich erwiesen hat.

Die neuen Richtwerte einer »Außenpolitik am Wendepunkt« sind bereits von dem früheren Premierminister Takeshita Noboru in einer Grundsatzrede vor dem Parlament am 10. Februar 1989 dargelegt worden.[35] Innen- und außenpolitisch sieht sich die japanische Regierung mit der Herausforderung konfrontiert, eine politische Rolle auszuüben, die dem gewachsenen Wohlstand entspricht. Das bedeutet zugleich eine größere internationale Verantwortung Japans und die Wahrung der Normen der japanischen »Friedensverfassung«. Mit anderen Worten: Der Sicherheitsvertrag mit den Vereinigten Staaten soll aufrechterhalten, zugleich aber sollen die japanischen Streitkräfte im Rahmen des mittelfristigen Verteidigungsprogramms in »maßvollem Umfang« ausgebaut werden. Seit zwei Jahrzehnten sieht sich Japan selbst als »zumindest wirtschaftliche Supermacht« – mit wachsender Verantwortung für die Entwicklungsländer.[36] Durch Kulturpolitik, Informationspolitik und die ökonomischen Auswirkungen seiner Investitionstätigkeit im Ausland übt Japan Macht im internationalen System indirekt, aber nachdrücklich aus. Das damit verbundene Machtbewußtsein kleidet sich in vielfältige Formeln. Eine ist die Formel der »Internationalisierung«, die außen- und innenpolitisch als Chiffre für die Legitimierung einer ehrgeizigeren und offensiveren Außenpolitik verwendet wird.[37] Kultur- und Informationspolitik stützen dabei die Dynamik der Wirtschaftsexpansion. Vor diesem Hintergrund kündigt sich eine aktivere Außenpolitik Japans an, die neuer Perspektiven und Instrumente bedarf.

---

33 Vgl. Diplomatic Bluebook 1991, Tōkyō 1992, S. 355ff.

34 Vgl. Yomiuri Shimbun, 27. August 1992, S. 3 (Daily Summary of Japanese Press, Tōkyō, September 2, 1992, S. 6/7).

35 Vgl. Policy Speech by Prime Minister Takeshita Noburu to the 114th Session of the National Diet, Foreign Policy Speech by Minister for Foreign Affairs Sousuke Uno to the 114th Session of the National Diet, in: Diplomatic Bluebook 1989, S. 245–268.

36 So Asahi Shimbun in einer Bestandsaufnahme der amerikanisch-japanischen Beziehungen zu Beginn der siebziger Jahre: The Pacific Rivals. A Japanese View of Japanese-American Relations, New York–Tōkyō 1972, S. 407; vgl. Robert E. Bedeski, The Fragile Entente. The 1978 Japan-China Peace Treaty in a Global Context, Boulder (Col.) 1983, S. 218.

37 Vgl. Reinhard Drifte, Manifestationen japanischer Macht in der internationalen Politik, Jahrestagung der Vereinigung für sozialwissenschaftliche Japanforschung, Loccum, 6.–8. November 1992 (Manuskript).

III. Sicherheitspolitik und Streitkräfte

Heinz Eberhard Maul

1. Geostrategische Faktoren

Japan ist ein bogenförmiger, aus vier Hauptinseln bestehender Archipel, der sich in einer fast 3 000 km langen Nordost-Südwest-Ausdehnung vor der asiatischen Ostküste im Länderbereich von Rußland, China, Nord- und Südkorea sowie Taiwan erstreckt. Diese für eine Verteidigung günstige Insellage verleiht Japan, mit seiner Bandbreite einer wirtschaftlich dominierenden globalen Stellung bei politisch jedoch regional begrenztem Einfluß, eine geostrategische Brückenfunktion zwischen der Landmasse des asiatischen Kontinents und den Weiten des Pazifischen Ozeans. Dadurch werden die Dimension japanischen sicherheitspolitischen Denkens vorgegeben und die Grundlage der Verteidigungskonzeption mitbestimmt.

Bei der konkreten Raum-Mächte-Konstellation in dieser Region der Welt ging für Japan bis zum Ende des Kalten Krieges die unmittelbarste Bedrohung von der Sowjetunion aus. Allein die Tatsache, daß einerseits Gefahr für den zu verteidigenden neuralgischen Nordbereich Japans um die Insel Hokkaidō aus einer Distanz zwischen 42 km (Südspitze der Halbinsel Sachalin) und 630 km (sibirische Ostküste um die sowjetische Flottenbasis Wladiwostok) drohte, andererseits die nächsten Heimatstützpunkte des Sicherheitspartners Amerika 64 000 km entfernt (Hawaii) liegen, verdeutlicht die Unmittelbarkeit sicherheitsorientierten japanischen Frontdenkens sowie die verteidigungsstrategische und militärtaktische Problemstellung.

Die starken Seestreitkräfteformationen der ehemaligen sowjetischen Pazifikflotte in der Fernostregion um das Ochotskische Meer und der Expansionsdrang der Sowjetunion in den Pazifikraum beeinflußten über viele Jahre hinweg Tempo und Ausmaß der japanischen Verteidigungsanstrengungen. Angesichts der globalen Reichweiten von Japans Wirtschaftsmacht bei gleichzeitig eklatanter Rohstoffabhängigkeit haben die strategischen Überlegungen zur weiträumigen Sicherung seiner Seewege und der dafür erforderliche materielle Aufwand an maritimen Kräften erstrangige Bedeutung. Im Lande selbst machen die zahlreichen Ballungszentren mit ihrer Konzentration an Administration, Verkehr und Industrie notwendige Vorkehrungen für eine Heimatverteidigung und für den zivilen Bevölkerungsschutz kompliziert.

2. Entwicklung nach dem Kriege

Das Inferno der Atombombenabwürfe von Hiroshima (6. August 1945) und Nagasaki (9. August 1945) zwang Japan in einer vom Land und seinen Menschen erniedrigend empfundenen Weise am 15. August 1945 zur bedingungslosen Kapitulation. Während die Außen- und Militärpolitik des militaristischen Kaiserreiches von hegemonial-imperialistischem Denken und Handeln bestimmt gewesen war, vollzog sich nach dem dramatischen Desaster mit der Schaffung der neuen japanischen Verfassung unter dem zensierenden Diktat der amerikanischen Besatzung eine gesellschaftliche und politische Umerziehung. Dieser tiefgreifende Prozeß gab Raum für einen nachhaltigen japanischen Pazifismus, der sich bei der Sensibilität des kriegsmüden Volkes in einer Art »Atomallergie« manifestierte. Diese wurde späterhin in eine intensive Friedensforschung eingebunden und bestimmt maßgeblich Japans konzessionslose Friedenspolitik.

Nach vollständiger Demilitarisierung des Landes und konsequenter Zerschlagung der japanischen Rüstungsindustrie wurden auch neue Grundlagen für Japans politisches Handeln gelegt. Darauf hatte sich auch die japanische Sicherheits- und Verteidigungspolitik einzustellen. Der Artikel 9 der japanischen Verfassung[38] ist sichtbarer Ausdruck für den umfassenden politischen, sozialen und, im weiteren Sinn, auch wirtschaftlichen Neubeginn. Mit ihm verzichtet Japan für immer auf das souveräne Recht, Krieg zu führen, und auf die Existenz von Land-, See- und Luftstreitkräften. Dies ist das Hauptmerkmal bei Japans politisch begründeter Abstinenz hinsichtlich des Ausmaßes seiner Verteidigungsanstrengungen. Ein weiteres Merkmal besteht in einer weitreichenden und gleichzeitig eng verpflichtenden Sicherheitsverantwortung über den Rahmen der eigenen Selbstverteidigung hinaus. In engem Zusammenhang damit steht auch die später im November 1976 durch Regierungsbeschluß festgelegte, politisch wirksame einprozentige Begrenzung der Verteidigungsausgaben in bezug auf das jeweilige Bruttosozialprodukt, die in dieser strikten Form bis 1987 beibehalten wurde.

Der Abschluß des Friedensvertrages von San Francisco (8. September 1951) gab Japan die Souveränität zurück und beendete die Zeit der amerikanischen Besatzung. Japan beanspruchte für sich das in Artikel 51 der Charta der Vereinten Nationen verbriefte und ihm von den Alliierten konzedierte Recht auf individuelle oder kollektive Selbstverteidigung und das damit verbundene Unterhalten bewaffneter Streitkräfte. Der damalige amerikanische Oberbefehlshaber in Japan, General Douglas MacArthur, hatte ein Jahr zuvor – wegen des Abzuges großer Teile der US-Besatzungstruppen aus Japan für einen Einsatz in Korea – die Aufstellung einer 75 000 Mann starken Nationalen Polizeireservetruppe *(Keisatsuyōbitai)* verfügt. Aus dieser und dem 1952 eingerichteten Amt für Nationale Sicherheit *(Hoanchō)* gingen mit Verabschiedung der entsprechenden Gesetze im Juni 1954 die Selbstverteidigungsstreitkräfte *(Jieitai)* und das japanische Verteidigungsamt *(Bōeichō)*[39] hervor.

---

38 Der Artikel 9 der japanischen Verfassung lautet: »In aufrichtigem Streben nach einem auf Gerechtigkeit und Ordnung gegründeten internationalen Frieden verzichtet das japanische Volk für alle Zeiten auf den Krieg als ein souveränes Recht der Nation und die Androhung oder Ausübung von militärischer Gewalt als ein Mittel zur Regelung internationaler Streitigkeiten.
Zur Erreichung des Zwecks des Absatzes 1 werden Land-, See- und Luftstreitkräfte sowie andere Kriegsmittel nicht unterhalten.« (W. Röhl, Die japanische Verfassung, Frankfurt –Berlin 1963, S. 98.)

39 Wegen des strikt defensiven Charakters japanischer Verteidigung verwendet man offiziell den Terminus ›Ministerium‹ nicht. Der zuständige Minister wird mit ›Staatsminister und Generaldirektor‹ bezeichnet.

3. Der japanisch-amerikanische Sicherheitsvertrag

Gleichzeitig mit der Unterzeichnung des Friedensvertrages von San Francisco hatten Japan und die Vereinigten Staaten einen bilateralen Sicherheitsvertrag unterzeichnet.[40] Er sollte dem damals noch unbewaffneten Japan Schutz gegen bewaffnete Überfälle von außen bieten. Als wesentliche Regelung legte er fest, daß die USA zur Abschreckung von bewaffneten Angriffen in und um Japan amerikanische Streitkräfte unterhalten können und Japan den USA entsprechende Stationierungsrechte einräumt. Japan sollte zunehmend selbst die Verantwortung für seine Verteidigung übernehmen und dabei eine eigene Rüstung aufbauen, jedoch mit der Zusicherung, diese stets so zu gestalten, daß sie für andere nicht zur Bedrohung wird.

Der Nachfolgevertrag über die Zusammenarbeit und Sicherheit zwischen den Vereinigten Staaten und Japan von 1960 sieht für eine wirkungsvolle Kooperation zwischen beiden Partnern ein System regelmäßiger Konsultationen vor. Wenn die Sicherheit Japans oder der internationale Frieden und die Sicherheit im Fernen Osten bedroht sind, werden zudem auf Antrag einer der beiden Seiten hin sofortige Beratungen durchgeführt. Bei einer jeweils nach zehn Jahren zu erneuernden Laufzeit enthält der Vertrag grundsätzlich die Möglichkeit, daß er durch ausreichend gesicherte Maßnahmen der Friedens- und Sicherheitsbewahrung der Vereinten Nationen für diese Region ersetzt werden kann. Heute, nach dem Ende des Kalten Krieges, liegt die Bedeutung dieses Vertrages für Japan nach wie vor explizit in dem durch die Vereinigten Staaten garantierten Abschreckungsmoment gegenüber möglichen Gegnern und in seiner weitreichenden, Frieden und Sicherheit bewahrenden Funktion. Die mit dem Vertrag verbundene Präsenz amerikanischer Streitkräfte bildet für den asiatisch-pazifischen Raum einen Stabilitätsfaktor, den auch andere Staaten der Region anerkennen. Weiterhin ist er nach wie vor der Kern der japanisch-amerikanischen Beziehungen und gibt, so die japanische Sicht, die Gewähr für Japans internationale Integrität und die Zusicherung, nie wieder eine Militärmacht zu werden.

4. Sicherheitspolitische Grundsätze

Die beiden Säulen japanischer Sicherheits- und Verteidigungspolitik sind die eigene Verteidigungsfähigkeit und das Sicherheitsbündnis mit den Vereinigten Staaten. Die darauf ausgerichteten, bereits in den fünfziger Jahren formulierten »Grundsätze für die Nationale Verteidigung« *(Basic Policy for National Defense*, Mai 1957)[41] sind bis

40 »Sicherheitsvertrag zwischen den Vereinigten Staaten und Japan« (Security Treaty between the United States and Japan), San Francisco, 8. September 1951. Dieser Vertrag wurde 1960 durch den »Vertrag über die gegenseitige Zusammenarbeit und Sicherheit zwischen den Vereinigten Staaten und Japan« (Treaty of Mutual Cooperation and Security between the United States and Japan), Washington D.C., 19. Januar 1960, ersetzt.

41 Japanisches Verteidigungsamt, Defense of Japan (englische Ausgabe des japanischen Verteidigungsweißbuches), Tōkyō 1993, S. 65. Das erste japanische Verteidigungsweißbuch erschien 1972 unter der Leitung des damaligen Generaldirektors des Verteidigungsamtes, Nakasone Yasuhiro.

heute unverändert. Sich darauf abstützend, hatte Japan seit 1958 mehrere drei- bis fünfjährige Rüstungsrahmenprogramme realisiert. Der damit erreichte militärische Personalumfang und die materielle Ausstattung für die Selbstverteidigungsstreitkräfte wurden 1976 in der durch den nationalen Verteidigungsrat verabschiedeten »Rahmenrichtlinie für das Nationale Verteidigungsprogramm« *(National Defense Program Outline)*[42] festgeschrieben. Sie dokumentiert bis heute den höchsten Grad japanischer Verteidigungsfähigkeit im Frieden. Diesen zu erreichen ist das Ziel der sogenannten mittelfristigen Rüstungsprogramme für die japanischen Streitkräfte.[43]
Für Japan haben, entsprechend den Grundsätzen für seine nationale Verteidigung,
- die Unterstützung der Arbeit der Vereinten Nationen,
- die Förderung der internationalen Zusammenarbeit und sein Beitrag zum Weltfrieden

Priorität. Weitherhin will Japan
- die Abwehr von externen Angriffen zunächst mit eigenen Verteidigungskräften versuchen, bei größer angelegten Angriffen jedoch die Möglichkeiten der US-Unterstützung gemäß den japanisch-amerikanischen Sicherheitsvereinbarungen in Anspruch nehmen.

Diese vorbehaltlose Abstützung auf die USA in den entscheidenden und heiklen Fragen seiner Verteidigung hat Japan für lange Zeit den Makel eines »Freifahrers in Sachen Sicherheit« eingebracht. Mit der nach zähem innenpolitischen Ringen Mitte 1992 getroffenen Entscheidung, sich durch Entsendung von militärischem Personal am friedenserhaltenden Blauhelm-Einsatz der Vereinten Nationen (UN) in Kambodscha aktiv zu beteiligen[44], hat Japan begonnen, sich dieses Odiums allmählich zu entledigen und auf diese Weise selbständig politische Verantwortung zu demonstrieren. Es gilt für Japan weiterhin das politische Credo, der Kriegsverhinderung mit nichtmilitärischen Mitteln in den Bereichen von Diplomatie und Wirtschaft vor dem Moment einer militärischen Abschreckung den Vorrang einzuräumen. Das zeigen Japans umfangreiche Entwicklungshilfe (*Official Development Assistance;* ODA) und sein Eintreten für die Erhaltung eines Machtgleichgewichtes in der Welt. Außerdem wird dies durch die Unterstützung der Institutionen für freie Marktwirtschaft und prosperierende Handelsausweitung wie den Internationalen Währungsfond (*International Monetary Fund;* IMF), das Allgmeine Zoll- und Handelsabkommen (*General Agreement on Tariffs and Trade;* GATT) und die Organisation für wirtschaftliche Zusammenarbeit und Entwicklung (*Organization For Economic Cooperation and Development;* OECD) dokumentiert.

---

42 Japanisches Verteidigungsamt, Defense of Japan (englische Ausgabe des japanischen Verteidigungsweißbuches, Tōkyō 1993, S. 261.

43 Das derzeit gültige mittelfristige Rüstungsprogramm für die Jahre 1991 bis 1995 hat ein Gesamtvolumen von 22 750 Mrd. Yen (298 Mrd. DM; Mittelkurs 1991–93: 100 Yen = 1,31 DM). Im Zusammenhang mit dem neuen Haushalt 1993/94 hat die japanische Regierung allerdings Kürzungen in diesem Programm in Höhe von insgesamt 580 Mrd. Yen (7,5 Mrd. DM) vorgenommen. Japan will mit diesen Einschnitten in seine Verteidigungskapazität der nach dem Ende des Kalten Krieges und dem Zusammenbruch der Sowjetunion auch in der asiatisch-pazifischen und südostasiatischen Region veränderten Sicherheitslage Rechnung tragen.

44 Gesetz für friedenserhaltende Maßnahmen (Peace Keeping Operation Law), Tōkyō, 22. Juni 1992.

Weitere unverrückbare sicherheitspolitische Grundsätze sind für Japan die drei Punkte des sogenannten Atomfreiheitsprinzips (keine Herstellung, kein Besitz und keine Lagerung von Nuklearwaffen auf japanischem Boden) und die Regelungen des Waffenexportverbotes. Die nach jüngsten Medienberichterstattungen angeblich angestellten japanischen Erwägungen über mögliche nukleargestützte Maßnahmen gegen eine durch Nordkorea und dessen nukleare Ambitionen eventuell für Japan ausgehende Bedrohung haben an diesem Prinzip nichts geändert. Das Festlegen des militärischen Personalumfangs und das Limitieren der das materiellen Ausrüstung für die Streitkräfte auf das notwendige Maß gemäß der »Rahmenrichtlinie für das Nationale Verteidigungsprogramm« sind weitere entscheidende Parameter. Darüber hinaus versagt sich Japan bis jetzt den Besitz typisch offensiver Waffensysteme (z.B. Flugzeugträger; Kampfflugzeuge mit Vorrichtungen zur Luftbetankungsmöglichkeit). Seit 1987 hat Japan, in Abänderung der bis dahin geltenden Einprozentbindung, die Höhe seiner jährlichen Verteidigungsausgaben an den Kostenrahmen der jeweiligen Rüstungsrahmenprogramme gekoppelt. Mit dieser Formel wollte man mehr Flexibilität in der Budgetfestlegung erreichen, stets darauf bedacht, den prozentualen Anteil des jeweiligen japanischen Militärhaushaltes am Bruttosozialprodukt auch weiterhin regelmäßig »um die Einprozent-Marke« zu halten.

Dem japanisch-amerikanischen Sicherheitsvertrag von 1960 ist eine Reihe weiterer, gegenseitig verpflichtender Übereinkommen nachgeordnet, die, neben der erwähnten Zusammenarbeit, einschließlich der Konsultationsmechanismen, die Modalitäten der Stationierung der US-Streitkräfte in Japan und die Einzelmaßnahmen für operative Militäreinsätze regeln. Außerdem schreiben sie die Kooperation bei gemeinsamen Waffenentwicklungen oder sonstigen Rüstungsvorhaben fest. Die damit eingegangenen Verpflichtungen haben für Japan insgesamt zu einer starken Abhängigkeit von Amerika geführt. Japan orientiert sich bei seinen Verteidigungsplanungen mitunter auch an Sicherheitsüberlegungen des westlichen Lagers, einschließlich den diesbezüglichen Entwicklungen und Tendenzen im Nordatlantischen Bündnis (NATO), jedoch bis dato ohne Absprachen oder Vereinbarungen.

In der Außenpolitik ist es japanisches Bestreben, die Beziehungen zu anderen Ländern, insbesondere zu denen in seiner Region, möglichst konfliktfrei zu halten. Japan muß sich in seinen Sicherheits- und Verteidigungsangelegenheiten immer wieder mit der Kritik und dem Argwohn seiner Nachbarn wegen historisch belastender Vorgänge aus den Kriegsjahren auseinandersetzen. Dabei hat sich die Volksrepublik China gleichsam zum Wortführer gemacht. Japan verdankt die in der Regel guten und freundschaftlichen Beziehungen zu den Ländern Asiens hauptsächlich seinen weitgefächerten und erfolgreichen Wirtschafts- und Handelsaktivitäten. Bei den Sicherheits- und Verteidigungsüberlegungen für den unmittelbaren Nahbereich (Nord-/Südkorea, Volksrepublik China, Rußland) verläßt sich Japan weiterhin in erster Linie auf die vermittelnde Rolle der USA.

Sein wichtiges Verhältnis zu China, mit dem seit 1978 ein Friedens- und Freundschaftsvertrag besteht, gestaltet Japan sachlich-distanziert, beobachtet dabei jedoch aufmerksam die Möglichkeiten für konstruktive Weiterentwicklungen. Wegen einer zukünftigen Sicherheitsstruktur für Ostasien kommt gerade dem Verhältnis Japans zu China eine Schlüsselfunktion zu. Die Beziehungen zu Rußland sind nach wie vor durch das Ausbleiben einer formalen, friedensregelnden Lösung und durch den territorialen Konflikt um vier der südlichen Kurileninseln belastet. Japan hat hier inzwischen Bereitschaft zu Zugeständnissen gezeigt, indem es, ohne auf bisher einengende Vorbedingungen für japanische Hilfsmaßnahmen zu bestehen, bei den Gesprächen der Siebenergruppe der westlichen Industriestaaten (G-7) im April 1993 Rußland vorab eine beträchtliche Finanzhilfe gewährte. Es wird sich zeigen, ob dieser Schwenk der japanischen Politik in der kritischen Territorialfrage letztlich die von Japan erhofften Fortschritte bringt. In Südkorea sieht Japan zunächst den Wirtschafts- und Handelskonkurrenten. Auf den Gebieten der Sicherheitspolitik und der militärischen Zusammenarbeit hält sich Japan bewußt zurück, zum einen, weil die USA auf der koreanischen Halbinsel einen ausreichenden Schutzfaktor darstellen, zum anderen, weil es nicht in den Bannkreis nordkoreanischer Kritik geraten will. Seit 1990 ist Japan sogar bemüht, das Verhältnis zum kommunistischen Nordkorea, dessen plötzliche und nach Verhandlungen mit den USA wieder bedingt zurückgenommene Aufkündigung des Atomwaffensperrvertrages zur Wahrung eigener nuklearen Optionen im März 1993 die Welt erschreckte, mit dem Ziel einer Normalisierung und späteren Aufnahme diplomatischer Beziehungen spannungsfrei zu halten.

5. Die japanischen Selbstverteidigungsstreitkräfte

Der japanische Pazifismus der ersten Nachkriegszeit hatte bei den Japanern zu einer allgemein militärfeindlichen Einstellung geführt. Wenn sich Japan im Laufe der Jahre auch allmählich zu den Notwendigkeiten seiner neuen Selbstverteidigung bekannte, so besteht die pazifistische Grundströmung auch noch heute. Die derzeit 237 500 Mann starke japanische Armee, für die keine Wehrpflicht gilt und in der rund 8 000 Frauen militärischen Dienst leisten, ist seit ihrer Gründung im Jahr 1954 einer fehlenden Akzeptanz durch die Bevölkerung ausgesetzt. Als Produkt des politischen Willens ist das japanische Militär vom Volk zwar geduldet, es wird jedoch nicht unterstützt und schon gar nicht von motivierender Bereitschaft zur Verteidigung getragen. Besonders aus der Sicht des asiatischen Auslandes widmet man der Entwicklung des japanischen Militärs besonders kritische Aufmerksamkeit. Das aus einer Mischung von Übertreibung und Befürchtung öfters formulierte Wort »Die Japaner kommen!« zielt auch auf das japanische Militär und soll pauschal vor dem Schreckgespenst eines neuen japanischen Militarismus warnen.

Das japanische Demokratieverständnis mit dem Primat der Politik führte bei der Gründung der Selbstverteidigungsstreitkräfte zur Einrichtung der sogenannten zivilen Kontrolle *(civilian control)* über das Militär. Entsprechend dem Artikel 66 der japanischen Verfassung müssen der Premierminister und die Staatsminister Zivilpersonen sein. Aufgrund dieser Regelung sind die leitenden Positionen *(director)* der sogenannten Führungshauptgebiete im Verteidigungsamt (Verteidigungsplanung, Personal, Erziehung, Ausbildung, Finanzen, Rüstung) mit Zivilpersonal besetzt. Die führenden Vertreter des Militärs hingegen beraten »nur«. Ihre Führungsfunktionen konzentrieren sich auf die Leitung der militärischen Stäbe von Heer, Marine und Luftwaffe und auf die nachgeordneten Bereiche der Truppe. Die Selbstverteidigungsstreitkräfte unterliegen der alleinigen Kommandogewalt des japanischen Ministerpräsidenten. Die Verantwortung für die ordnungsgemäße Auftragserfüllung des Militärs hat der Generaldirektor des Verteidigungsamtes. Auftrag der Streitkräfte ist es, »die Nation gegen direkte oder indirekte Aggressionen zu verteidigen, um Frieden und Unabhängigkeit des Landes zu wahren sowie die nationale Sicherheit und, falls erforderlich, die öffentliche Ordnung zu garantieren.«[45]

Die japanische Rüstung hat während der Jahre des Aufbaus der Streitkräfte hauptsächlich bereits im letzten Krieg verwendete amerikanische Waffensysteme und Geräte übernommen. Späterhin wurde die Rüstungsbeschaffung weitestgehend auf japanische Lizenzfertigung umgestellt, um die in der Regel kostspieligeren Rüstungskäufe zu vermeiden. Sie sind in der militärischen Beschaffung auch heute noch die Ausnahme. Der Anteil der japanischen Rüstungsproduktion am gesamten industriellen Prozeß ist, mit Ausnahme des militärischen Flugzeug- und Schiffbaus, gering. Jedoch sind die finanziellen Aufwendungen für die militärtechnische Forschung und Entwicklung (F & E) nicht unerheblich: Das Budget des dem japanischen Verteidigungsamt nachgeordneten Technischen Instituts für Forschung und Entwicklung (*Technical Research and Development Institute* – TR & DI) beträgt z. B. für das Haushaltsjahr 1993/94 136 Mrd. Yen (2,02 Mrd. DM; Mittelkurs 1993: 1 DM = 67,21 Yen). Es macht damit 2,9 % des japanischen 1993/94er Verteidigungshaushaltes (4641 Mrd. Yen = 68,69 Mrd. DM) aus.

Die Selbstverteidigungsstreitkräfte sind inzwischen mit technologisch hochwertigem Großgerät und Material modern ausgestattet. Mit den mittelfristigen Programmen wird Japans Rüstungsplanung jeweils für einen überschaubaren Zeitraum festgeschrieben. Die jährlich zugewiesenen Finanzmittel erlauben einen gleichmäßigen Beschaffungsrhythmus. Hinsichtlich Umfang, Intensität und Ausgestaltung der Rüstungsbeziehungen binden sich die Japaner wesentlich an die USA. Gleichsam im Gegenzug haben die außerordentlichen Fähigkeiten und der qualitative Vorsprung Japans auf verschiedenen Gebieten der Hochtechnologie, und das gilt auch für den militärtechnischen Bereich, dazu geführt, daß Japan, auf Wunsch und Drängen der USA, vertraglich abgesichert seit 1986 militärische Hochtechnologie nach Amerika transferiert. Für Japan bilden Rüstungsgeschäfte mit anderen Staaten die Ausnahme.

Die Schwerpunkte der Ausgaben im japanischen Verteidigungshaushalt, der etwa sechs Prozent des Gesamthaushaltes ausmacht, liegen für Personal und Betrieb in der Regel bei 80 und für Investitionen bei 20%. Im Rechnungsjahr 1993/94 stand der japanischen Verteidigung ein Budget von 4640 Milliarden Yen (68,69 Milliarden DM) zur Verfügung. In dieser Höhe entsprechen die Verteidigungsausgaben 6,4% des Gesamthaushaltes (1993/94: 72350 Milliarden Yen = 1070,8 Milliarden DM). Der prozentuale Anteil am zu erwartenden Bruttosozialprodukt konnte mit 0,94 unter der Einprozentgrenze gehalten werden.

Der Grad der japanischen Verteidigungsfähigkeit ist mit der gesetzlichen Festlegung der personellen und materiellen Umfänge der Selbstverteidigungsstreitkräfte vorgegeben. Diese beinhaltet als wesentlichen Komplex ein für die drei Teilstreitkräfte Heer, Marine und Luftwaffe im Endausbau vorgesehenes teil-integriertes Verteidigungsverbundsystem für den operativen Einsatz, mit Hilfe dessen Angriffe von kleinen und begrenzten Ausmaßen aus eigener Kraft begegnet werden soll. Bei größer angelegten Aggressionen oder gar einer Invasion muß Japan auf die detaillierten

45 Gesetz über die Selbstverteidigungsstreitkräfte (Self-Defense Forces Law), Tōkyō, 9. Juni 1954, Artikel 3.

Absprachen über die militärische Unterstützung durch die Vereinigten Staaten zurückgreifen. Derzeit haben die USA in Japan Truppen in Stärke von insgesamt 43 100 Mann[46] stationiert. Für den Schutz bei einer nuklearen Bedrohung verläßt sich Japan ganz auf die USA und ihre atomare Abschreckungskapazität. Zum Schutz der Bevölkerung hat Japan sich bis heute noch nicht zu einer Notstandsgesetzgebung entschließen können und auch keine nennenswerte Vorsorge für eine Zivilverteidigung getroffen. Die militärischen Personalreserven in einer aktuellen Größenordnung von 48 400 Mann rekrutieren sich aus denjenigen ehemaligen Angehörigen der Streitkräfte, die sich nach ihrem Ausscheiden aus dem aktiven Dienst freiwillig erfassen lassen.

Innenpolitisch waren die japanischen Selbstverteidigungsstreitkräfte stets Gegenstand von Auseinandersetzungen zwischen der Regierungsseite und den Oppositionsparteien. Die von ihnen propagierte Verfassungswidrigkeit der Existenz des japanischen Militärs und ihr parlamentarischer Widerstand konnten die notwendigen Maßnahmen der Regierung zum Aufbau einer japanischen Verteidigungsfähigkeit jedoch nicht gefährden. Dem regelmäßig durch die USA gesteigerten Druck auf Erhöhung der japanischen Verteidigungsbemühungen und auf Übernahme zusätzlicher Militärkosten *(burden sharing)* hat Japan stets nachgegeben. Aufgrund ihrer insgesamt eingeschränkten militärischen Schlagkraft könnten die japanischen Streitkräfte den auf dem Prinzip der Selbstverteidigung basierenden Auftrag, ihr Land gegen einen direkten Angriff zu verteidigen und damit Frieden, Sicherheit und Unabhängigkeit des Landes zu bewahren, derzeit nicht ohne amerikanische Unterstützung erfüllen. Das bilaterale Sicherheitsbündnis mit den Vereinigten Staaten hat für Japan auch weiterhin erstrangige Bedeutung.

6. Neue Herausforderungen

Das Ende des Kalten Krieges und die Beseitigung des bipolaren Machtgefüges in der Welt erfordern auch für den asiatisch-pazifischen Raum ein Umdenken in der Sicherheitspolitik. Abläufe und Lösungswege sicherheitspolitischer Prozesse in Europa sind nicht auf Asien übertragbar. Japan zögert vorerst noch, konkret Konsequenzen aus den veränderten Gegebenheiten zu ziehen. Der Prozeß der Suche nach einer neuen japanischen Rolle in der »neuen Weltordnung« (George Bush, 1991) dauert an. Hier wird Japan Entscheidungen stets im engen Schulterschluß mit den Vereinigten Staaten treffen. Die zukünftig immer wichtiger werdende wirtschaftliche und politische Bedeutung des asiatisch-pazifischen Raums macht – nach Meinung amerikanischer Politiker und von Asien-Fachleuten – das japanisch-amerikanische Bündnis globalpolitisch zum derzeit wichtigsten bilateralen Vertragswerk. Die veränderten Bedingungen führen zu neuen Herausforderungen. Das gilt auch für das japanisch-amerikanische Verhältnis.

Aktuelle Sicherheitsüberlegungen in Japan enthalten auch Gedanken zur Notwendigkeit einer neuen Friedens- und Sicherheitsstruktur für den Fernostbereich. Es ist

46 The International Institute for Strategic Studies, The Military Balance 1993–1994, London 1993.

durchaus vorstellbar, daß Japan bereit ist, dabei anteilig Führungsverantwortung zu übernehmen. Immer noch vorhandene Animositäten bei einigen asiatischen Nachbarn müßten überwunden werden. Erst dann wäre, unter Beteiligung Rußlands, Chinas und Amerikas, ein längerfristig tragfähiger Sicherheitskonsens zwischen den Staaten in der Region vorstellbar.

Die Vereinigten Staaten haben im asiatisch-pazifischen Raum klar und nachhaltig definierte Wirtschafts- und Sicherheitsinteressen. Aufgrund innenpolitischer Zwänge sind sie derzeit gehalten, ihr Sicherheitsengagement für Ost-/Südostasien und den Pazifikraum zu überdenken und ihr dortiges Stützpunkt- und Truppenpräsenzsystem neu zu formieren. In diesem Zusammenhang ist erstmals die Übertragung von bisher nicht gekannten Sicherheitskompetenzen auf Japan denkbar. Innenpolitische Plausibilität und Akzeptanz in Japan vorausgesetzt, könnte die wegen der Absicherung der für das Land wichtigen Seewege in der Hauptsache eine Erweiterung der japanischen Seestreitkräftekomponente bedeuten. Für die USA müßte jedoch eine Verlagerung von Sicherheitsverantwortung auf Japan, auch im Zusammenhang mit wirtschaftlichen Gesichtspunkten, grundsätzlich kontrolliert und berechenbar gehalten werden.

Trotz der jüngst verstärkt laut gewordenen Kritik an der bisherigen amerikanischen Sicherheits- und Asienpolitik der Administration unter Präsident Bill Clinton ist die weltpolitische Führungsrolle der Vereinigten Staaten nicht in Frage gestellt. Für Japan müßten neue Sicherheitsaufgaben mit besonderer Rücksicht auf die politischen Ansprüche und Kompetenzen der Volksrepublik China und Rußlands regional limitiert gehalten werden. Somit wird es wesentlich von der zukünftigen amerikanischen Asienpolitik abhängen, ob und wenn ja, in welchem Ausmaß der Juniorpartner Japan seine Sicherheitspolitik mit eventuellen Auswirkungen auf die Selbstverteidigungsstreitkräfte maßgeblich wird ändern müssen.

IV. Entwicklungshilfepolitik

Bernhard May *

Unter Entwicklungshilfe versteht man »die direkten finanziellen Leistungen der Geberländer zugunsten einer Förderung der Entwicklungsländer, unabhängig von der Form«.[47] Entwicklungshilfe im heutigen Sinne gibt es seit den fünfziger Jahren und wird vor allem von den Industriestaaten geleistet. Diese mittlerweile 20 Geberstaaten koordinieren ihre entwicklungspolitischen Maßnahmen im Rahmen des *Development Assistance Committee* (DAC) der OECD. Als Größenordnung der Entwicklungshilfe wurde auf der UNCTAD II im Jahre 1968 prinzipiell anerkannt, daß den Entwicklungsländern mindestens ein Prozent des Bruttosozialproduktes der Industriestaaten an Finanzmitteln zufließen sollte; davon sollten 0,7% des BSP aus öffentlichen Mitteln zur Verfügung gestellt werden, wobei das DAC nur jene Leistungen als öffentliche Entwicklungshilfe (ODA) berücksichtigt, die zu vergünstigten Bedingungen und mit mindestens 25% als Schenkung (*grant aid*) vergeben werden.

Von den OECD-Ländern hat sich Japan in den achtziger Jahren zum größten Entwicklungshilfe-Geberstaat in der Welt entwickelt. Damit wurde Japan innerhalb von 25 Jahren von einem der größten Empfänger von Entwicklungshilfe zum größten Geberstaat.

Die japanische Entwicklungshilfepolitik ist eine Erfolgsgeschichte ohne Beispiel. Zur Zeit der Olympischen Spiele in Tōkyō im Jahre 1964 war Japan nach Indien der zweitgrößte Empfänger von Weltbankdarlehen. Damals wurde der japanische Schnellzug *Shinkansen* und Teile des Autobahnringes um Tōkyō herum mit Darlehen der Weltbank finanziert. Erst im Juli 1990 hat Japan die letzten Darlehensbeträge an die Weltbank zurückgezahlt. Doch bereits im Jahre 1989 überrundete Japan die USA und wurde zum größten Entwicklungshilfe-Geberstaat. Dies war das Ergebnis einer bewußten Politik, die Japan seit den siebziger Jahren verfolgte.

1. Bedarf an Entwicklungshilfe

Das Ende des Ost-West-Konfliktes hat im Hinblick auf die Verhältnisse in den Entwicklungsländern nichts zum Besseren gewendet, eher im Gegenteil, denn osteuro-

* Der Beitrag wurde im Februar 1993 im Rahmen eines vom German Marshall Fund of the United States geförderten Forschungsprojektes geschrieben. Dem GMF sei für seine Unterstützung gedankt.

47 Uwe Andersen, Entwicklungshilfe, in: Wichard Woyke (Hrsg.), Handwörterbuch Internationale Politik, Opladen ^{3}1986, S. 125–131, hier: S. 126.

päische Staaten und die neuen Republiken der ehemaligen Sowjetunion kamen zur Gruppe der Entwicklungsländer hinzu. So gehören von den mittlerweile 180 UN-Staaten (Januar 1993) mehr als 150 in die Gruppe der »Dritten Welt«. In diesen Staaten leben mehr als vier Milliarden Menschen, davon über eine Milliarde in absoluter Armut; fast eine Milliarde Menschen müssen hungern; die medizinische Versorgung ist schlecht, die Kindersterblichkeit hoch, die Lebenserwartung gering; etwa eine Milliarde Menschen in Entwicklungsländern können weder lesen noch schreiben.[48]

Der Bedarf an Entwicklungshilfe ist groß und wird auf absehbare Zeit auf hohem Niveau bleiben. Allerdings gibt es eine Reihe von Erfolgen unter den Entwicklungsländern, vor allem in bezug auf die asiatischen Schwellenländer. Außerdem sind die ökonomischen Prognosen von Weltbank und Währungsfonds für viele Staaten Asiens für die neunziger Jahre sehr gut, doch gibt es gerade für den Krisenkontinent Afrika für die nahe Zukunft wenig Hoffnung – und insgesamt wird die Armut in den Entwicklungsländern wohl nicht abnehmen. So geht die Weltbank davon aus, daß sich die Weltbevölkerung von derzeit 5,4 auf über zwölf Milliarden Menschen im Jahre 2075 mehr als verdoppeln wird und daß dann fast 90 % der Menschen in den heutigen armen Entwicklungsländern leben werden; dies gilt insbesondere für Afrika, dessen Bevölkerung sich auf über drei Milliarden Menschen verfünffachen wird. Es wird deshalb auf absehbare Zeit Entwicklungshilfe geben müssen. Und für die Geberstaaten muß auch in Zukunft das Grundprinzip der DAC-Koordination gelten, nämlich: Jedes Mitglied muß sich entsprechend seiner Leistungsfähigkeit an einer gerechten Lastenteilung der Entwicklungshilfe beteiligen.

Japan hat in den vergangenen Jahrzehnten einen Aufstieg zur ökonomischen Supermacht vollbracht. Entsprechend stiegen die Forderungen an Japan, seine Entwicklungshilfe zu erhöhen – was auch geschehen ist. Dennoch bleibt die Frage: Kann und soll Japan seine Entwicklungshilfe weiter erhöhen?

2. Geschichte der japanischen Entwicklungshilfe

Japans entwicklungspolitische Aktivitäten in der Zeit nach dem Zweiten Weltkrieg können grob in vier Phasen eingeteilt werden.[49] So hat Japan in den fünfziger Jahren, der ersten Phase, vor allem Reparationszahlungen an asiatische Nachbarstaaten geleistet. Dagegen war die zweite Phase von Ende der fünfziger bis Anfang der siebziger Jahre durch Entwicklungshilfeleistungen an Staaten in Asien gekennzeichnet; diese Unterstützungen waren überwiegend an Warenlieferungen gebunden und dienten deshalb insbesondere dem Export japanischer Produkte. In den siebziger Jahren, der dritten Phase, hat Japan seine Entwicklungshilfeleistungen mehr auf rohstoffreiche Länder sowie auf jene Staaten konzentriert, die für das neue Phänomen der ökonomi-

48 Zur Situation in den Entwicklungsländern siehe ausführlich die jährlichen Weltentwicklungsberichte der Weltbank, u.a. den neuesten: Weltbank, Weltentwicklungsbericht 1993. Investitionen in die Gesundheit, Washington, D.C. 1993; und: UNDP, Human Development Report 1992, Oxford 1992.

49 Siehe hierzu: William L. Brooks/Robert M. Orr, Jr., Japan's Foreign Economic Assistance, in: Asian Survey, März 1985, S. 322–340.

schen Interdependenzen von besonderer Bedeutung waren. Japans öffentliche Entwicklungshilfe (ODA) hat sich im Zeitraum von 1960 bis 1977 von 145 auf 1 425 Millionen Dollar verzehnfacht. Der für ODA aufgewendete BSP-Anteil schwankte in diesen Jahren zwischen 0,21 und 0,32 % *(vgl. Tabelle 1)*.

Im Jahre 1977 leitete die japanische Regierung die vierte Phase ein, als sie eine neue Entwicklungspolitik beschloß, die dazu führte, daß Japan im Jahre 1989 die Vereinigten Staaten überrundete und zum größten Geberstaat von Entwicklungshilfe in der Welt wurde.[50] Mit Hilfe von »Verdoppelungs-Plänen« wurde vor allem das Volumen der japanischen Entwicklungshilfe vervielfacht, aber auch die regionale Verteilung wesentlich abgeändert und die Qualität der Hilfe verbessert.

3. Sprunghaft steigende Entwicklungshilfe

Japan hat den ersten Plan zur Verdoppelung seiner Entwicklungshilfe, den Ministerpräsident Takeo Fukuda beim Weltwirtschaftsgipfel in Bonn im Mai 1978 vorlegte, innerhalb von drei Jahren mehr als erfüllt: Die Entwicklungshilfe wurde von 1,4 Milliarden Dollar im Jahre 1977 auf 3,3 Milliarden Dollar im Jahre 1980 erhöht. Der zweite Verdoppelungsplan für die Jahre 1981 bis 1985, den Ministerpräsident Suzuki Zenko im Januar 1981 verkündete, sah vor, die Entwicklungshilfe der Jahre 1976 bis 1980 in Höhe von 10,7 Milliarden Dollar bis Ende 1985 auf 21,4 Milliarden Dollar zu verdoppeln. Die tatsächlichen Ausgaben für Entwicklungshilfe betrugen dann aber nur 18 Milliarden Dollar. Dies lag vor allem an der Dollaraufwertung in jenen Jahren, denn die Yen-Entwicklungshilfe wurde verdoppelt.

Den dritten Verdoppelungsplan für die Jahre 1986 bis 1992 verkündete die japanische Regierung unter Ministerpräsident Yasuhiro Nakasone im Herbst 1985. Der Plan bestand aus mehreren Elementen. Japan wollte erstens in einem Zeitraum von sieben Jahren über 40 Milliarden Dollar für Entwicklungshilfe aufwenden. Zweitens sollte die Entwicklungshilfe des Jahres 1985 bis zum Jahre 1992 verdoppelt werden, und zwar durch eine Ausweitung der Schenkungen und der technischen Zusammenarbeit sowie eine erhöhte multilaterale Entwicklungshilfe. Und drittens sollte die erhöhte Entwicklungshilfe für eine wirksame Unterstützung der sozialen und wirtschaftlichen Entwicklungen in den Empfängerländern eingesetzt werden. Diesmal führte die starke Dollarabwertung bzw. Yen-Aufwertung dazu, daß die gesetzten Ziele vorzeitig erreicht werden konnten. So teilte die japanische Regierung auf dem Weltwirtschaftsgipfel in Venedig im Juni 1987 mit, daß sie den dritten Verdoppelungsplan um zwei Jahre kürzen, also bis 1990 verwirklichen würde. Aber selbst dieser beschleunigte Plan konnte schon 1988 erfüllt werden.

Den vierten Verdoppelungsplan für die Jahre 1988 bis 1992 stellte Ministerpräsident Noboru Takeshita auf dem Weltwirtschaftsgipfel in Toronto im Juni 1988 vor: Die Entwicklungshilfe der Jahre 1983 bis 1987 sollte verdoppelt werden, und insgesamt mehr als 50 Milliarden Dollar sollten für Entwicklungshilfe aufgewendet wer-

50 Siehe: Bernhard May, Japans neue Entwicklungspolitik. Entwicklungshilfe und japanische Außenpolitik, (Schriften des Forschungsinstituts der Deutschen Gesellschaft für Auswärtige Politik e.V., Bonn, Reihe: Internationale Politik und Wirtschaft, Bd. 57), München 1989.

Tab. 1: Japans öffentliche Entwicklungshilfe (ODA) 1960–1993 (in Mio. Dollar)

Jahr	ODA gesamt	Japans v. H. MODA[1]	v. H. BSP	OECD DAC–v. H.[2]
1960	145	20	0,24	0,52
1965	244	7	0,28	0,44
1970	458	19	0,23	0,34
1977	1425	37	0,21	0,31
1980	3353	40	0,32	0,37
1985	3797	33	0,29	0,35
1988	9134	30	0,32	0,34
1989	8965	24	0,31	0,32
1990	9069	25	0,31	0,33
1991	10950	19	0,32	0,33
1992	11151	25	0,30	0,33
1993[3]	12570	25	0,32	0,33

1 Anteil der multilateralen ODA.
2 Durchschnitt aller DAC-Staaten.
3 Vorläufige Angaben.

Quelle: Ministry of Foreign Affairs, Japan's ODA 1993. Annual Report, Tōkyō 1994 (verschiedene Jahre); und: OECD/DAC, Development Co-Operation. 1993 Report, Paris 1993 (verschiedene Jahre).

den; der BSP-Anteil für Entwicklungshilfe sollte bis 1992 den Durchschnitt der DAC-Staaten erreichen; die Qualität der Entwicklungshilfe sollte weiter verbessert und schließlich die Unterstützung für internationale Organisationen und multilaterale Entwicklungsbanken verstärkt werden. Auf dem Weltwirtschaftsgipfel in Paris im Juni 1989 machte die japanische Regierung im Hinblick auf die Qualität ihrer Entwicklungshilfe weitere Zusagen: Innerhalb von drei Jahren sollten 600 Millionen Dollar an die ärmsten Entwicklungsländer als Schenkungen vergeben und etwa zwei Milliarden Dollar als »grüne ODA«, also für Umweltschutzmaßnahmen aufgewendet werden. Schließlich hat Japan auf der UNCED-Konferenz in Rio im Juni 1992 zugesagt, die japanische »grüne ODA« der Jahre 1989–91 in Höhe von drei Milliarden Dollar für die Jahre 1992–1997 auf einen Gesamtbetrag von sieben Milliarden Dollar zu erhöhen.

Japan hat das quantitative Ziel des vierten Verdoppelungsplans zu 99,4 % verwirklicht und tatsächlich in den fünf Jahren von 1988 bis 1992 insgesamt 49,68 Milliarden Dollar an Entwicklungshilfe vergeben. Allerdings konnte Japan das zweite quantitative Ziel nicht erreichen, nämlich den BSP-Anteil für Entwicklungshilfe auf den DAC-Durchschnitt zu erhöhen. Ganz im Gegenteil, denn Japans BSP-Anteil ging auf 0,3 % im Jahre 1992 zurück. Im Hinblick auf die Qualität seiner Entwicklungshilfe konnte Japan in diesen fünf Jahren vielfältige Verbesserungen erzielen. Dennoch steht Japan immer noch bei einem Vergleich qualitativer Kriterien im unteren Drittel der DAC-Staaten.

Im Juni 1993 veröffentlichte die japanische Regierung den fünften mittelfristigen Entwicklungshilfe-Plan für die Jahre 1993 bis 1997 mit folgenden Zielsetzungen*:

* Dieser Plan »The Fifth Medium-Term Target of Official Development Assistance« ist abgedruckt in: Ministry of Foreign Affairs, Japan's ODA 1993. Annual Report, Tōkyō 1994, S. 227–229.

Japan will in diesen fünf Jahren 70–75 Milliarden Dollar für Entwicklungshilfe aufwenden, also eine Steigerung des Volumens um 40–50 % gegenüber dem vierten Verdoppelungsplan. Ferner soll verstärkt versucht werden, die Qualität der Entwicklungshilfe zu verbessern; diesbezüglich wurden konkrete Maßnahmen beschlossen. Zudem wurden für die Entwicklungshilfe folgende vier Schwerpunkte festgelegt: a) globale Umwelt- und Bevölkerungsprobleme; b) Befriedigung der Grundbedürfnisse; c) *human resources development* und d) Verbesserung der Infrastruktur. Schließlich hat sich die Regierung erneut darauf festgelegt, die für die Umsetzung der Entwicklungshilfe zuständige Bürokratie in Tōkyō personell und finanziell besser auszustatten, um eine effektivere Umsetzung japanischer Entwicklungshilfe zu gewährleisten. Japan hat sich mit diesem fünften Entwicklungshilfe-Plan erneut anspruchsvolle Ziele gesetzt, die wiederum im Hinblick auf die Quantität leichter als bei der Qualität der Entwicklungshilfe zu verwirklichen sein werden.

4. Japans Entwicklungshilfe im OECD-Vergleich

Japan hat seit Ende der siebziger Jahre seine Entwicklungshilfe vervielfacht und wurde im Jahre 1989 zum größten ODA-Geberstaat der Welt *(vgl. Tabelle 1)*. Japan und die USA stellen jeweils etwa ein Fünftel der gesamten Entwicklungshilfe aller DAC-Staaten. Und dieser Aufstieg zum größten Geberstaat erfolgte in nur einem Jahrzehnt. Doch die japanische Erfolgsgeschichte muß in doppelter Hinsicht relati-

Abb. 1: Öffentliche Entwicklungshilfe der westlichen Industrieländer 1992

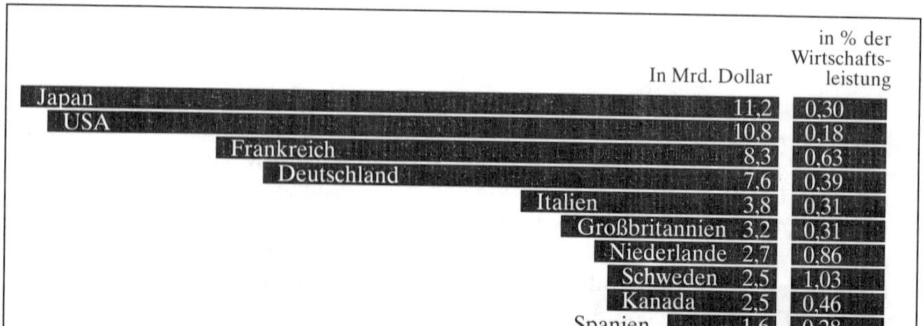

Quelle: Ministry of Foreign Affairs, Japan's ODA 1993, Tōkyō 1994, S. 19.

viert werden. So ist die Entwicklungshilfe der EG-Staaten gemeinsam größer als jene Japans und der USA zusammengenommen. Zweitens sind diese absoluten Zahlen nicht sehr aussagekräftig, wichtiger sind relative Angaben. Der übliche Maßstab für einen Belastungsvergleich ist der Anteil am Bruttosozialprodukt (BSP), der für Entwicklungshilfe verwendet wird.

Bei einem BSP-Vergleich der Ist-Zahlen aus dem Jahre 1992 stehen die USA mit einem Anteil von 0,18% des BSPs auf Platz 20 der mittlerweile 21 DAC-Staaten, während Japan mit 0,30% immerhin Rang 15 einnimmt; beide Staaten liegen – die USA beachtlich – unter dem DAC-Durchschnitt von 0,33%. Im Jahre 1980 lag Japans BSP-Anteil bei 0,32%, insofern hat Japan in den achtziger Jahren seine relative Entwicklungshilfe gar nicht erhöht; allerdings ist in den achtziger Jahren der DAC-Durchschnitt von 0,37 auf 0,32% des BSPs gefallen.

5. Instrumente und Empfänger japanischer Entwicklungshilfe

Japan vergibt seine Entwicklungshilfe in Form bilateraler und multilateraler Hilfe – wie alle anderen Geberstaaten auch. Während die bilaterale Entwicklungshilfe in Form von Zuschüssen und Krediten als Kapitalhilfe oder technische Hilfe (Projekt- oder Programmhilfe) direkt an die Empfängerstaaten geht, wird die multilaterale Entwicklungshilfe an Internationale Organisationen und multilaterale Entwicklungsbanken geleistet, um deren Aktivitäten zu finanzieren. Japan hat in den vergangenen 15 Jahren zwischen 20 und 44% seiner Entwicklungshilfe als multilaterale ODA vergeben; die Schwankungen wurden durch den Zeitpunkt der Finanzleistungen an die Empfängerorganisationen verursacht und nicht durch Entscheidungen der japanischen Regierung.

Drei Viertel der multilateralen ODA Japans gehen an die Weltbankgruppe und die regionalen Entwicklungsbanken sowie das restliche Viertel an Sonderorganisationen der Vereinten Nationen, vor allem an das United Nations Development Programm (UNDP), an UNICEF, an UNESCO, an die World Health Organization (WHO), an den United Nations High Commissioner for Refugees (UNHCR), an die United Nations Relief and Works Agency for Palestine Refugees in the Near East (UNRWA), an das World Food Programm (WFP), an die Food and Agriculture Organization (FAO), an den United Nations Fund for Population Activities (UNFPA) und andere mehr. Japan wurde in den achtziger Jahren auch aufgrund von Sonderbeiträgen zum größten Geberstaat von multilateraler Entwicklungshilfe.

6. Globale Entwicklungshilfe mit Schwerpunkt Asien

Japan vergibt bilaterale Entwicklungshilfe an 143 Staaten und Territorien – und unterhält damit das umfangreichste Entwicklungshilfeprogramm von allen Geberstaaten. Über 65% der japanischen Entwicklungshilfe gehen immer noch an Staaten in Asien, weitere 10% nach Afrika, etwa 4% in den Mittleren Osten, weitere 9% nach Latein-Amerika, etwas mehr als 2,5% nach Europa und schließlich etwa 2% nach Ozeanien *(vgl. Tabelle 2)*. Aus historischen, geographischen, ökonomischen und politischen Gründen hat Japan stets den Großteil seiner bilateralen Entwicklungshilfe an Staaten in Asien vergeben. Der regionale Schwerpunkt Asien wird klar widergespiegelt bei der Liste der zehn größten Empfängerländer: Seit Jahren steht Indonesien an erster Stelle, gefolgt von China, den Philippinen, Indien und Thailand *(vgl. Tabelle 2)*. Über 40% der japanischen Entwicklungshilfe gehen an nur drei ostasiatische Staaten.

Werden die Empfängerländer nicht nach Regionen, sondern nach Einkommensklassen geordnet, dann zeigt sich, daß Japan etwa 76% seiner Entwicklungshilfe an LICs vergibt (LIC: *Low Income Country;* BSP pro Kopf niedriger als 1195 Dollar) und weitere 12% an MICs (MIC: *Middle Income Country;* BSP pro Kopf zwischen 1195–4300 Dollar). Der Anteil der LLDCs (LLDC: *Least Developed Country*), die ärmsten Entwicklungsländer, lag in den vergangenen Jahren bei 12%.

Tab. 2: Geographische Verteilung bilateraler ODA (in %)

Regionen/Kontinente			Schwerpunktländer		
	1980	1992		1992	(1980)
Asien	70,5	65,1	Indonesien	15,9	11,2
Afrika	11,4	10,1	China	12,4	0,4
Mittl. Osten	10,4	10,2	Philippinen	12,1	4,8
L-Amerika	6,0	8,1	Indien	5,0	2,2
Europa	0,0	2,3	Thailand	4,8	5,9
Ozeanien	0,6	1,6	Vietnam	3,3	–
			Pakistan	2,0	3,6
			Bangladesch	1,9	5,0
			Malaysia	1,8	3,4
			Peru	1,8	0,8
Gesamt: Mio. $	1961	8484	10 Länder:	61,2	37,4

Quelle: Zusammengestellt aus: MFA, Japan's ODA 1993, Tokyo 1994.

Gemessen an der Zahl der Empfängerstaaten betreibt Japan ohne Zweifel eine globale Entwicklungspolitik. Japan hat das umfangreichste Länderprogramm und ist mittlerweile für 30 Länder zum größten Geberstaat geworden, darunter vier afrikanische. Vor allem aus politischen Gründen erhielten neun Staaten in den achtziger Jahren keine japanische Entwicklungshilfe; diese waren: Kambodscha, Laos, Vietnam, Afghanistan, Äthiopien, Angola, Libyen, Kuba und Nicaragua. In den vergangenen Jahren konnten verschiedene Regionalkonflikte gelöst werden, so daß – verstärkt durch das Ende des Kalten Krieges – Japan nunmehr Entwicklungshilfe an diese Länder leistet bzw. entsprechende Länderprogramme in Vorbereitung sind. Ferner sind die meisten Nachfolgestaaten der ehemaligen Sowjetunion als Empfängerstaaten hinzugekommen.

7. Entwicklungshilfe als Mittel der Außenpolitik

Japan vergibt – wie alle anderen Geberstaaten auch – Entwicklungshilfe aus außen- und innenpolitischen sowie ökonomischen, sozialen, humanitären, ökologischen, bevölkerungspolitischen und in einem gewissen Umfange aus sicherheitspolitischen Gründen. Es gibt jedoch japanische Besonderheiten. So bevorzugt Japan das breitere Konzept der *economic cooperation*, das neben der Entwicklungshilfe auch Handel, Investitionen und Technologietransfer umfaßt. Die Entwicklungshilfe soll *aid for promoting self-sustaining development* sein. Dementsprechend hat die ökonomische Infrastruktur in den Entwicklungsländern für Japan Priorität vor der sozialen.

Für die Vervielfachung der japanischen Entwicklungshilfe in den vergangenen 15 Jahren waren nicht humanitäre oder ökonomische, sondern vor allem politische Motive ausschlaggebend, denn Japan verfolgte vor allem zwei Ziele: das Ansehen in der Welt zu verbessern und auf politischen Druck von außen zu reagieren. Japan hat seine Entwicklungshilfe in einem nicht unerheblichen Maße dazu verwendet, auf amerikanische »Wünsche« mit dem Ziel zu reagieren, die amerikanisch-japanischen Beziehungen zu verbessern. Amerikanischer Druck *(Gaiatsu)* hat somit in einem beträchtlichen Ausmaß die japanische Entwicklungshilfe bestimmt und dementsprechend die »*Gaiatsu*-Entwicklungshilfe« Japans ansteigen lassen.

In diese Kategorie der »*Gaiatsu*-Entwicklungshilfe« gehören viele jener Leistungen an Entwicklungsländer, die von Kritikern als »strategische Entwicklungshilfe« bezeichnet werden. So stellt Juichi Inada fest: »When people suggest that Japanese aid is strategic, what they are apt to mean is that it is being conducted in accord with US strategy.«[51] Es war Dennis Yasutomo, der die These von der »strategischen ODA« Japans in den Mittelpunkt seiner Untersuchung stellte. Doch auch er belegt, daß die Entwicklungshilfe vor allem als ein Instrument der Außenpolitik gegenüber den Vereinigten Staaten eingesetzt wurde. So berichtet Yasutomo von einer Liste mit 20 Ländernamen, die Japan im März 1983 von der amerikanischen Regierung übergeben wurde, die zusätzliche japanische Entwicklungshilfe erhalten sollten.[52]

Diese Länderliste wird zum Großteil von Robert Orr bestätigt, der Anfang der achtziger Jahre als Mitarbeiter der Reagan-Regierung an diesen Verhandlungen mit Japan beteiligt war. Robert Orr berichtet über die schwierigen, aber oftmals erfolgreichen Bemühungen der amerikanischen Regierung, ausgewählten Ländern mehr japanische Entwicklungshilfe zukommen zu lassen. So waren die Vereinigten Staaten im Falle Südkoreas beteiligt, haben gegen japanische Widerstände höhere Entwicklungshilfe für Jamaica durchgesetzt, waren ebenfalls erfolgreich im Hinblick auf den Sudan, Ägypten und Pakistan und haben schließlich in Zusammenarbeit mit der Nakasone-Regierung zusätzliche Entwicklungshilfe für die Philippinen, für Thailand und einige Inselstaaten im Pazifik bewirken können.[53]

---

51 Juichi Inada, Japan's Aid Diplomacy: Economic, Political or Strategic?, in: Millennium, 3 (1989), S. 399–414, hier: S. 402.

52 Vgl. Dennis T. Yasutomo, The Manner of Giving. Strategic Aid and Japanese Foreign Policy, Lexington, Mass. 1986, S. 104ff.

53 Vgl. Robert M. Orr, Jr., The Emergence of Japan's Foreign Aid Power, New York 1990, insbesondere Kap. 5: Foreign Pressure: The Role of the United States, S. 103–136.

8. Japanische Entwicklungshilfe: Mehr Schein als Sein?

Bei der Vervielfachung der japanischen Entwicklungshilfe stellte sich ein grundsätzliches Problem: Wie kann das Volumen vervielfacht und gleichzeitig die Qualität der Entwicklungshilfe erhöht werden? Die japanische Antwort lautete: mehr Großprojekte. Vor allem mit Infrastrukturmaßnahmen ließen sich große Finanzbeträge binden und relativ schnell ausgeben. Da die japanischen Behörden, die für die Verwaltung der Entwicklungshilfe zuständig sind, personell unterbesetzt waren und immer noch sind, war dies fast eine Notwendigkeit. Es gab zwei Auswege, die darin bestanden, entweder eine Erhöhung der multilateralen Entwicklungshilfe vorzunehmen (also zum Beispiel höhere Beiträge an multilaterale Entwicklungsbanken) oder japanische Entwicklungshilfe-Projekte durch ausländische Experten durchführen zu lassen. Japan hat ansatzweise von beiden Möglichkeiten Gebrauch gemacht. So wurde die multilaterale Entwicklungshilfe wesentlich ausgeweitet, und Japan wählte die *British Crown Agents*, um den Sonderfonds mit 600 Millionen Dollar ungebundener Entwicklungshilfe für Schwarz-Afrika umzusetzen.

Trotz der enormen quantitativen Ausweitung der japanischen Entwicklungshilfe in den achtziger Jahren ist die Kritik von seiten der DAC-Staaten und der Dritten Welt an Japan nie verstummt. Es wurden vor allem die Philosophie, die Zielsetzungen und die Qualität der japanischen Entwicklungshilfe bemängelt. Die wichtigsten Punkte der Kritiker waren: die im Vergleich härteren Vergabebedingungen sowie der geringere Schenkungsanteil; die vermeintliche Lieferbindung; der hohe Anteil an Infrastruktur-Großprojekten; die Konzentration auf Asien; der geringe Anteil an Grundbedürfnisprojekten; umweltpolitisches Desinteresse in der Entwicklungspolitik.

Tatsächlich vergibt Japan rund drei Viertel seiner Entwicklungshilfe in Form von Darlehen und nicht als Schenkung *(grants)*. Über 40% der Gesamthilfe wird für Infrastrukturprojekte (wirtschaftliche 27 und soziale 15%) verwendet, also zum Beispiel der Bau von Straßen oder Häfen. Das sind Projekte, die dann oftmals von japanischen Firmen ausgeführt werden. Demgegenüber entfällt nur ein Drittel der Entwicklungshilfe auf Projekte zur Befriedigung der Grundbedürfnisse der Menschen. Beim Vergleich der Schenkungsanteile nimmt Japan sogar nur den letzten Platz unter den DAC-Staaten ein. Der Anteil für die ärmsten Entwicklungsländer liegt unter dem DAC-Durchschnitt und der Anteil der technischen Entwicklungshilfe wurde zwar in den achtziger Jahren erheblich vergrößert, dennoch ist er nur halb so groß wie der DAC-Durchschnitt.

Eine Reihe dieser Kritikpunkte läßt sich dadurch erklären, daß Japan von Anfang an aus historischen, kulturellen, ökonomischen und politischen Gründen einen Großteil seiner Entwicklungshilfe an asiatische Nachbarstaaten vergeben hat. Immer noch fließen etwa zwei Drittel der japanischen Entwicklungshilfe an asiatische Staaten, davon alleine 30% an ASEAN-Staaten. Das erklärt zum Teil Japans schlechtes Abschneiden beim DAC-Vergleich, denn gerade die ASEAN-Staaten gehören nicht zu den ärmsten Entwicklungsländern. Gleichwohl werden sich in den kommenden Jahren Veränderungen im Hinblick auf die Aufteilung der japanischen Entwicklungshilfe ergeben, denn auf der Liste der zehn Schwerpunktländer für Japans ODA stehen neben Indonesien und Thailand auch Indien, China und Bangladesch – alle drei gehören zu den LLDCs, haben zusammen eine Bevölkerung von mehr als zwei Milliarden Menschen und hoffen auf zusätzliche Entwicklungshilfe aus Japan.

Andere Kritikpunkte werden immer noch angeführt, sind jedoch veraltet. So erhält Afrika inzwischen mehr Entwicklungshilfe aus Japan als von den USA oder von der ehemaligen Kolonialmacht Großbritannien. Beim Kriterium der Lieferbindung schneidet Japan sogar wesentlich besser ab als der DAC-Durchschnitt. Bei anderen DAC-Normen hat Japan in den achtziger Jahren wesentliche Fortschritte erzielen können: So stieg der Schenkungsanteil für die ärmsten Entwicklungsländer auf über 90%, der Anteil der Grundbedürfnishilfe auf über 30%, und zwei Fünftel der japanischen *Grant aid* gehen nunmehr an die ärmsten Entwicklungsländer. Japan bewegt sich also in die richtige Richtung, zwar langsamer als beim Volumen, aber immerhin konnten deutliche Verbesserungen erzielt werden. Beim entwicklungspolitischen Entscheidungsprozeß lassen sich solche Verbesserungen nicht feststellen.

9. Bürokratische Defizite der japanischen Entwicklungshilfe

Für die japanische Entwicklungshilfe ist nicht eine zentrale Institution zuständig, vielmehr ist eine Vielzahl von Akteuren mit recht unterschiedlichen Aufgabenstellungen und Interessen am Entscheidungsprozeß über die Formulierung und Umsetzung der entwicklungspolitischen Überlegungen beteiligt. Japan war auf die Vervielfachung seiner ODA innerhalb eines Jahrzehnts institutionell, personell und konzeptionell nicht vorbereitet. Die Verdoppelungspläne wurden auf höchster politischer Ebene beschlossen, ohne den Entscheidungsprozeß anzupassen oder die Bürokratie entsprechend auszustatten.[54]

So werden die wichtigen Entscheidungen bei der Durchführung der japanischen Entwicklungspolitik von drei Ministerien (dem Außen- und Finanzministerium sowie dem MITI, Ministerium für Internationalen Handel und Industrie) und der *Economic Planning Agency* getroffen. Zwölf Ministerien sind in der einen oder anderen Weise an der Entwicklungshilfe beteiligt, zum Beispiel dadurch, daß sie Mitarbeiter auf Zeit in die Durchführungsorganisationen und Botschaften entsenden. Die bilaterale Entwicklungshilfe Japans wird entweder von der *Japan International Cooperation Agency* (JICA) oder dem *Overseas Economic Cooperation Fund* (OECF) durchgeführt. Beide sind ausführende Organe, die unter der Kontrolle eines Ministeriums stehen und keine eigenständige Politik durchführen können. Angesichts des Volumens der bilateralen Entwicklungshilfe handelt es sich um zwei relativ kleine Organisationen mit permanentem Personalmangel. Die Aufstockung des eigenen Personals war und ist in Japan aus finanzpolitischen und gesellschaftlichen Gründen besonders schwierig.

Einerseits sprunghaft ansteigende Entwicklungshilfe, andererseits zu wenig Mitarbeiter und gleichzeitig kontinuierlich erweiterte Länderprogramme – ein nahezu un-

54 Zum entwicklungspolitischen Entscheidungsprozeß im japanischen Regierungssystem siehe: Bernhard May, Japans neue Entwicklungspolitik, (Anm. 50), Kap. 5, S. 101ff.

lösbares Problem. Dabei war das umfangreiche Länderprogramm auf die im Außenministerium beliebte ›Außenpolitik mit Geschenken‹ *(Omiyage Gaikō)* zurückzuführen. Entwicklungshilfe als Instrument der Außenpolitik verbunden mit der intensiven ›Reisediplomatie‹, die ODA als ›Gastgeschenke‹ verteilte, mußte fast zwangsläufig zu diesem Ergebnis führen.

Über 95% der entwicklungspolitischen Entscheidungen werden im japanischen Regierungssystem von der Bürokratie als ›Routineentscheidungen‹ getroffen; nur knapp fünf Prozent gelten als ›politische Entscheidungen‹. An der überragenden Machtposition der Bürokratie kann nicht gezweifelt werden. Sie trifft die meisten Entscheidungen, sie besitzt die entwicklungspolitische Kompetenz, sie kann sich gegen Beeinflussung von außen relativ wirksam schützen. An dieser Situation hat sich in den achtziger Jahren recht wenig geändert. Insofern stimmt das Ergebnis von Alan Rix's Untersuchung im wesentlichen auch für die achtziger Jahre: »that bureaucratic interests were the main determinants of the articulation of Japan's aid and economic cooperation policies«.[55]

Zentrale Schwachpunkte der neuen Entwicklungspolitik Japans waren von Anfang an neben der zu geringen personellen Ausstattung die ungenügenden Institutionen, die zu Problemen bei der Formulierung, Durchführung, Kontrolle und Anpassung der entwicklungspolitischen Aktivitäten und insgesamt zu einer vergleichsweise geringeren Qualität und Effektivität japanischer Entwicklungshilfe führten. Da Qualität und Effektivität keine wichtigen Kriterien der japanischen Entwicklungshilfe der achtziger Jahre waren, konnten bessere Ergebnisse kaum erwartet werden. Die ständige Kritik anderer Geberstaaten an diesen Schwachpunkten dürfte entscheidend dazu beigetragen haben, daß die japanische Regierung sich im vierten Verdoppelungsplan verpflichtete, das ODA-Management mit einer Reihe von Maßnahmen zu verbessern. Dies führte zu sichtbaren Erfolgen, die auch im DAC-Bericht lobend erwähnt werden.

10. Neue Zielsetzungen: Rhetorik und Realität

Ende der achtziger Jahre war der japanische Entwicklungshilfe-Haushalt auf nahezu 10 Milliarden Dollar angewachsen, doch Japan konnte seine Ziele nicht verwirklichen. So meldeten sich auch in Japan immer mehr Kritiker, die angesichts der aufgewendeten Finanzbeträge eine Neuausrichtung der Entwicklungshilfe forderten.

Erste Beschlüsse für eine Neuausrichtung hat die japanische Regierung getroffen – und diese werden seitdem schrittweise umgesetzt. So hat die Regierung bereits im April 1991 (wenige Wochen nach dem Ende des Golfkrieges) die Basis für Japans ODA bestätigt, indem sie humanitäre Verantwortung für die Entwicklungsländer und das Prinzip des *recognition of the fact of interdependency* anerkannte und vier neue Prinzipien für die Vergabe von Entwicklungshilfe formulierte. Im Juni 1992 wurden diese vier Prinzipien in einer »Official Development Assistance Charter« festgelegt.

55 Alan Rix, Japan's Economic Aid. Policy-Making and Politics, London 1980, S. 267.

Im einzelnen geht es um die Bemühungen der Empfängerländer im Hinblick auf:

a) die gleichzeitige Verwirklichung von Umweltschutz und Entwicklung;
b) verstärkte Bemühungen, die Verwendung von Entwicklungshilfe für militärische Zwecke oder zur Verschärfung internationaler Konflikte zu vermeiden;
c) erhöhte Aufmerksamkeit im Hinblick auf die Entwicklung der Militärausgaben der Empfängerstaaten sowie im Hinblick auf Entwicklung und Produktion von Massenvernichtungswaffen und Raketen, aber auch Waffenhandel;
d) aufmerksame Beobachtung von Entwicklungen in den Empfängerstaaten im Hinblick auf Demokratisierung, Marktöffnung und Menschenrechte.

Japan hat sich im Rahmen der OECD und des Weltwirtschaftsgipfels in London im Juli 1991 aktiv dafür eingesetzt, daß diese neuen Kriterien für Entwicklungshilfe auch von den anderen Geberstaaten unterstützt und angewandt werden.[56] Mittlerweile haben die Weltbank und mehrere Geberstaaten einen entsprechenden Politikwandel eingeleitet oder sind dabei einen solchen vorzubereiten.

Erste klare Signale für den politischen Willen, die neuen entwicklungspolitischen Kriterien durchzusetzen, wurden in Tōkyō gegeben: z. B. hat Japan erstmals im Falle des Putsches in Haiti im Herbst 1991 die Entwicklungshilfe ohne politischen Druck von außen gestoppt. Dies war ein wichtiger Testfall, der jedoch aufgrund der geringen Bedeutung Haitis für Japan keine Schlußfolgerungen für die zukünftige Politik zuläßt, denn die japanische Regierung hat in ähnlichen Situationen im Falle Myanmars (Burma) und Chinas, aber auch in Thailand und Peru recht unterschiedlich gehandelt.

So hat Japan bereits im Herbst 1990, nur 15 Monate nach den Tiananmen-Platz-Ereignissen vom Juni 1989, die unterbrochene Entwicklungshilfe an China wieder aufgenommen. Dabei zeigte sich wiederum, daß China für die japanische Außenpolitik aus historischen, kulturellen, politischen und ökonomischen Gründen ein Sonderfall ist.

Ähnlich sieht es im Falle Burma/Myanmars aus: Japan hatte nach dem Militärputsch vom September 1988 zwar seine Entwicklungshilfe an Burma eingefroren (allerdings die humanitäre Hilfe fortgesetzt), doch bereits im Februar 1989 hat Tōkyō die Militärregierung in Rangoon anerkannt und in diesem Zusammenhang die Entwicklungshilfe zum Teil wieder freigegeben. Ferner hat Japan als einziges wichtiges Partnerland den thailändischen Militärputsch im Februar 1991 nicht verurteilt und seine Wirtschaftshilfe nach kurzem Zögern fortgesetzt. Und nach dem Staatsstreich von Präsident Alberto Fujimori vom 5. April 1992 in Peru haben zwar die USA, die Bundesrepublik Deutschland und andere westliche Geberstaaten ihre Entwicklungshilfe eingefroren, doch die Regierung in Tōkyō beschloß, die japanische Entwicklungshilfe fortzuführen. Die engen politischen Beziehungen zu Präsident Fujimori, einem Nachfahren japanischer Einwanderer, dessen Eltern vor 60 Jahren von Kumamoto auf Kyūshū nach Peru kamen, waren für diese Entscheidung wohl ausschlaggebend.

---

56 So hat die Ministertagung der OECD in Paris im Juni 1991 – z. T. als Ergebnis japanischer Bemühungen – einen Kriterienkatalog verabschiedet, der auch die japanischen Kriterien beinhaltet; siehe: Kommuniqué der Ministertagung, abgedruckt in: EA, 17 (1991), S. D444–D462, hier insbesondere S. 457. Zum Londoner Gipfel siehe: Erklärungen der Staats- und Regierungschefs zum Weltwirtschaftsgipfel in London vom 15. bis 17. Juli 1991, abgedruckt in: EA, 17 (1991), S. D411–D427.

Die Unterschiede im japanischen Verhalten in diesen fünf Fällen, Myanmar, China, Thailand, Haiti und Peru, lassen deutlich erkennen, welche Probleme Japan bei der Umsetzung seiner neuen entwicklungspolitischen Kriterien meistern muß. Die harten Entscheidungen der japanischen Regierung zur Durchsetzung dieser neuen Kriterien, d.h. die Umsetzung in praktische Entwicklungshilfepolitik stehen noch aus. Die Berücksichtigung der Militärausgaben der Empfängerländer, Demokratisierungsbemühungen, marktwirtschaftlicher Reformen, Menschenrechte und Umweltschutz bei der Vergabe von Entwicklungshilfe wird ein schwieriger und langwieriger Prozeß sein. Dabei muß die japanische Regierung eingefahrene Verhaltensweisen aufgeben, sich auf Konflikte in wichtigen bilateralen Beziehungen einlassen und insgesamt ein politisches Durchsetzungsvermögen beweisen, das dem japanischen Pragmatismus entgegensteht. Am Ende könnte dann eine eigenständige Entwicklungspolitik stehen, die für die Entwicklungsländer besser ist und gleichzeitig Japans politische Rolle in einer neuen Weltordnung adäquater widerspiegelt.

Japan hat seit Mitte der siebziger Jahre seine Entwicklungshilfe fast verzehnfacht und wurde zum größten Geberstaat von Entwicklungshilfe in der Welt. Die Ausweitung der Länderprogramme sowie das verstärkte Engagement auf dem Krisenkontinent Afrika kam jedoch vor allem auf Druck von außen, insbesondere von seiten der OECD-Staaten, zustande. Japan hat diesem politischen Druck von außen zwar nachgegeben, dennoch blieb der regionale Schwerpunkt Asien erhalten. Und dies wird auch in Zukunft so bleiben, denn erstens gibt es hierfür aus japanischer Sicht besondere geographische, historische und politische Gründe und zweitens lebt bereits die Hälfte der Weltbevölkerung in Asien; z.B. leben in China bereits mehr als eine Milliarde Menschen und in Indien fast 900 Millionen, damit ist die Bevölkerung in Indien so groß wie die in Afrika und Latein-Amerika zusammen. Bedarf für zusätzliche japanische Entwicklungshilfe gibt es in Asien – aber auch in anderen Weltregionen – mehr als genug.

V. Umweltpolitik auf internationaler Ebene: Anpassungsdruck als »Motor des Fortschritts«

Hans Jürgen Mayer

»Japan strebt die globale Führungsrolle im Umweltschutz an« – mit dieser spektakulären Ankündigung zog die japanische Regierung die Aufmerksamkeit der Medien vor der UN-Konferenz für Umwelt und Entwicklung (UNCED) in Rio auf sich. Im selben Jahr 1992 setzten die japanischen Verhandlungsführer wie gewohnt ihren Widerstand gegen das Verbot des kommerziellen Walfangs durch die Internationale Walfang-Kommission (IWC) fort.

Zwischen diesen beiden Polen – ökologischen PR-Offensiven und zähem Widerstand gegen echten Umweltschutz – bewegt sich die offizielle Politik Japans in Umweltfragen auf internationaler Ebene. Prinzipiell als unzulässig empfundener Druck aus dem Ausland *(Gaiatsu)* spielt angesichts der unzureichenden Massenbasis der einheimischen Umweltschützer immer noch die entscheidende Rolle beim Einlenken Japans in Fragen des Artenschutzes oder des Giftmüllexportes. Interventionen aus den von japanischem ökologischen Raubbau besonders betroffenen Regionen Südostasien und Nordamerika wirken vor allem deshalb, weil Exportmärkte auf dem Spiel stehen.

Die Einsicht, daß Umweltprobleme transnationale Erscheinungen sind und Japan als Verursacher wie Opfer schon im eigenen Interesse mit anderen Staaten bei der Ressourcenschonung und der Vermeidung giftiger Emissionen kooperieren sollte, gewinnt nur langsam an Boden.

Energisches Handeln findet meist nur dann statt, wenn das eigene Territorium von außen geschädigt wird. Während die japanische Regierung die Verlagerung von »Schmutzindustrien« ins Ausland duldet, kümmert sie sich z.B. intensiv um die Bekämpfung der Schadstoffemissionen in China, die das Problem des sauren Regens in Japan verschärfen.

Japans ökologisches Verhalten auf internationaler Ebene folgt dem Muster: Raubbau, so lange es geht; verbale Zugeständnisse und Rückzug bei unüberwindbarem Druck. Immerhin haben die Unnachgiebigkeit ausländischer Regierungen und die Aktivitäten von Umweltorganisationen wie Greenpeace und World Wildlife Fund Tōkyō in die Defensive getrieben.

Vergleichsweise günstig steht Japan bei der Emission von CO_2, Schwefel- und Stickoxiden da. 1987 betrug der Anteil am Treibhauseffekt durch Emission von Kohlenstoff immerhin noch 4,7%. Bei den beiden Hauptverursachern des sauren Regens – Schwefel – und Stickoxiden – waren es dagegen nur 1,1% bzw. 2,1% der globalen

Belastung. Lediglich bei den FCKWs muß ebenso wie in den anderen Industriestaaten konsequent für Ersatz gesorgt werden.[57]

Dies sind vorzeigbare Erfolge, obwohl eine konsequente Energieeinsparungspolitik (z.B. Reduzierung des Verkehrs, Abschaffung des *Just-In-Time*-Liefersystems der großen Unternehmen) nicht in Sicht ist.

Auf dem Umwelt-Gipfel von Rio versuchte Tōkyō durch die Ankündigung, 7,7 Milliarden US-Dollar binnen fünf Jahren für »grüne Projekte« in der Dritten Welt (Schutz von Tropenwäldern, Müllvermeidung, Kläranlagen etc.) aufzuwenden, Sympathien zu gewinnen. Dies war insofern dringend angezeigt, als Japan – abgesehen von Entgiftungsmaßnahmen bei den Schloten der heimischen Industrie – den Ruf des globalen Umweltsünders nicht los wird. Die Hauptangriffspunkte sind der Export von Umweltproblemen, der enorme Anteil an der Vernichtung der tropischen Regenwälder sowie die Haltung zum Artenschutz.

Ähnlich wie die Konzerne anderer Industriestaaten haben japanische Unternehmen zwecks Umgehung von Umweltauflagen Teile ihrer Produktion – mit Zustimmung der jeweiligen Regierungen – in Entwicklungsländer verlagert. Die Folgen sind vergleichbar. So wurde das Chemieunternehmen »Asian Rare Earth« (ARE) mit Sitz in Ipoh (Nordwest-Malaysia) und einem Anteil von 35% des Konzerns Mitsubishi Kasei Corp. zur Schließung verurteilt. Der Vorwurf lautete, ARE habe die bei der Förderung von Rohstoffen für die Herstellung von TV-Bildschirmen angefallenen radioaktiven Abfälle achtlos und mit schlimmen Folgen für die örtliche Bevölkerung verkippt. Der Skandal veranlaßte das MITI zur Aufforderung an die japanische Industrie, bei Auslandsinvestitionen die Umweltgefährdung mehr als bisher zu berücksichtigen.[58] Ein Jahr zuvor erst war angekündigt worden, Japan wolle mit der JETRO als Schaltstelle Umwelttechnologien in den ASEAN-Staaten fördern.[59]

Bei der Abholzung der tropischen Regenwälder spielt Japan direkt oder indirekt eine entscheidende Rolle. Der Anteil am Welthandel mit Tropenholz lag vor der Rio-Konferenz bei 28%. Der hohe Außenwert des Yen in Kombination mit extrem niedrigen Preisen für Edelhölzer aus Tropenwäldern führte zur drastischen Reduzierung des Holzeinschlages auf dem japanischen Archipel; 1992 deckte Japan seinen Holzbedarf zu ca. 75% aus dem Ausland, mit Südostasien als Hauptbezugsquelle.[60] Eine von deutschen Umweltverbänden erstellte Liste der an der Zerstörung der Tropenwälder beteiligten Konzerne aus dem Jahre 1990 liest sich wie ein Auszug aus der Ivy-League der japanischen Industrie.[61]

Bekundungen von Konzernen und Politik, künftig die Regenwälder zu schonen, müssen erst noch konsequent umgesetzt werden. Dazu gehört auch die Unterbindung illegaler Importe, wie sie beispielsweise von den Philippinen und bei einer Tōkyō-Visite von UN-Generalsekretär Boutros-Ghali angemahnt wurde.[62] Der Kahlschlag der Regenwälder wäre allerdings ohne die Zustimmung der über sie verfügenden

57 Hanns W. Maull, Japans internationale Umweltpolitik, in: Europa-Archiv, 17 (1991), S. 505f.

58 Reuter, Asien engl. v. 13. 7. 1992.

59 Handelsblatt v. 27. 8. 1991; ARE darf nach höchstrichterlichem Spruch in Malaysia wieder produzieren.

60 Hanns W. Maull, (Anm. 57), S. 507; Far Eastern Economic Review v. 4. 3. 1993, S. 43.

61 Süddeutsche Zeitung v. 15. 9. 1990.

62 Deutsche Presse Agentur v. 15. 2. 1992 u. 27. 10. 1992.

Länder, die mit den holzimportierenden Staaten in der *International Tropical Timber Organization* (ITTO) zusammengeschlossen sind, nicht möglich.

Auch beim Artenschutz betätigt sich Japan als Bremser. Zwar unterschrieb Tōkyō 1980 die Artenschutzkonvention CITEC *(Convention on International Trade in Endangered Species of Wild Fauna and Flora)*, bleibt jedoch mit Ausnahmevorbehalten für 14 Arten Spitzenreiter. Auch fünf Jahre später nahm Japan die Position Nr. 1 beim Handel mit gefährdeten Tierarten ein.[63] Massiver internationaler Druck bewirkte schließlich die Abkehr vom Import von Schildpatt und Elfenbein. Beim Elfenbein – Japans traditionelle Elfenbeinschnitzer waren noch 1984 die weltweit größten Bezieher – spielte zunehmendes Umweltbewußtsein der Verbraucher für den Absatzrückgang eine ausschlaggebende Rolle.[64]

Internationaler Druck war für die Aufgabe des Treibnetzfischfanges entscheidend. Auch hier leistete Japan bis zum letzten Moment hinhaltenden Widerstand. Das Festhalten an den »Wänden des Todes« wurde mit technisch-wissenschaftlichen Argumenten (»Keine Gefährdung von Beständen«, »Fang bestimmter Meerestiere anders nicht möglich«, »Treibnetze lassen sich ökologisch verträglich konstruieren«) begründet. Wie beim Walfang wurden die Argumente ausländischer Regierungen und von Umweltschutzorganisationen als unbegründet oder emotional zurückgewiesen sowie als »Rache des Westens für die japanische Exportoffensive« denunziert.[65] Hinweise, daß der »Kahlschlag der Ozeane« auch das eigentliche Fangobjekt, den Thunfisch, ausrotte, wurden ignoriert. Für die mit 600 Schiffen weltgrößte Treibnetzflotte kam deshalb die Ankündigung Tōkyōs, ab 1. Januar 1993 auf diese Fangtechnik zu verzichten, völlig überraschend. Den Hintergrund für den Rückzug bildete die UNO-Resolution gegen den Treibnetzfang, die auf Betreiben der USA nach dem Scheitern bilateraler Verhandlungen mit Japan verabschiedet worden war.[66]

Für Außenstehende wie auch für viele Japaner selbst völlig unverständlich ist das unerbittliche Festhalten am kommerziellen Walfang. Weder können die wenigen tausend Arbeitsplätze noch ernährungsspezifische Bedürfnisse der größten Fischfangnation der Erde das Beharren auf der Jagd nach den Meeressäugern erklären. Der erst ab 1906 in industriellem Maßstab betriebene Walfang wird jedoch in Japan zu einem Symbol für die Verteidigung urjapanischer Werte gegen ausländisches Diktat hochstilisiert. Der Widerstand gegen konsequente Schutzmaßnahmen reicht von heftigen Verbalattacken (»Nur Japaner verstehen etwas von Walen«, »Die Fleischesser wollen die Fischesser terrorisieren«) über im Fernsehen übertragene demonstrative Walfleischverzehrpartys mit Politikern aller Parteien, buddhistischen Mönchen und Showstars bis hin zum – mißglückten – Versuch, eine pazifische Gegenorganisation zur Internationalen Walfang-Kommission (IWC) zu gründen.[67]

Bei der IWC-Konferenz im Mai 1993 in Kyōto scheiterte Japan mit dem Versuch, zumindest eine Genehmigung für den Fang von Zwergwalen zu bekommen; es blieb bei der Reduzierung des sogenannten »wissenschaftlichen Walfangs« auf rund 300 Zwergwale, die zwangsläufig in den Gourmetrestaurants verzehrt werden. Lediglich

63 Far Eastern Economic Review v. 25. 4. 1985. S. 20.
64 Reuter, Asien engl. v. 13. 2. 1992.
65 Deutsche Presse Agentur v. 12. 11. 1991.
66 Deutsche Presse Agentur u. Reuter, Asien engl. v. 26. 11. 1991.
67 Der Spiegel v. 2. 10. 1989. – Reuter, Asien engl. v. 14. 9. 1992.

Boykottdrohungen von Umweltschützern halten die Exportnation letztlich davon ab, wie Norwegen ohne Rücksicht auf IWC-Beschlüsse die kommerzielle Jagd wiederaufzunehmen. Der französische Vorschlag, in der Antarktis südlich des 40. Breitengrades eine Walschutzzone einzurichten, scheiterte zunächst vor allem am japanischen Widerstand. Diese Schutzzone wurde im Mai 1994 auf der Jahrestagung der IWC im mexikanischen Puerto Vallarta schließlich mit 23 Stimmen bei sechs Enthaltungen beschlossen; Norwegen entzog sich der Abstimmung, und die einzige Gegenstimme gab Japan ab. Der japanische Delegierte kritisierte den Beschluß, durch den für 50 Jahre eine Zone von 21 Millionen Quadratkilometern zum Schutz von etwa 90 Prozent der noch existierenden Wale abgesteckt wurde, als »Diktat« – die IWC-Staaten seien unter Druck gesetzt worden. Angesichts dieser Haltung ist eine generelle Trendwende bei den Verbalattacken gegen Umweltschützer, die bisweilen als »Umweltfaschisten und Ignoranten« bezeichnet werden, wohl nicht zu erwarten.[68]

68 Robert Delfs, The Right To Hunt, in: Far Eastern Economic Review v. 27.5. 1993. S. 16; Der Spiegel v. 17.5. 1993; Deutsche Presse Agentur v. 11.8. 1992; Süddeutsche Zeitung v. 28.5. 1994.

VI. Japan und die USA: Eine Partnerschaft mit Haken und Ösen

Hans Jürgen Mayer

Das japanisch-amerikanische Verhältnis ist vielschichtig und widersprüchlich. Vordergründig gibt es auf seiten der USA eine tiefe Bewunderung für die unvergleichlich viel ältere und faszinierende Kultur Japans, die Effizienz der japanischen Industrie, das – trotz aller auch in Japan kritisierten Defizite – System der Allgemeinbildung und die vergleichsweise geringe Kriminalität.

Auf die beengt lebenden Japaner wiederum üben die Vereinigten Staaten, das einzige Land, das jemals das Kaiserreich erobern konnte, eine enorme Anziehungskraft aus. Ein Aufenthalt in den USA ist für viele Japaner wegen des dort weitaus größeren Entfaltungsspielraumes die Erfüllung eines Lebenstraumes. In Japan selbst hat der amerikanische Lebensstil, angefangen bei Rock'n Roll und Jazz bis hin zu McDonald und Kentucky Fried Chicken einen Siegeszug absolviert.

Zugleich ist das Verhältnis der beiden Vormächte im Pazifik von Haßliebe geprägt. Die Ursachen sind Dankbarkeit auf seiten Japans für die durch das US-Besatzungsregime ermöglichte erste echte Demokratie, daneben ein Ressentiment in konservativen Kreisen wegen der nie verwundenen Niederlage im Zweiten Weltkrieg. Die USA schätzen Japan als bis vor kurzem einzigen asiatischen Musterknaben in Sachen Demokratie und als Kooperationspartner in Sicherheitsfragen vom Koreakrieg bis hin zur Spätphase im Kalten Krieg. Dagegen weckt die clever-rücksichtslose Exportoffensive japanischer Konzerne die Furcht, Japan wolle die militärische Niederlage von 1945 an der »ökonomischen Front« wettmachen.

Die unauflösbare wechselseitige militärische und ökonomische Abhängigkeit bei latenter gegenseitiger Abneigung ist der Nährboden für das Wiederaufkommen überwunden geglaubter Ressentiments. Das Zweckbündnis der beiden größten pazifischen Demokratien ist deshalb brüchig, obwohl Japan sich als Teil des Westens versteht.

1. Sicherheitspolitische »Partnerschaft«

Japan ist für die USA seit 1945 der Eckpfeiler in einem Stützpunktsystem, das – bis vor kurzem noch lückenlos – über Südkorea, die Philippinen und Australien bis in den Indischen Ozean reicht und militärische Einsätze im Nahen und Mittleren Osten erleichtert. Seit der Annäherung zwischen Washington und Peking und dem Zerfall der Sowjetunion hat diese Kette von Militärbasen, die vor allem den kommunistischen Machtbereich in Asien einkreisen sollte, an Bedeutung verloren. Die Präsenz der USA wird jedoch in weiten Teilen Asiens weiterhin als Rückversicherung gewünscht.

Das gilt auch für Japan, für das allerdings zur Zeit nur Nordkorea noch eine zwar begrenzte, jedoch zunehmend beunruhigende Gefahr darstellt. Sollte jedoch China den Ausbau seiner Flotte bis hin zur Fähigkeit, wie früher die Sowjetunion, die Versorgungsrouten Japans zu unterbrechen, vorantreiben, wäre dies ein zusätzliches Argument für US-Luftwaffen und Marinebasen in Japan. Wie wichtig Japan als »Hinterland« für US-Operationen ist, hat sich vom Koreakrieg bis hin zum Eingreifen in Vietnam gezeigt. Trotz Vorbehalten in der Bevölkerung sind die Stützpunkte zwischen Hokkaidō und Okinawa weniger in ihrer Existenz gefährdet als die amerikanischen Basen in Südkorea.

Japan hat bei allen Vorbehalten gegen eine Dominanz durch die USA seine Sicherheit lange Zeit ausschließlich Washington anvertraut. Der Korea- wie der Vietnamkrieg wirkten als gigantische Konjunkturprogramme; einen militärischen Beitrag konnte und wollte Tōkyō nicht leisten.

In den USA, die Japan zunächst ganz bewußt entmilitarisiert hatten, entstand in dem Maße, in dem sich das japanische Wirtschaftswunder entfaltete, Kritik an der Zurückhaltung Tōkyōs bei der Wiederaufrüstung. Japan, so der Vorwurf aus den Vereinigten Staaten, reise sicherheitspolitisch mit einem Freifahrtschein *(»free tikket«)* und überlasse den USA die Bürde, die Freiheit in Asien von Korea bis Vietnam zu wahren; mehr noch: die Japan AG nutze diese Situation zur Eroberung des US-Marktes durch die eigene Industrie aus, die durch die Konzentration auf vorwiegend Konsumgüter einen entscheidenden Wettbewerbsvorteil herausgearbeitet habe. Japan weist diese Kritik zurück und argumentiert – in dieser Hinsicht durchaus zutreffend –, Washington könne nicht einerseits Japan entwaffnen und andererseits dem einstigen Kriegsgegner jegliche Friedensdividende verweigern. Außerdem würde Washington ein militärisch starkes Japan als potentiellen machtpolitischen Konkurrenten in Asien ohnehin nicht wünschen.

Japan ist mit dem bisherigen Arrangement, eine hochmoderne, aber zahlenmäßig kleine Armee aufzubauen und den USA die Abwehr echter existenzieller Bedrohungen zu überlassen, gut gefahren.[69] Das latente Mißtrauen zwischen beiden Staaten zeigt sich darin, daß die USA einerseits Japan mit Spitzenerzeugnissen der amerikanischen Rüstungsindustrie ausrüsten wollen, andererseits gemeinsame Rüstungsprojekte am nicht ganz unberechtigten Mißtrauen des Pentagon scheitern, japanische Konzerne würden sich nur deshalb für derartige *joint ventures* interessieren, weil sie sich dadurch das militärische Know-how der US-Rüstungsschmieden aneignen könnten. Zugleich wächst in den Vereinigten Staaten die Sorge vor der Abhängigkeit im Bereich der militärischen Hardware, die zu 80% mit japanischen Mikrochips bestückt ist, ohne die sie nicht einsatzfähig wäre.

Auch künftig wird dieses von beiden Seiten wenig geliebte Sicherheitsarrangement bestehen bleiben. Die Ressentiments auf japanischer Seite werden sich in

69 Makoto Momoi, Basic Trends in Japanese Security Policies, in: Robert A. Scalapino (Hrsg.), The Foreign Policy of Modern Japan, Berkeley – Los Angeles – London 1977, S. 352.

Grenzen halten, weil Tōkyō zwar einerseits außen- und sicherheitspolitisch den Aktionsradius ausweiten möchte, andererseits keinesfalls darauf erpicht ist, den – soweit es ihn noch gibt – »häßlichen Amerikaner« durch den »häßlichen Japaner« in Asien zu ersetzen.

2. Handel als trennendes Element: Japans Exportoffensive bewirkt Entfremdung zwischen Tōkyō und Washington

Die japanisch-amerikanischen Wirtschaftsbeziehungen haben sich wie im Gedicht vom Zauberlehrling entwickelt. Mit der Initialzündung durch den Koreakrieg und von den USA begrüßt begann der industrielle Wiederaufstieg Japans, der Anfang der sechziger Jahre mit phänomenalen Wachstumsraten auch im Handel ein Wirtschaftswunder einleitete, das dem deutschen gleichkam. Die Genugtuung Washingtons über den – nach der Bundesrepublik Deutschland – zweiten Musterschüler unter den ehemaligen Kriegsgegnern wich jedoch bald der Ernüchterung, als die japanische Industrie zum Sprung auf den US-Markt ansetzte. Den anfänglich belächelten, wenn auch begehrten Einfachprodukten wie billigen Transistorradios folgten hochwertige und oft – im Vergleich zu US-Produkten – bessere TV/Video-Erzeugnisse und Autos. Das allein hätte allerdings nicht ausgereicht, Japan und die USA zeitweilig an den Rand eines Handelskrieges zu führen.

Ausschlaggebend für die permanenten Auseinandersetzungen über den mittlerweile 1992 auf rund 50 Milliarden US-Dollar angestiegenen Überschuß Japans im bilateralen Handel sind vielmehr folgende Faktoren:

- das von den USA behauptete und zum Teil bewiesene Dumping japanischer Konzerne,
- die damit verbundene Markteroberungsstrategie, die im Bereich TV-Video-Radio zur Vernichtung der amerikanischen »Platzhirsche« geführt hat,
- das Vordringen japanischer Konzerne auf den relativ offenen US-Markt unter gleichzeitiger Abschottung des japanischen Marktes.[70]

Das japanische Erfolgsmodell einer Mischung aus kompetenter Plan- und Marktwirtschaft, das der amerikanischen und wahrscheinlich auch der deutschen Wirtschaftspolitik überlegen ist, ist dabei nicht der Stein des Anstoßes. Aus US-Sicht stellt die Kombination aus vermeintlichem japanischem »Naturrecht« auf unbegrenzten Zugang zum US-Markt und zugleich härtestem Widerstand bis hin zu kompliziertesten Verhandlungen über Zugeständnisse, von denen die amerikanische Industrie und Landwirtschaft auf dem japanischen Markt profitieren können, das eigentliche Ärgernis dar. Mit der Tatsache, daß amerikanische Straßenkreuzer auf dem japanischen Markt wenig Chancen haben, kann sich der Durchschnittsamerikaner abfinden, kaum jedoch damit, daß Reis der Spitzenklasse aus Kalifornien, obwohl spottbillig, in Japan

70 Clyde V. Prestowitz jr., Trading Places. How America Allowed Japan To Take the Lead, Tōkyō 1988, S. 11ff.

bis zur katastrophalen japanischen Reisernte des Jahres 1993 nicht angeboten werden durfte.[71]

Der amerikanischen Überzeugung, einer mit unfairen Praktiken betriebenen Exportoffensive ausgesetzt zu sein, steht die Überzeugung eines großen Teils der Japaner gegenüber, ihr Erfolg beruhe einzig und allein auf überlegenen Produkten. Ein Kompromiß ist deshalb so schwer, weil die japanischen Ausfuhren, anders als deutsche Exporte, auf ein eng begrenztes Marktsegment zielen, wo sie einen Kahlschlageffekt bewirken. Der Bereich Unterhaltungselektronik wird bis auf Restbestände von den japanischen Branchenriesen beherrscht; bei Mikrochips konnte lediglich IBM den großen japanischen Anbietern standhalten (der Bezug von Speicherchips aus US-Produktion wurde von der japanischen Konkurrenz weitgehend mit der Begründung abgeblockt, sie entsprächen nicht den erforderlichen Qualitätsstandards); die mittelfristige Planung der Automobilindustrie zielt auf einen Marktanteil in den USA von 40 Prozent.[72]

Der schleichende Prozeß der strategisch angelegten Eroberung wichtiger amerikanischer Marktsegmente bei lediglich teilweiser Öffnung des eigenen Binnenmarktes beruht auf folgenden Faktoren:

- qualitativ durchweg guten japanischen Produkten,
- der langfristig angelegten japanischen Unternehmensstrategie, die enorme Verluste in der Anlaufphase in Kauf nimmt, um den Konkurrenzkampf aufzunehmen und bis zu einem Punkt zu treiben, an dem die einheimischen Konzerne aufgeben, so daß letztlich und langfristig marktgerechte Preise erzielt werden können (im Gegensatz zum kurzfristigen Renditedenken in der US-Industrie),
- der Absicherung dieser Strategie durch Politik und Ministerialbürokratie, die ein Konsens verbindet und die – vor allem die Ministerialbürokraten sind dabei Garanten für Kontinuität – im Gegensatz zu ihren amerikanischen Gegenspielern nicht erst alle vier oder acht Jahre mit dem Amtsantritt einer neuen Administration den Umgang mit einem gewieften Gegner von der Pike auf lernen müssen,
- der Rastlosigkeit einer Schar hochqualifizierter Lobbyisten, viele von ihnen Amerikaner, deren Werben für japanische Interessen bei Administration und Kongreß in Washington sich die Japan AG schätzungsweise 50 Millionen Dollar jährlich kosten läßt.[73]

a. Von der Handelspartnerschaft zum Ringen um Dominanz

Seit Mitte der achtziger Jahre hat in den USA die Frustration über die Aussichtslosigkeit, den japanischen Handelsüberschuß einzudämmen, zu einer härteren Gangart im bilateralen Verhältnis geführt. Das Plaza-Abkommen vom 20. 9. 1985, getroffen von den Finanzministern und Zentralbankchefs der aus Japan, den USA, Frankreich,

71 Karel van Wolferen, Vom Mythos der Unbesiegbaren. Anmerkungen zur Weltmacht Japan, München 1989, S. 604ff.; Robert Delfs, Questions of Survival. LDP Toughens its Line on Rice Imports, in: Far Eastern Economic Review v. 12. 3. 1992, S. 11.

72 Clyde A. Prestowitz, (Anm. 70), S. 26ff.

73 Ebd. S. 123ff.; Julian Weiss, Lobby Fodder, in: Far Eastern Economic Review v. 26. 4. 1990, S. 24.

Großbritannien und der Bundesrepublik Deutschland bestehenden Fünfergruppe, sollte durch die radikale Änderung der Yen-Dollar-Relation, d.h. durch die massive Aufwertung des bislang künstlich unterbewerteten Yen die japanischen Exporte deutlich verteuern. Finanztechnisch hatte die Währungsmanipulation Erfolg: Noch 1985 kostete 1 Dollar 254 Yen, während 1988 127 Yen und im Oktober 1992 120,94 Yen notiert wurden. Die erhoffte Reduzierung der japanischen Exporte trat jedoch nicht ein. Eine Mischung aus Effektivierung der Produktion und kräftigem Personalabbau *(lean production)* sowie Festhalten an Märkten trotz Unterschreitens der Selbstkostenpreise bewirkte das weitere Anwachsen der japanischen Ausfuhren. Das Plaza-Abkommen war somit ein Fehlschlag.

Dagegen hatte die drastische Anhebung des Yen-Wechselkurses – der Yen besitzt im Inland wenig Kaufkraft – einen japanischen Kaufrausch bei US-Unternehmen und Immobilien zur Folge. Die Tatsache, daß Prestigeobjekte wie das New Yorker Rokkefeller Center, Immobilien in besten Lagen von der Ost- bis zur Westküste und in Hawaii von Japanern erworben wurden und Sony Columbia Pictures aufkaufte, bewirkte in den USA eine Renaissance der »Furcht vor der gelben Gefahr«.[74]

Auf japanischer Seite wurden in dieser Phase chauvinistische Töne laut. Die Faulheit der Amerikaner wurde für ihr angebliches Versagen im Handelswettbewerb angeprangert; Ex-Premier Nakasone sprach den USA – im Gegensatz zum rassisch angeblich homogenen Japan – wegen der Mischung aus Weißen, Schwarzen und Puertorikanern die Leistungsfähigkeit ab; das Schwelgen in Pseudotheorien über die »natürliche« Überlegenheit Japans wurde zwischen Hokkaidō und Kyūshū Mode.[75]

In diesem Kontext verschärften die USA, immerhin Abnehmer von 40% der japanischen Exporte, die Gespräche über den Zugang zum japanischen Markt. Im Rahmen der SII *(Structural Impediments Initiative)*-Verhandlungen über strukturelle Handelshemmnisse erzielten sie dabei prinzipielle japanische Zusagen, deren praktische Auswirkungen jedoch weitgehend auf sich warten lassen. Immerhin hatte diese Einigung den Effekt, daß Tōkyō im Super-301-Gesetz nicht namentlich als unfairer Handelspartner der USA bezeichnet wurde.

Von komplementären Beziehungen und »beidseitiger Übereinstimmung in allen wesentlichen Fragen« – so bis dato die Standardformulierung in gemeinsamen Kommuniqués – konnte zu diesem Zeitpunkt kaum noch die Rede sein. Es zeigte sich, daß auch vielgerühmte persönliche Freundschaften wie die medienwirksam inszenierte »Ron-Yasu«-Beziehung zwischen Ronald Reagan und Yasuhiro Nakasone, zwei ideologisch gleichgesinnten Staatsmännern, wenig Auswirkungen auf den Handel hatten. Amerikanische Forderungen nach einem halbwegs vergleichbaren Marktzugang, verbunden mit Sanktionsandrohungen, wurden als »Japan Bashing« (Einprügeln auf den Sündenbock Japan) abgetan. Ein Zusammenhang zwischen Beschwörung des Freihandels und echter Öffnung des eigenen Marktes wurde nicht als Vorbedingung für einen spannungsfreien Handel akzeptiert. Daß eben diese Haltung den auch und vor allem von Japan gefürchteten Protektionsmus nährt, wird offenbar von Tōkyō in Kauf genommen.

Zur Vergiftung des Klimas haben in dieser Phase Abstrusitäten beigetragen wie

74 Hans-Dieter Scheel, Grundzüge und Tendenzen der japanischen Außenpolitik, in: Manfred Pohl (Hrsg.), Japan 1989/90. Politik und Wirtschaft, Hamburg 1990, S. 105.

75 Karel van Wolferen, (Anm. 71), S. 399.

die Behauptung des Landwirtschaftsministers Tsutomo Hata, 1994 immerhin Ministerpräsident der einem neuen Denken verpflichteten Acht-Parteien-Koalition, Japaner könnten amerikanisches Rindfleisch aufgrund der unterschiedlichen Darmlänge nicht verdauen und folglich auch nicht importieren.[76] Ähnlich empört reagierte man in Japan auf die demonstrative Zertrümmerung eines Toshiba-Radiorecorders mit Vorschlaghämmern durch US-Arbeiter als Protest gegen die Arbeitsplatzvernichtung.

b. Konfliktreduzierung auf Normalmaß: Japans Abschied von der »Seifenblasenökonomie«

Der sorgsam gepflegte Mythos der japanischen Überlegenheit schmolz mit dem 1990 beginnenden Zusammenbruch der Börsenspekulation dahin, die auf maßlos überbewerteten Immobilien in Japan als Sicherheit für Finanztransaktionen basierte. Der Ausfall dieser Geldschöpfungsmaschinerie entzog dem Überseedrang japanischer Unternehmen und Banken die Basis; die Bewältigung fauler Kredite aus der Phase der *bubble economy* hat zum Verkauf spektakulärer US-Erwerbungen geführt.[77]

Damit ist Japan als gefährlicher Konkurrent keinesfalls ausgefallen; es sind lediglich unrealistische japanische Blütenträume von einer »Fesselung« der USA durch die enorme Finanz- und Wirtschaftskraft Japans geplatzt.

Seit dieser Phase sind die amerikanisch-japanischen Handelsbeziehungen wieder auf das »Normalmaß« zäher Verhandlungen über »freiwillige Selbstbeschränkung« bei japanischen Exporten und Marktöffnung für den angeblich bereits völlig geöffneten japanischen Markt reduziert.

Solange japanische Exporte einzelne Märkte wie den der USA und der EG/EU bis hin zur Vernichtung ganzer Branchen überschwemmen und dabei der Verdacht unlauteren Wettbewerbs im Raum steht, wird es beim amerikanisch-japanischen Handelskonflikt bleiben. Eine heilsame Folge des japanischen Konkurrenzdrucks ist der Versuch der Clinton-Administration, neben Druck auf Japan die heimische Industrie zur vermehrten Herstellung von Produkten zu stimulieren, die sich auf den Weltmärkten absetzen lassen.

Das unmittelbar nach dem Weltwirtschaftsgipfel von Tōkyō im Juli 1993 abgeschlossene Rahmenabkommen über die Reduzierung des japanischen Handelsüberschusses mit der Vereinbarung, dieses Ziel durch kontinuierliche Gespräche zu erreichen, wurde als Durchbruch nach zwölf Jahren enervierender Verhandlungen mit eben dieser Zielsetzung gefeiert. In dem Abkommen sagte Japan unter anderem zu, den Abbau nichttarifärer Handelshemmnisse voranzutreiben, amerikanische Hochtechnologie wie Supercomputer zu kaufen, Autoteile zu beziehen und den Markt für Dienstleistungen zu öffnen. Washington verpflichtete sich zum Abbau des Handels- und des Haushaltsdefizites und zur Steigerung der Wettbewerbsfähigkeit der US-Industrie.

76 Ebd., S. 396.

77 Jonathan Friedman, Into the Whirlpool. Japanese Banks. The Costs of Money Down the Drain, in: Far Eastern Economic Review v. 8. 4. 1992, S. 70ff.

Ob es sich um ein »historisches« Abkommen handelt, ist fraglich. Japan unterzeichnete es immerhin erst, nachdem konkrete Zusagen über das Zurückfahren der Exporte aus dem Text gestrichen worden waren. Die japanischen Unterhändler wiesen amerikanische Erwartungen, Tōkyō werde binnen drei bis fünf Jahren den Überschuß auf 1,5–2% seines Bruttoinlandsproduktes senken, als »vertragsfremd« zurück; Japans Exporterfolge basierten auf vielfältigen Faktoren und könnten von der Regierung nicht einfach heruntermanipuliert werden. Im übrigen hatte Japan die meisten der 1993 gemachten Zugeständnisse bereits früher schon einmal geleistet – bei den Verhandlungen über die Beseitigung struktureller Handelshemmnisse (SII), wie auch in der »bahnbrechenden« Vereinbarung nach dem Gipfel vermerkt.

Präsident Clinton – als Newcomer beim Weltwirtschaftsgipfel und auf den Straßen Tōkyōs bei der Sympathiewerbung relativ erfolgreich – zeigte folgerichtig bemerkenswerten Realismus. Sinngemäß formulierte er, bei der Rahmenvereinbarung stecke der Teufel im Detail, sprich: Der Erfolg hänge von den Verhandlungen über Sachfragen ab und sei ungewiß.[78] Ob Japan und die USA zu einem Arrangement kommen können, das die Frustration über die »Exportflut« von Toyota & Co. und die angebliche Unfähigkeit der Amerikaner, in Japan verkäufliche Artikel herzustellen, überwindet, ist nicht absehbar.

3. Die unbewältigte Vergangenheit: Schatten der Geschichte belasten das Verhältnis der Partner im Pazifik

Es ist kein Zufall, daß schrille Töne zwischen den beiden pazifischen Vormächten immer wieder die Runde machen. Dahinter steht die ausgebliebene offene Aufarbeitung eines Verhältnisses, in dem das Streben nach Suprematie und der Zusammenstoß einer weißen mit einer gelben Großmacht unvergessen sind. In der Phase der härtesten amerikanischen Bemühungen um die Öffnung des japanischen Marktes für US-Produkte prägte gerade der als weltoffen geltende Sony-Präsident Morita Akio die Formulierung, die Japaner würden den amerikanischen Druck wie eine zweite Landung der »schwarzen Schiffe« des Kommodore Perry empfinden. Morita war es auch, der zusammen mit dem nationalistischen Schriftsteller und Politiker Shintarō Ishihara das an die Adresse der USA gerichtete Buch »A Japan that Can Say No« verfaßte, dessen nicht autorisierte Übersetzung durch das Pentagon starke und zum Teil rassistische antiamerikanische Töne enthielt.

Den Hintergrund für vergiftete Äußerungen dieser Art bilden Traumata aus der Zeit bis 1945. In den USA wird der gegen die japanischen Einwanderer in Kalifornien gerichtete Rassismus nicht thematisiert. Die Rehabilitierung der US-Bürger japanischer Abstammung, die 1941 als potentielle »Vaterlandsverräter« interniert wurden,

78 Jeff Stearns, Japan-U.S. Trade Pact Focusses mostly on Tōkyō, Reuter, Asien engl. v. 10.7.1993.

mußte erst vor Gerichten erstritten werden. Im Zweiten Weltkrieg waren auf beiden Seiten chauvinistische und rassistische Auslassungen üblich.[79]

Die Last der Vergangenheit symbolisieren Pearl Harbor und die Atombombenabwürfe auf Hiroshima und Nagasaki. Nie hat der nominell für den »Krieg im Pazifik« verantwortliche Kaiser Hirohito es für nötig befunden, durch einen Besuch auf Hawaii ein Zeichen zu setzen. Das ist mit der Grund, weshalb die Gedenkveranstaltungen am Jahrestag des Überfalls auf Pearl Harbor immer wieder zur »Mahnung an den Tag, an dem Japan den USA den »Dolchstoß in den Rücken« versetzte«, geraten. Aus konservativer japanischer Sicht war der Überfall auf Pearl Harbor jedoch lediglich ein Akt der Notwehr gegen die von Washington beabsichtigte Strangulierung des »legitimen« japanischen Strebens nach einem »Platz an der Sonne«, nach einem Sitz als Gleichberechtigter am Tisch der Großmächte. Aus dieser Sicht heraus verhinderte die LDP z. B. 1991 mit ihrer Mehrheit eine Entschuldigung des Unterhauses für Pearl Harbor, die dagegen der damalige Außenminister Michio Watanabe – selbst ein deutlich Konservativer – gegenüber Washington aussprach. US-Präsident George Bush hatte gleichzeitig eine Distanzierung von den Atombombenabwürfen abgelehnt.[80]

Der Entspannung im japanisch-amerikanischen Verhältnis würde es auch dienen, wenn die USA sich auf eine Klärung der nicht nur in Japan, sondern auch im eigenen Land diskutierten Frage einließen, ob Washingtons Begründung des Kernwaffeneinsatzes mit militärischen Argumenten (Abkürzung des Krieges; Vermeidung unermeßlicher Menschenopfer auf beiden Seiten im Falle einer Invasion Japans) die ganze Wahrheit ist. Bis heute steht die Frage im Raum, ob die USA Atombomben mit derselben Entschlossenheit, mit der sie sie auf Angehörige der »gelben Rasse« abwerfen ließen, auch gegen das »Dritte Reich« – also »Weiße« – eingesetzt hätten, hätte der von Hitler befohlene »Kampf bis zum Endsieg« auch im Frühjahr 1945 noch keinerlei Aussicht auf die bedingungslose Kapitulation geboten. Möglicherweise wird diese Frage nie eindeutig beantwortet werden. Eine offene Diskussion über Rassismus in Vergangenheit und Gegenwart im japanisch-amerikanischen Verhältnis könnte jedoch die rassistischen Untertöne zwischen den beiden technologischen Supermächten abbauen.[81]

4. Die Achse Washington-Tōkyō: Stabil trotz Irritationen

Sicherheitspolitik und Handel verbinden Japan trotz aller Probleme eng mit den USA; Washington muß seinerseits das im pazifischen Raum exklusive Verhältnis zu Tōkyō beibehalten, um nicht auf China zu setzen, das viel weniger beeinflußbar ist als das seine eigenen Interessen unerbittlich verfolgende Japan, das jedoch durch seine Exportabhängigkeit von den USA verwundbar ist.

79 John W. Dower, War without Mercy. Race and Power in the Pacific War, New York – Toronto 1986.

80 Seigeo Sakamoto, Japan Stops Short of War Apology on Eve of Pearl Harbor Day, Reuter, Asien engl. v. 6. 12. 1991.

81 Meinolf Ellers, Japan und USA sind noch nicht bereit für Vergeben und Vergessen, dpa v. 5. 12. 1991.

Mehr als eine Zweckgemeinschaft, eine Art Transpazifische GmbH, ist zwischen Tōkyō und Washington so bald nicht zu erwarten. Das ist auch nicht verwunderlich angesichts des stürmischen Auf und Ab in dem noch nicht einmal 150 Jahre alten japanisch-amerikanischen Verhältnis. Dennoch ist der Kitt, der die Japan AG und die USA verläßlich zusammenhält, noch immer frisch. Seine Elemente sind:

- die amerikanische Sicherheitsgarantie, die Japan von der massiven, auch nuklearen Aufrüstung abhält, die Tōkyō in Asien isolieren würde;
- die ökonomische Verzahnung Japans mit den USA;
- die Unterstützung Washingtons für die gemeinsam von Japan und der Bundesrepublik Deutschland angestrebte ständige Mitgliedschaft im UN-Sicherheitsrat.

Ein Auseinanderbrechen der Achse Tōkyō-Washington ist wenig wahrscheinlich. Zu sehr versteht sich Japan als Teil des freiheitlichen Westens, zu sehr wird eine Abwendung Tōkyōs von Washington erschwert durch das historisch bedingte Mißtrauen der asiatischen Nachbarn. Das Zweckbündnis der pazifischen »Randmächte« Japan und USA wird noch lange eine feste Größe in Asien bleiben.

VII. Japan und China: Zwischen Mißtrauen und Kooperation

Joachim Glaubitz

1. Vorbemerkung

Japan und China, die beiden bedeutendsten Staaten in Ostasien, können nicht nur in ihrer langen Geschichte auf bewegte Beziehungen zurückblicken; auch in diesem Jahrhundert weist ihr Verhältnis höchst wechselvolle Phasen auf. Bereits um die Jahrhundertwende bekommt China die Übermacht des imperialistischen Japan zu spüren, das territoriale Ansprüche erhebt und sich Hoheitsrechte sichert. Nach dem Ende des Ersten Weltkriegs tritt Japan mit Billigung der Westmächte in China das koloniale Erbe des Deutschen Reiches an; 1922 entsendet es Truppen nach Shantung, etabliert zehn Jahre danach den Marionetten-Staat Mandschukuo und führt ab 1937 offen gegen China Krieg. Japans Ziel ist die Unterwerfung des Nachbarn und die Ausbeutung seiner Rohstoffe. Dieses Abenteuer scheitert. Mit der katastrophalen Niederlage 1945 muß sich Japan vom chinesischen Festland zurückziehen und verliert alle Gebiete, die es »mit Gewalt und Habgier«, wie es 1943 in der Erklärung von Kairo heißt, an sich gebracht hatte. Darunter fielen Korea, Taiwan, die Pescadoren und andere territoriale Erwerbungen.

Die nach dem Ende des Zweiten Weltkriegs wachsende Spannung zwischen den einstigen Alliierten USA und Sowjetunion blieb nicht ohne Einfluß auf das japanisch-chinesische Verhältnis. China, 1949 kommunistisch geworden, lehnte sich eng an die Sowjetunion an und schloß mit ihr 1950 einen ausdrücklich gegen Japan gerichteten Freundschafts- und Beistandspakt. Der Ausbruch des Koreakrieges wenige Monate danach trieb die Konfrontation zwischen dem kommunistischen und dem nichtkommunistischen Lager auf einen Höhepunkt. Japan erlangte mit dem Friedensvertrag von San Francisco 1951 seine Souveränität wieder und ließ sich durch einen gleichzeitig geschlossenen Sicherheitsvertrag fest in ein bilaterales Bündnis mit den USA einbinden. In dieser Konstellation kamen für die Regierung in Tōkyō offizielle Beziehungen zur VR China nicht in Betracht, zumal die Sowjetunion wie auch die VR China den Vertrag von San Francisco nicht unterzeichnet hatten. Auf amerikanischen Druck hin nahm Japan dagegen diplomatische Beziehungen zur nationalchinesischen Regierung Chiang Kaishek auf Taiwan auf und schloß mit ihr einen separaten Friedensvertrag. Japan, der einstige Kriegsgegner der Vereinigten Staaten, wurde zu deren Verbündetem und zum sicherheitspolitischen Instrument gegen eine wachsende kommunistische Bedrohung im Fernen Osten.

Trotz der auf Eindämmung Chinas gerichteten Politik Washingtons gelang es der japanischen Geschäftswelt schon früh, private Handelsbeziehungen zum kommunistischen China aufzubauen. Das Interesse daran war beiderseitig. Die japanische Seite ging hier sogar so weit, 1964 der Eröffnung von inoffiziellen Handelsbüros zuzustimmen. Allerdings: Staatlich abgesicherte Wirtschaftsbeziehungen oder vom Staat garantierte Kreditzusagen waren aufgrund der engen Bindung Tōkyōs an Washington, das gegenüber der VR China eine strenge Embargo-Politik betrieb, nicht möglich. Die Regierung in Tōkyō vertrat damals in bezug auf China das Prinzip der »Trennung von Politik und Wirtschaft« *(Seikei-Bunri)*. Sie wollte wirtschaftlich profitieren, ohne sich politisch im Sinne Pekinger Vorstellungen zu engagieren. Die chinesische Seite versuchte hingegen unablässig, dieses Prinzip zu unterlaufen, um mit wirtschaftlich interessanten Offerten politische Zugeständnisse zu erreichen.

Über zwei Jahrzehnte, vom Beginn des Koreakriegs 1950 bis zur Wiederbelebung des politischen Dialogs zwischen China und den USA 1971, beeinträchtigte die chinesisch-amerikanische Konfrontation die Beziehungen der gesamten westlichen Welt mit dem kommunistischen China. Die einzige bezeichnende Ausnahme bildete Frankreich, das 1964 in bewußter Abkehr von Washington die VR China diplomatisch anerkannte.

Japan hat einen ähnlichen Schritt nicht gewagt, obwohl das Interesse Pekings an der Herstellung politischer Beziehungen zu Tōkyō groß war und auch wichtige japanische Politiker bessere Beziehungen zu China wünschten. Die sicherheitspolitische Abhängigkeit Japans von den USA war zu groß. Japan begann sein Verhältnis zum kommunistischen China erst neu zu gestalten, als Mitte Juli 1971 Präsident Nixon überraschend eine Reise nach China ankündigte. Es bedurfte dieses »Nixon-Schocks«, um Japans Politik gegenüber China einen neuen Impuls zu geben.

2. Taktische Schwenkung chinesischer Japan-Politik

Nach der »Kulturrevolution«, mit der China sich international isoliert hatte, zeigte es erst relativ spät Interesse an diplomatischen Beziehungen zum japanischen Nachbarn. Dieses Zögern war verständlich. Den Führern in Peking kam es darauf an, ihr Ziel, d.h. die Normalisierung der Beziehungen zu Japan, zu einem möglichst geringen politischen Preis zu erreichen. Dazu war der Abbau der Konfrontation mit den USA das wirksamste Instrument.

Strategisch erhielt für Peking der Ausgleich mit Japan in dem Maße wachsende Bedeutung, in dem sich der eigene Konflikt zur Sowjetunion verschärfte, die 1969/70 von der chinesischen Führung zunehmend als Hauptbedrohung wahrgenommen wurde. Der zweite Gesichtspunkt war ökonomischer Natur: Japan hatte ab 1960 ein besonders rasches Wirtschaftswachstum aufzuweisen. Für China entstand damit eine potentielle Quelle von Industrieausrüstungen und moderner Technologie für die eigene Entwicklung; gleichzeitig aber stellte sich auch Sorge vor einem erneuten Aufstieg des japanischen Militarismus ein. So wurde es zunehmend wichtig, diese Gefahr durch baldige Normalisierung der Beziehungen zu relativieren. Da mit der eindrucksvollen Wirtschaftsentwicklung und teilweise als deren direkte Folge eine gewisse Lokkerung der Bindung Japans an die USA einherging und außerdem die Sowjetunion wachsendes Interesse an einer japanischen Beteiligung bei der Erschließung Sibiriens zeigte, stellte sich für die chinesischen Führer immer drängender die Frage, ob eine Fortsetzung der massiven Kritik an der japanischen Regierung, wie sie seit Jahren geübt worden war, den Interessen Chinas noch dienlich sei oder ob sie nicht schließlich negative Reaktionen – wie etwa eine japanisch-sowjetische Annäherung – provozieren würde.

Die Entscheidung zu einer Umorientierung in der Japan-Politik kann in Peking schon um die Jahreswende 1968/69 gefallen sein, zur selben Zeit, als die Entspannung der Beziehungen zu den USA geplant wurde; eindeutig belegbar aber wird diese erst ab Ende 1971, Anfang 1972. Von da an läßt sich in der chinesischen Presse die stetige Reduzierung der Angriffe gegen die japanische Regierung quantitativ nachweisen.[82]

Die chinesischen Vorwürfe gegenüber der Regierung Japans hatten jahrelang folgende Punkte umfaßt:
- die japanische Regierung besteht aus Reaktionären, die das japanische Volk rücksichtslos ausbeuten;
- sie betreibt mit Hilfe der USA aktiv die Wiederbelebung des Militarismus;
- gegenüber China verfolgt sie eine Politik der Feindseligkeit, indem sie eine Zwei-China-Politik vertritt;
- in Südostasien plündert Japan Rohstoffe, kontrolliert die Märkte und beutet die billigen Arbeitskräfte aus.

Anfang 1972 erlosch die Kritik am japanisch-amerikanischen Sicherheitsvertrag, und im Juni desselben Jahres erschien der letzte große Artikel gegen die Ausbeutung Südostasiens durch Japan.[83]

Obwohl die chinesische Seite begann, die Normalisierung der Beziehungen zu Japan atmosphärisch vorzubereiten, war kaum anzunehmen, daß die chinesische Führung ihre Einschätzung des japanischen Nachbarn prinzipiell geändert hatte. China hat in seiner jüngsten Geschichte den Expansionismus und Militarismus Japans kennengelernt, und aufgrund dieser historischen Erfahrung lag es nahe, daß Chinas Führer gegenüber Japan eine Politik betrieben, die von vornherein eine Wiederholung der Geschichte ausschloß. Sowohl der gesamte Prozeß der Normalisierung der beiderseitigen Beziehungen, wie China ihn vorbereitete, als auch die Art und Weise, wie es das Verhältnis zu Japan bis heute gestaltet, weist diese Orientierung auf. Gegensätze zwischen China und Japan in einer Reihe von Fragen des nationalen Interesses und der internationalen Beziehungen bestehen fort und treten von Zeit zu Zeit an die Oberfläche.

3. Schwächen japanischer China-Politik

Am 29. September 1972 unterzeichneten die Regierungschefs Chinas und Japans, Zhou Enlai und Kakuei Tanaka, eine Gemeinsame Erklärung, mit der Japan die

82 Siehe Eto Shinkichi, Japan and China – A New Stage?, in: Problems of Communism, 21 (1972) 6, S. 4.

83 Japan steps up exploitation in Southeast-Asia, in: Peking Review, 15 (1972) 22, S. 18f.

Regierung der Volksrepublik China als einzige legale chinesische Regierung anerkannte und beide Seiten den Austausch von Botschaftern vereinbarten. Nach einer Unterbrechung von 23 Jahren nahm Japan wieder diplomatische Beziehungen zu einer Regierung auf dem chinesischen Festland auf. Die offiziellen Beziehungen zur »Republik China«, das heißt zu Taiwan, die 1952 auf amerikanischen Druck zustande gekommen waren, wurden abgebrochen und der im selben Jahr mit der Regierung Chiang Kaishek geschlossene Friedensvertrag durch die einseitige Erklärung des japanischen Außenministers Ōhira annulliert.[84] Dies war ein ungewöhnlicher Umgang mit einem völkerrechtlich bindenden Vertrag.

Damit begann im eigentlichen Sinne die Normalisierung des Verhältnisses zwischen Japan und dem kommunistischen China. Dem Besuch Tanakas in Peking war ein komplizierter Prozeß der Konsensbildung in Japan vorausgegangen, der von Ereignissen und Entwicklungen im internationalen Umfeld, aber nicht minder von innenpolitischen Strömungen maßgeblich bestimmt wurde. Mit der Entscheidung der chinesischen Führung, die Konfrontation zu den USA abzubauen und die Beziehungen zu normalisieren, geriet die japanische Politik rasch in den Sog des Dialogs zwischen Washington und Peking. Konkret bedeutete das: Tōkyō mußte unter innenpolitischem Druck entscheiden.

China, das mit seiner neuen Amerika-Politik diesen innenpolitischen Druck in Japan ausgelöst hatte, verstand es, die japanische Reaktion geschickt zu nutzen. Es stellte der japanischen Regierung drei Bedingungen für die Aufnahme von Kontakten auf Regierungsebene. Bezeichnenderweise berührten alle drei den Status Taiwans:

- die Anerkennung der Regierung der VR China als einziger legaler Regierung des chinesischen Volkes:
- die Anerkennung Taiwans als untrennbarer Bestandteil des Territoriums der VR China;
- die Annullierung des 1952 zwischen Japan und der Regierung Chiang Kaishek geschlossenen Friedensvertrags.

Das chinesische Vorgehen machte den Statusunterschied zwischen den USA und Japan offensichtlich. Während Peking mit einem hohen Regierungsvertreter der Vereinigten Staaten ohne Vorbedingungen konferierte und sogar bereit war, den amerikanischen Präsidenten zu empfangen, stellte es dem an offiziellen Kontakten brennend interessierten Japan erst nach Erfüllung wenn nicht inakzeptabler, so doch nahezu demütigender Bedingungen Gespräche auf Regierungsebene in Aussicht und mischte sich kräftig in die Parteipolitik ein. In Peking kalkulierte man: Ein zu früh begonnener offizieller Dialog mit Tōkyō würde den politischen Rang Japans in Asien und in der übrigen Welt unerwünscht stärken; das direkte Gespräch mit den USA hatte Priorität, um Japan konzessionsbereiter zu machen. Der damit entstandene innenpolitische Druck zwang Ministerpräsident Satō zum Rücktritt. Der neue Ministerpräsident Tanaka ließ die chinesische Seite wissen, daß er entschlossen sei, die diplomatischen Beziehungen seines Landes zu Taiwan abzubrechen.

Mit Tanaka hatte ein Mann die Regierung Japans übernommen, der – nach seinen eigenen Worten – nichts von Diplomatie verstand. Ministerpräsident Tanaka ging an die Normalisierung der Beziehungen zu China wie ein Abenteurer heran. Er hat sich

84 Peking Review, 15 (1972) 40, S. 15.

in dieser Rolle selbst charakterisiert.[85] Der Gegensatz zwischen ihm und Zhou Enlai, seinem chinesischen Verhandlungspartner, konnte kaum größer sein.

4. Japan im chinesisch-sowjetischen Spannungsfeld

Die Gemeinsame Erklärung, auf die sich die Regierungschefs Tanaka und Zhou Enlai im September 1972 in Peking geeinigt hatten, legte die Grundlage für die weitere Normalisierung der beiderseitigen Beziehungen. Der politisch bedeutsamste Punkt der Erklärung ist der in Artikel 7 formulierte Anti-Hegemonismus. Danach verzichten beide Unterzeichner darauf, im asiatisch-pazifischen Raum Hegemonie anzustreben, und lehnen Bestrebungen irgendeines anderen Landes oder einer Gruppe von Ländern ab, Hegemonie auszuüben. In dieser sogenannten Hegemonie-Klausel, die wörtlich bereits im chinesisch-amerikanischen Kommuniqué von Shanghai enthalten ist, kam ein Prinzip chinesischer Außenpolitik zum Ausdruck, das sich damals in erster Linie gegen die Ausdehnung sowjetischen Einflusses in Asien richtete, im Grunde aber die Vorherrschaft jeder Macht (ausgenommen der eigenen) außerhalb oder innerhalb der Region ablehnt.

Ferner schrieb die Gemeinsame Erklärung von 1972 die Absicht beider Seiten fest, einen Friedens- und Freundschaftsvertrag zu schließen. Japan war zu Verhandlungen darüber bereit, sobald die sogenannten Geschäftsabkommen über Handel, Luftverkehr, Schiffahrt und Fischerei unter Dach und Fach waren. Anfang 1975 war man so weit, Vorverhandlungen über einen Friedens- und Freundschaftsvertrag zu beginnen. Dabei stellte sich sogleich heraus, daß die chinesische Seite größten Wert auf die Aufnahme der von beiden Seiten bereits 1972 akzeptierten Hegemonie-Klausel legte. Tōkyō lehnte ab, denn die gegen die Sowjetunion zielende Ablehnung des Hegemonie-Strebens dritter Staaten oder Staaten-Gruppen war offenkundig, und die japanische Regierung wünschte nicht, in den chinesisch-sowjetischen Konflikt hineingezogen zu werden. Ferner befürchtete Japan, eines Tages selbst Objekt chinesischer Hegemonie-Kritik zu werden, da nach chinesischem Verständnis auch ökonomische Mittel der Ausübung von Hegemonie dienen können.

China hielt jedoch kompromißlos an seiner Forderung nach Aufnahme der Klausel in den Vertragstext – und nicht nur in die Präambel, wie die japanische Seite u. a. angeboten hatte – fest und lehnte jedes Zurückgehen hinter die in der Gemeinsamen Erklärung von 1972 abgesteckte Linie ab. Mit den bewährten Mitteln der »Volksdiplomatie«, d. h. der Manipulation von Gruppen und einflußreichen Einzelpersonen außerhalb des Regierungsapparates mit dem Ziel, dessen Entscheidungen in einem bestimmten Sinne zu steuern, bemühte sich China auch in diesem Fall, eine seinen Vorstellungen günstige Stimmung in der japanischen politischen Elite und in den Medien zustande zu bringen. Es gelang ein weiteres Mal; wichtiger aber war wohl, daß Ministerpräsident Fukuda den Vertragskomplex unbegreiflich leichtfertig behan-

85 Siehe Furui Yoshimi, Inside Story of Normalization of Sino-Japanese Relations; in: Chūō Kōron, Dezember 1972. Übers. in: Summaries of Selected Japanese Magazines, Januar 1973, S. 47ff.

delte, jede Glaubwürdigkeit in chinesischen Augen verlor und damit Japans Handlungsspielraum gegenüber China insgesamt einengte. Jahrelang hatte die japanische Regierung beteuert, den Vertrag so rasch wie möglich abschließen zu wollen, ohne daß darauf Konkretes gefolgt war. Damit hatte sich die politische Führung in Tōkyō so kompromittiert, daß die Verantwortung für die Verzögerung des Vertragsabschlusses schließlich ganz bei ihr hängen blieb, was ihre Verhandlungsposition erheblich schwächte. Man verhandelte wieder einmal unter außen- wie innenpolitischem Druck.

Das Ergebnis war entsprechend: In dem am 12. August 1978 unterzeichneten Friedens- und Freundschaftsvertrag findet sich die Hegemonie-Klausel wie von China gefordert. Lediglich der Anwendungsbereich der Klausel über den asiatisch-pazifischen Bereich hinaus wurde auf japanischen Wunsch mit dem Zusatz »oder in irgendeiner anderen Region« erweitert. Es fällt schwer, der japanischen Auffassung zu folgen und darin eine Relativierung der antisowjetischen Grundorientierung zu sehen.

Die japanische Seite unternahm alle Anstrengungen, um den Vertrag mit einem Passus zu versehen, wonach die Haltung eines der Unterzeichner gegenüber Drittländern unberührt bleibt. Diese Feststellung sollte dem japanischen Entwurf zufolge die Hegemonie-Klausel einleiten. Aber die Chinesen wiesen diesen ziemlich widersprüchlichen Vorschlag zurück und setzten sogar durch, daß die sogenannte Drittstaaten-Klausel nicht unmittelbar auf die Hegemonie-Klausel folgt, um deren Wirkung nicht zu entschärfen.

Die Verhandlungen über den Vertrag, der vor allem auf Konsolidierung freundschaftlicher Beziehungen abzielte, nicht aber ein Friedensvertrag im technischen Sinne war, lieferten einen weiteren Beweis für die diplomatische Unterlegenheit Japans im Umgang mit China. Für China bedeutete das Dokument einen wichtigen Schritt auf dem Wege, Japan durch eine Politik der Freundschaft zu binden und es in seiner außenpolitischen Entscheidungsfreiheit unmerklich so weit einzuschränken, daß gegenüber China nur Wohlverhalten blieb. Die Formel chinesischer Japan-Politik lautete: politische Bindung, aber wirtschaftliche und technologische Nutzung.

5. Japan als Element chinesisch-sowjetischer Rivalität

Die Tatsache, daß China sich erkennbar gegenüber japanischen Intentionen durchgesetzt hatte, brachte eine spürbare Belastung des sowjetisch-japanischen Verhältnisses; denn Moskau befürchtete eine engere, auch den militärisch-technischen Bereich erfassende Zusammenarbeit zwischen Japan und China mit antisowjetischem Akzent. Konkret erkennbar wurde die Verschlechterung des Verhältnisses zwischen Moskau und Tōkyō an der in der zweiten Jahreshälfte 1978 beginnenden Stationierung sowjetischer Streitkräfte in Divisionsstärke auf den umstrittenen Inseln nördlich von Hokkaidō.

Die Störung der japanisch-sowjetischen Beziehungen war bis in die Mitte der achtziger Jahre hinein ein Ziel der chinesischen Politik gegenüber Japan. Dahinter stand die Strategie, eine Annäherung zwischen Japan und der Sowjetunion zu Lasten Chinas zu verhindern. Indem China bei allen sich bietenden Gelegenheiten den Anspruch Japans auf vier seit 1945 sowjetisch besetzte Inseln am Südende der Kurilen vehement unterstützte, erschwerte es eine Lösung des Problems.

Den meisten japanischen Politikern war die negative Wirkung der doppelbödigen Schützenhilfe aus China stets klar gewesen. Aber die Normalisierung der japanisch-chinesischen Beziehungen hatte ein Klima geschaffen, in dem kritische Äußerungen über China nicht von Japans Massenmedien und schon gar nicht von Japans Regierung zu vernehmen waren. Offene Kritik an China war tabu. Der damalige Außenminister Kiichi Miyazawa verletzte dieses Tabu, als er Mitte 1976 erklärte, die chinesische Unterstützung in der Territorialfrage mit der Sowjetunion sei kontraproduktiv und erschwere eine einvernehmliche Regelung. Er bat China, künftig in dieser Sache von antisowjetischen Erklärungen abzusehen.[86]

Die chinesische Reaktion war heftig. Miyazawa wurde vorgeworfen, in die Fußstapfen Breshnews getreten zu sein, und sein Vorgehen wurde als ein widernatürlicher Akt und als Verrat am nationalen Interesse Japans bezeichnet.[87] Damit kritisierte China zum ersten Mal seit der Normalisierung der Beziehungen 1972 öffentlich ein Mitglied des japanischen Kabinetts.

Auch in die Frage der wirtschaftlichen Zusammenarbeit zwischen Japan und der Sowjetunion mischte sich China ein. Als Anfang der siebziger Jahre japanische Wirtschaftskreise starkes Interesse an der Erschließung sibirischer Rohstoffe, insbesondere an Erdöl, zeigten und sich an der Förderung von Öl aus den westsibirischen Feldern von Tjumen beteiligen wollten, meldete China Bedenken an. 1973 bemerkte ein hochrangiger chinesischer Politiker über die Hilfe Japans bei der Erschließung Sibiriens, man empfinde in China »bittere Gefühle«, wenn Japan sich an sowjetischen Projekten beteiligte, die mit der Gewinnung und dem Transport von Erdöl zusammenhingen, und man könnte dadurch zu »Gegenmaßnahmen« veranlaßt werden.[88]

Parallel dazu offerierte China dem japanischen Nachbarn Rohöl aus den eigenen Reserven, ohne daß Japan – wie im Falle der Sowjetunion – finanzielle oder technologische Risiken hätte eingehen müssen. Die japanischen Unternehmer akzeptierten dieses Angebot und zogen sich aus dem ohnehin schwierigen sowjetischen Ölprojekt von Tjumen zurück. Japan war zu einem Objekt der politischen und wirtschaftlichen Rivalität zwischen Moskau und Peking geworden. Beide waren interessiert an japanischer Technologie und Finanzkraft. China gewann diesen Konkurrenzkampf.

Die japanisch-chinesische Kooperation im Energiesektor entwickelte sich über die Jahre weiter und erreichte 1993 eine neue Qualität, als sich die japanische Gesellschaft Marubeni Sekiyu mit einem chinesischen staatlichen Unternehmen zur Förderung von Öl und Erdgas zu einem Kooperationsunternehmen zusammenschloß. Diese japanisch-chinesische Gesellschaft wird künftig – und dies ist das Neue an diesem Schritt – im Ausland auftreten.[89] Daneben will sich Nippon Oil gemeinsam mit der British Petroleum Co. auch bei der Erschließung neuer Erdölvorkommen in China, insbesondere im Tarim-Becken, im Nordwesten des Landes, engagieren.[90]

---

86 Japan Times, 10. 7. 1976, S. 1.
87 Hsinhua News Agency, Daily Bulletin, 6688, 19. 7. 1976.
88 Yomiuri Shimbun, 12. 3. 1973, S. 3.
89 Nihon Keizai Shimbun, 3. 8. 1993, S. 1.
90 International Herald Tribune, 11. 3. 1993.

6. Lebhafte Wirtschaftsbeziehungen

Auch die generelle Entwicklung des bilateralen Handels belegt, daß China und Japan füreinander attraktive Partner sind. Die Ausweitung des Handelsvolumens wird mit der Aufnahme der diplomatischen Beziehungen 1972 und dem folgenden Abschluß eines langfristigen Handelsabkommens rasch deutlich. Das Wirtschaftswachstum Chinas hat Anfang der neunziger Jahre diese Entwicklung weiter begünstigt. 1993 erreichte das Volumen des japanisch-chinesischen Handels 39 Milliarden Dollar – eine Steigerung von 54 % gegenüber dem Vorjahr.[91] Die relative Bedeutung des Handels ist für beide allerdings deutlich verschieden. Während 1991 Japans Handel mit China nur 2,7 % des japanischen Exports und 6 % des Imports ausmachten, nimmt Pekings Japan-Handel seit Mitte der siebziger Jahre nahezu 25–30 % des chinesischen Außenhandels ein.[92] Dabei ist es ein bemerkenswertes Phänomen, daß China zu den wenigen Handelspartnern gehört, denen es gelang, mit Japan eine positive Handelsbilanz zu erzielen. Dies ist seit 1988 der Fall, war aber nicht ohne massiven Druck aus Peking zu erreichen. Ohne Beschönigung läßt sich Anfang der neunziger Jahre resümieren, daß sich Handel, wirtschaftliche Kooperation, Technologie- und Wissenschaftsbeziehungen zu den erfolgreichsten Feldern in dem Verhältnis zwischen Japan und China entwickelt haben.

7. Politische Problemfelder

Problematisch sind einige Segmente der Politik. An erster Stelle ist der Umgang Japans mit seiner militaristischen Vergangenheit zu nennen. Hier war der erstmals seit 1945 unternommene Versuch der Acht-Parteien-Koalition unter Ministerpräsident Morihiro Hosokawa, die imperialistische Ära aufzuarbeiten und sich aufrichtig für die zwischen 1910 und 1945 begangenen Verbrechen bei den asiatischen Nachbarn zu entschuldigen, ein Bruch mit der bis dahin üblichen Praxis. Dieser wichtige Schritt wurde jedoch entwertet, als der Justizminister der Regierung, Hata, im Mai 1994 das Massaker von Nanking als »Fiktion« bezeichnete und daraufhin zurücktreten mußte. Als generelle Tendenz läßt sich feststellen, daß die konservative politische Elite des Landes die Verbrechen der imperialistischen Vergangenheit möglichst ignoriert und bemerkenswert wenig Gespür für die Empfindlichkeiten der asiatischen Nachbarn, insbesondere für China und Korea, gezeigt hat.

Einigen Wirbel verursachte in diesem Zusammenhang die sogenannte Schulbuch-Affäre. Als Mitte 1982 eine große japanische Tageszeitung berichtete, das Erziehungsministerium habe bei der Überprüfung der Manuskripte für Geschichtsbücher von Mittelschulen die Verfasser angewiesen, die Darstellungen der japanischen Invasion der dreißiger Jahre auf dem asiatischen Festland abzuschwächen, wurde dies rasch von China und Korea aufgegriffen. Peking protestierte sogar offiziell bei der japanischen Regierung und verlangte eine Korrektur der angeblich beschönigenden

91 Asahi Evening News, 24. 2. 1994.
92 Tanaka Akihiko, Nitchū-Kankei 1945–1990, Tōkyō 1991, S. 11, 13.

Passagen. Bald stellte sich allerdings heraus, daß die von Japans Zeitungen mit Empörung geschilderten abschwächenden Änderungen (z.B. »Eindringen« statt »Invasion« u.a.) auf falscher Berichterstattung beruhten.[93] Die Details mochten journalistischer Phantasie entsprungen sein, grundsätzlich aber waren die Vorwürfe an das erzkonservative Erziehungsministerium berechtigt. Die japanische Regierung sagte China und Korea immerhin zu, künftig besonderes Augenmerk auf die Texte zu richten und durch interne Richtlinien dafür zu sorgen, daß im Geschichtsunterricht die Kriegsereignisse gemäß der Wirklichkeit dargestellt würden. Im Sommer 1986 flammte erneut Kritik an einem japanischen Schulbuch auf, in dem aus Pekinger Sicht das Massaker an Zehntausenden von Chinesen 1937 in Nanking nicht gebührend berücksichtigt worden sei und man dafür die Begründung gegeben habe, daß noch nicht genügend Fakten vorlägen.

Schwerer als die Schulbuch-Kontroversen wiegen die verbalen Entgleisungen und Taktlosigkeiten führender japanischer Politiker; denn sie sagen mehr aus über die Haltung dieser Personen zu den unleugbaren Verbrechen der kaiserlichen Armee. Hier ist an erster Stelle der Besuch von Premierminister Nakasone beim Schrein der Kriegstoten, dem *Yasukuni*-Schrein zu nennen. Der Regierungschef besuchte den Schrein im August 1985 anläßlich des 40. Jahrestags des Kriegsendes. In dem Heiligtum werden seit 1978 auch die Namen von 14 nach 1945 als Kriegsverbrecher hingerichteten Politikern und Generälen aufgeführt. Nicht nur das offizielle China reagierte mit Kritik. Am 18. September 1985, dem Tag des japanischen Überfalls auf Nordost-China 1931, demonstrierten rund 1000 Studenten der Pekinger Universität gegen Japan, seine erneute Invasion in China mit wirtschaftlichen Mitteln, gegen ein angebliches Wiederaufleben des japanischen Militarismus und gegen Nakasone, der mit dem als Kriegsverbrecher verurteilten General Tōjō, Japans Regierungschef im Zweiten Weltkrieg, gleichgesetzt wurde. Dem Ritus gemäß hätte Premier Nakasone den Schrein zum Beginn des Herbstfestes im Oktober noch einmal besuchen müssen. Der Besuch unterblieb. Auch spätere Regierungschefs haben nie wieder in offizieller Funktion eine Visite unternommen.

Anlaß zu Kritik an einzelnen Regierungsmitgliedern aber gab es weiterhin: 1986 sah sich Nakasone gezwungen, seinen Erziehungsminister Masayuki Fujio zu entlassen, nachdem dieser die Zahl der Opfer beim Massaker von Nanking in Zweifel gezogen hatte. Im Frühjahr 1988 sorgte ein weiterer Fall von Vergangenheitsverdrängung für Aufsehen: die Bemerkung eines Kabinettsmitglieds, des Chefs der Staatlichen Landagentur, Seisuke Okuno, derzufolge Japan den Krieg seiner eigenen Sicherheit wegen geführt habe. Er verneinte den aggressiven Charakter des Krieges und bemerkte unter Bezug auf die Verurteilung der Kriegsverbrecher nach 1945, dies seien Bestrafungen des Verlierers durch die Sieger gewesen. Premierminister Takeshita, der vor einer China-Reise stand, sah sich gezwungen, Okuno zum Rücktritt zu veranlassen – ein Vorgang, der vom Generaldirektor der Agentur für Wirtschaftsplanung Eiichi Nakao mißbilligt wurde. Mit Mühe konnte Nakao von einer öffentlichen Verteidigung seines Gesinnungsgenossen Okuno zurückgehalten werden.[94]

Angesichts der historischen Erfahrungen alarmieren derartige Torheiten aus dem Munde von Regierungsmitgliedern die Nachbarn Japans, namentlich China und

93 Siehe Japan Echo, IX (1982) 4, S. 13ff.
94 China Daily, 5. 5. 1988; Japan Times, 14. 5. 1988.

Korea. Obwohl Tōkyō mit seinen knapp 250 000 Mann Selbstverteidigungsstreitkräften tatsächlich keine Bedrohung darstellt und dem Land heute nicht im geringsten militaristische Neigungen nachgewiesen werden können, warnt die Atommacht China seit Mitte der achtziger Jahre regelmäßig bei Anhebung des japanischen Verteidigungsbudgets vor erneutem Militarismus des Nachbarn.

Hier sind allerdings zwei Aspekte zu berücksichtigen: Der gedankenlose Umgang japanischer Politiker mit den dunklen Kapiteln der Vergangenheit ihres Landes bietet China die Chance, ganz Asien vor einem Japan zu warnen, das wieder eine militärische Rolle spielen könnte. Da China verhindern möchte, daß Japan zu einem auch militärisch mächtigen Akteur in Asien wird, bedient es sich der japanischen Vergangenheit, um Japan diese Position streitig zu machen. Nach den Vorstellungen in Peking soll die künftige Führungsmacht im asiatisch-pazifischen Raum nicht Japan, sondern China heißen.

Der zweite Aspekt betrifft Chinas Kritik an Japans Verteidigungsausgaben. Solange China die Sowjetunion als die Hauptbedrohung ansah und seine antisowjetische Außenpolitik betrieb, ermutigten chinesische Politiker Japan, mehr für die Verteidigung auszugeben. So legte Chinas Ministerpräsident Hua Guofeng 1980 Premier Nakasone den Ausbau der japanischen Luftwaffe zum Schutz der Seeverkehrswege nahe, und der stellvertretende Generalstabschef Wu Xiuquan empfahl eine Anhebung des prozentualen Anteils des Verteidigungsbudgets am BSP von traditionell 1 % auf 2 %.[95] 1985 jedoch, als Peking sich wieder Moskau annäherte, paßten dergleichen Appelle nicht mehr ins chinesische Konzept, und man begann Japan zu ermahnen, den Ein-Prozent-Rahmen des BSP für die Verteidigungsausgaben nicht zu überschreiten.[96]

In Fortführung dieser Linie haben die Führer in Peking alle Bemühungen Japans, sich international im Rahmen der Vereinten Nationen bei Friedenerhaltenden Operationen (PKO) zu engagieren, mehr oder weniger deutlich kritisiert. Dies begann 1988 als Reaktion auf japanische Überlegungen, Minenräumschiffe in den Persischen Golf zu entsenden, setzte sich fort bei der Erörterung einer japanischen Beteiligung am Blauhelmeinsatz in Kambodscha und bei der Entscheidung über die Entsendung von Minenräumschiffen nach dem Ende des Golfkriegs. Stets war aus Peking von höchster Stelle zu vernehmen, daß es sich um »heikle Fragen« handle, die Japan mit äußerster Vorsicht angehen müsse. Schließlich ist zu beobachten, daß China auf Japans Bemühungen um eine Vollmitgliedschaft im UN-Sicherheitsrat bislang nur zurückhaltend reagiert hat.

Es ist wohl nicht unvorsichtig, daraus den Schluß zu ziehen, daß die Führer in Peking Japan ungern in einer international stärkeren Rolle einschließlich wachsender militärischer Verpflichtungen sehen möchten. Eine Vollmitgliedschaft im Sicherheitsrat würde Chinas einzigartige Position als Vertreter Asiens dort relativieren; eine politisch verantwortliche Rolle in der Region wäre ebenfalls eine kaum erwünschte Konkurrenz zu Chinas Ambitionen, die – blickt man auf die Rüstungsanstrengungen und die territorialen Ansprüche – hegemonialen Charakter tragen.

Hinsichtlich der territorialen Ansprüche Chinas bereiten den japanischen Beobachtern zwei Forderungen Sorge: Chinas Anspruch auf das gesamte Südchinesische

95 Mainichi Shimbun, 1. 5. 1980, zit. in Daily Summary of Japanese Press, 3.–6. 5. 1980, S. 16.
96 Sankei Shimbun, 12. 11. 1985.

Meer mit seinen ressourcenreichen Inseln, Riffs und Sandbänken und der Anspruch auf die winzigen Senkaku-Inseln (chines. Diaoyütai) zwischen Okinawa und Taiwan. Das südchinesische Meer ist für Japan ausschließlich von strategischer Bedeutung, da die wichtigen Seetransportrouten aus der Golfregion, dem Indischen Ozean und aus Südostasien durch dieses Meeresgebiet laufen. Eine Kontrolle durch China kann im Konfliktfall bedeuten, daß Japan von vitalen Ressourcen abgeschnitten wird.

Im Falle der Senkaku (Diaoyütai)-Inseln stehen sich die Hoheitsansprüche beider Seiten unversöhnlich gegenüber. Als China im Februar 1992 ein Gesetz über die Territorialgewässer in Kraft setzte und damit die umstrittenen Inseln in sein Hoheitsgebiet einbezog, protestierte Japan bei der chinesischen Regierung und wies darauf hin, daß die Inseln historisch und nach internationalem Recht japanisches Territorium seien.[97] Abgesehen von Prestigefragen ist das Interesse des rohstoffarmen Japan an den Inseln wegen der dort vermuteten Ölvorkommen besonders stark. Das Problem, dessen Lösung China gern in die fernere Zukunft verschiebt und das auch Tōkyō nicht für vordringlich hält, macht von Zeit zu Zeit von sich reden, wenn die eine Seite etwas unternimmt, was die andere als Provokation empfindet. Es ist aber nicht auszuschließen, daß daraus ein handfester Konflikt entsteht, wenn einer der beiden Nachbarn sich für eine endgültige Lösung stark genug hält. Wie in allen anderen Fragen von nationalem Interesse nimmt Taiwan auch bei dieser Forderung den großchinesischen Standpunkt ein.[98] Es gehört wohl zu den Subtilitäten chinesicher Diplomatie, daß japanische Staatsgäste in Peking regelmäßig im »Diaoyütai-Gästehaus« empfangen werden, um auch auf der Ebene des diplomatischen Verkehrs unablässig den chinesischen Anspruch auf die Inseln zu unterstreichen.

8. Ansätze zur Lösung der Probleme – Ausblick

Das keineswegs spannungsfreie japanisch-chinesische Verhältnis und die neue Lage nach dem Zerfall der Sowjetunion waren für die Planer japanischer Außen- und Sicherheitspolitik 1992 Anlaß, China zu Gesprächen über Fragen der nationalen Sicherheit einzuladen. Dahinter stand natürlich auch die Sorge über das militärische Gleichgewicht in der Region, das sich aufgrund massiver chinesischer Rüstungsanstrengungen allmählich zu verändern droht. China hat die Einladung zu einem Dialog über sicherheitspolitische Fragen akzeptiert. Japan wünscht mit seinem mächtigen Nachbarn über drei Komplexe zu sprechen: über die Schaffung vertrauensbildender Maßnahmen, über die Gefahr einer Destabilisierung durch den Ausbau der chinesischen Marine und über einen offenen Austausch militärischer Informationen. Dem japanischen Plan kommt insofern besondere Bedeutung zu, als uniformierte Vertreter der Streitkräfte beider Seiten an den Gesprächen teilnehmen sollen. 1992 war lediglich der Planungsstab des japanischen Außenministeriums beteiligt. Damals hatte die ja-

97 Sankei Shimbun, Abendausgb., 27. 2. 1992.
98 Vgl. »Taiwan fordert Japan zum Rückzug von Tiaoyutai-Inseln auf«, in: Freies Asien, Bonn, 9. 11. 1990.

panische Seite den möglichen Erwerb eines Flugzeugträgers durch China zur Sprache gebracht und die Realisierung dieses Planes als Störung des strategischen Gleichgewichts bezeichnet. Die Erörterung der Angelegenheit blieb unbefriedigend. Tōkyō ist darum entschlossen, Vertreter der Streitkräfte in die Gespräche einzubeziehen.

Einen ähnlich strukturierten Dialog unterhält Japan seit Juni 1992 bereits mit Rußland. Selbst wenn das Vorhaben mit China keine grundsätzlich neuen Erkenntnisse bringen wird, so kommt dieser Gesprächsebene erhebliche psychologische wie politische Bedeutung zu, da sie erlaubt, die sonst nur in der Presse mit sorgenvollen Vermutungen begleiteten Informationen sachlich zu erörtern.

China, das prinzipiell ebenfalls um gute Beziehungen zu Japan bemüht ist, verfolgt eine andere Strategie: Es versucht, eine freundschaftliche Atmosphäre zu schaffen, in der es dem Partner schwierig wird, etwas zurückzuweisen. Die Einladung des japanischen Kaisers nach China gehört in diese Kategorie der Politik. Im April 1989 lud Chinas Premier Li Peng den *Tennō* offiziell zu einem Besuch ein. Im Herbst 1992 reiste das Kaiserpaar nach China.

Das Ereignis war vor allem ein Erfolg für die Gastgeber. Es war der erste Besuch eines japanischen Kaisers im Reich der Mitte in der Geschichte der beiden Nachbarn überhaupt. Darüber hinaus war der *Tennō* das erste Staatsoberhaupt eines demokratisch verfaßten Landes, das nach den Ereignissen vom Juni 1989 China offiziell besuchte. Zwar äußerte der Kaiser in seiner Bankettrede keine ausgesprochene Entschuldigung, aber er ging in seiner Formulierung weiter als sein Vater bei Begegnungen mit asiatischen Staatsoberhäuptern. Kaiser Akihito sagte, daß er »tief bedauere«, was sein Land dem chinesischen Volk an Leid zugefügt habe.[99]

Vielleicht ist heute Japans Haltung gegenüber China nüchterner, weniger emotional als in den siebziger Jahren. Dies ist allerdings nicht das Ergebnis der China-Reise des japanischen Kaisers, sondern eine Reaktion auf das machtbewußte Verhalten Chinas und nicht zuletzt auf die brutale Zerschlagung der Demokratie-Bewegung 1989.

Damit stellt sich die Frage nach den Perspektiven der japanisch-chinesischen Beziehungen. Hier erscheinen zwei Entwicklungsmöglichkeiten als realistisch: die Chance enger wirtschaftlicher und politischer Zusammenarbeit und die Gefahr der Rivalität um Macht und Einfluß. Für das eine wie für das andere Szenario ließen sich Argumente ins Feld führen. Mindestens drei Faktoren aber dürften das künftige japanisch-chinesische Verhältnis wesentlich beeinflussen: der Fortbestand des japanisch-amerikanischen Bündnisses und damit die fortgesetzte militärische Präsenz der USA in Asien; die Entwicklung Chinas im Innern wie nach außen; und schließlich die Entwicklung auf der koreanischen Halbinsel.

Sollte der eher unwahrscheinliche Fall eintreten, daß Japan sich aus dem Bündnis mit den USA löst oder daß Washington sich militärisch aus Asien zurückzieht, dann ist mit einer massiven Aufrüstung Japans zu rechnen. Dies wiederum würde China sehr kritisch aufnehmen und vermutlich versuchen, Gegenkräfte in Asien zu mobilisieren. Dieser Zusammenhang erklärt, warum China die militärische Anwesenheit der USA in Asien ohne jede Kritik noch akzeptiert. Wenn China seine gewaltigen Rüstungsanstrengungen, insbesondere auf dem Marinesektor, fortsetzt, dann könnte sich das ändern; dann werden aber auch japanische Gegenmaßnahmen nicht ausblei-

99 Beijing Review, 2.–8. 11. 1992, S. 4.

ben mit entsprechend negativer Auswirkung auf die beiderseitigen Beziehungen. Ein verheerender Rüstungswettlauf wäre die Folge.

Am wenigsten läßt sich heute über die koreanische Entwicklung sagen. Sie hängt von zu vielen Unwägbarkeiten (Tod Kim Ilsungs, Modalitäten der Wiedervereinigung etc.) ab, so daß nur die Bedeutung der koreanischen Frage für die Lage in Nordostasien konstatiert werden kann. Wird Japan ein nuklearfähiges Korea ohne Gegenmaßnahmen akzeptieren? Schon heute verfügt Südkorea über dreimal so viele Streitkräfte wie Japan. Wird Tōkyō dies auf Dauer hinnehmen? Und wie werden China und Korea auf eine größere japanische Rüstung reagieren?

Schließlich bleibt die Frage, ob Japan gewillt ist, langfristig China als die Führungsmacht in Asien zu akzeptieren. Daß China diese Position anstrebt, ist offenkundig. Allerdings wird sehr viel davon abhängen, wie geschickt und unaufdringlich China sein natürliches Übergewicht zur Geltung bringt. Geschieht dies mit nationalistischen Untertönen, dann wird die japanische Gegenreaktion nicht ausbleiben. Wir sehen: Die Entwicklung ist offen; sie enthält Chancen für einvernehmliche Lösungen, aber sie birgt auch die Gefahren für dramatische Entwicklungen.

VIII. Die Beziehungen Japans zu Taiwan

Gunter Schubert

Von 1895 bis 1945 stand die Insel Taiwan (früher: Formosa) unter japanischer Kolonialherrschaft. Heute ist die taiwanesische Wirtschaft so eng mit Japan verwoben, daß nicht wenige Beobachter von einer neuen – diesmal ökonomischen – Kolonialisierung der Insel sprechen. Tatsache ist somit, daß Taiwan für Japan überaus wichtig geblieben ist.

Anders als in Korea haben fünfzig Jahre japanischer Herrschaft auf Taiwan nicht jene Bitterkeit hinterlassen, die in der Nachkriegsära die Wiederannäherung zwischen Japan und den Ländern seiner ehemaligen »Großasiatischen Wohlstandssphäre« erschwerte. Wer heute in der taiwanesischen Provinz Reisen unternimmt, wird vielerorts auf einfache Leute treffen, die kaum das Hochchinesische beherrschen – wohl aber japanisch sprechen. Die taiwanesische Bevölkerung wurde zwar drangsaliert und diskriminiert, aber die japanische Kolonialverwaltung erarbeitete sich auch über eine geschickte Steuerpolitik eine hohe finanzielle und administrative Autonomie von Tōkyō und nutzte diese konsequent zum Aufbau einer modernen Infrastruktur. Dadurch wurden japanische Investoren angelockt, die nun ihrerseits die Modernisierung der Wirtschaft vorantrieben.

Das Ergebnis gilt nach einhelliger Meinung als eine der Grundvoraussetzungen für das heute vielzitierte »taiwanesische Wirtschaftswunder«. U.a. wurden ein 3700 km langes Straßennetz gezogen und strategisch wichtige Eisenbahnlinien gebaut. Es entstanden 17 Häfen, ein Wasserkraftwerk und zahlreiche neue Bewässerungsanlagen. Die Japaner intensivierten die Landwirtschaft (z.B. durch die Einführung neuer Reis- und Zuckersorten) und optimierten durch die Monopolisierung wichtiger Wirtschaftszweige (wie z.B. die Produktion von Salz, Düngemitteln, Kupfer, Tabak und Alkohol) die Ressourcenallokation. Sie vereinheitlichten Maße und Gewichte, schufen eine Währung und sorgten für einen nicht unbeträchtlichen Know-how-Transfer.

1952 unterschrieben Japan und die Republik China, wie die regierende Kuomintang ihr Regime auf Taiwan bis heute nennt, einen Friedensvertrag. In ihm verzichtete Taiwan auf sämtliche Reparationsforderungen gegenüber der ehemaligen Kolonialmacht. Zwanzig Jahre lang unterhielt man offizielle Beziehungen. Am 29. September 1972, sieben Monate nach der Unterzeichnung des Shanghaier Kommuniqués zwischen der VR China und den USA (»Nixon-Schock«), nahm auch Japan diplomatische Beziehungen zu China auf. Die politischen Kontakte zu Taiwan werden seither über inoffizielle, quasi-konsularische Vertretungen abgewickelt, und Japan läßt im Umgang mit Taiwan höchste Vorsicht walten, um nicht das Mißtrauen der VR China zu erwecken. Selbst inoffizielle Besuche taiwanesischer Politiker versucht die japanische Regierung zu verhindern oder protokollarisch abzuwerten. Auch eine neue Welle von Forderungen an die japanische Regierung, Entschädigungen an die von der kaiserlichen Armee im Zweiten Weltkrieg in den Kolonien in die Zwangsprostitution gezwungenen Frauen zu zahlen, belasten die beiderseitigen politischen Beziehungen. Schließlich gilt es noch das ungelöste Problem der territorialen Zugehörigkeit einer zwischen Japan und Taiwan liegenden Inselgruppe zu klären, die Japan »Senkaku« und Taiwan »Diaoyütai« nennt. Japan betrachtet die zumeist unter dem Meeresspiegel befindlichen Riffe als südliche Fortsetzung des Ryūkyū-Archipels; Taiwan und China beharren wiederum darauf, sie seien Teil des chinesischen Festlandsockels. Seit sich die Vermutung, um Senkaku/Diaoyütai herum befänden sich gewaltige Off-shore-Ölressourcen, als Illusion erwiesen hat, schwelt der Konflikt vor sich hin, ohne für größere Irritationen zu sorgen.

Das bilaterale Verhältnis wird gegenwärtig vor allem durch wirtschaftliche Aspekte bestimmt. Schon Anfang der sechziger Jahre kehrten japanische Unternehmer nach Taiwan zurück und schufen sich hier eine erste Exportplattform zur Reduzierung der Produktionskosten im eigenen Land. Heute ist Japan weltweit zweitwichtigster Handelspartner Taiwans, sein wichtigster Investor und auch der mit Abstand größte Warenlieferant.

Während Taiwan rund 30% seiner Gesamtimporte aus Japan bezieht (hauptsächlich Maschinen und elektrotechnische Produkte), gelangen lediglich 12% seiner Exportgüter (vorwiegend Lebensmittel und Textilien) auf den japanischen Markt. Das daraus resultierende Handelsbilanzdefizit von rund 12 Milliarden US-Dollar 1992 (1993: 10,5 Milliarden US-Dollar) (siehe *Abbildung 1*) belastet die beiderseitigen Beziehungen seit einigen Jahren erheblich. Mehrfach fanden darüber japanisch-taiwanesische Wirtschaftsverhandlungen statt, in denen Tōkyō den Abbau von Handelshemmnissen und einen verstärkten Hochtechnologietransfer zusagte. Viele Beobach-

Abb. 1: Taiwans Handel mit Japan (in Billion US-Dollar)

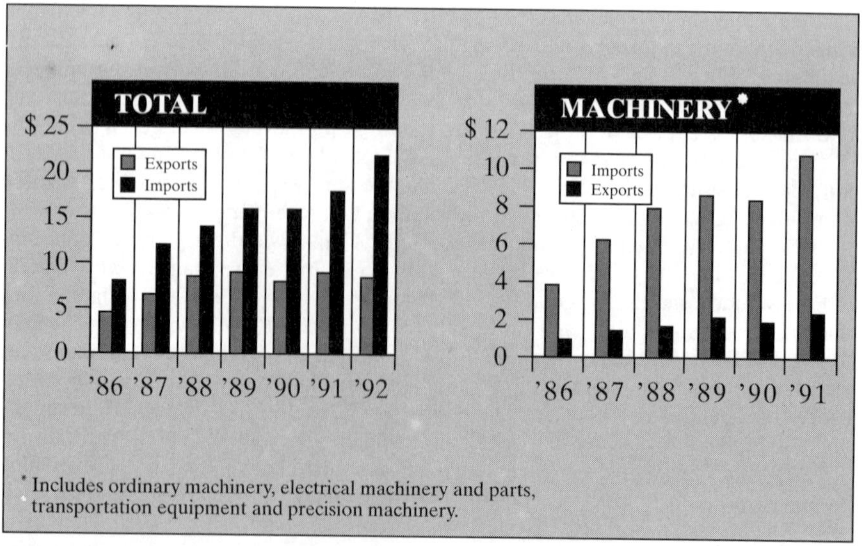

Quelle: Ministry of Finance, Japan External Trade Relations Organization.

ter bezweifeln allerdings stark, daß auf japanischer Seite wirklich ein ernsthaftes Interesse an einer solchen Politik besteht.

Für das hohe Handelsbilanzdefizit gibt es mehrere Gründe. Taiwanesische Produkte gelten auf dem japanischen Markt als nicht sehr konkurrenzfähig. Zwar sind sie qualitativ besser als die der asiatischen Billiglohnländer (z.B. der VR China, Thailands oder Malaysias), doch können sie neben den europäischen und amerikanischen Waren selten bestehen. Die Verbraucherstrukturen Japans lassen jedoch für einen Mittelweg zwischen extremen Billigprodukten und qualitativ hochwertigen Gütern wenig Raum. Hinzu kommt, daß Taiwan in Japan über kein ausreichendes Servicenetz verfügt. Auch sind japanisch-taiwanesische *joint ventures* in der verarbeitenden Industrie hochgradig auf Zulieferungen aus Japan ausgerichtet, so daß ein erheblicher Teil der Exportgewinne aufgezehrt wird. Letztlich hat die durch amerikanischen Druck seit Mitte der achtziger Jahre vorgenommene Aufwertung des Neuen Taiwan-Dollars den gleichzeitigen Wertanstieg des Yen zugunsten Japans neutralisiert.

Nach Verkündigung des »Nationalen 6-Jahres-Infrastrukturplans« durch die Regierung in Taipei haben japanische Firmenkonsortien eine neue Investitionsoffensive gestartet, um Zugang zu den für ausländische Bewerber freigegebenen Projekten zu bekommen. Auch wenn Taiwan diese Gelegenheit erklärtermaßen zum Anlaß nehmen will, sich aus dem ökonomischen Würgegriff Japans zu befreien, wird es damit auf absehbare Zeit keinen Erfolg haben.

IX. Japan und die Koreaner

Myunghoon Cho

1. Japan im asiatischen Kontext

»Avec le Japon, et par lui, commence, contre l'Europe, la révolte de l'Asie« (Mit und durch Japan beginnt die Revolte Asiens gegen Europa)[100] – dieser Victor Bérard zugeschriebene Ausspruch hat sich – aus heutiger Perspektive gesehen – vollständig bewahrheitet. Ist doch der gegenwärtigen wirtschaftlich-technischen Dominanz Japans gegenüber Europa und Amerika ein »panasiatisches Abenteuer« der Japaner vorausgegangen.

Mit seinem kolossalen Unternehmen *Daitōa Kyōeiken*, d.h. Großostasiatische Gemeinsame Wohlstandssphäre, und dem damit verbundenen *Daitōa Sensō*, d.h. »Krieg für Großostasien« (Pazifikkrieg), wollte Japan zwar »Großasien vom anglo-amerikanischen Joch befreien, um Selbständigkeit und nationale Sicherheit (für die Länder Großostasiens) zu erlangen« (so die Deklaration der Großostasiatischen Konferenz in Tōkyō im Herbst 1943), aber sein panasiatischer Nationalismus scheiterte letzten Endes an dem unerfüllten Staatsnationalismus der einzelnen asiatischen Völker. Diese hatten an Stelle des westlichen Imperialismus nunmehr einem asiatischen Imperialismus mit der Doktrin »Asiens Führer Japan, Asiens Beschützer Japan, Asiens Licht Japan« (die sogenannte »Drei-A-Bewegung«) zu dienen.[101]

Der fatale Widerspruch des »japanischen Abenteuers« bestand darin, daß Japan sich für die »diversen anglo-amerikanischen Demütigungen« mit der entsprechenden Vergeltung ausgerechnet an den anderen schwächeren asiatischen Völkern Genugtuung verschaffen wollte.[102] Davon waren sie grausam betroffen, China als Japans Halbkolonie ganz besonders und Korea als dessen Kolonie am grausamsten.

Die reumütige Rückkehr Japans nach Asien infolge seiner Niederlage im Zweiten Weltkrieg äußerte sich unter anderem im dritten der »Drei Großen Grundsätze« mit der Außenpolitik der japanischen Nachkriegsregierungen. In ihm wird die »Wahrung der Rolle Japans als asiatische Nation« proklamiert.[103] Doch sprechen immer wieder bestimmte Anzeichen dafür, daß die Hypothek der erst 1945 formal beendeten japanischen Fremdbesetzung bzw. Kolonialherrschaft sowie das gegenseitige Mißtrauen

100 Ein schriftlicher Beleg für diesen Ausspruch läßt sich in der Literatur nicht finden.

101 Vgl. Akira Irie, Nihon no Gaikō (»Die Diplomatie Japans«), Tōkyō 1966, S. 125ff. und 133ff.

102 Saburō Ienaga, Taiheiyō sensō (»Pazifikkrieg«), Tōkyō 1968, S. 19.

103 So im ersten Band des Waga Gaikō no Kinkyō (»Zur Lage unserer Diplomatie«). Es handelt sich um das – wegen der Farbe des Umschlages Seisho (»Blaubuch«) genannte japanische Gegenstück zum »Weißbuch« des Außenministeriums, Tōkyō 1957, S. 7.

oder die kulturell bedingten Vorurteile noch heute mehr oder weniger auf dem Verhältnis Japans mit seinen einstigen besetzten bzw. beherrschten Ländern lasten. Dies ist bei Korea stärker als bei China der Fall.

Vor diesem Hintergrund ist für eine realistische horizontale Nahaufnahme des japanisch-koreanischen Verhältnisses vorerst eine weiterreichende vertikale Rückblende in dessen geopolitisch bedingte Vorgeschichte von fundamentaler Bedeutung.

2. Vorgeschichte

Mittlerweile ist es sowohl bei den koreanischen Historikern als auch bei den japanischen Gelehrten und ausländischen Koreanisten bzw. Japanologen übereinstimmend anerkannt, daß Japan zu Beginn seiner Geschichte in der staatlichen Organisation und der kulturellen Ausgestaltung wesentlich von Korea beeinflußt wurde.[104] So wurde Japan über Korea durch den Import des Buddhismus (im Jahr 538 oder 552), der Seidenraupenzucht, des Eisens und der Schmiedekunst, des Kalenders, der chinesischen Medizin und der konfuzianischen Klassiker bereichert. In späteren Jahrhunderten sollten noch viele Dinge folgen, bis zum Buchdruck und dem Bewässerungssystem für die Reisfelder. Ein japanisches Familienstammbuch aus dem Jahre 815 zeigt, daß nahezu ein Drittel der japanischen Aristokraten koreanischer Herkunft war. Denn in den Anfängen der japanischen Geschichte wurden koreanische Flüchtlinge, darunter außer vielen Künstlern, Handwerkern, Philosophen und religiösen Gelehrten auch Adlige, mit offenen Armen aufgenommen.

Es ist im allgemeinen unumstritten, daß sich die Brücke zu Korea nicht immer als kriegerisch, sondern auch segensreich als kulturelle und zivilisatorische Vermittlungsinstanz erweisen konnte.[105] Das Tragische bestand für die Koreaner darin, daß weder China noch Japan Korea ernst zu nehmen bereit waren, war doch dieses für sie eben nur eine Brücke und mehr nicht.

Dabei gewann diese Brücke dann an Bedeutung, wenn sie als Sprungbrett von Ost nach West oder von West nach Ost dienen sollte. Ein Blick auf die Landkarte reicht, um zu begreifen, daß sich die Interessen großer Staaten wie China, Japan, Rußland und die USA hier kreuzen. Am direktesten führt der Weg von Japan nach China und umgekehrt durch Korea. Das bedeutet: Wer Korea besitzt, hat einen Dolch zur Verfügung, mit dem die anderen in Schach gehalten werden können. Das kleine Korea, das niemals imstande war, seine 9000 Kilometer langen Küstengrenzen zu verteidigen, mußte versuchen, wie eine Garnele, die entweder unter Lebensgefahr den streitenden Walen ausweicht oder sie geschickt gegeneinander ausspielt – wie ein koreanisches Sprichwort suggeriert –, mal mit dem Dogma *»Sadae-Jūi«* (»Dem Großen die-

---

104 Siehe dazu Kuksa Daesajon (»Großes Lexikon der koreanischen Geschichte«), hrsg. v. Yi Hongsik, Seoul 1984, S. 1254–1258; Goro Terao, Chosen Mondai Nyūmon (»Einführung in die Korea-Frage«), Tōkyō 1965, S. 147–159; Werner Sasse, Korea als ›Kulturbrücke zwischen China und Japan‹, in: Rüdiger Machetzki und Manfred Pohl, Korea, Stuttgart–Wien 1988, S. 51–55.

105 Harry Sichrovsky, Korea – Olympia im Land der Morgenstille, Bergisch Gladbach 1988, S. 29.

nen«), mal mit Intrigen und ungleichen Verträgen zwischen den streitenden Nachbarstaaten zu überleben. So wurde unter Androhung von Waffengewalt am 26. Februar 1876 der »*Kanghwa*-Vertrag« unterzeichnet – der erste völkerrechtliche Vertrag zwischen Japan und Korea. Damit unternahm Japan in Korea den ersten Schritt in Richtung auf eine künftige Expansion auf dem chinesischen Festland.

Die zunehmenden Spannungen zwischen China und Japan auf der koreanischen Halbinsel führten schließlich zum Kriegsausbruch am 1. August 1894. Durch den Friedensvertrag von Shimonoseki am 17. April 1895 mußte China die Unabhängigkeit Koreas akzeptieren, so daß Japan an seine Stelle treten konnte. Nun machte aber Rußland Japan die Vorherrschaft in Korea streitig. Am 10. Februar 1904 erklärte Japan Rußland den Krieg. Durch den unter Vermittlung des amerikanischen Präsidenten Roosevelt unterzeichneten Friedensvertrag von Portsmouth zwischen Japan und Rußland vom 5. September 1905 mußte Rußland die ausschließlichen Interessen und Führungs-, Schutz- und Kontrollrechte Japans in Korea anerkennen. Zweieinhalb Monate danach erzwang Japan auf illegale Weise von Korea den »Ulsa-Protektoratsvertrag« vom 17. November 1905, womit die Weichen für eine regelrechte Kolonialisierung Koreas gestellt waren.

Das Spiel der »kleinen Garnele« Korea zwischen den großmächtigen Walen ging mit der Unterzeichnung des Vertrages über die Annexion Koreas am 22. August 1910 zu Ende. Damit sollte der Kaiser von Korea zur »Vergrößerung des Glücks der beiden Staaten und der ewigen Sicherung des Friedens in Asien« alle seine Souveränitätsrechte auf den Kaiser von Japan übertragen.

3. Geschichte

Damit begann die unglücklichste Epoche seit Anbruch der koreanischen Geschichte, die 35 Jahre dauern sollte. Korea war Japans Kolonie geworden.

Die Kolonialpolitik kann allgemein in zwei Typen gegliedert werden: den »funktionalen« Typ von Großbritannien, teilweise auch der USA, der auf ein Minimum von Personal und Verwaltung abgestellt ist, soweit es sich nicht um Siedlungskolonien handelt, die ihre Selbstverwaltung früh durchsetzten, und den »integralen« Typ von Portugal, Belgien und auch Frankreich, der sich durch Paternalismus und Assimilisationspolitik auszeichnet.[106]

Bei der japanischen Kolonialpolitik gegenüber Korea handelte es sich um den »integralsten« Typ – um die konsequente »Entkoreanisierung« der koreanischen Nation. Während Japan die Rohstoffe Koreas ausbeutete, das Land als Absatzmarkt und die Menschen als Sklaven benutzte, wurde die koreanische Geschichte aus den Lehrplänen gestrichen, die koreanische Sprache verboten, und sogar koreanische Namen mußten japanisiert werden. Mehr noch: Historische Dokumente und Kulturdenkmäler wurden zerstört, denn die Kulturpolitik ist eine Fortsetzung der Kolonialpolitik mit anderen Mitteln. Auf diesem Gebiet hat sie eine viel sicherere und dauer-

---

106 Vgl. Golo Mann und Harry Pross, Außenpolitik. Das Fischer Lexikon 7, Frankfurt 1957, S. 137–139.

haftere Auswirkung als die üblichen unmittelbar politisch-ökonomischen und militärischen Mittel in der Kolonialpolitik, da die Kultur zwangsläufig mit ihrer Herkunftsnation und der Tradition dieser Nation identifiziert wird.[107]

Über die These Spenglers, daß »der Japaner ... früher zur chinesischen (Zivilisation gehörte) und ... heute auch noch zur abendländischen Zivilisation (gehört)« und daß »(es) eine japanische Kultur im eigentlichen Sinne des Wortes nicht gibt«[108] sowie über die des japanischen Autors Gorō Terao, daß die japanische Kultur überwiegend fremden Ursprungs sei,[109] kann man zwar streiten. Aber Japan mag tatsächlich diesbezügliche Komplexe haben und sie daher mit einer besonders aggressiven Kolonialpolitik im allgemeinen und einer betont chauvinistischen Kulturpolitik im besonderen gegenüber der koreanischen Nation abreagiert haben.

Es ist wohl ungefähr in diesem Sinne, wenn einer der wenigen (west)deutschen Koreanisten schreibt: China war annähernd 2000 Jahre lang das kulturelle Vorbild für Korea und Japan, deren Verhältnis sich aber von der Teilhabe an einem beide umfassenden Kulturkreis zur Rivalität entwickelte. Hierbei zeichneten sich die Bewohner der japanischen Inseln zeitweilig durch Ausbrüche von Aggressivität aus, die Anfang dieses Jahrhunderts in der japanischen Kolonialisierung Koreas gipfelten.«[110]

Die kolonisierten Koreaner ihrerseits zeichneten sich immer wieder durch Ausbrüche von *»Han«* (Groll) aus, die vor allem in dem historischen »Aufstand des 1. März« (des Jahres 1919) gipfelten. Er wird nicht von ungefähr heute noch als Symbol des koreanischen Nationalismus verehrt. Es ist hierbei bezeichnend, daß der koreanische Nationalismus – anders als das japanische Nationalbewußtsein oder der deutsche Nationalsozialismus – stets einen eher defensiven Charakter hatte.[111] Der Volksaufstand dauerte bis Ende des Jahre 1919 fort. An ihm nahmen etwa zwei Millionen Menschen teil, und im ganzen Land kam es zu rund 3200 Demonstrationen und Erhebungen. Allein in den ersten drei Monaten des Aufstandes wurden 23470 Patrioten ermordet oder verletzt und 46948 verhaftet. Die Kolonialmacht kannte keine Gnade: So wurden alle 1000 Bewohner eines Dorfes in eine Kirche gesperrt, erschossen und verbrannt.[112] Auf diese Weise reagierten die japanischen Herrscher Koreas auf die Überrumpelung mit mehrfacher Grausamkeit.

Während des Pazifikkrieges dehnte Japan das im Jahre 1938 in Kraft getretene Mobilisierungsgesetz auch auf Korea aus. Etwa 1,5 Millionen Koreaner wurden nach Japan zwangsverschleppt und in Bergwerken, in der Rüstungsindustrie und bei großen Bauprojekten eingesetzt. Etwa 365000 Koreaner dienten als Soldaten in den japanischen Streitkräften.[113]

---

107 Louis Dollot, Les relations culturelles internationales, Paris 1964, S. 30.

108 Oswald Spengler, Der Untergang des Abendlandes, München 1969, S. 615.

109 Gorō Terao, (Anm. 104), S. 152/153.

110 Werner Sasse, (Anm. 104), S. 51.

111 Dazu M. Y. Cho, »Deutsch-koreanische Beziehungen in Geschichte und Gegenwart«, in: Deutschland – Porträt einer Nation, Band 10, Gütersloh 1991, S. 335.

112 Korea im Überblick, hrsg. v. Verlag für Fremdsprachliche Literatur, Pyongyang 1987, S. 42; vgl. Harry Sichrovsky, (Anm. 105), S. 71.

113 Martin Kaneko, Die koreanische Minderheit in Japan, in: Rüdiger Machetzki/Manfred Pohl (Anm. 104), S. 159; vgl. Kentaro Yamabe, Nihon Tōchika no Chōsen (»Korea unter japanischer Herrschaft«), Tōkyō 1971, S. 205ff.

Nicht zuletzt wurden schätzungsweise 200 000 Koreanerinnen[114] von der japanischen Armee aus Korea zu den Feldzügen in Asien und im Pazifikraum mitgenommen, um als sogenannte *Ianfu* (etwa »Trösterinnen«) bis zu 50 Soldaten an einem einzigen Tag sexuell zu bedienen. Nach der Kapitulation Japans im August 1945 wurden sie mittellos und ohne Hilfe für eine Heimkehr an den einstigen Kriegsschauplätzen zurückgelassen[115] oder getötet, um Spuren zu beseitigen.

4. Tōkyō zwischen Seoul und Pyongyang

Die Alliierten im Zweiten Weltkrieg waren sich sicherlich über den völkerrechtlichen Grundsatz klar, daß ein aus einem Imperium (Japan) herausgelöster Teil eines Staatsgefüges (Korea) durchaus originäre Souveränitätsrechte erlangen kann, sobald die Zerschneidung des Bandes mit der Annexionsmacht effektiv geworden ist.[116] Trotzdem hatten sie gemäß der Kairoer Erklärung vom 1. Dezember 1943 beschlossen, »daß Korea zu gegebener Zeit frei und unabhängig sein soll«. Im Rückblick gesehen, wies die an sich kaum übersetzbare angelsächsische Formulierung »in due course« bereits damals auf die verhängnisvolle Dauer des Bestehens der koreanischen Demarkationslinie am 38. Breitengrad hin, die ursprünglich mit dem rein militärisch-technischen Ziel der Entwaffnung der japanischen Truppen in Korea gezogen worden war.

Statt Japan, das wie Deutschland einen Aggressionskrieg begangen und verloren hatte, als Strafe zu teilen, wurde Korea, Opfer des japanischen Aggressionskriegs, zwischen der Republik Korea (Südkorea) und der Koreanischen Volksdemokratischen Republik (Nordkorea) geteilt. Folglich hatte Japan nunmehr mit einem Doppelkorea nach außen und mit einer pro-südkoreanischen Organisation der Koreaner *(Mindan)* und einer pro-nordkoreanischen Organisation der Koreaner *(Chongnyon)* im Innern Japans zu tun. Im März 1946 waren etwa 647 000 Koreaner in Japan ansässig.

Nach vierzehnjährigen Verhandlungen wurde die Normalisierung der Beziehungen zwischen Tōkyō und Seoul nicht nur durch den Sturz des japanfeindlich gesinnten Präsidenten Yi Sungman (Syngman Rhee) erleichtert und durch den Druck der vermittelnden Amerikaner beschleunigt. Vielmehr kam sie, auch angesichts der Gefahr einer Verständigung zwischen Tōkyō und Pyongyang am 22. Juni 1965 hastiger zustande, als es für die Beziehungen zwischen Japan und Südkorea gut gewesen sein dürfte. Pyongyang lehnte den Normalisierungsvertrag als »rechtliches Nullum« ab.

Die Südkoreaner waren mit dem Vertrag auch nicht vollständig zufrieden, da die Republik Korea als »die alleinige gesetzmäßige Regierung in Korea«, wie sie in der Resolution 195 (III) der Vollversammlung der Vereinten Nationen definiert wurde,

114 So in einem Rundschreiben von der Koreanischen Frauengruppe und Japanischen Fraueninitiative Berlin 1993.

115 Vgl. Gorō Terao, (Anm. 104), S. 142; siehe dazu die »Zeugnisablegung« von vier überlebenden »Trösterinnen« aus Nordkorea in: Sekai, Tōkyō März 1993, S. 280–288, sowie eine ausführliche Namensliste von Ex-»Trösterinnen« in: The People's Korea, Tōkyō, 10. Oktober 1992, S. 6–8.

116 Ernst Fraenkel, Korea – Ein Wendepunkt im Völkerrecht?, Berlin 1951, S. 8.

ohne daß eine effektive Kontrolle und Jurisdiktion über GANZ Korea als solche bestätigt wurde. Außerdem »bedauerte« Japan die »unglückliche« Vergangenheit zwar, entschuldigte sich aber nicht ausdrücklich dafür.

Trotz des Ausbaus der Beziehungen zwischen den beiden Staaten in den letzten drei Jahrzehnten heben die Südkoreaner noch eine Reihe von Problempunkten wie: Handelskonflikt, Technologietransfer, Wiederbelebung der japanischen Dominanz, Behandlung der koreanischen Minderheit in Japan, Tōkyōs Pendeln zwischen Seoul und Pyongyang, das Schicksal der zwangsprostituierten »Trösterinnen« etc. hervor.[117] In der Tat hat Japan seine Einflußbereiche in Südkorea seit 1965 systematisch ausgebaut. Japan ist heute das wichtigste Einfuhrland und gleichzeitig das zweitwichtigste Ausfuhrland für Südkorea.

Die japanische Regierung bekennt sich neuerdings zu den »drei Grundsätzen für die neue Ära in den japanisch-südkoreanischen Beziehungen« mit: der »Verstärkung der japanisch-südkoreanischen Partnerschaft«, der »Leistung des Beitrages zum Frieden in Asien und dem Pazifik« und der »Zusammenarbeit bei der Lösung der globalen Probleme«. Sie hält sich aber gleichzeitig von einer eindeutigen Stellungnahme zur Frage des Technologietransfers zurück und bezeichnet die Inselgruppe, die die Koreaner Tokdo und die Japaner Takeshima nennen und die beide Nationen beanspruchen, vorbehaltlos als japanisch.[118]

Dennoch brachten der Südkorea-Besuch des japanischen Ministerpräsidenten Miyazawa Kiichi im Januar und der Japan-Besuch des südkoreanischen Präsidenten No T'ae-u am 8. November 1992 das reale gegenseitige Interesse für eine Verstärkung der Partnerschaft unmißverständlich zum Ausdruck. Der Präsident und sein japanischer Gastgeber, Miyazawa, hielten dabei ein regelmäßiges Gipfeltreffen zwischen den beiden Ländern nach deutsch-französischem Muster für angebracht.[119]

Der neue Präsident Kim Yongsam verblüffte seine Bürger mit der Aussage, daß alle Schuld der japanischen Kolonialzeit, einschließlich der an den sogenannten Zwangsprostituierten begangenen, mit dem Normalisierungsvertrag von 1965 (Artikel II) abgegolten sei. Seine Regierung verlange daher keine materiellen Entschädigungen, sondern eine vollständige Untersuchung der ganzen Wahrheit über den menschenunwürdigen Fall von Japan,[120] während die japanische Regierung nach wie vor auf der Ansicht bestehe, kein offizielles Beweismaterial darüber zu finden und ihn daher nicht anerkennen zu können. Mit der Entsendung einer Untersuchungsdelegation ist Japan jedoch – wie in anderen Bereichen – dem Eingeständnis der verdrängten Vergangenheit nähergekommen.[121]

Was die Aufnahme diplomatischer Beziehungen mit Nordkorea betrifft, so begannen die vorbereitenden Beratungen im November 1990 und die offiziellen Beratungen erst im Januar 1991 zwischen den nordkoreanischen und den japanischen Vertretern in Beijing (Peking). Die Beratungen haben bisher keine nennenswerten Fortschritte erzielen können, und zwar infolge der gegenseitig konträren Bedingungen.

117 The Dong-A Ilbo, Seoul, 11. Mai 1992.

118 Gaikō Seisho (»Blaubuch der Diplomatie«), Nr. 35, Tōkyō 1991, S. 212–213.

119 Le Monde, Paris, 10. November 1992, S. 7.

120 Tōitsu Nippō (Tong-il Ilbo), Tōkyō, 17. März 1993, S. 1; vgl. The Korea Herald, Seoul, 28. Februar 1993, S. 6.

121 Vgl. Asahi Shimbun, International Satellite Edition, London, 4. April 1993, S. 2.

Während Pyongyang eine Wiedergutmachung nicht nur für die 35jährige Kolonialzeit, sondern auch für die nachkolonialen 45 Jahre von Tōkyō verlangt, will Japan sich nur auf die Wiedergutmachung für die Kolonialzeit – nach südkoreanischem Muster (zwar eine umfangreiche Kreditzusage, aber keine kostenlose Hilfe) – einlassen. Außerdem fühlt sich Japan von den angeblichen nuklearen Aufrüstungsplänen Nordkoreas beunruhigt. Solange hier keine Klarheit besteht – Japan zieht in dieser Frage mit Washington an einem Strang – dürften tiefgehende Irritationen bestehen bleiben. Die Äußerung des damaligen japanischen Chefkabinettssekretärs Yohei Kōno am 1. März 1993, Pyongyangs Ablehnung spiele keine Rolle in den japanisch-nordkoreanischen Normalisierungsberatungen, hat allerdings zeitweilig für Aufregungen in Südkorea gesorgt.[122] Nicht zuletzt will Japan einen genauen Bericht über schätzungsweise 6000 japanische Frauen haben, die vor 1945 mit Koreanern verheiratet waren und danach in Nordkorea verschollen sind.[123] Nachdem Pyongyang zunächst hartnäkkig die Existenz solcher Frauen verneint hatte, wurde dort Ende 1992 eine Liste von 41 Frauen bekanntgegeben, die sich bei Kim Jongil für ihr »glückliches Leben« in Nordkorea in einem öffentlichen Brief bedankten.[124]

5. Ausblick

Es ist abzuwarten, ob, wie und wann Tōkyō auf die Ende August 1992 erfolgte Aufnahme diplomatischer Beziehungen zwischen Beijing und Seoul reagieren wird. Dieses wird – wenn – dann geschehen, um als Gegenmacht Chinas im asiatischen Kontext das jetzt entstandene Ungleichgewicht durch einen Gegenzug in Form der Aufnahme diplomatischer Beziehungen mit Pyongyang zu neutralisieren.

Korea, das von den Japanern als »das nahe ferne Land« bezeichnet wird, bleibt in Geschichte, Gegenwart und Zukunft auf jeden Fall ein Spielball der Großmächte China, Japan, Rußland und USA.

Fraglich bleibt, ob eine gemeinsame japanisch-koreanische Aufarbeitung in den Schulbüchern – wie im Bereich der deutsch-polnischen Beziehungen geschehen und von japanischen und koreanischen Historikern gefordert – zu einer echten Entspannung und womöglich Annäherung führen würde.[125] Überfällig ist ein derartiger Versuch allemal.

---

122 The Korea Herald, Seoul, 3. März 1993, S. 6; vgl. Rodong Sinmun, Pyongyang, 14. Februar 1993, S. 6.

123 Gaikō Seisho, Tōkyō (1991) 35, S. 215–216.

124 Rodong Sinmun, Pyongyang, 18. Dezember 1992, S. 2.

125 Vgl. The Japan Times, Tōkyō, 6. April 1993, S. 3, sowie 1. Februar 1993, S. 2; The People's Korea, Tōkyō, 8. und 22–29. August 1992, jeweils S. 6.

X. Japan und die Staaten des indischen Subkontinents und Südwest-Asien

MANFRED POHL

Die Entwicklung der buddhistischen Kultur Japans ist ohne indische Einflüsse nicht vorstellbar, wenn auch nur in wenigen (bekannten) Fällen in der frühen Blütezeit des japanischen Buddhismus dieser Einfluß nachweisbar ist; es waren Chinesen und Koreaner, die als Übermittler und Interpreten indische Kultur nach Japan brachten. Aber bereits im 7. Jahrhundert verzeichnen die Chroniken die Anwesenheit indischer Mönche bei der feierlichen Weihe der großen Buddha-Statue von Nara, der damaligen Hauptstadt. Das kaiserliche Schatzhaus *Shōsōin* in Nara enthält Kunstgegenstände, die bezeugen, daß im 7. und 8. Jahrhundert auch Handelsbeziehungen nach Indien (über China) bestanden. Dreihundert Jahre später gelangten die beiden größten buddhistischen Lehrschulen der Mahayana-Richtung (sog. »großes Fahrzeug«) aus Indien über China nach Japan und prägen noch heute den japanischen Buddhismus. Zu dieser Entwicklung beigetragen haben japanische Mönche, die nicht nur China bereisten, sondern auch bis in die indisch-chinesischen Grenzgebiete vorstießen. Indische Einflüsse sind auch in der frühen japanischen Literatur nachweisbar.[126]

Die japanische Außenpolitik – in der Ausprägung imperialistischer Expansion – nahm erst wieder zu Beginn des 20. Jahrhunderts Kenntnis von Indien: Im britisch-japanischen Bündnisvertrag von 1902 akzeptierte Japan die britische Herrschaft über Indien, während London die japanische Einflußzone Nordostasien anerkannte. Im späten 19. Jahrhundert gewann Indien für die japanische Spinnerei- und Textilindustrie an Bedeutung: Während die japanische Rohseide hervorragend für industrielle Nutzung geeignet war, gab es Probleme mit japanischer Baumwolle, und Importe aus Indien waren eine gute Alternative; 1896 konnte man von einer echten Abhängigkeit der japanischen Spinnerei-Industrie von indischen Baumwoll-Lieferungen sprechen, die erst die Umstellung auf amerikanische Importe ausglich. Indien war aber zwischen 1910–13 zugleich auch Japans härtester Konkurrent beim Export von groben Baumwollstoffen auf dem lukrativsten Markt Asiens: China.

Im Zweiten Weltkrieg hatten Teile der indischen Unabhängigkeitsbewegung auf Hilfe aus Japan gehofft, schließlich galt »Asien den Asiaten!«, also Japans Propagandaslogan, auch für Indien. Die japanische Burma-Armee verbündete sich auch vorübergehend mit der »Indian National Army«, aber die Oberste Armeeführung in Tōkyō hatte kein langfristiges Interesse an solchen Allianzen. Indische Gebiete in der Nähe der Grenze zu Burma waren schließlich noch Schauplatz japanischer Niederlagen im Pazifischen Krieg (1937–45), so in den Kämpfen nahe Imphal 1945. Damit

126 S. dazu R. H. P. Mason/J. G. Caiger, A History of Japan, Tōkyō 1973.

endete der Versuch der japanischen Armee, die indische Unabhängigkeitsbewegung für eigene Ziele auszunutzen. Indische Nationalisten wie Subhas Chandra Bose hatten in ihrem Kampf gegen die britische Kolonialherrschaft nicht nur auf das nationalsozialistische Deutschland gesetzt, sondern vor allem auch auf Japan und seine »Groß-Ostasiatische Wohlstandssphäre«, dieser Ideologie eines antiwestlichen Asiens unter japanischer Führung, obwohl Indien in dem Konzept nicht ausdrücklich genannt wurde. In den Friedensverhandlungen mit Japan bezog Indien eine harte Position und forderte mit anderen Gegnern Japans eine Aburteilung des *Tennō*. Indische Truppenkontingente waren an der Besetzung Japans beteiligt, die aber von Anfang an von den USA dominiert wurde. Unter den elf Richtern des Tōkyōter Kriegsverbrechertribunals war ein Inder der einzige Richter mit größerer Erfahrung im Völkerrecht. Nach den Todesurteilen gegen eine Reihe von Repräsentanten der ultranationalistischen Machtelite veröffentlichte er ein Minderheitsvotum, in dem er die Rechtmäßigkeit des gesamten Verfahrens und des Gerichts verneinte, auch verurteilte er scharf den Einsatz von Atomwaffen gegen Japan. Der Jurist setzte sich damit in Gegensatz zur öffentlichen Meinung in Indien selbst.

Aus Protest gegen den überstarken Einfluß der USA nahmen an der Friedenskonferenz von San Francisco keine indischen Delegierten teil, erst später kam es zu getrennten Regelungen zwischen Japan und Indien (Friedensvertrag am 9. Juni 1952). Nach dem Kriege aber war es japanischer Unternehmergeist, der sehr schnell wieder wirtschaftliche Normalität zwischen beiden Ländern herstellte; schon vor dem Krieg hatten indische Geschäftsleute japanische Unternehmen als Partner schätzen gelernt, so konnten japanische Textilunternehmen den indischen Markt für Baumwollstoffe in den dreißiger Jahren gegen britische Konkurrenz »aufrollen«.

In dem indisch-chinesischen Grenzkonflikt nahm Japan eine überaus vorsichtige Haltung ein und fand sich erst unter massivem amerikanischen Druck bereit, Indien wirtschaftlich zu unterstützen; der amerikanische Präsident Kennedy hatte 1962 aber auch militärische Hilfe von Japan gefordert. Die japanische Haltung gegenüber Indien bezog also bereits damals das eigene Verhältnis zu China als entscheidendes Kriterium mit ein; im Zweifel war man offenbar bereit, auch mit der im »westlichen Lager« isolierten VR China vorsichtige Kontakte zu halten.

In der englischsprachigen Kurzversion des Jahrbuchs für Außenpolitik 1972 (»Diplomatic Bluebook for 1972«) tauchen die süd- und südwestasiatischen Länder, also Indien, Pakistan, Bangladesh und Sri Lanka (Ceylon), bei der Erörterung der japanischen Außenbeziehungen überhaupt nicht auf. Die Autoren begnügen sich mit einem Abriß der inneren Entwicklungen und der Beziehungen dieser Länder untereinander. In der Tat scheinen nach dem indisch-pakistanischen Krieg (1971) diese Staaten in der japanischen Außenpolitik – die sich wie immer in jener Zeit als Außenwirtschaftspolitik darstellte – nur eine untergeordnete Rolle gespielt zu haben. Auch zehn Jahre später stellte das »Bluebook 1982« zwar noch schlicht fest, daß »Japan natürlich in seiner Außenpolitik stärker mit der Asiatisch-Pazifischen Region befaßt ist, mit der Japan tiefgehende historische und geopolitische Beziehungen hat sowie daneben mit dem Mittleren Osten, der eine strategische Position zwischen Ost und West einnimmt und der eine riesige Menge Erdöl produziert – als mit anderen Regionen«.[127] Die

127 Ministry of Foreign Affairs (Hrsg.), Diplomatic Bluebook 1982 – Edition, Review of Recent Developments in Japan's Foreign Relations, Tōkyō 1982, S. 15.

japanische Außenpolitik erkannte jetzt aber die enorme Bedeutung allein der Bevölkerungsmassierung in der Region mit rund 900 Millionen Menschen an und verwies sogleich auch auf die Rolle dieser Staaten in der UNO, ganz ähnlich wie im Falle der afrikanischen Länder.[128]

Für die japanischen Interessen ausschlaggebend waren die bilateralen Beziehungen einerseits zwischen Indien und China und anderseits zwischen Indien und Pakistan; soweit es in den Einflußmöglichkeiten japanischer Außenpolitik lag, bemühte man sich um eine Vermittlerrolle in diesen beiden konfliktträchtigen Beziehungssystemen; dabei waren die Angebote zu wirtschaftlicher Unterstützung zweifellos das wirkungsvollste außenpolitische Instrument. Keinen Zweifel ließ Japan an seiner Position nach dem sowjetischen Einmarsch in Afghanistan, da sich hier die Positionen Indiens und Pakistans mit der überaus kritischen Haltung Japans zur Sowjetunion deckten. Unter dem Aspekt japanischer Sicherheitspolitik waren deshalb die Annäherungsbewegungen zwischen den Staaten der Region untereinander sowie vor allem auch in ihren Beziehungen zu China und den USA ein willkommenes Ergebnis der sowjetischen Afghanistan-Politik.

Zu Beginn der neunziger Jahre hat Indien noch immer Schwierigkeiten, sich gegenüber Japan als zuverlässiger Partner darzustellen; ethnische und soziale Konflikte sowie die immer neuen Ausbrüche politischer Gewalt verunsichern die japanische Regierung wie auch Japans Unternehmen. Der indische Staatspräsident Narasimha Rao suchte 1992 solche Ereignisse als unvermeidliche Begleiterscheinungen des »sozialen und wirtschaftlichen Wandlungsprozesses in einer uralten Zivilisation« zu erklären.[129] Der indische Staatspräsident sieht die bilateralen Beziehungen an einem Wendepunkt: Japan konnte während des Kalten Krieges die geostrategische Position Indiens mit ihrer deutlichen Präferenz für die sowjetische Seite nicht akzeptieren; in einer neuen Weltordnung kann Japan aus indischer Sicht besonders im pazifischen Raum mit größerer Distanz zu den USA agieren. Indien öffnet sich daneben auch ökonomisch und strebt eine stärkere Integration in die Weltwirtschaft an; das Land bietet deswegen japanischen Investoren bessere Chancen als früher. Japan leistet heute den größten Teil des ODA (Öffentliche Entwicklungshilfe), die Indien erhält, und hat dadurch zu einem großen Teil zur Wirtschaftsentwicklung beigetragen. Aber es gibt eine Sorge in Indien, die immer wieder gegenüber Japan deutlich wird: Die Verknüpfung von Hilfeleistungen mit bestimmten Konditionen wie Wahrung der Menschenrechte, Demokratisierung, liberale marktwirtschaftliche Ordnung u.ä., wie sie Japan angekündigt hat, lehnt Indien ab. Auch betont Indien nachdrücklich die Blockfreiheit, während Japan weiterhin den Bündnisvertrag mit den USA zum Grundstein seiner Außenpolitik macht – und dabei von den meisten Nachbarstaaten unterstützt wird. Eine gemeinsame außenpolitische Zielsetzung Indiens und Japans wären nach indischer Auffassung die Ächtung aller Kernwaffen, die weltweite Abrüstung und die Schaffung einer pazifischen Staatengemeinschaft im Rahmen einer neu strukturierten Weltordnung, wobei sich hier der Gedanke aufdrängt, daß Indien eine stärkere Position Japans zu Lasten der amerikanischen Rolle durchaus begrüßen würde.

---

128 Ebenda.

129 P. V. Narasimha Rao, Towards an India-Japan Partnership in the Twenty-first Century, in: Japan Review of International Affairs, 6(1992) 2, S. 198.

Nach indischer Auffassung war der Beitrag Japans zu Handel und Investitionen in Indien bisher sehr klein, obgleich Japan die Liste der Geberländer von ODA anführt. Staatspräsident Rao beklagte die Verzerrungen im japanischen Handel mit Südasien: Japans Importe von dort bestünden ausschließlich aus Rohstoffen und Meeresprodukten. Zwischen 1989 und 1991 lag Indien bei den japanischen Einfuhren mit 0,9% Anteil noch weit hinter Belgien; bei den japanischen Ausfuhren ebenfalls mit nur 0,7% Anteil. 1991 bezog Japan für 2,19 Milliarden US-Dollar Waren aus Indien und lieferte für 1,523 Milliarden US-Dollar. Während die japanischen Investitionen in den asiatischen NIEs (*Newly Industrializing Economies*, i.e. ASEAN, Taiwan und Südkorea) dort die industrielle und technologische Entwicklung voranbrachten, blieben solche Investitionen in Südasien gering. Die neue Öffnungspolitik Indiens soll jetzt japanischen Investoren größere Anreize bieten.

XI. Japans südpazifische Nachbarn: Australien und Neuseeland

Manfred Pohl

1. Vom verhaßten Kriegsgegner zum wichtigsten Partner: Die Entwicklung der Beziehungen Japans zu Australien und Neuseeland

Berichte über erste japanische Siedler in Australien gehen zurück bis in das Jahr 1871, als sich ein Zirkusbesitzer in Queensland niederließ; bei Gründung des australischen Bundes 1901 lebten 3 000 Japaner in Australien. Der *Immigration Restriction Act* von 1902 schrieb einen schriftlichen Test »in einer europäischen Sprache« vor und blokkierte damit weitere japanische Einwanderung. Die Restriktionsmaßnahmen zielten vor allem auf die Eindämmung chinesischer Einwanderer, trafen aber auch zwangsläufig Japaner. Die japanische Regierung war gerade über diese Gleichstellung mit »weniger entwickelten asiatischen Nationen« empört und protestierte scharf gegen diese Manifestation einer *White Australia*-Politik. Auf der Friedenskonferenz von Versailles kam es zu einer heftigen Kontroverse zwischen dem australischen Premierminister Hughes und der japanischen Delegation über die Frage, ob rassische Gleichheit als Grundsatz des Friedens in den Völkerbund-Vertrag aufgenommen werden sollte; Hughes widersetzte sich dem erfolgreich. In den dreißiger Jahren nahm die Zahl von Japanern in Australien stetig ab, und 1945 wurden die letzten Japaner direkt aus den Internierungslagern deportiert.

Noch bis weit in die Nachkriegszeit hinein blieb die *White Australia*-Politik bestimmend; australische Soldaten, die während der Besatzungszeit in Japan Japanerinnen geheiratet hatten, durften ihre Ehefrauen nicht mit nach Australien bringen. Gleiches galt aber auch für andere asiatische Nationen. Die Gesetzgebung wurde 1956 gelokkert, als asiatische Ehefrauen australischer Staatsbürger oder jeder asiatische Ausländer, der länger als 15 Jahre in Australien gelebt hatte, Anspruch auf Einbürgerung erwarb. 1966 wurde die Periode dauernden Wohnsitzes auf sechs Jahre verkürzt, der Aufenthalt ohne Einbürgerung wurde unbefristet gestattet. Dennoch stiegen die Zahlen japanischer Auswanderer nach Australien nicht wesentlich an, was aber vor allem auf das »japanische Wirtschaftswunder« und auf die gleichzeitige wirtschaftliche Krisenphase Australiens in den siebziger Jahren zurückzuführen war.

In den dreißiger Jahren war Großbritannien mit Abstand der größte Handelspartner Australiens, aber Japan nahm bereits 13 % der australischen Ausfuhren auf und war damit zum zweitgrößten Exportmarkt Australiens geworden. Importe aus Japan lagen anteilig weit niedriger und bestanden hauptsächlich aus Textilien, was unvermeidlich zu einem Konflikt mit Großbritannien führen mußte: Ein erster »Textilkrieg« tobte 1936, als Australien japanische Textileinfuhren mit Sonderzöllen belegte, um britische Erzeugnisse konkurrenzfähig zu halten und die japanische Regierung im Gegenzug australische Importe drosselte. Es kam jedoch schnell zu einer Einigung, da beide Seiten Schäden davontrugen. Die emotionalen Bindungen Australiens an Großbritannien waren noch extrem stark; nur so ist zu erklären, daß die australische Regierung die britische Position zum eigenen Nachteil vertrat. Die Bindung an das Mutterland und die »White Australia«-Politik waren bis Mitte dieses Jahrhunderts die schwersten Belastungen für das bilaterale Verhältnis Japans zu Australien, die im Falle Neuseelands weit weniger scharf hervortraten.

Das ideologische Konzept der japanischen Expansionspolitik seit Ende der dreißiger Jahre, die »Großostasiatische Wohlstandssphäre« *(Daitōa Kyōeiken)* bezog auch Australien und Neuseeland ein, während Indien nicht ausdrücklich erwähnt wurde. Beide »weißen« Staaten sollten in der »Staatengemeinschaft« eine Sonderrolle spielen; da sie seit der (weißen) Besiedlung nie besetzt worden waren, wären sonst Aufstandsbewegungen gegen die japanische Führung zu befürchten gewesen. Zugleich warnte die japanische Propaganda aber Australien und Neuseeland davor, sich gegen »die befreiten Massen Südostasiens zu stellen«.

Der japanische Angriff auf Pearl Harbor brachte Australien zwangsläufig im Pazifischen Krieg auf die Seite der Kriegsgegner Japans. Die kaiserliche Marine plante einen Angriff auf den fünften Kontinent, aber die japanische Heeresführung verhinderte den Plan. Immerhin besetzten japanische Truppen Neuguinea, und japanische Kampfflugzeuge bombardierten Darwin, was in der australischen Bevölkerung Panik auslöste. Australische Soldaten kämpften an allen Fronten gegen japanische Verbände, sie erlitten schwere Verluste und tausende Australier kamen in der Gefangenschaft um. Nach dem Krieg blieb die australische Politik gegenüber Japan außerordentlich feindselig, aber unter amerikanischem Druck änderte sich ab 1947 diese Haltung. Australien und Neuseeland gehörten der *Far Eastern Commission* an, die unter US-Führung die Besatzungpolitik in Japan ausarbeiten sollte, aber die amerikanische Regierung und ihr »Proconsul« in Japan, General MacArthur, nahmen auf die Vorstellungen der Kommissionsmitglieder kaum Rücksicht. Australien und Neuseeland gehörten mit Großbritannien – und natürlich der Sowjetunion und China – zu den Verfechtern eines Kriegsverbrecherverfahrens gegen den *Tennō*. Aber General MacArthur und die amerikanische Regierung hatten sich gegen ein solches Verfahren entschieden. Australien und Neuseeland konnten sich auch mit der späteren Forderung nach dauernder Entmilitarisierung Japans als Klausel des Friedensvertrages von San Francisco nicht durchsetzen; die Sicherheitsgarantien für Australien und Neuseeland wurden schließlich im ANZUS-Pakt (Australia, New Zealand, USA-Bündnispakt) festgelegt. Die australische Labor Party, Teile der Gewerkschaften und auch die australische Industrie blieben mißtrauisch gegenüber Japan, wobei die Wirtschaft Australiens vor allem die japanische Konkurrenz fürchtete.

Zu Beginn der neunziger Jahre hat sich die Einstellung der australischen Labor-Regierung zu Japans internationaler Rolle in der pazifischen Region grundlegend gewandelt: Inzwischen wird sogar eine »vorsichtige« Aufrüstung Japans akzeptiert, solange Japan nicht versucht, in ein Vakuum zu stoßen, das durch geringeres amerikanisches Engagement im Pazifik entstehen könnte. Die australische Regierung bereitete 1993 darüber hinaus eine engere militärische Kooperation mit Japan vor.

Auch diese Maßnahme knüpft an eine weiter zurückliegende australische Politik an: Schon 1969 nahmen japanische Flottenverbände an Seemanövern mit australischen und malaysischen Einheiten teil.

2. Die Wirtschaftsbeziehungen

Die Handelsbeziehungen zwischen beiden Staaten normalisierten sich mit dem Handelsvertrag von 1957 (erneuert 1960, 1963), der die gegenseitige Meistbegünstigung bei Tarifen festschrieb; Sonderregelungen für vermeintlich bedrohte australische Industrien wurden 1963 aufgehoben, als Australien Japan volle GATT-Rechte zugestand. Die japanische Regierung ihrerseits garantierte ungehinderten Zugang zum japanischen Markt für australische Wolle, Weizen, Gerste, Zucker und andere Rohstoffe – alles Produkte, für die es in Japan keine großen Erzeuger gibt. Die starke japanische Nachfrage ließ Australiens Exporte hochschnellen und verschaffte damit der australischen Wirtschaft eine breitere regionale Basis: Die Abhängigkeit vom britischen Markt sank deutlich, die Rollen der USA und eben des japanischen Exportmarktes dagegen traten immer mehr in den Vordergrund, so daß die gegenwärtige (1993) australische »Wiederentdeckung« Asiens letztlich auf die fünfziger Jahre zurückgeht.

Eine »Pazifische Wirtschaftsgemeinschaft« hatte die australische Zeitung *The Australian* schon am 19. Januar 1967 propagiert, zugleich aber vor einer japanischen Dominanz gewarnt. Andererseits hatte der britische Antrag auf Mitgliedschaft in der (damaligen) EWG Australien und Neuseeland deutlich vor Augen geführt, daß langfristig die Zukunftsaussichten für beide Staaten in Asien liegen dürften; die japanische Seite hat stets auf diese Einsicht gezählt.

Die enge Verknüpfung der australischen mit der japanischen Wirtschaft war bereits 1969 unübersehbar: Japan nahm damals schon 85% des australischen Eisenerzes, 98% der Steinkohle-Exporte und 60% aller anderen in Australien geförderten Mineralien ab. Seit den siebziger Jahren haben die Regierungen beider Staaten, wenn es überhaupt noch möglich war, noch enger zusammengearbeitet, um die »interdependenten« Wirtschaften Japans und Australiens zu harmonisieren. Das gemischte Gremium, dem die regelmäßige Konsultation und Koordination obliegt, hat bereits 1976 die Gründung einer Organisation für Pazifischen Handel und Entwicklung vorgeschlagen, die es seit 1991 mit dem APEC-Konzept gibt (s.u.). Auf eine breitere politische Grundlage wurde das bilaterale Verhältnis mit Unterzeichnung eines Grundlagenvertrages über Freundschaft und Zusammenarbeit (1976) gestellt, der ausdrücklich auch die wirtschaftliche Verflechtung zwischen beiden Staaten als wünschenswert und nützlich bezeichnet. Die zweite Ölkrise offenbarte aber die Schwäche dieses Vertragswerkes und schien Kritiker der einseitigen Ausrichtung auf Japan zu bestätigen: Während die japanische Nachfrage nach australischen Gütern sank, intervenierte die australische Regierung gegen Versuche japanischer Unternehmen, Mehrheitsbeteiligungen an Unternehmen der australischen Bergbauindustrie durch Kartellabsprachen zu übernehmen; Exportpreise für mineralische Rohstoffe wurden staatlichen Kontrollen unterworfen und die Regierung beschränkte ausländische (d.h. japanische) Beteiligungen an Rohstoffindustrien. Diese Reglementierungen wurden Ende der siebziger Jahre gelockert, aber alle australischen Regierungen überwachten jetzt schärfer die japanischen Investitionsstrategien in den Rohstoffindustrien des Landes.

Die siebziger Jahre waren immer wieder durch kleinere Handelsreibereien geprägt: Auseinandersetzungen um australische Rindfleischexporte oder um den Preis für Rohzucker mußten beigelegt werden. Probleme gab es bei langfristigen Lieferverträgen für Eisenerz und Kohle oder bei der Aussetzung australischer Lieferungen von Uranerz nach Japan; die japanische Seite beklagte hohe Schutzmauern für Teile der verarbeitenden Industrie Australiens sowie bei der Zuteilung von Schiffsrouten von und nach Japan. Im ganzen konnten diese Konflikte einvernehmlich gelöst werden, so daß die bilateralen Wirtschaftsbeziehungen auf einer festen Grundlage gemeinsamer Interessen ruhen. Die wirtschaftliche Flaute der frühen neunziger Jahre in Japan führte der australischen Bergbauwirtschaft aber auch deutlich vor Augen, wie eng inzwischen die Koppelung beider Volkswirtschaften geworden ist: 1993 mußten australische Erzeuger 6% Preisnachlässe bei Kohle und mehr als 10% Nachlaß bei Eisenerz für japanische Abnehmer hinnehmen.

Seit den achtziger Jahren werden die Wirtschaftsbeziehungen zwischen Japan und den beiden großen Demokratien im Südpazifik, Australien und Neuseeland, in schlichter Offenheit als »eng und komplementär« charakterisiert: Die beiden südpazifischen Staaten exportieren Rohstoffe, Japan industrielle Fertigwaren – im Grundsatz ein klassisch koloniales Verhältnis. Fast 30% der australischen Exporte gingen zu Beginn der neunziger Jahre nach Japan; Unternehmen aus Japan stehen an zweiter Stelle ausländischer Investoren in Australien, und jährlich besuchen über 600000 japanische Touristen den fünften Kontinent. Für Japan steht Australien auf Rang 6 der japanischen Handelspartner, während umgekehrt Japan mit Abstand größter Partner Australiens ist. 1991 bezog Japan aus Australien Importe im Wert von 13,01 Milliarden US-Dollar und lieferte dorthin für 6,439 Milliarden US-Dollar; damit verzeichnete Japan ein Handelsbilanzdefizit von 6,5 Milliarden US-Dollar (1990: 5,47 Milliarden US-Dollar). Weit über 80% der japanischen Ausfuhren nach Australien bestehen aus chemischen Erzeugnissen, Fahrzeugen und Maschinen; Australien führt vor allem Steinkohle, Erze und chemische Rohstoffe nach Japan aus. Australiens Regierung will jedoch die einseitige Abhängigkeit von Rohstoffausfuhren durchbrechen und konzentriert sich mit einer *Japan Market Strategy* auf die Entwicklung von industriellen Produkten höherer Wertschöpfung, die sich auf dem japanischen Markt behaupten können. Japan unterstützt diese Politik durch Ausbildungsangebote und Marktinformationen; darüber hinaus gehörten australische Unternehmen zu den ersten, die sich in den japanischen »Importförderzonen« ansiedelten. Mit hochwertigen Weinen und Haushaltsgeräten konnten australische Anbieter seit 1990 erste Erfolge erzielen.

Australien sieht also längst die Wirtschaftsbeziehungen zu Japan völlig anders als noch in den siebziger Jahren. So fand der japanische Vorschlag vom Januar 1993, zwischen beiden Ländern eine Freihandelszone zu schaffen, ein überaus positives Echo; beide Länder könnten zum Kern einer echten Freihandelsregion im Pazifik werden, hieß es. Der japanische Vorschlag kann aber auch als Gegenstrategie gegen einen möglichen Beitritt Australiens zur NAFTA (*North American Free Trading Area,* d.h. USA, Kanada, Mexiko) gewertet werden; einen solchen Schritt hatte die australische Opposition erwogen. Die Labor-Regierung stand jedoch 1993 fest zu Japan, auch mit der Kritik an der amerikanischen Handelspolitik, die Japan feste Importquoten aufzwingen bzw. den bilateralen Handelsaustausch bestimmten Regeln unterwerfen wollte *(managed trade)*. Japan und Australien bekräftigten 1993 während eines Besuches des damaligen japanischen Ministerpräsidenten Miyazawa, daß die APEC am besten geeignet sei, regionale Handelskonflikte dieser Art beizulegen. Nach australischen Vorstellungen sollte die APEC, also die »Asian Pacific Economic COOPERATION«, unter Beibehaltung der Kurzform zu einer »Asian Pacific Economic COMMUNITY« werden; diese Gemeinschaft würde – anders als die EU (!) – einem wirklichen Freihandel verpflichtet sein. Die australische Regierung sah Japan als natürlichen Bündnispartner auch in den Verhandlungen der GATT-Runden, da Australien als einer der wichtigsten Exporteure von Agrargütern an einer Liberalisierung des Welthandels mit landwirtschaftlichen Erzeugnissen dringend interessiert war. Die harte Schutzpolitik der EU für die europäische Landwirtschaft hat sicher auch zu der wachsenden Entfremdung zwischen Großbritannien und Australien und seiner Hinwendung zu Asien beigetragen. Aber Australien drängte auch darauf, daß Japan seinen Markt für australische Produkte noch weiter öffnet, und dazu ist man in Canberra auch an amerikanischer Intervention interessiert: Ohne Druck der USA könnte Australien heute noch kein Rindfleisch nach Japan exportieren.

Auch im Handel mit Neuseeland verzeichnet Japan seit Jahren ein Defizit; 1991 importierte Japan Waren für 1,819 Milliarden US-Dollar und lieferte nur für 1,081 Milliarden US-Dollar, das Defizit war damit von 521 Millionen US-Dollar (1990) auf 738 Millionen US-Dollar gestiegen. Aber diese Entwicklung ist für Japan von minimaler Bedeutung: Der südpazifische Inselstaat rangiert bei den japanischen Ausfuhren auf Rang 33 (0,3 % aller Exporte) und auf Rang 27 bei den Einfuhren Japans. Wie auch im Falle Australiens dominieren Maschinen und Fahrzeuge bei den japanischen Exporten, und Neuseeland liefert vor allem Nahrungsmittel und industrielle Rohstoffe. Bei den Nahrungsmitteln stehen Molkereiprodukte an erster Stelle, gefolgt von Obst und Fleisch; bei den industriellen Rohstoffen führen Stammholz und Holzspäne, Barren-Aluminium und Aluminiumlegierungen sowie Erdöl und Steinkohle.

XII. Japan, Rußland und die Transformation der Ost-West-Beziehungen

WOLFRAM WALLRAF

1991 brach das sowjetische Imperium endgültig auseinander. Die UdSSR war der einzige Staat gewesen, der von Japan nach 1945 offiziell als militärische Bedrohung angesehen worden war. Auch nach der Gemeinsamen Deklaration über die Beendigung des Kriegszustandes und Wiederaufnahme der diplomatischen Beziehungen (1956) hatten es beide Staaten eingestandenermaßen nie geschafft, im bilateralen Verhältnis zur Normalität zu gelangen. In der Nachkriegsordnung waren die Ein- und Unterordnung Japans in das Bündnis mit den USA und der Dauerkonflikt mit der UdSSR zwei Seiten einer Medaille. Sie bildeten das Fundament der japanischen Außen- und Sicherheitspolitik. Mit ihrer Vorherrschaft im Pazifik übernahmen die USA im Ost-West-Konflikt die Verantwortung für die sicherheitspolitischen Interessen ihres ehemaligen Rivalen.

Japan konnte sich also seinem wirtschaftlichen Aufstieg widmen. Zwar war Japan angesichts des schnell wachsenden Wirtschaftspotentials und der eskalierenden Handelskonflikte mit den USA bald gezwungen, seinen finanziellen, militärischen und diplomatischen Einsatz im Bündnis zu erhöhen. An der Grundsituation änderte sich durch das *burden sharing* jedoch wenig. Die Rolle der USA als westliche Führungsmacht im Konflikt mit der UdSSR wurde uneingeschränkt akzeptiert, wodurch auch materielles und diplomatisches Überengagement vermieden werden konnte. Kurz gesagt: Japan überließ den USA das »Spiel« der Großmachtpolitik, wozu auch die Gestaltung des sicherheitspolitischen Verhältnisses zur Sowjetunion gehörte, und konzentrierte sich auf das weltwirtschaftliche »Spiel« von Interdependenz und Reichtum, in dem die UdSSR nur am Rande stand.

Japan und die Sowjetunion haben also schwerpunktmäßig auf unterschiedlichen Bühnen der Weltpolitik agiert. Damit ist auch erklärt, warum beide weitgehend ohne einander auszukommen glaubten und eine Verbesserung ihres bilateralen Verhältnisses trotz mancher gegenteiliger Beteuerungen nicht an der Spitze der jeweiligen außenpolitischen Prioritätenlisten stand. Der Territorialkonflikt mit seinem hohen historisch-politischen Symbolgehalt für beide Seiten, die sowjetische Aufrüstung im Fernen Osten und das Fehlen von Strukturen bündnisübergreifender regionaler Sicherheit und Zusammenarbeit im pazifischen Becken taten dazu ein übriges, um die Beziehungen zwischen Japan und der Sowjetunion auf niedrigem Niveau zu halten.

1. Wirtschaftshilfe und Territorialstreit vor dem Zerfall der UdSSR

Japans Politik gegenüber der UdSSR war hochgradig auf die »Territorialfrage« fixiert. Zwei Inseln der südlichen Kurilen (Kunashiri und Etorofu) sowie eine Insel und eine Inselgruppe nördlich von Hokkaidō (Shikotan und Habomai) waren 1945 von der Sowjetunion besetzt und später annektiert worden. Ihre Rückgabe wurde in der Folgezeit mit zunehmender Schärfe zur Vorbedingung für normale bilaterale Beziehungen gemacht. Demzufolge konnte kein förmlicher Friedensvertrag geschlossen werden. Die zwischenstaatliche Wirtschaftskooperation war minimal und kam mit den japanischen Sanktionen wegen der sowjetischen Afghanistan-Invasion völlig zum Erliegen. Der politische Dialog blieb eindimensional, angespannt, themenarm und wenig ertragreich, um schließlich während der Ost-West-Konfrontation in den achtziger Jahren ebenfalls auszusetzen. An dieser Situation änderte sich zunächst auch nach der Machtübernahme Gorbatschows nichts. Unter Hinweis auf das Territorialproblem lehnte Japan substantielle finanzielle, industrielle und technologische Hilfe für die »Perestroika« ab und blockierte über Jahre hinweg auch eine sowjetische Beteiligung an der regionalen Wirtschaftskooperation im pazifischen Becken.[130]

Im Übergang zu den neunziger Jahren war diese japanische Grundhaltung einer zunehmenden Polarisierung ausgesetzt. Einheimische Kritiker befürchteten vor allem, daß sich Japan angesichts des rapiden internationalen Wandels nach dem Ende des Kalten Krieges isolieren könnte. Die Kritik aus Nordamerika und Westeuropa besagte, daß Japan keinen seiner Wirtschaftskraft angemessenen Beitrag zum Wandel in der Sowjetunion und damit zur internationalen Stabilität leiste und sich also auch in dieser Beziehung als »Trittbrettfahrer« erweise.[131] Die von Japan wieder und wieder angemahnte Solidarisierung in der Territorialfrage wurde in den westlichen Hauptstädten immer widerwilliger gewährt und immer nachdrücklicher mit der Erwartung größeren finanziellen Engagements für den postkommunistischen Transformationsprozeß verbunden. Der inneren Kritik und dem äußeren Druck gegenüber stand die in Japan letztlich politikbestimmende Auffassung, daß angesichts des dramatischen sowjetischen Machtverfalls der diplomatische Sieg nahe sei. Die Inseln könnten zurückgewonnen werden, wenn nur die bisherige Politik konsequent fortgesetzt und das Prinzip: Rückgabe (der Inseln) vor Verbesserung (der Beziehungen) durchgehalten würde.

Die japanische Regierung versuchte, dieser Situation mit einer teils pragmatischen, teils zwiespältigen Politik Rechnung zu tragen. Zum einen wurden staatliche Hilfsmaßnahmen verabschiedet und Einschränkungen privatwirtschaftlicher Kontakte zur UdSSR aufgehoben. Andererseits achtete die japanische Regierung bei allen diplomatischen Kontakten peinlich darauf, ihre Grundposition nicht zur Disposition zu stellen. Auch der jahrelang angekündigte und immer wieder verschobene Japan-Besuch von Staatspräsident Michail Gorbatschow im April 1991 brachte höch-

130 Vgl. Asia-Pacific, Economic Development, Interview: Ministry of Internationale Trade and Industry, in: Look Japan, Tōkyō (1991) 5, S. 7.

131 Siehe auch: T. Morimoto, The Price for Peace, in: Look Japan, Tōkyō (1992) 1, S. 3.

stens eine atmosphärische Verbesserung, aber keinen Durchbruch im bilateralen Verhältnis.[132]

Erst der Schock über den Moskauer Putsch vom August 1991 bewirkte eine Veränderung der japanischen Politik. Bis dahin war der sowjetische Zusammenbruch vor allem als Demontage des ungeliebten supermächtigen Nachbarn und Gegners im Ost-West-Konflikt angesehen worden. Nun wurde man sich des welt- und sicherheitspolitischen Wertes einer geordneten Transformation der (post-)sowjetischen Gesellschaft bewußt. Nach anfänglichen Orientierungslosigkeiten bemühte sich die japanische Regierung um eine engere Abstimmung im Rahmen der G-7, was zunächst einmal mögliche Sanktionen betraf, nach dem Scheitern des Putsches aber auch in zusätzliche Hilfsprogramme münden mußte. Im Oktober 1991 wurde das bisland größte – damals noch an die UdSSR adressierte – Hilfspaket im Umfang von 2,4 Mrd. US-Dollar verabschiedet.[133] Der baldige Zusammenbruch der staatlichen Strukturen in der Sowjetunion und das einsetzende politische, administrative und rechtliche Chaos innerhalb und zwischen ihren Nachfolgestaaten dürften jedoch verhindert haben, daß größere Teile des Hilfsprogramms jemals realisiert wurden.

2. Von der Sowjetunion zu Rußland

Mit dem Moskauer Putsch wurde die letzte Etappe des sowjetischen Zerfallsprozesses eingeleitet. Angesichts dieser Entwicklung versuchte die japanische Regierung zunächst, die Friedensvertragsverhandlungen und die internationalen Themen auf der Ebene des Gesprächs mit der Union zu belassen, aber die Kontakte zur russischen Führung auszubauen. Bis Ende 1991 wurde eine zweigleisige und in mancher Hinsicht parallele Politik gegenüber dem alten sowjetischen Zentrum und der neuen russischen Regierung verfolgt. Gleichzeitig reagierte man auf die Souveränitätsbestrebungen der einzelnen Unionsrepubliken. Noch im August 1991 erklärte die Regierung Japans, daß sie ohne weitere Vorbereitung zur sofortigen Anerkennung der drei baltischen Republiken bereit sei, sobald diese ihre volle Souveränität erlangen würden. Aus japanischer Sicht gehören die Annexion der Baltenrepubliken im Jahr 1940 und die Besetzung der Südkurilen im Jahr 1945 zur selben Kategorie sowjetischer Völkerrechtsverletzungen der Kriegszeit, deren Revision nun ansteht.[134]

---

132 Die zählbaren Ergebnisse des Gorbatschow-Besuchs waren die Einigung über die Definition des Territorialproblems sowie die weitere Prozedur für die Verhandlungen zum noch ausstehenden Friedensvertrag und 15 Abkommen über wirtschaftliche, technologische und kulturelle Zusammenarbeit. Vgl. Joachim Glaubitz, Der Japan-Besuch Gorbatschows, Ebenhausen, Mai 1991; Text der Gemeinsamen Erklärung vom 18. 4. 1991, in: Nihon Keizai Shimbun, Tōkyō 19. 4. 1991, und in: Prawda, Moskau 20. 4. 1991.

133 Dieses Hilfspaket gliederte sich auf in 1,8 Mrd. Handels- und Investitionsversicherung, 0,5 Mrd. Nahrungsgüter- und Arzneimittelhilfe, 0,2 Mrd. für Industriekooperation. Vgl. Japan Times Weekly, Tōkyō 4.–10. 11. 1991, S. 18.

134 Ein Sprecher des Außenministeriums schätzte ein, daß sich die Situation in der Territorialfrage nach dem gescheiterten Putsch grundlegend geändert habe. Der Strom bewege sich nicht nur im Baltikum in Richtung Unabhängigkeit, was den sowjetischen Widerstand gegen jede Art von territorialen Veränderungen schwächen und die Lösung

Das vorhergesehene, aber doch unerwartet schnelle Ende der UdSSR schloß auch die kurze diplomatische Übergangsperiode ab. Aus der Konkursmasse des sowjetischen Imperiums erbte Japan als Nachbarn den alten Rivalen Rußland. Die frühere Agenda im Verhältnis zur UdSSR ist nahezu vollständig auf Rußland übergegangen: Die sicherheitspolitische Problematik, der Territorialkonflikt und die Wirtschaftshilfe, die Rolle des nördlichen Nachbarn in der regionalen wirtschaftlichen und politischen Zusammenarbeit.

Zudem stand auch der Neubeginn der Beziehungen nicht unter einem günstigen Stern. Die russische Regierung war von Anfang an mit wirtschaftlichem Verfall, zerfallenden politischen Strukturen, Nationalismus und Separatismus konfrontiert. Damit verlor sie den Spielraum, den sie zuvor mit Versprechungen bezüglich einer baldigen Lösung der Territorialfrage ausgereizt hatte, um sich gegenüber dem alten sowjetischen Zentrum zu profilieren. Gleichzeitig mußte in Tōkyō zur Kenntnis genommen werden, daß zumindestens ein Teil sowjetischen Großmachtdenkens in der russischen Diplomatie wiederauferstanden war und die Politik Jelzins und seiner Regierungsmannschaft unter innenpolitischem Druck immer weniger berechenbar wurde. Das zeigte sich auch in den Vorgängen um den für September 1992 geplanten Japanbesuch von Präsident Jelzin. Schon in einem Vorbereitungstreffen hatte Außenminister Kosyrew eingeräumt, daß die russische Regierung zwar eine schnelle Rückgabe der Inseln favorisiere, Parlament und Öffentlichkeit eine solche Lösung aber nicht zulassen würden. Nur eine massive japanische Wirtschaftshilfe könne das Blatt wenden und der Regierung Jelzin genügend innenpolitischen Spielraum für eine spätere Inselrückgabe verschaffen.[135]

So kam die Absage des Jelzin-Besuchs nur wenige Tage vor dem geplanten Termin im September 1992 zwar doch überraschend, aber nicht gänzlich unerwartet. Die Fixierung der innenpolitischen Debatte auf das Territorialproblem sowohl in Japan als auch in Rußland hatte beiden Regierungen kaum noch Verhandlungsspielräume gelassen. Damit wiederholte sich geradezu reflexartig jene Situation, die schon bei den vorangegangenen Anläufen einen Durchbruch in der verfahrenen Problematik verhindert hatte. Vor allem Jelzin waren ganz offensichtlich die Hände gebunden. Sein bereits 1990 formulierter Stufenplan (Entmilitarisierung, Freihandelszone, Gemeinsames Protektorat, Endgültige Lösung), den er in der Folgezeit je nach Bedarf zeitlich gestreckt oder verkürzt hatte, war innenpolitisch nicht mehr durchsetzbar. Die Kompromißvariante, den Disput vor den Internationalen Gerichtshof in Den Haag zu bringen, stieß in Tōkyō auf Ablehnung. Umgekehrt konnte die russische Regierung auch die von dem damaligen Außenminister Watanabe vorgeschlagene Etappenlösung (Rückgabe von Habomai und Shikotan bei Abschluß des Friedensvertrags, von Kunashir und Etorofu zu einem festgelegten späteren Zeitpunkt) nicht aufnehmen, da die Anerkennung der japanischen Souveränität über alle umstrittenen Inseln als Voraussetzung genannt war.[136]

---

des Gebietsstreits mit Japan beschleunigen würde. Vgl. Berliner Zeitung, Berlin 30. 8. 1991.

135 Vgl. Süddeutsche Zeitung, München 23. 3. 1992; Berliner Zeitung, 23. 3. 1992.

136 Vgl. Georg Blume, Kein Pflaster für leichte Diplomatie, in: taz, 11. 9. 1992.

3. Eine Wende in der japanischen Rußlandpolitik?

Möglicherweise wird die abgeblasene Jelzin-Visite in der Zukunft einmal als Wendepunkt in den japanisch-russischen Beziehungen angesehen werden. Die Hoffnung, nach dem Kollaps der UdSSR a priori günstigere Bedingungen für eine Rückgabe der Inseln vorzufinden, hatte sich endgültig zerschlagen. Im Gegenteil: Wenn bis dahin eine geschlossene sowjetische Führung der entscheidende Bezugspunkt war, so stand man nun einer multipolaren innenpolitischen Szenerie in Rußland gegenüber, die sich den früheren strategischen Ansätzen weitgehend entzog. Mit der Zuspitzung der innenpolitischen Konflikte um den Reformkurs Jelzins stieg zudem auch der Druck seitens der westlichen Verbündeten und Partner, deren Verständnis für die japanische Verweigerungshaltung endgültig erschöpft war und die nun einen ernsthaften japanischen Beitrag zur Stabilisierung der postsowjetischen Systemtransformation anmahnten.

Vor dem Außen- und Finanzministertreffen der G-7 im April 1993 schwenkte Japan schließlich ein: Die Territorialfrage wurde von der Rußlandhilfe abgekoppelt. Japan übernahm bis zum Gipfel von Tōkyō im Juli 1993 die Koordinierung der Rußlandhilfe der G-7, lud Jelzin in diesem Rahmen zu einem Sondertreffen ein und schnürte selbst ein erneutes Hilfspaket für Rußland im Umfang von 1,8 Milliarden US-Dollar. Wichtiger als das Hilfspaket, das kleiner als die letzte Sowjetunionhilfe vom November 1991 ausfiel und wahrscheinlich zu einem größeren Teil aus diesem früheren Angebot bestand (bis zum Frühjahr 1993 waren erst 700–800 Millionen US-Dollar abgerufen), war die Kurskorrektur selbst. Japan befreite sich aus den Zwängen einer ins Leere gelaufenen Doktrin und verschaffte sich etwas Bewegungsfreiheit.[137]

Allerdings deutete auch diesmal alles darauf hin, daß in Japan weniger aus einem unmittelbaren Interesse an einer aktiveren Rußlandpolitik entschieden, sondern eher auf die Forderungen der trilateralen Partner reagiert wurde. Vor allem die amerikanische Debatte um die strategische Einordnung des im Ost-West-Konflikt verbündeten wirtschaftlichen Rivalen Japan zwang Tōkyō zu einer erneuten Bekundung seiner Bündnistreue, indem das finanzielle *burden sharing* auf die Rußlandhilfe ausgeweitet wurde. In Japan war durchaus verstanden worden, daß das Bündnis mit den USA als lebensnotwendige Klammer im wirtschaftlich konfliktreichen und soziokulturell bindungsarmen bilateralen Verhältnis nach dem Ende des Kalten Krieges keine selbstverständliche Gegebenheit mehr ist.[138] Wenn es Japan nicht gelingt, sein Engagement, seine Kooperationsfähigkeit und sein Profil bei der gesellschaftlichen Transformation der postkommunistischen Systeme sowie bei der Umgestaltung des Ost-West-Verhältnisses deutlich zu erhöhen, drohen Isolation und Entfremdung nach beiden Seiten.

Jelzins Japanvisite wurde schließlich im Oktober 1993 nachgeholt. Unmittelbar nach den blutigen Auseinandersetzungen um das russische Parlament und den ersten

---

137 Vgl. R.J. Ellings/E.A. Olson, A New Pacific Profile, Foreign Policy, New York, Winter 1992/93; J.S. Nye, Coping with Japan, Foreign Policy, Winter 1992/93.

138 Vgl. Japan's Basic Policy on Relations with the Russian Federation, 13. April 1993, Ministry of Foreign Affairs, Japan, in: Japan. Wirtschaft, Gesellschaft, Politik, Hamburg, Februar 1994, S. 93–97.

Selbstbehauptungsversuchen der neuen japanischen Koalitionsregierung gegenüber der mächtigen Ministerialbürokratie und der starken LDP-Opposition blieben die Spielräume für beide Seiten eng. Wichtiger als die Deklarationen zu den politischen und den wirtschaftlichen Beziehungen war der beiderseitige Versuch, atmosphärische wie auch sachliche Normalität und Entspanntheit zu demonstrieren. Jelzin entschuldigte sich für die Leiden japanischer Kriegsgefangener in sibirischen Lagern und kündigte zum wiederholten Male an, die umstrittenen Inseln zu demilitarisieren. Zwar gelang es, das Territorialproblem in einen Verhandlungsrahmen und damit formal in den Hintergrund zu drängen, seiner Lösung kam man jedoch keinen Schritt näher. Wie fragil die politisch-psychologische Balance nach wie vor ist, zeigte sich nur wenige Tage nach Jelzins Abreise, als die russische Marine ungeachtet gegenteiliger Zusagen ihres Staatsoberhaupts wieder einmal im japanischen Meer radioaktiven Abfall entsorgte, was einen Sturm der Entrüstung in Japan auslöste, obwohl die freigesetzte Radioaktivität im Verhältnis zu den radioaktiven Einleitungen japanischer Kernkraftwerke nahezu unbedeutend war.[139]

4. Die sicherheitspolitische Situation nach dem Ost-West-Konflikt

Gerade in der Sicherheitspolitik ist es Japan schwergefallen, sich vom Paradigma des Ost-West-Konflikts zu lösen. Dafür gibt es gute Gründe: Zum einen ist Rußland angesichts des ungelösten bilateralen Konflikts aus japanischer Sicht eine eher unfreundliche Macht geblieben, deren fernöstliche Waffenarsenale nach dem Rückzug aus Europa sogar noch gewachsen sind.[140] Zum anderen war es gerade die Welt des Ost-West-Konflikts gewesen, die Japan nicht nur ein stabiles Bündnis mit der amerikanischen Führungsmacht beschert, sondern auch vor materiellem wie diplomatischem Überengagement bewahrt hatte. Daher bestand die Versuchung, ein günstiges Bedingungsgefüge auch dann noch fortzuschreiben, als sich die Koordinaten schon verändert hatten.[141] Außerdem tendierte Japan angesichts der sehr begrenzten Einflußmöglichkeiten auf die Entwicklungen in der früheren UdSSR immer noch stärker zu einer Eindämmungsstrategie, um ein explosives Übergreifen der postsowjetischen Konflikte auf die internationale Ebene zu verhindern. Folglich orientierte sich die japanische Politik eher auf trilaterale Kooperation mit den westlichen Partnern gegenüber der GUS bzw. Rußland als auf direkte Zusammenarbeit mit dem postsowjetischen Staatengebilde. Schließlich war man aus japanischer Sicht weder an einer Veränderung der bestehenden regionalen Sicherheitsstrukturen und einem Bedeutungsverlust des japanisch-amerikanischen Bündnisses, noch an einer regionalstrategischen Aufwertung der UdSSR bzw. ihrer Rechtsnachfolger interessiert. Daher stand Japan

139 Vgl. Asahi Shimbun, 13. 10. 1993, Izwestija, 14. 10. 1993, The Japan Times, 26. 10. 1993).

140 Vgl. M. Momoi/H. Okazaki/M. Kosaka, Aufstieg und Niedergang des Westens und die Rolle Japans, Diskussion, in: Kokubo (1989) 1; siehe auch: J. Glaubitz/T. Brockdorf (Hg.) Zur Außen- und Sicherheitspolitik Japans, Berlin 1989, S. 8ff.

141 Siehe auch: Asia-Pacific, (Anm. 130), S. 7.

allen Ideen und Ansätzen, die auf eine stärkere Einbindung des nördlichen Nachbarn in wirtschaftliche und politische Zusammenarbeit im Pazifik hinauslaufen könnten, bis in die neunziger Jahre hinein sehr zurückhaltend gegenüber. Inzwischen haben allerdings die Zwänge dazu geführt, diese Zurückhaltung aufzugeben. Schon seit Mitte der achtziger Jahre, als die sowjetischen Vorschläge zur gemeinsamen Sicherheit im pazifischen Raum unter Gorbatschow ein gewisses Maß an Glaubwürdigkeit erhielten, war es zu positiven Reaktionen in Australien und Kanada sowie zu verminderter Skepsis in Südostasien gekommen.[142]

Die folgenden Initiativen Südkoreas zur multilateralen Sicherheitskooperation in Nordostasien sowie der ASEAN zur Ausweitung ihrer erweiterten Ministerkonferenzen (PMC) zu einem regionalen Sicherheitsforum schlossen jedenfalls neben China auch die UdSSR bzw. Rußland mit ein.[143] Schließlich verabschiedeten sich auch die USA in ihrer Pazifikstrategie vom strikten Bilateralismus und begannen, sich für lasten- und risikosparende Formen multilateraler Zusammenarbeit zu öffnen. Dies sollte in vielen Fragen China, hinsichtlich Nordostasiens aber auch Rußland einschließen. Das bedeutet keine asiatische Version der KSZE, sondern eher eine Vernetzung bi- und multilateraler Verhandlungsrahmen zu den einzelnen regionalen Sicherheitsfragen, verbunden mit einvernehmlichen, aber nicht unbedingt vertraglich fixierten unilateralen Schritten zur Sicherheits- und Vertrauensbildung und Einbeziehung Rußlands.[144]

5. Anreize und Zwänge zur regionalen Kooperation

Regionale Konflikte und Rüstungen, Bedrohungsperzeptionen und Sicherheitsstrategien sind nicht mehr auf das Ost-West-Verhältnis ausgerichtet, sondern stehen im Kontext multipolarer Strukturen auf panpazifischer wie auf subregionaler Ebene. Militärisch sind für Japan vor allem Kernwaffenreduzierung, nukleare Nichtweiterverbreitung und maritime VSBM (Vertrauens- und Sicherheitsbildende Maßnahmen) von Interesse. Man wird sich jedoch in Tōkyō auch weiterhin vor jeglichen Schritten hüten, die die nukleare und maritime Präsenz der USA in Frage stellen könnten. Diese Interessenlage ist auch in den Dialog mit Rußland eingeflossen. Außenminister Tōru Nakayama befürwortete noch 1991 Informationskontakte zwischen Militärs beider Staaten und bekundete Interesse an einem Vertrag über Maßnahmen zur Verhinderung militärischer Zwischenfälle auf hoher See. Vor allem aber sucht Japan eine engere Zusammenarbeit in bezug auf die Situation auf der koreanischen Halbinsel, einschließlich der Durchsetzung atomarer Nichtweiterverbreitung und Inspektion

142 Vgl. B. Singh, Gorbachev and a »Pacific Community«, in: The Pacific Revue, (1988) 3, S. 233–235.

143 Vgl. Ahn Biyung-joon, Strategic Trends in East Asia, in: Pacific Revue, (1991) 2, S. 114; M. Vatikoitis, Time for Decisions, in: Far Eastern Economic Revue, Hongkong 16. 1. 1992, S. 23–24.

144 Vgl. G. Wiseman, Common Security in the Asia Pacific Region, The Pacific Revue, (1992) 1; Siehe auch: W. Wallraf, Common Security in the Pacific: Another European View, in: The Pacific Revue, (1989) 3.

kerntechnischer Anlagen in Nordkorea.[145] Auch unterstützt Japan nach anfänglichen Irritationen inzwischen die Einbeziehung Rußlands in die ASEAN-PMC.

Überhaupt sieht sich Japan heute mit einer regionalen Umbruchsituation konfrontiert, in der die Karten in den asiatisch-pazifischen Mächtebeziehungen neu gemischt werden. China und Rußland bezeichnen sich wieder als »Freunde«[146], Südkorea schließt mit Rußland einen Kooperationsvertrag ab, China normalisiert seine Beziehungen zu Südkorea, und die ASEAN sieht ihr regionales Gewicht durch balancierte Kontakte mit China und Rußland gesteigert. Alle diese Entwicklungen schlagen sich in den diplomatischen Spielen um regionale sicherheits- und wirtschaftspolitische Zusammenarbeit nieder, in denen Japan immer wieder auf Elemente subtiler Rivalität seitens seiner Nachbarn stößt, deren Spielräume weniger begrenzt zu sein scheinen. Daher ist Japan auf längere Sicht regionalpolitisch auf ein kooperatives Verhältnis mit Rußland angewiesen, auch wenn die gerupfte Ex-Supermacht einiges von ihrem früheren Gewicht verloren hat.

In der regionalen Wirtschaftskooperation hat Japan inzwischen Rußland als Partner akzeptiert. Zwar sind die gegenwärtigen Interessen am russischen Markt eher bescheiden. Das Handelsvolumen hat sich zwischen 1989 und 1992 von 6,1 auf 3,5 Milliarden US-Dollar vermindert und macht damit nur noch 0,7% des gesamten japanischen Außenhandels aus. Die japanische Wirtschaft verfolgt mit einer Mischung aus Erstaunen und Unverständnis das unaufhörliche Chaos im zerfallenen sowjetischen Imperium. Die im Rußlandgeschäft tätigen japanischen Unternehmen machen immer wieder die Erfahrung, daß minimale wirtschaftliche, infrastrukturelle, rechtliche und kulturelle Bedingungen für ein ernsthaftes Engagement nicht gegeben sind.

Die ununterbrochene Diskussion großer Kooperationsprojekte im Fernen Osten, der Austausch von Wirtschaftsdelegationen sowie Optionsverträge im Rohstoff- und Energiebereich deuten aber darauf hin, daß sich die japanische Wirtschaft auf den Moment vorbereitet, von dem an sich ein großer Einstieg wieder rechnet.[147] Aus solchen längerfristigen Erwägungen heraus und natürlich auch in Reaktion auf die wirtschaftspolitischen Rußlandaktivitäten der ostasiatischen Konkurrenten hat Japan 1992 einer russischen Vollmitgliedschaft in der *Pacific Economic Cooperation Conference* (PECC) zugestimmt. Inzwischen scheint Japan auch keine prinzipiellen Einwände mehr gegen einen russischen Beitritt zur *Asia Pacific Economic Cooperation* (APEC) zu erheben.

6. Japan und Osteuropa

Osteuropa war für Japan nie eine eigenständige Größe im Ost-West-Verhältnis. Die japanische Politik gegenüber dieser Ländergruppe war daher zumeist aus übergrei-

145 Vgl. I. Umezu, Securing the Stable, in: Look Japan, (1992) 10, S. 3.

146 Vgl. Erklärung über die Grundlegenden Prinzipien der Beziehungen zwischen China und Rußland vom 18. 12. 1992, Archiv der Gegenwart 19. 12. 1992, S. 37448.

147 Das betrifft beispielsweise den Vertrag über die Erschließung von Erdöl und Erdgas um Sachalin, der 1992 zwischen der russischen Regierung und einem Firmenkonsortium unter Führung von Mitsui & Co. abgeschlossen wurde. Das Gesamtprojekt hat einen Umfang

fenden Zielen abgeleitet: außenwirtschaftliche Diversifizierung und deren politische Absicherung, Streben nach Präsenz auf der gesamteuropäischen Bühne und Nadelstiche gegen die UdSSR durch diplomatische Spiele mit deren Verbündeten. Auch heute figurieren die Länder Osteuropas für Japan eher als Objekte in der Debatte mit den westlichen Partnern, wenn es um das finanzielle Engagement für Wirtschaftsentwicklung und Demokratisierung in den postkommunistischen Gesellschaften dieser Region geht. Insofern war die Ankündigung von Premierminister Toshiki Kaifu in seiner Rede im Deutsch-Japanischen Zentrum Berlin im Januar 1990, daß Japan die Transformation zu Marktwirtschaft und Demokratie in Osteuropa unterstützen wolle, überfällig gewesen.[148]

Japans Beitrag erreichte bis Ende 1993 eine Größenordnung von 4,46 Milliarden US-Dollar. An der Europäischen Bank für Wiederaufbau und Entwicklung ist Japan mit Einlagen in Höhe von 8,5 % des Grundkapitals beteiligt. Die bilaterale Hilfe für die Länder Osteuropas gliedert sich in drei Kategorien: Billigkredite zur makroökonomischen Stabilisierung (Polen 150 Millionen US-Dollar, Ungarn 500 Millionen US-Dollar, frühere CSSR 200 Millionen US-Dollar, Rumänien, Bulgarien und Baltikum je 100 Millionen US-Dollar), Lebensmittelhilfe (Polen 25 Millionen US-Dollar, Rumänien und Bulgarien je 1,5 Millionen US-Dollar) und technische Hilfe (Polen und Ungarn zusammen 25 Millionen US-Dollar). 1993 erhielt Ungarn zudem 4,4 Millionen US-Dollar aus dem umweltschutzbezogenen Entwicklungshilfefonds Japans.[149]

Gemessen an der akkumulierten Finanzkraft Japans ist dieser Einsatz allerdings weniger eindrucksvoll, und es gibt wenig Anzeichen, die auf eine Änderung hindeuten. Offensichtlich fällt es der japanischen Regierung nach wie vor schwer, umfangreiche öffentliche Mittel für Wirtschaftshilfe in jenen Ländern und Regionen einzusetzen, in denen die Privatwirtschaft wenig engagiert ist und auch keine größeren Expansionschancen bestehen. 1992 schwankte der Anteil der einzelnen osteuropäischen Länder am japanischen Außenhandel zwischen 0,01 und 0,07 %, und dies mit sinkender Tendenz.

Abgesehen von den materiellen und sicherheitspolitischen Interessen fühlen sich die Japaner aber auch ideell und emotional weniger an jene Werte gebunden, die mit dem abendländischen Verständnis von Freiheit und Demokratie zusammenhängen und die in Europa durchaus politische Energien freisetzen.

Die Bereitschaft, am KSZE-Prozeß und am Nordatlantischen Kooperationsrat teilzunehmen, ist wahrscheinlich weniger von einer engagierten Ost-West-Politik, sondern eher vom Bestreben motiviert worden, in den neuen internationalen Strukturen nach dem Ende des Kalten Kriegs präsent zu sein. Eine festere Einbindung Japans in solche Kooperationsstrukturen muß jedoch auch im europäischen Interesse liegen, wenn der fernöstliche Wirtschaftsriese als weltpolitischer Stabilitätsfaktor wirksam werden soll.

---

von 10 Mrd. US-$, wird aber frühestens in der zweiten Hälfte der neunziger Jahre anlaufen. Vgl. Berliner Zeitung, 31. 1. 1992.

148 Vgl. Rede von Ministerpräsident Toshiki Kaifu im Deutsch-Japanischen Zentrum Berlin, 9. 1. 1990, S. 5.

149 Angaben nach: Y. Saito, Search for New Relations. Problems and Prospects in Japan-Central and Eastern European Relations, Sinaia 8.–12. 3. 1994, S. 2.

7. Ausblick

Nach dem Ende des Kalten Krieges und dem Zusammenbruch der UdSSR muß sich Japan im Kontext einer veränderten weltpolitischen und regionalen Situation auf den neuen Partner Rußland einstellen. Erschwerend wirkt, daß durch die inneren Wirren auch die russische Fernostpolitik weniger berechenbar ist. Zudem übernimmt Rußland auch alle Probleme, die Japans Verhältnis mit der UdSSR belasteten. Andererseits sind für Japan die Zwänge gewachsen, im Kontext der multipolaren pazifischen Staatenbeziehungen eine aktivere und facettenreichere Politik gegenüber Rußland einzuschlagen. Diese Zwänge sind externer Natur. Die japanische Rußlandpolitik ist also eher reaktiv geblieben. Welche Gefahren tatsächlich für Japan aus unkontrollierten Entwicklungen in Rußland erwachsen könnten, bleibt in Tōkyō umstritten, da beide Staaten international noch immer weitgehend aneinander vorbei operieren. Ebenso unklar ist, was Japan tatsächlich aus einer engeren Kooperation mit Rußland kurz- und mittelfristig gewinnen kann. Dennoch braucht Japan im Interesse seiner Handlungsfähigkeit ein kooperativeres Verhältnis zu Rußland, und zwar unabhängig von einer baldigen Lösung der Territorialfrage. Die Entwicklungen der Jahre 1992 und 1993 deuten darauf hin, daß sich die japanische Politik auf diese neue Situation einzustellen beginnt.

XIII. Der Durst nach Öl: Japan und der Nahe Osten

Manfred Pohl

Die »Entdeckung« des Nahen Ostens durch Japan fällt zeitlich zusammen mit der zweiten imperialistischen Phase des Landes: Japan war mit seiner Teilnahme an der Expedition gegen die »Boxer« in China, durch die Annexion Koreas und nicht zuletzt auch durch die Anerkennung aus Europa (Bündnispakt mit England) zumindest in Asien zu einem Hauptakteur internationaler Politik geworden. Die japanischen Großkonzerne stießen mit ihren geschäftlichen Interessen immer weiter nach Westen und Süden vor, und auch in der nahöstlichen Region vermutete man Chancen. Der geographische Bogen der Länder, die aus japanischer Sicht zu dieser Großregion zählen, spannt sich weiter als aus europäischer Perspektive und läßt sich eher als Gesamtheit der moslemischen Welt fassen, denn auch Afghanistan und Ägypten werden hinzugezählt. Im Oktober 1930 wurde mit der Türkei ein Handels- und Verkehrsabkommen geschlossen, es folgten ein Freundschaftsvertrag mit Afghanistan im November desselben Jahres und ein Freundschaftsvertrag mit Iran 1939; in Ägypten war 1936 eine Gesandschaft eröffnet worden.

Nach dem Zweiten Weltkrieg konnte Japan, als Macht ohne koloniale Vergangenheit, in dieser Region schnell wieder Fuß fassen; nahöstliche Märkte ersetzten in den fünfziger Jahren teilweise die verlorenen Märkte in Kontinental-China und Nordkorea. Die rasche industrielle Entwicklung unter Ministerpräsident Ikeda in den sechziger Jahren verlieh den Ländern des Nahen Ostens eine wirtschaftliche Bedeutung, die sie hinter den USA und Asien als Partner auf den dritten Rang brachten; 20% des gesamten japanischen Außenhandels wurden mit dieser Region abgewickelt, 10% der japanischen Ausfuhren gingen nach Nahost. Für Japan begann in dieser Zeit die Abhängigkeit von nahöstlichen Öllieferungen. Mit allen Ländern des Nahen Ostens schloß Japan zwischen 1955 und 1977 Wirtschaftsabkommen, wobei zu Beginn der siebziger Jahre die Abkommen mit Saudi Arabien, Iran und den anderen Ländern am Persischen Golf zentrale Bedeutung erhielten.

Der erste Ölschock von 1972/73 traf Japan völlig unvorbereitet und machte der japanischen Wirtschaft erschreckend deutlich, wie weit inzwischen die Abhängigkeit von nahöstlichen Öllieferungen gediehen war. Im November 1973 reagierte die japansiche Regierung mit einer opportunistischen Schwenkung in ihrer Nahostpolitik und setzte ganz auf die arabische Position im Konflikt zwischen den arabischen Staaten und Israel. Die UN-Resolution Nr. 242 (1967), die einen völligen Rückzug der israelischen Truppen vom besetzten arabischen Territorium forderte, wurde jetzt zur Handlungsmaxime japanischer Außenpolitik; bei verschiedenen Anlässen, insbesondere vor der UN-Vollversammlung, bekräftigten japanische Regierungsvertreter diese ein-

Tab. 1: Rohöl-Lieferungen nach Japan; Mengen und %-Anteil (Haushaltsjahre 1980, 1991)

	1980 %	1991 %	Menge 1991*
Vereinigte Emirate	14,7	25,6	61 017
Saudi Arabien	33,0	23,4	55 770
Oman	3,5	6,6	15 696
Iran	2,3	8,8	21 050
Qatar	3,5	5,6	13 401
Irak	5,5	0,0	0
Mittelost, total	71,4	73,9	176 406
Indonesien	15,0	11,0	26 252
Brunei, Malaysia	3,0	3,3	7 868
Südostasien, total	20,3	15,7	37 369
China	3,8	5,7	13 497
Mexiko	0,8	3,2	7 557
OPEC, total	86,2	78,6	187 507

* in Kiloliter, 1 kl = 6,29 Barrels

Quelle: Petroleum Association of Japan; Japan 1993 – An International Comparison, Tōkyō 1993, S. 65.

seitige Position. Besonders deutlich vertrat Außenminister Sonoda 1979 diese Haltung, als er die Interdependenz zwischen Japan und den nahöstlichen Nationen unterstrich und, als Konsequenz daraus, kompromißlos die Rechte der Palästinenser einklagte. Natürlich stand die fast völlige Abhängigkeit Japans von dem nahöstlichen Öl hinter dieser Parteinahme.

Aus der Übersicht wird deutlich, daß Japan zwar seine Abhängigkeit von einzelnen Lieferanten aus der arabischen Welt verringern konnte, insgesamt aber die Abhängigkeit noch gestiegen ist. Man rechnet in Japan inzwischen damit, daß auf absehbare Zeit die indonesischen Ölreserven zur Neige gehen, und sucht deshalb nach China und nach Mexiko hin zu diversifizieren; auch Südostasien kann keinen Ersatz für arabische Öllieferungen bieten, und chinesische Öllieferungen bleiben marginal für die Gesamtversorgung Japans.

Im Jahre 1982 bezog Japan aus Nahost (o. Afghanistan, mit Nordafrika) Importe für 38,4 Milliarden US-Dollar und lieferte für 17,9 Milliarden US-Dollar, mußte also ein erhebliches Defizit verbuchen. Immerhin aber war 1982, nur wenige Jahre nach der zweiten Ölkrise, ein deutlicher Rückgang bei den Importen aus Nahost zu verzeichnen. Gegenüber 1981 waren die Einfuhren um 11 % gesunken, ein Ergebnis der Diversifizierungsbestrebungen japanischer Ölimporteure[150]. Auch das Handelsbilanzdefizit mit dem Nahen Osten konnte zwischen 1982 und 1991 verringert werden, 1982 lag es bei −20,818 Milliarden US-Dollar, 1991 war das Defizit auf −17,019 Milliarden US-Dollar gesunken. Zwischen 1990 und 1991 verringerte sich das japanische Defizit allein um mehr als 4 Milliarden US-Dollar, ein Ergebnis des Golfkrieges.

150 Diplomatic Bluebook 1983 – Edition, Tōkyō 1983, S. 68.

Der irakische Überfall auf Kuwait legte die ganze Schwäche der japanischen Außenpolitik, insbesondere aber der Nahostpolitik, bloß: Japans Regierung reagierte hilflos, in mancher Hinsicht vergleichbar mit den deutschen Reaktionen. Aber es wurde in der Golfkrise seitens der sogenannten »Golf-Alliierten« auch von Japan wie von Deutschland zu viel erwartet: Beide Länder waren verfassungsrechtlich daran gehindert, sich mit militärischen Mitteln an den Aktionen gegen den Irak zu beteiligen; die USA selbst hatten mit dem berühmten Artikel 9 der Japanischen Verfassung den Verzicht auf militärische Mittel der Außenpolitik festgeschrieben. Japan beteiligte sich schließlich (wie auch Deutschland) finanziell an den Lasten des Golf-Krieges und wurde zu einem Hauptfinanzier der militärischen Aktionen. Beteiligungen an Luftbrückenflügen für Flüchtlinge oder die Entsendung von medizinischen Personal scheiterten daran, daß sich keine Freiwilligen fanden. Wie unverzichtbar aber inzwischen auch die japanische Präsenz im Nahen Osten für die Länder der Region geworden war, zeigte sich nach den Kampfhandlungen: Mit großen Worten wollten die nahöstlichen Politiker Japan von allen Aufträgen beim Wiederaufbau ausschließen. Seit Beginn der neunziger Jahre aber hat sich gezeigt, daß solche Aufbauarbeiten ohne japanische Beteiligung gar nicht möglich waren; ein Beispiel: Die meisten Meerwasser-Entsalzungsanlagen der Region wurden mit japanischem Know-how gebaut. Im Umweltschutz, d.h. bei der Säuberung von ölverschmutzten Meergebieten sind japanische Spezialunternehmen längst wieder beteiligt, und auch für Infrastrukturarbeiten erhielten japanische Unternehmen Aufträge. Schließlich waren in der Endphase der Auseinandersetzungen, bei militärischen »Aufräumungsarbeiten«, auch japanische Marineeinheiten beteiligt, die zuletzt noch einige Minen aus dem Golf räumen durften – für Japan ein unerhörtes Ereignis mit Folgen.

Der Golfkrieg hatte für Japan auch innenpolitisch weitreichende Konsequenzen: Nach mehreren Anläufen gelang es der LDP-Regierung, ein Gesetz über die Entsendung von japanischen Truppen zur Friedenssicherung im UN-Auftrag durch das Parlament zu bringen; die Bewährungsprobe für japanische Blauhelme kam bei der Friedenssicherung in Kambodscha. Heute setzt Japan alle Bemühungen daran, die Friedensgespräche zwischen allen beteiligten Parteien, also Syrien, Israel, Jordanien und Palästinensern zu unterstützen. Die japanische Regierung faßt dabei die Zeit nach einem erfolgreichen Abschluß der Gespräche ins Auge; Japan will Wirtschaftshilfe leisten und sich an der Kontrolle von Abrüstungsmaßnahmen und der regionalen Sicherheit beteiligen (in den achtziger Jahren undenkbar...). Daneben sind die Trinkwasser-Versorgung, der Umweltschutz und die Flüchtlingshilfe Felder, auf denen die japanische Regierung Aufgaben sieht.

XIV. Deutsch-Japanische Beziehungen

HEINRICH KREFT

1. Vom Mittelalter bis zum Zweiten Weltkrieg

a. Frühe Kontakte

Kontakte des deutschsprachigen Raumes mit Japan gehen bereits auf das Mittelalter zurück. Erster namentlich bekannter Deutscher, der nachweislich japanischen Boden betrat, war Michael Hohreiter aus Ulm. Er hatte, wie viele andere nach ihm, bei der Niederländisch-Ostindischen Handelskompagnie angeheuert und kam auf seiner Reise nach Ostindien zwischen 1614 und 1620 auch nach Japan. Holland, das sich bereits in Indonesien (Batavia) festgesetzt hatte und von dort aus auch Handelsbeziehungen mit Japan aufbaute, gehörte offiziell bis zum Westfälischen Frieden von 1648 zum Deutschen Reich. Obschon die Kontakte zwischen Japan und dem größeren deutschsprachigen Raum in Verlaufe des 17. Jahrhunderts insgesamt nicht sehr zahlreich waren, muß man doch feststellen, daß diese ausgereicht haben, zu einem sehr fest umrissenen Wissen über Japan und in breiten Bevölkerungsschichten zu einer überaus lebendigen Vorstellung von Japan zu führen. Hervorragendes Zeugnis der frühen Auseinandersetzung mit Japan ist die 1649 erschienene umfassende Landeskunde: »Description Regni Japoniae« des Geographen Bernhard Varen.

An der Schwelle zum 18. Jahrhundert was es der Arzt Engelbert Kaempfer, der mit seinem »Amoenitatum exoticarum« vor allem Wissen über die japanische Pflanzenwelt nach Deutschland vermittelte. Darüber hinaus hat er mit seiner ausführlichen Landeskunde »Geschichte und Beschreibung von Japan« die beiden Grundtendenzen der damaligen Japan-Literatur – Vorbildfunktion der deutschen Gegenreformation und Japan-Kritik der norddeutschen Aufklärung – zusammengefaßt und deren Widersprüche im erstmals von ihm schärfer erfaßten japanischen Konfuzianismus aufgelöst. Im Werk Kaempfers findet die Reihe der frühen deutschen Japan-Literatur ihren Höhepunkt und Abschluß.

Der bekannteste deutsche Japan-Fahrer des 19. Jahrhunderts ist der Würzburger Arzt und Naturwissenschaftler Philipp Franz von Siebold, der während seiner Japan-Aufenthalte eine Sammlung der Pflanzen- und Tierwelt Japans zusammengetragen hat, welche später den Grundstock der ethnographischen Kollektion des ersten europäischen Völkerkundemuseums in Leiden bildete. Die wichtigsten schriftlichen Zeugnisse der Arbeit von Siebolds sind seine »Fauna Japonica«, die 1976 erneut aufgelegte »Flora Japonica« sowie sein enzyklopädisches Werk »Nippon-Archiv zur Beschreibung von Japan«, mit dem er die Einbeziehung Japans in die Forschungen verschiedener wissenschaftlicher Disziplinen förderte. Trotz des Interesses, das von Siebolds Schriften und Vorträgen in Europa entgegengebracht wurde, hat er das bis dato grundsätzlich negative, von den späten Aufklärern geprägte Bild Japans in Europa nicht ändern können. Dieses wurde erst in der zweiten Hälfte des 19. Jahrhunderts teilweise relativiert.

b. Parallelität der Entwicklung zweier »verspäteter Nationen«

Zwischen Deutschland und Japan gibt es historisch – zumindest vordergründig – eine Vielzahl von Parallelen hinsichtlich ihrer Entwicklung. Mit der Gründung des Deutschen Reiches im Jahre 1871 und der *Meiji*-Restauration von 1868 brach in beiden Ländern eine neue Ära an. Die Gleichzeitigkeit dieser Ereignisse und zahlreiche auffallende Parallelen bis in die Gegenwart hinein legen ein ständiges Vergleichen beider Länder nahe.

Entscheidend für die in vielfacher Hinsicht parallel verlaufende Geschichte war der gleichzeitige Eintritt Japans und Deutschlands in die Weltpolitik. Sowohl Japan als auch Deutschland setzten aufgrund eines wachsenden Bevölkerungsdrucks und damit einhergehender Verstädterung eine erfolgreiche Modernisierung und Industrialisierung durch, die sie in kurzer Zeit zu Großmächten machten. In beiden Staaten wurde diese Entwicklung von einem ausgeprägten Berufsbeamtentum innerhalb konstitutioneller Monarchien vorangetrieben. Als negative Folgeerscheinung des Ersten Weltkrieges – obwohl Japan zu den Siegern gehörte – scheiterten erste Demokratisierungsversuche nach 1918 aufgrund zunehmender wirtschaftlicher und politischer Instabilität. Die an die Stelle tretenden autoritären Regierungen verließen beide 1933 den Völkerbund und beschritten den Weg des Aufbaus eigener Großreiche. Beide Versuche endeten 1945 im totalen Zusammenbruch, und sowohl (West-) Deutschland wie auch Japan gerieten unter den Einfluß der USA, denen beide 1941 den Krieg erklärt hatten. In beiden Staaten wurde unter maßgeblichem Einfluß der USA eine parlamentarische Demokratie etabliert. Beide Länder erlebten in den fünfziger und sechziger Jahren ihre Wirtschaftswunder und gehören heute zu den führenden Wirtschaftsmächten der Welt. Sowohl Japan als auch das vereinigte Deutschland stehen heute vor der Frage, welche Rolle sie in der internationalen Politik nach dem Ende des Kalten Krieges spielen sollen.

Sicherlich sind in den seit über 130 Jahren bestehenden offiziellen deutsch-japanischen Beziehungen auch Unterschiede festzustellen, und Parallelitäten lassen sich auch mit dritten Staaten aufzeigen. Dennoch, trotz aller möglichen Relativierung, ist das Maß der deutsch-japanischen Ähnlichkeiten prägnant. Offizielle Beziehungen zwischen Deutschland und Japan wurden am 24. Januar 1861 mit dem Freundschafts-, Handels- und Schiffahrtsvertrag zwischen der preußischen Ostasiendelegation unter Friedrich Graf zu Eulenburg und dem damaligen japanischen *Shōgunat* aufgenommen. In diesen Vertrag traten später der Norddeutsche Bund und schließlich das Deutsche Reich ein. 1863 nahm Max von Brandt, der erste deutsche Diplomat in Japan, als »Konsul« (mit Sitz zunächst in Yokohama und später in Tōkyō) seine Tätigkeit auf. 1880 wurde die kaiserlich-deutsche Mission zur Gesandtschaft und 1906 zur Botschaft aufgewertet. Japan eröffnete seine diplomatische Vertretung 1874 in Berlin mit dem großen Deutschlandfreund Shūzō Aoki als Gesandtem.

Deutschland wurde in Japan erst durch die Mission von Außenminister Iwakura näher bekannt, der im Verlaufe einer zwei Jahre dauernden Amerika- und Europareise auch 1873 nach Berlin kam. Die aus ca. 50 hochrangigen Regierungsvertretern bestehende Mission stellte – wie auch Bismarck, der sie empfing – eine Vielzahl von Parallelen und ähnlichen Problemstellungen für Japan und Preußen in ihrem Entwicklungsprozeß fest. In einer Rede auf einem Empfang für die japanische Delegation sagte der deutsche Reichskanzler: »Die Zustände in Ihrem Lande, meine Herren, sind so, wie sie vor Jahren hier in Preußen waren. Ich kann mich in die Verhältnisse ganz gut hineindenken, weil ich in einem kleinen und schwachen Lande, das sich langsam auf den heutigen Standpunkt emporgeschwungen hat, geboren bin. Wir schützen unsere Rechte und unsere Selbsterhaltung. Japan befindet sich in derselben Lage, und wegen dieser Verhältnisse müssen wir besonders freundschaftlich verkehren.«[151]

Für Preußen als geeignetes Modell für die Entwicklung Japans sprachen vor allem dessen technologische und militärische Aufbauleistungen sowie dessen konstitutionelle Monarchie mit begrenzten demokratischen Rechten, aber entwickeltem Rechts- und Verwaltungssystem. Die *Meiji*-Reformer orientierten sich vor allem in den Bereichen Verfassung, Militärwesen und Erziehungssystem an dem preußisch-deutschen Vorbild. Neben englischen, französischen und amerikanischen Experten wurde auch eine Reihe deutscher Fachwissenschaftler nach Japan eingeladen. Am stärksten war dabei der Einfluß der Juristen Hermann Roesler und Albert Mosse, die von 1879–93 bzw. von 1886–1890 als Berater der Regierung, insbesondere von Premierminister Itō Hirobumi, nach Japan gekommen waren und wesentlich an den Entwürfen zur *Meiji*-Verfassung mitwirkten, die 1890 in Kraft trat.

Die zunächst partnerschaftlich ausgerichteten politischen Beziehungen wurden erstmals 1895 durch die Beteiligung Deutschlands an der »Dreimächte-Intervention« nach dem japanischen Sieg über China beeinträchtigt. Durch die Intervention wurde Japan genötigt, auf den in dem Friedensvertrag von Shimonoseki zugesicherten Erwerb der südmandschurischen Liaodong-Halbinsel zu verzichten. Die Beteiligung Deutschlands an der Intervention, insbesondere die Form, wie sie vom deutschen Botschafter in Tōkyō gehandhabt wurde, legte sich wie ein Schatten auf die deutsch-japanischen Beziehungen, der bis in die Zeit des Ersten Weltkrieges nachwirkte. 1898 erwarb Deutschland selbst in der chinesischen Provinz Shandong die Kiaotschou-Bucht mit Tsingtau als sogenanntem »Pachtgebiet«. 1914, nach Ausbruch des Ersten Weltkrieges, besetzten die Japaner Tsingtau. Die gefangengenommenen deutschen Verteidiger wurden auf Shikoku interniert. Die »Parallelität« der deutschen und japanischen Entwicklung schloß demnach direkte Konflikte beider Länder miteinander nicht aus. Während des Ersten Weltkrieges stand Japan auf der Seite der Alliierten, nachdem es sich nach dem Scheitern der deutsch-britischen Bündnisgespräche (1901) seinerseits vertraglich an Großbritannien (1902 und 1905) gebunden hatte.

Die Gegnerschaft zwischen Deutschland und Japan während des Ersten Weltkrieges wirkte indes nicht lange nach. Japan hatte zwar einerseits im Vertrag von Versail-

151 Otto von Bismarck, Die gesammelten Werke, Bd. 8, Berlin 1926, S. 64f.

les neben dem Pachtrecht über Kiaotschou sowie das Völkerbundsmandat über die deutschen Schutzgebiete im Pazifik erhalten, aber andererseits die während des Krieges beschlagnahmten deutschen Privatvermögen weitgehend wieder herausgegeben und auch die in Tsingtau gefangengenommenen deutschen Soldaten überaus human behandelt. Die diplomatischen Beziehungen wurden 1921 wieder aufgenommen, und 1927 wurde der Handelsvertrag wieder in Kraft gesetzt. Die zwanziger Jahre waren geprägt durch eine besondere Blüte der deutsch-japanischen Beziehungen, nicht zuletzt gefördert von dem wohl herausragendsten deutschen Botschafter in Japan, Wilhelm Solff. Botschafter Solff plädierte insbesondere für den Austausch deutscher Wissenschaft und Technik gegen weltanschauliches, vor allem buddhistisches Gedankengut aus Japan. 1926 wurde unter maßgeblicher Beteiligung des Physikers und Chemikers Fritz Haber in Berlin das Japan-Institut gegründet und nahezu parallel dazu im Jahre 1927 in Tōkyō das Japanisch-Deutsche Kulturinstitut. Die in den zwanziger Jahren einsetzende Blüte der wissenschaftlichen Beziehungen zwischen Japan und Deutschland kam sowohl in einer Vortragsreise Albert Einsteins durch Japan als besonders auch in einer großzügigen Forschungsstiftung des einflußreichen japanischen Unternehmers Hajime Hoshi zum Ausdruck. Ende der zwanziger Jahre entstand auch die Deutsch-Japanische Gesellschaft in Berlin sowie 1933 ein zweites japanisch-deutsches Forschungsinstitut in Kyōto. Hatte es bereits in der zweiten Hälfte des 19. Jahrhunderts eine Kooperation im Militärsektor gegeben, so wurden diese Beziehungen in den zwanziger Jahren nicht nur wieder angeknüpft, sondern weiter ausgebaut. Beispielsweise entsandte die japanische Marine mehr Offiziere zur Ausbildung nach Deutschland als in irgendein anderes Land.

In den dreißiger Jahren, in denen für beide Länder das dunkelste Kapitel ihrer Geschichte begann, ist die Parallelität der Entwicklungen besonders stark ausgeprägt. Die Diktaturen Hitlers und des japanischen Militärs waren zwar in ihren Zielen, Methoden und vor allem Wertvorstellungen grundverschieden, in ihrer Bedrohung für die westlichen Demokratien jedoch gleich gefährlich. Der Antikomintern-Pakt von 1936, der folgende Dreimächtepakt 1940 und die fast gleichzeitige »Kriegserklärung« an die Vereinigten Staaten 1941 überlagerten die großen Interessensdivergenzen, das gegenseitige Mißtrauen und die kaum vorhandene politische oder gar militärische Koordination zwischen Japan und Deutschland. Verbindend wirkte lediglich die gemeinsame Gegnerschaft zu den angelsächsischen Mächten. In Ermangelung einer klar definierten Ostasienpolitik schwankte das Deutsche Reich bis Ende 1938 zwischen einer pro-chinesischen und einer pro-japanischen Orientierung. Das Dreimächteabkommen blieb ein »Verteidigungsvertrag mit Schlupflöchern«. Zu keiner Zeit gab es eine gemeinsame deutsch-japanische Politik. Für Rücksichtnahmen auf die übergeordneten Interessen der Allianz blieb ebensowenig Raum wie für die Berücksichtigung der Interessen des Partners. Ein Zeichen für die Leere des Dreimächteabkommens ist die Tatsache, daß weder Deutschland Japan über seinen Angriff auf die Sowjetunion noch Japan die Deutschen über seinen Angriff auf die Amerikaner in Pearl Harbor vorab informierte. Nach der Kapitulation Japans wurden zunächst alle deutschen Staatsangehörigen interniert, um dann ab 1947 zwangsweise repatriiert zu werden.

2. Der Neubeginn nach 1945

a. Parallelen und Divergenzen in der Nachkriegsentwicklung

Die bedingungslose Kapitulation 1945 führte sowohl für Deutschland als auch für Japan, das die erste militärische Niederlage seiner Geschichte erlebte, zu einer tiefen historischen Zäsur. Die Parallelität der Entwicklungen in Japan und Deutschland, die bereits vor dem Ersten Weltkrieg vorhanden und in der Zwischenkriegszeit unverkennbar geworden war, trat in der Zeit des Neubeginns nach 1945 noch deutlicher sichtbar hervor. Von der bedingungslosen Kapitulation, der Entmilitarisierung, den Kriegsverbrecherprozessen von Nürnberg und Tōkyō bis hin zum Aufbau parlamentarischer Demokratien unter dem Einfluß der amerikanischen Besatzungsmacht ist die Entwicklung in Deutschland und Japan gleich verlaufen. Beide Länder wurden schrittweise in das von den Vereinigten Staaten geführte westliche Wirtschafts- und Sicherheitssystem integriert und im Laufe der Zeit zu zentralen Partnern der USA.

Allerdings war die politische und strategische Lage Deutschlands von der Japans in der frühen Nachkriegszeit zu verschieden, als daß man die dann eingetretene Parallelentwicklung hätte voraussehen können. Im Gegensatz zu Deutschland befand sich Japan in einer weniger schwierigen Lage, war es doch nur von den Vereinigten Staaten besetzt worden und hatte somit die Einheit des Landes bewahren können. Japan profitierte dabei von den Erfahrungen, die die USA unmittelbar nach Kriegsende in Deutschland mit der sowjetischen Politik gemacht hatten. In seinen Memoiren schrieb US-Präsident Truman dazu: »Ich war entschlossen, bei der Besetzung Japans nicht wieder so wie in Deutschland vorzugehen.«[152] Damit war eine für die Zukunft Japans fundamental andere Entscheidung getroffen, wenn auch insbesondere amerikanische Militärs bis zuletzt auf den dann noch kurz vor Ende erfolgten Kriegseintritt der Sowjetunion drangen. Damit blieb Japan die Teilung erspart, die für Deutschland aufgrund des Ausbruchs des Kalten Krieges schließlich unvermeidlich wurde. Während der Besatzung strebten die USA eine völlige Umstrukturierung und Neuorientierung der besiegten Länder an. Neben der Bestrafung der Kriegsverbrecher und einer generellen Entmilitarisierung bedeutete dieses politische Umerziehung, Einführung eines politischen Pluralismus durch die Gründung bzw. Neubelebung politischer Parteien, die Reduzierung bzw. Entflechtung insbesondere der schwerindustriellen Komplexe mit dazugehörigen Reparationen.

Trotz der Gleichheit der Ziele waren die Methoden der Verwirklichung und ihre Wirkung sehr unterschiedlich. In Japan wurde durch die Beibehaltung des Kaiserhauses sowie einer Zentralregierung mit funktionsfähigen Ministerialbürokratien staatspolitische Kontinuität gewahrt, während in Deutschland jede staatliche Autorität zusammengebrochen war. In Japan übte die amerikanische Besatzungsgewalt die Herrschaft über *indirect rule* aus, so daß es die Japaner – anders als die Deutschen – zu keiner Zeit mit einer Militärregierung zu tun hatten.

---

152 Harry S. Truman, Memoiren, Band I: Das Jahr der Entscheidungen (1945), Stuttgart 1955, S. 447.

Der Beginn des Kalten Krieges führte zu einem grundlegenden Wandel der amerikanischen Politik gegenüber Deutschland und Japan, jedoch mit unterschiedlichen Akzentuierungen. Truman-Doktrin und Marshall-Plan und die damit verfolgte Eindämmungspolitik gegenüber der Sowjetunion waren für Europa konzipiert worden. In diesem Kontext erfolgte die Beteiligung Deutschlands an der Organisation für Europäische Wirtschaftliche Zusammenarbeit (OEEC) und schließlich mit den Pariser Verträgen von 1954 die Einbeziehung Westdeutschlands in die Atlantische Allianz, die der Bundesrepublik die Souveränität (mit einigen Einschränkungen) brachte.

Der Ausbruch des Kalten Krieges führte für Japan bereits 1952 durch den Abschluß des Friedensvertrages von San Francisco zur Wiederherstellung seiner Souveränität. Allerdings war für Japan aufgrund der pazifistischen Grundstimmung der Bevölkerungsmehrheit und dem Artikel 9 der unter maßgeblichem Einfluß der USA entstandenen Verfassung eine Wiederbewaffnung, wie sie in Deutschland erfolgte, undenkbar. Der Ost-West-Konflikt ließ letzten Endes keine anderen außen- und sicherheitspolitischen Optionen als die Kooperation mit den Vereinigten Staaten zu. Der Sieg Mao Tsetungs in China (Oktober 1949), der Ausbruch des Koreakrieges (Juni 1950) und der Abschluß des ersten chinesisch-sowjetischen Beistandspaktes (Oktober 1950) erhellten die zentrale strategisch-politische Bedeutung, die Japan sehr bald innerhalb des amerikanischen Sicherheitssystems erlangte. Dennoch blieb Europa der Hauptschauplatz der Konfrontationen der beiden Supermächte. Statt in eine gemeinsame Allianz wie die Bundesrepublik trat Japan mit dem Sicherheitsvertrag von 1951 (1961 erneuert) in einen bilateralen Sicherheitsbund mit den USA ein. Diese strukturellen Unterschiede in der Anbindung an die Vereinigten Staaten ließen der Bundesrepublik größeren Raum für eigenständige außen- und sicherheitspolitische Positionen, als es Japan möglich war. Für Japan gab es auch potentiell keine Alternative zum Sicherheitsbündnis mit den Vereinigten Staaten, das keine Partnerschaft, sondern ein einseitiges Abhängigkeitsverhältnis war. Der japanisch-amerikanische Sicherheitsvertrag garantierte den USA ihre Stützpunkte in Japan, und aus dieser Militärpräsenz leitete sich de facto die Schutzgarantie der Vereinigten Staaten für Japan ab.

Japan hat bis heute nur verhältnismäßig bescheidene und strikt auf die Verteidigung des Landes beschränkte »Selbstverteidigungsstreitkräfte« aufgebaut. Wie Deutschland trat auch Japan dem Nichtverbreitungsvertrag von Kernwaffen bei und verzichtete nicht nur auf den Bau und Besitz solcher Waffensysteme, sondern hat – anders als die Bundesrepublik – auch stets ihre Stationierung auf japanischem Boden abgelehnt.

b. Gemeinsame politische Interessen

Die aktuellen Interessenlagen Japans und der Bundesrepublik Deutschland sind größtenteils deckungsgleich. Ihre politischen Beziehungen miteinander beruhen auf diesen gemeinsamen Interessen und auf gemeinsamen Grundpositionen: Beide sind in über 40 Jahren zu gereiften parlamentarischen Demokratien auf der Grundlage rechtsstaatlicher Verfassungen geworden. Beide stehen in einer engen Partnerschaft mit den USA und zählen als Wirtschafts- und Handelsgroßmächte zu den Hauptbefürwortern des freien Welthandels. In der Endphase des Kalten Krieges traten beide Staaten für eine Politik der Entspannung und für effektive Abrüstungs- und Rüstungskontrollmaßnahmen ein.

In der Gesamtschau sind die Beziehungen zwischen Japan und Deutschland (und zu Europa überhaupt) im Vergleich zu den extrem engen japanischen Beziehungen zu den USA nur schwach entwickelt. Politisch hat es seit dem Ende des Zweiten Weltkrieges in den deutsch-japanischen Beziehungen keine Konflikte oder Spannungen gegeben, was aber auch daran lag, daß die Beziehungen wenig substantiell waren. Konfliktquelle ist seit Mitte der sechziger Jahre, und seit Beginn der neunziger Jahre in erhöhtem Maße, der explodierende Handelsüberschuß Japans mit Europa und speziell mit Deutschland. Die seit 1989 in Europa aufgetretenen, tiefgreifenden politischen Umwälzungen haben auch zu einem größeren Interesse Japans an Europa beigetragen. Die Öffnung der Berliner Mauer im November 1989 und die Wiedervereinigung Deutschlands im Oktober 1990 wurde in Japan von breiten Bevölkerungsschichten mit viel Sympathie verfolgt. Die Vereinigung wurde von allen japanischen Politikern und von der öffentlichen Meinung ohne Vorbehalt begrüßt. Japan hatte an der Unterstützung der deutschen Einigung nie einen Zweifel gelassen.

In Anlehnung an die transatlantischen Erklärungen der Europäischen Gemeinschaft sowie der Vereinigten Staaten und Kanadas vom November 1990 schlug das japanische Außenministerium 1991 eine entsprechende europäisch-japanische Erklärung vor, die im Sommer 1991 unterzeichnet wurde. Die Erklärung, die inzwischen von beiden Seiten mit Substanz gefüllt wird, soll die bisher stark unterentwickelte europäisch-japanische Seite des Dreiecks Nordamerika-Japan-Europa verstärken helfen. Die gemeinsame Erklärung bildet den Rahmen für eine stärkere Integration und Vernetzung der politischen, wirtschaftlichen, kulturellen und wissenschaftlich-technologischen Beziehungen zwischen der EG/EU und Japan. Engere Kooperationen werden vor allen Dingen bei sogenannten Zukunftsfragen der Menschheit (Umweltschutzproblematik, Drogen, internationales Verbrechen, Massenvernichtungswaffen) angestrebt.

Die nach dem Ende des Kalten Krieges neu entstandene weltpolitische Lage hat auch den Druck auf Deutschland und Japan erhöht, ihre internationale Rolle zu überprüfen. In Deutschland und Japan ist insbesondere seit dem Golfkrieg und der darin von beiden Seiten gezeigten, vielfach kritisierten »Zurückhaltung« eine Diskussion darüber entbrannt, in welcher Form größere weltpolitische Verantwortung übernommen werden kann. Sicher ist, daß dieses nicht mehr – wie in der Vergangenheit – einzig durch die Übernahme finanzieller Lasten möglich ist, sondern direktes Engagement erfordert. Die Beteiligung an friedenserhaltenden Maßnahmen beider Länder in Kambodscha sowie Deutschlands in Somalia sind erste Schritte in diese Richtung. Nachdem beide im Rahmen der G-7 bereits seit Beginn der achtziger Jahre Verantwortung für den Gang der Weltwirtschaft übernehmen, ist auch ihre politische Bedeutung seit Beginn der neunziger Jahre weiter gewachsen. Deutschland spielt eine große Rolle bei der Stabilisierung des ehemaligen Ostblocks, insbesondere Rußlands. Auch Japan hat – trotz ungelöster territorialer Fragen mit Rußland – nach einigem Zögern Mitverantwortung für diese Weltregion übernommen. Es strebt einen ständigen Sitz im Sicherheitsrat der Vereinten Nationen an. Für Deutschland ist die Frage der Mitgliedschaft nicht prioritär, gleichwohl würde man im Falle einer Reform des

Sicherheitsrats ebenfalls einen ständigen Sitz anstreben. In den letzten Jahren sind hochrangige Kontakte zwischen Japan und Deutschland sehr viel häufiger geworden (Besuch des Kaisers in Deutschland im September 1993). Ein fruchtbares Feld der deutsch-japanischen Zusammenarbeit ist die bilaterale Abstimmung im Hinblick auf globale Probleme.

c. Kulturaustausch

Neben den wirtschaftlichen Beziehungen bildet vor allem der kulturelle Austausch das Fundament der deutsch-japanischen Beziehungen. Intensive kulturelle Kontakte gab es seit dem letzten Jahrhundert vor allem in der Medizin, in der Rechtswissenschaft (einschl. des Gerichts- und Verfassungswesens) sowie in der Musik und Philosophie.

Die bereits an anderer Stelle erwähnten Kaempfer und von Sieboldt waren als Ärzte der Niederländisch-Ostindischen Handelskompagnie nach Japan gekommen. Nach 1871 gelangte eine Reihe von deutschen Medizinern ins Land der aufgehenden Sonne. Der bedeutendste unter ihnen war Erwin Otto Bälz, der als kaiserlicher Hofarzt zu einer medizinischen Autorität in ganz Ostasien wurde. Wie bereits an anderer Stelle dargelegt, bestanden seit Beginn der offiziellen Kontakte zwischen Deutschland und Japan enge Verbindungen im Bereich der Rechtswissenschaften. Der Einfluß der deutschen Rechtswissenschaften fand sich nicht nur in der *Meiji*-Verfassung, sondern auch im japanischen Handelsgesetzbuch, im Schuldrecht des 1898 in Kraft gesetzten Zivilgesetzbuches, im Zivilprozeßrecht und im Strafrecht. Neben dem bereits angeführten Rechts- und Staatswissenschaftler Roesler ist u.a. der spätere Reichskanzler Georg Michaelis zu nennen, der von 1885–1889 als Rechtswissenschaftler in Tōkyō lehrte.

In der Entwicklung der neuen japanischen Philosophie kommt dem Einfluß des deutschen Idealismus eine entscheidende Bedeutung zu. Nach Kant, der bereits in der Frühphase der *Meiji*-Periode rezipiert wurde, fanden bis zur Jahrhundertwende die Arbeiten Fichtes, Schellings, Hegels und Schopenhauers sowie der Neukantianismus in Japan Eingang. Großen Anteil an dieser Vermittlung hatte Raphael von Koeber, der in seiner langen Lehrzeit in Japan von 1894–1914 auch den Humanismus der späteren *Taishō*-Ära beeinflußte. Zwischen den Kriegen stand die von Kitarō Nishida entwickelte eigenständige japanische Philosophie der sogenannten Kyōto-Schule unter dem Einfluß der Schriften Kants und Hegels. Die deutsche Philosophie verdankte ihre weite Verbreitung zwischen den Kriegen auch dem gerade in den zwanziger Jahren wachsenden Strom japanischer Studenten zu den Zentren des Neukantianismus in Heidelberg und Freiburg.

Für die Entwicklung der modernen Musik Japans war das deutsche Vorbild ebenfalls maßgeblich. Die deutsche Musik spielt noch heute in dem außerordentlich hoch entwickelten Musikleben Japans eine herausragende Rolle. Weitere Gebiete, auf denen deutsche Wissenschaftler in Japan als Lehrer und Berater tätig wurden, waren die Sprach- und Literaturwissenschaft, die Wirtschaftswissenschaften, die Geologie, Land- und Forstwirtschaft sowie die Ingenieurwissenschaften. Das auch heute noch große Interesse der japanischen Bildungsschicht hat neben den seit langem aktiven

Goethe-, Eichendorff- und Hesse-Gesellschaften zu zahlreichen Übersetzungen moderner deutscher Literatur geführt. Werke von Böll, Eich, Enzensberger, Grass, Hochhuth und Walser erreichen teilweise hohe Auflagen. Von den modernen japanischen Schriftstellern sind vor allem Mishima Yukio und Kawabata Yasunari in Deutschland bekannt geworden. Der »Neue deutsche Film« fand in Japan sehr viel Anklang wie auch die Werke der japanischen Regisseure Kurosawa und Ōshima in Deutschland.

Ähnlich den politischen und wirtschaftlichen Beziehungen unterlag auch der Kulturaustausch periodischen Schwankungen. Nach dem Zweiten Weltkrieg geriet Japan auch in der Kultur unter den dominierenden Einfluß der USA. Dank der über viele Dekaden durch intensiven Kulturaustausch aufgebauten Beziehungen konnten die während des Zweiten Weltkrieges und der nachfolgenden Besatzungszeit abgebrochenen Kontakte in den fünfziger Jahren schnell wieder angeknüpft werden. Ein wichtiger Pfeiler des deutsch-japanischen Kulturaustausches ist seit ihrer Gründung im Jahre 1873 die »Gesellschaft für Natur- und Völkerkunde Ostasiens« (OAG), die Mittelpunkt des geistigen Lebens der deutschen Kolonie in Japan war und auch heute noch ist. Ein weiterer wichtiger Pfeiler ist die 1913 von deutschen Jesuiten und mit deutschen finanziellen Mitteln gegründete und weithin anerkannte Sophia-Universität.

Nach Wiederaufnahme der deutsch-japanischen Beziehungen nach dem Zweiten Weltkrieg entwickelten sich die Kontakte auf dem gesellschaftlich-kulturellen Gebiet schnell zu einem institutionell verankerten Austausch zwischen beiden Ländern unter dem 1957 geschlossenen deutsch-japanischen Kulturabkommen. In Tōkyō und Kyōto waren bereits zuvor deutsche Kulturinstitute errichtet worden, die Anfang der sechziger Jahre in Zweigstellen des Goethe-Instituts umgewandelt wurden. Eine dritte Zweigstelle wurde in Ōsaka eröffnet. Auf japanischer Seite wurde 1970 in Köln eines von zwei japanischen Kulturinstituten im Ausland eröffnet. Dies ist ein Indiz für den Stellenwert, den Deutschland für die japanische Kulturarbeit einnimmt. Weitere institutionelle Formen der deutsch-japanischen Kulturbeziehungen entstanden mit der Gründung des »Japanisch-Deutschen Zentrums Berlin« das seit 1987 als akademische Begegnungsstätte im Bereich Politik, Wirtschaft, Technologie und Geisteswissenschaften dient, sowie mit dem »Deutschen Institut für Japan-Studien der Philipp Franz von Siebold-Stiftung« (DIJ), das 1988 seine Arbeit in Tōkyō aufnahm.

Im akademischen Bereich gibt es eine Vielzahl von deutsch-japanischen Kooperationen sowie Austauschprogramme für Professoren und Studenten. Allerdings muß aus deutscher Sicht mit einigem Bedauern festgestellt werden, daß praktisch seit dem Beginn der deutsch-japanischen Beziehungen das Interesse an Deutschland in Japan um ein Vielfaches größer ist als das Interesse an Japan in Deutschland. Etwa 2500 japanischen Germanisten stehen nur ca. 50–60 Japanologen an den deutschen Universitäten gegenüber. Weit über 10000 in Deutschland ausgebildeten Japanern stehen nur ca. 1000 Deutsche gegenüber, die an japanischen Universitäten und Instituten ausgebildet wurden. Dieses Defizit an Deutschen mit profunden Kenntnissen der japanischen Kultur und Sprache ist u.a. ein wesentliches Hindernis für ein breiteres Engagement der deutschen Wirtschaft in Japan. Indiz für die unterschiedliche Ausprägung des Interesses am Partnerland ist auch die Tatsache, daß in ganz Japan nicht mehr als 3700 deutsche Staatsbürger (vor allem in Tōkyō und Ōsaka/Kobe) leben.

Dagegen sind in Deutschland fast 20 000 Japaner wohnhaft, die sich vor allem auf Düsseldorf sowie auf Hamburg, Frankfurt und neuerdings auch Berlin konzentrieren. In den vergangenen Jahren ist in Japan – wie auch in Deutschland – eine große Zahl von japanisch-deutschen bzw. deutsch-japanischen Gesellschaften entstanden. Der blühende Kulturaustausch wird auch in Zukunft ein solides Fundament für die deutsch-japanischen Beziehungen abgeben.

d. Deutschland und Japan als Technologiepartner

Die technisch-wissenschaftlichen Kontakte zwischen Japan und Deutschland haben etwa seit Beginn dieses Jahrhunderts einen besonderen Stellenwert in den bilateralen Beziehungen. Da Deutschland bis an die Schwelle des 20. Jahrhunderts technologisch in vielen Bereichen hinter England und auch anderen westlichen Ländern herhinkte, suchte Japan für den Technologietransfer zunächst nicht die Partnerschaft mit dem Deutschen Reich. Ingenieure und Techniker, die nach der *Meiji*-Restauration ins Land kamen, stammten daher in der Regel nicht aus Deutschland, und die japanische Regierung schickte auch nur wenige Landsleute zur Ausbildung ins Deutsche Reich. In der Zwischenkriegszeit und während der ersten Phase des Zweiten Weltkrieges spielte der Technologieimport aus Deutschland eine erheblich größere Rolle, insbesondere im Bereich der Rüstungstechnologie. In dieser Phase erfolgte auch ein Technologietransfer mittels Direktinvestitionen ausländischer Unternehmen und durch die Gründung von *joint ventures,* in der die deutsche Seite in der Regel Patente und Lizenzen und die japanische das Kapital einbrachte.

Japan, und auch teilweise Deutschland, waren während der Kriegsjahre vom technologischen Fortschritt in den anderen Industrienationen weitgehend abgekoppelt, so daß sich nach dem Krieg erneut ein hoher Bedarf an Technologietransfer akkumuliert hatte. Mit Abstand zum wichtigsten Technologiepartner wurden nach dem Krieg die USA, die diese Position bis heute innehaben. Nachdem in den fünfziger Jahren zunächst die Schweiz den zweiten Platz belegt hatte, wurde diese Stelle seit etwa dem Beginn der sechziger Jahre von Deutschland übernommen. Deutsche Technologien wurden nach dem Krieg vor allem in der Hütten- und Stahlindustrie sowie im Maschinen- und Apparatebau eingesetzt.

Japan ist in der Nachkriegszeit sehr schnell vom Technologieimporteur zum -exporteur geworden. Derzeit ist die Technologiebilanz Japans zwar noch negativ, doch die Einnahmen für an das Ausland veräußerte Technologie nehmen schneller zu als die Zahlungen für Technologieimporte. Japan entwickelt sich zum Technologiestaat. Auch der Fluß japanischer Technologie nach Deutschland, der zunächst in einigen Spezialbereichen wie der Optik einsetzte, umfaßt inzwischen eine Vielzahl von Branchen. Mit dem starken Anwachsen der japanischen Investitionen in Deutschland seit der zweiten Hälfte der achtziger Jahre haben japanische Unternehmen eine Reihe von Produktionsstätten und Forschungs- und Entwicklungszentren errichtet. Da es sich vielfach um High-Tech-Branchen handelt, geht von diesen Investitionen ein zunehmender Technologietransfer in Richtung Deutschland aus.

Japan ist seit den siebziger Jahren eingebunden in ein System von Wissenschaftsabkommen, darunter das deutsch-japanische Regierungsabkommen über wissenschaftlich-technologische Zusammenarbeit von 1974. Die Kooperation umfaßt gemeinsame Arbeiten in den Bereichen Energie, Grundlagenforschung, Lebenswissenschaften, Umwelt, Meeresforschung, Geowissenschaften, Raumfahrt, Verkehrstechnologien, Informationstechnologien, Materialforschung und Fertigungstechnologien. Daneben kam es seitdem zu verschiedenen Einzelvereinbarungen über projektbezogene Zusammenarbeit und über regelmäßige Gesprächsforen, so z.B. das deutsch-japanische Forum für Informationstechnologie, das 1984 zwischen dem Bundesministerium für Forschung und Technologie und dem MITI (Ministerium für Internationalen Handel und Industrie) ins Leben gerufen wurde und regelmäßig zusammentritt. Bereits auf das Jahr 1959 geht eine deutsch-japanische Vereinbarung über die friedliche Nutzung der Kernenergie zurück.

XV. Japan und Südamerika

Manfred Pohl

Verglichen mit anderen außenpolitischen und außenwirtschaftlichen Schwerpunkten Japans haben die Länder Süd- und Mittelamerikas immer eine untergeordnete Rolle gespielt; ihre Bedeutungslosigkeit wurde lange Zeit nur durch das japanische Desinteresse an dem »schwarzen Kontinent« übertroffen. Die USA, Westeuropa und natürlich Asien standen im Mittelpunkt japanischer Außenpolitik und der damit verknüpften Außenwirtschaftsstrategie. Auch Japans Eintreten für Schuldenerlaß oder Umschuldung für südamerikanische Staaten scheint eher eine flankierende Maßnahme der amerikanischen Politik gewesen zu sein, als eigener Entscheidung entsprungen. Die »globale Partnerschaft«, die von US-Präsident Bush Japan angetragen worden ist (1991), könnte ihren realen Inhalt in einer gemeinsamen Süd- und Mittelamerikapolitik finden, aber noch ist Japan auf der Suche nach einem klar definierten Verhältnis zu der Region im Einflußbereich der USA. Die Gründung der NAFTA mag hier Abhilfe schaffen, denn das japanische Engagement in Mexiko, einem der Vertragsländer, ist bemerkenswert weit entwickelt – eben wegen der Nähe zu den USA.

Gelobtes Land? Japanische Auswanderer in Südamerika

Ein unverkennbar japanischer Name machte zu Beginn der neunziger Jahre in Südamerika Schlagzeilen und erinnerte an die langjährigen Verbindungen Japans mit dem Subkontinent: Der umstrittene peruanische Staatspräsident Alberto Fujimori war japanischer Abstammung, Nachkomme von Einwanderern, die zu Beginn dieses Jahrhunderts in Scharen ihre Heimat verließen und nach Südamerika gingen, weil die USA – das traditionelle Zielland japanischer Auswanderer – den Zuzug aus Japan drastisch beschränkt hatten. Die japanische Regierung hatte schon 1891 im Außenministerium eine Auswanderungsabteilung eingerichtet, die gezielt die Umsiedlung japanischer Auswanderer fördern sollte, um den Bevölkerungsdruck abzumildern. Schon zu diesem Zeitpunkt war das japanische Interesse auf Südamerika gerichtet, und hier besonders auf Brasilien, mit dem Japan 1895 diplomatische Beziehungen aufgenommen hatte. Besonders der Bundesstaat Sao Paulo war an japanischen Einwanderern interessiert und finanzierte deswegen die Reisekosten japanischer Auswanderer zur Hälfte; zwischen 1908 und 1924 kamen 40 000 japanische Auswanderer dorthin; die meisten von ihnen arbeiteten auf Kaffeeplantagen. In einer zweiten Auswanderungswelle 1929–1941 kamen noch einmal insgesamt 150 000 Japaner nach

Brasilien, die meisten wiederum als Kontraktarbeiter im Kaffeeanbau. Nur kurz unterbrochen durch den Zweiten Weltkrieg kam es in den fünfziger Jahren wieder zu einer größeren Auswanderungswelle. Zu Beginn der achtziger Jahre schätzte man die Zahl brasilianischer Bürger japanischer Abstammung auf ca. 800000, von ihnen leben 75% in Sao Paulo, 18% im Staat Parana; die größte Gruppe mit rund 300000 lebt heute in der Großstadtregion von Sao Paulo. Japanische Einwanderer prägten zu einem großen Teil die moderne brasilianische Landwirtschaft durch Produktionsformen (Groß-Kooperativen) und Anbau neuer Feldfrüchte. Die zweite und dritte Generation dieser Einwanderer wechselte ihre soziale und wirtschaftliche Stellung: Ein deutlich höheres Ausbildungsniveau verschob die Lebensräume in großstädtische Gebiete, die Tätigkeitsfelder wurden zunehmend auf Handel und Industrie verlagert; Brasilianer japanischer Abstammung sind heute in allen Lebensbereichen des Landes anzutreffen. Bemerkenswert ist darüber hinaus, daß in der japanischen Bevölkerungsgruppe die anfängliche Abkapselung in der eigenen Volksgruppe aufgegeben wurde: Heiraten zwischen japanischen Brasilianern und Angehörigen anderer Ethnien sind durchaus üblich geworden. Dennoch scheinen sich in einigen japanischen Gemeinden Brasiliens »alte Werte« erhalten zu haben, denn der »letzte Soldat des Kaisers«, Leutnant Onoda, der sich erst 1974 nach einem Leben im Dschungel den philippinischen Behörden ergeben hatte, zog es vor, nach Brasilien zu gehen, statt in einem Japan zu leben, das er nicht mehr wiedererkannte; sein Bruder lebte bereits dort.

Nach dem Ersten Weltkrieg drängten die europäischen Industrien wieder auf die südamerikanischen Märkte, die in einem beachtlichen Maße von Unternehmen aus Japan besetzt worden waren. Besonders die japanische Stahl- und Maschinenindustrie konnte gegen die europäische Konkurrenz noch nicht bestehen, und so sank der bilaterale Handel bis 1936 zur Bedeutungslosigkeit ab. Es waren die japanischen Generalhandelshäuser, die zusammen mit der Textilindustrie die Chancen brasilianischer Baumwolle erkannten und in großem Maßstab nach Japan exportierten; auf diese Weise suchte die japanische Textilindustrie ihre Abhängigkeit von amerikanischer Baumwolle zu durchbrechen. Die Importeure wendeten sich gezielt an japanische Auswanderer, und japanische Pflanzer produzierten schließlich 50% der nach Japan exportierten Baumwolle aus Brasilien. Im Jahre 1937 nahm Japan insgesamt 5% aller brasilianischen Exporte ab. Der Kriegsausbruch machte dem ein Ende: Im Pazifischen Krieg wurden japanische Guthaben eingefroren und eine Vielzahl von Japanern ausgewiesen.

Nach dem Krieg begann das neue japanische Engagement erst zögernd: 1955 gründete die Toyobo Spinning Co. eine erste Fertigungsanlage in Brasilien; es folgten jedoch sehr schnell andere Unternehmen mit den Schwerpunkten Spinnerei, Maschinenbau und Werftindustrie. Mitte der siebziger Jahre lag der bilaterale Handel bei 2,06 Milliarden US-Dollar mit einem brasilianischen Defizit von 720000 US-Dollar.

Im japanischen Außenhandel spielen die Länder des amerikanischen Subkontinents noch heute eine untergeordnete Rolle: Nur 2,0% der japanischen Ausfuhren und 2,8% der Einfuhren Japans werden mit südamerikanischen Partnern abgewickelt. Unter den 25 wichtigsten Handelspartnern Japans tauchen nur Panama und Mexiko im letzten Drittel auf. 1993 hatte dennoch Japan ein Handelsbilanzdefizit im Handel mit Süd- und Mittelamerika zu verzeichnen; die japanischen Einfuhren von dort lagen bei 6,235 Milliarden US-Dollar, die Ausfuhren Japans erreichten 5,690 Milliarden US-Dollar.

Bibliographie

Japans Außenpolitik 1854–1945

Deutsch:

FISCHER, PETER, Ultranationalismus und der Weg in den Krieg (1880–1940), in: Manfred Pohl (Hrsg.), Japan, Stuttgart – Wien 1986, S. 110–117.

KAJIMA, MORINOSUKE, Geschichte der japanischen Außenbeziehungen, Wiesbaden 1976.

MARTIN, BERND, Der Traum vom »Weltreich«. Von der Mandschuraikrise bis zur Kapitulation des Kaiserlichen Japans (1931–1945), in: Manfred Pohl (Hrsg.), Japan, Stuttgart – Wien 1986, S. 118–127.

DERS., Japans Imperialismus. Ein Überblick zur Expansionspolitik des Kaiserreichs von 1868 bis zur Zeit nach dem Zweiten Weltkrieg, in: Studia Historiae Oeconomicae, Bd. 18, 1983, S. 123–156.

STAHNCKE, HOLMER, Die diplomatischen Beziehungen zwischen Deutschland und Japan. 1854–1869, Wiesbaden 1987.

WAGNER, WIELAND, Japans Außenpolitik in der frühen Meiji-Zeit (1868–1894). Die ideologische und politische Grundlegung des japanischen Führungsanspruchs in Ostasien, Stuttgart 1990.

WIPPICH, ROLF-HARALD, Japan und die deutsche Fernostpolitik 1894–1898. Vom Ausbruch des Chinesisch-Japanischen Krieges bis zur Besetzung der Kiautschou-Bucht. Ein Beitrag zur Wilhelminischen Weltpolitik, Stuttgart 1987.

Englisch:

HOWARTH, STEPHEN, Morning Glory. A History of the Imperial Japanese Navy, London 1983.

HUNTER, JANET E., The Emergence of Modern Japan. An Introductory History since 1853, London – New York 1989.

LEBRA, JOYCE C. (Hrsg.), Japan's Greater East-Asia Co-Prosperity Sphere in World War II. Selected Readings and Documents, Kuala Lumpur 1975.

MORLEY, JAMES WILLIAM (Hrsg.), Japan's Foreign Policy 1868–1941. A Research Guide, New York – London 1974.

MORLEY, JAMES WILLIAM (Hrsg.), Japan's Road to the Pacific War. The China Quagmire. Japan's Expansion on the Asian Continent 1933–1941. Selected Translations from *Taiheivō sensō e no michi-shi*, New York 1983.

MYERS, RAMON H./MARK R. PEATTIE (Hrsg.), The Japanese Colonial Empire 1895–1945, Princeton – New Jersey 1984.

NAJITA, TETSUO/J. VICTOR KOSCHMANN (Hrsg.), Conflict in Modern Japanese History. The Neglected Tradition, Princeton – New Jersey 1982.

NISH, IAN, Japanese Foreign Policy 1869–1942. Kasumigaseki to Miyakezaka, London – Henley – Boston 1977.

STORRY, RICHARD, Japan und the Decline of the West in Asia 1894–1943, London – Basingstoke 1979.

WRAY, HARRY/HILARY CONROY, Japan Examined. Perspectives on Modern Japanese History, Honolulu 1983.

Akteure und Instrumente der Außenpolitik

BINGMANN, CHARLES F., Japanese Government Leadership and Management, New York 1989.
KEVENHÖRSTER, PAUL, Politik und Gesellschaft in Japan, Mannheim u.a. 1993.

Sicherheitspolitik

BARING, ARNULF/SASE, MASAMORI (Hrsg.), Zwei zaghafte Riesen. Deutschland und Japan seit 1945, Stuttgart 1977.
DRIFTE, REINHARDT, Japan's Rise to International Responsibilities. The Case of Arms Control, London 1990.
GLAUBITZ, JOACHIM, Fremde Nachbarn: Tōkyō und Moskau. Ihre Beziehungen vom Beginn der 70er Jahre bis zum Ende der Sowjetunion, Baden-Baden 1992.
JAPANISCHES VERTEIDIGUNGSAMT, Defense of Japan (englische Fassung des japanischen Verteidigungsweißbuches), Tōkyō, jährliche Edition.
MAUL, HEINZ EBERHARD (Hrsg.) Militärmacht Japan? Sicherheitspolitik und Streitkräfte, München 1991.
MAULL, HANNS W. (Hrsg.), unter Mitarbeit von VOLKER FUHRT, Japan und Europa: Getrennte Welten? Frankfurt - New York 1993.
NISHI, OSAMU, The Constitution and the National Defense Law System in Japan, Tōkyō 1987.
WEINSTEIN, MARTIN E., Japan's Postwar Defense Policy 1947–1968, New York - London 1971.

Entwicklungshilfepolitik

ISLAM, SHAFIGUL (Hrsg.), Yen for Development. Japanese Foreign Aid and the Politics of Burden-Sharing, New York 1991.
MAY, BERNHARD, Japans neue Entwicklungspolitik. Entwicklungshilfe und japanische Außenpolitik, (Schriften des Forschungsinstituts der Deutschen Gesellschaft für Auswärtige Politik e.V., Bonn, Reihe: Internationale Politik und Wirtschaft, Bd. 57), München 1989.
NUSCHELER, FRANZ, Japans Entwicklungspolitik. Quantitative Superlative und qualitative Defizite (Mitteilungen des Instituts für Asienkunde Nr. 181), Hamburg 1990.
ORR, ROBERT M., Jr., The Emergence of Japan's Foreign Aid Power, New York 1990.
RIX, ALAN, Japan's Economic Aid. Policy-Making and Politics, London 1980.
YASUTOMO, DENNIS T., The Manner of Giving. Strategic Aid and Japanese Foreign Policy, Lexington, Mass. 1986.

Internationale Umweltpolitik

MAULL, HANNS W., Japans internationale Umweltpolitik, in: Europa-Archiv, 17 (1991).

Japan und USA

BAKEN, HOWARD H., JR./ELLEN L., FROST, Rescuing the U.S.-Japan Alliance, in: Foreign Affairs, 71 (1992) 1, S. 97–113.

BOSWORTH, STEPHEN W., The United States and Asia, in: Foreign Affairs, 71 (1992) 1, S. 113–129.

PRESTOWITZ, CLYDE V., Jr., Trading Places. How America Allowed Japan to Take the Lead, Tokyo 1988.

REISCHAUER, EDWIN O., The Japanese, Cambridge/Mass – London 1977.

SCALAPINE, ROBERT A. (Hrsg.), The Foreign Policy of Modern Japan, Berkeley – Los Angeles – London 1977.

Japan und China

GLAUBITZ, JOACHIM, Japan im Spannungsfeld zwischen China und der Sowjetunion, Ebenhausen 1976.

OCHI, HISACHI, Der außenpolitische Entscheidungsprozeß Japans. Der zur Normalisierung der Beziehungen zwischen Japan und der Volksrepublik China führende politische Entscheidungsprozeß, München 1982.

Japan und Taiwan

BERNARD, M., The Post-Plaza Political Economy of Taiwanese-Japanese Relations, in: The Pacific Review, 4 (1991) 4, S. 358–367.

CHOU, D.S., Tōkyō's Relations with Taipei und Peking since 1972, in: Asian Perspective, 8 (1984) 2, S. 246–267.

CHOU, WHEI-MING, Taiwan unter japanischer Herrschaft 1895–1945, (Chinathemen, Bd. 44), Bochum 1989.

NIEH, YU-HSI, Taiwan und Japan. Zurück zum Kriegszustand?, in: China aktuell (1972) 1, S. 21–22.

DERS., Flugzeuge und Diplomatie. Taiwans Beziehungen zu einigen Staaten, in: China aktuell (1983) 12, S. 557–560.

STATISTISCHES BUNDESAMT, Länderbericht Taiwan, Wiesbaden 1991.

WEGGEL, OSKAR, Die Geschichte Taiwans, Köln 1991.

YU, TZONG-SHIAN, The Development of Relations between the Republic of China and Japan since 1972, in: Asian Survey, 21 (1981) 6, S. 632–644.

Japan und die Koreaner

GUILLAIN, ROBERT, Japon – Troisième Grand, Paris 1969.

LEWIN, BRUNO, Der koreanische Anteil am Werden Japans, Opladen 1976.

MACHETZKI, RÜDIGER/MANFRED POHL (Hrsg.), Korea, Stuttgart – Wien 1988.

PAIK, KYUNG NAM, Korea und Japan im Kräftefeld des Nord-West-Pazifik – Zur Entstehung und Problematik des koreanisch-japanischen Normalisierungsvertrags von 1965, München 1987.

Park, Sung Jo, Die Wirtschaftsbeziehungen zwischen Japan und Korea 1910–1968, Wiesbaden 1969.
Sansom, George B., Japan von der Frühgeschichte bis zum Ende des Feudalsystems, Essen 1975.
Sichrovsky, Harry, Korea – Olympia im Land der Morgenstille, Bergisch Gladbach 1988.

Die Staaten des indischen Subkontinents und Südwestasien

Japan 1993. An International Comparison, Tōkyō 1993 (Vergleichszahlen).
Ministry of Foreign Affairs (Hrsg.), Diplomatic Bluebook 1982 – Edition. Review of Recent Developments in Japan's Foreign Relations, Tōkyō 1982 (ersch. jährlich).
Rao, P. V. Narasimha, Towards an India-Japan Partnership in the Twenty-first Century, in: Japan Review of International Affairs, 6 (1992) 2, S. 197–202

Australien und Neuseeland

Drysdale, Peter/ Hironobu Kitaoji (Hrsg.), Australia and Japan: Two Societies and their Interaction, Canberra 1980.
Drysdale, Peter/Kiyoshi Kojima (Hrsg.), Australia-Japan Economic Relations in the International Context: Recent Experience and the Prospects Ahead, Canberra 1978.

Japan und Rußland/Sowjetunion

Mayer, Hans-Jürgen, Die japanisch-sowjetischen Beziehungen 1956–1973/74. Bestimmungsfaktoren und Interaktionen. Analyse einer latenten Konfrontation, Hamburg 1985.
Glaubitz, Joachim, Die Sowjetunion und Japan 1980–1983, Köln 1983.
Ders., Fremde Nachbarn: Tokyo und Moskau. Ihre Beziehungen vom Beginn der 70er Jahre bis zum Ende der Sowjetunion, Baden-Baden 1992.

Deutsch-japanische Beziehungen

Baring, Arnulf/Masamori Sase, Zwei zaghafte Riesen? Deutschland und Japan seit 1945, Stuttgart – Zürich 1977.
Hielscher, Gebhardt, Konturen einer deutschen Japan-Politik, in: Maull, H.-W. (Hrsg.), Japan und Europa: Getrennte Welten?, Frankfurt – New York 1993, S. 337–359.
Kreiner, Josef (Hrsg.), Deutschland – Japan. Historische Kontakte, Bonn 1984.
Kreiner, Josef/Regine Mathias (Hrsg.), Deutschland und Japan in der Zwischenkriegszeit, Bonn 1990.
Modrow, Hans u. a. (Autorenkollektiv), Die DDR und Japan, Berlin (Ost) 1983.
Pauer, Erich (Hrsg.), Technologietransfer Deutschland – Japan: von 1950 bis zur Gegenwart, München 1992.
Seitz, Konrad, Die japanisch-amerikanische Herausforderung. Deutschlands Hochtechnologie-Industrien kämpfen ums Überleben, München – Bonn 1990.

Kapitel C:

Wirtschaft

– Binnenwirtschaft
– Außenwirtschaft

Binnenwirtschaft

I. Industrie- und Wirtschaftsstruktur: Charakteristika und Problemfelder

BEATE RESZAT

Der Wirtschaftserfolg Japans im internationalen Vergleich ist geradezu sprichwörtlich: Hohes Wachstum bei niedriger Inflation, ein hoher Beschäftigungsstand sowie ein hoher technischer Stand der Volkswirtschaft sind Merkmale dieses Erfolgs. Die damit einhergehende Wettbewerbsfähigkeit japanischer Produkte auf den Weltmärkten ist ein Grund dafür, daß dem Land international viel Aufmerksamkeit geschenkt wird. In jüngster Zeit mehren sich allerdings Stimmen, die – um ein oft strapaziertes Bild zu benutzen – die japanische Sonne untergehen sehen. In Japans Wirtschaft kriselt es, und zunehmend wird die Frage gestellt, wie das Land die anstehenden Umwälzungen und Strukturveränderungen bewältigen wird.

1. Ursachen des Erfolgs

Für die Stärke der japanischen Volkswirtschaft wird eine Vielzahl von Faktoren verantwortlich gemacht.[1] Neben der japanischen Unternehmensstruktur, dem System lebenslanger Beschäftigung und der jahrzehntelangen Abschottung des japanischen Marktes gegenüber dem Ausland wird vor allem auf die hohe Sparneigung und die

1 Vgl. etwa Manfred Pohl, Japan, München 1991, S. 215f. Auch wenn Yamamura und Yasuba (Kōzō Yamamura/Yasukichi Yasuba (Hrsg.), The Political Economy of Japan, Bd. 1, Stanford 1987) zu Recht darauf verweisen, daß es wohl keine Erklärung für den japanischen Wirtschaftserfolg nach dem Zweiten Weltkrieg gibt, die von einer großen Mehrheit von Fachleuten getragen wird, lassen sich doch einzelne Charakteristika und Einflüsse anführen, die immer wieder genannt werden. Zu einer detaillierten Beschreibung der japanischen Wirtschaft und Wirtschaftspolitik siehe: Ryūtarō Komiya, The Japanese Economy: Trade, Industry and Government, Tōkyō 1990, und Takatoshi Itō, The Japanese Economy, Cambridge 1992.

damit einhergehenden hohen Investitionsraten, auf außerordentlich günstige Finanzierungsmöglichkeiten und auf den hohen Bildungs- und Ausbildungsstand japanischer Beschäftigter verwiesen. Als weiterer Vorteil wird eine langfristige Unternehmensplanung genannt, die aufgrund von Besonderheiten des japanischen Kapitalmarktes nicht gezwungen ist, auf kurzfristige Interessen von Anteilseignern Rücksicht zu nehmen.[2]

Die japanische Wirtschaft konnte ebenso wie die deutsche nach dem Zweiten Weltkrieg von typischen Wiederaufbau- und Aufholeffekten profitieren. Dadurch verfügte sie lange Zeit über einen im internationalen Vergleich höchst modernen Kapitalstock, der den Grundstein für ihren Erfolg legte.[3] Eine entscheidende Rolle kam den Exporten des Landes zu. Im Gegensatz zu der Entwicklung in der Bundesrepublik Deutschland lag aber die eigentliche Bedeutung des Außenhandels für Japan nicht in den damit verbundenen Nachfragewirkungen: Nicht die Antriebskraft der Exportnachfrage auf die Wirtschaft, sondern die Deviseneinnahmen, die damit erzielt wurden und die für die Begleichung von Importrechnungen benötigt wurden, gaben für das stark rohstoffabhängige Land den Ausschlag. Vor allem in den fünfziger und sechziger Jahren stellten die Währungsreserven eine Art Obergrenze für das Wirtschaftswachstum Japans dar.

In dem Versuch, das Außergewöhnliche des japanischen Erfolgs zu erklären, wird dem einen oder anderen Faktor leicht ein ungebührendes Gewicht beigemessen. Da wird auf buddhistische oder konfuzianische Einflüsse oder generell ein »Anderssein« des fernöstlichen Landes verwiesen und, wie etwa in dem Fall des Systems lebenslanger Beschäftigung oder der hohen Sparneigung der Bevölkerung, auf angebliche kulturelle Eigenarten und Traditionen, obwohl sich bei näherer Betrachtung stichhaltigere, aus der westlichen Ökonomie vertraute Erklärungen finden lassen.[4] Oder es wird, etwa mit Hinweis auf ungleiche Marktzugangsbedingungen oder Dumping-Praktiken, mit wirtschaftlichem Trittbrettfahrertum argumentiert, wofür man den Nachweis dann oft schuldig bleibt.[5] Der Verdacht besteht, daß derartige Erklärungs-

---

2 Die Anteile japanischer Unternehmen befinden sich zu einem beachtlichen Teil in gegenseitigem Besitz (Stichwort: interlocking shares) und werden nicht an der Börse gehandelt. Das verschafft dem Management Freiräume für die Planung und läßt den Kampf um längerfristige Marktanteile vor kurzfristigen Gewinnmitnahmen in den Vordergrund rücken. Vgl. hierzu im einzelnen auch Ulrike Schaede, Der neue japanische Kapitalmarkt, Wiesbaden 1990, S. 98ff. und Takatoshi Itō, (Anm. 1), S. 191ff.

3 Vgl. dazu Herrmann van der Wee, Der gebremste Wohlstand, München 1984, S. 372 und Taketoshi Nojiri, Wirtschaftsentwicklung und Wirtschaftsethik in Japan, in: Constantin von Barloewen/Kai Werhahn-Mees (Hrsg.), Japan und der Westen, Bd. 2, Frankfurt a. M. 1987, S. 141–158.

4 Darauf, daß das Sparverhalten in Japan wenig mit kulturellen Eigenarten zu tun hat, verweist z. B. Chalmers Johnson (Chalmers Johnson, MITI and the Japanese Miracle, Stanford 1982, S. 14f.), der einige konkrete institutionelle und gesellschaftliche Gründe dafür nennt. Vgl. zum Traditionsgehalt des japanischen Beschäftigungssystems auch Kinzley (W. Dean Kinzley, Industrial Harmony in Modern Japan, London 1991).

5 Vgl. zur vielbeschworenen Öffnung japanischer Märkte für westliche Produkte Gebhard Hielscher, Konturen einer deutschen Japan-Politik, in: Hanns W. Maull (Hrsg.), Japan und Europa: Getrennte Welten?, Frankfurt a. M. – New York 1993, S. 337–360. Sowie allgemein zur Problematik, westliche Ansätze und Verhaltensweisen japanischer Konkurrenz als exotische Phänomene zu interpretieren: Henrik Schmiegelow, Japans strategischer Pragmatismus: Bedrohung oder Modell?, in: Hanns W. Maull (Hrsg.), (Anm. 5), S. 505–529.

versuche von Vertretern westlicher Industriestaaten, deren Produkte auf den Weltmärkten einem scharfen Konkurrenzdruck aus Japan ausgesetzt sind, vor allem dazu dienen, Schwächen der eigenen Wirtschaft zu überdecken. Dies geschieht mit dem Hinweis darauf, daß die Gegenspieler über nicht aufholbare Vorteile verfügen, daß sie sich nicht »fair« verhalten und gegen die – je nach Bedarf neu definierten – Regeln der internationalen Handelsordnung verstoßen.

2. Die Rolle des Staates

Ein Einfluß, der in der öffentlichen Diskussion eine herausragende Rolle spielt und gerade unter westlichen Handelspartnern Japans die Gemüter immer wieder erregt, ist der staatlicher Eingriffe in den Wirtschaftsprozeß. Ein Blick auf die Statistik läßt hierfür zunächst keinen Grund erkennen. Verglichen mit anderen Industriestaaten ist der Anteil des öffentlichen Sektors an der Wirtschaft Japans klein.[6] So nehmen sich die Ausgaben der Zentralregierung für Güter und Dienstleistungen am Bruttoinlandsprodukt im Jahr 1990 mit 9,1% gegenüber den USA mit 18,1%, der Bundesrepublik Deutschland mit 18,4, Frankreich mit 18,0 oder Großbritannien mit 19,9% höchst bescheiden aus.[7]

Was den Kritikern des Landes ins Auge sticht, sind aber nicht diese Zahlen, sondern die Art und Weise staatlicher Einflußnahme und das Zusammenspiel zwischen Industrie, Bürokratie und Politik.[8] Japan unterscheidet sich in vieler Hinsicht deutlich von dem Ideal einer Marktwirtschaft. Hier ist es selbstverständlich, daß der Staat in das Wirtschaftsgeschehen eingreift und es in seinem Sinne zu beeinflussen versucht.

Die Instrumente staatlicher Lenkung reichen neben herkömmlichen Maßnahmen der Globalsteuerung von gemeinsamen Plänen von Ministerien und Unternehmen zur Expansion oder Schrumpfung bestimmter Wirtschaftsbereiche über gelegentliche Außerkraftsetzungen des Wettbewerbsrechts und Zulassung von Rezessionskartellen bis hin zu koordinierten Forschungs- und Entwicklungsanstrengungen.

Dabei geht es letztlich weniger um die Förderung oder Erhaltung einzelner Unternehmen oder Produktionszweige als vielmehr um die Steuerung des Wirtschaftsablaufs insgesamt und die Beeinflussung des allgemeinen wirtschaftlichen »Klimas«. Ein wichtiges Mittel hierzu ist die administrative Lenkung *(Gyōsei Shidō)*, die weitgehend

6 Vgl. dazu auch OECD, Japan, Paris 1992 und Takatoshi Itō, (Anm. 1), S. 145ff.

7 Dabei bleibt allerdings anzumerken, daß in diesen Zahlen nur die Ausgaben für den allgemeinen Haushalt, nicht aber für die öffentlichen Sonderkonten, die noch einmal ein Vielfaches des ersteren ausmachen, enthalten sind. Während der allgemeine Haushalt in den vergangenen Jahren kaum gestiegen ist, haben letztere eine starke Zunahme zu verzeichnen gehabt. Vgl. hierzu Takatoshi Itō, (Anm. 1), S. 146. Siehe zur Fiskalpolitik Japans ausführlich auch Yukio Noguchi, Public Finance, in: Kōzō Yamamura/Yasukichi Yasuba (Hrsg.), (Anm. 1), S. 186–222.

8 Vgl. Chalmers Johnson, (Anm. 4); Daniel I. Okimoto, Between MITI and the Market, Stanford 1989; Laura D'Andrea Tyson/John Zysman, Developmental Strategy and Production Innovation in Japan, in: Chalmers Johnson/Laura D'Andrea Tyson/John Zysman (Hrsg.), Politics and Productivity, Berkeley 1989, S. 59–140.

informelle Einflußnahme der Bürokratie. Sie baut auf einer engen Verbindung von Beamtenelite, Politikern und Wirtschaftsführern auf.[9] In der japanischen Politik wird das kooperative Element in den Beziehungen zwischen Staat und Wirtschaft offiziell stark betont. Vieles geschieht hier aufgrund von Empfehlungen. Selbst über die Zukunftsaussichten ganzer Industrien entscheiden im Idealfall Staat und Unternehmen gemeinsam, um dann in Abstimmung miteinander gezielte Förderungs- oder Umstrukturierungsmaßnahmen zu ergreifen. Auch die Pläne, die die Wirtschaftsplanungsbehörde in Abständen in Zusammenarbeit mit den Ministerien für die längerfristige Entwicklung Japans erstellt[10], werden in diesem Zusammenhang eher als Richtlinien denn als verbindliche Vorgaben verstanden.

Staatliche Lenkung ist damit sehr viel stärker als in anderen Ländern mit den Bedürfnissen der Wirtschaft vertraut und auf sie zugeschnitten. Vertreter westlicher Industriestaaten argwöhnen dahinter nicht selten ein geschlossenes und gegen sie gerichtetes System. In ihm spiegelt sich ihrer Ansicht nach die Kohärenz und Einheitlichkeit einer Gesellschaft wider, die ganz auf Konfliktvermeidung und harmonisches Zusammenleben ausgerichtet und von außen kaum zu beeinflussen ist.[11] Ziel ihrer Mitglieder ist es vor allem anderen, das Land mit vereinten Kräften und ohne Rücksicht auf Verluste zur wirtschaftlichen Nummer Eins in der Welt zu machen und seine Vormachtstellung in wichtigen Schlüsselindustrien zu sichern. Das Schlagwort von der »Japan AG« bringt dies zum Ausdruck. Dabei wird das Zentrum der Macht im Ministerium für Industrie und Außenhandel, dem schon legendären MITI, vermutet.

Nach dieser Denkweise erscheint Japan wirtschaftlich nahezu unverwundbar. Seine Politiker und Bürokraten sind Perfektionisten, die sich im Grundsatz einig sind, selten irren und im Wettbewerb mit dem Westen letztlich immer die Sieger bleiben. Nicht berücksichtigt wird dabei, wie viele MITI-Projekte scheitern, wie viele unternehmerische Initiativen auch ohne offizielle Unterstützung erfolgreich sind und welcher Kritik staatliche Lenkungsmaßnahmen oft auch im eigenen Land ausgesetzt sind.[12] Bei näherem Hinsehen erscheint das Zusammenspiel der Akteure aus Wirtschaft, Bürokratie und Politik in Japan sehr viel weniger reibungslos, erweisen sich die wirtschaftlichen Zusammenhänge und Entscheidungsprozesse als weitaus vielschichtiger als unterstellt. Und wenn beispielsweise, was oft genug vorkommt, Empfehlungen auch dann befolgt werden, wenn sie die Betroffenen sichtlich in Konflikte stürzen, ist das nicht Einsicht in ein höheres Ziel, sondern besagt nur, daß offizielle Stellen auch über wirkungsvolle Druckmittel verfügen und bereit sind, diese einzusetzen.

Die japanische Art der Wirtschaftssteuerung ist so einzigartig nicht. Bei näherer Betrachtung drängen sich zahlreiche Parallelen zu großen westlichen Industriestaaten auf, die zum Teil von dem Modell marktwirtschaftlicher Ordnung ebenfalls weit

---

9 Vgl. z. B. Manfred Pohl, (Anm. 1), S. 203ff; Takatoshi Itō, (Anm. 1) S. 64ff, 177ff.

10 Siehe zu dem Verfahren und zu den Beteiligten im einzelnen Yutaka Kosai, The Politics of Economic Management, in: Kōzō Yamamura/Yasukichi Yasuba (Hrsg.), (Anm. 1), S. 555–592.

11 Vgl. zu dieser Sichtweise auch Volker Fuhrt, Perzeptionen und Perzeptionsdefizite: Die gegenseitigen Wahrnehmungen Europas und Japans, in: Hanns W. Maull (Hrsg.), (Anm. 5), S. 283–304.

12 Vgl. beispielsweise Yutaka Kosai, (Anm. 10).

entfernt sind.[13] Und ebenso wie in anderen Staaten gibt es Konflikte zwischen verschiedenen Einrichtungen und Institutionen, sobald sich deren Zuständigkeiten überlagern. Ein Beispiel hierfür sind die immer wieder aufkommenden Differenzen zwischen Notenbank und Finanzministerium über die »richtige« Zinspolitik, die so oder so ähnlich in den meisten anderen westlichen Industriestaaten ihre Entsprechung finden.

3. Strukturschwächen alter und neuer Art

Auch wenn Diskussionen in den USA und Europa manchmal den gegenteiligen Eindruck vermitteln: Die Akteure des MITI sind nicht allmächtig, und Japan hat wie jedes große Industrieland heute mit Strukturproblemen zu kämpfen. Deren Ursachen liegen gleichermaßen in veränderten Rahmenbedingungen in der Weltwirtschaft und in der eigenen Gesellschaft. Die japanische Stahl- und Automobilindustrie beispielsweise ist von der Konjunkturkrise und dem weltweitem Nachfragerückgang ebenso betroffen wie die anderer Staaten. Japans Exporte sind durch den Höhenflug des Yen *(Endaka)* bedroht. Das Land erlebt zur Zeit eine Hinwendung von der Produktions- zur Dienstleistungsgesellschaft mit allen wirtschaftlichen Nachteilen, die damit generell verbunden sind.

Die daraus resultierenden notwendigen Anpassungsprozesse werden durch »hausgemachte« Einflüsse aus jüngster Zeit, die die Wirtschaftsaktivität zusätzlich lähmen, erschwert. Im Vordergrund stehen hier politische Affären und Skandale, die das Vertrauen in die Politik untergraben. Dazu kommen die wirtschaftlichen Erschütterungen durch Unternehmenskrisen und -zusammenbrüche, die seit dem Ende der *»Bubble Keizai«*, der spekulativen Aufblähung der Wirtschaft in den achtziger Jahren, das japanische Finanzsystem immer wieder treffen. Als die japanische Notenbank 1990 der seit langem mit Sorge beobachteten Überhitzung der Wirtschaft mit einer entschlossenen Restriktionspolitik ein Ende bereitete, läutete das einen Verfall der Aktien- und Immobilienpreise ein, der in der Folge nicht nur die Konsumlust vieler Japaner nachhaltig dämpfte und zahlreiche Unternehmen in Schwierigkeiten brachte, sondern auch den Finanzinstituten, die auf der Basis jener Werte Kredite vergeben hatten, große Verluste bereitete. Das ließ sie bei neuerlichen Mittelvergaben zögern, mit dem Ergebnis, daß unternehmerische Aktivitäten erstmals in jüngerer Zeit in größerem Ausmaß auf Finanzierungsengpässe stoßen.

Ein Anpassungsdruck ganz anderer Art ergibt sich für die japanische Wirtschaft und Politik aus den gesellschaftlichen Veränderungen in den letzten Jahren. Der wachsende Wohlstand des Landes und die anhaltend hohen Leistungsbilanzüberschüsse bewirkten, wenn auch relativ spät, einen allmählichen Wertewandel in der japanischen Bevölkerung, der in einer steigenden Konsum- und Freizeitorientierung zum Ausdruck kam. Damit wurde erstmals auch die Frage nach dem Lebensstandard

13 Zu einer ausführlichen Diskussion siehe auch George C. Eads/Kōzō Yamamura: The Future of Industrial Policy, in: Kōzō Yamamura/Yasukichi Yasuba (Hrsg.), (Anm. 1), S. 423–468.

des Einzelnen – vom Ausland lange schon als eine nicht akzeptable Begleiterscheinung des japanischen Wirtschaftserfolgs notiert, die allein schon eine Übernahme japanischer Politik- und Unternehmensstrategien verbietet – in Japan selbst zunehmend diskutiert.

Der Nachholbedarf, der hier besteht, ist groß. Auch wenn es den Japanern, gemessen an den Indikatoren internationaler Statistiken, die Kriterien wie Kindersterblichkeit, aber auch die Anzahl der Autos, Fernseher und Telefone in der Bevölkerung zugrundelegen, vergleichsweise gut geht, ist doch die soziale Infrastruktur höchst unzureichend. Klagen über zu wenig Urlaub, zu lange Arbeitszeiten und sogar Tod durch Überarbeitung *(Karōshi)*, über fehlenden Wohnraum und beengte Wohnverhältnisse (»Kaninchenställe«), überhöhte Preise in geschützten Wirtschaftsbereichen (z.B. für Agrarprodukte) und vieles mehr sind weitverbreitet. Die Forderung nach Rückbesinnung weg vom Konsum und hin zu »echten« Werten, die im Zuge der Rezession hier und da laut wird, ändert an der Notwendigkeit von Reformen in diesen Bereichen grundsätzlich nichts.

4. Industriepolitik im Wandel

Die japanische Politik versucht mit allen Mitteln, den Rückgang der Wirtschaftsaktivität aufzufangen und die Reibungsverluste, die sich aus dem unumgänglichen Strukturwandel ergeben, zu mildern. Im Gegensatz zu früheren Jahrzehnten liegt ihr Schwerpunkt aber nicht mehr allein auf der Förderung von Schlüsselindustrien, die als besonders zukunftsträchtig erscheinen. Zunehmend spielen andere Faktoren wie die Verhinderung oder Entschärfung internationaler Handelskonflikte in die Entscheidungen hinein. Ein Beispiel dafür sind die jüngsten fiskalpolitischen Maßnahmenpakete, die auch mit Rücksicht auf entsprechende Forderungen des Auslands, das sich davon Impulse für das eigene Wirtschaftswachstum erhofft, beschlossen wurden.

Viele Beobachter fragen sich allerdings, wie weit die Rücksichtnahme auf internationale Belange wirklich geht. Die Meinungen dazu sind geteilt. Einige verweisen darauf, daß Japan in der internationalen Politik immer noch der Rolle des »Juniorpartners« der Vereinigten Staaten verhaftet ist und daß sich seine Regierung Druck von außen *(Gaiatsu)*, gerade wenn er aus jener Richtung kommt, meist ohne Widerspruch beugt. Andere beurteilen die Möglichkeiten des Auslands, Einfluß zu nehmen, sehr viel pessimistischer. Danach hat sich das Land bislang vor allem immer dann kompromißbereit gezeigt, wenn dies den Intentionen der maßgeblichen Entscheidungsträger in Bürokratie und Wirtschaft entgegenkam.[14]

Fest steht, daß die japanische Wirtschaftspolitik mit ihren Maßnahmen verbal oft explizit auf die »Wünsche« anderer führender Industriestaaten Bezug nimmt. Faktisch bleibt sie dann allerdings nicht selten hinter den – zum Teil stark überzogenen –

14 Vgl. zu der einen Sicht beispielsweise George C. Eads/Kōzō Yamamura, (Anm. 13) und zu der anderen Chalmers Johnson, (Anm. 4), und Laura D'Andrea Tyson/John Zysman, (Anm. 8).

Forderungen und Erwartungen des Auslands zurück.[15] Fest steht jedoch auch, daß viele Veränderungen in der japanischen Wirtschaft ohne Druck von außen nicht oder nicht so schnell stattgefunden hätten. Dazu zählt etwa die Aufhebung von Handelsschranken und die teilweise Liberalisierung der Finanzmärkte.

Allgemein wird die japanische Wirtschafts- und Industriepolitik, soweit es etwa den Wiederaufbau nach dem Zweiten Weltkrieg und die Exportförderung betrifft, trotz einzelner Fehlschläge im großen und ganzen als außerordentlich erfolgreich angesehen. Auch an der Umstrukturierung kritischer Bereiche wie Schiffbau und Stahl, der Umstellung auf neue Technologien sowie der Anpassung der Wirtschaft nach Schocks von außen wie der (zweiten) Ölkrise und dem Höhenflug des Yen nach 1985 hatte sie einen nicht unerheblichen Anteil. Die Frage ist, ob dieser Erfolg anhalten wird und ob es tatsächlich die japanische Wirtschafts- und Industriepolitik sein wird, die die Wirtschaft aus der jetzigen Krise hinausführt.

In der Vergangenheit hat es in Japan verschiedene Faktoren gegeben, die die staatliche Einflußnahme stark begünstigt haben. Einige davon existieren in dieser Form nicht mehr.[16] Eine zunehmende Politisierung der Entscheidungen über Staatsausgaben und -einnahmen beispielsweise macht ebenso wie die Rücksichtnahme auf außenpolitische Erfordernisse eine strikt formulierte und sorgfältig koordinierte Steuerung von Wirtschaftsabläufen schwieriger. Die Internationalisierung der Güter- und Finanzmärkte läßt das Geschehen transparenter und die Akteure zahlreicher werden, was eine informelle Politik zusätzlich behindert. Zudem verringert sich mit wachsender Öffnung der Märkte die Zahl der Instrumente, die für die Wirtschaftslenkung zur Verfügung stehen.

5. Ausblick

Aus alldem wird nicht selten der Schluß gezogen, daß der Einfluß von Bürokratie und Staat in Japan zurückgeht und damit auch die Fähigkeit des Landes zur Bewältigung wirtschaftlicher Krisen abnimmt. Dabei ist gerade zur Zeit die Liste der Forderungen, die von offizieller Seite an Unternehmen herangetragen werden, lang: Automobilhersteller werden aufgefordert, mit Rücksicht auf die internationalen Handelsbeziehungen ihre Auslandsaktivitäten einzuschränken und sich zur Steigerung der Effizienz auf kleinere Produktpaletten und längere Produktzyklen umzustellen. Den großen Banken wird bedeutet, kleinere Institute und Nichtbankenfinanzhäuser, die durch die Krise in Bedrängnis geraten sind, zu stützen und sich bei der Vergabe von Krediten

15 So zeigten auch die haushaltspolitischen Beschlüsse vom April 1993 ein durchaus zweideutiges Bild. Auf der einen Seite ist das Ausgabenvolumen beachtlich und kommt entsprechenden Forderungen aus dem Ausland, vor allem aus den USA, entgegen. Auf der anderen Seite zeigt eine Aufschlüsselung der einzelnen Posten, daß sich die damit verbundenen Hoffnungen auf eine Stimulanz der US-Wirtschaft so nicht erfüllen werden. Vgl. zur Rolle Japans in der Gruppe der großen Industriestaaten allgemein beispielsweise Beate Reszat, Zwischen Kooperation und Konflikt: Die Stellung Japans in der G-7, in: Manfred Pohl (Hrsg.), Japan 1991/1992, Hamburg 1992, S. 190–210.

16 Siehe auch George C. Eads/Kōzō Yamamura, (Anm. 13).

auch an schwache Unternehmen nicht so stark zurückzuhalten. An Großunternehmen, die sich zu Produktionskürzungen und Umstrukturierungen gezwungen sehen, wird appelliert, den Mythos von der lebenslangen Beschäftigung, auf der, so wird gesagt, ein Großteil des gesellschaftlichen Konsenses beruht, nicht zu zerstören und Stammarbeiter, wenn irgend möglich, nicht zu entlassen etc. Vieles davon stößt auf den Widerspruch der Betroffenen, und einige Appelle bleiben ganz ohne Wirkung.

Das scheint denjenigen Beobachtern recht zu geben, die die Macht der Ministerien und Politiker im Sinken begriffen sehen. Doch es gibt auch Stimmen, die dagegen sprechen. Vor allem zwei Gründe lassen sich dafür anführen, daß der wirtschaftliche Vorsprung des Landes weltweit in den nächsten Jahren nicht schrumpfen, sondern vielleicht sogar eher noch zunehmen wird:

Zum einen läßt sich für eine Wirtschaft wie die japanische, in der der Einfluß von Staat und Bürokratie selten greifbar ist, im nachhinein nur schwer beurteilen, wie wirkungsvoll die administrative Lenkung in der Vergangenheit war und wie sich deren Aussichten tatsächlich darstellen. Bislang zumindest erscheint das Netzwerk aus Beziehungen zwischen Beamten, Politikern und Wirtschaftsführern im Grundsatz noch intakt. Zum anderen drängt sich der Eindruck auf, daß in den Diskussionen die Rolle des Staates manchmal schlicht überschätzt wird. Wenn aber nicht die Verwaltung und Politik, sondern die privaten Unternehmen selbst für den bisherigen Wirtschaftserfolg Japans den Hauptteil der Verantwortung tragen, läßt sich aus einem sinkenden Staatseinfluß allein nicht auf die Leistungsfähigkeit des Landes in der Zukunft schließen.

Die japanische Wirtschaft verfügt noch immer über viele der anfangs genannten Vorteile wie eine hohe Investitionsneigung, einen hohen Ausbildungsstand und die Besonderheiten in der Unternehmensstruktur. Auch wenn diese Vorteile – wofür es durchaus Anhaltspunkte gibt – schwächer werden oder allmählich an Gewicht verlieren, bedeuten sie doch zunächst, daß in Japan die Fähigkeit zur Krisenbewältigung bislang immer noch weit größer als in anderen Staaten ist. Daß die japanische Wirtschaft in der Vergangenheit höchst flexibel auf neue Anforderungen reagiert hat, läßt einige Beobachter vermuten, daß sie auch die jetzige Entwicklung eher als eine Art Prüfung nehmen und letztlich gestärkt daraus hervorgehen wird.

II. Die Bedeutung wirtschaftlicher Verbundgruppen: Netzwerkstruktur und *Keiretsu*-Effekt

MAX ELI

Die japanische Wirtschaft wird von Unternehmenskonglomeraten beherrscht.[17] Unter der Führung von industriellen Großunternehmungen, Banken und Universalhandelshäusern *(Sōgō Shōsha)* sind nach dem Zweiten Weltkrieg riesige Unternehmensgruppen entstanden, die Einfluß auf nahezu alle Wirtschaftsvorgänge in Japan ausüben. Rund 70% der in Japan emittierten Aktien befinden sich im Besitz von Aktiengesellschaften, die Mitglieder der Gruppen sind. Das bedeutet, daß dieser Anteil an Besitztiteln nicht in den Handel kommt, daß sich die meisten großen Aktiengesellschaften indirekt selbst besitzen oder zumindest kontrollieren. Die in den letzten Jahren als *Keiretsu*-Phänomen in die internationale Diskussion geratene Netzwerkstruktur der japanischen Wirtschaft wird insbesondere von den Amerikanern als nichttarifäres Handelshemmnis angeprangert. Die Rolle der Banken beim Aufbau der Unternehmensnetzwerke ist in der Vergangenheit oft unterschätzt worden. Dabei sind in erster Linie sie es, die das System zusammenhalten.

1. Intransparenz erschwert Deutung

Eine Reihe von Thesen ist inzwischen über die japanischen *Keiretsu* (wörtlich: Verbindungslinien) und die *Keiretsu*-Effekte aufgestellt worden. In den sogenannten SII-Gesprächen[18] zwischen Regierungsvertretungen der USA und Japans haben die Amerikaner nachzuweisen versucht, daß die Wirtschaftskonglomerate, die Geschlossenheit der großen Produktions- und Zulieferketten sowie das Zusammenspiel zwischen Wirtschaft und Politik bei der Vergabe öffentlicher Aufträge die Öffnung der japanischen Wirtschaft behinderten, wenn nicht gar verhinderten. Der Nachweis dafür ist nur schwer zu führen. Ein Schleier der Intransparenz schwebt über den Wirtschaftsgruppen und ihren Interaktionen, so daß Deutung und Bewertung schwerfallen.

Die Schwierigkeiten beginnen mit der Terminologie. In der Fachliteratur werden die Unternehmensgruppierungen recht unterschiedlich bezeichnet: Mischkonzerne,

17 Vgl. Max Eli, Japans Wirtschaft im Griff der Konglomerate, Frankfurt a. M. 1988.
18 SII = Structural Impediments Initiative.

Unternehmensverbände, Konsortien, Horizontal- und Vertikalgruppen, Produktions- und Distributionsverbünde. Auch im japanischen Schrifttum finden sich unterschiedliche, indessen vage Begriffe wie *Kigyō Keiretsu, Kigyō Shūdan, Shinon Keiretsu*. Diese Bezeichnungen enthalten viel Raum für Interpretationen, der auch erforderlich ist, weil von Gruppe zu Gruppe große Unterschiede in Aufbau, Zusammenhalt und Erscheinungsbild bestehen. Um den heutigen Konglomeraten terminologisch gerecht zu werden, eignet sich noch am ehesten der etwas farblose Begriff aus der deutschen Betriebswirtschaftslehre »Wirtschaftliche Verbundgruppe«.

Erscheinungsbild, Natur und Grad der Bindungen sind bei den einzelnen Verbundgruppen überraschend unterschiedlich. Allen gemeinsam ist jedoch, daß an ihrer Spitze keine Holdinggesellschaften stehen, die als Kontrollorgane den Gruppenzusammenhalt garantieren würden. Gemeinsam ist ihnen ferner:

- daß die Gruppenmitgliedsfirmen auf der Basis von Minderheitsbeteiligungen »überkreuz« bzw. im Ringtausch (japanisch: *Mochiai*) miteinander verflochten sind,
- daß Präsidenten- und Direktoren-Councils über die Geschicke der Gruppen wachen und grundsätzliche Strategien entwickeln,
- daß zwischen den Geschäftsführungen der Gesellschaften Personaltausch und Technologietransfer stattfindet,
- daß in den Ruhestand getretene Regierungsbeamte als Berater oder Geschäftsführer bestellt werden,
- daß die Unternehmensfremdfinanzierung überwiegend durch die Hausbanken und Versicherungsgesellschaften der Gruppen erfolgt,
- daß das jeweils zur Gruppe gehörende Generalhandelshaus *(Sōgō Shōsha)* eine Vielfalt unternehmerischer Funktionen für die Gruppenmitglieder übernimmt und
- daß in zukunftsträchtige Projekte gemeinsam investiert wird.

Holdinggesellschaften *(Honsha)* sind in Japan verboten. Sie waren vor dem Zweiten Weltkrieg Instrumente der berüchtigten *Zaibatsu*, die als Träger exzessiver wirtschaftlicher Macht Japan mit in den Krieg getrieben haben.[19] Unter General MacArthur hat die amerikanische Militärregierung alle *Honsha* aufgelöst. Auf der Rechtsgrundlage des *Anti-Monopoly-Act* von 1947 erfolgte ein Entflechtungs- und Dekonzentrationsprozeß. Gleichzeitig wurde nach US-amerikanischem Vorbild eine Antimonopol-Behörde errichtet, die jeden Versuch unterbinden sollte, jemals wieder wirtschaftliche Macht aufzubauen.

Trotzdem sind die Verbundgruppen entstanden. Unter schwierigen Rahmenbedingungen gelang es ihnen, sich jeweils eine *collective guidance*, eine gemeinsame Gruppenführung, zu geben, die de facto Holdingfunktionen ausübt. Der amerikanischen Besatzungsmacht ist es zwar formaljuristisch gelungen, Machtkonzentration in Japan zu verbieten; die Japaner stellten aber unter Umgehung der Anti-Trust-Vorschriften bald wieder – zunächst geheim und informell, später über feingesponnene multiple Überkreuzverflechtungen – Verhältnisse her, die denen in der Vorkriegszeit verblüffend ähneln. Die Konzerne fanden, auch ohne Holdinggesellschaften, zur früheren Stärke zurück, allen voran ehemalige *Zaibatsu* wie Mitsubishi, Mitsui und Sumitomo. Wie das geschehen konnte, weiß man inzwischen. Auf geheimen Treffs – im

---

19 Vgl. Eleanor M. Hadley, Antitrust in Japan, Princeton–New Jersey 1970.

Rahmen sogenannter *Kais* bzw. später Präsidentenclubs[20] – entwickelten die Führungskräfte befreundeter Gesellschaften die Konzeptionen zur Reorganisation der früheren *Zaibatsu* unter anderen Namen. Neue Gruppierungen sind allerdings hinzugekommen. Die Dekonzentrationsvorgänge – sie wurden 1951 mit der Auflösung der *Holding Company Liquidation Commission* eingestellt – haben geholfen, daß neu gegründete Unternehmungen und Unternehmensgruppen eine Existenzchance erhielten – auch in den ehemals kontrollierten Schlüsselindustrien. Insofern waren die US-amerikanischen Bemühungen nicht völlig vergebens.

2. Über 100 wirtschaftliche Verbundgruppen

Je nach Betrachtungsweise, enger oder weiter Definition, existieren über 100 Verbundgruppen in Japan. Sie lassen sich in horizontale und vertikale Gruppen untergliedern, wobei in einer Reihe von Fällen Mitglieder horizontaler Gruppen Führungsgesellschaften vertikaler Formationen bzw. Zulieferketten sind. Vertikal strukturierte Gruppen sind vor allem in Industriezweigen zu finden, in denen das Endprodukt aus zahlreichen Einzelteilen assembliert wird (Automobilbau, Elektronik, Maschinenbau). Die einflußreichsten Verbundgruppen sind in *Tabelle 1* aufgeführt. Zu nennen sind außerdem die bedeutenden Zuliefer-*Keiretsu* Aeon, Shimizu, Bridgestone, Kobe Steel, Sony, Canon, Sanyo, Mazda Motor, Isuzu Motors, Nippondenso, NTT und Nippon Express. Hier dienen die Mitgliedsfirmen, die meist fest in ein gut ausgebautes *Subcontracting*-System eingebunden sind, überwiegend nur EINEM großen Hersteller. Die Geschäftsführungen der Obergesellschaft und der Untergesellschaften sind in der Regel in bezug auf ihr Kapital und ihr Personal verflochten. Die Führungsgesellschaft unterstützt die Subgesellschaften sowohl finanziell als auch in technologischen Belangen, wozu auch die Hilfestellung bei der Entwicklung der nächsten Produktgeneration zählt.

Im Fiskaljahr 1990 waren rund 900 meist marktstarke Unternehmungen mit über 2 Millionen Beschäftigten Mitglied der acht größten horizontalen Gruppierungen, wobei Banken und Versicherungen nicht einmal eingeschlossen sind.[21] Das Gesellschaftskapital aller Gruppenmitglieder stellt mit 18 789 Milliarden Yen ein Drittel (33,2 %) des gesamten in Japan eingezahlten Unternehmenskapitals dar. Am stärksten war hieran die Sumitomo-Gruppe beteiligt, gefolgt von Mitsubishi, Fuyo (Fuji-Bank-Gruppe), DKB (Dai-Ichi-Kangyō Bankgruppe), Sanwa und Mitsui. Am Gesamtumsatz der japanischen Wirtschaft in Höhe von 1 428 181 Milliarden partizipierten die acht Gruppen mit 266 608 Milliarden Yen oder 18,7 %. In der Umsatzrangliste führte die DKB vor Sumitomo, Mitsubishi, Sanwa, Fuyo und Mitsui. Von den in Japan insgesamt erzielten Nettogewinnen in Höhe von 17 570 Milliarden Yen entfielen 18,5 % auf die acht großen Verbundgruppen. Hier lautete die Rangfolge Mitsubishi vor Sumitomo und Mitsui *(vgl. Tabelle 2)*.

---

20 Legendär sind das *Kinyō-Kai* (Freitagskonferenz) der Mitsubishi-Gesellschaften, das *Nimoku-Kai* (zweiter Donnerstagsclub) der Mitsui-Gesellschaften und das *Hakusui-Kai* (Weißwasserclub) der Sumitomo-Gesellschaften. Auf diesen Veranstaltungen treffen sich noch heute regelmäßig die Präsidenten der führenden Gruppengesellschaften.

21 Vgl. Dodwell Consultants (Hrsg.), Industrial Groupings in Japan, Tōkyō 1992.

Abb. 1: Die Sumitomo-Gruppe

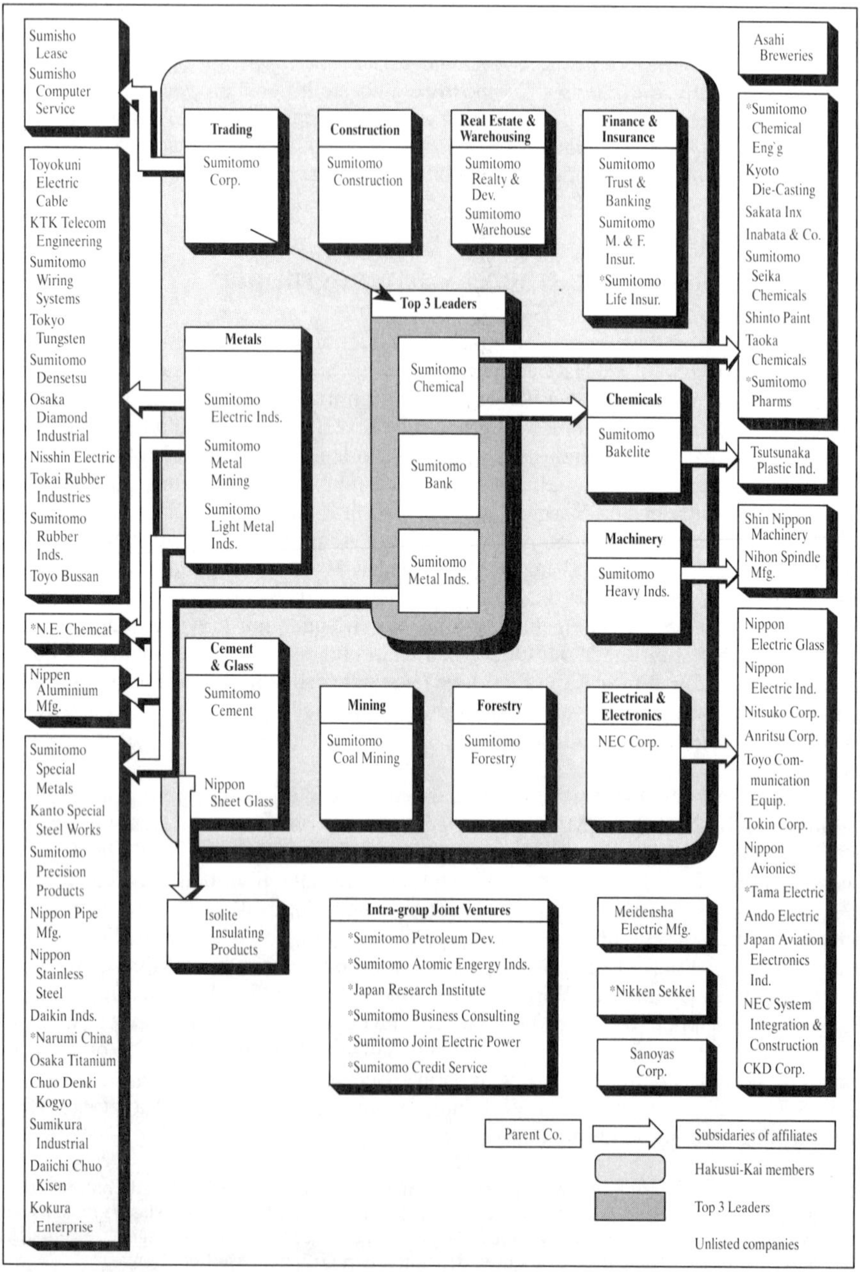

Quelle: Dodwell, Industrial Groupings in Japan, Tōkyō 1992.

Tab. 1: Die wichtigsten wirtschaftlichen Verbundgruppen

Verbund	Hauptbranchen
1. Horizontaler Verbund	
Mitsubishi	alle Haupt-Wirtschaftszweige vertreten
Mitsui	
Sumitomo	
Fuyo	
DKB[1]	
Sanwa	
Tokai	
IBJ[2]	
2. Vertikaler Verbund	
Matsushita	Elektro/Maschinenbau/Musik
Daiei	Einzelhandel/Bau/Service
Ito-Yokado	Einzelhandel/Nahrungsmittel
Hitachi	Elektro/Maschinenbau/Chemie/Transport
Toyota Tsusho	Metalle/Maschinenbau/Chemie
Saison	Einzelhandel/Department Stores
Kajima	Bau/Handel/Immobilien
Taisei	Bau/Maschinen/Immobilien
Kirin	Bier/Nahrungsmittel/Restaurants
Nippon Oil	Öl/Chemie/Bau/Transport
Cosmo Oil	Öl/Chemie/Bau/Transport
Shōwa Shell	Öl/Chemie/Bau/Transport
Nippon Steel	Stahl/Maschinenbau/Bau/Baustoffe
NKK[3]	Stahl/Maschinenbau/Bau/Immobilien
NEC[4]	Elektro/Bau/Glas/Transport
Fujitsu	Elektro/Chemie/Maschinenbau/Immobilien
Sharp	Elektro/Bau/Maschinenbau/Handel
Nissan	Automobile/Komponenten/Transport
Toyota	Automobile/Komponenten
Honda	Automobile/Komponenten/Maschinenbau

1 DKB = Dai-Ichi-Kangyō-Bank-Gruppe
2 IBJ = Industrial Bank of Japan-Gruppe
3 NKK = Nippon Kokan Kōgyō
4 NEC = Nippon Electric Corporation

Quelle: Dodwell Consultants (Hrsg.); Industrial Groupings in Japan, Tōkyō 1992, Ministry of Finance (Hrsg.), Statistisches Unternehmensjahrbuch (Hōjin Kigyō Kōkei Nenpō), Tōkyō 1992.

Zwischen den Gruppen besteht Rivalität, oft erbitterter Wettbewerb, insbesondere auch, wenn es um Marktpositionen auf dem japanischen Binnenmarkt geht. Andererseits lassen sich zahlreiche Querverbindungen, auch Kooperationen und Konsortien auf Zeit, ausmachen *(vgl. Abbildung 2)*.

In entscheidenden Fragen von nationaler Bedeutung, etwa bei der Rohstoffsicherung des Landes, arbeiten die Gruppen zusammen. Die treibenden Kräfte dabei sind die Präsidenten-Clubs bzw. *Kais*, die Banken und die Universalhandelshäuser *(Sōgō Shōsha)*.

Tab. 2: Die gesamtwirtschaftliche Bedeutung der acht größten wirtschaftlichen Verbundgruppen
(Fiskaljahr 1990)

Wirtschaftliche Verbundgruppe	Gesellschaftskapital		Netto-Gewinne		Umsatz	
	Mrd. Yen	in %	Mrd. Yen	in %	Mrd. Yen	in %
Mitsubishi	3332	5,9	762	4,3	45486	3,2
Mitsui	2430	4,3	478	2,7	36816	2,6
Sumitomo	3533	6,2	583	3,3	45823	3,2
Fuyo	2836	5,0	403	2,3	37983	2,7
DKB	2585	4,6	484	2,8	48281	3,4
Sanwa	2539	4,5	451	2,6	38468	2,7
Tokai	728	1,3	92	0,5	10676	0,7
IBJ	806	1,4	−40	–	3075	0,2
Insgesamt	18789	33,2	3213	18,5	266608	18,7
Japan insgesamt	56620	100,0	17570	100,0	1428181	100,0

Quelle: Dodwell Consultants (Hrsg.): Industrial Groupings in Japan, Tōkyō 1992, Ministry of Finance (Hrsg.), Statistisches Unternehmensjahrbuch (Hōjin Kigyō Tōkei Nenpō), Tōkyō 1992.

3. Ungeschriebene Beistandspflicht der Nukleus-Banken

Hausbank und *Sōgō Shōsha* – beide zählen zu den Kern- bzw. Nukleusgesellschaften ihrer jeweiligen Verbundgruppe – ergänzen sich bei der Verfolgung der Unternehmenspolitik der Gruppenmitglieder in idealer Weise: Die Banken finanzieren, die *Sōgō Shōsha* befinden über Importe, Exporte, Produktausrichtung, Produktionsvolumen und Investitionsvorhaben. Banken und Universalhandelshäuser sind meistens kapitalmäßig miteinander verflochten, wobei die Geldhäuser seit 1977 gesetzlich auf eine Beteiligung von maximal 5 (zuvor 10)% am Gesellschaftskapital der *Sōgō Shōsha* beschränkt sind.

Die einzelnen Verbundgruppen verleihen ihrer jeweiligen Nukleus-Bank Einfluß; sie nehmen die Bank aber auch in die Pflicht. Im Notfall muß die Hausbank weitgehend für die Verbindlichkeiten ihrer Schwesterunternehmung in der Gruppe geradestehen. Dafür gibt es keinen gesetzlichen Zwang, vielmehr erfolgt die Rettungsaktion aufgrund ungeschriebener Gesetze der »Japan AG«. In der Vergangenheit gab es dramatische Fälle, in denen Nukleus-Banken hohe Verluste ihrer Gruppenunternehmungen decken mußten. Stets sind die Banken ihrer Beistandspflicht nachgekommen. Unvermeidbare Zusammenbrüche wurden in einer erstaunlich disziplinierten und rationalen Weise abgewickelt.[22]

Die enge Verflechtung innerhalb der Gruppe wird durch zwischenbetriebliche Krediteinräumung noch verstärkt. Hierbei helfen Kunden und/oder Lieferanten einer in Schwierigkeit geratenen »Schwesterunternehmung« dadurch, daß sie Wech-

22 Vgl. Peter P. Baron, Hausbanken stehen für ihre Wirtschaftsgruppe gerade, in: Japaninfo Nr. 7, 3. 4. 1981.

Abb. 2: Die wichtigsten wirtschaftlichen Verbundgruppen und ihre Beziehungen untereinander

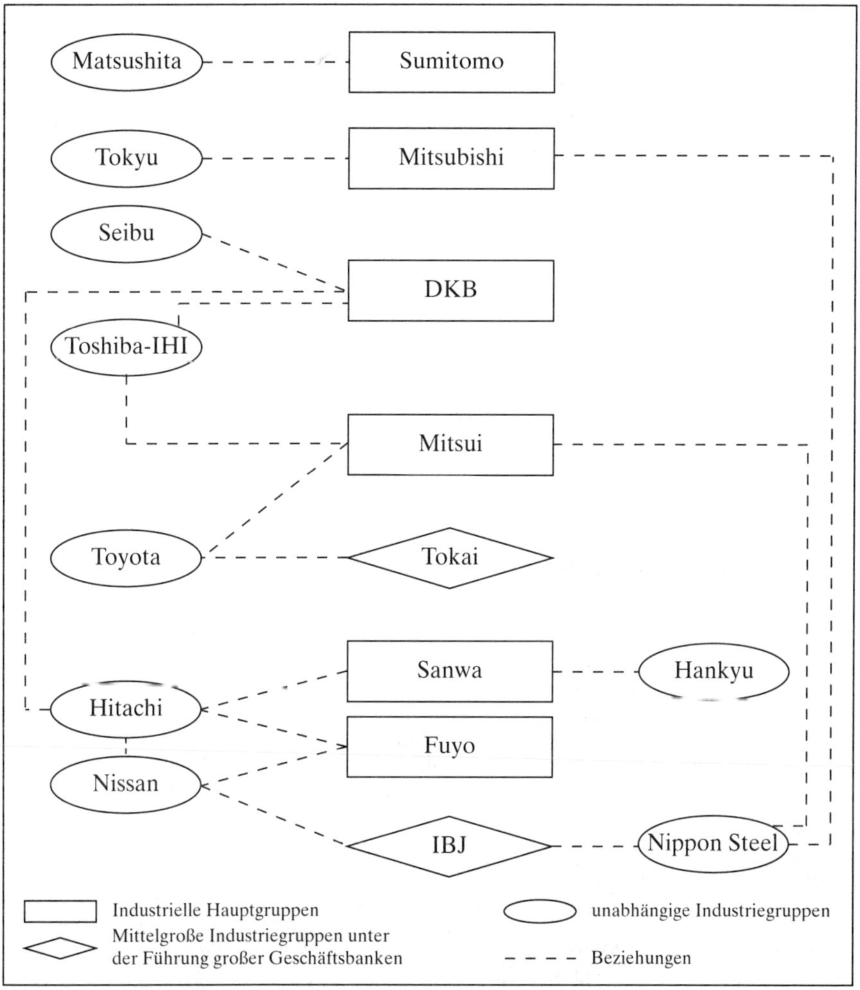

Quelle: Dodwell Consultants, Industrial Groupings in Japan, Tōkyō 1992.

sel vorzeitig bezahlen oder Zahlungstermine verlängern, Vorzugspreise einräumen und Managementhilfe zur Verfügung stellen.[23]

Nicht nur die gegenseitigen Kapitalbeteiligungen mit Banken, auch die multiplen Überkreuzverflechtungen der Mitglieder untereinander sowie die zwischen ihnen

23 Vgl. Madeleine Preisinger-Monloup, Finanzierungsstruktur der japanischen Unternehmen, in: Geld in Japan, OAG-Reihe Japan modern, Berlin 1981, S. 192.

bestehenden langfristigen Liefer- und Abnehmerbeziehungen halten die Verbundgruppen zusammen. Aus der Sicht des einzelnen Gruppenmitglieds kommt die Rolle der Hausbank als Kreditgeber, Finanzier der Import- und Exportgeschäfte sowie Risikoträger durch Bürgschaftsübernahmen eine herausragende Bedeutung zu. Die Wahrnehmung der Risikoträger-Funktion spielt auch im internationalen Geschehen eine Rolle, etwa im Bemühen japanischer Großunternehmungen, am Eurokapitalmarkt finanzielle Mittel zu beschaffen. Ohne die Bankgarantie der Hausbank könnten keine Anleihen der Mitgliedsunternehmungen untergebracht werden. Eine Alternative zur Bankgarantie wäre bei den meisten kapitalsuchenden Unternehmungen nicht gegeben, denn das bei fast allen japanischen Unternehmungen ungünstige Verhältnis Eigenkapital zu Fremdkapital stellt eine kaum zu nehmende Hürde dar. Die internationalen Kapitalmärkte akzeptieren die Bankgarantien in erster Linie nur deshalb, weil die Banken ihrerseits unter dem Schutz des japanischen Finanzministeriums – und damit unter staatlicher Protektion – stehen.

4. *Sōgō Shōsha* sind »Quasi-Banken«

Was die *Sōgō Shōsha* betrifft, so stehen sie – in den meisten Fällen als Kerngesellschaften mit Führungsaufgaben – in einem engen Beziehungsgeflecht mit den Gruppenmitgliedern. Sie beliefern diese mit Rohstoffen und setzen auf den heimischen und ausländischen Märkten deren fertige Erzeugnisse ab. Zwischen den Gruppenmitgliedern und den *Sōgō Shōsha* bestehen feste Liefer- und Abnahmebeziehungen, und es ist ein Geben und Nehmen innerhalb der Verbundgruppen, die von den unternehmerischen Entscheidungen in den Zentralen der Generalhandelshäuser und der Hausbanken in schicksalhafter Weise abhängen. Als *Sōgō Shōsha* gelten in der japanischen Öffentlichkeit die neun Unternehmen Mitsubishi Corporation, Mitsui & Co. Ltd., Itochu (früher C. Itoh & Co. Ltd.), Marubeni Corporation, Sumitomo Corporation, Nissho Iwai Corporation, Toyo Menka Kaisha, Kanematsu Gosho, Ltd. und Nichimen Corporation. Welches Generalhandelshaus zu welcher Verbundgruppe gehört, geht aus *Abbildung 3* hervor.

Wer das Wesen der japanischen Welthandelshäuser verstehen will, muß sich mit den Funktionen befassen, die von ihnen wahrgenommen werden.[24] Deren Spannweite ist im internationalen Vergleich ohne Beispiel *(vgl. Abbildung 4)*.

Die in Europa anzutreffende Trennung in Produktion, Großhandel, Einzelhandel, Außenhandel, Finanzierung etc. ist im Falle der *Sōgō Shōsha* aufgehoben. Daß sie, wie ein gängiges Klischee besagt, mit allem handeln, was vorstellbar ist, von der Stecknadel bis zum Satelliten, ist deshalb auch nur ein Teilaspekt ihrer Wirtschaftsaktivitäten. Sie sind multiaktive Konzerne mit vielen Tochtergesellschaften und mit Kapitalbeteiligungen an zahlreichen in- und ausländischen Gesellschaften.

24 Vgl. Max Eli u. a., Sōgō Shōsha. Strukturen und Strategien japanischer Welthandelsunternehmungen, Düsseldorf – Wien 1977.

Abb. 3: Die Bindungen der Sōgō Shōsha an die Verbundgruppen

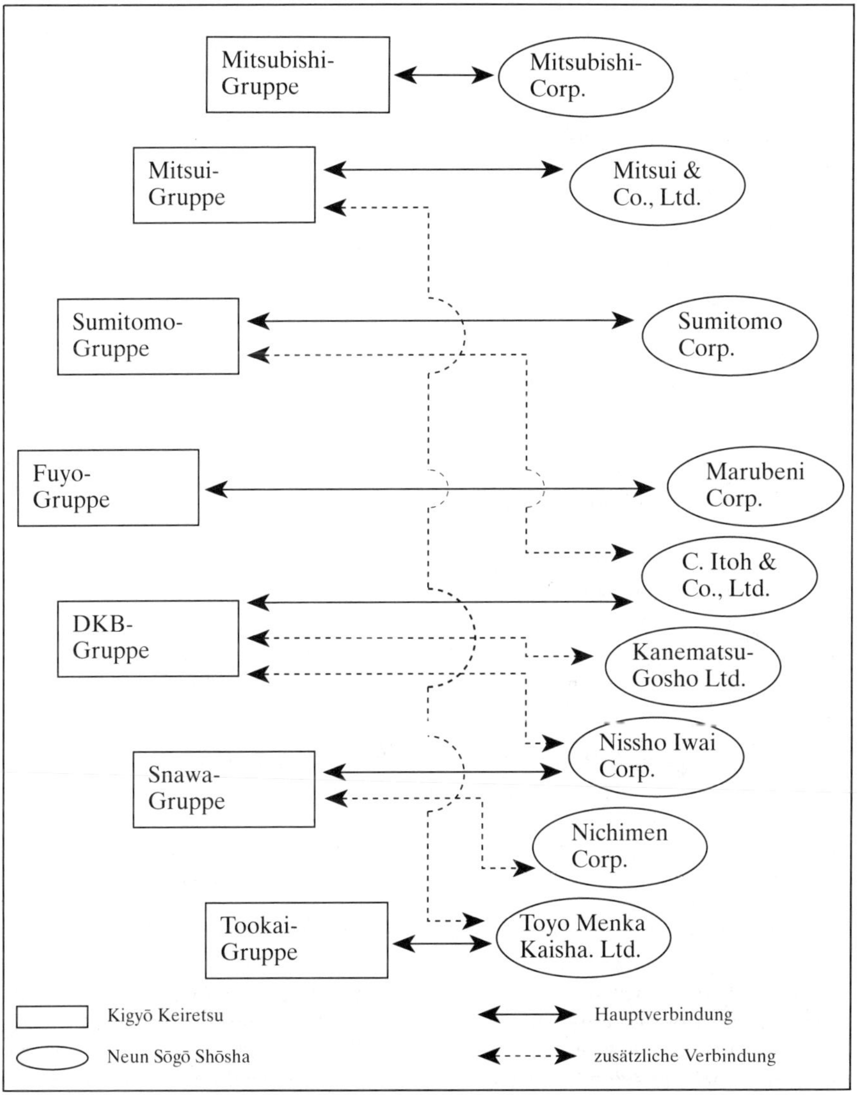

Quelle: Dodwell Consultants, Industrial Groupings in Japan, Tōkyō 1992.

Die Tätigkeit der *Sōgō Shōsha* auf dem Finanzsektor ist für die Wirtschaftsunternehmungen eine wertvolle Ergänzung zu der Betreuung durch die Hausbanken. Wenn es um Finanzierungen innerhalb der Verbundgruppen geht, übernehmen die Generalhandelshäuser zwei grundsätzliche Funktionen: die Überbrückung von

Abb. 4: Das Funktionen-Spektrum der *Sōgō Shōsha*

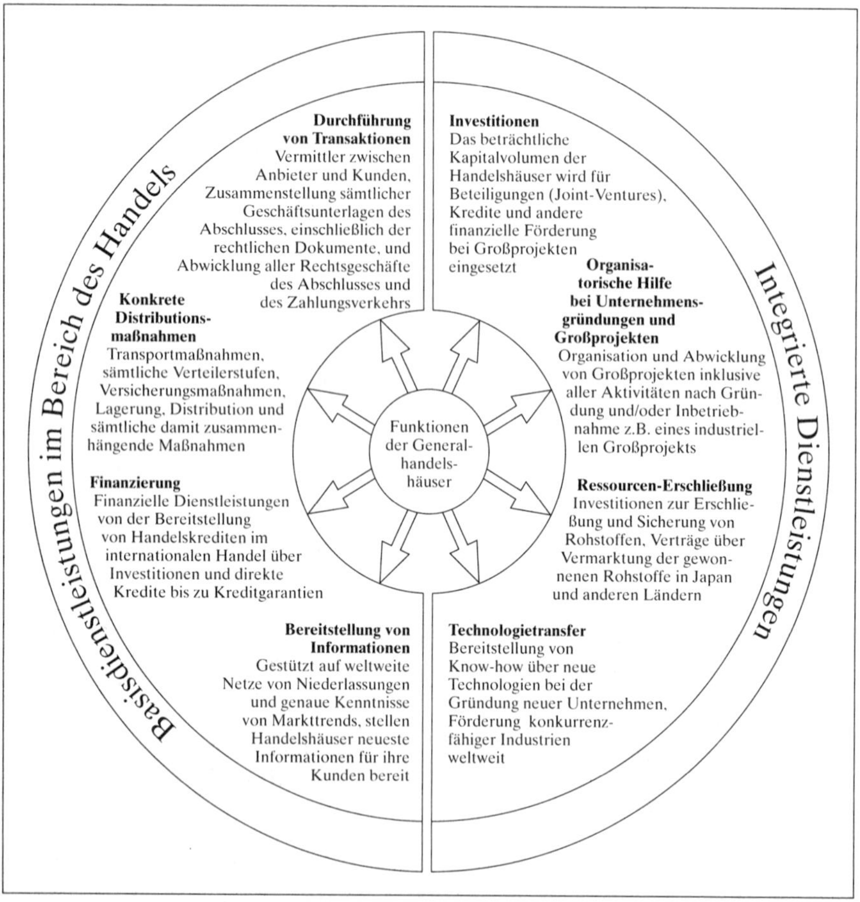

Quelle: Max Eli, Japans Wirtschaft im Griff der Konglomerate, Frankfurt a. M. 1988, S. 132.

Finanzierungsengpässen auf seiten der Abnehmer durch kurzfristige Kreditgewährung (Warenkredite) – eine Aufgabe, die traditionell zu den Funktionen von Groß- und Außenhandelsunternehmungen zählt – und die Betätigung als »Quasi-Banken«. Dazu zählt unter anderem die Kreditgewährung an kapitalschwache Lieferanten (in der Regel Produzenten), die Bereitstellung von Investitionskrediten an Tochter- und Beteiligungsgesellschaften, aber auch an Fremdunternehmen und Konsortien, Projektfinanzierungen und Kapitalbeteiligungen an dritten Unternehmungen.

Damit ist das Spektrum der *Sōgō-Shōsha*-Tätigkeiten auf dem Finanzierungssektor noch nicht erschöpft. Sie schalten sich auch in japanische Direktinvestitionen im Ausland ein, finanzieren Rohstofferschließungsprojekte und industrielle Großvorhaben. Ein beachtlicher Teil der Auslandsinvestitionen japanischer Unternehmungen läuft durch ihre Bücher. Oft beteiligen sie sich mit kleinen Quoten am Gesellschaftskapital japanischer *joint ventures* im Ausland, um so für künftige Geschäfte den »Fuß in der Tür« zu haben. Auch in der Entwicklungshilfe sowie in der Kreditvergabe an andere Länder mischen sie mit. Bevorzugt schalten sie sich ein, wenn es um die Finanzierung konkreter Wirtschaftsprojekte geht.

Die während der letzten Jahre raschen Veränderungen an den internationalen Finanzmärkten haben die *Sōgō Shōsha* veranlaßt, eigene Finanzgesellschaften im Ausland zu gründen. Über diese begeben sie Schuldschein-Emissionen und suchen in der Zusammenarbeit mit japanischen und ausländischen Finanzpartnern geschäftsstrategische Vorteile. Sie haben den großen Vorteil, daß sie wesentlich schneller und besser über geplante physische Warenbewegungen in der Wirtschaft informiert sind als Banken oder andere Finanzinstitute. Mit ausländischen Währungen und Finanzgepflogenheiten haben sie mehr Erfahrungen als die meisten japanischen Industrieunternehmungen. Sie arbeiten an der Schnittstelle von realwirtschaftlichen und finanzwirtschaftlichen Vorgängen. Diesen komparativen Vorteil versuchen sie konsequent auszunutzen, indem sie sich – wenigstens funktionell – zu »Welt Merchantbanken« entwickeln.[25]

5. *Keiretsu* – Erfolgsmuster für die japanische Wirtschaft?

Es handelt sich bei den Verbundgruppen um strategische Netzwerke, in denen das unternehmerische Risiko gestreut wird. Die Ressourcen an Kapital, Rohstoffen und technischem Wissen werden in Wirtschaftszweige gelenkt, die Japans wirtschaftliche Zukunft abzusichern in der Lage sind. Der Gruppenzusammenhalt und das tatsächliche Einflußpotential der Gruppenverbände darf als ungewöhnlich hoch vermutet werden. Es wird, je nach Gruppe, auf 50% bis 100% der Besitzrechte geschätzt, wobei die Besitzrechte nur eine Komponente der Kohäsion unter vielen sind. Inländischen Kundenfirmen wurde in der Vergangenheit nicht selten nahegelegt, Gruppenmitglied zu werden, sich also kapitalmäßig in eine Gruppe einzukaufen. Dadurch sei betriebswirtschaftliche Sicherheit und wirtschaftliche Stabilität herzustellen, denn die Besitzrechte wären dann in den Händen »stabiler« Aktionäre, die einen Firmenverkauf an Dritte nicht zulassen würden. »Diese Absicherung geht z.B. in der Automobilbranche so weit, daß gegenseitige Beteiligungen japanischer Konkurrenten als Schutzwall gegen ausländische Investoren benutzt werden. Dasselbe Rückversicherungsdenken auf Gegenseitigkeit beherrscht daneben auch die Entwicklung moderner Technologien, wofür die sechs größten *Keiretsu* gemeinsame Unternehmen, z.B. im Bereich Nuklearenergie, der Computerentwicklung und der Meeresforschung gebildet haben.«[26]

Es fragt sich, wie diese Art der Organisation, die von Kritikern als eine gegen (vorwiegend ausländische) Dritte gerichtete Spielart des Dirigismus bezeichnet wird, überhaupt eine Chance zur Entfaltung erhalten konnte – in einem Nachkriegsjapan, das eine marktwirtschaftliche Demokratie aufbauen wollte.

---

25 Vgl. Ryuichi Katō, Mitsubishi Effort To Boost Business In Financial Service Pays Dividends, in: The Japan Economic Journal v. 17. 9. 1988.

26 Madeleine Preisinger-Monloup, (Anm. 23), S. 12.

Die japanische Regierung hatte für ihre »Mittäterschaft« im wesentlichen zwei Motive: »Zum einen war man der Ansicht, daß eng miteinander verzahnte Besitzverhältnisse und intensive Beziehungen zwischen Abnehmern und Zulieferern Importe und Investitionen aus dem Ausland verhindern könnten. Das geschah zu einer Zeit, als sich Japan – was unvermeidlich geworden war – gedrängt sah, seine Märkte offiziell zu öffnen. Zum anderen ging es der Regierung darum, knappe Ressourcen in jenen Industrien zu konzentrieren, die als entscheidend für die langfristige ökonomische Sicherung des Landes eingestuft wurden. Und die großen Gruppen, mit ihrem starken Rückhalt bei einer Bank und einem gestreuten Risiko, ließen sich von der Regierung bequem in strategisch wichtige Branchen bugsieren. Diese Art von Dirigismus sollte sich als richtig herausstellen. Das beweist die Tatsache, daß die *Keiretsu* heute die Blue Chips der japanischen Wirtschaft sind.«[27]

Das Großunternehmen »Japan Incorporated« hat es verstanden, das Land zu einer »Macht der Triade«[28] aufzubauen. Im Zusammenspiel zwischen Privatwirtschaft und Staat erfolgte dies in einer Weise, wie es in anderen Ländern nicht vorstellbar ist. Alle sind auf alle angewiesen, jeder ist Teil einer Gruppe, keine Gruppe steht für sich allein, Harmonie ist die höchste Tugend.

Für das japanische Erfolgsmuster waren diese Grundsätze bei aller Dynamik und den damit auch verbundenen Irritationen stets entscheidend. Diese Verhaltensmentalität resultiert aus der Sozialgeschichte Japans, in der jenes soziale System ein Rolle gespielt hat, das sich in den *Mura* entwickelte. *Mura* waren geschlossene, vom Naßreisanbau abhängige Dorfgemeinschaften, Schicksalsgemeinschaften eigener Prägung. In diesen, ökonomisch und soziologisch gesehen, »Ganzheiten« war jeder von jedem abhängig, alle *Mura*-Mitglieder waren mit ihrem individuellen Status in die Gemeinschaft eingebunden. Lebenswichtig für den einzelnen war die Ausrichtung auf einen Ranghöheren, der Fürsorge und Förderung gewährte, dafür Loyalität und Gehorsam verlangen durfte.[29]

Im Aufbau und in den Interaktionen der *Keiretsu*-Gruppen finden sich diese Abhängigkeiten wieder. Ihre Führungsgremien steuern das Wirtschaftsgeschehen, ihre Mitgliedsunternehmen sind, um es überspitzt zu formulieren, Befehlsempfänger mit Loyalitäts- und Vorsorgeanspruch.

Das japanische Erfolgssystem kann sich auf Arbeitsteilungsmechanismen stützen, die historisch gewachsen sind und immer wieder an die modernen Erfordernisse angepaßt wurden. In diesem System sind Synergieeffekte, auch Erscheinungen wie Quality Circles, *Kaizen*, Lean Production und Just-in-Time-Lieferungen – leichter zu organisieren als in jedem anderen System mit marktwirtschaftlichen Grundmerkmalen. Die Japaner haben sicher keine neue Form des Wirtschaftens erfunden[30], sie haben aber ihre Tradition in das wirtschaftliche Geschehen eingebracht und sind nicht zuletzt damit in die Lage versetzt worden, ihre Weltkonkurrenten zu überflügeln.

---

27 Marie Anchordoguy, Eine kurze Geschichte der Keiretsu, in: HARVARD manager (1991) 1.

28 Vgl. das gleichnamige Buch von Kenichi Ohmae, Wiesbaden 1985.

29 Vgl. Max Eli, Elemente der Ganzheitslehre in der japanischen Wirtschaft, in: Der Weg zum Ganzen, Essay, Stuttgart 1987.

30 Vgl. Barbara Krug, Die Entzauberung der Samurai, in: FAZ v. 10. 4. 1993.

6. *Keiretsu* – ein internationales Ärgernis?

Die betriebswirtschaftlichen Verbundgruppen stellen Bollwerke gegen ausländische Eindringlinge dar. In den vertikalen *Keiretsu* wird soviel wie möglich an Zulieferungen aus den eigenen Reihen getätigt. Ausländische Hersteller haben nur dann eine Liefer-Chance, wenn ihr Erzeugnis weit überlegen ist und keinem Gruppenmitglied Konkurrenz macht. Die *Subcontracting*-Unternehmen stehen in einer beinahe völligen ökonomischen und technologischen Abhängigkeit. Über 80% ihres Umsatzes tätigen sie mit nur einem Abnehmer; im Durchschnitt beliefern sie nur fünf weitere Unternehmungen.[31] Sie arbeiten mit vergleichsweise geringen Gemeinkosten, da sie auf eine Reihe betriebswirtschaftlicher Funktionen verzichten können. Von ihnen wird eine *Just-in-Time*-Belieferung mit qualitativ hochwertigen und dennoch preisgünstigen Vorprodukten erwartet. Die gegenseitige Abhängigkeit hält die Führungsgesellschaften davon ab, ihre Zulieferer in existenzgefährdender Weise auszunutzen. Andererseits ist der von ihnen ausgeübte Leistungsdruck sehr groß. Kein ausländischer Zulieferer würde in dieses System passen, es sei denn, die Japaner hätten ihn aufgekauft und »japanisiert«.

Ein Eindringen in die horizontalen Verbundgruppen ist ausländischen Unternehmungen kaum möglich. Nach Schätzung von Experten[32] finden bis zu 50% des Geschäftsumsatzes einer Gruppe zwischen den Mitgliedsunternehmen statt. Wenn ausländische Lieferanten oder Produzenten herausragende Produkte oder technologische Verfahren anzubieten haben, versuchen die Japaner, *joint ventures* mit ihnen einzugehen, so geschehen zum Beispiel im Falle der großen deutschen Chemiefirmen, die mit Mitsubishi, Mitsui und Sumitomo Gemeinschaftsunternehmungen betreiben. Auf keinen Fall lassen es die Führungsgremien der Gruppen zu, daß *Keiretsu*-Firmen von Ausländern aufgekauft werden.[33]

Dieser Widerstand verletzt die Chancengleichheit der Ausländer im Wettbewerb mit den Japanern. An den wirtschaftlichen Erfolgen gemessen zeigt der Systemvergleich Japan/Ausland nicht nur die Überlegenheit des japanischen Systems, sondern auch, daß ein Teil der japanischen Erfolge aus der robusten Wahrnehmung der Japaner von Möglichkeiten resultiert, die ihnen liberale ausländische Systeme gestatten und die sie selbst ihren Konkurrenten aber nicht einzuräumen bereit sind. Angesprochen ist damit vor allem auch die mangelnde Reziprozität mit Japan. Besonders schwer wiegt sie auf dem M&A-Markt, dem Markt für Unternehmungsbeteiligungen und Unternehmungskäufe. Während Japan weltweit unproblematisch Firmen aufkaufen kann, ist dies ausländischen Investoren in Japan nicht möglich. Darin liegt ein internationales Ärgernis, das einen unmittelbaren Bezug zur *Keiretsu*-Struktur der japanischen Wirtschaft hat.

---

31 Vgl. Jörg Sydow, Strategische Netzwerke in Japan, in: Zfbf (1991) 3, S. 245.

32 Vgl. Marie Anchordoguy, (Anm. 27), S. 107.

33 Ein anschauliches Beispiel dafür liefert der von den Japanern abgewehrte Versuch eines US-amerikanischen Investors, die Firma Koito, eine Zulieferfirma von Toyota, zu übernehmen, vgl. o. V.: »Kein Ende des Streits zwischen Koito und Pickens«, in Japaninfo Nr. 6, 29. 4. 1991.

III. Die Klein- und Mittelbetriebe

Helmut Laumer

1. Duale Struktur als charakteristisches Merkmal der japanischen Wirtschaft

Wenn über Japans wirtschaftliche Erfolge gesprochen wird, seinen Aufstieg zur zweitstärksten Wirtschaftsmacht der Welt, dann ist im allgemeinen die Rede von den riesigen Firmenkonglomeraten, den traditionsreichen *Zaibatsu*, und von einigen wenigen Großkonzernen, die erst nach dem Zweiten Weltkrieg entstanden und heute alle in der Spitzengruppe der Weltrangliste der Unternehmen zu finden sind. Vergessen wird meist der fundamentale Beitrag, den die große Masse der kleinen und mittleren Betriebe leistete und leistet. Stärker als anderswo stützt sich die Großindustrie Japans auf ein dichtes Netz kleiner und kleinster Unternehmen, die auf den verschiedensten Stufen als Zulieferer, als Zwischenhändler und/oder als Servicebetriebe unterschiedlichster Art fungieren. Sowohl gemessen an der Zahl der Betriebe als auch am Umsatz bzw. der Wertschöpfung ist der Anteil von (nach deutschem Sprachgebrauch) mittelständischen Firmen in Japan erheblich größer als in fast allen anderen industrialisierten Ländern; in etwa vergleichbare Größenordnungen finden sich nur in Italien.[34]

Dieses relative Ungleichgewicht Groß und Klein – von der *Economic Planning Agency* im »Economic White Paper 1957« erstmals als »duale Struktur« der japanischen Wirtschaft bezeichnet – hat den wirtschaftlichen Aufschwung Japans in der Vergangenheit keineswegs behindert. Im Gegenteil wurde durch die traditionellen (für dieses Land typischen) Formen der Zusammenarbeit (und der bestehenden engen Verknüpfungen bzw. Abhängigkeiten) die internationale Wettbewerbsfähigkeit positiv beeinflußt. Die japanische Regierung ist – sicherlich zu Recht – der Auffassung, daß der hohe Anteil mittelständischer Betriebe in der Vergangenheit wesentlich zur wirtschaftlichen Vitalität Japans beigetragen hat, indem Wettbewerb und Flexibilität – die besonderen Stärken kleinerer Unternehmen – mehr als anderswo zum Tragen kamen.[35] Sie haben nicht zuletzt durch ihre hohe Fluktuationsrate den industriellen Strukturwandel erleichtert.

Aus gesamtwirtschaftlicher Sicht spielen die kleinen und mittleren Unternehmen auch bei der Schaffung neuer Arbeitsplätze eine besonders wichtige Rolle. Nicht sel-

---

34 Vgl. Zoltan J. Acs, Small Business Economics: A Global Perspective, in: Challenge, November/December 1992, S. 38ff.

35 Vgl. Ministry of International Trade and Industry, Vision of the Small and Medium Enterprises and their Policy Direction in the 1980s, Background Information B I-43, Tōkyō 1980.

ten bauen Mitarbeiter großer Unternehmen, wenn sie nach Erreichen der relativ niedrigen Altersgrenze aus dem sogenannten *»lifelong employment«*-Arbeitsverhältnis ausscheiden (müssen), mit Hilfe ihrer früheren Arbeitgeber eine selbständige Existenz in deren Zuliefer- bzw. Dienstleistergeflecht auf und reihen sich damit in das riesige Heer der Kleinbetriebe ein. Vielfach lagern große und mittlere Unternehmen bewußt periphere Unternehmenseinheiten aus, um sich auf das Kerngeschäft konzentrieren zu können und »schlank« zu bleiben bzw. wieder zu werden. Gleichzeitig sind sie dadurch in der Lage, von der Dynamik und Flexibilität kleiner Einheiten profitieren zu können. Alles in allem ist der Drang zur Selbständigkeit in Japan besonders groß. Hierin liegt mit ein Grund dafür, daß die Arbeitslosenquote in Japan auch in schwachen Konjunkturphasen weit unter der in anderen Industrieländern üblichen Höhe bleibt.

2. Über 80% aller Arbeitnehmer arbeiten in Klein- und Mittelbetrieben

Nach der in Japan üblichen Definition[36] zählten Ende der achtziger Jahre von insgesamt 6,69 Millionen Unternehmen der gewerblichen Wirtschaft (ohne Land- und Forstwirtschaft) 6,7 Millionen bzw. 99,8% zu den Klein- und Mittelbetrieben *(vgl. Tabelle 1)*. Ihre Zahl hat seit dem Ende des Zweiten Weltkriegs ständig zugenommen, allein zwischen 1981 und 1991, dem letzten Jahr, für das eine Zählung vorliegt, um rund 476000. Die Zahl der Neugründungen war stets größer als die Zahl der Betriebsaufgaben. Dies gilt (mit Ausnahme des Bergbaus) für alle Wirtschaftszweige, am stärksten für die Dienstleistungsbereiche (Transportgewerbe, Banken und Versicherungen, Immobilienhandel) und die Bauwirtschaft, die in besonders hohem Maße kleinbetrieblich strukturiert ist. Erst in jüngster Zeit (mit Beginn der neunziger Jahre) scheint hier ein Wandel eingetreten zu sein; die Zahl erfolgreicher Neugründungen ist zuletzt deutlich zurückgegangen. Verglichen etwa mit Deutschland ist in Japan auch der Anteil der Klein- und Mittelbetriebe im Groß- und Einzelhandel überdurchschnittlich hoch. Der für diesen Bereich in allen westlichen Industrieländern zu beobachtende Konzentrationsprozeß ist hier noch nicht weit fortgeschritten.

Knapp 40 Millionen Japaner, das sind mehr als 80% aller gewerblichen Arbeitnehmer, arbeiten in Klein- und Mittelbetrieben. Im verarbeitenden Gewerbe (Indu-

---

36 Laut »Small und Medium Enterprise Basic Law« (Chūshō Kigyō Kihonhō) umfaßt der Kreis der Klein- und Mittelbetriebe Unternehmen
- der Industrie
  mit weniger als 300 Beschäftigten bzw. (bei Kapitalgesellschaften) einem Eigenkapital von maximal 100 Mio. Yen,
- des Großhandels
  mit weniger als 100 Beschäftigten bzw. einem Eigenkapital von maximal 30 Mio. Yen
- des Einzelhandels und der übrigen Dienstleistungsbereiche
  mit weniger als 50 Beschäftigten bzw. einem Eigenkapital von maximal 10 Mio. Yen.

Als Kleinbetrieb werden im Produktionsbereich Firmen mit höchstens zwanzig, im Handels- und Dienstleistungsbereich solche mit bis zu fünf Beschäftigten eingestuft.

Tab. 1: Die quantitative Bedeutung kleiner und mittlerer Unternehmen[a] in Japan in ausgewählten Wirtschaftszweigen

im Jahre 1991

Wirtschaftszweig	Zahl der Unternehmen		Beschäftigte	
	in 1 000	in % aller Unternehmen	in Mio.	in % aller Beschäftigten
Bauwirtschaft	602,2	99,9	5 039,2	95,4
Verarbeitende Industrie	852,4	99,5	10 397,8	73,8
Groß- und Einzelhandel	2 062,5	99,3	11 035,6	84,6
Transport und Verkehr	181,3	99,5	3 160,5	85,9
Dienstleistungen	1 672,2	97,5	9 069,7	62,1
Insgesamt	6 697,8	99,8	39 505,7	80,6

a) Unternehmen mit weniger als 300 Beschäftigten (im Großhandel weniger als 100, im Einzelhandel und im Dienstleistungssektor weniger als 50).

Quelle: Management and Coordination Agency: Census of Japan Establishments.

strie und produzierendes Handwerk) sind es knapp 75%, im Groß- und Einzelhandel etwa 85% und in der Bauwirtschaft rund 96%. Knapp ein Drittel der Beschäftigten ist in ausgesprochenen Kleinbetrieben – mit höchstens fünf Beschäftigten – tätig.

Zu den typischen Merkmalen des dualen Systems der japanischen Wirtschaft gehören die erheblichen Unterschiede in den Arbeitsbedingungen großer Unternehmen auf der einen sowie der kleinen und mittleren Betriebe auf der anderen Seite. Im Jahre 1991 bezog ein regulärer Mitarbeiter (Vollarbeitskraft) in einem kleinen Industriebetrieb mit weniger als 30 Mitarbeitern im Durchschnitt lediglich 56% des Einkommens seines in einem Großbetrieb mit mehr als 500 Mitarbeitern arbeitenden Kollegen; im Groß- und Einzelhandel waren es 58% *(vgl. Tabelle 2)*. Die Unterschiede sind seit Mitte der achtziger Jahre kaum kleiner geworden. Darüber hinaus sind die Beschäftigten in den Klein- und Mittelbetrieben auch bezüglich der Arbeitszeit, betrieblicher Sozialleistungen und der Altersversorgung erheblich schlechter gestellt. Beispielsweise haben inzwischen 95,5% der Betriebe mit mehr als 100 Beschäftigten die Fünf-Tage-Woche eingeführt, aber nur 49,5% der Betriebe mit 30 bis 99 Beschäftigten; bei den ausgesprochenen Kleinbetrieben ist die Sechs-Tage-Woche noch die Regel.

Im internationalen Vergleich ist das Ausmaß der Benachteiligung der Beschäftigten kleiner und mittlerer Betriebe ungewöhnlich groß. Dies ist nicht zuletzt darauf zurückzuführen, daß es – anders als zum Beispiel in Deutschland – in Japan keine industrieweiten Tarifverträge gibt, die für Klein-, Mittel- und Großbetriebe gleichermaßen gelten. Gewerkschaften sind in den kleineren Betrieben kaum vertreten. Hinzuweisen ist aber auch auf die – verglichen mit den Großbetrieben – erheblichen Defizite bei der beruflichen Qualifizierung der Mitarbeiter (innerbetriebliche Weiterbildung) und beim Zugriff auf gut ausgebildete Nachwuchskräfte. Hierin liegt auch der wesentliche Grund für die relativ niedrige Produktivität: Sie ist erheblich niedriger als in den Großbetrieben der gleichen Branche.

Tab. 2: Unternehmensgrößenspezifische Unterschiede der Löhne je voll beschäftigte Person in Industrie und Handel

Unternehmen mit ... Beschäftigten	Löhne je Vollbeschäftigtem in 1000 Yen			Vergleich mit Großbetrieben (Unternehmen mit 500 und mehr Beschäftigten = 100)		
	1980	1986	1991	1980	1986	1991
Industrie						
5– 29	171,7	212,8	255,8	58,0	57,2	56,2
30– 99	193,5	240,0	290,2	65,4	64,6	63,7
100–499	238,3	288,8	355,9	80,5	77,7	78,2
500 und mehr	296,1	371,7	455,2	100,0	100,0	100,0
Groß- und Einzelhandel						
5– 29	182,9	216,2	260,4	57,5	54,5	58,1
30– 99	214,9	254,5	291,6	67,6	64,2	65,1
100–499	242,9	289,5	338,3	76,4	73,0	75,5
500 und mehr	318,1	396,1	448,1	100,0	100,0	100,0

Quelle: Ministry of Labour, Monthly Labor Statistics.

3. Flexible Anpassung an veränderte Rahmenbedingungen

Seit jeher waren es meist die kleinen und mittleren Unternehmen Japans, die die Hauptlast des Strukturwandels der Wirtschaft, aber auch die der konjunkturellen Schwankungen zu tragen hatten. So wälzten die Großbetriebe die mit den diversen starken Yen-Aufwertungen (etwa in den Jahren 1985 bis 1988 und auch wieder 1992/93) einhergehenden Verluste preislicher Wettbewerbsfähigkeit auf den Weltmärkten zu einem großen Teil auf die nachgelagerten kleinen und mittleren Zulieferfirmen (Subkontraktunternehmen) ab, indem sie etwa Preisreduzierungen diktierten oder nicht mehr benötigte Mitarbeiter delegierten. Die Großunternehmen benutzen ihre Zulieferfirmen auf diese Art und Weise gezielt als Puffer zur Abfederung externer Schocks. Im Vergleich zu westlichen Großunternehmen ergeben sich aus dieser intermediären Unternehmensstruktur in einer Umwelt sich ständig ändernder Marktbedingungen durch die größere Flexibilität und die hohe Informationseffizienz deutliche Wettbewerbsvorteile.

Das japanische Subkontraktsystem unterscheidet sich von dem anderer Länder durch die erheblich weitere Verbreitung und die weit stärkere Abhängigkeit der kleinbetrieblichen Zulieferbetriebe von ihren Auftraggebern.[37] Aufgrund ihrer eingeschränkten Dispositionsspielräume werden sie vielfach als »unvollständige Unternehmen« bezeichnet. Die Subkontraktunternehmen produzieren zum überwiegenden Teil exklusiv für einen oder wenige Großkunden, mit denen sie Umfang und Zusam-

37 Vgl. die ausführliche Darstellung bei Angelika Ernst und Helmut Laumer, Struktur und Dynamik der mittelständischen Wirtschaft in Japan (Mitteilungen des Instituts für Asienkunde Hamburg Nr. 170), Hamburg 1989, S. 40ff.

mensetzung ihrer Produktionsmittel, Arbeitsorganisation, Materialbeschaffung und Materialfluß abstimmen. In Abhängigkeit vom jeweils übernommenen unternehmerischen Risiko ist ihre Eigenständigkeit in der Preisgestaltung mehr oder minder eingeschränkt. Die exportintensivsten Branchen weisen auch die höchste Dichte an Subkontraktunternehmen auf (Maschinenbau, Fahrzeugbau, Elektroindustrie). In allen Branchen sind die Subkontraktbeziehungen mehrstufig organisiert. In ausgereiften Produktionsverbänden, etwa in der Automobilindustrie, beschränkt sich die »Mutterfirma« auf Planung, Entwicklung, die Herstellung weniger Elemente des Endprodukts und die Endmontage, sie betraut ihre erste Ebene von Zulieferern mit der Herstellung von ganzen Komponenten und der Vormontage. Diese erstrangigen Subkontraktoren lassen sich ihrerseits von kleineren Partnerfirmen maßgeschneiderte Teile liefern. Ein Teil dieser zweitrangigen Zulieferer wiederum beschäftigt Kleinstbetriebe, die ihnen in Lohnfertigung zur Verfügung gestelltes Rohmaterial vorveredeln.

In jüngerer Zeit sind deutliche Bestrebungen von leistungstärkeren mittelgroßen Betrieben zu erkennen, sich aus den einseitigen Abhängigkeiten zu lösen. Die veränderten wirtschaftlichen Rahmenbedingungen, etwa der seit Mitte der achtziger Jahre zu beobachtende massive Aufbau von Produktionsstätten im Ausland durch die Großunternehmen, die verstärkte Öffnung des Binnenmarktes für die ausländische Konkurrenz und die zeitweilige wechselkursbedingte Verschlechterung der Wettbewerbsfähigkeit, haben den kleinen und mittleren Betrieben Japans bereits in den letzten Jahren erhebliche Anstrengungen abverlangt, die sich u. a. in innerbetrieblichen Rationalisierungsmaßnahmen, der Diversifizierung der Angebotspalette sowie in Verlagerungen der Produktion ins benachbarte asiatische Ausland niederschlugen.[38]

4. Probleme und Chancen in der Zukunft

Alles deutet darauf hin, daß für die kleinen und mittleren Betriebe Japans aufgrund der skizzierten Entwicklungstendenzen des wirtschaftlichen Umfeldes auch in den kommenden Jahren erheblicher Anpassungsdruck bestehen wird. Sie werden sich zum einen einer wachsenden Importkonkurrenz gegenübersehen, zum anderen werden sie verstärkt in Billiglohnländern fertigen müssen, um das Fortbestehen ihrer bisherigen Subkontraktbeziehungen zu bestimmten Großunternehmen auch für die Zukunft zu sichern. Insgesamt wird sich das Wettbewerbsklima in Japan verschärfen, doch werden sich für den Mittelstand auch neue Geschäftsmöglichkeiten ergeben.[39] Trotz aller Anpassungsprobleme versprechen – nach Ansicht des *Japan Center for Economic Research* – die kleineren Unternehmen sogar der wachstumsstärkste Teil der japanischen Wirtschaft zu werden. Das angesehene Forschungsinstitut schätzt, daß sowohl der Anteil an der erwirtschafteten Wertschöpfung des Landes (von

---

38 Vgl. hierzu im einzelnen Small and Medium Enterprise Agency, MITI, White Paper on Small and Medium Enterprises in Japan, jährlich.

39 Vgl. hierzu Japan Center for Economic Research, Challenge to Small and Medium-sized Companies approaching the 21st century, Tōkyō 1990.

44,9% im Jahre 1988 auf 49,5% im Jahre 2000) als auch ihr Anteil an der gesamten Beschäftigung (von 61,3% auf 65%) zunehmen wird; hierbei ist anzumerken, daß als kleine Unternehmen solche mit einem Eigenkapital von 10 bis 100 Millionen Yen klassifiziert sind.

Trotz dieser günstigen Perspektiven werden sich Japans Klein- und Mittelbetriebe auch in der zweiten Hälfte der neunziger Jahre mit den alten Problemen konfrontiert sehen. Sie liegen einmal in der Schwierigkeit, geeignetes Personal zu rekrutieren. Der Verbesserung der Arbeitsbedingungen (Verringerung der Kluft zu den Großbetrieben bei Löhnen, Arbeitszeit, Sozialleistungen) wird deshalb besondere Bedeutung zukommen.[40]

Zum anderen scheint die Verbesserung der Finanzierungsbedingungen besonders dringlich zu sein. So hat sich der Anteil des Eigenkapitals bei den kleinen und mittleren Unternehmen zwischen 1975 und 1990 von 15,6% auf 13,7% verringert, während er bei den Großunternehmen von 11,5% auf 26,0% gestiegen ist.[41] Die starke Abhängigkeit von Bankkrediten trifft die Klein- und Mittelbetriebe gerade in wirtschaftlich schwierigen Zeiten wegen der dann besonders restriktiven Haltung der Banken gravierend.[42] Im Zuge der in Gang befindlichen Kapitalmarktliberalisierung verringert sich allerdings die systematische Benachteiligung kleiner Unternehmen durch den Bankensektor. Dem *venture-capital*-Markt wird für die nächsten Jahre ein überdurchschnittliches Wachstum prognostiziert; Wagnisfinanzierungsgesellschaften werden viele kleine, insbesondere forschungs- und entwicklungsintensive Unternehmen bis zum Gang an die Börse mit dem notwendigen Betriebskapital ausstatten. Im Rahmen des reichhaltigen Förderinstrumentariums der japanischen Regierung für Klein- und Mittelbetriebe[43] spielen Garantien für das *venture business* eine wichtige Rolle.

---

40 Vgl. Industrial Structure Differentials Research Committee, Medium and Small Enterprise Policy Based on Respect for Humanity – Third Choice for Medium and Small Enterprises, in: RENGO Research Institute Report 4 (1993) 2.

41 Fuji Research Institute, Issues Facing Small and Medium-Sized Businesses in the 1990s, in: Fuji Economic Review, Mar.-Apr. 1992, S. 4–6.

42 Vgl. Yamaichi Research Institute, Trends of Small and Medium-Sized Businesses: Restrictions on Lending by Banks Gradually Easing, in: Japan Outlook, Tōkyō, March 1993, S. 4ff.

43 Vgl. hierzu Ernst/Laumer, (Anm. 37), S. 107ff.

IV. Forschung und Entwicklung

ULRICH WATTENBERG

1. Einleitung

Betrachtet man die Stellung der Naturwissenschaft und Technik im gesellschaftlichen Gefüge Japans, so fallen zwei Dinge auf. Während in Europa seit der Renaissance die Förderung der allgemeinen Naturerkenntnis zunächst von den Fürsten, dann von den folgenden demokratischen Regierungen wahrgenommen wurde, fehlt diese Tradition weitgehend in Japan. Der zweite Unterschied geht auf die Zeit des Umbruchs Japans im Zuge der *Meiji*-Restauration 1868 zurück. Man reformierte nicht nur den Staat politisch und gesellschaftlich, sondern man kümmerte sich auch – unter dem Eindruck der Überlegenheit des Westens – von Staats wegen um Wirtschaft, Wissenschaft und Technik. Das damals notwendige zentrale Eingreifen hat sich bis heute erhalten, wobei Pragmatismus statt Ideologie, Wettbewerb statt Staatsmonopol Japan vor den Fehlern der Staatswirtschaftsländer bewahrt hat. Der japanische Staat interessierte sich bei seiner Neugründung vor hundert Jahren für sofort einsetzbare Technik. Auch die Wissenschaft mußte sich eine fortwährende Überprüfung auf Nützlichkeit gefallen lassen. Die Universitäten wurden als Ausbildungsstätten angesehen, Förderung der Grundlagenforschung blieb in Ansätzen stecken. Auch die Privatwirtschaft verzichtete weitgehend darauf, eigene aufwendige Grundlagenforschung zu betreiben, und begnügte sich damit, technisches know-how von außen zu beschaffen.

Als jedoch Japan Anfang der achtziger Jahre zur zweitgrößten Industrienation der westlichen Welt aufrückte, als im Ausland der Vorwurf »Japan als Trittbrettfahrer auf dem westlichen Wissenschaftssystem« lauter wurde, als auf der anderen Seite der technische Vorsprung des Westens kleiner wurde, kam es zu einer Neuorientierung der Forschungspolitik. Die Regierung verkündete die auf »Technik gegründete Nation«, die gedeihen und zugleich einen aktiven Beitrag zur Weltforschung leisten sollte. Es wurden neue Förderkonzepte erprobt, die staatlichen Forschungsaufwendungen wurden erhöht. Da sich auch die Industrie stärker in der Forschung engagierte, hat sich das prozentuale Verhältnis von staatlichen zu privaten Aufwendungen allerdings weiter in Richtung der Privatinitiative verschoben. Die Forschungsergebnisse aus diesem Bereich sind naturgemäß nur zum Teil der breiten Öffentlichkeit zugänglich; das gilt auch für die etwa 10% längerfristige Forschung. Der Staat bemüht sich nun, wenigstens die von ihm geförderten Industrieprojekte durch verstärkte F&E-Kooperationsangebote international zugänglich zu machen.

Im folgenden sollen die Hauptträger der staatlichen F&E, ergänzt durch einen Überblick über die private F&E, vorgestellt werden. Hinweise auf die Organisation wissenschaftlich-technischer Information beschließen die Ausführungen. Das staatliche Forschungsbudget ist mit Beginn des Haushaltsjahres (1. April) bekannt. Viele Zahlenangaben stammen jedoch aus Erhebungen und beziehen sich daher auf weiter zurückliegende Jahre.

2. Der Staat

Oberstes Gremium zur Formulierung und Abstimmung der staatlichen F&E Politik ist das *Council for Science und Technology* (CST), dessen Vorsitz der Premierminister selbst führt. Das *Science Council of Japan* ist die Vertretung der Wissenschaftler; es wird vom Büro des Ministerpräsidenten betreut. Die staatlichen Aufwendungen für F&E betrugen 1990: 1990,1 Milliarden Yen (etwa 24 Milliarden DM). Der Anteil an den Gesamtaufwendungen Japans fiel dabei von 28% (1977) auf derzeit 18% und liegt somit deutlich unter dem staatlichen Anteil in den westlichen Industrienationen. Vom Gesamtbetrag 24 Milliarden der öffentlichen Mittel gehen 10 Milliarden an die Universitäten, ein gleicher Betrag, 10 Milliarden, in die öffentliche Forschung, 2 Milliarden an die Industrie und 2 Milliarden an private Forschungseinrichtungen.

Die neueste Aussage zur Forschungspolitik Japans ist der Kabinettsbeschluß vom 24. April 1992 *Basic Policy for Science and Technology*, der seinerseits eine Überarbeitung des Beschlusses des CST vom 28. März 1986 unter gleichem Namen ist. Als Schwerpunktmaßnahmen sind vorgesehen:

- Harmonisierung von Wissenschaft und Technik mit dem Menschen bzw. der Gesellschaft,
- Sicherstellung einer ausreichenden Zahl von Forschern und Technikern,
- Vermehrung der Investitionen in Forschung und Entwicklung,
- Verstärkung der Infrastruktur für Forschung und Entwicklung,
- Förderung der Forschung, der Kreativität,
- Verstärkung der internationalen F&E Aktivitäten,
- Förderung von Wissenschaft und Technik in den Regionen.

Diese Prinzipien sind wie immer ohne konkrete Hinweise auf die Durchführung formuliert. Trotzdem sind vor allem die Aussagen zum Engagement in der Grundlagenforschung wichtig.

Die staatlichen Universitäten und dort angeschlossene Forschungseinrichtungen unterstehen dem *Ministry for Education, Science und Culture* (MESC), die öffentliche Forschung wird vor allem unter der *Science and Technology Agency* (STA), dem *Ministry of International Trade and Industry* (MITI), der *Defense Agency* und dem *Ministry of Agriculture, Forestry and Fishery* (MAFF) betrieben. Schwerpunkte der öffentlichen Förderung sind Energie-Technik und Raumfahrt, wie *Tabelle 1* zeigt. In allen anderen Bereichen dominiert die Industrie.

Was die Grundlagenforschung angeht, so fördert der Staat seit Beginn der achtziger Jahre im Rahmen des Projektes »ERATO« Forschungsgruppen um Einzelpersönlichkeiten. Derzeit wird zusätzlich die Förderung bzw. Neueinrichtung von *Centres of Excellence* als ein Weg, diesen Bereich zu stärken, untersucht. Es gibt derzeit etwa

Tab. 1: Forschungsaufwendungen nach Zweck 1991

	Weltraum	Meer	DV	Umwelt
	in 100 Mio. Yen			
Gesamt	2 183,21	569,00	12 922,94	2 513,18
Industrie	669,28	121,04	11 410,64	1 835,33
Öff. F&E	1 214,18	293,51	61,22	320,32
Univ.	256,30	94,71	277,77	176,63
Priv. F&E	34,45	59,94	173,31	180,90

Quelle: Indicators of Science and Technology 1993.

ein Dutzend Einrichtungen, die sich in diese Kategorie einreihen lassen. Im öffentlichen Bereich wären zu nennen

- Kanagawa Academy of Science and Technology (KAST),
- Research Center for Advanced Science and Technology (RCAST), Tōkyō,
- Institute for Molecular Science (IMS) in Ōkasaki,
- Research Institute for Physical and Chemical Research (IRPC) in Wako bei Tōkyō,
- Electrotechnical Laboratory (ETL) in Tsukuba,

und im privaten Bereich

- Mitsubishi Kasei Institute of Life Science (Tōkyō),
- International Institute for Advanced Studies of Social Information Science (Fujitsu) in Tōkyō/Numazu,
- Ōsaka Bioscience Institute (OBI),
- Advanced Telecommunication Research Institute International (ATR), Kansai Science City.

Alle Anforderungen an Budget, Offenheit, Internationalisierung, Evaluierungssystem, Dynamik und Publikationsaktivitäten werden nach japanischer Einschätzung allerdings nur von zwei Einrichtungen erfüllt, nämlich vom IRPC auf der staatlichen Seite und vom *Mitsubishi Kasei Institute of Life Science* auf der privaten Seite. Das IRPC war bei seiner Gründung 1917 tatsächlich ein Versuch, das Konzept der damaligen Kaiser-Wilhelm-Gesellschaft auf Japan zu übertragen. Die Max-Planck-Gesellschaft ist, zusammen mit den großen Forschungseinrichtungen in den USA, auch heute noch Vorbild für die Organisation von Grundlagenforschung.

Japan hat zwei Wissenschaftsstädte gegründet. Als eine Maßnahme, den Großstadtraum Tōkyō zu entlasten, wurde vom Beginn bis Ende der siebziger Jahre 60 km nordöstlich die *Tsukuba Science City* aufgebaut. Tsukuba, das erst vor wenigen Jahren auch eine kommunale Einheit wurde, vereinigt einen Großteil der öffentlichen Forschungseinrichtungen. Es ist auch Sitz der Tsukuba Universität und weiterer Ausbildungseinrichtungen. Die zweite Stadt ist in Westjapan (»Kansai«) im Aufbau. Sie entsteht im Präfekturdreieck der Städte Kyōto, Ōsaka und Nara als *Kansai Science City*. Während Tsukuba zunächst nur die öffentliche Forschung vereinigte, wird bei der *Kansai Science City* von vorneherein stärker versucht, die Industrieforschung bzw. die nonprofite private Forschung (»dritter Sektor«) mit einzubeziehen. Daneben ist eine Vielzahl von regionalen und lokalen Industrie-Parks mit starken Forschungskomponenten entstanden. Die Diskussion unter dem Schlagwort *San-Gaku-Kan* (Industrie-Universitäten-öffentliche Forschung) zeigt, daß dies auch in Japan nicht selbstverständlich ist.

a. Das *Ministry of Education, Science and Culture* (MESC)

Das MESC hat sich in der Regierung als ein Ministerium mit einer besonders langen, über hundert Jahre zurückreichenden Tradition eine besondere Stellung bewahrt und entzieht sich weitgehend der allgemeinen Koordinierung der STA. Als Kultusministerium ist es zuständig für die 98 nationalen Universitäten und die etwa 70 dort angeschlossenen Forschungseinrichtungen sowie 12 Einrichtungen für interuniversitäre Nutzung. Dem Ministerium sind sieben Forschungseinrichtungen direkt unterstellt, es betreut auch die *Japan Academy*. Das MESC führt schließlich auch die Aufsicht über die 384 privaten und 41 kommunalen Universitäten. Der Etat des MESC beträgt 12 Milliarden DM, Projektmittel werden von einem Referat im Ministerium unter Mitwirkung der Professoren vergeben, wobei es sich meist um kleinere Beträge für Sachmittel handelt. Gefördert wird auch eine Art von Sonderforschungsbereichen, allerdings ebenfalls in kleinem Stil. Für den Forscheraustausch, Förderung von wissenschaftlichen Publikationen u.a. ist die *Japan Society for Promotion of Science* (JSPS) zuständig.

Sowohl die staatlichen als auch die privaten Universitäten unterscheiden sich stark in ihrer Leistungsfähigkeit; die Möglichkeit der Promotion ist nicht selbstverständlich. Umfangreichere Forschung konzentriert sich innerhalb der nationalen Universitäten auf die sieben sogenannten kaiserlichen Universitäten, das sind in der traditionellen Reihenfolge von Norden nach Süden Hokkaidō Universität (Sapporo), Tōhoku Universität (Sendai), Tōkyō Universität, Nagoya Universität, Kyōto Universität, Ōsaka Universität und Kyūshū Universität (Fukuoka). Daneben haben sich in den letzten Jahrzehnten auch Hiroshima, Kobe, das *Tōkyō Institute of Technology* und die Reformuniversität Tsukuba einen Namen gemacht. Unter den privaten Universitäten ragen die Keiō-Universität und die Waseda-Universität, beide in Tōkyō, hervor. Eine Sonderstellung nimmt die kleine, aber aktive Sophia-Universität, eine Gründung deutscher Jesuiten, ein. In Ergänzung zur STA betreibt das MESC im Rahmen seiner direkt unterstellten Institute Weltraumforschung und Meeresforschung. Auch die Antarktisforschung gehört in diesen Bereich.

b. Die *Science and Technology Agency* (STA)

Die STA ist zuständig für Großforschung im Bereich Weltraum (NASDA), Meer (JAMSTEC) sowie Atomenergie (JAERI, PNC); sie führt aber auch die Aufsicht über das ursprünglich 1917 gegründete, in seiner jetzigen Form 1958 errichtete *Institute of Physical and Chemical Research*, besser bekannt unter seiner japanischen Abkürzung »RIKEN« und das *Japan Information Center of Science and Technology* (JICST). Der STA direkt unterstellt ist eine Reihe weiterer Institute mit naturwissenschaftlichen Fragestellungen, wie z.B. das *National Research Institute for Metals* (NRIM). Zur Erarbeitung von theoretischen Konzepten und zur Unterstützung der Formulierung von F&E-Politik der Regierung wurde 1988 das *National Institute of Science and Technology Policy* (NISTEP) gegründet, das sich mit seinen 50 Mitarbeitern (darunter 30 Forschern) bereits einen guten Namen gemacht hat.

Die STA verfügt dafür über einen Haushalt von 6 Milliarden DM, der programmatisch wie folgt aufgeteilt ist:

- Förderung der Grundlagenforschung (ERATO),
- F&E für bessere Lebensqualität (Genom Analyse u. a),
- Beitrag zur internationalen F&E,
- Koordinierung von F&E,
- Förderung der Großforschung u. a. Bereiche.

Der wesentliche Teil der Mittel geht in die Großforschung und dabei in die Entwicklung der Kernenergie. Dort setzt Japan auf Uran und die Schneller-Brüter-Technik. Als in die Zukunft weisendes Projekt wird an der Kernfusion gearbeitet, für die der experimentelle Reaktor JT-60 im Bau ist. Japan nimmt auch am *International Thermonuclear Fusion Reactor*-Projekt teil, zusammen mit der EU, den USA und Rußland.

Trotz des großen Abstandes zur amerikanischen Weltraumtechnologie strebt Japan dort eine gewisse Autarkie an und investiert stark. Derzeit verfügt Japan über Raketen der N-Klasse und die größeren der H-I Klasse, mit denen Satelliten von 550 kg Gewicht auf eine geostationäre Umlaufbahn gebracht werden können. Die Fertigstellung der größeren H-II Rakete, die 2000 kg Nutzlast befördern kann, war für 1993 geplant, verzögert sich aber wegen technischer Probleme. Überlegungen werden auch bezüglich eines Mini-Space Shuttles »HOPE« angestellt. Was die Meeresforschung angeht, so wird vom JAMSTEC vor allem Meerestechnologie vorangetrieben. Ein Beispiel ist das Tieftauchboot *Shinkai 6500*, das bemannt bis 6500 m Tiefe erreicht und damit einen wesentlichen Teil des Meeresbodens um Japan herum observieren kann.

Die STA erhielt zu Beginn der achtziger Jahre zur Verstärkung der Grundlagenforschung *Special Coordination Funds for Promoting Science and Technology*, die z.Z. mit 120 Millionen DM ausgewiesen sind. Daneben entstand das ERATO-Programm, das abweichend von der bisherigen japanischen Praxis ausdrücklich um einzelne Forscherpersönlichkeiten herum aufgebaut wurde. Bei einer Laufzeit von fünf Jahren werden jeweils etwa 15 Projekte mit einem Wert von je 25 Millionen DM gleichzeitig abgewickelt. Auch eine Reihe ausländischer bzw. deutscher Forscher nimmt an den Projekten teil. Als Beitrag zur internationalen F&E-Szene sind das *Human Frontier Science Program* (Erforschung von Gehirnfunktionen u.a.), das *Green Planet Program* (Untersuchung der Erwärmung der Erde) u.a. gedacht. Auf Institutsbasis ist das *Frontier Research Program* des RIKEN zu erwähnen, in dem – international angelegt – Grenzgebiete erforscht werden.

Die STA nimmt neben der eigenen Forschung auch Koordinierungsfunktionen innerhalb der Regierung wahr, führt das Sekretariat des *Council for Science and Technology* (CST) und ist (zusammen mit dem Außenministerium) für die internationalen Beziehungen, darunter auch für das Wissenschaftsabkommen mit der Bundesrepublik von 1972, zuständig. Auch für wissenschaftlich-technische Information und Dokumentation, durchgeführt u.a. vom *Japan Information Center of Science and*

Technology (JICST) ist die STA zuständig. Nicht so direkt der Industrie verpflichtet wie das MITI hat die STA im Lande interessante Entwicklungen angestoßen, wie z.B. die Gründung des weiter unten erwähnten *Institute of Future Technology*.

c. Das *Ministry of International Trade and Industry* (MITI)

Das MITI betreibt sowohl Handels- als auch Industriepolitik und verfügt dafür über je eine Abteilung. Mit seiner erfolgreichen Strukturpolitik steht es zu Recht im Mittelpunkt des Interesses. Es besteht dabei Einigkeit unter den Beobachtern, daß sich die Funktionen des MITI im letzten Jahrzehnt stark geändert haben. Die Umstrukturierungsprozesse im Bereich Schiffbau, Stahl, Bergbau sind abgeschlossen. Statt Exportförderung stehen nun der Ausgleich der Handelsbilanz und der Umweltschutz im Vordergrund. Die Förderpolitik schließt auch die Förderung der Industrie-Forschung und Entwicklung ein. Zu diesem Zweck verfügt das Ministerium über einen Haushalt von 3 Milliarden DM, also über weit weniger Mittel als das MESC und die STA, setzt diese aber wirksam ein. Das MITI hat seine derzeitige Forschungsförderung unter folgende Themen gestellt:

- Beiträge zur internationalen Gesellschaft (Förderung der internationalen Zusammenarbeit, Probleme der globalen Umwelt),
- Sicherung der langfristigen wirtschaftlichen Entwicklung (Ausweitung der Forschung in Grenzbereichen der Technik, Sicherstellung der Energieversorgung),
- Verbesserung der Lebensqualität.

Die Grundstrategie der Struktur- und Industriepolitik ist dabei einleuchtend einfach: Wechsel von Produkten mit geringer Wertschöpfung zugunsten solcher mit möglichst hoher. Der Minister läßt sich bezüglich der AIST Projekte vom *Industrial Technology Council* beraten. Das Council macht Forschungsdefizite aus, gibt Anregungen und berät außerdem auch über Fragen der Technologie-Folgenabschätzung, Fragen des Managements von Großprojekten. Das Council bedient sich dabei einer Reihe von Subkomitees.

Die Ausarbeitung der Pläne geschieht in der nachgeordneten Forschungsbehörde, der *Agency for Industrial Science and Technology* (AIST); sie betreut auch die Forschungseinrichtungen des MITI, die als *think-tank* des Ministeriums dienen und neben der eigenen Forschung auch die nationalen Projekte mit vorbereiten. Die Durchführung der Forschungsvorhaben geschieht im Rahmen der folgenden Gesetze bzw. Regelungen:

- Large Scale Projects (1966–1992),
- Sunshine Project (Energiespar-Projekte, seit 1974),
- Moonlight Project (Erneuerbare Energien, seit 1978),
- Basic Technologies for Future Industries (seit 1981).

Daneben gibt es noch sechs weitere kleinere Regelungen. Das Ministerium behält sich ad-hoc-Programme vor, vor allem im Bereich Informationstechnologie und im Bereich Umwelt. Die Aufgabenverteilung zwischen dem Ministerium und der AIST ist historisch gewachsen und wird, wenn nötig, fallweise neu geregelt.

Bei Großprojekten ist die Bildung von Forschungsgemeinschaften *(Kenkyū Kumiai)* die Regel. In anderen Fällen, vor allem, wenn an zentraler Stelle geforscht

werden soll, werden Stiftungen *(Zaidan Hōjin)* eingerichtet. An einem Teil der Projekte sind auch die Forschungsinstitute des MITI beteiligt.
Für die Projektträgerschaft bedient sich das MITI verschiedener Einrichtungen:

- New Energy Development and Industrial Technology Development Organisation (NEDO),
- Key Technology Center (für die Forschungskooperation der Firmen untereinander),
- Research Institute for Innovative Technology for Earth (RITE) für globale Umweltprojekte.

Als Beitrag für weltweite gemeinsame angewandte Forschung ist das Projekt *Integrated Manufacturing Systems* (IMS), nicht zuletzt im Hinblick auf die dabei notwendigen Standardisierungen, gedacht.

3. Industrie-Forschung

Wie eingangs festgestellt, erbringt die private Seite über 80% der F&E-Aufwendungen, und zwar 115 Milliarden DM von der Industrie und 6 Milliarden DM als Aufwendungen für die privaten Universitäten. Für die F&E-Aufwendungen der Firmen mit mehr als 1 Million Yen Kapital gibt es detaillierte Zahlen, die Schwerpunkte erkennen lassen. Von den Gesamtaufwendungen der erfaßten Firmen von etwa 100 Milliarden DM geht der weitaus größte Teil in drei Bereiche: Fahrzeugbau, Chemie und Informationstechnik, wie aus *Tabelle 2* zu ersehen ist. Dabei zeigen die verfügbaren Angaben, daß sich die Informationstechnik zu einem Querschnittbereich entwickelt hat. Nur die Hälfte der F&E-Aufwendungen wird von den Computerfirmen, die andere Hälfte wird von Firmen mit allgemeinerer Produktpalette erbracht.

Probleme des Forschungsmanagements werden in der unter Mitwirkung der STA 1966 gegründeten *Japan Techno-Socio Society* (JATES) diskutiert. JATES hat derzeit 2500 persönliche und 250 kooperative Mitglieder. Es gibt zwei permanente Foren, in denen Erfahrungen ausgetauscht werden, das »Exekutiv-Komitee für Technologie-Management« mit gegenwärtig 97 Firmen als Mitglieder und das Exekutiv-Komitee für »Unternehmen des neuen Zeitalters«, dem 47 Firmen angehören. JATES hält eine Reihe von Symposien und Seminaren ab und ist auch im internationalen Bereich tätig. So arbeitet man z.B. zusammen mit dem IRI *(Industrial*

Tab. 2: Schwerpunkte industrieller F&E

Branche	Aufwand in 100 Mio. Yen
Elektronik	37000
Chemie/Pharma	16000
Fahrzeugbau	16000
Sonstiges	31000
Gesamt	100000

Quelle: Untersuchungsbericht zur Wiss.-Techn. Forschung

Research Institute) in den USA und mit EIRMA *(European Industrial Research Management Association)*. JATES fungiert als *Japan Chapter* des *Club of Rome* seit dessen Gründung 1968. Eine weitere neuere Einrichtung ist die *Japan Research Industry Association* (JRIA), die sich ergänzend mit Fragen der Industrieforschung befaßt.

Für die Durchführung längerfristiger Studien wurde 1971, ebenfalls unter Mitwirkung der STA, das *Institute for Future Technology* (IFTECH) gegründet, wobei NTT (Fernmeldegesellschaft) mit Aufträgen für eine Grundfinanzierung sorgt. NTT stellt auch in der Regel den Direktor des Instituts, das sich zu einer wichtigen *non-profit*-Einrichtung dieser Art entwickelt hat. Das IFTECH führt derzeit u. a. im Auftrag des STA die im Fünfjahres-Abstand sich wiederholende Delphi-Umfrage zur zukünftigen Entwicklung von Wissenschaft und Technik durch.

4. F&E Information

Als zentrale öffentliche Einrichtung zur Sammlung, Aufbereitung, Speicherung und Bereitstellung von Forschungsinformation wurde 1957 das *Japan Information Center of Science and Technology* (JICST) unter der STA gegründet. Mit 300 festen Mitarbeitern und 3 000 Abstraktoren versucht die »JICST-File«, mit 800 000 Neuzugängen pro Jahr (update 14tägig), den Gesamtbereich Naturwissenschaft und Technik weltweit zu erfassen. Etwa 20% der Informationen sind japanischen Ursprungs, das ist mehr als in jeder anderen vergleichbaren Datenbank. Dieser original-japanische Bestand wird auch als »JICST-E« auf englisch angeboten, und zwar weltweit über »STN *International*« mit den Partnern *Chemical Abstracts Service* (USA) und dem Fachinformationszentrum Karlsruhe. F&E-Projekte werden als »JICST-*Clearing*« angeboten, eine Datenbank, die etwa 17 000 laufende Projekte aus dem öffentlichen Bereich nachweist.

Der Gesamtbestand wissenschaftlicher Zeitschriften wird bei der *National Diet Library* (NDL) nachgewiesen. Darüberhinaus hat das *National Center of Science Information Systems* (NACSIS) einen Union-Katalog für den Bestand an den Universitäten erstellt und zwar getrennt nach Zeitschriften in westlichen Sprachen und Zeitschriften in japanisch. Ein weiterer Union-Katalog wurde für den Buchbestand erstellt, ebenfalls getrennt nach Büchern in westlichen und solchen in japanischer Sprache. NACSIS führt auch die Projektdatenbank der MESC-geförderten Projekte. Alle genannten Kataloge und Datenbanken sind *online* zugänglich.

Für den Technologietransfer existieren die *Research Development Corporation of Japan* (JRDC) unter der STA mit einem breiten Aufgabenspektrum und die *Japan Technology Transfer Association* speziell für den Bereich des MITI.

V. Börse, Banken, Immobilien: Das spekulative Element der Wirtschafts- und Finanzpolitik

Helmut Becker

Funktion, Wirkungsweise und Risiken der Börse lassen sich im gesamtwirtschaftlichen Zusammenhang am besten anhand der mit der »Seifenblasenökonomie« *(bubble economy)* verbundenen Vorgänge verdeutlichen.

Nach Jahren immenser Finanz- und Sachwerteinflation herrscht seit Mitte 1990 in Japan eine anhaltende und sich ständig verschärfende Deflation, die Japan in die Rezession geführt hat. Damit hat sich eine bis dahin andauernde Entwicklung in der zweiten Hälfte der achtziger Jahre umgekehrt: Japan wird durch Spekulation nicht immer reicher, sondern das Gegenteil ist der Fall. Genauso wie die Finanzkraft Japans noch vor wenigen Jahren die Industriemacht des Landes an makro- und mikroökonomischer Bedeutung überragte, überschattet heute die Deflation der Finanz- und Sachwerte die Zukunft des Industrie- und Hochtechnologiepotentials.

Die These, Japan leide zwar unter einer Schwächung seines Finanzapparates, aber seine verarbeitende Wirtschaft sei weiterhin erfolgreich, ist in der Sache falsch und obendrein irreführend: irreführend vor allem deshalb, weil sie den Kausalzusammenhang zwischen der Finanz- und Liquiditätsaufblähung der vergangenen Jahre und dem industriellen und strategischen Weltmarkterfolg der japanischen Industrie leugnet.[44]

Das sogenannte »zweite japanische Wirtschaftswunder«, das ab 1986 den Weltmarkt unter Druck setzte, ist m.E. nur eine Art »Liquiditätswunder«. Es liefert keineswegs den Beweis für die Überlegenheit japanischen Management- und Produktionswissens. Dieses »Wunder« resultiert nicht aus der Konsequenz langfristig durchgeführter erfolgreicher Unternehmensstrategien. Ganz im Gegenteil, die zweite Hälfte der achtziger Jahre weist einen signifikanten Rückgang an Kostendisziplin und Rentabilitätsorientierung auf. Anstelle einer Optimierung der gesamtwirtschaftlichen Ressourcen setzte ein kollektiver Verlust an wirtschaftlichem Augenmaß ein, der obendrein von einem deutlichen Verfall von Ethik und Moral im Wirtschaftsleben begleitet war. Während das Ausland die Erfolgselemente der japanischen Industrie wie Qualitätszirkel, *Just-in-Time*-Lieferungen, *Lean Production* u.ä. zur Kenntnis nahm, verlegte sich Japan auf eine ganz andere Strategie: zunächst auf die Schaffung unbegrenzt verfügbaren Kapitals und anschließend – faktisch – auf die Abschaffung des Faktors Kapitalkosten. Der Kapitalkostenvorsprung und nicht die »Mysterien« japanischen Managements stellt den Schlüssel zum Verständnis des Erfolgs und – seit seinem Abbau – zur Erfassung der Dimension der Krise dar. Wenn Geld unbegrenzt zur Verfügung steht und praktisch nichts mehr kostet, erleichtert das natürlich die

---

44 Far Eastern Economic Review (Hrsg.), Asia 1992, Yearbook, Hongkong 1991, S. 130f.

Arbeit des Managements. Etwas pointierter formuliert: Wenn es gelingt, Kapitalknappheit und Kapitalkosten abzuschaffen, schafft man damit im Kern zugleich das Management ab.

Der Kapitalkostenvorsprung war das Resultat einer ebenso kurzsichtigen wie verheerenden kollektiven Spekulation, an deren Ende sich heute das japanische Management erst beweisen muß und eventuell schwerwiegende Probleme erlebt.

Bevor ich mich der Chronologie und der Analyse der goldenen Jahre des »zweiten Wirtschaftswunders« zuwende, möchte ich an einige »Insignien der Wunderjahre« erinnern, die im Ausland nicht etwa Unverständnis auslösten, sondern als naturgegebener Ausdruck der Überlegenheit der »Japan AG« interpretiert wurden.

1988 meldete die Börsenverwaltung von Tōkyō, die Börsenkapitalisierung eines einzigen japanischen Unternehmens, des teilprivatisierten ehemaligen Fernmeldemonopolisten NTT, übersteige den Wert aller an sämtlichen deutschen Börsen notierten Inlandsaktien. Mit dem Kurswert der zehn teuersten japanischen Aktiengesellschaften hätte man damals die Börsen Deutschlands, der Schweiz, der Niederlande und Österreichs komplett kaufen können. Der mit 1,1 Millionen Quadratmetern eher bescheiden dimensionierte Grund des Kaiserpalasts in Tōkyō war – theoretisch – wertvoller als ganz Kalifornien. Jedes beliebige japanische Grundstück war rund einhundertmal so teuer wie sein amerikanisches Pendant. Die Regierung in Tōkyō störte nichts an der Tatsache, daß die japanischen Inseln zwar nur 0,3 % der Weltlandmasse ausmachen, aber dennoch 60 % des Weltbodenpreises für sich beanspruchten. Es waren die Jahre, in denen z. B. eine Gastwirtin in fünf Jahren Kredite von 3,4 Billionen Yen oder 42,5 Milliarden DM erhalten konnte, ohne daß ihr plötzlicher Reichtum Argwohn erregt hätte. Ökonomen von Rang bewiesen anhand dieser extremen Vorkommnisse ihre These von der Überlegenheit der fernöstlichen Wirtschaftsnation; Manager von Profil waren verschreckt, wenn Japaner sich in Übersee Immobilien wie das Rockefeller Center, Columbia Pictures oder auch das Schloß Gymnich zulegten, ohne auf Preis und Rendite achten zu müssen; Bankiers und Broker schließlich ignorierten die Probleme, die entstanden, als auf diese Weise die Entwicklung des Weltfinanzmarktes und die Finanzierung des amerikanischen Haushaltsdefizits eng mit Japans hochspekulativer Geldwirtschaft verknüpft wurden.

Bis heute fehlt eine realistische Bestandsaufnahme, wie stark Japans Wirtschaft denn tatsächlich ist, subtrahiert man die Spekulation von 1986 bis weit ins Jahr 1993. Um einen kleinen Beitrag zur Analyse des »zweiten Wirtschaftswunders« leisten zu können, muß im folgenden ein Minimum an finanztechnischen Abläufen erläutert werden.

Für Japan war die Stunde Null, die den Auftakt zu einer völlig neuen Phase der japanischen Wirtschaftsgeschichte bildete, der Plaza-Währungsakkord in Washington vom 22. September 1985, mit dem die Finanzminister der G-7 beschlossen, den Dollar abzuwerten und gleichzeitig die anderen Weltwährungen, vor allem aber den Yen, hochzufahren. Der Plaza-Akkord galt in erster Linie dem Problem des japanischen Handelsüberschusses, und er mußte die besonders vom US-Markt abhängige japanische Wirtschaft, die sich obendrein in der Außenhandelsabwicklung wie kein vergleichbares Land dem Dollar anvertraut hatte, stärker als andere Staaten, etwa Deutschland tangieren.

Zuerst schien es so, als ob die Plaza-Vereinbarung Korrekturen einleiten könnte. Im Fiskaljahr von April 1986 bis März 1987 erlebte die japanische Wirtschaft ihre schwerste Krise seit dem ersten Ölschock. Der scharfen und vor allem schnellen Aufwertung des Yen von 263 Yen pro Dollar im Frühjahr 1985 auf 121 Yen im Januar 1987 war Japans Exportindustrie zunächst nicht gewachsen.

Die Konturen der Krise: Jede dritte börsennotierte Firma schrieb im Fiskaljahr 1986/87 im operativen Geschäft rote, zum Teil tiefrote Zahlen. Japans Realwachstum sank auf ein Tief von 2,4%. Die Industrie mußte sich – mangels ausreichender Binnennachfrage – auf – für sie – verlustreiche Exportoffensiven konzentrieren, als deren Ergebnis Tōkyō 1986/87 einen Rekordhandelsüberschuß von 101 Milliarden Dollar melden mußte. Die Hauptziele des Plaza-Abkommens waren damit verfehlt; das Japan-Defizit der USA erreichte neue Rekorde. Prompt eskalierte wie heute wieder der amerikanische Druck, Tōkyō möge die Binnennachfrage ankurbeln.

Japans Administration reagierte binnen weniger Monate mit einem umfassenden Konzept. Der Expansionskurs begann mit der Senkung des Diskontsatzes auf den Rekordtiefstand von 2,5% im Februar 1987. Es folgte die Realisierung von Teilen der Empfehlungen der nach dem ehemaligen Zentralbankchef benannten Maekawa-Kommission wie Deregulierung und Privatisierung von Fiskalbetrieben. Letztere begann im Frühjahr 1987 mit einem Paukenschlag, nämlich der ersten Teileinführung von NTT. Die Böerseneinführung von NTT symbolisierte mehr als nur das Credo der Privatisierung und zugleich den Zwang zur Sanierung der hochverschuldeten japanischen Staatsfinanzen. Vielmehr war das Finanzministerium damit endgültig von einer Kontrollinstanz zum Insider an der Börse mutiert, was sich im Skandalsommer 1991 als bisher schwerste Belastungsprobe für die gesamte Administration und auch für das Gefüge des Finanzplatzes Tōkyō erweisen sollte.

Die Folgen der faktischen Staatsgarantie für eine ewige Börsenhausse wurden schnell sichtbar. Daß die Industrie im Frühjahr 1987 schwerwiegende Probleme erlebte, hinderte die Spekulation an der Börse nicht, fast tagein, tagaus neue Indexrekorde zu feiern. Die Hintergründe für die »Börsenblüte« mitten in einem tiefen Konjunkturtal beschränken sich jedoch nicht auf den amtlichen Startschuß für eine üppige Sekurisation. 1986/87 verzichtete die Privatwirtschaft in erheblichem Umfang auf produktive Investitionen und entdeckte die Finanzbilanz als Rettungsmöglichkeit und Hoffnungsträger. Das Zauberwort lautete »*Zai*tech«, eine Wortschöpfung aus *Zai* für Finanzen oder Kapital sowie der Aura von *hightech*, modernes Finanzmanagement der Industrie.

Ein wesentliches Element des *Zai*tech-Konzepts war dem Immobilienmarkt zugedacht. Japans Bodenpreise, die mit Ausnahme eines geringen Rückgangs im Jahre 1974 seit Kriegsende ohne Unterbrechung stürmisch zugelegt hatten, bildeten Fundament und Voraussetzung für die Sanierung von strukturschwachen Branchen wie der Schwer- und Werftindustrie oder der 1987 besonders angeschlagenen Stahlindustrie. Gerade die Industrien von gestern verfügten über umfangreichen Grundbesitz, dessen Wert explodierte und an der Börse für eine Hausse dieser Aktien sorgte, obwohl die Unternehmen gerade umfangreiche Stillegungen und sogar Massenentlassungen angekündigt hatten.

Als Premier Yasuhiro Nakasone dann noch im Frühsommer 1987 völlig prozyklisch dem amerikanischen Druck nach Konjunkturankurbelung nachgab und in Venedig eine Konjunkturspritze von 6 Billionen Yen, damals knapp 2% des BSP oder 75 Milliarden DM, versprach, konnte das »zweite Wirtschaftswunder« seinen insgesamt fatalen Lauf nehmen.

Anstatt daß im Fiskaljahr 1987/88 eine scharfe Wettbewerbsauslese hereinbrach, erlebte Japan in diesem Jahr seine spekulativste und spektakulärste Boomphase. In Tōkyō und anderen Ballungsräumen verdoppelten sich die ohnehin schon astronomischen Bodenpreise und verdoppelten gleichzeitig damit die Bonität und die Kreditwürdigkeit von Wirtschaft und Privatpersonen. Diese Tatsache trug dazu bei, daß das Finanzministerium den Störfaktor Weltbörsenkrach vom Oktober 1987 erfolgreich mit gezielter Manipulation abfedern konnte.

In ihrem Rechenschaftsbericht für das Fiskaljahr 1987/88 weist die Bank von Japan einen Wertzuwachs der Immobilieneinheitswerte und der Inlandsaktien in Höhe von 480 Billionen Yen aus. Das entsprach damals 140% des BSP oder umgerechnet 6 150 Milliarden DM binnen zwölf Monaten. Diese Aufblähung von Aktien und Immobilien hielt im Tempo des Fiskaljahres 1987/88 drei volle Jahre lang an.

Ende 1989 ergab sich für alle an den acht japanischen Börsen notierten Inlandsaktien ein Kurswert von 895 Billionen Yen oder 11 190 Milliarden DM, was 225% des BSP bedeutete. Die Börse von Tōkyō allein war 620 Billionen Yen wert und damit gegenüber der Vergleichszahl zum Jahresultimo 1987 von 277 Billionen Yen immerhin binnen dreier Jahre um rund 125% explodiert – bei fast konstanter Zahl notierter Firmen. Mit einem Wort: In den drei Fiskaljahren von 1987/88 bis 1989/90 hatte Japan – nur unter Zugrundelegung der Buchwertsteigerungen von Immobilien und der Aktienkurssteigerungen – rund das Vierfache seines Bruttosozialprodukts gewonnen. Die Bonität und der Kreditrahmen von Unternehmen und Privatpersonen wuchsen nicht nur mit, sondern wurden auch ausgeschöpft.

Bei Immobilien geschah dies in der Regel bis zu 120% der astronomischen Grundstückspreise, da die Preisspirale spätestens einige Monate später die Deckungslücke des kreditsichernden Grundstücks geschlossen hatte. Die Aktienbörse honorierte diese Eskalation der stillen Reserven und der extrem expandierenden Liquidität der Wirtschaft durch immer neue Höchstkurse. Die Aufblähung der Immobilienpreise bedingte die Aktienhausse und umgekehrt. Zugleich wuchs der Kredit- und Schuldenumfang mit. Noch heute weisen japanische Banken und Finanzhäuser hypothekarisch nur höchst unzureichend gesicherte Kreditausreichungen von 132 Billionen Yen oder 1 650 Milliarden DM auf, die seit dem Ende der Immobilienpreisspirale die Solidität des japanischen Finanzapparats in Frage stellen.

Aber nicht nur Unternehmen, finanzkräftige Verbraucherschichten und die Konjunktur profitierten zunächst von der Spekulation. Der Vorstoß des Massenherstellers Japan in obere Qualitätsmarktsegmente wäre ohne die konjunkturellen und finanziellen Folgen der Spekulation nie so schnell und konsequent ins Werk gesetzt worden. Auch der Fiskus als Steuereinnehmer und als Emittent bei der Privatisierung blieb auf der Gewinnerseite. Allein aus der Ausgabe der bisher drei NTT-Tranchen erhielt der Staat über 10 Billionen Yen, also über 125 Milliarden DM, während die Zeichner der Aktien inzwischen 6 Billionen Yen oder 75 Milliarden DM wieder verloren haben – allein auf der Basis der saldierten Emissionskurse.

Exkurs: Ohne die amtlichen Inflationsstatistiker wäre das »Finanzwunder« kaum durchführbar gewesen. Japans Warenkorb zur Inflationsberechnung korreliert mit der Realität des Kaufkraftverlusts nur höchst bedingt. So blieb in den Jahren der grotesken Liquiditätsschwemme das Stabilitätsvorbild Japan erhalten. Doch auf die simple, wenn auch gigantische Inflationierung der Aktien- und Immobilienmärkte beschränkt sich das »zweite Wirtschaftswunder« keineswegs. Denn die japanische

Großindustrie begann, ab 1985 gezielt und ab 1987 massiv, die Börsenhausse und die Superliquidität in den Dienst ihrer Weltmarktstrategie zu stellen. Es begann damit die Perfektion des umrissenen »Liquiditätswunders« nach der Devise, daß Kapital nicht nur beliebig vermehrt werden kann, sondern vor allem, daß sich die Kapitalkosten zugleich bis gegen Null senken lassen.

Ab Frühjahr 1987 entdeckten die Industrie und die Finanzinstitute die heimische Börse und die Euromärkte als für sie weltweit billigste Refinanzierungsquelle. Zum Verständnis der Veränderung der japanischen Wirtschaft in der zweiten Hälfte der achtziger Jahre müssen hier kurz die Refinanzierungsstrukturen erläutert werden.

In den sechs Jahren von 1985 bis Ende 1991 hat sich die japanische Wirtschaft auf den in- und ausländischen Wertpapiermärkten allein durch die Ausgabe von Wandel- und Optionsanleihen in Höhe von 85 Billionen Yen praktisch zum Nulltarif refinanziert. 85 Billionen Yen entsprechen rund 1 060 Milliarden DM oder 20% des japanischen BSP. Was in den Jahren 1985 bis 1986 langsam begann, wurde ab 1987 mit der Boombörse zu einer riesigen Verschuldungswelle: Emissionen von Wandel- und Optionsanleihen von 54 Billionen Yen oder 675 Milliarden DM, die im Schnitt aller Obligationen in den diversen Währungen einen spottbilligen Kupon von nur 1,7% aufweisen, der bei Auslandsemissionen durch Swaps weiter verbilligt werden konnte. Wurde von dem Eintauschrecht in Aktien Gebrauch gemacht, verstärkte die Firma nicht nur ihr Eigenkapital, sondern zahlte eine Dividende, die 1989 zu einer marginalen Größe verkommen war. Die durchschnittliche Dividendenrendite belief sich in Tōkyō zum Jahresende 1989 auf 0,41%, erreichte Anfang 1994 trotz des Börsenkrachs noch immer nur klägliche 0,89%. Das »Börsenwunder« wurde außerdem durch kräftige Kapitalerhöhungen strategisch gezielt eingesetzt – mit Assistenz der Manipulationskünste von Japans Brokern, ohne die die Börse die Beanspruchung nicht mit einer steilen Dauerhausse, sondern einer scharfen Baisse beantwortet hätte.

In den Jahren von 1987 bis 1991 erhöhte sich die Zahl von in Tōkyō börsennotierten Aktien von 259,1 Milliarden Stück auf 322,8 Milliarden, also um 63,7 Milliarden Aktien oder knapp 25% bei – wie schon gesagt – praktisch kaum veränderter Zahl notierter Unternehmen. In dieser finanziellen Situation sind Investitionen, Innovationen und Käufe in Übersee extrem billig und damit ohne jeden Anlaß, auf Rentabilität zu achten, möglich gewesen. Niemand in Japan schien zu befürchten, daß dieses grandiose Kalkül und der virtuose Umgang mit der Inflationierung der Finanz- und Sachwerte nicht aufgehen konnte. Das sichere Scheitern dieses Experiments übersehen zu haben, stellt der Führungselite in Japans Wirtschaft und Politik m. M. nach das Zeugnis mangelhaften Weitblicks und schlechten ökonomischen Sachverstands aus.

Japans Bodenpreisspirale wuchs nicht nur in die Dimension eines gravierenden Sozialproblems, sondern verhinderte bzw. verteuerte Investitionen der Wirtschaft und Infrastrukturausgaben der öffentlichen Hände. Hinzu trat die internationale Verflechtung Japans, die ein solches Renditegefälle bei den laufenden Erträgen kurzfristig korrigieren mußte. Als etwa Mitsubishi Estate 1988 das Rockefeller Center samt 14 Wolkenkratzern in Manhattan zu 51% übernahm, war eine Bruttomiete von 7% angesetzt. Bei Investition der 848 Millionen Dollar daheim im Marunouchi Viertel Tōkyōs hätte Mitsubishi ein Grundstück von etwa 1 100 Quadratmetern kaufen und eine Rendite von kaum 0,7% erzielen können. Das Gefälle der laufenden Rendite von etwa 3 Prozentpunkten zwischen den Durchschnittsdividenden anderer Weltbörsen und Tōkyōs 0,4% mußte der Hausse am Kabutochō, dem Börsenzentrum in der Hauptstadt, große Schwierigkeiten bereiten. Die einzige Begründung für die Phantasiepreise japanischer Immobilien und Aktien liefert der Mangel an Vorstellungsvermögen in bezug darauf, daß die Kapital- und Substanzwertsteigerungen zu einem nicht allzu fernen Zeitpunkt selbst für das »reiche« Japan zu hoch sein würden.

Das Desaster ist eingetreten, die »Seifenblasenökonomie« gibt erheblich Luft ab.[45] Das heißt nicht, die Blase sei geplatzt. Das läßt sich mit einiger Sicherheit nur von der Aktienbörse behaupten.

Dies hatte folgende Konsequenzen: Die Kapitalisierung der Aktienbörse von Tōkyō hat seit Jahresultimo 1989 bis Mitte Januar 1994 exakt 330 Billionen Yen verloren. Um 4125 Milliarden DM sind alle Börsianer, die Privaten und die *Keiretsu*-Verbände, ärmer geworden. Die Aktienbörse ist ein transparenter Markt, was absolut nicht für Japans Grundstückssektor gilt. Zum Märzultimo 1991 ermittelte die Bank von Japan im Rahmen ihrer volkswirtschaftlichen Gesamtrechnung einen Grundstückswert für Japan von rund 3400 Billionen Yen oder 42500 Milliarden DM, also 800% des japanischen BSP. 1993 sollen nach amtlichen Angaben die Grundstückspreise in den Ballungsräumen um 17%, landesweit um ein paar Prozentpunkte gefallen sein. Wie die Regierung zu ihrem beruhigenden Urteil kommt, ist kein Geheimnis. Sie verfügt landesweit über 17000 Mustergrundstücke, davon 320 in Tōkyō, wo mangels Eigentümerwechsel schlicht die vorherigen Preisansätze konstant fortgeschrieben werden. Seit April 1990 mit der Einführung einer Maximalbegrenzung für Realkredite der Banken auf das allgemeine Kreditwachstum ist das Grundstücksgeschäft in Japan praktisch zum Erliegen gekommen. Wer verkaufen muß, darf sich in Ballungsräumen auf Preisnachlässe von 40 bis 50% binnen zwölf Monaten einstellen. Umgerechnet ergibt sich bei Ansatz eines 40%igen Preisrutsches ein deflationärer Effekt in der Größenordnung von 17000 Milliarden DM seit März 1991, an dem gemessen sich der Aktienkrach mit seiner Vermögensvernichtung von 4125 Milliarden DM in zwei Jahren und vier Monaten fast wie die Portokasse der Nation ausnimmt.

Japans Unternehmen, Finanzhäuser, Fiskus und Verbraucher sind nun in einer schwierigen Situation. Auch die angeblich »kerngesunde« Industrie wird unweigerlich von der Finanzkrise und Immobiliendeflation beeinträchtigt, wenn der Abwärtstrend anhält. Damit sind nicht die Vertreter der spekulativen Exzesse und nicht die 1650 Milliarden DM dinglich gesicherter Kredite, deren Sicherheit mit dem Immobilieneinbruch dahingeschmolzen ist, gemeint. Das allein bedeutet für den Finanzapparat eine traumatische Belastung, die nur noch übertroffen wird durch den Eigenkapitalverlust als Resultat des Börsenkrachs, der die Banken bisher gezwungen hat, 5,7 Billionen Yen oder 71 Milliarden DM sehr teure nachrangige Schulden hereinzunehmen. Dies geschah, damit sie die 8%-Hürde der Bank für Internationalen Zahlungsausgleich nehmen konnten.

Nicht nur die Kreditwirtschaft ist angeschlagen. Zusätzlich belasten Wandel- und Optionsanleihen die japanische Wirtschaft. Die Emissionen der Jahre 1985 und 1986 sind fast völlig in Aktien gewandelt worden und belasten hier die Unternehmen nur noch insoweit, als sie bei sinkenden Erträgen ein erheblich erhöhtes Aktienkapital

45 Nigel Holloway, Eclipse of the Sun, und Anthony Rowley, Balloon Goes Down, in: Far Eastern Economic Review, 5.4.1990, S. 53ff.

bedienen müssen und deshalb daran gehindert sind, der Börse durch Dividendenerhöhung neuen Halt zu geben.

Anders steht es um die 54 Billionen Yen oder 675 Milliarden DM ab 1987. Hier liegen die Phantasiekurse der Börsenboomjahre zugrunde, so daß im Schnitt aller Obligationen rund 93 % des Emissionsvolumens nicht in Aktien getauscht wurden. Sie werden auch nicht gewandelt, solange sich die Kurse in Tōkyō nicht auf das Niveau von 1988/89 verbessern. Diese Zahlen mögen zu abstrakt sein. Deshalb muß die Zahl der höchstwahrscheinlich voll zur Tilgung anstehenden Wandel- und Optionsanleihen in einen Bezug zu den langfristigen Bankschulden auf konsolidierter Basis gestellt werden. Straightbonds sind nicht berücksichtigt.

1. Beispiel: Die sechs größten Stahlkonzerne: Wandel- und Optionsanleihen ab 1987 bis 1991 von umgerechnet 25,75 Milliarden DM sowie langfristige Bankschulden von 54,56 Milliarden DM.
2. Beispiel: Die fünf größten Autohersteller: Wandel- und Optionsanleihen von 1987 bis 1991 von umgerechnet 19,61 Milliarden DM sowie langfristige Bankschulden von 62,35 Milliarden DM.
3. Beispiel: Die acht wichtigsten Elektro-/Elektronikkonzerne (Hitachi, Toshiba, Mitsubishi Electric, NEC, Fujitsu, Matsushita Electric, Sony und Sharp): Wandel- und Optionsanleihen von 1987 bis 1991 von umgerechnet 44,52 Milliarden DM sowie langfristige Bankschulden von 84,23 Milliarden DM.

Die Folgen sehen generell überall gleich aus. Die liquiden Mittel der Unternehmen schrumpfen, die Investitionsansätze werden zurückgenommen, die Produktpreise müssen kurzfristig trotz heimischer Nachfragestagnation steigen und nicht selten gerät die Finanzbilanz, eine wichtige Säule der Unternehmensgewinne der letzten Jahre, ins Defizit.

Immer unterstellt, die Börse findet nicht zu den Glanzzeiten 1988 und 1989 zurück, werden die 54 Billionen Yen Wandel- und Optionsanleihen fast komplett umgeschuldet werden müssen. Dazu bieten sich begrenzt die sehr viel teureren Straightbonds an und ebenfalls nur begrenzt die Banken, die bei jeder Kreditvergabe auf ihre Bilanzsumme und die Eigenkapitalfessel zu achten haben. Der Rest kann nur über liquide Eigenmittel, Portfolioauflösungen und Immobilienverkäufe sowie eventuell Repatriierung von Überseekapital aufgebracht werden.[46] Die in 1994/95 fälligen 18 Billionen Yen bilden bereits ein Problem. Der heimische und der internationale Straightbondmarkt kann jährlich erfahrungsgemäß maximal rund 7 Billionen Yen (87,5 Milliarden DM) privater japanischer Verschuldung absorbieren, wovon mindestens 2 Billionen Yen traditionell auf Versorgungsunternehmen und NTT entfallen. Im Fiskaljahr 1991/92 emittierten private japanische Schuldner 6,3 Billionen Yen Straightbonds, dies ist bereits ein Zuwachs um 40 % gegenüber dem Vorjahr und ein Indiz für den Trend der nächsten Jahre. Basierend auf diesen Erfahrungen bleibt eine Refinanzierungslücke aus dem Tilgungsbedarf für 1994/95 von rund 8 Billionen Yen oder 100 Milliarden DM, die die Banken wohl aufbringen müssen, wollen sie einen Ausverkauf von Portfolios und damit einen abermaligen Börsenkollaps vermeiden. In dieser groben Rechnung ist kein Yen frischen Kapitalbedarfs enthalten. Für die Yen-Zinsen signalisiert das kaum ein Sinken und für die Börse wenig Hilfe.[47]

46 Far Eastern Economic Review (Hrsg.), Asia 1993, Yearbook, Hongkong 1992, S. 141.
47 Jonathan Friedland, Into the Whirlpool, in: Far Eastern Economic Review, 8. 4. 1993, S. 70ff.

Fest steht, daß die Umschuldung wesentlich teurer wird als die 1,7% im Schnitt der Wandel- und Optionsanleihen. Die Kapitalkosten für Investitionen, die mit diesen Obligationen finanziert wurden, dürften planwidrig um mindestens das Vierfache steigen; sind die Kostenrechnungen auf Wandlung und damit die Dividende ausgerichtet gewesen, dann sogar noch dramatischer.

Offen in diesem Szenario ist noch die Kernfrage, wohin die Mittel geflossen sind, die über die Wertpapiermärkte aufgenommen wurden. Abgesehen von dem Anteil, der in der *Zai*tech-Euphorie spekulativ in Aktien und Immobilien angelegt und verspielt wurde, rechnen sich viele Investitionen bei Kapitalkosten von fast null nur mühsam. Zu dieser Gruppe von nicht durchgerechneten Investitionen gehören sehr viele Überseetrophäen, aber auch eine ganze Reihe von heimischen Kapazitätsausweitungen, deren Dimensionen am Markt vorbei geplant wurden.

Seit Mitte August 1992, als nach dem Börsenkollaps der *Nikkei*-Index von 225 repräsentativen Werten von einst knapp 40 000 Punkten auf 14 309 Punkte fiel – immerhin ein Verlust um rund 65% seit dem Jahresschlußindex 1989 –, hat auch die Regierung zugegeben, daß Japans Finanzmarktprobleme die angeblich »kerngesunde« Industrie und die Konjunktur tangieren. Die Regierungsbeschlüsse vom August 1992 sowie von April und September 1993, insgesamt 30,1 Billionen Yen (etwa 460 Milliarden DM) als Konjunkturnotprogramme in die Wirtschaft fließen zu lassen, demonstrieren neben der konjunkturellen Entschlossenheit auch den Willen, einer einschneidenden Wettbewerbsauslese durch die Marktkräfte zuvorkommen zu wollen. Damit die fiskalischen und monetären Impulse erfolglos blieben, hat die Regierung Morihiro Hosokawa im Februar 1994 ein großangelegtes viertes Notprogramm im Volumen von gut 15 Billionen Yen angekündigt mit den zugleich auch steuerlichen Impulsen (Lohn- und Einkommensteuersenkung von 6 Billionen Yen). Doch darauf beschränken sich die staatlichen Gegenmaßnahmen zur »geplatzten« Spekulation nicht. Von September 1992 bis März 1994 hat die öffentliche Hand über die staatliche Postsparkassenorganisation 5,8 Billionen Yen (90 Milliarden DM) für die Stützung der Aktienkurse zur Verfügung gestellt. Anfang 1994 kapitulierte das Kabinett vor dem Flehen des Bankensektors um die Übernahme von unverkäuflichen Immobilien mit Steuergeldern. Dafür will Tōkyō 1994 2 bis 3 Billionen Yen (31 bis 46 Milliarden DM) bereitstellen. Das Vertrauen in eine Wende am Immobilienmarkt fehlt vorerst.

Im Realkreditsektor spitzt sich die Schuldenproblematik weiter zu. Die 21 japanischen Großbanken weisen wahrscheinlich ein notleidendes Realkreditvolumen von etwa 14 Billionen Yen (215 Milliarden DM) auf, das allerdings nicht einmal die halbe Wahrheit repräsentiert. Als gesichertes Minimum nicht mehr bedienter, umstrukturierter und durch neue Kredite solvent gehaltener Problemrealkreditschulden gelten bei den Großbanken 30 Billionen Yen (460 Milliarden DM), bei allen Finanzhäusern 50 bis 60 Billionen Yen (770 bis 920 Milliarden DM) – mit steigender Tendenz. Japans Banken tun sich extrem schwer bei der Bilanzvorsorge für ihr notleidendes Kreditportfolio. Rigorose Abschreibungen scheiden aus zwei Gründen aus: Das Finanzministerium hat die Großbanken zur Solidarhaftung für Hunderte kleinerer Banken, Nichtbankfinanzhäuser und sonstige von Insolvenz bedrohter Klientel verpflichtet; außerdem müßten schmerzhafte Maßnahmen der Risikovorsorge durch umfangreiche Nettoglattstellungen des eigenen Wertpapierportfolios ausgeglichen werden. Das würde negative Auswirkungen auf die Börse und damit die Eigenkapitalquoten der Banken haben.

Im Januar 1993 wählten 161 Banken einen sehr japanischen Ausweg aus der Krise, der sich bislang jedoch als Sackgasse erwies. Sie gründeten gemeinsam eine Auffanggesellschaft zum Kauf dubioser Realkredite, die die »wackelnden« Forderungen mit einem Diskont von den Gründungsinstituten kauft und die Verwertung der Immobilien versucht.

Das Kapital für den diskontierten Kauf stellt das jeweils betroffene Bankhaus der Auffanggesellschaft als Kredit zur Verfügung. Die Banken schreiben den Diskont als Verlust ab, streichen einen notleidenden Kredit aus den Büchern und ersetzen ihn durch eine der Form nach über jeden Zweifel erhabene Ausreichung an die gemeinsame Auffanggesellschaft. Deren programmierte Verluste und das übernommene Volumen fauler Kredite tauchen in keiner Bilanz mehr auf, da die Auffanggesellschaft von keiner Gründungsbank konsolidiert wird. Dieses Verfahren macht nur dann Sinn, wenn sich Käufer für die zur Sicherung übereigneten Immobilien finden oder der Kollaps am Grundstücksmarkt endet. Bei Tochtergründung hatten die Banken auf die öffentliche Hand als Interessenten gesetzt. Aber dem Staat wachsen unerwartet Immobilien zu, die er seinerseits vergeblich mit hohem Abschlag zu veräußern sucht. Im Fiskaljahr 1992/93 machten über 12 000 Erben von der Möglichkeit Gebrauch, unveräußerliche Immobilien zur Entrichtung der konfiskatorischen Erbschaftsteuer dem Fiskus zu übereignen.

Das vielleicht wichtigste konjunkturrelevante Datum stammt vom Wirtschaftsforschungsinstitut des Assekuranzmarktführers Nippon Life. Dort werden die Buchwertverluste am Immobiliensektor in den Fiskaljahren 1990/91 und 1991/92 auf 1 000 Billionen Yen, umgerechnet 15,4 Billionen DM taxiert. In den folgenden 18 Monaten dürfte nochmals ein Verlust in dieser Größenordnung entstanden sein. Seit Mitte 1990 haben sich damit Kreditwürdigkeit und Kaufkraftpotential in Höhe des Vierfachen des japanischen BSP in Nichts aufgelöst, während die auf dem Immobiliensektor lastende Schuldenpyramide an die Exzesse der Vorjahre erinnert.

Japans »Wirtschaftswunder« – und der Aufstieg der Tigerstaaten sowie jüngst chinesischer Regionen – basiert in ganz erheblichem Umfang auf der Schaffung von Kreditrahmen, Kaufkraft und damit Kursphantasie an der Börse mittels stratosphärisch steigender Grundstückspreise im Vorgriff auf den gesamtwirtschaftlichen Erfolg, nicht als dessen Folge. Dafür, daß die Inflationierung von Immobilien- und Aktienmarkt offiziell nicht das Realwachstum wieder zunichte macht, sorgen die Verschleierungskünste der amtlichen Statistiker in Tōkyō ebenso wie in Seoul oder Taipeh. Der Schwund an Binnenkaufkraft kann jedoch auf diese Weise auf Dauer nicht verhindert werden. Das extrem hohe Preisniveau Japans legt dafür ein Zeugnis ab. Geht die Liquidität zu Ende, geht es mit der Konjunktur unweigerlich bergab. Japan demonstriert diesen Kausalzusammenhang zwischen Bodenpreisexplosion und Wirtschaftswachstum mit seinem heutigen Dilemma ebenso wie Südkorea und Taiwan sowie – in umgekehrter Richtung – Hongkong, Shanghai und die Sonderzonen mit ihrem Boom.

In diesem Umfeld wirkt die Auffanggesellschaft der japanischen Banken wie die verzweifelte Hoffnung darauf, daß die Regierung die Anatomie des japanischen »Wunders« begreift, den Grundstücksmarkt nicht weiter herunter administriert und die sozialen Widerstände gegen eine neue Bodenpreislawine vom heutigen, noch immer im internationalen Vergleich absurd hohen Niveau aus mit der Entschuldigung der Konjunkturankurbelung zwecks Arbeitsplatzsicherung abbaut. Doch von dieser

Interpretation des Wirtschaftswunders scheint Tōkyō nichts wissen zu wollen. Den Mythos überlegenen japanischen Managements und genialer administrativer Lenkung durch das Eingeständnis zu ersetzen, daß ohne Immobilienspekulation – bei gleichzeitiger statistischer Verschleierung des inflationären Auftriebs – keine Wundertaten vollbracht worden wären, käme einer Bankrotterklärung gleich.

Deshalb sieht die Bilanz der Mißerfolge der Auffanggesellschaft von April bis September 1993 folgendermaßen aus: Sie übernahm 510 faule Kredite einschließlich 1 047 sicherungsübereigneter Immobilien im Nennwert von 1,18 Billionen Yen mit einem durchschnittlichem Diskont von 49 % für 602,9 Milliarden Yen (9,3 Milliarden DM), erlöste aber durch Immobilienverkäufe lediglich 3,6 Milliarden Yen. Japans Finanzwirtschaft macht, wenn diese Entwicklung fortschreitet, eine ernste Krise durch. Schon heute verhindert nur die Hoffnung auf ein eindeutiges amtliches Signal der Versöhnung mit der Grundstücksspekulation, daß die Banken kurzen Prozeß mit dubiosen Kreditforderungen machen. Das wäre das Ende des Mythos der Solidarhaftung der »Japan AG«.

Der Belohnung dieses »Opfergangs« der Banken im Namen der Solidarhaftung galt denn auch in erster Linie die rasante Zinssenkung seitens der Notenbank durch Gouverneur Mieno. Die Regierung hat über die öffentliche Postsparkasse und ihre Lebensversicherung zwischen September 1992 und März 1994 ein Nettoanlagevolumen von 5,6 Billionen Yen (86 Milliarden DM) bereitgestellt, wodurch ein Absinken des *Nikkei*-Leitindex unter die Schmerzgrenze der Banken (Eigenkapital) verhindert wurde. Einen *Nikkei* von 18 000 Yen würde der öffentliche Investor wohl nicht dulden. Darauf beschränkt sich das manipulative öffentliche Börsenmanagement nicht. Den Bankhäusern, die immer im Verdacht von Nettoglattstellungen zwecks »Bilanzkosmetik« stehen, wurde für die Geschäftsjahreshälfte 1993/94 die Dividende freigestellt. Sie waren damit nicht mehr an eine maximale Ausschüttungsquote von 40 % des Nettogewinns gebunden, sondern durften zur Gewährleistung einer kontinuierlichen Dividende auch tiefer in die Tasche greifen. Ohne diese finanzministerielle Großzügigkeit wären entweder niedrigere Dividenden oder umfangreiche Wertpapierverkäufe angesagt gewesen, was beides für Unruhe am Börsensitz Kabutochō gesorgt hätte.

Die Industrie kann sich derartige Rücksichten nicht leisten. Bis September 1993 trennten sich Industrieunternehmen von netto 800 Milliarden Yen (12,3 Milliarden DM) Inlandsaktien, allen voran die Auto-, die Elektro- und die Stahlbranche. Auf der Abgabeseite stehen auch die geschlossenen Trustfonds, deren Laufzeit das Finanzministerium wegen katastrophaler Resultate über die Fälligkeit um zwei Jahre verlängerte. Von besonderem Rang für die Börse und als Indiz für das Aufweichen des Korpsgeistes der »Japan AG« dürfte die Entscheidung von Assekuranzmarktführer Nippon Life sein, nach Jahren vergeblicher Forderung nach einer angemessenen laufenden Rendite sein inländisches Aktienengagement von 20 auf 15 % des kumulierten Anlagevermögens zu senken. Mit einer Bruttorendite von 1,4 % auf die Aktienbuchwerte will sich der Assekuranzriese nicht mehr begnügen. So könne er sich der zukünftigen Herausforderung einer stark alternden Gesellschaftsstruktur nicht stellen, lautet die Begründung. Nippon Life hält 3 % der Börsenkapitalisierung Tōkyōs, alle Lebensversicherer rund 11 %.

Die eigentliche Marktbelastung steht an, wenn der Primärmarkt der ersten Börsensektion für Kapitalerhöhungen großer Gesellschaften wieder eröffnet werden muß, weil die Kreditausreichungen der Banken rückläufig sind. Für diesen Test ist der Markt nicht besonders vielversprechend gerüstet. Denn die Marktrahmendaten sind mit einer durchschnittlichen Dividendenrendite von nicht einmal 0,7% so überzogen wie zu Zeiten des Indexrekordes Ende 1989. Damals war man sich am Kabutochō sicher, daß der Markt eine grandiose Prämie wert war. Angesichts der düsteren Ertrags- und Konjunkturperspektiven rettet den Markt nur der Schutz der öffentlichen Hand und der Mangel an Anlagealternativen in Japan. Der Preis für die Hausse ist hoch: Die Börse trägt weniger den Charakter eines Marktes, sondern das Odium einer Regierungsveranstaltung.

Solange Kabinett und Ministerien dem allerersten gesamtwirtschaftlichen Rang von Japans Aktienmarkt durch ihre Fürsorge Rechnung tragen, läßt sich dem Krisenmanagement ein gewisser Erfolg nicht absprechen. Allerdings läuft die Uhr auch hier schneller ab, als dem Aufschwung zuträglich sein kann. Die Nachfolgeregierungen wollen aus den fiskal- und konjunkturpolitischen Fehlern ihrer Vorgängerinnen lernen und statt abermaliger Forcierung öffentlicher Investitionen diesmal den Verbraucher in der Hoffnung entlasten, daß die Marktkräfte vielleicht eher einen Ausweg aus der Rezession weisen als staatliche Lenkung. Hinter diesem neuen Krisenkonzept steht auch die amerikanische Drohung mit handelspolitischen Sanktionen und neuem Aufwertungsdruck für den Yen. Die Formel, daß eine flotte Konjunktur Japans zugleich auch das Handelsdefizit der USA und der EU abbauen werde, ist zwar in den achtziger Jahren gründlich widerlegt worden. Aber Washington bleibt zur Vermeidung einer Eskalation der ohnehin gespannten außenwirtschaftlichen Beziehungen zu Japan kaum eine andere Alternative, als auf den Sieg des Marktes zu setzen.

Steuerreform und Deregulierung heißen denn auch die beiden Zauberformeln, mit denen die Reformregierungen den USA gefallen möchten, die konjunkturelle Wende erzwingen zu können glauben und zugleich Japan von einer extrem produzentenfreundlichen zu einer verbraucherorientierten Wirtschaftsgesellschaft reformieren möchten. Die Deregulierung ist als Konzept noch ohne Konturen. Aber immerhin wurden über 11000 administrative Hürden und Wettbewerbshindernisse ausgemacht, denen zu Leibe gerückt werden soll. Skepsis erscheint jedoch angebracht, geben doch ausgerechnet Elitebürokraten den Ton im Reformausschuß an, die kaum ihre eigene Entmachtung vollstrecken werden.

Deregulierung in Zeiten wirtschaftlichen Niedergangs, wenn sie mit dem Ziel der Preissenkung im kostentreibenden Distributionsdschungel Japans Flurbereinigungen durchsetzt und den Markt tatsächlich für Importe öffnen sollte, kostet Arbeitsplätze und erhöht zulasten absoluter Preisherrschaft der inländischen Anbieter den ausländischen Wettbewerbsdruck. Beides kann Tōkyō nicht ernstlich wollen, solange Unternehmen und Konjunktur geschwächt sind. Enttäuscht aber die Reform Washington, ist dem Yen politischer Aufwertungsdruck sicher. Die Entscheidung über das Deregulierungskonzept wird ein Tauziehen zwischen den leistungsfähigen exportorientierten Branchen und den unproduktiven Sektoren der japanischen Wirtschaft bringen. Letztere beschäftigen mehr Menschen, stellen mehr Wähler und wissen die Ministerien sowie die LDP-Opposition hinter sich. Auch die Steuerreform entpuppt sich als ein gefährliches Experiment, obwohl sie als letzte konjunkturelle Trumpfkarte der Regierung gefeiert wird. Fast alle Verantwortlichen machen sich für eine Lohn- und Einkommensteuersenkung zwischen 5 und 10 Billionen Yen (77 bis 154 Milliarden

DM) stark, differieren aber in der Kardinalfrage, wie die konjunkturell und durch die Mammutzusatzhaushalte bedingten Fiskalprobleme gelöst werden sollen.

Im Ausland wird gern übersehen, daß Japans öffentliche Hände einschließlich Sonderhaushalten mit kumuliert 240 Billionen Yen (3,7 Billionen DM) oder gut 55% des BSP zu den Spitzenreitern unter den hochverschuldeten Ländern zählen. Die Steuersenkung »auf Pump« zu finanzieren und zu hoffen, daß alsbald die Steuerquellen konjunkturbedingt wieder üppig sprudeln, widerstrebt dem Finanzministerium. Japans Fiskus, einer der ganz großen Gewinner der Spekulationsjahre, zählt heute ebenfalls zu den durch die Situation Geschädigten. Außerdem kann das Ministerium gegen einseitige Steuergeschenke zwingende sozialpolitische Gründe ins Feld führen: Die demographische Alterung im schnellsten Tempo aller Industriestaaten und die skizzierten Umwälzungen am Arbeitsmarkt verlangen den Aufbau eines teuren sozialen Netzes in kurzer Zeit, zudem mikro- und makroökonomisch zu einem problematischen Zeitpunkt. Das Ministerium favorisiert deshalb eine Erhöhung der Mehrwertsteuer von 3 auf 7% und anschließend 10%, die zeitgleich mit der Lohn- und Einkommensteuersenkung vollzogen, eventuell auch zeitverzögert eingeführt werden soll.

Das »Drehen an der Steuerschraube« bleibt ein gewagtes Experiment, das neben allen kontroversen Ansichten über seinen konjunkturellen Segen das Ende der extrem niedrigen Zinsen einleiten wird. Der sprunghafte Anstieg der Mehrwertsteuer garantiert inflationären Auftrieb, den auch Tōkyōs Regierungsstatistiker nicht aus ihren Berechnungen heraushalten können. Per Saldo muß die Steuerlast steigen, um die Verschlechterung der demographischen und sozialen Rahmenbedingungen aufzufangen. Wie Börse und Yen-Außenwert auf steigende Yen-Zinsen reagieren werden, hängt selbstverständlich vom konjunkturellen Resultat der Steuerexperimente ab.

Da der markante, erst am Beginn stehende Strukturwandel Japans Konjunktur belasten und nicht fördern wird, bleibt die Schicksalsfrage offen, wie und wie schnell die japanische Wirtschaft sich wieder in die Richtung eines angemessenen Wachstums zurückbewegt.

Für die Binnennachfrage beantwortet sich diese Frage in erster Linie durch den Trend der Deflation der Sachwerte und der Aktienbörse. Noch 1992 hätte die Administration durch Deregulierung der Restriktionen bei der Bodennutzungsbegrenzung in Ballungsräumen die Chance gehabt, am Immobilienmarkt eine Wende, eventuell sogar einen neuen spekulativen Preisauftrieb zu initiieren. Nach dem abermaligen Kollaps scheint diese Option zu scheitern. Bezeichnenderweise sind im Rahmen der Steuerdebatte auch keine Erleichterungen für die prohibitiv hohe Kapitalgewinnsteuer beim Grundstückstransfer vorgesehen, sondern sogar eine Erhöhung der laufenden Grundsteuer von 0,2% auf 1% pro Jahr auf obendrein administrativ über den Marktwert hochgedrückte Einheitswerte.

Immobilien haben damit ihre gesamtwirtschaftliche Schlüsselrolle ausgespielt, ohne daß der Preisverfall jedoch inzwischen die soziale Problematik der Bodenpreisspirale entschärft hätte. Dafür sind Japans Grundstückspreise noch immer viel zu hoch. Ein Beispiel: Um ein Holzhaus in einer besseren Randlage der Metropole auf einem für japanische Verhältnisse überdimensionierten Grundstück von 395 Quadratmetern hätten sich 1989 Käufer für 2,2 Milliarden Yen (heute 33,8 Millionen DM) um diese Okkasion gerissen; 1993 fand sich selbst für 0,7 Milliarden Yen (10,7 Millionen DM) kein Interessent. 1989 hätten Banken eine Hypothek von 120% des Marktwertes, also bis zu 2,6 Milliarden Yen bewilligt, mit der der Eigner an der Börse, bei Kunstwerken oder auf dem Immobilienmarkt eingestiegen wäre und inzwischen sein Geld und die Bank ihre Sicherheit verloren hätten. 1993 waren Hypotheken über 50 Millionen Yen praktisch nicht mehr erhältlich.

Die eigene winzige Parzelle, die einzige soziale Alterssicherung eines Japaners, bleibt ein Traum. Daran hat der Preiskollaps nichts geändert.

Bleibt noch die Verbilligung der Lebenshaltungskosten durch Weitergabe der Aufwertungsgewinne an den Verbraucher. Die Verbesserung der Binnenkaufkraft des Yen rechnet zu den erklärten Zielen der Deregulierung. Denn die heimische Kaufkraft des Yen entspricht nach Berechnungen japanischer Großbanken einer Dollar-Parität von rund 170 Yen, in bestimmten Marktsegmenten wie etwa dem Immobilienmarkt sogar rund 600 Yen, während der Außenwert um 105 Yen schwankt.

Für die verarbeitende Wirtschaft signalisiert eine Binnenkaufkraftstärkung noch stärkere Ertragsreduzierung auf dem einzigen Markt, wo sie überhaupt noch etwas verdient. Die noch immer gängige Subventionierung der Exportpreise durch ein überhöhtes Inlandspreisniveau wäre gefährdet. Japans Weltmarktwettbewerbskraft, schon heute durch den Yen stark beeinträchtigt, würde weiter sinken. Außerdem ließe sich eine Senkung der inländischen Verbraucherpreise nur durch rigorose Straffung des Distributionsdschungels herstellen, der Millionen von Arbeitsplätzen sichert. Daß die Flaute durch eine Exportoffensive wie 1987 überwunden werden kann, darf demnach diesmal ausgeschlossen werden. Japans Exportwirtschaft muß im Gegensatz zur Zeit der *bubble economy*, als die Finanzbilanzerträge alle produktiven Verluste zu einer Marginalie degradierten, auch im Überseegeschäft kostendeckend wirtschaften. Der feste Yen erweist sich dabei kaum als hilfreich. Mit der Aussicht auf rekordhohe Außenwirtschaftssalden, der Unfähigkeit der japanischen Wirtschaft, wie Ende der achtziger Jahre massiv Kapital zu exportieren, und dem spekulativen Zustrom ausländischen Anlagekapitals wird sich der Yen kaum abschwächen. Der Devisenmarkt bleibt ein politisches »Faustpfand« Washingtons.

Den einzigen Lichtblick sieht die Exportnation Japan im Regionalhandel. Für China avancierte Japan in den ersten sechs Jahresmonaten 1993 erstmals zum wichtigsten bilateralen Handelspartner, sieht man von der Sonderrolle Hongkongs ab. Während die japanischen Direktinvestitionen weltweit drastisch reduziert werden, steigen sie in Asien an. Die regionale Führungsrolle Japans steht und fällt jedoch mit der Bereitschaft, seinen Markt für die Region zu öffnen. Anstatt einer reibungslosen Blockbildung in Asien dürften die Handelsrivalitäten wachsen. Japans momentane Schwäche und Chinas Entwicklungstempo ziehen das ohnehin anstehende Ringen beider Mächte um regionale Vorherrschaft im Zeitraffertempo vor.

Japan präsentierte sich in der Nachkriegszeit der Welt nacheinander mit drei Gesichtern, die zu einem Image der Überlegenheit verschmolzen. Am Anfang stand der »Exportchampion«, der sich zu Beginn der achtziger Jahre die Aura der Hightech-Führungsmacht verpaßte und Ende der achtziger Jahre seine Apotheose als Finanzsupermacht feierte. Die Finanzmacht ist angeschlagen, die Hightech-Führungsmacht muß auf den Pfennig schauen und Rentabilität entdecken; der Exportchampion wird durch die Entwicklung zum Teilen, damit zu Importförderung und internationaler Arbeitsteilung gezwungen. Japans Krisenlenker und Managementelite müssen das Kunststück vollbringen, die »Fahrradwirtschaft« eine Weile im Stand vor dem Kippen zu bewahren – bevor wieder in die Pedale getreten werden kann.

VI. Reisanbau – Probleme der Landwirtschaft in einer Industrienation

Friederike Bosse

Obgleich Japan heute in der Welt in erster Linie als hochentwickeltes Industrieland bekannt ist, hat es auch eine lange Agrargeschichte, und die Interessenverbände der japanischen Bauern sind noch heute ein einflußreiches Moment bei politischen Entscheidungen. Viele Einzelheiten über die Ursprünge der japanischen Landwirtschaft sind nicht bekannt, doch es ist sicher, daß die Bewirtschaftung mit der Kultivierung des Reisanbaus vor rund 2000 Jahren begann. Reis wurde über Korea von China nach Japan importiert und breitete sich von Nordkyūshū über Jahrhunderte hin bis zur Nordspitze von Honshū und weiter nach Hokkaidō aus. Reisanbau galt – und gilt – praktisch als Synonym für die japanische Landwirtschaft, und Reis als Inbegriff der japanischen Ernährung, was sich auch in seiner großen kultischen Bedeutung niederschlägt: Reis und Reisschnaps *(Sake)* waren stets zwei der wichtigsten Opfergaben, und die entscheidenden Phasen des Reisanbaus – Saat, Umpflanzen, Ernte – werden noch heute durch religiöse Zeremonien markiert, mit denen die Feldgottheiten beschworen werden sollen.

Ein entscheidender Wandel in der landwirtschaftlichen Produktion wurde in der *Edo*-Zeit nötig (1600–1867), als große Städte entstanden und ein immer größerer Teil der Bevölkerung nicht in der Landwirtschaft tätig war. Durch Verbesserung der Anbau- und Düngemethoden konnte die Produktion gesteigert werden, was allerdings den Bauern nur wenig zugute kam, da sie mehr als die Hälfte ihrer Ernte als Steuer abgeben mußten und ihnen oftmals nicht genug Reis für den eigenen Bedarf blieb. »Weißer Reis«, d.h. reiner, ungemischter Reis war lange Zeit eine Kostbarkeit, die nur an Festtagen aufgetischt wurde; erst in der *Meiji*-Zeit (1868–1912) wurde Reis in Japan zum Volksnahrungsmittel. Schon früh übernahm der japanische Staat die Kontrolle über den Reishandel, und das *Shokuryō Kanri Hō* (Gesetz zur Lebensmittelkontrolle) beendete 1942 endgültig den freien Handel von Reis und anderen Grundnahrungsmitteln.

Nach dem Zweiten Weltkrieg brachte 1946 die Landreform die wohl umwälzendste Veränderung der japanischen Landwirtschaft: Innerhalb weniger Jahre wurde die bis dahin vorherrschende Pachtwirtschaft praktisch beendet, und 90% der Anbauflächen wurden von den Landeigentümern bewirtschaftet. Hiernach konzentrierte sich die Agrarpolitik zunächst vor allem auf die Steigerung der Produktion, um die ausreichende Versorgung der japanischen Bevölkerung nach den entbehrungsreichen Kriegsjahren wieder herzustellen. Da zugleich aber die boomende Industrie immer mehr Beschäftigte aus der Landwirtschaft abzog, steigerte die seit 1955 regierende konservative Liberal-Demokratische Partei ihre finanzielle Unterstützung für die

Bauern. Ziele der Agrarpolitik waren zum einen die Anpassung der landwirtschaftlichen Einkommen an die städtische Einkommensentwicklung und zum anderen die Selbstversorgung der Nation mit dem Grundnahrungsmittel Reis, dessen Anbau daher stark subventioniert wurde. Mehr Maschineneinsatz und verbesserte Technologien führten auch zu einer steigenden Reisproduktion, und 1967 wurde zum ersten Mal ein Überschuß produziert (über 14 Millionen t gegenüber einem Verbrauch von 13,4 Millionen t). Auch in den folgenden Jahren wurde mehr Reis erzeugt als verbraucht wurde, so daß die staatlichen Lager 1970 mit 2,92 Millionen t Reis gefüllt waren und sich die Regierung nunmehr genötigt sah, die Produktionssteigerungen zu bremsen und der sinkenden Nachfrage anzupassen, nicht zuletzt um die finanziellen Belastungen für den Staat zu begrenzen. Dies sollte durch eine Reduzierung der Anbaufläche erreicht werden. Seit 1970 wird die landwirtschaftliche Anbaufläche gesetzlich geregelt, und die bewirtschaftete Fläche sank von 2,93 Millionen ha im Jahr 1970 auf 2,05 Millionen ha in 1991. Zugleich war die Einschränkung der Reisanbauflächen mit der Förderung des Anbaus anderer Erzeugnisse verbunden. Reis war seit jeher die dominierende Frucht in der japanischen Landwirtschaft, was lange Zeit auch seiner Bedeutung für die Ernährung entsprach. Doch seit den sechziger Jahren nahm der jährliche Prokopfverbrauch von Reis stetig ab: 1965 lag er bei 114 kg, 1990 nur noch bei 70 kg. Gleichzeitig veränderte sich die gesamte Zusammensetzung der Nahrung der Japaner in den letzten 30 Jahren stark, und anstelle des Reis trat in steigendem Maß der Verbrauch von Fleisch- und anderen tierischen Produkten. 1960 nahm ein Japaner täglich im Durchschnitt 358,4 g Reis und 147,4 g tierische Produkte zu sich, 1990 waren es nur noch 197,9 g Reis, aber 338,9 g tierische Produkte. Entsprechend wuchs die Viehzucht, besonders stark die Zahl der Schweine und Hühner. Die Rindfleischnachfrage steigt ebenfalls stetig an, wird jedoch zu einem großen Teil durch Importe gedeckt. Seit der Liberalisierung des Rindfleischimports 1988 und der folgenden sukzessiven Senkung der Zölle steigen die Fleischimporte – insbesondere aus den USA und Australien – rasant an und werden die Menge der heimischen Produktion auf Dauer immer übertreffen. Bemerkenswert ist, daß im Bereich der Vieh- und Milchwirtschaft bereits eine Umwandlung in größere Betriebseinheiten stattgefunden hat, während bei den Reisbauern immer noch die Kleinsteinheiten vorherrschen: Beispielsweise sank die Zahl der Schweinezüchter von 702 000 im Jahre 1960 auf nur noch 36 000 in 1990 ab, doch im gleichen Zeitraum wuchs der Schweinebestand von 3,98 Millionen auf 11,82 Millionen Tiere. Bei Milchkühen und Rindern verlief die Entwicklung ähnlich.

Die unterschiedlichen klimatischen Zonen in Japan ermöglichen seit jeher eine große Vielfalt im Anbau von Obst und Gemüse, der seit etwa 1970 auch staatlich gefördert wird. Um die Bauern zur Aufgabe von Reisfeldern zu bewegen, unterstützte der Staat die Umwandlung von Reisnaßfeldern in andere Anbauarten mit Subventionen. So erwirtschaftete Japan 91 % seines Gemüsebedarfs 1990 selbst, jedoch nur 63 % des Obstes. Hier macht sich der veränderte Geschmack der Verbraucher bemerkbar, die zunehmend Südfrüchte bevorzugen. Insgesamt teilte sich die landwirtschaftliche Produktion 1990 wertmäßig wie folgt auf: Reis hatte mit 28 % den größten Anteil, die Tierhaltung war jedoch mit 26,9 % kaum weniger wichtig, Gemüse trugen 22,6 % und Früchte 9,1 % zum Gesamtwert bei.

Trotz seiner ständig sinkenden Bedeutung in der Ernährung steht der Reis immer noch im Zentrum der japanischen Agrarpolitik, und die heftigsten Kontroversen drehen sich um die Reispolitik. Neben zahlreichen reisspezifischen Problemen werden an der Situation der Reisbauern auch die Probleme, mit denen sich die japanische Landwirtschaft heute insgesamt konfrontiert sieht, deutlich. Eins der Hauptprobleme ist die beängstigende Überalterung der landwirtschaftlichen Bevölkerung: Über ein Drittel von ihnen ist über 60 Jahre alt, für viele Betriebe gibt es keinen Nachfolger, wenn die jetzige Generation abtritt. Im Landesdurchschnitt übernimmt nur noch eine Person in 78 Bauernfamilien den Betrieb. Auch die staatlichen Subventionen konnten ein drastisches Absinken der Agrarbevölkerung nicht verhindern: 1960 waren 11,96 Millionen Personen in der Landwirtschaft tätig, 1990 waren es nur noch 3,92 Millionen. Von diesen 3,92 Millionen ist nur ein kleiner Teil auf das Einkommen aus der landwirtschaftlichen Produktion angewiesen; über zwei Drittel von ihnen beziehen ihre Haupteinkommen aus anderen Erwerbstätigkeiten, etwa in der Industrie. Ihre kleinen landwirtschaftlichen Betriebe (Durchschnittsgröße 1990: 1,3 ha) betreiben sie nur noch nebenher als Teilzeit- und Nebenerwerb. Diese wollen sie allerdings nicht aufgeben, da ihnen die garantierten Preise für Reis und Steuervergünstigungen auf landwirtschaftliche Einkommen und Nutzflächen einen einträglichen Nebenprofit bieten, den viele nicht missen möchten; zumal der notwendige Zeitaufwand für die Bewirtschaftung durch maschinellen Einsatz kontinuierlich sinkt. Daraus ergibt sich allerdings das nächste Hauptproblem: Die mangelnde Wirtschaftlichkeit der Betriebe. Die Betriebe sind zu klein, viele der Bauern nicht professionell genug, um an einer weiteren Verbesserung der Bewirtschaftung interessiert zu sein, und die ältere Generation steht technischem Fortschritt eher vorsichtig gegenüber. Die staatlichen Subventionen nehmen ihnen zudem den Anreiz, rationeller und konkurrenzfähiger zu werden. Die Folge ist eine hochsubventionierte Agrarwirtschaft, für die der japanische Verbraucher gleich doppelt zahlen muß: einmal über die Subventionen (0,5 % des Staatshaushalts 1992, Agrarbudget insgesamt 3,98 %) und zum anderen über Preise, die zum Teil ein Mehrfaches über dem Weltmarktniveau liegen. Dies gilt in besonderem Maß für Reis, der nach Angaben der OECD 1993 in Japan fünfmal so teuer war wie in den USA.

Die besondere Situation des Reisanbaus und -handels resultierte daraus, daß die japanische Regierung bis Ende 1993 nicht von ihrer Ansicht abrückte, die 100 %ige Selbstversorgung mit Reis sei unverzichtbar für die Gewährleistung einer gesicherten Ernährung der japanischen Bevölkerung. Um dieses Ziel zu erreichen, schützte sie einerseits ihre heimischen Bauern vor billiger ausländischer Konkurrenz und bestand andererseits darauf, mit einer nahezu lückenlosen »Planwirtschaft« den Reis über Produktionsmenge, Anbaufläche, Verteilung und Preisgestaltung zu kontrollieren. Bei dieser schwierigen Aufgabe mußte die LDP-Regierung stets zwischen finanzpolitischen Überlegungen und Sicherung der Pfründe ihrer Stammwähler Bauern balancieren. Dennoch stand die Agrarpolitik im Sommer 1993 von allen Seiten unter Beschuß, wobei sich die unterschiedlichen Kritiker keineswegs einig waren mit ihren Forderungen: Im Inland mehrten sich die Stimmen, die eine Abschaffung des »Lebensmittelkontrollgesetzes« forderten, und das Ausland verlangte, daß Japan endlich seinen Reismarkt für ausländische Erzeuger öffnet. Die japanischen Bauern möchten mehr Reis direkt an die Verbraucher statt über die staatlich kontrollierten Kanäle der Landwirtschaftsorganisation *Zennō* verkaufen. Hierbei können sie deutlich höhere Preise als den staatlich festgesetzten erzielen, und der Anteil, der über illegale Kanäle als »freier Reis« (oder auch »Schwarzmarktreis«) vertrieben wird, steigt bereits jedes

Jahr an (genaue Zahlen fehlen verständlicherweise). Daß die staatliche Planung nicht immer so reibungslos funktioniert, wie die Regierung es wünscht, zeigte auch die Mißernte 1993. Da auch die staatlichen Lagerbestände die Fehlmenge nicht ausgleichen konnten, war Japan gezwungen, Reis zu importieren. Dies erregte einerseits höchste Besorgnis bei den japanischen Bauern, die sich vehement gegen eine Öffnung des Reismarkts sträubten – und andererseits war die »Notsituation« Japans ein willkommener Anlaß für die ausländischen Reisproduzenten, ihrer langjährigen Forderung nach der Öffnung erneut Nachdruck zu verleihen. Japans Regierung stand damit im Sommer 1993 in der Zwickmühle, sich gegen seine Bauern zu entscheiden oder möglicherweise am Scheitern der Uruguay-Runde des internationalen Zoll- und Handelsabkommens GATT schuld zu sein.

Die Mißernte machte Reisimporte unumgänglich und ermöglichte es der Regierung, die für eine Industrienation zwingende Unterzeichnung des GATT-Abkommens vorzunehmen, ohne gegenüber den Bauern das Gesicht völlig zu verlieren. Doch unabhängig davon muß die japanische Landwirtschaft dringend reformiert werden; sie muß wirtschaftlicher werden und attraktiver für junge Leute. Mit dem Gießkannenprinzip, das die japanische Regierung bislang verfolgt, kann dies nicht erreicht werden, doch mit der konsequenten Umsetzung des Reformprogramms vom Juni 1992, das auf eine Vergrößerung der Betriebseinheiten und auf drastische Senkung der Produktionskosten abzielt. Wirtschaftlich arbeitende Betriebe, die von motivierten Bauern geführt werden, könnten auch ausländischer Konkurrenz zuversichtlich begegnen.

Bibliographie

Industrie- und Wirtschaftsstruktur

ITO, TAKATOSHI, The Japanese Economy, Cambridge 1992.

JOHNSON, CHALMERS, MITI and the Japanese Miracle, Stanford 1982.

KOMIYA, RYUTARO, The Japanese Economy: Trade, Industry and Government, Tōkyō 1990.

OECD, Japan, Paris 1992.

SCHAEDE, ULRIKE, Der neue japanische Kapitalmarkt, Wiesbaden 1990.

TYSON, LAURA D'ANDREA/JOHN ZYSMAN, Developmental Strategy and Production Innovation in Japan, in: Chalmers Johnson/Laura D'Andrea Tyson/John Zysman (Hrsg.), Politics and Productivity, Berkeley 1989, S. 59–140.

YAMAMURA, KŌZŌ/YASUKICHI YASUBA (Hrsg.), The Political Economy of Japan, Bd. 1, Stanford 1987.

Netzwerkstruktur und Keiretsu-Effekt

ELI, MAX, Japans Wirtschaft im Griff der Konglomerate, Frankfurt 1988.

JOHNSON, CHALMERS, MITI and the Japanese Miracle. The Growth of Industrial Policy 1925–1975, Stanford (Cal.) 1982.

PREISINGER-MONLOUP, MADELEINE, Finanzierungsstruktur der japanischen Unternehmen, in: Geld in Japan, Berlin 1981.

Klein- und Mittelbetriebe

ERNST, ANGELIKA/HELMUT LAUMER, Struktur und Dynamik der mittelständischen Wirtschaft in Japan (= Mitteilungen des Instituts für Asienkunde Hamburg Nr. 170), Hamburg 1989.

FUJI RESEARCH INSTITUTE, Issues Facing Small and Medium-Sized Businesses in the 1990s, in: Fuji Economic Review, Mar.-Apr. 1992, S. 4–6.

INDUSTRIAL STRUCTURE DIFFERENTIALS RESEARCH COMMITTEE, Medium and Small Enterprise Policy Based on Respect for Humanity – Third Choice for Medium and Small Enterprises, in: RENGO Research Institute Report, 4 (1993) 2, S. 7–10.

JAPAN CENTER FOR ECONOMIC RESEARCH, Challenge to Small and Medium-Sized Companies approaching the 21st century, Tōkyō 1990.

MC CORMICK, KEVIN, Small firms, New Technology and the Division of Labour in Japan, in: New Technology, Work and Employment, 3 (1988) 2, S. 134–142.

MINISTRY OF INTERNATIONAL TRADE AND INDUSTRIES, Vision of the Small and Medium Enterprises and their Policy Direction in the 1980s, Background Information B 1–43, Tōkyō 1980.

NAKAMURA, HIDEICHIRŌ, The Challenge of Japanese Small Business, in: Japanese Economic Studies, 15 (1986) 1, S. 76–101.

OGAWA, EIJI, The Governmental Policy of Small and Medium-sized Enterprises in Japan, in: Protectionism of Liberalism in International Economic Relations? (Schriften zu Regional- und Verkehrsproblemen in Industrie- und Entwicklungsländern 50), Berlin 1991, S. 191–199.

ŌSAWA, MICHIKO, The Service Economy and Industrial Relations in Small and Medium-size Firms in Japan, in: Japan Labour Bulletin; The Japan Institute of Labour, Tōkyō, 28 (1989) 7, S. 4–8.

PATCHELL, GERALD, Shinchintaisha: Japanese Small Business Revitalization, in: Business & the Contemporary World, 4 (1992) 2, S. 50–61.

SMALL AND MEDIUM ENTERPRISE AGENCY, MITI, White Paper on Small and Medium Enterprises in Japan, jährlich.

TANAKA, MITSŪRA, Zur Entwicklung der kleineren und mittleren Dienstleistungsbetriebe in Japan, in: Internationales Gewerbearchiv; Schweizerisches Institut für Gewerbliche Wirtschaft an der Hochschule St. Gallen für Wirtschafts- und Sozialwissenschaften, 31 (1983) 2, S. 118–123.

TERAOKA, HIROSHI, Forschungs- und entwicklungsorientierte Klein- und Mittelunternehmen in Japan, in: Internationales Gewerbearchiv; Schweizerisches Institut für Gewerbliche Wirtschaft an der Hochschule St. Gallen für Wirtschafts- und Sozialwissenschaften, 39 (1991) 1, S. 24–31.

YAMAICHI RESEARCH INSTITUTE, Trends of Small and Medium-Sized Businesses: Restrictions on Lending by Banks Gradually Easing, in: Japan Outlook, Tōkyō, March 1993, S. 4–6.

ZOLTAN, J. ACS, Small Business Economics: A Global Perspective, in: Challenge, Nov/Dec. 1992, S. 38ff.

Forschung und Entwicklung

ALL JAPAN DIRECTORY OF TEST AND RESEARCH ORGANISATIONS 89–90, Zenkoku Shiken Kenkyū Kikan Meikan Tōkyō 1989.

DIRECTORY OF JAPANESE SCIENTIFIC PERIODICALS 1988, Nihon Kagaku Gijutsu Chikuji Kankōbutsu Sōran, (2 Vols), Tōkyō 1989.

IFTEC (Hrsg.), Future Technology in Japan – Forecast to the Year 2015, Nihon No Gijutsu 1987–2015, Tōkyō 1988.

JRDC (Hrsg.), National Laboratories and Research Public Corporations in Japan, Tōkyō: JRDC 1990.

JSPS (Hrsg.), Directory of University Professors and Researchers in Japan 1990, Natural Sciences (5 Vols), Kenkyūsha, Kenkyū Kadai Sōran 1990, Shizen Kagaku Hen, Tōkyō 1990.

MANAGEMENT AND COORDINATION AGENCY, Statistics Bureau (Hrsg.), [Untersuchungsbericht zur Wiss. Techn. Forschung], Kagaku Gijutsu Kenkyū Chōsa Hōkoku, Tōkyō, jährlich.

SIGURDSON, J./A. ANDERSON, Science and Technoloy in Japan. Harlow 1991.

STA (Hrsg.), White Papers of Science and Technology 1992, Kagaku Gijutsu Hakusho: Heisei 4 Nen Han. Tōkyō, jährlich. Englische Übersetzung erhältlich.

STA (Hrsg.), Indikatoren in Wissenschaft und Technik, Kagaku Gijutsu Shihyō. 1991 Han Tōkyō, jährlich.

STA (Hrsg.) Jahresbericht Wissenschaft und Technik, Kagaku Gijutsu Nenpō 35, Tōkyō, jährlich.

STA (Hrsg.), Science & Technology in Japan, Tōkyō, vierteljährlich.

WATTENBERG, ULRICH, Wissenstransfer in Japan, in: Schuster, H. (Hrsg.), Handbuch des Wissenschaftstransfers, Berlin 1990, S. 797–809.

Börse, Banken, Immobilien

BURSTEIN, DANIEL, Yen. Die japanische Herausforderung (Yen! Japan's New Financial Empire and its Threat to America). Aus d. Engl. v. Marcus Würmli, München 1989.

FRIEDMAN, JONATHAN, Into the Whirlpool, in: Far Eastern Economic Review, 8. 4. 1993, S. 70ff.

VINER, ARON, Inside Japan's Financial Markets, London 1987.

Reisanbau

INOUE, KAZUE, New Tasks in the Changed Employment Structure of Farm Households' Working People in Japan, Tōkyō 1988.

JUSSAUME, RAYMOND ADELARD Jr., Japanese Part-Time Farming. Evolution and Impacts, Ames 1991.

KREINER, JOSEF/REGINE MATHIAS-PAUER/ERICH PAUER, Japans Wandel von der Agrar- zur Industriegesellschaft. Fallstudien regionaler Entwicklungen, Opladen 1983.

Außenwirtschaft

I. Wirtschaftsentwicklung in den achtziger Jahren: Strukturwandel und Strukturanpassung im Hightech-Zeitalter

Manfred Pohl

1. Voraussetzungen der Wirtschaftsentwicklung

Die »moderne« japanische Wirtschaftsentwicklung setzte 1868 mit der Schaffung einer zentralistischen konstitutionellen Monarchie ein. Grundlagen der folgenden rapiden industriellen Entwicklung waren jedoch schon im 18. Jahrhundert gelegt worden: In seiner wirtschaftlichen »*take off*-Phase« war Japan längst kein echtes »Entwicklungsland« mehr, sondern verfügte bereits über monopolistisch organisierte Manufakturen, die für den Markt produzierten, und – wichtiger noch – Japans Kaufleute beherrschten alle Techniken modernen Finanz- und Warenverkehrs (Banken- und Börsensystem, Kreditwesen, unbarer Zahlungsverkehr, »Marketing« und »Produkt Management«, d.h. Produktion für europäische Märkte, z.B. Porzellan). Unter gezielter staatlicher Hilfe erreichte die japanische Wirtschaft zwischen 1868 und 1940 durchschnittliche jährliche Zuwachsraten von 3,3%. In den dreißiger Jahren war Japan bereits eines der Hauptausfuhrländer von industriellen Fertigwaren (besonders für asiatische Märkte) – und wichtiges Importland für industrielle Rohstoffe.

Nach dem Zusammenbruch 1945 sackte die Industrieproduktion auf 31% des Vorkriegsniveaus, die japanische Wirtschaft erholte sich aber mit massiver amerikanischer Starthilfe wieder sehr schnell und erreichte zwischen 1960 und 1970 (Hochwachstumsphase) Zuwachsraten von durchschnittlich 10% pro Jahr. Folgende Gründe lassen sich für das schnelle Wirtschaftswachstum nennen:

- Schaffung einer Wirtschaftsstruktur, die auf traditionellen Grundlagen der Vorkriegszeit fußte: Doppelstruktur aus wenigen leistungsfähigen Großunternehmen (eingebettet in Unternehmungsgruppen) einerseits und zahllosen, abhängigen Kleinbetrieben (Zulieferer) andererseits (Arbeitskostenvorteil);

- Hohe Investitionsraten: In den sechziger Jahren machten Kapitalinvestitionen 20 % des normal japanischen Bruttosozialprodukts (BSP) aus, die meisten Investitionen gingen in Ausrüstungen und Anlagen;
- Hohe Sparquoten: In den sechziger und siebziger Jahren überschritten die Sparraten 20 % des verfügbaren privaten Einkommens, ein Trend, der sich auch heute fortsetzt;
- Hohes Ausbildungsniveau: 35 % einer Generation besuchen die Universitäten, 94 % schließen die Oberschule ab;
- Amerikanischer Technologie-Transfer bei der gleichzeitigen Marktabschottung gegen Produkte, die in Japan noch nicht konkurrenzfähig gefertigt werden konnten (sog. *Infant-Industries*): Die USA als wichtiger japanischer Exportmarkt tolerierten diesen Protektionismus;
- Die wirtschaftliche Entwicklung vollzog sich im Rahmen staatlicher Planvorgaben (Fünf-Jahres-, Sieben-Jahres-Pläne) und indirekter Steuerung (Devisen- und Rohstoffbewirtschaftung, Exportkredite);
- Darauf gestützt: langfristige Unternehmensplanung unter »Marktanteilsdenken« statt kurzfristiger Gewinnmitnahmen;
- Exportinduzierte Entwicklung nach dem heute noch in der Tendenz fortbestehenden Grundmuster: Einfuhr von industriellen Rohstoffen und Halbzeugen, Ausfuhr von Fertigwaren.

2. Die japanische Wirtschaft Ende der siebziger Jahre

Das Ende der siebziger Jahre war durch Anstrengungen der Privatwirtschaft und der staatlichen Wirtschaftsplaner gekennzeichnet, die langfristigen Folgen zweier Ölpreiskrisen (1973, 1979) zu überwinden; im Ergebnis dieser Bemühungen kam es zu Strukturveränderungen, die Grundlage der wirtschaftlichen Entwicklung zwischen 1980 und 1990 wurden und die Voraussetzungen schufen, mögliche katastrophale Folgen der massiven Yen-Aufwertungen von 1985 zu verhindern.

Zwischen 1976 und 1980 konnte Japan seine Ausfuhren von 67,23 Milliarden US-Dollar auf 129,80 Milliarden US-Dollar verdoppeln, gleiches galt auch für die Einfuhren von 64,80 Milliarden US-Dollar (1976) auf 140,53 Milliarden US-Dollar (1980). Trotzdem verzeichnete die Handelsbilanz ein Defizit von – 10,75 Milliarden US-Dollar. Die Verteilung der wichtigsten Absatzmärkte für japanische Ausfuhren sowie die Hauptlieferländer blieben zwischen 1976 und 1980 im wesentlichen unverändert – gleiches gilt für die Gegenwart: Die USA (Kanada) waren Hauptabsatzmarkt, wobei die japanischen Ausfuhren zwischen 1976 und 1980 von 15,7 Milliarden US-Dollar auf 31,4 Milliarden US-Dollar verdoppelt wurden. Nach Regionen blieb jedoch Asien an der Spitze japanischer Exporte mit 49,4 Milliarden US-Dollar (1980) gegenüber 22,4 Milliarden US-Dollar (1976). Langsam begann allerdings auch die Bedeutung der EG zu wachsen: Japans Ausfuhren in diese Region stiegen von 7,24 Milliarden US-Dollar (1976) auf 16,65 Milliarden US-Dollar (1980). In den fünf letzten Jahren der Siebziger waren die USA unverändert auch wichtigstes Bezugsland Japans: Die Einfuhren aus den USA wurden von 11,8 Milliarden US-Dollar (1976) auf 24,4 Milliarden US-Dollar (1980) mehr als verdoppelt.

Geprägt wurde die Struktur der japanischen Importe in der zweiten Hälfte der siebziger Jahre durch das Bemühen, die Versorgung von fossilen Brennstoffen (besonders Erdöl) zu stabilisieren und zugleich zu diversifizieren; so gewannen neben Saudi Arabien und den Vereinigten Arabischen Emiraten Indonesien und China als Lieferanten von Erdöl an Bedeutung: die japanischen Mineralöl-Einfuhren aus Indonesien verdreifachten sich von 4,09 Milliarden US-Dollar (1976) auf 13,2 Milliarden US-Dollar (1980), ebenso steil stiegen die Importe aus China von 1,37 Milliarden US-Dollar (1976) auf 4,3 Milliarden US-Dollar (1980).

Während Japan insgesamt zwischen 1976 und 1980 im Außenhandel Defizite verzeichnete, schloß die Bilanz zu seinen wichtigsten Handelspartnern mit Überschüssen ab, die sich seit Mitte der siebziger Jahre stetig verfestigten: Japan erzielte 1976 in der Handelsbilanz mit den USA einen Überschuß von 3,9 Milliarden US-Dollar; 1980 stieg dieser schon auf 7 Milliarden US-Dollar an. Ähnlich sah es im Handel mit der EG aus: Japanische Ausfuhren 1976 und 1980 – 7,23 Milliarden US-Dollar bzw. 16,65 Milliarden US-Dollar , japanische Einfuhren 1976 – 3,62 Milliarden US-Dollar und 1980 – 7,84 Milliarden US-Dollar (Salden 1976: +3,61 Milliarden US-Dollar und 1980: +8,81 Milliarden US-Dollar). Der strukturelle Trend zu chronischen japanischen Überschüssen im Handel mit Industrieländern und verfestigten Defiziten im Warenaustausch mit Rohstofflieferanten aus Ländern der Dritten Welt festigte sich in der zweiten Hälfte der siebziger Jahre und dauert bis heute an.

Auch die Warenstruktur des japanischen Außenhandels wurde in dieser Phase festgeschrieben: 63% der japanischen Ausfuhren sind Maschinenbau-Erzeugnisse (Automobile 1980: 18%, insgesamt 30% der Kfz-Exporte gehen in die USA, 12% in die EG). Auf der Import-Seite machen Brennstoffeinfuhren (Mineralöl, Gas) 53% der Einfuhren aus, hinzu kamen industrielle Rohstoffe, so daß beide Warengruppen zusammen 67% der japanischen Einfuhren stellten.

In der japanischen Industriestruktur waren die siebziger Jahre gekennzeichnet von den tiefgreifenden Veränderungsprozessen, die bis 1980 nach schweren Krisen (Eisen, Stahl, Schiffbau) zu kräftiger Erholung in traditionellen Schlüsselbereichen führten. Personal- und Kapazitätsabbau verbunden mit raschen Rationalisierungsmaßnahmen waren Hauptinstrumente, wobei die Regierung bei Textilien, Stahl und Aluminium die Umstrukturierungsmaßnahmen durch Zulassung von »Krisenkartellen« stützte. Die fünf größten japanischen Stahlerzeuger betrieben 1980 von ursprünglich 61 Hochöfen nur noch 38 und konnten damit eine Kapazitätsauslastung von 80% erreichen. Hauptabnehmer waren die »Erholungsbereiche«, Kfz-Industrie, Schiffbau (Kapazitätsabbau –37%, 1976–1980, Kapazitätsauslastung 40% von jährlich 6,2 Millionen Bruttoregistertonnen) und allgemeiner Maschinenbau. Unverändert war in diesen Jahren die Elektroindustrie, gestützt auf steigende Auslandsnachfrage, die Wachstumsbranche (Unterhaltungselektronik z.B. 1979/80: VTR *(video tape recorder)* +100%, Tonbandgeräte +45% Produktionssteigerung).

Für einen Vergleich mit den achtziger Jahren ist es wichtig, daß Strukturveränderungen in der japanischen Wirtschaft durch Rationalisierungsschübe und Personalabbau zwei Konsequenzen hatten: Produktivitätssteigerungen einerseits, vergleichsweise hohe Arbeitslosigkeit andererseits (2,2%), wobei eine hohe Rate verdeckter Arbeitslosigkeit hinzukam. Gerade die Beschäftigungsstruktur spiegelt besonders deutlich die tiefgreifenden Veränderungen zwischen 1970 und 1980 wider: 1970 waren von 52,04 Millionen Beschäftigten noch 17,4% im Primärsektor der Wirtschaft tätig (Landwirtschaft und Fischerei), 35,1% im Sekundärbereich (verarbeitende Industrie) und schon 47,5% im Tertiärsektor (Dienstleistungen). 1980 hatte sich das Verhältnis noch weiter zum Dienstleistungsbereich verschoben: von 55,36 Millionen Beschäftigten waren nur noch 10,4% im Primärbereich, 34,8% im Sekundärbereich, aber 54,8% im tertiären Sektor tätig. Der Automatisierungsschub zwischen 1970 und 1980 wird auch durch die drastisch gestiegene Zahl der eingesetzten Computer und Roboter deutlich: In diesem Jahrzehnt stieg die Zahl der Industrie-Computer von 6718 (1970) auf 72108 (1980); das Tempo steigerte sich noch. Nach den letzten verfügbaren Zahlen (1988) arbeiteten in Japan 390831 Industrie-Computer. Unterstrichen wurden die Strukturveränderungen auch durch die verschobenen Beiträge einzelner Wirtschaftsbereiche zum Bruttoinlandsprodukt (BIP): In der Warenproduktion lag die verarbeitende Industrie 1970 bei einem Beitrag von 36,8%, 1980 bei nur noch 29,8%; dabei sank der Anteil der Landwirtschaft von 6,1% (1970) auf 3,7% (1980). Auf der Dienstleistungsseite stieg der Anteil des Groß- und Einzelhandels von 14,4% (1970) auf 15,3% (1980), aber deutlich erkennbar nahm bereits die Bedeutung des Sektors Finanzen, Versicherungen und Immobilien zu: von 12,3% (1970) auf 14,6% (1980).

Der strategische Grundsatz, Neuentwicklungen überall auf der Welt einzukaufen (Patente, Lizenzen) und schnell zur Serienreife zu entwickeln, daneben aber auch die eigenen (privaten!) F&E-Anstrengungen zu verstärken, zeigte sich zwischen 1975, 1980 und 1985 besonders deutlich in der Bilanz des Technologie-Handels, die für Japan stets negativ war. An Patent- und Lizenzgebühren zahlte Japan 1975 592 Millionen US-Dollar und erhielt 233 Millionen US-Dollar Gebühren; 1980 zahlten japanische Unternehmen 966 Millionen US-Dollar und erhielten 644 Millionen US-Dollar. Mit der beginnenden Yen-Aufwertung 1985 erhöhten sich die Technologie-Einfuhren. Japan zahlte 1,23 Milliarden US-Dollar und erhielt allerdings 982 Millionen US-Dollar Gebühren seinerseits. In der Trendentwicklung lag Japan damit ähnlich wie die Bundesrepublik Deutschland (1985: gezahlt 1,025 Milliarden US-Dollar, erhalten 614 Millionen US-Dollar). Die privaten japanischen F&E-Ausgaben stiegen zwischen 1975 und 1980 von 15,56 Milliarden US-Dollar (2,11% des BSP) auf 27,79 Milliarden US-Dollar (2,35% des BSP); 1987 war nach der Yen-Aufwertung eine Steigerung auf 62,35 Milliarden US-Dollar (3,19% des BSP) zu verzeichnen (Bundesrepublik Deutschland 1987: 31,64 Milliarden US-Dollar, 3,3% des BSP).

3. Yen-Aufwertung und neue Wachstumsimpulse

Auf Beschluß der G-5 (USA, Großbritannien, Frankreich, Bundesrepublik Deutschland, Japan) vom 20. 9. 1985 kam es zu gemeinsamen Interventionen an den Devisenmärkten, um die jahrelange Überbewertung des US-Dollars zu beenden; in der Folge erfuhr der Yen gegenüber dem Dollar in Sprüngen eine steile Aufwertung um insgesamt +40% auf zuletzt 180 Yen zum US-Dollar. Die Aufwertungsschübe lagen zweifellos weit über den Vorstellungen der Bank von Japan, da sie Japans Exportindustrien bedrohten. Aber die exportorientierten Unternehmen – Großbetriebe wie auch Klein- und Mittelunternehmen – verkrafteten die Yen-Aufwertung *(Endaka)* bemerkenswert gut, die Exporterfolge durch weitere schnelle Rationalisierungsmaßnahmen, durch Produktionsverlagerungen ins Ausland und vorübergehenden Gewinnverzicht (Ausnahme: hohe Buchgewinne auf Dollar-Basis durch die Aufwertung!) verbuchten. Nach 1986 schlug die Yen-Aufwertung voll durch: Exporte und Exportgewinne gingen zurück, die Arbeitslosigkeit stieg auf 3%, für Japan extrem hoch. Im selben Jahr wurde der Regierung ein grundlegender Strukturänderungsplan vorgelegt (sog. »Maekawa-Bericht« nach dem früheren Chef der *Bank of Japan*), der empfahl, die Wachstumsimpulse stärker auf die Binnennachfrage zu verlagern; 1987 wurde dieser Bericht zur offiziellen Handlungsmaxime der japanischen Regierung. Die deutlich gesunkenen Rohöl-Preise seit 1986 führten trotz der tendenziell rezessiven Entwicklung in der Exportwirtschaft dazu, daß 1986/87 erneut gewaltige Handelsbilanz-Überschüsse erreicht wurden: Zwischen 1985 und 1986 stiegen die Überschüsse von 46,09 Milliarden US-Dollar auf 82,74 Milliarden US-Dollar .

Die japanischen Unternehmen reagierten 1987 mit folgenden Maßnahmen auf die Krise: Erstens Produktionsverlagerung in das Ausland (Südostasien, Südkorea), zweitens verstärkte Exportanstrengungen der Klein- und Mittelunternehmen (staatliche Hilfe) unter Lockerung der Zulieferbeziehungen und drittens Umorientierung auf den Binnenmarkt. Dabei dominierte aber eindeutig der Exportdruck; die gewünschte Gewichtung auf die Binnennachfrage griff noch nicht. Die Regierung setzte in dieser Phase umfassende Privatisierungen durch: Staatsmonopole (Tabak), die staatliche Fernmeldegesellschaft (NTT) und die Staatsbahnen wurden als Aktiengesellschaften privatisiert. Zugleich wurden staatliche Förderprogramme für die Binnennachfrage aufgelegt: Investitions- und Nachtragshaushalte für öffentliche Bauprogramme (Wohnungsbau), Marktöffnungsmaßnahmen, staatliche Beschaffungsprogramme, Sonderprogramme für die Regionalentwicklung usw. Vor allem aber legte die Regierung eine Reihe expansiver Haushalte vor, die durch gestiegene Steuereinnahmen und Erlöse aus den Privatisierungen von Staatsunternehmen finanziert werden konnten. Das Hauptproblem der japanischen Staatshaushalte blieb aber auch Mitte der achtziger Jahre noch bestehen: Defizit-Finanzierung (Staatsanleihen) durch noch immer unzureichende Staatseinnahmen. Erst mit Einführung der heiß umkämpften Mehrwertsteuer von 1989 setzte hier eine entscheidende Änderung ein, bis zum Platzen der »Wirtschaftsblase« *(bubble economy)* ab 1988 waren die japanischen Staatshaushalte ausgeglichen.

Strukturell entscheidend aber war der neue Rationalisierungsdruck, den große Unternehmen an ihre Zulieferer weitergaben; dadurch wurde zwischen 1985 und 1987 schneller als erwartet die Anpassungsphase der Klein- und Mittelindustrie an internationales Konkurrenzniveau eingeleitet. Für Japans Klein- und Mittelbetriebe hieß die Alternative: Modernisierung oder Aufgabe, da japanische Großunternehmen zunehmend im benachbarten Ausland fertigen ließen und dieser Sektor der japanischen Industrie also direkt mit ausländischen Unternehmen zu konkurrieren begann. Das traditionelle Loyalitätsverhältnis zwischen Großunternehmen und Zulieferern bekam Risse, viele Klein- und Mittelunternehmen konnten nur überleben, indem sie ihren Abnehmerbetrieben bei den Auslandsinvestitionen folgten, also sich als Zulieferer neben ihnen im Ausland ansiedelten.

a. Veränderungen auf dem Arbeitsmarkt

Zwischen 1984 und 1988 zeigte auch die Entwicklung der Beschäftigten nach Erwerbszweigen den o.g. Trend zum Tertiärsektor: Die Zahl der Beschäftigten im Bereich Finanzen, Versicherungen, Immobilien stieg von 2,16 Millionen (1984) auf 2,36 Millionen (1988), im Sektor Handel und Gaststätten von 13,19 Millionen (1984) auf 13,89 Millionen (1988), sonstige Dienstleistungen 11,54 Millionen (1984) auf 12,84 Millionen (1988); damit waren 1988 im Tertiärsektor (o. öff. Dienst) 29,09 Millionen Beschäftigte von insgesamt 60,11 Millionen Arbeitnehmern tätig.

Die bemerkenswerte Anpassungsfähigkeit der japanischen Wirtschaft, mit der sie auf externe Krisenfaktoren reagiert, zeigte sich 1987–1989 auf dem Arbeitsmarkt: Die relativ hohe Arbeitslosigkeit schlug nach kräftigen Erholungsprozessen der traditionellen Industriesektoren (Stahl, Schiffbau, Bauwirtschaft) in Arbeitskräfteknappheit um. Seit 1990 sucht die japanische Industrie dringend jüngere Facharbeiter, aber auch angelernte Kräfte; zunehmend strömen illegale ausländische Arbeitskräfte ins Land.

Betroffen von der Arbeitskräfteknappheit sind vor allem Klein- und Mittelbetriebe in regionalen Industriezentren außerhalb Tōkyōs oder z.B. Ōsakas, sektoral vor allem der personalintensive Groß- und Einzelhandel sowie die sogenannten »3-D Bereiche« (vom englischen »dirty, demanding, dangerous« = schmutzig, anstrengend, gefährlich). 1988 standen 115 Stellenangeboten nur 100 Bewerber gegenüber. Die Personalknappheit fördert aber auch die Berufstätigkeit von Frauen: 1988 waren 16,7 Millionen Frauen berufstätig (+550000 gg. 1987), 36,8% aller Berufstätigen waren Frauen; über 90% aller (unverheirateten) Frauen um 20 Jahre sind im Beruf und noch 60% der verheirateten Frauen über 40 Jahre arbeiten regelmäßig in Unternehmen, viele in Teilzeit-Jobs.

Die wachsende Arbeitskräfteknappheit und die dadurch erzwungene schnelle Rationalisierung schlug sich seit 1985 auch im Einsatz von Computern und Industrierobotern nieder. Zwischen 1985 und 1987 stieg die Zahl der Computer von 184678 auf 300846 Stück, die Zahl der eingesetzten Industrieroboter auf 274210 (1990, Bundesrepublik Deutschland 28240). Hand in Hand mit dem verstärkten Einsatz automatisierter Fertigungsverfahren und der Suche nach Arbeitskräften ging eine allmähliche Auflösung des »Systems lebenslanger Anstellung« einher, d.h. der Beschäftigungsgarantie nach Eintritt in ein Großunternehmen. In der Klein- und Mittelindustrie war solche lebenslange Anstellung ohnehin eher die Ausnahme, jetzt griffen *job-hopping*, Abwerbung und erzwungene Entlassung als neues Phänomen auch auf Großbetriebe über.

Japans staatliche Wirtschaftsplaner aber sahen die Engpässe auf dem Arbeitsmarkt als vorübergehendes Phänomen an; sehr viel mehr Sorge bereiteten die Folgen zunehmender Produktionsverlagerung ins Ausland: Noch machte die Auslandsproduktion japanischer Unternehmen nur 4% der Gesamtproduktion aus (Bundesrepublik Deutschland: 20%), aber die meisten exportorientierten Unternehmen Japans planten, bis zu 20% ihrer Fertigung ins Ausland zu verlagern. Das MITI *(Ministry of Trade and Industry)* ging 1988 in Krisenszenarios davon aus, daß durch kumulative Auslandsinvestitionen japanischer Unternehmen des verarbeitenden Sektors bei jährlich 12% Zuwachs bis zum Jahr 2000 etwa 560000 Arbeitsplätze verloren gehen werden.

b. Strukturwandel durch gestiegene Binnennachfrage: Neue Chancen für Kleinbetriebe

Im Haushaltsjahr 1988 (Ende: 31. 3. 89) war die Binnennachfrage, sowohl privater Konsum als auch Anlageinvestitionen der Wirtschaft, konjunkturelles Hauptantriebsmoment. Viele Großunternehmen, die noch 1986/87 über 70% ihrer Produktion im Ausland absetzten, hatten sich auf diese Entwicklung eingestellt. An der Spitze der Entwicklung standen die Büroautomatisation (Faksimile-Geräte, Computer), KfZ-Produktion (1988 erstmals über 8 Millionen Stück) und Werkzeugmaschinen; auf dem Audio-Sektor führte die CD-Produktion. Diese Erfolge waren nicht nur auf die Tätigkeit großer Unternehmen zurückzuführen, vielmehr haben die Einflüsse der Yen-Aufwertung von 1985 auch die Kleinbetriebe gestärkt: 1986 stellten Betriebe mit weniger als 300 Beschäftigten 73,8% aller Unternehmen des verarbeitenden Sektors und erzeugten 52,6% aller Waren; die Gesamtzahl dieser Kleinbetriebe blieb 1988 unverändert, aber die Zahl der Beschäftigten stieg leicht an, und auch ihre Produktion wuchs um 1,4 Prozentpunkte. Zentrale Probleme für die Klein- und Mittelindustrie blieben der Zwang zur Diversifizierung (Anlageinvestionen), die wachsende Konkurrenz aus den Schwellenländern und schleppender Absatz im Teilbereich der Textilindustrie. Die Regierung intensivierte deshalb 1989 die Förderung bei Produktentwicklung, sie unterstützte die Kooperation von Kleinunternehmen unterschiedlicher Branchen bei Exportoffensiven und der Produktdiversifizierung. Zwischen 1982 und 1988 stellten mehr als 10000 Kleinunternehmen ihre Produktion um; 1988 dehnten 1625 Unternehmen dieser Größenordnung durch Auslandsinvestitionen ihre Aktivitäten in benachbarte Länder aus. Entscheidend waren in allen Fällen die niedrigeren Löhne; diese Kleinbetriebe sind deswegen auch offen für die Anwerbung ausländischer Arbeitskräfte in Japan.

4. Japans Außenhandel Ende der achtziger Jahre

Die ständig wachsenden Handels- und Zahlungsbilanzüberschüsse Japans gegenüber den USA, aber auch im Handel mit anderen Industrieländern und wichtigen Ländern der Dritten Welt (Thailand, Malaysia), haben die japanische Regierung vor ein schwieriges Problem gestellt: Die USA drohten 1989 mit der Anwendung des sogenannten »Super 301«-Artikels ihres Handelsgesetzes, der Sanktionen gegen Handelspartner erlaubt, die unfaire Handelspraktiken betreiben. In den »Gesprächen über Abbau struktureller Handelshemmnisse« einigten sich die USA und Japan Anfang 1990 darauf, die vielstufigen Vertriebswege in Japan zu vereinfachen, ausländische Unternehmen an öffentlichen Bauaufträgen zu beteiligen und die Finanzmärkte weiter zu liberalisieren; die USA ihrerseits wollten die Sparrate erhöhen und ihr staatliches Haushaltsdefizit abbauen.

Weder die Liberalisierung der Einfuhren von Zitrusfrüchten und Rindfleisch noch die Importförderungsprogramme der japanischen Regierung haben die verzerrte Struktur des japanischen Außenhandels wesentlich verändern können. Im Haushaltsjahr 1988 (bis 31. 3. 89) hatten sich wieder Handelsbilanzüberschüsse von insgesamt

95 Milliarden US-Dollar angesammelt; die japanischen Währungsreserven überstiegen im selben Jahr erstmals die 100-Milliarden-US-Dollar-Grenze, die Gesamtaktiva Japans im Ausland erreichten 1 Billion US-Dollar, und die japanischen Anlagen in Wertpapieren und Schuldverschreibungen machten etwa ein Drittel des Auslandsvermögens aus. Die Ausfuhren Japans erreichten auf Dollar-Basis (IWF) 267 Milliarden US-Dollar; Hauptausfuhrgüter waren wiederum KfZ (18,4% aller Exporte), Büromaschinen und Halbleiter. Die Exporte konzentrierten sich mehr auf Produkte, die preisunelastisch sind und bei denen Japan nahezu eine Monopolstellung besitzt (Faksimile-Geräte) oder einen marktbeherrschenden Qualitätsvorsprung hat. Über 60% der japanischen Exporte gingen in andere Industrieländer, vor allem in die USA (33,8%). Allerdings zeigte sich ein Erfolg der Diversifizierungsbemühungen Japans: Die Bedeutung der EG-Länder wuchs. 1985 nahmen die USA noch 43,3% der japanischen Ausfuhren auf, 1988 nur 33,8%. Die EG dagegen steigerte ihren Anteil von 11,4% auf 17,7%. Auf der Importseite erhöhte Japan zwar seine Bezüge aus den USA von anteilig 25,5% (1985) auf 28,2% (1988), aber die Lieferungsanteile aus der EG stiegen schneller, von 6,9% (1985) auf 12,8% (1988). Die Region »Asien« rangierte 1988 mit 32,1% der japanischen Ausfuhren knapp hinter den USA, auf der Importseite aber führte Asien mit 41,3% aller japanischen Einfuhren. Wertmäßig werden die Unterschiede noch deutlicher: In die USA lieferte Japan Waren im Wert von 102,19 Milliarden US-Dollar, nach Asien 84,98 Milliarden US-Dollar und in die EG 46,87 (Europa insgesamt 60,15) Milliarden US-Dollar. Die japanischen Importe aus den USA lagen bei 52,93 Milliarden US-Dollar, aus Asien aber bei 77,44 Milliarden US-Dollar, und aus der EG bezog Japan 1988 Waren im Wert von 24,07 Milliarden US-Dollar.

Die Struktur der japanischen Einfuhren hat sich seit den siebziger Jahren nur unwesentlich verändert, wenn auch der Fertigwarenanteil deutlich angestiegen ist. Volumenmäßig stiegen die Rohstoffimporte Japans 1988 zwar an, aber wertmäßig waren teils drastische Rückgänge zu verzeichnen. Dagegen legten Maschinen und Anlagen (+23%, Yen-Basis), Textilien (+23,4%), Eisen- und Stahlprodukte (+64,9%) deutlich zu. Nutznießer dieser Importsteigerungen bei Industriegütern waren die EG, aber auch die Schwellenländer Südostasiens über Re-Exporte von Komponenten und Elektronik-Bauteilen japanischer Auslands-Unternehmens»töchter«.

Protektionistische Drohgebärden in den USA, die Schaffung des EG-Binnenmarktes 1993 und stark gestiegene Lohnkosten in Japan sowie der Mangel an Arbeitskräften haben zu gestiegenen japanischen Direktinvestitionen im Ausland geführt. An der Spitze der Zielländer für Investitionen standen die USA (Haushaltsjahr 1987 46% aller Direktinvestitionen), Europa (19,7%), Asien und Lateinamerika mit je 14%. Wertmäßig führen (kumulativ 1951–87) Unternehmen des nicht-verarbeitenden Gewerbes (71% aller Direktinvestitionen), darunter Handel (12,1%), Banken und Versicherungen (20,1%) und Bergbau/Erdöl (Prospektion/Raffinerie 9,3%). Die verarbeitende Industrie stellte rund ein Viertel aller Auslandsinvestitionen, aber 1987 zog dieser Sektor stark nach und errichtete 1528 neue Betriebe im Wert von 7,832 Milliarden US-Dollar, davon allein der Sektor Elektronik/Elektro 322 Betriebe mit 2,421 Milliarden US-Dollar.

II. Japans Wirtschaft zu Beginn der neunziger Jahre: Von der Krise zum neuen Boom?

RAINER KÖHLER

1. Ausgangslage

Japan befand sich 1993 in einer Krise, konnte aber auf baldigen Aufschwung hoffen, vorausgesetzt drei wichtige Rechnungen gingen auf. Erstens, das staatliche Konjunkturprogramm mußte schnell und unbürokratisch greifen. Zweitens, die Banken mußten das Problem der notleidenden Kredite in den Griff und den Immobilienmarkt wieder unter Kontrolle bekommen. Drittens, die Aufwertung des Yen gegenüber dem Dollar mußte sich ohne hohe, wettbewerbsverzerrende Sprünge vollziehen, damit die exportorientierte Industrie durch Produktionsverlagerungen, Rationalisierung und Umstrukturierung gegensteuern konnte. Wenn alles dies der »Japan AG« gelang, würde der fernöstliche Industriestaat noch stärker aus der Rezession herauskommen, als er beim Platzen der »Seifenblasen«-Ökonomie zu Beginn der neunziger Jahre ohnehin schon war.

Die Regierung beschloß dafür im April 1993 das bisher »größte Konjunkturpaket aller Zeiten« – wie der damalige Ministerpräsident Kiichi Miyazawa die staatliche Finanzspritze bei der Kabinettsvorlage nannte. Mit 13,2 Billionen Yen (zu diesem Zeitpunkt umgerechnet 185 Milliarden Mark) sollte die fernöstliche Industrie wieder auf Touren gebracht werden. So teuer kam den japanischen Steuerzahler nicht einmal der Ölschock der siebziger Jahre, als es der rohstoffarmen Industriemacht erheblich an die Substanz ging. Damals herrschte Krise in Fernost, und der Marsch an die Weltspitze schien stark gefährdet. Diesmal lagen die Ziele anders – schlichter, aber kaum bescheidener; die Regierung der Liberal-Demokratischen Partei wollte erklärtermaßen »das Vertrauen in die Zukunft der japanischen Wirtschaft wieder herstellen«.

Das amtliche Finanzfeuerwerk wurde also abgebrannt, um aus den Wachstumsprognosen von 2% (1993) auf jene 3,5% abzuheben, die Miyazawa Anfang 1992 seinem Staatsgast George Bush als (vergebliche) Wahlhilfe versprochen hatte und die Tōkyō seit dem Münchner G-7-Gipfel als Beitrag zur Weltkonjunktur gewertet sehen wollte. Für den konjunkturellen Klimmzug sollte die öffentliche Hand Investitionsaufträge vergeben, bis die prallgefüllten Lager der Industrie leergefegt waren, und sich die Produktion wieder richtig lohnte.

Wer sich wunderte, daß ein Solidarpakt mit der krisengeschüttelten Industrie Japans in solcher Größenordnung ohne langwierige Diskussion so einfach per Kabinettsabstimmung über die Bühne ging und 1993 auch bei der parlamentarischen Opposition kaum auf Widerstand stieß, verkennt die japanische Geschäftsordnung.

Entgegen anderslautenden regierungsamtlichen Beteuerungen und gelegentlicher Dementis der Privatwirtschaft lenken gut bezahlte und hoch motivierte Beamte beispielsweise das Ministerium für Internationalen Handel und Industrie (MITI) die zweitgrößte Industrienation der Erde wie ein riesiges Unternehmen. Selbst die Chefs von Weltfirmen lassen sich bei prinzipiellen Entscheidungen beeinflussen und arbeiten auf Geheiß der Regierung auch mit ihren nationalen Konkurrenten zusammen, um den internationalen Wettbewerb zu gewinnen. Dieses Prinzip staatlichen Dirigismus' darf man aber nicht leichtfertig als eine kapitalistische Spielart der Planwirtschaft verkennen, obwohl diese Vorstellung noch allzu oft durch europäische oder amerikanische Köpfe geistert. Es ist schlicht eine wohlorganisierte staatliche Wirtschaftspolitik.

Eigentlich wollte die japanische Regierung bei ihrer Finanzierungsspritze sogar noch tiefer ins Staatssäckel greifen, bis zu 14 Billionen Yen waren im Gespräch. Aber weil sich offenkundig auch in Tōkyō nicht geheimhalten läßt, was mehr als zwei Leute wissen, sickerten die günstigen Informationen bis an die Börse durch. Der *Nikkei*-Index der 225 wichtigsten Wertpapiere stieg schon in Erwartung der staatlichen Finanzspritze wieder über die zur Refinanzierung von Unternehmen und Banken als »magisch« geltende Marke von 20 000 Yen und befreite die öffentliche Hand – damit auch den Steuerzahler – von der Pflicht, die Wirtschaft mit noch mehr Geldgeschenken zu alimentieren.

Geld allein aber bringt noch keinen Aufschwung, das mußten auch die Japaner begreifen: Im August 1992 hatte die Tōkyōter Regierung schon einmal ohne erkennbare durchgreifende Wirkung ein Konjunkturpaket geschnürt. Das Programm 1993 sollte besser gestreut sein als 1992, als 10,7 Milliarden Yen (damals rund 115 Milliarden DM) für den »Aufschwung Fernost« fast zur Gänze für öffentliche Bauinvestitionen bestimmt waren.

Schnelle sichtbare Erfolge des Konjunkturförderungsprogrammes 1992 blieben aber in erster Linie aus, weil sich auch in Japan Staat und Kommunen als zu unbeweglich erwiesen, um mit klarem Konzept Aufträge zu vergeben und damit für einen wirtschaftlichen Ruck zu sorgen. Allzuoft blieben die Ausschreibungen im parteibürokratischen Filz hängen, lähmten regionale Eifersüchteleien die Wirkung der gutgemeinten Finanzspritze. Zudem hatten Spenden- und Steuerhinterziehungsskandale um frühere LDP-Politiker mit korrupten Querverbindungen zur Bauwirtschaft des Landes dem von der Regierungspartei politisch gewollten Konjunkturaufschwung schwer geschadet.

2. Staatliche Investitionen

1993 sollten die Investitionen der öffentlichen Hand (10,6 Billionen Yen) im Gegensatz zu allen vorangegangenen japanischen Finanzspritzen nicht kostspielige, prestigeträchtige Großbauten wie Brücken, Tunnel, Autobahnen oder Expreßzugtrassen finanzieren, sondern für eine größere Bandbreite der Industrie direkten Nutzen erwirtschaften. Miyazawa gab sich überzeugt, daß sein jüngstes Finanzpaket »für jedermann etwas Stimulierendes« bot.

Umgerechnet rund 25 Milliarden DM aus dem Investitionsfonds flossen als Billigkredite in den privaten Wohnungsbau und wirkten vorübergehend stimulierend auf die Binnennachfrage. In derselben Höhe wurden die kleinen und mittelständischen Betriebe gestützt. Erstmals legte Japan ein öffentlich finanziertes System von Arbeitsbeschaffungsmaßnahmen auf. Bislang war die Bekämpfung der Arbeitslosigkeit, wenn überhaupt nötig, vorrangig ein Problem der Unternehmen selbst. Eigentlich fehlte in der amtlichen Finanzspritze nur die im Vorfeld diskutierte Reduzierung der Einkommen- und Körperschaftsteuern, mit der allgemein gerechnet wurde.

Erstmals wollte die japanische Regierung mit einer Summe von umgerechnet 15,5 Milliarden DM auch eine sogenannte neue soziale Infrastruktur finanzieren. Vor allem das Lieblingskind des bei der Realisierung federführenden Ministeriums für Internationalen Handel und Industrie (MITI) – die Elektronik-Industrie – erhielt ein schönes Stück vom Kuchen. Dazu gehörte vor allem die Verbesserung der Schulausrüstungen, beispielsweise durch den Ankauf von Personalcomputern und Kopiermaschinen. Logischerweise legten die Aktienkurse der Top-Hersteller Fujitsu und Canon an der Tōkyōter Börse kräftig zu.

Neue Infrastruktur als Rezessionsbekämpfung meinte auch eine Verbesserung der allgemeinen Lebensqualität. Der Staat schien nunmehr bereit, z. B. ein modernes Kanalisationssystem finanziell zu unterstützen, denn in einigen Großstädten hängt über die Hälfte aller Wohnungen noch nicht an der Abwasserentsorgung. In Schwung kommen sollte die unterirdische Verlegung der städtischen Strom- und Telefonkabel, die bisher in Japan aus Kostengründen freiliegend über die Straßen gezogen wurden.

So geriet das jüngste Konjunkturankurbelungsprogramm nicht einfach zu einem unverbindlichen Solidarpakt, aus dem sich jeder Beteiligte die Rosinen herauszupicken versuchte; die manchmal schon totgesagte »Japan Inc.« verließ sich einmal mehr auf sich selbst – mit neuen Akzenten zwar, aber in alter Stärke. Das Paket war letztlich nur eine Teilsumme jenes unvorstellbaren Riesenbetrages von 450 Billionen Yen, die Japan bis zur Jahrtausendwende in seine Infrastruktur stecken will.

3. Konjunktureller Aufschwung – mehr Schein als Sein?

Das Geld war ökonomisch wohl gut angelegt. Japan erhielt aus dem eigenen Land riesige Aufträge und konnte so die eigene Konjunktur wieder ankurbeln, ohne unbedingt auf die Überwindung der Weltrezession von 1992/93 warten zu müssen. Die Liberal-Demokratische Partei zeigte sich vom Geldgeschenk an die nationale Wirtschaft so überzeugt, daß Spitzenpolitiker der damaligen Regierungspartei schon verkündeten, ein Konjunkturaufschwung mit Wachstumsraten von 3,5 % sei bereits 1994 wieder im Bereich des Möglichen.

Aber das neue Konjunkturprogramm hatte auch einen Pferdefuß – es versteckte einen umstrittenen Immobilien-Fonds in Höhe von umgerechnet 17 Milliarden DM. Mit diesen Steuermitteln wollte die Regierung den Großbanken einen Teil jener überpreisten Grundstücke abkaufen, die von den Geldinstituten in Zeiten der »finanziellen Seifenblase« als Kreditsicherheiten akzeptiert worden waren und mit der Zahlungsunfähigkeit der Spekulanten in den Sand gesetzt schienen. Die Kommunen sollten im Interesse der Finanzwirtschaft als »potentielle Kunden« auftreten; sie »durften« wohl oder übel den Banken einen beträchtlichen Teil des Landes abkaufen und als Boden für ihre öffentlichen Investitionen nutzen.

Alimentiert mit Steuermitteln kam der Kapitalmarkt ein Stück aus seiner selbstverschuldeten Klemme, in die er sich durch unvorsichtige Gewinnsucht und das sorglose Verstreuen riesiger Kredite manövriert hatte. Nach Schuld wird in Japan bei Wirtschaftspannen dieser Art nur selten gefragt, höchstens nach Schulden. Die übernahm nun auf selbstlose Weise der Staat. Die Regierung konnte sich offenkundig nicht von der Idee verabschieden, den Banken einen Teil ihrer notleidenden Kredite abzunehmen, obwohl zahlreiche Volkswirtschaftler vor einer Verwicklung des Staates in die Risiken des kommerziellen Geldgewerbes warnten.

Das war 1993 besonders heikel, weil sich dahinter die Gefahr eines erneuten Aufpumpens der »Finanzblase« verbergen konnte. Wie es schien, galt aber das »unendliche Wachstum« den Regierenden in Tōkyō mehr als die Warnung vor einem neuerlichen Fall aus dem »Höhenrausch«. Es sickerte nur allmählich, spärlich und wahrscheinlich stark gefiltert durch, wie sehr es tatsächlich hinter den dicken Tresormauern »brannte«; ausländische Experten glaubten zuweilen, daß die Bankenbilanzen sehr viel schlimmer waren, als 1993 erkennbar wurde.

Der Chefvolkswirt der Deutschen Bank Capital Markets Asia (Tōkyō) schätzte, daß 1993 Japans Finanzwirtschaft beim Platzen der »Spekulationsseifenblase« die phantastische Summe von 65 Billionen Yen in den Sand gesetzt hatte. Eine offizielle Bestätigung dieser spektakulären Zahlen gab es in Tōkyō natürlich nicht. Allerdings fiel als ungewöhnlich auf: Nicht – wie üblicherweise – die Geldhäuser selbst, sondern das Finanzministerium informierte – und zwar »scheibchenweise« – über das ganze Ausmaß der Katastrophe. Hinter den Kulissen schien man sich geeinigt zu haben, zunächst einmal bei den Verlustanzeigen zu »stottern«. Deshalb verdichteten sich bald Insider-Gerüchte, daß die zugegebenen, weit niedrigeren Zahlen für faule Kredite eine schlichte Untertreibung oder besser gesagt, eine bewußte Irreführung der Öffentlichkeit waren.

Zur Buch-Kosmetik gehörte die übliche Praxis, notleidende Darlehen nur dann abzuschreiben, wenn die Zinsverpflichtungen mehr als ein halbes Jahr nicht bedient wurden; und selbst dann fanden sich Vertuschungsmöglichkeiten. Es galt als gesichert, daß in zahlreichen Fällen die vereinbarten Zinsen durch die Kreditinstitute einseitig reduziert wurden, um die Gläubiger zu entlasten. Als neuer Trend zeigte sich 1993 auch die Methode einiger Bankhäuser, die Kreditnehmer anderer Institute wechselseitig mit frischem Geld zahlungsfähig zu halten, um so das rasante Abschreiben fauler Darlehen verhindern zu können.

Wäre nämlich die gesamte »Eiterbeule« auf einmal geplatzt, hätten mindestens vier bis fünf japanische Spitzenbanken Mühe gehabt, die im internationalen Kreditgeschäft geforderte Eigenkapitalquote von 8% zu halten. Das von allen gefürchtete *downrating* der Bonität wäre nicht länger zu verhindern gewesen. Deshalb sollte der Rückzug geordnet erfolgen, um – auch im öffentlichen Interesse – das Verhältnis von faulen zu totalen Krediten einigermaßen im Lot zu halten.

Wenn die Schätzungen der gigantischen Verlustsumme den tatsächlichen Verlusten der japanischen Banken auch nur annähernd nahekamen, dann war die Beschreibung der Regierung (»Bagatellfall«) wertlos und irreführend. Denn gemessen am nationalen Kreditvolumen in Höhe von umgerechnet 5,2 Billionen DM wären diese notleidenden Darlehen dann immerhin höher als 15% und somit nicht einfach aus der Portokasse aufzufüllen, wie das japanische Finanzministerium der Öffentlichkeit gern glauben machen wollte.

Die ausländischen Verlustschätzungen bezogen sich ausdrücklich auf das »gesamte Finanzsystem« Japans und ergaben sich unter anderem aus der Bindung von Bankkrediten an Immobilienwerte. Man ging bei Verlustberechnungen von der allgemeinen Expertenmeinung aus, daß der fragile Grundstücksmarkt nicht ohne einen weiteren Wertverlust von 20% überhaupt wieder auf festere Fundamente kommen konnte. Das hätte für die japanische Geldwirtschaft jedoch eine regelrechte Katastrophe bedeutet. 1993 lag der Immobiliensektor – bis auf wenige bankrottbedingte Notverkäufe – wie erstarrt am Boden. Nur wenn es den Banken in einer konzertierten Aktion mit der Regierung gelang, den Preisverfall zu stoppen, konnten die faulen Kredite in berechenbaren Zeiträumen wieder aus den Büchern verschwinden, ohne daß es zu einer nennenswerten Schwächung der Finanzinstitute kam.

Waren die notleidenden Kredite das Sorgenkind der Banken, so machten der Realwirtschaft vor allem die Währungskurse zu schaffen. Besonders die exportorientierte Industrie fürchtete einen »Yen-Schock« mit einer Aufwertung gegenüber Dollar und D-Mark um 20 bis 25%. Zwar richtete man sich in Japan schon seit langem auf den wohl unvermeidlichen Kursanstieg ein, »aber die Sache läuft zum falschen Moment und viel zu schnell« klagte der damalige Finanzminister Yoshirō Hayashi schon im Frühjahr 1993, als der Yen innerhalb von drei Monaten ein Sechstel seines Wertes hinzugewann.

Über das Für und Wider einer höher bewerteten Währung herrschte offensichtlich in Tōkyō kein Konsens. Der Präsident der *Bank of Japan,* Yasushi Mieno, forderte vehement »auf lange Sicht einen starken Yen«. Als amtlicher Währungshüter sah er darin die einzige reale Chance, den gigantischen Leistungsbilanzüberschüssen Japans beizukommen. Es sei »nicht unnatürlich, daß Japans Geld im internationalen Devisengeschäft als günstige Anlage gilt«. Immerhin steht hinter dem Yen die zweitgrößte Wirtschaft der Welt mit einem Handelsplus von weit über 100 Milliarden Dollar.

Ausblick

Eigentlich konnte sich Japans Wirtschaft auf einen neuen Yen-Boom – *Endaka* genannt – auch freuen. Nach der letzten Aufwertung seit 1985 war das japanische Geld im Ausland plötzlich 50% mehr wert. Damals begann eine globale Investitionsoffensive mit Firmenkäufen in aller Welt, vor allen den USA. Aber 1992/93 schien Japans Ökonomie noch nicht wieder flüssig genug, um mit dem Yen abzuheben. Zumindest auf absehbare Zeit war ein weiterer Auftrieb des Yen eher mit negativen Folgen für die fernöstliche Industrie verbunden.

Die betroffenen Branchen – vor allem der Automobilbau und die Elektronik – stimmten bereits das Lied vom »Tod der globalen Konkurrenzfähigkeit« an. Die Elektronikindustrie hing zu 40% vom Auslandsgeschäft ab und der Löwenanteil davon im Dollar-Raum. Schon eine Kursänderung von einem Yen bedeutete beispielsweise für Sony 45 Millionen Dollar Gewinneinbußen. Für Toyota schlug sich ein solcher Anstieg sogar in Ertragsverlusten von 50 Millionen Dollar nieder. Unter dem Druck neuer Währungsrelationen wäre Japan wieder gezwungen gewesen, seine Wirtschaftsstrukturen der veränderten ökonomischen Umwelt anzupassen.

Drei Richtungen zeichneten sich 1993 ab: Verlagerung von Produktionskapazitäten ins Ausland, Ankurbelung des Konsums von Importgütern und Abschied von bisher als normal geltenden Wirtschaftszuwachsraten von über 3%. Auf lange Sicht mußte der neue Höhenflug des Yen aber die japanische Wirtschaft mehr stimulieren als es ihr Anfang der neunziger Jahre vielleicht schaden mochte, vor allem, wenn sich die strukturbestimmenden Industriezweige schnell und flexibel umstellen konnten.

III. Handelsbilanz – Die Struktur des Außenhandels

Rainer Köhler

Wie ein ertappter Sünder mußte sich der Sprecher des japanischen Finanzministeriums vorgekommen sein, als er die Außenhandelsbilanz 1992 präsentierte. Seit Jahren versprach der fernöstliche Industriestaat bei GATT, G-7 oder in bilateralen Gremien mit den USA und der Europäischen Gemeinschaft, seine Exportüberschüsse zu reduzieren, und erwirtschaftete dennoch ein neues Rekordhandelsplus von 107,06 Milliarden Dollar. Zum ersten Mal in der Geschichte überstiegen die Überschüsse innerhalb eines Kalenderjahres die bisher als Schmerzgrenze geltende Marke von 100 Milliarden Dollar und wuchsen – auf ohnehin extrem hohem Niveau – um weitere 37,6%.

Für den Trend fast noch aussagekräftiger, allerdings international schwer zu vergleichen, war die Handelsbilanz des Fiskaljahres 1992. In den zwölf Monaten vom 1. April 1992 bis zum 31. März 1993 stieg das Handelsplus sogar auf 136,05 Milliarden Dollar. Keiner will wohl Japan verübeln, eine große Exportnation mit Handelsüberschüssen zu sein – 1992 erneut Platz drei in der Welt hinter den USA und Deutschland. Aber international sorgt für Unruhe, daß bei steigenden Exporten die Einfuhren deutlich zurückgingen. 1992 reduzierten sich die globalen Importe Japans um 1,7% auf 232,70 Milliarden Dollar. Selbst wenn man in Rechnung stellt, daß eine rezessionsgeschüttelte Nation zwangsläufig weniger kauft, also auch importiert, weisen die Zahlen jedoch auf einen bedrohlichen Trend hin.

Hauptdefizitäre der japanischen Handelsbilanz sind einmal mehr die USA, deren Minus um 14,0% auf 43,67 Milliarden Dollar stieg. Etwa gleich hoch in der japanischen Handelsschuld stehen die industriellen Schwellenländer Asiens, deren Defizite um 31,6% auf 41,76 Milliarden Dollar anwuchsen. So verzerrt war der regionale Handel bisher noch nie. Die Überschüsse in Richtung Südostasien stammen zunehmend aus den Lieferungen japanischer Unternehmen, die ihre Endfertigung nach Hongkong, Taiwan oder Korea auslagerten. Es zeichnet sich deutlich ab, wovor Experten der anderen Welthandelsnationen schon lange warnen: Japan baut sich in der Region eine Einflußzone ökonomischer Abhängigkeiten auf, wie sie die beiden anderen Zentren der globalen Wirtschaftstriade – Nordamerika und die Europäische Union – in ihrem geographischen Umfeld nicht annähernd besitzen. Das ist keine Klage gegen Japan, eher gegen die Mutlosigkeit europäischer, auch deutscher Unternehmen, die Asien von vornherein als eine Domäne der Japaner verloren geben.

Gleichzeitig dürfte kein Land der Europäischen Union mit seiner direkten Handelsbilanz gegenüber Japan so recht zufrieden sein. Japans Überschüsse mit der EG wuchsen im Kalenderjahr 1992 um 14% auf die Rekordsumme von 31,18 Milliarden

Dollar. Das Tōkyōter Finanzministerium registrierte in diesem Zusammenhang lakonisch, die japanischen Lieferungen bei elektronischen Produkten und Büroausrüstungen seien gestiegen. Zum größten Bedauern hätten die japanischen Kunden derzeit kein gesteigertes Interesse an Luxusgütern aus dem europäischen Raum – im Jahressaldo minus 1,6%. Die erfolgsverwöhnten Autohersteller Mercedes, BMW, VW/Audi beispielsweise mußten nach Jahren guter Zuwächse zum Teil wieder zweistellige Umsatzrückgänge verkraften. Bosch stellte überraschend sogar den Vertrieb seiner Haushaltsgeräte in Japan gänzlich ein. Ein Weg aus dem Handelsdefizit ist dieser Rückzug gewiß nicht.

Die weltweiten Exporte des fernöstlichen Industriestaates legten im Kalenderjahr 1992 um 8% auf 339,76 Milliarden Dollar zu. Das spricht einerseits für die gewachsene Attraktivität japanischer Produkte, ist aber andererseits auch auf den stetig, wenn auch kurvenreich steigenden Kurs des Yen gegenüber anderen internationalen Handelswährungen zurückzuführen. Das japanische Finanzministerium macht den Yen-Anstieg immerhin für 95% des Ausfuhrzuwachses verantwortlich. Nach seinen Angaben hat sich der Umfang japanischer Exporte nur unwesentlich erhöht, wohl aber ihr Wert. Das Beispiel der weltweiten japanischen Autoexporte zeige, daß die Stückzahlen sogar um 1,2% zurückgingen, dafür aber ein Wertzuwachs von 10,5% durch die stärkere Währung und höhere Preise zu Buche schlug.

Der stellvertretende Finanzminister (Staatssekretär) wertete 1993 diesen Trend als »Beweis, daß wir nicht mehr – wie in der Vergangenheit – die internationalen Märkte mit unseren Waren überfluten«; ob das nicht zumindest voreilig argumentiert war, sei dahingestellt. Aber jener Schlußfolgerung des Ministers kann man wohl kaum folgen: »Japans ausländische Partner haben deshalb nicht das Recht, uns wegen unserer Handelspolitik zu kritisieren.« Andere japanische Beobachter, so etwa der Chefvolkswirt des Forschungsinstitutes der Fuji-Bank, fürchtet dagegen: »Wenn Japan nicht die Notbremse zieht und die Binnennachfrage und damit die Importe erhöht, wird sich der Handelsballon bis zum Platzen weiter aufblasen.«

Erkenntnisse dieser Art und einschlägige Beispiele wie der amerikanische Zwischenerfolg im »Chip-Krieg« werden von einigen Regierungen in der Welt gern als Aufforderung zum »staatlich gelenkten Handel« *(managed trade)* verstanden. In der Tat ist es den US-Halbleiter-Produzenten gelungen, jene 20% Marktanteil in Japan zu erreichen, die beide Staaten 1991 in einem Chip-Abkommen ihrer Regierungen angepeilt hatten. Die Zeitung *Mainichi Shimbun* vermutet aber, daß Japans Anwenderfirmen vom einflußreichen Ministerium für Internationalen Handel und Industrie (MITI) amtlich dazu angehalten wurden, im Zuge des Washingtoner Machtwechsels und zur Besänftigung der Clinton-Administration mehr ausländische (sprich amerikanische) Halbleiter zu kaufen. Der MITI-Generaldirektor für Internationale Handelspolitik sah in dieser »Regelung« wohl mit Recht »ein schlechtes Beispiel für Absprachen zwischen freien Marktwirtschaften«.

Entgegen dieser Erkenntnis aber sah sich die japanische Regierung offenkundig gezwungen, auch den europäischen Partnern staatlicherseits Zugeständnisse anzubieten. So offerierte das MITI der EG einen 17-Punkte-Plan zum Abbau japanischer Überschüsse. Die Akzente liegen dabei auf der Kooperation in Handel und Investition, industrielle *joint ventures* und gemeinsame Markterschließung in Drittländern. Die Finanzzeitung *Nihon Keizai Shimbun* disqualifizierte die amtlichen Richtlinien allerdings als »eine simple Kollektion bereits gescheiterter Maßnahmen«. Auch viele in Japan operierende deutsche Firmen lehnen eine solche Handelspolitisierung generell ab. Aber Erfahrungen zeigen auch, daß die Öffnung des japanischen Marktes von Unternehmen allein manchmal nicht zu bewältigen ist.

Deutsche Wirtschaftskreise in Japan diskutieren intensiv auch das Thema Industrieansiedlung vor Ort. Die Deutsche Industrie- und Handelskammer in Japan (DIHKJ) räumt ein: »Es ist richtig, daß es – von wenigen Ausnahmen abgesehen – keine Beschränkungen für ausländische Investitionen in Japan gibt.« Aber die Kammer macht ebenso geltend: Im Unterschied zu anderen Industriestaaten verursachen Investitionen »auf der grünen Wiese« hier besonders hohe Kosten. Die gigantischen Immobilienpreise in den Ballungsgebieten sind eine unbestreitbare Tatsache, sollten aber wirklich interessierte deutsche Unternehmen nicht abhalten, sich in der Provinz effizient anzusiedeln. So manche Präfekturverwaltung lockt heute schon ausländische Investoren mit günstigen Rahmenbedingungen.

Deutsche Chemiekonzerne nutzen für die Fertigung in ihren japanischen Niederlassungen die größeren Spielräume in den Verwaltungsvorschriften und ziehen auch aus dem Fakt Nutzen, daß Produktionsgenehmigungen in Japan oft doppelt so schnell zu bekommen sind wie in Deutschland. Natürlich könnte die Marktdurchdringung noch viel effizienter sein, wenn man sich durch Akquisitionen oder Zusammenschlüsse direkt in die japanische Wirtschaft einkaufen könnte, aber das verhindert bisher zumeist die japanische Konkurrenz. Jedoch könnten die deutschen Industriegiganten aus der Großchemie oder dem Automobilbau ihre nationalen Partner mit nach Japan ziehen, was japanische Großunternehmen in umgekehrter Richtung längst tun.

Obwohl das deutsche Handelsdefizit gegenüber Japan 1992 umgerechnet fast 15 Milliarden DM betrug, würdigte die japanische Regierung demonstrativ, »daß die Bundesrepublik nicht zu den Ländern gehört, die ständig gegen die japanischen Handelsüberschüsse wettern«. Dieses Lob klingt sicher bitter in den Ohren vieler Manager der deutschen Werkzeugmaschinen- oder Automobilzulieferindustrie. Politiker sollten gegenüber ihren japanischen Partnern durchaus auf Mißstände hinweisen, ohne aber durch Wehklagen oder leere Drohgebärden das Markenzeichen »Made in Germany« fahrlässig zu beschädigen.

IV. Die japanisch-amerikanischen Wirtschaftsbeziehungen: Von der pazifischen Partnerschaft zur Rivalität

Hans Jürgen Mayer

Japans wirtschaftlicher Aufstieg nach dem Zweiten Weltkrieg ist – wie im Fall der Bundesrepublik Deutschland – zu einem guten Teil eine Folge des Kalten Krieges. Nach 1945 betrieben die USA zunächst eine Kriegsverhinderungspolitik durch die Demontage militärisch nutzbarer Produktionsstätten und die Zerschlagung der *Zaibatsu*, d.h. der Konglomerate Mitsui, Mitsubishi, Sumitomo, Yasuda und Fuji, die als militärisch-industrieller Komplex des imperialistischen Japans betrachtet wurden. Ab 1949 wurde das Kaiserreich jedoch zum Eckpfeiler der amerikanischen Asienpolitik, nachdem die USA durch den Sieg Mao Tse-tungs China als Verbündeten verloren hatten. Joseph R. Dodge, Bankier aus Detroit, sorgte für die Stabilisierung der Finanzpolitik. Nach der Herstellung solider Rahmenbedingungen zog die japanische Produktion an; der Koreakrieg bewirkte wenig später einen Boom, da Japan als strategischer Rückraum der in Korea kämpfenden Verbände zur »verlängerten Werkbank« der USA wurde.[1]

1. Wachsen im Schatten des Riesen

Nach 1953 beobachteten die Vereinigten Staaten wohlwollend die Bemühungen des nunmehr wieder souveränen Japans, wie Deutschland ein Wirtschaftswunder zu inszenieren. Japan als »Bollwerk der freien Welt in Asien« sollte prosperieren. Die USA öffneten daher ihren unermeßlichen Markt für japanische Produkte, die in den viel weniger entwickelten asiatischen Nachbarstaaten nicht ausreichend abgesetzt werden konnten.

Eine Gefahr sah man in Washington in den kleinen Transistorradios und ähnlichen Exportartikeln zunächst nicht, auch nicht in den ersten japanischen Autos, die zwar billig waren, jedoch ein wenig ansprechendes Design boten und zudem als zu klein für amerikanische Bedürfnisse abqualifiziert wurden. Ebenso fehlte die Einsicht in Regierungskreisen und Industrie, daß die beginnende japanische Exportoffensive eine »konzertierte Aktion« war, abgestimmt zwischen hervorragend orga-

1 Harold Farnsworth MacNair/Donald F. Lach, Modern Far Eastern International Relations, Toronto u.a. 1955, S. 606ff.

nisierten Konzernen, hochqualifizierten Ministerialbürokraten und einer Regierung in Tōkyō, die Flankenschutz bot. Ein mit einer Mischung aus Markt- und Planwirtschaft clever attackierendes Mitglied der freien Welt – das überforderte für lange Zeit die USA, die

a) sich keinen ihnen technologisch und organisatorisch überlegenen asiatischen Konkurrenten vorstellen konnten und
b) das Credo der freien Marktwirtschaft so hoch hielten, daß ihnen eine Gefährdung durch einen die Gesetze der Marktwirtschaft verbal anerkennenden, jedoch nach anderen Spielregeln agierenden Gegner irreal erschien.

Als Japan während des Vietnamkrieges erneut zur verlängerten Werkbank der USA wurde, war es bereits eine Hightech-Werkbank. Die Konzentration auf »ein bißchen Militärtechnologie« und schwerpunktmäßig zivile Technologie zahlte sich aus. Japan kaufte militärische Ausrüstung aus den USA, hatte mittlerweile jedoch längst mit Fernsehgeräten, Audio- und Videorekordern sowie Kameras den US-Markt überschwemmt.[2]

2. Vom Handelsüberschuß zur gegenseitigen Abhängigkeit

Die Konzentration der japanischen Konzerne auf den relativ frei zugänglichen US-Markt bei gleichzeitiger – wenn auch mit abnehmender Tendenz – Abschottung des eigenen Binnenmarktes, ist eine Quelle ständiger Irritation. Für die zwangsläufig exportorientierten japanischen Unternehmen insbesondere der Sparten Auto/Elektro/Elektronik schuf die schwerpunktmäßige Ausrichtung auf die USA sowohl Chancen wie Gefahren.

Solange die USA an den Mythos der eigenen ökonomischen Überlegenheit glaubten, nahm Washington den als vorübergehend angesehenen Handelsüberschuß Japans hin. Seit Ende der siebziger Jahre weitete sich das Handelsdefizit der USA gegenüber Japan jedoch dramatisch von 8 Milliarden Dollar auf 1982 bereits 20 Milliarden Dollar aus; 1993 lag der japanische Überschuß bereits bei 50 Milliarden US-Dollar – trotz der Aufwertung des Yen gegenüber dem Dollar von 1985 280 Yen auf 1993 eine Relation von ca. 110:1.[3]

Die japanische Exportoffensive eliminierte dabei mit einer Mischung aus sorgfältiger Produktausrichtung auf den US-Kunden und Dumping ganze amerikanische Branchen, die diejenigen Technologien, mit denen die japanische Konkurrenz sie überrollte, oft zuerst entwickelt hatten (Beispiel: Videorekorder).[4]

---

2 Vgl. Robert Guillain, Der unterschätzte Gigant. Japans Zukunft hat bereits begonnen (Japon – Troisième Grand), Bern – München 1971, S. 192ff.

3 Jared Taylor, Shadows of the Rising Sun. A Critical View of the »Japanese Miracle«, Tōkyō 1983, S. 260; Asia Yearbook 1993, Far Eastern Economic Review (Hrsg.), Hongkong 1992, S. 37.

4 Clyde V. Prestowitz Jr., Trading Places. How America Allowed Japan to Take the Lead, Tōkyō 1988, S. 19f.

Das japanische Erfolgsrezept basiert auf den folgenden Punkten:

a) einer konsequent auf die Eroberung von ausgewählten Marktsegmenten angelegten Strategie, die Verluste zwecks Etablierung der eigenen Produkte und langfristiger Verdrängung der Konkurrenz über Jahre hinweg in Kauf nimmt. Im Gegensatz dazu steht das auf kurzfristige Rendite angelegte Planen der amerikanischen Konzerne;
b) einem heimischen »Testmarkt« für Produkte von 123 Millionen Konsumenten, die durch – im Vergleich zu den dann exportierten Artikeln – stark überhöhte Preise zwangsweise die Ausfuhren subventionieren;
c) einer auf extrem rasche Umsetzung von Forschung in konsumentenorientierte Produkte ausgerichteten Firmenstrategie;
d) einer Marktanalyse, die Absatzmöglichkeiten in scheinbar ausgeloteten Bereichen aufdeckt (Beispiel: Der Erfolg japanischer PKW in der Kleinwagen- und Mittelklasse auf dem US-Markt).

Das generelle Problem der japanischen Exporterfolge bringt Jared Taylor auf den Punkt: »Japan ist für seine Handelspartner deshalb so problematisch, weil es dazu tendiert, sich so erfolgreich auf den Export von Fertigprodukten zu konzentrieren, daß es die ausländische Konkurrenz ins Abseits drängt. Japanische Kameras, Motorräder und Recorder haben weltweit fast eine monopolartige Position erreicht, und bei Stahl, Schiffbau und PKWs sähe es kaum anders aus, hätte nicht die Politik den Herstellern Zurückhaltung auferlegt ... Die frappierenden Erfolge in bestimmten Marktbereichen hätten nicht entfernt so viel böses Blut erzeugt, hätte Japan nur ebensoviel Industrieprodukte importiert, wie es exportiert.«[5]

Eben diese bis heute tendenziell richtige Feststellung ist der Kern der sich periodisch zuspitzenden Auseinandersetzung zwischen den beiden wichtigsten Wirtschaftsmächten des Pazifik. Für Japan ist dabei der seit rund 25 Jahren in Einzelbereichen bis zu 30 und 40% betragende Anteil der Exporte in die USA am Gesamtexport die Achillesferse. Sanktionsdrohungen seitens der USA zwecks Herstellung einer »Zwei-Bahn-Straße« im bilateralen Handel verfehlen deshalb niemals ihre Wirkung. Andererseits ist Tōkyō für Washington nach wie vor der Sicherheitspartner Nr. 1 in Asien, zudem immer noch tendenziell »dem Westen« verhaftet, so daß Handelskonflikte bisweilen beunruhigend eskalieren, die USA jedoch von Maßnahmen absehen, die Japan destabilisieren könnten.

3. Das Ringen um ökonomische Suprematie

Das japanische Vordringen auf den US-Markt ist oft als der Versuch Tōkyōs interpretiert worden, den im Zweiten Weltkrieg fehlgeschlagenen militärischen Griff nach der Vorherrschaft im Verhältnis der beiden pazifischen Vormächte ökonomisch nachzuholen. Nationalistische Töne japanischer Politiker und Unternehmer in den achtziger Jahren über die »natürliche« Überlegenheit des »rassisch homogenen, Jahrtausende alten Japan« gegenüber den »geschichtslosen und rassisch zusammengewürfelten

5 Jared Taylor, Shadows of the Rising Sun (Anm. 3), S. 259f.

USA« trugen zu diesem Eindruck bei.[6] Dabei drohte – auch ohne derartige Töne – mehr als einmal der mehr oder minder offene Handelskonflikt in einen Handelskrieg umzuschlagen.

Die japanische Strategie bestand und besteht aus folgenden Elementen:

a) Die Handelspolitik gegenüber den Vereinigten Staaten wird von einer strategisch denkenden Elite (insbesondere der Ministerialbürokratie) in enger Abstimmung mit Unternehmen und – wechselnden – Ministern letztlich kontinuierlich betrieben und weiterentwickelt;
b) die Beschwörung des Freihandels im eigenen Interesse bei gleichzeitiger zäher Verteidigung des eigenen Marktes unter Verweis auf nationale Besonderheiten (»Japaner wollen nur japanischen Reis essen«; »japanische Vertriebswege sind nun einmal für Ausländer schwer zu verstehen« etc.) soll Japan vor Sanktionen schützen;
c) die Verlagerung von Produktionsstätten (vor allem im Automobilbereich) in die USA soll Exportbeschränkungen unterlaufen und zugleich den Nachweis erbringen, daß japanische Unternehmen in den USA Beschäftigung sichern;
d) die bilateralen Handelsgespräche dienen als Forum der Flankensicherung. Charakteristisch sind zahllose Verhandlungen bis »Fünf nach Zwölf« mit Vereinbarungen, die später neuverhandelt werden müssen, weil die japanische Seite auf mündliche Absprachen zwecks »Ausfüllung« schriftlicher Vereinbarungen verweist.[7]

Die USA haben auf diese Strategie lange Zeit mit einer Mischung aus Dilettantismus und Resignation reagiert:

- wechselnde Administrationen in Washington begannen jeweils von vorn, »das Japan-Problem« zu analysieren;
- das Drängen auf Öffnung des japanischen Marktes blieb halbherzig aus Furcht, Japan könne sich als Reaktion von den USA abwenden;
- in Einzelfällen mußten Sanktionsdrohungen herhalten, um den Mangel an konkurrenzfähigen Produkten zu kompensieren;
- die Kombination aus erdrückender Staatsverschuldung und Vernachlässigung des Bildungswesens wurde als »naturgegeben« hingenommen, d.h. »Amerika« gab in der Reagan/Bush-Ära weitgehend die Grundlage preis, auf der Forschung und Entwicklung beruhen;
- die Folge aller Versäumnisse waren zahllose bilaterale Verhandlungsrunden, in denen die Unterhändler aus Washington versuchten, ihr Verständnis von fairen Wirtschaftsbeziehungen durchzusetzen. Das Instrumentarium aus Argumenten, Appellen, Vereinbarungen, Drohungen bis hin zu Sanktionen zeitigte nur begrenzte Erfolge.[8]

Die »heiße Phase« der Wirtschaftsbeziehungen begann mit dem Plaza-Abkommen der G-7 von 1985 über die Anhebung des Yen-Außenwertes. Rein technisch war die Währungsmanipulation ein Erfolg; die extreme Verteuerung des Yen hatte jedoch keinerlei Auswirkungen auf die japanische Exportoffensive. Drastische »Verschlan-

6 Peter Tasker, Inside Japan. Wealth, Work and Power in the New Japanese, London 1987, S. 222.

7 Karel van Wolferen, Vom Mythos der Unbesiegbaren (The Enigma of Japanese Power), München 1989, S. 624ff.

8 Ebd., S. 626ff.

kungsmaßnahmen« in den Verwaltungen der japanischen Großunternehmen und das zähe Festhalten an bereits eroberten Märkten – sei es durch Dumping – sowie enorme Finanzkraft durch die beginnende Börsenhyperspekulation hielten die Konzerne auf Expansionskurs.

Dem scheinbar unaufhaltsamen Vormarsch japanischer Produkte auf dem US-Markt versuchten die US-Unternehmen und die Regierung in Washington durch die Forcierung eines »gelenkten Handels« *(managed trade)* beizukommen. Dazu gehören Quoten für den Autoimport und Vorschriften über den Anteil von in den USA bezogenen Komponenten der fertigenden japanischen Auto-Riesen. Bei Mikrochips mußte Japan seine Haltung, wegen der eigenen hohen Produktion die Abnahme von US-Mikrochips zu verweigern, aufgeben. Massiver Druck wurde ausgeübt, um Japan zum Bezug von konkurrenzlosen US-Großrechnern und Satelliten zu veranlassen. Zugeständnisse Japans waren regelmäßig von Anmerkungen begleitet, man gebe zwar Druck nach, benötige die US-Produkte aber eigentlich nicht. Diese »Mauertaktik« wurde bis hin in den Agrarbereich fortgesetzt. US-Rindfleisch wurde zeitweilig als für die japanische Physis unverträglich abqualifiziert; kalifornischer Reis – wesentlich billiger als japanischer – durfte ebenfalls wegen des Schutzes der japanischen Reisbauern nicht importiert werden.

Angesichts des sich ständig ausweitenden Handelsungleichgewichtes vereinbarten Japan und die USA in der zweiten Hälfte der achtziger Jahre Gespräche über die Beseitigung der strategischen Handelshemmnisse *(SII-Talks)*. Es ging dabei um unfaire Behinderungen unterhalb der Schwelle von Einfuhrzöllen und Importquoten für bestimmte Produkte, beispielsweise auslegbare Sicherheitsstandards, den Zugang zum japanischen Vertriebssystem, die Blockade der Übernahme von japanischen Firmen durch US-Unternehmen etc. Die japanischen Verhandlungsführer leisteten dabei hinhaltenden Widerstand im Bewußtsein, daß zahlreiche US-Konzerne bereits nicht mehr ohne strategisch wichtige japanische Teilkomponenten (z.B. Mikrochips) arbeiten konnten.

In der Reagan/Bush-Ära schien sich die Überflügelung der militärischen Supermacht USA durch die »zivile Wirtschaftssupermacht« Japan anzubahnen. US-Staatsanleihen waren ohne japanische Zeichnung nicht mehr zu finanzieren, japanische Aufkäufer – durch die heimische Börsenspekulation über scheinbar unerschöpfliche Finanzmittel verfügend – erwarben von Immobilien bis Konzernen ein Filetstück nach dem anderen »of America's best«. Geradezu symbolisch wirkte die Japan-Visite von US-Präsidenten Bush im Jahre 1992: Während die japanischen Autokonzerne ankündigten, sie würden binnen weniger Jahre einen Marktanteil von 40% am US-Markt anstreben, nahm Bush an der Eröffnung einer Tōkyō-Filiale der amerikanischen Spielzeugvertriebskette Toys'R'US teil.[9]

Japan konterkarierte die US-Forderungen nach fairem Handel durch eine ausgefeilte Strategie. Die Notwendigkeit der Abschottung des eigenen Marktes sowie die Vorteile des Aufbaus eigener Produktionsstätten in den USA für die US-Arbeitnehmer und Verbraucher verdeutlicht eine für Japan arbeitende Lobby in Washington, die zeitweilig jährlich 50 Millionen Dollar auswarf. Der US-Kritik, Japan wolle nur

9 Helmut Volger, Handelskonflikt und Machtrivalität zwischen Japan und den USA und die Perspektive für die Zukunft, in: Asien. Deutsche Zeitschrift für Politik, Wirtschaft und Kultur, Oktober 1993, S. 50ff.

verkaufen, wurde durch eine Reihe von Marktöffnungs- und Konjunkturprogrammen zu begegnen versucht, die vor allem die Binnennachfrage ankurbeln sollten.[10]

Insgesamt jedoch wurden in Japan die US-Forderungen als ungerecht eingestuft. In der Endphase der konservativen Dauerherrschaft wurde die Kritik an der japanischen Exportoffensive bzw. der Abschottung des japanischen Marktes als Einprügeln auf einen Sündenbock *(Japan bashing)* abqualifiziert. An die Adresse Washingtons erging die sicherlich gerechtfertigte Ermahnung, nicht ausschließlich bei anderen auf Abstellung von Fehlern zu beharren, sondern eigene Defizite zu beseitigen. Dies bezog sich auf das US-Haushaltsdefizit und den Bankrott des amerikanischen Bildungssystems. Der US-Forderung nach Auflegung von Konjunkturprogrammen zwecks Binnenmarktankurbelung diente eine Reihe von entsprechenden Maßnahmen, die jedoch keinen Beitrag zum Abbau des Handelsdefizits leisteten.[11]

Den Endpunkt fruchtloser amerikanischer und japanischer konservativer Beziehungen bildete 1988 die Verabschiedung des amerikanischen Handelsgesetzes mit der Super 301-Klausel, die die namentliche Benennung von unfairen Handelspartnern der USA ermöglicht, die dann mit Strafzöllen bis zu 100% belegt werden können. Japanische Käufe einzelner US-Spitzenprodukte sowie generelle Bekundungen zur weiteren Marktöffnung und Stärkung der Binnenmarktnachfrage bewirkten die Aussetzung von »Super 301«.

4. Die Ära Clinton im Zeichen alter Zwänge

Für die japanisch-amerikanischen Wirtschaftsbeziehungen ist der Wechsel vom Republikaner George Bush zum Demokraten Bill Clinton insofern bedeutend, als Clinton das Ziel verfolgt, die strukturellen Nachteile der USA gegenüber Japan zu beseitigen. Clinton strebt den Wiederaufbau des amerikanischen Bildungssystems an sowie den Abbau der Staatsverschuldung – zweier Faktoren, die die Konkurrenzfähigkeit der auf dem Forschungssektor immer noch führenden USA insgesamt stärken werden. Die Hinwendung der USA zur Erledigung der von Japan immer wieder angemahnten »Hausaufgaben« wird allerdings erst mittel- bis langfristig die US-Konkurrenzfähigkeit stärken. Bis dahin bleibt die extreme japanische Exportüberlegenheit bestehen, und die Frage des Zugangs zum japanischen Markt hängt von der prinzipiellen Offenheit ab, nicht in gleichem Maße vom Anbieten konkurrenzfähiger oder konkurrenzloser Produkte.

Wegen eben dieser von den USA nicht grundlos angezweifelten Offenheit des japanischen Marktes erfolgte 1994 nach dem erfolglosen Gipfeltreffen zwischen Bill Clinton und dem ihm geistesverwandten reformorientierten japanischen Premier Morihiro Hosokawa die Erneuerung von Super 301. Bereits die Ankündigung dieser Klausel hatte vor Jahren Südkorea und Taiwan zu Konzessionen veranlaßt; auch Japan hatte einige spektakuläre Einzelkäufe getätigt, die jedoch nichts am immer drükkender werdenden Übergewicht änderten. Es wirkt schon grotesk, daß gerade die

10 Karel van Wolferen, Vom Mythos der Unbesiegbaren, (Anm. 7), S. 628ff.
11 Ebd. S. 627ff.

beiden für einen Neubeginn in den Handelsbeziehungen prädestinierten Reformpolitiker Clinton und Hosokawa in den alten Verhaltensklischees gefangen blieben.[12] Drohungen, Konsultationen, Neuverhandlungen, Drohungen – dieses Ritual wird noch lange Bestandteil der japanisch-amerikanischen Wirtschaftsbeziehungen bleiben.

Solange Japan darauf fixiert ist, den Löwenanteil seiner Exporte in den USA abzusetzen, muß Tōkyō ein Arrangement mit dem ungeliebten Partner treffen. Die Chance dafür ist neuerdings besser als vor Jahren. Die Vereinigten Staaten haben unter Clinton begonnen, die Basis eines erfolgreichen Industriestaates wiederherzustellen. Japan seinerseits hat durch den Zusammenbruch der hemmungslosen Börsenspekulation und das damit verbundene Ende der »Geldvermehrung« auf den Boden der Realität zurückgefunden. Trotz der neuerlichen Anwendung von Super 301, d.h. der Aussonderung Japans als unfairem Handelspartner der USA, wird die Achse Washington–Tōkyō nicht brechen. Zu sehr sind beide Seiten ökonomisch und sicherheitspolitisch miteinander verflochten. Für ein Arrangement spricht Japans Zustimmung, im Rahmen des GATT die Märkte weitgehend zu öffnen. Aus dieser Verpflichtung kann sich keine Regierung in Tōkyō herausstehlen.

---

12 Vgl. Helmut Maier-Mannhart, Tokio als Störenfried des freien Welthandels, in: Süddeutsche Zeitung, 5.3.1994, S.4.

V. Die wirtschaftlichen Beziehungen zur Europäischen Union

KARL-RUDOLF KORTE

Der Kaufmann und spätere Entdecker Trojas, Heinrich Schliemann, besuchte 1865 auch Japan. Seine Reisenotizen lesen sich noch heute wie aktuelle Japanbeschreibungen aus europäischer Sicht, schwankend zwischen romantisch-verklärter Idylle und Bedrohungsängsten. Auch sein kritisches Resümee gilt unverändert noch immer: »Ich glaube, daß man schon heute für den Schutz des Handels mit Japan mehr Kosten aufwendet, als es die Erträge zulassen.«[13] Daran hat sich bis heute nichts geändert: Der protektionistische Schutz der EU gegenüber japanischen Produkten erzeugt langfristig mehr Kosten, als die Abschirmungsmaßnahmen für die heimische Industrie einbringen.

Die weltweit agierende »Nippon Connection« führt nach europäischen Schlagzeilen eine gigantische Wirtschaftsschlacht, gegen die man sich wehren muß.[14] Dieses Szenario klingt vertraut. Und doch muß es nach dem Ende des Kalten Krieges qualitativ neu gewichtet werden. Denn während des Kalten Krieges trug die Notwendigkeit, sich gegen eine gemeinsame äußere Bedrohung zusammenzuschließen, dazu bei, ökonomische Konflikte in einem zumutbaren Rahmen zu halten. Der Kalte Krieg disziplinierte. Inzwischen wächst zwar die Interdependenz gerade zwischen den USA, Japan und der EU, doch der Sicherheitspuffer ist nicht mehr da. Kann man vor diesem Hintergrund überhaupt noch mit wechselseitigem Arrangement in wirtschaftlichen Fragen rechnen? Ist es nicht an der Zeit, gemeinsame globale Interessen und Werte, vielleicht auch gemeinsame Rollenmuster zu suchen? Dabei sind Gemeinsamkeiten geradezu augenfällig: Als »Handelsstaaten« oder »Zivilmächte« stehen die EU und Japan gleichermaßen vor der Herausforderung, internationale Ordnungspolitik mit zu gestalten.

Die tatsächlichen Rahmenbedingungen sind dafür sehr schlecht. Schon immer zeigte sich das trilaterale Verhältnis eindeutig auf die USA hin zentriert.[15] Weltpolitisch bleiben Japan und die EU zunächst Mitläufer amerikanischer Politik. Eine traditionsreiche und strategisch ausgerichtete Japanpolitik der EU fehlt. Wirtschaftsbeziehungen dominieren eindeutig zwischen Brüssel und Tōkyō.[16] Drei zeitlich aufeinan-

13 Heinrich Schliemann, Reise durch China und Japan im Jahre 1865, deutsche Erstveröffentlichung, Konstanz 1984, S. 118.

14 Vgl. dazu Michael Crichton, Nippon-Connection, München 1992.

15 Siehe Andrea E. Stumpf, Das Dreieck EG–USA–Japan, in: Moritz Röttinger/Claudia Weyringer (Hrsg.), Handbuch der europäischen Integration, Wien 1991, S. 571–600.

16 Vgl. zu den Wirtschaftsbeziehungen zwischen der EU und Japan: Karl-Rudolf Korte, Barrieren statt Wettbewerb. Die Wirtschaftsbeziehungen zwischen der EG und Japan, in:

derfolgende Komponenten kann man dabei beobachten:[17] eine strukturell ungleichgewichtige Verflechtung im Handelssektor seit den siebziger Jahren, im Bereich der Direktinvestionen seit Mitte der achtziger Jahre und bei den »Strategischen Allianzen« zwischen europäischen und japanischen Unternehmen seit den neunziger Jahren.

Hinzu kommen Aspekte von Fehlperzeptionen. Über kaum ein anderes Land existieren wohl mehr irreführende Klischees, die an Intensität zunehmen, je mehr sich Japan zur globalen industriellen und finanziellen Supermacht entwickelt.[18] Mit Skepsis, Neid und abendländischer Überheblichkeit zollen wir dem »Problem Japan« unsere durchmischte Anerkennung. Gleichgültig wie sehr sich auch die japanische Seite bemüht und agiert, die Japanphobie seitens der europäischen Industrie ist angesichts des technologischen Terrainverlustes ausgeprägt.[19] Doch daran sind die Japaner auch selbst mit Schuld: Japan hat sich allzuoft in seiner Einmaligkeit eingerichtet und suchte Kontakte mit dem Westen, um seine Unvergleichbarkeit zu bestätigen. Das stark gewachsene Selbstvertrauen kippt dabei manchmal in offene Arroganz und euphorisch überzeichnete Prognosen um.[20]

1. Ungleiche Handelsbeziehungen

In der Handelsbilanz und in der sektoralen Außenhandelsstruktur zeigen sich gravierende Ungleichgewichte zwischen beiden Wirtschaftsmächten.[21] 1970 lag das Handelsdefizit der EG gegenüber Japan erst bei 0,5 Milliarden Dollar. Bis 1980 war es auf 11 Milliarden Dollar gestiegen. Zu einer leichten Trendwende kam es 1987, als die japanischen Einfuhren aus der EG um 20% stiegen und sich erstmals eine leichte Abnahme des Handelsdefizits abzeichnete. Die Umorientierung der japanischen

---

Hanns W. Maull (Hrsg.), Japan und Europa, Getrennte Welten?, Frankfurt a. M. 1993, S. 247–264. Der vorliegende Beitrag ist eine aktualisierte und erweiterte Überarbeitung dieses Aufsatzes; vgl. auch Kensei Hiwaki, View from Japan: Asymmetries in the Evolving European-Japanese Dialogue, in: Reinhardt Rummel (Hrsg.), Toward Political Union, Baden-Baden 1992, S. 229–239.

17 Vgl. dazu Hanns W. Maull, Europa und Japan. Perspektiven für die Zukunft einer Beziehung, in: Ders., Japan und Europa (Anm. 16), S. 530–560, hier S. 532.

18 Grundsätzlich Endymion Wilkinson, Japan versus the West. Image and Reality, London 1991; Constantin von Barloewen/Kai Werhahn-Mees (Hrsg.), Japan und der Westen, Frankfurt a. M. 1986; Peter Kapitza (Hrsg.), Japan in Europa, München 1990; speziell zu den aktualisierten Japanbildern vgl. Karl-Rudolf Korte, Europäische Gemeinschaft – Japan. Kooperationsfelder europäischer Außenpolitik, in: Manfred Pohl (Hrsg.) Japan 1986/87, Politik und Wirtschaft, Hamburg 1986; Setsuko Ono, A Western Image of Japan, Genf 1972.

19 Vgl. die Studie von Werner Wiederfeld/Jürgen Turek, Technopoly. Europa im globalen Wettbewerb, Gütersloh 1993.

20 Vgl. Karl-Rudolf Korte, Nippons neue Vasallen? Die Japanpolitik der Europäischen Gemeinschaft, Bonn 1984, S. 50ff.

21 Grundsätzlich zum Datenbestand: Karl-Rudolf Korte, Nippons neue Vasallen?, (Anm. 20); Europäisches Parlament, Die Wirtschaftsbeziehungen zwischen der EG und Japan, Reihe Wirtschaftsfragen Nr. 12, verfaßt von Nicholas Kyriazis u. Stefan Kalb, 1987.

Wirtschaft von einem exportorientierten zu einem binnenwirtschaftlich getragenen Wachstum hat in den letzten Jahren Fortschritte gezeigt.[22] Das trifft besonders für die Phase zwischen 1985 und 1990 zu. Das Handelsbilanzdefizit schrumpfte erkennbar in dieser Zeit. Es ging 1990 gegenüber 1989 vorübergehend auf 18,5 Milliarden Dollar zurück (1989: 19,8). Die europäischen Exporte nach Japan sind 1989/90 deutlich rascher gewachsen als die japanischen Exporte in die EG.[23] Mit einem Handelsvolumen von rund 88,5 Milliarden Dollar betrug 1990 der europäisch-japanische Austausch über die Hälfte des Handels Japans mit den USA, nachdem es noch Mitte der achtziger Jahre bei einem Drittel lag. Seit 1987 ist der japanische Anteil an den Gesamtimporten der EG an Drittländern über 10% (1960: 1,5%, 1970: 3,5%, 1980: 5%). Das Verhältnis der europäischen Exporte zu den Importen aus Japan – die Deckungsrate – ist deutlich gewachsen von 59% (1989) auf 65% (1990). Die EG nahm 1990 18,7% der japanischen Gesamtexporte (1990) und Japan 14,9% der Gesamtexporte der EG auf.

Daran erkennt man, daß seit Ende der achtziger Jahre die EG durchaus als Handelspartner der Japaner an Bedeutung gewonnen hat. In dieser Verschiebung der Handelsströme spiegelt sich die Vollendung des Europäischen Binnenmarktes wider, der die Bedeutung der EG als Handelspartner für Japan erhöhte. Hinzu kommt, daß die enorme Yen-Aufwertung gegenüber dem Dollar seit 1985 erheblich mit dazu beigetragen hat, die Exporte nach Europa zu steigern. Die EG mit ihren gegenüber dem Yen stabilen Währungen stellte einen willkommenen Absatzmarkt dar, um die erhebliche Verteuerung des US-Marktes zu kompensieren.[24] Dennoch: Rund 28 Milliarden Dollar betrug 1991 das Handelsbilanzdefizit der EG gegenüber Japan.[25] Das bedeutet ein Plus von 48%, wobei mit zu berücksichtigen ist, daß der gesamte japanische Außenhandelsüberschuß 1991 gegenüber dem Vorjahr um 50% dramatisch gestiegen war. 1992 erhöhte sich Japans Außenhandelsüberschuß mit der EU auf 31 Milliarden Dollar[26] und ging 1993 auf rund 26 Milliarden Dollar zurück. Eine Wende, wie sie sich noch 1990 andeutete, ist nicht mehr erkennbar. Der starke Anstieg des EG-Außenhandelsdefizits mit Japan ist vor allem auf den Rückgang des Exportvolumens seit 1991 zurückzuführen.

Das strukturelle Ungleichgewicht im Warenaustausch resultiert aus den japanischen Exporten von Industriegütern. Es ist noch immer eine schmale Palette von technologieintensiven Produkten, die die hohen Ausfuhrerlöse erzielen. Das Problem liegt zusätzlich neben der hohen Exportspezialisierung bei einer Marktdurchdringung

22 Vgl. Andreas von Stechow, Binnen- und außenwirtschaftliche Entwicklung Japans 1990, in: Manfred Pohl (Hrsg.), Japan 1990/91. Politik und Wirtschaft, Hamburg 1991, S. 206–243, hier S. 214.

23 Zahlen der folgenden Interpretation vgl. A. von Stechow, Binnen- und außenwirtschaftliche Entwicklung Japans 1990, (Anm. 22); Eurostat, Statistische Grundzahlen der Gemeinschaft, 27. Ausgabe, Brüssel 1990; Japanisches Finanzministerium; Europäische Wirtschaft, Der Außenhandel der EG, Nr. 39, März 1989 und eigene Berechnungen.

24 Vgl. dazu Jörg Mull, Die Europäer rollen nach Japan, in: Manfred Pohl (Hrsg.), Japan 1989/90, S. 231–245; Karl-Rudolf Korte, Japan und der Europäische Binnenmarkt, in: Außenpolitik 1989, Nr. 4, S. 407–417.

25 So dargestellt von Winfried Münster, Kampf den Jobkillern, in: Süddeutsche Zeitung (SZ), 15. 6. 1991, Nr. 136; aktuelle Daten aus SZ, 22. 1. 1992, Nr. 17.

26 Japan. Wirtschaft, Politik, Gesellschaft (1993) 1, S. 32.

in kürzester Zeitspanne auch darin, daß es sich hierbei um Branchen der europäischen Schlüsselindustrie handelt. Die zentralen Vorwürfe seitens der Europäer zum bilateralen Ungleichgewicht, zu den hürdenreichen Marktzugängen und zu den verzerrten Exporterfolgen gehören dabei mittlerweile zum Arsenal der stereotypen Argumentationsmuster, derer sich beide Seiten bereitwillig bedienen.[27] Zu den Ungleichgewichten gehören auch die Direktinvestitionen, deren Verhältnis zwischen Japan und der EU etwa 10:1 zugunsten der Japaner ausmacht.[28]

2. Politischer Dialog auf hoher Ebene

Die Analyse der Wirtschaftsbeziehungen zwischen der EU und Japan muß die grundsätzliche Verschiedenheit der Dialogpartner berücksichtigen. Der in Einzelakteure mit differenzierter Handlungskompetenz untergliederte Staatenbund EU steht einem durch sein historisches und geographisches Erbe stark monolithisch ausgeprägten Nationalstaat gegenüber. Vor diesem Hintergrund können sich nur asymmetrische bilaterale Beziehungen entwickeln. Gerade dieses spezifische Dialoggeflecht war aber stets Symptom für die Verfaßtheit der zusammengesetzen europäischen Außenpolitik.[29] Die grundlegenden Strukturprobleme der gemeinschaftlichen Außenwirtschaftspolitik der EU zeigten sich besonders drastisch im europäisch-japanischen Beziehungsgeflecht.[30] Die permanente Auseinandersetzung der Gemeinschaft nach außen gegenüber den außenwirtschaftlichen Partnern und nach innen gegenüber den Mitgliedsregierungen im Kampf um koordinierte Willensbildung verstärkte sich. Obwohl laut Artikel 113 EWGV die Handelspolitik in den Zuständigkeitsbereich der Gemeinschaft fällt, gibt es bisher nur in Teilsektoren eine gemeinschaftliche Außenhandelspolitik. Denn die vor der Einführung der Gemeinsamen Handelspolitik geschlossenen bilateralen Abkommen mit Drittländern gelten immer noch. Der konkurrierende Anspruch der Mitgliedsländer bleibt erhalten: Außer Irland haben alle Mitgliedsstaaten im Laufe der sechziger Jahre bilaterale Handelsvereinbarungen mit Japan getroffen, die auch alle noch heute gelten. Eine Vielzahl oft subtiler einzelstaatlicher Einfuhrhemmnisse durchlöchert die gemeinschaftliche Einfuhrregelung. Die betreffenden Mitgliedstaaten sind nur dann bereit, diese nationalen Restriktio-

27 Detailliert aufgelistet bei Karl-Rudolf Korte, Neues Selbstverständnis im Dialog Europa-Japan, in: Außenpolitik (1986) 1, S. 68–78.

28 Zahlen bei Angelika Ernst/Hanns Günther Hilpert, Japans Direktinvestitionen in Europa. Europas Direktinvestitionen in Japan, München 1991; Überblick dazu bei Holger Green, Japanische Investitionen in Europa, in: Manfred Pohl (Hrsg.), Japan 1990/91, Hamburg 1991, S. 299–312; Bernhard Heitger/Jürgen Stehn, Japanische Direktinvestitionen in der EG – ein trojanisches Pferd für 1993?, in: Horst Siebert (Hrsg.), Die Weltwirtschaft (1989) 1, S. 123–136.

29 Zum Strukturansatz vgl. grundsätzlich Reinhardt Rummel, Zusammengesetzte Außenpolitik, Westeuropa als internationaler Akteur, Kehl 1982.

30 Überblickartig Manfred Wegner, Die Entdeckung Europas. Die Wirtschaftspolitik der EG, Ein Grundriß, Baden-Baden 1991, S. 189ff.

nen aufzugeben, wenn statt dessen ein entsprechender Schutz auf Gemeinschaftsebene erzielt werden kann.

Die ersten gemeinsamen Verhandlungen über einen Handelsvertrag zwischen der EG und Japan scheiterten zu Beginn der siebziger Jahre. Die restriktive Haltung der EG-Kommission in Fragen der einheitlichen Schutzklausel ist von einigen Mitgliedsstaaten zur Vorbedingung für ein Handelsabkommen mit Japan gemacht worden. Die Gespräche scheiterten, da die Japaner diese nach ihrer Interpretation institutionalisierte Diskriminierung nicht akzeptieren wollten. Einer einheitlichen Außenwirtschaftspolitik Japan gegenüber fehlt deshalb bis heute eine Grundlage. Die japanischen Verhandlungspartner nutzten taktisch geschickt die handelspolitischen Widersprüche der Mitgliedsländer und bevorzugten bilaterale Absprachen mit einzelnen EG-Staaten.[31]

Trotz des Fehlens einer vertraglichen Grundlage der Handelsbeziehungen verdichteten sich die europäisch-japanischen Kontakte seit den siebziger Jahren stetig: Seit 1973 werden halbjährlich Gespräche zwischen Vertretern beider Seiten auf »hoher Ebene« durchgeführt. Durch die Verhärtung der Handelskonflikte zeichnete sich seit Beginn der achtziger Jahre allmählich eine Vergemeinschaftung der Position der Mitgliedsländer ab. Die zunehmende Kohärenz in Teilfragen erstreckte sich nicht mehr ausschließlich, wie schon seit Mitte der siebziger Jahre beobachtet, auf den Zugang zum japanischen Markt, sondern auch auf den handelspolitischen Flankenschutz durch Selbstbeschränkungsvereinbarungen – erstmals 1983 ausgehandelt. Zwar blieb eine Harmonisierung der unterschiedlichen Einfuhrbeschränkungen der Mitgliedstaaten aus, doch akzeptierten 1983 die nationalen Regierungen erstmals die Kommission als Sprecherin der gesamten EG bei der Verhandlungsführung in Tōkyō. Ergebnis der zunehmenden Verdichtung des Dialogs auf allen Ebenen und der zentralen wirtschaftlichen sowie politischen Themenfelder seit den achtziger Jahren ist die »Gemeinsame Erklärung der EG und Japan«[32] vom 18. Juli 1991 in Den Haag mit folgenden Vereinbarungen:

- jährliche Konsultationen zwischen dem Präsidenten des Europäischen Rates und dem Präsidenten der Kommission einerseits sowie dem japanischen Premierminister andererseits;
- jährliche Treffen zwischen der Kommission und der japanischen Regierung auf Ministerebene;
- halbjährliche Konsultationen zwischen den Außenministern der Gemeinschaft, dem für Auswärtige Beziehungen zuständigen Mitglied der Kommission (Troika) und dem japanischen Außenminister;
- die Vertreter Japans werden von der Präsidentschaft der Politischen Zusammenarbeit im Anschluß an deren Ministertagungen informiert; ebenso unterrichtet Japan die Vertreter der Gemeinschaft über die Außenpolitik der japanischen Regierung.

Der politische Dialog wird damit durch Institutionalisierung qualitativ verbessert.[33] Wie zwingend notwendig dieser Schritt war, zeigen die Kooperationen im außen- und

---

31 Vgl. Karl-Rudolf Korte, Nippons neue Vasallen, (Anm. 20).

32 Abgedruckt in: Bulletin der Kommission der EG 1991, Nr. 7/8, Ziff. 1.4.8.

33 Bewertend dazu aus EG-Sicht: Beziehungen zu Japan. Schlußfolgerungen des Rates, in: Agence Europe, 10. 7. 1992, Nr. 1792.

sicherheitspolitischen Umfeld der achtziger Jahre.[34] Auch die Kuwait-Krise und der Golfkrieg 1990/91 machten abgestimmte Aktionen erforderlich.[35]

3. Barrieren statt Wettbewerb

Die lange Tradition der verpaßten Chancen und überheblichen Fehleinschätzungen seitens der Europäer hat jedoch durch die Zielperspektive des Europäischen Binnenmarktes 1992 eine qualitativ neue Dimension erreicht. Die Wirtschaftsbeziehungen sind hiervon maßgeblich bereits seit einigen Jahren beeinflußt, was an den wechselseitigen Strategiemustern deutlich ablesbar ist. In der »Gemeinsamen Erklärung der EG und Japans« vom 18. Juli 1991 wird als Ziel des Dialogs ausdrücklich »die Verwirklichung ihrer Beschlüsse zur Sicherung eines ausgewogenen Zugangs zu ihren Märkten und die Beseitigung der strukturellen oder sonstigen Hemmnisse für die Ausweitung des Handels und der Investitionen auf der Grundlage vergleichbarer Chancen[36] bezeichnet. Doch bisher gibt es kein von den EG-Mitgliedstaaten akzeptiertes allgemeines Engagement, den Binnenmarkt auch für Drittländer offenzuhalten. Alles deutet darauf hin, daß die Festung Europa die Zugbrücke hochkurbelt. Die Anwendung und Ausgestaltung der folgenden Instrumente der EG machen dies deutlich:

a. Industriepolitik als Schutzinstrument

Seit der Gipfelkonferenz der Staats- und Regierungschefs der EG in Maastricht im Dezember 1991 ist die Industriepolitik erstmals auch ein vertraglich kodifizierter Politikbereich der EU.[37] Im Vertragswerk heißt es dazu u. a.: »Die Gemeinschaft und die Mitgliedsstaaten sorgen dafür, daß die notwendigen Voraussetzungen für die Wettbewerbsfähigkeit der Industrie der Gemeinschaft gewährleistet sind.« Dahinter steht die Überlegung, durch Investitionsprogramme die Nachfrage nach Europas Spitzentechnologie zu fördern und die Hersteller zu Spitzenleistungen und Wettbewerb anzuspornen. Integriert man jedoch die Argumentationslinien im Vorfeld dieses Beschlusses, kommt man zu einem anderen Ergebnis: Die Auseinandersetzungen zwischen der französischen Regierung und Japan waren hier im Vokabular aufschlußreich, da Paris eine aktive Industriepolitik der EU ausdrücklich gegen den »Feind Japan« wünschte.[38]

34 Karl-Rudolf Korte, Neues Selbstverständnis im Dialog Europa-Japan, (Anm. 27).

35 Dazu Helmut Hubel, Europa, Japan und der Krieg um Kuwait, in: Maull (Hrsg.), Japan und Europa, (Anm. 16), S. 482–502.

36 Abgedruckt in: Bulletin der Kommission der EG 1991, Nr. 7/8, Ziff. 1.4.8.

37 Titel XIV-›Industrie‹ ist im Vertrag zur Politischen Union jetzt neu mit aufgenommen, dokumentiert in: Agence Europe Nr. 1750 v. 13. 12. 1991. Vgl. auch Christian Peter Frees, Das neue industriepolitische Konzept der EG, in: Europa-Recht, (1991) 3, S. 281–287.

38 Vgl. dazu Philippe Pons, La montée de la nippophobie, in: Le Monde v. 18. 10. 1989 und

Vor dem Hintergrund der Krise in der europäischen Chip- und Computerbranche ist so der alte Kampf zwischen Interventionisten und Liberalen neu entbrannt. Derzeit sind die Interventionisten in der Offensive. Auf deutscher Seite gibt es auch zunehmend Konzepte marktwirtschaftlicher Ideologie. In einer »koodinierten Marktwirtschaft« sollen Staat und Wirtschaft »marktkonforme Industriepolitik« betreiben und in strategischen Industriebereichen zusammenarbeiten, um Europa als derzeitige »Japan-Kolonie« zu befreien.[39]

b. Einfuhrbeschränkungen nach Art. 115 EWGV

Auch die Politik der EU-Kommission im Umfeld des Protektionismusinstruments Art. 115 EWGV deutet auf eine Abschottungsstrategie hin. Allerdings wurde die Anwendung des Art. 115 von der Kommission in den letzten Jahren in immer weniger Fällen autorisiert.[40] Insgesamt wurden 1992 nur noch acht von 19 solcher beantragten Schutzmaßnahmen genehmigt. Dieser Artikel erlaubt es den Mitgliedstaaten in bestimmten Fällen und aufgrund einseitiger Entscheidungen der EU-Kommission, nationale Einfuhrbeschränkungen anzuwenden, wenn dieser Import zu »wirtschaftlichen Schwierigkeiten« führt. Am 31. Dezember 1992 hatte der Art. 115 keineswegs seine Gültigkeit verloren. Der Blick in den neuen Vertragstext verrät etwas anderes: In einer nur geringfügig geänderten Fassung wurde er im Gegenteil ausdrücklich bekräftigt, im Widerspruch zur Logik des Binnenmarktes.[41]

So bleibt der Verdacht bestehen, daß – wie das Beispiel auf dem PKW-Sektor weiter unten zeigt – dafür gemeinschaftsweite Einfuhrbeschränkungen eingesetzt werden. Zwar ist ein möglicher Ersatz der Grenzmaßnahmen durch inländische Kontrollen nur schwer mit dem Ziel eines freien Wettbewerbs zu vereinbaren. Doch die qualitative Wirkung der bislang gegenüber Japan getroffenen Liberalisierungsmaßnahmen hält sich in Grenzen, weil zentrale Produkte noch nicht erfaßt sind.[42] Deshalb sollte man sich von den reinen Zahlen nicht täuschen lassen: Seit 1989 hat die EG mit Japan vereinbart, jährlich über noch bestehende Importrestriktionen zu verhandeln. So fielen in zwei Liberalisierungsserien 1989 und 1990 insgesamt 195 mengenmäßige Beschränkungen seitens der EG gegenüber Japan.[43]

Hiroko Yamane, Oshu Han Nihon Tataki wa Motto Tezuyoi. (Das ›Japan-bashing‹ der Europäer verstärkt sich), in: Chūōkōron (1990) 6, S. 248–258.

39 Zitate bei Konrad Seitz, Die japanisch-amerikanische Herausforderung, München 1991, bes. S. 343 ff.

40 Vgl. Georg Koopmann, Außenbeziehungen, in: Werner Weidenfeld/Wolfgang Wessels (Hrsg.), Jahrbuch der Europäischen Integration 1990/91, Bonn 1991, S. 209–220, hier S. 209 f.

41 Vgl. dazu Hans-Eckart Scharrer, Binnenmarktpolitik, in: Werner Weidenfeld/Wolfgang Wessels (Hrsg.), Jahrbuch der Europäischen Integration 1991/92, Bonn 1992, S. 143–155, hier S. 146.

42 So Georg Koopmann, Außenbeziehungen, in: Werner Weidenfeld/Wolfgang Wessels (Hrsg.), Jahrbuch der Europäischen Integration 1989/90, Bonn 1990, S. 219–228, hier S. 224.

43 ABl. der EG L 230 v. 8. 8. 1989 und ABL. der EG L 304 v. 1. 1. 1990.

c. Dumping-Strategien und der *Local Content*

Verkappter Protektionismus[44] steckt auch hinter den Anti-Dumpingmaßnahmen durch die EU. Die seit 1987 intensivierte Antidumpingpolitik und der gezielte Einsatz des Antidumpinginstrumentes der EG richtet sich besonders gegen japanische Erzeugnisse.[45] So entsteht insgesamt der Eindruck, daß die Gemeinschaft die GATT-konforme Antidumpingwaffe eher zum Schutz der eigenen Industrie als zur Wiederherstellung der Wettbewerbsfähigkeit einsetzt.

Wie wenig jedoch langfristig punktuelle Schutzmaßnahmen der heimischen Industrie nutzen[46], zeigt gerade das Beispiel Japan. Denn die Beschränkungen japanischer Exportprodukte nach Europa seit Ende der siebziger Jahre – immerhin waren bis 1989 rund 40% der japanischen Exporte nach Europa bzw. 131 mengenmäßige Beschränkungen für japanische Exporte in die EG-Staaten[47] limitierenden und kontrollierenden Schutzmechanismen unterworfen – verhalfen Japans Industrie zur Umstellung auf qualitativ bessere und teurere Sortimente. Mit dieser Strategie des *grading up* konnte die Exportquote der Japaner profitabel ausgeschöpft werden. Im PKW-Sektor entstand so beispielsweise mit der Umschichtung auf höherwertige Automobile gleichzeitig eine Angebotslücke im unteren Marktsegment. Neuere wissenschaftliche Studien belegen eindeutig, wie europäische Importbeschränkungen gegenüber japanischen Automobilen volkswirtschaftlich mehr Schaden als Nutzen brachten.[48] Insbesondere in Frankreich und Großbritannien waren die Exporteure aus nichtjapanischen Drittländern, aber auch die deutsche Automobilindustrie, Nutznießer der handelspolitischen Maßnahmen. Gewinner der nationalen Importrestriktionen waren so nicht die geschützten Hersteller, sondern die japanische Automobilindustrie in Drittländern.

Die Zugangssperren für japanische Automobile in die EG forcierten zudem durch Umgehung der Selbstbeschränkung die Produktion vor Ort. Die Errichtung von Montage- und Produktionsbetrieben in der EU ist somit auch eine von der EU selbst provozierte japanische Ausweichmaßnahme. Nach den Regeln des internationalen Wettbewerbs und aus betriebswirtschaftlichen Überlegungen heraus, war diese Umorientierung der Marktanpassungsstrategien notwendig. Nun bauen die Japaner

---

44 Begriff bei M. Davenport, The Charybdis of Anti-Dumping. A New Form of EC Industrial Policy? The Royal Institute of International Affairs, Discussion Papers 22, London 1989.

45 Vgl. Fritz Franzmeyer, Wettbewerbs- und Industriepolitik, in: Werner Weidenfeld/Wolfgang Wessels (Hrsg.), Jahrbuch der Europäischen Integration 1987/88, Bonn 1988, S. 166–174. Grundsätzlich zu diesem Instrumentarium auf einem Teilsektor: Hans-Joachim Lauth, Die handelspolitischen Reaktionen der USA und der EG auf japanische Exporte im Elektroniksektor seit Ende der 70er Jahre, Mainz im Juni 1991 (unveröffentlichtes Manuskript). Zur Gesamtproblematik: Hanns W. Maull, Wirtschaftssanktionen als Instrument der Außenpolitik, in: Werner Link u.a. (Hrsg.), Jahrbuch für Politik, Bd. 2, Baden-Baden 1991, S. 341–367.

46 So A. Gutowski (Hrsg.), Der neue Protektionismus, Hamburg 1984.

47 Einzelheiten bei Ernst-Jürgen Horn, Politische Einflußnahme auf den internationalen Handel, in: Wolfgang Wagner (Hrsg.), Die Internationale Politik, Jahrbuch 1983/84, Bonn 1987, S. 208–224.

48 OECD, The Costs of Restricting Imports. The Automobil Industry, Paris 1987; vgl. auch die Daimler Studie in: FAZ, 8. 9. 1988, Nr. 209.

Fabriken, schaffen somit neue Arbeitsplätze, kaufen mittlerweile mehr als die Hälfte der Autoteile bei den Europäern, und noch immer will man sie von einigen nationalen Märkten fernhalten. Denn europäische Unternehmer erheben den Vorwurf, japanische Hersteller umgingen gegen ihre Produkte verhängte Strafabgaben dadurch, daß sie in der EU in sogenannten »Schraubenzieher-Werken« ihre Erzeugnisse zusammenbauen lassen und sie dann nicht zu kostengerechten Preisen verkaufen. Seit 1987 gibt es deshalb eine EG-Verordnung über die »Schraubenzieherfabriken« und den sogenannten *»local content«*.[49] Danach kann die Gemeinschaft Antidumpingmaßnahmen ergreifen, wenn der Anteil der importierten Bauteile der von Drittländern in europäische Tochterbetrieben produzierten Endgeräte mehr als 60% des Wertes beträgt. Gegen diese Bestimmung hat die japanische Regierung erfolgreich beim GATT interveniert. Dies geschah jedoch ohne Konsequenz, denn die EG will die Regelung beibehalten, »solange das GATT keine akzeptable Alternativlösung des Umgehungsproblems anbiete«.[50]

d. Selbstbeschränkungsabkommen bei Autos

Selbstbeschränkungsmaßnahmen, in die oftmals Antidumpingfälle einmünden, gibt es seit 1983 gegenüber Japan für eine Reihe von hoch sensiblen Produkten. Auch für die lange Zeit gesuchte und umstrittene Automarktstrategie gegenüber Japan wurde sie erneut 1991 als Ausweg gewählt. Bisher sind die Marktzugangsbeschränkungen und damit auch die japanischen Marktanteile in den einzelnen EU-Ländern sehr unterschiedlich.[51] Nach über zweijährigen zähen Verhandlungen einigte man sich darauf, daß der Marktanteil der japanischen Automobilhersteller in den zwölf EU-Ländern von derzeit knapp 11% bis Ende 1999 auf maximal 16% steigen darf.[52] Mit dem Beginn des EG-Binnenmarktes am 1. Januar 1993 dürfen die direkt aus Japan in die EU importierten Autos sieben Jahre lang 1,23 Millionen Einheiten pro Jahr nicht überschreiten. Danach sind die PKW-Importe völlig frei, glaubt man dem Geist des Abkommens. Die vereinbarte Quote schließt den Absatz aus japanischen Fabriken in der EU nicht mit ein. Allerdings kalkuliert Brüssel so, daß in dem Maße, in dem Japan seine europäischen Kapazitäten hochfährt, die Direkteinfuhren aus Japan gedrosselt werden. Die Marktzugangsbegrenzung auf Gemeinschaftsebene zwingt nun allerdings auch Länder wie Frankreich, Italien, Portugal und Spanien, sukzessive ihre Märkte für japanische PKWs dosiert und nach vereinbarten Quoten bedingt zu öffnen. Angeblich wollen diese Länder die Atempause bis 1999 nutzen, um die einheimischen Hersteller wettbewerbsfähiger zu machen. Es ist zwar mit diesem neuen Selbst-

49 Vgl. Franzmeyer, Wettbewerbs- und Industriepolitik, (Anm. 45); Verordnung EWG Nr. 176/87 des Rates v. 22. 6. 1987, ABl. der EG, Nr. L 167 v. 26. 6. 1987.

50 So Koopmann, Außenbeziehungen 1990/91, (Anm. 40), S. 216f.; siehe dazu auch Wegner, Die Entdeckung Europas, (Anm. 30), S. 198.

51 So hat Frankreich beispielsweise ein Importlimit von nur 3%; Italien läßt jährlich nur 3 200 japanische Autos importieren.

52 Zur Vereinbarung vgl. FAZ, 2. 8. 1991, Nr. 177; SZ, 2. 8. 1991; Nr. 177; Josef Hess, Viel Spielraum für PKW aus Fernost, in: Handelsblatt, 2. 8. 1991, Nr. 147.

beschränkungsabkommen gelungen, die japanische Automobilkonkurrenz politisch auf Distanz zu halten, doch ökonomisch wird vermutlich die Wettbewerbsfähigkeit der gesamten Branche in Europa weiter sinken.[53]

Mittlerweile sind neue Verhandlungen entbrannt, um die PKW-Exportquote der Japaner für 1993/4 zu drosseln. Ursprünglich waren zwar 1,23 Millionen Einheiten vorgesehen. Aber der europäische Automarkt steckt in der Krise. Deshalb vereinbarte man, sehr zum Verdruß der Japaner, eine neue Importbegrenzung, die um 9,4% die Fahrzeuge aus Japan weiter reduzieren soll.[54]

4. Hürdenreiche Marktzugänge

In der »Gemeinsamen Erklärung der EG und Japans« vom 19. Juli 1991, also zeitlich unmittelbar vor der Einigung im PKW-Sektor, wurde besonders über die Formel der Marktöffnung bis zum Schluß hart gerungen. Der Kompromiß-Begriff »angemessener Zugang« verhindert die Erinnerung an das Konfliktthema der Reziprozität.[55] Gerade der gegenseitig ausgewogene Marktzugang wird von Japan als nicht praktikabel anerkannt. Dabei steht noch immer im Zentrum der europäisch-japanischen Friktionen die Frage nach dem Ausmaß der Geschlossenheit des japanischen Marktes. Es wird bereits zum »Gegenprotektionismus« aufgerufen.[56] Angeblich besteht für die europäischen Handelspartner ein hürdenreicher Marktzugang. Doch die Argumente sind wenig stichhaltig:

- Schätzungen über den Bereich der nichttarifären Hemmnisse im Industriebereich kommen, trotz zahlreicher statistischer und methodischer Probleme, immer wieder zu dem Ergebnis, daß Japan keineswegs mehr Hindernisse in diesem Bereich aufweist als die EG.[57] Seit 1976 liegt außerdem der Durchschnitt der japanischen Einfuhrzölle unter dem der USA und der EG.[58] Ein weiterer Durchbruch gelang im unmittelbaren Vorfeld des Weltwirtschaftsgipfels von Tōkyō im Juli 1993. Marktzugangspakete mit dem Kernelement des Abbaus von Zöllen und nichttarifären Handelshemmnissen bei Industriegütern konnten vereinbart werden.[59]
- Japan war an der Aufstellung der Spielordnung des Welthandels nicht beteiligt.

53 Zum Wettbewerbsvorsprung James P. Womack u.a., Die zweite Revolution in der Automobilindustrie, Frankfurt a.M.–New York 1991.

54 Vgl. FAZ, 15. 7. 1993, Nr. 161.

55 Vgl. zum Beginn der Diskussion VWD-Europa v. 7. 11. 1988. Aus japanischer Sicht Kenjiro Ishikawa, EC wa tainichi sabetsushugi ni keisha shite iku (Die wachsende Neigung der EG zur Diskriminierung Japans), in: Chūōkōron (1990) 8, S. 140–149.

56 So im amerikanischen Kongreß nach der Bush-Reise nach Japan, vgl. SZ, 20. 1. 1992; ebenso die Clinton-Administration.

57 Vgl. A. Herrmann/Manfred Wegner, Bundesrepublik und Binnenmarkt '92. Perspektiven für Wirtschaft und Wirtschaftspolitik, Berlin 1990.

58 Vgl. D. Greenaway, International Trade Policy. From Tariffs to the New Protectionisms, London 1983, S. 94. Neuere Daten über Zollsätze EG, USA, Japan: Economic Report of the President, Washington, January 1989.

59 Vgl. Neue Züricher Zeitung, 8. 7. 1993, Nr. 155.

Die Spielregeln auf dem japanischen Markt sind auch deshalb einzigartig.[60] Genannt werden häufig: mangelnde Markttransparenz, hohe Kosten der Informationsgewinnung, extrem lange Vorlaufzeiten für Produkte, undurchsichtiges Distributionssystem, langwierige technische Qualitätskontrollen, extrem hohe Investitionskosten durch die Bodenpreisexplosion. Dahinter verbergen sich in dieser Argumentationskette soziokulturelle Barrieren der japanischen Gesellschaft. Das Argument der Marktabschottung ist häufig nur eine Schutzbehauptung für fehlendes Interesse. Sicher stellen das Geflecht von perfektionierten Fertigkeiten der Japaner, den Markt wie die Gesellschaft gegen Neulinge abzuschirmen, sowie die Vielzahl von Kommunikationsproblemen für jeden Exporteur ein größeres Handikap dar als in anderen vergleichbaren Industrieländern. So lange man jedoch den japanischen Markt mit seiner historisch bedingten Binnenmarktstruktur gewissermaßen als großes nichttarifäres Handelshemmnis einordnet, wird man dem Problem nicht gerecht. Ferner ist zu berücksichtigen, daß die angeblich nur ausländische Anbieter betreffenden schikanösen Testverfahren, diskriminierenden Standards und unzulänglichen Distributionssysteme auch für japanische Neulinge gelten. Beschützt werden auf dem japanischen Markt generell die Etablierten. Die inländische und ausländische Konkurrenz hat es gleichermaßen schwer.

- Gegen das Argument der hermetischen Geschlossenheit des japanischen Marktes sprechen allein schon die enormen Erfolge einiger europäischer Unternehmen in Japan, die, mit langem Atem geplant, sich auf die spezifischen Marktbedingungen offensiv und einfühlend eingestellt haben.[61] Hinzu kommt, daß Tōkyō seit 1981 mit einer Reihe von konkreten Maßnahmepaketen zur Einfuhrliberalisierung gezielt beigetragen hat.

Es soll hier nicht bestritten werden, daß der Marktzugang nach Japan hürdenreicher ist als nach Europa. Wer nur die eigenen Wertvorstellungen auf Japan überträgt und abendländische Verhaltensmuster von Japan erwartet, sucht einen Sündenbock für heimische ökonomische Strukturkrisen, nicht jedoch einen gleichberechtigten Partner. Die auch in Japan angewandte westlich-internationale Wirtschaftsterminologie darf nicht darüber hinwegtäuschen, daß die eigentlichen Marktmechanismen auf diesem wettbewerbsintensivsten Markt der Welt eben nicht unseren Prozessen entsprechen.

5. Europa-Strategien der Japaner

Der Höhenflug des Yen, zunehmende Handelsstreitigkeiten mit der EG und die Sogwirkung des Europäischen Binnenmarktes führten aufseiten der Japaner seit Mitte der achtziger Jahre zu einer neuen Europa-Strategie: Japan nimmt die EU als Einheit

60 Dennoch hat Japan immer mehr Weltverantwortung übernommen, vgl. dazu die Studie von Helmut Laumer/Angelika Ernst, Japan an der Schwelle zur globalen Wirtschaftsmacht, München 1989.

61 Vgl. Rüdiger Machetzki, Japan. Der Marsch zum Gipfel, in: Manfred Pohl (Hrsg.), Japan 1990/91, S. 264–293, hier S. 275; aktuelles Beispiel: Mercedes-Benz eröffnet 1992 bereits seine zweite moderne Operationsbasis für ihr Japan-Geschäft vgl. SZ, 16. 1. 1992.

ernst und entdeckt so Europa ganz neu. Das gilt besonders für die Geschäftswelt: Unter Managern, Höherverdienenden und Hochschulabsolventen lag der Anteil derjenigen, die mit dem Begriff »Europa '92« etwas anfangen konnten, bei insgesamt 62%.[62] Das hatte jedoch nur vordergründig positive Konnotationen. Denn auf die Frage, ob die Japaner die Staaten der EU für faire oder unfaire Handelspartner halten, gaben nur 9% ›fair‹, aber 28% ›unfair‹ an.

Das japanische Engagement im Vorfeld der Vollendung des Binnenmarktes hatte an Breite und Tiefe gewonnen. Nach dem Exportboom folgte ein massiver Investitionsschub. Von den japanischen Unternehmen werden dabei nicht nur europaweite Netze für den Vertrieb und den Informationsaustausch aufgebaut, sondern auch Zulieferersysteme nach Europa gebracht und Aktivitäten auf vorgelagerten Fertigungsstufen beispielsweise in der Chemie- und Stahlindustrie entfaltet.

Gerade der Aufbau von Produktionsstätten in Europa ist mit großem Unbehagen aufgenommen worden. Diese Firmen wurden als trojanische Pferde bezeichnet.[63] Die Wortwahl entlarvt dabei jedoch die Europäer. Denn wer von trojanischen Pferden redet, der gibt zu, daß er sprichwörtlich in einer Festung sitzt.[64] Konkret erwartet die japanische Außenhandelsorganisation JETRO, daß die Zahl der japanischen Unternehmen mit einem Brückenkopf in der EU weiter steigen wird. Bis 1995 will Japan Exporte in Höhe von 66 Milliarden Dollar durch verstärkte Auslandsproduktion substituieren. Von 1981 bis 1989 gründeten japanische Firmen rund 1150 Tochtergesellschaften in der EG – in den zehn Jahren zuvor waren es insgesamt nur knapp 680 Niederlassungen.[65]

Die neue Europa-Strategie der Japaner, nämlich zum EU-Insider zu werden, bedeutet rechtzeitig strategische Positionen in den Ländern der Gemeinschaft zu besetzen. Die Standortwahl gewinnt verstärkt an Relevanz. Seit 1981 gründete Japan über 35% aller Tochtergesellschaften in Großbritannien. Die englische Sprache, billige Arbeitskräfte, staatliche Beihilfen waren dafür weitgehend die Ursachen. Als Koordinationsstelle des gesamten europäischen Engagements etablierten die japanischen Firmen spezielle Europa-Zentralen. Nach dem Beschluß des Deutschen Bundestages zum Umzug nach Berlin änderte sich nun auch die Standortstrategie der Japaner: In den nächsten Jahren soll der Hauptstützpunkt von London nach Berlin verlagert werden.[66] Der Ort scheint auch im Hinblick auf den neuen osteuropäischen Markt gewählt worden zu sein. Obwohl Großbritannien noch immer im Zentrum der japanischen Direktinvestitionen steht, deuteten sich gerade auch vor der Berlin-Entscheidung schon seit einigen Jahren Akzentverlagerungen hinsichtlich der Standortwahl in Europa an. Ein sicheres Indiz für das japanische Interesse an einem investiven Engagement auch in den neuen Bundesländern ist der zügige Aufbau einer japanischen Infrastruktur gerade in Berlin. Dazu gehören Handelshäuser, Banken und Wertpapiergesellschaften. Die Marktgröße der Bundesrepublik Deutschland, die ausgezeich-

62 Eurobarometer-Umfrage der EG-Kommission vom August 1991, in: EG-Nachrichten, 2. 12. 1991, Nr. 48.

63 Überblick bei Barrie G. James, Wirtschaftsmacht Japan. Das trojanische Pferd, Freiburg 1990.

64 So Roland Freudenstein, Japan und das neue Europa, in: Europa-Archiv (1990) 21, S. 639–650, hier S. 648.

65 Vgl. iwd, 15. 8. 1991, Nr. 33, S. 7.

66 So eine Meldung in der Wirtschaftswoche, 26. 7. 91, Nr. 31, S. 6.

nete Infrastruktur und die zentrale mitteleuropäische Lage werden zunehmend als Standortvorteile benannt. Nach der japanischen Exportstatistik fungiert die Bundesrepublik Deutschland mit einem unverändert hohen Anteil von über 6% als der zweitwichtigste Kunde Japans hinter den USA, der damit der bedeutendste Handelspartner Japans in Europa ist.[67] Der Japan-Import nahm in Deutschland 1990/91 in fast allen Bereichen zweistellig zu.

Die Wirtschaftsbeziehungen zwischen Japan und Mittel- bzw. Osteuropa sind bisher noch rudimentär. Zur Zeit agieren die japanischen Unternehmen zurückhaltend angesichts der Ungewißheit der politischen und ökonomischen Entwicklung.[68]

Ausblick

Japan ist das Impulszentrum einer neuen Weltwirtschaftsregion. Angesichts komplexer Interdependenz und der Verschiebung von den sicherheitspolitischen zu den wirtschaftlichen Aspekten der transnationalen Beziehungen müßte gerade eine Aufwertung der Bedeutung technologischer, wirtschaftlich-finanzieller Machtressourcen, wie sie Japan besitzt, Tōkyō ins Zentrum der internationalen Politik rücken.[69] Doch das Gegenteil ist der Fall: Japan agiert noch immer als Trittbrettfahrer der internationalen Politik. Der Kontrast zwischen dem japanischen Selbstbild einer harmonieorientierten, einzigartigen Nation, die von der Sehnsucht geprägt ist, nicht allein zu sein, und dem Fremdbild des aggressiven Markteroberers vergrößert sich. Verantwortungsgefühl für die Weltgemeinschaft kann man nicht allein durch Geldpolitik glaubwürdig dokumentieren. Im Geschichtsbewußtsein der Japaner dominiert noch immer der Wunsch, sich zu entziehen und eine Kultur der Unauffälligkeit zu sein.[70] Daher rührt das Ausmaß des Unverständnisses in Japan gegenüber europäischen und amerikanischen Forderungen nach *burden sharing*. Die japanische Gesellschaft ist aufgrund ihres Traumas der über zweihundertjährigen selbstgewählten Isolation noch lange nicht integrationswillig nach westeuropäischen Maßstäben.[71] Da helfen auch keine Internationalisierungs-Kampagnen seitens der japanischen Regierung. Bisher agiert Tōkyō so, als habe es nur ein Gastrecht in der Völkergemeinschaft.

Vor diesem Szenario bleibt es unverständlich, warum nicht schon früher die Strategie propagiert wurde, die heute zur europäischen Standard-Managerweisheit gehört: »If you can't beat them – join them!« Es kann nur als Desinteresse, Überheblichkeit und Berührungsangst gewertet werden, daß beispielsweise sechsmal so viele Japaner wie Deutsche im jeweils anderen Land leben und arbeiten. Andere ökonomisch relevante Daten für die geringe europäische Präsenz auf dem japanischen Markt sind bereits dargestellt. Doch nur Produkte, die in Japan von sehr kritischen Konsumenten angenommen werden, die in Qualität und Technik mit der japanischen

67 Daten dazu bei Hans-Joachim Kurwan, Deutsch-japanischer Handel vor einer Trendwende?, in: M. Pohl (Hrsg.), Japan 1990/91, (Anm. 22), S. 244–263.

68 Vgl. Freudenstein, Japan und das neue Europa, (Anm. 64); Green, japanische Investionen in Europa, (Anm. 28), S. 310.

69 Vgl. Robert O. Keohane/Joseph S. Nye, Power and Interdependence, Glenview 1989.

70 Zum kulturellen Hintergrund in neuer deutscher Übersetzung noch immer: Kurt Singer, Spiegel, Schwert und Edelstein. Strukturen des japanischen Lebens, Frankfurt a. M. 1991.

71 Vgl. Karl-Rudolf Korte, Die Sehnsucht, nicht allein zu sein, in: EG-Magazin 1989, Nr. 9.

Konkurrenz Schritt halten, haben gute Chancen auf den Weltmärkten.[72] Die japanische Konkurrenz ist auf den europäischen Märkten auch ein Ansporn zur Entwicklung und Produktion von Weltserien, denn der innovationsnotwendige Druck auf Erlöse und Margen, aggressives Marketing, Veränderungen der Konkurrenz- und Kostenstrukturen können heute nur noch von außen kommen.

Die Europäer werden zu Japans Vasallen, wenn sie nicht erkennen, daß viele Probleme hausgemacht sind. Der McKinsey-Bericht zu den Ursachen des Technologievorsprungs der Japaner bietet hierfür detailreiche Hinweise.[73] Er zeigt auch, daß nicht die Mentalität der angeblichen japanischen »Arbeitstiere« erfolgssichernd ist, sondern die Überlegenheit der japanischen Management-Leistung.[74] Mehr als zwei Drittel der Kostenvorteile der fernöstlichen Erzeugnisse resultieren daraus, daß die Japaner verarbeitungsfreundlicher konstruieren und damit auf allen Produktionsstufen Rationalisierungsvorteile realisieren können sowie parallel die Arbeitsabläufe kostengünstiger gestalten. Wenn nun im Jahr 1993/4 das angebliche Ende der »Japan AG« wieder einmal medienstark übermittelt wird, ist die klammheimliche Freude der europäischen Unternehmen völlig unangebracht. Denn die Krise bedeutet keinesfalls das Ende der japanischen Wirtschaftskraft, sondern nur, daß Europa sich nicht mehr herausreden kann, Japan sei kein »normales« Land.

---

72 Vgl. Hermann Simon (Hrsg.), Markterfolg in Japan. Strategien zur Überwindung von Eintrittsbarrieren, Wiesbaden 1986; Dieter Schneidewind/Armin Töpfer (Hrsg.), Der asiatisch-pazifische Raum. Strategien und Gegenstrategien von Unternehmen, Landsberg 1991.

73 Vgl. ausführlich zu den Ergebnissen: SZ, 23. 12. 1991, Nr. 295.

74 Weiterführend James P. Womack u. a., Die zweite Revolution in der Autoindustrie, Frankfurt a. M. 1991. Ebenso argumentierend Edzard Reuter, Sündenbock Japan. Wider die Ignoranz und Arroganz der Europäer. Eine Absage an den Chauvinismus, in: Die Zeit, 3. 10. 1991, Nr. 41.

VI. Wirtschaftsbeziehungen Japan – China: Entwicklung, Stand, Prognosen

MARGOT SCHÜLLER

Die Aufnahme diplomatischer Beziehungen im Jahre 1972 und der Abschluß einer Reihe von bilateralen Regierungsvereinbarungen boten einen ersten offiziellen Rahmen für die Entwicklung der japanisch chinesischen Wirtschaftsbeziehungen. Obwohl Anfang der siebziger Jahre die Grundlagen für den Ausbau der wirtschaftlichen Kooperation gelegt waren, trat jedoch erst mit dem politischen Führungswechsel und der Entscheidung für eine umfassende Wirtschaftsreform und außenwirtschaftliche Öffnung in der VR China die entscheidende Trendwende in den Wirtschaftsbeziehungen ein.

Zwar war die Entwicklung des bilateralen Außenhandels durch starke zyklische Schwankungen bestimmt, und das Außenhandelsvolumen sowie die japanischen Exporte erhöhten sich keineswegs in dem ursprünglich erwarteten Umfang, doch zeigt schon der bisherige Anstieg des Außenhandels und die Intensivierung der finanziellen und technischen Zusammenarbeit bis Anfang der neunziger Jahre, daß ein beachtenswertes Potential geweckt wurde. Dies trifft sowohl auf die Erschließung des chinesischen Marktes durch japanische Unternehmen als auch auf die wachsende Konkurrenzfähigkeit chinesischer Produkte in Japan zu. Die zunehmende Verflechtung beider Volkswirtschaften ist ein absehbarer Trend, der jedoch die japanische Industrie mittel- und langfristig auch vor neue Herausforderungen an einen Strukturwandel stellen wird. Für die gesamte asiatische Region wird die Intensivierung der wirtschaftlichen Kooperation zwischen Japan und China von wesentlicher Bedeutung sein.

1. Außenhandelsbeziehungen

a. Entwicklung

In der Periode vor 1972 behinderten die ideologisch bedingte Abwehrhaltung Chinas gegenüber kapitalistischen Staaten und die Abschottung der Wirtschaft vor Weltmarkteinflüssen die Entwicklung der japanisch-chinesischen Handelsbeziehungen. China verfolgte eine reine Importsubstitutionspolitik, die sich in der Kulturrevolution durch eine fast völlige Abwendung vom Weltmarkt verstärkte; Exportaktivitäten dienten lediglich zur Finanzierung der mengenmäßig sehr beschränkten Einfuhren, während die Bedeutung der Importe für den inländischen Konsum und die Rolle der Exporte als Motor des inländischen Wirtschaftswachstums vernachlässigt wurden. In dieser Phase spielten sich die Handelsbeziehungen beider Länder in einem institutionellen Vakuum ab, in dem japanische Unternehmen auf »privater« Basis und abhängig vom wechselhaften politischen Klima in China aktiv waren. Das bilaterale Handelsvolumen erhöhte sich zwar von rund 136 Millionen US-Dollar im Jahre 1957 auf 630 Millionen US-Dollar im Jahre 1969, blieb aber insgesamt auf einem relativ niedrigen Niveau. Die geringe Bedeutung Chinas für den japanischen Außenhandel spiegelt sich in dem nur rund 3%igen Anteil am gesamten Handelsvolumen Mitte der sechziger Jahre wider; aus chinesischer Sicht machte der Außenhandel mit Japan allerdings bereits einen wertmäßigen Anteil von rund 15% aus.[75]

Die Normalisierung der sino-amerikanischen Beziehungen sowie die Aufnahme Chinas in die UNO beschleunigten auch den politischen Annäherungsprozeß zwischen Japan und China, der zur Etablierung diplomatischer Beziehungen im Jahre 1972 führte. In jenem Jahr erreichte der bilaterale Außenhandel zum ersten Mal die 1 Milliarde US-Dollar-Grenze, und in den folgenden zwei Jahren gingen zahlreiche Großaufträge an japanische Unternehmen zur Lieferung von Produktionsanlagen für den Aufbau einer modernen Stahl- und petrochemischen Industrie. Gleichzeitig begann der chinesische Export von Erdöl nach Japan, das seinen Importanteil aus China von 3,3% im Jahre 1973 auf 31,6% im Jahre 1974 erhöhte. Als Folge dieser Entwicklung stieg das beidseitige Handelsvolumen auf 2 Milliarden US-Dollar im Jahre 1973 und auf 3 Milliarden US-Dollar im Jahre 1974. Zwar kam es aufgrund der politischen Krise in China 1975/76 auch zu einem kurzfristigen Rückschlag bei der Auftragsvergabe an japanische Unternehmen, doch nach dem Führungswechsel in der Kommunistischen Partei Chinas (KPCh) und der Ankündigung des Modernisierungsprogramms im Jahre 1978 waren die Weichen für eine schnelle Expansion der Außenhandelsbeziehungen gestellt.[76]

Der institutionelle Rahmen für die wirtschaftliche Zusammenarbeit wurde anfänglich durch Regierungsabkommen und Delegationsreisen der den jeweiligen Wirtschafts- und Handelsministerien untergeordneten Kommissionen dominiert, die als politische Garanten für die Entwicklung der bilateralen Wirtschaftsbeziehungen auftraten. Mit Verbesserung der wirtschaftlichen Rahmenbedingungen und zunehmender Liberalisierung des chinesischen Wirtschaftssystems traten hierzu verstärkt halboffizielle Vereinbarungen und das direkte Engagement japanischer Unternehmen in China. Das gemeinsame Interesse beider Länder an langfristigen Wirtschaftsbeziehungen wird mit Blick auf das Anfang 1978 vereinbarte Abkommen über die Lieferung von Technologie, Produktionsanlagen und Baustoffen durch Japan im Gegenzug zu chinesischen Erdöl- und Kohleexporten deutlich. Zwei Prinzipien lagen dieser Vereinbarung implizit zugrunde: Erstens, die Handelsbilanzen sollten ausgeglichen sein und zweitens sollte die Bestimmung der Höhe des Handelsvolumens nicht Marktkräften überlassen, sondern im voraus festgelegt werden. Die Dauer dieses Abkommens war zunächst auf acht Jahre beschränkt, wurde jedoch im Frühjahr 1979 auf

75 Akira Iriye, Chinese-Japanese Relations, 1945–90, in: The China Quarterly, 124 (1990), S. 624–638, hier S. 632.

76 Seizo Matsumura, Japan-China Trade in Retrospect – The 15th Anniversary of Normalizing Relations, in: JETRO China Newsletter, (1988) 72, S. 19–23, hier S. 19–20.

13 Jahre verlängert und sah ein wertmäßiges Volumen von 20–30 Milliarden US-Dollar für jede Seite vor. Mit dem gleichzeitigen Angebot einer finanziellen Unterstützung durch Kredite für den Ausbau der Infrastruktur und zur Erschließung der Rohstoffvorkommen Anfang der achtziger Jahre verfolgte Japan gleich mehrere Ziele. So sollte der wirtschaftliche Liberalisierungskurs und die außenwirtschaftliche Öffnungspolitik unterstützt, China als verläßlicher Energielieferant aufgebaut und der Marktzugang für japanische Unternehmen von Produktionsanlagen und -ausrüstungen erleichtert werden.[77]

Zwischen 1977 bis 1992 stieg das bilaterale Außenhandelsvolumen zwar von 3,4 Milliarden US-Dollar auf 28,9 Milliarden US-Dollar, doch blieb damit die Zunahme des Außenhandels weit hinter den anfänglich sehr optimistischen Erwartungen zurück. Die relative Bedeutung Japans für den chinesischen Gesamthandel nahm sogar ab. Der japanische Anteil betrug 1978 noch 23,4% und erhöhte sich mit stärkeren jährlichen Schwankungen bis 1985 auf 30,4%; Japan war bis zu diesem Zeitpunkt der wichtigste Handelspartner Chinas. In den Folgejahren sank Japans Anteil jedoch kontinuierlich, und ab 1987 verdrängte Hongkong Japan als wichtigsten Handelspartner. Bis 1992 reduzierte sich Japans Anteil an Chinas Gesamthandel auf 14,6%, die Anteile am gesamten chinesischen Export beliefen sich auf 14,3% (1981: 22%) und am Import auf 15,7% (1981: 29%).[78]

Der Grund für diese Entwicklung ist die weitaus schnellere Expansion des gesamten chinesischen Außenhandels im Vergleich zum Außenhandel mit Japan. So nahm der chinesische Außenhandel zwischen 1977 bis 1992 um das Elffache zu und wies jährliche Wachstumsraten von 17,5% auf, während der japanisch-chinesische Handel sich lediglich um das 8,5fache erhöhte und eine jährliche Zuwachsrate von 15,3% verzeichnete. Auch die Expansion der gesamten chinesischen Importe war mit einer jährlichen Wachstumsrate von 17,5% weitaus größer als die jährliche Zuwachsrate der Importe aus Japan in Höhe von 13%. Zwischen 1977–1992 nahmen die Importe aus Japan um das Sechsfache von 1,9 Milliarden US-Dollar auf 11,9 Milliarden US-Dollar zu, die chinesischen Importe insgesamt erhöhten sich dagegen um wiederum das Elffache. Außerdem konnte China bei einer Wachtstumsrate der Gesamtexporte von 17,5% jährlich die Ausfuhren nach Japan sogar um 18% pro Jahr steigern. Japan bezog 1977 Importe aus China im Werte von 1,5 Milliarden US-Dollar, und 1992 betrug das Importvolumen 16,9 Milliarden US-Dollar. Die chinesische Warenausfuhr insgesamt und nach Japan nahm um jeweils das Elffache zu.[79] Durch die zunehmende wirtschaftliche Integration zwischen der VR China und Hongkong, das als Zwischen-

77 Narasimha Murthy, Japan and China in the Nineties: The Bumpy Road to Consolidation of Ties, in: China Report, 27 (1990) 4, S. 275–297, hier S. 276. Shuichi Ono, Sino-Japanese Economic Relationships, Trade, Direct Investment, and Future Strategy, World Bank Discussion Papers China and Mongolia Department Series, Washington, D.C. 146, S. 2; Renmin Lei, Sino-Japanese Trade Ties: 40 Years of Basic Experience and Development Prospects, in: Intertrade, July 1990, S. 33.

78 Ono, (Anm. 77), S. 1 sowie Noriyoshi Ehara, China's Foreign Trade in 1991, in: JETRO China Newsletter, (1992) 99, S. 16. Die Daten beziehen sich auf chinesische Zollstatistiken.

79 Die Daten für den chinesischen Gesamthandel basieren auf chinesischen Zollstatistiken, und die Daten für den japanisch-chinesischen Handel auf japanischen Zollstatistiken. Hierzu Zhongguo Tongji Nianjian, 1992, (Statistisches Jahrbuch der VR China), S. 627 und Strong Chinese Economy Brings New Records in Sino-Japanese Trade, in: JETRO China Newsletter, (1992) 103, S. 22–24, hier S. 22.

Tab. 1: Japans Außenhandel mit der VR China 1977–92 (Mrd. US-Dollar)

Jahr	Gesamt	Veränderung in %	Exporte	Veränderung in %	Importe	Veränderung in %	Handelsbilanzsaldo
1977	3,486		1,939		1,547		+ 0,382
1978	5,079	+ 45,7	3,049	+ 57,2	2,030	+ 31,2	+ 1,019
1979	6,654	+ 31,0	3,699	+ 21,3	2,955	+ 45,6	+ 0,744
1980	9,401	+ 41,3	5,078	+ 37,3	4,323	+ 46,3	+ 0,755
1981	10,387	+ 10,5	5,095	+ 0,3	5,292	+ 22,4	+ 0,197
1982	8,863	− 14,7	3,511	− 31,1	5,352	+ 1,1	− 1,841
1983	9,999	+ 12,8	4,912	+ 39,9	5,087	− 5,0	− 0,175
1984	13,175	+ 31,8	7,217	+ 46,9	5,958	+ 17,1	+ 1,259
1985	18,960	+ 43,9	12,477	+ 72,9	6,483	+ 8,8	+ 5,994
1986	15,508	− 18,3	9,856	− 21,1	5,652	− 12,9	+ 4,204
1987	15,651	+ 0,9	8,250	− 16,3	7,401	+ 30,9	+ 0,849
1988	19,335	+ 23,5	9,476	+ 14,9	9,859	+ 33,2	− 0,383
1989	19,662	+ 1,7	8,516	− 10,1	11,146	+ 13,1	− 2,630
1990	18,183	− 7,5	6,129	− 28,0	12,054	+ 8,1	− 5,924
1991	22,809	+ 25,4	8,593	+ 40,2	14,216	+ 17,9	− 5,623
1992	28,901	+ 26,7	11,949	+ 39,1	16,953	+ 19,3	− 5,004

Quellen: 1977–1988: Ministry of International Trade and Industry, Japanese Government. »Tsūsho Hakusho« (White Paper on International Trade), Tōkyō 1978–1990, in: Ono, Shuichi, Sino-Japanese Economic Relationship. 146 World Bank Discussion Papers, Washington D.C. 1992, S. 63.
1989–1992: JETRO China Newsletter (1990), »Japan-China Trade in 1989«, No. 85, S. 20; dieselbe, »Japan-China Trade in 1990: Record US$ 5,9 Billion Deficit« (1991), No. 91, S. 21, dieselbe, »1991 Two Way Japan-China Trade Tops US$ 22,81 Billion« (1992), No. 97, S. 19. Sino-Japanese Trade (1993), No. 103, S. 22.

Abb. 1: Japanisch-chinesischer Außenhandel 1977–1992

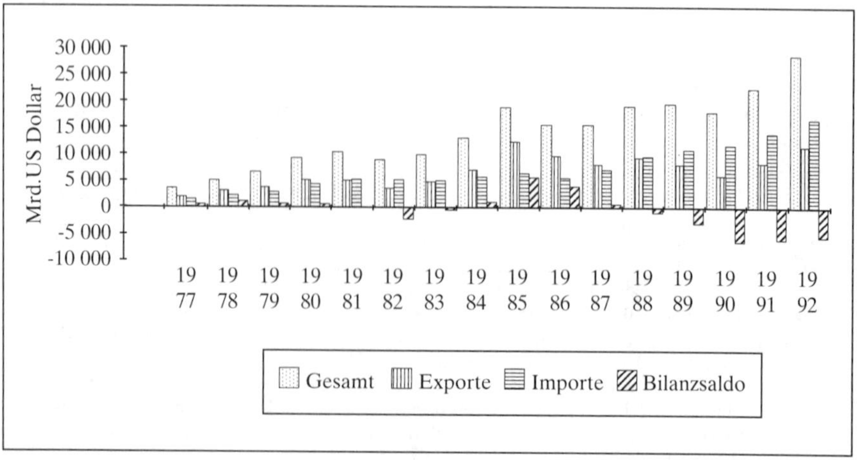

Quelle: Angaben in Tabelle 1.

station für chinesische Exporte an Bedeutung gewann, wurde die Position Japans als wichtigster Handelspartner Chinas geschwächt. Doch selbst ohne Berücksichtigung Hongkongs ist der japanische Anteil am chinesischen Außenhandel vor allem aufgrund des relativ langsamen Anstiegs der japanischen Exporte nach China zurückgegangen.

Demgegenüber ist die Bedeutung Chinas für den japanischen Außenhandel in den letzten Jahren gestiegen. Der prozentuale Anteil Chinas am gesamten Außenhandel betrug 1991 zwar lediglich 4,1 % (Exportanteil 2,7 %; Importanteil 6 %) und lag damit nicht wesentlich höher als Mitte der sechziger Jahre, doch ist China inzwischen der fünftwichtigste Handelspartner für Japan. Mit Blick auf die wichtigsten Einfuhrländer hält China seit 1991 den Platz zwei und stieg 1992 auf Platz acht der wichtigsten Exportländer.[80]

Wie *Abbildung 1* deutlich macht, gab es im Außenhandel Anfang, Mitte sowie Ende der achtziger Jahre starke Schwankungen des Gesamtvolumens und Einbrüche bei den japanischen Exporten nach China. Ursächlich hierfür waren vor allem zyklisch auftretende krisenhafte Entwicklungen in der chinesischen Wirtschaft, in deren Folge die Importe von Konsumgütern und Produktionsanlagen durch administrative Eingriffe beschränkt wurden. So konnte Japan seine Exporte 1981 lediglich um 0,3 % erhöhen, und im folgenden Jahr kam es zu einem massiven Rückgang der japanischen Exporte um 31 %. Die Erholung der binnenwirtschaftlichen Entwicklung in China und die zunehmende Dezentralisierung von Entscheidungsrechten im Außenhandel führten in den folgenden drei Jahren zu einem Exportboom für die japanischen Unternehmen, der vor allem auf einer starken Nachfrage nach Konsumgütern wie Elektrogeräten und Personenkraftfahrzeugen basierte. Allein 1985 nahm der chinesische Markt 44 % aller japanischen Exporte von Fernsehgeräten auf. Auch der Umfang der Stahlausfuhren nach China, die durch starke Preisnachlässe japanischer Unternehmen gefördert wurden, erreichte 1985 seinen Höhepunkt.[81]

Vor dem Hintergrund des hohen Handelsbilanzdefizits gegenüber Japan, das mit 6,48 Milliarden US-Dollar rund 60 % des gesamten Defizits ausmachte, verfolgte die chinesische Regierung 1986 erneut eine Politik der Importbeschränkungen, und in einigen Fällen wurden selbst bestehende Lieferverträge gekündigt. Um die entstandenen Spannungen in den bilateralen Wirtschaftsbeziehungen abzubauen, reiste eine vom MITI (Ministerium für Internationalen Handel und Industrie) geförderte Handelsdelegation im Frühjahr 1986 nach China; Gegenstand der Verhandlungen war insbesondere die verstärkte Öffnung des japanischen Marktes für chinesische Importe. Basierend auf den Empfehlungen der Delegation erfolgte in Japan die Bildung einer Beratungsgruppe für die Ausweitung des japanisch-chinesischen Handels, die eine Reihe importorientierter Projekte vorschlug. Gleichzeitig setzte die chinesische Regierung neue Anreize zur Expansion der Exporte nach Japan, die durch die Abwertung des Renminbi in Höhe von 15,8 % Mitte 1986 unterstützt wurden.[82].

Japans Handelsbilanzüberschuß ging ab 1986 nicht nur deutlich zurück, sondern verwandelte sich aufgrund der schneller wachsenden Importe aus China in ein stei-

80 Keizai Kōhō Center, Japan Institute for Social and Economic Affairs Japan, An International Comparison 1993, S. 38.

81 Ono, (Anm. 77), S. 4.

82 Matsumura, (Anm. 76), S. 22 und 23.

gendes Defizit. Daß die japanischen Exporte nur relativ langsam zunahmen, war auch eine Folge der ebenso gegenüber China veränderten Strategie japanischer Unternehmen, die auf die Yen-Aufwertung reagierten. Im Rahmen einer stärkeren horizontalen Arbeitsteilung zwischen japanischen Unternehmen im In- und Ausland wurde ein großer Teil der exportorientierten Produktion von Japan nach Ost- und Südostasien ausgelagert, während die inländischen Produktionskapazitäten auf die Herstellung von Produkten für die inländische Nachfrage umgestellt wurden. Für die neu gegründeten japanischen Unternehmen in Ost- und Südostasien war China nicht mehr ein Markt für ihre Überschußproduktion, den sie sogar zu hohen Kosten sichern mußten. Auch die Stahlproduzenten waren nach 1986 nicht mehr bereit, China Preisnachlässe zu gewähren, und mit steigender inländischer Nachfrage glichen sie ihre Preise zunehmend dem Weltmarktniveau an.[83]

Der bilaterale Außenhandel in den Jahren 1989 und 1990 wurde durch eine erneute restriktive Wirtschaftspolitik Chinas als Antwort auf die Überhitzung der binnenwirtschaftlichen Entwicklung beeinflußt. Während 1988 noch ein Anstieg des beidseitigen Handelsvolumens um 23,5% erfolgte, stagnierte der Handel 1989 nahezu (+1,7%) und ging 1990 um 7,5% zurück. Sowohl die Rezentralisierung von Importrechten als auch Importregulierungssteuern beschränkten japanische Exporte nach China im Jahre 1989. Insbesondere Maschinen und Ausrüstungen (−13,3%), Fahrzeuge (−71,1%) und Elektrogeräte (z.B. TV-Export −20,9%), ebenso Stahlexporte gingen deutlich zurück. Zu den tarifären Importrestriktionen traten 1990 als nichttarifäre Mittel zur Lenkung der Importströme Einfuhrlizenzen und Qualitätskontrollen für ausländische Produkte, die sich auch restriktiv auf japanische Exporte von Maschinen und Ausrüstungen (−28,4%), Fahrzeugen (−12%) und Stahl (−54,4%) auswirkten. Insgesamt sanken Japans Exporte 1989 um 10,1% und 1990 sogar um 28%. Importrestriktionen Chinas und die veränderte Strategie der japanischen Unternehmen führten dazu, daß die Exporte mit 6,13 Milliarden US-Dollar im Jahre 1990 nur noch die Hälfte des Ausfuhrvolumens von 1985 erreichten.

Um rückläufige Deviseneinnahmen aus dem Tourismus nach den Tiananmen-Ereignissen zu kompensieren, erhöhte China seine eigenen Exportanstrengungen 1989. Da sich die chinesische Position bei Textilexporten nach Japan und bei anderen Industrieprodukten verbesserte und eine lebhafte binnenwirtschaftliche Entwicklung in Japan eine hohe Nachfrage mit sich brachte, stiegen die Importe Japans aus China im Jahre 1989 um 13,1%. Die nochmalige Abwertung der chinesischen Währung im Dezember 1989 sowie die Erhöhung der Erdölpreise als Folge des Golfkrieges trugen zur weiteren Zunahme des Importwertes um 8,1% im Jahre 1990 bei.[84]

In den letzten zwei Jahren entwickelte sich der bilaterale Außenhandel mit einem Anstieg des Handelsvolumens um 25,4% im Jahre 1991 und 26,7% im Jahre 1992 wieder sehr lebhaft. Mit der Rückkehr Chinas zu einem beschleunigten Wachstumstempo war gleichzeitig ein Anstieg der inländischen Nachfrage verbunden. Der positive Saldo der Leistungsbilanz und hohe Devisenreserven erlaubten eine Lockerung der Importbeschränkungen, und der Beginn neuer Projekte im Rahmen des achten Fünfjahresplanes (1991–95) belebte die Investitionsgüternachfrage. Unter diesen Be-

83 Ono, (Anm. 77), S. 5.

84 Japan-China Trade 1989, in: JETRO China Newsletter, 85, S. 20–21; Japan-China Trade in 1990: Record US$ 5,9 Billion Deficit, in: JETRO China Newsletter, 91, S. 21–22.

dingungen konnten die japanischen Unternehmen ihre Exporte um 40,2% im Jahre 1991 und um 39,1% im Jahre 1992 erhöhen, so daß im letzten Jahr der Exportwert annähernd wieder das Niveau des Jahres 1985 erreichte. Aufgrund der dynamischen Exportentwicklung gelang es Japan, das Handelsbilanzdefizit von 5,9 Milliarden US-Dollar im Jahre 1990 auf 5,0 Milliarden US-Dollar zu reduzieren.

Japans Importe aus China wiesen einen Zuwachs um 17,9% bzw. um 19,3% in den letzten zwei Jahren auf. Neben der verbesserten Produktivität und der erneuten Abwertung der chinesischen Währung trug hierzu auch die Zunahme von Reexporten der von japanischen Unternehmen gegründeten *joint ventures* bei. Die Dynamik der Exportentwicklung wurde weiterhin durch die Verlagerung von arbeitsintensiven Produktionsprozessen von Südkorea und Taiwan auf das chinesische Festland unterstützt.[85]

b. Veränderung der Export- und Importgüterstrukturen

Die Zusammensetzung der japanischen Exporte im Zeitraum 1977–1991 *(Abbildung 2)* weist eine Reihe charakteristischer Entwicklungstrends auf. So ist ein deutlicher Rückgang der Eisen- und Stahlexporte an den Gesamtexporten festzustellen, die 1977 noch 53% ausmachten und bis 1991 auf 16% sanken. Die Wachstumsrate bei Eisen- und Stahlexporten betrug zwar zwischen 1977–85 noch durchschnittlich 15%[86] pro Jahr, ging jedoch zwischen 1986–91 um durchschnittlich 7% zurück. Das Export-

Abb. 2: Exportgüterstruktur 1977–1991

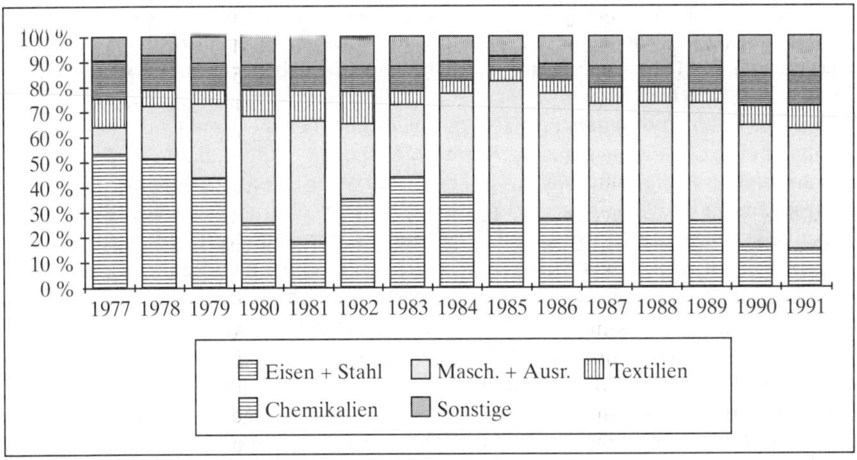

Quelle: Ono, (Anm. 77), S. 63 und Angaben in JETRO, China Newsletter, 1989–1991.

85 Two Way Japan-China Trade Tops US$ 22,8 Billion, in: JETRO Newsletter, (1991) 97, S. 19–20; Strong Chinese . . ., (Anm. 79), S. 22–24.

86 Ono, (Anm. 77), S. 6; Japan-China Trade 1989, (Anm. 85); Japan-China Trade in 1990 . . ., (Anm. 84); 1991 Two Way . . ., (Anm. 85).

volumen war 1991 im Vergleich zum Jahre 1985 um rund 60% niedriger. Der Rückgang der Eisen- und Stahlexporte war auf Importrestriktionen, steigende Preise sowie eine Zunahme der inländischen Produktion in China zurückzuführen. Der erneute Anstieg der Exporte um rund 29% im Jahre 1991 war vor allem eine Folge des chinesischen Baubooms, der weiter andauerte, so daß auch 1992 die Exporte von Walzstahl und Stahldrähten besonders schnell gestiegen sind (+85,5%).[87]

Der zweite Trend wird durch den steigenden Anteil der Exporte von Maschinen und Ausrüstungen von 11% im Jahre 1977 auf 48% im Jahre 1991 repräsentiert. Die jährliche durchschnittliche Zuwachsrate bei Maschinen und Ausrüstungen betrug zwischen 1977–85 rund 55%, während zwischen 1986 bis 1991 eine negative Zuwachsrate von 5,4% bestand. Eine Trendwende erfolgte erst wieder ab 1991 mit einem Zuwachs von 44%, und auch 1992 erhöhte sich der Export von Maschinen und Ausrüstungen um 61,5%, so daß der Anteil von Maschinen und Ausrüstungen an den Gesamtexporten 1992 sogar 55,3% erreichte.[88] Vergleichbare Entwicklungstrends treffen auch für die drei wichtigsten Produktgruppen im Bereich Maschinen und Ausrüstungen zu, nämlich für allgemeine Maschinen, elektrische Maschinen sowie Transportausrüstungen. Diese Produktgruppen wiesen 1990 im Vergleich zu 1985 ihr niedrigstes Exportniveau auf; der Exportrückgang bei allgemeinen und elektrischen Maschinen betrug dabei jeweils rund 50% und bei Transportausrüstungen sogar rund 86%. Vor allem die Ausfuhr von Fernsehgeräten und Personenkraftfahrzeugen wurde von den tarifären und nichttarifären Importbeschränkungen Chinas am nachhaltigsten betroffen, und die Lockerung dieser Restriktionen spiegelte sich in den letzten zwei Jahren in einem erneuten deutlichen Anstieg wider. So nahm der Export von allgemeinen Maschinen 1991 um 44,8% (1992: +91,3%), von elektrischen Maschinen um 36,9% (1992: +26,7%) und von Transportausrüstungen um 75% (1992: +111,7%) zu. Die Exportsteigerung bei allgemeinen Maschinen in den letzten Jahren wird vor allem auf die Ausweitung ausländischer und insbesondere auch japanischer Direktinvestitionen und die zum Aufbau von Produktionsanlagen in China benötigen Importe von Maschinen zurückgeführt.[89]

Die zwei übrigen wichtigsten Exportgruppen sind Textilien und Chemikalien. Zusammen betrug ihr Exportanteil im Jahre 1977 rund 28% und sank bis 1991 auf 21%. Wie *Abbildung 3* zeigt, unterlag sowohl der Export von Textilien, einschließlich Chemiefasergarnen und Textilerzeugnissen aus Chemiefasern, als auch die Ausfuhr von Chemikalien starken Schwankungen, die den allgemeinen Veränderungsraten des Exports folgten. Der langfristige Trend ist ein weiter abnehmender Anteil, da Japan bei diesen Produktgruppen seine Konkurrenzfähigkeit eingebüßt hat.[90]

Die Veränderung der Importgüterstruktur im genannten Zeitraum weist ebenfalls einige besondere Merkmale auf. Am beeindruckendsten spiegelt der Anstieg der Industrieprodukte am Gesamtimport von 21% im Jahre 1977 auf 58% im Jahre 1991 und nach vorläufigen Angaben auf 64% im Jahre 1992 Chinas Erfolge bei der Modernisierung der Industrie wider. Dieser Trend wurde vor allem durch die Ausweitung der Textil- und Bekleidungsimporte verursacht. Insgesamt stieg im Zeitraum 1977–91

87 Strong Chinese . . ., (Anm. 79), S. 23.
88 Ono, (Anm. 77), S. 6.
89 1991 Two-Way . . ., (Anm. 85), S. 19 u. 20; Strong Chinese . . ., (Anm. 79), S. 23.
90 Ono, (Anm. 77), S. 11.

Abb. 3: Importgüterstruktur 1977–1991

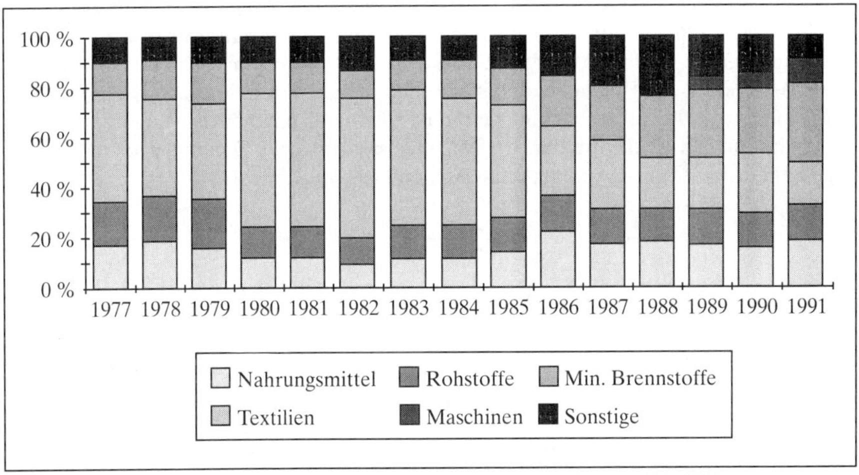

Quelle: Ono, (Anm. 77), S. 63 und Angaben in JETRO, China Newsletter, 1989–1991.

(Abbildung 3) der Beitrag der Textilimporte zum Gesamtimport von 12% auf 29%. Der chinesische Anteil an den gesamten japanischen Bekleidungsimporten betrug 1992 wertmäßig 47% und mengenmäßig 62%. Gleichzeitig sanken die Anteile der Rohstoffe und mineralischen Brennstoffe am Gesamtimport von 18% auf 12% bzw. von 44% auf 17%. Der Importanteil bei Nahrungsmitteln blieb mit 17% im Jahre 1991 gegenüber 16% im Jahre 1977 relativ konstant, während in den letzten Jahren ein schneller Anstieg des Anteils von Maschinenimporten erfolgte.

Während zwischen 1986 bis 1990 die japanischen Exporte in den meisten Gütergruppen erheblich zurückgingen, ist dieser Trend im Importbereich nicht auszumachen. Nach einer durchschnittlichen Zuwachsrate der Textilimporte um 23% zwischen 1977–85, stiegen diese bis 1991 sogar um rund 30% pro Jahr. Dieser Zuwachs ist in erster Linie auf die Auslagerungen von Lohnveredlungsprozessen nach China zurückzuführen und eine Folge der zunehmenden Exportproduktion von Textilien und Bekleidung in *joint venture*-Unternehmen, die zur steigenden Wettbewerbsfähigkeit Chinas in diesem Marktsegment beigetragen haben.[91]

Mineralische Brennstoffe wie Erdöl zählen zu den Einfuhrgütern Japans aus China, für die jährlich Gesamtmengen und vierteljährlich Preise (in Anlehnung an Weltmarktpreise) im Rahmen des langfristigen Handelsabkommens festgelegt wurden. Mit dem verstärkten Bau eigener petrochemischer Anlagen stieg zwar der inländische Bedarf, doch exportierte China die vertragsmäßig festgelegten Mengen nach Japan. Die Zuwachsrate der japanischen Importe von mineralischen Brennstoffen erhöhte sich zwischen 1977–1985 um durchschnittlich 20% pro Jahr, während zwischen 1986–91 der jährliche Anstieg lediglich rund 1% betrug.[92]

91 Ono, (Anm. 77), S. 8–9; Japan-China Trade 1989, (Anm. 84); Japan-China Trade in 1990..., (Anm. 84); 1991 Two Way..., (Anm. 85).

92 Vgl. Anm. 91.

Der Import von Rohstoffen entwickelte sich nach einer jährlichen Wachstumsrate von 14% zwischen 1977–85 auch im Zeitraum 1986–91 mit einem Anstieg von ebenfalls 14% pro Jahr durchaus stabil; der prozentuale Anteil am Gesamtimport ging insgesamt jedoch zurück. Mit Zuwachsraten von 51% im Jahre 1990 und 60% im Jahre 1991 verlief die Entwicklung bei Maschinenimporten besonders dynamisch. Im Vergleich zu 1989 verdreifachte sich das wertmäßige Importvolumen auf rund 1,1 Milliarden US-Dollar im Jahre 1992 und zeigt ebenfalls beeindruckend die Erfolge bei der Modernisierung der chinesischen Industrie.[93]

2. Finanzielle Kooperation

Seit Anfang der achtziger Jahre zählt China zu den wichtigsten Empfängern offizieller japanischer Entwicklungshilfe. Zwischen 1979 und 1988 genehmigte die japanische Regierung drei Kreditpakete mit einem Volumen von 1611 Milliarden Yen, die zur Finanzierung von wichtigen nationalen und regionalen Infrastrukturprojekten bestimmt waren. Die bei der ersten Kreditzuteilung 1979 festgelegten Kriterien sahen vor, daß erstens, Japan bei der Unterstützung des chinesischen Modernisierungsprozesses in enger Kooperation mit den westlichen Industriestaaten vorgeht, zweitens, alle Yen-Kredite so weit wie möglich ungebunden vergeben werden, drittens, ein Gleichgewicht zwischen Japans Verpflichtungen zu China und den ASEAN-Staaten aufrecht erhalten bleibt und viertens, die Kredite nicht für militärische Zwecke eingesetzt werden dürfen.[94]

Der erste staatliche Kredit Japans deckte den Zeitraum 1979–83 ab, umfaßte 330,9 Milliarden Yen und floß ebenso wie das zweite Kreditpaket mit einem Volumen von 410 Milliarden Yen (1984–89) vor allem in den Ausbau des Transport- und Kommunikationsnetzes. Der dritte Kredit in Höhe von 810 Milliarden Yen wurde 1988 genehmigt und beinhaltete die Förderung von insgesamt 42 Projekten im Zeitraum 1990–95. Hierzu zählten beispielsweise Projekte zur Unterstützung der landwirtschaftlichen Entwicklung, der Bau von Düngemittelfabriken sowie der Ausbau der städtischen Infrastruktur und der Exportindustriezonen. Aufgrund des Tiananmen-Zwischenfalles im Jahre 1989 und der gegenüber China weltweit verhängten Wirtschaftssanktionen erfolgte zunächst ein Einfrieren des letzten Kreditpaketes durch die japanische Regierung, die allerdings bereits auf dem Wirtschaftsgipfel der G7-Staaten im Juli 1990 eine Lockerung der Sanktionen ankündigte. Die erste Kredittranche mit einem Volumen von 120 Milliarden Yen und einem dreiphasigen Auszahlungsmodus wurde im November 1990 freigegeben. Insgesamt betrug Chinas Anteil an der gesamten japanischen Entwicklungshilfe Ende der achtziger Jahre rund 10%.[95] Schenkungen und andere nicht rückzahlbare Zuweisungen Japans beliefen

93 Strong Chinese ..., (Anm. 79). S. 22–24.

94 Murthy, (Anm. 77), S. 281.

95 Murthy (Anm. 77), S. 281 und Yoichi Yokoi, Plant and Technology Contracts and the Changing Pattern of Economic Interdependence Between China and Japan, in: The China Quarterly, (1990) 124, S. 694–713, hier S. 705; zur Angabe des prozentualen Anteils an der japanischen Entwicklungshilfe siehe Ono, (Anm. 77), S. 49.

Abb. 4: Japanische Entwicklungshilfe an China

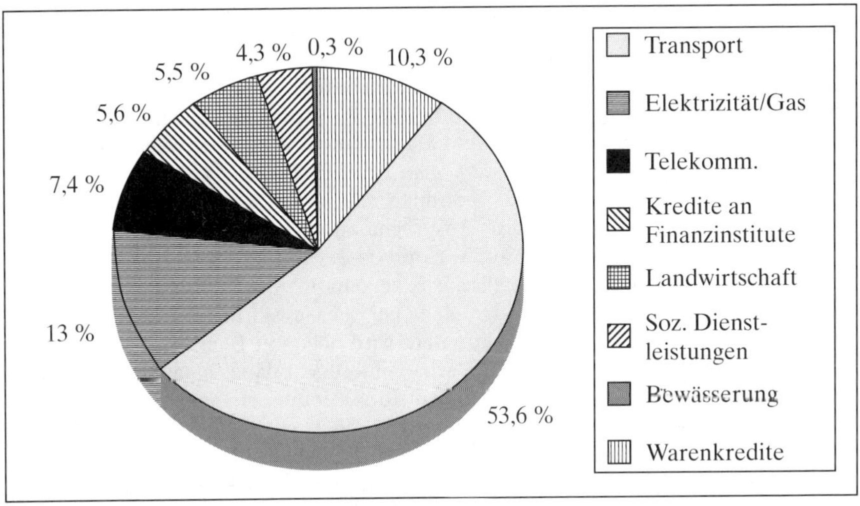

Quelle: OECF, in: Clifford, (Anm. 101), S. 31.

sich im Zeitraum 1980 bis März 1992 auf insgesamt rund 70 Milliarden Yen. Eingesetzt wurden diese Finanzmittel für Projekte der medizinischen Versorgung, Ausbildung sowie kulturelle und Umweltschutzprojekte.[96]

Die Aufteilung der bis Oktober 1992 vergebenen staatlichen Entwicklungshilfekredite (OECF = *Overseas Economic Cooperation Fund*) spiegelt *Abbildung 4* wider. Aus diesem Fonds hat China bis Dezember 1992 Kredite in Höhe von 1,26 Milliarden Yen erhalten. Mehr als die Hälfte entfiel auf den Transportsektor, gefolgt von den Bereichen Elektrizitäts- und Gasgewinnung sowie Telekommunikation. Die Kredite für intermediäre Finanzinstitute, Landwirtschaft sowie soziale Dienstleistungen machten zusammen rund 15% aus.

Mit Blick auf die Sicherung des Energieangebotes für die japanische Wirtschaft stellte die Import- und Exportbank von Japan ab 1980 umfangreiche Kredite für die Rohstofferschließung bereit. Das erste Kreditpaket wurde 1979 mit einem Volumen von 420 Milliarden Yen und das zweite im Jahre 1984 mit einem Volumen von 580 Milliarden Yen beschlossen. Beide Kredite betrafen die finanzielle Unterstützung der Kohle- und Erdölindustrie Chinas. Die Zusage über einen dritten Kredit zur Finanzierung von 27 Projekten der Kohle- und Erdölentwicklung erteilte die Import- und Exportbank im Juni 1991.[97] Ein weiteres Feld der finanziellen Kooperation betrifft die Plazierung von in Yen denominierten Anleihen der *Bank of China* und der *China International Trust and Investment Corporation* (CITIC) durch japanische Finanzinstitute. Ziel ist die Mobilisierung zusätzlicher Finanzmittel für den wirtschaftlichen Auf-

96 Xinhua News Agency (XNA), 22. 7. 91 und 21. 10. 92.

97 Asian Wall Street Journal (AWSJ), 23. 4. 92 und Kyōdo News Service Tōkyō in English, 4. 5. 92, in: Summary of World Broadcasts, 12. 5. 92.

bau Chinas über die Börse in Tōkyō. Zwischen 1982 bis Juli 1992 wurden insgesamt Anleihen mit einem Volumen von 500 Milliarden Yen und 250 Millionen US-Dollar emittiert.[98]

Die Gewährung umfangreicher staatlicher Entwicklungshilfe spiegelt das strategische Interesse der japanischen Regierung an der politischen Stabilität in China wider, die durch die Entwicklung der Wirtschaft und Verbesserung des Lebensstandards der Bevölkerung gestärkt werden soll. Diese Sichtweise wird beispielsweise in der Aussage von Tomozō Morino, Direktor der *Japan External Trade Organization* (JETRO) deutlich, der die Bedeutung Chinas für Japan mit derjenigen Rußlands für Europa vergleicht.[99] Daß China auch höhere Ansprüche an eine finanzielle und technologische Unterstützung Japans stellen kann, wird von der Regierung in Beijing (Peking) stets mit dem Hinweis auf die japanische Besetzung Chinas in den Jahren 1937–45 betont.[100] Obwohl durchaus »Schuldgefühle« bei der Gewährung offizieller Entwicklungshilfe eine Rolle gespielt haben könnten, wird doch mit Blick auf die Kreditverwendung offenbar, daß japanische Wirtschaftsinteressen dabei nicht vergessen wurden. Die Befürchtung Japans, daß China mit fortschreitender Industrialisierung zum Nettoimporteur von Erdöl und Getreide werden könnte, ließ einen Großteil der Kredite in die Erschließung von Energieressourcen, den Ausbau der Transportkapazitäten und in den landwirtschaftlichen Sektor fließen. Gleichzeitig hatten staatliche Entwicklungshilfekredite auch immer positive *spill over*-Effekte für die japanischen Unternehmen, vor allem bei der Finanzierung größerer Projekte und der Verbesserung der Infrastruktureinrichtungen in China.[101]

3. Direktinvestitionen

a. Entwicklung

Für japanische Unternehmen war China trotz schrittweise verbesserter Investitionsbedingungen lange Zeit nur in relativ beschränktem Maße das Ziel von Direktinvestitionen. Von den weltweiten japanischen Direktinvestitionen im Zeitraum 1951–91 ging lediglich ein Anteil von rund 1% in die Volksrepublik, während beispielsweise auf Indonesien 4% entfielen.

Bezogen auf den asiatischen Raum betrug der Anteil Chinas am akkumulierten Investitionsvolumen 1951–91 rd. 6%, Indonesiens Anteil jedoch 24%. Die Zunahme

98 Yi Wu, Energetically Develop Sino-Japanese Economic and Trade Cooperation, in: Intertrade, Oct. 1992, S. 51.

99 Far Eastern Economic Review (FEER), 22. 10. 92, S. 52.

100 Stellvertretend hierfür steht die Aussage Deng Xiaopings: »Japan is indebted to China (for what it did to China) more than any other nation (and) should make much greater contribution in order to assist China's development«, in: FEER, 25. 4. 91, S. 54 (Einschübe in Klammern wurden übernommen), zitiert in: Dorothea Siems, Japans außenwirtschafts- und entwicklungspolitische Strategien gegenüber China und ASEAN, Frankfurt a. M. 1992, S. 119.

101 Ono, (Anm. 77), S. 49; Siems, (Anm. 100), S. 141; Clifford, Bill, Japan's Lending Program in China, in: The China Business Review, May–June 1993, S. 30–35, hier S. 30–31.

Abb. 5: Japanische Direktinvestitionen 1951–1991

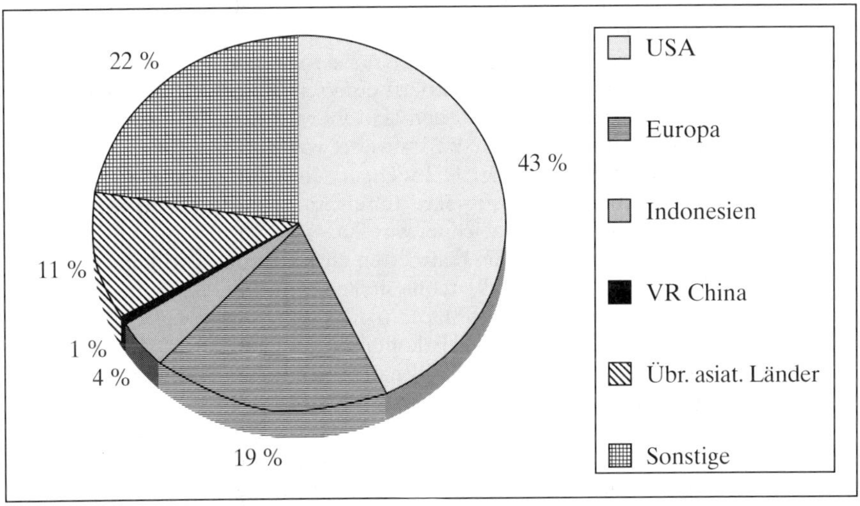

Quelle: Keizai Kōhō Center, (Anm. 80), S. 38.

Abb. 6: Japanische Direktinvestitionen in Asien 1991

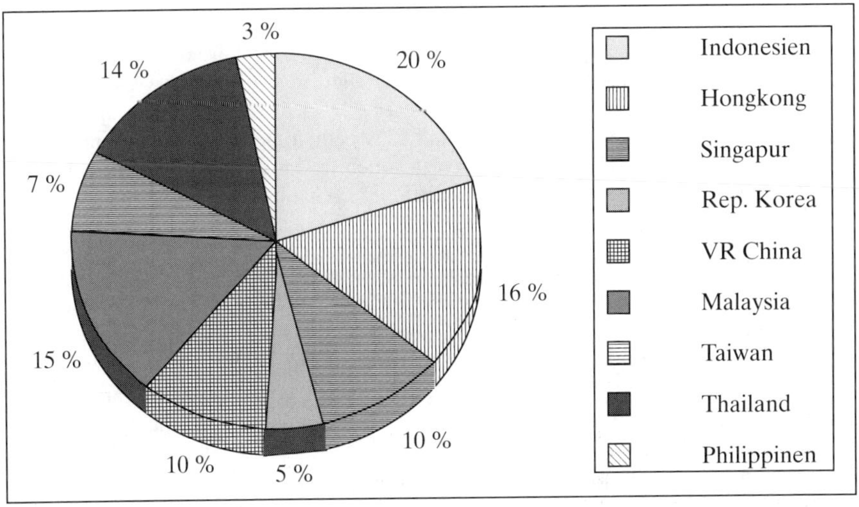

Quelle: Keizai Kōhō Center, (Anm. 80), S. 38.

japanischer Investitionsaktivitäten in China in den letzten Jahren spiegelte sich 1991 in einem auf 1,4% gestiegenen Anteil Chinas an den Direktinvestitionen Japans weltweit wider. Der chinesische Anteil an Japans gesamten asiatischen Direktinvestitionen stieg auf 10%. Da 1991 gleichzeitig Japans gesamte Direktinvestitionen in die asiatische Region um rund 16% zurückgingen, ist diese Zunahme besonders bemerkenswert.[102]

Nach Statistiken der Volksrepublik China wurden bis Ende 1991 insgesamt 1 889 japanische Direktinvestitionen mit einem vertraglich festgelegten Investitionsvolumen von 3,808 Milliarden US-Dollar registriert; der Wert der bereits implementierten Investitionen belief sich auf 3,169 Milliarden US-Dollar. Allein 1991 wurden 599 Investitionsprojekte (+76%) mit einem Vertragswert von 812,2 Millionen US-Dollar (+78%) zusätzlich genehmigt. Auch 1992 hielt der Investitionsboom an, da allein zwischen Januar und Juni 571 neue Projekte mit einem zugesagten Vertragsvolumen von 826,32 Millionen US-Dollar verzeichnet wurden.

Mit Blick auf die gesamten bereits realisierten ausländischen Direktinvestitionen in der VR China im Zeitraum 1986–91 (chinesische Statistiken) ist Japan mit einem Anteil von 13% hinter Hongkong und Macao (61%), aber vor den USA (10%) der zweitwichtigste Investor. Eine deutliche Erhöhung der japanischen Direktinvestitionen läßt sich seit 1988 feststellen, und mit Ausnahme des Jahres 1989 wurde ein Volumen von über 500 Millionen US-Dollar jährlich erreicht.[103]

b. Struktur der Direktinvestitionen

Japanische Direktinvestitionen in China waren durch eine Reihe von Merkmalen charakterisiert, die sich allerdings im Verlauf der letzten Jahre veränderten. Zunächst wird die Struktur der Direktinvestitionen bis 1989 betrachtet und im Anschluß daran die neuere Entwicklung der letzten Jahre. Im Vergleich zu Direktinvestitionen aus den USA und anderen Staaten wiesen die japanischen Investitionen bis 1989 nur eine geringe Konzentration im Fertigungssektor auf.[104] Nach Angaben des japanischen Finanzministeriums waren von den bis März 1989 gemeldeten 567 Investitionsprojekten lediglich 304 bzw. 54% als Direktinvestitionen im Fertigungssektor klassifiziert, während rund ein Drittel auf den Dienstleistungsbereich entfiel. Zwar war damit der Anteil der Direktinvestitionen im Fertigungssektor vergleichbar mit dem der japanischen Investitionen in den übrigen asiatischen Staaten (53%), doch wurde dort ein Drittel im Handelssektor investiert, während der Anteil im Dienstleistungsbereich lediglich 6% betrug. Im Vergleich zu den japanischen Direktinvestitionen in den übrigen asiatischen Staaten war auch das Investitionsvolumen innerhalb des Fertigungssektors in den leichtindustriellen Bereichen wie Nahrungsmittel-, Holz- und Pulpeverarbeitung sowie Textilien in China weitaus größer, der Investitionsanteil in der Maschinen- und Transportausrüstungsindustrie dagegen deutlich geringer.

Weiteres Merkmal der japanischen Direktinvestitionen war der hohe Anteil von Projekten mit einem geringen Investitionsvolumen. So lag der Investitionsumfang

---

102 Keizai Kōhō Center, (Anm. 80), S. 55 und Foreign Investment in the PRC, 1991–92, in: JETRO China Newsletter, (1993) 102, S. 16–19 u. S. 21, hier S. 19.

103 Foreign Investment..., (Anm. 102), S. 19; Tongji, Zhongguo Nianjian (1987), S. 604, (1988), S. 734; (1989), S. 649; (1990), S. 654, (1991), S. 629; (1992), S. 642.

104 Ono bezieht sich hier auf eine 1990 veröffentlichte Untersuchung von 1 252 joint ventures, die schätzungsweise 30% der bestehenden Unternehmen erfaßte. Ono, (Anm. 77), S. 24 u. 25.

bei 73% der Direktinvestitionen unter 3 Millionen US-Dollar, während dies lediglich bei 60% der USA-amerikanischen Investitionen der Fall war. Der niedrige Anteil der Direktinvestitionen im Fertigungssektor und der geringe Umfang der einzelnen Investitionsprojekte machen deutlich, daß die meisten japanischen Unternehmen die Risiken kapitalintensiver Großprojekte vermeiden wollten. Neben der wechselhaften chinesischen Wirtschaftspolitik trugen das wenig entwickelte Rechtssystem, die unzureichende Infrastruktur sowie die Devisenknappheit dazu bei, daß auch nach der Verabschiedung des *joint venture*-Gesetzes im Jahre 1979 zunächst eine sehr zurückhaltende Haltung vor allem japanischer Großunternehmen bestand. Bis Mitte 1983 gab es erst neun *joint ventures*, deren Zahl zwar mit der Verbesserung der rechtlichen Rahmenbedingungen 1984 auf 47 anstieg, doch waren mehr als zwei Drittel in den Bereichen Leasing und in der Hotelbranche konzentriert. Vor allem die Hotel-*joint ventures* erlaubten sichere und schnelle Gewinne, da sie nicht dem Problem des Devisenmangels ausgesetzt waren. Bis 1987 entfiel der größte Teil der japanischen Direktinvestitionen auf den Dienstleistungsbereich, der zunehmend auch den Immobiliensektor einschloß. Im Fertigungssektor dominierten kleine und mittelgroße japanische Investoren, die arbeitsintensive Produktionsprozesse aufgrund des knappen Arbeitskräfteangebots in Japan ausgelagert hatten. Die Direktinvestitionen dieser Unternehmen konzentrierten sich in den Bereichen Textilindustrie sowie in der Holz-, Papier-, Chemikalien- und Plastikproduktion.[105]

Das geringe Interesse japanischer Unternehmen an Direktinvestitionen im Fertigungssektor mit Transfer moderner Technologie wurde dann auch von der chinesischen Regierung Mitte der achtziger Jahre heftig kritisiert. Daß Befürchtungen auf der japanischen Seite bestanden, China durch zu schnellen Technologietransfer zu einem Konkurrenten werden zu lassen, bestätigen auch die Äußerungen des japanischen Wirtschaftswissenschaftlers Kiichi Saeki, Direktor des Nomura Forschungsinstituts. Auf einem japanisch-chinesischen Symposium in Shenzhen 1985 erklärte Saeki, daß die Voraussetzung der Öffnung des japanischen Marktes für chinesische Produkte die Aufrechterhaltung der führenden Position Japans im Technologiebereich mit einem Vorsprung von fünf bis zehn Jahren sei; dies wäre Japans intern beschlossene nationale Strategie.[106]

Obwohl derartige Ängste durchaus existierten, darf jedoch nicht übersehen werden, daß japanische Großunternehmen in den achtziger Jahren den Schwerpunkt ihres Investitionsengagements aufgrund von Handelsfriktionen in die USA verlegen mußten und dann als Folge der Yen-Aufwertung im Rahmen ihrer globalen Strategie einen Großteil ihrer exportorientierten Produktion in die südostasiatischen Staaten Thailand, Malaysia und Singapur verlagerten. Hier sahen die japanischen Unternehmen im Vergleich zu China deutlich günstigere Standortbedingungen, auch aufgrund der geringeren bürokratischen Restriktionen. Aus Sicht der japanischen Unternehmen bestanden für die von China geforderte Ausweitung des Technologietransfers bis Ende der achtziger Jahre vor allem folgende Barrieren: erstens, Probleme bei der Übertragung des japanischen Managementstils, der vor dem Hintergrund der historischen Erfahrung beider Länder als »fremd« eingestuft wurde und mit dem sozialisti-

105 Ono, (Anm. 77), S. 17–21; Murthy, (Anm. 77), S. 278.
106 John Quansheng Zhao, Politics of Japan-China Trade Negotiations, in: Asian Profile, 18 (1990) 2, S. 97–115, hier: S. 112.

schen Wertesystem kollidierte; zweitens, die aus dem Nebeneinander von planwirtschaftlichen und marktlichen Elementen resultierenden Friktionen im Wirtschaftssystem, die die Aktivitäten privater Unternehmen beschränkten; drittens, die unzureichende Fähigkeit zur Technologieabsorbierung sowie, viertens, die mangelhafte Entwicklung verbundener und angrenzender Industrien, die die Technologieaufnahme und -verarbeitung unterstützten.[107]

Seit den letzten Jahren scheint sich allerdings ein Umdenken bei den japanischen Großunternehmen abzuzeichnen. Sicherlich haben hierzu auch das 1988 abgeschlossene Investitionsschutzabkommen zwischen Japan und der VR China, die Verbesserung der sonstigen Investitionsbedingungen mit der Öffnung größerer Gebiete als Wirtschaftssonderzonen im Rahmen der Küstenentwicklungsstrategie, die Ergänzung des *joint-venture*-Gesetzes im April 1990 sowie die Bereitschaft Chinas, die internationalen Regeln zum Schutz des geistigen Eigentums (Copyright) anzuerkennen, beigetragen. Ein positiver Einfluß kann auch der unterstützenden Haltung der japanischen Regierung mit Zuteilung des dritten Entwicklungshilfekredites und der Überzeugungsarbeit für ein stärkeres Investitionsengagement gegenüber den Großunternehmen zugeschrieben werden.[108]

Zusammen mit der Stabilisierung der wirtschaftlichen Situation in China haben die oben genannten Verbesserungen des Investitionsklimas dazu beigetragen, daß die japanischen Unternehmen zu einer veränderten Einschätzung der Risiken eines langfristigen kapitalintensiven Engagements mit stärkerem Technologietransfer gelangt sind. Der Trend zu höheren Direktinvestitionen großer japanischer Unternehmen im Fertigungssektor, der 1988 mit *joint venture*-Gründungen von Nissan Oil Mills Ltd und Matsushita Electric begann, setzte sich nach kurzer Unterbrechung durch die Tiananmen-Ereignisse weiter fort. Bereits 1989 umfaßte das durchschnittliche Projektvolumen 3,5 Millionen US-Dollar, und der überwiegende Teil der Direktinvestitionen entfiel auf den Fertigungssektor einschließlich der Entwicklung von Computer-Software, elektrischen Maschinen, Bekleidung, Pharmaprodukten, Elektronik, auf die Zementproduktion sowie auf Energie und Landwirtschaft. Zu den 1989/1990 vereinbarten Großprojekten zählten das NEC-*joint venture* für Halbleiter und elektronische Fernsprechvermittlungen, das Investitionsprojekt von Canon zur Herstellung von Kompaktkameras, der Bau einer Zementfabrik durch Mitsubishi Materials und das Energie-*joint venture* mit Nikki.[109]

Auch 1990/1991 investierten japanische Großunternehmen wie beispielsweise Toshiba, Hitachi, Seiko Denshi, KOA Nissho Iwai Corp., NEC und Toray mit Schwerpunkten in der Maschinen- und Elektronikindustrie.[110] Im Fertigungssektor erfolgten 1992 japanische Investitionen insbesondere mit Blick auf den durch die Ein-

107 Ono, (Anm. 77), S. 22 führt beispielsweise an, daß der Verhandlungsprozeß für joint venture-Gründungen rund ein Jahr in Anspruch nahm. Weiter dazu: Nobuo Maruyama, Current Problems Facing China-Japan Joint Ventures, in: JETRO China Newsletter, (1991) 95, S. 11–16, hier S. 14–16.

108 FEER, 22. 10. 92; Ono, (Anm. 77), S. 24; Arnold, Walter, Japan and the Development of Shanghai's Pudong Area, in: The Pacific Review, 5 (1992) 3, S. 241–249, hier S. 243.

109 Ono, (Anm. 77), S. 24; Kozue Hiraiwa, Investment in China, 1989–90, in: JETRO China Newsletter, (1991) 90, S. 19–23, hier S. 22–23.

110 ASWJ, 15./16. 11. 91; ASWJ, 28. 11. 91; JETRO China Newsletter, (1991) 90, S. 24 und No. 94, S. 24.

kommenssteigerungen der Bevölkerung immer attraktiver werdenden chinesischen Binnenmarkt. Sie waren vor allem auf die Bereiche Kommunikationsausrüstungen, Motorräder, Fahrzeuge und elektrische Ausrüstungen konzentriert. Japanische Konzerne wie Isuzu Motors, Itochu, Honda, Mazda, Nissan, Yamaha, Suzuki und Toyota, aber auch Sanyo Electric sind hier mit größeren Investitionen und Technologietransfer zu nennen. Mit der vermehrten Zulassung ausländischer Investoren im tertiären Sektor weiteten sich die Investitionsaktivitäten japanischer Unternehmen ebenfalls auf die Bereiche Groß- und Einzelhandel, Lagerhaltung, Güterkraftverkehr sowie Versand und Tourismus aus. Dem Vorbild Yaohans zur Gründung von Supermarktketten folgten japanische Unternehmen wie Daiei und Seibu. Zu den größten Investitionsprojekten wird das ebenfalls 1992 vereinbarte *joint venture* zwischen sechs japanischen Generalhandelshäusern und einer chinesischen Unternehmensgruppe über den Bau eines Petrochemiekomplexes zählen, das eine japanische Mehrheitsbeteiligung von 51% und einen Anlagenwert von rund 4 Milliarden US$ aufweisen wird.[111]

Ein weiteres Merkmal der japanischen Direktinvestitionen ist ihre geographische Konzentration. So entfielen bis 1989 auf die Städte Beijing (Peking), Tianjian und Shanghai 41% der Direktinvestitionen (USA 35%), auf die Küstenprovinzen insgesamt 51% und innerhalb dieser Region auf die Provinzen Guangdong (Südchina) und Liaoning (Nordostchina) jeweils 15% bzw. 12%. In den letzten Jahren ist der Investitionsstandort Liaoning für japanische Investoren von besonderem Interesse gewesen. Bis Mitte 1992 stieg der Anteil japanischer Direktinvestitionen allein in der Stadt Dalian (Halbinsel Liaodong im Süden Liaonings) auf rund 20%. Zwar ist auch hier das relativ niedrige Lohnniveau der entscheidende Grund, der die Verlagerung von arbeitsintensiven Produktionsprozessen aus anderen südostasiatischen Ländern mit einem gestiegenen Kostenniveau erklärt, doch bietet Dalian außer der 1984 gegründeten Wirtschafts- und Technologieentwicklungszone die große geographische Nähe zu Japan und darüber hinaus eine Stadtverwaltung, die durch Japanisch-Sprachkurse und sonstige Einrichtungen bemüht ist, ein günstiges Investitionsklima zu schaffen. Inzwischen sollen sich in Dalian 250 japanische Unternehmen angesiedelt haben, zu denen u.a. Canon, Harada und Mitsui zählen.[112]

4. Perspektiven für die weitere Entwicklung

Die Expansion des bilateralen Außenhandels war in der betrachteten Periode sowohl durch stärkere Schwankungen charakterisiert als auch durch weitaus größere Zuwachsraten der japanischen Importe als der Exporte. Die im Zusammenhang mit zyklisch auftretenden Wirtschaftskrisen in der VR China verhängten Importrestrik-

111 Financial Times, 4.8.92; ASWJ, 8.12.92; XNA, 8.10.92, 31.10.92; 7.11.92; 5.2.93; Nachrichten für den Außenhandel, 28.10.92 und Foreign Investment in the PRC, 1991–92, in JETRO China Newsletter, (1992) 102, S. 16–19 und 21, hier S. 21.

112 Ono, (Anm. 77), S. 28–29; XNA, 22.11.91; South China Morning Post, 28.9.92; Handelsblatt, 23./24.10.92.

tionen behinderten auch die Expansion japanischer Exporte und stellten ein Unsicherheitselement für die Unternehmen in Japan dar. Obwohl die Wiederholung solcher Entwicklungen für die Zukunft nicht ausgeschlossen werden kann, bietet die VR China jedoch in zunehmendem Maße aufgrund der wachsenden Kaufkraft der Bevölkerung und der für die Modernisierung der Industrie zukünftig weiter steigenden Importnachfrage nach Produktionsgütern ein großes Marktpotential für japanische Unternehmen. Die Erschließung des chinesischen Marktes wird nicht nur verstärkt über japanische Unternehmen in Ost- und Südostasien erfolgen, wie dies bereits ab Mitte der achtziger Jahre zu beobachten war, sondern vor allem über japanische Direktinvestitionen in China. Der mit der Gründung von Unternehmen im Fertigungssektor verbundene Nachfrageanstieg nach Technologie, Ausrüstungen und Anlagen wird Japans Anteil an den gesamten chinesischen Importen von Maschinen und Anlagen auch wieder erhöhen. Bis Ende der achtziger Jahre fiel Japans Anteil in diesem Marktsegment und machte beispielsweise bei allgemeinen Maschinen 1989 nur noch 31% (1978: 62%) aus. Gründe hierfür waren die breitere Streuung von Maschinen- und Anlageimporten, durch die eine einseitige Abhängigkeit vermieden werden sollte, sowie ein relativer Rückgang der Konkurrenzfähigkeit japanischer Anbieter.[113]

Die Analyse der Veränderungen von Import- und Exportgüterstrukturen machte deutlich, daß sich über die Jahre hinweg ein neues Muster der Handelsströme entwikkelt hat. Dies läßt sich nicht mehr als ausschließlich komplementär definieren, denn es wird nicht mehr von der Dominanz der japanischen Importe von Erdöl, Kohle, Rohstoffen und landwirtschaftlichen Produkten im Gegenzug zu japanischen Exporten von Maschinen, Anlagen sowie hochwertigen Konsumgütern bestimmt. Diese anfänglich angenommene Komplementarität im Handel und die hohen Erwartungen an China als Energie- und Rohstofflieferant hatten zunächst das Verhalten der japanischen Regierung und der Unternehmen bestimmt. Chinas Rolle als Primärgüterlieferant wandelte sich jedoch mit dem raschen Aufbau verarbeitender Exportindustrien, die die Vorteile niedriger Löhne als einen der wichtigsten Faktoren nutzen wollten. Mit der weiteren Industrialisierung wird Chinas eigener Bedarf an Energie und Rohstoffen auch keine höheren Exportsteigerungen bei diesen Produktgruppen mehr zulassen. Größere Erdölvorkommen werden im Tarimbecken (Provinz Xinjiang) vermutet, und ein Teil des neuen Energiekredits der japanischen Import- und Exportbank wird für die Exploration verwendet werden. Insgesamt wird mit hohen Förderungs- und Transportkosten gerechnet, und Japan erwartet nicht, aus dieser Region bis Ende der neunziger Jahre Energielieferungen zu beziehen.[114]

Stärker noch als bisher wird China also im Handel Anbieter von Industrieprodukten werden und seine Marktanteile bei Textilien und Bekleidung, aber auch bei anderen dauerhaften Konsumgütern steigern wollen. Ob Japan bereit sein wird, seinen Markt für diese chinesischen Exporte noch weiter zu öffnen, ist schwer abzuschätzen, erste Anti-Dumpingklagen seitens der japanischen Industrie hat es bereits gegeben.[115] Längerfristig wird jedoch durchaus mit Handelskonflikten zu rechnen sein, da China

113 Ono, (Anm. 77), S. 11–15.

114 Siems, (Anm. 100), S. 126, 136 u. 137; Ono, (Anm. 77), S. 15.

115 China aktuell, Januar 1993, S. 21. Hierbei ging es um Ferrolegierungen für die Stahlherstellung, bei denen China seinen Marktanteil in Japan von 17% im Jahre 1989 auf 39% im Jahre 1991 erhöhen konnte.

weniger leicht als die ASEAN-Staaten bereit sein wird, sich in die globale Strategie der japanischen Unternehmen einzufügen. Dies wird auch bei der Forderung Chinas deutlich, Hightech-Industrien anzusiedeln und nicht nur Standort für eine arbeitsintensive Zwischengüterproduktion japanischer Unternehmen zu sein.

Mit der zunehmenden wirtschaftlichen Liberalisierung im Rahmen der »sozialistischen Marktwirtschaft«, aber vor allem aufgrund der steigenden Kaufkraft der chinesischen Bevölkerung, ist das Interesse japanischer Unternehmen an Direktinvestitionen in China gestiegen. Japans Konzerne, die China als »... one strategic part of our global operations«[116] betrachten, sehen sich jedoch in *joint venture*-Unternehmen Managementproblemen gegenüber, die sich deutlich von denen in anderen asiatischen Ländern unterscheiden. Hintergrund ist sicherlich auch das negative Image, das Japaner in China haben und das sich vereinfacht reduzieren läßt auf das Bild des »arroganten, egoistischen neureichen«[117] Nachbarn. Die kulturelle Überlegenheit, die Chinesen gegenüber Japanern empfinden, sowie die aus den Unterschieden im Wirtschaftssystem und der Ressourcenausstattung resultierenden Restriktionen werden Kompromisse von seiten der japanischen Unternehmen notwendig machen.[118]

Das Niveau der gegenseitigen Verflechtung der Wirtschaften ist mit Blick auf die Anteile am jeweiligen Außenhandel relativ gering, und auch die Präsenz japanischer Unternehmen in China ist im Vergleich zu anderen asiatischen Staaten noch wenig bedeutend. Diese Tatsache ist angesichts der geographischen Nähe sowie enger kultureller und geschichtlicher Beziehungen, aber auch bei Annahme einer komplementären Faktorausstattung beider Wirtschaften erstaunlich. Wie gezeigt wurde, war die Entwicklung der Wirtschaftsbeziehungen durch vielfältige Restriktionen beschränkt, die jedoch im beidseitigen Interesse reduziert werden können. Dies vorausgesetzt, kann für die Zukunft durchaus eine wachsende Interdependenz zwischen Japan und China angenommen werden.

116 Sprecher des japanischen Unternehmens Canon in bezug auf Direktinvestitionen in Dalian, in: FEER, 22.10.92, S. 52.

117 Masumi Watanabe, Some Thoughts on Technology Transfer, in: JETRO China Newsletter, (1993) 103, S. 7–12, hier S. 10.

118 Watanabe, (Anm. 117); Jixun, Zhang, Problems of Direct Investment in China, in: JETRO China Newsletter, (1993) 103, S. 13–21, hier S. 21.

VII. Japan und Südostasien

Wolfram Wallraf

Das Verhältnis Japans zu den Ländern Südostasiens war nach der Niederlage im Zweiten Weltkrieg, dem Zusammenbruch des japanischen Kolonialreichs und dem Kollaps der »Ostasiatischen Wohlstandssphäre« vor allem von zwei Fragen bestimmt gewesen, die im Kern bis auf den heutigen Tag aktuell geblieben sind: Erstens, wird Japan wieder wirtschaftliche, politische und militärische Dominanz oder gar Hegemonie in Südostasien erringen? Zweitens, soll und kann Japan wieder regionale Verantwortung – also auch Führung – übernehmen, und wenn ja, dann auf welchen Gebieten und in welcher Form?

Die wirtschaftliche Stärke konnte Japan recht schnell zurückgewinnen. Dem Friedensvertrag von San Francisco (1951) folgten Reparationsabkommen mit den einzelnen ost- und südostasiatischen Staaten, die Opfer japanischer Eroberungspolitik gewesen waren. Die Reparationen wurden größtenteils in Warenform geleistet und bildeten den Ausgangspunkt für die einsetzenden Waren- und Kapitalströme in die Region, die vom japanischen Wirtschaftswunder ausgelöst wurden. In den fünfziger und sechziger Jahren waren die weniger entwickelten asiatischen Nachbarländer bevorzugte Ziele der aufstrebenden japanischen Industrie, die hier frühe Exporterfolge erringen und ihren wachsenden Rohstoffhunger sättigen konnte. In diese Zeit fallen auch die ersten Versuche, unter dem Schirm der Allianz mit den USA wieder als politischer Akteur in der Region Fuß zu fassen. 1957 schlug Ministerpräsident Nobosuke Kishi einen »Südostasiatischen Entwicklungsfonds« vor, der auch amerikanische Gelder nutzen, aber »unter japanischer Führung« stehen sollte.[119] Unter Premierminister Eisaku Satō gehörte Japan in den sechziger Jahren zu den Mitinitiatoren der »Ministerkonferenz für Wirtschaftsentwicklung in Südostasien« sowie der Asiatischen Entwicklungsbank (ADB).[120] Durch den Vietnamkrieg, der Südostasien spaltete und polarisierte, sah Japan einerseits seine Handlungsfähigkeit in Indochina stark beschnitten, andererseits jedoch seine wirtschaftlichen Möglichkeiten und die politische Akzeptanz unter den amerikanischen Verbündeten in der Region verbessert.

In den siebziger Jahren verdrängte Japan die USA als größten Handelspartner und danach auch als bedeutendsten Investor in Südostasien. Durch Nixon-Doktrin[121]

119 Vgl. N. Kishi, Kishi Nobosuke Kairoku (Memoiren von Kishi Nobosuke), Tōkyō 1983, S. 312.

120 Siehe auch: H. Soeya, Sengo Kokusai Seiji no Hendō to Nihongaikō (Die Veränderung der internationalen Politik nach dem Zweiten Weltkrieg und die Außenpolitik Japans), in: M. Royama (Hrsg.), Kokusaiseiji o Yomiwakaru Hon (Ein Buch zum Lesen und Verstehen der internationalen Politik), Tōkyō 1992, S. 251–252.

121 Die 1969 von Präsident Richard Nixon verkündete neue amerikanische Asiendoktrin war eine Botschaft an die Verbündeten, größere sicherheitspolitische und militärische Eigenanstrengungen zu unternehmen, wenn die USA ihrerseits den jeweiligen Bündnisver-

und »Nixon-Schocks«[122] zu größeren Eigenanstrengungen aufgefordert und zugleich im Vertrauen auf die unbedingte Zuverlässigkeit des amerikanischen Verbündeten erschüttert, begann Japan auch politisch in Südostasien selbständiger zu werden. Die 1967 gegründete Assoziation Südostasiatischer Staaten (ASEAN), zu der Indonesien, Malaysia, die Philippinen, Singapur, Thailand und seit 1984 auch Brunei gehören, wurde als politischer Partner aufgewertet. 1973 normalisierte Japan seine Beziehungen zur nordvietnamesischen Regierung in Hanoi. Unmittelbar nach der Vereinigung wurde Vietnam in den Kreis der Entwicklungshilfeempfänger aufgenommen. 1977 verkündete Ministerpräsident Takeo Fukuda seine Südostasiendoktrin (Fukuda-Doktrin): Erstens, Japan wird keine Militärmacht. Zweitens, Japan verfolgt in Südostasien nicht nur Wirtschaftsinteressen, sondern bemüht sich um gegenseitiges Vertrauen auch auf sozialer und kultureller Ebene. Drittens, Japan möchte zum gegenseitigen Verständnis zwischen den ASEAN-Staaten und den Ländern Indochinas (Vietnam, Kambodscha, Laos) beitragen, um somit Frieden und Stabilität in ganz Südostasien zu fördern.[123] Kern der Doktrin war ganz offensichtlich, Südostasien gegen einen neuen japanischen Militarismus oder ein *Economic Animal Japan* zu versichern und eine eigenständige politische Rolle in der Region durch die angebotene Mittlerfunktion zwischen der ASEAN und dem prokommunistischen Indochina zu legitimieren.[124]

Die südostasiatische Entspannungsphase währte nur kurze Zeit. Die vietnamesische Intervention in Kambodscha, die harsche Reaktion der ASEAN, der massive Einstieg Chinas gegen Vietnam machten den Vermittlungsansatz der Fukuda-Doktrin hinfällig. Mit der neuen Ost-West-Konfrontation suchte Japan engeren Schulterschluß im trilateralen westlichen Verbund und richtete auch seine Südostasienpolitik dementsprechend aus. Außenminister Shintarō Abe konzentrierte sich auf eine unbedingte japanische Unterstützung für die Haltung der ASEAN gegen Vietnam im Kambodscha-Konflikt, behielt sich jedoch vor, den politischen Dialog mit Vietnam aufrechtzuerhalten.[125] Das Ziel der heute offensichtlich vergessenen Südostasiendoktrin von Ministerpräsident Yasuhiro Nakasone (1983) bestand darin, Japan auch als

---

pflichtungen nachkommen sollen. Diese Asiendoktrin bedeutete im Kern, daß die USA nicht mehr bereit waren, sich in der Region bedingungslos für ihre Verbündeten militärisch zu engagieren und damit nochmals in ein Abenteuer à la Vietnam zu schlittern. Es war gleichzeitig ein Abschied von der bis dahin behaupteten sicherheitspolitischen Omnipotenz der USA im pazifischen Becken und wurde von den Ländern der Region auch so verstanden. Siehe auch: J. Soeya, Sengo Nihon Gaikō no Kōzō (Die Hauptlinien der japanischen Außenpolitik in der Nachkriegszeit), Hōgaku Kenkyū, Keiō-Universität 1992 (2), S. 93/94.

122 In den frühen siebziger Jahren unternahmen die USA einige außenpolitische Schritte, die japanische Interessen sehr wohl betrafen, ohne vorher die japanische Regierung zu konsultieren. Das betraf unter anderem die faktische Liquidation des Währungssystems von Bretton-Woods (Aufhebung des Gold-Standards des US-Dollar) und die Ankündigung offizieller politischer Kontakte zur VR China (1971). Diese Aktionen erhielten in Japan die Bezeichnung »Nixon-Schocks«.

123 Vgl. Rede von Ministerpräsident Fukuda Takeo am 18. 8. 1977 in Manila, Waga Gaikō no Kinkyō (Jahresbericht des Außenministeriums Japans), Tōkyō 1978, S. 326–330.

124 Vgl. S. Tomoda, Nyūmon: Gendai Nihon Gaikō (Einführung in die japanische Diplomatie der Gegenwart), Tōkyō 1988, S. 58.

125 Vgl. Rede von Außenminister Shintaro Abe im Parlament am 24. 1. 1983, Waga Gaikō no Kinkyō, Tōkyō 1983, S. 386.

politischen Akteur in der Region zu plazieren und dafür die Akzeptanz der ASEAN zu gewinnen. Die »Nakasone-Doktrin« sagte aus, daß Japans militärische Rolle in der Region ausschließlich im Rahmen des Bündnisses mit den USA gestaltet würde. Japan wolle die wirtschaftliche und kulturelle Zusammenarbeit mit der ASEAN ausweiten, aber auch den politischen Dialog mit der ASEAN vertiefen und deren regionale Rolle unterstützen.[126]

Die achtziger Jahre hatten eine stärkere wirtschaftliche und politische Orientierung Japans an den trilateralen Partnern in Nordamerika und Westeuropa gebracht. In den neunziger Jahren muß die japanische Politik wieder größere Aufmerksamkeit auf ihr regionales Umfeld verwenden, wo nach dem Ende des Ost-West-Konflikts die Karten in den Mächtebeziehungen neu gemischt werden und wo die Wirtschaftsdynamik für Japan neue Optionen und Zwänge bereithält.

1. Südostasien als Wirtschaftsraum

Die ASEAN-Länder haben am pazifischen Wachstum teil und werden zunehmend in diesen Wirtschaftsraum integriert. Die durchschnittlichen jährlichen Zuwachsraten der ASEAN-Länder betrugen in den siebziger Jahren 8 % und in den achtziger Jahren 6%, wobei allerdings innerhalb der Ländergruppe deutliche Entwicklungsunterschiede fortbestehen *(siehe Tabelle 1)*. Für die laufende Dekade werden wiederum mittlere Zuwachsraten um 7% prognostiziert.[127] Verbunden mit der Industrialisierung war nicht nur eine schnelle Ausweitung des Außenhandels (im Jahresdurchschnitt der letzten beiden Dekaden um 8%), sondern auch eine überproportionale Steigerung des Fertigwarenanteils an den Ausfuhren (zwischen 1975 und 1990 von 15 auf 50%).[128] Obwohl die ASEAN-Staaten am Welthandel in steigendem Maße partizipieren, ist der Anteil des Intra-ASEAN-Handels am Gesamtaußenhandel der Teilnehmerländer rückläufig.[129] Die ASEAN-Länder sind in ihrem gegenwärtigen Entwicklungsstand untereinander noch eher exportorientierte und zugleich protektionistische Konkurrenten als Kooperateure. Die ASEAN hat in der Vergangenheit schon mehrere Versuche unternommen, die wirtschaftliche Zusammenarbeit zu fördern. 1992 wurde eine Freihandelszone (ASEAN *Free Trade Area*/AFTA) beschlossen, die ab 1. 1. 1993 schrittweise realisiert wird.[130]

Im Unterschied zur ASEAN war die Situation in den Ländern Indochinas (Vietnam, Kambodscha, Laos) in den letzten Jahrzehnten von Kriegen, politischen Wirren

---

126 Vgl. Rede von Ministerpräsident Yasuhiro Nakasone am 8.5. 1983 in Kuala Lumpur, Waga Gaikō no Kinkyō, Tōkyō 1984, S. 398–403.

127 Angaben nach: A. Borrmann/R. Jungnickel, Auslandsinvestionen im asiatisch-pazifischen Integrationsprozeß, HWWA Hamburg 1992, S. 1.

128 Angaben nach: Borrmann, (Anm. 127), S. 7.

129 Der Anteil des Intra-ASEAN-Handels am Gesamtaußenhandel der ASEAN-Staaten schwankte in den letzten 30 Jahren zwischen 13% (1976) und 23% (1983). 1960 betrug er 22%, und 1990 machte er 18% aus. Eigene Berechnungen nach: IMF – Direction of Trade Statistics, verschiedene Jahrgänge.

130 Vgl. M. Vatikiotis, Action at Last, Far Eastern Economic Revue (FEER), Hongkong, 6. 2. 1992, S. 10/11; Südostasien-Aktuell (SOA-Aktuell), Hamburg (1992) 6, S. 507–508.

Tab. 1: Japan und Südostasien

Staat	Bruttosozialprodukt pro Jahr		Japans Handel 1992 in Mio. US$		Japanische Direkt-investitionen in Mio. US$ 1951–1992
	pro Kopf 1989 in US$	Wachstum 1980–1992 in Prozent	Export	Import	
Indonesien	500	5,5	5575,5	12244,1	12733
Malaysia	2160	6,2	8115,6	6573,2	4111
Philippinen	710	3,8	3841,1	2300,8	1783
Singapur	10450	6,3	12974,4	3069,8	7168
Thailand	1220	6,6	10366,1	5947,1	5229
Kambodscha	–	–	227,4	9,4	–
Laos	180	–	33,6	13,6	–
Vietnam	200	6,1*	57,0	110,0	103

* 1990–92

Quellen: Südostasien aktuell, (1993) 1, S. 70; FEER, 22. 4. 1993, S. 69/70, Angaben zu Vietnam (BSP/Kopf); Berechnungen des Autors nach Far Eastern Economic Revue, lfd., (BSP/Wachstumsraten 1980–92); Gaikoku Bōeki Gaikyō (1993) 5, S. 15–33 (Japans Exporte/Importe); Japan 1993. An International Comparison, Tōkyō 1993, S. 55 (ADI) Far Eastern Economic Revue, 28. 5. 1992, S. 50 (ADI nach Vietnam)

und totalitären Regimes geprägt, was wirtschaftlichen Verfall und weitgehenden Ausstieg aus den regionalen Wirtschaftsbeziehungen bedeutete. Während Laos in geographischer Abgeschiedenheit als wirtschaftlicher Hinterhof Thailands sein Dasein fristet und die Wachstumspotentiale Kambodschas vom nicht enden wollenden politischen Chaos blockiert werden, scheint zumindestens Vietnam – das bei weitem größte indochinesische Land – auf dem Wege zu einer Industrialisierung nach chinesischem Vorbild zu sein.[131]

a. Die wirtschaftlichen Interessen Japans in Südostasien

Für Japan ist Südostasien mit seiner 380-Millionen-Bevölkerung ein großes, insgesamt dynamisches, aber auch differenziertes Wirtschaftsgebiet. Zum einen deckt Japan nach wie vor einen beträchtlichen Teil seiner Rohstoff- und Energieimporte durch Lieferungen aus Südostasien ab (84% des Erdgases, 17% des Erdöls; 100% des Zinns, 35% des Titans, 30% des Bauxits, 28% des Nickels, 26% des Kupfers, 20% des Chroms). Der Löwenanteil dieser Importe entfällt auf Indonesien und Malaysia.[132] Zum anderen lösen sich jedoch die traditionellen vertikalen Austauschverhältnisse (Rohstoff gegen Fertigware) im Handel mit den stärker industrialisierten

131 Vgl. M. Hiebert/C. Goldstein, Vietnam Opening, FEER, 28. 5. 1992, S. 50.
132 Angaben nach: G. Wolfram, Direktinvestitionen japanischer Unternehmen in den ASEAN-Staaten nach der Aufwertung des Yen 1985, Berlin 1990, S. 27; Siehe auch: A. Schwarz, The Price of Security, FEER, 27. 9. 1990.

ASEAN-Ländern mehr und mehr auf. Im Zeitraum zwischen 1985 und 1991 verfünffachten sich die japanischen Fertigwarenimporte aus dem ASEAN-Bereich, wodurch sich ihr Anteil an den Gesamteinfuhren aus dieser Ländergruppe auf 25% erhöhte.[133] Hinter dieser Entwicklung stehen sowohl ein verminderter Rohstoff- und Energiebedarf der japanischen Wirtschaft durch hochtechnologieorientierte Strukturveränderungen als auch die gestiegene Konkurrenzfähigkeit der neuen Industrien im ASEAN-Bereich. Damit wandelt sich der Handel zwischen Japan und den ASEAN-Ländern langsam zu einem Austausch von Fertigwaren mit unterschiedlicher Wertschöpfung. Die japanische Industrie kann hierbei ihren Technologievorsprung nutzen und sich zugleich von energie- und transportkostenträchtiger sowie umweltbelastender Rohstoffveredelung oder von arbeitsintensiven Fertigungen befreien.

Durch die Industrialisierung sind in Ost- und Südostasien dynamisch wachsende Märkte entstanden, die inzwischen ein Drittel aller Exporte im gesamten pazifischen Becken absorbieren.[134] Nachdem sich die japanische Wirtschaft in den Jahren des »Reagan-Booms« und des Anlaufs zum EG-Binnenmarkt noch einmal stark auf die USA und Westeuropa orientierte, zeichnet sich in den neunziger Jahren eine Trendwende in die asiatische Richtung ab, wovon allerdings die ostasiatischen NICs und China stärker betroffen waren als die ASEAN. 1992 entfielen 34% der Exporte und 32% der Importe Japans auf Ost- und Südostasien (18 bzw. 10% auf Hongkong, Taiwan und Südkorea; 12 bzw. 15% auf die ASEAN; 4 bzw. 7% auf China; jeweils weit weniger als 1% auf Indochina).[135]

Natürlich wachsen mit der Industrialisierung in Ost- und Südostasien auch neue Wettbewerber heran, die bisweilen agiler und aggressiver vorgehen, teilweise aber auch assimilationsfähiger sind als ihre vergleichsweise saturierten und geschlossenen japanischen Konkurrenten. Japan bleibt zwar der größte Exporteur in der Region, aber sein Anteil an den innerregionalen Exporten sank zwischen 1970 und 1990 von 39 auf 29%. Dagegen kamen die »drei ostasiatischen Tiger« bis 1990 auf 26% und die ASEAN immerhin auf 23%.[136] Gerade Südostasien ist in den letzten Jahren zu einer Arena japanisch-ostasiatischer Konkurrenz geworden, wobei die NICs nicht nur als Gruppe mit Japan gleichgezogen haben, sondern auch einzeln zu Marktanteilen kommen, die ähnlich groß wie die japanischen Exporte sind. Unter den Handelspartnern Malaysias wie auch Vietnams steht Singapur an erster Stelle, die anderen NICs belegen häufig zweite und dritte Plätze in den Handelsstatistiken der südostasiatischen Länder.[137]

Ein besonderes Kapitel sind die Wirtschaftsbeziehungen Japans zu den Ländern Indochinas, vor allem zu Vietnam. Von Japan aus war immer versucht worden, ganz Südostasien zu einem einheitlichen Wirtschaftsraum zu entwickeln. Die Südostasiendoktrinen der japanischen Regierung von Takeo Fukuda (1977) bis zu Kiichi Miyazawa (1993) waren darauf ausgerichtet, die ASEAN und Indochina politisch zu versöhnen und wirtschaftlich zu integrieren.[138] Andererseits mußte die japanische Viet-

---

133 Vgl. Japan and the ASEAN: The Miyazawa Doctrine, Look Japan, 1993 (3), S. 37.
134 Eigene Berechnungen nach: IMF – Direction of Trade Statistics, verschiedene Jahrgänge.
135 Angaben nach: Nihon Bōeki Geppō, Tōkyō 1993 (5) S. 15–33.
136 Eigene Berechnungen nach: IMF – Direction of Trade Statistics, verschiedene Jahrgänge.
137 Vgl. M. Hiebert, (Anm. 131), S. 29; Japan 1993. An International Comparison, Tōkyō 1993, S. 42.
138 Vgl. Archiv der Gegenwart, 18. 1. 1993, S. 37532.

nampolitik immer den Kurs des amerikanischen Verbündeten berücksichtigen. Solange die USA nicht nur ihr seit 1975 bestehendes Wirtschaftsembargo gegenüber Vietnam aufrechterhielten, sondern von ihren Verbündeten auch unbedingte Solidarität in dieser Frage einforderten, waren Tōkyō gegenüber Hanoi die Hände gebunden, wenn es um Handelsverträge und Entwicklungshilfe, Exportbürgschaften und Anleihen der Export-Import-Bank ging. Automatisch waren damit auch der Geschäftstätigkeit japanischer Unternehmen in Vietnam enge Grenzen gesetzt. Nachdem die Clinton-Administration unmittelbar vor dem G-7 Treffen von 1993 ihren Widerstand gegen internationale Finanzhilfen für Vietnam offiziell aufgab, sind diese Grenzen beseitigt.[139] Jedenfalls ist das Interesse am vietnamesischen Markt, dessen Entwicklungspotential als außerordentlich groß eingeschätzt wird, ungebrochen. Bereits mit den ersten Anzeichen eines marktwirtschaftlichen Umschwungs sind die großen japanischen Handelshäuser energisch in Vietnam eingestiegen.

b. Handelsprobleme mit den ASEAN-Staaten

Die bilateralen Handelsbeziehungen zwischen Japan und den südostasiatischen Ländern sind auch in den neunziger Jahren konfliktreich geblieben. Japan ist weit stärker ein Lieferant für wirtschaftliche Modernisierung und technologische Innovation als ein Markt für die neuen Industrien Südostasiens. Die Verdoppelung der japanischen Exporte nach Ost- und Südostasien von 53 auf 104 Milliarden US-Dollar allein im Zeitraum zwischen 1987 und 1992 zeigt an, in welchem Maße das japanische Wirtschaftswachstum durch die regionale Dynamik abgestützt wurde. Dagegen wirkte der japanische Binnenmarkt von seiner Absorbtionsfähigkeit her bei weitem nicht in gleichem Maße als Wachstumsfaktor für die anderen Länder der Region, deren Handelsbilanzdefizite gegenüber Japan zwischen 1985 und 1992 von 3 auf 47 Milliarden US-Dollar emporschnellten.[140] In der Diskrepanz zwischen der angebotsseitigen Stimulanz und nachfrageseitigen Behinderung manifestiert sich die widersprüchliche Rolle, die Japan für das regionale Wirtschaftswachstum spielt.

In den neunziger Jahren hat eine Reihe spezifischer Faktoren die Situation weiter verschärft: Zum ersten hat die japanische Wirtschaft auf die Konjunkturschwäche nach dem Platzen der »Finanzblase« mit einer erneuten Exportexpansion geantwortet, womit die im Maekawa-Report[141] angestrebte Wende zu einem binnenmarktgestützten Wachstum konterkariert wurde. Zum zweiten haben gerade die asiatischen

139 Vgl. The Japan Times, 5. 7. 1993, S. 7.

140 Berechnet nach: Japan 1993, (Anm. 137), S. 35; NIPPON 1993, Business Facts and Figures, JETRO/Tōkyō 1993, S. 56.

141 1985 wurde von der japanischen Regierung eine Expertenkommission unter Leitung des ehemaligen Notenbankpräsidenten Maekawa berufen, die Wege zu einem stärker binnenmarktgetragenen Wachstum aufzeigen sollte. Der Abschlußbericht wurde 1987 vorgelegt und von der Regierung als Aktionsprogramm angenommen. Die Vorschläge: Förderung des privaten Wohnungsbaus, Arbeitszeitverkürzung, Preissenkungen für Importwaren im Verhältnis zur Yen-Aufwertung, Liberalisierung des Agrarmarkts, Abbau noch bestehender administrativ-technischer Importhemmnisse. Vgl. Wolfram Wallraf, Japan. Politische Realität und Ambitionen, Berlin 1988, S. 25.

Industrialisierungserfolge zu einem erhöhten Investitionsbedarf geführt, der vor allem von Japan befriedigt wird. Tendenziell wachsen die Außenhandelsdefizite gegenüber Japan proportional zum Industrialisierungsniveau dieser Länder. Zum dritten sind die Währungen der international erfolgreichen ost- und südostasiatischen Wettbewerber unter Aufwertungsdruck geraten, wodurch sich Preisvorteile gegenüber dem 1985/86 drastisch aufgewerteten Yen wieder verminderten.

Im ASEAN-Bereich sind von dieser Situationsverschlechterung vor allem Singapur und Thailand, zunehmend aber auch die Philippinen und selbst Malaysia betroffen. Aber auch die Rohstofflieferanten Indonesien und Brunei, die gegenüber Japan positive Handelsbilanzen bewahren konnten, sind durch die ungünstigeren Ausgangspositionen für ihre Fertigwarenexporte mit negativen Rückwirkungen für ihre Wirtschaftsentwicklung und Industrialisierungsprogramme konfrontiert.

Daher werden die Forderungen an Japan immer nachdrücklicher, ernsthaft etwas für den Ausgleich der Handelsbilanzen zu tun, und zwar durch Erweiterung der Exportchancen für die südostasiatischen Industrien. Das japanische Argument, man müsse die Handelsbilanz als Teil der Zahlungsbilanz bewerten, die durch privates Kapital, staatliche Entwicklungshilfe und Tourismus aus Japan weit günstiger aussehen, wird nicht mehr hingenommen.[142] Auf ihren Südostasienreisen waren sowohl Ministerpräsident Toshiki Kaifu (1991) als auch sein Amtsnachfolger Kiichi Miyazawa (1993) dem Vorwurf ausgesetzt, daß sich die »Festung Japan« gegen die Exporte ihrer regionalen Nachbarn abschotte. Die japanische Regierung müsse weit mehr Engagement für Marktöffnung, Industriekooperation und Technologietransfer zeigen, wenn sie im Konzert der sieben großen Industrienationen den Interessenvertreter Asiens spielen wolle.[143]

Auf die langjährige Forderung der ASEAN, Sonderpräferenzen für Fertigwarenimporte aus Südostasien einzurichten, ist Japan niemals ernsthaft eingegangen. Selbst der Vorschlag der ASEAN-Wirtschaftsminister von 1992, das allgemeine Präferenzsystem Japans dem erreichten Industrialisierungsstand seiner regionalen Partner anzupassen und die südostasiatischen Exportgüter stärker zu berücksichtigen, scheint in Tōkyō keinen Widerhall gefunden zu haben. Nur 6% der ASEAN-Exporte nach Japan werden gegenwärtig durch dieses System gefördert.[144]

Natürlich versuchen die ASEAN-Staaten, sich freien Zugang zu den entwickelten Märkten zu sichern und gleichzeitig die Überreste ihres Entwicklungsländerstatus zur Legitimation ihres eigenen Protektionismus zu nutzen. Die japanische Regierung nutzt diese Interessen für einen Solidarisierungseffekt gegenüber den amerikanischen und westeuropäischen Marktöffnungsforderungen, die tendenziell gleichermaßen an Japan und an die anderen Exportländer im westlichen Pazifik gerichtet werden.[145]

Letztlich stoßen die südostasiatischen Anbieter in Japan auf dieselben Probleme, wie auch die Wettbewerber aus den alten Industriestaaten. In dem Maße, in dem die geschlossenen Produktions- und Vertriebsstrukturen in der japanischen Wirtschaft

---

142 Vgl. A. Rowley, No Balancing Act in View, FEER 18. 6. 1992, S. 51.

143 Vgl. SOA-Aktuell (1993) 1, S. 7; siehe auch: ASEAN-Länder stolpern in die Freihandelszone, Süddeutsche Zeitung, 12. 1. 1993.

144 Vgl. SOA-Aktuell (1992) 6, S. 511.

145 Vgl. Front gegen Washington, japaninfo, 14. 6. 1993.

aufgebrochen und die soziokulturelle Isoliertheit überwunden werden können und sich Japan tatsächlich internationalisiert, werden sich auch die Chancen für die südostasiatischen Exporteure vergrößern. Anders gesagt, Südostasien profitiert auch von den diplomatischen Anstrengungen der USA und der EU, den japanischen Markt weiter zu öffnen. Und wenn sich die etablierten Industrieländer nicht wesentlich ernsthafter um die eigene Wettbewerbsfähigkeit kümmern, werden die aufstrebenden Wirtschaften an den westlichen Rändern des Pazifik wahrscheinlich sogar die Hauptnutznießer werden. Nach vorliegenden Berechnungen werden die 1990 abgeschlossenen japanisch-amerikanischen Vereinbarungen über die Beseitigung struktureller Handelshemmnisse (*Structural Impediments Initiative*/SII) den USA einen Effekt von 0,2 Prozentpunkten Zuwachs des Bruttosozialprodukts bringen, während die asiatischen Nachbarn Japans mit 2,5 Prozentpunkten rechnen können.[146] Überhaupt werden die Handelskonflikte zwischen Japan und den Ländern Südostasiens immer noch dadurch gemildert, daß beide Seiten einen Großteil ihrer Exporte in weitgehend liberalisierten Märkten außerhalb der Region unterbringen können. Sollten Blockbildung und Protektionismus dazu führen, daß im Welthandel ähnlich große Barrieren errichtet werden, wie sie noch in Ost- und Südostasien existieren, dürften auch die handelspolitischen Auseinandersetzungen zwischen Japan und seinen regionalen Partnern an Schärfe gewinnen. Immerhin schotten sich auch diese Länder mit umfangreichen protektionistischen Maßnahmen gegen unerwünschte japanische Konkurrenz ab, ein Faktum, das in Tōkyō aus gutem Grunde nicht übermäßig strapaziert wird.

c. Japanisches Kapital in Südostasien

Ähnlich wie beim Handel, deutet sich zu Beginn der neunziger Jahre auch eine strategische Umorientierung der japanischen Kapitalexporte von Nordamerika in die asiatischen Nachbarländer an.[147] In dieser Region haben die japanischen Kommerzbanken gegenwärtig 20% ihrer längerfristigen Anlagen plaziert. 1992 hatten die ausländischen japanischen Direktinvestitionen (ADI) in die ASEAN-Länder und nach Vietnam einem Umfang von 33,1 Milliarden US-Dollar erreicht. Japanisches Kapital ist an 2754 *joint ventures* in Südostasien beteiligt.[148]

Gewandelt haben sich auch die japanischen Investitionsstrategien in Südostasien. Nach der Ölkrise von 1973 war es zu einem ersten großen Investitionsschub in die Region gekommen, der auf Energie- und Rohstoffsicherung für die japanische Wirtschaft ausgerichtet war und vor allem nach Indonesien und Malaysia ging. In den achtziger Jahren wurden größere Investitionen in der verarbeitenden Industrie und im Dienstleistungssektor vorgenommen. Die Investitionen in der verarbeitenden In-

146 Vgl. H. Takanaka, It's About Time, Look Japan, (1990) 10, S. 7.
147 Vgl. K. Tanaka, Nihon no Kaigai Chokusetsu Tōshi (Die ausländischen Direktinvestitionen Japans), Sekai Keizai Hyōron, (1993) 2, S. 53/54.
148 Angaben nach: A. Rowley, In Their Own Backyard, FEER 19. 3. 1993, S. 40/41; S. Awanohara, Lost Incentive, FEER 25. 6. 1992, S. 53; Japan 1993, (Anm. 137), S. 55.

dustrie waren vor allem auf die Schaffung von Exportplattformen ausgerichtet, um über Lohnkostenvorteile und Entwicklungsländerpräferenzen leichter in die nordamerikanischen und westeuropäischen Märkte eindringen zu können. In den neunziger Jahren orientieren sich die japanischen Investoren dagegen mehr und mehr auf den Absatz auf den boomenden einheimischen Märkten selbst.[149] Interessanterweise scheinen die asiatischen Nachbarländer gerade für die kleinen und mittleren japanischen Unternehmen attraktiv zu sein. Während insgesamt etwa 15% der japanischen ADI auf diese Region entfallen, sind es bezüglich der mittleren und kleinen Unternehmen bereits 49%.[150]

Die Investitionsentscheidungen der japanischen Unternehmen in Südostasien werden von länderspezifisch unterschiedlich gelagerten komparativen Kostenvorteilen und Standortfaktoren bestimmt: geringe Lohnkosten, milde Umweltschutzauflagen, vorteilhafte Wechselkurse, staatliche Investitionsanreize für ausländisches Kapital sowie günstige Service- und Kommunikationsbedingungen. Die meisten großen japanischen Unternehmen haben die komparativen Vorteile genutzt, um regionale Netzwerke aufzubauen. Beispielsweise können arbeits- und materialintensive Fertigungen in Indonesien oder Malaysia, technologisch anspruchsvollere Komponenten in Thailand oder auf den Philippinen, das Marketing in Hongkong und die Koordinierungszentrale oder Forschungskapazitäten in Singapur angesiedelt sein. Da sich mit der industriellen, technologischen und sozialen Entwicklung diese Vorteile immer wieder von einem Land zum anderen verlagern, wandern auch die Investitionsschwerpunkte mit.[151]

Diese regionalen Netzwerke führen allerdings nicht dazu, daß sich die geschlossenen japanischen Konzernstrukturen *(Keiretsu)* automatisch auflösen. Sie verlagern sich samt ihrer kleinen und mittleren Zulieferer ins Ausland, bleiben aber eher japanische Transnationale, als daß sie sich zu Multinationalen entwickeln. Hier setzt auch die Kritik der Gastgeberländer an. Den japanischen Unternehmen wird vorgeworfen, die einheimischen Wirtschaftsinteressen nicht in dem für einen *»good corporate citizen«* nötigen Maße zu berücksichtigen, das nichtjapanische Personal zu diskriminieren, den Technologietransfer zu behindern und sich soziokulturell abzuschließen.[152] Kritisch wird auch vermerkt, daß der Anteil der einheimischen Zulieferungen *(local content)* mit etwa 30% niedriger ausfällt als bei vergleichbaren amerikanischen und westeuropäischen Firmen, die im übrigen auch beim Technologietransfer und bei der Integration einheimischen Personals die besseren Noten bekommen. Allerdings bedeutet auch dieser *local content*-Anteil bereits eine Verdoppelung gegenüber dem Stand zur Mitte der achtziger Jahre.[153] Insofern ist tatsächlich nicht ausgeschlossen, daß die japanischen *Keiretsu*-Strukturen durch die Verlagerung ins Ausland längerfristig aufbrechen.[154]

In den letzten Jahren sieht sich Japan auch als Investor und Akteur auf den regionalen Finanzmärkten einer wachsenden und recht aggressiven Konkurrenz der NICs

149 Vgl. A. Borrmann, (Anm. 127), S. 55–56; Keidanren Geppō, Tōkyō (1990) 1, S. 26/27.
150 Angaben nach: Japan 1993, (Anm. 137), S. 79.
151 Vgl. K. Tanaka, (Anm. 147), S. 59.
152 Vgl. L. Rosario, The Not Always Welcome Guests, FEER 18. 6. 1992, S. 18–20.
153 Vgl. Zaikai Kansoku, 1989 (11), S. 100.
154 Vgl. T. Watanabe, A New Era Dawns in the West Pacific, Japan Revue of International Affairs, Tōkyō 1989 (2), S. 169/70.

ausgesetzt. In den ASEAN-Ländern waren die »vier Tiger« zusammengenommen mit 36% am Umfang der zwischen 1989 und 1991 getätigten Direktinvestitionen beteiligt. Japan kam auf 27% und konnte die Gruppe der NICs nur in Thailand überflügeln, fiel dagegen in Malaysia noch hinter Hongkong und Taiwan auf den dritten Platz zurück.[155] In Vietnam waren 1992 nur 3,7% der akkumulierten ADI japanischer Herkunft, was rund ein Achtel der vom Spitzenreiter Taiwan investierten Summe ausmachte.[156]

d. Die japanische Entwicklungshilfe in Südostasien

Auf die ASEAN entfiel im letzten Jahrzehnt zwischen einem Drittel und einem Viertel der bilateralen japanischen Entwicklungshilfe (*Official Development Assistance*/ODA). Die bilaterale Hilfe hatte im Finanzjahr 1991/1992 einen Umfang von 8,8 Milliarden US-Dollar erreicht, was etwa 80% der gesamten japanischen ODA ausmachte.[157] Das Hauptproblem besteht darin, daß die ASEAN aus dem Entwicklungsländerstatus herauswächst, worauf die Entwicklungshilfestrategie Japans bislang keine befriedigende Antwort gefunden hat. Der japanische Unternehmerverband *Keidanren* verlangt, die bisherigen Hilfsprogramme zur Entwicklung der Infrastruktur in Südostasien fortzusetzen.[158] Die Regierung hat eine Umorientierung auf billig verzinste Anleihen, technische Hilfe und Ausbildungsprogramme begonnen.[159] Seit 1992 ist zudem ein 5-Jahres-Programm zur Finanzierung von Umweltschutzmaßnahmen angelaufen, mit dem Japan auf die ökologischen Folgen der Industrialisierung in den asiatischen Nachbarländern zu reagieren versucht. Aus diesem Programm werden die ASEAN-Staaten Mittel in einer Größenordnung von 2 Milliarden US-Dollar erhalten.[160]

Ministerpräsident Miyazawas Vorschlag vom Januar 1993, gemeinsam mit der ASEAN ein »Entwicklungsforum für Indochina« zu errichten, sollte wahrscheinlich nicht nur als Zeichen verstanden werden, daß Japan seine Entwicklungshilfe für Vietnam, Kambodscha und Laos kräftig anheben und zu einem integrierten Südostasien beitragen will. Japan gab damit auch zu verstehen, daß die industriell fortgeschrittenen südostasiatischen Länder langsam selbst in die Rolle von Spendern hineinwachsen und Japan in Entwicklungshilfefragen regionale Koordinierungsfunktionen übernehmen kann.[161]

---

155 Vgl. A. Borrmann, (Anm. 127), S. 45.
156 Vgl. M. Hiebert, (Anm. 131), S. 50.
157 Vgl. Japan and The ASEAN, (Anm. 133), S. 37, Japan 1993 (Anm. 137), S. 82.
158 Vgl. Shinjidai o Mukaeta tai ASEAN Kankei o Kangaeru, (Nachdenken über die Beziehungen zur ASEAN, nachdem ein neues Zeitalter angebrochen ist. [Rundtischgespräch]), Keidanren Geppō, Tōkyō 1990 (1), S. 17.
159 Vgl. Diplomatic Bluebook 1989, Tōkyō 1990, S. 93/94, 99/100.
160 Vgl. Japan and the ASEAN, (Anm. 133), S. 37.
161 Vgl. SOA-Aktuell, (1993) 1, S. 7.

2. Japan, die ASEAN und die regionale Wirtschaftskooperation

Die wirtschaftliche Dynamik und wachsende Verflechtung im asiatisch-pazifischen Raum hat in den letzten Jahren auch zur Gründung verschiedener Institutionen regionaler Zusammenarbeit geführt. Japan und die ASEAN-Staaten sind Mitglieder der pan-pazifisch orientierten *Pacific Economic Cooperation Conference* (PECC) und der *Asia-Pacific Economic Cooperation* (APEC). Zudem ist die ASEAN selbst eine Regionalorganisation, die sich auch der wirtschaftlichen Integration ihrer Mitgliedstaaten verschrieben hat und mit der AFTA gerade einen erneuten Versuch in diese Richtung unternimmt. Offensichtlich ist jedoch die Suche nach optimalen Kooperationsstrukturen, Integrationskonzepten und Teilnehmerkreisen noch nicht beendet. In diesen Prozeß bringen sowohl Japan als auch die südostasiatischen Länder ihre jeweiligen Interessen und Vorstellungen ein. Zugleich ist hier ein Feld eröffnet, auf dem Japan konzeptionelle und politische Gestaltungskraft wie auch Durchsetzungsfähigkeit beweisen kann.

Tōkyō hat mit dem Problem zu kämpfen, daß Japan zwar das stärkste Interesse an der regionalen Integration hat und das größte Potential einbringt, gerade deswegen aber auf Mißtrauen seiner regionalen Partner stößt, die aus ihren historischen Erfahrungen heraus eine neue japanische Hegemonie fürchten. Derartige Befürchtungen haben sich mit den Jahren vermindert. Sie bleiben jedoch weiter existent und werden von den nationalen Führungen auch gern als Druckmittel im politischen Geschäft gegenüber Japan instrumentalisiert. Dabei steht außer Frage, daß die Länder Südostasiens inzwischen eine grundsätzlich positive Haltung zur institutionalisierten regionalen Wirtschaftskooperation entwickelt haben. Charakteristisch für diese Zwiespältigkeit ist, daß man in Südostasien nahezu in einem Atemzug mehr japanische Verantwortung und Führungsqualitäten fordert, zugleich aber Japan vor einem Rückfall in alte Großmachtpolitik warnt.

Diese Situation zwingt Japan immer wieder zu Behutsamkeit und Zurückhaltung. Die japanische Diplomatie ist bestrebt, entweder mit eigenen Vorstellungen kongruente Initiativen anderer zu unterstützen oder Partner für gemeinsame Initiativen zu finden. Dem entspricht die 1985 von Ministerpräsident Yasuhiro Nakasone formulierte Grundposition der japanischen Regierung zur regionalen Wirtschaftskooperation: Der Schwerpunkt liegt in den Bereichen Wirtschaft, Wissenschaft und Kultur. Die Zusammenarbeit soll nicht zu einem geschlossenen Wirtschaftsblock führen. Zu fördern ist vor allem die privatwirtschaftliche Vernetzung. Die eigenständigen Initiativen der ASEAN werden respektiert.[162]

Die ASEAN ist an multilateraler Kooperation zur Öffnung der für sie wichtigen regionalen Exportmärkte, zur Förderung von Investitionen und Technologietransfer sowie zur Entwicklung der pazifischen Infrastruktur durchaus interessiert. Für sie ist aber wichtig, daß die pazifische Kooperation nicht zu einem Bedeutungsverlust der ASEAN führt, die Wirtschaftsriesen keine politische Dominanz anstreben und der

162 Vgl. K. Kaneko, A New Pacific Initiative. Strengthening the PECC Process, Japan Revue of International Affairs, (1988) 1, S. 86.

Überwindung von Entwicklungsunterschieden besondere Aufmerksamkeit gewidmet wird.[163]

Solange sich die regionale Wirtschaftskooperation im pan-pazifischen Rahmen abspielt, kann Japan mit den südostasiatischen Sonderinteressen leben. Mit dem malaysischen Vorschlag einer »Ostasiatischen Wirtschaftsgruppe« (*East Asia Economic Grouping*/EAEG) ist Japan allerdings eine harte diplomatische »Nuß« vorgesetzt worden. Eine solche Organisation würde bedeuten, daß die USA von der weiteren Institutionalisierung regionaler Wirtschaftskooperation abgetrennt würden. Washington, das noch vor wenigen Jahren jeglicher substantieller multilateraler Kooperation im Pazifik abhold war, kämpft inzwischen verbissen darum, den Anschluß an die Kerngruppierung der Wachstumsregion nicht zu verlieren. Für Japan stehen damit strategische Interessen auf dem Spiel. Eine EAEG würde die wirtschaftspolitischen Konflikte Japans mit den USA – die vorerst der wichtigste Partner in Handel, Industriekooperation und Kapitalverkehr bleiben – drastisch verschärfen und könnte schließlich auch das japanisch-amerikanische Bündnis untergraben. Daher hat die japanische Regierung früher mehrfach ihre ablehnende Haltung zu dem Projekt bekundet.[164] Andererseits werden sich die größten Märkte für Japan künftig in Ost- und Südostasien befinden. Zudem ist nicht ausgeschlossen, daß die USA tatsächlich in Richtung Protektionismus und Isolationismus abdriften. Wenn sich die Weltwirtschaft tatsächlich stärker in Handelsblöcke aufspalten sollte, wäre eine EAEG auch für Japan interessant. Daher wird auch immer wieder eine Tür für eine exklusive ost- und südostasiatische Gruppierung offengehalten.[165] Nachdem die ASEAN auf ihrer Ministerkonferenz im Juli 1993 die Initiative zur Etablierung einer EAEG ergriffen, die übrigen anvisierten Mitgliedsländer (China, Hongkong, Taiwan, Südkorea, Japan) eingeladen und positive Reaktionen aus chinesischer und koreanischer Richtung erhalten hatte, deutete auch die japanische Regierung ihre Bereitschaft an, sich an diesem Unternehmen zu beteiligen.[166]

3. Japans sicherheitspolitische Rolle in der Region

Das Ende des Ost-West-Konflikts hat die sicherheitspolitische Situation im westlichen Pazifik zweifellos verändert, teilweise durch die veränderten Realitäten, teilweise durch die veränderten Bedrohungsrezeptionen. Die Sowjetunion als strategische Bedrohung existiert nicht mehr. Der Nachfolger Rußland ist mit seinen inneren Problemen beschäftigt, die natürlich auch internationale Sprengkraft aufbauen, bislang aber eher zu einer außenpolitischen Mäßigung geführt haben. Die USA haben ihren Blick ebenfalls mehr nach innen gerichtet, ihre militärische Präsenz in der Region weiter verringert und begonnen, sich nach kostensparenderen Möglichkeiten zur

163 Vgl. SOA-Aktuell, (1990) 4, S. 347–349.
164 Vgl. SOA-Aktuell, (1991) 2, S. 87; (1991) 3, S. 176.
165 Vgl. A. Rowley, Tricks of the Trade, FEER 28. 5. 1992, S. 64.
166 Vgl. A. Rowley, Slowly off the Trade Blocs, FEER 18. 6. 1992, S. 44–48, Asahi Shimbun, 5. 1. 1994.

Gewährleistung ihrer sicherheitspolitischen Interessen im Pazifik umzusehen.[167] China ist mit seiner wirtschaftlichen Dynamik, politischen Unwägbarkeit und seiner gestiegenen Fähigkeit zur Projektion militärischer Macht zu einem regionalen Faktor geworden, dessen Wirkung wenig berechen- oder beherrschbar zu sein scheint.[168] Die im *take off* befindlichen Staaten Ost- und Südostasiens haben angesichts ihrer Industrialisierungsprioritäten und Modernisierungskonflikte zwar kaum Interesse an militärischen Abenteuern. Jedoch sind auch hier Machtrivalitäten, Grenzstreitigkeiten und gegenseitiges Mißtrauen nicht ausgeräumt. Zudem haben diese Staaten ihre gewachsenen finanziellen Fähigkeiten natürlich auch genutzt, um ihre militärischen Kapazitäten auszubauen.[169]

Japan hat auf die Transformation der regionalen Sicherheitssituation mit einiger Zeitverzögerung reagiert. Inzwischen scheint der Anpassungsprozeß begonnen zu haben. Bedingung ist aus japanischer Sicht, daß die USA in der Region politisch wie militärisch präsent und handlungsfähig bleiben. Japan strebt also weiterhin eine »pax consortis« im westlichen Pazifik an.[170] Eine weitere Bedingung ist, daß der strategische Kompromiß mit China aufrechterhalten bleibt und das politische Verhalten dieser unhandlichen Großmacht durch ihre regionale wirtschaftliche Verflechtung gemäßigt und kooperativ bleibt.

Japan ist an einem substantiellen politischen Dialog mit der ASEAN und auch mit Vietnam interessiert. Die japanische Regierung hat die schrittweise Einbeziehung der indochinesischen Staaten in die ASEAN-Strukturen begrüßt.[171] Ebenso unterstützte Japan von Beginn an die Initiative des ASEAN-Gipfeltreffens von 1992, ihre erweiterten Außenministertreffen (ASEAN-PMC) durch eine entsprechende Modifizierung der Inhalte und Erweiterung des Teilnehmerkreises zu einem regionalen Sicherheitsforum zu entwickeln.[172] Hierbei gelang es Tōkyō, auch den anfänglichen amerikanischen Widerstand zu überwinden und die USA für dieses Projekt zu gewinnen.[173] In diesem Zusammenhang wurde die japanische »Doppelstrategie« entwickelt, unmittelbare Konflikte und Sicherheitsprobleme durch begrenzte bi- und multilaterale Kooperation der beteiligten Seiten auf subregionaler Ebene anzugehen, daneben

167 Vgl. P. Cronin, Pacific Rim Security, Beyond Bilateralism? Pacific Revue, (1992) 3, S. 210–220.

168 Vgl. L. Buszinski, Southeast Asia in the Post-Cold War Era, Asian Survey (1992) 9, S. 834–38.

169 Vgl. A. Mack/D. Ball, The Military Build-up in Asia-Pacific, The Pacific Revue, (1992) 3, S. 197–208.

170 Vgl. R. Delfs, Looking for a Role, FEER 18. 6. 1992, S. 42.

171 Vgl. H. Soeya, Japan's Attitudes and Policies toward a Security Framework in the Asia Pacific, Hongkong 3. 6. 1993.

172 Teilnehmer sind bislang die ASEAN-Staaten sowie die USA, die EG, Japan, Kanada, Australien, Neuseeland und (seit 1991) Südkorea. Im Vorfeld des ASEAN-Gipfels in Singapur (Januar 1992) wurde in den think tanks der ASEAN die Idee geboren, die PMC zu einem regionalen Sicherheitsforum auszubauen und zu diesem Zwecke auch China, die (damalige) Sowjetunion, Vietnam, Laos, Kambodscha und Nordkorea einzubeziehen. Auf der 24. PMC (1991) erhielten China und die Sowjetunion einen Gaststatus. Auf dem Beamtentreffen der beteiligten Länder im Vorfeld der 26. PMC (1993) wurde eine Übereinkunft erzielt, daß China, Rußland, Vietnam und Laos ab 1994 PMC-Mitglieder werden können. Vgl. L. Buszinski, Southeast Asia, (Anm. 168), S. 839; J. Wanandi, Securing Asia's Future, FEER 15. 7. 1993, S. 23.

173 Siehe auch: T. Ueda, Asia Looking to Security Forums, Japan Times, 9. 7. 1993, S. 3.

aber politischen Dialog und Vertrauensbildung im größeren pan-pazifischen Rahmen zu entwickeln.[174] Im Februar 1993 beschlossen Japan und die ASEAN, jeweils vor den ASEAN-PMC auf Beamtenebene über sicherheitspolitische Fragen in der Region zu beraten.[175]

Wenn Japan eine sicherheitspolitische Rolle in der Region übernehmen will, ist eine – zumindestens begrenzte – militärische Handlungsfähigkeit nötig. Die militärische Komponente des Bündnisses mit den USA war bislang auf den Ost-West-Konflikt ausgerichtet und setzte eine fortdauernde amerikanische Führungsrolle in der regionalen Sicherheitspolitik voraus. Insofern ist die japanische Entscheidung für eine Beteiligung an friedenserhaltenden Maßnahmen der UN (PKO) bei aller Begrenztheit und Widersprüchlichkeit auch ein Versuch, eine neue Legitimation für militärisches Engagement in der Region zu finden. Die verhaltenen, aber nicht grundsätzlich ablehnenden Reaktionen in den meisten ost- und südostasiatischen Ländern zeigen, daß eine solche Rolle Japans akzeptiert werden kann, wenn weiterhin außerordentliche Zurückhaltung gewahrt wird. Schließlich ist man sich auch in diesen Ländern darüber im klaren, daß die sicherheitspolitische Einhegung Japans allein durch das Bündnis mit den USA wegen der schwindenden amerikanischen Fähigkeiten immer weniger gelingen wird. Daher müssen alternative Strukturen zur sicherheitspolitischen Einbindung Japans gefunden werden. Jedenfalls ist eine solche Lösung einer autonomen japanischen Sicherheits- und Militärpolitik vorzuziehen.[176]

Fazit

Japan ist über weite Teile der Nachkriegsära die wirtschaftlich dominante Kraft in Asien gewesen. Mit der Industrialisierung in der Region hat die japanische Wirtschaft inzwischen jedoch starke und aggressive Konkurrenz bekommen. Sicher bleibt Japan auf absehbare Zeit die stärkste Wirtschaftsmacht, ihre Dominanz wird jedoch relativiert. Als politischer Faktor war Japan in der Region bislang eher farblos. Die Erwartungen oder Befürchtungen hinsichtlich kommender Machtentfaltung, die die politologische Literatur seit mindestens zwei Jahrzehnten füllen, haben sich bis heute immer als größer erwiesen als die eingetroffene Realität. Dagegen sind die südostasiatischen Partner Japans im Gefolge ihres wirtschaftlichen Aufschwungs wesentlich selbstbewußter geworden. Tōkyō muß sich mehr und mehr auf ein Spiel unter Gleichen einlassen und hat darüber hinaus auch noch mit spezifischen Faktoren zu kämpfen, die seinen politischen Spielraum einschränken, wie das Mißtrauen in der Region oder die Rücksichtnahme auf die USA. Der künftige Platz Japans in Südostasien wird auch davon abhängen, ob es dem Land gelingt, sich wirtschaftspolitisch wie soziokulturell für eine Integration mit seinen regionalen Nachbarn zu öffnen und zugleich seine Verantwortungsbereitschaft und Führungsfähigkeit über Scheckbuchdiplomatie und *burden sharing* mit den USA hinaus unter Beweis zu stellen.

174 Vgl. I. Umezu, Securing the Stable, Look Japan, (1992) 10, S. 3.
175 Vgl. H. Soeya, (Anm. 171), S. 7.
176 Vgl. L. Buszinski, Southeast Asia, (Anm. 168), S. 838/839.

VIII. Die deutsch-japanischen Wirtschaftsbeziehungen

HEINRICH KREFT

1. Erste Handelsbeziehungen

Erste Wirtschaftskontakte zwischen Japan und dem deutschsprachigen Raum gehen bereits auf das 17. Jahrhundert zurück. Zahlreiche Deutsche sind damals auf dem Wege über Holland bzw. die Niederländisch-Ostindische Handelskompagnie nach Japan gelangt. Offizielle Handelsbeziehungen zwischen Deutschland und Japan wurden allerdings erst 1861 durch den Abschluß eines Handelsvertrages zwischen Preußen und Japan aufgenommen. Das 1871 gegründete Deutsche Reich stieg bald neben England, den USA und Frankreich zu einem wichtigen Lieferanten Japans für industrielle Güter auf. England und die USA blieben bis in den Zweiten Weltkrieg hinein die größten Konkurrenten Deutschlands auf dem japanischen Markt. In weitaus größerem Umfang als deutsche haben englische und amerikanische Firmen in Japan investiert; japanische Ingenieure wurden meist in England und den USA ausgebildet. Erst in der ersten Dekade des 20. Jahrhunderts vermochte der deutsche Export von Maschinen und Anlagen auf dem japanischen Markt Fuß zu fassen. Daneben gewann auch der Export von elektrotechnischen Geräten und Ausrüstungsgütern eine zunehmende Bedeutung. Führende Lieferanten waren dabei Unternehmen der Siemensgruppe, die im Jahre 1905 mit der »Siemens-Schuckert Denki KK« eine erste japanische Tochterfirma gründete. Die Beziehungen von Siemens zu Japan wurden allerdings 1913 durch die Aufdeckung des sogenannten »Siemens-Bestechungsskandals«, in den hochrangige Vertreter der Japanischen Marine verwickelt waren, getrübt. Im Nachhinein stellte sich allerdings heraus, daß sich auch englische Firmen daran beteiligt hatten.

Als Schrittmacher des deutsch-japanischen Handels fungierte in dieser Phase eine größere Zahl deutscher Handelshäuser (42 im Jahre 1898 in Yokohama und Kobe), an deren Seite in zunehmendem Maße Werksvertretungen der großen deutschen Hersteller traten. Im Jahre 1902 entstand mit der in Yokohama erscheinenden »Deutschen Japan-Post« ein eigenes Presseorgan der deutschen Handels- und Wirtschaftsvertreter in Japan.

Die offizielle Grundlage für die deutsch-japanischen Handels- und Wirtschaftsbeziehungen in der ersten Dekade des 20. Jahrhunderts war der 1896 abgeschlossene und mit großer Verzögerung Mitte 1899 in Kraft getretene Handels- und Schiffahrtsvertrag. Mit diesem Vertrag wurde Japan das Recht der gegenseitigen Meistbegünstigung zugestanden. Um auch die volle Zollautonomie zu erlangen, kündigte Japan 1910 den Vertrag mit Deutschland (wie schon zuvor die entsprechenden Vereinbarungen mit anderen Staaten). Der diesmal zügig ausgehandelte neue Vertrag konnte

Mitte 1911 in Kraft treten und trug trotz zahlreicher Zolltariferhöhungen zu einer Ausweitung der deutschen Exporte nach Japan bei. Insbesondere die deutsche Schwerindustrie, gefolgt von der Chemie, profitierte von dieser Exporthausse. Vor Ausbruch des Ersten Weltkrieges stand Deutschland damit an fünfter Stelle unter den Import- und an achter Stelle unter den Ausfuhrländern. Die Exportpalette der japanischen Wirtschaft nach Deutschland bestand vornehmlich aus Ölen und Fetten und des weiteren aus Menthol, Kampfer, Kupfer, Strohwaren und Erzeugnissen des japanischen Kunsthandwerks (sogenannte »Japanartikel«).

Im Verlaufe des Ersten Weltkrieges, in den Japan auf der Seite der Alliierten eintrat, kam der bilaterale Handel weitgehend zum Erliegen. Dies traf zum Teil auch auf die anderen kriegführenden, insbesondere europäischen Handelspartner zu, so daß sich Japan von dringend benötigten Einfuhren abgeschnitten sah. Die Situation führte zu einer verstärkten importsubstituierenden Industrialisierung mit der Folge, daß nach dem Krieg ein nahtloses Wiederanknüpfen an die Handelsbeziehungen der Vorkriegszeit nicht im Interesse Japans lag.

2. Japan und Deutschland zwischen den Weltkriegen

Als Siegermacht aus dem Ersten Weltkrieg hervorgegangen, besaß Japan gegenüber Deutschland durch den Versailler Vertrag bis 1925 das Recht der einseitigen Meistbegünstigung. Japan war inzwischen ebenfalls selbst zu einem Industrieland geworden und hatte in den ersten Jahren nach dem Krieg keinen Grund, den Handel mit Deutschland zu fördern. Die japanische Regierung neigte eher dazu, mit Hilfe von Zollschranken die eigene junge Industrie vor den gefürchteten Exporten aus Deutschland abzuschirmen.

Für die weitere Entwicklung seiner Industrie zeigte sich Japan aber doch bald daran interessiert, auch auf deutsches know-how zurückgreifen zu können. Während einige deutsche Unternehmen aufgrund der schlechten Erfahrungen in der Kriegszeit nicht an einem neuen Japan-Engagement interessiert waren, bekundeten andere (z.B. Krupp, Bosch, Daimler-Benz) Aufgeschlossenheit. Ein positiv zu wertendes Beispiel dieser neuen Zusammenarbeit ist die Kooperation zwischen Siemens und Furukawa. Nachdem erste Kontakte zwischen diesen Unternehmen bereits um die Jahrhundertwende geknüpft worden waren, gründeten beide im Jahre 1923 das *joint venture* »Fuji Denki Seizo KK« (Name aus Furukawa & Siemens gebildet/Aktienkapital zu 30% bei Siemens und 45% bei Furukawa). Für die japanische Seite bedeutete das Gemeinschaftsunternehmen den preiswerten Zugang zu hochwertiger Technologie und für Siemens einen verbesserten Zugang zum japanischen Markt. Anderen deutschen Firmen, insbesondere des Rüstungssektors, die unter den Auflagen des Versailler Vertrages zu leiden hatten, bot eine Kooperation mit japanischen Unternehmen die Chance des eigenen Überlebens (z.B. Gründung einer Mitsubishi-Rohrbach-Flugzeugfabrik in Japan, aber auch Kooperationsbemühungen von Dornier, Junkers und Heinkel).

Auseinandersetzungen zwischen japanischen und deutschen Unternehmen gab es immer wieder bei Fragen der Patentrechte. Kurz vor Ende des Ersten Weltkrieges hatte Japan per Gesetz den Schutz deutscher Patente in Japan aufgehoben und nach Friedensschluß wurden zahlreiche Patentrechte unter japanischen Firmen versteigert. Weitere Probleme erwuchsen aus dem zunehmenden Auftreten japanischer Firmen als Konkurrenten, zunächst auf dem japanischen Markt, aber auch immer stärker auf Drittmärkten und sogar auf dem deutschen Markt. Insbesondere die I.G. Farben hatte mit den japanischen Herstellern von billigerem Methanol zu kämpfen, und die japanische Glühlampenindustrie nutzte die während des Ersten Weltkrieges aufgebauten Produktionskapazitäten in den zwanziger Jahren zu einer damals beispiellosen Exportoffensive. Mit ihren erheblich billigeren Produkten eroberten sie nacheinander den heimischen und ostasiatischen Markt und bedrohten bald den europäischen und teilweise auch den deutschen Markt.

Diese japanischen Exporterfolge verfolgte man in Deutschland mit Staunen, denn man hatte noch kaum wahrgenommen, daß Japan inzwischen zu einer Industrienation aufgestiegen war. Die deutsche Industrie – sekundiert von den Medien – beklagte lautstark japanisches Dumping und forderte geeignete Schutzmaßnahmen. Die Diskussion reichte dabei u.a. von der Kontingentierung japanischer Importe über ein Exportverbot von Produktionsanlagen nach Japan bis hin zur Forderung, Druck auf Japan auszuüben mit dem Ziel, die japanischen Arbeitslöhne zu erhöhen, welche dann durch die höheren Lohnstückkosten zu einer verminderten Wettbewerbsfähigkeit führen sollten.

Die japanische Exportindustrie machte mit ihren billigeren Produkten den etablierten Industrienationen vor allem auf Drittmärkten wie Südostasien und Südamerika Konkurrenz. Die deutsche Exportindustrie hingegen tröstete sich damit, daß die japanische Konkurrenz mit ihren billigen aber qualitativ schlechteren Waren vermeintlich den Markt für die teureren, aber besseren Produkte der deutschen Industrie erschlössen. Dabei wurde jedoch übersehen, daß Japan sehr bald imstande war, die Qualität seiner Produkte zu erhöhen, so daß viele der von den Japanern mit Billigprodukten eroberten Märkte auch bei steigenden Ansprüchen der Konsumenten gehalten werden konnten und für die deutsche Wirtschaft auf Dauer verloren waren.

Deutschland traf diese japanische Exportoffensive völlig unvorbereitet. Der Krieg und die vielfältigen Probleme der Nachkriegszeit hatten dazu geführt, daß die Strukturveränderungen der japanischen Wirtschaft in Deutschland nicht ins Bewußtsein gedrungen waren. Man war zu sehr mit sich selbst beschäftigt gewesen. Die Konfrontation mit der Realität wirkte nun wie ein Schock, so daß Japan erneut – wie schon zu Beginn des Jahrhunderts – als »Gelbe Gefahr« dämonisiert wurde. Der Lerneifer der Japaner, der bisher in Deutschland überwiegend wohlwollend betrachtet worden war, wurde plötzlich als Bedrohung eingestuft. In dieser Zeit ist von Deutschland aus eine zunehmende Zurückhaltung zu beobachten, Japanern bereitwillig Zugang zu deutschen Fabriken und Einblick in deutsche Produktionsverfahren einzuräumen. Selbst das Auswärtige Amt in Berlin warnte vor Industriespionage Japans. In der deutschen Wirtschaft war die Ansicht verbreitet, daß zumindest ein Teil des japanischen Industrialisierungserfolges auf Industriespionage, vor allem durch die sich inzwischen in Deutschland in zunehmendem Maße ausbreitenden japanischen Handelshäuser, zurückzuführen sei. Andererseits war nicht zu leugnen, daß viele der Waren, mit denen Japan in den Export drängte (vor allem Textilien), auf deutschen Maschinen hergestellt wurden. So warnte z.B. Oswald Spengler vor dem Untergang des Abendlandes durch gedankenlosen Export von Produktionsmitteln. Doch gab es auch Wortführer, die diese Beunruhigung als unbegründet betrachteten und von Japan aus dem sich erhöhenden Lebensstandard seiner Bevölkerung eine Steigerung der Importe aus Deutschland und den anderen industrialisierten Ländern erwarteten.

In Deutschland und auch unter den in Japan ansässigen deutschen Industrie- und Handelsvertretern wurde nicht ausreichend berücksichtigt, daß sich mit zunehmender Industrialisierung auch der japanische Binnenmarkt veränderte. Waren aus euro-amerikanischer Produktion wurden längst nicht mehr kritiklos und bereitwillig aufgenommen. Die japanische Industrie verbreiterte mit großem Tempo die eigene Angebotspalette und verbesserte ständig die Qualität ihrer Produkte. Im Gegensatz zur anglo-amerikanischen Konkurrenz fiel es der deutschen Industrie wegen der Unterbrechung während des Ersten Weltkrieges schwerer, sich auf die veränderte Wirtschaftsstruktur Japans einzustellen. Mit den sich verschlechternden Geschäften der deutschen Wirtschaft in Japan mehrten sich die Klagen über das Geschäftsgebaren der einheimischen Konkurrenz. Kritische Stimmen gaben jedoch der Erkenntnis Ausdruck, daß die Probleme der Deutschen in Japan auch auf eigene Fehler und Mißstände zurückzuführen waren: zum Beispiel auf mangelnde Sprachkenntnisse und ein generelles Unverständnis gegenüber der japanischen Kultur. Viele deutsche Kaufleute und Firmenvertreter waren auf Informationen aus zweiter Hand, vornehmlich aus den englischsprachigen Zeitungen, angewiesen. Die bereits damals zahlreichen japanischen Fachzeitschriften wurden von der deutschen Wirtschaftskolonie kaum zur Kenntnis genommen, sonst hätten die ökonomischen Strukturveränderungen und die sich daraus ergebenden Konsequenzen für die deutsche Wirtschaft und den deutschen Handel viel früher und in ihrer vollen Breite bewußt gemacht werden können.

Nach dem Ersten Weltkrieg wurde für Japan in zunehmendem Maße der Import von qualitativ hochwertigen Maschinen und Erzeugnissen der chemischen Industrie wichtig. Das führte zu einer Spezialisierung der Importeure bzw. zur Einrichtung von Spezialabteilungen in den größeren Handelshäusern. Etliche deutsche Handelshäuser wurden zu Generalrepräsentanzen großer deutscher Unternehmen, wenn diese nicht eigene Werksniederlassungen errichteten bzw. die kurz nach dem Krieg gegründeten weiter ausbauten. Konkurrenz erwuchs den deutschen Kaufleuten in immer stärkerem Maße in den japanischen Handelshäusern, von denen viele Anfang der zwanziger Jahre in Deutschland eigene Niederlassungen eröffnet hatten (Mitsubishi 1923, Mitsui 1924). Die großen unter ihnen arbeiteten nicht nur im Im- und Exportgeschäft, sondern sammelten auch systematisch Informationen, die dann innerhalb der weitverzweigten Familienkonzerne weitergegeben wurden. Damit zerstörten sie alsbald die Monopolstellung der ausländischen Importeure in Japan.

Die Handelsbeziehungen zwischen Deutschland und Japan waren in den zwanziger Jahren recht einseitig. Deutschland exportierte erheblich mehr nach Japan, als es von dort importierte. Während Deutschland zunächst unter den Herkunftsländern der japanischen Importe an vierter Stelle stand, hielt man 1926 nur noch den sechsten Platz. Hatte Deutschland 1913 noch die achte Position unter den Abnehmern japanischer Produkte innegehabt, war man 1926 auf den sechzehnten Platz abgerutscht.

Mitte der zwanziger Jahre wurde von japanischer Seite offiziell der Vorschlag für den Abschluß eines neuen Handelsabkommens mit Deutschland unterbreitet. Dem Wunsch Deutschlands nach einer vollständigen Importliberalisierung stand jedoch das Interesse Japans entgegen, insbesondere seine während des Krieges gewachsene Farbenindustrie – für die Deutschland eine echte Bedrohung darstellte – zu schützen.

Erst nach Abschluß eines Vertrages der japanischen Regierung mit der I.G. Farben 1926, in dem sich die deutsche Seite verpflichtete, nur jene Farben nach Japan einzuführen, die dort nicht oder nicht in ausreichendem Maße hergestellt wurden, konnte im Juli 1927 der »Handels- und Schiffahrtsvertrag zwischen dem Deutschen Reich und Japan« unterzeichnet werden. 1929 konnte sich Deutschland hinter den USA, China und Indien wieder auf den vierten Platz unter den Herkunftsländern der japanischen Importe verbessern, d.h. es rangierte erstmals vor England, das zunehmend zurückfiel. Insgesamt aber erfüllten sich die Hoffnungen, durch den Vertrag den Handel mit Japan neu zu beleben, nicht. Als Folge der Weltwirtschaftskrise waren die deutschen Exporte 1931 gegenüber dem Spitzenjahr 1929 um zwei Drittel niedriger und erholten sich in den Folgejahren nur geringfügig.

In der Zeit von der ersten Dekade dieses Jahrhunderts bis zum Vorabend des Zweiten Weltkrieges betrug der Anteil der Importe aus Japan an den Gesamtimporten des Deutschen Reiches zwischen 0,3 und 0,6%. Der entsprechende Anteil der Exporte nach Japan an den Gesamtexporten schwankte zwischen 1,2 und 1,9%. In den dreißiger Jahren exportierte Deutschland im Durchschnitt viermal soviel nach Japan, wie es von dort einführte.

In den dreißiger Jahren wirkten sich die veränderten politischen Verhältnisse in Deutschland und Japan sowie die zunehmende Umstellung der Volkswirtschaften auf die Kriegsproduktion und die damit einhergehende Devisenbewirtschaftung zunehmend negativ auf den Handelsaustausch aus. Nach Eroberung der Mandschurei durch Japan kam es zu einem verstärkten Dreieckshandel, da das spätere Kaiserreich Mandschukuo im Gegensatz zu Japan einen Exportüberschuß im Handel mit Deutschland erwirtschaftete. 1936 wurde ein Handelsvertrag zwischen dem Deutschen Reich und der Mandschurei unterzeichnet, der im Folgejahr verlängert und 1938 durch ein neues Abkommen ersetzt wurde. Trotz der engen politischen Zusammenarbeit zwischen Japan und dem Deutschen Reich gestalteten sich die Handelsbeziehungen als sehr schwierig und boten den deutschen Handelskammern in der Mandschurei Anlaß zu einer Vielzahl von Beschwerden.

Generell läßt sich feststellen, daß sich die politische Annäherung zwischen Japan und Deutschland ab Mitte der dreißiger Jahre nicht positiv auf die Wirtschaftsbeziehungen beider Länder ausgewirkt hat. Im Gegenteil, der bilaterale Wirtschaftsverkehr wurde zunehmend schwieriger. Die deutschen Kaufleute beklagten sich über einen zunehmenden Protektionismus Japans, spürbar z.B. in der Abdrängung ausländischer Zwischenhändler zugunsten einheimischer Kaufleute und Handelshäuser. Hinzu kam eine große Zahl nichttarifärer Handelshemmnisse, die zu fortwährenden Auseinandersetzungen Anlaß gaben. Je stärker der bilaterale Handel erodierte – so scheint es fast – desto mehr wurde von offizieller Seite über Völkerfreundschaft und neue Handelsabkommen gesprochen. Im Juli 1939 wurde ein bilaterales Waren- und Zahlungsverkehrsabkommen unterzeichnet, das aber – vordergründig wegen des Beginns der Kriegshandlungen in Europa – nie in Kraft trat. Die britische Seeblockade führte dann sehr schnell zu einem Abflauen des Handelsaustausches. Der Versuch, die Handelsströme über die Sibirienroute umzuleiten, scheiterte an der mangelhaften Infrastruktur in der Sowjetunion und an den höheren Kosten. Im Januar 1943 kam es zu einem letzten Abkommen über die wirtschaftliche Zusammenarbeit zwischen Japan und dem Deutschen Reich, aber aufgrund der Kriegssituation hatte es keine Auswirkungen mehr.

3. Wachsende Partnerschaft der Wirtschaftswunderländer

Niederlage und Besatzung führten nach dem Zweiten Weltkrieg zu einer zwangsläufigen Unterbrechung in den deutsch-japanischen Beziehungen. 1947 kam es sogar zu einer zwangsweisen Repatriierung aller in Japan ansässigen Deutschen. In den Wirtschaftsbeziehungen führte der Zweite Weltkrieg zu einer noch größeren Zäsur als schon der Erste.

Sowohl Japan als auch die auf dem größeren Teil des ehemaligen Deutschen Reiches entstandene Bundesrepublik richteten ihre Politik und Wirtschaftsbeziehungen auf das siegreiche und wohlhabende Amerika aus. Dieses traf auf Japan in weitaus höherem Maße zu als für die Bundesrepublik Deutschland, da diese mit zunehmendem Wiederaufbau in Europa auch bald die Handelsbeziehungen mit den Nachbarstaaten wieder aufnehmen konnte. Die deutsch-japanischen Wirtschaftsbeziehungen wurden zunächst von privater Seite wieder angeknüpft und wurden nur langsam wieder enger, nachdem sich die wirtschaftliche und politische Lage in beiden Ländern konsolidiert hatte. Nach dem Inkrafttreten des Friedensvertrages von San Francisco im Jahre 1952 kamen wieder zahlreiche deutsche Kaufleute und Firmenrepräsentanten nach Japan, die sich wie ehedem hauptsächlich in Tōkyō/Yokohama sowie in Ōsaka und Kobe niederließen. Der Handelsaustausch blieb während der fünfziger Jahre relativ unbedeutend, obwohl der Koreakrieg auch zu einer Ausweitung des japanisch-deutschen Handels führte.

Beide Länder konzentrierten ihre Kräfte auf den wirtschaftlichen Wiederaufbau. Im Gegensatz zu Deutschland hatte Japan im Zweiten Weltkrieg zwar erheblich weniger Zerstörungen erlitten und war nach dem Krieg auch nicht von Reparationsforderungen und Demontagen der Alliierten betroffen gewesen, ansonsten hatte Japan aber vergleichbare Probleme. Hierzu gehörten vor allem Arbeitslosigkeit, Nahrungsmittelknappheit, Inflation und Engpässe in der Energieversorgung. Ähnlich wie Deutschland war Japan mit dem Problem konfrontiert, aus den Kolonien und eroberten Gebieten geflohene Landsleute zu integrieren. Über 13 Millionen Japaner waren

Tab. 1: Die Entwicklung des deutsch-japanischen Handels (1950–1992)

Jahr	Einfuhr aus Japan (in Mill. DM)	Ausfuhr nach Japan (in Mill. DM)	Saldo
1950	37,8	32,9	– 4,9
1955	90,7	169,7	+ 79,0
1960	285,6	503,3	+ 217,7
1965	958,3	750,7	– 207,6
1970	2051,8	1956,7	– 95,1
1975	4295,0	2351,0	– 1944,0
1980	10434,0	3970,0	– 6464,0
1985	20720,0	7888,0	– 12832,0
1990	32881,0	17415,0	– 15466,0
1992	38049,0	14600,0	– 23449,0
1993	34134,0	15764,0	– 18370,0

Quellen: Zusammengestellt nach »Wirtschaftsstatistischer Anhang« in: Manfred Pohl (Hrsg.), Japan – Politik und Wirtschaft, Hamburg, Versch. Jahrgänge, seit 1976/77.

nach dem Krieg beschäftigungslos. Im Gegensatz zu Deutschland blieb in Japan aber das Verwaltungssystem weitgehend intakt. Beim Wiederaufbau kam dabei dem 1949 gegründeten MITI (Ministerium für Internationalen Handel und Industrie) eine Schlüsselrolle zu. Zusammen mit den in der Zeit der gelenkten Kriegswirtschaft erstarkten Institutionen wie dem Finanzministerium und der Bank von Japan besaß die japanische Regierung schlagkräftige Instrumentarien zur Durchsetzung ihrer wirtschaftspolitischen Vorstellungen. Trotz des großen Bedarfs an Arbeitsplätzen konzentrierte sich das MITI nicht auf die Förderung arbeitsintensiver Industrien – wie etwa der Textilindustrie –, sondern der Schwer- und chemischen Industrie. Damit setzte das MITI eine Erneuerung der Industriestruktur durch, die die Grundlage für das japanische Wirtschaftswunder bildete. Die durchschnittliche jährliche Wachstumsrate des Bruttosozialprodukts in der Nachkriegsphase (1946–55) wird auf 8,9% geschätzt.

Die aufgrund des Koreakrieges erzielten Deviseneinnahmen erlaubten es Japan bereits Anfang der fünfziger Jahre, Güter im Wert von etwa 10 bis 13% des Bruttosozialprodukts zu importieren. Seither hat sich die japanische Importquote nicht wesentlich geändert. Mitte der fünfziger Jahre hatte das Pro-Kopf-Einkommen wieder den höchsten Vorkriegsstand erreicht. Anders als andere ostasiatische und lateinamerikanische Länder isolierte sich Japan nicht von der westlichen Welt, sondern strebte eine schrittweise Integration in die Weltwirtschaft an. Dadurch profitierte Japan von der Entwicklungsdynamik der wirtschaftlich am weitesten entwickelten Weltregionen. Mitte der fünfziger Jahre trat Japan in eine Periode hohen wirtschaftlichen Wachstums ein, die bis zur ersten Erdölpreiskrise Anfang der siebziger Jahre dauerte und jährliche Wachstumsraten von ca. 10% aufwies. Im Vergleich dazu erhöhte sich das BSP der Bundesrepublik Deutschland zwischen 1960 und 1970 durchschnittlich um 4,7%. Das japanische Wirtschaftswachstum beruhte zu einem wesentlichen Teil auf außerordentlich hohen Investitionen verbunden mit der Einführung modernster Technologien.

Im August 1951 hatten sich die Bundesrepublik und Japan auf die Wiederanwendung des Handels- und Schiffahrtsvertrages von 1927 geeinigt. Die Neuanknüpfung der politischen Kontakte erfolgte durch die Wiederaufnahme der diplomatischen Beziehungen im Jahre 1952. Im Juli 1960 wurde ein neuer Handelsvertrag zwischen den beiden Ländern unterzeichnet, der bis heute Gültigkeit besitzt. Diesem folgten u.a. 1962 ein Luftverkehrsabkommen und 1967 ein Abkommen zur Vermeidung der Doppelbesteuerung. 1962 kam es zur Wiedereinrichtung einer deutschen Handelskammer in Tōkyō nebst einer Außenstelle in Ōsaka mit derzeit 266 ordentlichen und 456 assoziierten (davon 247 japanischen) Mitgliedern (Stand: Dez. 1992). Seit dem 1. Januar 1970 sind die deutschen Handelsbeziehungen zu Japan in die Zuständigkeit der EG übergegangen. Die deutsch-japanischen Wirtschaftsbeziehungen werden daher nicht nur in regelmäßigen bilateralen Gesprächen diskutiert, sondern in ebenfalls regelmäßig stattfindenen Konsultationen zwischen der EG/EU-Kommission und der japanischen Regierung.

Der schnelle wirtschaftliche Aufstieg Westdeutschlands und nur etwas zeitversetzt auch der Japans in den fünfziger Jahren hatten ebenfalls einen raschen Anstieg des Handelsaustausches zur Folge. Im Laufe der sechziger Jahre wurde die Bundesrepublik Deutschland Japans wichtigster Abnehmer und Lieferant in Europa, während umgekehrt Japan zum wichtigsten deutschen Handelspartner in Asien aufstieg. Mitte der sechziger Jahre erreichte der Handelsaustausch das Vorkriegsniveau und überschritt es in der Folge ebenso rasch wie erheblich. Von 1952 bis 1964 hatte die Bundesrepublik im Handel mit Japan stets einen Überschuß erzielt. Die deutschen Exporte bestanden dabei im wesentlichen aus Maschinen und Anlagen sowie sonstigen Fertigprodukten. Mitte der sechziger Jahre geriet der deutsche Handel mit Japan ins Defizit. Damit setzte ein Trend ein, der 1967 und 1968 nur noch vorübergehend umgekehrt werden konnte. Seither ist das Defizit enorm angewachsen und zu einem strukturellen Problem geworden. 1975 kam es zu ersten ernsthaften handelspolitischen Spannungen, als Japan sich darum bemühte, unter amerikanischem Druck einen Teil seiner für die USA bestimmten Exporte nach Europa umzulenken. Die EG versuchte, sich u. a. mit Anti-Dumping-Verfahren gegen japanische Kugellagerexporteure zur Wehr zu setzen, was in den Augen einiger Japaner als »Kriegserklärung« angesehen wurde. Insbesondere die planmäßige Eroberung ganzer Marktsegmente durch die japanische Exportwirtschaft (sogenanntes *laser beaming*) hat weltweit Befürchtungen ausgelöst. So wurden zum Beispiel 1971 bereits 2,4 Millionen Kraftfahrzeuge und 6,25 Millionen Fernsehgeräte ausgeführt. Nach und nach sind dabei auch die deutschen Uhren-, Fotoapparate- und Unterhaltungselektronikhersteller von der fernöstlichen Konkurrenz überrollt worden. Der Exportwelle stand die Abschottung Japans gegen den Import von Fertigwaren gegenüber. Mit zunehmenden Handelsüberschüssen geriet Japan insbesondere unter amerikanischen Druck, die Importbarrieren abzubauen.

4. Die deutsch-japanischen Wirtschaftsbeziehungen in der Gegenwart

Deutschland ist Japans wichtigster Handelspartner in Europa und steht (nach den USA) an zweiter Stelle unter den Abnehmerländern Japans, während Japan als Abnehmer für deutsche Waren nur die sechste Stelle einnimmt.

Japan ist einer der stärksten Konkurrenten der deutschen Wirtschaft auf dem Weltmarkt einschließlich des deutschen Marktes. Die deutschen Hersteller von Produkten aus den Bereichen Optik, Elektronik, Automobil-, Werkzeugmaschinen- und Industrieanlagenbau stehen insbesondere in harter Konkurrenz mit japanischen Unternehmen. Japan liegt unter den Welthandelsnationen nach der Bundesrepublik und den USA an dritter Stelle.

In der Wirtschaftspolitik herrscht weitgehende Interessengleichheit zwischen Japan und Deutschland, was sich insbesondere bei den Weltwirtschaftsgipfeln, GATT-Verhandlungen und in internationalen Institutionen (z. B. Weltbank und Internationaler Währungsfonds) manifestiert. Beide Länder sind Befürworter des freien Welthandels und treten für eine inflationsfreie Wachstumspolitik ein.

Im bilateralen Handel bestehen allerdings beachtliche strukturelle Ungleichgewichte, die seit Mitte der siebziger Jahre fast stetig zugenommen haben. In den achtziger Jahren ist das deutsche Defizit im Handel mit Japan stark angestiegen und überschritt 1984 erstmals die 10-Milliarden-DM-Grenze. Dieses ist vor allem auf die stark anwachsenden japanischen Exporte nach Deutschland zurückzuführen. Der Abbau japanischer Importbarrieren, aber auch beträchtliche Anstrengungen auf deutscher Seite führten zwischen 1987 und 1990 zu einer bedeutenden Ausweitung der deutschen Exporte und damit zu einem vorübergehenden Rückgang des japanischen Überschusses. Unter den deutschen Aktivitäten ist vor allem die deutsche Leistungsschau »Made in Germany. Gestern – Heute – Morgen« im Frühjahr 1984 hervorzuheben. Diese deutsche Industrieausstellung hatte das Ziel, mittelfristig zum Abbau des deutschen Handelsdefizits durch stärkere Durchdringung des japanischen Marktes beizutragen und im Bereich der Technologie und Kapitalinvestitionen die Zusammenarbeit zu verstärken. In der Folge konnte insbesondere der Export deutscher Personenkraftwagen der Oberklasse gesteigert werden.

Der durch die deutsche Vereinigung ausgelöste Importsog machte allerdings die Bemühungen um einen Ausgleich der Handelsbilanz vorerst zunichte. Im Jahre 1991 explodierten geradezu die japanischen Exporte nach Deutschland, während sich zugleich die sich abzeichnende Wirtschaftsabschwächung in Japan dämpfend auf die Importe auswirkte. Die unvermeidliche Folge war ein Anstieg des deutschen Defizits um 57 % von 15,5 auf 23,2 Milliarden DM. Zwar gingen die japanischen Exporte nach Deutschland im Jahre 1992 geringfügig zurück. Weil aber rezessionsbedingt die Importzahlen aus Deutschland noch tiefer sanken, stieg das Defizit gegenüber dem Vorjahr sogar noch weiter an. In 1993 verringerte sich das Defizit auf 18,4 Milliarden DM, da sich die deutschen Ausfuhren nach Japan erhöhten und gleichzeitig die japanischen Exporte um über 10 % zurückgingen.

Die deutsche Präsenz auf dem japanischen Markt ist mit Ausnahme der chemischen Industrie nach wie vor unterentwickelt. Dieser Sachverhalt liegt zum einen in strukturellen Marktzugangsschwierigkeiten begründet, wie z. B. den sehr hohen Markteintrittskosten. Zum anderen ist er aber Ausdruck des zu geringen Interesses deutscher Firmen an Japan und auch der nachlassenden Wettbewerbsfähigkeit deutscher Produkte.

Der Exportdruck Japans ist nach wie vor hoch und in einzelnen Branchen existenzgefährdend. Dennoch befürwortet Deutschland – teilweise gegen heftige Widerstände in Brüssel – auch weiterhin gegenüber Japan eine expansive Lösung des Problems der Handelsungleichgewichte, d. h. einen Defizitabbau über eine größere

Tab. 2: Struktur des Warenhandels und des Handelsdefizits 1992
(in Mio. DM)

Warengruppe	Einfuhr aus Japan	Ausfuhr nach Japan	Saldo	Anteil am Handelsbilanzdefizit in Prozent
Elektronische Erzeugnisse	10256	1155	– 9101	38,8
Kraftfahrzeuge	11524	4690	– 6834	29,1
Büromaschinen	4287	201	– 4086	17,4
Feinmechanische und optische Erzeugnisse	2796	557	– 2239	9,5
Zusammen	28863	6603	– 22260	94,9
Gesamthandel	38049	14600	– 23449	100

Quelle: Statistisches Bundesamt, eigene Berechnungen.

Marktöffnung und -durchdringung in Japan statt protektionistischer Maßnahmen. Obwohl Zölle in Japan heute durchschnittlich unter dem EU-Niveau liegen und auch nichttarifäre Handelshemmnise (z.B. Normen, Prüfungsvorschriften bei Automobilen und chemischen Erzeugnissen) erheblich abgebaut werden konnten, ist der Zugang zum japanischen Markt außerordentlich schwierig. Die entscheidenden Barrieren liegen in der Struktur des japanischen Marktes und den Besonderheiten der japanischen Gesellschaft begründet. So wird zum Beispiel das Verteilungssystem weitgehend von den einheimischen Produzenten kontrolliert. Der Aufbau eines eigenen Handels- und Servicenetzes ist nur in ganz wenigen Branchen (z.B. Kfz) möglich und sehr kostspielig. Der hohe Grad der Verflechtung der japanischen Wirtschaft gepaart mit gesellschaftlicher Uniformität macht es Neuankömmlingen überaus schwierig, auf dem japanischen Markt Fuß zu fassen. Hinzu kommt die Schwierigkeit, sich über »Merger & Acquisition« in den Markt einzukaufen, wie es in Deutschland und vor allem in den angelsächsischen Ländern möglich und durchaus üblich ist.

Ein großes Ungleichgewicht gibt es auch bei den gegenseitigen Investitionen. Die japanischen Investitionen in Deutschland sind fünfmal so hoch wie die deutschen in Japan. Aber Deutschland ist nicht einmal der bevorzugte Standort japanischer Firmen in Europa. Etwa 40% (= 26 Milliarden Dollar) aller japanischen Investitionen in Europa flossen nach Großbritannien. Mit Direktinvestitionen in einer Größenordnung von etwa 6 Milliarden Dollar folgt Deutschland nach den Niederlanden auf dem dritten Rang. Vor allem seit dem Ende der siebziger Jahre haben japanische Unternehmen in großem Umfang in Deutschland investiert. Allerdings gingen über 50% dieser Investitionen in den Handel, d.h. in den Aufbau von Distributions- und Servicenetzen. Nicht zuletzt darauf ist die hohe Marktdurchdringung japanischer Erzeugnisse in Deutschland hinsichtlich bestimmter Produktbereiche (wie z.B. Autos, Elektronik und Fotoartikel) zurückzuführen. Die japanischen Investitionen im verarbeitenden Sektor sind nach wie vor gering. Diesbezüglich entfielen die meisten Direktinvestitionen sowohl absolut als auch im europäischen Vergleich auf die Fabrikationssparten Elektrotechnik und Chemie. Trotz aller Bemühungen von deutscher Seite ist das Engagement japanischer Unternehmen in den neuen Bundesländern bisher minimal.

Im Gegensatz zu den japanischen Direktinvestitionen in Deutschland konzentrieren sich die deutschen in Japan auf das verarbeitende Gewerbe. Über 50% der deutschen Investitionen in Japan wurden dabei von der chemischen Industrie getätigt. Seit einigen Jahren findet jedoch eine langsame Schwerpunktverlagerung der Investitionstätigkeit vom verarbeitenden Gewerbe in den Handel statt. Nach anfänglich bloßer Lizenzvergabe ist die deutsche Wirtschaft über *joint venture*-Partnerschaften im Zuge der japanischen Liberalisierungen inzwischen dazu übergegangen, hundertprozentige Tochterfirmen bzw. eindeutige Mehrheitsbeteiligungen anzustreben. Allerdings ist die nach wie vor geringe Höhe der Investitionen und das noch weitgehende Fehlen mittelständischer Unternehmen ein Indiz für die noch zu geringe Marktpräsenz der deutschen Exportwirtschaft in Japan. Ausreichende Marktdurchdringung wäre aber unbedingt für die Sicherung der Wettbewerbsfähigkeit der deutschen Industrie und für die Wiederherstellung gleichgewichtiger Wirtschaftsbeziehungen erforderlich. Neben den aufgezeigten Schwierigkeiten des japanischen Marktes wird ein stärkeres Engagement der deutschen Wirtschaft in Japan auch durch hausgemachte Faktoren

Tab. 3: Gründe für Erfolge und Probleme europäischer Unternehmen in Japan

Die zehn bedeutendsten Problemfaktoren	in Prozent*		Die zehn wichtigsten Erfolgsfaktoren
Hohe Grundstückspreise	76	58	Ausdauer, Geduld, langfristiges Engagement
Hohe Serviceansprüche japanischer Kunden	66	33	Qualität der Produkte inkl. Service
Hohe Qualitätsansprüche	65	27	Angepaßte Markenprodukte
Erwartung großer Liefertreue	60	24	Gute lokale Belegschaft
Arbeitskräftemangel	55	16	Unterstützung von der Muttergesellschaft
Handelssystem	49	5	Gutes Firmenimage, Ansehen, Zuverlässigkeit
Kommunikation, Sprache	41	12	Marktforschung/Verständnis für jap. Verhaltensweisen
Japanische Gewohnheiten	38	12	Anwendung japanischer Führungsmethoden
Finanzierung	33	11	Lokale Unabhängigkeit von jap. Herstellern, Handel und Geschäftspartnern
Undurchsichtigkeit von *Keiretsu*-Organisationen (Unternehmenskonglomerate)	26	9	Innovative Produkte

* Mehrfachnennungen.

Quelle: HEC, Eurasia Institute 1991, S. 183, 205 (Übersetzung d. Verf.).

verhindert. So ziehen es nicht wenige deutsche Unternehmen weiterhin vor, mit etablierten Handelspartnern in Europa und den USA zusammenzuarbeiten. Seit den Umwälzungen in Osteuropa konzentrieren sich darüber hinaus viele Unternehmen zunehmend auf die dort neu entstehenden Märkte und scheuen vor den hohen und risikoreichen Investitionen in Japan zurück. Japan ist auf der Prioritätenskala der deutschen Wirtschaft weiter nach hinten gerückt. Dem Münchner IFO-Institut ist beizupflichten, welches schon 1990 die dringende Notwendigkeit sah, der deutschen Wirtschaft klarzumachen, »daß die momentan laufende Globalisierung der japanischen Wirtschaft potentiell sowohl eine Gefährdung unserer Wettbewerbsfähigkeit als andererseits auch eine Chance zum Aufbau neuer Partnerschaften mit Japanern beinhaltet. Dem deutschen Mittelstand wäre zu vermitteln, daß eine Präsenz im japanischen Markt das beste Mittel darstellt, mit dem sich eine derartige Gefährdung abwehren und mit dem sich gegenüber japanischen Unternehmen Kompetenz für Partnerschaft demonstrieren läßt.«[177]

177 Angelika Ernst/Hanns-Günther Hilpert, Japans Direktinvestitionen in Europa – Europas Direktinvestitionen in Japan, IFO-Institut für Wirtschaftsforschung, München 1990, S. 221.

Bibliographie

Wirtschaftsentwicklung in den achtziger Jahren

JETRO (Hrsg.), Nippon 1990 – Business Facts and Figures, Tōkyō 1990.

Keizai Kōhō Center, Japan Institute for Social and Economic Affairs (Hrsg.), Japan 1993 – An International Comparison, Tōkyō 1993.

Pohl, Manfred (Hrsg.), Japan – Politik und Wirtschaft (Jahrbuch), Hamburg 1976ff.

Japan (Zeitschrift seit 1993, Hamburg), regelmäßige, kontinuierliche Wirtschaftsberichte und Einzelanalysen.

Die Struktur des Außenhandels

Friedman, George/Meredith Lebard, The Coming War with Japan, New York 1991.

Howell, Alan WM (Hrsg.) u. a., Conflicts Among Nations – Trade Policies in the 1990s, London 1992.

Imaï, Massaki, Kaizen – Der Schlüssel zum Erfolg der Japaner im Wettbewerb, Berlin 1992.

Ishihara, Shintaro, Wir sind die Weltmacht, Bergisch Gladbach 1992.

James, Barrie G., Wirtschaftsmacht Japan – Das Trojanische Pferd, Freiburg 1990.

JETRO, White Paper on International Trade Japan 1992; MITI, Tōkyō.

Matsubara, Hisako, Raumschiff Japan – Realität und Provokation, München 1989.

Oppenheim, Philip, Trade Wars – Japan versus the West, London 1992.

Schwarzacher, Lukas, Japan heute, Zürich – Wiesbaden 1991.

Tasker, Peter, Japan von Innen – Macht und Reichtum eines neuen Wirtschaftsimperiums, Zürich 1988.

Teruoka, Itsuko, Armes Japan – Die Schattenseiten des Wirtschaftsgiganten, Hamburg 1991.

Wolferen, Karel van, Vom Mythos der Unbesiegbaren – Anmerkungen zur Weltmacht Japan, München 1989.

Wirtschaftsbeziehungen Japan – USA

Burstein, Daniel, Yen! Die japanische Herausforderung (Yen! Japan's New Financial empire and its Threat to America), München 1989.

James, Barrie G., Wirtschaftsmacht Japan – Das trojanische Pferd (Trojan Horse – the Ultimate Japanese Challenge in Western Industry), Freiburg 1990.

Volger, Helmut, Handelskonflikt und Machtrivalität zwischen Japan und den USA und die Perspektiven für die Zukunft, in: Asien. Deutsche Zeitschrift für Politik, Wirtschaft und Kultur, Oktober 1993, S. 50–65.

Wirtschaftliche Beziehungen zur Europäischen Union

ERNST, ANGELIKA/HANNS GÜNTHER HILPERT, Japans Direktinvestitionen in Europa. Europas Direktinvestitionen in Japan, München 1991.

KORTE, KARL-RUDOLF, Nippons neue Vasallen? Die Japanpolitik der Europäischen Gemeinschaft, Bonn 1984.

MAULL, HANNS W. (Hrsg.), Japan und Europa. Getrennte Welten?, Frankfurt a.M. 1993.

WILKINSON, ENDYMION, Japan versus the West. Image and Reality, London 1991.

Wirtschaftsbeziehungen Japan – China

IRIYE, AKIRA, Chinese-Japanese Relations, 1945–1990, in: The China Quarterly, (1990) 124, S. 624–638.

KOZUE, HIRALWA, Investment in China, 1989–90, in: JETRO China Newsletter (1991) 90, S. 19–23.

ONO, SHUICHI, Sino-Japanese Economic Relationships, Trade, Direct Investment, and Future Strategy, World Bank, Discussion Papers China and Mongolia Department Series, (1992) 146, Washington, D.C.

YOKOI, YOICHI, Plant and Technology Contracts and the Changing Pattern of Economic Interdependence Between China and Japan, in: The China Quarterly (1990) 124, S. 694–713.

ZHANG, JIXUN, Problems of Direct Investment in China, in: JETRO China Newsletter (1993) 103, S. 13–21.

Japan und Südostasien

DRAGUHN, WERNER (Hrsg.), Asiens Schwellenländer: Dritte Weltwirtschaftsregion? Wirtschaftsentwicklung und Politik der »vier kleinen Tiger« sowie Thailands, Malaysias und Indonesiens, Hamburg 1991.

DERS. (Hrsg.), Neue Industriekulturen im pazifischen Asien. Eigenständigkeiten und Vergleichbarkeit mit dem Westen, Hamburg 1993.

WOLFRAM, G., Direktinvestitionen japanischer Unternehmen in den ASEAN-Staaten nach der Aufwertung des Yen 1985, Berlin 1990.

Zeitschrift: »Südostasien aktuell« (zweimonatlich, Institut für Asienkunde, Hamburg).

Deutsch-japanische Wirtschaftsbeziehungen

ANDERSCH, BERND, Japanische Direktinvestitionen in der Bundesrepublik Deutschland, Deutsch-Japanisches Wirtschaftsförderungsbüro, Reihe Japanwirtschaft, Heft 1, Düsseldorf 1978.

BARING, ARNULF/MASAMORI SASE, Zwei zaghafte Riesen? Deutschland und Japan seit 1945, Stuttgart – Zürich 1977.

BARLOEWEN, CONSTANTIN VON/KAI WERHAHN-MEES (Hrsg.), Japan und der Westen, Bd. 2: Wirtschafts- und Sozialwissenschaften, Technologie, Frankfurt a.M. 1986.

BUNDESMINISTERIUM FÜR WIRTSCHAFT (Hrsg.), Deutschland und Japan – Wettbewerbsfähige Partner in der Weltwirtschaft, (Forumsveranstaltung vom 17. März 1992), Bonn 1992.

DEUTSCHE INDUSTRIE- UND HANDELSKAMMER IN JAPAN (Hrsg.), Japanische Investitionen in Europa 1991 – Eine Bestandsaufnahme, Tōkyō 1992.

DIHT, Japanische Herausforderung. Antworten der deutschen Wirtschaft, Bonn 1992.

KREINER, JOSEF (Hrsg.), Deutschland – Japan. Historische Kontakte, Bonn 1984.

DERS./REGINE MATHIAS (Hrsg.), Deutschland und Japan in der Zwischenkriegszeit, Bonn 1990.

MARTIN, BERND, Japans Weg in die Moderne und das deutsche Vorbild: Historische Gemeinsamkeiten zweier »verspäteter Nationen«, 1860–1960, in: Ders. (Hrsg.), Japans Weg in die Moderne. Ein Sonderweg nach deutschem Vorbild, Frankfurt a. M. – New York 1987.

MEIER, BERND, Wettbewerb als Chance, Antworten auf die japanische Herausforderung, Beiträge zur Wirtschafts- und Sozialpolitik Nr. 200, Institut der deutschen Wirtschaft, Köln 1992.

MENZEL, ULLRICH (Hrsg.), Im Schatten des Siegers, Bd. 3: Ökonomie und Politik, Bd. 4: Weltwirtschaft und Weltpolitik, Frankfurt a. M. 1989.

NAKAMURA, TAKAFUSA, The Postwar Japanese Economy, Tōkyō 1983.

PAUER, ERICH, Japan – Deutschland. Wirtschaft und Wirtschaftsbeziehungen im Wandel, Deutsch-Japanisches Wirtschaftsförderungsbüro, Reihe Japanwirtschaft, Heft 19, Düsseldorf 1985.

DERS. (Hrsg.), Technologietransfer Deutschland — Japan von 1850 bis zur Gegenwart, München 1992.

POHL, MANFRED (Hrsg.), Japan. Politik und Wirtschaft, Institut für Asienkunde, Hamburg, Jahrgänge seit 1976/77.

DERS. (Hrsg.), Innovation, Know how, Rationalization and Investment in the German and Japanese Economies: 1868/1871 – 1930/1980, Zeitschrift für Unternehmensgeschichte, Beih. 22.

SEITZ, KONRAD, Die japanisch-amerikanische Herausforderung. Deutschlands Hochtechnologie-Industrien kämpfen ums Überleben, München – Bonn 1990.

STREIB, FOLKER/MEINHOLF ELLERS, Der Taifun – Japan und die Zukunft der deutschen Industrie, Hamburg 1994.

Kapitel D: Gesellschaft

I. Erziehung und Ausbildung

ULRICH TEICHLER

Über keine andere industrialisierte Gesellschaft werden so viele wertgeladene Schriften zum Bildungssystem veröffentlicht wie über Japan. Bewunderung und Erschrekken mischen sich untrennbar. »Die Inszenierung der Harmonie«, »Das Dilemma der modernen Bildungsgesellschaft«, »Von Japan lernen?« – auch die Titel von Büchern, in denen das japanische Bildungssystem sehr differenziert behandelt wird, zeigen diese Spannung auf.

1. Expansion des Schulbesuchs bei hohem Leistungsniveau

Japan gehört zu den Ländern, in denen ein langer Schulbesuch dazugehört. Die Schulpflicht umfaßt neun Jahre – die sechs Jahre der Grundschule und die drei Jahre der Mittelschule, in der der Lehrplan für fast alle Schüler einheitlich ist. 95% der Mittelschulabsolventen setzen den Schulbesuch fort – zumeist auf Oberschulen. Über 90% dieser Schülerinnen und Schüler erreichen einen Oberschulabschluß, der die Bewerbung an einer Hochschule ermöglicht. Die letztgenannte Quote ist höher als in allen anderen vergleichbaren Ländern der Welt.

Tab. 1: Daten zum Japanischen Bildungswesens 1992

	Institutionen	Lehrende[1]	Lernende	Besuchsquote[2]
Kindergarten	15 006	102 275	1 948 880	64,1 %
Grundschule	24 730	440 747	8 947 252	ca. 99 %
Mittelschule	11 300	282 741	5 036 880	ca. 99 %
Oberschule	5 501	284 397	5 219 439	95,9 %
Sonderschulen	963	49 235	89 584	–
Fachhochschulen	62	4 126	54 739	0,6 %
Kurzstudienhochschulen	591	21 203	524 539	12,2 %
Universität	523	129 027	2 293 165	26,4 %
Höhere Fachschulen	3 408	35 164	861 423	–
Verschiedenartige Schulen	3 202	18 598	394 101	–

1 Nur Vollzeitlehrende;
2 Quoten für Oberschul- und Hochschulbesuch beziehen sich jeweils auf die Zahl der Lernenden im ersten Jahr in Relation zur Zahl der Mittelschulabsolventen des entsprechenden Jahrganges.

Quelle: Amtliche Statistiken des japanischen Erziehungsministeriums.

Der Anteil der Pflichtschulabsolventen, die ihren Schulbesuch fortsetzen, hatte 1950 bereits 42% betragen. Er stieg auf 58% im Jahre 1960, 82% im Jahre 1970 und 94% im Jahre 1980. Die Hochschulzugangsquote, die 1960 noch 10% betragen hatte, erreichte 1970 24% und 1975 38%. Seitdem ergaben sich kaum noch Veränderungen: Für 1993 wurde ebenfalls eine Quote von 39% (Studienanfänger an Universitäten und Kurzstudienhochschulen sowie Studierende des vierten Jahres an Fachhochschulen) errechnet.

Seit etwa zwei Jahrzehnten werden international vergleichende Studien über die Leistungen von Sekundarschülern durchgeführt. Sie beziehen sich überwiegend auf mathematisch-naturwissenschaftliche Fächer. Die Ergebnisse der Studien sind nicht einfach zusammenzufassen, weil die Vergleiche verschiedener Schultypen und deren Besuchsquoten Probleme bereiten. Jedoch ist unter Experten unumstritten, daß durch sie ein ausgesprochen hohes Leistungsniveau an japanischen Schulen belegt wird.

2. Die »Bildungsganggesellschaft«

Bis zum 18. Lebensjahr findet in Japan ein extremer Wettbewerb im Bereich der Ausbildung statt. Viele Eltern legen Wert darauf, daß ihre Kinder bereits in den »richtigen« Kindergarten kommen. Die Mehrheit der Grund- und Sekundarschüler besucht nebenher private Paukschulen *(Juku)* – überwiegend, um den schulischen Anforderungen vorauszueilen. Die Anstrengungen um den Bildungserfolg sind im Alter von 14 bis 18 Jahren am höchsten. Mit dem Zugang zur Oberschule fällt eine wichtige Vorentscheidung: Dabei geht es nicht nur darum, ob nun ein allgemeinbildender oder berufsorientierter Oberschultyp bzw. ob eine öffentliche oder private Institution besucht wird. Wichtig ist vielmehr der Zugang zur »besten« Oberschule: Die einzelnen Oberschulen werden nach dem Erfolg ihrer Absolventen bewertet – sei es am oberen Ende der Prestigehierarchie nach der Zahl derjenigen, denen der Zugang zu den berühmtesten Universitäten gelingt, oder sei am unteren Ende der Prestigeskala nach der Zahl derjenigen, die bei örtlichen Betrieben angestellt werden. Die Zulassungsprüfungen für den Zugang zu den Universitäten sind schließlich das Ziel, auf das sich die größten Anstrengungen richten. »Prüfungshölle« ist ein verbreiteter Ausdruck, mit dem in Japan die Situation charakterisiert wird.

Zum starken Wettbewerb um den Bildungserfolg trägt zum einen bei, daß das japanische Bildungssystem als besonders offen gilt: Jugendliche in Japan scheinen in größerer Zahl als in anderen Ländern davon überzeugt zu sein, daß fast jeder eine wirkliche Chance hat, einen hohen Ausbildungsstandard zu erreichen. Unter anderem ist dabei zu berücksichtigen, daß die entscheidenden Prüfungen stark faktenorientiert sind; so wird die Vorstellung gestützt, daß Bildungserfolg mit großem Fleiß erreichbar ist.

Zum anderen ist in Japan die Überzeugung besonders stark ausgeprägt, daß der Bildungserfolg in hohem Maße beruflich und sozial belohnt wird. Eine qualifizierte Ausbildung ist für die Chancen beim Übergang in den Beruf von außergewöhnlich großer Bedeutung. Hinzu kommt, daß die »Dauerbeschäftigung« (lebenslange Einstellung in einer Firma) und das »Senioritätsprinzip« (Beförderung nach Dienstalter) die langfristig zentrale Bedeutung der Entscheidung unterstreichen, die beim Übergang in den Beruf fällt. Mit »Bildungsganggesellschaft« wird der japanische Ausdruck *Gakureki Shakai* übersetzt, der die große gesellschaftliche Bedeutung des Bildungserfolges hervorhebt.

Für alle Industriegesellschaften gilt es als typisch, daß das Bildungssystem in bemerkenswertem Maße chancenoffen geworden ist und daß der Bildungserfolg in beachtlichem Maße die späteren Berufs- und Lebenschancen vorzeichnet. In Japan treten diese Zusammenhänge dadurch ungewöhnlich konturiert auf, daß sich die wichtigen Selektionsentscheidungen lediglich auf eine ganz kurze Phase des Lebens – praktisch nur auf zwei Prüfungsphasen – konzentrieren. Schulnoten haben nur informierenden Stellenwert; die Entscheidungen erfolgen bei den Zulassungsprüfungen zur Oberschule und zur Hochschule. Die Zulassung zu einer berühmten Universität gilt noch immer mehr oder weniger als Garantie für eine eindrucksvolle berufliche Karriere.

Lange Zeit war es üblich, daß die einzelnen Universitäten ihre eigenen Zulassungsprüfungen durchführten. Gemeinsame Tests an staatlichen Universitäten wurden schließlich in der Absicht eingeführt, den hohen Aufwand der Schülerinnen und Schüler für die Aufnahmeprüfungen einzudämmen. Tatsächlich hatte diese Reform aber die gegenteilige Wirkung: Mit Hilfe dieses Tests konnte noch genauer die Rangabstufung im Ansehen der Hochschulen und Schulen gemessen werden, wodurch sich der Wettbewerb weiter verschärfte.

Viele ausländische Beobachter heben hervor, daß japanische Studierende das Studium weniger ernst nähmen, als dies in anderen Ländern zu bemerken sei. Japanische Professoren äußern sich ähnlich und betonen dabei, daß sie kaum Chancen sähen, ihrerseits das Lernklima entscheidend zu verändern: Da es nicht üblich sei, innerhalb von Organisationen stark auszulesen und die Studierenden somit mit der Zulassung zur Universität mehr und weniger das Ziel ihrer Wünsche erreicht hätten, sei ein Einbruch in den Bemühungen um den Studienerfolg nicht zu verhindern. Manche Darstellungen über das Lehr- und Lernklima dürften übertrieben sein; aber zweifellos dient die Zeit des Studiums auch der Kompensation der vorangehenden Anstrengungen.

3. Die Struktur des Hochschulwesens

In der Diskussion über die Chancen und Probleme der »Bildungsganggesellschaft« werden vor allem immer wieder einige berühmte staatliche Universitäten erwähnt: Ein Abschluß an der Tōkyō-Universität eröffnet die sowohl für den öffentlichen Dienst als auch die Privatwirtschaft günstigsten Berufschancen. Die Kyōto-Universität gilt als zweitbeste Universität, wenn Rangordnungen vorgenommen werden.

Insgesamt gibt es in Japan über 500 Universitäten *(Daigaku)* mit zumeist vierjährigen Studiengängen und fast 600 Kurzstudienhochschulen mit zumeist zweijährigen Studiengängen *(Tanki Daigaku)*; hinzu kommen über 60 Fachhochschulen *(Kōtō Senmon Gakkō)*, die die drei Jahre der oberen Sekundarstufe und zwei weitere Studien-

Abb. 1: Organisation des Erziehungswesens

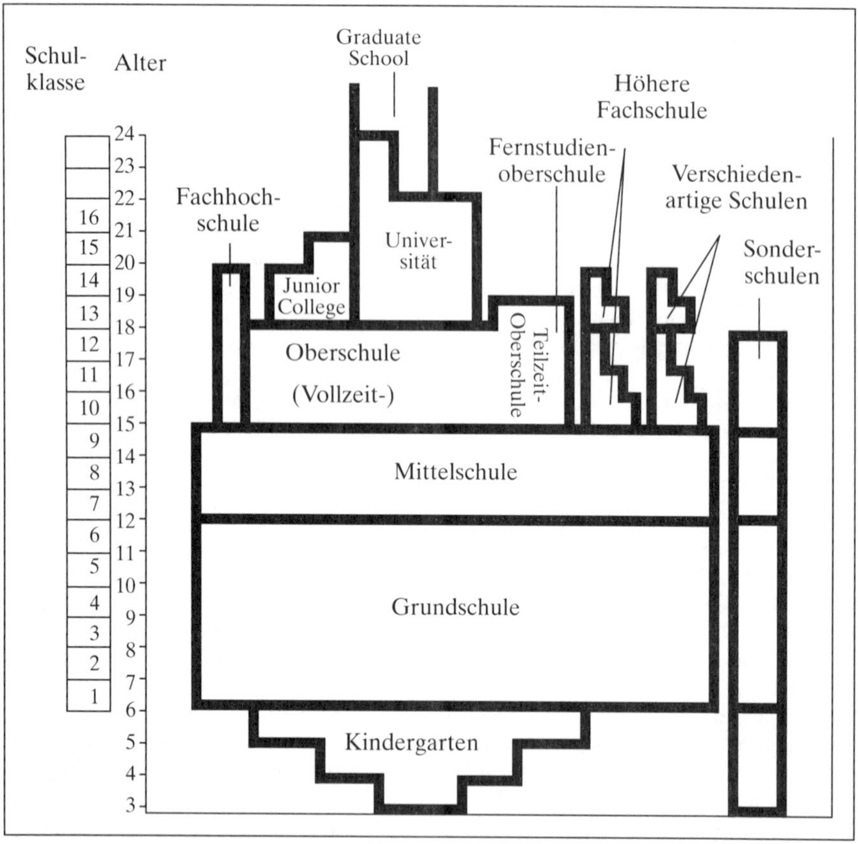

jahre zu einem fünfjährigen Ausbildungsprogramm verbinden. Der Anteil der Studierenden an diesen Hochschultypen verteilt sich folgendermaßen:

- Etwa drei Viertel der Studierenden besuchen private Hochschulen. Wenn auch einzelne private Universitäten ein hohes Ansehen haben, sind doch – insgesamt gesehen – eher die staatlichen Universitäten an der Spitze der Reputationshierarchie;
- 33% der männlichen Jugendlichen nahmen 1991 ein Studium an Universitäten, 2% an Kurzstudienhochschulen und 1% an Fachhochschulen auf. Dagegen nahmen 23% der weiblichen Jugendlichen ein Studium an Kurzstudienhochschulen auf und nur 15% an Universitäten. Nach durchschnittlich gleichen Schulerfolgen trennen sich mit dem Studienbeginn also weitgehend die Bildungswege – in Antizipation der Tatsache, daß nur wenige Frauen nach dem Studienabschluß lange berufstätig bleiben bzw. Karriere machen. Hier hat die Gesetzesänderung Mitte der achtziger Jahre, durch die die bisherige Praxis einer obligatorischen Beendigung

des Beschäftigungsverhältnisses nach wenigen Jahren für rechtswidrig erklärt wird, zu keiner Trendwende geführt;
- relativ klein ist der Anteil der Universitätsabsolventen, die nach dem Erreichen eines ersten universitären Grades ein Graduiertenstudium aufnehmen. Während in Japan nur etwa 7% über den Abschluß hinaus studieren, der im internationalen Vergleich dem amerikanischen *bachelor's degree* gleichgesetzt wird, betragen entsprechende Quoten in den USA etwa 40% und in Großbritannien etwa 30%.

Seit 1976 werden *Senshū Gakkō* – was man als »höhere Fachschulen« übersetzen kann – ebenfalls als Institutionen des Hochschulbereichs betrachtet. Mehr als 10% eines Altersjahrganges absolvieren an diesen – fast ausschließlich privaten – Institutionen ein- bis dreijährige Ausbildungsgänge, die durch eine stärkere fachliche Spezialisierung und Praxisorientierung gekennzeichnet sind. Eine große Zahl von Unternehmen stellt die Absolventen dieser Institutionen den Absolventen von Kurzstudienhochschulen und Fachhochschulen gleich.

4. »Berufsausbildung ohne Beruf«

»Von ›Beruf‹ ist man nicht Schlosser, Chemiker oder Industriekaufmann, sondern bei Mitsubishi, Sony oder Matsushita« schreibt W. Georg und äußert entsprechende Zweifel, ob die Verwendung des Begriffes »Berufsausbildung« für die japanische Situation überhaupt angebracht ist. In Übersichten zur beruflichen Bildung wird gewöhnlich auf drei Bereiche verwiesen:
- Etwa 30% der Schüler besuchen berufsorientierte Schulzweige – insbesondere in kaufmännischen und technischen Bereichen. Fast die Hälfte der Unterrichtszeit – einschließlich der Praktika – ist auf zukünftige berufliche Belange ausgerichtet. Kaum mehr als 10% der Absolventen dieser Zweige – im Vergleich zu etwa der Hälfte der Absolventen allgemeinbildender Oberschulen – nehmen später ein Hochschulstudium auf;
- die zuvor bereits genannten *Senshū Gakkō* (»höhere Fachschulen«) bieten fachlich spezialisierte Programme von ein- bis dreijähriger Dauer zum Teil ausschließlich für Oberschulabsolventen und zum Teil offen für Pflichtschulabsolventen an. Auch unter den sogenannten »verschiedenartigen Schulen« *(Kakushu Gakkō)*, zu denen unter anderen auch Fahrschulen und Schulen zur Vorbereitung auf Hochschulaufnahmeprüfungen gerechnet werden, sind einige Fachschulen eingeordnet;
- unter Aufsicht des Arbeitsministeriums erhalten jährlich über 300000 Personen eine grundlegende berufliche Ausbildung, eine größere Umschulung, eine Ausbildung für Ausbilder o.ä.

Eindeutig sind jedoch drei markante Unterschiede der beruflichen Qualifizierung in Deutschland und Japan hervorzuheben.

Erstens erfolgt in Japan kaum eine öffentliche Normierung der grundlegenden beruflichen Ausbildung; sie ist weitgehend den jeweiligen Entscheidungen der Unternehmen überlassen. Es gibt allerdings – dies wird in vielen Darstellungen zum japanischen Bildungswesen übersehen – ein hohes Maß an öffentlicher Normierung beruflicher Aufgabenbereiche, die nach deutschem Verständnis keinen eigenständigen Beruf ausmachen: Z.B. sind Tausende von öffentlichen Prüfungen und Zertifikationen für verschiedene berufliche Aufgaben – etwa die regelmäßige Sicherheitsprüfung für bestimmte Maschinen – vorgesehen.

Zweitens wird seitens der japanischen Unternehmen erwartet, daß die Beschäftigten zu ihnen als »Rohmaterial« kommen. Nur in wenigen Bereichen wird eine vorberufliche Fachausbildung vorausgesetzt. In den Unternehmen herrscht die Einschätzung vor, daß es vorzuziehen sei, die fachliche Vorbereitung auf berufliche Aufgaben mit betrieblicher Sozialisation zu verknüpfen.

Drittens gibt es für die meisten Beschäftigten keine fachlich-inhaltliche Beziehung zwischen Ausbildung und Berufstätigkeit. Erwartet wird, daß sich die Beschäftigten je nach den betrieblichen Erfordernissen flexibel auf völlig neue Aufgabenbereiche einstellen. Nicht die inhaltliche Kontinuität von Ausbildung und beruflicher Tätigkeit steht im Vordergrund, sondern vielmehr das Prinzip der lebenslangen Anstellung bei einer Firma. Auch wenn dies oft um den Preis wechselnder Aufgabenfelder realisiert wird, so ist dieses Prinzip doch eine übliche Wunschvorstellung bei Arbeitgebern und Arbeitnehmern.

Sehr unterschiedlich fallen die Einschätzungen von Experten über den Umfang der betrieblichen Aus- und Weiterbildung in Japan aus. Versuche, den Umfang der Weiterbildung mit Hilfe von Statistiken über Weiterbildungsausgaben zu schätzen, kamen zumeist zu dem Ergebnis, daß die betriebliche Aus- und Weiterbildung in Japan keineswegs ungewöhnlich stark ausgebaut ist. Eine ausgiebige fachliche Qualifizierung im Umfang der deutschen Fortbildung scheint in Japan für einen weitaus geringeren Anteil der Beschäftigten zu erfolgen. Häufiger wird erwartet, daß die Beschäftigten je nach anfallenden Arbeitsaufgaben die Qualifikationen immer wieder durch *on-the-job*-Training, Selbstlernen oder kürzere Weiterbildungsphasen erwerben und ergänzen.

5. Reformdiskussionen

In der Geschichte des japanischen Bildungswesens werden immer wieder zwei große Reformen hervorgehoben. Kurz nach Beginn der *Meiji*-Restauration im Jahre 1868 wurden Erziehungsreformen zu einer zentralen Aufgabe für die Modernisierung der japanischen Gesellschaft erklärt. Das Zusammentragen von Wissen aus aller Welt bei Förderung der traditionellen kulturellen Werte Japans war die Devise. Nach dem Zweiten Weltkrieg wurden unter amerikanischem Einfluß erneut tiefgreifende Reformen durchgeführt, die jetzt zur Demokratisierung durch größere Chancenoffenheit, zur Verringerung des Qualitätsgefälles zwischen den Bildungsinstitutionen, zur Dezentralisierung der Verwaltung und zur stärkeren Beteiligung der Eltern beitragen sollten. Dabei wurde die frühere verzweigte Bildungsstruktur durch die horizontale Struktur des 6-3-3-4-Systems (6 Jahre Grundschule, 3 Jahre Mittelschule, 3 Jahre Oberschule, 4 Jahre Hochschule) ersetzt. Damit ist die Schulbildung bis zum 9. Schuljahr fast einheitlich; auch können sich die Oberschulabsolventen aller Zweige für ein Studium an Universitäten bewerben.

Immer wieder sind in den letzten Jahrzehnten Rufe nach einer dritten großen Bildungsreform lautgeworden. Dabei mischen sich Vorbehalte gegenüber den Nachkriegsreformen unter amerikanischem Einfluß, Kritiken an der Unterhöhlung pädagogischer Grundwerte durch übertriebenen Wettbewerb und Hinweise auf neue gesellschaftliche Anforderungen.

Als größter Versuch in den letzten Jahren, eine Bilanz zu ziehen und Reformen vorzuschlagen, sind die Beratungen und Empfehlungen des Nationalen Bildungsreformrates in den Jahren 1984 bis 1987 zu nennen. Darin wird das japanische Bildungswesen als desolat und von tiefsitzenden Pathologien gekennzeichnet gesehen. 1986 wurden vor allem folgende Probleme hervorgehoben: »Die Rigidität, Einförmigkeit und Geschlossenheit der Lernaktivitäten in den Bildungseinrichtungen, die unangemessene gesellschaftlich hohe Bewertung des Bildungshintergrunds von Individuen und die Tendenz zu einer starken Kontrolle der Lernenden – alle diese Faktoren verhindern eine gesunde Charakterentwicklung, sie erhöhen den mentalen Druck auf die Kinder und führen zu Frustrationen.« Daneben konstatierte der Rat, daß das öffentliche Vertrauen in das Bildungssystem gering sei, weil in ihm eine »Atmosphäre des gegenseitigen Mißtrauens« herrsche – was insbesondere im Antagonismus zwischen Erziehungsministerium und Lehrergewerkschaft sichtbar sei.

Der Nationale Bildungsreformrat setzte sich nicht so sehr mit Fragen auseinander, welche quantitative Entwicklung von Bildungsabschlüssen oder welches Maß von allgemeiner oder beruflicher Orientierung wünschenswert sei; er empfahl vielmehr eine Aufwertung der spezialisierten und berufsvorbereitenden Bildung. Am stärksten betonte er, daß »Diversifizierung«, »Individualisierung« und »Internationalisierung« der Bildung zunehmen müsse. Auch solle die Bildung verstärkt drei im 21. Jahrhundert zu erwartenden Veränderungen Rechnung tragen: einer internationalisierten Gesellschaft, dem Informationszeitalter und einer »reifenden Gesellschaft mit alternder Bevölkerung«.

Die Reformvorschläge haben keine so einschneidenden Veränderungen hervorgebracht, daß es berechtigt wäre, jetzt von einer dritten Reformepoche zu sprechen. Dennoch sind einige Entwicklungen bemerkenswert: Die Zahl der ausländischen Studierenden steigt so stark an, daß das Mitte der achtziger Jahre formulierte Ziel einer Verfünffachung innerhalb von zehn Jahren nicht als unrealistisch erscheint. Auch haben die Hochschulen einen weitaus größeren Spielraum für die Gestaltung der Studienangebote erhalten. Vielleicht verstellt die Diskussion über eine große Reform lediglich den Blick dafür, daß in der Erziehung und Ausbildung in Japan bereits vieles in Bewegung ist.

II. Frauen in Japan: Zwischen Tradition und Aufbruch

Claudia Weber

1. Rechtsentwicklung und politische Partizipation

Die von der amerikanischen Besatzungsmacht nach der japanischen Niederlage initiierte Verfassungsreform (1947) brachte den japanischen Frauen zum ersten Mal in der Geschichte die volle rechtliche Gleichstellung: So verbot die japanische Nachkriegsverfassung jegliche Diskriminierung aufgrund von Geschlechtszugehörigkeit (Artikel 14) und garantierte Rechtsgleichheit im Familienleben (Artikel 24). Die Unterordnung der japanischen Frau unter das männliche Familienoberhaupt, die in Form des patriarchalen Familiensystems *(Ie Seido)* den Zusammenbruch des Feudalismus in der *Meiji*-Restauration (1868) überdauert hatte, war damit in rechtlicher Hinsicht beseitigt. Die Ideologie der Frauen-Geringschätzung *(Danson Jōhi)*, verankert seit der *Tokugawa*-Zeit (1600–1868) in der konfuzianischen Lehre von Staat und Gesellschaft, diente formell nicht länger als Legitimation für hierarchische Geschlechterbeziehungen. Die Gleichstellung der Frauen in der japanischen Nachkriegsverfassung wurde als »das weltweit größte Experiment mit Feminismus außerhalb eines revolutionären Kontextes«[1] bezeichnet. Keineswegs entsprang sie nur dem Diktat der Besatzungsmacht. Vielmehr griffen die Amerikaner in Abstimmung mit demokratisch-progressiven Kräften in Japan politische Forderungen der Vorkriegszeit auf, die damals vergeblich von der japanischen Opposition – insbesondere von der frühfeministischen Frauenbewegung – propagiert worden waren.[2]

Die Verleihung des aktiven und passiven Wahlrechts eröffnete den Japanerinnen zum ersten Mal uneingeschränkt politische Partizipationschancen. Ihr politisches Interesse manifestierte sich in ihrer hohen Wahlbeteiligung und in der relativ großen Zahl erfolgreicher Kandidatinnen, die in den ersten Unterhauswahlen von 1946 8,4% der Mandate errangen, ein Anteil, der später nie wieder erreicht werden konnte.[3] Nach dem Abflauen des Reformkurses der unmittelbaren Nachkriegszeit und der Regierungsübernahme durch konservative Kräfte zogen sich viele politisch aktive Japanerinnen weitgehend aus der von Männercliquen beherrschten und von Korruptionsskandalen erschütterten offiziellen Politarena zurück und organisierten sich in oppositionellen Bürgerinitiativen und »Graswurzel«-Bewegungen gegen Militarismus, für

1 Susan J. Pharr, Political Women in Japan, Berkeley 1981, S. 29.

2 Dorothy Robins-Mowry, The Hidden Sun: Women of Modern Japan, Colorado 1983; Sharon C., Sievers, Flowers in Salt – The Beginning of Feminist Consciousness in Japan, Stanford 1983.

3 Sumiko Iwao, The Japanese Women, New York 1993, S. 218.

Umwelt- und Verbraucherschutz etc.. Aktivistinnen aus diesem Umkreis, in der Mehrzahl Hausfrauen, beschränkten sich überwiegend auf Lokal- und Regionalpolitik. Gestützt auf Sympathisanten-Netzwerke waren sie auf dieser Ebene durchaus erfolgreich. Die Wahl der Unterhausabgeordneten Takako Doi – zunächst zur Vorsitzenden der Sozialistischen Partei (SDPJ) (1986–1990) und dann zur Parlamentspräsidentin im Zuge des Sieges der Reformkoalition (1993) – scheint dem generellen politischen Engagement vieler Japanerinnen neuen Schwung zu verleihen.[4]

Die Gleichheitsgrundsätze der japanischen Nachkriegsverfassung fanden auch Eingang in die Arbeitsgesetzgebung und boten eine Handhabe im Kampf gegen die Frauendiskriminierung im Arbeitsleben.[5] Seit den späten sechziger Jahren beriefen sich japanische Arbeitnehmerinnen zur Abwehr geschlechtsdiskriminierender Unternehmenspraktiken (wie »Entlassung bei Heirat« etc.) erfolgreich vor Gericht auf die verfassungs- und arbeitsrechtliche Gleichberechtigung.[6] Mit der Verkündigung eines Gesetzes zur »chancengleichen Beschäftigung von Mann und Frau« *(Danjo Koyō Kikai Kintōhō)* im Jahr 1986 wurde die Antidiskriminierungspolitik auf eine neue Rechtsbasis gestellt. Viele Japanerinnen kritisierten dieses Gesetz wegen seines zum Teil unverbindlichen Empfehlungscharakters und Fehlens expliziter Strafbestimmungen. Die praktische Wirksamkeit dieser bei aller Skepsis dennoch bedeutenden Gesetzesreform läßt sich noch nicht definitiv beurteilen.[7]

2. Tradition und Wandel der Frauenerwerbsarbeit

Die Rechtsentwicklung war in Japan von dramatischen Veränderungen der Frauenerwerbsarbeit begleitet. Von jeher waren japanische Frauen im agrarischen Sektor und im Handwerk und Handel ökonomisch aktiv. Ihre Entsendung als temporäre Lohnarbeiterinnen in die Textilindustrie – bei niedrigsten Löhnen und zum Teil unmenschlichen Arbeitsbedingungen – bildete um die Jahrhundertwende die Grundlage für Japans erfolgreiche Industrialisierung. Die japanische Arbeiterschaft war noch zu Beginn der dreißiger Jahre dieses Jahrhunderts mehrheitlich weiblich.[8] In der *Taishō*-Zeit (1912–26) und frühen *Shōwa*-Zeit (1926–36) ergaben sich neue Beschäftigungschancen für Frauen im Büro- und Verwaltungsbereich. Sie wurden vor allem von den Absolventinnen rasch expandierender höherer Mädchenschulen wahrgenommen.[9] Es entwickelte sich die Rolle der modernen, berufstätigen Frau in den Varianten: *Modan Garu (modern girl)* und *Sengyō Fujin* (berufstätige Ehefrau). Im Zuge der imperialistischen Expansion und während des Krieges wurde

4 Junko Nagai, Madonnen-Strategie – Der Aufbruch in die Politik, in: R. Linhart/F. Wöss (Hrsg.), Nippons neue Frauen, Reinbek 1990, S. 135–151.

5 Alice Cook /Hiroko Hayashi, Working Women in Japan – Discrimination, Resistance and Reform, Ithaca 1980.

6 Frank K. Upham, Law and Social Change in Postwar Japan, Cambridge (Mass.) 1987.

7 Alice Lam, Women and Japanese Management, London 1992, S. 221–240.

8 Ilse Lenz, Kapitalistische Entwicklung, Subsistenzproduktion und Frauenarbeit – Der Fall Japan, Frankfurt u. a. 1984, S. 199.

9 Margit Nagy, Middle Class Working Women During the Interwar Years, in: G. L. Bernstein (Hrsg.), Recreating Japanese Women, Berkeley 1991, S. 207.

Tab. 1: Entwicklung der Teilzeitbeschäftigung in Japan (außer Land- und Forstwirtschaft) 1960–1990

	*Anteil teilzeitbeschäftigter Frauen (%)	jährliche Zuwachsrate teilzeitbeschäftigter Frauen (%)	jährliche Zuwachsrate vollzeitbeschäftigter Frauen (%)
1960	8,9	1,1	8,5
1965	9,6	7,5	5,7
1970	12,2	9,7	4,0
1975	17,4	8,8	0,0
1980	19,3	5,3	2,6
1985	22,0	5,4	2,1
1990	27,9	8,5	1,8

* = Teilzeitbeschäftigung = unter 35 Wochenstunden

Quelle: Management and Coordination Agency, Rōdōryoku Chōsa, in: Saso, (Anm. 14) S. 149, JIWE 12.

sie durch reaktionär-nationalistische Frauenbilder und einen pronatalistischen »Mutterkult« abgelöst.[10]

Nach der Niederlage und der weitgehenden Zerstörung seiner industriellen Basis sah sich Japan auf den Stand eines Agrarlandes zurückgeworfen, bis der sogenannte Korea-Boom (1955) den spektakulären Aufstieg zur Weltwirtschaftsmacht einleitete. In seiner Folge wurden junge Frauen (mit Mittel- bzw. Oberschulabschluß) und ältere, verheiratete Frauen, die vorzugsweise in Landwirtschaft und Fischerei, im Handwerk und Handel als »mithelfende Familienangehörige« tätig waren, von Großunternehmen eingestellt, deren exportorientierte Massenproduktion von Konsumgütern die Basis für Japans wirtschaftlichen Aufstieg bildete. Als Arbeiterinnen am Fließband oder als sogenannte *office ladies* stellten sie ihre Arbeitskraft zu vergleichsweise sehr niedrigen Löhnen zur Verfügung.[11]

Die Hochwachstumsphase der japanischen Wirtschaft (1959–70), in der das Bruttosozialprodukt nahezu ununterbrochen zweistellig wuchs, veränderte die Arbeits- und Lebensbedingungen der Japanerinnen grundlegend. So führte wachsender Wohlstand zu höheren Bildungsaspirationen. Für japanische Mädchen wurde der Oberschulbesuch schon Mitte der sechziger Jahre ebenso zur Norm wie für Jungen.[12] Zunehmend gewann auch das Frauenstudium an Attraktivität. Im tertiären Bildungssektor blieben jedoch geschlechtssegregierte Strukturen bis heute erhalten, obwohl sich die Hochschuleintrittsraten der Frauen kontinuierlich erhöhten: Mehrheitlich zogen die Japanerinnen zweijährige Studiengänge an sogenannten Kurzzeit-Universitäten *(Tanki Daigaku)* einem vierjährigen vollen Universitätsstudium vor, denn je höher der Bildungsabschluß, den sie erreichten, desto geringer war ihre Aussicht auf Beschäftigung.[13] Lange Zeit boten ihnen die Kurzzeit-Universitäten, häufig als »Bräute-

10 Gail Lee Bernstein (Hrsg.), (Anm. 9), S. 267–295.

11 Mary C. Brinton, Women and the Economic Miracle, Berkeley 1993; vgl. auch Tab. 3.

12 Christiane Langer-Kaneko, Zur Geschichte der Erziehung und Bildung der Frau in Japan, in: E. Gössmann (Hrsg.), Japan – ein Land der Frauen?, München 1991, S. 81–116, vgl. S. 113.

13 Kyra Auslitz-Blesch, Akademikerinnen in Japan, Weinheim 1989; Atsuko Kameda, Die Frau als Lehrende und Lernende an japanischen Universitäten, in: E. Gössmann, (Anm. 12), S. 130–144.

schulen« verspottet, weitaus bessere Anstellungschancen als ein Universitätsstudium. Die sozialen Erwartungen an die weibliche Normalbiographie (Unterbrechung der Erwerbsarbeit bei Heirat oder spätestens nach der Geburt eines Kindes) ließen es aus der Sicht der Arbeitgeber unrentabel erscheinen, die um einige Jahre älteren Universitätsabsolventinnen einzustellen. Seit Mitte der achtziger Jahre – und nicht zuletzt unter dem Druck des Chancengleichheitsgesetzes – haben sich ihre Beschäftigungsperspektiven verbessert, um jedoch momentan erneut vom konjunkturellen Abschwung massiv beeinträchtigt zu werden.

Generell werden Frauen in japanischen Privatunternehmen selten perspektivenreiche Arbeitsplätze und eine qualifizierte innerbetriebliche Aus- und Weiterbildung angeboten. Sie werden nach der Familiengründung immer noch zur Aufgabe ihres Arbeitsplatzes gedrängt. Aus der Perspektive der Unternehmerverbände und der Regierung (insbesondere des Arbeitsministeriums) hält man jedoch zunehmend ihre

Tab. 2: Beschäftigungsstatus (in Prozent aller erwerbstätigen Frauen) 1960–1987

	Selbständige	Mithelfende Familienangehörige	Abhängig Beschäftigte
1960	15,8 (17,5)*	43,4 (21,4)	40,8 (61,1)
1965	14,5 (14,7)	36,8 (17,9)	48,6 (67,4)
1970	14,2 (13,3)	30,9 (16,9)	54,7 (69,6)
1975	14,3 (12,3)	25,7 (16,4)	59,8 (71,1)
1980	13,7 (12,6)	23,0 (15,3)	63,2 (71,9)
1985	12,5 (12,0)	20,0 (13,5)	67,2 (74,3)
1987	12,0 (11,5)	19,3 (13,2)	68,4 (75,0)

* Die Zahlen in Klammern beziehen sich auf Beschäftigung außerhalb der Landwirtschaft.
Quelle: Saso, (Anm. 14), S. 30.

Rückkehr auf den Arbeitsmarkt nach der »Familienpause« für wünschenswert. Seit 1992 ist ein »Kinderbetreuungsgesetz« *(Ikuji Kyūgyōhō)* in Kraft, das beiden Eltern (wahlweise) den Arbeitsplatz nach der Geburt eines Kindes ein Jahr lang ohne Lohnfortzahlung garantiert. Bisher wurden Arbeitsmarktrückkehrerinnen im Alter von ca. Mitte Dreißig überwiegend als Teilzeit- und Aushilfskräfte eingestellt, obwohl sie häufig nur unwesentlich weniger Arbeitsstunden leisten als Stammbeschäftigte. Durch ihre Akzeptanz unterprivilegierter Arbeitsbedingungen (vor allem in bezug auf Arbeitsplatzsicherheit und Entlohnung) tragen sie zur Konkurrenzfähigkeit jener Wirtschaftszweige entscheidend bei, die das Rückgrat der japanischen Exportoffensive bilden. Speziell die weiblichen Teilzeitkräfte in Klein- und Mittelbetrieben, die den Weltmarktkonzernen durch Zulieferbeziehungen verbunden sind, garantieren eine Arbeitskraftnutzung von hoher Rentabilität bei friktionsloser Anpassung an konjunkturelle Schwankungen.[14] Diese Anpassungsfähigkeit ist ein Markenzeichen des japanischen Wirtschaftssystems.

14 Mary Saso, Women in the Japanese Workplace, London 1990, S. 76–80; siehe Tab. 1.

Tab. 3: Geschlechts- und altersgruppenspezifische Einkommensunterschiede bei kontinuierlicher Betriebszugehörigkeit in Japan 1990
(regulär beschäftigte Hochschulabsolventen)

Altersgruppe	Tarifverdienste Yen (Tausend) Frauen	Männer	Geschlechts-differential (Männer = 100)
20–24	178,3	187,9	94,9
25–29	203,8	226,7	89,9
30–34	249,9	289,6	86,3
35–39	302,7	368,8	82,1
40–44	372,0	450,7	82,5
45–49	403,7	541,2	74,6
50–54	457,2	605,5	75,5
55–59	513,6	594,8	86,3

Quelle: Ministry of Labour, Basical Statistical Survey on Wage Structure (June 1990), in: JLB, 31/2, 1992, 3.

3. Arbeits- und Lebensbedingungen im Vergleich

Dennoch bestehen zwischen den Arbeits- und Lebensbedingungen japanischer und deutscher Frauen. keine fundamentalen, sondern nur graduelle Unterschiede.[15] In Japan und Deutschland war der Frauenanteil an den Erwerbspersonen (Frauenquote) 1990 mit ca. 40% gleich hoch. Was den Anteil erwerbstätiger an den erwerbsfähigen Frauen (Frauenerwerbsquote) betrifft, weisen Japan (mit 57,1%) und Deutschland (mit 58,5%) nahezu übereinstimmende Werte auf. Jedoch ist bei älteren Frauen (ab 45 Jahren) die Erwerbsbeteiligung in Japan nach wie vor höher als in Deutschland. Die graphische Darstellung der altersspezifischen Frauenerwerbsbeteiligung hat in Japan – im Unterschied zu Deutschland – immer noch die charakteristische Form des Buchstabens »M«: Ausstieg und Wiedereinstieg prägen das Erwerbsverlaufsmuster der Japanerinnen. Deutsche Frauen geben nach der Familiengründung die Erwerbsarbeit seltener auf oder nehmen sie nach einem Ausstieg seltener wieder auf. Dennoch nimmt auch in Japan die kontinuierliche Erwerbstätigkeit der Frauen zu. Unterbrechungen werden von den Japanerinnen zunehmend auf das dritte Lebensjahrzehnt verschoben.[16] Sie werden im Vergleich der Altersklassen (Kohorten) seltener. Der Anteil der japanischen Arbeitnehmerinnen, der 10 Jahre und länger kontinuierlich beschäftigt ist, hat sich im Zeitraum 1970–87 von 13,8 auf 25,7% erhöht.[17]

15 Angelika Ernst, A Comparison of the Position of Women in the Labour Markets of Japan and West Germany, in: J. Bergmann/S. Tokunaga (Hrsg.), Economic and Social Aspects of Industrial Relations, Frankfurt u.a. 1987, S. 95–116.

16 IFO, Studien zur Japanforschung 8, Beziehungen zwischen Bildungs- und Beschäftigungssystem in Japan 1970–1991, München 1993, S. 326ff.; Statistisches Jahrbuch 1992 für die Bundesrepublik Deutschland, Wiesbaden 1992, S. 109.

17 NIEVR (National Institute of Employment and Vocational Research), Research Report 4, Tokyo 1988, S. 33; siehe auch Tab. 4.

Tab. 4: Altersspezifische Frauenerwerbsarbeit 1960–1990 in Japan

	Insgesamt	Alter (Jahre)										
		15–19	20–24	25–29	30–34	35–39	40–44	45–49	50–54	55–59	60–64	65 + darüber
1960	54,5	49,0	70,8	54,5	56,5	59,0		59,0*		46,7*		25,6
1965	50,6	35,8	70,2	49,0	51,1	59,6		60,2*		45,3*		21,6
1970	49,9	33,6	70,6	45,5	48,2	57,5	62,8	63,0	58,8	48,7	39,1	17,9
1975	45,7	21,7	66,2	42,6	43,9	54,0	59,9	61,5	57,8	48,8	38,0	15,3
1980	47,6	18,5	70,0	49,2	48,2	58,0	64,1	64,4	59,3	50,5	38,8	15,5
1985	48,7	16,6	71,9	54,1	50,6	60,0	67,9	68,1	61,0	51,0	38,5	15,5
1987	48,6	16,6	73,6	56,9	50,5	61,3	68,4	68,4	61,8	50,8	38,5	15,4
1990	50,1	17,8	75,1	61,4	51,7	62,7	69,6	71,7	65,5	53,9	39,5	16,2

* In den Jahren 1960 und 1965 beziehen sich die Werte auf aggregierte Altersgruppen (40- bis 54jährige und 55- bis 64jährige).

Quelle: Management and Coordination Agency, Rōdōryoku Chōsa, in: Saso, (Anm. 14), S. 32; JIWE, 1991, S. 7.

In Japan und Deutschland arbeiten erwerbstätige Mütter überwiegend als Teilzeitkräfte, und der Anteil der teilzeitbeschäftigten Frauen an den weiblichen Arbeitskräften ist – unter Berücksichtigung der Definitionsunterschiede von »Teilzeitarbeit« – mit ca. 28–33% in etwa vergleichbar.[18] Japan und Deutschland ähneln sich auch darin, daß die Tertiärisierung der Frauenerwerbsarbeit weniger weit fortgeschritten ist als in anderen westlichen Industrieländern. In beiden Ländern ist der Anteil der in der Industrie beschäftigten Arbeitnehmerinnen an den weiblichen Arbeitskräften mit ca. einem Viertel relativ hoch und im Dienstleistungsbereich mit knapp unter 70%

Tab. 5: Sektorale Verteilung der Frauenerwerbsarbeit in Japan (1960–1990)

	Primärer Sektor (Land- und Forstwirtschaft, Fischrei)	Sekundärer Sektor (Bergbau, Verarbeitendes Gewerbe, Baugewerbe)	Tertiärer Sektor (Dienstleistung, Handel, Gaststätten)
1960	43,1	20,2	36,7
1965	32,5	23,1	44,4
1970	26,2	26,0	47,8
1975	18,4	25,7	55,7
1980	13,2	28,2	58,4
1985	10,6	28,3	60,8
1987	9,9	27,1	62,7
1990	8,5	27,3	63,8

Quelle: Ministry of Labour, Fujin Rōdōhō Jitsujo, in: Saso, (Anm. 14), S. 44; JIWE, (Anm. 18), S. 8.

18 JIWE (Japan Institute of Women's Employment), Japan's Working Women Today, Tōkyō 1991, S. 12; Rainer Geissler, Die Sozialstruktur Deutschlands, Opladen 1992, S. 243.

relativ niedrig.[19] Selten gelangen Arbeitnehmerinnen über untere bis mittlere Hierarchieebenen hinaus. Ihr Anteil an Führungspositionen liegt in Japan und Deutschland zwischen 3–4%.[20]

a. Familienstrukturen im Umbruch

Der Wandel der Familienstrukturen läßt sich sowohl als Voraussetzung als auch als Resultat veränderter Geschlechterbeziehungen interpretieren. Zusammen mit dem Anstieg der Lebenserwartung werden Veränderungen im generativen Verhalten, die maßgeblich von Frauen beeinflußt werden, die langfristigen sozioökonomischen Entwicklungsperspektiven Japans entscheidend prägen.

Der große Sprung beim Anstieg der Lebenserwartung erfolgte in Japan erst in der Nachkriegszeit. So stieg die durchschnittliche Lebenserwartung der Frauen im Zeitraum 1947–75 von nur 53,9 auf 76,8 Jahre und erreichte 1990 den Spitzenwert von 81,9 Jahren.[21] Dabei ist es weniger die absolute Höhe der durchschnittlichen Lebenserwartung von Männern und Frauen, bei der Japan einen Spitzenplatz einnimmt, als vielmehr die rapide Ausweitung der Lebensspanne in relativ kurzer Zeit, die zum Problem werden wird. Nach Vorausberechnungen des Gesundheits- u. Wohlfahrtsministeriums werden im Jahre 2020 23,6% der japanischen Bevölkerung 65 Jahre und älter sein.

Verschärft wird der demographische Wandel durch den Rückgang der Geburtenrate. 1991 wurde mit der Kennziffer 1.53 (= allgemeine Fruchtbarkeitsziffer) der vorläufige Tiefpunkt erreicht. Der Rückgang der Geburtenrate ist in Japan – wie in anderen Industrieländern – ein säkularer Trend, der im wesentlichen aus der gestiegenen Bildungs- und Erwerbsbeteiligung der Frauen resultiert. In der Vorkriegszeit war der Geburtenrückgang in Japan Begleiterscheinung des im Zuge der Land-Stadt-Wanderung gestiegenen Heiratsalters. In der Nachkriegszeit stabilisierte sich die Geburtenrate in der Prosperitätsphase (1958–72), als sich die Realeinkommen verdoppelten, um seit 1973 kontinuierlich zurückzugehen. Dieses Verlaufsmuster hängt auch damit zusammen, daß sich die Vereinbarkeit von Erwerbsarbeit und Familie in Japan später als in anderen Industrieländern als schwer lösbares Problem herauskristallisierte. Erst 1970 waren die erwerbstätigen Japanerinnen mehrheitlich (54,7%) außerhäuslich im Arbeitnehmerstatus beschäftigt.[22] Bis dahin dominierten bei den Frauen Beschäftigungsformen als »mithelfende Familienangehörige« oder »formell Selbständige«, die sich leichter mit Kinderbetreuung vereinbaren ließen.

Geburtenbeschränkung wird in Japan mit eher traditionellen Verhütungsmethoden (Kondom, Temperaturmessung) praktiziert. Die Verschreibung von Anti-Ovulationshemmern (»Anti-Baby-Pille«) ist bis heute aus fadenscheinigen Gründen untersagt. Dies liegt im Interesse der Ärzte, die eine Lizenz für Schwangerschaftsunterbre-

---

19 Uwe Becker, Frauenerwerbstätigkeit – Eine vergleichende Bestandsaufnahme, in: Aus Politik und Zeitgeschichte (Beilage zur Wochenzeitung »Das Parlament«), B 28/89, S. 22–33, vgl. S. 25; siehe auch Tab. 5.

20 NIEVR (Anm. 17); R. Geissler, (Anm. 18), S. 247.

21 JIWE (Anm. 18), S. 2; S. Iwao, (Anm. 3), S. 26.

22 M. Saso, (Anm. 14), S. 30; siehe Tab. 2.

chungen besitzen und daran gut verdienen. Die ökonomische Not der unmittelbaren Nachkriegsjahre führte zu relativ liberalen Abtreibungsregelungen, die sozioökonomische Notlagen explizit anerkennen.[23] Nach dem traditionellen japanischen Wertsystem werden Abtreibungen toleriert, sofern entsprechende religiöse Riten vollzogen werden.[24] Ausschlaggebend für die vergleichsweise hohen Abtreibungsziffern sind nach einschlägigen Untersuchungen Informations- und Kommunikationsdefizite bei japanischen (Ehe)paaren.[25] Nur 6% der Frauen, die 1989 Abtreibungen vornehmen ließen, waren im Teenageralter.[26] Generell ist die soziale Akzeptanz unehelich geborener Kinder bzw. unverheirateter Mütter in Japan gering und die entsprechenden Anteilswerte sind im Vergleich mit anderen Industrieländern äußerst niedrig.

Durch reduzierte Kinderzahl und Komprimierung der betreuungsintensiven Versorgungsphase (bei zwei Kindern auf ca. 10 Jahre) entstehen im Familienzyklus Freiräume, die Japanerinnen die Wiederaufnahme der Erwerbsarbeit in der Mitte des dritten Lebensjahrzehnts zunehmend attraktiv erscheinen lassen. Dieser Freiraum für eine außerfamiliale Lebensgestaltung wird allerdings durch traditionelle Verpflichtungen zur Pflege älterer Verwandter in Frage gestellt. So sehen sich japanische Frauen mit hoher Wahrscheinlichkeit im Lebensverlauf zweimal mit dem Problem der Vereinbarkeit von Erwerbsarbeit und Familie konfrontiert. Die sich daraus ergebenden Konflikte werden in Japan in den Medien breit diskutiert. Das traditionelle Zusammenleben der Generationen unter einem Dach hat an Akzeptanz eingebüßt. Nach einer Meinungsumfrage von 1988 hielten es nur 18% der befragten jüngeren Frauen als eigene Lebensperspektive für erstrebenswert. Die Bereitschaft, für die Älteren zu sorgen, ging im Zeitraum 1950–88 von drei Viertel aller Befragten auf zwei Drittel zurück. Dennoch ist das Zusammenleben mit den verheirateten Kindern (meist der Familie des ältesten Sohnes) immer noch die häufigste Lebensform der über 65jährigen in Japan (1985: 65,6%), wenn sich auch die Zahl der allein (oder mit Ehepartner) lebenden über 65jährigen im Zeitraum 1960–85 verdoppelt hat.[27]

Von einer Krise herkömmlicher Familienstrukturen kann in Japan im großen Maßstab noch keine Rede sein, doch zeigen sich unübersehbar Erosionstendenzen im konfuzianisch geprägten Geschlechter- und Generationenverhältnis. Die Orientierung am Ideal »Kernfamilie« mit emotional befriedigenden Gatten- und Eltern-/Kindbeziehungen läßt sich mit der traditionellen Struktur der Geschlechtertrennung (Mann: »Firmenmensch«, Frau: »Hausfrau, Mutter«) nicht mehr bruchlos in Einklang bringen.[28]

Veränderte subjektive Ansprüche an die Partnerwahl dürften – neben verlängerten Ausbildungszeiten – auch für den Anstieg des Heiratsalters maßgeblich sein. Zwi-

23 Samuel Coleman, Family Planning in Japanese Society. Traditional Birth Control in a Modern Urban Culture, Princeton 1983, S. 20.

24 Emiko Ohnuki-Tierny, Illness and Culture in Contemporary Japan. An Anthropological View, Cambridge 1984, S. 78–81.

25 S. Coleman (Anm. 23).

26 S. Iwao (Anm. 3), S. 287.

27 Ralph Lützeler/Regine Mathias, Lange leben – Demographische Entwicklungen und soziale Veränderungen, in: I. Hardach – Pinke (Hrsg.), Japan – eine andere Moderne, Tübingen 1991, S. 54.

28 Ruth Linhart, Der Traum von Glück – Liebe, Sex und Partnerschaft, in: R. Linhart/F. Wöss (Anm. 4), S. 54–67.

schen 1920 und 1990 stieg das durchschnittliche Heiratsalter der Japanerinnen von 21,5 auf 25,8 Jahre.[29] In der Altersgruppe der 23- bis 29jährigen Japanerinnen erhöhte sich der Anteil der unverheirateten Frauen im Zeitraum 1975–90 von 30,9 auf 40,2%.[30] Zwischen den beiden traditionellen Formen der Eheanbahnung »arrangierte Ehe« *(Miai)* und »Liebesheirat« *(Renai)* haben sich die Proportionen zugunsten letzterer verschoben. Während das Verhältnis noch in den ersten Nachkriegsjahren etwa 65 zu 22% betrug, hat es sich bis 1983 praktisch umgekehrt und ungefähr auf diesem Stand eingependelt.[31] Im übrigen erweisen sich die Kategorien in der Praxis nicht mehr als trennscharf, da gegenseitige Sympathie als Mindestvoraussetzung der Eheschließung gilt.

In vielen Fällen wird jedoch die Diskrepanz zwischen einem westlich beeinflußten romantischen Leitbild der Ehe und der Realität eines kommunikationsarmen, lieblosen Ehealltags schmerzlich erlebt.[32] Sexualität als Ausdruck der Zuneigung und Liebe ist zwar immer mehr ein Wunschtraum der japanischen Frauen, aber noch lange nicht Realität in der Mehrheit der Beziehungen.[33] In der Verdopplung der Scheidungsrate von 0,73 Personen (auf 1000 Einwohner) auf 1.51 Personen im Zeitraum 1950–83 spiegelt sich die Krise des traditionellen Geschlechterverhältnisses in der Ehe.[34] Dennoch weist Japan im Vergleich der Industrieländer noch immer eine extrem niedrige Scheidungsrate auf (1990: 1,26 Personen auf 1000 Einwohner, USA: 4,8).[35] Die Scheidung wird in Japan häufig erst dann eingeleitet, wenn die Kinder erwachsen sind. Der Anteil der Scheidungen langjährig verheirateter Paare hat sich in den letzten zwanzig Jahren auf 15% aller Scheidungsfälle verdreifacht.[36] Mehrheitlich werden Scheidungen von Frauen initiiert, obwohl die Scheidungsfolgen für sie in finanzieller Hinsicht nachteilig sind.[37]

Die Zukunft wird zeigen, ob die Japanerinnen das Geschlechterverhältnis zunehmend am westlichen Maßstab der »Gleichheit« messen oder ob sie am japanischen Ideal der »Duldung von Abhängigkeit« *(Amae)* festhalten werden.[38] Daran wird sich entscheiden, wie sie ihre bisherige Lebensweise interpretieren: als Einschränkung *(constraint)* oder als Chance der Erfüllung *(fulfillment)* geschlechtsspezifischer Normen. Auf diesen Nenner bringt es die japanische Anthropologin Sugiyama-Lebra. Obwohl im Bereich der Bildung und Erwerbsarbeit weiterhin geschlechtssegregierte Strukturen dominieren, dürften die dort dennoch möglichen Chancen der Individualisierung und ökonomischen Unabhängigkeit den Lebensweg der jüngeren Japanerinnen in noch nicht exakt vorhersehbarer Weise prägen.

---

29 S. Iwao, (Anm. 3), S. 61.
30 JLB (Japan Labor Bulletin) 31/2, 1992, S. 1.
31 R. Linhart (Anm. 28), S. 62.
32 John A. Mckinstry/Asako Nakajima Mckinstry, Jinsei Annai, »Life's Guide« – Glimpses of Japan through a Popular Advice Column, London 1991; S. Iwao (Anm. 3), S. 94–124.
33 R. Linhart (Anm. 28); Ruth Linhart, Onna da kara – weil ich eine Frau bin: Liebe, Ehe und Sexualität in Japan, Wien 1991.
34 JLB, 31/1, 1992, S. 6.
35 Vgl. S. Iwao (Anm. 3), S. 113.
36 Ebd., S. 114.
37 Margret Neuss-Kaneko, Familie und Gesellschaft in Japan, München 1990, S. 128.
38 Takeo Doi, Amae – Freiheit in Geborgenheit – Zur Struktur japanischer Psyche, Frankfurt a. M. 1982; Robert J. Smith, Gender Equality in Contemparary Japan, in: The Journal of Japanese Studies, 13. 1. 1987, S. 1–25.

III. Jugend und Familie

Regine Mathias

Wenn heute in Japan von E.T. oder einer »neuen Menschheit« *(Shinjinrui)* die Rede ist, dann dreht sich das Gespräch meist nicht um Außerirdische, sondern um die japanische Jugend. Schon seit Beginn der achtziger Jahre mehren sich die Anzeichen für ein wachsendes Befremden über die Lebenseinstellung der Jugend in der älteren Generation, der die Jugendlichen oft wie fremde Wesen von einem anderen Stern erscheinen. Gleichzeitig wird beklagt, daß die Erziehung in der Familie bestimmte Voraussetzungen für das spätere Leben (Beruf, Gesellschaft) nicht mehr erbringe, so daß Institutionen wie Kindergarten, Schule und Firma, aber auch andere Ratgeber die Defizite in der familiären Sozialisation ausgleichen müßten.

Hinter all dem verbirgt sich mehr als nur die übliche Jugendschelte. Hier werden Auswirkungen eines sozialen Wandels sichtbar, der sich in der Nachkriegszeit auch und gerade im Bereich der Familie vollzogen hat. Die unter amerikanischer Besatzung 1946/47 durchgeführte Reform des Familienrechts führte zur Ablösung des bis dahin geltenden traditionellen Familiensystems *(Ie Seido)*. Durch die rechtliche Verankerung der Kernfamilie glich sich die japanische Familie – zumindest äußerlich der in anderen westlichen Industriestaaten vorherrschenden Form an. Da aber Verhaltens- und Denkmuster des traditionellen Familiensystems überdauerten und teilweise in den sogenannten Japan-Theorien *(Nihon Bunka Ron)* als wesentliches Element der japanischen Kultur auch ideologisch festgeschrieben wurden, wies auch die »moderne« japanische Familie häufig noch gewisse traditionelle Züge auf. Seit den späten siebziger Jahren zeichnet sich jedoch auch hier allmählich ein Wandel ab. Vor dem Hintergrund wirtschaftlicher, demographischer und anderer gesellschaftlicher Entwicklungen, die den Lebenszyklus des einzelnen und der Familie verändert haben, müssen Eltern und Kinder ihre jeweiligen Rollen in der Familie und in der Gesellschaft überdenken und teilweise neu definieren. Dieser Prozeß hat zweifellos auch dazu geführt, daß die Familie ihre Funktion als Vermittler traditioneller Vorstellungen und Werte nicht mehr so selbstverständlich wie früher erfüllen kann und will.

Doch sind die oben angeführten Klagen deshalb berechtigt? Was hat sich in der Jugend und ihrem familiären Umfeld wirklich geändert? Wie wachsen japanische Kinder auf, wie werden sie erzogen, was sind ihre Wünsche und Erwartungen an die Zukunft?

1. Kindheit und Schule

Die Kindheit ist in Japan eine unbeschwerte Zeit. Zumindest in den ersten vier, fünf Lebensjahren wachsen die Kinder relativ konfliktfrei und geborgen auf. Ihnen ist noch nahezu alles erlaubt: Sie dürfen toben, schreien, lange aufbleiben, essen, worauf sie Appetit haben, ihre älteren Geschwister ärgern, ja sogar ihren Zorn durch Schläge gegen Eltern und Geschwister abreagieren. Die Erziehung in diesem Alter ist sehr permissiv; die Mutter versucht fast nie, das Kind gegen seinen Willen zum Gehorsam zu zwingen. Sie möchte vielmehr erreichen, daß das Kind aus eigener Einsicht handelt oder zu handeln glaubt: Das japanische Wort *Wakaraseru* (verstehen lassen, zum Verstehen bringen) beschreibt eines der wichtigsten Erziehungsprinzipien.

Voraussetzung für diese Erziehung ist eine sehr enge Mutter-Kind-Beziehung, in der sich das Kind bei der Mutter geborgen fühlt und keine Unabhängigkeit von ihr entwickelt. Die Herausbildung dieser Beziehung beginnt bereits in den ersten Lebenswochen und -monaten durch dauernden (auch körperlichen) Kontakt zum Kind (Auf-dem-Rücken-Tragen, gemeinsames Baden und Schlafen) und durch ständiges beruhigendes Einwirken auf das Kind, sei es durch emotionale Gesten wie Schaukeln und Wiegen, sei es durch die Erfüllung aller seiner Wünsche.

Ein Schlüsselwort für diese Art der Mutter-Kind-Beziehung, bei der sich das Kind bedingungslos auf die Nachsicht der Mutter verlassen und sich dementsprechend auch gehenlassen kann, ist der japanische Begriff des *Amae*. *Amae* heißt, sieht man einmal von der speziellen Bedeutung im Rahmen des von dem Psychologen Doi entwickelten *Amae*-Konzepts[39] ab, »verwöhnt sein«, und verwöhnt, ja sehr verzogen erscheinen die meisten japanischen Kinder auch dem westlichen Beobachter.

Die japanische Mutter lenkt ihr Kind fast unmerklich, unter Ausnutzung der engen Mutter-Kind-Beziehung. In Konfliktfällen bietet sie ihm Lösungsvorschläge an, von denen sie annimmt, daß das Kind darauf eingehen wird. Wenn es sich schlecht benimmt, trägt sie die Schuld und erzeugt dadurch beim Kind Schuldgefühle. Auf diese Weise kommt der Mutter auch eine wichtige Funktion bei der Herausbildung des kindlichen Über-Ichs zu.

Körperliche Strafen, die beim Kind Zorn und Aggressionen hervorrufen und damit zu einer Entfremdung von der Mutter und der Familie führen könnten, werden kaum angewandt. In der Regel genügen Drohungen wie »jemand wird dich auslachen«, »jemand wird deine Familie auslachen«, um das Gewünschte durchsetzen zu können. Im Gegensatz zu europäischen Verhältnissen, wo Kinder zur Strafe oft eingesperrt werden (Stubenarrest etc.), ist eine der schlimmsten Drohungen für das sehr stark auf die Mutter fixierte japanische Kind das Aussperren aus der Wohnung, aus der Geborgenheit der Familie.

Das japanische Kind lernt also schon in frühester Jugend die Abhängigkeit von einzelnen Menschen (Mutter) bzw. einer Gemeinschaft (Familie) als etwas sehr Positives kennen. Gleichzeitig aber, sozusagen als Kehrseite der geborgenen und bewußt konfliktfrei gehaltenen Kindheit, wird es auch nur in geringem Maße zur Entwicklung eines eigenen Willens ermuntert. So schafft die Sozialisation in dieser frühen Phase

39 Siehe dazu die dt. Übersetzung: Takeo Doi, Amae. Freiheit in Geborgenheit, Frankfurt a. M. 1982.

bereits wichtige Voraussetzungen für die im Erwachsenenleben geforderte und oft als »typisch japanische« Eigenschaft apostrophierte Gruppenmentalität.

Der Vater spielt in der Erziehung kaum eine aktive Rolle. Aufgrund der langen Arbeitszeiten und der in vielen Berufen üblichen Versetzungen sehen ihn die Kinder oft nur am Wochenende. Von daher ist es nicht verwunderlich, daß auch im späteren Leben bei Problemen die Mutter fast doppelt so häufig konsultiert wird wie der Vater.[40] Allerdings hat der Wunsch nach einem stärker familienbezogenen Vater in den letzten beiden Jahrzehnten deutlich zugenommen. So wünschten sich in einer Umfrage 1990 drei Viertel der befragten Jugendlichen einen Vater, »der die Familie ganz oder zumindest im Ernstfall über seine Arbeit stellt« (1970 nur 50%). Die einseitige Fixierung des Vaters auf die Arbeit wird offensichtlich seitens der Familie und vor allem seitens der Kinder nicht mehr uneingeschränkt gutgeheißen und unterstützt.

Die berufsbedingte Abwesenheit des Vaters ist nur EIN Hinweis darauf, wie sehr sich die Form der Familie in den letzten Jahrzehnten verändert hat. Der wachsende Anteil der Kernfamilie (1990 77,6% aller Haushalte) hat dazu ebenso beigetragen wie die extrem niedrige Geburtenrate (1990 bei 9,9 pro tausend) der letzten Jahre. Schon Anfang der achtziger Jahre hatten 90% der japanischen Familien nur noch ein bis zwei Kinder. So erleben die Kinder die Familie in Japan heute vielfach als eine Mini-Gruppe, bestehend aus der Mutter und einem oder zwei Kindern. Gemeinschaftserfahrungen, die in der traditionellen Familie zur Einübung bestimmter Verhaltensweisen führten, sind in diesem familiären Umfeld kaum noch möglich. Statt dessen sehen viele Beobachter die Gefahr, daß durch die allzu enge Mutter-Kind-Bindung die Kinder überbehütet aufwachsen und zu spät selbständig werden könnten, was sich auch durch empirische Untersuchungen zu bestätigen scheint.

Von daher kommt dem Kindergarten heute eine wichtige Funktion zu. Hier werden, im Spiel mit Gleichaltrigen und bei bestimmten Ritualen, die Verhaltensweisen eingeübt, die den Erwachsenen zur Einordnung in soziale Gruppen und zur Lösung von Konflikten befähigen sollen.[41] Auch in der Grundschule sieht der Lehrplan über die reine Wissensvermittlung hinaus noch vielfältige Maßnahmen zur Förderung eines Gemeinschaftsbewußtseins vor: Das reicht von dem gemeinsamen Säubern der Klassenräume und der gemeinschaftlichen Betreuung von Pflanzenbeeten bis zu den zahlreichen außerschulischen Club-Aktivitäten, durch die die Kinder auch in ihrer Freizeit an die Schule gebunden sind. Erst im Übergang zur Mittel- und vor allem auch zur Oberschule werden solche persönlichkeitsbildenden Maßnahmen zugunsten der Vorbereitung auf Examen und Aufnahmeprüfungen zurückgeschraubt.

---

40 Alle Umfrageergebnisse und statistischen Angaben, sofern sie nicht extra gekennzeichnet sind, wurden den folgenden drei Quellen entnommen:
a) Sōmūchō Seishōnen Taisaku Honbu (Hrsg.), Sekai no Seinen to no Hikaku kara miru Nihon no Seinen (Die japanische Jugend im internationalen Vergleich), Tōkyō 1989.
b) Sōmuchō Seishōnen Taisaku Honbu (Hrsg.), Gendai no Seishōnen. Dai 5 Kai Seishōnen no Rentaikan nado ni kansuru Chōsa Hōkokusho (Bericht: Die gegenwärtige Jugend...), Tōkyō 1991.
c) Sōmuchō Seishōnen Taisaku Honbu (Hrsg.), Heisei Yonnen-Ban Seishōnen Hakusho (Jugendweißbuch 1992), Tōkyō 1993.

41 Ausführlich über die Rolle der Kindergartenerziehung: Volker Schubert, Die Inszenierung der Harmonie, Darmstadt 1992.

Rund 95% eines Jahrgangs besuchen heute in Japan nach der neunjährigen Pflichtschulzeit noch die dreijährige Oberschule, die damit zur Regelschule geworden ist. Über 30% setzen anschließend, nach Bestehen einer z.T. sehr schwierigen Aufnahmeprüfung, ihre Ausbildung an einer Universität fort. Noch immer bestimmt in Japan mehr als in anderen Industrieländern die Schulbildung den späteren sozialen Status, also die Lebenschancen des einzelnen. Nur wer die besten Schulen und Universitäten durchläuft, hat hinterher Chancen, eine Anstellung in Regierungsbehörden, angesehenen Bildungsinstitutionen, Großbetrieben und anderen Spitzenpositionen zu erhalten. Umwege und Quereinstiege sind fast nicht möglich; Versäumnisse während der Schulzeit, wie etwa das Abbrechen der Oberschule oder des Studiums, lassen sich später kaum mehr gutmachen. Daher ist der Lebensweg für einen Jugendlichen in Japan viel stärker vorgezeichnet, gibt es viel weniger alternative Möglichkeiten als in anderen Industriestaaten.

Diese Tatsache und der in den höheren Schulstufen wachsende Konkurrenzkampf und Prüfungsdruck engen den Entwicklungsfreiraum des Jugendlichen mehr und mehr ein. Das beginnt bereits damit, daß die zur eigenen Verfügung stehende Zeit oft durch Nachhilfe und anderen Unterricht verringert wird; die zusätzlich zur Schule aufgewandte Zeit für das Lernen ist in Japan im internationalen Vergleich sehr hoch. Der Alltag wird durch den Zwang zum Tragen von Schuluniformen und durch strenge Schulordnungen stark geregelt.[42] Aber auch die aus dem hohen Erwartungsdruck ihrer Umgebung (Mutter, Familie etc.) resultierende psychische Belastung der Jugendlichen ist sehr groß und kann in Extremfällen bis zum Selbstmord führen. Unter diesen Umständen ist es kein Wunder, daß Lernen, Schulnoten und das schulische Fortkommen schlechthin für Eltern und Kinder an der Spitze der Sorgen und Probleme rangieren.

Wer sich allerdings in diesem Bildungssystem erfolgreich behauptet, verläßt die Universität als anpassungsfähiger, belastbarer, ausdauernder und lernwilliger Erwachsener und bringt damit die besten Voraussetzungen für eine Karriere in Bürokratie und Wirtschaft mit.

2. Freizeit, Konsum, Zukunftsträume

Die Freiräume im Leben eines japanischen Jugendlichen sind nicht groß. Auch ein erheblicher Teil der Freizeitaktivitäten ist in den Schulen angesiedelt und in Form von »Clubs« institutionalisiert. Die Teilnahme an solchen Clubaktivitäten gilt als sozial erwünscht und wird durch sanften Druck seitens der Schule oder der Eltern gefördert. Viele Schulen bieten über ihre Clubs auch während der Ferien ein umfangreiches Freizeitprogramm an, das angesichts des Mangels an Spielraum in den zu kleinen Wohnungen und verkehrsreichen Straßen der Großstädte von vielen Eltern und Kindern dankbar angenommen wird. Auf diese Weise verläuft aber die Entwicklung der Kinder (und Jugendlichen) fast ausschließlich in einem von Erwachsenen vorgegebenen und überwachten Rahmen. Die freie Entfaltung im Spiel, die daraus resultieren-

42 Ein Beispiel für eine solche Schulordnung findet sich in: OAG (Hrsg.), Japan direkt, (1985) 4, S. 20–21.

den Erfahrungen und die Fähigkeit zu einer selbständigen aktiven Gestaltung der Freizeit werden hingegen kaum gefördert. Im Gegenteil, es scheint, als würde die Gewährung von »echten« Freiräumen für Jugendliche noch immer als ein gewisses Risiko angesehen. Als z.B. im Herbst 1992 ein schulfreier Samstag im Monat eingeführt wurde, boten Gemeinden, Schulen und andere Organisationen sofort für diesen Tag organisierte Freizeitprogramme für Schüler und Eltern an, obwohl damit ursprünglich den Familien ein Tag bzw. ein Wochenende zur freien Gestaltung gegeben werden sollte. Allerdings mehren sich in letzter Zeit Stimmen, die die mangelnde freie Zeit der Kinder und Jugendlichen beklagen. So meinten in einer Umfrage 1992 rund 60% der befragten Eltern, daß ihre Kinder aufgrund der Belastungen durch Schule, Examensvorbereitungen und diverse Club-Aktivitäten keine Zeit/Muße hätten, wobei dies offensichtlich bedauert wurde. Insgesamt gesehen hat die freie Zeit bei den Jugendlichen in den letzten Jahren allerdings leicht zugenommen, doch ist die Zunahme so minimal, daß sie sich noch kaum im Alltag auswirkt.

Sehr viel deutlichere Auswirkungen hingegen hatte der in den achtziger Jahren allgemein gestiegene Wohlstand auf das Leben der Jugendlichen. Die japanischen Jugendlichen der achtziger Jahre, also die zwischen 1965 und 1975 Geborenen, gehören der ersten Generation in Japan an, die von frühester Kindheit an in Wohlstand aufwuchs. Während ihre Elterngeneration sich z.T. noch an das Leben Anfang der sechziger Jahre ohne Waschmaschine, Kühlschrank, Fernseher und Auto erinnern kann, sind den Kindern diese Errungenschaften völlig selbstverständlich, ebenso wie Stereoanlage, Computer und Klimaanlage. Einer Untersuchung zufolge gehören Fahrrad, Computerspiele, Radiokassettenrekorder und Stereoanlage schon bei Schülern zur »Grundausstattung«. 1991 hatten jeder fünfte der 9- bis 14jährigen und über 40% der 16- bis 18jährigen Oberschüler einen eigenen Fernseher und fast ein Fünftel der Oberschüler sogar ein eigenes Telefon.[43] Doch nicht nur im Bereich der Unterhaltungselektronik, auch bei Kleidung, Accessoires und Freizeitgestaltung stellt die junge Generation hohe materielle Ansprüche und ist bereit, viel Geld dafür auszugeben. So sind die Jugendlichen in den achtziger Jahren zu einer wichtigen, wenn nicht sogar zu der wichtigsten Konsumentengruppe geworden. In den Großstädten, insbesondere in Tōkyō, hat sich seit den späten siebziger Jahren eine Jugendszene gebildet, deren kurzlebige Moden die weltweiten, meist in den USA kreierten Trends widerspiegeln. Die Träger dieser Modeströmungen waren zunächst Studenten, doch in den achtziger Jahren haben zunehmend Oberschüler den Part der Trendsetter übernommen. Finanziert wird dieser aufwendige Lebensstil durch Jobs, wobei der übliche Verdienst zwischen 100 DM und 500 DM im Monat liegt. Da der eigentliche Lebensunterhalt ebenso wie die hohen Ausbildungskosten größtenteils durch die Eltern getragen werden, können die Jugendlichen offenbar weitgehend frei über ihr Einkommen verfügen. Ähnliches gilt übrigens für Studierende und junge Angestellte, sofern sie noch zu Hause wohnen. Eine Emanzipation aus der daraus resultierenden ökonomischen Abhängigkeit wird offensichtlich nicht unbedingt angestrebt.

Die geschilderten Veränderungen, insbesondere die Ausbreitung der Unterhaltungselektronik in den Kinder- und Jugendzimmern, haben die dominante Rolle des

43 1991 hatten über 90% der Grund- und Mittelschüler ein eigenes Fahrrad, 46% der Grundschüler einen Computer für Computerspiele und fast ebenso viele einen Radiokassettenrekorder (43%).

Fernsehens unter den nicht organisierten Freizeitaktivitäten gestärkt. Auch wenn die Sehzeiten inzwischen leicht rückläufig sind, rangierte das Fernsehen 1992 bei den Jugendlichen (Altersgruppe der 10- bis 29jährigen) als Mittel zur Entspannung und zum Vergnügen noch immer mit großem Abstand an der Spitze, gefolgt von Comiclesen und Gesprächen mit Familie und Freunden. Nur bei den 9- bis 11jährigen wurden als häufigste Beschäftigungen »sich unterhalten«, »Fahrradfahren« und dann erst »Fernsehen und Comiclesen« genannt. An freien Tagen steigt der Fernsehkonsum erheblich an[44], daneben werden aber auch Einkaufen, Lesen, Wandern oder eine Spritztour machen, ins Kino gehen, Nichtstun und Sport als beliebte Freizeitbeschäftigungen angegeben.

Dieses Freizeitverhalten räumt den Massenmedien einen sehr großen Einfluß ein, zumal diese Medien auch für die Jugendlichen mit Abstand die wichtigsten Informationsquellen für die Gestaltung des eigenen Alltags geworden sind. So nannten Jugendliche im Alter von 9 bis 14 Jahren 1988 auf die Frage, woher sie ihre Informationen über Mode, Musik und andere aktuelle Trends bezögen, das Fernsehen, dann Freunde und Zeitschriften, wobei die Reihenfolge bei den Älteren umgekehrt war, und das Radio. Eltern und Geschwister, also die zum unmittelbaren Umfeld des Jugendlichen gehörenden Personengruppen, wurden hingegen bei dieser Orientierung kaum konsultiert.

Auch sonst scheint die Familie in der Freizeit eine geringere Rolle zu spielen als in anderen Ländern. Einer internationalen Untersuchung von 1989 zufolge verleben japanische Jugendliche ihre freien Tage am häufigsten mit Freunden. Nur jeder vierte verbringt diese Zeit mit der Familie, das ist der niedrigste Anteil unter allen zehn untersuchten Ländern. Ein Grund dafür dürfte auch in den genannten Club-Aktivitäten liegen, die selbst an freien Tagen stattfinden, so daß viele der Kinder und Jugendlichen keine Zeit haben, mit der Familie etwas zu unternehmen.

»Freunde« heißt dabei zunächst einmal: die Gruppe der Gleichaltrigen in der Schule, an der Universität oder am Arbeitsplatz. Sie ersetzt den Jugendlichen in vielen Fällen die in Europa oder den USA häufigeren informellen Zwei- oder Mehrpersonen-Bindungen. Innerhalb dieser Gruppen entwickeln sich vielfach Freundschaften im engeren Sinn des Wortes, die, im Gegensatz zu den USA und Europa, auch heute noch weitgehend auf gleichgeschlechtliche Personen beschränkt sind. Da spontane, zufällige Bekanntschaften außerhalb dieses Kreises eher selten sind und auch kaum zu dauerhaften Kontakten führen, haben die freundschaftlichen Verbindungen, die während der Schul- und Universitätszeit entstehen, für den einzelnen eine große Bedeutung. Sie sichern ihm auch in späteren Jahren ein über den unmittelbaren Kollegenkreis hinausgehendes Netz an sozialen Kontakten, das ihm, angesichts der großen Bedeutung persönlicher Vermittlung in der japanischen Gesellschaft, den Zugang zu anderen sozialen Gruppen eröffnet.

In den Zukunftsvorstellungen und Berufswünschen der japanischen Jugendlichen spiegeln sich weitgehend die gesamtgesellschaftliche Situation und die in ihr vorherrschenden Strömungen wider. Entsprechend der geringen Differenzierung von Berufsgruppen in Japan sind auch die beruflichen Wünsche der Jugendlichen vage. Zwar gibt es ähnlich wie in anderen Ländern viele, die Kindergärtner(in), Grund- oder

44 Über 40% der Jugendlichen sehen dann 4 Std. und mehr, während an Werktagen rund 75% bis zu 3 Std. sehen.

Mittelschullehrer(in) werden wollen; aber über diese zum unmittelbaren Erfahrungsraum gehörenden Berufe hinaus werden vor allem *Kaisha In* (Angestellter einer Firma) oder *Kōmu In* (Angestellter einer Behörde, Beamter) genannt, während stärker auf individuelle Leistung ausgerichtete Berufe mit hohem Sozialprestige und überdurchschnittlichem Einkommen, aber auch langen Ausbildungszeiten, wie z.B. Richter, Arzt, Rechtsanwalt etc., die in Thailand, Korea, aber auch in den USA an der Spitze der Berufswünsche rangieren, in Japan eher selten angestrebt werden.

Ihr Lebensziel sehen die meisten Jugendlichen in Japan schon seit Mitte der achtziger Jahre nicht so sehr im Erreichen einer höheren gesellschaftlichen Position oder in einem stärkeren Einsatz für die Gesellschaft, sondern vor allem in der Sicherung einer guten materiellen Lebensgrundlage.[45] Dementsprechend ändert sich auch die Einstellung zur Arbeit. 1989 gab in einer Umfrage bereits die überwiegende Mehrheit der Schulabsolventen an zu arbeiten, um sich selbst weiterzuentwickeln (59%), um ein Leben in wirtschaftlichem Wohlstand zu führen (56%) oder um ein vergnügtes Leben zu führen (41%). Nur noch jeder zehnte arbeitete, um »der Gesellschaft zu dienen« bzw. um die gesellschaftliche Entwicklung voranzutreiben. Gleichzeitig leitet nur noch ein knappes Drittel der jungen Männer zwischen 20 und 29 Jahren ihren Lebenssinn ganz oder zumindest überwiegend aus der Arbeit ab, während mehr als 40% ihn außerhalb der Arbeit finden. In der Einstellung zum Leben und zur Arbeit werden also in zunehmendem Maße private Interessen und materielle Wünsche wichtiger, während der aus einem Gefühl der Verpflichtung gegenüber der Firma/Behörde und der gesamten Gesellschaft abgeleitete »Lebenssinn« an Bedeutung abnimmt.

3. Zwischen Auflehnung und Apathie

Während Meinungsumfragen seit Beginn der achtziger Jahre eine wachsende Zufriedenheit der Jugend mit der Gesellschaft, mit ihrer Familie und der eigenen Arbeits- und Lebenssituation konstatierten, schreckte gleichzeitig eine zunehmende Zahl von Gewalttaten an Mittel- und Oberschulen die japanische Öffentlichkeit auf. Dabei waren die Zerstörung von Schulinventar, die Gewalttätigkeiten gegen Lehrer und zunehmend auch gegen Mitschüler nur besonders extreme Formen der Auflehnung gegen die vorherrschende Ordnung. Die Skala reicht vom harmlosen Protest durch lässige und auffällige Kleidung über Schulverweigerung und Aufsässigkeit, aber auch Gewalt, bis hin zu kriminellen Delikten wie Ladendiebstahl oder zur Mitgliedschaft in Motorrad-Gangs etc. Zwar ist die Zahl der Vorfälle in den Schulen wie auch der Jugend-Delikte insgesamt in Japan immer noch wesentlich geringer als in vielen anderen Industriestaaten, doch haben die rasche Ausbreitung dieses Phänomens und die Brutalität des Vorgehens in einzelnen Fällen den Nerv der japanischen »Konsens«-Gesellschaft getroffen und zu einer intensiven Suche nach den Ursachen geführt.

45 So im japanischen Jugendweißbuch von 1984 (Seishōnen Hakusho 1984, Kurzfassung abgedruckt in: Nihon Jōhō Kyōiku Kenkyūkai (Hrsg.), Shōwa 60nen Nihon no Hakusho, Tōkyō 1985, S. 48.

Ähnlich wie in anderen Industriegesellschaften werden auch in Japan die Wohlstandsgesellschaft mit ihrer menschlichen Gleichgültigkeit, der schlechte Einfluß gewaltverherrlichender Filme und Darstellungen in den Medien etc. dafür verantwortlich gemacht. Kritisiert werden auch die negativen Auswirkungen des überzogenen Prüfungssystems. Doch wird die Schuld in erster Linie neben den Betroffenen selbst den Familien angelastet. Beklagt werden u.a. die mangelnde Kommunikation zwischen Eltern und Kindern, häuslicher Unfrieden und eine überfürsorgliche, zu nachgiebige Erziehung, die einerseits den Erfahrungsraum der Kinder stark einenge, andererseits keine festen Maßstäbe für soziales Verhalten vermittle. Ähnlich argumentiert auch der japanische Psychologe Kawai, der die in Familien auftretenden Gewalttätigkeiten auf die extrem enge Mutter-Kind-Beziehung und die allzu große Nachgiebigkeit im japanischen Erziehungssystem zurückführt; dadurch würde der jedem Menschen innewohnende Wille zur Unabhängigkeit unterdrückt, und es würden Spannungen aufgebaut, die sich dann in Gewalttätigkeiten entladen könnten.[46]

Nach einem Höhepunkt Mitte der achtziger Jahre ebbte die Welle der Gewalt zwar vorübergehend ab, doch in den letzten Jahren weist die Zahl der Gewaltakte, besonders in den Oberschulen, wieder eine steigende Tendenz auf. Dies verwundert nicht, da sich an der Gesamtsituation der Jugendlichen kaum etwas geändert hat. Im Gegenteil, mit dem Platzen der *bubble economy* und der darauffolgenden wirtschaftlichen Konjunkturabschwächung ist es für die Jugend in den neunziger Jahren wieder schwerer geworden, Arbeitsplätze zu finden und damit die angestrebte materielle Grundlage für die Zukunft zu sichern.

Die genannten Gewaltakte sind zwar spektakulär, doch betreffen sie nur eine Minderheit unter den Jugendlichen. Die Mehrheit hingegen verhält sich eher passiv. Sie lehnt die Normen und Werte der älteren Generation weder expressis verbis ab, noch kämpft sie dagegen an; doch sie akzeptiert sie auch nicht ohne weiteres, sondern sie nimmt sie – überspitzt gesagt – oft einfach nicht zur Kenntnis, läßt sie nicht für sich gelten oder stellt sie zumindest naiv in Frage. Statt dessen »macht sie (nur), was ihr gefällt und genießt das gegenwärtige Leben; sie ist mit den familiären Beziehungen nicht unzufrieden, ist aber cool und für die gegenseitige Respektierung des Stolzes und der Privatsphäre; sie ist tolerant im Verhalten gegenüber Menschen mit anderen Werturteilen; (aber gleichzeitig) interessiert sie sich nicht für das Verhalten anderer, solange ihre eigenen Interessen nicht berührt werden; sie probt eine ihrem Geschmack entsprechende Lebensweise; sie vergnügt sich gern; sie hat keine unbedingt zu erreichenden Ziele; (und) sie verachtet alle extremen Anstrengungen«. So zumindest charakterisiert im Jahre 1990 eine regierungsamtliche Publikation[47] die als *Shinjinrui* bezeichnete Jugend.

Der in dieser Beschreibung deutlich werdende Rückzug der Jugend ins Private und in den Konsum hat in der Gesellschaft eine zwiespältige Reaktion ausgelöst. Von Marketing-Firmen als zunehmender Individualismus gepriesen und gefördert, von der älteren Generation als Egoismus verdammt, hat dieses Verhalten in konservativen Kreisen Besorgnis ausgelöst. Die vielfach zur Schau getragene Gleichgültigkeit der heutigen Jugend gegenüber den Normen und Werten der älteren Generation

46 Hayao Kawai, Violence in the Home, in: Japan Quarterly, XXVIII, (1981) 3, S. 370–377.

47 Keizai Kikakuchō Kokumin Seikatsu Kyoku (Hrsg.), Kokumin Seikatsu o Kaeru Aratana Shuyakutachi, Tōkyō 1990, S. 21.

scheint grundlegende Institutionen und Werte wie Familie, Bildungssystem, Leistungsbereitschaft, gesellschaftliche Ordnung und sozialen Konsens in Frage zu stellen, und zwar subtiler und zugleich wirkungsvoller als die großen Protestbewegungen in früheren Jahren, wie z. B. die Studentenunruhen der Jahre 1968–70.

Angesichts dieser Befürchtungen stellt sich die Frage, ob das geschilderte Verhalten der Jugend tatsächlich ein Anzeichen für einen grundlegenden sozialen Wandel darstellt. Mit anderen Worten, führt die »neue Menschheit« in Zukunft zu einer neuen, ganz anderen japanischen Gesellschaft?

4. Jugend und sozialer Wandel

Nun, Tatsache ist, daß die Jugendlichen der achtziger Jahre die Kinder der sogenannten *young families* sind, jener ersten in der Nachkriegszeit aufgewachsenen und sozialisierten Generation. Als »zweite Nachkriegsgeneration« sind sie weit stärker noch als ihre Eltern von den sozialen, wirtschaftlichen und politischen Veränderungen der Nachkriegszeit geprägt. Verwestlichung der Lebensweise und Wohlstand sind für sie »Normalität«, während ihnen die traditionelle Lebensweise der eigenen Großeltern fremd geworden ist. Der in dieser Generation erstmals so deutlich zutagetretende Verlust an traditionellem Wissen wiegt schwer in einer Gesellschaft, in der eben diese Tradition noch immer viel mehr als bei uns als Bestandteil nationaler Identität gilt. Von daher wird das von der älteren Generation in dem Begriff »Neue Menschheit« ausgedrückte Befremden verständlich.

Dennoch ist der Bruch zwischen den Generationen nicht so ausgeprägt, wie es oft in den japanischen Medien dargestellt wird. Denn zu stark sind noch die Integrationsmechanismen der sozialen Organisationen, mit denen der einzelne auf seinem Weg zum Erwachsenwerden, z. B. beim Eintritt in den Beruf oder bei der Gründung einer Familie, konfrontiert wird. Zu aktiv sind die Bemühungen seitens des Establishments, über Broschüren, Seminare und andere Formen des Trainings »richtiges« Verhalten und die darin implizit vermittelten Normen und Werte an die jungen Erwachsenen weiterzugeben. Solange hierüber Konsens besteht, wird auch die *Shinjinrui*-Jugend, vor allem angesichts ihrer doch eher passiven Haltung, nicht den befürchteten Zusammenbruch des bisherigen Systems auslösen, sondern bestenfalls, wie schon die Generationen zuvor, zu seinem allmählichen Wandel beitragen.

IV. Soziale Sicherung in Japan

ANNA MARIA THRÄNHARDT

1. Die Entwicklung des Systems der sozialen Sicherheit

In Artikel 25 der japanischen Verfassung von 1947 findet sich eine erstaunliche Garantie für jeden Bürger Japans, wie wir sie in unserem Grundgesetz nicht kennen:

> »Jeder Bürger hat das Recht auf ein Mindestmaß an gesundem und kultiviertem Leben. Auf allen Gebieten des Lebens hat der Staat sich um die Entwicklung und Mehrung des sozialen Wohls, der sozialen Sicherheit und der allgemeinen Gesundheit zu bemühen.«

Diese Sozialstaatsverpflichtung ist ein Produkt der amerikanischen Besatzungsmacht, die im wesentlichen die Nachkriegsverfassung ausgearbeitet hatte. Heute, fast fünf Jahrzehnte später, nachdem durch den ungeheuren wirtschaftlichen Aufschwung die ökonomischen Voraussetzungen für die Umsetzung dieses Verfassungsgrundsatzes in die Realität geschaffen worden sind, muß kritisch gefragt werden, inwieweit die japanische Regierung in den vergangenen Jahrzehnten diese Verfassungsgarantie ernst genommen und zum Maßstab ihrer Politik gemacht hat.

In diesem Zusammenhang ist die Tatsache wichtig, daß der Oberste Gerichtshof als höchste Rechtsinstanz wiederholt dahingehend entschieden hat, dieser Artikel beinhalte kein einklagbares Recht, sondern sei als Programmsatz zu verstehen, der den »Gesetzgeber politisch und moralisch verpflichtet, für ein menschenwürdiges Leben des Bürgers zu sorgen«.[48] Durch diese Zurückhaltung der Judikative, durch bindende Rechtsprechung in politische Entscheidungen (eine solche ist die Interpretation über Aufgaben und Grenzen des Sozialstaats ohne Zweifel) einzugreifen, gewinnt die Rolle der Politik entscheidende Bedeutung.

Sozialpolitik ist im Gegensatz zu den meisten anderen Politikbereichen in Japan ein Feld, auf dem die Entwicklung nicht nur von der lange dominierenden Liberal-Demokratischen Partei (LDP) bestimmt wurde. Auch die seit 1948 auf der nationalen Ebene in der Opposition befindliche Sozialdemokratische Partei Japans (SDPJ, jap.: Sozialistische Partei) konnte sozialpolitisch ein gewisses Profil erwerben. Dies war aufgrund ihrer relativen Stärke in den Kommunen – insbesondere in den späten sechziger und frühen siebziger Jahren – möglich, als ein Großteil der wichtigen Metropolen von progressiven Mehrheiten regiert wurde. So ist beispielsweise die Einführung der freien medizinischen Versorgung für alte Leute auf den Einfluß der SDPJ zurückzuführen. Dieses Versorgungsmodell wurde ursprünglich in einem Dorf im Norden

48 Siegfried Lörcher, Sozialversicherung, Altersversicherung, Rentensystem, in: M. Pohl (Hrsg.), Japan, Hamburg 1981, S. 82.

Japans von dem dortigen progressiven Bürgermeister als Modell entwickelt und in der Folge auch von anderen Kommunen und Präfekturen mit sozialistischer Mehrheit eingeführt. 1973 wurde es dann von der Zentralregierung übernommen und auf das ganze Land ausgeweitet.

Die Strukturen des Systems sozialer Sicherung in der Gegenwart tragen deutliche Spuren des Hintergrunds ihrer Entstehungszeit *(siehe Tabelle 1)*. Zwar gab es seit der *Meiji*-Zeit sozialpolitische Einzelmaßnahmen, wie eine minimale Unterstützung von alleinstehenden Armen, Alters- und Waisenrenten für Kriegsinvalide und deren Angehörige sowie einzelne Versicherungssysteme auf Gegenseitigkeit in den von der *Meiji*-Regierung geführten Musterfabriken. 1922 wurde ein gesetzliches Krankenversicherungssystem eingeführt, das insbesondere die in der Industrie und im Bergbau Beschäftigten umfaßte und 1938 auf Bauern, Selbständige und Rentner ausgedehnt wurde. 1936 wurden Betriebe zur Zahlung von Abfindungssummen an Arbeitslose und Rentner verpflichtet. Ein Markstein ist auch die Errichtung eines eigenen Ministeriums für Gesundheit und Soziales *Kōseisho* 1938, das die Aufgaben der bis dahin im berüchtigten Innenministerium angesiedelten Abteilung für Soziales übernahm. In dieser Maßnahme wie auch im Aufbau eines Rentensystems für die Arbeiter privater Unternehmen wird die besondere Bedeutung sichtbar, die Sozialpolitik in Kriegszeiten spielte. Die Beiträge der Rentenversicherung wurden zur Finanzierung der Rüstungsproduktion verwendet.[49].

a. Soziale Sicherung in der Besatzungszeit

Nach Ende des Krieges zeigten die amerikanischen Besatzungsbehörden unter Führung von General MacArthur von Anfang an großes Interesse an sozialen Problemen. Entgegen den Weisungen aus Washington beteiligten sie sich aktiv bei der Sicherstellung der Versorgung der unter Hunger und den Folgen des Krieges leidenden Bevölkerung. Sie bedienten sich hierzu eines Systems von Freiwilligen *(Minsei Iin)*, das durch seine landesweit durchorganisierte Struktur und lokale Verankerung ideale Voraussetzungen für diese Aufgaben mitbrachte.

Diese *Minsei Iin* entstanden schon Anfang des Jahrhunderts, zur Zeit der Reisunruhen in Südjapan in den Provinzen Ōsaka und Ōkayama. Sie bilden heute noch mit ca. 173 000 Aktiven die größte Organisation von ehrenamtlichen Helfern, ohne deren Einsatz die soziale Versorgung auf lokaler Ebene undenkbar wäre. Ihre Haupteinsatzgebiete liegen zum einen im Bereich der Kontaktnahme, Betreuung, Information und Vermittlung zwischen Bedürftigen vor Ort und den lokalen Sozialbehörden, zum anderen in der Erhebung und Zusammenstellung von empirischen Daten, die für eine moderne Sozialplanung *(social engineering)* unerläßlich sind.[50] Die Weitsicht der

49 Anna Maria Thränhardt, Historische und konzeptionelle Grundlagen japanischer Sozialpolitik, in: Nachrichten der Gesellschaft für Natur und Völkerkunde Ostasiens, Bd. 145–146, Hamburg 1989, S. 9–26.

50 Eyal Ben-Ari, Changing Japanese Suburbia – A Study of Two Present-Day Localities, London u.a. 1991; Anna Maria Thränhardt, Organisierte Freiwilligkeit, in: R. Bauer/A.M. Thränhardt (Hrsg.), Verbandliche Wohlfahrtspflege im internationalen Vergleich, Opladen 1987.

Tab. 1: Übersicht über die Geschichte der sozialen Sicherung und der sozialen Dienste in Japan

1874	Armenverordnung.
1922	Krankenversicherungssystem für Arbeiter, das die verschiedenen privaten betrieblichen »Krankenkassen auf Gegenseitigkeit« integrierte und vereinheitlichte. Wegen der Folgen des großen Kantō-Erdbebens 1923 erst 1927 in Kraft getreten.
1938	Errichtung des Ministeriums für Gesundheit und Soziales. Erweiterung der Krankenversicherung auf Selbständige (Landwirtschaft, Forsten, Fischereiwesen).
1939	Einführung der Seeleute-Versicherung, die die erste Rentenversicherung enthält.
1941	Allgemeine Rentenversicherung für Arbeiter.
1944	Ausweitung der Arbeiterrentenversicherung auf die Angestellten.
1947	Zur Umsetzung von Artikel 25 der Japanischen Verfassung in geltendes Recht werden in mehreren Bereichen Gesetze reformiert bzw. neu erlassen: Verankerung des Rechts auf Sozialhilfe; Einführung der Arbeitslosenversicherung; Konsolidierung der verschiedenen betrieblichen Unfallversicherungssysteme.
1948	Behindertengesetz.
1951	Gesetz über die sozialen Dienste.
1953	Einführung der Krankenversicherung für Tagelöhner.
1954	Reform der Angestellten-Rentenversicherung.
1959	Erweiterung der Krankenversicherung und der Rentenversicherung auf die ganze Nation, tritt ab 1961 in Kraft.
1969	Freie medizinische Versorgung für Alte in Tōkyō wird eingeführt.
1972	Einführung eines allgemeinen Kindergeldes ab dem 2. Kind.
1973	Einführung des Systems der freien medizinischen Versorgung für Alte auf nationaler Ebene.
1975	Reform der Arbeitslosenversicherung.
1983	Rechtliche Verankerung der freien medizinischen Versorgung für Alte, die jedoch gleichzeitig eine geringe Selbstbeteiligung wiedereinführt.
1984	Reform der Krankenversicherung und Wiedereinführung von Selbstbeteiligung.
1986	Grundlegende Reform und Neu-Strukturierung der verschiedenen Rentensysteme mit Einführung einer Modellrente tritt in Kraft.
1992	Gesetz über Erziehungsurlaub für Eltern.
1923	Vorbereitungen für ein Gesetz zum Pflegeurlaub.

amerikanischen Besatzungsbehörden in diesem Bereich, ein auf traditionellen nachbarschaftlichen Strukturen basierendes System zu erhalten und es per Gesetz im Jahr 1948 zum Modell für nicht-staatliche Formen sozialer Arbeit in Japan zu machen, verdient Beachtung.

Ein weiteres Anliegen der Besatzungsmacht war die Einführung eines allgemeinen Programms für Sozialhilfe *(Kōteki Fugō)*, das – ungeachtet der Gründe für Bedürftigkeit – einen Anspruch auf soziale Unterstützung für jeden gewährleisten sollte. Die amerikanischen Besatzungsbehörden versuchten zu erreichen, daß die japanische Regierung die volle organisatorische und finanzielle Verantwortung für dieses Programm übernahm. Dies entsprach dem in Artikel 25 der Verfassung festgelegten Konzept der staatlichen Verantwortung für das öffentliche Wohl. Diese Maßnahme, die eine nach oben unbegrenzte finanzielle Verpflichtung des Staates beinhaltete, war jedoch auch nach amerikanischen Standards der damaligen Zeit äußerst progressiv und übertraf auch das, was in den Vereinigten Staaten realisiert war.

In der endgültigen Fassung des Gesetzes zur Sicherung des Lebensunterhalts *(Seikatsu Hogohō)*, das im Oktober 1946 erlassen wurde, gelang es dem japanischen Ministerium für Gesundheit und Soziales allerdings, eine Klausel wieder einzuführen, die den generellen rechtlichen Anspruch auf Sozialhilfe insofern einschränkte, als eine gewisse finanzielle Mitverantwortung der Familie, ein wesentliches Element der Unterstützungspraktiken der Vorkriegszeit, beibehalten wurden.[51] Auch Arbeitsverweigerung von Personen, die arbeitsfähig sind, wurde auf japanische Initiative hin als Grund zur Streichung von Sozialhilfe in das Gesetz aufgenommen. Dennoch ist festzuhalten, daß die Sozialhilfe in der unmittelbaren Nachkriegszeit, als die anderen Systeme der sozialen Sicherung erst allmählich aufgebaut werden mußten, das wichtigste Instrument der sozialen Sicherung war. Noch 1951 machten die Ausgaben für Sozialhilfe 44,3% der gesamten Sozialausgaben aus, während für Arbeitslosenprojekte 26,7%, Gesundheit 17,8%, Sozialversicherung 8,5% und den gesamten Bereich sozialer Dienste nur 2,7% ausgegeben wurde.[52]

b. Auf- und Ausbau der Systeme der sozialen Sicherheit

Nach dem Ende der Besatzungszeit 1951 begann in Japan eine Phase der ökonomischen Expansion, die zu ununterbrochenem zweistelligen Wirtschaftswachstum führte, das erst durch die Folgen der Ölschocks in den siebziger Jahren vorübergehend etwas abgebremst wurde. In dieser Zeit hatte das Wirtschaftswachstum oberste Priorität in der Politik, wie das berühmt gewordene Schlagwort der »Einkommensverdoppelung« *(Shutoku Baizō)* unter Ministerpräsident Ikeda als nationales Ziel deutlich macht. Dennoch wäre es falsch zu schließen, daß keinerlei Entwicklung auf sozialpolitischem Gebiet stattgefunden hätte. Vor dem Hintergrund der günstigen ökonomischen Lage machten sich die Sozialplaner im Ministerium für Gesundheit

---

51 Eine solche Mitverantwortung kennt auch das deutsche Recht für die »Hilfe zum Lebensunterhalt«. Im Falle Japans ist sie jedoch weitergehender als bei uns und bezieht auch Verwandte zweiten Grades in die Verpflichtung mit ein. In der Gegenwart ist diese Klausel vor allem im Falle von Ehescheidungen von Bedeutung, da das japanische Scheidungsrecht kein Unterhaltsrecht für die Frau kennt und darüber hinaus Ehescheidungen in Japan in der überwiegenden Zahl der Fälle gar nicht vor Gericht gebracht werden. Der Fall einer alleinerziehenden Mutter mit drei Kindern, die verhungerte, weil sie sich weigerte, Kontakt mit ihrem ehemaligen Ehepartner aufzunehmen, um dieses Problem zu klären, machte 1987 landesweit Schlagzeilen (Mitsuyoshi Terakubo 1988). Seitdem scheinen viele kommunale Sozialämter dazu übergegangen zu sein, in derartigen Fällen ihrerseits Kontakt mit dem in Trennung lebenden Ehepartner aufzunehmen und gegebenenfalls die Weigerung eines solchen »nahen Verwandten« zu attestieren, damit der Weg für einen Anspruch auf Sozialhilfe frei ist.

52 Thomas Burkmann (Hrsg.), The Occupation of Japan: Education and Social Reform, Norfolk 1981, S. 360.

und Soziales daran, die zentralen Strukturen eines die ganze Bevölkerung umfassenden Systems der sozialen Sicherung auf- bzw. auszubauen. Zu nennen sind hier vor allem die Ausweitung der Rentenversicherung auf Angestellte 1954 sowie die Einführung der allgemeinen Nationalen Krankenversicherung und der Nationalen Rentenversicherung, die ab 1961 die ganze Nation unter den Schutz der sozialen Sicherung stellte. Die Etablierung einer eigenen Abteilung, des »Amts für Sozialversicherung«, das in der Folgezeit eine zentrale Rolle in der Sozialpolitik spielen sollte, unterstreicht die Bedeutung, die diesem Aufbau der Systeme der sozialen Sicherung zugemessen wurde. Einschränkend muß dazu jedoch gesagt werden, daß das in den sechziger Jahren eingeführte allgemeine Altersversorgungssystem, da es nicht wie das deutsche auf dem Solidarprinzip eines »Generationenvertrags« beruht, erst nach einer Laufzeit von ca. 30 Jahren seine Wirksamkeit entfalten konnte. In der Zwischenzeit stand es als gigantischer Kapitalfonds der Wirtschaft für Investitionen zur Verfügung.

c. Das Intermezzo der »Ära der Wohlfahrt« und die Sozialreformen der Restriktionsphase

Nach japanischer Auffassung hatte das Land Anfang der siebziger Jahre durch den vollständigen Ausbau des Systems ungefähr das Niveau westlicher Industrienationen erreicht. Dabei waren die Einführung eines Kindergelds sowie die kostenlose medizinische Versorgung für alte Leute und die Festsetzung einer Modellrente die letzten Bausteine. Allmählich stieg auch in Kreisen der regierenden Liberaldemokraten das Bewußtsein von der Bedeutung und Notwendigkeit sozialer Maßnahmen, da die Folgen des ungehinderten industriellen Wachstums seit der zweiten Hälfte der sechziger Jahre in mehreren Umweltskandalen sichtbar geworden waren. Die Regierung unter Ministerpräsident Tanaka erklärte das Jahr 1973 zum Beginn einer »Ära der Wohlfahrt« *(Fukushi Gannen)* und signalisierte damit einen Paradigmenwechsel der japanischen Sozialpolitik. Allerdings bewirkte die noch im selben Jahr hereinbrechende Ölkrise in dem stark rohstoffabhängigen Land einen Schock, der das politische Interesse wieder stärker auf ökonomische und fiskalische Probleme richtete. Das eben erst ins Zentrum der Aufmerksamkeit gerückte Paradigma verlor seine Attraktivität und das Thema der staatlichen Verantwortung wurde neu interpretiert: Unter dem Schlagwort »Japanisches Modell der Wohlfahrtsgesellschaft« *(Nihongata Fukushi Shakai)* wurden Werte wie Selbstverantwortung des Individuums, der Familie und der lokalen Gemeinschaft sowie die Vitalität der Kräfte des Marktes beschworen. Dieser Richtungswechsel wurde mit nationalistischen Argumenten begründet, die betonten, daß Japan nun, wo es das Niveau der hochindustrialisierten Länder im Westen auch in sozialer Hinsicht erreicht habe, seinen eigenen Weg finden müsse, eben das »Japanische Modell der Wohlfahrtsgesellschaft«.

Doch unterschied sich die Entwicklung im wesentlichen nicht von dem Muster anderer neokonservativer Gesellschaften in dieser Zeit, wie Esping-Andersen sie in seinem wegweisenden Werk »The Three Worlds of Welfare Capitalism« (1990) für westliche Gesellschaften beschrieben hat. Auch Japan machte sich daran, die sozialen

Ausgaben, die der Hauptgrund für die roten Zahlen im Staatshaushalt waren, zu begrenzen. Eine Studie über die Sozialpolitik im Japan der achtziger Jahre hebt jedoch hervor, daß die Versicherungssysteme als solche nicht abgebaut wurden, sondern sich die Reduktionen auf die Wiedereinführung von Selbstbeteiligungen, beispielsweise bei der medizinischen Versorgung alter Leute oder eine Erhöhung des Eigenanteils in der Nationalen Krankenversicherung, bezogen.[53] Auch dies entspricht der Entwicklung in vielen anderen neokonservativ regierten Ländern.[54]

2. Das System der sozialen Sicherung heute

Von seiner Entstehungsgeschichte her hat das System der sozialen Sicherung in Japan eine Reihe von Gemeinsamkeiten mit dem deutschen System. So vor allem, daß es sich im wesentlichen um ein Versicherungssystem handelt, das in erster Linie durch Beiträge finanziert wird, und nicht um ein System, dessen Finanzierung aus Steuermitteln erfolgt, wie es in den skandinavischen Ländern vorherrscht.

Wesentliches Merkmal des japanischen Sozialversicherungssystems ist die stark ausgeprägte Aufsplitterung in verschiedene Einzelsysteme, die zu sehr unterschiedlichen Versicherungsbedingungen und -leistungen führt. Am ausgeprägtesten ist dies heute noch im Bereich der Krankenkassen, wo es neben den öffentlichen Systemen 1800 betriebliche Versicherungen gibt (in der Bundesrepublik Deutschland existieren immerhin auch 1200, so daß man die Unterschiede eher als graduell denn als grundsätzlich sehen muß).

Im statistischen Vergleich ÖFFENTLICHER Sozialausgaben im Verhältnis zum Bruttosozialprodukt steht Japan am unteren Ende der Skala hochentwickelter Industrienationen. So werden nur 14,1% seines Bruttosozialprodukts für öffentliche Sozialausgaben verwendet, und damit liegt Japan noch hinter den USA mit 16,2% und unter der Hälfte des westdeutschen Anteils mit 29,1% *(vgl. Abbildung 1)*.

Japanische Kommentatoren weisen jedoch auf zwei Tatsachen hin, die bei der angemessenen Beurteilung dieser statistischen Daten nicht außer acht gelassen werden dürfen:

a. Die demographische Zusammensetzung der japanischen Bevölkerung, in der das Verhältnis von jungen, arbeitsfähigen Personen zum älteren Bevölkerungsanteil bisher günstig war. Allerdings wird sich diese Situation aufgrund stark gesunkener Kinderzahlen und der außerordentlich hohen Lebenserwartung innerhalb der kommenden Jahrzehnte fundamental wandeln. Schon um das Jahr 2020 wird mit einer völlig veränderten Situation gerechnet, die durch einen überaus großen Anteil älterer, nicht mehr arbeitsfähiger Personen gekennzeichnet ist *(vgl. Abbildung 2)*. Diese Personengruppe, die nicht mehr selbst produktiv tätig sein kann, ist nicht nur auf Einkünfte aus dem Renten- oder Pensionssystem angewiesen, sondern sie belastet auch die Krankenversicherungssysteme in viel stärkerem Maße als jüngere Alters-

53 John Creighton Campbell, How Policies Change: The Japanese Government and the Aging Society, Princeton 1992.

54 Ramesh Mistra, The Welfare State in Capitalist Society – Policies of Retrenchment and Maintenance in Europe, North America and Australia, New York u. a. 1990.

Abb. 1: Anteil der Sozialausgaben am Bruttosozialprodukt im Ländervergleich

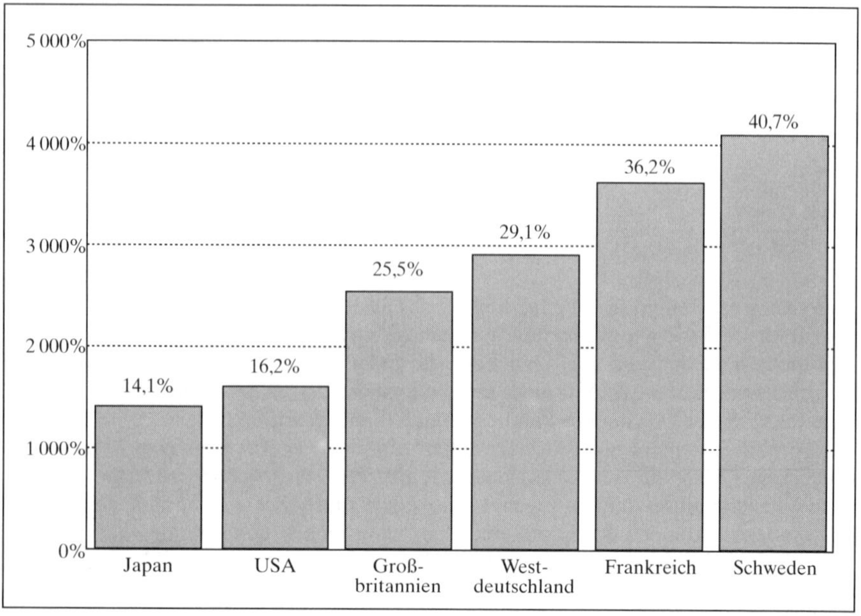

Nach Angaben des Ministeriums für Gesundheit und Soziales: Weißbuch zu Gesundheit und Sozialem 1991, Tōkyō.

gruppen. In keinem anderen Land gibt es derartig schnelle Veränderungen in der demographischen Zusammensetzung, so daß seit den siebziger Jahren unter dem Stichwort »alternde Gesellschaft« *(Kōreika Shakai)* eine breit angelegte Diskussion um diese Problematik in Gang gesetzt wurde.[55]

b. Betriebliche Leistungen sind in diesen Statistiken nicht enthalten. Dies gilt auch für die von einzelnen privat abgeschlossenen Versicherungen oder andere Formen der Daseinsvorsorge wie beispielsweise das private Sparen, das in großem Maße in Japan betrieben wird.

Aus diesen Gründen geben Statistiken wie die oben gezeigte nach japanischer Ansicht nicht die wirkliche Situation der sozialen Sicherung in ihrem Land wieder. In der Tat sprechen einige Daten, so beispielsweise die weltweit höchste Lebenserwartung, insbesondere für Frauen (1991: 82,1 Jahre), und die statistisch außerordentlich niedrige Säuglingssterblichkeit (1990: 5,7 pro 1 000 Lebendgeburten)[56] für die Effekti-

55 Ingrid Getreuer-Kargl, Ende der Dynamik? Eine Expertenbefragung zur Alterung der japanischen Gesellschaft, Beiträge zur Japanologie Bd. 28, Wien 1990; John Creighton Campell (Anm. 53).

56 Allerdings ist beim internationalen statistischen Vergleich große Vorsicht geboten, da es hier – ebenso wie im Bereich der japanischen Arbeitslosenstatistiken – die Tendenz gibt, die offiziellen Zahlen zu schönen, indem die den Kategorien zugrunde liegenden Kriterien ver-

Abb. 2: Anteil der über 65jährigen in verschiedenen Industrieländern

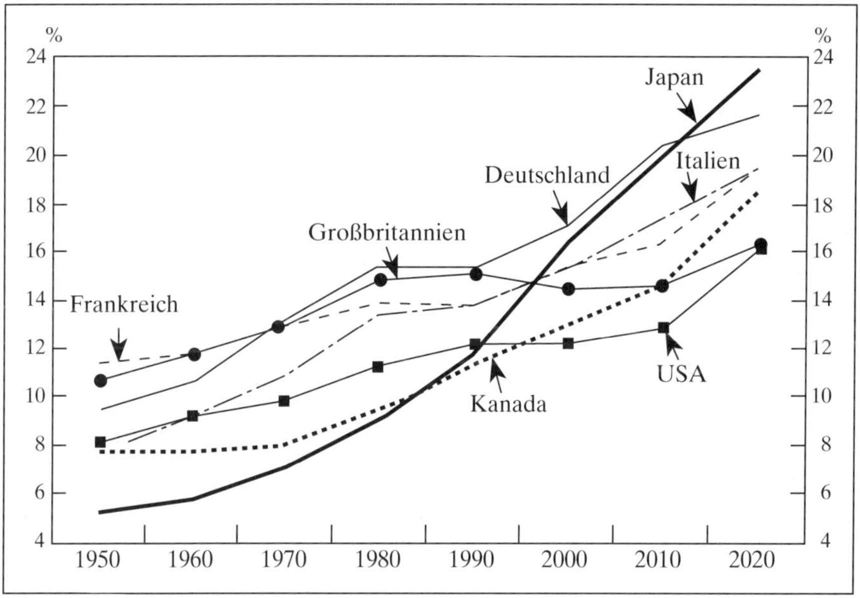

Quelle: OECD Economic Surveys 1989/90.

vität des japanischen Systems der sozialen Sicherung. Die Frage, wie und unter welchen Bedingungen es in Japan gelingt, mit einem verhältnismäßig geringen finanziellen Aufwand der öffentlichen Hand einen gewissen sozialen Standard zu erreichen, soll im folgenden näher untersucht werden. Immerhin zeigt sich anhand der erst nach Jahrzehnten unterbrochenen konservativen Wahlsiege, daß die sozialen Standards von der Mehrheit der Bevölkerung akzeptiert werden, auch wenn sie nach Meinung des westlichen Auslands dem Grad der ökonomischen Entwicklung, die das Land insgesamt erreicht hat, nicht entsprechen (vgl. den in der deutschen Presse gern zitierten Vorwurf, Japan betreibe »Sozialdumping«).

3. Versicherungssysteme und soziale Dienste

Krankenversicherung, Alterssicherung, Arbeitslosenversicherung und berufliche Unfallversicherung bilden zusammen die soziale Sicherung im engeren Sinn. Der japanische Terminus *Shakai Hoken* wird jedoch meist im weiteren Sinn für das gesamte Sozialsystem gebraucht und umfaßt somit auch den wichtigen Bereich der sozialen

ändert werden, eine Praxis, die – wie wir wissen – nicht nur in Japan üblich ist, vielleicht hier aber besonders geschickt gehandhabt wird.

Dienste. Dieser hat gerade in den letzten Jahren im Rahmen der Diskussion über die »alternde Gesellschaft« in Japan stark an Bedeutung gewonnen und soll deshalb hier auch kurz skizziert werden.

a. Krankenversicherung

Es gibt zwei verschiedene Prinzipien, nach denen die Krankenversicherungen in Japan organisiert sind: Die erste Gruppe – historisch älter – orientiert sich an der Arbeitsstelle des Versicherten und entspricht damit in etwa unseren Pflichtversicherungen. Familienangehörige sind – allerdings meist mit finanziell schlechteren Erstattungsleistungen – in dieser Versicherung eingeschlossen. Sie kann (im Falle von Klein- und Mittelbetrieben, die größenmäßig nicht selbst in der Lage sind, eine private Versicherung für ihre Angestellten abzuschließen) von der Regierung getragen werden, oder (im Fall von Großbetrieben) von privaten Versicherungsfirmen, mit denen die Großbetriebe direkte Verträge abgeschlossen haben. Bei letzterer Form sind die Bedingungen in der Regel sehr viel günstiger als bei der ersteren, da hier die Arbeitgeber über ihren gesetzmäßig zu erbringenden Anteil hinaus Zahlungen leisten, die den Versicherten und ihren Angehörigen zugute kommen. Während der ersten Gruppe ca. 17 Millionen Versicherte und fast 18 Millionen mitversicherte Familienangehörige angehören, sind in der zweiten, günstigeren Form ca. 14 Millionen direkt Versicherte und ca. 18 Millionen Familienangehörige erfaßt. Eine eigene, weitgehend aus öffentlichen Mitteln finanzierte Krankenversicherung existiert für Tagelöhner, deren Anteil jedoch nur 0,2% an den Gesamtversicherten ausmacht. Insgesamt gehört dieser Kategorie von Versicherungen ungefähr die Hälfte der Gesamtheit aller Versicherten an. Eine getrennt organisierte, eigene Versicherung gibt es für Seeleute. Sie umfaßt jedoch nur 153 000 direkt versicherte Personen und ihre Familienangehörigen.

Größenordnungsmäßig zwischen den beiden erstgenannten Gruppen und der Seeleute-Versicherung liegt die letzte Kategorie der arbeitsplatzbezogenen Versicherungen, die der Versicherungen auf Gegenseitigkeit *(Kyōsai Kumiai)*. In ihnen sind Mitglieder des öffentlichen Dienstes, aber auch in vergleichbaren Stellungen bei privaten Arbeitgebern wie Kindergärten, Schulen, Colleges und Universitäten, also vornehmlich im Erziehungsbereich Beschäftigte, versichert. Insgesamt umfaßt diese Gruppe ca. 5 Millionen Versicherte mit 7 Millionen Familienangehörigen. Die Bedingungen hier sind vergleichsweise günstig.

Alle von den oben beschriebenen Versicherungen nicht erfaßten Personen sollen und können Mitglied in der Nationalen Krankenversicherung *(Kokumin Kenkō Hoken)* werden, die von den Kommunen oder Nationalen Krankenversicherungsgesellschaften organisiert werden. Hier sind insgesamt 44 Millionen Personen erfaßt, zahlenmäßig also die größte Gruppe. Es handelt sich insbesondere um Frauen, die nicht erwerbstätig sind, Studierende ab dem 21. Lebensjahr und Personen, die aus Altersgründen aus den betrieblichen Versicherungssystemen herausgefallen sind, aber auch um die in Japan verhältnismäßig große Zahl von Beschäftigten in Kleinst- und Familienbetrieben. In diesem System ist jeder einzeln versichert. Bei Erwerbstätigen wird die Beitragshöhe nach einem sozial gestaffelten einkommensbezogenen Schlüssel berechnet, bei Mitgliedern ohne eigene Einkünfte werden fixe Beiträge erhoben.

Unterschiedliche Leistungen der verschiedenen Systeme

Die Leistungen der verschiedenen Krankenkassen sind recht unterschiedlich. So müssen Versicherte der Nationalen Krankenversicherung beispielsweise 30% der Arztkosten und 20% der Krankenhauskosten aus eigener Tasche bezahlen, während in der Arbeiter- und Angestelltenkrankenkasse der Versicherte in beiden Fällen nur 10% selber tragen muß. Bei den durch mittlere und große Firmen betriebenen Arbeiter- und Angestelltenversicherungen kommt dazu, daß diese in der Regel freiwillige Zusatzleistungen über die gesetzlich vorgeschriebenen hinaus erbringen, die in vielen Fällen eine 100%ige Absicherung der Arbeitnehmer zur Folge haben.

Betriebliche Sozialpolitik

Diese vom Unternehmer getragenen Zusatzleistungen sind Teil der betrieblichen Sozialleistungen *(Kigyō Fukushi)*, deren Ursprünge bis auf den Beginn der schnellen Industrialisierung in der *Meiji*-Zeit zurückgehen. Damals mußten die Unternehmer durch die Schaffung von attraktiven Arbeits- und Lebensbedingungen in ihren Betrieben die Voraussetzungen schaffen, die Lebensumstände der ländlichen Bevölkerung und die Bedingungen des städtischen, industriellen Lebens miteinander zu vereinbaren. In jener Zeit gab es staatliche Maßnahmen nur in den wenigen Modellfabriken, die ursprünglich von der *Meiji*-Regierung errichtet worden waren. Insbesondere in den zwanziger und dreißiger Jahren, als der Bedarf an betriebsloyalen, gut ausgebildeten Facharbeitern wuchs, versuchten die Unternehmer durch solche zusätzlichen

Tab. 2: Zusätzliche soziale Kosten, die von betrieblichen Krankenversicherungen getragen werden

	Anzahl der Gesellschaften	Prozent
Gesamtzahl der Versicherungsgesellschaften	1800	100,0
Rückerstattung des Patientenanteils	1320	73,3
Zusatzunterstützung für intensivmedizinische Versorgung	979	54,4
Zusatzunterstützung bei Unfall und Krankheit	820	45,6
Erweiterte Zusatzunterstützung bei Unfall und Krankheit	268	14,9
Mutterschaftsgeld	234	13,0
Beerdigungszuwendung	1286	71,4
Entbindungsbeihilfe	1142	63,4
Zusatzunterstützung für stillende Mütter	930	51,7
Kostenrückerstattung des Patientenanteils von Angehörigen	1319	73,3
Beerdigungszuwendung für Angehörige	1389	77,2
Entbindungsbeihilfe für Ehefrauen	1269	70,5
Zusatzunterstützung für stillende Ehefrauen	1044	58,0
Versicherungen, die die zusätzlichen Unterstützungen leisten	1668	92,7
Versicherungen, die die zusätzlichen Unterstützungen nicht leisten	132	7,3

Quelle: National Federation of Health Insurance Societies 1990, S. 20.

Tab. 3: Krankenversicherungssysteme in Japan

Schema	Arbeiter- und Angestelltenversicherung			Versicherung der Seeleute
Kategorie	Arbeiter und Angestellte		Tagelöhner	Seeleute
Verantwortliche Körperschaft (Versicherer)	Regierung/ Sozialversicherungsbehörde	einzelne Gesundheitsversicherungen (1.800)	Regierung/ Sozialversicherungsbehörde	Regierung/ Sozialversicherungsbehörde
Versicherte Personen Angehörige in % der Gesamtheit der Versicherten	15 860 000 17 360 000 27,3 %	13 320 000 17 220 000 24,9 %	140 000 70 000 0,2 %	160 000 340 000 0,4 %
Finanzielle Ressourcen – Prämien – Anteil: Versicherte Arbeitgeber gesamt	 4,15 % 4,15 % 8,30 %	 3,523 % 4,614 % 8,137 %	Kategorie I (pro Tag): Y 55 Y 85	 4,1 % 4,1 % 8,2 %
Finanzielle Ressourcen – Staatszuschüsse	Verwaltungskosten insgesamt			
	16,4 % der aufgebrachten Leistungen	7 050 Mio. Yen Leistungszuschüsse	16,4 % der aufgebrachten Leistungen	2 700 Mio. Yen Leistungszuschüsse
Versicherungsleistungen – Behandlungsleistungen – Leistungen bei med. Behandlungen	90 %			
Versicherungsleistungen – Behandlungsleistungen – Leistungen für med. Behandlungen der Angehörigen	Krankenhausbehandlung 80 %		ambulante Versorgung 70 %	
Versicherungsleistungen – Behandlungsleistungen – Leistungen bei bes. kostspielig. Behandlungen	Vollabdeckung bei Beträgen über 57 000 Yen (bei Geringverdienenden über 31 800 Yen)			
Versicherungsleistungen – Geldleistungen	Zusatzunterstützung bei Unfall und Krankheit Entbindungsbeihilfen, Beerdigungsbeihilfen etc. (zusätzliche Beihilfen durch Versicherungen u. Hilfsorganisationen)			

Maßnahmen zur Ergänzung der Arbeitsbedingungen, die Facharbeiter als Stammarbeiter für ein ganzes Arbeitsleben an den Betrieb zu binden.[57]

Während der Wirren unmittelbar nach dem Zweiten Weltkrieg wurde die Bedeutung der betrieblichen Wohlfahrt *(Kigyō Kōsei)* in den Großbetrieben, aber auch im

57 Kazuo Okochi/Bernhard Karsh/Solomon B. Levine, Workers and Employers in Japan: The Japanese Employment Relation System, 1973; Shōjirō Ujihara, Nihon Rōdō Mondai Kenkyū, Tōkyō ^{2}1982.

Versicherungen für öffentlich Bedienstete	Versicherung für kommunale Bedienstete	Versicherungen für Lehrer und Beschäftigte an Privatschulen	Nationale Gesundheitsversicherung	
Beschäftigte des öffentlichen Dienstes, Japan Tobacco, Nippon und Japan Railways	Beschäftigte der Kommunalverwaltungen	Lehrer und Beschäftigte an Privatschulen	Landwirte, Selbständige etc.	Ruheständler der Krankenversicherungsgesellschaften
Ministerien, Behörden und Versicherungen (27)	Versicherungen für die kommunalen Behörden (54)	Versicherungen der Lehrer und Beschäftigten an Privatschulen	Kommunen (3 262) Verbände (167)	Kommunen
1 760 000 2 720 000 3,7 %	2 960 000 3 990 000 5,7 %	370 000 350 000 0,6 %	45 340 000	
5,54–9,26 %	7,62–12,36 %	3,65 % 3,65 % 7,30 %	Durchschnittsbetrag pro Haushalt 124 706 Yen, entspricht 37,2 %	
Verwaltungskosten insgesamt (außer für Privatunternehmen)	(Kommunalverwaltungen tragen alle Verwaltungskosten)	Teil der Verwaltungskosten	Verwaltungskosten insgesamt	
			Leistungen 50 % für Kommunen, 32–52 % für Versicherer	Keine
			70 %	80 %
				Krankenhaus 80 % ambulant 70 %
			Entbindungskosten Bestattungskosten Stillbeihilfe etc.	

Quelle: Ministerium für Gesundheit und Soziales / Sozialversicherungsbehörde.

Staatsdienst noch weiter verstärkt. Sie gilt auch heute noch als wichtiger Teil der betrieblichen Personalpolitik und umfaßt neben der Ergänzung der Finanzierung der Krankheitskosten insbesondere die Bereiche Wohnungsbeschaffung und Gewährung von Darlehen für Eigenheime, Altersversorgung, Familienhilfen bei besonderen Ereignissen, wie Geburt, Hochzeit oder Todesfällen, Weiterbildung sowie Erholungs- und Freizeitangebote.

Darüber hinaus werden in zunehmendem Maße private Zusatzversicherungen abgeschlossen, die beispielsweise die Zusatzleistung einer privaten Pflegekraft oder den

Einsatz neuer, hochspezialisierter Medikamente absichern. Hierzu muß darauf hingewiesen werden, daß die Versorgung in japanischen Krankenhäusern im wesentlichen auf medizinische Dienstleistungen beschränkt ist und pflegerische Dienste wie Waschen oder ähnliche Handreichungen, die von Schwerstkranken nicht selber durchgeführt werden können, nicht beinhaltet. Hier müssen Familienangehörige oder zusätzlich engagierte Kräfte einspringen.

b. Alterssicherung

Das System der Alterssicherung war bis zu einer grundlegenden Reform in der Mitte der achtziger Jahre von seinem Aufbau her ähnlich segmentiert und mit Ungleichheiten behaftet wie der Krankenkassenbereich. Enorme Leistungsunterschiede sowie eine Lücke zwischen dem Ausscheiden aus einem betrieblichen System bei Erreichen der Altersgrenze der Erstverrentung[58], bei der die Altersversorgungsleistungen des Betriebs in der Regel durch die Zahlung einer Abfindungssumme abgegolten wurden, und dem Einsetzen des Nationalen Rentensytems ab dem 61. Lebensjahr führten zu einem hohen Maß an sozialer Unsicherheit in dieser Lebensphase.

Im Gegensatz zum Krankenkassenbereich ist es im Rentenbereich jedoch gelungen, seit Mitte der achtziger Jahre durch eine strukturelle Reform mehr Rentengerechtigkeit zu schaffen. Kernpunkt dieser Umorganisation war die Einführung einer Modell- oder Basisrente *(Kiso Nenkin)*, die für alle Personen im Rentenalter gleich hoch ist. Diese Basisrente ist an den Lebenshaltungskostenindex gekoppelt und bildet für die Mitglieder der Nationalen Rentenversicherung, also insbesondere Selbständige und nicht versicherte Ehefrauen, eine Art Grundrente, die allerdings eine äußerst knapp bemessene Mindestsumme nicht übersteigt. Für die Mitglieder aller anderen Rentensysteme bildet diese Basisrente nur den Sockel, der durch einen einkommensabhängigen Anteil erweitert wird und sich in vielen Fällen zu einer recht beträchtlichen Summe addiert. Allerdings stellt das verwaltungstechnisch integrierte neue System sicher, daß sich ein Rentenbezieher im Falle von Mehrfachanrechten in diesem Bereich für einen Anspruch (in der Regel natürlich den für ihn günstigsten) entscheiden muß, so daß die extremsten Auswüchse von Rentenungerechtigkeit, wie sie früher vorkommen konnten[59], heute nicht mehr möglich sind. Darüber hinaus beinhaltet die Verankerung eines eigenen Rentenanspruchs für Ehefrauen einen wesentlichen Schritt in Richtung auf mehr Gleichberechtigung für verheiratete japanische Frauen, die nicht oder nur kurz berufstätig waren und nach dem alten System nur einen abgeleiteten Rentenanspruch über die Versicherung ihrer Ehemänner hatten.[60]

---

58 Diese Erstverrentung, die den Arbeitnehmer aus dem gesicherten Status eines Stammarbeiters hinausdrängt, findet in der Regel heute im 57. Lebensjahr statt. Fast in allen Fällen suchen sich die Arbeitnehmer eine Anschlußbeschäftigung, meist zu schlechteren Bedingungen. Nach Statistiken des Arbeitsministeriums gehen in der Gruppe der 55- bis 69jährigen Männer insgesamt 76,9% einer ganztägigen Beschäftigung nach, davon über 70% »um ihren Lebensunterhalt zu verdienen« (The Japan Institute of Labour 1990, S. 74/75).

59 Vgl. den Bericht über die maßlos überhöhten Pensionen von städtischen Angestellten in Kamakura in: Deutsche Gesellschaft für Natur- und Völkerkunde Ostasiens, 1986.

60 Anna Maria Thränhardt (Anm. 49).

c. Arbeitslosen- bzw. Beschäftigungsversicherung

Obwohl bereits während der Besatzungszeit im Jahr 1947 eine (allerdings sehr unzureichende) gesetzliche Arbeitslosenversicherung eingeführt wurde, wurde dem Thema Versicherungsschutz gegen den Verlust des Arbeitsplatzes wenig Aufmerksamkeit gewidmet. Ein wichtiger Grund hierfür liegt darin, daß die meist nur Stammarbeitern offenstehenden Gewerkschaften[61] wenig Interesse für diese Problematik zeigten, da ihre Mitglieder aufgrund der »lebenslangen Anstellung« von dieser Gefährdung praktisch nicht betroffen waren. Von seiten der Regierung hat der Bereich seit den Ölschocks verstärktes Interesse gefunden. So strebten die Mitte der siebziger Jahre eingeführten Reformen der Arbeitslosenversicherung in ein Beschäftigungssicherungssystem *(Koyō Hoken)* durch die Einführung von Beihilfen für Umschulungsmaßnahmen und einen Strukturhilfefonds für entwicklungsschwache Gebiete eine Integration von Sozial- und Arbeitsmarktpolitik an. Auch Sonderkonditionen für besonders gefährdete ältere Arbeitnehmer wurden in dieser Zeit eingeführt. Dennoch muß festgestellt werden, daß die Arbeitslosenversicherung *(Shitsugyō Hoken)* ein verhältnismäßig unterentwickelter Bereich mit schlechten Konditionen ist.

Hervorzuheben ist auch, daß ein beträchtlicher Anteil der Beschäftigten wie Arbeiter in der Land- und Forstwirtschaft und Arbeitnehmer in Kleinstunternehmen mit weniger als fünf Beschäftigten nicht pflichtversichert ist. Da es sich hierbei in der Regel um Familienbetriebe handelt, wird davon ausgegangen, daß das primäre Netzwerk der Familie *(Ie)* als ökonomische Einheit darüber hinaus als soziales Auffangnetz funktioniert. Dies fügt sich gut in das vorherrschende neo-konservative Argumentationsschema, wie es seit den achtziger Jahren mit dem »Japanischen Modell der Wohlfahrtsgesellschaft« von Regierungsseite vertreten wurde.

d. Arbeiter-Unfallversicherung und Berufskrankheiten

Die Praxis, bei Unfällen am Arbeitsplatz den betroffenen Arbeitern bzw. deren Hinterbliebenen finanzielle Entschädigungen zu zahlen, hat eine lange Tradition in Japan, die schon vor den Beginn der Industrialisierung in der *Meiji*-Zeit zurückreicht. Im Fabrikgesetz *(Kōjohō)* von 1911 wurden Entschädigungszahlungen im Falle von nicht vom Arbeiter verursachten Unfällen bindend gemacht. Ein modernes Gesetz, das den Arbeitnehmern ein Recht auf Entschädigung einräumt, und von Arbeitgeberseite finanziert wird, wurde jedoch erst 1947 mit dem Arbeitsunfallversicherungsgesetz *(Rōdōsha Saigai Hōshō Hoken Hō)* geschaffen und im Jahr 1972 reformiert als Gesetz über Sicherheit und Gesundheit am Arbeitsplatz *(Rōdō Anzen Eisei Hō)*, wobei der Sicherheitsaspekt besonders betont wurde. Zwar entsprechen die Standards dieses Gesetzes den international üblichen, doch wird durch die Existenz von Ausnahmeregelungen für Klein- und Kleinstbetriebe der Unfallschutz durchlöchert. Die offiziellen Statistiken des Arbeitsministeriums schließen die Betriebe mit weniger als

---

61 So ließen Anfang der achtziger Jahre nur 4% der Gewerkschaften temporär Beschäftigte zu, nur 2% nahmen Teilzeitbeschäftigte auf, beides Gruppen, die zu den am stärksten durch Arbeitslosigkeit Gefährdeten gehören.

100 Beschäftigten nicht ein und geben deshalb ein positiveres Bild, als die Wirklichkeit ist. Darüber hinaus werden in vielen Fällen Arbeitsunfälle nicht gemeldet, da die Arbeitnehmer Nachteile für ihre weitere Berufslaufbahn befürchten.

Während im Bereich der Berufskrankheiten früher die Gefährdung durch Tuberkulose das wichtigste Problem war, ist in der Gegenwart mit der Einführung von Computern der Schutz vor deren schädlicher Auswirkung ins Zentrum des Interesses getreten.

Eine Besonderheit der japanischen Arbeitsschutzbestimmungen, die 1947 eingeführt wurde und bis zur Einführung des Gesetzes für gleiche Chancen von Männern und Frauen am Arbeitsplatz 1986 gültig war, ist der »Menstruationsurlaub«, der Frauen das Recht gab, während der Menstruation der Arbeit fernzubleiben. Dieser Schutzparagraph für Frauen wurde jedoch vor allem von seiten der Frauen selbst als kontraproduktiv für Gleichberechtigung im Beruf angesehen und wurde durch die Gleichstellungs-Gesetzgebung der achtziger Jahre deshalb abgeschafft.[62]

e. Soziale Dienste

Wie im historischen Teil bereits dargestellt, existiert mit den *Minsei Iin* ein landesweit durchorganisiertes System ehrenamtlich organisierter Sozialarbeit, das zwar auf deutschen Vorbildern des 19. Jahrhunderts beruht, aber heute als originär japanisch gilt. Neben diesem System von geschulten, aber nicht professionell ausgebildeten ehrenamtlichen Wohlfahrtspflegern konnte sich bis zum Ende des Zweiten Weltkriegs keine professionelle Sozialarbeit entwickeln. Zwar wurde dann – auch mit Hilfe der Besatzungsbehörden – ein Ausbildungssystem eingeführt, das in seinen Inhalten vielfach von in den USA gängigen Methoden des *case-work* beeinflußt ist, aber bis heute gehört die Mehrheit des Personals kommunaler Sozialämter dem allgemeinen Verwaltungsdienst an und verbringt nur begrenzte Zeit in der Sozialabteilung. Eine Berufs-Identifikation mit der Problematik sozial Benachteiligter kann sich deshalb auf dieser Ebene nur begrenzt entwickeln.[63] Andererseits bietet das System der *Minsei Iin* durch seine lokale Verankerung und personelle Nähe zu den traditionellen Nachbarschaftsvereinigungen ein kostengünstiges System der Ehrenamtlichkeit, das in seiner vorrangig konservativen Orientierung insbesondere für die Betreuung alter Menschen ein geeignetes Instrument ist. Zwar werden seit den siebziger Jahren auch andere Formen der Freiwilligkeit *(Borantia)* gefördert, aber sie werden weitgehend von oben her organisiert und haben ein geringes Maß an Unabhängigkeit.[64]

Zusammenfassung

Das öffentliche System der sozialen Sicherung in Japan ist von seinen Standards her bewußt auf einem verhältnismäßig niedrigen Niveau gehalten, um individuellen An-

62 Claudia Weber, Chancengleichheit per Gesetz, in: R. Linhart/F. Wöss (Hrsg.), Nippons neue Frauen, Hamburg 1990.
63 Eyal Ben-Ari, (Anm. 50).
64 Anna Maria Thränhardt, (Anm. 50).

strengungen Raum zu lassen.[65] Diese können von der Wirtschaft in Form der betrieblichen Sozialleistungen finanziert werden oder aber vom einzelnen in Form hoher privater Sparleistungen, die über die Banken solange als verfügbares Kapital der Wirtschaft für Investitionszwecke zur Verfügung stehen, bis sie bei Bedarf (zur Finanzierung der Ausbildung der Kinder bzw. zur eigenen Alterssicherung) vom Sparer selber abgerufen und eingesetzt werden. Eine weitere Möglichkeit, die insbesondere in den letzten Jahren stark zugenommen hat, ist der Abschluß zusätzlicher privater Versicherungen.[66] Auch in diesem Fall steht das Geld zwischenzeitlich dem Kapitalmarkt zur Verfügung.

Auch der Einsatz von Familie, Nachbarschaft und Freiwilligenarbeit wird als Instrument der Sozialarbeit stark gefördert, insbesondere um die auf das Land zukommenden Probleme der »alternden Gesellschaft« zu lösen.[67] In diesem Zusammenhang rechneten die bis Mitte 1993 regierenden Liberaldemokraten natürlich vor allem mit der billigen Arbeitskraft der Frauen. Es scheint jedoch höchst fraglich, daß diese Rechnung aufgehen wird, da auch in Japan seit Ende der achtziger Jahre ein gewisses Maß an Bewußtseinswandel (zumindest bei den Frauen) gegenüber den geschlechtsspezifischen Rollenzuweisungen zu beobachten ist. Die Einführung der Basisrente im Rahmen der Rentenreformen der achtziger Jahre kann in diesem Gesamtkontext als Zugeständnis der Liberaldemokraten an die Verdienste von Frauen im Rahmen familialer Arbeit gesehen werden.

65 Ingrid Getreuer-Kargl, (Anm. 55).

66 Meyer-Ohle, Lebensversicherung und Konsument in Japan (unveröffentlichtes Manuskript), Universität Marburg 1982.

67 So propagiert der »Goldene Plan für die Wohlfahrt der Alten«, ein Strategie-Papier des Ministeriums für Gesundheit und Soziales aus dem Jahr 1990, eine Planung, die die ambulanten Dienste und andere Hilfen für die familiäre Altenpflege zu Hause stark ausbauen soll. Sie enthält unter anderem die Planung einer Kampagne, durch Gesundheits-Information und Prävention »die Zahl der bettlägerigen Alten auf 0 zu reduzieren«. Die sozialpolitische Stoßrichtung, nämlich keine bzw. möglichst wenig Institutionalisierung alter Leute, wird hier ganz deutlich.

V. Massenmedien

Wieland Wagner

1. Historische Vorläufer

Japans moderne Massenmedien haben historische Vorläufer, die auch im wortwörtlichen Sinne diese Bezeichnung verdienen: Es handelt sich um die *Yomiuri*, die in der *Tokugawa*-Zeit vom 17. bis 19. Jahrhundert Flugblätter *(Kawaraban)* zu sensationellen Ereignissen in den Straßen ausriefen und verkauften. Meist handelten die *Kawaraban* von Skandalen wie Ehebruch und Mord, selten aber von Politik. Zeitungen entstanden dagegen erst nach der Öffnung Japans durch den Westen in der Mitte des 19. Jahrhunderts. Als erste gaben Ausländer ab 1861 englischsprachige Blätter für ihre Landsleute in Japan heraus. Die erste japanische Zeitung wurde 1862 von der *Tokugawa*-Regierung ins Leben gerufen.

Weitere moderne Zeitungen folgten nach der *Meiji*-Restauration von 1868, in der reformwillige Kräfte des herrschenden Kriegerstandes die Macht im Land übernahmen. Neben regierungsnahen Anzeigern entstanden in den siebziger Jahren des 19. Jahrhunderts oppositionelle Blätter, deren Wirkungskreis indes nicht über die Elite der ehemaligen Krieger hinausging. Zudem schritt die Regierung rigoros gegen kritische Organe ein. Parallel dazu gründeten private Unternehmer Massenblätter mit leichtem Inhalt, wie 1874 die *Yomiuri Shimbun*. Angesichts der politischen Repression und der wirtschaftlichen Situation in dieser Zeit entwickelten sich sowohl die Elite- als auch die Massenzeitungen immer mehr zu unpolitischen Nachrichtenblättern.

Auftrieb erhielt das Nachrichtengeschäft durch die beiden großen Kriege Japans gegen China (1894/95) und gegen Rußland (1905/06). Das verheerende Kantō-Erdbeben (das Kantō-Gebiet umfaßt die östlichen Provinzen der japanischen Hauptinsel) 1923 beschleunigte die Konzentration der Presse: Den Markt beherrschten nun die Massenblätter *Asahi* und *Mainichi* mit je rund einer Million Auflage.

Im Jahre 1925 wurden die ersten drei privaten Rundfunksender gegründet, die ein Jahr später unter Regierungsdruck zur regierungsnahen NHK *(Nippon Hōsō Kyōkai)* fusionierten. Vor und während des Zweiten Weltkriegs ließ sich die Presse ohne ernste Widerstände in die Propagandamaschinierie des militaristischen Regimes integrieren. Die Nachrichtenagenturen wurden 1936 zum offiziellen Sprachrohr *Dōmei* zwangsfusioniert.

Nach 1945 betätigte sich die Siegermacht USA als Zensor und säuberte die Medien von den Verantwortlichen der Kriegszeit. Doch viele dieser Personen kehrten im Zuge einer zweiten, antikommunistischen Säuberung in die Redaktionen zurück, als die USA ihre Besatzungspolitik kurz vor dem Koreakrieg 1950 revidierten. Die Nachrichtenagentur *Dōmei* wurde 1945 aufgeteilt in die Agenturen *Kyōdō* für allgemeine Nachrichten und *Jiji* für Wirtschaftsnachrichten. Auf US-Einfluß geht auch die Zulassung privater Rundfunksender 1951 und der Start des privaten Fernsehens 1953 – zusätzlich zur öffentlich-rechtlichen NHK – zurück. Entstanden war somit eine äußerlich vielfältige, im Kern aber verunsicherte, eher blasse Nachkriegspresse.

2. Zeitungen

In der Presselandschaft des gegenwärtigen Japan haben die Zeitungen ihre einst dominante Rolle an das Fernsehen abgegeben. Trotz seiner rückläufigen Gesamtauflage hat das klassische Medium jedoch weiter einen starken Einfuß: Über 90% der erwachsenen Japaner lesen Zeitung, und dabei mehrheitlich eines der führenden 125 Blätter des Landes. Gemeint sind damit nicht die Boulevardblätter, die in Japan »Sport-Zeitung« heißen und höchstens als Ergänzung, nicht aber als Alternative zu seriösen Zeitungen fungieren.

Überragendes Gewicht haben hierbei mit über 50% der Tagesauflage der führenden Blätter die fünf großen nationalen Zeitungen: *Yomiuri Shimbun* (9,7 Mio.), *Asahi Shimbun* (8,2 Mio.), *Mainichi Shimbun* (4 Mio.), *Nihon Keizai Shimbun* (2,9 Mio.) und *Sankei Shimbun* (1,9 Mio.). Mit ihrer Morgenausgabe kommen sie auf eine Gesamtauflage von rund 27 Millionen (per 31. 12. 92) und auf 40,5 Millionen, zählt man die überwiegend im Verbund gelieferte Abendausgabe hinzu. Daneben gibt es führende Regionalzeitungen, die jedoch keine nationale Bedeutung haben. Mit ihren Zentralredaktionen in Tōkyō stehen die sogenannten »Großen Fünf« für die Konzentration von Politik, Wirtschaft und Kultur Japans in der Hauptstadt.

In der politischen Linie, der Aufmachung und vom Stil her unterscheiden sich die »Großen Fünf« kaum. Gegenpole bilden am ehestens noch die liberale *Asahi* und die eher konservative *Sankei*. Dagegen fehlt *Mainichi* das unverkennbare Gesicht. *Nihon Keizai* profiliert sich als das führende Wirtschaftsblatt und knüpft dabei an die große Bedeutung des internationalen Finanzplatzes Tōkyō an. Bezeichnend für die Richtung, in die sich die Presse insgesamt entwickelt, ist der Aufstieg von *Yomiuri* zum – noch vor *Asahi* – auflagenstärksten Blatt: Mit einer aggressiven Verkaufskampagne setzt *Yomiuri* auf das Massenpublikum; entsprechendes Gewicht haben bei den Themen Skandale und Sport.

Gemeinsam ist allen Blättern ein Hang zur sensationellen Aufbereitung von Nachrichten. Dies gilt besonders für die Berichterstattung über politische Skandale, bei denen die Leser täglich mit neuen Details überschüttet werden. Einzelheiten ersetzen die sachliche Analyse und täuschen darüber hinweg, daß japanische Journalisten nicht unbedingt so schreiben, wie es nach westlichem Berufsverständnis angemessen wäre. Stellungnahmen zu heiklen Themen vermeiden die Redaktionen durch vage formulierte Leitartikel (»es wäre zu hoffen...«). Unangenehme Wahrheiten läßt man – wie auch in anderen Medien – von Gastautoren oder Interviewpartnern aussprechen, und zwar vorzugsweise von Ausländern. Redakteure bleiben meist anonym mit Ausnahme von Auslandskorrespondenten. Größtenteils werden auch die Quellen nicht genannt, auf die sich Artikel berufen, so werden beispielsweise »hohe Beamte« aus Ministerien zitiert (selbst wenn der Minister persönlich gemeint ist).

Ursächlich für das Fehlen von echtem Meinungsjournalismus ist außer der traditionellen Regierungsnähe der Presse vor allem der hohe Stellenwert des Konsenses in der japanischen Gesellschaft. Im Gegensatz zu anderen Industrieländern fehlt das historische Vorbild des »mündigen Bürgers«, als dessen Anwalt sich die Presse verstehen könnte. Als Qualitätsmerkmal des Journalismus gelten »Neutralität« und »Objektivität«. In der Praxis stehen dafür die Presseclubs, über die jede größere Institution verfügt – von der Polizei bis zum Kaiserlichen Hofamt. Fest stationiert unter dem Dach der jeweiligen Behörde warten von den Zeitungen eigens abgestellte Reporter auf Neuigkeiten und stimmen sich untereinander oder mit den Beamten über die Weiterverbreitung der Informationen ab. Skandale kommen bei diesem System selten zufällig ans Licht, sondern eher mit Rückendeckung einflußreicher Kreise der Regierung.

Anlaß zu Kritik geben die Presseclubs vor allem für in Japan akkreditierte ausländische Korrespondenten. Allerdings lassen die meisten Clubs ausländische Korrespondenten inzwischen als Beobachter zu; der Presseclub des Außenministeriums hat seine Tore sogar für ausländische Mitglieder geöffnet. Vor allem der Druck ausländischer Nachrichtenagenturen, die die zeitlich verzögerte Weitergabe von Nachrichten aus den Clubs als »Handelsbarriere« anprangern, dürfte eine weitere Öffnung beschleunigen.

Am engen Kontakt zwischen Presse und Obrigkeit dürfte sich jedoch kaum etwas ändern. So galt es als selbstverständlich, daß die Presse ein mit dem Kaiserlichen Hofamt geschlossenes mehrmonatiges Schweigeabkommen über die Brautsuche des Kronprinzen bis zum Frühjahr 1993 einhielt. Beim Tod von Kaiser Hirohito 1989 bedurfte es nicht einmal eines Abkommens: Die Presse übte freiwillig Selbstbeschränkung. Um so rücksichtsloser verhalten sich japanische Medien jedoch, wenn sie über weniger bedeutende Personen berichten. Selbst bei noch nicht Verurteilten wird jede Einzelheit ausgebreitet, vom Namen bis zur vollen Adresse.

Umstrittener Punkt in der japanischen Presselandschaft ist das Organ der Kommunistischen Partei *Akahata* (Rote Fahne), das mit einer Auflage von rund drei Millionen (nach KP-Angaben) auch bei »bürgerlichen« Lesern Anklang findet. Die Identitätskrise der KP nach Ende des Kalten Krieges geht aber offenbar auch an *Akahata* nicht spurlos vorüber: Im Kampf mit sinkenden Auflagen greift sie neuerdings auch Themen aus Sport und Show Business auf, wenn auch verschämt unter der Rubrik »Gesellschaftsanalyse«.

Ein spezieller Service für in Japan lebende Ausländer sind die englischsprachigen Zeitungen, die aber auch eine große japanische Leserschaft haben. Das älteste Blatt ist die *Japan Times* mit einer Auflage von 68 000 Stück. Darüber hinaus haben fast alle »Großen Fünf« englischsprachige Ableger. Ein Äquivalent zu den japanischen Originalen sind diese Blätter allerdings nicht; ihr Einfluß auf das westliche Japanbild sollte indes nicht unterschätzt werden, dienen sie doch als Haupt-Informationsquelle für westliche Korrespondenten und Geschäftsleute, von denen viele des Japanischen nicht mächtig sind.

3. Magazine

Verglichen mit der relativ geordneten japanischen Zeitungswelt wirkt der Zeitschriftenmarkt geradezu verwirrend: Allein 1992 gab es 158 Neuerscheinungen bei insgesamt 37,6 Milliarden verkauften Exemplaren. Beherrscht wird der Markt jedoch nur von fünf Verlagshäusern – nicht zu verwechseln mit den fünf großen Zeitungen. Angesichts der sinkenden Beliebtheit von Büchern bestreiten die Verlage mittlerweile rund 60% ihres Geschäftes mit Magazinen. Stieg der Bücherumsatz 1992 gegenüber 1975 auf nur 963,7 Milliarden (491,2 Milliarden) Yen, so erhöhte sich der Zeitschriftenumsatz auf 1,392 Billionen (488,2 Milliarden) Yen.

Wie die Zeitungen, so haben auch die Magazine »seriöse« Aushängeschilder. Genannt seien von den Monatsmagazinen die eher konservative *Bungei Shunjū* sowie die liberal bis linksliberalen *Chūō Kōron* und *Sekai*. Zusammen mit dem im Mai 1992 eingestellten linken Wochenmagazin *Asahi Journal* waren sie in der Nachkriegszeit Foren, auf denen ideologische Wortführer große Debatten ausfochten, zum Beispiel über Themen wie die Wiederaufrüstung, den Sicherheitsvertrag mit den USA und den Studentenprotest. Vorbei ist jedoch die Zeit der Kontroversen, und statt der inzwischen recht betagten Ideologen *(Shisōka)* haben in den japanischen Medien moderate Essayisten und Berufskritiker *(Hyōronka)* das Wort. Die Zukunft der ernsten Magazine ist daher zumindest zweifelhaft. Symptomatisch ist das Ende von *Asahi Journal*, dessen Auflage 1991 gegenüber 1968 auf 66148 von 270000 Stück fiel.

Am ehesten behaupten dürfte sich unter den anspruchsvolleren Magazinen noch *Bungei Shunjū* (Auflage 602000), das 1974 eine entscheidende Rolle beim Sturz von Ex-Ministerpräsident Kakuei Tanaka spielte. Dieses Beispiel zeigt außerdem, daß Magazine heikle Themen allgemein freier angehen als die eher stromlinienförmige Tagespresse. In besonderem Maße gilt dies für die bunten Wochenmagazine *(Shūkanshi)* mit ihrer Mischung aus politischen Skandalen, Klatsch, Sport, Mode, Sex und Comics *(Manga)*. Politische Gegensätze spielen dabei so gut wie keine Rolle.

Jede Alters- und Geschlechtsgruppe findet in Japan ihre *Shūkanshi*; ins Auge fallen besonders Gazetten für die noch unverheiratete, modebewußte Frau. Auch nach dem vorläufigen Ende des spekulativen Wirtschaftsbooms der späten achtziger Jahre behaupten sich die Lifestyle-Zeitschriften, deren Leserinnen von der Werbebranche auch *Hanako-Zoku* (Hanako-Familie) genannt werden – in Anlehnung an das erfolgreiche Magazin *Hanako*. Traditionelle Frauenmagazine, wie das 1992 eingestellte *Shufu to Seikatsu* (Hausfrau und Alltag) sind dagegen weniger gefragt. Der Trend geht zum »Informationsmagazin« oder unmißverständlicher: zur journalistisch verpackten Produktwerbung.

In Japan werden nicht nur Bücher zunehmend durch Zeitschriften verdrängt, sondern in wachsendem Maße auch sogar die Buchstaben oder Schriftzeichen aus den Zeitschriften selbst: Es gibt kaum ein Magazin, das nicht mindestens einige Comic-Seiten enthielte. Diese *Manga* finden gerade auch bei erwachsenen Lesern Zuspruch. Besorgt zeigen sich die zuständigen Behörden mittlerweile aber über die zunehmende Zahl erotischer oder unverhüllt pornographischer Comics. Vom Fehlen christlicher Schuldkomplexe bis zur ausgeprägten Tradition »visueller Darstellungen« in Japan führen Medien-Experten eine Reihe von Gründen für den Boom der Sex-Comics an.

Doch am ehesten dürfte der Erfolg der *Manga* allgemein auf die simple Ursache zurückzuführen sein, daß sie Zuflucht aus dem beengten und wettbewerbsorientierten Alltag verheißen.

4. Funk und Fernsehen

Glaubt man Umfragen des Fernseh- und Rundfunksenders NHK, so sehen über siebenjährige Japaner täglich durchschnittlich drei Stunden und 20 Minuten fern. Berücksichtigt man dabei die in Japan extrem langen Pendelwege zur Arbeit, müßten berufstätige Japaner fast ihre gesamte Freizeit vor dem TV-Gerät verbringen. Tatsache ist: Das führende Medium ist das Fernsehen. Gesendet wird bis zu 24 Stunden; schon zum Frühstück ist das Fernsehen mit Informationen und Unterhaltung ein fester Bestandteil des Alltags. Damit hat es das Radio weit stärker in den Hintergrund gedrängt als in Deutschland.

Japan hat ein duales Rundfunk- und Fernsehsystem: Neben dem ausschließlich durch Gebühren finanzierten öffentlich-rechtlichen Sender NHK dominieren fünf große private Stationen mit Sitz in Tōkyō, die wiederum lose mit regionalen Anbietern verbunden sind. Insgesamt gibt es rund 80 Radiogesellschaften und mehr als 100 Fernsehanstalten.

Der einzige öffentlich-rechtliche Sender ist NHK. Am ehesten vergleichbar mit der britischen Station BBC verkörpert NHK ein Stück japanische Identität und Tradition. Dafür stehen jahrzehntealte Programm-Evergreens wie die tägliche Morgengymnastik in Funk und Fernsehen, der Laiensängerwettbewerb am Sonntag oder die Silvestershow *Kōhaku Uta Gassen*. Geschichtsdramen und beschauliche Reportagen über die Naturidylle der Provinz lassen die Hektik des modernen Japan vergessen: das Fernsehen als Ort nationaler Besinnung.

Die Anstalt muß ihren Etat jährlich über das Postministerium dem Parlament vorlegen; in ihren Gremien dominiert der Einfluß der Regierung. Dies ist ein Grund für die extreme politische Zurückhaltung des NHK und für das geradezu zwanghafte Bemühen der Redakteure, Fehler zu vermeiden. Kommt es dann doch einmal zu Ausrutschern oder Skandalen bei NHK, dann werden diese von Politikern und der privaten Konkurrenz geradezu als nationale Katastrophe ausgeschlachtet. Unter dem Zwang zur Perfektion bringt NHK technisch hervorragend gemachte Rundfunk- und TV-Produktionen hervor, wie zum Beispiel Dokumentationen, mit denen die Anstalt international Anerkennung findet. Technisch perfekt, aber in der Aussage unverbindlich, sind allerdings auch die politischen Programme.

Eine Besonderheit des japanischen Privatfunks, der seine Fernsehlizenz 1952 sogar noch vor NHK erhielt, ist die Verbindung mit Zeitungen – sowohl in Tōkyō als auch in ländlichen Gebieten. In der Reihenfolge ihrer Werbeeinnahmen handelt es sich bei den fünf »Key-Stationen« in Tōkyō um *Fuji* TV (verbunden mit *Sankei), Nippon Television (Yomiuri), Tōkyō Broadcasting System (Mainichi), Asahi (Asahi)* und *Television Tōkyō (Nihon Keizai)*. Gesetzliche Vorschriften legen den Privatsendern zwar einen Anteil »ernster« Programme von mindestens 30% auf; doch in der Praxis wetteifern die Sender darum, sich in der Banalität des Angebots zu überbieten:

Meist zur selben Zeit servieren sie ein austauschbares Gemisch aus albernen Talk-Shows, Ratespielen und Sport. Zielgruppe sind, den Vorgaben der Sponsoren folgend, in erster Linie junge Menschen. Als Werbemedium rangierte das Fernsehen 1992 mit 30,3% an erster Stelle gegenüber Zeitungen (22,3%), Magazinen (6,7%) und dem Radio (4,3%). Erheblichen Einfluß auch auf den Inhalt von Programmen übt die nach eigenen Angaben weltgrößte Werbeagentur Dentsu Inc. aus, die entscheidend am Aufbau von Privat-Stationen beteiligt war und ist.

Die Verbindung der privaten Sendeanstalten zu großen Zeitungen schlägt sich nicht in unterschiedlichen politischen Tendenzen nieder. Ohnehin fehlen einschlägig politische Magazine im Privatfernsehen; auch Informationssendungen führten lange ein Schattendasein. Seit *Asahi* allerdings vor einigen Jahren das flotte Abendmagazin »News Station« mit einem Ex-Discjockey als Moderator startete, wurde die Nachrichtensparte auch für Sponsoren interessant. Dabei erlaubte sich *Asahi* mitunter sogar freche Sprüche über führende LDP-Politiker. Der Erfolg von »News Station« eröffnete einen neuen Schauplatz für den Kampf um Einschaltquoten, an dem sich auch NHK beteiligt. Daß das japanische Fernsehen jedoch im Zweifel eher Einschaltquoten opfert, als die von allen Medien praktizierte journalistische Selbstbeschränkung zu verletzen, erwies sich indirekt beim Ableben des *Tennō* 1989: Angesichts einer tagtäglichen Flut von Trauersendungen auf allen Kanälen stiegen die Zuschauer massenweise auf die Nutzung von Videos um.

5. Ausblick

Ob Japans Massenmedien künftig weniger nach Konsens streben, ob sie – wie in westlichen Demokratien – die Rolle der vierten Gewalt übernehmen werden, muß bezweifelt werden. Kaum ändern dürfte sich auch die betont sensationelle Aufbereitung von Nachrichten. Dafür sorgt zur Zeit nicht nur die Konjunkturflaute, in der alle privaten Medien um Werbeeinnahmen konkurieren. Auch die vorgesehene Vervielfachung von Fernsehkanälen läßt die Prognose zu, daß japanische Massenmedien auch künftig ihre Herkunft vom *Kawaraban* der *Tokugawa*-Zeit nicht völlig werden verleugnen können.

VI. Rechtsverständnis, Gerichtsorganisation und Strafvollzug

KARL-FRIEDRICH LENZ

1. Rechtsverständnis

Das japanische Rechtsverständnis ist gerade für den Europäer nicht immer einfach nachvollziehbar. Im folgenden wird versucht, eine leicht verständliche Einführung zu geben, wobei ein gewisses Maß an Vereinfachung notwendig ist.

a. Fakten

Unbestreitbar und unbestritten sind zunächst einmal einige Tatsachen, die möglicherweise Rückschlüsse auf das japanische Rechtsverständnis erlauben:

Erstens ist die Anzahl der Prozesse in Zivilsachen in Japan deutlich niedriger als in Deutschland. Wenn man diesen Befund in Zahlen ausdrücken möchte, kann man als Prozeßrate die Anzahl der Zivilprozesse entweder im Verhältnis zur Wohnbevölkerung oder im Verhältnis zum Sozialprodukt definieren. In beiden Fällen liegt die Prozeßrate in Japan mindestens um den Faktor sieben niedriger als in Deutschland.[68]

Zweitens arbeitet die Verwaltung in Japan häufig mit dem Mittel der Verwaltungsleitung *(Gyōsei Shidō)*. Das bedeutet, daß die Behörde dem Bürger nicht gleich mit hoheitlichen Anordnungen und Zwangsmitteln begegnet, sondern in den meisten Fällen rechtlich unverbindliche Anweisungen oder bloße Hinweise auf die Auffassung der Behörde ausreichen. Dieser Verwaltungsstil ist in Japan weiter verbreitet als in westlichen Ländern.[69]

Drittens ist auch im Strafrecht ein restriktiver Umgang mit dem staatlichen Zwangsmittel der Strafe festzustellen. So bezeichnet Haley[70] etwa die japanische Strafrechtspflege als nach nahezu jedem Maßstab außerordentlich milde. Zunächst nur einige Zahlen für das Jahr 1991: Die Staatsanwaltschaften haben 1991 über insgesamt 2 195 771 Verdächtige zu entscheiden gehabt.[71] Dem stehen jedoch nur 22 491 Verurteilte gegenüber, die neu in Zuchthäuser eingewiesen wurden.

68 Karl-Friedrich Lenz, Kurzer Prozeß, Japanstudien, 2 (1990), S. 37, 40f.

69 Vgl. Hiroshi Shiono, Verwaltungsrecht und Verwaltungsstil in Japan, in: Helmut Coing u. a. (Hrsg.), Die Japanisierung des westlichen Rechts, Tübingen 1990, S. 45, 59–61.

70 John Owen Haley, Authority without Power, New York – Oxford 1991, S. 129.

71 Hōmushō Hōmu Sōgō Kenkyūsho (Forschungsinstitut beim Justizministerium), Heisei 4 Nen Hanzai Hakusho (Weißbuch Kriminalität 1992), Tōkyō, 1992, S. 96.

In der Alt-Bundesrepublik mit einer 1990 nur halb so großen Bevölkerung wurden bei 101 100 zu Freiheitsstrafen Verurteilten[72] und einer geschätzten Quote der Aussetzung zur Bewährung von über 65 %[73] mehr als 30 000 Personen zur einer Freiheitsstrafe OHNE Bewährung verurteilt. Es ist durchaus bemerkenswert, daß Japan seine bekannt geringen Kriminalitätsraten[74] hält und dennoch mit deutlich weniger vollstreckten Zuchthausstrafen auskommt als andere westliche Länder. Van Wolferen wertet dies als »bewundernswerte Leistung«.[75]

b. Wertungen

In der Bewertung dieser Tatsachen gehen nun die Meinungen auseinander. Im wesentlichen stehen sich zwei Auffassungen gegenüber. Zum einen kann man den Befund damit erklären, daß die Japaner allgemein rechtliche Zwangsmittel mißbilligen. Stellvertretend sei für diese Position Rahn zitiert.[76] Er sieht ein besonderes Bedürfnis der Japaner nach Harmonie, dessen geistesgeschichtliche und soziale Ursachen er im einzelnen erläutert. Ein derartiges Harmoniebedürfnis ist in der Tat eine einleuchtende mögliche Erklärung für die oben genannten Tatsachen.

Die andere mögliche Position zieht es vor, objektive Faktoren für den geringeren Stellenwert staatlichen Zwanges in Japan verantwortlich zu machen. Berühmt ist ein Aufsatz von Haley, in dem er die Behauptung einer besonderen Abneigung der Japaner gegen Prozesse als »Mythos« bezeichnet.[77] Er bemüht sich in diesem Aufsatz um den Nachweis, daß die geringere Prozeßrate auf anderen Faktoren beruht, wobei er besonders die Tatsache betont, daß es in Japan relativ wenig Rechtsanwälte gibt und Zivilprozesse seiner Ansicht nach relativ lange dauern.[78] Bei der Dauer der Zivilprozesse ergibt ein differenzierter Vergleich zur Situation in der Bundesrepublik Deutschland freilich, daß die Unterschiede gar nicht so erheblich sind.[79]

c. Stellungnahme

Was ist nun das Besondere am japanischen Rechtsverständnis? Wenn man sich zu dieser Frage äußern will, sollte man zunächst einmal deutlich machen, was man unter Recht versteht. Hier gehe ich von einer Zwangstheorie des Rechts aus: Recht ist von

72 Statistisches Jahrbuch 1992, S. 404.
73 Vgl. Günter Kaiser, Kriminologie, Heidelberg ^{2}1988.
74 Näher unten im Abschnitt »Strafvollzug«.
75 Karel van Wolferen, The Enigma of Japanese Power, London 1990, S. 290.
76 Guntram Rahn, Rechtsdenken und Rechtsauffassung in Japan, München 1990, S. 406–411; ders., Recht und Rechtsempfinden in Japan, in: Manfred Pohl, (Hrsg.), Japan, (Buchreihe Ländermonographien, Band 15), Stuttgart 1986, S. 250, 252–256.
77 John Owen Haley, The Myth of the Reluctant Litigant, in: Journal of Japanese Studies, 4 (1978) 2, S. 359–390.
78 Haley, (Anm. 77), S. 380ff, 381.
79 Lenz, (Anm. 68).

anderen Regeln (Moral, Religion) durch die Möglichkeit staatlichen Zwanges zur Durchsetzung der Regeln abzugrenzen.[80]

Dieser staatliche Zwang wird in Japan seltener ausgeübt. Das bedeutet einen geringeren Stellenwert des Rechts dann, wenn die Rechtstreue der Bevölkerung nur durch häufige Ausübung rechtlicher Zwangsmittel gesichert werden kann. Jedenfalls im Bereich des Strafrechts hat man aber den Eindruck, daß diese Annahme nicht zutrifft. Die Kriminalität ist geringer als in vergleichbaren westlichen Ländern, obwohl weniger rechtliche Zwangsmittel zum Einsatz kommen.

Dies läßt folgende These zu: Die unstreitig geringere Verwendung rechtlicher Zwangsmittel ist ein Hinweis darauf, daß Japaner den Regeln des Rechts sogar einen größeren Stellenwert beimessen, als das in vergleichbaren westlichen Ländern der Fall ist. Die Folge davon ist, daß rechtlicher Zwang (Zivilprozesse, förmliche Verwaltungsakte, Strafen) seltener ist, weil er seltener erforderlich wird.

Unabhängig davon, wie die seltenere Verwendung von rechtlichen Zwangsmitteln zu werten ist, wäre es unzulässig, die Existenz handfester rechtlicher Zwangsmaßnahmen völlig zu leugnen. Manche der Sanktionsdrohungen des japanischen Rechts sind härter als die des deutschen Rechts, wie z.B. die Todesstrafe.

Ebenso diskussionswürdig ist die Frage, ob man eine insgesamt zurückhaltende Verwendung rechtlicher Zwangsmittel begrüßen will. Die Schattenseite der geringen Häufigkeit von Zivilprozessen besteht naturgemäß darin, daß auch viele berechtigte Ansprüche nicht geltend gemacht werden (so in dem von Rahn zitierten Fall[81], in dem Kläger durch Telefonterror und dergleichen genötigt wurden, eine begründete Klage zurückzuziehen). Eine weitere unerfreuliche Folge ist die Erscheinung, daß häufig das organisierte Verbrechen mit der Regelung von Zivilstreitigkeiten beauftragt wird.[82] Deshalb wurden in § 9 des »Gesetzes gegen unangemessene Handlungen von Mitgliedern von Gewaltvereinigungen«[83] 1991 dem organisierten Verbrechen ausdrücklich bestimmte Formen der Einmischung in Zivilstreitigkeiten verboten. Ohne soweit gehen zu wollen wie Jhering, der eine Pflicht zum Kampf ums Recht annimmt, weil sonst das objektive Recht nicht durchgesetzt werde[84], ist doch nicht zu verkennen, daß mit der relativen Seltenheit von rechtlichen Zwangsmaßnahmen immer die Gefahr einer Mißachtung des objektiven Rechts verbunden ist.

2. Gerichtsorganisation[85]

a. Geschichtliche Entwicklung

Die japanische Gerichtsorganisation wurde nach dem Zweiten Weltkrieg unter amerikanischer Besatzung gründlich reformiert. Leitmotiv aller Reformen war die An-

80 Vgl. statt aller Klaus F. Röhl, Rechtssoziologie, Köln 1987, S. 212–222.
81 Rahn, 1986, (Anm. 76), S. 255f.
82 Haley, (Anm. 70), S. 183f.
83 Gesetz Nr. 77/1991, Hōrei Zensho (1991) 5, S. 89.
84 Rudolf v. Jhering, Der Kampf ums Recht, Wien 1872.
85 Für eine kurze Einführung vgl. Paul Eubel, Gerichtswesen, in: Paul Eubel u.a. (Hrsg.),

passung des einfachen Rechts an die neue Verfassung. Diese Reform des japanischen Rechts wurde auf seiten der Besatzungsmacht von Alfred Oppler geleitet. Oppler ist vermutlich der ausländische Jurist mit dem größten Einfluß auf das geltende japanische Recht. Für die Leitung der Reform des japanischen Rechts wählte man den deutschen Richter, weil er nicht durch intensive Japan-Kenntnisse und einer möglicherweise zu weitgehenden Identifizierung mit der japanischen Rechtstradition, die einem völligen Neuanfang im Wege gestanden hätte, vorbelastet war und man daher von ihm die Bereitschaft zu gründlicher Neuordnung erwartete. Weiter wurde seine Erfahrung mit dem deutschen Rechtssystem als nützlich angesehen.[86]

Durch die Reform wurde der Einfluß des Justizministeriums auf die Gerichte wesentlich verringert.[87] Über die Einstellung und weitere Karriere von Richtern entscheidet nach den neuen Regeln der Oberste Gerichtshof, um Einflüsse der Regierung auf die Rechtsprechung möglichst auszuschließen. Weiter wurden die Richter am Obersten Gerichtshof verpflichtet, die Auffassung jedes Richters offenzulegen, also Minderheitsvoten abzugeben. Dies wird von Oppler vor dem Hintergrund der japanischen Vorliebe für Harmonie als »nahezu revolutionär« bezeichnet.[88]

Die Reformen führten allerdings keineswegs zu einer vollständigen und durchgehenden Übernahme amerikanischer Modelle. Bemerkenswert ist etwa, daß aufgrund von Vorbehalten der japanischen Seite das Jury-System nicht eingeführt wurde, es also bei der Entscheidung von Prozessen durch Berufsrichter blieb.[89] Weiter ist auch das amerikanische System des Aushandelns von Schuldsprüchen im Strafprozeß nicht übernommen worden, gegen das Oppler eine ausgesprochene Abneigung hatte.[90]

b. Wichtige Unterschiede zur Situation in Deutschland

In Japan gibt es eine einheitliche Gerichtsbarkeit. In Deutschland kann dagegen ein Finanzgericht in der gleichen Sache die Auffassung des Bundesgerichtshofes für unrichtig erklären.[91] Das wäre in Japan schon deswegen nicht möglich, weil es keine besonderen Gerichtszweige gibt.

Ein weiterer Unterschied folgt aus der Tatsache, daß Japan kein Bundesstaat ist. Während in Deutschland die Mehrheit der Richter im Landesdienst steht und daher kein einheitlicher Einfluß auf diese Richter möglich ist, stehen alle japanischen Richter einheitlich unter der Dienstaufsicht des Obersten Gerichtshofes. Sie werden alle fünf Jahre versetzt und sind nur jeweils auf zehn Jahre ernannt. Es ist bereits vorgekommen, daß die Erneuerung der Ernennung nach Ablauf dieser Frist einem Richter

---

Das japanische Rechtssystem, Frankfurt a.M. 1979, S. 595–598; Gerhard Dannert, Rechtsleben in Japan, DRiZ 1990, S. 206–214.

86 Vgl. Alfred Oppler, Legal Reform in Occupied Japan. A Participant Looks Back, Princeton 1976, S. 345.

87 Oppler, (Anm. 86), S. 86ff.

88 Oppler, (Anm. 86), S. 103.

89 Oppler, (Anm. 86), S. 146.

90 Oppler, (Anm. 86), S. 147.

91 FG Köln, Neue Juristische Wochenzeitschrift, 39 (1986), S. 2529.

verweigert wurde.[92] Diese Umstände können dazu führen, daß manche Richter die Rechtsprechung des Obersten Gerichtshofes in stärkerem Maße für verbindlich halten als ein deutscher Richter die Rechtsprechung eines Bundesgerichtes.

Anders als in Deutschland gibt es auch kein eigenes Verfassungsgericht. Vielmehr ist für die Überprüfung der Verfassungsmäßigkeit von Gesetzen jedes Gericht zuständig. Während in Deutschland kein Gericht außer dem Bundesverfassungsgericht die Verfassungswidrigkeit eines Gesetzes feststellen kann und jedes Gericht entsprechende Zweifel beim Bundesverfassungsgericht anmelden muß, gibt es in Japan keine entsprechende Konzentration der Befugnis zur Normenkontrolle. Allerdings ist die Befugnis der Gerichte zur Normenkontrolle auf die sogenannte konkrete Normenkontrolle beschränkt. Das heißt, eine Normenkontrolle ist nur anhand eines konkreten Falles möglich, den ein Gericht zu entscheiden hat. Die japanische Rechtsprechung ist dabei sehr zurückhaltend mit der Feststellung der Verfassungswidrigkeit von Gesetzen.[93] Diese Feststellung hat auch keine Gesetzeskraft. So hat der Oberste Gerichtshof 1973 eine Vorschrift im japanischen Strafgesetzbuch für verfassungswidrig erklärt, die für den Totschlag gegen Aszendenten (Verwandte aufsteigender Linie) des Täters als Strafe mindestens lebenslanges Zuchthaus vorsieht (höchstens die Todesstrafe).[94] Diese Vorschrift ist aber nach wie vor Bestandteil des japanischen Strafgesetzbuches, erst jetzt wird im Zuge einer sprachlichen Überarbeitung des Gesetzes beabsichtigt, sie zu streichen.

Die Richter und der Präsident des Obersten Gerichtshofes[95] werden von der Regierung bestimmt. In der Praxis ist es dabei üblich, die Meinung des Obersten Gerichtshofes zu berücksichtigen.[96]

3. Strafvollzug

a. Erfolge der japanischen Strafrechtspflege

Die Kriminalitätsraten sind in Japan nach wie vor sehr niedrig. Pro 100 000 Einwohner der Bevölkerung wurden 1990 in Japan 1 324, in Deutschland dagegen 7 108 Straftaten registriert.[97] Für Totschlagsdelikte lagen diese Zahlen bei 1,0 (Japan) gegenüber 3,9 (Deutschland).

Begünstigt werden die niedrigen Raten dadurch, daß in Japan ein größerer Anteil der Straftaten statistisch nicht erfaßt wird. Die japanische Polizei hat nach § 246 StPO die Möglichkeit, geringfügige Delikte ohne Weiterleitung an die Staatsanwaltschaft selbst zu bearbeiten, etwa durch einen Verweis. Das kann dazu führen, daß in einem

92 Zu diesem Fall vgl. Oppler, (Anm. 86), S. 92–94; kritisch van Wolferen (Anm. 75), S. 286f.
93 Masasuke Ishibe, Gerichtsverfassungsrecht: ein historischer Überblick, in: Coing, (Anm. 69), S. 77.
94 Keishū 27 (Sammlung der Entscheidungen des OGH), S. 265.
95 Art. 6, Abs. 2, 79, Abs. 1 der Verfassung.
96 Ishibe, (Anm. 93), S. 78.
97 Hanzai Hakusho (Weißbuch Kriminalität) 1992, (Anm. 71), S. 23.

solchen Fall die betreffende Straftat in der Statistik nicht auftaucht.[98] Besonders deutlich wird diese »Kriminalitätsverminderung durch Wegsehen« in den Bereichen Prostitution, Pornographie und Glücksspiel, in denen strafrechtliche Verbote weitgehend nicht beachtet werden.[99] Solche Erscheinungen gibt es aber auch in anderen Ländern, am insgesamt günstigen Bild ändert die möglicherweise geringe Erfassung von weniger schwerwiegenden Straftaten nichts.

Bemerkenswert ist vor allem die geringe Menge von Drogen wie Kokain und Heroin, die in Japan beschlagnahmt wird. Sie wird mangels Masse in den Statistiken in Gramm ausgewiesen, nämlich Heroin 25 088 und Kokain 22 501 Gramm (Zahlen von 1991).[100] Zum Vergleich: 1989 wurden weltweit 255 252 Kilogramm Kokain beschlagnahmt.[101] Der genannte Wert für Japan 1991 liegt bei unter 0,1 Promille dieser Zahl. Am Rande sei hier bemerkt, daß Japan die Wiener UN-Konvention gegen Betäubungsmittelmißbrauch[102] ratifiziert und zur Anpassung an die Anforderungen dieser Konvention sein Betäubungsmittelstrafrecht 1991 erheblich verschärft hat.[103]

Dabei sollte man eigentlich für Japan hohe Kriminalitätsraten und eine starke Verbreitung von harten Drogen erwarten, denn ein großer Teil der Bevölkerung lebt in Großstädten, deren Maßstab deutsche Verhältnisse bei weitem übersteigt.[104] Zudem sollte die doch erhebliche Wirtschaftskraft japanischer Konsumenten Japan zu einem vorrangigen Ziel des internationalen Betäubungsmittelhandels machen.

b. Geldstrafe

Nahezu alle Strafverfahren werden in Japan ohne Hauptverhandlung in einem rein schriftlichen Strafbefehlsverfahren abgeschlossen. Für 1991 kommen auf eine Anklage über zwölf Anträge auf Strafbefehl.[105] In diesem Verfahren kann nur eine Geldstrafe bis höchstens 500 000 Yen (weniger als 7 000 DM) verhängt werden.[106] Bereits dadurch wird die starke Neigung zur milderen Sanktion, nämlich zur Geldstrafe, in der japanischen Strafjustiz deutlich.[107]

Eine Besonderheit des japanischen Strafrechts ist die Möglichkeit, auch gegen juristische Personen Geldstrafen zu verhängen. Hier besteht in den letzten Jahren die

---

98 Koichi Miyazawa/Hans-Heiner Kühne, Kriminalität und Kriminalitätsbekämpfung in Japan, Wiesbaden, Bundeskriminalamt, ^{2}1991, S. 103–108.

99 Miyazawa/Kühne, (Anm. 98), S. 109–111.

100 Miyazawa/Kühne, (Anm. 98), S. 32.

101 Hideki Tarumi, Yakubutsu Ran'yō Mondai ni kansuru Kokusaiteki Torikumi to Mayaku Nihō (Die internationalen Maßnahmen gegen Betäubungsmittelmißbrauch und die zwei Betäubungsmittelgesetze), Jurisuto (1991) 992, S. 69, 70 (Diagramm 1).

102 United Nations Convention against Illicit Traffic in Narcotic Drugs and Psychotropic Substances, International Legal Materials 28 (1989), S. 493.

103 Vgl. Tarumi, (Anm. 101).

104 John Braithwaite, Crime, Shame and Reintegration, New York 1989, S. 62.

105 Hanzai Hakusho (Weißbuch Kriminalität) 1992, (Anm. 71), S. 98, eigene Berechnungen.

106 § 461 StPO in der Fassung des Gesetzes Nr. 31/1991.

107 Vgl. auch Haley, (Anm. 70), S. 128.

Tendenz, die Strafrahmen wesentlich zu erhöhen. So wurde etwa im Dezember 1992 (auf amerikanischen Druck hin) die Höchststrafe bei Kartellverstößen für juristische Personen um den Faktor 20 auf 100 Millionen Yen erhöht.[108]

c. Freiheitsstrafe[109]

Es wurde bereits belegt, daß die japanische Strafjustiz mit verhältnismäßig wenig Freiheitsstrafen auskommt.[110] Wenn aber einmal eine Zuchthausstrafe vollstreckt wird, ist die darin liegende Sanktion unvergleichlich hart.[111] Die Vollstreckung erfolgt in Vollzugsanstalten, die nach europäischen Maßstäben unmodern und überaltert sind.[112] So hielt man es bis Mitte der achtziger Jahre nicht für erforderlich, Heizungen einzubauen.[113] Bei der Ausgestaltung des Vollzuges stehen Sicherheit und Disziplin im Vordergrund. Die Gefangenen stehen unter ständiger intensiver Bewachung. Disziplinarstrafen werden häufig verhängt.[114]

Gefangene sind in verschiedene Stufen eingeordnet. Die Härte des Vollzuges sinkt mit dem Vorrücken des Gefangenen durch gute Führung in höhere Stufen.[115] So kann ein Gefangener in der niedrigsten Stufe pro Monat nur einen Brief schreiben und nur einen Besuch von Familienangehörigen empfangen.[116]

Wenn ein Gefangener die Haftanstalt etwa zu einem Gerichtstermin verläßt, wird er vorher und nachher in einer Art und Weise körperlich untersucht, die ein japanisches Gericht vor kurzem in einem Einzelfall als mit den Menschenrechten nicht vereinbar bezeichnet hat.[117] Ein Bericht der japanischen Anwaltsvereinigung über Menschenrechtsverletzungen in Japan[118] belegt weiter deutlich die Härte des japanischen Strafvollzuges: So wird die medizinische Versorgung von Gefangenen als unzureichend kritisiert.[119] Arrest wird dadurch vollzogen, daß ein Gefangener in einer Einzelzelle den ganzen Tag, auch bei der Arbeit, auf dem Boden sitzen muß. Es wird ihm verboten, aufzustehen, sich an eine

108 Vgl. Akira Shōda, Dokusenkinshihō no Kyōka to Kōseitorihiki Iinkai (Verstärkung des Monopolverbotsgesetzes und Kartellkommission), Jurisuto 1000 (1992), S. 287.

109 Vgl. näher Dieter Bindzus und Akira Ishii, Strafvollzug in Japan – Resozialisierung durch Behandlung? in: Zeitschrift für Strafvollzug und Straffälligenhilfe 37 (1988), S. 3–14; Yukio Nomura, Das Gefängnissystem in Japan, in: Zeitschrift für Strafvollzug und Straffälligenhilfe 37 (1988), S. 14–22.

110 Vgl. oben 1a.

111 Dieter Bindzus und Akira Ishii, Strafvollzug, in: Eubel u. a., (Anm. 85), S. 279, 298–304.

112 Bindzus/Ishii, (Anm. 109), S. 4.

113 Reinhard Torkler, Kriminalität und Strafverfolgung, in: Pohl, (Anm. 76), S. 258, 264.

114 Bindzus/Ishii, (Anm. 109), S. 6.

115 Torkler, (Anm. 113), S. 264f.

116 Nomura, (Anm. 109), S. 17.

117 LG Osaka vom 26. 12. 1991, Hanrei Jihō 1340 (1990), S. 146.

118 Japan Federation of Bar Associations, A Report on the Application and Practice in Japan of the International Covenant on Civil and Political Rights, Part One, 1991, nicht veröffentlicht, zu beziehen über die Anwaltsvereinigung in Tōkyō.

119 Japan Federation of Bar Associations, (Anm. 118), S. 92–98.

Wand zu lehnen, oder sich anders als im Schneidersitz hinzusetzen, was physische Schmerzen verursacht.[120]

Wenn man also annimmt, die abschreckende Wirkung steigere sich mit der Härte angedrohter strafrechtlicher Sanktionen, so wird man den Drohungen des japanischen Strafrechts bei der Freiheitsstrafe eine wesentlich stärkere Wirkung zusprechen müssen.

d. Todesstrafe

Die Todesstrafe wird nur selten verhängt. So wurden im Jahr 1990 in erster Instanz wegen Totschlag 584 Personen verurteilt. In keinem Fall wurde die Todesstrafe ausgesprochen, dagegen aber in 123 Fällen eine Zuchthausstrafe zur Bewährung ausgesetzt.[121] Im Durchschnitt der Jahre 1987 bis 1991 wurden sieben Todesurteile pro Jahr rechtskräftig verhängt.[122]

Als Beispiel mag eine Entscheidung des Obersten Gerichtshofes dienen, die Maßstäbe für die Zumessung der Todesstrafe gesetzt hat.[123] Der Angeklagte ist zur Zeit der Tat 19 Jahre alt. Er stiehlt von einem amerikanischen Soldaten eine Pistole und begeht damit innerhalb von vier Monaten vier brutale Raubmorde durch Schüsse aus kürzester Entfernung auf die Köpfe der Ermordeten. Der Oberste Gerichtshof hat es als »extremen Fehler« bei der Strafzumessung gewertet, daß die zweite Instanz den Angeklagten nicht zum Tode verurteilt hat. Die Todesstrafe ist nach diesem Urteil des Obersten Gerichtshofes auf Fälle zu begrenzen, in denen die Umstände der Tat so belastend sind, daß bei der Wahl der Todesstrafe nahezu keine Möglichkeit zum Widerspruch mehr besteht. Als zu berücksichtigende Umstände sind dabei maßgeblich: die Qualität des Verbrechens, das Motiv, die Art der Ausführung, besonders bei einem Tötungsdelikt die Gnadenlosigkeit und Brutalität der Tat, die Schwere der Folgen, besonders die Anzahl der Opfer und die seelischen Schmerzen der Hinterbliebenen, die gesellschaftlichen Auswirkungen der Tat, in bezug auf den Täter sein Alter, seine Vorstrafen und sein Verhalten nach der Tat.

Die Todesstrafe wird durch Erhängen vollstreckt.[124] Dazu ist jedoch eine besondere Anordnung des Justizministers erforderlich.[125] Diese Anordnung muß dann nach dem Gesetz innerhalb von sechs Monaten nach Rechtskraft eines Todesurteils ergehen.[126] Der Justizminister hält sich aber nicht immer an diese Anordnung des Gesetzes.

Für die Entscheidung des Justizministers über die Anordnung der Vollstreckung ist weder eine Begründung noch eine Veröffentlichung vorgeschrieben oder in der Praxis üblich. Während also ein Gericht einen erheblichen Aufwand darauf verwen-

120 Japan Federation of Bar Associations, (Anm. 118), S. 100–102, 105.
121 Hanzai Hakusho (Weißbuch Kriminalität) 1992, (Anm. 71), S. 104.
122 Hanzai Hakusho (Weißbuch Kriminalität) 1992, S. 103, eigene Berechnungen.
123 OGH vom 8. 7. 1983, Hanrei Taimuzu 506 (1983), S. 73.
124 § 11 Abs. 1 StGB.
125 § 475 Abs. 1 StPO.
126 § 475 Abs. 2 Satz 1, StPO.

det, die Verhängung der Todesstrafe zu begründen, und diese Begründung selbstverständlich auch veröffentlicht wird, bleibt die Entscheidung über die Vollstreckung eines Todesurteils dem völlig unkontrollierten Ermessen des jeweiligen Ministers überlassen, dem Gefühl *(Kimochi)*, wie ein ehemaliger Justizminister einmal in einem Interview sagte.[127] Die Öffentlichkeit erfährt noch nicht einmal, daß eine solche Entscheidung überhaupt gefallen ist.

In den letzten Jahren sind Bestrebungen zu verzeichnen, die Abschaffung der Todesstrafe auf die politische Tagesordnung zu setzen, aber zu Beginn des Jahres 1993 sind wieder Hinrichtungen vollzogen worden.[128] Man wird also abwarten müssen, ob die Bemühungen um Abschaffung der Todesstrafe erfolgreich sind.

---

127 Vgl. José Llompart, Nihon no Shikeishū ni wa Jinken ga Mitomerarete Iru ka (Sind die Menschenrechte für in Japan zum Tode verurteilte Häftlinge anerkannt?), in: Mutsuo Yanase u.a. (Hrsg.), Gendai Shakai to Jinken (Moderne Gesellschaft und Menschenrechte), Tōkyō 1992, S. 151, 163f.

128 Shigemitsu Dandō, Shikeihaishiron (Plädoyer für die Abschaffung der Todesstrafe), Tōkyō 1991.

Bibliographie

Erziehung und Ausbildung

AMANO, I., Japanese Schooling in Historical Perspective, in: Economic Eye, 14 (1993) 1, S. 3–8.
DORE, R. P./M. SAKO, How the Japanese Learn to Work, London – New York 1991.
GEORG, W./U. SATTEL (Hrsg.), Von Japan lernen?, Weinheim 1992.
HAASCH, G., Japans Bildungswesen zwischen Krisis und Reform. In: Gesamtschulinformationen, (1987) 3–4, S. 155–167.
HUSEN, T., Japanese Education in a Comparative Perspective A European View, in: Education in Japan and Europe: A Comparative Perspective, Gudalajara 1991, 5–21.
MINISTRY OF EDUCATION, SCIENCE AND CULTURE, Japanese Government Policies in Education, Science and Culture 1990, Tōkyō 1990.
MINISTRY OF EDUCATION, SCIENCE AND CULTURE, Statistical Abstract of Education, Science and Culture. 1993 Edition, Tōkyō 1993.
MÜNCH, J./M. ESWEIN, Bildung, Qualifikation und Arbeit in Japan: Mythos und Wirklichkeit, Berlin 1992.
SCHUBERT, V., Die Inszenierung der Harmonie, Darmstadt 1992.
STAUDT, E./M. REHBEIN, Innovation durch Qualifikation, Frankfurt a. M. 1988.
Symposium Bildung und Beruf in Japan und Deutschland, Berlin: Japanisch-Deutsches Zentrum (Veröffentlichungen 13), Berlin 1992.
TEICHLER, U., Das Dilemma der modernen Bildungsgesellschaft, Stuttgart 1976.
DERS., Erziehung und Gesellschaft in Japan. Hagen 1989.
DERS., Equality of Opportunity in Education and Career: Japan Seen in an International Perspective, in: Oxford Review of Education, 18 (1992) 3, S. 283–296.

Frauen

AUSLITZ-BLESCH, KYRA, Akademikerinnen in Japan – Familie, Beruf und Frauengruppen, Weinheim 1989.
BERNSTEIN, GAIL LEE (Hrsg.), Recreating Japanese Women 1600–1945, Berkeley 1991.
BRINTON, MARY C., Women and the Economic Miracle-Gender and Work in Postwar Japan, Berkeley 1993.
GÖSSMANN, ELISABETH (Hrsg.), Japan – ein Land der Frauen?, München 1991.
IWAO, SUMIKO, The Japanese Woman – Traditional Image and Changing Reality, New York 1993.
LAM, ALICE, Women and Japanese Management – Discrimination and Reform, London 1992.
LINHART, RUTH, Onna da kara – weil ich eine Frau bin: Liebe, Ehe und Sexualität in Japan, Wien 1991.
DIES./WÖSS, FLEUR (Hrsg.), Nippons neue Frauen, Reinbek bei Hamburg 1990.
DIES., Der Traum vom Glück – Liebe, Sex und Partnerschaft. in: Linhart/Wöss, Nippons neue Frauen, Reinbek bei Hamburg 1990, S. 54–67.

LÜTZELER, RALPH/REGINE MATHIAS, Lange leben – Demographische Entwicklungen und soziale Veränderungen, in: I. Hardach-Pinke (Hrsg.), Japan: eine andere Moderne, Tübingen 1991, S. 38–62.
NEUSS-KANEKO, MARGRET, Familie und Gesellschaft in Japan, München 1990.
PHARR, SUSAN J., Political Women in Japan, Berkeley 1981.
SASO, MARY, Women in the Japanese Workplace, London 1990.
SUGIYAMA LEBRA, TAKIE, Japanese Women: Contraint and Fulfillment, Hawaii 1984.
WEBER, CLAUDIA, Selbstlose Frauen? – Zur Individualisierung des weiblichen Lebenszusammenhangs, in: I. Hardach-Pinke (Hrsg.), Japan: eine andere Moderne, Tübingen 1991, S. 97–113.

Jugend und Familie

DOI TAKEO, Amae, Freiheit in Geborgenheit (dt. Übersetzung), Frankfurt 1982.
SCHUBERT, VOLKER, Die Inszenierung der Harmonie, Darmstadt 1992.

Soziale Sicherung

CAMPBELL, JOHN CREIGHTON, How Policies Change: The Japanese Government and the Aging Society, Princeton 1992.
DERS., The Old People Boom and Japanese Policy Marking, in: The Journal of Japanese Studies, 5 (1979) 2.
ERNST, ANGELIKA, A Segmented Welfare State: The Japanese Approach, in: Zeitschrift für die gesamte Staatswissenschaft, 138 (1982).
LÖRCHER, SIEGFRIED, Sozialversicherung, Altersversorgung, Rentensystem, in: Manfred Pohl (Hrsg.), Japan – 1979/80: Politik und Wirtschaft, Hamburg 1981.
INSTITUT FÜR JAPANOLOGIE DER UNIVERSITÄT WIEN (Hrsg.), Das Japanische Unternehmen, bes. Kapitel 9: Sozialleistungen, Wien 1987.
POHL, MANFRED, Die Systeme sozialer Sicherung in Japan und der Bundesrepublik Deutschland: Versuch eines wertenden Vergleichs, in: Pohl, Manfred (Hrsg.), Japan 1987/88: Politik und Wirtschaft, Hamburg 1988.
POWELL, MARGARET/MASAHIRA ANESAKI, Health Care in Japan, London 1990.
THRÄNHARDT, ANNA MARIA, Organisierte Freiwilligkeit. Ehrenamtlichkeit als tragende Struktur des japanischen Sozialwesens, in: Bauer, Rudolph/Anna Maria Thränhardt (Hrsg.), Verbandliche Wohlfahrtspflege im internationalen Vergleich, Opladen 1987.
DIES., Between State und Society: Minsei-iin, the System of Voluntary Social Welfare Workers in Japanese Communities (Paper Presented at the European Consortium for Political Research (ECPR), Leiden 1993.
WILSON, DONALD V., Social Welfare Personell and Social Work Education during the Occupation of Japan, 1945–1948, in: Burkman, Thomas (Hrsg.), The Occupation of Japan: Education and Social Reform, Norfolk 1981.

Massenmedien

BRAW, MONICA, The Atomic Bomb Surpressed. American Censorship in Occupied Japan, Armonk, NY 1991.
DENTSU INC. (Hrsg.), Corporate Communications Division, Advertising Expenditures in Japan for 1992 (= Press Release February 1993).

Dentsu Inc. (Hrsg.), Japan 1993 Marketing and Advertising Yearbook, Tōkyō 1992.
Dentsu Inc. (Hrsg.), Shuppan Gaikyō, Tōkyō 1993 (unveröff. Manuskript).
Foreign Press Center Japan (Hrsg.), Japan's Mass Media (About Japan Series 7), Tōkyō ²1990.
Gellner, Winand, Ordnungspolitik im Fernsehwesen: Japan, in: Faul, Erwin (Hrsg.), Studien zur Ordnungspolitik im Fernsehwesen, Bd. 2, Frankfurt a. M. - Bern - New York - Paris 1991.
Götting, Doris, Drei Jahre bei NHK. Einblicke in eine japanische Rundfunkanstalt, (OAG aktuell), Tōkyō 1983.
Löhr, Marc, Entwicklung, Organisation und Arbeitsweise regionaler Tageszeitungen in Japan. Das Beispiel Shizuoka Shimbun (Berliner Beiträge zur sozial- und wirtschaftswissenschaftlichen Japan-Forschung, Bd. 20), Bochum 1991.
Mitchell, Richard H., Censorship in Imperial Japan, Princeton 1983.
Nihon Shimbun Kyōkai, The Japanese Press, Tōkyō 1964ff.
Nippon Hōsō Kyōkai, 50 Years of Japanese Broadcasting, Tōkyō 1977.
Painter, Andrew Allen, The Creation of Japanese Television and Culture, Ann Arbor 1991.
Pohl, Manfred, Presse und Politik in Japan (Mitteilungen des Instituts für Asienkunde 122), Hamburg 1981.

Rechtsverständnis

Bindzus, Dieter/Akita Ishii, Strafvollzug in Japan - Resozialisierung durch Behandlung?, in: Zeitschrift für Stafvollzug und Straffälligenhilfe, 37 (1988), S. 3–14.
Eubel, Paul (Hrsg.), Das japanische Rechtssystem, Frankfurt a. M. 1979.
Miyazawa, Koichi/Hans-Heiner Kühne, Kriminalität und Kriminalitätsbekämpfung in Japan, Wiesbaden (Bundeskriminalamt) ²1991.
Nomura, Yukio, Das Gefängissystem in Japan, in: Zeitschrift für Strafvollzug und Straffälligenhilfe, 37 (1988), S. 14–22.
Rahn, Guntram, Rechtsdenken und Rechtsauffassung in Japan, München 1990.

Kapitel E:
Kultur *

* In diesem Kapitel sind alle Personennamen nach japanischer Art geschrieben, d. h. erst Familienname, dann Vorname.

I. Sprache und Schrift

Roland Schneider

Heute sprechen etwa 120 Millionen Menschen die japanische Sprache, deren Verbreitungsgebiet sich im wesentlichen mit dem japanischen Staatsgebiet deckt – hinzu kommen Siedlungskonzentrationen japanischer Auswanderer in den USA (Hawaii und Westküste) und Südamerika (besonders Brasilien) sowie Teile der früher von Japan besetzten Gebiete Asiens. Japanisch gilt als eine der schwierigsten Sprachen der Welt – ein Urteil, das jedoch eher in dem komplizierten Schriftsystem und in Besonderheiten des sprachlichen Höflichkeitsausdruckes begründet zu liegen scheint als in dem relativ einfachen Sprachbau.

Herkunft und Verwandtschaftsbeziehungen der japanischen Sprache sind noch als ungeklärt zu bezeichnen. Gesichert ist die Urverwandtschaft des Japanischen mit dem Ryūkyūanischen, das den einen als Schwestersprache, den anderen sogar als Dialekt des Japanischen gilt. Die vielen frappierenden Ähnlichkeiten in Phonetik, Akzenttyp, Grammatik und Soziativ, die das Japanische mit dem Koreanischen verbinden, reichen nicht zu einer gesicherten Aussage über eine Urverwandtschaft beider Sprachen aus. Sie machen jedoch die These wahrscheinlich, daß das Altjapanische eng mit der Sprache des koreanischen Königreichs Koguryo (17 v. Chr. – 660 n. Chr.) verwandt ist und damit in seinen frühen Wurzeln auf die sogenannten Puyo-Sprachen des Sungari-Gebiets (Nordost-China) weist. Die zweite Komponente des Japanischen deutet hingegen zu austronesischen Sprachgruppen, so daß heute die Annahme gerechtfertigt scheint, die japanische Sprache sei aus der Überlagerung eines austronesischen Substrats durch eine altaische Sprache entstanden. Gesichert ist, daß das Japanische nicht mit dem Chinesischen verwandt ist.

1. Lautsystem, Grammatik und Sprachbau: durchaus einfach

Das lautliche System der modernen japanischen Hochsprache, die auf dem Idiom der Yamanote-Gegend in Tōkyō beruht, besitzt Grundvokale (a, i, u, e, o), die kurz, gelängt oder in Diphthongen (ai, oi, ui) kombiniert auftreten, sowie 24 Konsonanten, die einfach, gedoppelt oder palataisiert sein können. Als Faustregel führen viele der Japanisch-Lehrbücher an, daß die Aussprache der Konsonanten wie im Englischen zu erfolgen habe und die der Vokale wie im Deutschen, wobei die Artikulation stets ohne große Spannung und mit geringer Lippenbetätigung geschehe.

Besonderheiten der Aussprache bilden der ungerundete u-Laut, das sogenannte *»flapped r«* und die Devokalisation von i und u, die zwischen stimmlosen Konsonanten und am Wortende nach ts und s fast unhörbar artikuliert werden. Kurze Silben, die durch die Verbindung obiger Sprachlaute entstehen, sind grundsätzlich offen, bestehen aus einem Vokal oder der Kombination Konsonant-Vokal; lange Silben haben die Strukturen: Konsonant-Vokal-Vokal, Konsonant-Vokal-Silbenschlußnasal oder Konsonant-Vokal-Silbenschlußklusil (das vor stimmlosen Konsonanten steht).

Ähnlich einfach wie die lautliche ist auch die grammatische Struktur des Japanischen. Das Japanische ist eine agglutinierende Sprache und fügt somit grammatische und syntaktische Ordnungselemente als unselbständige Suffixe and Postpositionen an die selbständigen sinntragenden Wörter an. Da es mit den altaischen Sprachen die Strukturregel teilt, daß das Bestimmende nach dem Bestimmten steht, »bestimmen« diese Ordnungselemente etwa beim Verb Tempus, Aspekt, Modus usw. und beim Substantiv dessen »Kasus«, d.h. sein Verhältnis zum zugehörigen Prädikat oder seine Beziehung zu anderen Satzteilen. Die gleiche Regel erzwingt, daß Attribute vorangestellt werden und Nebensätze vor den Hauptsätzen stehen. Weiterhin legt sie den Schwerpunkt der generell in der Abfolge Subjekt-Objekt-Prädikat konstruierten Sätze auf das Satzende, auf das Prädikat und seine möglichen Modifizierungen.

Die Wortkategorien des Japanischen lassen sich nach dem Kriterium ihres selbständigen Auftretens im Sprechtakt als selbständige (Nomen, Verb/Adjektiv) und unselbständige (Verbalsuffixe und Postpositionen), nach dem Kriterium der Flektierbarkeit in flektierbare (Verb/Adjektiv, Verbalsuffixe) und unflektierbare (Nomen, Postpositionen) einteilen. Das Nomen besitzt weder Genus noch Numerus, auch bestimmte oder unbestimmte Artikel existieren nicht. Die Verba kennen mehrere Konjugationsweisen, deren je 6 Einzelformen jedoch nicht durch die (im Japanischen unbezeichnete) grammatische Person, sondern durch Funktionsfelder (Satzschluß, Imperativ u.ä.) bestimmt werden. Die den Verben syntaktisch ähnelnden Adjektive – sie können wie die Verben »allein« (d.h. ohne Kopula) Prädikate bilden – kennen keine verschiedenen Genusformen, keine Numerusunterschiede und besitzen keine eigene Komparativform. Innerhalb der Adverbien findet sich eine außerordentlich große Zahl von lautmalenden Wörtern (z.B. *garagara, pika-pika, pettari* usw.), die die an sich eintönige Satzmelodie akzentuieren – und auch den Hauptfundus der in Japan nicht ohne Grund so verbreiteten Comic-Literatur bilden.

2. Vokabular und Schrift: hinreichend kompliziert

Der Wortschatz der japanischen Gegenwartssprache besteht aus einem japanischen Grundvokabular *(wago)*, aus Fremdwörtern *(gairaigo)*, die in unterschiedlichem Umfang zu unterschiedlichen Zeiten aus unterschiedlichen Sprachen entlehnt wurden, und aus den Lehnwörtern aus dem Chinesischen *(kango)*. Letztere stellen mehr als die Hälfte des heutigen Wortschatzes; sie wurden seit der Übernahme der chinesischen Schrift im japanischen Alterum in mehreren Wellen und damit auch in unterschiedlichen Lautungen entlehnt. Sie sind nach wie vor produktiv und nehmen besonders im fachsprachlichen Bereich zu, dringen aber auch in die Alltagssprache auf Kosten des rein japanischen Vokabulars vor. Diese Tendenz wird durch die grundsätzliche »wortkategoriale Offenheit« chinesischer Lehnwörter verstärkt, die durch einfachste japanische syntaktische Einordnungsmittel wie Kopula oder das formale Verb *suru* (»machen, tun«) nicht nur als Substantiv, sondern auch als Adjektiv oder Verb eingesetzt werden können. Das Fremdwortgut, seit der portugiesischen Mission im 16. Jahrhundert ins Japanische einfließend, besteht aus Entlehnungen aus dem Portugiesischen, Holländischen, Französischen, Deutschen, Russischen und Italienischen, wird jedoch schon seit der *Meiji*-Zeit vom englisch-amerikanischen Lehnwortgut majorisiert.

Die einzelnen Sprachen steuerten Unterschiedliches bei: Brachten die Portugiesen etwa *pan* (Brot) oder *karuta* (carta; Spielkarten) mit oder die Holländer *kōhi* (koffie; Kaffee) und *biiru* (Bier), bereicherte das Deutsche die japanische Sprache um Ausdrücke wie *ideorogii* (Ideologie), *noiroze* (Neurose) oder *geba* (Gewalt) und *(aru)baito* (Arbeit, jetzt Job), so leistete das Französische durch *abekku* (avec; Verabredung, Pärchen) seinen Beitrag. Die Dominanz amerikanischen Lehnwortgutes führte dazu, daß sogar Abkürzungen wie OL *(office lady)* ihren Platz in der japanischen Alltagssprache fanden. Das Lehnwortgut ist seit den frühesten Entlehnungen starken lautlich-grammatischen, aber auch semantischen Japonisierungstendenzen unterworfen, die sein Vordringen in die Alltagssprache begünstigen.

Das japanische Schriftsystem darf als kompliziert bezeichnet werden. Verschriftet wird das moderne Japanisch in einem graphischen Mischstil, der chinesische Wortschriftzeichen *(kanji)* und zwei Typen von Silbenschriftzeichen (*hiragana* und *katakana*) benutzt, und diese Mischform ist zum Teil noch durch lateinische Buchstaben und arabische Ziffern »anreichert«. In den traditionell von oben nach unten und von rechts nach links, zunehmend auch horizontal von links nach rechts geschriebenen Texten werden die *kanji* in der Regel für die sinntragenden Wörter benutzt. Flexionsendungen, grammatische Suffixe und Partikel werden dagegen in *hiragana* geschrieben, Fremdwörter sowie die zahlreichen, ein Charakteristikum des japanischen Grundwortschatzes darstellenden laut- und zustandsmalenden Wörter meistens in *katakana* wiedergegeben. Diese Schriftvielfalt versteht auch die Werbung vielfältig zu nutzen.

Ausgangspunkt aller Schriftarten waren die überwiegend phonologographischen chinesischen Schriftzeichen, die – an sich untauglich für die Verschriftung des dem monosyllabisch gebauten Chinesischen völlig unähnlichen Japanischen – im 5. Jahrhundert mit ihrer Lautung übernommen wurden und bald neben ihrer sinntragenden Funktion phonetische Anwendung zur Verschriftung japanischer Wörter und grammatischer Elemente erfuhren. Aus diesem Gebrauch entwickelten sich die durch Kursivierung entstandenen *hiragana* und die durch Abkürzung der *kanji* entstandenen *katakana*, die in der sogenannten 50-Laute-Tafel *(gojūonzu)*, dem japanischen Alphabet, systematisiert wurden, wo sie jedoch einen vormodernen, dem heutigen Japanischen inadäquaten orthographischen Stand widerspiegeln. Trotz zahlreicher Vereinfachungsversuche, die die *kana*-Orthographie betrafen oder auf Reduzierung der *kanji* zielten, ist nach wie vor die Schwierigkeit gegeben, unter den den (gegenwärtig etwa in den Zeitungen auf ca. 3000 beschränkten) *kanji* eigenen unterschiedlichen zahlreichen sinojapanischen wie japanischen Lesungen die für den Kontext jeweils »richtige« zu realisieren.

3. Sprache und Gesellschaft: facettenreich vielfältig

Das Verhältnis von Sprache und Gesellschaft spiegelt sich am augenscheinlichsten in der im Laufe der Sprachgeschichte immer stärker werdenden Ausdifferenzierung von sozialen Sondersprachen oder in der Existenz der sogenannten »Frauensprache«, einer Vokabular UND Grammatik erfassenden geschlechtsspezifischen Sprachform, und schließlich in der Existenz der sogenannten »Höflichkeitssprache«.

Die Höflichkeitssprache, Teil eines ausgefeilten Systems der sprachlichen Partnerbehandlung *(taigu-hyōgen)*, drückt Rangverhältnisse und Beziehungen zwischen Personen aus, reicht jedoch im Gegensatz zu den meisten anderen Sprachen über das Lexikon hinaus bis in die Grammatik. Mehrere Ehrerbietigkeitsstufen, mit denen Handlungen der 2. oder 3. Person bezeichnet werden, stehen komplementär zu Bescheidenheitsstufen, mit denen Handlungen der 1. Person bezeichnet werden. Das System wird noch ergänzt durch die Kategorie der situationsbezogenen »allgemeinen Höflichkeit« *(teinei)*, die nicht auf das Partnerverhältnis zielt, sondern mit der jenseits der Kategorien Ehrerbietung und Bescheidenheit jede Äußerung »höflich« formuliert werden kann. Neben ehrerbietigen oder bescheidenen Varianten des höflichkeitsneutralen Verbs oder spezifischen Suffixen und grammatischen Figuren, die zur Bezeichnung von Handlungen eingesetzt werden, dienen auch Höflichkeitspräfixe und -suffixe – vor allem auch die zahlreichen, im Grad ihrer »Höflichkeit« klar unterschiedenen Personalpronomina – der Elaborierung dieser »Höflichkeitssprache«, die als eine der – von japanischen Sprechern geschätzten, von Japanischlernenden gefürchteten – Besonderheiten der japanischen Sprache gelten darf.

Die sogenannte »Frauensprache« hat ihre Ursprünge in einer Tabu- und Gruppensprache mittelalterlicher Hofdamen, die noch im Mittelalter von adligen Frauen übernommen wurde und, auch durch Benimmbücher, in der Neuzeit Eingang in alle Volksschichten fand. Sie erstreckt sich heute vor allem auf das Vokabular, erfaßt aber auch Teile der Grammatik und ist immerhin so distinktiv von einer »Männersprache« (von der in Japan nicht gesprochen wird) unterschieden, daß ausländischen Lernern des Japanischen oft das Geschlecht ihrer japanischen Lehrkraft »anzuhören« ist.

4. Sprache und Spiel: versöhnend ...

Trotz der oft beschworenen, zumindest behaupteten Schwierigkeiten der japanischen Sprache gibt es einen auf lange Tradition zurückblickenden spielerischen Umgang mit ihr: Japanisch als Medium von Wortspiel- und Sprechkunst, von denen nicht nur Lyrik, sondern auch Alltagssprache profitieren. Kalauer, die unter Ausnutzung der Klangähnlichkeit ein *Namu daishi henjo kongō* (Anbetung der großen strahlenden Gottheit) zu *Nomu taishu sanjō gogo* (Große Sauferei, 3 Humpen, 5 Becher) oder das Sprichwort *Hana yori dango* (Lieber Klöße als Blumen) zu *Funa yori anko* (Lieber Seeteufel als Karauschen) machen, sind ebenso beliebt und Teile des alltäglichen Sprachlebens wie Zungenbrecher à la *Viro-uri* oder die mit europäischen Anfangsbuchstaben arbeitenden Sondersprachenwitze wie *Esu* (= Großbuchstabe »S«), das für »Sister« (Lesbierin) oder »Schön« (Schönheit) oder »Singer« (Barmädchen) stehen kann.

II. Die moderne Literatur: Themen und Tendenzen

MATTHEW KÖNIGSBERG

Als die japanische Führungselite mit der *Meiji*-Restauration 1868 beschloß, die selbstgewählte Isolation des Landes aufzugeben und vom Westen zu lernen, standen zunächst die industriellen und militärischen Leistungen des Abendlandes im Vordergrund. Der technologische Segen der industriellen Revolution sollte möglichst ohne den ideologischen Hintergrund eingeführt werden. Selbst jene Bestrebungen, die sich im nachhinein fortschrittlich ausnehmen (wie z.B. Bemühungen um eine Verfassung, einen Gesetzeskodex usw.), wurden unter anderem in der Hoffnung betrieben, damit nach außen Japans »Modernität« zu belegen und z.B. zur Revision der Ungleichen Verträge beizutragen. Mit der Kultur des Abendlandes, vor allem mit den Beratern, den Sprachlehrern aus dem Ausland, kam auch die Literatur des Westens nach Japan. Der japanische Literaturkritiker Kobayashi Hideo beschreibt das Phänomen folgendermaßen: »Jedenfalls von der zweiten Hälfte der *Meiji*-Zeit (1868–1912) an arbeiteten alle unsere Schriftsteller mit ihrem eigenen Wordsworth [engl. Schriftsteller der Romantik (1770–1850)]. Jeder hatte den Wordsworth, der ihm gefiel – Zola, Flaubert, Maupassant.«[1]

Etwa ein Jahrhundert nach dem Zeitraum, den Kobayashi Hideo in dieser Weise beschreibt, gehört Japan zu den führenden modernen Industrienationen. Das Lebensgefühl der modernen Japaner wird von den gleichen Gegenständen bestimmt wie anderswo in der Ersten Welt. Dies findet im Inhalt der Literatur (Yoshimoto Bananas Heldin Mikage putzt in *»Kitchen«* gedankenverloren den Mikrowellenherd)[2] und in der Sprache (»Ich kann Naomi nicht verstehen. Es ist, als wären wir zwei Computer mit nicht kompatibler Software.«)[3] seinen Niederschlag. Abe Kōbōs Romane sind grandiose Metaphern für die Gesichtslosigkeit und Entfremdung der Menschen in der modernen Gesellschaft – sie könnten überall spielen, in Tōkyō, New York, vielleicht sogar in Moskau[4]. Fast sieht es aus, als wolle die japanische Literatur der Gegenwart, jedenfalls nach dem Zweiten Weltkrieg, jenen westlichen Leserkreis frustrieren, der auf der Suche nach Exotik, Erotik oder Entrücktsein zu den literarischen Äußerungen eines fernen Kontinents greift. Dabei sagen Klagen über einen Mangel an Exotik

1 Hideo Kobayashi, »Watakushi shōsetsu ron.« Kobayashi Hideo zenshū, Bd. 3, Tōkyō 1978, S. 124.

2 Banana Yoshimoto, Kitchen. (Übers. Wolfgang E. Schlecht), Zürich 1992 [Original: 1988], S. 74.

3 Hisao Hiruma, Besuto furenzu, Tōkyō 1992, S. 156.

4 Kōbō Abe, Das Gesicht des Anderen (Übers. Oscar Benl), Frankfurt a. M. 1992 [Original: 1964]; Kōbō Abe, Der Schachtelmann (Übers. Jürgen Stalph), Frankfurt a. M. 1992 [Original: 1973].

mehr über die Erwartungshaltung des jeweiligen Lesers als über den tatsächlichen Inhalt des sprachlichen Kunstwerks aus; aber auch der Standpunkt, daß es ab 1868 keine japanische Literatur mehr, sondern nur eine in der japanischen Sprache geschriebene europäische Literatur gebe, trifft nicht zu. Man könnte die (grob verallgemeinernde) Aussage wagen, viele Werke der modernen japanischen Literatur seien anders, ohne exotisch zu sein.

Verwunderlich ist dies nicht. Zum einen herrschte in Japan vor 1868 eine ganz andere Tradition, mit der selbst die neuesten literarischen Erzeugnisse mehr gemeinsam haben als allgemein angenommen.[5] Zum anderen wurden die verschiedensten westlichen Strömungen vor einem ganz anderen sozialen und politischen Hintergrund rezipiert und dementsprechend – teilweise bis zur Unkenntlichkeit – umgedeutet.

Die Aufgabe dieses Beitrags wird es sein, diesen Prozeß der Aneignung zu skizzieren und – davon ausgehend – kurz einige Themen der modernen japanischen Literatur herauszuarbeiten. Damit soll gezeigt werden, was an der japanischen Literatur anders ist. Aus Platzgründen wird auf Werkanalysen und Biographien einzelner Autoren verzichtet; interessierte Leser werden auf die weiterführende Literatur und die übersetzten Werke im Anhang verwiesen. Hier fehlt ebenfalls der Raum, auf die interessanten Entwicklungen in der modernen Lyrik einzugehen, zumal in diesem Genre, wenn auch in anderer Form, nicht unbedingt andere Themen behandelt werden als in der Prosaliteratur.

Zwei Konstanten zunächst: Die Geschichte der japanischen Literatur ist auch die Geschichte ständig steigender Leserzahlen; diese Entwicklung wurde von einer Diversifizierung der Genres begleitet. Eine weitere durchgehende Erscheinung ist die Abgrenzung seriöser von trivialer Literatur, und dies nach Kriterien, die dem westlichen Leser zunächst nicht unbedingt einleuchten. Da z. B. die Kultur Chinas bei der Alphabetisierung des Nachbarlandes Pate stand, war es in der ersten Blütezeit der japanischen Kultur, der *Heian*-Zeit (etwa 800–1200) üblich, daß Männer aufgrund ihrer höheren gesellschaftlichen Stellung Chinesisch schrieben. Frauen hingegen schrieben Japanisch, in der einfachen Silbenschrift, und schufen Meisterwerke – »Die Geschichte vom Prinzen Genji«[6], den »ersten Roman der Welt«, von der Hofdame Murasaki Shikibu um die Jahrtausendwende verfaßt, oder »Das Kopfkissenbuch«[7] der Dame Sei Shōnagon aus etwa der gleichen Zeit. Schon der Vergleich zwischen diesen beiden Werken verdeutlicht, daß es neben erzählenden epischen Gattungen wie der »Geschichte vom Prinzen Genji« Erscheinungsformen der japanischen Literatur gibt, die sich wie »Das Kopfkissenbuch« einer solchen eindeutigen Einordnung verweigern und statt dessen spezifisch japanischen Gattungen wie der Miszellensammlung, dem Reisebericht oder dem literarischen Tagebuch zuzuordnen sind. Ebenfalls fließend ist die Grenze zwischen Lyrik und Prosa – das klassische japanische Gedicht wurde als vornehmes Mittel der Kommunikation, aber auch als Bildungsnachweis, in der Oberschicht benutzt und wird ebenfalls in die höfische Prosaliteratur mit hineinverwoben.[8]

---

5 Banana Yoshimoto (Anm. 2), S. 191–203.

6 Hofdame Murasaki [= Murasaki Shikibu], Die Geschichte vom Prinzen Genji (Übers. Oscar Benl), 2 Bde., Zürich 1966 [Original: um 1000].

7 Sei Shōnagon, Das Kopfkissenbuch der Dame Sei Shōnagon, Frankfurt a. M. 1975, [Original: um 1000].

8 Ivan Morris, Der Leuchtende Prinz: Höfisches Leben im Alten Japan, Frankfurt a. M. 1988.

Im kriegerischen Mittelalter erweiterte sich das Publikum um den Landadel und die Krieger; es entstanden Kriegsgeschichten, die von wandernden Erzählern rezitiert wurden. Mit der Einigung des Landes unter den *Tokugawa* um 1600 waren die Bedingungen gegeben, die zur Entstehung einer zwar politisch machtlosen, aber wirtschaftlich einflußreichen bürgerlichen Schicht führen sollten. Am Anfang dieser Zeit entstand das *Haiku* (5-7-5 Silben); der *Haiku*-Meister Bashō Matsuo (1644–1694) zeigte, wie die Welt und der ästhetisierte Alltag in dieser knappen Form zum Ausdruck gebracht werden können.[9] In den zweieinhalb Jahrhunderten bis zum Ende der *Tokugawa*-Zeit stieg die Alphabetisierungsrate an, bis ein Großteil der städtischen Bevölkerung und selbst viele wohlhabende Bauern lesen konnten. Viele Mechanismen einer modernen Literaturproduktion (Leihbüchereien, kommerzielle Verlage, Berufsautoren) prägten, zum Teil früher als in Europa, die Leselandschaft. Neue Prosagenres – eine Vielzahl kleiner Hefte in verschiedenen Farben und Formaten – richteten sich nach dem Geschmack der städtischen Bewohner. Eine Unterart beschäftigte sich z.B. ausschließlich mit Geschichten aus den Freudenvierteln. Gerade diese Gattung, aber auch die vielen parodistischen und humoristischen Erzählungen, waren auf eine informierte, eingeweihte Leserschaft angewiesen, die die Anspielungen und Witze verstand. Gleichzeitig bestand das Bestreben der Zentralgewalt, eben diese Leserschicht nach wie vor politisch zu entmündigen; dazu bediente sie sich einerseits der Zensur und andererseits der Propagierung einer Literatur der Schwarzweißmalerei, in der Gutes belohnt und Böses bestraft wurde. Grundsätzlich hatte die Literatur, ganz besonders die Prosaliteratur, als Vergnügen des – laut der konfuzianischen Gesellschaftsordnung »Krieger-Bauern-Handwerker-Kaufleute« – niedrigsten gesellschaftlichen Standes, der Kaufleute, kein hohes Ansehen.[10]

Dies war nun die Ausgangslage am Anfang der *Meiji*-Zeit 1868. Zunächst änderte sich nichts am niedrigen Stellenwert der Literatur, zumal gesamtgesellschaftlich andere Probleme dringender erschienen als die sofortige Erschaffung einer einheimischen japanischen Literatur. Es war für die Intellektuellen der *Meiji*-Zeit ein Schock, daß im Westen das Lesen (und sogar das Verfassen) von Romanen offenbar nichts Anrüchiges hatte; gerade das Beispiel einiger schreibender Staatsmänner (z.B. Disraeli und Bulwer-Lytton) war hier offenbar ausschlaggebend.[11] Ab 1880 entwickelte sich dann die eigenartige japanische Gattung des politischen Romans[12] – eigenartig waren die Werke deshalb, weil sie auf eklatante Weise eine aufklärerische demokratische Ideologie mit den überholten künstlerischen Mitteln (z.B. der Kunstsprache) der *Tokugawa*-Zeit verbanden.[13] Trotz dieser etwas hölzernen Anfänge wurde mit

9 Bashō (= Bashō Matsuo), Auf Schmalen Pfaden durchs Hinterland (Übers. G.S. Dombrady), Mainz 1985 [Original: 1694].

10 Ekkehard May, Die Kommerzialisierung der japanischen Literatur in der späten Edo-Zeit (1750–1868), Wiesbaden 1983.

11 Yoshie Okazaki, Japanese Literature in the Meiji Era (Übers. V.H. Viglielmo), Tōkyō 1955, S. 30.

12 Jürgen Berndt, Zur Geschichte der sozialistischen Literatur Japans, 2 Bde., unveröffentlichtes Manuskript, Berlin 1978, S. 61.

13 Als stellvertretend kann Tōkai Sanshis »Kajin no kigū« (Begegnungen mit schönen Frauen«, 1885), gelten, dessen Haupttext so beginnt: »Eines Tages war Tōkai Sanshi in Philadelphia; er bestieg den Turm des Independence Hall, schaute auf die Freiheitsglocke ..., las die Unabhängigkeitserklärung und, ergriffen von der Vorstellung des nach Freiheit strebenden Volks ..., wandte er sich zum Fenster. Da sah er plötzlich zwei

den politischen Romanen eine wichtige Strömung der modernen japanischen Literatur begründet, eine politische Literatur, die gesellschaftliche Mißstände aufzeigt.

In dieser Entwicklungslinie steht zum einen zuerst die sogenannte »Arbeitsliteratur« und danach die japanische proletarische Literatur der zwanziger und dreißiger Jahre, die bis zu ihrer Unterdrückung durch die Staatsgewalt zu den größten Bewegungen proletarischer Literatur der Welt gehörte. In dieser Entwicklungslinie sind aber auch die Werke mit pazifistischer Tendenz zu sehen, in denen die Traumata des Zweiten Weltkriegs thematisiert wurden wie Oka Shōheis *»Nobi«* (»Feuer in der Ebene«, 1951), eine Geschichte von Kriegshorror und Kannibalismus auf den Philippinen, oder Takeyama Michios *»Biruma no tategoto«* (»Die Harfe von Burma«, 1948), dessen Held, ein junger japanischer Soldat, nach Kriegsende als buddhistischer Mönch in Burma zurückbleibt, um für die Toten zu beten. Schriftstellerinnen berichten von den Entbehrungen und Leiden zu Hause, z.B. Hayashi Kyōko in *»Yasuraka ni ima wa nemuritamae«* (»Ruhet jetzt in Frieden«, 1990) oder Kōno Taekos *»Hei no naka«* (»In den Mauern«, 1962); beide Erzählungen behandeln Arbeitseinsätze junger Mädchen in der Rüstungsindustrie. Auf Deutsch liegt hier z.B. Gō Shizukos »Requiem« (1972) vor.[14] Eine besondere japanische Gattung ist die Literatur über den Atombombenabwurf; z.B. Ibuse Masujis »Schwarzer Regen« (1966) über Hiroshima[15] oder Sata Inekos *»Juei«* (»Der Schatten der Bäume«, 1972) über Nagasaki.[16]

Eine ganze Generation wichtiger japanischer Nachkriegsschriftsteller wie Ōe Kenzaburō oder Abe Kōbō ist durch die Kriegsschuld der Elterngeneration, die Wirrungen um den japanisch-amerikanischen Sicherheitsvertrag, durch die Studentenrevolte und den Vietnamkrieg ähnlich geprägt wie die gleiche Generation deutscher Schriftsteller. So führten Günter Grass und Ōe Kenzaburō im Rahmen der Frankfurter Buchmesse mit Schwerpunkt Japan 1990 ein Gespräch über allgemeine politische Themen (Kriegsschuld Deutschland versus Japan, die deutsche Wiedervereinigung, Ausländerfeindlichkeit in beiden Ländern usw.); so mühelos die beiden Schriftsteller eine gemeinsame Ebene auch gefunden haben mögen, fällt es dennoch auf, daß sie über Literatur so gut wie gar nicht geredet haben.[17]

Während der gesamten Entwicklung dieser – im weitesten Sinne – politischen Literatur hindurch, mehr als ein Jahrhundert lang, blieb also als Konstante die Überzeugung bestehen, die Gesellschaft durch Literatur zu verändern oder zumindest ihr in der Literatur einen Spiegel vorzuhalten und damit Veränderungen nahezulegen. Eine ganz andere literarische Entwicklung wurde durch einen Mann begründet, der nicht genau zu sagen vermochte, wozu Literatur eigentlich gut sein sollte, sondern

---

Frauen...«, (Sanshi Tōkai, »Kajin no kigū«. Meiji Kaika Bungaku Shū. [= Gendai Nihon Bungaku Zenshū, Bd. 1] [Tōkyō 1931], S. 141.) Die beiden Frauen entpuppen sich bald als bewegte Freiheitskämpferinnen (und sind auch etwas fürs Herz); das Trio bricht auf, um weltweit andere Schauplätze demokratischen Schaltens und Waltens zu besichtigen.

14 Shizuko Gō, Requiem. (Übers. Jürgen Berndt), Berlin 1987 [Original: 1972].

15 Masuji Ibuse, Schwarzer Regen (Übers. [aus dem Englischen] Otto Brandstätter), Frankfurt a.M. 1985 [Original: 1966].

16 Seit jenem Tag: Narihiko Itō u.a. (Hrsg.). Hiroshima und Nagasaki in der japanischen Literatur, Frankfurt a.M. 1984.

17 Günter Grass/Kenzaburō Ōe, Doitsu to Nihon no Dō Jidai. Tayōsei, Keizai, Bungaku. Gunzō, (1991) 46, S. 292–323.

sich eher mit den Techniken der modernen Prosa beschäftigte – Tsubouchi Shōyō. Was Literatur NICHT sein sollte, wurde ihm durch ein Schockerlebnis vermittelt. Als junger Literaturstudent bei einer schriftlichen Universitätsprüfung nach einer Analyse des Charakters der Königin Gertrude aus Shakespeares »Hamlet« gefragt, lieferte Tsubouchi statt dessen eine Kritik ihres Handelns nach den Maßstäben der konfuzianischen Moral. Damit fiel er durch die Prüfung.[18] Aus dieser bitteren Erfahrung heraus schrieb er sein »Wesen des Romans« (1885), in dem er die Kunstliteratur an sich – unabhängig von didaktischen oder moralischen Erwägungen – als wertvoll anerkennt und die Technik des Realismus anempfiehlt.

Damit war es natürlich nicht getan, selbst wenn eine rasante Übersetzertätigkeit etwa ab 1880 japanischen Lesern und Schriftstellern einen Eindruck vermittelte, wie die Literatur des Westens beschaffen war. Um sie nachzuahmen, mußten die Literaten der *Meiji*-Zeit zunächst einen möglichst natürlichen Schreibstil entwickeln, da zumindest die narrativen Passagen früherer Prosawerke in einer veralteten, blumigen Kunstsprache abgefaßt waren.[19] Es bestand keine Tradition des psychologischen Realismus; bis in die *Meiji*-Zeit hinein waren die Personen in Romanen »alle aus Pappe«[20].

Die japanischen Literaten konnten letztlich nur solche Elemente europäischer Strömungen rezipieren, die im damaligen kulturellen Kontext einen Sinn ergaben. Einige japanische Dichter tendierten zur Romantik, angetan von der romantischen Aufwertung des Künstlers und der künstlerischen Intuition und Inspiration. Ein weiteres Element der europäischen Romantik, der Exotismus, erscheint dem westlichen Leser im japanischen Vexierspiegel befremdlich – denn die Exoten sind, in aller Regel, wir. Dies beginnt mit den »deutschen« Erzählungen (1890–1891) des großen *Meiji*-Literaten Mori Ōgai[21], und setzt sich fort bis in die Gegenwart, z.B. in den Werken Oba Minakos, die häufig in Amerika spielen, oder wenn der Schriftsteller Konno Yūji in »*Kireina Byōki*« (»Schöne Krankheit«, 1992) etwas unglaubwürdige, aber dennoch prickelnd dekadente Geschichten lieber als daheim in Tōkyō in New York und in San Francisco ansiedelt.[22]

Die seltsamste Verdrehung im japanischen Kontext erfuhr allerdings der Terminus »Naturalismus«. Ausgehend von dem Anspruch, die Umwelt »realistisch« aufzu-

18 Yoshie Okazaki (Anm. 11), S. 74f.

19 Dies war nicht nur ein Problem der Literatur, sondern der gesamten geschriebenen Sprache. Mozume Takami, ein früher Verfechter einer Sprachreform, führte in seinem Aufsatz »Gembunitchi« (»Die Vereinheitlichung von gesprochener und geschriebener Sprache«, (1886) das Beispiel seines siebenjährigen Sohnes an, der sein Lehrbuch zum Schulfach Ethik nicht verstehen konnte, bis der Lehrer in der Stunde eine Übersetzung ins umgangssprachliche Japanisch lieferte. Er kommentiert: »Wenn z.B. die Ethik so etwas Wichtiges sei, sollte man so schreiben, daß das Kind auch ohne Erläuterung alles versteht, und von der Gewohnheit absehen, den Stil altertümlich zu verdrehen.« Weiter unten sagt er zutreffend: »Die Münder der heutigen Japaner sind ihre eigenen, lebendigen Münder, aber ihre (Schreib)hände sind die Hände der Toten, der Menschen des Altertums.« Aus: Takami Mozume. »Gembun itchi.« Meiji bunka zenshū, Bd. 12, Tōkyō 1928, S. 132.

20 Edwin McClellan, Tōson and the Autobiographical Novel. Tradition and Modernization in Japanese Culture, hrsg. v. Donald H. Shively, Princeton 1971, S. 357.

21 Ōgai Mori, Im Umbau: Gesammelte Erzählungen (Übers. Wolfang Schamoni), Frankfurt a. M. 1989.

22 Yūji Konno, Kireina Byōki, Tōkyō 1992.

zeichnen, entwickelte sich in Japan eine Theorie der Literatur, die jede Fiktion als Konstruktion ablehnte.[23] Dies begünstigte die Entstehung einer autobiographischen Gattung mit dem Autor im Mittelpunkt. Er steht praktisch durch seine wirkliche Existenz und die Gewähr, alles durch sein subjektives Auge aufzuzeichnen, für den »Realismus«; dies erzeugt eine Atmosphäre von »fast Wahrheit«, die den Sensibilitäten des japanischen Lesers entgegenkommt. Wenngleich hierin auch eine Verbindung zu den besonderen japanischen Gattungen Tagebuchliteratur, Miszellen usw. besteht, ist es als Technik der modernen Literatur zumindest einengend, wenn der Schriftsteller »seine Einbildungskraft so zügeln muß, daß sie kaum auf der Ebene seines Werks wahrzunehmen ist«.[24] Ein Beispiel für diese Sorte stark autobiographischer Literatur ist Tsushima Yūkos »Lichtkreise« (1979).[25]

Natürlich gab und gibt es auch andere Gattungen neben diesen autobiographischen Werken, so bestimmend sie für die japanische »reine« Literatur auch sein mögen. Schriftsteller wie Natsume Sōseki[26], Akutagawa Ryūnosuke[27] und Tanizaki Jun'ichirō[28] schrieben Romane und Erzählungen, deren Erzählstruktur, psychologische Techniken und Sprachgebrauch westlichen Lesern eher vertraut erscheinen. Viele Gattungen der Literatur, die nach orthodoxer Einschätzung nicht zum Bereich der seriösen Literatur zählen, sind höchst phantasievoll, beispielsweise die *Science Fiction*-Literatur.[29] Außerdem finden Comics *(Manga)* in Japan für jedes Lesepublikum reißenden Absatz und werden – davon kann man sich bei jeder U-Bahn-Fahrt leicht überzeugen – viel gelesen.

Ein weiterer »Konkurrent« für die japanische »reine« Literatur ist Literatur in Übersetzung. So soll der spätere Nobelpreisträger Kawabata Yasunari einmal gemeint haben, »Der wahre Feind der reinen Literatur ist nicht der Schund, sondern die Übersetzungsliteratur.«[30] Das »Jahrbuch des Verlagswesens« für das Jahr 1991 führt

---

23 Die Theorie, daß Fiktion nicht zu einem literarischen Werk gehöre, vertrat der Schriftsteller Kume Masao am vehementesten im Jahr 1925: »Es gibt z.B. einen Mann wie Balzac – mag er seine »Menschliche Komödie« so umfangreich schreiben und mag er sich noch so sehr bemühen, den Wucherer, die edle Dame und die anderen Personen wie lebendig darzustellen; für mich ist das letzten Endes nichts als eine Fiktion ... Ein so großer Schriftsteller mag zu den zwei oder drei größten Genies aller Zeiten in Ost und West zählen. In dem Augenblick aber, da er sich anderer bedient, kann ich ihm keinen Glauben mehr schenken; seine Kunstwerke mögen dann noch hervorragende Lektüre sein, aber ihnen lastet ein Gefühl der Indirektheit, eine Art glatter Fiktionalität, an ... In diesem Sinne verstieg ich mich neulich in einem Vortrag sogar zu diesen provokativen Worten: Tolstojs Krieg und Frieden, Dostojevskijs Schuld und Sühne und Flauberts Madame Bovary sind für mich nichts anderes als grandiose Groschenromane ...« (Anm. 1, S. 120–121).

24 Edwin McClellan (Anm. 20), S. 247.

25 Yūko Tsushima, Lichtkreise (Übers. Heinrich Reinfeld), Zürich 1991 [Original: 1979].

26 Sōseki Natsume, Der Tor aus Tokio (Übers. Jürgen Berndt und Shinohara Sei), Zürich 1990 [Original: 1906]; ders., Gestatten, ich bin der Kater. (Übers. Otto Putz), Frankfurt a.M. 1994 [Original: 1905].

27 Ryūnosuke Akutagawa, Rashomon: Ausgewählte Kurzprosa (Übers. Jürgen Berndt), München 1985 [Originale: 1916–1927].

28 Jun'ichirō Tanizaki, Die Schwestern Makioka (Übers. Sachiko Yatsushiro und Ulla Hengst), Reinbek bei Hamburg 1964 [Original: 1948].

29 Shinichi Hoshi, Ein hinterlistiger Planet: Science-Fiction Erzählungen des japanischen SF-Meisters, hrsg. v. Michael Morgenthal, München 1982.

30 Hideo Kobayashi (Anm. 1), S. 143.

unter der Rubrik »Veröffentlichungen japanischer Literatur« fast 7000 Titel auf; Übersetzungen aus anderen Sprachen bringen es immerhin auf etwa 1800 Titel (der Hauptanteil ist aus dem Englischen, mit fast 1400; es sind 86 Bücher aus dem deutschen Sprachraum aufgeführt).[31] Diese Statistik muß etwas revidiert werden, da nicht allein Druck und Verkauf von Büchern über den Literaturmarkt bestimmen. So spielen literarische Zeitschriften in Japan auch eine große Rolle.[32]

Während im Westen viele literarische Werke um den Themenkomplex »Außenseitertum« entstanden sind, ist die Stellung des japanischen Schriftstellers ein Paradox: Innerhalb einer Gesellschaft, die eine stärkere Unterordnung des Individuums innerhalb seiner Gruppe honoriert, kann er einerseits damit rechnen, schon durch seinen Beruf und seinen freiberuflichen Status aus der Norm zu fallen. Andererseits trägt die gleiche gesellschaftliche Norm dazu bei, daß z.B. traditionelle Familienstrukturen beibehalten werden. So klagt der japanische Schriftsteller nicht so sehr über Isolation, sondern eher darüber, daß er Familie hat.[33]

So unglücklich der japanische Schriftsteller über die gesellschaftliche Rolleneinteilung auch sein mag, die japanische Schriftstellerin schildert oft genug eine noch tristere Lage der Frau, so beispielsweise in Enchi Fumikos »Die Wartejahre« (1971); hier läßt die Heldin auf ihrem Sterbebett dem Ehemann ausrichten, er solle ihre Leiche einfach ins Meer werfen, anstatt sie zu bestatten.[34] Kōno Taekos »Knabenjagd« (1961) ist die Geschichte einer jungen unverheirateten Protagonistin mit sadomasochistischen Tendenzen[35], während Ōba Minako die Einsamkeit und Kommunikationslosigkeit in modernen Ehen darstellt.[36] Grundsätzlich stimmt das Fazit eines deutsch-japanischen Autorinnentreffens (1990): »In der japanischen Literatur erwarten Mann und Frau nicht sehr viel voneinander.«[37]

31 Shuppan Nenkan 1992, 2 Bde., Tōkyō 1992, Bd. 1, S. 265.

32 Siegfried Schaarschmidt/Michiko Mae (Hrsg.), Japanische Literatur der Gegenwart, München 1990, S. 130–133.

33 So beschreibt Natsume Sōseki in dem autobiographischen Roman »Michikusa« (»Gras am Wegesrand«, 1915) die Geburt seiner dritten Tochter: »›Junge oder Mädchen?‹ ›Es ist ein Mädchen‹, sagte die Hebamme knapp, als wenn sie ihn bedauerte. ›Wieder ein Mädchen ...‹ Er fühlte sich ziemlich verlassen. Das erste Kind ein Mädchen, das zweite ein Mädchen, jetzt schon wieder. Wie sich das seine Frau wohl vorstellte, daß sie immer wieder Mädchen zur Welt brachte, fragte er sich nun, der Vater dreier Töchter ...« (Sōseki Natsume, Michikusa, [= Natsume Sōseki zenshū, Bd. 8] Tōkyō 1935, S. 632.) Kaum erheiternder ist das Gedicht (1910) von Ishikawa Takuboku, »Wie schrecklich diese Welt, wo alle Familie haben! Man kehrt nach Hause und schläft, als wenn man ins Grab ginge«, (Yukihito Hijiya, Ishikawa Takuboku, Boston 1979, S. 135.), oder die Szene in Akutagawas »Kappa« (1927), in der der junge Kappa sich mit drei Generationen auf dem Rücken durch die Straße quält (Akutagawa Ryūnosuke [Anm. 27], S. 494).

34 Fumiko Enchi, Die Wartejahre, (Übers. Otto Putz), Reinbek bei Hamburg 1985 [Original: 1971], S. 187f.

35 Taeko Kōno, Knabenjagd: Erzählungen (Übers. Irmela Hijiya-Kirschnereit, Frankfurt a. M. 1988.

36 Minako Ōba, Träume fischen (Übers. Bruno Rhyner), Frankfurt a. M. 1990 [Original: 1982].

37 Symposium: Deutsch-japanisches Autorinnentreffen 1990. (Berlin: Japanisch-Deutsches Zentrum, 1992) [= Veröffentlichungen des Japanisch-Deutschen Zentrums Berlin, Bd. 10], S. 16.

Man kann darüber streiten, ob eine Frauenliteratur, die sich so stark auf die unglückliche Situation der Betroffenen konzentriert, noch »emanzipatorisch« genannt werden kann. Zumindest beschreiben die Werke jüngerer japanischer Schriftstellerinnen einen Frauentypus, der sich – aus welchen Gründen auch immer – dem gängigen Ideal der »guten Ehefrau und klugen Mutter« verweigert.[38] Ähnlich sieht es mit der Literatur der koreanischen Minderheit in Japan aus, die seit etwa Mitte der achtziger Jahre stärker in den anspruchsvollen Literaturzeitschriften veröffentlicht wird.[39] Diese Werke sind nicht »kämpferisch« und thematisieren keine politischen Ziele, sondern sind gezeichnet von einer quälenden Suche nach der eigenen Identität, die Yi Yang Ki beispielsweise nur selten so harmonisch lösen kann wie hier: »Ich liebe Japan. Ich liebe Korea. Ich liebe beide Länder.«[40] Überzeugender ist das Bild der jungen Protagonistin in »Koku« (»Nucleus«, 1984) die »zu Hause« als Studentin in Seoul ständig mit Vorurteilen gegenüber Auslandskoreanern konfrontiert wird und mit einer Mischung aus Überanpassung und irrationaler Wut reagiert; in einer eindrucksvollen Szene schneidet sie alle Saiten ihrer koreanischen Harfe durch, das Instrument damit seiner Stimme beraubend, wie auch die Protagonistin selbst zur Sprachlosigkeit verurteilt ist.[41]

Generell beschreibt die japanische Literatur nach wie vor eine Gesellschaft, in der die Freiräume für den einzelnen knapp bemessen sind. Eine Ausnahme, die dem westlichen Leser befremdlich scheint, ist die Welt des Eros. Tanizaki Jun'ichirō zeichnet in seinen Werken so mannigfaltige Formen sexueller Betätigung auf (Fußfetischismus, Sadomasochismus, inzestuöse Mutterliebe), daß er in westlichen Arbeiten gern als Autorität für Sex in Japan zitiert wird[42], während Mishima Yukios homosexuelle Phantasien stark um Blut und Pein kreisen.[43] Dies hat sicherlich mit der anderen Einstellung zum Sexuellen in einer Kultur ohne christliche Moralvorstellungen zu tun, läßt sich aber auch unschwer als eine Fortsetzung der Tradition der »Erzählungen aus dem Freudendviertel« erklären. Besonders eigentümlich mutet es den westlichen Leser an, wenn in einer Untergattung neuerer »Bildungsromane« die Flucht in die »Freudenviertel« als Form der Selbstverwirklichung geschildert wird. So sieht man in Murakami Ryūs *»Topāzu«* (»Topaz«, 1988) eine junge SM-Prostituierte, die durch verschiedene unangenehme Einsätze lernt, im Berufsleben ihre Frau zu ste-

38 Sigmara Satō-Diesner, »Ōba Minako, Kōno Taeko, Sono Ayako: Drei Annäherungen an ein Thema«, Referate des VI. Deutshen Japanologentages in Köln, hrsg. v. G.S. Dombrady/Franziska Ehmcke [= Mitteilungen der Gesellschaft für Natur- und Völkerkunde Ostasiens e. V., Bd. 100], S. 255.

39 So gewann die koreanische Schriftstellerin Yi Yang Ki 1989 für ihre Erzählung »Yuhi« den angesehensten japanischen Literaturpreis, den Akutagawa-Preis. Es ist symptomatisch für die Stellung der koreanischen Minderheit in Japan, daß ein Jurymitglied in diesem Werk diverse Stärken hervorhebt, die es in Werken der »japanischen« Frauenliteratur vermißt. (Mizukami Tsutomu u. a., Akutagawa Shō Sempyō, in: Bungei Shunjū, 67 (1989) 3, S. 433.) Dabei ist nicht einzusehen, warum die Werke dieser in Japan geborenen, auf Japanisch schreibenden Autorin nicht zur »japanischen« Literatur gerechnet werden sollten.

40 Yi Yang Ki, »Fujisan« (3), Gunzō, 44 (1989) 9, S. 244.

41 Yi Yang Ki, »Koku«, Gunzō, 39 (1984) 8, S. 8–10.

42 Ian Buruma, Japan hinter dem Lächeln. Götter, Gangster, Geishas, Frankfurt a. M. 1985.

43 Yukio Mishima, Geständnis einer Maske (Übers. [aus dem Amerikanischen] Helmut Hilzheimer), Reinbek bei Hamburg 1985 [Original: 1949].

hen.[44] Im Sinne der Gleichberechtigung dürfen auch Männer auf diese Form der »Befreiung« hoffen.[45] So entsteht das paradoxe Bild einer Halbwelt mit Bars, Bordellen und Boys als – einzigem? – Freiraum; entsprechend wechselt die verklärte Gestalt Eriko in »Kitchen« mit Leichtigkeit das Geschlecht – und damit von der Vater- zur Mutterrolle.

Trotz zunehmender Kongruenz der äußeren Lebensumstände ist die moderne japanische Literatur also immer noch alles andere als eine Literatur des Westens in japanischer Sprache. Gerade dadurch, daß sie Kunst ist, somit nicht wahr, kann sie dem Lesenden tiefere Einblicke in die japanische Seele bieten als manches »Authentische«. Schon Sei Shōnagon klagte, »O wie lassen diese Blätter jeden in mein Herz schauen«,[46] damit eine Konstante der japanischen Literatur formulierend, die sich in tausend Jahren nicht geändert hat.

---

44 Ryū Murakami, Topāzu, Tōkyō 1988.

45 So landet der Held von »Yes. Yes. Yes« (1992) im Strichermilieu »nicht weil ich Geld brauchte, sonst nirgends hin konnte, oder weil ich so veranlagt bin. Ich wußte nichts von dieser Szene. Nichts, außer – so hatte mal ein Kumpel von mir erzählt – daß es dort ganz schlimm ist. Und ich bin gerade deswegen hierhin gekommen, weil es hier so schlimm sein sollte. Einen anderen Grund gab es nicht.« Hisao Hiruma, Yes. Yes. Yes., Tōkyō 1992, S. 8f.

46 Sei Shōnagon (Anm. 7), S. 103.

III. Die darstellenden Künste

Peter Pörtner

Die japanische Kultur ist u.a. geprägt von Fest *(Matsuri)* und Tanz *(Odori, Mai)*, von Gesang *(Uta)* und theatralischem Spektakel in den verschiedensten und extremsten Formen. Sie ist – sei es, um ein Surplus an Energie abzuführen, sei es, um gesellschaftlichen Überdruck zu kompensieren – auch Fest-Kultur, eine *Matsuri*-Kultur auf Abruf.

Noch am Ende des 20. Jahrhunderts ist dieses *Matsuri*-Substrat, wie es genannt werden kann, im Grunde aus keinem Lebens- und Gesellschaftsbereich Japans wegzudenken: Es lauert, wie ein Räuber am Wege, auf seinen Auftritt, besser: auf seine Inszenierung. Denn die Lust am Fest ist in Japan untrennbar an die Lust zu theatralischer Inszenierung gekoppelt. Auch in diesem Bereich gilt ein die ganze japanische Kultur kennzeichnendes Gesetz: Jede Eruption affektiver Kräfte wird durch einen Vorrat kultureller – und kultivierter – Figuren *(Kata)* gebändigt und in eine Form gebracht.

Augustin Berque sieht darin eine für die japanische Kultur grundlegende Tendenz »to schematize reality into certain sets (akin to what the Japanese term kata) of forming forms (phenomenal matrices) and formed forms (physical imprints)«.[47] Was dieser formierenden Prozedur nicht unterworfen würde, sei im japanischen kulturellen Universum auch nicht existent.

Dies vorausgesetzt, ist es nicht abwegig zu behaupten, daß *Matsuri* gleichsam die Achse ist, um die sich Ritual, Kunst, Entertainment, aber auch die Zeremonien des Alltags drehen; *Matsuri* ist das verbindungsstiftende Element, das der *strip-show* den nötigen rituellen Halt und dem Tempel-Fest den unverzichtbaren Unterhaltungscharakter verleiht. Es macht die Wahlkampagnen der Politiker zu Theater-Tourneen und garantiert den telefonisch orderbaren Sado-Revuen den geforderten Ernst. Ein Lied aus der *Muromachi*-Zeit (1383–1573) formuliert – ähnlich dem antiken Topos »Ganz ist die Welt nur Bühne und Spiel« – den legitimatorischen Rahmen: *odoru ahō ni/miru ahō/onaji ahō nara/odoranya son:* Ein Narr, der tanzt; ein anderer Narr, der zusieht. Wenn alle Narren sind, warum tanzt du nicht mit?!.

---

47 Augustin Berque, »Identification of the Self in Relation to the Environment,« in: N.R. Rosenberger (Hrsg.), Japanese Sense of Self, Cambridge 1992, S.93–104.

1. Die Präzision des Mythos

Der japanische Mythos vom Ursprung der darstellenden Künste vereint die Momente des Heiligen, des Obszönen, des Ernstes (immerhin steht die Welt auf dem Spiel) und der in schallendem Gelächter sich äußernden (voyeuristischen) Freude eines Publikums, das sich aus unzähligen Gottheiten zusammensetzt: Die Sonnengöttin Amaterasu-ō-mikami hatte sich aus Ärger (»er muß betrunken sein!«) über das unwürdige Verhalten ihres Bruders Susanoo-no-mikoto, des ersten Tabu-Brechers der japanischen Überlieferung, in eine Felsenhöhle zurückgezogen. Da wurde die Welt »in tiefe Dunkelheit gehüllt [...] und es herrschte ewige Nacht«, und »es kamen viele Tausende von Übeln über das Land«, und die achthundert Myriaden Götter waren in großer Verlegenheit, und ihr aufgeregtes Lärmen erfüllte den Raum wie »ein Summen von Maifliegen«. Da hatte die »unerschrockene Göttin« Ame- (oder Ama-)no-uzume-no-mikoto eine Idee: Sie schminkte sich und schmückte sich prächtig mit Himmlischem Keulenbärlapp *(Hikage)* und Sasa-Bambusgras vom Himmlischen Kagu-Berge, »stürzte einen Kübel vor der himmlischen Felsenwohnung um und stampfte dröhnend mit den Füßen darauf. Wie in Verzückung *(Kamugakari Shite)* zog sie ihre Brüste heraus und zog den Bund ihres Rockes bis zur Scham herab. Da lachten achthundert Myriaden Götter so laut, das Takaama-no-hara [›das Gefilde des Hohen Himmels‹, mythologischer Name für Japan] ins Wanken kam.« Die Neugierde trieb Amaterasu-ō-mikami aus ihrem Versteck heraus, und die Götter hielten ihr einen Spiegel vor, mit dem sie gleichsam wieder eingefangen wurde, und die Welt »erglänzte wie früher«.

Für Herbert E. Plutschow, der in seinem Buch »Chaos und Cosmos«[48] nachzuweisen versucht, daß das wesentliche Motiv der frühen japanischen Literatur in der Beschwichtigung und der Kontrolle böser Geister bestand, ist der Tanz der Ame-no-uzume auch der erste japanische »Exorzismus«. Plutschow sieht darin auch einen (versteckten) Hinweis auf das Schamanentum früherer japanischer Herrscherinnen. Diese Szene gehört noch heute zum Repertoire des *Kagura*, eines *Shintō*-Rituals, das zugleich eine der ältesten noch erhaltenen Tanztheaterformen Japans ist. In kaum zu überbietender Verdichtung vereint diese im *Kojiki* (dem ältesten japanischen Annalenwerk aus dem Jahr 712) beschriebene Ur-Szene alle wesentlichen Momente tänzerisch-theatralischer Darstellung und vermittelt sie in beschwörend-rhythmischer Gestaltung. In mythischer Verbrämung, aber mit verblüffender Präzision sind hier bereits die charakteristischen Elemente der japanischen Schaukünste erkennbar: Im Tanz der Ame-no-uzume vor der Himmlischen Felsenwohnung sind Besessenheit, Exorzismus und theatralisches Ausagieren zusammengeschlossen. Vor allem die Besessenheit, das *Kamigakari*, ist »einer der wesentlichen Ausgangspunkte theatralischer Kunst [in Japan]: ursprünglich wohl verstanden als Tanz der Götter, wurde es unter schamanistischem Einfluß zu einem Tanz der Götter durch Menschen, von denen der Gott im Akt der Besessenheit, der Trance, Besitz ergriffen hat und nun in ihnen tanzt und aus ihnen spricht, in der Form des *Wazaogi*, das zwar heute als einfaches bewegtes Darbieten komödiantischer Spiele und Tänze verstanden wird, in sei-

48 Herbert E. Plutschow, Chaos und Cosmos, Ritual in Early and Medieval Japanese Literature, Leiden 1990.

nem Ursprung jedoch eng an die dem *Kamigakari* entspringenden Darbietungen gebunden ist als eine Zeremonie zum Zweck des Hervorrufens und Einladens der Götter sowie zum Zweck ihrer Besänftigung als Spiel und Tanz (in diesem Sinne meist »*Asobi*» [Spiel] genannt) oder als Tanz der Götter selbst.«[49]

2. Vom Feld auf die Bühne

Ein Element, das freilich vor allem für den Volkstanz signifikant ist, findet sich im Mythos der Ame-no-uzume nicht: die Beteiligung der Gruppe, des Kollektivs am Tanz. Den Drang zum Mitmachen bezeugen nicht zuletzt die zahlreichen »Tanzepidemien«, von denen Japan in seiner Geschichte – nach Überzeugung eines japanischen Kulturhistorikers als Vorankündigungen gesellschaftlicher Umbrüche – heimgesucht wurde; zuletzt in den Jahren vor der *Meiji*-Restauration (1868). Tänze begleiten seit Menschengedenken das Leben aller Stände in Japan: als Bestandteil der Rituale um den Reisanbau *(Taue)*, aus denen sich schon früh kultische Spiele (*Dengaku*, »Feldspiele«) entwickelten, die bald um unterhaltende Intermezzi erweitert wurden und in der *Heian*-Zeit (794–1192), dem – wenn auch nicht in jeder Hinsicht – goldenen Zeitalter der japanischen »Klassik«, sich schon zu einem von Profis gestalteten reinen Schauvergnügen gewandelt hatten. Neben dem – die Subsistenz garantierenden – Reisanbau waren es die prägnanten Momente des menschlichen Daseins, die in körperlich-gestischen Ausdruck übersetzt und somit sichtbar gemacht wurden. Gesungen, mimisch agiert und getanzt wurde beim ritualisierten Liebeswerben *(Utagaki)* und bei glücksverheißenden oder glücksbeschwörenden *(Medetai)* Zeremonien verschiedenster Art. Da der Kaiser, der sichtbare Gott *(Arahitogami, Ikigami)*, als Garant allen Gedeihens galt (und noch immer gilt), überrascht es nicht, daß auch am Hofe viel und genau getanzt wurde (und noch immer wird). In der Zeit der Etablierung des *Yamato*-Hofes (etwa seit dem 5. Jahrhundert) war es nicht unüblich, daß unterworfene Randvölker ihren Tribut in der Form von Tanzvorstellungen am Kaiserhof zollten. Wesentliche Impulse gingen seit dem 7. Jahrhundert von den aus China über Korea eingeführten kontinentalen Tanzformen wie *Gigaku* und *Bugaku* (die sich rudimentär bis in die Gegenwart erhalten haben) aus. Dabei handelt es sich um Prozessionsmaskeraden mit pantomimischen Einlagen, die zu den bestimmenden Elementen des vormittelalterlichen höfischen Zeremoniallebens wurden. Das ebenfalls aus China stammende *San-Yüeh* vermischte sich mit einheimischen Darstellungsformen verschiedenster Provenienz. Unter dem Namen *Sangaku* oder *Sarugaku* umfaßte es fast alles, was mit Volksschaukunst, Akrobatik, Tanz, Pantomime und Vorformen dramatischer Kunst – bis zu Straßenbelustigungen derber und obszöner Art – zu tun hatte. So schwer bestimmbar das *Sarugaku* als Genre ist, so bedeutend war sein Einfluß auf die Herausbildung späterer, verfeinerter Schaukunstformen. Buddhistische Mönche *(Hōshi)*, Magiere *(Shūshi)*, Exorzisten und Prostituierte bereiteten mit ihren Tanz- und Rezitationskünsten (*Kusemai, Ennenmai, Senzumanzai* u. a.) den Weg für die im späten Mittelalter ihre endgültige Form erhaltenden, vor allem in Kreisen des Schwertadels *(Buke)* geschätzten, verfeinerten und stilisierten Künste

49 Hagen Blau, Sarugaku und Shushi, Wiesbaden 1966.

wie die mit sehr zurückhaltender Theatralik verbundene Rezitationskunst des *Kōwaka-Mai* und – später – das »Gesamtkunstwerk« des *Nō*.

Schon Zeami Motokiyo (1363–1445), der »Vollender« des *Nō*-Theaters führt im vierten Buch seiner Schrift *»Fūshikaden«* den Ursprung des *Sarugaku* und damit das *Sarugaku no Nō* direkt auf ein *Kagura* der Götter und den Tanz der Ame-no-uzume zurück: »Dies war der Anfang des Sarugaku der Götterzeit: Als sich die erhabene Göttin Amaterasu in der himmlischen Felsenhöhle verbarg und es auf der Erde finster wurde, versammelten sich, angefangen mit dem Sohne des Mondgottes, Shimanemi no Mikoto, alle Götter auf dem himmlischen Kagu-Berge und führten in der Absicht, das Herz der erhabenen Göttin zu versöhnen, ein Kagura auf und begannen ein Seinō. Aus der Schar der Götter trat dann Ama no Uzume no Miko hervor, einen mit Bastfasern behängten Sakaki-Zweig in der Hand, und gab, Lieder singend und mit den Füßen dröhnend, in göttlich ekstatischem Stampfen einen Singtanz zum besten.« »Im Nō sind die früheren Darstellungskünste, vor allem die des sarugaku, auf ihre ästhetische Quintessenz gebracht; Nō ist – zumindest in seiner in die Gegenwart überlieferten Gestalt – statarisches Tanztheater, lyrisches Ritual, Erscheinung der Götter – der Nō-Forscher Hermann Bohner sprach von ›Theophanie‹, oder, wie Jacob Raz es formuliert: Nō ›is above all about mimesis; mimesis as a world view. Nō is mimesis: an actor playing an apparition in disguise on a stage. This is the only theme of nō,‹«.[50]

Ein »klassisches« *Nō*-Spiel besteht darüber hinaus aus drei Teilen, einer Introduktion *(Jo)*, einer Durchführung *(Ha)* und einem Finale *(Kyū)*. Zu Beginn des Stückes tritt ein Spieler, in der Regel der *Waki,* Deuteragonist oder Seitenspieler auf, sagt wer er ist und absolviert eine Sequenz von rezitativartigen Gesängen. In der Durchführung *(Ha)* tritt der *Shite*, der Protagonist oder Hauptspieler, auf, singt und führt mit dem *Waki* einen Dialog *(Mondō)*, den der Chor kommentierend flankiert. Die Durchführung endet mit einem rhythmischen Gesang *(Kusemai)*, einer formstrengen poetischen Passage *(Tadautai)* aus fünf- und siebensilbigen Zeilen. Das Finale *(Kyū)* enthält einen Tanz *(Mai)* oder heftige, instrumental begleitete Bewegungssequenzen *(Hataraki)*. Ein *Nō*-Spiel besteht in der Regel aus fünf Abschnitten *(Dan)*, von denen einer in die Introduktion, drei in die Durchführung und einer ins Finale fallen. Die Metapher der »Blüte« *(Hana)* dient Zeami dazu, den Reiz der Darstellung und ihre ästhetische Wirkung auf die Zuschauer zu beschreiben; *»Hana«* bezeichnet eine durch Übung und selbstvergessene Hingabe erreichte Vollkommenheit der Darstellung. Dabei mag die »zeitweilige« Blüte sich der Jugendschönheit des Schauspielers verdanken, die »wahre« Blüte öffnet sich erst nach langen Jahren härtesten Trainings. Aber die Blüte erblüht nicht ein für allemal: Sie kann nur aufgehen in einem »Dazwischen«, einem imaginären und höchst hinfälligen Raum, den Schauspieler und Zuschauer gemeinsam schaffen, um darin – in glücklichen Augenblicken – der »Blüte« zu kurzer Erscheinung zu verhelfen.

Als Ideale erachtet Zeami die ästhetischen Valeurs der »bezaubernden Interessantheit« *(Omoroshisa)* und der »überraschenden Frische« *(Mezurashisa)*. Über allem aber soll die feine und geheimnisvolle Patina des *»Yūgen«* liegen, einer »sublimen, aber vagen Anmut« – die erfolgreich zu beschreiben bisher noch in keiner westlichen Sprache gelungen ist.

50 Jakob Raz, Audience and Actors, Leiden 1983, S. 262.

3. Die Schaukunst der Stadtbürger

Zwar ist japanisches Theater, wie Jakob Raz schreibt, »an accumulation of layers of adaptions of adaptions«[51], d. h. eine Ansammlung von Schichten von Adaptionen von Adaptionen, aber jede Adaption bedeutet hier eine Bereicherung, eine überraschende Verfremdung einer Überlieferung, die dadurch den Reiz des völlig Neuen gewinnen kann. So macht auch das *Kabuki*, die sogenannte »bürgerliche Schaukunst« der *Edo*-Zeit (1600–1867) Anleihen beim *Nō*, einer stilisiert-aristokratischen Kunstform, und dennoch ist *Kabuki* ein unverwechselbarer, repräsentativer Ausdruck der *Chōnin*-Kultur, der Kultur der Städter und Kaufleute mit ihrer Neigung zu Farbenpracht, Luxus und Übertreibung. Der unbeweglich in Zeremonialkleidung dasitzende, fast wie in Meditation einer *Nō*-Aufführung beiwohnende Aristokrat des späten Mittelalters wurde abgelöst durch den (nicht selten neureichen) Arbiter elegantiarum, den Sachverständigen in Fragen des guten Geschmacks, der den Begriff des *Iki* oder *Sui*, der höchst verfeinerten kennerhaften (geradezu dandyhaften) Eleganz zu einer zentralen Kategorie seines ästhetischen Empfindens erhöht hatte; *Iki* war es, was der Welt des Freudenviertels *(Yoshiwara)* und des *Kabuki* ihren faszinierenden Reiz verlieh. In seiner 300jährigen wechselvollen Entwicklung (vom Frauen*kabuki* über das Jünglings*kabuki* bis zum Männer*kabuki*) war das *Kabuki* immer wieder und über lange Perioden den Repressionen der Zentralregierung *(Shōgunat)* ausgesetzt, der es als Welt der Übertretung, der Prostitution, der Homosexualität, der Verschwendung stets verdächtig war. Daß sich das *Kabuki* der Überlieferung nach (um 1600) aus den von zeitgenössischen Volksliedern begleiteten Tänzen einer Tempeltänzerin (und Prostituierten) namens Izumo no Okuni entwickelt haben soll, ist ein weiteres beredtes Beispiel für die enge Verknüpfung von Ritual, Kunst und Entertainment in Japan. »Early kabuki was, thus, closely tied to erotica: there lay its main, though not only, significance for its early audiences.«[52] Seit es den Frauen (im Jahre 1629) verboten wurde, im *Kabuki* aufzutreten, galten die vielgepriesenen männlichen Frauendarsteller (einer der berühmtesten war Yoshizawa Ayame [1673–1729]) als Autoritäten in Fragen der Mode und des guten Geschmacks; die *Onnagata* dienten vor allem – nicht zuletzt aus geschäftlichen Überlegungen – den Kurtisanen der Freudenviertel als Vorbild weiblicher Eleganz und Delikatesse. Dennoch verhinderte das Zwielichtige des Schauspielerstandes eine vollständige gesellschaftliche Anerkennung, die Glücklichsten unter ihnen blieben Geächtete mit Privilegien.

Schon in der *Tokugawa*-Zeit (1603–1868) zeigte das Suffix-*rashii* die Annäherung an ein ideales Existenzmodell (*Kata*[!]) an: etwa an die – oft nach Alter gestaffelten – für ideal erachteten, ja vorgeschriebenen Modelle eines »Bauern«, eines *»Samurai«* oder auch ein Moment von besonderer gesellschaftlicher Virulenz – einer »Frau«. Die Regierung, das *Bakufu*, erließ in regelmäßigen Abständen Edikte, die sozusagen die Parameter dieser Existenzmodelle definierten und diktierten. Entsprechende Manuale gaben Auskunft über die jeweils angemessene Art zu sprechen, sich zu kleiden, zu essen. Das *Bakufu* verbot in den sogenannten *Fūzoku Torishimari*, »Kontrollen der Sitten und Gebräuche«, Frauen jede mit dem Theater verbundene Tätigkeit

51 Raz, (Anm. 50), S. 116.
52 Ebenda, S. 144.

und schrieb ihnen statt dessen häusliche Arbeiten vor. Die idealen Frauen wurden nicht nur auf der Bühne des *Kabuki*-Theaters von Männern gespielt; auf eine Formel gebracht: Die *Onnagata* verkörperten Männerphantasien von Weiblichkeit; sie kompensierten die Elimination des wirklichen, angstbesetzten Körpers der Frau.

Ein *Senryū* – ein satirisches Gedicht in *Haiku*-Form – aus der Sammlung *»Mutamagawa«* (kompiliert von Kei Kiitsu, 1754) lautet: *onnagata/nyōbō bakari/toshi ga yori:* »Frauendarsteller,/die bleiben jung, nur ihre/Frauen werden alt«; *»Tachiyaku«*, eigentlich »stehender Spieler«, war ursprünglich für Schauspieler im allgemeinen gebraucht worden, weil diese im Gegensatz zu den Musikern standen. Es bezeichnet seit der Verselbständigung der Frauendarstellung zu einem eigenen Fach nur noch Männer, die Männer darstellen.

Die *Kabuki*-Stücke lassen sich in drei Kategorien einteilen: 1. die *Jidaimono* (historische Dramen), 2. die *Sewamono* (bürgerliche Dramen), 3. die *Shosagoto* (tanzorientiertes *Kabuki*).

Die *Jidaimono* behandeln historische Themen, ohne jedoch auf Geschichtstreue Wert zu legen; im Gegenteil, oft wird bewußte Geschichtsklitterung getrieben, um unter der Maske historischer Personen oder Motive Zeitgenössisches auf die Bühne zu bringen. Die *Sewamono* kommen erst in der *Genroku*-Periode (1688–1703) auf; sie bilden das japanische Gegenstück zum »bürgerlichen Trauerspiel« des Westens. Zentrales Thema ist die dilemmatische Kollision von Liebe/Neigung *(Ninjō)* und Pflicht *(Giri)*. Den »bürgerlich«-tragischen Helden bleibt dabei meist nur der Tod: Konfliktlösung durch Verschwinden. Der Doppelselbstmord der Liebenden ist ein so häufiges Motiv, daß man hier fast von einem eigenen Genre sprechen könnte. In gewisser Weise triumphiert gerade in dem von den Gesetzen des *Giri* geforderten Tod der Liebenden *Ninjō*, die Liebesneigung, die sich darin – auf verzweifelte Weise – bewährt. Der Glaube läßt ihnen dabei die Hoffnung, die Buddhas Paradies »auf einem Lotosblatt« – wenn auch in leidenschaftsloser Vertrautheit – wiedergeboren zu werden. Der Abschied von der Welt erscheint den »Lebenden von Sonezaki« in einem fast tröstlichen Licht: »Welt, lebe wohl. / Lebewohl, Nacht. / Nur eines Traumes Traum / ist unsre Traurigkeit, / der Tau auf unsrerem Weg / zu den Gräbern – / weniger von Schritt / zu Schritt. Merk auf. / Die sechste Stunde hat geschlagen. / Eine noch bleibt, als unseres Lebens / letzter Widerhall . . .«

Die *Shosagoto* sind durchchoreographierte Tanzstücke, nicht selten Adaptionen bekannter *Nō*-Vorlagen, in ihrer Funktion nicht unvergleichbar den großen Koloraturarien der europäischen Oper; sie geben dem Schauspieler Gelegenheit, alle Register seiner Kunst zu ziehen und sie – gleichsam en bloc – dem Urteil des Publikums zu präsentieren. Die Sprache des *Kabuki*, das *Serifu*, ist nahe dem Schrei, dem Schluchzen, dem Wimmern, kurz: dem Naturlaut, paradoxerweise trotz starker Stilisierung und artifizieller Reduktion. Das Geschehen darf Brüche und Inkonsequenzen aufweisen, die psychologische Zeichnung darf grob und skizzenhaft sein – oft ist sie jedoch, besonders in den Werken Chikamatsu Monzaemons (1653–1724), bis ins Feinste durchgeführt; wesentlich ist, daß die Handlung immer wieder einen Vorwand für die Darstellung menschlicher »Ursituationen« bietet: Haß, Liebe, Eifersucht, Angst, Freude, Überraschung, Trauer, Zorn, Kampf und Rührung. In diesen Augenblicken rastet die Zeit aus, die Szene erstarrt zu einem stehenden Bild *(Mie)*, und das (kennerhafte) Publikum ruft: *»Mattemashita!«* – Darauf haben wir gewartet! Ein Charakteristikum der *Kabuki*-Bühne ist der sogenannte »Blumenweg« *(Hanamichi)*, ein durch den Zuschauerraum zur Bühne führender Laufsteg; wahrscheinlich hat sich der *Hanamichi* aus den *Shirasu-Bashigo*, den drei Stufen an der Vorderseite der *Nō*-Bühne entwickelt. Der *Hanamichi*, auf den die Zuschauer ursprünglich an einem Blumenzweig befestigte Geldgeschenke für die Schauspieler legten, besitzt eine wichtige dramaturgische Funktion: Er erlaubt den Schauspielern höchst spektakuläre Auf- und Abtritte. Eine Versenkungsvorrichtung ermöglicht Überraschungsauftritte (vor allem von Dämonen und Kobolden). Darüber hinaus kann auf dem *Hanamichi* das Spiel noch weitergehen, wenn der Bühnenvorhang schon zugezogen ist . . .

Der letzte große *Kabuki*-Klassiker war Kawatake Mokuami (1816–1887), der über 300 Stücke schrieb, in denen vornehmlich die dunklen Seiten der menschlichen Natur ins Thema gehoben werden. Sie bezeugen das Ende einer langen Epoche und den verwirrend-katastrophischen Einbruch einer neuen Zeit. Nach einer Übergangsphase, die zum Teil groteske Versuche einer Europäisierung brachte, wird das *Kabuki* heute wieder mehr als erhaltungswürdiges Kulturgut betrachtet, das die Funktion einer »Verlebendigung vergangener Werte« (Ortolani) erfüllt.

Das japanische Puppentheater (*Bunraku* oder *Jōruri*) entstand im 16. Jahrhundert und besteht aus den drei Elementen des Puppenspiels, der Textrezitation *(Jōruri)* und der *Shamisen*-Musikbegleitung. Schon Texte des 11. Jahrhunderts berichten über nomadisierende Puppenspieler(innen), einer Art japanischer »joculatores«, die von der Vorführung von Puppentänzen, Taschenspielereien, der Jagd und der Prostitution lebten. Puppen wurde schon im altjapanischen Glauben eine apotropäische Kraft zugeschrieben; im *Shintō*-Kult konnten sie die Gottheiten vertreten. Ein Teil der Puppenspieler-Gruppen wurde seit dem 13. Jahrhundert seßhaft und siedelte sich hauptsächlich in der Nähe von Schreinen und Tempeln an, von wo sie aber noch oft über Land zogen und in einem vor die Brust gehängten Holzkasten, der »Bühne«, ihre Puppen tanzen und spielen ließen.

Anfang des 17. Jahrhunderts gingen Puppenspieler der Provinz Settsu dazu über, das Geschehen der populären *Biwa*-begleiteten (*Biwa:* chinesische Knicklaute) *Jōruri*-Balladen mit Puppen darzustellen. Erwähnungen des *Ningyō-Jōruri*, des »Puppen-*Jōruri*«, dokumentieren, daß sich diese neue Schaukunstform bereits um 1615 durchgesetzt hatte. Bald danach schon verlagerte sich das Zentrum des Puppenspiels aus Kamigata, der Kyōto-Ōsaka-Gegend in das neue, gewaltig aufstrebende Edo. Die ursprünglich primitiven Puppen und die Ausstattungen der Bühne und des Theaters wurden schnell verfeinert und üppig. 1635 wurde der Puppenmeister Satsuma Jōun (1593–1672), ein Vertreter des als hart und männlich geltenden *Kō*-Stils, der sich zumeist Heldengeschichten zum Thema nahm, wegen Zurschaustellung übermäßigen Prunks ins Gefängnis geworfen.

Eine wichtige Zäsur für die Entwicklung des Puppentheaters bedeutete der Großbrand von 1657 in Edo, der die Hälfte der Stadt zerstörte. Das Zentrum des Puppenspiels verlagerte sich zurück in das Kamigata-Gebiet. Die Zusammenarbeit des Puppenspielers Takamoto Gidayū (1651–1714) und des Theaterunternehmers Takeda Izumo (1691–1756) mit Chikamatsu Monzaemon am Puppentheater Takemoto-za in Ōsaka führte zur Glanzzeit des *Jōruri*-Spiels. Während der zweiten Hälfte des 18. Jahrhunderts ebbte die Popularität des *Jōruri* nach und nach ab; ein Teil der Rezitatoren und Spieler ging nach Edo. Bedeutendster *Jōruri*-Autor in Edo war der genial-extravagante Hiraga Gennai (1728–1779).

Beim *Jōruri* werden die die Hauptrollen darstellenden Puppen von drei Spielern geführt, Nebenrollen darstellende nur von einem. Die männlichen Puppen sind um 1,20 m groß, die weiblichen kleiner und leichter. Die Technik der Puppenführung und der Rezitation hatte um 1800 den Endpunkt ihrer Entwicklung erreicht. Auch das Repertoire erfuhr nach diesem Datum keine bedeutende Erweiterung mehr. Unter dem Namen »*Bunraku*« (so genannt nach Uemura Burakuken I, der 1871 in Ōsaka ein Puppentheater errichtete, das Bunraku-Za) hat sich das *Jōruri* bis heute erhalten.

4. Neuere Entwicklungen

Mit *Shimpa*, »Neue Schule«, bezeichnet man eine Bewegung, die nach der *Meiji*-Restauration (1867/8) in Reaktion auf die tiefgreifenden Umwälzungen im geistigen und sozialen Bereich versucht, ein modernes Theater nach europäischem Muster aufzubauen. Sein Gründer Sudō Sadanori (1867–1907) war Mitglied der damals oppositionellen Liberalen Partei *(Jiyū-Tō)*. Er betrachtete das Theater als ein Forum für die Verbreitung liberaler Ideen, als Medium politischer Propaganda; eine umfassende »theatralische« Idee fehlte ihm – wie dem *Shimpa* überhaupt. Geradezu revolutionär allerdings war, daß Sudōs Truppe aus Amateurschauspielern bestand. Bisher hatte man in Japan nur Berufsschauspieler gekannt, die nach einem strengen Familiensystem organisiert waren. Sudō versuchte zwar, zeitgenössisches, »avantgardistisches« Theater zu machen, übernahm dabei aber doch manche Elemente der traditionellen japanischen Schaukunst. Im Gegensatz zum *Kabuki* sprach man allerdings mit natürlicher Stimme und verzichtete weitgehend auf Tanz und Musik. Künstlerisch hatten seine Aufführungen kein hohes Niveau, aber das Flair des Unbekannten reizte die Neugierde des Publikums. Trotz aller Unsicherheiten und Absurditäten (z.B. fast operettenhafte Inszenierungen von Kriegsreportagen während des Krieges gegen China, für die Kawakami Otojirō, 1864–1911, verantwortlich war) entwickelte die Neue-Schule-Bewegung im Gegenzug gegen die Tradition nach und nach einen eigenen Stil und konnte zwischen 1904 und 1909 große Erfolge verzeichnen. Das Repertoire dieser Zeit umfaßte Kriminal- und Rührstücke sowie Bearbeitungen von Zeitungsromanen. Nach dem Zweiten Weltkrieg ist es zu einem Volkstheater mit wieder stark *Kabuki*-haften Zügen umfunktioniert worden, was zwar sein Überleben garantierte, zugleich aber auch das Wort *Shimpa* zu einem Decknamen für Rührseligkeit und Melodramatik gemacht hat.

Shingeki, »Neues Theater«, ist der Sammelbegriff für eine etwas andere Art von Versuchen, nach der *Meiji*-Restauration ein neues Theater nach westlichen Vorbildern zu entwickeln. Zwei der wesentlichsten Punkte seines Programms waren: die Kriegserklärung an das *Kabuki* und die Forderung, daß das Theater ein Ort intellektueller Auseinandersetzung zu sein habe. Die Pioniere des *Shingeki* hatten sich intensiv und umfassend mit der traditionellen und zeitgenössischen Kultur des Westens beschäftigt und erreichten in ihren programmatischen Schriften ein hohes theoretisches Niveau. Vor allem der (Shakespeare-)Übersetzer, Dramatiker, Regisseur und Universitätsprofessor Tsubouchi Shōyō (1859–1935) übte auf die Entwicklung des modernen japanischen Theaters (und auch des Romans) einen prägenden Einfluß aus. Trotz der Bekenntnisse gegen die Tradition war die Aufführungspraxis des *Shingeki* (vor allem in der Phase bis 1923) noch sehr stark am *Kabuki* orientiert (Sprechen mit gepreßter Stimme, Falsett-Artikulation, schematische Gebärden und Schritte). Ein überaus wichtiges Ereignis in der Geschichte des *Shingeki* war die Errichtung des Tsukiji-Theaters (1924), des ersten nach westlichem Muster organisierten Theaters Japans, dessen Ausstattung und Bühnenapparat auch westlichem Niveau entsprach. Nach einer »experimentellen« Periode (1924–1929) folgte eine »proletarische«. Die Ansätze, engagiertes Theater zu machen, waren nicht nur sehr umstritten, sondern fielen bald der politischen Gleichschaltung in den dreißiger Jahren, die jegliche nicht-affirmative Kreativität zum Erliegen brachte, zum Opfer. Unmittelbar nach dem Zweiten Weltkrieg versuchte das *Shinkyō Gekidan* an die sozialkritische Tradition des *Shingeki* anzuknüpfen, wurde aber sehr bald ebenfalls Opfer der politischen Verhältnisse, die jetzt von der amerikanischen Besatzungsmacht diktiert wurden. Erfolgreicher waren die politisch »unabhängigen«, das literarische und künstlerische Moment betonenden *Shingeki*-Gruppen wie *»Kumo«* (Die Wolke), *»Haiyū-Za«* (Das Schauspieler-Theater) und *»Mingei«* (Das Volkstheater).

Seit der Studentenrevolte der sechziger Jahre besaß Japan auch ein florierendes Untergrundtheater (*Angura*), wenn es in vielen Fällen auch nur noch dem Namen nach den Untergrund repräsentierte. Im *Angura*, so könnte man sagen, galt das Diktum: *Anything goes.* Jeder Ort ist recht – zwei berühmte Gruppen wählten sich Zelte, *Akatento* (Das rote Zelt), unter der Leitung Kara Jurōs, und *Kurotento* (Das schwarze Zelt), unter der Leitung Satō Makotos; jedes Thema ist recht, es gilt kein Tabu, und an die Stelle des Stils tritt das Experiment. Einer der eigenwilligsten und begabtesten Vertreter des *Angura* ist der 1983 verstorbene Terayama Shūji, dem es gelang, theatralische Räume von höchster Suggestionskraft zu schaffen und der, wie kaum ein anderer, mittels seiner grotesken Imaginationsfähigkeit Schauspieler wie Zuschauer in einen poetischen Bann zu schlagen vermochte.

Bezeichnend für fast alle Gruppen des japanischen Untergrunds ist ihre ambivalente Beziehung zu und ihr ambivalenter Umgang mit der japanischen Tradition, denn gerade bei ihnen bricht, trotz aller Abgrenzung von einer Tradition, die sich im sorgfältig-ängstlichen Weiterreichen von Kultur-Gütern erschöpft, das gleichsam »Urjapanische«, die Lust am *Matsuri*, an überbordender Körperlichkeit, am Regreß ins Archaische, an Gewalttätigkeit, am Thrill, an der Lustangst beim Umgang mit dem Heiligen mit elementarer Wucht hervor. Am deutlichsten wird dies vielleicht beim *Butō*, der Tanzbewegung der japanischen Avantgarde seit den fünfziger Jahren, die seit den siebziger Jahren weltweit Furore gemacht und selbst im nichtjapanischen Ausland ein fast kultisch-begeistertes Publikum gefunden hat. Nacktheit, Ganzkörperbemalung, Trance, groteske Expressivität, Metaphorik des Unmöglichen, Schmerzlust und forcierte Grenzerfahrung scheinen die Faszinosa einer »postmodernen« Epoche (gewesen) zu sein. In den neunziger Jahren kann man von keiner eigentlichen Avantgarde in Japan mehr reden: Es werden keine neuen *Butō*-Gruppen mehr gegründet, etablierte Gruppen haben ihr Stammpublikum oder treten im Rahmen größerer Tanzfestivals (wie der *Tōkyō Dance Scenery*) auf, wobei *Butō* durchaus auch als Touristenattraktion inszeniert – und verkauft wird. Die *Butō*-typischen grotesken Elemente werden gezielt für Show-Effekte genutzt. Am Ende des 20. Jahrhunderts oszilliert offensichtlich auch das japanische Theater zwischen Traditionspflege, Beliebigkeit und Ratlosigkeit.

IV. Kino: Nur Kurosawa und Godzilla?

FRIEDERIKE BOSSE

Der japanische Film ist hierzulande wohl eher bei Cineasten als beim breiten Publikum bekannt. Die ersteren gehen in die Japan-Retrospektiven der Programmkinos, schauen sich die Nachtprogramme im Fernsehen an und verfolgen die Berichte über die Filmfestspiele in Cannes, wo der Altmeister der japanischen Filmkunst, Kuro sawa Akira 1993 wieder ein neues Werk *»Maadadayo!«* vorgestellt hat – und das im fortgeschrittenen Alter von 83. Ansonsten kennt der westliche Kinogänger vielleicht noch das Filmmonster Godzilla – viel mehr aber kaum. Wie kommt es, daß japanische Filme international so unbekannt sind, während japanische Produkte sonst in vielen Bereichen den Weltmarkt beherrschen? Und sind eben diese wenigen, international bekannten Werke auch diejenigen, die die japanischen Zuschauermassen anziehen oder gehen die Tōkyōter auch lieber in Hollywood-Produktionen à la Schwarzenegger?

Einzug gehalten hatte die Filmkunst in Japan fast ebenso früh wie im Westen; die ersten Film-Vorführungen fanden bereits 1897 statt, und zwei Jahre später starteten japanische Filmproduktionen. Es waren kleine Stücke mit Theaterschauspielern, von denen man mehrere hintereinander zeigte, um die Vorstellungslänge auf den üblichen Theaterstandard von mehreren Stunden zu bringen und damit die Zuschauergewohnheiten zu befriedigen. Das Fehlen der Sprache überbrückte man nicht wie im Westen allein durch Zwischentitel, sondern durch einen Erzähler, den sogenannten *Benshi*. Dieser erklärte die vielen Szenen der ausländischen Filme, die den japanischen Zuschauern völlig neu und unverständlich waren, und synchronisierte und kommentierte das Geschehen zum Teil so lebhaft und selbständig, daß er den Erfolg eines Films wesentlich mitbestimmte. Die *Benshi* waren die heimlichen Stars des japanischen Stummfilmkinos, und verständlicherweise waren sie nicht begeistert, als sich ab 1930 die Tonfilme durchsetzten. Bis dahin hatte sich bereits eine sehr produktive Filmwirtschaft in Japan etabliert. Zwei der großen Filmgesellschaften, Nikkatsu und Shōchiku, die auch heute noch den Markt dominieren, wurden in jenen frühen Jahren gegründet. Zwischen 1920 und 1925 wurden mehr eigene Filme produziert als ausländische importiert, 1927 entstanden immerhin 700 japanische Filme. Das Kino hatte sich zur Massenkommunikation entwickelt.

Die Filmproduktion konzentrierte sich vor allem auf Tōkyō und Kyōto. In Kyōto lag der Schwerpunkt auf *Jidaigeki*-Filmen, historische Filme über Schwert kämpfende *Samurais*, während man in Tōkyō vorwiegend *Gendaigeki*, Filme über das Leben von Kleinbürgern und Angestellten im modernen Japan, drehte. In dieser Zeit traten auch die Regisseure Mizoguchi Kenji (1898–1956), Naruse Mikio (1905–1969) und Ōzu Yasujirō (1903–1963) hervor, die mit ihrem feinen, reduzierten Stil später auch international das hohe künstlerische Renommee des japanischen Films prägten. Kurosawa bezeichnet die drei heute noch als seine großen Lehrer, deren Tradition er fortführen möchte. Westliche Zuschauer mögen jedoch wesentliche Unterschiede zwischen ihm und seinen Vorbildern empfinden. Während Kurosawas Filme mit ihren durchkonstruierten Stories auch ohne tiefe Kenntnisse der japanischen Kultur verständlich, – und vielleicht dadurch wiederum im Ausland populär – sind, wirkt die Art von Mizoguchi oder Ōzu, eine Geschichte extrem langsam zu erzählen, scheinbar ohne »auf den Punkt« zu kommen, oftmals sehr irritierend.

Gegen Ende der dreißiger Jahre waren die Filme zunehmend sozialkritisch gefärbt, worauf die Militärregierung mit immer strengeren Richtlinien reagierte. Ab 1938 sollten die Filme ausschließlich die vaterländische Ideologie ins Bild setzen und Nationalstolz und Opferbereitschaft im Volk fördern. Nach dem Krieg ging die Kontrolle über die Filmwirtschaft auf die amerikanischen Besatzer über. Nun sollten Demokratie und Liberalität propagiert werden, jegliche Darstellung von Feudalismus und Militarismus war verboten. Da die japanischen Filmemacher aber bis dato wenig Erfahrung mit Demokratie hatten, konnten die neuen demokratischen Produkte kaum realistischer ausfallen als die im Dienst der vaterländischen Ideologie entstandenen. Paradoxerweise fielen die zuvor so beliebten historischen *Samurai*-Filme, die *Jidaigeki*, den Zensurbestimmungen beider Herrscher zum Opfer: Während des Militarismus waren sie als frivol und degeneriert unterdrückt worden, die Amerikaner duldeten sie nicht, weil sie feudalistische Züge trugen. Kurosawas Film *»Tora no o o fumu ototachi«* (Die Männer, die auf den Schwanz des Tigers traten) beispielsweise, der auf einem *Kabuki*-Stück basierte, wurde 1945 von den japanischen Militarbehörden nicht freigegeben, da er »nicht ernsthaft« genug sei. Später wurde er von den amerikanischen Kontrollbehörden als »feudalistisch« zurückgehalten. Erst 1952 kam er zur Aufführung.

Die nun folgenden fünfziger Jahre kann man wohl als das »Goldene Zeitalter« des japanischen Kinos bezeichnen. Die Filmproduktion stieg von 200 Filmen im Jahre 1950 auf 500 Filme 1956, und die Zahl der Kinos verdreifachte sich fast in nur zehn Jahren. Die Zuschauerzahlen stiegen jedes Jahr rasant an, bis sie 1958 ihren Höhepunkt mit 1,127 Milliarden Besuchern erreichten. Dies bedeutete, daß jeder Japaner, einschließlich Babys und Großeltern, in jenem Jahr elfmal ins Kino ging.

Für den internationalen Durchbruch des japanischen Films sorgte Kurosawa Akira, der für seinen Film *»Rashomon«* 1951 sowohl den Goldenen Löwen in Venedig als auch den amerikanischen *Academy Award* für den besten ausländischen Film erhielt. *»Rashomon«* war zwar nicht der erste japanische Film, der im Ausland gezeigt wurde, aber er war mit Abstand der erfolgreichste und löste weltweit eine Welle des Interesses an japanischer Kultur aus. In nur wenigen Jahren konnten noch weitere japanische Filme internationale Auszeichnungen erringen. 1952 erhielt Mizoguchi für seine Literaturverfilmung *»Kōshoku Ichidai Onna«* (Das Leben einer lüsternen Frau) den Regiepreis in Venedig, und sowohl 1954 als auch 1955 ging der Oscar für den besten ausländischen Film nach Japan: 1954 für *»Jigokumon«* (Höllentor) an Kinugasa Teinosuke und 1955 an Inagaki Hiroshi für den ersten Teil seiner historischen Trilogie *»Samurai«*.

Doch nach diesen überaus erfolgreichen Jahren ging es praktisch nur noch bergab mit der japanischen Filmwirtschaft. Großen Anteil an der Krise hatte sicher – wie überall – das Fernsehen, das ab etwa 1960 mit zunehmender Verbreitung zu einer tödlichen Konkurrenz zum Kino wurde. Nach dem Höchststand von 1958 gehen die Zuschauerzahlen beim Film nun seit über 30 Jahren stetig bergab, und zwischen 1959 und 1969 gab jedes zweite Kino im Land seinen Betrieb auf. Die Filmstudios gerieten zunehmend in finanzielle Schwierigkeiten, aus denen sie sich durch reine Kassenschlager zu befreien suchten, möglichst billig und wenig anspruchsvoll. Um den veränderten Zuschauerinteressen gerecht zu werden, verließen sich die Studios wie z.B. Toei auf die altbewährten *Samurai*-Filme, an deren Stelle jedoch bald die brutaleren *Yakuza*-Actionfilme traten, in denen »gute« Gangster gegen »böse« Gangster kämpften. Shōchiku geriet in arge Schwierigkeiten, da ihre Domäne, die *Haha-Mono*, »Mutterstücke« und rührselige Melodramen, ihre Leinwand-Beliebtheit einbüßte und statt dessen auf den Bildschirm abwanderte. Erst 1969 gelang der Firma mit der Serie *»Otoko wa tsurai-yo«* (Es ist schwer, ein Mann zu sein) wieder ein absoluter Publikumserfolg. Die Serie von Yamada Yōji, besser bekannt als Torasan-Serie, handelt von einem ewig fröhlichen Verlierer, der sich auf seinen Wanderungen durchs Land stets aufs neue unglücklich verliebt, und, nachdem er für seine Mitmenschen alles zum Guten geregelt hat, mit seinem runden Hut auf dem Kopf wieder allein seiner Wege zieht. Das unvermeidlich traurige Ende jedes Films tut der Beliebtheit von Torasan keinen Abbruch. International kann die Serie jedoch kaum Erfolg haben, da westliche Betrachter Torasans Schicksal wohl eher als rührselig denn als tragisch empfinden, obwohl diese Serie unter den japanischen Melodramen bei weitem nicht den Rekord der von Tränen durchnäßten Taschentücher hält.

Die Firma Nikkatsu sah sich angesichts der Kinokrise ebenfalls gezwungen, ihre Produktion zu verändern, und verlegte sich in den siebziger Jahren auf Softpornos, ein Genre, das trotz der amtlichen Zensur für Film und Druck blühte. Diese nämlich besagt – bis heute –, daß dem japanischen Zuschauer bzw. Leser jeglicher Anblick von Genitalien und Schambehaarung erspart werden müsse. Dieses hehre Ziel wird beispielsweise dadurch erreicht, daß man in importierten Filmen allen Nackedeis verzerrende Lichtflecke als Feigenblätter aufsetzt. Der mit französischem Geld finanzierte Film von Ōshima Nagisa *»Ai no korrida«* (Im Reich der Sinne) beispielsweise, der 1976 auch international Aufsehen erregte, mußte daher nicht nur in Frankreich entwickelt und bearbeitet werden, sondern er wurde außerdem bis auf den heutigen Tag in Japan noch nie in seiner ungestutzten Version aufgeführt.

Ein weiterer Zweig des japanischen Unterhaltungskinos, der sogar exportiert werden konnte, sind die Monsterfilme. Das erste Monster, Godzilla, trat 1954 zum ersten Mal auf die Leinwand und bevölkert bis heute in neuen Folgen die Leinwand. Aber obwohl der technische Standard der japanischen Filmstudios sehr hoch ist, ist die Wirkung der eingesetzten Spezialeffekte längst nicht so beeindruckend wie bei vergleichbaren amerikanischen Produktionen. Zu deutlich merkt man den japanischen Filmen an, daß sie in billigen Miniaturkulissen gedreht worden sind, mit einem Bruchteil des Budgets von entsprechenden Hollywood-Streifen.

In den achtziger Jahren konnten sich die japanischen Filmemacher noch einmal im internationalen Ruhm sonnen. Wieder einmal war es Kurosawa, der 1980 für sein Werk *»Kagemusha«* (Schattenkrieger) in Cannes die Goldene Palme erhielt. Die gleiche Auszeichnung wurde drei Jahre später Imamura Shōhei für seine *»Narayama Bushiko«* (Die Narayama-Lieder) zuteil.

Es ist erstaunlich, daß das Bild des japanischen Films im Ausland ausgerechnet von den Regisseuren geprägt wird, die in Japan selbst längst nicht so populär sind.

Selbst ein so etablierter Filmemacher wie Kurosawa hat zum Teil Schwierigkeiten, in Japan Geldgeber für seine Projekte zu finden, und ist auf ausländische Finanzmittel angewiesen. *»Kagemusha«* entstand mit der Hilfe von Francis Ford Coppola, George Lucas und der 20th Century Fox, *»Ran«* (1985), eine Abwandlung der King Lear-Geschichte, mit der französischen Gesellschaft Gaumont. Die japanischen Filmgremien ignorierten *»Ran«* sogar bei der Nominierung für die *Academy Awards* und schlugen statt dessen als japanischen Beitrag in der Kategorie »Bester ausländischer Film« einen Film über die Alzheimersche Krankheit vor. US-Regisseure sorgten daraufhin dafür, daß Kurosawa in der Kategorie »Beste Regie« nominiert wurde (in der er allerdings nicht gewann).

Neben dem Altmeister trat in den Achtzigern ein neuer, jüngerer Regisseur ins internationale Rampenlicht: Itami Juzo. Sein Film *»Tampopo«* lief 1987 mit großem Erfolg in den amerikanischen und auch deutschen Kinos. Tampopo ist eine Witwe, die mit Hilfe des Lastwagenfahrers Gorō lernt, die perfekte Nudelsuppe zu bereiten, um ihr heruntergekommenes Nudelsuppen-Restaurant wieder in Schwung zu bringen. In diesem Film finden sich keine ästhetisch schönen, aber langatmigen Bilder der japanischen Natur wie bei Ōzu, sondern ein unkonventionelles fröhliches Durcheinander von sehr japanischen Elementen wie das autoritäre Verhältnis zwischen Lehrer Gorō und Schülerin Tampopo, Anspielungen an Western, wenn sich beispielsweise der Truckerfahrer als japanischer Clint Eastwood gibt, oder an japanische *Yakuza*-Filme und viele kleine Szenen, die auf sehr unterhaltsame Weise das Thema »Essen« ausmalen. Nach dem Erfolg von *»Tampopo«* kamen weitere Filme von Itami in die ausländischen Kinos, z.B. die Komödie *»O-soshiki«* (Die Beerdigung, 1984). Mit seinem vorletzten Film über eine energische Anwältin *»Minbo no Onna«* erregte Itami 1992 den Ärger der *Yakuza*, der japanischen Mafia, die die Aufführung verhindern wollte. Obwohl Itami bei einem tätlichen Angriff schwer verletzt wurde, ließ er sich nicht einschüchtern, und der Film lief erfolgreich in den japanischen Kinos.

Trotz einiger Lichtblicke wie Itami Juzo sieht es heute insgesamt auf dem japanischen Kinomarkt eher düster aus. Die Filmproduktion sank 1992 auf knapp 200, mehr als die Hälfte der in den japanischen Kinos laufenden Filme stammte aus dem Ausland. Im Durchschnitt ging im vergangenen Jahr jeder Japaner nur einmal ins Kino, verglichen mit elf Besuchen im Rekordjahr 1958. Dabei besteht durchaus Interesse an Filmen, allerdings schaut man sie lieber für drei Mark Leihgebühr zuhause auf Video an als für 20 Mark im Kino. Künstlerische Qualität ist dabei weder beim Video noch im Kino entscheidend für den Erfolg eines Films, und das gilt für japanische wie auch US-Produktionen: der bei weitem erfolgreichste Film 1991 war *»Terminator 2«*, es folgten *»Home alone* – Kevin allein zu Haus« und *»Pretty Woman«*, vertraute Titel auch für Deutschlands Kinobesucher. Daß mit *»Home alone«* eine amerikanische Komödie so weit vorn lag, ist eher ungewöhnlich, da es bei Humor grundsätzlich mehr kulturell bedingte Verständigungsschwierigkeiten gibt als bei harten Actionfilmen. Die Hitliste der japanischen Filme wurde im vergangenen Jahr von einem tragischen Zeichentrickfilm für Erwachsene angeführt: *»Kurenai no buta«* (Das rosa Schwein).

Durch eigene Produktionen wird die japanische Filmwirtschaft also auf absehbare Zeit keine wichtige Rolle auf dem Weltmarkt spielen können. Aber sie wird ihren Einfluß sicher durch den Weg, den die japanische Elektroindustrie eingeschlagen hat, ausbauen. Die Übernahmen der uramerikanischen Filmgesellschaften Columbia und MCA Ende der achtziger Jahre durch Sony und Matsushita ermöglichten den Japanern den Zugriff auf die gewaltigen Film- und Fernseharchive dieser Produktionsfirmen, mit denen sie den stagnierenden Absatz von Video- und Fernsehgeräten auffangen wollen. Die Elektrohersteller folgen damit der gleichen Strategie wie die Computerindustrie, die ebenfalls verstärkt auf das Kombipaket von Hardware und Software setzt.

Vielleicht schaffen es die Japaner also am Ende auf ihre bewährte pragmatische Weise, auch den Filmmarkt zu beherrschen: indem sie kaufen.

V. Die bildende Kunst

Eva Ströber

Einen ersten Blick auf die Landschaft japanischer Kunst und Kultur erlebt der unvorbereitete Betrachter als eine irritierende, wahllose Überfülle eines *»anything goes«* der Postmoderne: Elektronik, Zen-Gärten, eine Habsburger-Ausstellung in einem Kaufhaus, Madonna, *Kimonos*, Chanel... Die Mischung von japanischer Tradition und Moderne, westlicher Klassik und Avantgarde, Alt und Neu und Ost und West wird in Japan extremer, radikaler und greller als im Westen vollzogen. Dennoch scheint diese Mischung etwas spezifisch Japanisches zu sein, nicht universelle postmoderne Uniformität, sondern kreative Vielfalt. Die japanische Kunst und Kultur besitzt eine lange Tradition der Aneignung des Fremden. Ab dem 7. Jahrhundert gelangten mehrere Wellen chinesischen Einflusses nach Japan; im 16. Jahrhundert brachten portugiesische Jesuitenmissionare das Christentum und die Feuerwaffen; von der Mitte des 19. Jahrhunderts bis heute integrierte Japan den massiven Einfluß Europas und der USA. Japan entwickelte dabei eine spezifische Form der Aneignung von Fremdem in bewußter Auswahl und Umformung.

Japans Geschichte kennt keine Dynastiewechsel, keinen abrupten Zusammenbruch oder Neubeginn, abgesehen vielleicht von 1945. Die Veränderungen in der japanischen Kultur und Gesellschaft erfolgten durch Wandel und gleichzeitiges Festhalten an Traditionen. Als der westliche Lebensstil Japan zu beeinflussen begann, integrierten die Japaner ihnen sinnvoll erscheinende westliche Versatzstücke in einen ihnen gleichfalls sinnvoll erscheinenden traditionellen Rahmen: Man trug Schuhe zum *Kimono*, baute ein westliches Wohnzimmer in das traditionelle Gefüge des japanischen Hauses. Durch die Übernahme und Weiterentwicklung von Fremdem entstand kein Auseinanderbrechen nicht zu vereinbarender Stile und Werte; Japan war und ist in der Lage, selbst widersprüchliche kulturelle und ästhetische Tendenzen zu eigenen Formen zu entwickeln und zu harmonisieren.

1. Malerei

a. Frühe religiöse Malerei

Die frühesten Zeugnisse japanischer Malerei entstanden unter dem Einfluß der t'ang-zeitlichen Kultur Chinas in Nara. Nur wenige Beispiele dieser buddhistisch geprägten Malerei sind erhalten, wobei die wohl schönsten, die Wandgemälde in der Haupthalle des *Hōryuji*-Tempels, durch einen Brand fast vollständig zerstört wurden und nur noch in Umrißlinien sichtbar sind. Die Figuren des buddhistischen Pantheon, Buddhas, Bodhisattvas und Himmelswesen, sind mit elegant geschwungenen Linien in anmutigen Haltungen gemalt. In der religiösen Malerei der *Heian*-Zeit dominieren dann Kultbilder der esoterischen *Shingon*- und *Tendai*-Sekten des Buddhismus, oftmals in Form komplizierter Mandalas.

b. *Yamato-e* »Japanische Malerei«

In der *Kamakura*-Zeit (12.–14. Jahrhundert) beginnt eine von chinesischen Vorbildern unabhängige japanische Malerei, die sich im Gegensatz zur *Kara-e*, der Malerei in chinesischem Stil, *Yamato-e* »Japanische Malerei« nennt. Sie erscheint insbesondere auf der ebenfalls eigenständig japanischen Kunstgattung der Bildrolle *Emakimono*. Japanische Künstler fühlten sich dabei im Gegensatz zu chinesischen Malern von erzählenden Motiven und Genreszenen besonders angezogen; nicht die erhabene, oft schroffe chinesische Landschaft, sondern die sanfthügelige, grüne japanische Landschaft umrahmt die Szenen. Die Farbigkeit der *Yamato-e* wird durch leuchtende Farbflächen von Grün, Blau und Gold dominiert. Die Form der Bildrolle eignete sich besonders zur bildhaften Umsetzung literarischer Vorlagen, z.B. des berühmten Genji-Romans.

Die Malerei der *Yamato-e* mündete in die akademische Hofmalerei der Tōsa-Schule. Elemente der *Yamato-e* und der chinesisch inspirierten Tuschemalerei verbanden sich ab dem 17. Jahrhundert im repräsentativ-dekorativen Stil der Kanō-Schule, deren Höhepunkt mit der prachtvollen Ausschmückung der Wände und Stellschirme der Paläste und Klöster erreicht wurde.

c. Tuschemalerei

Ein den dekorativen Tendenzen der *Yamato-e* entgegengesetztes ästhetisches Ideal vertrat die japanische Tuschemalerei. Vorbild war die von den zenbuddhistischen Mönchsmalern geprägte Landschafts- und Bambusmalerei der chinesischen Yuan-Dynastie, die in japanischen Klöstern gesammelt und hoch verehrt wurde. Auch in Japan waren zahlreiche frühe Meister der Tuschemalerei wie Jōsetsu (ca. 1405–1430) tätig. Tuschemalerei *Suibokuga* wurde dabei als Bestandteil des zenbuddhistischen Erleuchtungsweges angesehen. Sesshū Tōyō (1420–1506) ist der bedeutendste Vertreter einer Anwendung von expressiv-abstrahierender Tuschetechnik auf die Darstellung der japanischen Landschaft. Beispielhaft ist seine Landschaft im Kursivstil in der Technik der »gebrochenen Tusche«. In abkürzend-expressiver Tuschetechnik arbeitete auch Shūkei Sesson (ca. 1504 – nach 1589). Mit einer Technik subtil lavierender Tuschemalerei arbeiteten die Maler der drei Generationen Ami, Nō-ami (1397–1471), Gei-ami (1431–1495) und Sō-ami (?–1525); sie schufen japanische Landschaften von großartiger innerer Ruhe.

d. Die Malerei der Literaten

In der *Tokugawa*-Zeit (1603–1868) wirkten erneut chinesische Einflüsse auf die japanische Malerei, insbesondere die im China der Ming- und Ch'ing-Zeit gepflegte Gattung der »Literatenmalerei«, jap. *Bunjinga*, als einer kulturvoller Muße angemessenen Aktivität der gebildeten Amateure. Ike-no-Taiga (1723–1770) und Yosa Buson (1716–1783), der in gleichem Maße auch als Dichter bekannt ist, verkörpern den Geist der japanischen *Bunjinga*. Oft malte man dabei in den intimen Formaten des Album- oder Fächerblattes. Eine späte Blüte erreichte die japanische Literatenmalerei im Werk des Tomioka Tessai (1836–1924) und seiner gelehrten Freunde.

e. Die Sōtatsu-Kōrin-Schule

Eine Schule spezifisch japanischen Charakters, vom 17. bis zum 19. Jahrhundert produktiv, ist die sogenannte Sōtatsu-Kōrin-Schule. Sie ist nach zwei Künstlern benannt, die Kunst und Kunstgewerbe ihrer Zeit entscheidend prägten. Der Maler Tawaraya Sōtatsu (tätig ca. 1595–1623) orientierte sich an der Tōsa-Schule, nahm jedoch in seiner Malerei besonders auf Wandschirmen eine beeindruckende Monumentalisierung der Flächenkompositionen der *Yamato-e* vor. In zahlreichen malerischen Werken Sōtatsus kam es durch die Verbindung mit der Kalligraphie seines Künstlerkollegen Hon'ami Kōetsu (1588–1637) zu einer vollkommenen künstlerischen Synthese. Die von Sōtatsu angeregten dekorativen Tendenzen erreichten ihre Blüte um 1700. Das ist die Zeit der berühmten, kulturell wie materiell reichen *Genroku*-Ära (1688–1703). Zahlreiche Meister arbeiteten gleichzeitig auf verschiedenen künstlerischen Gebieten, so Ogata Kōrin (1658–1716) und sein Bruder Ogata Kenzan (um 1700), die außer als Maler und Töpfer, in der Lack- und Buchkunst auch im Entwurf von Textilien Meisterwerke schufen. Besonders berühmt sind Kōrins prächtige Malereien auf Wandschirmen, wie die »Roten und weißen Pflaumen« oder die »Schwertlilien«.

Die Sōtatsu-Kōrin-Schule entwickelte sich aus dem Milieu reicher Handwerker und Kaufleute in Kyōto. Sie war der selbstbewußte künstlerische Ausdruck einer neuen, ästhetisch anspruchsvollen urbanen Schicht, die sich in ihrem Lebensstil sowohl vom Schwertadel wie auch von der höfischen Aristokratie absetzte.

f. *Yōga* – »Malerei in westlichem Stil«

Mit 1868, der *Meiji*-Restauration nach dem Zusammenbruch des *Tokugawa-Shōgunats*, wird im allgemeinen der Beginn der japanischen Moderne angesetzt, obwohl im Bereich der Kultur die geistigen Auseinandersetzungen der späten *Edo*-Zeit eine wichtige Vorbereitung auf die »kulturelle Erneuerung« *(Bummei-Kaika)* der *Meiji*-Zeit waren.

Die Malerei dieser Zeit ist gespalten zwischen den Anhängern eines westlichen Stils *(Yōga)* und einer Wiederbelebung japanischer Malereitraditionen in der *Nihonga* »Japanischen Malerei«. Takahashi Yūichi (1828–1894) war der erste japanische Künstler, der Ölbilder in europäischem Stil schuf. Zahlreiche Künstler studierten in Paris und übernahmen mit Elementen des Impressionismus auch die in Ostasien bislang unbekannte Freilichtmalerei.

1896 wurde in der 1889 gegründeten Staatlichen Kunstschule in Tōkyō eine Fakultät für »Malerei in europäischem Stil« eröffnet. Bis zum Ende des Ersten Weltkrieges übten die Impressionisten und Post-Impressionisten prägenden Einfluß auf die japanischen Maler im westlichen Stil aus. Umehara Ryūsaburō (geb. 1888) hatte bei Renoir studiert, Yasui Sōtarō (1888–1953), während seiner Studien in Frankreich besonders durch Cézanne beeinflußt, trat durch Portraits in dekorativer Farbigkeit hervor. Im Werk des Yorozu Tetsugurō (1885–1927) finden sich Bilder im Stil des Fauvismus, des Futurismus und des Kubismus; in seinen zahlreichen Selbstbildnissen repräsentiert er eine für Japan neue Beschäftigung mit dem künstlerischen Individuum.

Erst in den zwanziger Jahren fand sich die japanische Malerei in Auseinandersetzung mit westlich-avantgardistischen Strömungen wie dem Dadaismus und dem Surrealismus. Wie im Westen der Erste Weltkrieg hatte in Japan das verheerende Kantō-Erdbeben von 1923 als ein Symbol des Zusammenbruches aller traditionellen Werte gewirkt. Die Auseinandersetzung mit abstrakter Malerei erfolgte in Japan durch den Zusammenschluß abstrakter Maler erst 1937, dem Jahr des Beginns des chinesisch-japanischen Krieges. Die in den folgenden Jahren immer beherrschenderen faschistisch-militaristischen Kräfte der japanischen Gesellschaft sowie der Eintritt Japans in den Zweiten Weltkrieg zerstörten das Klima für frei experimentierende Kunst.

g. *Nihonga* – »Malerei in japanischem Stil«

Als Gegenbewegung und Reaktion auf die westlich ausgerichtete Ölmalerei der *Yōga* ist der Versuch einer Neubelebung traditionell japanischer Maltechniken und künstlerischer Ausdrucksformen zu sehen. 1880 wurde die *Nihonga* »Japanische Malerei« ins Leben gerufen. Eine zentrale Figur war hierbei der in Tōkyō lehrende Amerikaner Ernest Fenollosa.

Die *Nihonga* hielt an der Verwendung traditioneller Techniken wie schwarzer und farbiger Tusche sowie an spezifisch japanischen Themen und Motiven fest. Zahlreiche Künstler arbeiteten an dieser Neuinterpretation nationaler Kunsttradition: Die früheste Ausprägung der *Nihonga* ist das Werk des aus der Kanō-Schule stammenden Kanō Hōgai (1828–1888); eine Synthese mit der *Yamato-e*-Tradition farbig-eleganter Flächigkeit entwickelte Hashimoto Gahō (1835–1908). Noch in der zeitgenössischen Malerei wird die *Nihonga* durch die großformatigen, farbigen Tuschebilder des international berühmten Künstlers Higashiyama Kaii (geb. 1908) repräsentiert.

h. Moderne Kunst nach dem Zweiten Weltkrieg

Nach dem Krieg knüpfte die japanische Malerei zunächst an Vorkriegstendenzen wie Surrealismus, Dadaismus und Abstraktion an. In den fünfziger und sechziger Jahren studierte eine neue Generation japanischer Künstler nicht mehr bevorzugt in Paris, sondern setzte sich in New York mit avantgardistischen Formen wie Pop-Art, Happenings und Aktionskunst, Video- und Objektkunst auseinander. Yoshihara Jirō (1905–1972) gründete 1964 in Ōsaka die Künstlergruppe *Gutai*, die durch Happenings, Aktionskunst und besonders durch lichtkinetische *Environments* hervortrat und für eine Vermittlung avantgardistischer Tendenzen der Kunst des Westens in Japan sorgte. Repräsentativ für die jüngere Generation der *Gutai* ist Yoshida Minoru (geb. 1935), der in den fünfziger Jahren mit abstrakter Malerei begonnen hatte.

Von herausragender Bedeutung für die zeitgenössische japanische Kunst war der amerikanische Komponist, Künstler und Kunsttheoretiker John Cage (1912–1992). Zu den international bekannten japanischen Künstlern aus seinem Umkreis gehören die 1937 geborenen Objekt- und Videokünstlerin Kubota Shigeko wie auch die Videokünstlerin Ono Yoko; beide waren mehrmals auf der documenta in Kassel vertreten. Aus der Fluxus-Happening-Bewegung ging auch Ay-O (Tatsuno Toeko) hervor. Neodadaistische Collagetechniken entwickelte der Maler und Graphiker Arakawa Shūsako weiter. Kawara On ist seit den sechziger Jahren durch seine der Konzeptkunst zuzuordnenden *date paintings* international bekannt geworden. Inzwischen folgte der durch die Tendenzen der Kunst in den USA geprägten Generation japanischer Künstler eine in den fünfziger Jahren geborene neue Generation, die zwar selbstverständlich Bestandteil der internationalen zeitgenössischen Kunstszene ist, ihre Inspiration jedoch verstärkt in einer Auseinandersetzung mit ästhetischen Traditionen Japans entwickelt. Materialien wie Papier, Holz, Stein oder Metall werden bevorzugt, eine erneute Auseinandersetzung mit traditionellen Konzepten japanischer Kunst und Kultur wie der Natur, den Elementen, dem Raum, der Leere gesucht. Dabei wird jegliche Naivität oder nostalgische Romantik vermieden; die zeitgenössische Kunst Japans ist eine Reflexion der Industrie- und Massengesellschaft Japans. In diesem Zusammenhang sind beispielsweise der Teilnehmer der documenta 1992 Kawamata Tadashi mit seinen Holzlattenverkleidungen zu nennen, die käfigartig-kalligraphischen Stahlarbeiten der 35jährigen Aoki Noe oder die durch Brand bearbeiteten Holzstücke und Baumfragmente von Nishina Shigeru.

2. *Sho* – die Schriftkunst

Sho bezeichnet im Japanischen die Schrift als Kunstform, wobei der Begriff »Kalligraphie« als »Schönschrift« nur einen Teil der Bedeutung von *Sho* deckt. In der Schriftkunst sah man in ganz Ostasien ein der Malerei gleichwertiges, ja oft sogar höher eingeschätztes künstlerisches Medium. Schrift galt weit mehr als in der westlichen Graphologie als unmittelbarer Ausdruck von Persönlichkeit und Charakter. So gehörte die Beherrschung der Schriftkunst nach traditioneller Auffassung zu den Eigenschaften des Gebildeten.

Das Japanische besitzt drei Schriftarten: *Kanji*, die chinesischen Schriftzeichen als Ideogramme, sowie die Silbensysteme *Hiragana* und *Katakana*.

Die besondere Ästhetik der Schriftkunst basiert dabei auf den Eigenarten der Schreibmaterialien: dem hochelastischen Pinsel *Fude* oder *Hitsu*, der Tusche *Boku* und dem besonders saugfähigen, handgeschöpften Papier *Kami*.

a. Die kalligraphischen Stile

Im Laufe von über 1000 Jahren entwickelten sich mehrere kalligraphische Stile, die noch heute als unterschiedliche Formen künstlerischen Ausdruckes nebeneinander bestehen. Die strenge »Siegelschrift« *Tensho* mit den spitz zulaufenden Strichenden gilt als ältester Schrifttypus. Er hat seine Wurzeln in der Technik des Eingravierens in Stein oder Metall und ist mit dem Pinsel nicht einfach zu schreiben. In diesem Schriftstil sind z. B. zahlreiche Künstlersiegel geschnitzt. Die »Amtsschreiberschrift« *Reisho* entwickelte sich aus der *Tensho* durch schnelles Schreiben und den Gebrauch des Pinsels. Die *Kaisho* »Regelschrift« entstand in der chinesischen Tang-Zeit und ist die klassische Buchschrift, die Grundlage der noch heute benutzten Drucktypen. In Japan existieren beispielsweise noch zahlreiche buddhistische Sutren, die auf lila oder dunkelblauem Papier mit Gold- oder Silbertusche in *Reisho* geschrieben sind. *Gyōsho* »Kurrentschrift« und *Sōsho* »Konzeptschrift« entstanden durch schnelles Schreiben, wobei Elemente der einzelnen Zeichen zusammengezogen werden. Diese oft expressiven Typen von Handschrift, welche einen hohen Grad individuellen Ausdrucks erlauben, sind nicht ohne weiteres zu lesen.

Die *Kana*-Zeichen waren in der *Heian*-Zeit durch weitere Vereinfachung von in *Sōsho* geschriebenen Zeichen entstanden. In der Kalligraphie entwickelte sich dabei ein besonderer, rein japanischer Stil *Remmen*, wobei die dünnlinig geschriebenen Zeichen in eleganter Weise verbunden werden – spezifischer Ausdruck der höfischen Eleganz der *Heian*-Zeit, wie z. B. in der Kalligraphie des Fujiwara Yukinari (972–1027).

Ganz spezifisch japanisch sind die von Zen-Meistern geschriebenen Schriftwerke. Es handelt sich dabei um einzelne Zeichen oder *Kōans*, kurze, meist paradoxe zenbuddhistische Sprüche, die ein Mönch für seine Schüler schrieb. In ihnen drückt sich oft eine heftige Individualität des Schreibenden aus. Wenngleich diese Form der Kalligraphie nicht als künstlerisch zu wertendes Werk, sondern als Ausdruck eines spirituellen Aktes intendiert ist, zeigt sich in ihnen oftmals hohe kalligraphische Qualität.

b. Zeitgenössische Schriftkunst

Die zeitgenössischen Schriftkunstwerke japanischer Kalligraphen zeigen oft einzelne Schriftzeichen, Sprüche oder Gedichtzeilen in individueller, unorthodoxer Interpretation, d. h. die traditionellen Strichkompositionen sind verschoben und komprimiert, künstlerisch-visuelle Gestaltung verhindert oft die »Lesbarkeit«. Zahlreiche Anregungen stammten von der abstrakten Malerei des Westens – welche ihrerseits durch östliche Kalligraphie inspiriert wurde, wie Werke von Kline, Motherwell, Hartung oder Soulages zeigen. Japanische Schriftkünstler wie Morita Shiryū (geb. 1912) entwickelten einen der Abstraktion nahestehenden expressiven Stil; Schriftkunst hatte entscheidenden Einfluß auf die japanische Ästhetik der Flächengestaltung. Stärker als im Westen ist japanisches Design durch das Element der Schrift geprägt. Schriftgestaltung dominiert noch heute nicht nur die Werbung, sondern alle Bereiche des Alltags.

3. Plastik

a. Religiöse Plastik

Im Gegensatz zu China, wo Stein das wichtigste Material der Plastik ist, verwendet man in Japan Bronzeguß und Trockenlack, bevorzugt jedoch Holz. Eine der bedeutendsten Bronzeplastiken der *Nara*-Zeit ist die *Shaka*-Trias im *Hōryuji*-Tempel, datiert 623. Als eine Art Wahrzeichen Japans gilt die Monumentalplastik des *Daibutsu*, des »Großen Buddha« von Kamakura. Die über 11 m hohe Plastik, aus Bronze in Teilen gegossen, ist auf das Jahr 1252 datiert.

Aus China war für die Herstellung von Plastik die Technik des Trockenlack *Kanshitsu* übernommen worden. Dabei wurden Geräte oder Skulpturen aus einem mit Rohlack getränkten Hanfgewebe geformt, welches über einem aus Ton oder Holz gefertigten Gerüst drapiert wurde. Nachdem man den Kern entfernt hatte, konnte die Oberfläche weiter bearbeitet werden. Plastik in der Technik des Trockenlacks zeichnet sich durch besonders feine Gestaltungsmöglichkeiten aus. Das wichtigste Material japanischer Skulptur ist jedoch das Holz. Oftmals wurden dabei die Skulpturen aus einem einzigen Stück Holz geschnitzt *(Ichibokuzuri)*. Von besonderer Bedeutung ist die Entwicklung einer individualisierten buddhistischen Portraitplastik, als deren größter Meister Unkei (13. Jh.) gilt.

b. Masken und Kleinplastik

In Zusammenhang mit Holzschnitzerei sind auch die Masken zu nennen, die bei den beiden im 14. Jahrhundert entwickelten Theaterformen, dem tragischen *Nō* und dem possenhaften *Kyōgen*, getragen wurden. Besonders als Objekt westlicher Sammelleidenschaft ist die japanische Kleinplastik bekannt. Zu ihr gehören die *Okimono*, »Dinge zum Aufstellen«, als eine späte Zierkunst für den Schreibtisch des Gelehrten, und die *Netsuke*, Halteknöpfe für die am Gürtel befestigten Behälter. *Okimono* und *Netsuke* sind meist aus Elfenbein, Bein oder Holz in einer unendlichen Fülle von Formen geschnitzt.

4. Der japanische Holzschnitt

a. Von buddhistischen Drucken zum *Ukiyo-e*

Die Technik des Druckens mit Stempeln aus Holz oder Metallplatten entwickelte sich in China bereits im 6./7. Jahrhundert in Zusammenhang mit der Verbreitung der buddhistischen Lehre. Auch die ältesten japanischen Drucke aus dem 8. Jahrhundert sind Vervielfältigungen buddhistischer Schutzformeln und Texte.

Die Blüte des japanischen Holzschnittes ist mit dem Begriff *Ukiyo-e* verbunden. Das ursprünglich buddhistisch getönte *Ukiyo* für »fließend – vergängliche Welt« mit pessimistischer Grundhaltung erfuhr im 17. Jahrhundert einen Bedeutungswandel im Sinne einer optimistischen »Welt der Diesseitigkeit und des Vergnügens«, bis es Ende des 17. Jahrhunderts nur noch »modisch« bezeichnet. *Ukiyo-e*, ursprünglich »Bilder der Welt der Vergänglichkeit«, nun »Bilder im Zeitgeschmack«, schildern das bunte, von Lebensgenuß und Vergnügungssucht bestimmte Treiben in den großen Städten, besonders in der Hauptstadt Edo. Wichtigste Themen des *Ukiyo-e* sind dabei die schönen Kurtisanen und die Welt des Theaters. 1670 tritt mit Hishikawa Moronobu (1618–1694) der erste namentlich faßbare Holzschnittmeister des *Ukiyo-e* auf. Okumura Masanobu (1668–1764) und Suzuki Harunobu (1725–1770) formulierten in ihren Schwarz-Weiß-Drucken ein anmutiges Ideal eleganter Kurtisanen; spätere Meister wie Torii Kiyonaga (1752–1815) und besonders Kitagawa Utamaro (1753–1806) verliehen den in raffiniertester Technik farbig gedruckten Blättern weiblicher Schönheit auch hohe psychologische Ausdruckskraft. Die Darstellungen aus der Welt des Theaters sind mit der von Torii Kiyonobu (1664–1729) begründeten Torii-Schule, die bis in das 19. Jahrhundert bestand, verbunden. Mit scharf karikierenden Schauspielerportraits ragt der geheimnisvolle Sharaku (tätig 1794/95) heraus.

Erst im 19. Jahrhundert verlagert sich mit dem Werk von Katsushika Hokusai (1760–1849) und Andō Hiroshige (1797–1858) die Hauptthematik des japanischen Farbholzschnittes auf die Darstellung der Landschaft. Um 1830 erschienen die berühmten »36 Ansichten des Fuji« von Hokusai, 1832 die »53 Stationen der Tōkaidō« von Hiroshige. Der japanische Holzschnitt ist das Gemeinschaftswerk eines Verlegers als Auftraggeber, eines entwerfenden Künstlers, des Holzschneiders und des Drukkers. Die Entwurfzeichnung in Schwarz-Weiß wurde von dem Holzschneider mit der Zeichnung nach unten auf das Holz gelegt und das befeuchtete Papier so weit abgerieben, daß nur noch die Zeichnung sichtbar war. Nach ihr wurde die Konturplatte geschnitten. Beim Farbholzschnitt bestimmte der entwerfende Maler auf den Musterabzügen die Farbflächen; diese Abzüge klebte der Holzschneider dann auf die Druckplatten und schnitt für jede Farbe einen einzelnen Druckstock. Die Auflagen von Holzschnitten betrugen ca. 200 Blatt, beliebte Holzschnitte erreichten bis zu 200 Auflagen.

b. *Sōsaku-Hanga*, der »Schöpferische Holzschnitt«

In der zweiten Hälfte des 19. Jahrhunderts kam es zu einer interessanten gegenseitigen Beeinflussung japanischer und westlicher Kunst: Wirkten die kühnen Farben und perspektivischen Kompositionen der Blätter von Hokusai und Hiroshige auf van Gogh und die Impressionisten, so sollte mit einer langsamen und kontrollierten Integration westlicher Elemente eine neue Phase des japanischen Holzschnittes bzw. japanischer Graphik beginnen. Bereits um 1870 experimentierte Kiyochika (1847–1915) mit der Darstellung von Licht und Schatten im Medium des traditionellen japanischen Farbholzschnittes.

Den Anfang moderner japanischer Graphik bildet jedoch die Gründung der Gruppe *Sōsaku-Hanga* »Schöpferischer Holzschnitt« im Jahre 1904, die forderte, der

Künstler müsse alle Vorgänge des Entwurfs, des Schneidens der Platte und des Drukkens der Platte selbst durchführen. Die modernen Holzschnittmeister bzw. Graphiker definierten sich in der europäischen Tradition der peintre-gravure, mit dem gleichen Status wie Maler oder Bildhauer.

Die Bewegung des *Sōsaku-Hanga* erlebte eine Blütezeit in den zwanziger und dreißiger Jahren, wo sie entscheidende Impulse auch durch die *Mingei*-Bewegung – die Wiederentdeckung japanischer Volkskunst – erhielt. Die prägende Figur des *Sōsaku-Hanga* war Onchi Kōshirō (1891–1955), international berühmt wurde Munakata Shikō (1903–1975), der sich sowohl von den mittelalterlichen buddhistischen Schwarz-Weiß-Drucken als auch der *Mingei*-Bewegung anregen ließ. Die Bewegung der Erneuerung des japanischen Holzschnittes wurde im Ausland jedoch erst nach dem Zweiten Weltkrieg wahrgenommen und gewürdigt.

5. Moderne Graphik

In den fünfziger und sechziger Jahren wandte sich eine neue Generation japanischer Maler und Graphiker nicht mehr Europa, sondern den USA als Zentrum internationaler zeitgenössischer Kunstproduktion zu. Man experimentierte mit neuen Stilen wie Pop-Art und neuen Techniken wie Lithographie, *screen-prints* und *mixed-media,* Ikeda Masue (geb. 1934) scheint vom »Primitivismus« eines Klee oder Dubuffet angeregt; die Malerei und Graphik in bunten Regenbogenfarben von Ay-O (Tatsuno Toeko, geb. 1931) gehört zur internationalen Pop-Art. Zu den interessantesten zeitgenössischen Graphikern gehört Noda Tetsuya (geb. 1940); er benutzt Photographien, die er durch *silkscreen*-Technik in die Graphik miteinbezieht.

Trotz einer fortschreitenden Internationalisierung der japanischen Graphik findet bei zahlreichen zeitgenössischen Künstlern eine erneute, bewußte Auseinandersetzung mit den japanischen Traditionen des Holzschnittes statt. Dies geschieht z.B. bei Shinoda Tōkō (geb. 1911), der kalligraphische Elemente in sein graphisches Werk miteinbezieht, oder bei der Künstlerin Iwami Reika (geb. 1927), in deren Werken der Abdruck der Maserung angeschwemmten Holzes auf die Elemente Holz und Wasser verweist.

Neben der westlichen Praxis von Signatur, Titel und Numerierung erscheint auf zahlreichen Blättern moderner japanischer Graphik noch immer das traditionelle rote Künstlersiegel als integraler Bestandteil des Bildes.

Im Ausland wurde die moderne japanische Graphik erst in den fünfziger Jahren zur Kenntnis genommen; in Japan selbst bezeichnet 1957 als das Jahr der Gründung der Internationalen Graphik-Biennale in Tōkyō den Beginn der offiziellen Anerkennung von Graphik als Kunstform. In den letzten Jahrzehnten kam es auch in Japan zu einer enormen Steigerung der Produktion und Edition von Graphik, welcher durchaus eine Nachfrage auf dem Kunstmarkt entsprach. Obwohl die Formate zeitgenössischer Malerei und Plastik mit den beschränkten räumlichen Verhältnissen, in welchen viele Japaner leben, nicht zu vereinbaren sind, gehört auch in Japan Graphik inzwischen zu einem anerkannten Wandschmuck in den Wohnungen der Mittelklasse.

6. Keramik

a. Frühe Keramik und Tee-Keramik

Die Anfänge japanischer Keramik reichen weit in die Frühzeit der *Jōmon*-Zeit zurück, in der man keramische Gefäße mit dem Abdruck von Schnüren (*Jōmon* bedeutet wörtlich »Schnurmuster«) herstellte. Bereits ab dem 5./6. Jahrhundert drehte man auf der Töpferscheibe ein hartes, grauschwarzes, dünnwandiges Steingut, die *Sue*-Ware *Sueki*. Einen entscheidenden Impuls erhielt die japanische Keramik jedoch durch den Töpfer Tōshirō, der den buddhistischen Priester Dōgen 1223–1227 auf seiner Reise nach China begleitet und dort die hochentwickelte Keramik der Sung-Zeit studiert hatte. Nach seiner Rückkehr nach Japan soll er in Seto in der Nähe von Nagoya eine Werkstatt gegründet haben; Seto ist übrigens noch heute ein Zentrum japanischer Keramikproduktion, *Setomono* »Gegenstand aus Seto« die allgemeine Bezeichnung für Keramik. Ab dem 13. Jahrhundert wurde in Seto in Anlehnung an die durch Eisenoxyd erzielte dunkelbraun-schwarze Glasur der »Nördlichen Ware« Chinas das sogenannte *Temmoku* produziert, meist für schlicht-elegante Teeschalen, die in Japan für die Teezeremonie besonders geschätzt wurden.

Die besondere Ästhetik der Tee-Kunst wurde durch den Tee-Meister Sen no Rikyū (1521–1591) formuliert. Zwei Begriffe kennzeichnen die ästhetischen Qualitäten dieser Tee-Zeremonie und der dabei benutzten Geräte: *Wabi* und *Sabi*. *Wabi* verweist auf die schlichte, ungekünstelte, doch kultivierte Atmosphäre, *Sabi* bezeichnet das Gegenteil von neu und prächtig, nämlich alternd, mit würdevoller Patina. Auf diesem Boden zenbuddhistischer Ästhetik erwuchs zwischen dem 15. und 17. Jahrhundert die klassische Form der Tee-Kunst. Zu den wichtigsten Tee-Geräten aus Keramik gehören Tee-Schale *Chawan*, Kaltwassertopf *Mizusahi*, Teebüchse *Chaire*, Kuchenteller *Sara* und Blumenvase *Hanaike*.

Tee-Keramik wurde besonders in den »Sechs Alten Öfen Japans« Seto, Tokoname, Shigaraki, Tamba, Bizen und Echizen hergestellt. Von großer Bedeutung für die Entwicklung der Keramik in Kyōto ist der Maler und Töpfer Nonomura Ninsei (gest. 1660 oder 1666), Schöpfer sowohl zurückhaltend-schlichter wie auch prächtig-dekorativer Keramik. Ein Schüler Ninseis ist der gleichfalls als Maler und Keramiker arbeitende berühmte Ogata Kenzan (1663–1741), der Bruder Kōrins, der in einem freien, kalligraphisch abgekürzten Dekor seiner Gefäße einen unterschiedlichen Stil verwirklichte. Die Signaturen von Ninsei und Kenzan erscheinen auf unzähligen späteren Nachahmungen der Werke dieser berühmten Meister.

b. Die Keramik der klassischen Moderne

In ihrer Bindung an funktionale Form und die Eigentümlichkeit des Materials hatte die traditionelle japanische Keramik höchste künstlerische und kreative Ansprüche verwirklicht. Im 19. Jahrhundert war dann – und dies gilt auch für andere Bereiche des Kunsthandwerks wie Lack- und Textilkunst – bei technischer Virtuosität und enormer Produktion ein künstlerischer Verfall eingetreten.

Neue Inspiration erhielt das Kunsthandwerk in den zwanziger und dreißiger Jahren durch die von Yanagi Muneyoshi (auch Sōetsu, 1898–1961) initiierte *Mingei*-»Volkskunst«-Bewegung. Vergleichbar des englischen *arts-and-crafts-movement* von William Morris (1834–1896) als Reaktion auf den Niedergang des Handwerks durch die industrielle Umgestaltung der Gesellschaft, entdeckte die *Mingei*-Bewegung die »primitive« Kunst Ostasiens. In den Blickpunkt eines »modernen« ästhetischen Interesses gelangten dabei insbesonders die Bauernkeramik Koreas und des ländlichen Japan, die Textilien Okinawas und die Geräte der *Ainu*, der japanischen Urbevölkerung. Entscheidend von der *Mingei*-Bewegung inspiriert sind die Meister der »klassischen« Moderne der japanischen Keramik, Hamada Shōji (1894–1978), Tomimoto Kenkichi (1886–1963), Kawai Kanjirō (1890–1966) sowie der Engländer Bernard Leach (1887–1979), der Mittler östlicher und westlicher Keramikkunst. Doch wirkte die *Mingei*-Bewegung auch auf die Textilkunst, so z. B. auf das Werk des Serizawa Keisuke (1895–1984) und auf die Holzschnitte von Munakata Shikō (1903–1975). Die schönsten Schöpfungen der *Mingei*-Bewegung vereinigen auf oft hohem künstlerischen bzw. kunsthandwerklichen Niveau Funktionalität mit einer Ästhetik vitaler bäuerlicher Schlichtheit.

c. Zeitgenössisches Kunsthandwerk und Keramik

Die Entwicklung des Kunsthandwerks nach dem Zweiten Weltkrieg erfolgte nicht zufällig, sondern als Ergebnis einer gezielten Kulturpolitik. 1950 erließ die japanische Regierung ein Gesetz zum Schutz von Kulturgütern, wobei der Begriff »Kulturgut« nicht nur Kunstwerke selbst, sondern auch handwerkliche oder künstlerische Techniken erfaßte. 47 solcher Techniken wurden unter Schutz gestellt, darunter im Bereich der Keramik z. B. die Traditionen der Öfen Shino, Oribe und Bizen, interessanterweise jedoch auch die ursprünglich aus China übernommene Glasurtechnik des *Temmoku*. Künstler, welche beispielhaft traditionelle Techniken verkörperten, erhielten die Auszeichnung »Lebender Nationalschatz« *(Ningen Kokuhō)*. 1954 stellte man auf der Ausstellung der *Nihon Dentō Kōgeikai* »Japanische Gesellschaft für traditionelles Kunsthandwerk« Werke »Lebender Nationalschätze« u. a. aus den Bereichen Keramik und Lackkunst aus, die dadurch stilbildend wirkten. Die meisten zeitgenössischen Keramiker arbeiten in einer schöpferischen Umsetzung traditioneller Prinzipien, wie beispielsweise Yoshika Taibi (1915–1991) in der *Hagi*- oder Ōhi Toshirō (geb. 1928) in der *Raku*-Tradition.

Es gibt jedoch auch Künstler, welche die traditionelle Bindung an die Funktion und traditionelle ästhetische Ideale als Einengung ihrer Kreativität empfinden und mit Keramik- oder Lackarbeiten als reinen Kunstobjekten experimentieren.

d. Japanisches Porzellan

Die Geschichte des japanischen Porzellans beginnt mit dem militärischen Feldzug Hideoshis nach Korea 1593–1598, als dessen Folge zahlreiche koreanische Töpfer als

Kriegsgefangene nach Japan verschleppt wurden. In der Gegend um Arita auf der Insel Kyūshū, wo man reiche Vorkommen an kaolinhaltiger Tonerde fand, entstanden mit der entwickelten Technik der dort angesiedelten koreanischen Töpfer Manufakturen.

Als erster japanischer Töpfer gilt Kakiemon (1598–1666), der die Bemalung des Porzellans mit Überglasurfarben eingeführt haben soll. Dekor aus der Kakiemon-Manufaktur spielte übrigens eine wichtige Rolle als Vorbild des frühen Meissener Porzellans. Vom 17. bis in die Mitte des 18. Jahrhunderts produzierten japanische Manufakturen in großen Mengen für den Export nach Europa, insbesonders durch die Niederländisch Ostindische Compagnie; japanisches Porzellan war in dieser Zeit in Europa ebenso beliebt wie das chinesische. Bei den Exportwaren handelte es sich hauptsächlich um Blau-Weiß-Waren oder Porzellane mit einer üppig brokatartigen, blaurotgoldenen Bemalung, das sogenannte *Imari*-Porzellan, benannt nach der Hafenstadt, in der das Arita-Porzellan verschifft wurde. *Imari*-Export-Porzellan wurde in großen Mengen und äußerst erfolgreich in der holländischen Manufaktur Delft nachgeahmt.

Die ab Ende des 19. Jahrhunderts in großen Mengen produzierte Exportware entsprach in Formtypen und Dekor meist den Wünschen der westlichen Auftraggeber. Besonders beliebt war die mit exotischen Szenen in überladenem Golddekor bemalte sogenannte *Satsuma*-Ware, die in strengem Sinne meist Steinzeug ist. Die beste Qualität japanischen Porzellans verkörpert jedoch nicht das für den Export, sondern den einheimischen Bedarf hergestellte Porzellan. Nur wenige der in starken, dunklen Farben mit kühnem Dekor bemalten *Kutani*-Waren gelangten nach Europa. *Nabeshima*-Porzellan, exklusiv für den Clan des *Diamyo* Nabeshima hergestellt, zeichnet sich durch einen makellos reinweißen Scherben und perfekte Bemalung in japanischem Stil aus. Auch das *Hirado*-Porzellan mit zarter Blau-Weiß-Bemalung entstand für den Bedarf des lokalen Fürsten. Im zeitgenössischen Kunsthandwerk liegt der Schwerpunkt der Arbeiten individuell arbeitender Töpfer auf der Herstellung von Keramik, nicht von Porzellan. Eine Gruppe von Töpfern experimentiert jedoch mit einer Verbindung ostasiatischer Porzellantraditionen in modernem westlichen Stil.

7. Die Kunst der Lackarbeiten

Lackarbeiten sind für das Kunstgewerbe Japans und Chinas charakteristisch. Das wichtigste Material für die *japanned wares*, wie Lackarbeiten in Europa genannt wurden, der Lackbaum rhus vernicifera, kommt nur in Asien vor. Ihm wird der Rohlack ähnlich wie beim Gummibaum abgezapft. Die milchige Flüssigkeit wird gefiltert und mit Pigmenten gefärbt – meist Rot oder Schwarz, selten Grün oder Gelb – und kann dann auf unterschiedliche Materialien wie Holz, Bambus oder Textilien aufgetragen werden. Neben seiner Funktion als Schutz des Kernmaterials wurde Lack auf unterschiedliche Weise künstlerisch gestaltet.

Wie aus Grabfunden bekannt gab es in Japan bereits in frühgeschichtlicher Zeit mit Lack überzogene Geräte. Eine erste künstlerische Blüte erreichte die Lackkunst in der *Nara*-Zeit. Aus der 756 gestifteten Schatzkammer *Shōsōin* sind über 100 Lackgeräte überliefert. In der folgenden *Heian*-Zeit, in der sich die japanische Kunst von den chinesischen Vorbildern löste, »erfand« man um 900 die für Japan charakteristische Technik des Streulacks, die zu Schöpfungen hohen künstlerischen Niveaus entwickelt wurde. Streulack *Maki-e* entsteht durch das Einstreuen von Gold oder anderen Metallpulvern in den noch feuchten, meist schwarzen Lackgrund. Auf diese Weise entstanden feinste Reliefdekore *Hiramaki-e* bzw. *Takamaki-e*. Im Gegensatz zur chinesischen Relieftechnik wurden sie nicht durch Einlage, sondern durch Auflage von Metallen erzeugt.

In unterschiedlichen, raffinierten Streulacktechniken entstanden insbesondere in der *Edo*-Zeit für den Adel oder das reiche Bürgertum Luxusgüter wie Weihrauchdöschen, Schreib- und Papierkästen, Speisebehälter und die mehrteiligen Medizindöschen *Inrō*. Neben den Streulacktechniken perfektionierten japanische Meister auch die Techniken des Schnitzlacks, der Perlmutteinlagen und des Dekors durch farbige Lackmalerei. Technisch revolutionäre Werke mit raffiniert kombinierten Materialien wie Bleieinlagen schuf Honami Kōetsu (1558–1638). Ein Höhepunkt auch in der Lackkunst ist die *Genroku*-Ära um 1700, in welcher die oft kopierten Lackarbeiten des Ogata Kōrin (1651–1719) entstanden. Im 19. Jahrhundert erreichte die japanische Lackkunst im Werk des Shibata Zesshin (1807–1890) eine späte Blüte. Noch heute spielen Lackarbeiten in Kunsthandwerk und Design eine wichtige Rolle. Dabei reicht das Spektrum von Arbeiten mit virtuoser Beherrschung traditioneller dekorativer Techniken bis zur Anwendung von Lack bei avantgardistisch gestalteten Möbeln, beispielsweise der Designgruppe »Studio 80«.

8. *Ikebana*

Ikebana, die Kunst, Blumen und Pflanzen zu arrangieren, hat nicht nur in Japan, sondern auch in Europa und den USA Millionen von Anhängern.

Die ursprünglich chinesische Sitte, den buddhistischen Altar mit Blumen zu schmücken, gelangte im 7. Jahrhundert nach Japan. Ab dem 11. Jahrhundert gab es in Japan feststehende Regeln für die Arrangements von Pflanzen und Blüten. Bis heute verwirklichen alle Schulen des *Ikebana* eine dreiteilige Grundkomposition, bei welcher der hohe, aufgerichtete Zweig den Himmel, der mittlere begleitende Zweig den Menschen und der niedrige Zweig die Erde symbolisieren.

Die erste überlieferte Schule – und noch heute die wichtigste – ist die *Ikenobu*-Schule. Sie verkörpert die klassische Form der Blumenkunst. Innerhalb der *Ikenobu*-Schule entwickelte sich im Gegensatz zum frühen, frontal-prächtig aufgebauten Arrangement im *Rikka*-Stil mit der Formulierung des ästhetischen Ideals der schlichten Tee-Zeremonie der Stil der *Chabana* »Tee-Blumen« als Schmuck der *Tokonoma*. Diese Nische des Teeraumes wurde außer durch ein schlichtes, der Jahreszeit entsprechendes Blumenarrangement nur noch durch ein Rollbild geschmückt. »Tee-Blumen« bestanden oftmals nur aus einem einzelnen Zweig oder Blüte in schlichten Keramikvasen oder Körben. Das Arrangieren von Blumen galt im zenbuddhistischen Zusammenhang als geistige Schule.

Die erst nach dem Zweiten Weltkrieg entstandene Sōgetsu-Schule propagiert dagegen einen freien, kreativen Stil, für welchen keine Maß-, Winkel- oder Materialvorschriften gelten. Auch die Gefäße, in den traditionellen Schulen von zurückhaltender Schlichtheit, stellen nun selbständige Gestaltungselemente dar.

9. Textilkunst und Mode

In weit höherem Maß als die Chinesen, von denen zwischen dem 6. und 8. Jahrhundert die Form der Gewänder übernommen wurde, entwickelten die Japaner Dekore und Materialien. Sie erfanden Techniken raffinierter Stickerei, Brokatweberei, Färbetechniken, Bemalung mit Blattgold sowie die typisch japanische Kombination unterschiedlicher Techniken.

Dabei ist das japanische Gewand, der *Kimono*, aus einfachen, geraden Bahnen zusammengesetzt; diese Grundform hat sich in über 1000 Jahren kaum verändert. Doch gerade in dieser schlichten Form entwickelte sich eine Fülle von Gestaltungsmöglichkeiten. Berühmt aus Literatur und Malerei sind die aus zwölf Lagen bestehenden, üppigen Gewänder der Hofdamen der *Heian*-Zeit. Dagegen bildete die Flächigkeit des *Kimono* den Hintergrund für einen ab der *Momoyama*-Zeit besonders kultivierten, meist unkonventionell gestalteten, prächtigen Stil. Zahlreiche Künstler wie Ogata Kōrin (1651–1719) arbeiteten auch als »Designer« von Textilien.

Von herausragender Schönheit sind die Kostüme des *Nō*-Theaters. Auf den Farbholzschnitten aus *Ukiyo-e* erscheinen die wirkungsvollen Gewänder der Schauspieler des *Kabuki*-Theaters und der eleganten Kurtisanen. Neben diesen Traditionen raffinierter, dekorativer Prächtigkeit wirkten auf modernes japanisches Textildesign jedoch auch die bäuerlich-schlichten Webtechniken und Muster, die in der Volkskunstbewegung der zwanziger Jahre wiederentdeckt wurden.

Eine Avantgarde japanischer Designer in Paris wie Kenzo, Miyake Issey, Yamamoto Yohji und Kawakubo Rei haben mit hohem künstlerischen Anspruch die unterschiedlichen Traditionen japanischen Textildesigns auf westliche Kleidung übertragen und wirken inzwischen mit ihren raffinierten, unkonventionellen und kreativen Entwürfen stilbildend und innovativ.

10. Japanisches Design

Der Begriff »Japanisches Design« bezieht sich auf zwei unterschiedliche Bereiche: die von traditioneller Ästhetik geprägten Geräte des Alltags – von der lackierten Suppenschale/Reisschale bis zum Baumwollkimono *Yukata* – und das »Design« der in Massenproduktion hergestellten Hightech-Produkte wie Kameras und Autos. Gibt es dabei verbindende, spezifisch japanische Gestaltungsprinzipien?

Eines dieser Prinzipien könnte es sein, bei der Konstruktionsidee von der kleinsten Einheit auszugehen. So ist beispielsweise das japanische Haus eine variable Multiplizierung einer Grundeinheit, der Reisstrohmatten *Tatami*, mit ca. 90 × 180 cm als ein Schlafplatz genormt, oder das traditionelle japanische Gewand, der *Kimono*, eine klare Zusammenfügung von Stoffbahnen. Dieser Modulcharakter als traditionelles Gestaltungsprinzip hat sicherlich Gemeinsamkeiten mit dem Prinzip der Standardisierung industrieller Massenproduktion. Als weiteres Gestaltungsprinzip ist Kompaktheit zu nennen. In der japanischen Tradition kultivierte man schon seit frühester Zeit die Kunst, eine Anzahl von Objekten auf begrenztem Raum funktional und ästhetisch zu arrangieren. Es ließe sich hier auf die Gartenkunst als Mikrokosmos ebenso verweisen wie auf das *Haiku*, die Kurzform eines japanischen Gedichtes, oder das ansprechend gestaltete Arrangement japanischen Essens. Präzise Kompaktheit ist sicherlich auch charakteristisch für die modernen Hightech-Produkte Japans wie Kameras oder Chips. Mit Präzision ist dabei ein weiteres Merkmal sowohl traditionellen als auch modernen Designs angesprochen. Die Aufmerksamkeit, die dem Detail gilt, kennzeichnet sowohl traditionelle Kunst und Kunsthandwerk wie auch avantgardistisches Design. Im Gegensatz zu westlichen Prinzipien von Gestaltung und Wahrnehmung geht japanisches Design dabei oft vom Detail zum Ganzen, von innen nach außen.

VI. Religionen heute

JOSEF KREINER

Die Bedeutung der Religion im heutigen Japan wird meist unter sehr widersprüchlichen Gesichtspunkten diskutiert. Zum einen wird darauf hingewiesen, daß Glaubensvorstellungen in Japan traditionell schwach ausgeprägt sind und die Bevölkerung zum Synkretismus neigt. Es wird weiterhin bemerkt, daß nach der *Meiji*-Restauration – im Prozeß der Modernisierung – der Buddhismus jeglichen Einfluß auf das geistige Leben verloren hat und daß der Shintō 1945, nach der von der Besatzungsmacht verfügten Auflösung seiner Organisation und dem Verlust der staatlichen Förderung, auf das Niveau von Volksglaube und Brauchtum zurückgefallen ist. Auf der anderen Seite steht die Überzeugung, daß die animistische Grundhaltung des japanischen Weltbildes bis heute ungebrochen das Fundament allen Denkens und Handelns darstellt und der Konfuzianismus – als Basis der zwischenmenschlichen Beziehungen (Schlagwort von der Konsens- oder Harmoniegesellschaft) und der Einstellung zur Arbeit (Schlagwort Fleiß) – die einzige Erklärungsmöglichkeit des sogenannten japanischen Wirtschaftswunders bietet.

Beide Ansichten können sich auf statistische Daten berufen. Das Amt für Religiöse Angelegenheiten der *Cultural Affairs Agency* beim Amt des Ministerpräsidenten, dem alle religiösen Körperschaften als eingetragene Vereine jährlich Bericht erstatten, gibt für das Jahr 1992 folgende Zahlen über Gläubige, Kultstätten und Priester der einzelnen Religionen:

Tab. 1: Stand der einzelnen Religionsgemeinschaften in Japan 1992

	Gläubige	Kultstätten	Priester
Shintô	108,99 Mio.	85773	10437
Buddhismus	96,25 Mio.	77645	286200
Christentum	1,46 Mio.	3937	16563
andere (Neue Religionen etc.)	10,51 Mio.	16199	257854
gesamt	217,23 Mio. (124 Mio. Gesamtbevölkerung)	183554	664991

Gemeinsam etwa mit den Angaben des Innenministeriums über die jährlich zunehmende Zahl von Pilgern zu den großen buddhistischen Tempeln und *Shintō*-Schreinen an den drei Neujahrsfeiertagen (1973: 50 Mio.; 1993: 84,9 Mio.; an der Spitze jeweils der *Meiji*-Schrein in Tōkyō, 1993 mit mehr als 3,5 Mio. Besuchern, vor allem jungen Leuten) ergibt dies ein sehr positives Bild. Dem gegenüber hat bei den repräsentativen Umfragen zum japanischen Nationalcharakter des Amtes für Statistik beim Kultusministerium (zuletzt 1988) nur ein Drittel aller Japaner angegeben, überhaupt einer Religion anzugehören (25% Buddhismus, je 1% *Shintō* und Christentum). Dieselbe Umfrage zeigte allerdings auch, daß über 70% aller Japaner beim Besuch eines buddhistischen Tempels oder *Shintō*-Schreines das Gefühl innerer Einkehr erfahren (bei Tempeln liegt die Spitze bei älteren Menschen mit niedrigerer Bildung, bei Schreinen liegt der Prozentsatz bei allen Altersstufen aller Bildungsgrade gleich hoch). Um diese Widersprüche aufzulösen, ist ein kurzer Blick auf die historische Entwicklung der einzelnen Religionen in Japan notwendig.

a. *Shintō*

Als *Shintō* wird die Gesamtheit aller in Japan authochtonen Glaubensvorstellungen und daraus resultierender Kulte bezeichnet. *Shintō* ist keine Gründerreligion mit einer heiligen Schrift und daraus abgeleitetem Dogma, daher auch keine Bekenntnisreligion. Grundlage ist der Glaube an übernatürliche Wesen, Gottheiten, die sich im Wirken der Natur (Kosmos) offenbaren. In dieses Kontinuum von Gottheiten und Natur gehört selbstverständlich auch der Mensch, so daß kein Platz bleibt für irgendeine Form eines Dualismus, sei es ein Gegensatz von Natur und Mensch oder von Mensch und Gottheit. Auch die Welt selbst ist ein Kontinuum, wenn auch Vorstellungen von einer jenseitigen Götterwelt – sei es in den Bergen, im Himmel oder jenseits des Meeres – zuweilen sehr deutlich bemerkbar sind. Vor allem in der Neuzeit (1600 bis 1868) und noch mehr in der *Meiji*-Periode (1868 bis 1912), unter dem Eindruck der Rolle des Christentums im Abendland, gab es Versuche, einen *Shintō*-Katechismus zu konstruieren und *Shintō* als ideologische Basis des japanischen Nationalstaates aufzuwerten. Diese verhältnismäßig neuen, »traditionalistischen« Tendenzen sind auch heute noch zu verspüren. Beispiele dafür sind die Bemühungen des sogenannten »Schrein-Hauptamtes« e.V., dem, mit 79000 Schreinen mit dem Ise-Schrein an der Spitze und mehr als 83 Millionen Gläubigen, die Mehrheit aller shintōistischen Religionsgemeinschaften angehört, die Riten etwa des Kaiserhauses (Begräbnis *Shōwa-Tennō* und Inthronisation *Heisei-Tennō* 1989/90 u.a.) oder die des Staates (Verehrung von Kriegstoten im *Yasukuni*-Schrein, Tōkyō). Wichtige *Shintō*-Schreine mit großer und einflußreicher Anhängerschaft halten sich jedoch davon fern und versuchen, eigene, zum Teil lokale, Traditionen zu erhalten bzw. neu zu formulieren, so etwa der *Izumo*-Schrein in Shimane oder die verschiedenen auf Bergverehrung konzentrierten Kultstätten (Ontake, Fuji usw.). Auch hier sind durchaus neue Entwicklungen zu beobachten, etwa das Entstehen neuer Denominationen entweder in Verbindung mit buddhistischen Glaubensinhalten oder aufbauend auf alten synkretistischen Vorstellungen des *Ryōbu-Shintō* und der *Yamabushi*-Bergasketen (vgl. die verschiedenen sogenannten Neuen Religionen Japans, die oftmals als Entstehungen in Zeiten sozialer Unrast gedeutet werden, positiv jedoch als Zeichen der Lebendigkeit besonders shintōistischer Traditionen verstanden werden müssen). Die Präsidenten der *Bank of Japan* und größerer Banken Japans haben in der Rezessionsphase 1992/93 in Tōkyō die Glaubensbruderschaft des *Miwa*-Schreines in Nara wieder aufleben lassen, um dessen für das Wohlergehen Japans sorgende Gottheit Ōkuninushi zu verehren. Die Präsidenten aller Mitsubishi-Konzerne pilgerten am 7. April 1993 zum *Sumiyoshi*-Schrein in Ōsaka, um in einer Zeremonie den Zustand der ursprünglichen Reinheit wiederzuerlangen, der für den Erfolg Voraussetzung ist.

b. Buddhismus

Der Buddhismus erreichte Japan über China und Korea im 6. Jahrhundert n. Chr. Fast alle Sekten Japans gehören mit geringen Ausnahmen dem Mahāyana-Buddhismus (»Großes Fahrzeug«) an. Diese Richtung ist gekennzeichnet durch die Überzeugung, daß nicht der Einzelne allein auf sich selbst gestellt, sondern in der Gemeinschaft mit anderen durch das Vertrauen in die erlösende Gnade von Bodhisattvas das Heil erlangen kann. Diese Einstellung ermöglichte dem Buddhismus, ein spezifisch japanisches Erscheinungsbild zu entwickeln, wobei vielfach die universelle Tradition aufgegeben wurde zugunsten einer Beschäftigung mit der konkreten Welt des japanischen Menschen im japanischen Staat. Diese alte Idee einer staatstragenden Funktion des Buddhismus ist in keiner Weise durch die Maßnahmen der *Meiji*-Restauration zur Trennung von Shintō und Buddhismus beeinträchtigt worden. Sie zeigt sich unter anderem heute in der Existenz der *Komeitō*-Partei, die von der *Sōka Gakkai*, einer Laienbewegung der *Nichiren-Shōhū*-Sekte, getragen wird und eine bedeutende politische Kraft Japans darstellt.

Schon in der frühen Neuzeit haben sich verschiedene buddhistische Sekten auch mit der Frage der menschlichen Existenz in der diesseitigen Welt ausgesprochen positiv auseinandergesetzt. Der *Zen*-Mönch Takuan lehrte im 16. Jahrhundert, jedes Verweilen eines Gedankens außerhalb der Fülle der Gegenwart bedeute Bewegung, und in Verfolgung dieses Gedankens hat Suzuki Shōsan (1579 bis 1655) besonders für den Handelsstand jedwede Tätigkeit als *Zen*-Meditation bezeichnet. Auch alle Sekten, bei denen der Glaube an eine Erlösung durch den kommenden Buddha Amida im Mittelpunkt steht (*Jōdō, Shin* und *Jōdō-Shin*), haben ein sehr positives Weltbild mit Betonung von Aktivität und Erfolgsethik entwickelt.

Der stark vom Buddhismus geprägte, in seinen Wurzeln auf *Shintō* zurückgehende Ahnenkult in Japan ist weiterhin sehr stark. Sein Zentrum ist die Familie, die sich noch immer zur Neujahrszeit sowie zum *Bon*-Fest im Sommer vor den Ahnenaltar versammelt. Die Spitzen des Passagieraufkommens aller Verkehrsträger Japans liegen zu diesen Zeitpunkten. Neuerdings ist allerdings auch eine Verlagerung des Ahnenkultes zu sogenannten »Firmen-Gedenkstätten« in Tempeln – etwa auf dem Kōya-Berg – zu bemerken. Dabei wird davon ausgegangen, daß die Firmenzugehörigkeit auch nach dem Tode nicht erlischt und der im Dienste der Firma Verstorbene nach seinem Tod das Wohlergehen des Betriebes schützt. Davon grundsätzlich zu unterscheiden sind Kultstätten, etwa großer Autohersteller, an denen die unruhigen Seelen von bei Verkehrsunfällen Getöteten ausgesöhnt und von Rachegelüsten abgehalten werden sollen. Auch der Kult des *Yasakuni*-Schreines für die Kriegstoten Japans gehört in diese Linie.

c. Neokonfuzianismus

Nach einer ersten Welle der Übernahme konfuzianischer Weltanschauung wurde nach 1600 der Neokonfuzianismus des Chu-hsi (Shushi) als staatstragende Ideologie in Japan etabliert. Er zeigt mit der Errichtung von Heiligtümern (*Seidō* in Kanda, Tōkyō; *Ashikaga*, Tochigi; *Taku*, Saga) unter Einsetzung von kulttragenden Priesterfamilien Züge einer Religion. Grundsätzlich handelt es sich jedoch um ein philosophisches System, das durch die Beschreibung der zwischenmenschlichen Beziehungen die Ordnung des sozialen Systems zu stabilisieren sucht. Im Vergleich zum neuzeitlichen China und auch zum gegenwärtigen Korea ist allerdings die konfuzianistische Durchdringung des japanischen Weltbildes schwach. Sie reicht für sich alleine genommen sicherlich nicht aus, um in monokausaler Weise den wirtschaftlichen Erfolg Japans zu erklären. Zusammen mit der *Shintō*-Basis (diesseits orientierte Erfolgsethik, Streben nach Vollkommenheit in von Menschen geschaffenen Dingen) und der dynamischen Lebensauffassung des Buddhismus (alles Handeln ist Meditation und damit Weg zur Erleuchtung) kommt jedoch dem Ordnungsprinzip des Konfuzianismus in Japan heute noch große Bedeutung zu.

d. Taoismus

Der Taoismus geht möglicherweise auf gleiche, sehr alte ostasiatiche Wurzeln zurück wie der *Shintō*. Im Altertum von China übernommen, prägt er als Grundströmung das japanische Weltbild im Sinne eines Dualismus von positiv und negativ, Mann und Frau, Sonne und Mond, etc., ganz im Gegensatz zum *Shintō* allerdings. Wie lebendig diese Auffassung eines aus dem Urchaos hervorgegangenen Prinzips ist, zeigt die beliebte jährliche Unterhaltungssendung am Silvesterabend im NHK »Rot-Weiß-Schlagerwettbewerb« (Rot = Frau = Sonne, etc.), wobei der divinatorische Aspekt des Ausganges nicht unbewußt ist. Es sei darauf hingewiesen, daß die führenden japanischen Konzerne bei der Entscheidung über langfristige Planungen heute noch Geomanten (Wahrsager) hinzuziehen.

e. Schlußbemerkung

Zum Abschluß seien noch einige aktuelle Probleme kurz angesprochen, die in entscheidender Weise mit der Frage der Religion im Japan von heute zusammenhängen. An der Spitze steht die seit langem diskutierte Frage der Zulassung von Organtransplantationen und des Gehirntodes. Die traditionelle Auffassung impliziert eine klare Trennung von Leib und Seele, wobei nach dem Tode die Seele in ein Jenseits übergeht und/oder als Ahne weiter verehrt wird, der Körper aber als leere Hülse einfach ausgesetzt, später begraben und ab dem Mittelalter verbrannt wird. Dagegen führen die Gegner der Organtransplantation eine untrennbare Einheit von Leib und Seele an, die jegliche Verletzung des Körpers verbietet. Die gleiche Vorstellung steht hinter dem

Verbot, einen »regierenden« *Tennō* zu operieren. Bei *Shōwa-Tennō* wurde dieses Tabu erstmals gebrochen.

Ein weiteres Problem stellt das Verbot empfängnisverhütender Mittel (Pille) in Japan dar, das auf die betont positive Einstellung des *Shintō* zum Geschlechtstrieb sowie zur Fortsetzung der Generationsreihe als dem einzigen Mittel, den individuellen Tod erträglich zu machen, zurückgeht. Das Dilemma, das die hohe Zahl von Abtreibungen angesichts des Tötungstabus im *Shintō* mit sich bringt, hilft der Buddhismus mit seiner gegenwärtig geradezu ausufernden *Jizō*-Verehrung lösen (*Zuko-Jizō* = Schutzgottheit der Ungeborenen).

Die positive Einstellung des *Shintō* zur Natur, in die der Mensch integriert ist und die er daher (mit) gestalten kann und darf – hinzu kommt die Auffassung, der Mensch sei grundsätzlich gut und treffe richtige Entscheidungen, sofern er im Zustande der Reinheit verharre – erlaubt in Japan eine Bejahung neuer Techniken, etwa der Gentechnik etc. Der allgemein starken Ablehnung von Tod, Alter und Krankheit etc. des *Shintō* wird dagegen derzeit versucht gegenzusteuern, um angesichts des rapid zunehmenden hohen Anteils älterer Menschen an der Gesamtbevölkerung Freiwillige und Helfer stärker zu animieren.

Bibliographie

Sprache und Schrift

LEWIN, BRUNO, Abriß der japanischen Grammatik, Wiesbaden 1975.

DERS., Japanese and Korean, in: The Journal of Japanese Studies, 1976, S. 389–412.

MILLER, ROY A., The Japanese Language, Chicago 1971.

OHNO, SUSUMU, The Origin of the Japanese Language, Tōkyō 1970.

Die moderne japanische Literatur

a. *Weiterführende Literatur*

ARAKI, TADAO/PETER PÖRTNER, (Hrsg.), Erzähltes Japan. Ein literarisches Lesebuch aus dem Japan der neunziger Jahre, Tübingen 1993.

BAUS, WOLF, u. a. (Hrsg.), Hefte für Ostasiatische Literatur, München, versch. Jahrgänge.

BERNDT, JÜRGEN, Die moderne japanische Literatur, in: Kindlers Neues Literaturlexikon, Bd. 20 (= Essays, Gesamtregister), München 1992, S. 659–668.

BURUMA, IAN, Japan hinter dem Lächeln. Götter, Gangster, Geishas, Frankfurt a. M. 1985.

HAMMITZSCH, HORST, Die japanische Literatur von den Anfängen bis zum Ende der Edo-Zeit (1868), in: Kindlers Neues Literaturlexikon, Bd. 20 (= Essays, Gesamtregister), München 1992, S. 647–658.

DERS., (Hrsg.), Japan-Handbuch, Wiesbaden ^{2}1984, vgl. Handbuchteil, »Literatur«, Spalten 1109–1110.

KATŌ, SHŪICHI, Geschichte der japanischen Literatur, Übers. von einem Japanologen-Team, Freie Univ. Berlin–Bern u. a. 1990.

MORRIS, IVAN, Der Leuchtende Prinz. Höfisches Leben im Alten Japan, Frankfurt a. M. 1988.

OGASA, GISELA/DÖRTE PULS/JÜRGEN STALPH, Moderne japanische Literatur in deutscher Übersetzung. Eine Bibliographie der Jahre 1868–1987, Hamburg 1988.

SCHAARSCHMIDT, SIEGFRIED/MICHIKO MAE, (Hrsg.), Japanische Literatur der Gegenwart, München 1990.

b. *Japanische Literatur in Übersetzung (Auswahl)*

ABE, KŌBŌ, Das Gesicht des Anderen (Übers. Oscar Benl), Frankfurt a. M. 1992 [Original 1964].

DERS., Der Schachtelmann (Übers. Jürgen Stalph), Frankfurt a. M. 1992 [Original 1973].

AKUTAGAWA, RYŪNOSUKE, Rashomon, Ausgewählte Kurzprosa (Übers. Jürgen Berndt), München 1985 [Originale 1916–1927].

BASHŌ [= MATSUO BASHŌ], Auf Schmalen Pfaden durchs Hinterland (Übers. G. S. Dombrady), Mainz 1985 [Original 1694].

ENCHI, FUMIKO, Die Dichterin und die Masken (Übers. Irmela Hijiya-Kirschnereit), Reinbek bei Hamburg 1984 [Original 1958].

ENCHI, FUMIKO, Die Wartejahre (Übers. Otto Putz), Reinbek bei Hamburg 1985 [Original 1971].
GŌ, SHIZUKO, Requiem (Übers. Jürgen Berndt), Berlin 1987 [Original 1972].
HOFDAME MURASAKI [= MURASAKI SHIKUBU], Die Geschichte vom Prinzen Genji (Übers. Oscar Benl), 2 Bde., Zürich 1966 [Original um 1000].
HOSHI, SHINICHI, Ein hinterlistiger Planet. Science-Fiction Erzählungen des japanischen SF-Meisters, Hrsg. v. Michael Morgenthal, München 1982.
IBUSE, MASUJI, Schwarzer Regen (Übers. [aus dem Englischen] Otto Brandstätter), Frankfurt a. M. 1985 [Original 1966].
ITŌ, MARIHIKO u. a., Seit jenem Tag: Hiroshima und Nagasaki in der japanischen Literatur, Frankfurt a. M. 1984.
KAWABATA, YASUNARI, Die Tänzerin von Izu, Tausend Kraniche, Schneeland, Kyoto. Ausgewählte Werke, München 1968.
KLOPFENSTEIN, EDUARD (Hrsg.), Ruf der Regenpfeiler. Japanische Gedichte, Zürich 1990.
KŌNO, TAEKO, Knabenjagd. Erzählungen (Übers. Irmela Hijiya-Kirschnereit), Frankfurt a. M. 1988.
MAY, EKKEHARD/MARTINA SCHÖNBEIN (Hrsg.), Blütenmond: Japanisches Lesebuch, 1650–1900, München 1990.
MISHIMA, YUKIO, Geständnis einer Maske (Übers. [aus dem Amerikanischen] Helmut Hilzheimer), Reinbek bei Hamburg 1985 [Original 1949].
DERS., Tetralogie: Das Meer der Fruchtbarkeit (Übers. Siegfried Schaarschmidt), München [Original 1969–1971]. Bd. 1: Schnee im Frühling, 1985; Bd. 2: Unter dem Sturmgott, 1986; Bd. 3: Der Tempel der Morgendämmerung, 1987; Bd. 4: Die Todesmale des Engels, 1988.
MORI, ŌGAI, Im Umbau: Gesammelte Erzählungen (Übers. Wolfgang Schamoni), Frankfurt a. M. 1989.
DERS., Vita sexualis (Übers. Siegfried Schaarschmidt), Frankfurt a. M. 1983 [Original 1909].
MURAKAMI, HARUKI, Wilde Schafsjagd (Übers. Annelie Ortmanns-Suzuki und Jürgen Stalph), Frankfurt a. M. 1991 [Original 1982].
NATSUME, SŌSEKI, Der Tor aus Tokio (Übers. Jürgen Berndt und Shinohara Sei), Zürich 1990 [Original 1906].
NATSUME, SŌSEKI, Gestatten, ich bin der Kater (Übers. Otto Putz), Frankfurt a. M. 1994 [Original 1905].
NOBORU, MIYAZAKI, (Hrsg.), Wohlgehütete Pfirsiche oder Über die Traurigkeit. Japanische Erzählungen der letzten Jahre, Tübingen 1992.
ŌBA, MINAKO, Träume fischen (Übers. Bruno Rhyner), Frankfurt a. M. 1990 [Original 1982].
ŌE, KENZABURŌ, Eine persönliche Erfahrung (Übers. Siegfried Schaarschmidt), Frankfurt a. M. 1981 [Original 1964].
PÖRTNER, PETER, (Hrsg.), Japan. Ein Lesebuch, Tübingen 1986.
DERS. (Hrsg.), Japan. Lesebuch II, Tübingen 1990.
SEI, SHŌNAGON, Das Kopfkissenbuch der Dame Sei Shonagon, Frankfurt a. M. 1975 [Original um 1000].
SHIMAZAKI, TŌSON, Ausgestoßen (Übers. Jürgen Berndt), Frankfurt a. M. 1989 [Original 1906].
SYMPOSIUM, Deutsch-japanisches Autorinnentreffen 1990. (Berlin: Japanisch-Deutsches Zentrum, 1992) (Veröffentlichungen des Japanisch-Deutschen Zentrums Berlin, Bd. 10).
TANAKA, YASUO, Kristall Kids (Übers. von einer Gruppe Bochumer Studentinnen), Frankfurt a. M. 1987 [Original 1980].
TANIZAKI, JUN'ICHIRŌ, Die Schwestern Makioka (Übers. Sachiko Yatsushiro und Ulla Hengst), Reinbek bei Hamburg 1964 [Original 1948].

TAWADA, YŌKO, Tintenfisch auf Reisen: Drei Geschichten (Übers. Peter Pörtner), Tübingen 1994.
Träume aus zehn Nächten. Japanische Erzählungen des 20. Jahrhunderts, Ausgewählt von Jürgen Berndt, Zürich 1992.
TSUSHIMA, YŪKO, Lichtkreise (Übers. Heinrich Reinfeld), Zürich 1991 [Original 1979].
YOSHIDA-KRAFFT, BARBARA (Hrsg.), Frauen in Japan. Erzählungen, München 1989.
YOSHIMOTO, BANANA, Kitchen (Übers. Wolfgang E. Schlecht), Zürich 1992 [Original 1988].

Darstellende Künste

BARTH, J., Japans Schaukunst im Wandel der Zeiten, Wiesbaden 1972.
BERQUE, AUGUSTIN, Identification of the self in relation to the environment, in: Rosenberger, N. R. (Hrsg.), Japanese sense of self, Cambridge 1992, S. 93–104.
BLAU, HAGEN, Sarugaku und Shushi, Wiesbaden 1966.
BOHNER, HERMANN, Nō. Einführung, Tōkyō 1959.
INOURA, Y., A History of Japanese Theatre I, Tōkyō 1971.
KAWATAKE, TOSHIO, A History of Japanese Theatre II, Tōkyō 1971.
KEENE, DONALD, Bunraku, The Art of the Japanese Puppet Theatre, Tōkyō 1965.
LEIMS, THOMAS FRANK, Die Entstehung des Kabuki, Transkulturation Europa-Japan im 16. und 17. Jahrhundert, Leiden 1990.
ORTOLANI, BENITO, Das Japanische Theater, in: Kindermann, H. (Hrsg.), Fernöstliches Theater, Stuttgart 1966.
PLUTSCHOW, HERBERT E., Chaos and Cosmos, Ritual in Early and Medieval Japanese Literature, Leiden 1990.
RAZ, JAKOB, Audience and Actors. A Study of their Interaction in the Japanese Traditional Theatre, Leiden 1983.
SCHNEIDER, ROLAND, Das japanische Theater – Theater des Adels, Schaukunst der Bürger, in: G. Debon (Hrsg.), Neues Handbuch der Literaturwissenschaft, Wiesbaden 1984, S. 355 ff.
SCOTT, A. C., The Puppet Theatre of Japan, Rutland 1963.

Japanische Kunst

Allgemeine Literatur

CROISSANT, DORIS/LOTHAR LEDDEROSE, Japan und Europa 1543–1929, Berlin 1993.
EHMCKE, FRANZISKA, Der japanische Tee-Weg, Köln 1991.
FEDDERSEN, MARTIN, Japanisches Kunstgewerbe, Braunschweig 1960.
GOEPPER, ROGER, Kunst und Kunsthandwerk Ostasiens, München 1968.
HEMPEL, ROSE, Japan zur Heian-Zeit, Stuttgart 1983.
ISHIZAWA, MASAO u. a., Japanische Kunst, Tōkyō 1981.
SECKEL, DIETRICH, Einführung in die Kunst Ostasiens, 34 Interpretationen, München 1960.
SHŌGUN, Kunstschätze und Lebensstil eines japanischen Fürsten der Shōgun-Zeit, Ausst. Kat. München 1984–85.
SWANN, PETER, Japan von der Jōmon- zur Tokugawa-Zeit, Baden-Baden 1965.
TAZAWA, YUTAKA (Hrsg.), Biographical Dictionary of Japanese Art, International Society for Educational Information, Inc., Tōkyō 1981.

Holzschnitt

GOEPPER, ROGER, Meisterwerke des japanischen Farbholzschnitts, Köln 1973.
HEMPEL, ROSE, Holzschnittkunst Japans, Stuttgart 1963.
LANE, RICHARD, Ukiyo-e Holzschnitte, Zürich 1978.
DERS., Hokusai und Hiroshige, Tōkyō 1977.
VIOLET, RENÉE, Kleine Geschichte der japanischen Kunst, Köln 1984.

Lackarbeiten

HERBERTS, KURT, Das Buch der ostasiatischen Lackkunst, Düsseldorf 1959.
RAGUÈ, BEATRIX VON, Geschichte der japanischen Lackkunst, Berlin 1967.
SPEISER, WERNER, Lackkunst in Ostasien, Baden-Baden 1965.

Kalligraphie

ARMBRUSTER, GISELA/HELMUT BRINKER, Pinsel und Tusche, Sammlung Heinz Götze, Heidelberg 1975.
WÖRTER IN BEWEGUNG, Moderne japanische Schreibkunst, Ausst. Kat. Köln 1984.
YOSHIKAWA, HIROKO/ROGER GOEPPER, Sho. Pinselschrift und Malerei in Japan vom 7.–19. Jh., Ausstellungskatalog Köln 1975.

Malerei

AKIYAMA, TERUKAZU, Japanische Malerei, Genf 1980.
BARNEX, SYLVAN/WILLIAM BURTO, Zen Ink Paintings, London 1982.
HASE, AKIHISA/SECKEL DIETRICH, Emaki – Die Kunst der klassischen japanischen Bilderrollen, Zürich 1959.
JAPANISCHE MALEREI IM WESTLICHEN STIL, 19. und 20. Jahrhundert, Ausst. Kat. Köln 1985.
MORIYA, KENJI, Die japanische Malerei, Wiesbaden 1953.
WICHMANN, SIEGFRIED, Japonismus, Herrsching 1980.

Keramik und Porzellan

JAHN, GISELA/ANETTE PETERSEN-BRANDHORST, Erde und Feuer. Traditionelle Japanische Keramik der Gegenwart, München 1984.
JAPANISCHE KERAMIK, Kunstwerke historischer Epochen und der Gegenwart, Ausst. Kat. Düsseldorf 1978.
GENDAI KŌGEI, Neues Kunsthandwerk aus Japan, Ausst. Kat. Frankfurt a.M. 1992/93.
JENYS, SOAME, Japanese Pottery, London 1971.
KLEIN, ADALBERT, Japanische Keramik, Fribourg 1984.

Plastik

BUDDHISTISCHE PLASTIK AUS CHINA UND JAPAN, Bestandskatalog des Museums für Ostasiatische Kunst Köln, Köln 1972.
JIRKA-SCHMITZ, PATRIZIA, Netsuke, Düsseldorf 1990.

Ikebana

SCHAARSCHMIDT-RICHTER, IRMTRAUT, Ikebana. Japanische Blumenkunst, Frankfurt a. M. 1962.

Kino

ANDERSON, JOSEPH L./DONALD RICHIE, The Japanese Film: Art and Industry, Princeton – New Jersey 1982.

YAMANE, KEIKO, Das japanische Kino, München – Luzern 1985.

RICHIE, DONALD, Japanese Cinema, Oxford – New York 1990.

Religion

ANTONI, KLAUS, Yasukuni und der »Schlimme Tod« des Kriegers, in: Bochumer Jahrbuch zur Ostasienforschung Bd. 10, 1987, S. 161–192.

DERS., Taisō-no-rei. Die Beisetzung des Shōwa-Tennō (24. Februar 1988) in historischer Sicht, in: Japanstudien (Jahrbuch des Deutschen Instituts für Japanstudien 1, 1989), 1990, S. 89–134.

KREINER, JOSEF, Japanisches Denken, in: Hans-Georg Wehling (Hrsg.), Japan, Stuttgart 1985, S. 45–59.

DERS., Religion in Japan, in: Manfred Pohl (Hrsg.), Japan. Stuttgart – Wien 1986, S. 378–392.

DERS., (Hrsg.), The Impact of Traditional Thought on Present Day Japan (Monographien aus dem DIJ 8), München 1993.

LINHART, SEPP, Japanische Geistesströmungen, Wien 1983.

SPACE, JOSEPH, Shintō-Man. Tōkyō 1972.

SUZUKI, DAISETZ TEITARO, Zen und die Kultur Japans, Hamburg 1958.

Anhang

Personenregister

Abe, Kōbō 467, 470
Akiba, Tadatoshi 151
Akihito (Kaiser) 70, 71, 122, 123, 203
Akutagawa, Ryūnosuke 472
Amaterasu, O-mikami 70
Ami (Künstlerfamilie) 491
Andō, Hiroshige 497
Aoki, Noe 494
Aoki, Shūzō 239
Ay-O (Tatsuno, Toeko) 498

Bälz, Erwin Otto 244
Bashō, Matsuo 469
Bérard, Victor 208
Bismarck, Otto von 239
Böll, Heinrich 245
Brandt, Max von 238
Breshnew, Leonid 198
Bush, George 164, 190, 321, 333 ff.
Boutros-Ghali, Boutros 180

Cage, John (1912–1992) 494
Carillo, Santiago 99
Cézanne, Paul 493
Chiang, Kaishek 5, 192, 195
Chikamatsu, Monzaemon 481
Chu-hsi (Shushi) 508
Clinton, Bill 12, 165, 188, 189, 335, 336
Coppola, Francis Ford 488

Dōgen (Buddhistischer Priester) 499
Doi, Takako 87, 88, 152, 409
Doi, Takeo 418

Eda, Saburō 89
Eich, Günter 245
Einstein, Albert 240
Eisenhower, Dwight D. 115
Enchi, Fumiko 473
Enzensberger, Hans-Magnus 245
Esping-Andersen 430
Eulenburg, Friedrich Graf zu 238

Fenollosa, Ernest 493
Fichte, Johann G. 244
Fujimori, Alberto 177
Fujio, Masayuki 200
Fujiwara-Geschlecht 55
Fujiwara Yukinari 495
Fukuda, Takeo 12, 168, 196, 371, 374

Gō, Shizuko 470
Gorbatschow, Michail 101, 225, 230
Grass, Günter 245, 470

Haber, Fritz 240
Hamada, Shōji 500
Hashimoto, Gahō 493
Hata, Tsutomo 188
Haushofer, Karl 17, 18, 19
Hayashi, Kyōko 470
Hegel, G. W. F. 244
Hideyoshi, Toyotomi 3, 57, 500
Higashiyama, Kaii 493
Hiraga, Gennai 482
Hirohito (Kaiser) 69, 71, 123, 190, 444
Hishikawa, Moronobu 497
Hitler, Adolf 5, 190, 240
Hochhuth, Rolf 245
Hohreiter, Michael 237
Hokusai 497
Honami, Kōetsu 492, 502
Hoshi, Hajime 240
Hosokawa, Morihiro 11, 73, 89 ff., 199, 299, 335, 336
Hua, Guofeng 201
Hughes, Frazer 219

Ibuse, Masuji 470
Ienaga, Saburō 116
Ike-no-Taiga 116, 492
Ikeda, Masue 234, 429, 498
Ilsung, Kim 204
Imamura, Shōhei 487
Inada, Jūichi 173
Inagaki, Hiroshi 486
Ishibashi, Masashi 87

Ishihara, Shintarō 189, 371
Isomura 98
Itami, Juzo 488
Itō, Hirobumi 60, 239
Iwakura, Tomomi 239
Iwami, Reika 498
Izumo no Okuni 54, 480

Jelzin, Boris 227, 228
Jōsetsu 491
Jongil, Kim 214

Kaempfer, Engelbert 237, 244
Kaifu, Tashiki 120, 232, 376
Kakiemon 501
Kanemaru, Shin 9
Kanō, Hōgai 493
Kant, Immanuel 244
Karā, Jurō 484
Katayama, Sen 100
Katayama, Tetsu 86
Katsushika, Hokusai 497
Kawabata, Yasunari 22, 245, 472
Kawai, Hayao 424
Kawai, Kanjirō 500
Kawakami, Otojirō 483
Kawakubo, Rei 503
Kawamata, Tadashi 494
Kawara, On 494
Kennedy, John F. 216
Kenzo 503
Kinugasa, Teinosuke 486
Kishi, Nobusuke 115, 370
Kissinger, Henry 12
Kitagawa, Utamaro 497
Konō, Yōhei 85, 90, 91, 214
Kōno, Taeko 470, 473
Kobayashi, Hideo 467
Koeber, Raphael von 244
Konoe, Fumimaro 64
Konno, Yūji 471
Kublai Khan 24
Kubota, Shigeta 494
Kurosawa, Akira 245, 485–488

Leach, Bernard 500
Li Peng 203
Lucas, George 488

MacArthur, Douglas 86, 158, 220, 266, 427
Maekawa, Haruo 294
Mao Tse-tung 242, 330
Meiji (Kaiser) 59
Michaelis, Georg 244
Mieno, Yasushi 325
Minamoto-Geschlecht 55, 56
Minamoto no Yoritomo 56
Mishima, Yukio 245, 474
Miyake, Issey 503
Miyamoto, Kenji 99, 100, 101
Miyazawa, Kiichi 11, 74, 85, 198, 213, 223, 321, 322, 374, 376, 379
Mizoguchi, Kenji 485, 486
Mori, Ōgai 471
Morino, Tomozō 362
Morita, Akio 189
Morris, William 500
Mosse, Albert 239
Munakata, Shikō 498, 500
Murakami, Ryū 474
Murasaki, Shikibu 468
Mussolini, Benito 5
Mutsuhito (Kaiser) 59

Nagasue, Eiichi 98
Nakao, Eiichi 200
Nakasone, Yasuhiro 8, 12, 115, 120, 159, 168, 187, 200, 201, 294, 371, 380
Nakayama, Tōru 230
Naruse, Mikio 485
Natsume, Sōseki 472
Nichiren (Mönch) 91
Nishida, Kitarō 244
Nishina, Shigeru 494
Nixon, Richard 193
No T'ae-u 213
Noda, Tetsuya 498
Nonomura, Ninsei 499
Nosaka, Sanzo 100, 101

Ōba, Minako 473
Ōhira, Masayoshi 12, 195
Okuno, Seisuke 200
Ōshima, Nagisa 245, 487
Ōzu, Yasujirō 485, 486, 488
Oba, Minako 471
Oe, Kenzaburō 470
Ogata, Kenzan 492, 499
Ogata, Kōrin 492, 499, 502, 503
Oka, Shōheis 470
Okumura, Masanobu 497
Okuno, Seisuke 200
Onchi, Kōshirō 498

Ono, Yoko 494
Oppler, Alfred 451
Orr, Robert 173
Ōuchi, Keigo 98f.

P'u Yi 143
Perry, Matthew 2, 3, 25, 59, 189
Pinto, Fernão Mendes 24

Rao, Narasimha 217, 218
Reagan, Ronald 187, 333
Renoir, Auguste 493
Rix, Alan 176
Roesler, Hermann 239, 244
Roosevelt, Theodore 210

Saeki, Kiichi 365
Sasaki, Ryōsaku 98
Sata, Ineko 470
Satō, Eisaku 370
Satō, Makoto 484
Satsuma, Jōun 482
Schelling, Friedrich W. J. von 244
Schliemann, Heinrich 337
Schöller, Peter 18
Schopenhauer, Arthur 244
Sei, Shōnagon 468
Seki, Yoshihiko 151
Sen no Rikyū 499
Serizawa, Keisuke 500
Sesshū, Tōyō 491
Shibata, Zesshin 502
Shinoda, Tōkō 498
Shūkei, Sesson 491
Sieboldt, Philipp Franz von 237, 238, 244
Solff, Wilhelm 240
Sonoda, Sunao 235
Spengler, Oswald 211, 386
Subhas Chandra Bose 216
Sudō, Sadanori 483
Sugiyama-Lebra, Takie 416
Suzuki, Shun'ichi 98
Suzuki, Harunobu 497
Suzuki, Shōsan 507
Suzuki, Zenko 168

Taira (Geschlecht) 55
Takahashi, Yūichi 492
Takeshita, Noboru 156, 168, 200
Takeyama, Michio 470
Takuan (Zen-Mönch) 507
Tanaka, Kakuei 9, 84, 194ff., 430, 445
Tanizaki, Jun'ichirō 472, 474
Tatsuno, Toeko 494, 498
Tawaraya Sōtatsu 492
Terao, Gorō 211
Terayama, Shūji 484
Tōjō, Hideki 115, 200
Tokugawa, Ieyasu 57–60
Tomimoto, Kenkichi 500
Tomioka, Tessai 492
Torii, Kiyonaga 497
Torii, Kiyonobu 497
Toynbee, Arnold J. 26
Toyotomi, Hideyoshi 57
Truman, Harry S. 241
Tsubouchi, Shōyō 471, 483
Tsukamoto, Saburō 98
Tsushima, Yūko 472

Uemura, Burakuken I 483
Umehara, Ryūsaburō 493

Varen, Bernhard 237

Walser, Martin 245
Wang, Ching-wei 5
Watanabe, Michio 190, 227

Xiuquan, Wu 201

Yamada, Yōji 487
Yamagishi 113
Yamamoto, Yōji 503
Yanagi, Muneyoshi 500
Yasui, Sōtarō 493
Yasutomo, Dennis 173
Yi Sungman (Syngman Rhee) 212
Yi Yang Ki 474
Yongsam, Kim 213
Yorozu, Tetsugurō 493
Yosa, Buson 492
Yoshida, Minoru 494
Yoshihara, Jirō 494
Yoshimoto, Banana 467
Yoshirō, Hayashi 325
Yoshizawa, Ayame 480
Yüan, Schi-kai 4, 5

Zeami, Motokiyo 479
Zhou Enlai 194, 196

Sachregister

Abfallbeseitigung 132
Abfälle, radioaktive 180
Abfindungssumme 438
Abholzung 180
Abiturienten 121
Abkommen zur Vermeidung der Doppelbesteuerung 390
Abrüstung 101, 151, 217
Abrüstung, nukleare 91
Absatzmarkt 210
Absatzorientierung 32
Abschiebungspolitik 124
Abschottung des japanischen Marktes 185, 257, 335
Abschreckung, militärische 160, 164
Abteilung für außenpolitische Grundsatzfragen 156
Abteilung für globale Fragen 156
Abtreibungen 44, 415, 509
Abwanderungsgebiete 21
Abwasserentsorgung 323
Abwasserreservoir 32
Acht-Parteien-Koalition 199
Adel 60–62, 70, 209, 469, 492
ADI 378, 379
Administration 36, 157, 186
Advanced Telecommunication Research Institute International (ATR) 286
Affären, politische 261
Afghanistan 172, 217, 234, 235
Afrika 54, 167, 172, 174, 175, 178, 217
AFTA 372, 380
Agency for Industrial Science and Technology (AIST) 289
Agentur für Wirtschaftsplanung 200
Agglomerationsvorteile 33, 43
Agrarbereich 21, 72, 106, 262, 334
Agrarpolitik 27, 36, 106, 152, 305
Ägypten 173, 234
Ahnenkult 507
Ainu 120, 500
Aktien 112, 261, 265, 295, 298, 299, 323
Aktienbörse 295, 297, 303
Aktionskunst 494
Alëuten 65
Allgemeinbildung 183
Allgemeine Zoll- und Handelsabkommen 160
Allianz, britisch-japanische 140, 141
Alltag 420, 421, 446, 469, 476, 495, 503
Alphabetisierung 468, 469
Alter 45, 431, 509
Altersversorgung 10, 45, 280, 304, 430, 433, 437, 438, 441
Altertum 464
Altsteinzeit 54
Aluminiumhütten 29
Amateurschauspieler 483
Amt für Nationale Sicherheit 158
Amt für Sozialversicherung 430
Anarchisten 115
Anbau- und Düngemethoden 305
Anbaufläche, landwirtschaftliche 306
Angestellte 107, 421, 423
Angola 172
Annexion Koreas 122
Anstellung, lebenslange 318, 406, 439
Antarktisforschung 287
Anti-Diskriminierungsgesellschaft 121
Anti-Dumping-Verfahren 391
Anti-Hegemonismus 196
Anti-Komintern-Pakt 5, 64, 143, 240
Anti-Monopoly-Akt von 1947 266
Antidiskriminierungspolitik 409
Antimonopol-Behörde 266
Antinuklearpolitik 151, 153
ANZUS-Pakt (Australia, New Zealand, USA-Bündnispakt) 220
APO 114–116
Ära-Devisen 71
Arbeit 120, 423
Arbeiter 107, 119, 409, 410, 427, 439
Arbeiter- und Angestelltenversicherungen 435
Arbeiterbewegung 96
Arbeiterklasse 101
Arbeitgeber 105, 411, 434, 439
Arbeitnehmer 72, 97, 108, 109, 110, 111,

112, 279, 318, 409, 412, 413, 414, 435, 439, 440
Arbeits- und Lebensbedingungen 107, 108, 280, 283, 409–412
Arbeitsbeschaffungsmaßnahmen 323
Arbeitsgesetzgebung 409
Arbeitskräfte 39, 41, 47, 77, 111, 194, 318, 319, 320, 413, 441
Arbeitslöhne 386
Arbeitslosigkeit 10, 12, 279, 315, 317, 318, 323, 389, 427, 429, 433, 439
Arbeitsmarkt 35, 36, 105, 303, 411
Arbeitsministerium 124, 405, 411, 439
Arbeitsplätze 111, 122, 278, 304, 318, 345, 411, 422, 424, 439
Arbeitsschutzbestimmungen 440
Arbeitsunfallversicherungsgesetz 439, 440
Arbeitszeit 10, 107, 111, 113, 262, 280, 283
Armee, chinesische 143
Armee, japanische 145
Armee, sowjetische 144
Artenschutz 179, 180, 181
Artikel 9 (Kriegsverzicht) 81, 114, 158, 242, 236
Ärzte 414, 423, 435
Asahi Shimbun 443–447
ASEAN 174, 180, 218, 230, 231, 371, 372, 374, 376, 377, 379, 380, 382, 383
ASEAN-Staaten 13, 180, 360, 369, 371, 372, 379
Asia Pacific Economic Cooperation (APEC) 221, 223, 231, 380
Asian Rare Earth (ARE) 180
Asiatischen Entwicklungsbank (ADB) 370
Asien 6, 12, 61, 101, 124, 138, 140, 148, 151, 161, 167, 172, 174, 178, 184, 185, 191, 195, 201, 203, 208, 212, 213, 215, 216, 221, 223, 234, 304, 314, 320, 327, 463, 501
Asienpolitik 138, 142, 145, 330
Assimilierungspolitik 120, 121
Association for Korean Residents in Japan 122
Ästhetik 495, 499, 500, 503
Atemwegerkrankungen 126, 128, 129
Äthiopien 172
Atlantische Allianz 242
Atombomben 5, 65, 119, 122–124, 145, 157, 158, 190, 470
Atomenergie (JAERI, PNC) 88, 287
Atomwaffen 101, 161, 162, 216
Aufforstungen 24
Aufnahmeprüfungen 419, 420
Aufrüstung 114, 140, 203
Aufschüttungsland 31
Aufwertung des Yen 294, 321, 331
Aus- und Weiterbildung 406, 411
Ausbildungssystem 264, 314, 402, 406, 415, 420, 421, 440, 441
Auseinandersetzungen, gerichtliche 128
Auseinandersetzungen, handelspolitische 377
Ausfuhren 8, 186, 187, 218, 222, 314, 315, 320, 332, s. a. Exporte
Ausländer 26, 105, 120, 124
Auslandsaktivitäten 263
Auslandsinvestitionen 180, 274, 317 ff.
Auslandsjapaner 18
Auslandsorientierung 60
Auslandsproduktion 348
Außen- und Sicherheitspolitik 202, 216, 224
Außenhandel 146, 147, 148, 150, 152, 231, 234, 258, 319, 327, 338, 339, 351–356, 367, 369, 376
Außenministerium 147–150, 153, 156, 175, 176, 195, 202, 243, 444
Außenpolitik 3, 9, 12, 31, 91, 104, 137, 138, 141, 146–156, 161, 173, 176, 177, 208, 215, 216, 217, 236, 341
Außerordentliche Ausschuß für Verwaltungsreformen 150
Australien 13, 145, 183, 219–223, 230
Auswärtiger Dienst 156
Auszeichnung »Lebender Nationalschatz« 500
Auto 185, 262, 393, 421
Autoabgasstandard 25
Autobahnen 23, 28, 35, 41, 166
Automobilindustrie 35, 129, 186, 263, 267, 275, 282, 325, 328, 344, 345, 393
Avantgarde 484, 493, 494, 503

Babyboom 44
Bahn- und Straßenverkehr 22
Ballungsräume 33, 35, 37, 41 ff., 47, 51, 77, 126, 132, 295, 297
Baltenrepubliken 226
Bangladesh 216
Banken 10, 58, 59, 101, 106, 188, 263, 265, 267, 269–275, 279, 283, 295, 297,

298, 299, 303, 304, 317, 320–325, 348, 377, 390, 441, 506
Banken- und Börsensystem 104, 313, 324
Basic Policy for National Defense 159
Basic Policy for Science and Technology 285
Basic Technologies for Future Industries 289
Bauern 28, 57, 58, 84, 97, 106, 116, 118, 305, 427, 469
Bauernverbände 103, 106, 152
Bauministerium 39
Baumwolle 56, 215, 216
Bauwesen 56, 78, 109, 279, 280, 322, 352
Bauxit 30, 373
Beamte 146, 148, 238, 260, 264, 322, 423
Bedrohung, nukleare 164
Behinderte 122
Behörden 174, 423, 445, 448
Beiheiren 116
Bekleidung 359
Belegschaft 111, 112
Belehnungssystem 56
Belgien 210, 218
Benachteiligte, soziale 440
Beratungsinstitute 148
Bergbau 58, 108, 211, 279, 289, 427
Beruf 402, 417, 425, 406
Berufs-Identifikation 440
Berufsausbildung 405
Berufsgewerkschaften 111
Berufsgruppen 422, 423
Berufskrankheiten 440
Besatzung, amerikanische 6, 80, 100, 123, 158, 219, 220, 241, 389, 408, 417, 426, 428, 440, 450
Beschäftigte 49, 108, 110, 111, 258, 280, 318, 406, 434
Beschäftigungsstruktur 111, 132, 257, 264, 315, 439
Beseitigung der strategischen Handelshemmnisse 334, s. a. SII-Verhandlungen
Besiedlungszentren 54
Betriebe, kleine und mittlere 278, 280, 282, 323
Betriebe 128, 130, 435
Betriebliche Leistungen 432
Betriebsgewerkschaften 97, 108
Bevölkerung 6, 45, 51, 53, 57, 72, 100, 106, 261, 262, 407, 453, 469
Bevölkerung, ländliche 91, 307, 435
Bevölkerung, städtische 35, 57
Bevölkerungsbilanz 49
Bevölkerungsentwicklung 17, 18, 22, 29, 43, 44, 45, 49, 50, 72, 217, 238
Bevölkerungsschutz, ziviler 157
Bevölkerungsverteilung 45, 47, 49
Bewässerungs- und Anbautechnik 27, 56
Bewegung für Freiheit und Volksrechte 60
Bewegung, grün-alternative 116
Bewegung, kommunistische 100
Beweislastumkehr 128
Beziehungen zu China 195, 198, 203, 205
Beziehungen, deutsch-japanische 238, 239, 240, 243, 244, 245, 246, 389
Beziehungen, japanisch-amerikanische 159
Beziehungen, japanisch-sowjetische 197
Beziehungen, russisch-japanische 228
Beziehungsgeflecht, europäisch-japanisches 340
Bildrolle 491
Bildung 258, 402–407, 410, 416
Bildungs- und Erwerbsbeteiligung der Frauen 414
Bildungs- und Kulturangebot 36
Bildungsganggesellschaft 403
Bildungsinstitutionen 420
Bildungssystem 60, 401–403, 405–407, 410, 414, 420, 425
Billiglohnländer 10, 282
Binnengewässer 21
Binnenkaufkraft 304
Binnenmarkt 133, 269, 282, 294, 317, 303, 328, 331, 335, 347, 387
Binnenwanderung 47
Bioprodukte 118
Biotechnologie 37
Blauhelm-Einsatz 160, 201, 236
Boat people 119, 124
Bodenpreise 36, 294, 295, 347
Bodenreform 60
Bodenschätze 36
Bodhisattva 491, 507
Bombenangriffe 145
Borneo 145
Börse 188, 283, 292–299, 303, 304
Boxeraufstand 61, 140, 234
Branchen, strukturschwache 294
Branchengewerkschaften 107–109, 112, 115
Brasilien 463

Brauchtum 505
Bronzeguß 496
Brückenfunktion, geostrategische 157
Brunei 371, 376
Bruttoinlandsprodukt 189, 259, 316
Bruttosozialprodukt 6, 7, 8, 11, 19, 63, 91, 151, 158, 161, 163, 166, 168, 171, 172, 201, 295, 296, 297, 314, 377, 390, 410, 431
Bubble economy 111, 188, 292, 304, 317, 424, s. a. Seifenblasenökonomie
Bücher 291, 445, 473
Buchschrift 495
Buddhismus 21, 55, 77, 93, 95, 121, 209, 215, 240, 258, 491, 496, 505–509
Budget 286
Bühne 482
Bundesrepublik Deutschland 13, 28, 29, 30, 35, 44, 127, 131, 177, 185, 187, 191, 242, 258, 259, 316, 318, 329, 330, 348, 349, 389, 390, 391, 431, 449, s. a. Deutschland
Bündnisfreiheit 151
Bündnisvertrag mit den USA 94, 217, 229, 381
Bündnisvertrag von 1902, britisch-japanischer 215
Buraku Befreiungsliga 121, 122
Burakumin 115, 120, 121
Burenkrieg 140
Bürger- und Studentengruppen 115
Bürgerbewegung für Frieden in Vietnam 116
Bürgerinitiativen 88, 114, 116, 117, 118, 120, 126, 130, 408
Bürgerkrieg 70
Bürgertum 57, 59
Burma 65, 177, 178, 215
Büro für Maßnahmen der internationalen Friedenssicherung 156
Büroausrüstungen 328
Bürokratie 9, 61, 71, 77, 78, 83, 146–149, 153–155, 175, 176, 259, 260, 262–264, 409, 420

Calderen 23
Canon 267, 323, 366, 367
Celebes 145
Centres of Excellence 285
Chancengleichheitsgesetz 411
Charta der Vereinten Nationen 158
Chemical Abstracts Service (USA) 291
Chemie 290, 348, 358, 393
Chemiefaser 358
China 3, 4, 5, 12, 55, 56, 61 ff., 71, 117, 122, 138, 139, 140, 142, 143, 144, 145, 147, 148, 157, 161, 165, 172, 174, 177 ff., 184, 192 ff., 230, 231, 234, 235, 239, 242, 304, 315, 351 ff., 371, 374, 382, 388, 468, 478, 483, 490, 492, 496, 499, 500, 507, 508, s. a. Volksrepublik China
China-Politik 93, 142, 203
Chip- und Computerbranche 7, 37, 328, 343, 504
Chisso 128
Chōnin-Kultur 480
Chōshū 59
Chongnyon 122, 212
Christentum 57, 490, 506
Chrom 373
Chūō Kōron 445
Clarion 111
Clinton-Administration 188, 328, 375
Club of Rome 291
Club-Aktivitäten, außerschulische 419
Colleges 434
Comics 422, 445, 464, 472
Community unions 111
Computer 316, 318, 421, 440
Computerindustrie 275, 489
Council for Science and Technology (CST) 285, 288

Dachverbände 107, 108, 113–115
Dadaismus 493
Daiei 367
Darlehen für Eigenheime 437
Daseinsvorsorge 432
Data paintings 494
Dauerbeschäftigung 111, 402
Dauerlärmgeschädigte 117
Deflation 292, 303
Demilitarisierung 155, 158
Demokratie 1, 11, 13, 80, 81, 183, 232, 238, 242, 275, 442, 486
Demokratisch-Sozialistische Partei, s. DSP
Demokratisierung 114, 406
Demonstrationen 114, 117, 128
Densely Inhabited Districts (DID) 50
Dentsu Inc. 447
Deponieplätze 132
Design 502, 503, 504

Deutsche Industrie- und Handelskammer in Japan (DIHKJ) 329
Deutsche Japan-Post 384
Deutsche Technologien 246
Deutsches Reich 3, 4, 192, 238, 240, 246, 384, 388, 389
Deutschland 61, 62, 64, 116, 132, 139, 143, 150, 212, 236, 237, 238, 239, 240, 241, 242, 243, 244, 246, 279, 280, 293, 327, 329, 330, 384, 385, 386, 387, 388, 389, 390, 391, 392, 393, 405, 412, 413, 414, 446, 448, 451, 452
Deutschland, nationalsozialistisches 6, 143, 216
Development Assistance Committee (DAC) 166, 171, 174–176
Devisenbewirtschaftung 388
Deviseneinnahmen 258
Dezentralisierung 42, 43, 53
Diaoyütai 202, 206
Dienst, öffentlicher 109, 114, 403, 434
Dienste, soziale 429, 434
Dienstleistungen 9, 35, 72, 104, 107, 109, 259, 279, 316, 377, 413
Diplomaten 147, 150, 160, 195, 380
Diplomatie, chinesische 202
Direktinvestitionen 246, 274, 338, 340, 358, 362, 363, 364, 365, 366, 367, 369, 377, 393
Dirigismus, staatlicher 322
Diskriminierung 119–124
Distributionssysteme 347, 393
Diversifizierung der Angebotspalette 282
Diversifizierungsbestrebungen japanischer Ölimporteure 235
Dividendenrendite 296
DKB (Dai-Ichi-Kangyō Bankgruppe) 267
Dōmei 87, 97, 98, 99, 107, 112
Dōyūkai 105
Dominanz, japanische 221
Doppelstruktur, wirtschaftliche 313
Dorfgemeinschaften 276
Drei-Mächte-Intervention 139
Dreieck Nordamerika-Japan-Europa 243
Dreimächte-Pakt 5, 64, 143, 239, 240
Dritte Welt 167, 180
Drittsektor 40, s. a. Tertiärsektor
Drogen 243, 453
DSP 87, 94–99, 112, 113, 151, 152
Dumping-Praktiken 185, 258
Durchschnittsalter 45
Durchschnittszahl der Kinder 45
East Asia Economic Grouping/ EAEG 381
Economic Animal Japan 7, 371
Economic Planning Agency 147, 175, 278
Edelhölzer 180
Edelmetalle 58
Edo 57, 58, 70, 482, 497
Edo-Bucht 59
Edo-Zeit 121, 137, 480, 492, 502
Effektivierung der Produktion 187
EG 8, 9, 171, 223, 243, 314, 315, 320, 327, 328, 337, 338, 339, 341, 342, 343, 344, 345, 346, 347, 348, 390, 391, s. a. EU
EG-Außenhandelsdefizits mit Japan 339
EG-Binnenmarkt 339, 345, 374
EG-Kommission 341, 343, 390
Ehe 416
Ehefrau 409, 438
Eigenarten, kulturelle 258
Eigenkapitalquote 324
Einflüsse, chinesische 490
Einflüsse, schamanistische 477
Einflüsse, indische 215
Einflüsse, konfuzianische 258
Einflüsse, westliche 1
Einfuhren 218, 314, 315, 316, 320, 327, s. a. Importe
Einfuhren aus der EG, japanische 338
Einfuhrgütern Japans aus China 359
Einfuhrliberalisierung 347
Einfuhrzölle 334, 346
Eingriffe in den Wirtschaftsprozeß, staatliche 259
Einkommens- und Körperschaftssteuer 323
Einkommensverdoppelung 429
Einprozentbindung 161, 163
Einreiserestriktionen 124
Einstellung zur Arbeit 505
Einwanderer in Kalifornien, japanische 189
Einwanderungsbestimmungen 25, 26
Einzelunternehmen 103, 104
Einzigartigkeit Japans 29, 119
EIRMA (European Industrial Research Management Association) 291
Eisen- und Stahlindustrie 32, 33, 61, 113, 357, 358
Eisenbahnwesen 22, 28, 61, 114
Eisenerze 30
Electrotechnical Laboratory (ETL) 286

Eleganz, höfische 495
Elektro-, Fahrzeugbau, Maschinen- und Präzisionsgeräteindustrie 29
Elektroindustrie 61, 282, 355, 393
Elektronikindustrie 37, 267, 323, 325, 393, 490
Elfenbein 181
Eliten 10
Eliteuniversitäten 78, 116
Eltern 417, 418, 420, 421, 422, 425
Emissionen 25, 129, 132
Endlager 117
Energie 23, 30, 247, 366
Energiepolitik 131, 132, 180
Energiewirtschaft 23, 30, 104, 108, 132, 285, 289, 377, 389
England 2, 24, 61, 70, 140, 142, 246, 384, 388, s. a. Großbritannien
Entente 62
Entertainment 476, 480
Entgiftungsmaßnahmen 180
Entlohnung 411
Entmilitarisierung 220, 241
Entschädigungssystem 128, 129
Entscheidungen, unternehmerische 128
Entscheidungsprozeß, politischer 77
Entscheidungsträger, politische 103
Entstickungsanlagen 132
Entwicklung, gesellschaftliche 423
Entwicklung, industrielle und technologische 218
Entwicklung, wirtschaftliche 56
Entwicklungsbanken 169, 171, 174
Entwicklungshilfe (ODA), öffentliche 13, 31, 156, 166–178, 180, 275, 360, 362, 366, 375, 376, 379
Entwicklungshilfepolitik 146–151, 168, 169, 171, 174–176, 178, 362, 366
Entwicklungsländer 156, 180
ERATO-Programm 288
Erdbeben 20, 24, 100, 117, 442, 493
Erdgas 198, 373
Erdöl 29, 33, 198, 216, 315, 320, 352, 359, 368, 373
Erholungs- und Freizeitangebote 437
Erklärung von Kairo 192
Ernährung 45, 306
Erotik 467, 474
Erschließung des chinesischen Marktes 351
Erschließung des Landes 58
Erschließung Sibiriens 198
Erster Weltkrieg 4, 17, 62, 63, 141, 142, 192, 238, 239, 241, 385, 386, 387, 493
Erwachsene 420
Erwerbsarbeit 44, 45, 412, 414, 434
Erzeugnisse, japanische 344
Erziehung 70, 407, 417, 424
Erziehungsministerium 116, 199, 200, 407
Erziehungssystem 239, 406, 418, 424
Essen 504
Ethik 2, 292
Etorofu 12, 227
EU 11, 104, 151, 188, 223, 288, 327, 337, 339, 340, 342, 344, 345, 348, 377, 393, s. a. EG
EU-Kommission 343
EU-Staaten 98
Eurokommunismus 99
Europa 11, 12, 57, 62, 78, 115, 116, 125, 138, 143, 148, 151, 164, 172, 208, 229, 232, 238, 242, 243, 261, 284, 320, 327, 342, 343, 344, 346, 347, 348, 349, 389, 393, 469, 490, 498, 501, 502
Europa-Strategie der Japaner 348
Europäer in Japan 57
Europäische Gemeinschaft, s. EG
Europäische Union, s. EU
Europäisierung 482
EWG 221
Examen 419, 421
Exotismus 471
Expansionspolitik 121, 145, 220
EXPO 42
Export 7, 8, 32, 132, 167, 180, 186–190, 199, 207, 258, 261, 270, 272, 304, 314, 317, 320, 327, 328, 332, 336, 339, 344, 348, 351, 353, 355, 356–359, 367, 368, 374, 375, 377, 386, 501, s. a. Ausfuhren
Export von Maschinen und Ausrüstungen 356, 358
Export von Textilien 358
Export-Import-Bank 375
Exporte in die EG 339
Exporte nach China 356
Exporte nach Deutschland 391, 392
Exporte nach Japan 339, 355, 385, 388
Exporterfolge 332, 370, 386
Exportförderung 263, 289
Exportoffensive 27, 181, 185, 186, 294, 304, 330, 333, 335, 386

F&E-Politik 284, 285, 288, 290, 291
Fabriken 60, 108
Fabrikgesetz von 1911 439
Facharbeiter 435, 436
Fachhochschulen 402–405
Fahrrad 421, 422
Fahrzeugbau 18, 19, 132, 282, 290, 356
Faktionen 81, 149, 150, 152
Familie 7, 11, 12, 45, 54, 411, 414–425, 429, 430, 439, 441, 473, 507
Familie, kaiserliche 71
Familienbetriebe 47, 439
Familienhilfen 437
Familienkonzerne 59, 60, 62
Familienplanungsprogramm 44
Familienregister 122
Familiensystem 408, 417
Familienverbände 54
Far Eastern Commission 220
Farbenindustrie 387, 388
Färber 121
Farbholzschnitt 497
Fauvismus 493
FCKW 180
Feldgottheiten 305
Feminismus 408
Fensterseiten-Japan 22
Ferien 420
Fernmeldegesellschaft, s. NTT
Fernsehanstalten 446, 447
Fernsehgeräte 180, 185, 262, 358, 391, 421, 446, 489
Fernsehkonsum 422, 446, 447, 485, 486
Fernverkehr 31, 35, 39
Fertigungstechnologien 247
Fertigwarenexporte 376
Fertigwarenimporte aus dem ASEAN-Bereich 374
Festlandsambitionen 140
Feudalsystem 2, 19, 56ff., 60, 408, 486
Figuren 476
Film 424, 485–488
Filme, gewaltverherrlichende 424
Finanz- und Versicherungswirtschaft 109
Finanz- und Wirtschaftskraft 188, 198, 292
Finanzen 316
Finanzierungsmöglichkeiten 258, 283
Finanzinstitute 275, 361
Finanzmärkte 25, 275, 319, 378
Finanzministerium 78, 83, 147, 148, 175, 261, 272, 294, 295, 303, 324, 325, 327, 328, 364, 390
Finanzpolitik 330
Finanzsystem 60, 261
Finanzwirtschaft 188, 294, 324
Firmen 124, 174, 296, 386, 406, 417, 423
Firmen, mittelständische 278
Firmengewerkschaft 108
Firmenkonglomerate 278
Firmensitze, ausländische 36
Fischerei 58, 84, 109, 138, 181
Fiskus 295, 297, 303
Flächen- und Tiefwasserbedarf 31
Flächennutzungskonkurrenz 30
Fleisch 21
Flotte, japanische 145
Flotte, russische 140
Flottenabrüstungskonferenz 63, 142
Flüchtlinge 119, 236
Flughäfen 26, 39, 41, 116
Flugzeug- und Schiffbau, militärischer 163
Flugzeugträger 144, 145, 161
Flußregulierungen 24
Förderungs- und Umstrukturierungsmaßnahmen 260
Förderungsschwerpunkte 33
Forschung und Entwicklung 37, 40–43, 284, 285, 287–290, 316, 332
Forschungseinrichtungen 37, 39–42, 240, 285–287, 290
Forschungspolitik 153, 259, 289–291, 284, 285
Forstwirtschaft 108
Forum für Informationstechnologie, deutsch-jappanisches 247
Fotoartikel 393
Frankreich 2, 4, 61, 139, 142, 186, 193, 210, 259, 316, 344, 345, 384
Französisch-Indochina 143
45, 77, 408, 409, 480, 508
Frauen 45, 72, 77, 84, 88, 105, 110, 162, 206, 318, 408–415, 434, 441, 480, 508
Frauenbewegung 408
Frauendiskriminierung 409
Frauenerwerbsarbeit 409, 412, 413
Frauenliteratur 474
Frauenmagazine 445
Frauensprache 466
Frauenstudium 410
Freihandel 187
Freilichtmalerei 493

Freiwilligenarbeit 441
Freizeitgestaltung 419–422
Freundschaftsvertrag mit den USA, pazifischer 152
Friedens- und Freundschaftsvertrag 161, 196
Friedensforschung 158
Friedensgruppen, christliche 115
Friedenskonferenz von Versailles 142, 219
Friedensmissionen der UNO (PKO) 151, 236, 383, s. a. PKO
Friedenspolitik 151, 158
Friedensverfassung 156
Friedensvertrag mit der Sowjetunion 150
Friedensvertrag von Portsmouth 4, 61, 140, 210
Friedensvertrag von San Francisco 115, 122, 158, 159, 192, 216, 220, 242, 370, 389
Friedensvertrag von Shimonoseki 210, 239
Friktionen, europäisch-japanische 346
Frontier Research Program 288
Frühjahrslohnoffensive 111
Führung, militärische 137
Führungsmacht in Asien 204
Führungsschicht 13
Fuji 267, 328, 330, 385, 446
Fuji-san 20
Fujitsu 298, 323
Fukuda-Doktrin 371
Fukuoka 51, 56
Fukushima 114
Futurismus 493

G-5 316
G-7 12, 162, 226, 228, 243, 293, 321, 327, 333, 360, 375
Gartenkunst 504
Gastarbeiterproblem 124
GATT 148, 160, 221, 223, 308, 327, 336, 344, 345, 391
Gebietskörperschaften 30, 78, 81, s. a. Präfekten
Geburt 411, 437
Geburtenrate 44, 45, 414, 419
Gefährdungshaftung 128
Geheimer Staatsrat 60
Gelbe Gefahr 386
Geld 292, 304
Geldstrafe 453
Geldwertstabilität 132
Gemeinden 19, 50, 130, 421
Gemeinsame Erklärung der EG und Japan 342, 346
Gemeinschaftsbewußtsein 419
General Affairs Division 156
General Agreement on Tariffs and Trade, s. GATT
General Federation of Korean Residents in Japan 122
Generalhandelshäuser 266, 272, 273, 367
Generation, ältere 417, 424
Generationen 45, 415, 424, 425
Genji-Roman 468, 491
Genroku-Ära 481, 492, 502
Gentechnik 509
Geo-Determinismus 26
Geographie 19
Geotektonik 20
Geowissenschaften 247
Gerber 121
Gerichte 128, 130, 451, 452, 455
Gerichtsbarkeit 244, 426, 451
Gesamthaushalt, 1993/94 163
Gesang 476
Geschäftsabkommen über Handel, Luftverkehr, Schiffahrt und Fischerei 196
Geschäftswelt 146
Geschichte der japanischen Literatur 468
Geschichtsbewußtsein 349
Geschichtsbücher 116, 199
Geschichtsklitterung 116
Geschlechterverhältnis 414–416, 441
Geschwister 418, 422
Gesellschaft 8, 11, 92, 101, 154, 261, 347, 349, 393, 401, 408, 417, 422, 423, 425, 444, 466, 467, 470, 473, 474, 490, 493
Gesellschaft, alternde 432, 434, 441
Gesellschaften, deutsch-japanische 246
Gesetz für gleiche Chancen von Männern und Frauen am Arbeitsplatz 440
Gesetz über Sicherheit und Gesundheit am Arbeitsplatz 439
Gesetz zur Sicherung des Lebensunterhalts 429
Gesetzgeber 426
Gesundheit 45, 426, 429
Gesundheits- u. Wohlfahrtsministerium 414
Gesundheitsbelastungen 128, 129, 131
Gewalt 423, 424
Gewalten, feudale 56

Gewässer 126, 132
Gewerbe 32, 58
Gewerbe, verarbeitendes 279
Gewerbe- und Industriezonen 32
Gewerbegebiete 41
Gewerkschaften 89, 105, 107, 109, 111–115, 280, 439
Gewerkschafter 96, 97, 112
Gewerkschaftsbewegung 107, 112, 154
Gewerkschaftsdachverband Rengō 89, 98
Gewerkschaftsverband Sōdōmei 96
Gewerkschaftswesen 87, 107, 108, 110, 112
Giftmüllexport 179
Gipfel von Tokyo 228
Gleichberechtigung 409, 438, 440, 475
Glücksspiel 453
Goethe-, Eichendorff- und Hesse-Gesellschaften 245
Gold- und Silberminen 58
Golf von Bengalen 65
Golfkrieg 13, 98, 201, 235, 236, 243, 342, 356
Golfkrise 150, 156, 236
Gottheiten 23, 477–479, 482, 506, 507
Gottkaiser-Reich 70
Grammatik 464, 466
Grants 174
Graphik 497, 498
Grass-roots-Gruppen 116
Green Planet Program 288
Greenpeace 118, 179
Groß- und Einzelhandel 56, 108, 279, 280, 316
Groß-Ostasiatische Wohlstandssphäre 13, 145, 205, 216, 220, 370
Großbetriebe 29, 108, 280, 281, 283, 317, 318, 420, 434, 436
Großbrand von 1657 in Edo 482
Großbritannien 24, 63, 65, 140, 142, 175, 187, 210, 219, 220, 223, 239, 259, 316, 344, 348, 393, 405, s. a. England
Großindustrie 32, 33, 60, 97, 104, 234, 278
Großkunden 281
Großmächte 64, 380
Großostasiatische Konferenz in Tōkyō im Herbst 1943 208
Großstädte 99, 106, 420, 421, 453
Großstandorte 37
Großunternehmen 264, 265, 281, 282, 313, 317, 318, 319, 329, 334, 365, 366, 410
Großvorhaben, industrielle 33, 274
Großwerften 29
Grundbesitz 55, 56, 63
Grundlagenforschung 43, 247, 284, 285, 286, 288
Grundlagenvertrag über Freundschaft und Zusammenarbeit (1976) 221
Grundrechte 114, 116
Grundrechte der Arbeiter 107
Grundrechtsverletzungen 116, 117
Grundsätze für die Nationale Verteidigung 159
Grundschule 121, 401, 419
Grundstücksmarkt 94, 295, 325
Gründung des australischen Bundes 1901 219
Grundwasserverschmutzung 117
Gruppen, soziale 419, 422
Gruppenharmonie 28
Gruppenmentalität 419
Guadalcanal 145
GUS 165, 229
Güter, industrielle 384

Habomai 12, 227
Häfen 22, 33, 59, 174
Hafen- und Küstenorientierung 30
Hafenindustrieflächen 31, 33
Haftanstalt 454
Haiku 469, 481, 504
Haiti 177
Halbleiter 37, 41, 328, 366
Handel 6, 58, 59, 63, 173, 185, 187, 190, 199, 218, 265, 328, 342, 374, 377, 381, 409, 410
Handel, japanisch-chinesischer 199, 351, 353, 355
Handel, japanisch-deutscher 384, 387, 389, 390
Handels- und Industriepolitik 289
Handels- und Schiffahrtsvertrag 384, 388, 390
Handelsaktivitäten 160, 161
Handelsbeziehungen nach Indien 215
Handelsbeziehungen, amerikanisch-japanische 188
Handelsbilanz 8, 10, 186, 199, 206, 207, 222, 234, 235, 289, 293, 314, 317, 319, 327, 329, 331, 339, 355, 338, 375, 376, 391, 392

Handelsgesetzbuch 244
Handelshäuser 58, 348, 386, 387, 388
Handelshemmnisse 8, 58, 150, 187, 188, 206, 265, 347, 348, 387, 388
Handelskammern 388, 390
Handelskonflikte 185, 188, 213, 262, 341, 377
Handelspartner Australiens 219
Handelspolitik 153, 263, 328, 329
Handelsstreitigkeiten mit der EG 347
Handelsverträge 199, 221, 240, 341, 359, 384, 387, 388, 390
Handelsvolumen 352
Handelswettbewerb 187
Handschrift 495
Handwerk 57, 58, 280, 409, 410, 492, 500
Hangbefestigungen 24
Happenings 494
Hardware, militärische 184
Hauptinseln 28, 145
Hauptregenperiode 22
Hauptstadt 55, 90
Hauptstadtregion 42, 43, 51, 53
Hausgesetze, kaiserliche 70
Haushaltsgröße 45
Haushof-Amt, kaiserliches 71
Heer 140, 162, 163
Hegemonie 138
Hegemonie über Korea 139
Hegemonie-Klausel 196, 197
Heian-Zeit 468, 478, 491, 495, 502
Heimatverteidigung 157
Heimindustrie 58
Heirat 120, 122, 411, 414, 415, 416, 437
Heisei 71, 506
Henker 121
Hierarchie 40
Hightech-Produkte 41, 117, 246, 503, 504
Hiroshima 3, 5, 65, 122, 124, 145, 287, 470
Hitachi 298, 366
Hōryuji-Tempel 491
Hochschule 116, 121, 148, 401–405, 407, 410
Hochtechnologie 19, 37, 41, 163, 188, 206
Hochwachstumsphase 313
Hochzeit des Kronprinzen 69
Hof 69, 123
Hofadel 55, 57
Höflichkeitssprache 466
Hoheitsansprüche 202
Höhenflug des Yen 263
Hokkaidō 20, 21, 22, 28, 41, 49, 120, 121, 157, 184, 187, 197
Hokkaidō Universität (Sapporo) 287
Holding Company Liquidation Commission 267
Holdinggesellschaften 266
Holland 2, 57, 237, 384
Holz 180, 494
Holzhäuser 21
Holzschnitt 496–498, 500
Homogenität 119
Honda 367
Hongkong 6, 13, 304, 327, 353, 355, 364, 374, 378, 379
Honshū 20, 28, 51, 120
Human Frontier Science Program 288
Humanfaktor 19, 36
Humor 488
Hütten- und Stahlindustrie 246
Hüttenwerke 29, 32, 33

Identität, nationale 425
Ikebana 502
Immobilien 106, 109, 187, 188, 279, 293–295, 297, 299, 303, 304, 316, 321, 325, 329, 334
Imperialismus, westlicher 69
Imphal 215
Import- und Exportbank 361, 368
Importbarrieren 391, 392
Importe 8, 9, 30, 32, 199, 218, 219, 222, 235, 258, 270, 272, 276, 282, 304, 315, 320, 327, 328, 345, 353, 358, 360, 367, 368, 374, 387, 388
Importe aus China 355, 356
Importe aus Deutschland 387
Importe aus Indien 215
Importe von mineralischen Brennstoffen 359
Importe, australische 220
Importförderungsprogramme 222, 319
Importgüter 326
Importquoten 334, 390
Importrestriktionen, tarifäre 356
Impressionismus 493, 497
Indien 166, 174, 178, 215, 216, 217, 218, 220, 388
Individualisierung 416
Individuum, künstlerisches 493
Indochina 65, 143
Indonesien 65, 145, 172, 174, 237, 315, 362, 371, 373, 377, 378

Industrial Technology Council 289
Industrialisierung 17, 18, 43, 47, 51, 69, 76, 238, 376, 385, 386, 409, 435
Industrie 29, 32, 39, 47, 59, 61, 63, 65, 72, 103, 106, 125, 129, 130, 132, 148, 153, 180, 183, 184, 185, 259, 260, 280, 284, 289, 290, 292, 294, 296, 297, 299, 316, 317, 321, 322, 325, 330, 344, 351, 370, 374, 377, 378, 385, 387, 413, 427
Industrie- und Gewerbeparks 37, 286
Industrie- und Handelskammer 105
Industrieanlagen 127
Industrieansiedlung 72, 329
Industriebeschäftigte 41
Industrieforschung 286, 291
Industriegewerkschaften 111, 126, 376, 381
Industriepolitik 30, 104, 126, 127, 129, 132
Industrieprodukte 27, 63, 316, 318, 332
Industriesektor 98, 318
Industriespionage 386
Industriestruktur 40, 63, 107, 315, 390
Industrieunternehmen 101, 275
Infant-Industries 314
Inflation 257, 296, 389
Informationsaustausch 348
Informationsdichte 36
Informationsgesellschaft 37, 152, 407
Informationsgewinnung 347, 422
Informationspolitik 156
Informationstechnik 37, 247, 289, 290
Infrastruktur 9, 32, 35, 36, 40, 41, 126, 174, 262, 323, 362
Ingenieure 39
Inlandsaktien 295
Inlandsee 20, 28
Innenministerium 427, 505
Innenpolitik 9, 10, 62, 63
Innovationen 40, 129, 296
Inselgebiete, pazifische 18
Insellage 25
Institute for Future Technology (IFTECH) 291
Institute for Molecular Science (IMS) 286
Institute of Future Technology 289
Institute of Physical und Chemical Research (RIKEN) 287, 288
Integrated Manufacturing Systems (IMS) 290
Integration von Sozial- und Arbeitsmarktpolitik 439
Intellektuelle 97, 100
Intelligent Cities 39
Interessen, materielle und sicherheitspolitische 232
Interessengruppen, innerparlamentarische 155
Interessenorganisationen, agrarische 103
Interessensallianzen, innenpolitische 147
Interessenverbände 150, 152
International Bureau 149
International Cooperation Agency (JICA) 175
International Institute for Advanced Studies of Social Information Science (Fujitsu) 286
International Monetary Fund (IMF) 112, 148, 160
International Peace Cooperation Office 156
International Thermonuclear Fusion Reactor-Projekt 288
International Tropical Timber Organization (ITTO) 181
Internationale Walfang-Kommission (IWC) 179, 181
Internationale Arbeitsorganisation (ILO) 105, 120
Internationaler Währungsfond 160, 181, 182, 391
Internationalisierung 120, 147, 155, 156, 263, 286, 349, 407
Intervention 61
Invasion 123, 163
Investitionen 173, 218, 246, 285, 296, 314, 328, 329, 364, 367, 377, 380, 390, 393, 430, 441
Investitionen der öffentlichen Hand 322
Investitionen in Deutschland 246
Investitionen in Japan 275–277, 393, 394
Investitionen, japanische 217, 218, 222, 270, 367
Investitionsboom 364
Investitionsfond 323
Investitionskosten 258, 274, 314, 347
Investitionsschutzabkommen zwischen Japan und der VR China 366
Investitionstätigkeit 156, 264, 321, 363–365, 367, 377, 378, 393
Investitionsvolumen 364
Irak 236
Iran 234
IRI (Industrial Research Institute) 291

Isolation, außenpolitische 11, 143
Israel 234, 236
Isthmus von Kra 31
Isuzu Motors 267, 367
Itai-Itai-Krankheit 128, 129
Italien 64, 143, 345
Itochu 272, 367
Izanami 23
Izumo 54

Jahrbuch für Außenpolitik 216
Jamaica 173
JAMSTEC 288
Japan Academy 287
Japan AG 7, 9, 184, 186, 191, 260, 270, 293, 321, 350
Japan Bashing 187, 335
Japan Center for Economic Research 282
Japan External Trade Organization (JETRO) 180, 348, 362
Japan Information Center of Science and Technology (JICST) 287, 289, 291
Japan Research Industry Association (JRIA) 291
Japan Society for Promotion of Science (JSPS) 287
Japan Techno-Socio Society (JATES) 290, 291
Japan Technology Transfer Association 291
Japan Times 444
Japan, Inc. 7, 103, 276, 323
Japan-Theorien 417
Japanbeschreibungen 337
Japanbild, westliches 444
Japaner in Australien 219
Japanisch-Deutsches Zentrum Berlin (JDZB) 245
Japanmeer 22–24
Japanologen 245
Japanpolitik der EU 337
Japansee-Seite 22
Jesuiten 245, 490
Jimintō s. LDP
Jiyūtō (Liberale Partei) 80
Jizō-Verehrung 509
Jōmon-Kultur 54, 499
Job-hopping 318
Joint-ventures 184, 207, 359
Jordanien 236
Journalismus 146, 444
Judikative 426
Jugend 417, 419–425
Juku 402
Just-In-Time-Liefersystem 35, 180, 276, 277, 292
Justiz 122
Justizministerium 451, 455, 456

Kabinett 82, 103, 143
Kabinettssekretariat 150
Kabinettsystem 60
Kabuki 13, 480–484, 486, 503
Kairoer Erklärung 212
Kaiser (Tennō) 6, 54, 56, 60, 61, 69, 70, 72, 138, 203, 210, 478
Kaiser von Korea 210
Kaiser-Wilhelm-Gesellschaft 286
Kaiserhaus 10, 55, 57, 59, 70, 71, 241, 293, 444, 506
Kaiserpaar 203
Kaiserreich 158
Kalligraphie 492, 494, 495
Kalter Krieg 9, 71, 80, 157, 159, 164, 172, 183, 225, 228, 232, 233, 238, 241, 242, 243, 330, 337, 444
Kamakura-Zeit 491
Kambodscha 160, 172, 243, 371–373, 379
Kampfflugzeuge 161, 220
Kampfschiffe 142
Kamtschatka 120
Kana-Zeichen 495
Kanada 13, 230, 243, 314
Kanagawa Academy of Science and Technology (KAST) 286
Kanagawa Science Park 39
Kanalisationssystem 323
Kanematsu Goshō 272
Kanghwa-Vertrag 210
Kanji-Zeichen 494
Kanō-Schule 491, 493
Kansai Science City 286
Kapital 258, 275, 292, 304, 376
Kapitalexporte 377
Kapitalinvestitionen 392
Kapitalismus 92, 112
Kapitalmarkt 63, 258, 283, 324, 381, 441
Kapitulation 65, 71, 145, 157, 190, 212, 240, 241
Karma-Rad 91
Karolinen 62
Katalysatoren 132
Kaufkraft 187
Kaufkraft des Yen 304

Kaufmannsstand 56–59, 388, 492
Kawasaki 39, 111
Kawatake Mokuami 482
Keidanren 104, 105
Keiō-Universität 287
Kenseikai 62
Keramik 54, 56, 499, 500, 501
Kernenergie 88, 94, 97, 117, 132, 247, 275, 288
Kernkraftgegner 117
Kernwaffen 116, 151, 190, 217, 230
Key Technology Center 290
KFZ-Industrie, s. a. Automobilindustrie 104
Kiaotschou-Bucht 239, 240
Kimono 13, 490, 503, 504
Kinder 414–425
Kindergarten 402, 417, 419, 422, 434
Kindergeld 430
Kindersterblichkeit 262, 432
Kino 422, 485, 486, 487, 488
Kläranlagen 180
Kleidung 421
Klein- und Miniwagen 18
Klein- und Mittelbetriebe 40, 94, 97, 105, 279, 280, 283, 313, 317–319, 411, 434, 439
Klein- und Mittelindustrie 92, 93, 97, 101, 317–319
Kleinkammerung 20, 21, 23, 28, 45
Klimaanlage 421
Klimadifferenzen 22
Klöster 57, 70, 491
Kōmeitō 76, 78, 90–95, 98, 101, 507
Kōnoike 58
KOA Nissho Iwai Corp. 366
Koalitionsabsprachen 146
Kobe 287, 384, 389
Kobe Steel 267
Kojiki 477
Kolonialpolitik 205, 210, 211
Kolonialzeit 213, 214
Kolonien 62, 64, 205, 206, 208, 389
Kombinate 32, 33
Komintern 100
Kommunalbehörden 130
Kommunalpolitiker 126
Kommunen 127, 128, 130, 322, 324, 427, 434
Kommunikation 36
Kommunikationsindustrie 27, 108
Kommunismus 10
Kommunisten, chinesische 143
Kommunistische Partei Japans, s. KPJ
Konflikt, territorialer 161
Konflikte, gesellschaftliche 129
Konfuzianismus 28, 55, 70, 209, 237, 408, 469, 505, 508
Konjunktur 261, 281, 299, 303, 322, 323, 424
Konjunkturprogramm 321–323
Konkurrenz, japanisch-ostasiatische 374
Konkurrenzfähigkeit 325, 368
Konkurrenzkampf 420
Konsens, sozialer 423, 425
Konsensusprinzip 82
Konservative 113
Konsum 8, 9, 29, 261, 262, 319, 326, 332, 421, 424
Konsumgüter 62, 184, 355, 410
Konzeptkunst 494
Konzerne 180, 183–186, 331, 334, 369, 378
Kooperation mit Rußland 233
Kooperation zwischen Japan und China 198, 351
Kooperation zwischen Siemens und Furukawa 385
Kooperationen, deutsch-japanische 245
Koordinierungsausschüsse 152
Kopfkissenbuch 468
Kopiermaschinen 323
Korea 3, 4, 18, 24, 55, 56, 61, 62, 88, 117, 120, 122, 124, 138–140, 152, 158, 162, 184, 192, 199, 200–205, 208–214, 234, 327, 423, 478, 500, 507, 508, s. a. Nordkorea bzw. Südkorea
Korea-Boom 410
Koreakrieg 6, 100, 183, 184, 185, 192, 193, 242, 330, 389, 390, 442
Körperlichkeit 484
Korruption 9, 81, 84, 93, 94, 117, 408
KPJ 76, 78, 94, 96, 99, 100, 101, 108, 113, 114, 116, 151, 444
Kraftfahrzeuge 127, 391
Kraftfahrzeugindustrie 18, s. a. Automobilindustrie
Kraftwerke 127
Krankenhäuser 435, 438
Krankenkassen 431, 435, 438
Krankenversicherung 427, 430, 431, 433–435
Kreativität 500
Kreditwesen 1, 63, 188, 261, 263, 270,

272, 274, 275, 297, 299, 313, 321, 324, 325, 383
Krieg, chinesisch-japanischer 4, 61, 143, 442, 493
Krieg, pazifischer 64, 65, 116, 145, 190
Krieg, russisch-japanischer 61, 140
Kriegeradel 55–70, 469
Kriegserklärungen 65, 70, 143, 240
Kriegsgegner Japans 220
Kriegsinvalide 427
Kriegskabinett 115
Kriegstrauma 123
Kriegsverbrechen 71, 100, 116, 200, 220, 241
Kriegsverhinderung 160
Kriegsverzicht-Artikel 9 81, 88, 93
Kriegswirtschaft 388, 390
Kriminalität 120, 183, 449, 452, 453
Kronprinz 71, 444
Kronrat 71
KSZE 230, 232
Kuba 172
Kubismus 493
Kultstätten 506, 507
Kultur 1, 24, 156, 183, 210, 211, 380, 387, 417, 443, 468, 474, 476, 482, 484, 486, 490
Kultur des Westens 483
Kultur, bäuerliche 27
Kultur, buddhistische 215
Kultur, indische 215
Kultur, politische 85, 88
Kulturbeziehungen 24, 240, 245, 246
Kulturfläche 19, 45
Kulturkritiker 45
Kulturpolitik 156, 500
Kulturtradition 19
Kultusministerium 287, 506
Kumamoto 177
Kunashiri 12, 227
Kunst 122, 475, 476, 480, 481, 490
Kunst des Westens 494
Kunst, theatralische 477
Kunst, traditionelle 504
Kunst, zeitgenössische 494
Kunsthandwerk 385, 499, 500, 501, 502, 504
Künstler 209, 491, 494
Kuomintang 143, 205
Kupfer 373, 385
Kurilen 20, 61, 101, 198, 226
Kurrentschrift 495
Kurzstudienhochschulen 402–405, 410
Küstengewässer 33
Küstenindustriekomplexe 32, 37
Küstenlandschaften 30
Kuwait-Krise 236, 342
Kwantung 5, 140
Kwantung-Armee 63, 65, 141–143
Kyōgen 496
Kyōto 56, 58, 70, 181, 245, 286, 485, 492
Kyōto-Schule 244
Kyōto-Universität 287, 403
Kyūshū 20, 41, 49, 51, 54, 59, 177, 187
Kyūshū Universität (Fukuoka) 287

Lackarbeiten 492, 496, 499–502
Ladendiebstahl 423
Lagerhaltung 35
Land- und Forstwirtschaft 279, 439
Land-Stadt-Wanderung 414
Landbedarf 32
Landbesitz, privater 55
Landesabschließung 58
Landesentwicklung 17, 19, 23, 24, 31, 36, 47, 77, 100
Landschafts- und Bambusmalerei 491
Landwirtschaft 21, 27, 47, 49, 56, 58, 72, 103, 106, 305, 316, 410
Landwirtschaftsorganisation 307
Lansing-Ishii-Abkommen 5
Laos 172, 371, 372, 373, 379
Large Scale Projects (1966–1992) 289
Lärmpegel 130, 132
Lateinamerika 13, 172, 178, 248, 249, 320
LDP 11, 73–91, 94–99, 103, 104, 106, 113, 115, 118, 146, 147, 149, 151–154, 190, 236, 305, 321–323, 426, 430, 447
Lean Production 187, 276, 292
Leben, geistig-kulturelles 55
Lebenserwartung 45, 414, 431, 432
Lebensgrundlagen 109, 125, 423
Lebenshaltungskosten 304, 438
Lebensmittel 62
Lebensstandard 18, 19, 121, 261, 288, 289, 323, 415
Lebensweise 36, 183, 416, 425, 467, 475, 490
Lebenswissenschaften 247
Lederverarbeiter 121
Lehnsfürsten 69
Lehnwörter 465
Lehr- und Lernklima 403
Lehrergewerkschaft 101, 116, 407

Leichenverbrenner 121
Leistungsbereitschaft 425
Leistungsbilanzüberschüsse 10, 261, 325
Leistungsniveau an japanischen Schulen 402
Lenkung, administrative 42, 259, 260, 264
Lesepublikum 469
Liaotung 4, 61, 62, 139–141, 239
Liberal-Demokratische Partei, s. LDP
Liberal-Soziale Allianz (Jiyū-Shakai Rengo) 90
Liberalismus, wirtschaftlicher 81, 88, 93, 95, 263, 319
Liberalität 486
Libyen 172
LIC 172
Liebesheirat 416
Liefer- und Abnahmebeziehungen 272
Literatenmalerei 492
Literatur 215, 467–477, 503
Literatur, politische 470
Literatur, proletarische 470
Literaturverfilmung 486
Lithographie 498
LLDC 172
Local industries 40
Lockheed-Skandal 84
Lockheed-Wahlen 91
Lohnabhängige 108, 409
Lohnarbeiterinnen 409
Lohnkosten 105, 111–113, 283, 320, 386, 411
Lokal- und Regionalpolitik 409
Lokalherrscher 54
London 25
Londoner Flottenvertrag 63
Luft- und Gewässerreinhaltung 127, 132
Luftangriffe 65
Luftbelastung 130, 132
Luftverkehr 41, 390
Luftwaffe 158, 162, 163, 201
Lyrik 468
Lytton-Untersuchungskommission 64

M&A-Markt 277
Macao 364
Mächte, westliche 58
Machtelite, dreigliedrige 153
Mädchenschulen, höhere 409
Maekawa-Bericht 317, 375
Magazine 445, 447
Mahāyana-Buddhismus 215, 507
Mainichi Shimbun 443
Malaysia 6, 65, 145, 180, 207, 319, 365, 371, 373, 374, 376, 377, 378, 379
Malerei 490–495, 498, 503
Man power 40
Management 39, 107, 111, 112, 124, 292, 293, 350, 365, 369
Mandschukuo 5, 143, 145, 192, 388
Mandschurei 4, 5, 18, 61–65, 139, 140, 142, 143, 388
Mandschurei-Politik 142, 143
Manufakturen 58
Marianen 62
Marine 142, 162, 163, 236, 240, 384
Marine, kaiserliche 220
Marinebasen 140, 184
Marionettenregierungen 143
Marketing-Firmen 424
Markt 297, 299, 304, 329, 333, 334, 335, 345, 347, 377, 384, 385, 386, 393, 394, 430
Markt, japanischer 185, 187, 188, 189, 207, 221, 222, 355
Marktabschottung 347
Marktanalyse 332
Marktöffnung 103, 188, 335, 376, 393
Marktwirtschaft 160, 259
Marktzugangsbedingungen 185, 187, 258, 281, 347, 392, 393
Marshall-Inseln 62, 65
Marshall-Plan 242
Marubeni Corporation 272
Marxismus-Leninismus 96
Maschinen und Ausrüstungen 356, 358
Maschinen- und Apparatebau 246
Maschinen- und Elektronikindustrie 366
Maschinenbau 61, 267, 282
Maschinenimporte 359
Massenerzeugnisse 18
Massenfertigung 41
Massenkommunikation 485
Massenmedien, s. Medien
Massenproduktion 410
Massenvernichtungswaffen 243
Materialforschung 247
Matsukawa-Fall 114
Matsushita Electric 298, 366, 405, 489
Max-Planck-Gesellschaft 286
Mazda Motor 267, 367
Medien 71, 93, 126, 148, 155, 179, 198, 415, 422, 424, 425, 442–447
Medienöffentlichkeit 114

Medizin 244, 438
Meeresfauna 23, 181
Meeresforschung 247, 275, 287, 288
Meeresprodukte 218
Meeresströmungen 22, 23
Meerwasser-Entsalzungsanlagen 236
Megalopolisierung 49, 50
Mehrwertsteuer 98, 303, 317
Meiji-Zeit 2, 27, 59–61, 137, 138, 238, 244, 246, 284, 406, 408, 427, 435, 439, 442, 465, 467, 469, 471, 478, 483, 492, 505–507
Meissener Porzellan 501
Menschenrechte 177, 217, 454
Menstruationsurlaub 440
Mentalität 35
Menthol 385
Metall 494
Metallindustrie 54, 56, 112
Methanol 386
Metropolen 36, 37, 41, 43, 49, 50, 51
Mexiko 235
MIC 172
Midway 65, 145
Miet- und Immobilienpreise 45
Mikrochips 184, 186, 334, s. a. Chips
Mikroelektronik 37
Militär 61, 62, 63, 64, 137, 138, 139, 143, 144, 153, 162, 230, 239, 240
Militärdiktatur 63
Militäreinsätze, operative 161
Militärhaushalt 151, 161
Militarismus 162, 193, 201, 408, 486
Militärkaste, feudale 59
Militärpolitik 158, s. a. Verteidigungspolitik
Minamata-Krankheit 117, 125, 128, 129,
Minamoto-Geschlecht 56
Mindan 122, 212
Minderheit, koreanische 122
Minderheiten 119, 120
Minderheitenpolitik 119, 124
Mindestbevölkerung 50
Minenräumschiffen 201
Mineralöl 32
Mineralöl-Wirtschaft 104
Mini-Space Shuttle HOPE 288
Miniaturisierung 27
Ministerialbürokratie 42, 81, 83, 103, 126, 129, 131, 146, 149, 152, 154, 186, 241, 266, 331
Ministerien 146, 259, 264
Ministerium für Gesundheit und Soziales 427, 429, 430
Ministerium für Internationalen Handel und Industrie (MITI) 7, 37, 39, 40, 42, 77, 78, 147, 148, 150, 175, 180, 247, 260, 261, 285, 289, 290, 291, 318, 322, 323, 328, 355, 390
Ministerium für Post und Telekommunikation 39
Ministerkonferenz für Wirtschaftsentwicklung in Südostasien 370
Ministerpräsident 64, 71, 78, 82, 103, 120, 149, 285, 321
Ministry for Education, Science und Culture (MESC) 285, 287, 289, 291
Minseitō 62
Minshatō, s. DSP
Minshūtō (Demokratische Partei) 80
Mißernten 28
Mission, kaiserlich-deutsche 238
Mission, portugiesische 465
Missionare 1, 2
Missionierungstätigkeit, christliche 57
Miszellen 468, 472
Mitgliedschaft im UN-Sicherheitsrat 191
Mitsubishi 62, 180, 266, 267, 272, 277, 286, 296, 298, 330, 366, 385, 387, 405
Mitsui 58, 62, 266, 267, 272, 277, 330, 367, 387
Mittel- bzw. Oberschulabschluß 410
Mittelalter 70, 237, 478, 480
Mitteleuropa 25, 28, 349
Mittelschichtsgesellschaft 96
Mittelschule 401, 419
Mittelstand 282
Mittlerer Osten 172, 183, 216
Mixed-media 498
Mode 421, 422, 445, 480
Modellfabriken 435
Moderne 13, 490, 492
Moderne, klassische 500
Modernisierung 2, 3, 18, 60, 238
Modernisierung der japanischen Gesellschaft 406
Modernisierung, wirtschaftliche 72, 106
Modernisierungspolitik 138
Modernität 467
Momoyama-Zeit 503
Monarchie 69
Monarchie, konstitutionelle 238, 313
Mönche, buddhistische 181
Mönche, japanische 215

Mönchsmaler, zenbuddhistische 491
Monsun 22
Montanbereich 30
Moonlight Project (Erneuerbare Energien, seit 1978) 289
Moral 292, 450, 471, 474
Motorisierung 25
Motorrad-Gangs 423
Mukden 143
Müllprobleme 132, 180
Musik 244, 422, 482, 483
Mutter 415, 418, 419, 420, 424
Myanmar, s. Burma
Mythos 477, 478

Nachbarländer 71
Nachbarschaft 117, 440, 441
Nachhilfe 420
Nachkriegsverfassung 114, 408, 409, 426
Nachkriegszeit 18, 28, 43, 44, 45, 49, 51, 86, 92, 162, 219, 241, 246, 304, 383, 408, 414, 417, 425, 429
Nachrichtenwesen 58
Nachschubbasen 123
NAFTA (North American Free Trading Area) 222
Nagasaki 3, 5, 57, 65, 124, 145, 470
Nagoya 33
Nagoya Universität 287
Naher Osten 31, 183, 234–236
Nahost 234, 235
Nahostpolitik 236
Nahrungsmittel 27, 359, 389
Nakasone-Regierung 173, 372
Nanking 143, 200
Nanking-Massaker 117, 200
Nansei-Inseln 20
Nara 56, 215, 286, 502, 507
Naßreis 20, 27, 28, 276
National Center of Science Information Systems (NACSIS) 291
National Diet Library (NDL) 291
National Institute of Science and Technology Policy (NISTEP) 288
National Research Institute for Metals (NRIM) 288
Nationalbewußtsein 69
Nationaler Bildungsreformrat 407
Nationalismus 81, 116, 137, 138, 208, 211
Nationalismus, koreanischer 211
Nationalsozialismus 17, 211
NATO 11, 161
Natur 494, 506, 509
Natur- und Landschaftsschutz 132
Naturausstattung 18, 36
Naturkatastrophen 24, 26
Naturrisiken 19
Naturwissenschaft 284, 291
NEC 298, 366
Neokonfuzianismus 508
Neokorporatismus 154
Netz, soziales 7, 303
Netzwerke 265, 275
Neu Liberaler Club (NLC) 90, 91
Neu-Guinea 65, 145, 220
Neuansiedlungen, industrielle 126
Neues Theater 483
Neujahr 505
Neulandgewinnung 31–33
Neuseeland 13, 220–223
Neutralität Japans 86, 151, 153
Neutralitätspakt mit der Sowjetunion 64
Neuzeit 506, 507
New Energy Development und Industrial Technology Development Organisation (NEDO) 290
New Media Community 39
New York 25
NHK 442, 443, 446, 447, 508
NIC 374, 378, 379
Nicaragua 172
Nichtangriffspakt mit der Sowjetunion 144
Nichimen Corporation 272
Nichiren-Shōshū-Sekte 507
Nichtverbreitungsvertrag von Kernwaffen 230, 242
Nickel 373
Niederlage 389
Niederlage, militärische 241
Niederlage, militärische von 1945 183
Niederlande 293, 393
Niederländisch-Ostindische Handelskompagnie 237, 244, 384, 501
Niederschläge 21, 22
NIEs (Newly Industrializing Economies) 218
Nihon Keizai Shimbun 443
Nihon Kyōsantō 100
Nihon Shintō (Neue Japan Partei), s. NJP
Nihonjinron-Debatte 29, 119
Nikkatsu 485, 487
Nikkei-Index 10, 322
Nikkeiren 104, 105

Nikki 366
Nippon Connection 337
Nippon Express 267
Nippon Steel 104
Nippon Television (Yomiuri) 446
Nippondenso 267
Nissan 111, 367
Nissan Oil Mills Ltd 366
Nisshō 105
Nisshō Iwai Corporation 272
Nixon-Schock 193, 205, 370, 371
NJP 90, 91
Nō 479–482, 496, 503
Nōkyō 106
Nomura Forschungsinstitut 365
Nordafrika 235
Nordamerika 179, 225, 327
Nordatlantischer Kooperationsrat 232
Norddeutscher Bund 238
Nordkorea 88, 149, 157, 161, 162, 184, 212, 213, 214, 231, 234
Nordostasien 215, 230
Normen, geschlechtsspezifische 416
Norwegen 182
Notenbank 261
Notstandsgesetzgebung 164
NTT 111, 267, 291, 293, 294, 298, 317
NTT-Tranchen 295
Nuklearpolitik 153
Nuklearwaffen 161, s. a. Waffensysteme

Ōnin-Krieg 56
Ōsaka 33, 51, 56, 72, 97, 123, 245, 286, 318, 389, 427, 483
Ōsaka Bioscience Institute (OBI) 286
Ōsaka Universität 287
Oberhaus 60, 73, 76, 81, 92, 97, 98, 150, 152
Oberhauswahlen 84, 88–90, 92, 97, 152
Oberschule 314, 401, 402, 405, 406, 410, 419, 420, 424
Oberster Gerichtshof 114, 116, 426, 451, 452, 455
ODA, s. Entwicklungshilfe
Ödland 21
OECD 148, 160, 166, 177, 178
Office ladies 410
Offizierskorps 143
Öffnung Japans 60, 91, 365, 442
Offshore-Ölressourcen 206
Okinawa 21, 22, 61, 71, 115, 119, 123, 138, 145, 184, 202, 500
Ökologie 125, s. a. Umwelt
Öl 30, 32, 198, 235, 317
Ölembargo 143
Ölkrisen 10, 31, 32, 108, 127, 132, 221, 234, 235, 263, 294, 314, 321, 377, 390, 429, 430, 439
Öllieferungen, arabische 235
Öllieferungen, chinesische 235
Ölvorkommen 143, 202
Olympische Spiele in Tōkyō 1964 166
On-the-Job-Training 406
Opportunismus 31
Opposition 11, 73, 74, 76, 77, 114, 115, 152–155, 321, 408
Optik 246
Ordnung, gesellschaftlich 425
Ordnung, öffentliche 163
Organisation für Europäische Wirtschaftliche Zusammenarbeit (OEEC) 242
Organisation für wirtschaftliche Zusammenarbeit und Entwicklung 160, s. a. OECD
Ost-West-Entspannung 150
Ost-West-Konflikt 166, 224, 226, 228–232, 242, 372, 381, 383
Ostasiatische Wirtschaftsgruppe 381
Ostasien 21, 25, 61, 138, 142, 161, 244, 493, 494, 500
Ostblock 243
Ostdeutschland 35
Österreich 293
Osteuropa 9, 99, 101, 231, 232, 349, 394
Ostindien 237
Outcasts 121, s. a. Burakumin
Overall Policy Bureau 156
Overseas Economic Cooperation Fund (OECF) 175
Ozeanien 172

Pachinko-Hallen 123
Pacific Economic Cooperation Conference (PECC) 231, 380
Pakistan 173, 216, 217
Paläolithikum 54
Paläste 491
Palästinenser 235, 236
Pan-Asianismus 138
Papier 56, 494
Papiergeld 58
Pariser Friedenskonferenz 1919 62
Pariser Verträge von 1954 242
Parlament 60, 79, 81, 83, 90, 98, 103,

105, 127, 146–148, 150, 153, 154, 156, 236
Partei, kommunistische 444, s. a. KPJ
Partei, liberal-demokratische, s. LDP
Partei, sozialdemokratische, s. DSP
Partei- und Regierungschef, s. Ministerpräsident
Parteien 11, 60, 61, 62, 64, 79, 82, 84, 113, 117, 124, 128, 146, 150, 152, 154, 155, 181, 241
Parteien der Mitte 113
Parteien, bürgerliche 63
Parteienfinanzierung 79, 85, 103
Parteienkabinette 63, 64
Partnerwahl 415
Patent- und Lizenzgebühren 316
Patentbilanz 8
Patentrechte 385, 386
Patriotismus 119
Paukschulen, private 402, s. a. Juku
Pazifik 20, 142, 165
Pazifik-Konzept 13
Pazifikflotte, amerikanische 144
Pazifikflotte, sowjetische 157
Pazifische Wirtschaftsgemeinschaft 221
Pazifischer Krieg 215, 220
Pazifismus 158, 162
Pearl Harbor 5, 65, 144, 190, 220, 240
Peking 139
Persischer Golf 234
Personalcomputer 323
Personalpolitik, betriebliche 111, 437
Personalreserven, militärische 164
Personenkraftwagen 132, 355, 358, s. a. Auto
Peru 177, 178
Pescadoren 4, 139, 192
Petrochemiekombinate 29, 33
Pflichtschulabsolventen 402, 405
Philippinen 6, 65, 140, 145, 172, 173, 180, 183, 371, 376, 378
Philosophie 122, 209, 244
PKO-Maßnahmen 113, 151, 156, s. a. Friedensmissionen
PKW-Abgaskatalysatoren 132
PKW-Exportquote 346
Planungen, wirtschaftspolitische 128
Planungsabteilung, politische 156
Planvorgaben 314
Plastik 496, 498
Plaza-Abkommen 10, 186, 187, 293, 294, 333
Plutoniumverschiffung 117
Policy Research Council 149
Politik der Landesabschließung 137
Politik gegenüber Japan, australische 220
Politik, bürgerliche 80
Politik, deutsch-japanische 240
Politik, internationale 234
Politik- und Unternehmensstrategien 262
Politikformulierung 147
Politiktraditionen 79
Politikwissenschaft 146
Polizei 78, 115, 116, 118, 158, 444, 452
Pop-Art 494, 498
Pornographie 453, 487
Port Arthur 4, 140
Portraitplastik 496
Portugal 210, 345
Porzellan 313, 500, 501
Post-Impressionisten 493
Postmoderne 490
Potsdamer Deklaration 65
Potsdamer Konferenz 145
Präfekturen 19, 30, 37, 40, 74, 78, 81, 91, 105, 427
Präfekturparlamente 90
Präzisionsgeräteindustrie 18
Preise 262
Preisgestaltung 282
Premierminister 64, 162, 285, s. a. Ministerpräsident
Presse 442, 444, s. a. Medien
Preußen 239
Primärsektor 84, 316
Privatisierung 294, 317
Privatwirtschaft 40, 284, 322, 403, 411
Pro-Kopf-Einkommen 390
Produktausrichtung 270
Produkte, elektronische 328
Produkte, japanische 186
Produkte, konsumentenorientierte 332
Produkte, technologieintensive 339
Produktion, exportorientierte 356
Produktion, gewerbliche 56
Produktion, keramische 56
Produktion, landwirtschaftliche 305
Produktions- und Vertriebsstrukturen, geschlossene 376
Produktions- und Zulieferketten 265
Produktionsanlagen 352
Produktionsgenehmigungen 329
Produktionskapazitäten 326
Produktionskosten 33

Produktionsstätten in Europa 348
Produktionsverlagerungen 321
Produktionsvolumen 270
Produktivität 280
Produktivitätszuwachs 63
Propaganda 64, 220
Prosa 468, 471
Prostitution 453
Proteinbedarf 23
Protektionismus 10, 187, 314, 388
Protektorat, japanisches 62
Protestbewegungen 425, s. a. Bürgerinitiativen
Provinz 41, 43, 81
Provinzparlamente 78, 93
Prozeßrate 448, 449
Prüfungssystem 402, 420, 424
Publizistik, zeitgenössische 139
Puppentheater 482, 483
Putsch 64

Qualifizierung, berufliche 280
Qualitätskontrollen 347
Qualitätsprodukte 18
Qualitätssteigerung 107
Quälitätszirkel 276, 292
Quellen, heiße 23

Radio 422, 446, 447, s. a. Medien
Raffineriestandorte 33
Raketen 288; s. a. Waffensysteme
Rangoon 145
Rassismus 190
Rationalisierung 30, 47, 107, 282, 318, 321
Rauchgasentschwefelung 132
Raumfahrt 104, 247, 285
Raumordnungspläne 37
Reagan-Regierung 173, 333, 334, 374
Reaktor JT-60 288
Realeinkommen 414
Realismus 471, 472
Realwachstum 294
Realwirtschaft 325
Recht 73, 426, 449, 450, 451
Recht auf Entschädigung 439
Rechts- und Bildungssystem 2, 451
Rechtsanwälte 423, 449
Rechtsprechung 426, 451, 452
Rechtsverständnis 72, 448, 449
Rechtswissenschaft 244
Recruit-Skandal 84, 88
Reformen, politische von 1993/94 83
Reformkoalition 409
Regelschrift 495
Regelschule 420
Regen, saurer 179
Regenwälder 180
Regierung 7, 9, 60, 62, 63, 64, 72, 80, 86, 91, 93, 100, 103, 104, 105, 113, 125–128, 130, 132, 133, 142, 143, 147, 151, 155, 156, 164, 168, 169, 171, 176, 178, 179, 180, 197, 199, 205, 213, 217, 219, 220, 225, 226, 234, 236, 246, 262, 276, 278, 283, 284, 287, 288, 293, 297, 299, 317, 319–325, 328, 329, 331, 336, 349, 360, 362, 366, 368, 376, 380, 381, 382, 385, 390, 411, 426, 428, 430, 434, 439, 442, 444, 451, 480
Regierung, koreanische 139
Regierung, nordvietnamesische 371
Regierungsabkommen deutsch-japanisches 247
Regierungsapparat 147, 149, 154
Regierungsbeamte, s. a. Ministerialbürokratie
Regierungschef 86, 149, 200; s. a. Ministerpräsident
Regierungsparteien 120, 126, 129, 146, 147, 149, 322
Regierungswechsel 146
Regional- und Kommunalpolitik 89
Regionalbewußtsein 28, 83
Regionalentwicklung 19, 35–37, 40, 41
Regionalflughäfen 40, 41
Regionalhandel 304
Regionalwahlen 99
Regionen 285
Regisseure 487, 488
Registrierung 120
Reichsannalen 70
Reis 4, 9, 23, 54, 56, 58, 89, 126, 185, 209, 305, 307, 333, 334, 478, s. a. Naßreis
Reisediplomatie 176
Rekordhandelsplus 327
Reliefierung 20, 21, 23
Religion 1, 70, 91, 92, 122, 450, 505, 506, 508
Religiöse Plastik 496
Rengō 99, 107, 108, 113, 152
Renten 427, 430, 438
Renten- oder Pensionssystem 427, 431
Rentenreformen 441
Rentenversicherung 427, 430, 438

Rentner 427, 438
Reparationen 167, 241, 370, 389
Repatriierung 389
Repräsentantenhaus 60
Research Center for Advanced Science and Technology (RCAST) 286
Research Development Corporation of Japan (JRDC) 291
Research Institute for Innovative Technology for Earth (RITE) 290
Research Institute for Physical and Chemical Research (IRPC) 286
Ressourcen 24, 27, 30, 179
Restaurationsbewegung 59
Rezession 111, 292, 321
Rezessionskartelle 259
Rezitation 483
Richter 423
Rindfleischexporte, australische 222
Rio-Konferenz 180
Ritter 55, s. a. Kriegsadel
Roboter 316
Rohöltanklager 32
Rohseide 215
Rohstoffe 23, 27, 29–32, 37, 56, 145, 180, 194, 198, 218, 222, 272, 275, 313–315, 360, 368
Rohstoffe Koreas 210
Rohstofferschließungsprojekte 274
Rohstoffimporte 31, 320
Rohstofflieferanten 315, 376
Rohstoffmangel 30
Rohstoffquellen 31
Rohstoffsicherung 269
Rohstoffveredelung 374
Roman 468–471
Romantik 471, 494
Ron-Yasu-Beziehung 187
Rückseiten-Japan 22
Rundfunk- und Fernsehsystem 446
Rundfunksender 442
Russen 120, 139
Rußland 2, 4, 5, 12, 20, 59, 61, 139, 140, 148, 157, 161, 162, 203, 210, 214, 227, 228, 229, 230, 231, 233, 243, 288, 362, 381, 442
Rußlandpolitik, japanische 233
Rüstung 61, 63, 91, 159, 162, 163
Rüstungsindustrie 104, 158, 163, 211, 427
Rüstungsprogramme 140, 142, 160, 161
Rüstungsprojekte 161, 184
Rüstungstechnologie 246
Ryūkyū-Inseln 119, 138, 206

Sachalin 18, 62, 157
Sake 56
Salomon-Inseln 65
Salz 56
Samurai 55, 60
San Francisco 192
Sankei Shimbun 443, 446
Sanwa 267
Sanyo 267, 367
Sapporo 39
Satelliten 288
Satsuma 59
Saudi Arabien 234, 315
Schadensersatzanspruch 128
Schadstoffemissionen 126, 127, 129, 130
Schamanentum 477
Schauspieler 479, 482–484, 497
Scheidung 416
Schiffbau 61, 289
Schiffsrouten 222
Schildpatt 181
Schlachtschiffe 63
Schlüsselindustrien 29, 37, 93, 101, 260, 262, 267
Schneller-Brüter-Technik 288
Schnellstraßen und -bahnen 40, 41
Schreine 200, 506, 507
Schrift 1, 122, 445, 463, 465, 494, 495
Schriftsteller 470, 471, 473, 474
Schulbücher 115, 116, 199, 200, 214
Schulden 324
Schulen 27, 121, 405, 417, 419, 420, 421, 423
Schüler 421, 423
Schulwesen 70, 114, 120, 323, 401, 403, 420, 423
Schutzgarantie der Vereinigten Staaten für Japan 242
Schutzgebiete, deutsche 62, 240
Schweden 44, 150
Schwefeldioxidemissionen 128, 129, 179
Schweiz 246, 293
Schwellenländer 327
Schwerindustrie 18, 23, 29, 30, 33, 37, 62, 104, 132, 241, 390
Schwermetalleinleitungen 125
Schwertadel 492
Science Fiction 472
Science Parks 41, 43

Science und Technology Agency (STA) 285, 287–291
Screen-prints 498
SDPJ 77, 78, 84, 85, 86, 87, 88, 89, 90, 94, 95, 96, 97, 98, 99, 113, 151, 426, s. a. SPJ
See 158
Seeblockade 388
Seeleute 434
Seeschlachten im Gelben Meer 140
Seestreitkräfte 157, 165
Seeverkehr 31, 32, 58, 157, 165, 201, 202
Seibu 367
Seifenblasen-Ökonomie 188, 321, s. a. Bubble Economy
Seikan-Tunnel 28
Seiko Denshi 366
Seiyūkai 62, 80
Sekai 445
Sektor, öffentlicher 259
Sektor, produzierender 37
Sekundärbereich 316
Selbständige 414, 427, 438
Selbstbeschränkungsmaßnahmen 341, 345, 346
Selbstmord 420
Selbstverteidigungsstreitkräfte (SDF) 6, 87, 93, 94, 97, 123, 151–153, 158, 160–165, 201, 242
Selbstverwaltungseinrichtungen 57
Sengoku-Zeit 56
Senioritätsprinzip 403
Senkaku (Diaoyütai-Inseln) 202, 206
Servicebetriebe 278
Seto 56
Sexualität 416, 445, 474
Shakai Minshu Rengō 151
Shakai Minshūtō 96
Shandong 239
Shanghai 196
Shantung 192
Sharp 298
Shikoku 20, 28, 41, 239
Shikotan 12, 227
Shimizu 267
Shingon 491
Shinkansen 23, 41, 166
Shintoismus 60, 70, 477, 482, 505–509
Shōchiku 485, 487
Shōen-System 56
Shōgun 56
Shōgunat 480
Shōwa-Tennō 69, 71, 506, 509
Shōwa-Zeit 86, 409
Showstars 181
Sicherheit, nationale 163
Sicherheit, soziale 426, 427, 429, 430, 432, 433
Sicherheitsgarantie, amerikanische 191
Sicherheitsgarantien für Australien und Neuseeland 220
Sicherheitsinteressen 81, 142, 165
Sicherheitskonsens 165
Sicherheitspolitik 151, 158, 159, 161, 162, 164, 165, 190, 217, 229
Sicherheitsrat 151, 243, 244
Sicherheitsverantwortung 158
Sicherheitsverträge 81, 86, 93, 96, 97, 101, 114, 115, 151–153, 159–161, 164, 191, 194, 242, 445, 470
Siegelschrift 495
Siemens 385
SII (Structural Impediments Initiative)-Verhandlungen 187, 265, 377
Silbenschrift 465, 468
Singapur 6, 13, 25, 145, 365, 371, 374, 376, 378
Skandale 79, 80, 85, 93, 444–446
Skulpturen 496
Sōdōmei 96
Sōhyō 107, 112
Sōhyō Center 89
Sōka Gakkai 91, 92, 93, 95, 507
Sōtatsu-Kōrin-Schule 492
Softnomics 152
Software 37
Sondersprachen 466
Sony 187, 189, 267, 298, 326, 405, 489
Sophia-Universität 245, 287
Sowjetunion 7, 65, 86, 99, 143, 150, 157, 167, 172, 184, 192, 193, 196, 197, 198, 201, 202, 217, 220, 224, 225, 226, 240, 241, 242, 381, 388; s. a. UdSSR
Sozialarbeit 440, 441
Sozialbehörden 427, 440
Sozialdemokratie 113
Sozialdemokratische Liga 151
Sozialdemokratische Partei Japans, s. SDPJ
Sozialdumping 433
Sozialgeschichte 276
Sozialisation 406, 417, 418
Sozialismus 92
Sozialisten 77

Sozialistische Partei Japans, s. SPJ
Sozialleistungen 7, 45, 121, 122, 280, 283, 428, 429, 431, 435, 441
Sozialpolitik 426, 427, 430, 431, 433, 440
Spanien 345
Sparleistungen, private 441
Sparquoten 314
Sparrate 319
Spenden 79, 82, 97, 103, 104, 322
Spiele 420, 477, 478
Spinnerei 215
Spinnerei-Industrie 215
SPJ 77, 85–89, 112–116, 152, 409, s. a. SDPJ
Sport 445
Sprache 463, 466, 468, 475, 481, 485
Sri Lanka (Ceylon) 216
Staat, zentralisierter 56, 70
Staaten, arabische 234
Staatliche Kunstschule 493
Staatliche Landagentur 200
Staatsälteste 60
Staatsanwaltschaft 448, 452
Staatsbewußtsein 70
Staatsbürgerschaft, japanische 122
Staatsdienst 437
Staatshaushalt 59, 83, 263, 294, 431
Staatsideologie 69
Staatsmonopole 284
Staatsoberhaupt 203
Staatsziele 127
Stadtgesellschaft 49
Stadtplanung 41, 42, 132
Stahlindustrie 108, 110–112, 261, 289, 332, 348, 355, 356, 411
Stammbelegschaft 108, 110, 111, 264, 411, 436, 439
Stammesverbände 54
Standard, sozialer 433
Standortvorteile 22, 33, 39
Stationierungsrechte 159, 161
Staudammbau 24
Steinkohle 30
Stellenabbau 111
Sterbeziffer 44
Sterilisation 44
Steuersystem 40, 60, 94, 98, 317
Strafrecht 244, 448, 450–455
Strahlenopfer 123
Stranggußanlagen 32
Straßen 35, 58, 174, 420
Streikrecht 114
Streitkräfte 96, 148, 155–160, 163, 164, 204, 211, s. a. Militär
Strohwaren 385
Strom- und Telefonkabel 323
Structural Impediments Initiative, s. SII-Verhandlungen
Struktur der japanischen Wirtschaft, duale 278
Struktur- und Industriepolitik 132, 289
Strukturen, demokratische 6
Strukturhilfefond 439
Strukturpolitik 289, 386, 387
Strukturprobleme 261
Studentenbewegung 116, 425, 445, 470, 484
Studentenverband Zengakuren 115
Studierende 403, 404, 406, 407, 416, 420, 421, 434
Studium 404–407, 420
Stummfilmkino 485
Subkontraktbeziehungen 267, 277, 281, 282
Subventionen 30
Südafrika 124
Südamerika 248, 249, 463
Sudan 173
Südkorea 13, 88, 157, 162, 173, 183, 184, 204, 212, 213, 214, 218, 230, 231, 317, 335, 357, 374, s. a. Korea
Südmandschurei 139
Südmandschurische Eisenbahn 140, 143
Südostasiatischer Entwicklungsfond 370
Südostasien 71, 115, 144, 145, 165, 179, 180, 194, 202, 220, 230, 235, 317, 320, 327, 356, 370–381, 383
Südsee 62
Sumitomo 266, 267, 272, 277, 330
Sunshine Project (Energiespar-Projekte, seit 1974) 289
Super-301-Gesetz 187
Supermacht, industrielle 125
Supertanker 32
Supertechnologien 40
Surrealismus 493
Sutren 495
Suzuki 367
Syrien 236

Tabakverband 152
Tagebuchliteratur 472
Taifune 21, 22, 24
Taika-Reform 55

Taishō-Ära 62, 63, 86, 244, 409
Taiwan (Formosa) 4, 13, 18, 138, 139, 157, 192, 195, 202, 205, 206, 207, 218, 327, 335, 357, 374, 379
Takeshima 213
Tang-Reich 55
Tanz 476, 477, 478, 479, 483, 484
Tanztheater 477
Taoismus 508
Tarifpolitik 105, 280
Technik 2, 6, 30, 60, 131, 284, 285, 291
Technisierung 25
Techno Park 39
Technologie 37, 40, 69, 149, 193, 198, 246, 263, 275, 352, 365, 390, 392
Technologie- und Wissenschaftsbeziehungen 199
Technologie-, Stadt- und Regionalplanung 39
Technologieimporte 246
Technologiepolitik 148
Technologietransfer 173, 213, 246, 314, 365, 366, 367, 376, 378, 380
Technologievorsprung 374
Technologiezentren 37
Technopolis 37, 39, 40, 41–43
Teezeremonie 499, 502
Teilstreitkräfte 163
Teilzeit- und Aushilfskräfte 110, 111, 411, 413
Tekkōrōren 112
Telefon- und Telegrafengesellschaft, s. NTT
Telekommunikation 113, 262, 421
Teleport 39
Teletopia-Projekt 39
Television Tōkyō (Nihon Keizai) 446
Tempel, buddhistische 505–507
Temperaturen 22
Tendai-Sekten 491
Tennō 2, 4, 6, 54, 55, 69, 70, 71, 88, 100, 123, 137, 145, 216, 220, 447, 509; s. a. Kaiser
Territorialfrage 162, 224, 225, 227, 228, 233
Tertiärsektor 152, 316, 318
Textildesign 500, 503
Textilindustrie 56, 61, 64, 215, 216, 356, 358, 359, 386, 390, 409, 492
Textrezitation 482
Thailand 31, 65, 173, 174, 177, 178, 207, 319, 365, 371, 373, 376, 378, 379, 423
Theater 480, 482–484, 496, 497
Theater, modernes 483
Thermalkraftwerke 29, 32, 33
Thronbesteigungsfest (1989) 69
Thunfisch 181
Tiananmen-Ereignisse 177, 356, 360, 366
Tiefwasserhäfen 31, 32, 33
Tierarten 54, 181
Titan 373
Tjumen 198
Tōhoku 41
Tōhoku Universität (Sendai) 287
Tōkyō Broadcasting System (Mainichi) 446
Tōkyō Institute of Technology 287
Tōkyō-Universität 287, 403
Tōkyōter Kriegsverbrechertribunal 216
Tōsa-Schule 491, 492
Tōshiba 114, 188, 289, 366
Tod 507, 508, 509
Todesfälle 437
Todesstrafe 450, 455, 456
Tokugawa-Zeit 1, 18, 24, 26, 43, 57–60, 408, 442, 447, 469, 480, 492
Töpfer 492
Toray 366
Total fertility rate 45
Tötungstabus 509
Tourismus 23, 222, 376
Toyo Menka Kaisha 272
Toyota 104, 189, 326, 367
Trade-Unionismus, japanischer 112
Traditionen, ästhetische 494
Traditionen, nationale 60
Traditionen, shintōistische 506
Traditionen, sozialistische 89
Transistorradio 185
Transportgewerbe 32, 37, 58, 108, 279, 358
Transsibirische Eisenbahn 5
Treibhauseffekt 127, 179
Treibnetzfischerei 133, 181
Tripel-Intervention 4, 61
Trockenfeldbau 21
Truman-Doktrin 242
Tschernobyl 117, 132
Tsingtao 4, 239, 240
Tsukuba 39, 42, 43, 286
Tsukuba Universität 286, 287
Tsushima 24, 140
Tuberkulose 440

Tunnel- und Brückenbauten 23
Türkei 234
Tusche 491, 493, 494

Übersetzertätigkeit 471
Übersetzungsliteratur 472
Übervölkerung 18, 32
UdSSR 224, 225, 226, 227, 228, 229, 230, 232, 233; s. a. Sowjetunion
Ukiyo-e 497, 503
Ulsa-Protektoratsvertrag 210
Ultranationalismus 80, 121, 137, 216
Umschulungsmaßnahmen 439
Umwelt 247, 289
Umweltbehörden 127, 130, 133
Umweltbewußtsein 181
Umweltpolitik 125–133, 104, 116, 150, 169, 180, 290
Umweltprobleme 117, 125, 126, 127, 131, 132, 151, 179, 180, 430
Umweltschutz 25, 91, 114, 116, 117, 125–128, 131, 132, 150, 156, 177, 179, 182, 236, 243, 289, 409
Umweltschutzorganisationen 179, 181
Umwelttechniken 127, 132, 180
UN 148, 234, s. a. Vereinte Nationen
UN-Konferenz für Umwelt und Entwicklung (UNCED) 179
UN-Menschenrechtsdeklarationen 120
UN-Missionen 148
UN-Politik 156
UN-Resolution Nr. 242 (1967) 234
UN-Sicherheitsrat 13, 201
UNCED-Konferenz in Rio im Juni 1992 169
Unfallschutz 439
Unfallversicherung, berufliche 433
Ungleiche Verträge 3, 61, 137, 140, 467
Universalhandelshäuser 265, 269, 270
Universitätbesetzungen 116
Universitäten 39, 40, 42, 83, 88, 121, 284, 285, 291, 314, 402, 403, 404, 406, 420, 434
Universitäten, kaiserliche 287
Universitäten, private 290, 404
Universitäten, staatliche 287, 403, 404
Universitätsstudium 114, 405, 410, 411
UNO 88, 94, 97, 119, 217, 352
UNO-Resolution gegen den Treibnetzfang 181
Untergrundtheater 484
Unterhaltungselektronik 186, 421
Unterhaus 62, 73, 74, 76, 77, 81, 97, 98
Unterhauswahlen 84, 85, 89–94, 101
Unternehmen 10, 30, 36, 79, 80, 83, 97, 105, 108, 110, 111, 112, 124, 126, 128, 130, 131, 133, 148, 180, 231, 246, 259, 260, 261, 263, 264, 278, 279, 281, 283, 293, 295, 297, 298, 316, 317, 318, 319, 322, 323, 331, 333, 338, 351, 352, 353, 355, 356, 357, 362, 365, 366, 367, 368, 369, 378, 394, 405, 406
Unternehmen in Ost- und Südostasien 356
Unternehmen, große und mittlere 279
Unternehmen, kleine und mittlere 42, 278, 281–283, 378, 427
Unternehmensfremdfinanzierung 266
Unternehmensführung 112, 146
Unternehmensgewerkschaften 107–109, 111, 112
Unternehmensgruppen 83, 103, 265
Unternehmenspolitik 131, 186, 258, 270, 314
Unternehmensspenden an Politiker und Parteien 91
Unternehmensstruktur 257, 264, 281
Unternehmer, mittelständische 97
Unternehmergeist, japanischer 216
Unternehmerverbände 107, 126, 129, 379, 411
Unternehmungsbeteiligungen 277
Unternehmungskäufe 277
Uran 288
Urbanisierung 49, 58
Urlaub 10, 262
US-Besatzungsmacht 71, 83, 86, 158, 183
US-Markt 184, 185, 331, 332, 334
US-Militärstützpunkte 116, 123, 242
US-Streitkräfte 115, 184
USA 25, 59, 62, 63, 64, 65, 80, 86, 88, 98, 103, 104, 115, 116, 120, 131, 132, 140, 142, 143, 144, 148, 151, 155, 159–166, 170, 171, 175, 177, 181, 183–195, 203, 205, 210, 214, 216, 217, 221, 223, 224, 228, 230, 234, 236, 238, 241, 242, 243, 245, 246, 259, 261, 265, 286, 288, 291, 314, 315, 316, 319, 320, 325, 327, 330–337, 339, 346, 349, 364, 365, 367, 370, 372, 374, 375, 377, 381–384, 388, 391, 394, 405, 416, 421, 422, 423, 431, 440, 442, 463, 490, 494, 498, 502, s. a. Vereinigte Staaten

Vater 419
Vegetationsperioden 28
Verarbeitendes Gewerbe 108
Verband der Landwirtschaftlichen Kooperativen 106
Verbraucher 91, 98, 297
Verbrechen, internationales 243
Verbrechen, organisiertes 118
Verbundgruppen 267, 270, 272, 273, 275, 277
Vereinigte Staaten 5, 8, 10, 13, 115, 148, 151, 155, 159, 164, 165, 168, 173, 183, 184, 192, 195, 241, 242, 243, 262, 336, 384, 429, s. a. USA
Vereinigte Arabische Emiraten 315
Vereinte Nationen 13, 148, 151, 156, 159, 160, 201, 212, 243, s. a. UN
Verfassung 59, 60, 70, 71, 72, 81, 119, 151, 156, 158, 162, 239, 242, 408, 426, 429, 467
Vergangenheitsverdrängung 200
Verhütungsmethoden 44, 414, 509
Verkehr 32, 157, 180
Verkehrsgroßprojekte 42
Verkehrsinfrastruktur 20, 23, 28, 35, 36, 39, 41, 60
Verkehrstechnologien 247
Verlagshäuser 445
Versicherungsbedingungen und -leistungen 267, 279, 316, 431, 432, 434, 435, 437
Versicherungssystem 427, 431, 434
Versicherungsunternehmen 106, 266, 434, 441
Versorgung, medizinische 45
Verstädterung 17, 21, 33, 47, 49, 50
Verteidigungspolitik 148, 150, 155–164, 201, 242, s. a. Sicherheitspolitik
Verteidigungsrat, nationaler 160
Vertrag über die Zusammenarbeit und Sicherheit zwischen den Vereinigten Staaten und Japan von 1960 159
Vertrag von Shimonoseki 4, 61, 139
Vertrag von Versailles 240, 385
Vertriebssystem 334
Verwaltung 125, 127, 128, 153, 154, 264, 406, 440, 448
Verwaltungssystem 56, 57, 58, 59, 60, 100, 390
Video 488, 489, 494
Viehwirtschaft 21, 306
Vier-Mächte-Pakt 142
Vietnam 124, 172, 184, 371, 372, 373, 374, 375, 377, 379, 382
Vietnamkrieg 114, 115, 116, 184, 331, 370, 375, 470
Völkerbund 64, 142, 143, 219, 238, 240
Völkerrecht 216
Volksglaube 505
Volkskunst 498, 500
Volksrepublik China 161, 165, 192, 193, 195, 205, 207, 216, 351, 353, 362, 364, 368, s. a. China
Volkstanz 478
Volkswirtschaft 257
Vollzeitkräfte 110
Vollzugsanstalten 454
Vulkanismus 20, 23, 24

Wachstum 53, 112, 324, 390, 430
Wachstum der Städte 58
Wachstumspolitik 391
Waffenentwicklungen 161
Waffenherstellung 56
Waffensysteme 161, 163, 288
Wahlen 11, 64, 83, 98
Wählerschaft 84, 155
Wählerverluste 127, 131
Wahlkämpfe 155
Wahlkreis 74, 77, 76, 79, 91
Wahlrecht 60, 62, 74, 94, 103, 122, 408
Wahlsystem 85, 104, 106
Wahlverhalten 84
Währungsfond 167
Währungskurse 325
Währungsreserven 258
Wald 21
Walfang 133, 179, 181
Walfleischverzehrparty 181
Wandel, demographischer 414
Wandel, sozialer 417, 425
Wanderungsbilanzen 49
Warenaustausch 339
Warenstruktur des japanischen Außenhandels 315
Waseda-Universität 287
Washington 142
Wasserbilanz 23
Watanabe-Bank 63
Weberei 56
Wechselstuben 58
Wehrpflicht 162
Weiterbildung 406, 437
Weltbank 166, 167, 177, 391

Welthandelshäuser 272
Weltmarkt 30
Weltraumforschung 287, 288
Weltschiffsverkehr 22, 25
Weltwirtschaft 217
Weltwirtschaftsgipfel 177, 188, 189, 346, 398
Weltwirtschaftskrise 63, 388
Werkstoffe, neue 37
Werte 57, 261, 406, 415, 417, 424, 490
Wertpapiergesellschaften 348
Wertpapiermärkte 296
Wertschöpfung 37
Westeuropa 225, 374
Wettbewerb 260, 269, 277, 278, 281, 284
Wettbewerbsfähigkeit 37, 257, 278, 281, 282, 386
Wettbewerbsrecht 259
Wettrüsten, maritimes 142
White Australia-Politik 219, 220
Widerstand, ziviler 115
Wiederaufbauboom 63
Wiederaufnahme der diplomatischen Beziehungen 390
Wiederaufrüstung 445
Wirtschaft 6, 10, 19, 36, 51, 53, 57, 59, 61, 63, 77, 78, 84, 103, 105–107, 127, 128, 131, 153, 154, 160, 161, 165, 231, 234, 257–267, 275, 277, 281, 282, 284, 293, 295, 296, 299, 303, 304, 313, 315, 318, 319, 321, 323, 325, 326, 329, 339, 361, 374, 377, 380, 385, 393, 394, 420, 430, 441, 443
Wirtschaft, agrarische 58
Wirtschaft, gewerbliche 279
Wirtschaftsaktivitäten 259, 262, 272
Wirtschaftsbeziehungen 333, 342, 349, 352, 369, 374, 388, 389
Wirtschaftsbeziehungen zwischen der EG und Japan 340
Wirtschaftsbeziehungen, deutsch-japanische 245, 389, 390
Wirtschaftsbeziehungen, japanisch-amerikanische 185, 335
Wirtschaftsbeziehungen, japanisch-chinesischee 351
Wirtschaftsentwicklung 7, 29, 30, 44, 47, 59, 60, 62, 156, 193, 217, 313, 326, 376
Wirtschaftserfolg 18, 33, 257, 262, 264
Wirtschaftsflüchtlinge 124
Wirtschaftsführer 260, 264
Wirtschaftsgeschichte 293
Wirtschaftshilfe 155, 236
Wirtschaftsinteressen 148, 362, 371
Wirtschaftskonglomerate 265
Wirtschaftskooperation, regionale 231, 380
Wirtschaftskraft 350, 453
Wirtschaftslenkung 263
Wirtschaftsmacht 157, 383
Wirtschaftsplanungsbehörde 260
Wirtschaftspolitik 30, 185, 260, 262, 263, 322, 391, 411
Wirtschaftspolitik Chinas 356
Wirtschaftspotential 148
Wirtschaftsprojekte 275
Wirtschaftsstruktur 72, 313, 326, 387
Wirtschaftsverbände 79, 80, 84, 103–105, 106, 266
Wirtschaftsverhandlung, japanische-taiwanesische 206
Wirtschaftswachstum 33, 47, 125, 131, 132, 193, 258, 313, 375, 390, 429
Wirtschaftswunder 7, 80, 106, 184, 185, 219, 238, 292, 293, 294, 330, 390, 505
Wissen, technisches 275
Wissenschaft 42, 60, 155, 284, 285, 291, 380
Wissenschaftsabkommen mit der Bundesrepublik von 1972 288
Wissenschaftsstädte 286
Wohlstand 261, 421, 425
Wohlstandssphäre, ostasiatische 208
Wohnen 9, 27, 39, 40, 72, 120, 262, 323, 420, 437
Wohnsiedlungsland 21
Workaholics 7
World Wildlife Fund 179
Wortschatz 464
Wortschriftzeichen 465
Wortspiel- und Sprechkunst 466

Yakuza 115, 118, 487, 488
Yamaha 367
Yamato-Staat 54, 478
Yasuda 330
Yayoi-Kultur 54
Yen 10, 168, 187, 207, 261, 293, 298, 304, 314, 316, 317, 325, 326, 339, 347, 376
Yen-Aufwertung 168, 281, 316, 319, 328, 339, 356, 365
Yen-Außenwert 303, 333
Yen-Dollar-Relation 187
Yen-Kredite 360

Yen-Schock 325
Yen-Wechselkurs 187
Yen-Zinsen 298, 303
Yokohama 238, 384, 389
Yomiuri Shimbun 90, 443
Young families 425

Zahlungsbilanz 376
Zahlungsmittel 58
Zaibatsu 330, s. a. Unternehmensgruppen
Zarenreich 4, 139, 140, 142
Zeitrechnung, japanische 71
Zeitschriften 291, 387, 445, 473, 474
Zeitungen 200, 387, 442–447
Zeltregierung 56
Zen 495
Zen-Gärten 490
Zen-Meditation 507
Zen-Mönch 507
Zengakuren 114, 116
Zenrōkyō 108, 109
Zenrōren 108, 109
Zensur 469, 486
Zentralgewalt 54, 57
Zentralisierung 53, 57
Zentralregierung 259
Zeremonien 305, 476, 478
Zerstreuung 36
Zinn 373
Zinsen 303
Zinspolitik 261
Zivilgesetzbuch 244
Zivilprozesse 448, 449, 450
Zivilprozeßrecht 244
Zivilverteidigung 164
Zollautonomie 384
Zölle 393
Zonen, kernwaffenfreie 151, 152
Zuchthäuser 448
Zuchthausstrafe 454, 455
Zukunftstechnologie 37
Zukunftsvorstellungen 422
Zulassungsprüfungen 403
Zulieferer 35, 277, 278, 281, 282, 313, 317, 378
Zuliefererwesen 35, 93, 277, 279, 281, 317, 348,
Zusatzversicherungen, private 437
Zwangsarbeiter 122
Zwangsprostituierte 213
Zwei- oder Mehrpersonen-Bindungen 422
Zwei-China-Politik 194
Zweiparteien-System 113
Zweiter Weltkrieg 2, 12, 18, 19, 28, 43, 105, 167, 183, 190, 192, 200, 206, 208, 212, 215, 234, 243, 245, 246, 258, 263, 265, 266, 279, 330, 332, 370, 384, 388, 389, 406, 436, 440, 450, 467, 470, 483, 493, 498, 500, 503
Zwischenfall an der Marco-Polo-Brücke 5, 143
Zwischenhändler 278
Zwischenkriegszeit 246

Zeittafel

Jōmon-Zeit	
3000 v. Chr.	Jäger und Sammler; Keramik mit Kordelmuster (= Jōmon-Keramikkultur)
Yayoi-Zeit	
300 v. Chr.	bewässerter Reisanbau; Bronze und Eisen
Yamato-Zeit	
300 n. Chr.	Starke politische Macht in der Yamato-Region; gewaltige Grabmäler; Einführung fortschrittlicher kontinentaler Kultur; Einführung des Buddhismus
Asuka-Zeit	
645	Taika-Reformen
701	Taihō-Gesetze; Übernahme zentralistischer Regierungsform
Nara-Zeit	
710	Gründung der Hauptstadt Heijo (heutiges Nara)
Heian-Zeit	
794	Verlegung der Hauptstadt nach Heian (heutiges Kyōto)
858	Gründung der Fujiwara-Regentschaft
1086	Herrschaft der »Kloster-Kaiser«
1156–59	Bürgerkriege in Kyōto
1185	Zerschlagung des Heike-Clans durch Minamoto no Yoritomo
Kamakura-Zeit	
1192	Gründung des Kamakura-Shōgunats durch Minamoto no Yoritomo
1219	Hōjō-Clan dominiert das Shogunat
1274	Erste Invasion durch die Mongolen
1333	Sturz des Shōgunats durch Kaiser Godaigo
Muromachi-Zeit	
1338	Gründung des Muromachi-Shōgunats durch Ashikaga Takauji
1467	Ausbruch des Ōnin-Kriegs (Beginn der Zeit der »Kriegsstaaten«)
1543	Portugiesen landen; Einführung von Feuerwaffen
1549	Francis Xavier; christliche Missionare
Azuchi-Momoyama-Zeit	
1573	Zerschlagung des Muromachi-Shōgunats durch Oda Nobunaga
1590	Vereinigung Japans durch Toyotomi Hideyoshi
1592	Überfall auf Korea durch Hideyoshi
Edo-Zeit	
1603	Gründung des Tokugawa-Shōgunats durch Tokugawa leyasu
1635–39	Entscheidung für totale Isolation
ca. 1690	Kulturelle Blüte
1774	Zunahme an holländischen Studien
1853	Admiral Perry landet

Moderne Zeit

1868	Rückkehr zur Kaiserregierung (Meiji-Restauration)
1872	Allgemeine Schulpflicht; Besitznahme der Ryūkyū-Inseln (Okinawa)
1873	Allgemeine Wehrpflicht
1890	Parlamentarische Regierung unter der Meiji-Verfassung
1894	Sino-Japanischer Krieg; Aufhebung der Exterritorialität
1895	Einverleibung Taiwans
1902	Anglo-Japanische Allianz
1904	Russisch-Japanischer Krieg
1910	Einverleibung Koreas
1911	Wiederherstellung der Zollautonomie
1918	Reisaufstände in den Städten; erste Parteienregierung
1923	Großes Erdbeben in Tōkyō
1925	Allgemeines Wahlrecht für Männer
1931	Mandschurei-Überfall
1937	Kriegsausbruch mit China
1941	Ausbruch des Pazifikkriegs
1945	Atombomben auf Hiroshima und Nagasaki; Kapitulation
1947	Nachkriegsverfassung
1951	Friedensvertrag von San Francisco
1952	Ende der Alliierten Besatzung
1956	Aufnahme diplomatischer Beziehungen zu Rußland; Aufnahme in die Vereinten Nationen
1972	Rückgabe von Okinawa an Japan; Wiederherstellung diplomatischer Beziehungen zur Volksrepublik China
1974	Erstmals wird ein ehem. Regierungschef wegen passiver Bestechung verhaftet (Kakuei Tanaka, sog. »Lockheed-Skandal«).
1978	Friedens- und Freundschaftsvertrag mit China (»Anti-Hegemonie-Klausel« gg. Sowjetunion)
1989	Tod des Tennō Hirohito, der jetzt offiziell als Shōwa-Tennō bezeichnet wird; damit endet die Shōwa-Ära (1926–89). Der Tennō Akihito besteigt den Thron, seine Ära-Devise lautet »Heisei« (etwa: »Den Frieden schaffen!«).
1992	Sog. »PKO«-Gesetz ermöglicht Japan die Teilnahme an friedenserhaltenden Maßnahmen der UNO; Entsendung von japanischen UN-Kontingenten nach Kambodscha
1993	Ende der jahrzehntelangen LDP-Herrschaft durch ein Mißtrauensvotum; Spaltungen in der Partei
1993	Erstmals wird der japanische Reismarkt für Importe geöffnet.
1993/1994	Japan erlebt vier Ministerpräsidenten in einem Jahr.
1994	Erstes sozialistisch geführtes Kabinett seit 1948; die LDP ist als Koalitionspartner wieder in der Regierung.

Ministerpräsidenten 1945–1994

Tag des Regierungsantritts und Regierungspartei(en)

Kantarō Suzuki,	7. 4. 1945	(Admiral, parteilos)
Prinz Higashikuni,	17. 8. 1945	(parteilos)
Kijūrō Shidehara,	9. 10. 1945	(parteilos)
Shigeru Yoshida,	22. 5. 1946	(1. Kabinett; Lib. Partei)
Tetsu Katayama,	24. 5. 1947	(SPJ, Dem. Partei, Kyōdōtō)
Hitoshi Ashida,	10. 3. 1948	(Dem. Partei, SPJ, Kyōdōtō)
Shigeru Yoshida,	19. 10. 1948	(2. Kabinett; Dem.-Lib. P.)
Shigeru Yoshida,	16. 2. 1949	(3. Kabinett; Dem.-Lib. P.)
Shigeru Yoshida,	30. 10. 1952	(4. Kabinett; Dem.-Lib. P.)
Shigeru Yoshida,	21. 5. 1953	(5. Kabinett; Dem.-Lib. P.)
Ichirō Hatoyama,	10. 12. 1954	(1. Kabinett; Dem. P. Japans)
Ichirō Hatoyama,	19. 3. 1955	(2. Kabinett; Dem. P. Japans)
Ichirō Hatoyama,	22. 11. 1955	(3. Kabinett; Dem. P. Japans)
Tanzan Ishibashi,	23. 12. 1956	(Lib.-Dem. P. = LDP s. 1955)
Nobusuke Kishi,	25. 2. 1957	(1. Kabinett; LDP)
Nobusuke Kishi,	12. 6. 1958	(2. Kabinett; LDP)
Hayato Ikeda,	19. 7. 1960	(1. Kabinett; LDP)
Hayato Ikeda,	8. 12. 1960	(2. Kabinett; LDP)
Hayato Ikeda,	9. 12. 1963	(3. Kabinett; LDP)
Eisaku Satō,	9. 11. 1964	(LDP)
Kakuei Tanaka,	7. 7. 1972	(LDP)
Takeo Miki,	9. 12. 1974	(LDP)
Takeo Fukuda,	24. 12. 1976	(LDP)
Masayoshi Ōhira,	7. 12. 1978	(LDP)
Zenko Suzuki,	17. 7. 1980	(LDP)
Yasuhiro Nakasone,	2. 11. 1982	(LDP)
Noboru Takeshita,	6. 11. 1987	(LDP)
Sōsuke Uno,	3. 6. 1989	(LDP)
Toshiki Kaifu,	9. 8. 1989	(LDP)
Kiichi Miyazawa,	5. 11. 1991	(LDP)
Morihiro Hosokawa,	5. 8. 1993	(Neue Japan-Partei, Shinseitō, Kōmeitō, DSP, Neue Partei – Vorreiter, SDPJ/SPJ, Soz.-Dem. Liga)
Tsutomu Hata,	25. 4. 1994	(Neue Japan-Partei, Shinseitō, Kōmeitō, DSP, Neue Partei – Vorreiter)
Tomiichi Murayama,	23. 6. 1994	(SDPJ, LDP, Neue Partei – Vorreiter *das erste sozialistisch geführte Kabinett seit 1948)*

Glossar zentraler japanischer Begriffe

Ainu	Vorfahren der Ainu waren vermutlich die ursprünglichen Bewohner Japans; sie bewohnten ein Gebiet von Zentraljapan über Hokkaidō bis zu den Kurilen; im Laufe ihrer Geschichte wurde ihr Siedlungsgebiet auf die Insel Hokkaidō eingeengt, und sie näherten sich immer mehr der japanischen Bevölkerung an; heute bilden sie eine ethnische Minderheit in der Gesellschaft.
Amae	Positiv konnotierte »liebevolle« Einschmeichelung; nach Ansicht bestimmter japanischer psychoanalytischer Schulen, etwa vertreten durch Takeo Doi, besteht in diesem Gefühl die Basis aller menschlichen Beziehungen in der japanischen Gesellschaft.
Bakufu	Wörtl.: »Zeltregierung«, seit Minamoto Yoritomo (seit 1192) Bezeichnung für die Militärregierung, ihren Regierungsapparat und ihren Regierungssitz; man unterscheidet zwischen dem Kamakura-Bakufu (1192–1333), dem Muromachi-Bakufu (1338–1573) und dem Edo-Bakufu (1603–1868). → Shōgunat
Bubble Keizai	Spekulative Aufblähung der japanischen Wirtschaft in den achtziger Jahren und deren seifenblasenartiges Zerplatzen.
Buke	Schwertadelsgeschlechter, die hauptsächlich dem Provinzadel entstammten; sie bildeten den führenden Adel der feudalistischen Epoche Japans von den Kamakura- bis zur Edo-Zeit.
Burakumin	Diskriminierte Gruppe in der japanischen Gesellschaft; begründet darin, daß sie traditionell negativ konnotierte Berufe wie Gerber, Tierabdecker u. ä. ausübt; ethnisch mit den Nicht-Burakumin identisch.
Bushi	Bezeichnung für Krieger, bestehend aus den Schriftzeichen für »Militär« und für »Ritter« bzw. »Edelmann«; wird für einen Krieger verwendet, der sich primär mit den kriegerischen Künsten befaßte; im Gegensatz zu → Samurai, dem militärischen Gefolgsmann; ab dem 17./18. Jh. fallen beide Termini zusammen.
Daigaku	Universität
Daimyō	Wörtl.: »Großer Name«, seit der Kamakura-Zeit werden Großgrundbesitzer und mit dem Aufsteigen des Kriegeradels einflußreiche → Buke als Daimyō bezeichnet.
Daitōa Kyōeiken	»Großostasiatische Wohlstandssphäre«; die Errichtung einer solchen ostasiatischen Wirtschafts- und Verteidigungsgemeinschaft unter japanischer Führung ist das erklärte Ziel Japans vor dem und im Zweiten Weltkrieg.
Endaka	Höhenflug des Yen-Devisenkurses gegenüber den meisten Währungen, insbesondere gegenüber dem Dollar, nach 1985.
Gaiatsu	Als unzulässig empfundener Druck aus dem Ausland auf Japan.
Gaijin	Pejorative Bezeichnung der Japaner für alle Ausländer.
Gaimusho	Außenministerium

Gakubatsu	Akademische »Cliquen«, d.h. Studienbeziehungen, die nach dem Erreichen bestimmter Ämter weiter netzwerkartig genutzt werden.
Gakureki Shakai	»Bildungsganggesellschaft«; betont die große gesellschaftliche Bedeutung des Bildungserfolgs in der japanischen Gesellschaft; basiert teilweise auf einem allgemein akzeptierten Ranking von Schulen und Universitäten.
Genrō	Sogenannte »elder statesmen«, d.h. Elitegruppen der zwanziger Jahre, die das »establishment« bildeten; neben dem Kabinett eine weitere parlamentarisch nicht kontrollierbare Entscheidungsebene.
Gyōsei Shidō	Administrative Lenkung der japanischen Wirtschaft, engl. = »window guidance«.
Haiku	Inhaltlich und sprachlich recht freies Kettengedicht in der Silbenform 5/7/5.
Hibakusha	Japanische Atombombenopfer.
Ie (Moto) Seidō	Traditionelles patriarchalisches Familiensystem.
Kabuki	Bürgerliches Theater der Edo-Zeit, bestehend aus den Hauptelementen Choreographie, Musik und stilisierte Handlung; auch in den Frauenrollen männl. Schauspieler.
Karōshi	Tod durch Überanstrengung; vor allem in der westlichen Presse häufig als Beweis für den Druck der japanischen Industrie auf die Arbeitnehmer angeführt.
Keidanren	Keizai Dantai Rengōkai, d.h. Vereinigung der Wirtschaftsverbände; heute Koordinationsorgan und gemeinsames Sprachrohr aller Wirtschafts- und Industrieverbände.
Kigyō Keiretsu	»Verbundgruppen«, d.h. Neuorganisation der → Zaibatsu nach 1945 oder »Verbundnetze« verschiedener Firmen, die alle von einem Handelshaus abhängen.
NHK	Nippon Hōsō Kyōkai, öffentlich-rechtliche Rundfunk- und Fernsehanstalt.
Nihonjinron	Betonung der japanischen Einzigartigkeit auf vielen Gebieten durch bestimmte japanische Intellektuelle; u.a. als nichttarifäres Handelshemmnis angeführt.
Nikkeiren	Nihon Keieisha Dantai Renmei; Vereinigung der Arbeitgeberverbände Japans; Organisation der japanischen Unternehmen.
Nōkyō	Nogyō Kyōdō Kumiai; Verband der landwirtschaftlichen Kooperativen.
Rengō	Seit 1989 bestehender neuer, einheitlicher gewerkschaftlicher Dachverband mit dem Ziel der Beeinflussung der politischen Rahmenbedingungen, der Beeinflussung der politischen Parteien und der Teilnahme am Politikformulierungsprozeß in den Beratungsgremien der Regierung; einige Mitglieder sind im Unterhaus.
Samurai	Krieger im Sinne von militärischem Gefolgsmann; in der Kamakura-Zeit sind die Samurai direkte Vasallen des Shōgun; in der Edo-Zeit sind sie in Lehensverhältnissen stehende Gefolgsleute der → Daimyō.
Seikai Bunri	Trennung von Politik und Wirtschaft.
Shinjinrui	»Neue Menschheit«; die selbstgewählte Bezeichnung für die gegenwärtige junge Generation, die sich in ihren Werten und ihrem Verhalten sehr von der ihrer Eltern unterscheidet.

Shinkansen	Wörtl.: »Neue Hauptlinie«; auf eigenem Schienenbett fahrende Superexpreßzüge; z. Zt. drei Linien: Tōkyō–Hakata, Tōkyō–Niigata, Tōkyō–Aomori; weitere Linien in Vorbereitung.
Shōen	Steuersondersiedlungen, d. h. Ländereien in Privatbesitz, die die ökonomische Basis des mittelalterlichen Feudalsystems bilden, weil die Rechte, sie zu besitzen, zu nutzen oder zu verwalten dem Schwertadel oder Tempeln von der → Shōgunatsregierung zugesprochen wurden.
Shōgun	Vom Kaiser verliehener höchster militärischer Rang, der die de facto Ausübung der höchsten politischen Macht bedeutete (Minamoto-Shōgunat), später an Zweigfamilien der Minamoto vererbt; nach einer Unterbrechung im 16. Jahrhundert von 1603 bis 1868 von Mitgliedern des Geschlechtes der Tokugawa innegehalten.
Shōgunat	Zentrale Militärbehörde mit weiter Machtbefugnis im zivilen Bereich, die Ende des 12. Jahrhunderts entsteht; es gibt drei Shōgunate, die nach ihrem politischen Zentrum oder nach der Shōgun-Familie benannt sind: das Kamakura-Shōgunat (1192–1333), das Muromachi-Shōgunat (1338–1573) und das Edo-Shōgunat (1603–1868). → Bakufu.
Shuntō	Alljährliche kollektive Lohnverhandlungen; in den achtziger Jahren häufig durch massive Streiks im Frühling begleitet (deswegen Shuntō = Frühlingskampf).
Sōgō Shōsha	Generalhandelshäuser mit voller Abdeckung mehrerer Wirtschaftszweige »von der Nähnadel bis zum Supertanker«.
Tōdai	Tōkyō Daigaku, die berühmteste staatliche Universität Japans, hervorgegangen aus der kaiserlichen Universität, gefolgt von der Kyōdai (Kyōtō Daigaku).
Yakuza	Bezeichnung für Verbände organisierter Kriminalität in Japan; teilweise streng hierarchisch geordnet.
Zaibatsu	Geschäftskonzerne; Unternehmensverbände nach der Meiji-Restauration, die sich überwiegend aus Familienangehörigen zusammensetzten und sich sehr schnell zu Monopolunternehmen entwickelten; nach 1945 als eines der Hauptelemente japanischen Großmachstrebens von der alliierten Besatzung zerschlagen. → Keiretsu

Autorenverzeichnis

BECKER, HELMUT, Dr., Japan-Korrespondent der Börsen-Zeitung, Frankfurt a.M., und Dozent für Wirtschaftspolitik an der Sophia-Universität in Tōkyō.

BOSSE, FRIEDERIKE, Wissenschaftliche Mitarbeiterin am Institut für Asienkunde, Hamburg.

CHO, MYUNGHOON, Dr. rer. pol., Herausgeber des *North Korea Quarterly* am Institut für Asienkunde, Hamburg.

ELI, MAX, Dr. rer. oec., Professor für Absatzwirtschaft und Internationales Marketing an der Hochschule für Technik und Wirtschaft in Dresden; geschäftsführender Direktor von ifo Dresden, Niederlassung des ifo Instituts für Wirtschaftsforschung, München.

FLÜCHTER, WINFRIED, Dr., Professor für Kulturgeographie am Geographischen Institut der Gerhard-Mercator-Universität – Gesamthochschule – Duisburg.

GLAUBITZ, JOACHIM, Dr., außerplanmäßiger Professor für Internationale Politik an der Universität München.

KEVENHÖRSTER, PAUL, Dr., Professor für Politikwissenschaft an der Westfälischen Wilhelms-Universität Münster; Gastprofessuren in Nagoya und Tōkyō.

KÖHLER, RAINER, Wirtschaftskorrespondent der Süddeutschen Zeitung in Tōkyō.

KÖNIGSBERG, MATTHEW, Dr. phil., Wissenschaftlicher Assistent am Seminar für Sprache und Kultur Japans der Universität Hamburg.

KORTE, KARL-RUDOLF, Dr., Akademischer Rat am Institut für Politikwissenschaft der Universität Mainz, Abteilung Internationale Politik.

KREFT, HEINRICH, Dr. phil., Botschaftsrat, stellvertretender Leiter der Wirtschaftsabteilung an der deutschen Botschaft in Tōkyō.

KREINER, JOSEF, Prof. Dr., Direktor des Deutschen Instituts für Japanstudien der Philipp Franz von Siebold-Stiftung in Tōkyō.

LAUMER, HELMUT, Dr., Vorstandsmitglied im ifo Institut für Wirtschaftsforschung, München, Leiter der Japan-Studienstelle.

LENZ, KARL-FRIEDRICH, Dr., Wissenschaftlicher Referent am Max-Planck-Institut für ausländisches und internationales Strafrecht, Freiburg i. Breisgau.

MATHIAS, REGINE, Dr., Professorin für Sprache und Kultur des modernen Japan an der Gerhard-Mercator-Universität – Gesamthochschule – Duisburg.

MAUL, HEINZ EBERHARD, ehemaliger Militärattaché an den Botschaften in Tōkyō und Manila; zeitweise Lehrbeauftragter am Japanologischen Seminar der Universität Bonn; freier Publizist.

MAY, BERNHARD, Dr., Wissenschaftlicher Mitarbeiter im Forschungsinstitut der Deutschen Gesellschaft für Auswärtige Politik, e.V., Bonn.

MAYER, HANS JÜRGEN, Dr., Redakteur der Deutschen Welle, Köln, im Deutschen Programm, Abteilung Politik.

PÖRTNER, PETER, Prof. Dr., Institutsleiter des Japan-Zentrums der Ludwig-Maximilian-Universität, München.

POHL, MANFRED, Dr., Leiter der Japan-Abteilung des Instituts für Asienkunde, Hamburg.

RESZAT, BEATE, Dr., Leiterin der Forschungsgruppe Internationale Finanz- und Währungsbeziehungen am HWWA-Institut für Wirtschaftsforschung, Hamburg.

RUTTKOWSKI, RENATE, Dr. phil., Wissenschaftliche Mitarbeiterin am Seminar für Soziologie der Universität Bonn.

SCHNEIDER, ROLAND, Dr., Professor am Seminar für Sprache und Kultur Japans der Universität Hamburg.

SCHUBERT, GUNTER, Dr. phil., Wissenschaftlicher Referent an der Forschungsstätte der Evangelischen Studiengemeinschaft (FEST), Heidelberg.

SCHÜLLER, MARGOT, Dr. rer. pol., Wissenschaftliche Referentin am Institut für Asienkunde, Hamburg, mit dem Arbeitsgebiet: Wirtschaft der VR China.

SEIFERT, WOLFGANG, Dr. phil., Professor für Japanologie, Schwerpunkt Gesellschaft und Geschichte, an der Universität Heidelberg, Vorstandsvorsitzender der Gesellschaft für Japan-Wissen (JAWIS).

SOMMER, THEO, Dr. phil., Herausgeber der Hamburger Wochenzeitung DIE ZEIT.

STAHNCKE, HOLMER, Dr. phil., langjähriger Dozent in Japan, Redaktionsleiter einer Hamburger Zeitung.

STRÖBER, EVA, Dr., Wissenschaftliche Mitarbeiterin am Museum für Ostasiatische Kunst in Köln.

TEICHLER, ULRICH, Dr., Professor am Fachbereich Angewandte Sozialwissenschaften und Geschäftsführender Direktor des Wissenschaftlichen Zentrums für Berufs- und Hochschulforschung der Universität – Gesamthochschule – Kassel.

THRÄNHARDT, ANNA MARIA, Dr., Habilitation an der Ruhr-Universität Bochum im Fachbereich Japanologie.

WAGNER, WIELAND, Dr., Korrespondent und Leiter des Japan-Büros der Vereinigten Wirtschaftsdienste (VWD) in Tōkyō.

WALLRAF, WOLFRAM, Dr., Lehrstuhl für Vergleichende Politikwissenschaft, Schwerpunkt Ostasien, an der Universität Potsdam.

WATTENBERG, ULRICH, Dr. rer. nat., Leiter des Verbindungsbüros der Gesellschaft für Information und Dokumentation.

WEBER, CLAUDIA, Dr. phil., Wissenschaftliche Angestellte im Projektverbund »Beziehungen zwischen Bildungs- und Beschäftigungssystem in Japan in vergleichender Perspektive« (Fernuniversität Hagen/VW-Stiftung).

WEIDNER, HELMUT, Dr., Diplom-Politologe, Wissenschaftlicher Mitarbeiter im Wissenschaftszentrum Berlin für Sozialforschung, Abteilung Normbildung und Umwelt.